Essencial de Alemão - Português

nível de língua — **fade** a...
recic...
Faden
lierer
fähig
+dat.,
distinção de acepções — **Fähigk**...
2. tale...

...ncia

palavras homógrafas

Falke s. m. ZOOLOGIA falcão_m.
Fall¹ s. m. (-(e)s, sem pl.) queda_f.
Fall² s. m. (-es, Fälle) caso_m; auf jeden Fall: em todo o caso; für alle Fälle: pelo sim pelo não

declinação e plural

Fest s. nt. festa_f, festividade_f; Frohes Fest!: Boas Festas!

frase-exemplo

Festbeleuchtung s. f. iluminações_{f. pl.} festivas
festbinden v. tr. atar [an +dat., a], amarrar [an +dat., a]

remissão — **festen** v. intr. (Suíça) → feiern
Festessen s. nt. banquete_m, festim_m.

Fisch s. m. 1. ZOOLOGIA peixe_m; 2. pl. Fische: (signo) Peixes_{m. pl.}

acepção no plural

Fischbesteck s. nt. talher_m de peixe

verbo sem ge-

fortbewegen* I v. tr. mover; II v. refl. mover-se, andar, avançar
fortbilden v. refl. actualizar os conhecimentos, prosseguir os estudos
Fortbildung s. f. actualização_f dos conhecimentos, formação_f permanente

verbo de partícula separável

fortgehen v. intr. 1. ir-se embora, sair; 2. continuar
fortgeschritten I p. p. de fortschreiten; II adj. adiantado; (idade, grau) avançado

informação morfológica

ABREVIATURAS

abrev.	abreviatura	*interj.*	interjeição
ac.	acusativo	*interr.*	interrogativo
acad.	gíria académica	*intr.*	intransitivo
adj.	adjectivo	*inv.*	invariável
adv.	advérbio, adverbial	*irón.*	irónico
art.	artigo	*irreg.*	irregular
aum.	aumentativo	*loc.*	locução
aux.	auxiliar	*m.*	masculino
cal.	calão	*nom.*	nominativo
card.	cardinal	*nt.*	neutro
cj.	conjunção, conjuncional	*num.*	numeral
coloq.	coloquial	*ord.*	ordinal
comp.	comparativo	*p. p.*	particípio passado
conj.	conjuntivo	*pej.*	pejorativo
contr.	contracção	*pess.*	pessoal
dat.	dativo	*pl.*	plural
def.	definido	*poss.*	possessivo
dem.	demonstrativo	*prep.*	preposição, preposicional
depr.	depreciativo	*pres.*	presente
dim.	diminutivo	*pron.*	pronome
f.	feminino	*refl.*	reflexo
fig.	figurado	*rel.*	relativo
gen.	genitivo	*s.*	substantivo
imp.	imperfeito	*sing.*	singular
impess.	impessoal	*superl.*	superlativo
indef.	indefinido	*téc.*	técnico
inf.	infinitivo	*v.*	verbo
infant.	linguagem infantil	*vulg.*	vulgarismo

ALEMÃO-PORTUGUÊS

A

A, a *s. nt.* 1. A, a*ₘ*; 2. MÚSICA lá*ₘ*.
Aal *s. m.* enguia*f*.
Aas *s. nt. (coloq.)* canalha*ₘ*, malandro*ₘ*.
ab I *prep.* [+*dat.*] 1. (espacial) de, desde; 2. (temporal) a partir de, de... em diante; ab heute: a partir de hoje; II *adv.* fora; von da ab: daí em diante; ab und zu: de vez em quando
abändern *v. tr.* 1. mudar, alterar; 2. emendar
Abänderung *s. f.* 1. mudança*f*, alteração*f*; 2. emenda*f*
abarbeiten I *v. tr.* (dívidas) pagar com trabalho; II *v. refl.* cansar-se, estafar-se
Abart *s. f.* variedade*f*.
abartig *adj.* anormal
Abb. [*abrev. de* Abbildung] fig. [*abrev. de* figura]
Abbau *s. m.* 1. ENGENHARIA desmontagem*f*; 2. MINERALOGIA exploração*f*; 3. QUÍMICA decomposição*f*.
abbauen I *v. tr.* 1. diminuir; 2. ENGENHARIA desmontar; 3. MINERALOGIA explorar; 4. QUÍMICA decompor; II *v. intr.* entrar em declínio
abbeißen *v. tr.* dar uma dentada
abbekommen* *v. tr.* 1. ter a sua parte; 2. conseguir tirar; 3. *(coloq.)* levar, apanhar
Abberufung *s. f.* destituição*f*.
abbestellen* *v. tr.* anular, cancelar
abbezahlen* *v. tr.* (mercadoria) pagar em prestações; (quantia) amortizar

abbiegen I *v. tr. (coloq.)* evitar; II *v. intr.* virar
Abbild *s. nt.* 1. cópia*f*; 2. *(fig.)* imagem*f*
abbilden *v. tr.* retratar; reproduzir, ilustrar
Abbildung *s. f.* gravura*f*, ilustração*f*.
abbinden *v. tr.* 1. desatar, soltar; 2. estrangular
abblasen *v. tr. (coloq.)* anular
abblenden *v. intr.* 1. (automóvel) reduzir (a luz); 2. FOTOGRAFIA fechar o diafragma
Abblendlicht *s. nt.* médios*ₘ. pl.*
abblitzen *v. intr. (coloq.)* não ser atendido
abbrausen I *v. intr. (coloq.)* abalar; II *v. refl.* tomar um duche
abbrechen I *v. tr.* 1. partir, quebrar; demolir; 2. suspender, interromper; 3. cortar; die Beziehungen zu jemandem abbrechen: cortar relações com alguém; 4. (greve) furar; II *v. intr.* 1. partir(-se); 2. cessar, parar
abbremsen *v. intr.* travar
abbrennen I *v. tr.* 1. queimar, incendiar; (fogo de artifício) lançar; II *v. intr.* arder, ficar destruído pelo fogo
abbringen *v. tr.* jemanden von etwas abbringen: dissuadir alguém de alguma coisa
abbröckeln *v. intr.* desfazer-se, desmoronar-se
Abbruch *s. m.* 1. demolição*f*; 2. ruptura*f*, suspensão*f*.
abbuchen *v. tr.* debitar

Abbuchung *s. f.* débito*m.*
ab|checken *v. tr. (coloq.)* controlar, verificar
ab|dampfen *v. intr. (coloq.)* partir
ab|danken *v. intr.* (ministro) demitir-se; (rei) abdicar
Abdankung *s. f.* (ministro) demissão*f.*; (rei) abdicação*f.*
ab|decken *v. tr.* 1. descobrir, destapar; 2. (casa) destelhar; den Tisch abdecken: levantar a mesa; 3. tapar
ab|dichten *v. tr.* vedar, calafetar
ab|drehen I *v. tr.* fechar; desligar; II *v. intr.* mudar de rumo
Abdruck[1] *s. m. (-(e)s, -e)* impressão*f.*; cópia*f.*; reprodução*f.*
Abdruck[2] *s. m. (-(e)s, -drücke)* marca*f.*; molde*m.*
ab|drucken *v. tr.* imprimir
ab|drücken *v. intr.* (arma) disparar
Abend *s. m.* fim*m* da tarde; noite*f.*; am Abend: à noite; zu Abend essen: jantar
Abendbrot *s. nt.* → Abendessen
Abendessen *s. nt.* jantar*m.*; ceia*f.*
Abendgymnasium *s. nt.* escola*f.* nocturna
Abendkasse *s. f.* bilheteira*f.*
Abendkleid *s. nt.* vestido*m* de noite
Abendkurs *s. m.* curso*m* nocturno
Abendland *s. nt.* ocidente*m.*
abendlich *adj.* nocturno
Abendmahl *s. nt.* RELIGIÃO Eucaristia*f.*, Comunhão*f.*
Abendrot *s. nt.* arrebol*m* (da tarde)
abends *adv.* ao fim da tarde; à noite
Abenteuer *s. nt.* aventura*f.*
abenteuerlich *adj.* 1. aventuroso; 2. extravagante
Abenteurer *s. m.* aventureiro*m.*
aber *cj.* mas; contudo, porém ❖ aber ja! (mas) claro que sim!

Aber *s. nt.* mas*m.*, senão*m.*
Aberglaube *s. m.* superstição*f.*
abergläubisch *adj.* supersticioso
ab|erkennen* *v. tr.* DIREITO privar de
abermals *adv.* de novo, novamente
ab|fahren I *v. tr.* 1. transportar; 2. (distância) percorrer; 3. (bilhete, pneus) gastar; II *v. intr.* 1. partir, sair [nach +*dat.*, para]; 2. NÁUTICA levantar ferro
Abfahrt *s. f.* 1. partida*f.*; 2. saída*f.*; 3. DESPORTO descida*f.*
Abfahrtszeit *s. f.* hora*f* de partida
Abfall *s. m.* 1. lixo*m.*; resíduos*m. pl.*; restos*m. pl.*; 2. *(sem pl.)* (temperatura) queda*f*
Abfallbeseitigung *s. f.* remoção*f.* do lixo
Abfalleimer *s. m.* balde*m.* do lixo
abfällig *adj.* desfavorável, negativo
ab|fangen *v. tr.* 1. apanhar; interceptar; 2. (choque) aparar
ab|färben *v. intr.* (na lavagem) desbotar
ab|fassen *v. tr.* (texto) redigir, compor
ab|fertigen *v. tr.* 1. expedir, despachar; 2. aviar, atender; 3. *(coloq.)* despachar
Abfertigung *s. f.* 1. expedição*f.*, despacho*m.*; 2. atendimento*m.*
ab|feuern *v. tr.* disparar
ab|finden I *v. tr.* compensar; indemnizar; II *v. refl.* conformar-se [mit +*dat.*, com]
Abfindung *s. f.* compensação*f.*, indemnização*f.*
ab|flauen *v. intr.* abrandar, diminuir
ab|fliegen *v. intr.* 1. partir/ir de avião [nach +*dat.*, para]; 2. levantar voo, descolar [nach +*dat.*, para]
ab|fließen *v. intr.* escoar-se
Abflug *s. m.* descolagem*f.*, partida*f.*
Abflugzeit *s. f.* hora*f* de partida
Abfluss *s. m.* 1. escoamento*m.*; 2. esgoto*m.*, sarjeta*f.*
Abflussrohr *s. nt.* cano*m* de esgoto

abfragen *v. tr.* 1. INFORMÁTICA consultar; 2. interrogar
Abfuhr *s. f.* 1. transporte$_m$; 2. repreenda$_f$
abführen I *v. tr.* 1. (impostos) pagar; 2. levar preso; II *v. intr.* 1. MEDICINA obrar, evacuar; 2. desviar [von +*dat.*, de], afastar [von +*dat.*, de]
abführend *adj.* laxativo, purgativo
Abführmittel *s. nt.* purgante$_m$, laxante$_m$
abfüllen *v. tr.* trasfegar; engarrafar
Abgabe *s. f.* 1. entrega$_f$; 2. (calor, energia) emissão$_f$, libertação$_f$; 3. ECONOMIA venda$_f$
Abgaben *s. pl.* impostos$_{m, pl}$
abgabenfrei *adj.* isento de impostos
abgabenpflichtig *adj.* sujeito a impostos
Abgabetermin *s. m.* ECONOMIA prazo$_m$ de entrega
Abgang *s. m.* 1. partida$_f$, saída$_f$; 2. despacho$_m$, expedição$_f$
Abgangsprüfung *s. f.* exame$_m$ final
Abgangszeugnis *s. nt.* certificado$_m$, diploma$_m$
Abgas *s. nt.* gás$_m$ de escape
abgeben I *v. tr.* 1. entregar, dar; 2. ceder; II *v. refl.* sich mit jemandem/etwas abgeben: tratar de alguém/alguma coisa
abgebrannt I *p. p. de* abbrennen; II *adj. (coloq.)* sem meios, sem vintém
abgedroschen *adj. (coloq.)* gasto
abgehackt *adj.* intermitente; entrecortado; abgehackt sprechen: soluçar
abgehärtet *adj.* calejado; imune [gegen +*ac.*, a]
abgehen *v. intr.* 1. partir, sair; 2. (escola) deixar; 3. (rua) fazer um desvio
abgelegen *adj.* distante; isolado
abgeneigt *adj.* pouco inclinado a; etwas [*dat.*] abgeneigt sein: ser avesso a alguma coisa
abgenutzt *adj.* gasto (pelo uso)

Abgeordnetenhaus *s. nt.* POLÍTICA Câmara$_f$ dos Deputados, Assembleia$_f$ Nacional
Abgeordnete(r) *s. m. e f.* POLÍTICA deputad|o, -a$_{m, f}$; delegad|o, -a$_{m, f}$
abgeschieden *adj.* solitário
abgesehen *adv.* abgesehen von: abstraindo de; excepto
abgespannt *adj.* cansado, exausto
abgestanden I *p. p. de* abstehen; II *adj.* (água, cerveja) choco; (ar) fraco
abgestumpft *adj.* insensível [gegen +*ac.*, a]
abgewöhnen* *v. tr.* jemandem etwas abgewöhnen: desabituar alguém de alguma coisa; sich [*dat.*] etwas abgewöhnen: desabituar-se de alguma coisa
Abgott *s. m.* ídolo$_m$
abgöttisch *adv.* jemanden abgöttisch verehren: idolatrar alguém
abgrenzen *v. tr.* delimitar, definir
Abgrund *s. m.* abismo$_m$, precipício$_m$
abgucken *v. tr. e intr. (coloq.)* imitar, copiar
abhacken *v. tr.* cortar (com machado)
abhalten *v. tr.* 1. ter, realizar; 2. impedir [von +*dat.*, de]
abhandeln *v. tr.* 1. (por escrito) tratar; 2. (preço) regatear
abhanden *adv.* abhanden kommen: perder-se, extraviar-se
Abhandlung *s. f.* trabalho$_m$ [über +*ac.*, sobre]; ensaio$_m$ [über +*ac.*, sobre]
Abhang *s. m.* encosta$_f$, ladeira$_f$
abhängen[1] *v. tr.* 1. (reboque) desatrelar; 2. (perseguidor) despistar
abhängen[2] *v. intr.* depender [von +*dat.*, de]
abhängig *adj.* dependente [von +*dat.*, de]
Abhängigkeit *s. f.* dependência$_f$ [von +*dat.*, de]
abhärten *v. refl.* tornar-se imune [gegen +*ac.*, a]
abhauen *v. intr. (coloq.)* pisgar-se; hau ab!: vai passear!

ab|heben I *v. tr.* levantar; (camada) tirar; II *v. intr.* 1. (avião, foguete) descolar; 2. (jogo de cartas) cortar; III *v. refl.* distinguir-se [von +*dat.*, de]

Abhebung *s. f.* levantamento*m.* (de dinheiro)

ab|heften *v. tr.* classificar

ab|hetzen *v. refl.* cansar-se, esfalfar-se

Abhilfe *s. f.* remédio*m.*

ab|holen *v. tr.* ir buscar, ir esperar

ab|holzen *v. tr.* cortar árvores; desflorestar

ab|hören *v. tr.* 1. (gravação) ouvir; 2. (conversa telefónica) escutar; 3. (aluno) interrogar; 4. MEDICINA auscultar

Abhörgerät *s. nt.* aparelho*m.* de escuta

Abitur *s. nt.* [exame final do ensino secundário]

Abiturient *s. m.* [aluno do último ano do ensino secundário]

Abiturzeugnis *s. nt.* [diploma do exame final do ensino secundário]

Abk. [abrev. de Abkürzung] abrev. [abrev. de abreviatura]

ab|kapseln *v. refl.* fechar-se; isolar-se [von +*dat.*, de]

ab|kaufen *v. tr.* comprar; **jemandem etwas abkaufen:** comprar alguma coisa a alguém, *(coloq.)* engolir, acreditar

Abklatsch *s. m.* cópia*f.*, decalque*m.*

ab|klingen *v. intr.* 1. (barulho) diminuir; 2. (dor) abrandar

ab|knallen *v. tr. (coloq.)* matar

ab|kochen *v. tr.* ferver, dar uma fervura

ab|kommen *v. intr.* 1. desviar-se [von +*dat.*, de]; 2. abandonar, desistir [von +*dat.*, de]

Abkommen *s. nt.* acordo*m.*, convénio*m.*

ab|kratzen I *v. tr.* raspar; II *v. intr. (coloq.)* bater a bota

ab|kriegen *v. tr.* 1. *(coloq.)* arranjar; 2. *(coloq.)* apanhar

ab|kühlen I *v. intr.* (motor) refrigerar; II *v. refl.* 1. (tempo) arrefecer; 2. (relações) esfriar

Abkühlung *s. f.* arrefecimento*m.*; ENGENHARIA refrigeração*f.*

ab|kürzen *v. tr.* 1. abreviar; 2. (caminho) cortar

Abkürzung *s. f.* 1. abreviatura*f.*; 2. atalho*m.*

ab|küssen *v. tr.* cobrir de beijos

ab|laden *v. tr.* descarregar

Ablage *s. f.* 1. depósito*m.*; 2. arquivo*m.*; 3. vestiário*m.*

ab|lagern I *v. tr.* depositar; II *v. refl.* depositar-se

Ablagerung *s. f.* GEOLOGIA sedimentação*f.*

Ablass *s. m.* RELIGIÃO indulgência*f.*

ab|lassen I *v. tr.* (ar, fumo) deixar escapar; soltar; (água) deixar escorrer; II *v. intr.* **von etwas ablassen:** desistir de alguma coisa

Ablauf *s. m.* 1. esgoto*m.*, escoadouro*m.*; 2. (de acontecimentos) decurso*m.*; 3. (de prazo) expiração*f.*, termo*m.*

ab|laufen *v. intr.* 1. escorrer; 2. (acontecimentos) decorrer; 3. (prazo, tempo) expirar, terminar; (passaporte) caducar

ab|lecken *v. intr.* lamber

ab|legen *v. tr.* 1. depositar, colocar; 2. tirar, despir; 3. arquivar; 4. (exame) fazer; (juramento) prestar

Ableger *s. m.* BOTÂNICA estaca*f.*, tanchão*m.*

ab|lehnen *v. tr.* 1. recusar; rejeitar; 2. (requerimento) indeferir; 3. desaprovar

Ablehnung *s. f.* recusa*f.*, refutação*f.*

ab|leisten *v. tr.* cumprir (serviço militar)

ab|leiten *v. tr.* 1. desviar; 2. LINGUÍSTICA, MATEMÁTICA derivar; 3. deduzir, concluir

Ableitung *s. f.* LINGUÍSTICA, MATEMÁTICA derivação*f.*

ab|lenken I *v. tr.* 1. despistar; 2. distrair; II *v. intr.* desviar-se de, fugir a

Ablenkung s. f. 1. desvio_m; 2. distracção_f
Ablenkungsmanöver s. nt. estratagema_m, ardil_m
ablesen v. tr. ler; jemandem etwas an den Augen ablesen: ler alguma coisa nos olhos de alguém
ableugnen v. tr. negar, desmentir
abliefern v. tr. entregar
Ablieferung s. f. entrega_f
ablösen I v. tr. 1. tirar [von +dat., de]; 2. (pessoa) revezar-se; (guarda) render; II v. refl. descolar
Ablösung s. f. 1. desprendimento_m; 2. (numa actividade) substituição_f; MILITAR render_m (da guarda); 3. ECONOMIA remissão_f
abmachen v. tr. 1. (coloq.) tirar [von +dat., de], desprender [von +dat., de]; 2. combinar; abgemacht!: combinado!
Abmachung s. f. acordo_m, combinação_f
abmagern v. intr. emagrecer
Abmagerungskur s. f. cura_f de emagrecimento
abmalen v. tr. pintar; copiar; retratar
Abmarsch s. m. partida_f, marcha_f
abmarschieren* v. intr. marchar, pôr-se em marcha
abmehren v. tr. (Suíça) votar
abmelden v. tr. 1. (telefone) cancelar a assinatura; 2. (aluno) anular a matrícula; sich abmelden: comunicar a mudança de residência
Abmeldung s. f. 1. cancelamento de assinatura; 2. (escola, curso) pedido_m de anulação de matrícula; 3. comunicação_f da mudança de residência;
abmessen v. tr. medir
abmontieren* v. tr. desmontar
Abnahme s. f. 1. diminuição_f [um +ac., em]; 2. desmontagem_f; 3. ECONOMIA compra_f; 4. vistoria_f; inspecção_f

abnehmen I v. tr. 1. tirar [von +dat., de], remover; (auscultador) levantar; 2. comprar; 3. vistoriar; II v. intr. 1. diminuir; 2. emagrecer
Abnehmer s. m. comprador_m, cliente_m. e f.
Abneigung s. f. aversão_f [gegen +ac., a], antipatia_f [gegen +ac., por]
abnorm adj. anormal
abnutzen I v. tr. desgastar; II v. refl. gastar-se (com o uso)
Abnutzung s. f. desgaste_m
Abo s. nt. (coloq.) → Abonnement
Abonnement s. nt. (de jornal, teatro) assinatura_f
Abonnent s. m. assinante_m. e f.
abonnieren* v. tr. (jornal, revista) assinar
Abordnung s. f. delegação_f, comissão_f
abpacken v. tr. empacotar, embalar
abpflücken v. tr. colher, apanhar
abplagen v. refl. matar-se [mit +dat., com]; er plagt sich mit den Mathematikaufgaben ab: ele mata-se a estudar Matemática
abprallen v. intr. fazer ricochete [an +dat., em]
abputzen v. tr. limpar
abrasieren* v. tr. rapar
abraten v. intr. dissuadir [von +dat., de], desaconselhar [von +dat., de]
abräumen v. tr. 1. (objectos) arrumar, tirar; 2. (mesa) levantar
abreagieren* I v. tr. (cólera) descarregar [an +dat., em]; II v. refl. acalmar os nervos [an +dat., com]
abrechnen I v. tr. descontar, deduzir; II v. intr. fazer contas; (fig.) mit jemandem abrechnen: ajustar contas com alguém
Abrechnung s. f. 1. liquidação_f; 2. ajuste_m de contas
abreiben v. tr. 1. esfregar; 2. friccionar

Abreibung s. f. 1. fricção$_f$; 2. *(coloq.)* tareia$_f$; descompostura$_f$
Abreise s. f. partida$_f$ [nach +dat., para]
ab|reisen v. intr. partir [nach +dat., para]
ab|reißen I v. tr. 1. (folha) arrancar; 2. (casa) demolir; II v. intr. 1. (ligação) interromper-se; 2. (botão) romper-se
ab|richten v. tr. amestrar, treinar
ab|riegeln v. tr. (zona) cercar; (rua) cortar, bloquear
Abriss s. m. 1. esboço$_m$, resumo$_m$; sinopse$_f$, compêndio$_m$; 2. demolição$_f$
ab|rufen v. tr. (informação) extrair
ab|runden v. tr. (soma) arredondar
abrupt adj. abrupto, brusco
ab|rüsten v. intr. desarmar
Abrüstung s. f. desarmamento$_m$
ab|rutschen v. intr. escorregar, deslizar
ABS s. nt. [abrev. de **Antiblockiersystem**] ABS$_m$ [de sistema antibloqueio]
Abs. [abrev. de **Absender**] remetente$_{m. e f.}$
Absage s. f. 1. recusa$_f$ [an +ac., a]; 2. resposta$_f$ negativa
ab|sagen I v. tr. 1. (convite) recusar; 2. (sessão) anular; II v. intr. recusar, declinar
ab|sägen v. tr. (ramo) serrar
Absatz s. m. 1. (texto) parágrafo$_m$; 2. (sapato) tacão$_m$, salto$_m$; 3. (escadas) patamar$_m$; 4. ECONOMIA venda$_f$
Absatzmarkt s. m. mercado$_m$
ab|schaffen v. tr. 1. anular; revogar, abolir; 2. desfazer-se de
Abschaffung s. f. abolição$_f$, revogação$_f$
ab|schalten I v. tr. desligar; II v. intr. *(coloq.)* descansar, relaxar
ab|schätzen v. tr. 1. taxar, colectar; 2. avaliar, apreciar
abschätzig adj. depreciativo; desdenhoso
ab|schauen v. tr. *(Áustria)* copiar
Abscheu s. m. repulsa$_f$ [vor +dat., por]; aversão$_f$ [vor +dat., a]

abscheulich adj. abominável, execrável, horrível
ab|schicken v. tr. expedir, despachar
ab|schieben v. tr. 1. remover [von +dat., de], empurrar [von +dat., de]; 2. (responsabilidade) livrar-se [von +dat., de]; 3. (refugiado) expulsar
Abschiebung s. f. expulsão$_f$
Abschied s. m. despedida$_f$; **von jemandem Abschied nehmen**: despedir-se de alguém
ab|schießen v. tr. 1. disparar; 2. (foguete) lançar; 3. abater
ab|schirmen v. tr. proteger [gegen +ac., de], resguardar [gegen +ac., contra]
ab|schlachten v. tr. 1. (animais) abater; 2. (pessoas) chacinar, assassinar
Abschlag s. m. 1. (de preços) baixa$_f$; 2. prestação$_f$; **auf Abschlag**: a prestações
ab|schlagen v. tr. 1. cortar, abater; 2. (ataque, golpe) repelir; 3. recusar, negar
Abschleppdienst s. m. serviço$_m$ de reboque
ab|schleppen v. tr. rebocar
Abschleppseil s. nt. cabo$_m$ de reboque
ab|schließen v. tr. 1. fechar à chave; 2. encerrar, terminar; 3. (negócio) fechar
abschließend adj. final, definitivo
Abschluss s. m. 1. fim$_m$, encerramento$_m$, conclusão$_f$; 2. balanço$_m$, saldo$_m$
Abschlussprüfung s. f. exame$_m$ final
ab|schmecken v. tr. 1. provar; 2. apurar, condimentar
ab|schmieren v. tr. lubrificar
ab|schminken v. refl. tirar a maquilhagem
ab|schnallen v. refl. tirar/desapertar o cinto
ab|schneiden I v. tr. 1. cortar; 2. isolar [von +dat., de]; II v. intr. **gut/schlecht abschneiden**: ser bem/mal sucedido
Abschnitt s. m. 1. secção$_f$; 2. talão$_m$; cupão$_m$; 3. excerto$_m$; parágrafo$_m$; 4. período$_m$, época$_f$

ab|schrauben *v. tr.* desaparafusar
ab|schrecken *v. tr.* 1. desanimar, desencorajar; 2. arrefecer
Abschreckung *s. f.* intimidação*,f*
ab|schreiben *v. tr.* 1. copiar [von +*dat.*, de]; cabular; 2. ECONOMIA amortizar; 3. (*coloq.*) dar por perdido
Abschreibung *s. f.* ECONOMIA amortização*,f*
Abschrift *s. f.* cópia*,f* [von +*dat.*, de]
Abschuss *s. m.* 1. (de foguete) lançamento*,m*; 2. destruição*,f*
abschüssig *adj.* íngreme
ab|schütteln *v. tr.* 1. sacudir [von +*dat.*, de]; 2. libertar-se de, livrar-se de
ab|schwächen I *v. tr.* 1. atenuar, abrandar; 2. amortecer; II *v. refl.* diminuir, enfraquecer
ab|schweifen *v. intr.* desviar-se [von +*dat.*, de], afastar-se [von +*dat.*, de]
ab|schwirren *v. intr.* (*coloq.*) pôr-se a andar; dar o fora
ab|segnen *v. tr.* (*coloq.*) aprovar
absehbar *adj.* determinável; previsível; in absehbarer Zeit: dentro de algum tempo
ab|sehen I *v. tr.* prever; II *v. intr.* von etwas absehen: desistir de alguma coisa
abseits I *adv.* 1. à parte, de lado; 2. na periferia; II *prep.* [+*gen.*] longe de, afastado de
Abseits *s. nt.* DESPORTO fora-de-jogo*,m*
ab|senden *v. tr.* enviar, despachar
Absender *s. m.* remetente*,m. e f.*
ab|setzen I *v. tr.* 1. pousar; 2. vender; 3. destituir; 4. (nos impostos) deduzir [von +*dat.*, em]; II *v. refl.* depositar-se
Absetzung *s. f.* destituição*,f*
Absicht *s. f.* 1. intenção*,f*, intuito*,m*; mit Absicht: de propósito; 2. objectivo*,m*, fim*,m*
absichtlich I *adj.* intencional, propositado; II *adv.* propositadamente, de propósito

ab|sitzen I *v. tr.* (pena) cumprir; II *v. intr.* apear(-se) [von +*dat.*, de], desmontar [von +*dat.*, de]
absolut *adj.* absoluto
Absolution *s. f.* absolvição*,f*
Absolvent *s. m.* antigo aluno*,m*; finalista*,m. e f.*
absolvieren* *v. tr.* 1. (escola) completar; (curso) tirar; (exame) passar; 2. RELIGIÃO absolver
ab|sondern I *v. tr.* 1. separar, isolar; 2. segregar; II *v. refl.* isolar-se [von +*dat.*, de]
Absonderung *s. f.* 1. separação*,f*, isolamento*,m*; 2. MEDICINA secreção*,f*
absorbieren* *v. tr.* absorver
absorbierend *adj.* absorvente
ab|specken *v. intr.* (*coloq.*) emagrecer
ab|speichern *v. tr.* INFORMÁTICA armazenar
ab|sperren *v. tr.* 1. (rua) fechar, cortar; 2. (porta) fechar à chave; 3. (água, gás) cortar
Absperrung *s. f.* 1. obstrução*,f*; 2. cerco*,m*; vedação*,f*
ab|spielen I *v. tr.* pôr a tocar; II *v. refl.* passar-se, ocorrer
Absprache *s. f.* acordo*,m*
ab|sprechen I *v. tr.* 1. combinar [mit +*dat.*, com]; 2. contestar; II *v. refl.* combinar; sich mit jemandem absprechen: combinar alguma coisa com alguém
ab|springen *v. intr.* 1. saltar; (botão) cair; 2. (cor, verniz) estalar; 3. (*coloq.*) (clientes) fugir; (participantes) desistir [von +*dat.*, de]
Absprung *s. m.* (de um veículo) descida*,f*; (pára-quedas) salto*,m*
ab|spülen *v. tr.* lavar
ab|stammen *v. intr.* 1. (pessoa) descender [von +*dat.*, de]; 2. (palavra) derivar [von +*dat.*, de]
Abstammung *s. f.* descendência*,f*, origem*,f* [von +*dat.*, de]

Abstand s. m. 1. distância, [von/zu +dat., de; zwischen +dat., entre]; 2. intervalo,, espaço,, (de tempo); 3. contraste,, [zwischen +dat., entre]
ab|stechen v. intr. contrastar [von +dat., com], destacar-se [von +dat., de]
Abstecher s. m. fugida, saltada,
ab|stehen v. intr. ficar distante
ab|steigen v. intr. 1. descer [von +dat., de], apear-se [von +dat., de]; desmontar [von +dat., de]; 2. hospedar-se [in +dat., em]
ab|stellen v. tr. 1. pousar; 2. (bicicleta, carro) arrumar; 3. desligar; (água, corrente) cortar; 4. (mal, mau hábito) acabar com
Abstellraum s. m. arrecadação,, arrumos,,,,,
ab|stempeln v. tr. 1. carimbar; selar; 2. (pessoa) classificar [als +ac., de]
ab|sterben v. intr. 1. murchar, morrer; 2. atrofiar
Abstieg s. m. 1. descida, [von +dat., de]; 2. declínio,, decadência,
ab|stimmen I v. tr. 1. conciliar, conjugar; 2. sincronizar; II v. intr. votar
Abstimmung s. f. 1. conciliação,, conjugação,; 2. sincronização,; 3. POLÍTICA votação, [über +ac., de]
abstinent adj. abstinente
Abstinenz s. f. abstinência,
Abstinenzler s. m. abstémio,,
ab|stoßen v. tr. 1. empurrar; 2. (mercadoria) desfazer-se de; 3. repugnar; causar repulsa a
abstoßend adj. repelente, repugnante
abstrakt adj. abstracto
Abstraktion s. f. abstracção,
ab|streiten v. tr. contestar; desmentir
Abstrich s. m. 1. corte,,, redução,; 2. MEDICINA colheita,
ab|stufen v. tr. 1. escalonar; 2. (cores) matizar

Abstufung s. f. gradação,, escalonamento,,
ab|stumpfen v. intr. tornar-se insensível
Absturz s. m. 1. queda, (violenta); 2. INFORMÁTICA avaria, geral
ab|stürzen v. intr. 1. cair; (avião) despenhar-se; 2. INFORMÁTICA ir abaixo
ab|suchen v. tr. fazer uma busca a, revistar; explorar
absurd adj. absurdo, disparatado
Absurdität s. f. absurdo,,
Abszess s. m. MEDICINA abcesso,,
Abt s. m. abade,
Abt. [abrev. de **Abteilung**] Dept.º [abrev. de departamento]
ab|tauen I v. tr. descongelar; II v. intr. derreter; descongelar
Abtei s. f. abadia,
Abteil s. nt. compartimento,, (da carruagem)
ab|teilen v. tr. dividir, separar
Abteilung s. f. MILITAR destacamento,,, contigente,, (militar)
Abteilungsleiter s. m. chefe,,, e f. de secção/departamento
Äbtissin s. f. abadessa,
ab|töten v. tr. (bactérias) matar
ab|tragen v. tr. 1. nivelar; 2. amortizar; 3. gastar (pelo uso)
abträglich adj. prejudicial, nocivo
Abtransport s. m. transporte,, [von +dat., de], transferência,
ab|transportieren* v. tr. transportar, transferir
ab|treiben I v. tr. MEDICINA fazer um aborto; II v. intr. MEDICINA abortar
Abtreibung s. f. MEDICINA aborto,,, (provocado)
ab|trennen v. tr. separar [von +dat., de]; descoser; tirar, destacar
ab|treten I v. tr. 1. gastar; 2. (sapatos) limpar; 3. ceder; II v. intr. retirar-se, demitir-se

abtrocknen v. tr. enxugar, secar
abtropfen v. intr. pingar
abtrünnig adj. 1. POLÍTICA rebelde; 2. RELIGIÃO renegado
abtun v. tr. 1. pôr de lado; 2. (coloq.) (roupa) tirar
abwägen v. tr. ponderar, considerar
abwählen v. tr. 1. (políticos) não voltar a votar; 2. (disciplina) não escolher
abwandeln v. tr. variar, mudar
abwandern v. intr. emigrar
Abwart s. m. (Suíça) porteiro_m_
abwarten I v. tr. esperar por; II v. intr. esperar, aguardar
abwärts adv. abaixo, para baixo; abwärts gehen: descer
Abwasch s. m. 1. louça_f_ suja; 2. lavagem_f_ da louça
abwaschbar adj. lavável
abwaschen I v. tr. lavar; II v. intr. lavar a louça
Abwaschmaschine s. f. (Suíça) máquina_f_ de lavar louça
Abwasser s. nt. águas_f. pl._ residuais, água_f_ de esgoto
abwechseln I v. intr. alternar; II v. refl. alternar-se; revezar-se [bei +dat., em]
abwechselnd adv. alternadamente, à vez
Abwechslung s. f. variação_f_, mudança_f_; zur Abwechslung: para variar
abwechslungsreich adj. animado, agitado; variado
abwegig adj. absurdo
Abwehr s. f. 1. DESPORTO defesa_f_; 2. rejeição_f_
abwehren v. tr. 1. (um golpe) repelir; 2. (ataque, perigo) defender-se de
abweichen v. intr. 1. desviar-se [von +dat., de]; 2. divergir, diferir
abweichend adj. divergente, diferente
Abweichung s. f. 1. desvio_m_ [von +dat., de]; 2. divergência_f_ [von +dat., de]
abweisen v. tr. 1. mandar embora, despachar; 2. (requerimento) indeferir
abweisend adj. (atitude) frio, distante
abwenden v. refl. afastar-se [von +dat., de], virar costas [von +dat., a]
abwerfen v. tr. 1. atirar (ao chão); (bomba) lançar; 2. (lucros) render
abwerten v. tr. ECONOMIA desvalorizar
Abwertung s. f. ECONOMIA desvalorização_f_
abwesend adj. 1. ausente; 2. distraído
Abwesenheit s. f. ausência_f_
abwickeln v. tr. 1. desenrolar; 2. efectuar; concluir; II v. refl. desenrolar-se
abwiegen v. tr. pesar
abwimmeln v. tr. (coloq.) livrar-se de, despachar
abwischen v. tr. limpar
Abwurf s. m. 1. (de bombas) lançamento_m_; 2. DESPORTO lançamento_m_
abwürgen v. tr. 1. (coloq.) (crítica) não aceitar; 2. (motor) deixar ir abaixo
abzahlen v. tr. pagar em prestações; (dívida) liquidar
abzählen v. tr. contar
Abzahlung s. f. pagamento_m_ em prestações; liquidação_f_ de dívida
Abzeichen s. nt. 1. emblema_m_; distintivo_m_; 2. MILITAR divisa_f_; insígnia_f_
abzeichnen I v. tr. 1. copiar, desenhar; 2. rubricar; II v. refl. 1. (contornos) distinguir-se; 2. (acontecimento) esboçar-se
abziehen I v. tr. 1. tirar; 2. MATEMÁTICA subtrair; 3. descontar; 4. FOTOGRAFIA tirar uma cópia (de); II v. intr. (coloq.) pôr-se a andar
abzielen v. intr. auf etwas abzielen: ter alguma coisa como objectivo, ter alguma coisa em vista
Abzug s. m. 1. retirada_f_; 2. FOTOGRAFIA cópia_f_; 3. dedução_f_
abzüglich prep. [+gen.] menos
abzweigen v. intr. 1. (caminho) ramificar-se; 2. (pessoa) sair [von +dat., de]

Abzweigung s. f. 1. entroncamento_{m.}; 2. ramal_{m.}
ach interj. (admiração) ah!; (queixa) ai!; (zanga) oh!
Ach s. nt. ai_{m.}; suspiro_{m.}
Achse s. f. eixo_{m.}
Achsel s. f. 1. ombro_{m.}; mit den Achseln zucken: encolher os ombros; 2. axila_{f.}
Achselhöhle s. f. ANATOMIA axila_{f.}
acht num. card. oito
Acht[1] s. f. $\langle$-, -en$\rangle$ oito_{m.}
Acht[2] s. f. $\langle$-, sem pl.$\rangle$ cuidado_{m.}, atenção_{f.}; Acht geben: prestar atenção [auf +ac., a]; sich vor etwas in Acht nehmen: tomar cuidado com alguma coisa
achteckig adj. octogonal
Achtel s. nt. 1. oitavo_{m.}; 2. MÚSICA colcheia_{f.}
achten I v. tr. 1. (pessoa) estimar; 2. (lei) respeitar; II v. intr. auf etwas achten: reparar em/tomar atenção a alguma coisa
Achterbahn s. f. montanha_{f.} russa
achte(r, s) num. ord. oitavo
achthundert num. card. oitocentos
achtlos adj. 1. desatento, descuidado; 2. distraído
Achtlosigkeit s. f. falta_{f.} de atenção, descuido_{m.}
achtmal adv. oito vezes
Achtung s. f. 1. atenção_{f.}; 2. respeito_{m.}, consideração_{f.} [vor +dat., por]
achtzehn num. card. dezoito
achtzig num. card. oitenta
ächzen v. intr. gemer [vor +dat., de]
Acker s. m. campo_{m.} (de cultivo)
Ackerbau s. m. agricultura_{f.}
ackern v. intr. (coloq.) trabalhar arduamente
Acryl s. nt. acrílico_{m.}
Actionfilm s. m. filme_{m.} de acção
Adapter s. m. adaptador_{m.}
addieren* v. tr. somar, adicionar
Addition s. f. adição_{f.}
Adel s. m. nobreza_{f.}, aristocracia_{f.}
adeln v. tr. enobrecer
Ader s. f. 1. ANATOMIA veia_{f.}; artéria_{f.}; 2. BOTÂNICA nervura_{f.}
Adjektiv s. nt. GRAMÁTICA adjectivo_{m.}
Adler s. m. ZOOLOGIA águia_{f.}
adlig adj. nobre, aristocrático; fidalgo
administrativ adj. administrativo
Admiral s. m. almirante_{m.}
adoptieren* v. tr. adoptar
Adoption s. f. adopção_{f.}
Adoptiveltern s. pl. pais_{m. pl.} adoptivos
Adoptivkind s. nt. filho_{m.} adoptivo, filha_{f.} adoptiva
Adrenalin s. nt. adrenalina_{f.}
Adressat s. m. destinatário_{m.}
Adressbuch s. nt. agenda_{f.}
Adresse s. f. morada_{f.}, endereço_{m.}
adressieren* v. tr. endereçar [an +ac., a]
Adria s. f. mar_{m.} adriático
Advent s. m. Advento_{m.}
Aerobic s. nt. aeróbica_{f.}
Affäre s. f. 1. assunto_{m.}; 2. (amoroso) caso_{m.}
Affe s. m. ZOOLOGIA macaco_{m.}
Affekthandlung s. f. DIREITO crime_{m.} passional
affektiert adj. afectado
Affenschande s. f. (coloq.) escândalo_{m.}
Affiche s. f. (Suíça) cartaz_{m.}
Afghanistan s. nt. Afeganistão_{m.}
Afrika s. nt. África_{f.}
Afrikaner s. m. africano_{m.}
afrikanisch adj. africano
After s. m. ANATOMIA ânus_{m.}
AG s. f. [abrev. de Aktiengesellschaft] SA [abrev. de Sociedade Anónima]
Agent s. m. 1. espião_{m.}; 2. agente_{m. e f.}
Agentur s. f. agência_{f.}
Aggression s. f. agressão_{f.}
aggressiv adj. agressivo

Aggressivität s. f. agressividade_f_
Ägypten s. nt. Egipto_m._
ägyptisch adj. egípcio
ähneln I v. intr. parecer-se [+dat., com]; II v. refl. assemelhar-se a
ahnen v. tr. 1. supor, suspeitar; 2. (perigo) pressentir
ähnlich adj. semelhante [+dat., a], parecido [+dat., com]
Ähnlichkeit s. f. semelhança_f_ [mit +dat., com; zwischen +dat., entre], parecença_f_ [mit +dat., com; zwischen +dat., entre]
Ahnung s. f. 1. ideia_f_; keine Ahnung!: não faço (a mínima) ideia!; 2. pressentimento_m_, palpite_m._
ahnungslos I adj. 1. ignorante; 2. despreocupado; II adv. sem saber de nada
Ahorn s. m. ácer_m._
Aids s. nt. MEDICINA sida_f_
Aidskranke(r) s. m. e f. portador, -a_m., f._ do vírus da SIDA
Akademie s. f. academia_f_
Akademiker s. m. académico_m._
akademisch adj. académico
Akazie s. f. BOTÂNICA acácia_f_
akklimatisieren* v. refl. aclimatar-se [an +ac., a]
Akkord s. m. 1. (no trabalho) ajuste_m_, acordo_m_; 2. MÚSICA acorde_m._
Akkordarbeit s. f. trabalho_m_ por ajuste
Akkordarbeiter s. m. tarefeiro_m._
Akkordeon s. nt. MÚSICA acordeão_m._
akkurat adj. exacto, preciso
Akkusativ s. m. GRAMÁTICA acusativo_m._
Akne s. f. MEDICINA acne_f_
Akrobat s. m. acrobata_m. e f._
Akt[1] s. m. (-(e)s, -e) 1. acção_f_; 2. (peça de teatro) acto_m_; 3. (arte) nu_m_; 4. acto_m_ sexual
Akt[2] s. m. (-(e)s, -en) (Áustria) → Akte
Akte s. f. documento_m_, auto_m._
Aktenmappe s. f. pasta_f_ (de arquivo)
Aktenschrank s. m. arquivo_m._
Aktie s. f. ECONOMIA acção_f_
Aktiengesellschaft s. f. sociedade_f_ anónima, sociedade_f_ por quotas
Aktion s. f. 1. acção_f_; 2. campanha_f_ [für +ac., por; gegen +ac., contra]
Aktionär s. m. accionista_m. e f._
aktiv adj. activo
Aktiv s. nt. GRAMÁTICA voz_f_ activa
aktivieren* v. tr. activar
Aktivität s. f. actividade_f_
aktualisieren* v. tr. actualizar
Aktualität s. f. actualidade_f_
aktuell adj. actual
Akupunktur s. f. acupunctura_f_
Akustik s. f. acústica_f_
akut adj. 1. urgente; premente; 2. MEDICINA agudo
Akzent s. m. 1. LINGUÍSTICA acento_m_; 2. sotaque_m._
akzeptabel adj. aceitável
akzeptieren* v. tr. aceitar
Alarm s. m. alarme_m_, alerta_m._
Alarmanlage s. f. dispositivo_m_ de alarme
alarmieren* v. tr. 1. (bombeiros, polícia) chamar; 2. alertar
Albaner s. m. albanês_m._
Albanien s. nt. Albânia_f_
albanisch adj. albanês
Alben s. pl. de Album
albern adj. pateta, aparvalhado
Albtraum s. m. pesadelo_m._
Album s. nt. álbum_m._
Alchemie s. f. alquimia_f_
Alge s. f. alga_f_
Algerien s. nt. Argélia_f_
algerisch adj. argelino
Alkohol s. m. álcool_m._
Alkoholeinfluss s. m. unter Alkoholeinfluss stehen: estar sob o efeito do álcool
alkoholfrei adj. sem álcool

Alkoholiker s. m. alcoólico $_m$.
alkoholisch adj. alcoólico
Alkoholismus s. m. alcoolismo $_m$.
Alkoholspiegel s. m. alcoolemia $_f$.
All s. nt. mundo $_m$., universo $_m$.
alle adv. (coloq.) alle sein: ter acabado
Allee s. f. alameda $_f$.
allein I adj. sozinho; II adv. só, somente
Alleinerziehende(r) s. m. e f. pai $_m$. solteiro, mãe $_f$. solteira
alleinig adj. único, exclusivo
Alleinstehende(r) s. m. e f. solteir|o, -a $_{m., f.}$
alle(r) pron. indef. todos, todas; alle zwei Tage: dia sim, dia não; vor allem: sobretudo
allerbeste(r, s) adj. o melhor de todos
allerdings adv. 1. com certeza; 2. no entanto; 3. de facto
Allergie s. f. alergia $_f$. [gegen +ac., a]
allergisch adj. alérgico [gegen +ac., a]
Allerheiligen s. nt. dia $_m$. de Todos os Santos
allerhöchstens adv. no máximo
allerlei adj. toda a espécie de
allerletzte(r, s) adj. último (de todos), derradeiro
Allerseelen s. nt. dia $_m$. dos Defuntos
allerspätestens adv. o mais tardar
alles pron. indef. tudo; alles in allem: resumindo
allesamt pron. indef. (coloq.) todos juntos, todos sem excepção
Alleskleber s. m. cola-tudo $_f$.
allgemein I adj. comum; universal; II adv. em geral
Allgemeinbildung s. f. cultura $_f$. geral
Allgemeinheit s. f. 1. grande $_m$. público; 2. generalidade $_f$.
Allgemeinmedizin s. f. clínica $_f$. geral

Alliteration s. f. LITERATURA aliteração $_f$.
alljährlich I adj. anual; II adv. anualmente
Allmacht s. f. omnipotência $_f$.
allmächtig adj. omnipotente
allmählich I adj. gradual; II adv. gradualmente
Allradantrieb s. m. tracção $_f$. às quatro rodas
Alltag s. m. dia-a-dia $_m$., quotidiano $_m$.
alltäglich adj. 1. quotidiano, de todos os dias; 2. vulgar, corriqueiro
allumfassend adj. universal
allwissend adj. omnisciente
allzu adv. demais, demasiado
Alm s. f. pasto $_m$., pastagem $_f$.
Almosen s. nt. esmola $_f$.
Alpen s. pl. Alpes $_{m. pl.}$
Alpenveilchen s. nt. BOTÂNICA cíclame $_m$.
Alphabet s. nt. alfabeto $_m$., abecedário $_m$.
Alpinist s. m. alpinista $_{m. e f.}$
Alptraum s. m. pesadelo $_m$.
als cj. 1. (temporal) quando, no momento em que; 2. (no comparativo) do que; mehr/weniger als: mais/menos (do) que; als ob/wenn: como se [+conj.]; 3. como, na qualidade de; als Beispiel: como exemplo
also adv. 1. portanto, por conseguinte; 2. quer dizer, ou seja ❖ also gut! ora bem!; na also: enfim
alt adj. velho; idoso; antigo; wie alt bist du?: que idade tens?
Altar s. m. altar $_m$.
Altbier s. nt. cerveja $_f$. artesanal
Alter s. nt. idade $_f$.
älter comp. de alt
altern v. intr. envelhecer
alternativ adj. alternativo; ecológico; (agricultura) biológico
Alternative s. f. alternativa $_f$. [zu +dat., para/a]

Altersasyl s. nt. (Suíça) lar_m. de terceira idade
Altersgenosse s. m. contemporâneo_m.
Altersgruppe s. f. faixa_f. etária
Altersheim s. nt. lar_m. de terceira idade
Altersschwäche s. f. senilidade_f.
Altersversorgung s. f. pensão_f. vitalícia/ de velhice
Altertum s. nt. antiguidade_f.
altertümlich adj. antigo, arcaico; antiquado
älteste(r, s) superl. de alt
Altglas s. nt. vidro_m. reciclável
Altglascontainer s. m. vidrão_m.
altklug adj. precoce
altmodisch adj. antiquado, fora de moda
Altpapier s. nt. papel_m. velho
Altstadt s. f. bairro_m. antigo, parte_f. antiga da cidade
Alufolie s. f. papel_m. de alumínio
Aluminium s. nt. alumínio_m.
am contr. da prep. an + art. def. dem
Amateur s. m. amador_m.
Amazonas s. m. Amazonas_m.
Ambiente s. nt. ambiente_m.
Amboss s. m. ANATOMIA bigorna_f.
Ambulanz s. f. 1. (secção de hospital) ambulatório; 2. ambulância_f.
Ameise s. f. formiga_f.
Ameisenhaufen s. m. formigueiro_m.
Amerika s. nt. América_f.
Amerikaner s. m. americano_m.
amerikanisch adj. americano
Amnestie s. f. amnistia_f.
Amöbe s. f. BIOLOGIA ameba_f.
Ampel s. f. 1. semáforo_m.; 2. lampião_m.
Amputation s. f. MEDICINA amputação_f.
amputieren* v. tr. MEDICINA amputar
Amsel s. f. ZOOLOGIA melro_m.
Amt s. nt. 1. cargo_m., posto_m.; 2. função_f.; 3. repartição_f.; 4. TELECOMUNICAÇÕES central_f.

amtieren* v. intr. exercer funções [als +nom., de]
amtlich adj. oficial; amtliches Kennzeichen: matrícula_f.
Amtsgericht s. nt. tribunal_m. de comarca
Amtssprache s. f. língua_f. oficial
amüsant adj. divertido
amüsieren* I v. tr. divertir; II v. refl. divertir-se [über +ac., com], entreter-se [über +ac., com]
an I prep. [+dat.] 1. (espacial, temporal) em, a; 2. ao pé de, junto de/a; II prep. [+ac.] 1. (em direcção a) a, para; an die Küste: à/para a costa; 2. cerca de; an die zehn: cerca de dez; III adv. 1. von... an: de... em diante, a partir de...; 2. aceso; das Licht ist an: a luz está acesa
Analogie s. f. analogia_f.
Analphabet s. m. analfabeto_m.
Analyse s. f. análise_f.
analysieren* v. tr. analisar
Ananas s. f. ananás_m.
Anarchie s. f. anarquia_f.
anarchistisch adj. anarquista, anárquico
Anatomie s. f. anatomia_f.
anatomisch adj. anatómico
an|bahnen I v. tr. preparar, principiar; II v. refl. ir-se desenvolvendo
an|bändeln v. intr. meter-se [mit +dat., com]
Anbau¹ s. m. (-(e)s, sem pl.) AGRICULTURA cultivo_m., cultura_f.
Anbau² s. m. (-(e)s, -ten) (num edifício) anexo_m.
an|bauen v. tr. 1. cultivar; 2. construir um anexo
Anbaufläche s. f. AGRICULTURA área_f. de cultivo
an|beißen I v. tr. morder, mordiscar; II v. intr. 1. (peixe) morder o anzol; 2. (coloq.) (pessoa) morder o isco, cair em

an|belangen* v. tr. dizer respeito a; was das/mich anbelangt: quanto a isso/mim
an|beten v. tr. adorar, idolatrar
Anbetracht s. f. in Anbetracht [+gen.]: considerando
an|bieten I v. tr. oferecer; propor; II v. refl. oferecer-se [zu +dat., para]
an|binden v. tr. atar, amarrar
Anblick s. m. 1. (sem pl.) vista_f; 2. aspecto_m
an|blicken v. tr. olhar; mirar, contemplar
Anbot s. nt. (Áustria) → Angebot
an|braten v. tr. CULINÁRIA alourar
an|brechen I v. tr. abrir; II v. intr. iniciar-se, começar; (dia) romper; (noite) cair
an|brennen v. intr. (comida) queimar(-se), esturricar
an|bringen v. tr. 1. apresentar; 2. fixar; afixar; ENGENHARIA montar; 3. (coloq.) trazer
Anbruch s. m. começo_m, princípio_m
an|brüllen v. tr. gritar com
Andacht s. f. 1. RELIGIÃO devoção_f; 2. serviço_m religioso
andächtig adj. 1. RELIGIÃO devoto; 2. atento
an|dauern v. intr. continuar, persistir
andauernd I adj. contínuo, permanente; II adv. constantemente
Andenken s. nt. 1. (sem pl.) recordação_f, [an +ac., de]; 2. lembrança_f, [an +ac., de]
andere(r, s) pron. indef. outro, outra; unter anderem: entre outras coisas; alles andere: tudo o mais
andererseits adv. por outro lado
ändern I v. tr. modificar, alterar; II v. refl. modificar-se
anders adv. de outra forma, de outra maneira; anders als: diferente de; irgendwo anders: noutro sítio qualquer
andersherum adv. 1. em sentido contrário; 2. pelo outro lado
anderthalb num. card. um e meio
Änderung s. f. modificação_f, alteração_f

an|deuten v. tr. 1. aludir a; insinuar, dar a entender; 2. indicar, sugerir
Andeutung s. f. 1. indício_m; 2. alusão_f, [auf +ac., a], insinuação_f
Andorra s. nt. Andorra_f
Andrang s. m. 1. afluência_f; 2. aperto_m
an|drehen v. tr. (água, gás) abrir; (rádio) ligar
an|drohen v. tr. ameaçar
an|eignen v. refl. sich [dat.] etwas aneignen: adquirir alguma coisa; (ilegalmente) apropriar-se de alguma coisa
aneinander adv. um ao/no/pelo outro; juntos, um junto ao outro
an|ekeln v. tr. repugnar, meter nojo
anerkannt I p. p. de anerkennen; II adj. reconhecido, reputado
an|erkennen* v. tr. reconhecer [als +ac., como]; apreciar
Anerkennung s. f. reconhecimento_m; apreço_m
an|fahren I v. tr. 1. embater em; 2. acarretar; 3. (fig.) berrar com; II v. intr. arrancar, pôr-se em marcha
Anfahrt s. f. 1. caminho_m; 2. entrada_f
Anfall s. m. MEDICINA ataque_m; in einem Anfall von Zorm: num acesso de fúria
an|fallen v. tr. assaltar, atacar
anfällig adj. MEDICINA fraco, de saúde delicada; anfällig für etwas sein: ser propenso a alguma coisa
Anfang s. m. princípio_m, começo_m; von Anfang an: desde o princípio
an|fangen I v. tr. começar, iniciar; II v. intr. começar [mit +dat., com], principiar, iniciar-se
Anfänger s. m. principiante_{m. e f.}
anfangs adv. inicialmente, ao/no princípio
Anfangsbuchstabe s. m. letra_f, inicial
an|fassen I v. tr. 1. pegar em, agarrar; tocar em; 2. tratar; (problema) lidar com; II v. intr. mit anfassen: ajudar; III v. refl. dar as mãos

anfertigen v. tr. fazer; fabricar, confeccionar; (texto) redigir

Anfertigung s. f. fabrico$_m$, produção$_f$; confecção$_f$; (texto) redacção$_f$

anfeuchten v. tr. humedecer, molhar

anfeuern v. tr. incitar, estimular

anflehen v. tr. suplicar, implorar

anfliegen v. tr. dirigir-se a; fazer escala (em)

Anflug s. m. 1. AERONÁUTICA voo$_m$ de aproximação [auf +ac., de]; 2. assomo$_m$, rasgo$_m$

anfordern v. tr. solicitar, pedir

Anforderung s. f. 1. requisito$_m$ [an +ac., de], exigência$_f$ [an +ac., de]; 2. pedido$_m$

Anfrage s. f. pedido$_m$ de informação [an +ac., a]; ECONOMIA consulta$_f$ [an +ac., a]; POLÍTICA interpelação$_f$

anfragen v. intr. pedir informações [bei +dat., a]; POLÍTICA interpelar

anfreunden v. refl. tornar-se amigo, familiarizar-se

anfügen v. tr. juntar, acrescentar

anführen v. tr. 1. comandar, dirigir; 2. citar; alegar

Anführer s. m. comandante$_{m.\ e\ f.}$, cabecilha$_{m.\ e\ f.}$

Anführungszeichen s. nt. aspas$_{f.\ pl.}$

Angabe s. f. 1. indicação$_f$; declaração$_f$; ENGENHARIA dado$_m$; 2. DESPORTO serviço$_m$ inicial

angeben I v. tr. indicar; declarar; alegar; II v. intr. 1. (coloq.) gabar-se; 2. DESPORTO servir; 3. (jogo de cartas) começar a jogar

Angeber s. m. (coloq.) gabarola$_{m.\ e\ f.}$; fanfarrão$_m$

Angeberei s. f. gabarolice$_f$, bazófia$_f$

angeblich I adj. suposto, alegado; II adv. supostamente

angeboren adj. inato; congénito, hereditário

Angebot s. nt. 1. ECONOMIA oferta$_f$ [an +ac., de]; 2. proposta$_f$

angebracht I p. p. de anbringen; II adj. conveniente, oportuno

angeheitert adj. alegre (por acção do álcool)

angehen I v. tr. dizer respeito a; **das geht dich nichts an:** não tens nada (a ver) com isso; **was mich angeht:** quanto a mim; II v. intr. (fogo) pegar; (luz) acender(-se)

angehend adj. futuro, em perspectiva

angehören* v. intr. pertencer a, fazer parte de

Angehörige(r) s. m. e f. 1. familiar$_m$; 2. (de associação) membro$_m$

Angeklagte(r) s. m. e f. r|éu, -é$_{m.,\ f.}$, acusad|o, -a$_{m.,\ f.}$

angeknackst adj. (coloq.) fraco

Angel s. f. 1. cana$_f$ de pesca; 2. (da porta) gonzo$_m$

Angelegenheit s. f. assunto$_m$, questão$_f$

Angelhaken s. m. anzol$_m$

angeln v. tr. e intr. pescar (à linha)

Angeln s. nt. pesca$_f$ (à linha)

Angelsachse s. m. anglo-saxão$_m$

Angelschnur s. f. linha$_f$ de pesca

angemessen adj. apropriado, adequado

angenehm adj. agradável [für +ac., a]; **angenehm!:** muito prazer!

angenommen I p. p. de annehmen; II adj. suposto; **angenommen, dass...:** supondo que..., admitindo que...

angesehen adj. conceituado, ilustre

angesichts prep. [+gen.] perante, em vista de

angespannt adj. (situação) tenso

Angestellte(r) s. m. e f. empregad|o, -a$_{m.,\ f.}$

angetan p. p. de antun

angetrunken adj. alegre (pela acção do álcool)

angewiesen I *p. p. de* anweisen; II *adj.* auf jemanden/etwas angewiesen sein: depender de alguém/alguma coisa

angewöhnen* *v. tr.* jemandem etwas angewöhnen: acostumar/habituar alguém a alguma coisa; sich [*dat.*] etwas angewöhnen: acostumar-se/habituar-se a alguma coisa

Angewohnheit *s. f.* hábito$_m$, costume$_m$

angleichen *v. tr.* assimilar, adaptar [an +*ac.*, a]; (salário) ajustar

Angler *s. m.* pescador$_m$ (à linha)

Anglistik *s. f. (acad.)* Estudos$_{m.\ pl.}$ Ingleses

Angola *s. nt.* Angola$_f$

Angolaner *s. m.* angolano$_m$

angolanisch *adj.* angolano

angreifen *v. tr.* 1. DESPORTO atacar; 2. (saúde) prejudicar; 3. QUÍMICA corroer

Angreifer *s. m.* MILITAR agressor$_m$

angrenzen *v. intr.* confinar [an +*ac.*, com], estar contíguo [an +*ac.*, a]

Angriff *s. m.* ataque$_m$ [auf +*ac.*, a]; DIREITO agressão$_f$ [auf +*ac.*, contra]; MILITAR ofensiva$_f$ [auf +*ac.*, a/contra]

angriffig *adj. (Suíça)* agressivo

angriffslustig *adj.* agressivo

Angst *s. f.* medo$_m$ [vor +*dat.*, de]

Angsthase *s. m. (coloq.)* medricas$_{m.\ e\ f}$, cobarde$_{m.\ e\ f}$

ängstigen I *v. tr.* assustar, sobressaltar; II *v. refl.* temer [um +*ac.*, por]

ängstlich *adj.* 1. medroso, receoso; 2. preocupado; 3. tímido

angucken *v. tr. (coloq.)* olhar, mirar; sich [*dat.*] etwas angucken: (ir) ver alguma coisa

anhaben *v. tr. (coloq.)* trazer (vestido), vestir

anhalten I *v. tr.* 1. (veículo) fazer parar; 2. (respiração) conter; II *v. intr.* 1. (veículo) parar; 2. persistir

anhaltend *adj.* contínuo, persistente; prolongado

Anhalter *s. m.* per Anhalter fahren: viajar à boleia

Anhaltspunkt *s. m.* ponto$_m$ de referência

anhand *prep.* [+*gen.*] com base em, através de

Anhang *s. m.* 1. (de livro) apêndice$_m$; 2. *(coloq.)* família$_f$

anhängen *v. tr.* 1. pendurar [an +*ac.*, em]; 2. atrelar [an +*ac.*, a]; 3. acrescentar [an +*ac.*, a]

Anhänger^1 *s. m.* ⟨-s, -⟩ 1. atrelado$_m$, reboque$_m$; 2. etiqueta$_f$; 3. (brinco) pingente$_m$

Anhänger^2 *s. m.* ⟨-s, -⟩ 1. POLÍTICA simpatizante$_{m.\ e\ f}$, partidário$_m$; 2. DESPORTO adepto$_m$

anhänglich *adj.* dedicado, afeiçoado

anhäufen *v. tr.* amontoar, acumular

anheben *v. tr.* levantar um pouco; (preço) subir

Anhieb *s. m. (coloq.)* auf Anhieb: logo à primeira

Anhöhe *s. f.* alto$_m$, outeiro$_m$

anhören I *v. tr.* ouvir, escutar; II *v. refl.* soar

Animateur *s. m.* animador$_m$

animieren* *v. tr.* animar

ankämpfen *v. intr.* lutar [gegen +*ac.*, contra]

Ankauf *s. m.* compra$_f$, aquisição$_f$

ankaufen *v. tr.* comprar, adquirir

Anker *s. m.* NÁUTICA âncora$_f$

ankern *v. intr.* NÁUTICA ancorar, lançar ferro

anketten *v. tr.* amarrar, encadear

Anklage *s. f.* DIREITO acusação$_f$

anklagen *v. tr.* DIREITO acusar [wegen +*gen.*/ *dat.*, de]

Ankläger *s. m.* DIREITO acusador$_m$, delegado$_m$ do Ministério Público

Anklang *s. m.* ressonância$_f$, eco$_m$

ankleben *v. tr.* colar

ankleiden I *v. tr.* vestir; II *v.refl.* vestir-se

anklopfen *v. intr.* bater (à porta)

ankommen *v. intr.* 1. chegar [in +*dat.*, a; bei +*dat.*, a casa de; um +*ac.*, às]; gut ankommen: ser bem recebido; 2. depender [auf +*ac.*, de]; das kommt darauf an!: depende!

ankotzen *v. tr. (coloq.)* meter nojo

ankreuzen *v. tr.* marcar com uma cruz

ankündigen *v. tr.* anunciar, avisar

Ankündigung *s. f.* anúncio$_m$, aviso$_m$

Ankunft *s. f.* chegada$_f$ [in +*dat.*, a; bei +*dat.*, a casa de; um +*ac.*, às]

Ankunftszeit *s. f.* hora$_f$ de chegada

ankurbeln *v. tr.* ECONOMIA fomentar, estimular

anlächeln *v. tr.* sorrir para

Anlage *s. f.* 1. predisposição$_f$ [zu +*dat.*, para]; talento$_m$ [zu +*dat.*, para]; 2. jardim$_m$ público; 3. complexo$_m$ urbanístico; 4. ENGENHARIA instalação$_f$; 5. anexo$_m$, apêndice$_m$; 6. (dinheiro) investimento$_m$

Anlass *s. m.* 1. razão$_f$ [zu +*dat.*, de], motivo$_m$ [zu +*dat.*, para]; 2. ocasião$_f$

anlassen *v. tr.* 1. (motor, máquina) pôr a trabalhar; 2. (casaco) não tirar; 3. (luz, rádio) deixar ligado

Anlasser *s. m.* (carro) motor$_m$ de arranque

Anlauf *s. m.* 1. DESPORTO arranque$_m$, partida$_f$; 2. tentativa$_f$

anlaufen I *v. tr.* NÁUTICA fazer escala em; II *v. intr.* 1. arrancar, começar; 2. (vidro) embaciar; 3. DESPORTO começar a correr

anläuten *v. tr. (Suíça)* telefonar

anlegen I *v. tr.* 1. pôr; colocar; 2. planear; construir; 3. investir; II *v. intr.* NÁUTICA atracar [an +*dat.*, em]

Anlegestelle *s. f.* NÁUTICA cais$_m$ de embarque

anlehnen I *v. tr.* encostar [an +*dat.*, a]; II *v. refl.* encostar-se [an +*dat.*, a]

Anleihe *s. f.* empréstimo$_m$

anleiten *v. tr.* guiar, orientar

Anleitung *s. f.* guia$_m$; instruções$_{f. pl.}$

anliegen *v. intr.* (roupa) ficar justo [an +*dat.*, a]

Anliegen *s. nt.* 1. pedido$_m$; desejo$_m$; 2. preocupação$_f$, interesse$_m$

Anlieger *s. m.* morador$_m$ (da zona)

anlocken *v. tr.* atrair

anlügen *v. tr.* mentir a

Anm. [*abrev. de* **Anmerkung**] obs. [*abrev. de* observação]

anmachen *v. tr.* 1. (luz, fogo) acender; 2. (salada) temperar; 3. *(coloq.)* engatar

anmalen *v. tr.* pintar

anmaßen *v. refl.* sich [*dat.*] anmaßen zu: atrever-se a, pretender

anmaßend *adj.* presunçoso, arrogante

anmeckern *v. tr. (coloq.)* chamar à atenção

Anmeldeformular *s. nt.* boletim$_m$ de inscrição

anmelden I *v. tr.* 1. anunciar; 2. registar, declarar; II *v. refl.* 1. comunicar a chegada [bei +*dat.*, a]; 2. marcar consulta [bei +*dat.*, em]; 3. inscrever-se [zu +*dat.*, em]

Anmeldung *s. f.* 1. aviso$_m$, notificação$_f$; 2. inscrição$_f$ [zu +*dat.*, em]; 3. (em escritório) recepção$_f$

anmerken *v. tr.* 1. anotar, apontar; 2. observar, comentar

Anmerkung *s. f.* 1. nota$_f$, observação$_f$; 2. comentário$_m$

anmutig *adj.* gracioso

annähen *v. tr.* coser [an +*ac.*, a], pregar [an +*ac.*, a]

annähern *v. refl.* aproximar-se [an +*ac.*, de]

annähernd I *adj.* aproximado; II *adv.* aproximadamente

Annäherung *s. f.* aproximação [an +*ac.*, a]

Annäherungsversuch *s. m.* tentativa$_f$ de aproximação

Annahme *s. f.* 1. aceitação$_f$, recepção$_f$; 2. aprovação$_f$; 3. suposição$_f$, hipótese$_f$

annehmbar *adj.* 1. aceitável, admissível; 2. (preço) acessível

an|nehmen *v. tr.* 1. aceitar, receber; 2. admitir; aprovar; 3. (forma, juízo) tomar; 4. supor
Annehmlichkeit *s. f.* agrado$_m$, comodidade$_f$; vantagem$_f$
annektieren* *v. tr.* POLÍTICA anexar
Annonce *s. f.* anúncio$_m$
annoncieren* I *v. tr.* anunciar; II *v. intr.* pôr um anúncio
annullieren* *v. tr.* anular
an|öden *v. tr.* (coloq.) chatear
anomal *adj.* anormal
anonym *adj.* anónimo
Anonymität *s. f.* anonimato$_m$
Anorak *s. m.* anoraque$_m$, blusão$_m$
an|ordnen *v. tr.* 1. ordenar, dispor; 2. dar uma ordem
Anordnung *s. f.* 1. disposição$_f$, arranjo$_m$; 2. ordem$_f$
an|packen *v. tr.* 1. agarrar, apanhar; mit anpacken: ajudar; 2. manejar
an|passen I *v. tr.* adaptar [an +dat., a]; ENGENHARIA ajustar; II *v. refl.* ajustar-se, adaptar-se [an +dat., a]
Anpassung *s. f.* adaptação$_f$ [an +ac., a]
anpassungsfähig *adj.* adaptável [an +ac., a]
Anpfiff *s. m.* DESPORTO sinal$_m$ (para começar)
an|pflanzen *v. tr.* plantar; cultivar
an|pöbeln *v. tr.* (coloq.) insultar
an|prangern *v. tr.* denunciar
an|preisen *v. tr.* louvar, elogiar; fazer a propaganda de
Anprobe *s. f.* (roupa) prova$_f$
an|probieren* *v. tr.* (roupa) provar, experimentar
an|pumpen *v. tr.* pedir dinheiro emprestado; (coloq.) jemanden anpumpen: cravar alguém [um +ac., para]
an|rechnen *v. tr.* 1. levar em conta; pôr na conta; 2. abonar, creditar
Anrecht *s. nt.* direito$_m$ [auf +ac., a]

Anrede *s. f.* tratamento$_m$
an|reden *v. tr.* 1. dirigir a palavra a; 2. tratar por; jemanden mit Sie/du anreden: tratar alguém por você/tu
an|regen *v. tr.* 1. excitar; MEDICINA estimular; (apetite) abrir; 2. sugerir
anregend *adj.* 1. estimulante; 2. (diálogo) aceso, interessante
Anregung *s. f.* 1. estímulo$_m$; 2. sugestão$_f$, proposta$_f$
Anreise *s. f.* chegada$_f$
an|reisen *v. intr.* chegar (de viagem)
Anreiz *s. m.* estímulo$_m$, incentivo$_m$
an|rempeln *v. tr.* (coloq.) dar um encontrão em alguém (de propósito)
an|richten *v. tr.* 1. (comida) preparar, arranjar; 2. (prejuízos) causar, provocar
anrüchig *adj.* (lugar) de má fama; (assunto) suspeito
Anruf *s. m.* chamada$_f$ (telefónica) [bei +dat., para]
Anrufbeantworter *s. m.* atendedor$_m$ de chamadas
an|rufen I *v. tr.* telefonar a, ligar a; II *v. intr.* telefonar [bei +dat., para], ligar [bei +dat., para]
an|rühren *v. tr.* 1. tocar em, mexer em; 2. (cor) misturar, diluir
ans *contr. da prep.* an + *art. def.* das
Ansage *s. f.* notificação$_f$; anúncio$_m$
an|sagen I *v. tr.* anunciar, participar; II *v. refl.* anunciar a sua chegada
Ansager *s. m.* apresentador$_m$; locutor$_m$
an|sammeln I *v. tr.* acumular; II *v. refl.* juntar-se; acumular-se
Ansammlung *s. f.* 1. acumulação$_f$; 2. multidão$_f$
ansässig *adj.* residente, morador [in +dat., em]
Ansatz *s. m.* 1. começo$_m$; 2. peça$_f$ adicional; extensão$_f$; 3. QUÍMICA depósito$_m$
an|schaffen *v. tr.* adquirir, comprar

Anschaffung s. f. aquisição$_f$, compra$_f$
an|schalten v. tr. ligar
an|schauen v. tr. contemplar, olhar para
anschaulich adj. expressivo; etwas anschaulich erklären: explicar alguma coisa com clareza
Anschauung s. f. 1. conceito$_f$, ideia$_f$; 2. opinião$_f$
Anschauungsmaterial s. nt. material$_m$ didáctico para o ensino intuitivo
Anschein s. m. aparência$_f$; dem Anschein nach: aparentemente
anscheinend adv. ao que parece, pelos vistos
Anschlag s. m. 1. cartaz$_m$; (oficial) edital$_m$; 2. atentado$_m$ [auf +ac., contra]
an|schließen I v. tr. ELECTRICIDADE ligar [an +ac., a]; II v. refl. sich jemandem anschließen: juntar-se/unir-se a alguém
anschließend I adj. seguinte, subsequente; II adv. a seguir
Anschluss s. m. 1. contacto$_m$; 2. adesão$_f$; 3. (comboio, avião) ligação$_f$ [nach +dat., para]; 4. TELECOMUNICAÇÕES comunicação$_f$; 5. ELECTRICIDADE ligação$_f$
Anschlussflug s. m. voo$_m$ de ligação
an|schnallen v. refl. apertar/pôr o cinto de segurança
an|schnauzen v. tr. (coloq.) berrar com
Anschovis s. f. anchova$_f$
an|schrauben v. tr. aparafusar, atarraxar
an|schreiben v. tr. 1. (no quadro) escrever [an +ac., em]; 2. (carta) escrever a/para
an|schreien v. tr. gritar a/com
Anschrift s. f. endereço$_m$, direcção$_f$
Anschuldigung s. f. acusação$_f$
an|schwellen v. intr. 1. MEDICINA inchar; 2. (barulho) aumentar
an|schwindeln v. tr. (coloq.) mentir a
an|sehen v. tr. ver, olhar; examinar

Ansehen s. nt. 1. prestígio$_m$; 2. aparência$_f$
ansehnlich adj. 1. considerável, notável; 2. vistoso
an|setzen I v. tr. 1. (em posição) pôr; 2. unir, ligar [an +ac., a]; 3. (ferrugem, bolor) criar; Fett ansetzen: engordar; 4. (prazo, hora) fixar [für +ac., para], marcar [für +ac., para]; II v. intr. começar
Ansicht s. f. 1. vista$_f$, panorama$_m$; zur Ansicht: para amostra; 2. opinião$_f$
Ansichtskarte s. f. postal$_m$ ilustrado
Ansichtssache s. f. questão$_f$ de opinião; das ist Ansichtssache: depende do ponto de vista
Anspannung s. f. tensão$_f$
Anspiel s. nt. DESPORTO começo$_m$ do jogo
an|spielen v. intr. 1. DESPORTO começar (o jogo); 2. aludir [auf +ac., a]
Anspielung s. f. alusão$_f$ [auf +ac.]; insinuação$_f$ [auf +ac., sobre]
an|spitzen v. tr. (lápis) afiar
Ansporn s. m. estímulo$_m$
an|spornen v. tr. incitar [zu +dat., a], estimular [zu +dat., a]
Ansprache s. f. palestra$_f$, pequeno$_m$ discurso [an +ac., para]
an|sprechen v. tr. 1. dirigir-se a; jemanden ansprechen: dirigir a palavra a alguém; 2. (tema) abordar; 3. agradar a
ansprechend adj. (pessoa) agradável; (coisa) apelativo
Ansprechpartner s. m. interlocutor$_m$
an|springen I v. tr. saltar para; II v. intr. (carro) pegar
Anspruch s. m. 1. direito$_m$ [auf +ac., a]; 2. pretensão$_f$; reivindicação$_f$; jemanden in Anspruch nehmen: tomar tempo a alguém
anspruchslos adj. modesto, despretensioso
anspruchsvoll adj. exigente

anstacheln *v. tr.* incitar, espicaçar
Anstalt *s. f.* 1. estabelecimento*ₘ*, instituição*f*; 2. sanatório*ₘ*; 3. *pl.* **Anstalten**: preparativos*ₘ. pl.*
Anstand *s. m.* decência*f*; educação*f*
anständig *adj.* 1. decente; sério; 2. *(coloq.)* considerável
Anständigkeit *s. f.* decência*f*; honestidade*f*
anstandshalber *adv.* por delicadeza
anstarren *v. tr.* fitar, olhar fixamente
anstatt I *prep.* [+gen.] em vez de, em lugar de; II *cj.* em vez de; anstatt etwas zu tun: em vez de fazer alguma coisa
anstecken I *v. tr.* 1. pôr; enfiar; 2. acender; 3. MEDICINA contagiar; II *v. intr.* ser contagioso; III *v. refl.* pegar-se
ansteckend *adj.* contagioso
Ansteckung *s. f.* MEDICINA contágio*ₘ*, contaminação*f*
anstehen *v. intr.* 1. meter-se na bicha; 2. estar por fazer
ansteigen *v. intr.* 1. (rua) subir; 2. aumentar [um +ac., em; auf +ac., para]
anstelle *prep.* [+gen.] em vez de
anstellen I *v. tr.* 1. pôr a funcionar, ligar; 2. contratar; II *v. refl.* 1. pôr-se na fila; 2. *(coloq.)* fingir; sich dumm anstellen: fazer-se de parvo
Anstellung *s. f.* colocação*f*, emprego*ₘ*
Anstieg *s. m.* subida*f* [um +ac., em; auf +ac., para]
anstiften *v. tr.* 1. (pessoa) aliciar, instigar [zu +dat., a]; 2. (desgraça) causar
Anstifter *s. m.* autor*ₘ*, instigador*ₘ*
Anstiftung *s. f.* instigação*f* [zu +dat., a]
Anstoß *s. m.* 1. impulso*ₘ*; 2. DESPORTO pontapé*ₘ* de saída; 3. embate*ₘ*, choque*ₘ*
anstoßen I *v. tr.* empurrar, impelir; II *v. intr.* 1. embater [an +ac., contra]; 2. brindar [auf +ac., a]; 3. DESPORTO dar o pontapé de saída
anstößig *adj.* indecente, escandaloso
anstreben *v. tr.* ambicionar, aspirar a
anstreichen *v. tr.* 1. pintar; 2. marcar
Anstreicher *s. m.* pintor*ₘ*
anstrengen I *v. tr.* 1. (forças) empregar; (a cabeça) puxar por; 2. DIREITO (processo) intentar; II *v. refl.* esforçar-se [zu +dat., por]
anstrengend *adj.* fatigante, cansativo
Anstrengung *s. f.* esforço*ₘ*
Anstrich *s. m.* 1. (*sem pl.*) pintura*f*; 2. camada*f*, demão*f*
Ansturm *s. m.* 1. assalto*ₘ* [auf +ac., a]; 2. grande afluência*f*
anstürmen *v. intr.* entrar (correndo); anstürmen gegen: atacar, assaltar
Antarktis *s. f.* Antárctico*ₘ*
Anteil *s. m.* 1. parte*f* [an +dat., em]; 2. ECONOMIA quota*f*, ❖ Anteil nehmen an: interessar-se por, participar em
Anteilnahme *s. f.* 1. interesse*ₘ* [an +dat., por], participação*f* [an +dat., em]; 2. compaixão*f* [an +dat., por]
Antenne *s. f.* antena*f*
Anthrazit *s. m.* antracito*ₘ*
Antibabypille *s. f.* pílula*f* contraceptiva
Antibiotikum *s. nt.* FARMÁCIA antibiótico*ₘ*
Antiblockiersystem *s. nt.* (automóvel) sistema*ₘ* antibloqueio
antik *adj.* antigo
Antike *s. f.* antiguidade*f*
Antikörper *s. m.* MEDICINA anticorpo*ₘ*
Antilope *s. f.* antílope*ₘ*
Antipathie *s. f.* antipatia*f* [gegen +ac., por]
Antiquariat *s. nt.* alfarrabista*ₘ*
antiquiert *adj.* antiquado, fora de moda
Antiquitäten *s. f. pl.* antiguidades*f. pl.*, velharias*f. pl.*
Antiquitätenhändler *s. m.* antiquário*ₘ*

Antiterroreinheit s. f. grupo_m de operações especiais
Antithese s. f. antítese_f
Antivirenprogramm s. nt. INFORMÁTICA programa_m anti-vírus
an|tönen v. tr. *(Áustria, Suíça)* insinuar, aludir a
Antrag s. m. 1. requerimento_m [auf +ac., para]; POLÍTICA moção_f; 2. requisição_f
Antragsteller s. m. requerente_m. e f.; POLÍTICA candidato_m
an|treffen v. tr. encontrar (em casa)
an|treiben v. tr. 1. incitar [zu +dat., a], instigar [zu +dat., a]; 2. ENGENHARIA propulsar
an|treten v. tr. 1. partir (de viagem); 2. (cargo) tomar posse
Antrieb s. m. 1. impulso_m; 2. ENGENHARIA accionamento_m; 3. NÁUTICA propulsão_f
Antritt s. m. 1. (cargo) tomada_f de posse; 2. começo_m
an|tun v. tr. 1. vestir; 2. fazer, causar, infligir; jemandem Gewalt antun: exercer violência contra alguém
Antwort s. f. resposta_f [an +ac., a; auf +ac., para]
antworten v. intr. responder
an|vertrauen v. tr. confiar; jemandem etwas anvertrauen: confiar alguma coisa a alguém
Anwalt s. m. advogado_m
Anwärter s. m. candidato_m; pretendente_m. e f. [auf +ac., a]
an|weisen v. tr. 1. instruir; 2. ordenar; 3. indicar
Anweisung s. f. 1. instruções_f. pl.; 2. ordem_f; 3. vale_m (do correio)
anwendbar adj. aplicável [auf +ac., a]
an|wenden v. tr. empregar [auf +ac., em], recorrer a; aplicar [auf +ac., a]
Anwenderprogramm s. nt. INFORMÁTICA programa_m de aplicação

Anwendung s. f. emprego_m, uso_m; aplicação_f [auf +ac., a]
an|werben v. tr. 1. MILITAR alistar; 2. (trabalhador) recrutar, contratar
Anwesen s. nt. propriedade_f
anwesend adj. presente
Anwesende(r) s. m. e f. presente_m. e f.; die Anwesenden: a assistência
Anwesenheit s. f. presença_f, assistência_f
an|widern v. tr. repugnar
Anwohner s. m. vizinho_m; morador_m
Anzahl s. f. número_m [an +dat., de]; quantidade_f [an +dat., de]
an|zahlen v. tr. 1. (objecto) entregar por conta; 2. (quantia) pagar de sinal
Anzahlung s. f. sinal_m, entrada_f
an|zapfen v. tr. 1. (barril) furar; 2. *(coloq.)* pôr sob escuta
Anzeichen s. nt. 1. sinal_m [für +ac., de], indício_m [für +ac., de]; MEDICINA sintoma_m [für +ac., de]
Anzeige s. f. 1. anúncio_m; 2. denúncia_f
an|zeigen v. tr. 1. participar; anunciar; 2. denunciar; 3. INFORMÁTICA indicar
an|zetteln v. tr. *(pej.)* tramar
an|ziehen I v. tr. 1. vestir; calçar; 2. atrair; II v. refl. vestir-se; calçar-se
anziehend adj. atraente; simpático
Anziehung s. f. atracção_f
Anziehungskraft s. f. 1. FÍSICA gravidade_f; 2. *(sem pl.)* atracção_f
Anzug s. m. fato_m
an|zünden v. tr. (fósforo, cigarro) acender; (casa) incendiar
an|zweifeln v. tr. duvidar de
Apartment s. nt. apartamento_m
Apathie s. f. apatia_f
apathisch adj. apático
Aperitiv s. m. aperitivo_m
Apfel s. m. BOTÂNICA maçã_f

Apfelbaum s. m. BOTÂNICA macieira_f_
Apfelkuchen s. m. CULINÁRIA tarte_f_ de maçã
Apfelmost s. m. cidra_f_
Apfelsaft s. m. sumo_m_ de maçã
Apfelsine s. f. BOTÂNICA laranja_f_
Apfelstrudel s. m. bolo_m_ de maçã
Apfelwein s. m. cidra_f_
Apostel s. m. apóstolo_m_
Apotheke s. f. farmácia_f_
Apotheker s. m. farmacêutico_m_
Apparat s. m. 1. aparelho_m_; máquina_f_; 2. telefone_m_
Appell s. m. apelo_m_ [an +ac., a]
appellieren* v. intr. apelar [an +ac., a]
Appetit s. m. apetite_m_
appetitlich adj. apetitoso
Appetitlosigkeit s. f. falta_f_ de apetite
applaudieren* v. intr. aplaudir
Applaus s. m. aplauso_m_, salva_f_ de palmas
Aprikose s. f. BOTÂNICA alperce_m_
April s. m. Abril_m_
Aprilscherz s. m. partida_f_ do dia 1 de Abril
apropos adv. a propósito
Aquädukt s. m. e nt. aqueduto_m_
Aquaplaning s. nt. hidroplanagem_f_
Aquarell s. nt. aguarela_f_
Aquarium s. nt. aquário_m_
Äquator s. m. equador_m_
Ära s. f. era_f_
Araber s. m. árabe_m. e f._
arabisch adj. árabe
Arbeit s. f. trabalho_m_; emprego_m_ [an +dat., em]
arbeiten v. intr. trabalhar
Arbeiter s. m. trabalhador_m_; operário_m_
Arbeiterschaft s. f. operariado_m_, trabalhadores_m. pl._
Arbeitgeber s. m. patrão_m_
Arbeitnehmer s. m. empregado_m_; trabalhador_m_, operário_m_

Arbeitsamt s. nt. centro_m_ de emprego
Arbeitserlaubnis s. f. visto_m_ de trabalho
arbeitsfähig adj. capaz de trabalhar
Arbeitskraft s. f. 1. mão-de-obra_f_; 2. (sem pl.) capacidade_f_ de trabalho
Arbeitslohn s. m. salário_m_
arbeitslos adj. desempregado
Arbeitslosengeld s. nt. subsídio_m_ de desemprego
Arbeitslosenhilfe s. f. fundo_m_ de desemprego
Arbeitslose(r) s. m. e f. desempregad|o, -a_m. f._
Arbeitslosigkeit s. f. desemprego_m_
Arbeitsmarkt s. m. mercado_m_ de trabalho
Arbeitsplatz s. m. 1. local_m_ de trabalho; 2. posto_m_ de trabalho; emprego_m_
Arbeitsrecht s. nt. direito_m_ do trabalho
Arbeitsspeicher s. m. INFORMÁTICA memória_f_
Arbeitstag s. m. dia_m_ útil, dia_m_ de trabalho
Arbeitstier s. m. (pej.) [pessoa obcecada pelo trabalho]
arbeitsunfähig adj. incapaz de trabalhar; inválido
Arbeitszeit s. f. horário_m_ de trabalho/funcionamento
Arbeitszimmer s. nt. escritório_m_; gabinete_m_
archaisch adj. arcaico
Archäologe s. m. arqueólogo_m_
Archäologie s. f. arqueologia_f_
Archipel s. m. GEOGRAFIA arquipélago_m_
Architekt s. m. arquitecto_m_
Architektur s. f. arquitectura_f_
Archiv s. nt. arquivo_m_
arg adj. 1. mau; 2. severo; 3. forte; grande
Argentinien s. nt. Argentina_f_
Ärger s. m. 1. desgosto_m_; 2. aborrecimento_m_
ärger comp. de arg

ärgerlich adj. 1. irritante; maçador; 2. irritado, zangado [auf/über +ac., com]
ärgern I v. tr. aborrecer, irritar; chatear; II v. refl. arreliar-se
Ärgernis s. nt. aborrecimento_m.
arglos adj. ingénuo, inocente
Argument s. nt. argumento_m. [für +ac., a favor de; gegen +ac., contra]
Argumentation s. f. argumentação_f.
argumentieren* v. intr. argumentar [für +ac., a favor de; gegen +ac., contra]
argwöhnisch adj. desconfiado
Arie s. f. MÚSICA ária_f.
Arktis s. f. Árctico_m.
arm adj. 1. pobre [an +dat., em]; 2. coitado
Arm s. m. ANATOMIA braço_m.
Armaturenbrett s. nt. painel_m. de comando; (automóvel) tablier_m.
Armband s. nt. pulseira_f., bracelete_f.
Armbanduhr s. f. relógio_m. de pulso
Armee s. f. exército_m.
Ärmel s. m. manga_f.
Ärmelkanal s. m. Canal_m. da Mancha
ärmer comp. de arm
ärmlich adj. pobre; miserável
armselig adj. pobre
Armut s. f. pobreza_f.
Armutszeugnis s. nt. prova_f. de incompetência
Aroma s. nt. aroma_m.
aromatisch adj. aromático
arrangieren* v. tr. (festa, viagem) organizar; das lässt sich arrangieren: isso arranja-se
Arrest s. m. detenção_f., prisão_f.
arrogant adj. arrogante
Arroganz s. f. arrogância_f.
Arsch s. m. (coloq.) cu_m., traseiro_m.
Art s. f. 1. maneira_f., modo_m.; 2. género_m.; 3. BIOLOGIA espécie_f.; 4. natureza_f., feitio_m.
Arterie s. f. ANATOMIA artéria_f.

Arterienverkalkung s. f. (coloq.) arteriosclerose_f.
artig adj. bem comportado
Artikel s. m. JORNALISMO artigo_m.
artikulieren* I v. tr. (som) articular; II v. refl. expressar-se
Artischocke s. f. alcachofra_f.
Artist s. m. artista_m. e f. de circo
Arznei s. f. remédio_m.
Arzneimittel s. nt. remédio_m.
Arzt s. m. médico_m.
Ärztekammer s. f. Ordem_f. dos Médicos
Arzthelferin s. f. empregada_f. de consultório
ärztlich adj. médico
Asbest s. m. amianto_m.
Asche s. f. cinza_f.; cinzas_f. pl.
Aschenbecher s. m. cinzeiro_m.
Aschenbrödel s. nt. gata_f. borralheira
Aschermittwoch s. m. Quarta-feira_f. de Cinzas
Asiat s. m. asiático_m.
asiatisch adj. asiático
Asien s. nt. Ásia_f.
Asket s. m. asceta_m. e f.
asozial adj. marginal
Aspekt s. m. aspecto_m.
Asphalt s. m. asfalto_m.
asphaltieren* v. tr. asfaltar
aß pret. imp. de essen
Ass s. nt. ás_m.
Assistent s. m. assistente_m. e f.
Assoziation s. f. associação_f.
Ast s. m. ramo_m.
Aster s. f. BOTÂNICA sécia_f.
Ästhetik s. f. estética_f.
ästhetisch adj. estético
Asthma s. nt. MEDICINA asma_f.
Asthmatiker s. m. MEDICINA asmático_m.
astrein adj. (coloq.) muito bom, óptimo
Astrologie s. f. astrologia_f.

Astronaut s. m. astronauta$_{m.\ e\ f.}$
Astronomie s. f. astronomia$_f$
Asyl s. nt. asilo$_m$
Asylant s. m. asilado$_m$
Asylbewerber s. m. requerente$_{m.\ e\ f.}$ de asilo
Asylrecht s. nt. direito$_m$ de asilo
Atelier s. nt. atelier$_m$, estúdio$_m$
Atem s. m. respiração$_f$; Atem holen: respirar
atemberaubend adj. empolgante; vertiginoso; arrebatador
atemlos adj. ofegante
Atemnot s. f. falta$_f$ de ar
Atemzug s. m. fôlego$_m$
Atheist s. m. ateu$_m$
atheistisch adj. ateísta
ätherisch adj. etéreo
Äthiopien s. nt. Etiópia$_f$
Athlet s. m. atleta$_{m.\ e\ f.}$
athletisch adj. atlético
Atlantik s. m. Atlântico$_m$
atlantisch adj. atlântico
Atlas s. m. atlas$_m$
atmen v. tr. e intr. respirar
Atmosphäre s. f. 1. atmosfera$_f$; 2. ambiente$_m$
Atmung s. f. respiração$_f$
Atom s. nt. átomo$_m$
Atombombe s. f. bomba$_f$ atómica
Atombunker s. m. abrigo$_m$ nuclear
Atomenergie s. f. energia$_f$ nuclear
Atomkraft s. f. → Atomenergie
Atomkraftwerk s. nt. central$_f$ nuclear
Atomkrieg s. m. guerra$_f$ nuclear
Atommüll s. m. lixo$_m$ atómico
Atomreaktor s. m. reactor$_m$ nuclear
Atomsprengkopf s. m. ogiva$_f$ nuclear
Atomwaffe s. f. arma$_f$ nuclear
Attacke s. f. 1. agressão$_f$; 2. MEDICINA ataque$_m$
attackieren* v. tr. atacar

Attentat s. nt. atentado$_m$ [auf +ac., a]
Attentäter s. m. autor$_m$ de um atentado
Attest s. nt. atestado$_m$
attraktiv adj. atraente
Attrappe s. f. simulação$_f$, imitação$_f$
Attribut s. nt. GRAMÁTICA atributo$_m$
ätzen v. tr. 1. QUÍMICA corroer; 2. MEDICINA cauterizar
ätzend adj. (coloq.) horrível
Aubergine s. f. beringela$_f$
auch adv. 1. também; 2. além disso ❖ wenn auch: ainda que; wie dem auch sei: seja como for; was auch: o que quer que
auf I prep. [+dat.] em cima de, em, sobre; das Buch liegt auf dem Tisch: o livro está em cima da mesa; II prep. [+ac.] 1. em, em cima de; stell das Buch auf den Tisch: põe o livro em cima da mesa; 2. (coloq.) auf einmal: de repente; 3. (modo) auf Deutsch: em alemão; III adv. 1. para cima; auf und ab: para cima e para baixo; 2. (coloq.) aberto
auf|arbeiten v. tr. 1. acabar, despachar; 2. lidar com
auf|atmen v. intr. respirar fundo
Aufbau s. m. 1. construção$_f$; montagem$_f$; 2. constituição$_f$; 3. estrutura$_f$
auf|bauen v. tr. 1. construir; montar; 2. constituir; 3. estruturar
auf|bereiten* v. tr. 1. preparar; 2. tratar; 3. (dados) processar
auf|bessern v. tr. 1. melhorar; 2. aumentar
auf|bewahren* v. tr. guardar; conservar
Aufbewahrung s. f. conservação$_f$; depósito$_m$
auf|blähen v. tr. inchar
auf|blasen v. tr. encher (de ar)
auf|bleiben v. intr. 1. (coloq.) (pessoa) não se deitar, ficar a pé; 2. (coloq.) (loja) ficar aberto

auf|blenden *v. tr.* 1. (carro) ligar os máximos; 2. FOTOGRAFIA abrir o diafragma
auf|blicken *v. intr.* levantar os olhos [zu +*dat.*, para]
auf|blühen *v. intr.* desabrochar, florescer
auf|brauchen *v. tr.* gastar, consumir
auf|brausen *v. intr.* enfurecer-se
auf|brechen I *v. tr.* arrombar; II *v. intr.* 1. abrir, rebentar; 2. pôr-se a caminho
auf|bringen *v. tr.* 1. (dinheiro) conseguir; (paciência) ter; 2. irritar, zangar
Aufbruch *s. m.* partida$_f$ [nach +*dat.*, para]
auf|decken *v. tr.* 1. destapar; 2. descobrir
auf|drängen I *v. tr.* impingir; II *v. refl.* impor-se
auf|drehen *v. tr.* 1. (torneira) abrir; 2. desaparafusar
aufdringlich *adj.* impertinente, maçador
aufeinander *adv.* 1. um sobre o outro; 2. um a seguir ao outro; 3. um no/ao outro
Aufenthalt *s. m.* 1. estadia$_f$, permanência$_f$; 2. (de avião, comboio) paragem$_f$
Aufenthalter *s. m. (Suíça)* residente$_{m. e f.}$ temporário
Aufenthaltsgenehmigung *s. f.* autorização$_f$ de residência
Aufenthaltsort *s. m.* paradeiro$_m$; residência$_f$
auferstanden *p. p. de* auferstehen
auferstehen *v. intr.* 1. RELIGIÃO ressuscitar; 2. ressurgir
Auferstehung *s. f.* 1. RELIGIÃO ressurreição$_f$; 2. ressurgimento$_m$
auf|essen *v. tr.* comer (tudo)
Auffahrt *s. f.* entrada$_f$; rampa$_f$; acesso$_m$
Auffahrunfall *s. m.* colisão$_f$
auf|fallen *v. intr.* dar nas vistas
auffällig *adj.* 1. extravagante, vistoso; 2. estranho
auf|fangen *v. tr.* 1. apanhar; 2. captar

auf|fassen *v. tr.* 1. compreender; 2. conceber [als +*ac.*, como]
Auffassung *s. f.* 1. opinião$_f$; 2. interpretação$_f$
Auffassungsvermögen *s. nt.* capacidade$_f$ de compreensão
auf|finden *v. tr.* encontrar
auf|fliegen *v. intr.* 1. (porta) abrir-se de repente; 2. *(coloq.)* ser descoberto
auf|fordern *v. tr.* 1. pedir; 2. exigir
Aufforderung *s. f.* 1. convite$_m$ [zu +*dat.*, para]; 2. exigência$_f$
Aufforstung *s. f.* repovoamento$_m$ florestal
auf|fressen *v. tr.* devorar
auf|frischen *v. tr.* (lembrança) refrescar; (cor, conhecimentos) renovar
auf|führen I *v. tr.* 1. (peça de teatro) exibir; 2. enumerar; citar; II *v. refl.* comportar-se [als +*nom.*, como]
Aufführung *s. f.* (teatro) exibição$_f$; (música) recital$_m$
Aufgabe *s. f.* 1. tarefa$_f$; 2. exercício$_m$; MATEMÁTICA problema$_m$; 3. envio$_m$, despacho$_m$; 4. desistência$_f$ [von +*dat.*, de]; renúncia$_f$ [von +*dat.*, a]; 5. (de loja) liquidação$_f$
Aufgang *s. m.* 1. escada$_f$; 2. subida$_f$
auf|geben I *v. tr.* 1. despachar, enviar; 2. (encomenda) fazer; (anúncio) pôr; 3. (fumar) deixar de; 4. renunciar a; 5. desistir; II *v. intr.* desistir
aufgebracht I *p. p. de* aufbringen; II *adj.* furioso
auf|gehen *v. intr.* 1. abrir-se; (costura) descoser-se; (rebento) brotar; 2. (massa) fermentar; 3. MATEMÁTICA bater certo
aufgeklärt *adj.* esclarecido, sem preconceitos
aufgelegt *adj.* gut/schlecht aufgelegt sein: estar de bom/mau humor; zu etwas aufgelegt sein: ter vontade de fazer alguma coisa
aufgeregt *adj.* excitado; nervoso

aufgeschlossen I *p. p. de* aufschließen; II *adj.* de espírito aberto [für +*ac.*, para]
aufgeschmissen *adj. (coloq.)* aufgeschmissen sein: estar bem arranjado, estar perdido
aufgeweckt *adj.* vivo, esperto
aufgießen *v. tr.* (chá, café) fazer
aufgrund *prep.* [+*gen.*] com base em; devido a, por causa de
Aufguss *s. m.* infusão$_f$
aufhaben I *v. tr.* 1. (óculos) ter posto; 2. *(coloq.)* (trabalhos de casa) ter que/para fazer; II *v. intr.* (loja) estar aberto [von +*dat.*, de; bis +*ac.*, a/até]
aufhalten I *v. tr.* 1. deter, fazer parar; 2. segurar; II *v. refl.* 1. demorar-se [bei +*dat.*, com; in +*dat.*, em]; 2. morar
aufhängen *v. tr.* 1. pendurar [an +*dat.*, em]; 2. (auscultador) pousar; 3. enforcar
Aufhänger *s. m.* (na roupa) presilha$_f$
aufheben I *v. tr.* 1. levantar; apanhar (do chão); 2. guardar; 3. abolir; anular; II *v. refl.* compensar-se
Aufhebung *s. f.* 1. abolição$_f$; anulação$_f$; (sentença) revogação$_f$; 2. encerramento$_m$
aufheitern I *v. tr.* animar; II *v. refl.* desanuviar-se
aufhellen *v. tr.* 1. aclarar; 2. esclarecer
aufholen *v. tr.* recuperar
aufhören *v. intr.* 1. acabar, terminar [mit +*dat.*, com]; 2. deixar [mit +*dat.*, de], parar [mit +*dat.*, com]
aufkaufen *v. tr.* comprar (por atacado)
aufkeimen *v. intr.* germinar, brotar
aufklappen *v. tr.* (tampa, portinhola, livro) abrir
aufklären I *v. tr.* esclarecer; elucidar [über +*ac.*, sobre]; II *v. refl.* 1. esclarecer-se; 2. desanuviar-se
Aufklärung *s. f.* 1. esclarecimento$_m$; 2. explicação$_f$; 3. MILITAR reconhecimento$_m$; 4. *(sem pl.)* (época) Iluminismo$_m$

Aufkleber *s. m.* autocolante$_m$
aufknöpfen *v. tr.* desabotoar
aufkommen *v. intr.* surgir; levantar-se
aufkrempeln *v. tr.* arregaçar
aufladen *v. tr.* carregar
Auflage *s. f.* 1. edição$_f$; 2. tiragem$_f$; 3. imposição$_f$
auflassen *v. tr. (coloq.)* (porta, janela) deixar aberto
auflauern *v. intr.* jemandem auflauern: estar/pôr-se à espreita de alguém
Auflauf *s. m.* 1. ajuntamento$_m$; 2. CULINÁRIA empadão$_m$
auflaufen *v. intr.* NÁUTICA encalhar
auflegen I *v. tr.* 1. pôr (a tocar); 2. (telefone) pousar; 3. publicar; II *v. intr.* (telefone) desligar
auflehnen *v. refl.* revoltar-se [gegen +*ac.*, contra], insurgir-se [gegen +*ac.*, contra]
auflisten *v. tr.* ordenar em lista
auflockern *v. tr.* 1. (chão) cavar; 2. (programa) animar; 3. (músculo) afrouxar
auflösen I *v. tr.* 1. dissolver, desfazer; 2. decifrar; resolver; 3. (loja) liquidar; II *v. refl.* dissolver-se
Auflösung *s. f.* 1. solução$_f$; desenlace$_m$; 2. MATEMÁTICA redução$_f$
aufmachen I *v. tr.* 1. abrir; 2. (nó) desatar; 3. (loja) montar; II *v. refl.* pôr-se a caminho [nach/zu +*dat.*, para]
Aufmachung *s. f.* aspecto$_m$, apresentação$_f$
aufmerksam *adj.* 1. atento; jemanden auf etwas aufmerksam machen: chamar a atenção de alguém para alguma coisa; 2. atencioso
Aufmerksamkeit *s. f.* atenção$_f$
aufmuntern *v. tr.* 1. animar; 2. encorajar
Aufmunterung *s. f.* animação$_f$
Aufnahme *s. f.* 1. acolhimento$_m$; admissão$_m$; 2. fotografia$_f$; 3. (fita magnética) gravação$_f$

Aufnahmeprüfung s. f. exame_m. de admissão
aufnehmen v. tr. 1. receber, acolher; 2. admitir; 3. iniciar; 4. fotografar; filmar; 5. (em fita magnética) gravar
aufopfern v. refl. sacrificar-se [für +ac., por]
aufpassen v. intr. 1. prestar atenção [auf +ac., a]; aufgepasst!: atenção!, oiçam!; 2. cuidar [auf +ac., de]
Aufpasser s. m. vigia_m. e f., guarda_m. e f.
Aufprall s. m. choque_m., embate_m.
aufprallen v. intr. chocar [auf +ac., com]
aufpumpen v. tr. encher (com bomba de ar)
aufputschen v. tr. (com café, drogas) excitar
Aufputschmittel s. nt. estimulante_m., excitante_m.
aufputzen v. tr. (Áustria) decorar, ornamentar
aufraffen v. refl. mobilizar energias [zu +dat., para]; decidir-se [zu +dat., a]
aufräumen I v. tr. arrumar; II v. intr. acabar [mit +dat., com]
aufrecht adj. erecto
aufrechterhalten* v. tr. manter
aufregen I v. tr. excitar; enervar; II v. refl. exaltar-se [über +ac., com]; irritar-se [über +ac., com]
aufregend adj. excitante, emocionante
Aufregung s. f. agitação_f, alvoroço_m.; excitação_f
aufreibend adj. esgotante
aufreißen I v. tr. rasgar; II v. intr. romper-se ❖ die Augen aufreißen: arregalar os olhos
aufreizend adj. provocante, irritante
aufrichten I v. tr. endireitar, pôr de/em pé; II v. refl. erguer-se
aufrichtig adj. franco, sincero
Aufrichtigkeit s. f. franqueza_f, sinceridade_f

Aufriss s. m. ARQUITECTURA alçado_m., projecção_f vertical
aufrücken v. intr. 1. avançar; 2. ser promovido
Aufruf s. m. apelo_m.; convocação_f
aufrufen v. tr. 1. fazer a chamada; 2. INFORMÁTICA chamar; 3. apelar [zu, +dat., a]
Aufruhr s. m. 1. agitação_f; 2. revolta_f; tumulto_m.
aufrührerisch adj. 1. revolucionário; 2. amotinado
aufrunden v. tr. arredondar (por excesso) [auf +ac., para]
aufrüsten I v. tr. armar; II v. intr. armar-se
Aufrüstung s. f. armamento_m.
aufs contr. da prep. auf +art. def. das
aufsagen v. tr. recitar, dizer
aufsammeln v. tr. apanhar, recolher
aufsässig adj. rebelde
Aufsatz s. m. 1. composição_f, redacção_f; LITERATURA ensaio_m.; 2. cimo_m.
aufsaugen v. tr. absorver, chupar
aufscheuchen v. intr. afugentar
aufschichten v. tr. amontoar
aufschieben v. tr. 1. adiar; 2. abrir (empurrando)
Aufschlag s. m. 1. golpe_m. [auf +dat., em]; 2. DESPORTO serviço_m.; 3. aumento_m.; suplemento_m.
aufschlagen I v. tr. 1. abrir; 2. arrombar; 3. (tenda) montar; assentar; II v. intr. DESPORTO servir
aufschließen v. tr. abrir (com chave)
Aufschluss s. m. explicação_f, informação_f
aufschlussreich adj. informativo, instrutivo
aufschneiden v. tr. 1. (embalagem) abrir (cortando); 2. (assado) trinchar
Aufschneider s. m. (coloq.) gabarola_m. e f.
Aufschnitt s. m. carnes_f. pl. frias
Aufschrei s. m. grito_m. (de espanto ou sobressalto)

aufschreiben v. tr. anotar, apontar
Aufschrift s. f. 1. inscrição$_f$; 2. rótulo$_m$.
Aufschub s. m. adiamento$_m$, prorrogação$_f$ (de prazo)
Aufschwung s. m. ECONOMIA conjuntura$_f$ favorável, incremento$_m$.
aufsehen v. intr. levantar os olhos [zu +dat., para]; admirar
Aufsehen s. nt. sensação$_f$; escândalo$_m$.
Aufseher s. m. 1. vigilante$_{m.\ e\ f.}$; 2. guarda$_{m.\ e\ f.}$
aufsetzen I v. tr. 1. pôr; 2. pôr ao lume; 3. assentar, escrever; II v. intr. (avião) aterrar
Aufsicht s. f. 1. ⟨sem pl.⟩ vigilância$_f$; 2. ⟨sem pl.⟩ inspecção$_f$; 3. (pessoa) fiscal$_m$.
Aufsichtsrat s. m. conselho$_m$ fiscal
aufspielen v. refl. fazer-se importante
aufspießen v. tr. espetar
aufspüren v. tr. 1. (caça) seguir o rasto; 2. (segredo) investigar
aufstacheln v. tr. instigar, incitar [zu +dat., a]
Aufstand s. m. insurreição$_f$
aufständisch adj. rebelde, insurrecto
aufstapeln v. tr. amontoar
aufstauen v. refl. (trânsito) congestionar-se
aufstehen v. intr. 1. (pessoa) levantar-se; 2. (porta) estar aberto
aufsteigen v. intr. 1. subir; 2. montar; 3. ascender [zu +dat., a]
aufstellen v. tr. 1. colocar; 2. (equipa) formar; 3. (lista) fazer; 4. erguer; montar; ENGENHARIA instalar; 5. estabelecer
Aufstellung s. f. 1. (de lista, programa) disposição$_f$; 2. (de candidatos) apresentação$_f$; 3. DESPORTO formação$_f$ da equipa
Aufstieg s. m. 1. subida$_f$; 2. ascensão$_f$ [zu +dat., a]
aufstöbern v. tr. encontrar, descobrir
aufstoßen v. tr. arrombar
aufstützen I v. tr. apoiar [auf +dat., em]; II v. refl. apoiar-se [auf +dat., em]

aufsuchen v. tr. visitar; (médico) consultar
auftakeln v. refl. (coloq.) aperaltar-se
Auftakt s. m. 1. prelúdio$_m$, início$_m$. [zu +dat., de]; 2. MÚSICA arse$_f$.
auftanken v. tr. reabastecer, encher o depósito
auftauchen v. intr. emergir, surgir
auftauen I v. tr. descongelar; II v. intr. 1. (neve) derreter; 2. perder o acanhamento
aufteilen v. tr. 1. dividir [in +ac., em; nach +dat., por]; 2. repartir [unter +dat., entre], distribuir [unter +dat., por]
Aufteilung s. f. 1. divisão$_f$ [in +ac., em; nach +dat., por]; 2. distribuição$_f$ [unter +dat., por]
Auftrag s. m. 1. missão$_f$; 2. encargo$_m$.; 3. ECONOMIA encomenda$_f$
auftragen v. tr. 1. (comida) servir; 2. (cor) carregar ❖ **jemandem Grüße auftragen:** mandar cumprimentos a alguém
Auftraggeber s. m. ECONOMIA cliente$_{m.\ e\ f.}$
auftreiben v. tr. (coloq.) arranjar, encontrar
auftreten v. intr. 1. aparecer; 2. (teatro) representar; 3. proceder [wie +nom., como]
Auftreten s. nt. 1. aparecimento$_m$; 2. comportamento$_m$; **sicheres Auftreten:** desembaraço$_m$.
Auftrieb s. m. 1. impulso$_f$; 2. FÍSICA força$_f$ ascensional
Auftritt s. m. (actor) entrada$_f$ em cena
aufwachen v. intr. acordar
aufwachsen v. intr. crescer, criar-se
Aufwand s. m. 1. despesas$_{f.\ pl.}$; 2. esforço$_m$; 3. luxo$_m$.
aufwändig adj. dispendioso; opulento
Aufwandsentschädigung s. f. ajudas$_{f.\ pl.}$ de custo
aufwärmen v. tr. (comida) aquecer
aufwärts adv. para cima; acima; **den Fluß aufwärts:** pelo rio acima

aufwecken v. tr. acordar
aufweisen v. tr. mostrar, apresentar
aufwenden v. tr. gastar, empregar [für +ac., em]; (tempo) dedicar [für +ac., a]
Aufwendungen s. pl. despesas_{f. pl.}, gastos_{m. pl.}
aufwerten v. tr. 1. revalorizar; 2. valorizar
Aufwertung s. f. revalorização_{f.}
aufwickeln v. tr. enrolar
aufwiegeln v. tr. incitar à revolta [gegen +ac., contra]
aufwiegen v. tr. compensar
aufwischen v. tr. limpar, enxugar
aufzählen v. tr. enumerar
aufzeichnen v. tr. 1. desenhar; esboçar; 2. gravar
Aufzeichnung s. f. nota_{f.}, apontamento_{m.}
aufziehen I v. tr. 1. (relógio) dar corda a; 2. (crianças) educar; criar; 3. (coloq.) gozar com; II v. intr. (trovoada) formar-se
Aufzug s. m. 1. elevador_{m.}, ascensor_{m.}; 2. (pej.) fatiota_{f.}
aufzwingen v. tr. jemandem etwas aufzwingen: impor alguma coisa a alguém, impingir alguma coisa a alguém
Augapfel s. m. ANATOMIA globo_{m.} ocular
Auge s. nt. ANATOMIA olho_{m.}; vista_{f.}; mit bloßem Auge: a olho nu; unter vier Augen: a sós
Augenarzt s. m. oftalmologista_{m. e f.}
Augenblick s. m. momento_{m.}, instante_{m.}
augenblicklich I adj. 1. momentâneo; 2. imediato; II adv. 1. de momento; 2. imediatamente
Augenbraue s. f. ANATOMIA sobrancelha_{f.}
Augenlicht s. nt. visão_{f.}, vista_{f.}
Augenmaß s. nt. medida_{f.} a olho; nach Augenmaß: a olho
Augenmerk s. nt. atenção_{f.}
Augentropfen s. pl. MEDICINA gotas_{f. pl.} oftálmicas/para os olhos

Augenzeuge s. m. testemunha_{f.} ocular
August s. m. Agosto_{m.}
Auktion s. f. leilão_{m.}
Aula s. f. salão_{m.} nobre
aus I prep. [+dat.] 1. (origem) de; aus Berlin: de Berlim; 2. (material) de; aus Holz: de madeira; 3. (causa) por; aus Liebe/Not: por amor/necessidade; II adv. (coloq.) acabado; das Spiel ist aus: o jogo acabou ❖ aus sein: estar desligado; von mir aus: (coloq.) (cá) por mim
Aus s. nt. DESPORTO fora-de-jogo_{m.}
ausarbeiten v. tr. 1. elaborar; redigir; 2. aperfeiçoar
Ausarbeitung s. f. 1. elaboração_{f.}; redacção_{f.}; 2. últimos_{m. pl.} retoques
ausarten v. intr. degenerar [in +ac., em]
ausatmen v. intr. expirar
Ausbau s. m. 1. alargamento_{m.}; 2. ENGENHARIA desmontagem_{f.}; 3. intensificação_{f.}
ausbauen v. tr. 1. ampliar, alargar; 2. ENGENHARIA desmontar; 3. intensificar
ausbessern v. tr. consertar; emendar; remendar
ausbeulen v. tr. desamolgar
Ausbeute s. f. lucro_{m.} [an +dat., com]
ausbeuten v. tr. explorar
Ausbeutung s. f. exploração_{f.}
ausbilden v. tr. 1. formar, instruir; 2. desenvolver
Ausbildung s. f. 1. formação_{f.}, instrução_{f.}; 2. desenvolvimento_{m.}
ausbleiben v. intr. 1. ficar de fora; 2. faltar, não vir
Ausblick s. m. 1. vista_{f.} [auf +ac., para]; 2. perspectiva_{f.} [auf +ac., de]
ausborgen v. tr. (coloq.) emprestar; sich [dat.] etwas ausborgen: pedir alguma coisa emprestada
ausbrechen v. intr. 1. fugir; 2. (guerra) rebentar; 3. (medo) instalar-se; 4. (doença) propagar-se

ausbreiten I *v. tr.* 1. estender; 2. abrir; II *v. refl.* divulgar-se; propagar-se

Ausbreitung *s. f.* 1. extensão*ᵢ*; 2. propagação*ᵢ*, divulgação*ᵢ*

Ausbruch *s. m.* 1. fuga*ᵢ* [aus +*dat.*, de]; 2. eclosão*ᵢ*; 3. erupção*ᵢ*; 4. ímpeto*ₘ*

ausbrüten *v. tr.* 1. (ovos) chocar; 2. *(coloq.)* (ideia) tramar

ausbürgern *v. tr.* expatriar

Ausdauer *s. f.* perseverança*ᵢ*; resistência*ᵢ*

ausdauernd *adj.* persistente

ausdehnen I *v. tr.* 1. estender; esticar; FÍSICA dilatar; 2. expandir; II *v. refl.* prolongar-se

Ausdehnung *s. f.* 1. extensão*ₘ*; dimensão*ᵢ*; 2. expansão*ᵢ*; FÍSICA dilatação*ᵢ*; 3. prolongamento*ₘ*

ausdenken *v. tr.* sich [*dat.*] etwas ausdenken: imaginar alguma coisa, inventar alguma coisa

Ausdruck¹ *s. m.* ‹-(e)s, -drücke› 1. expressão*ᵢ*; 2. termo*ₘ*

Ausdruck² *s. m.* ‹-(e)s, -e› INFORMÁTICA listagem*ᵢ* (impressa)

ausdrucken *v. tr.* INFORMÁTICA imprimir

ausdrücken I *v. tr.* 1. exprimir; 2. (limão, esponja) espremer; II *v. refl.* expressar-se

ausdrücklich I *adj.* explícito; II *adv.* expressamente

ausdruckslos I *adj.* inexpressivo; II *adv.* sem expressão

ausdrucksvoll I *adj.* expressivo; II *adv.* com expressão

Ausdrucksweise *s. f.* forma*ᵢ* de expressão

auseinander *adv.* separado (um do outro); auseinander fallen: (pessoas) separar-se; auseinander gehen: afastar-se; (opiniões) divergir; auseinander halten: distinguir; auseinander nehmen: desmontar; sich mit etwas auseinander setzen: confrontar-se com alguma coisa

Auseinandersetzung *s. f.* 1. discussão*ᵢ* [über +*ac.*, sobre]; 2. conflito*ₘ* [zwischen +*dat.*, entre]

auserwählt *adj.* eleito

ausfahren I *v. tr.* (mercadoria) distribuir; II *v. intr.* sair; (barco) largar

Ausfahrt *s. f.* 1. saída*ᵢ*; 2. portão*ₘ*

Ausfall *s. m.* 1. (cabelo, dentes) queda*ᵢ*; 2. (evento) não-realização*ᵢ*; 3. (de mérito) falta*ᵢ*; 4. (máquina) avaria*ᵢ*

ausfallen *v. intr.* 1. (dentes, cabelos) cair; 2. não se realizar; 3. avariar; 4. resultar; gut/schlecht ausfallen: sair bem/mal

ausfallend *adj.* 1. grosseiro; 2. insolente

ausfertigen *v. tr.* (documento) lavrar, redigir; (recibo) passar

Ausfertigung *s. f.* 1. emissão*ᵢ*; 2. exemplar*ₘ*

ausfindig *adj.* jemanden/etwas ausfindig machen: localizar alguém/alguma coisa

ausfließen *v. intr.* vazar

ausflippen *v. intr. (coloq.)* passar-se

Ausflucht *s. f.* evasiva*ᵢ*, subterfúgio*ₘ*

Ausflug *s. m.* excursão*ᵢ* [nach +*dat.*, a], passeio*ₘ* [nach +*dat.*, a]

ausfragen *v. tr.* interrogar, inquirir [über +*ac.*, sobre]

ausfransen *v. intr.* desfiar

ausfressen *v. tr.* comer tudo; *(coloq.)* etwas ausfressen: fazer alguma asneira

Ausfuhr *s. f.* exportação*ᵢ*

ausführen *v. tr.* 1. executar; realizar; 2. ECONOMIA exportar

ausführlich I *adj.* pormenorizado, minucioso; II *adv.* extensivamente

Ausführlichkeit *s. f.* minúcia*ᵢ*

Ausführung *s. f.* 1. execução*ᵢ*; realização*ᵢ*; 2. exposição*ᵢ*, explicação*ᵢ*

ausfüllen *v. tr.* 1. preencher; 2. ocupar; 3. satisfazer

Ausgabe s. f. 1. (sem pl.) distribuição$_f$; entrega$_f$; 2. (sem pl.) (de nota, selo) emissão$_f$; 3. edição$_f$
Ausgang s. m. 1. saída$_f$; 2. desfecho$_m$; resultado$_m$
Ausgangspunkt s. m. ponto$_m$ de partida
Ausgangsstellung s. f. posição$_f$ inicial
ausgeben I v. tr. 1. distribuir; 2. (dinheiro) gastar; II v. refl. sich für etwas/jemanden ausgeben: fazer-se passar por alguma coisa/alguém
ausgebucht adj. esgotado, (completamente) cheio
ausgedehnt adj. 1. (espacial) extenso; 2. (temporal) prolongado
ausgefallen I p. p. de ausfallen; II adj. fora do vulgar; extravagante
ausgeglichen I p. p. de ausgleichen; II adj. equilibrado
Ausgeglichenheit s. f. ponderação$_f$
ausgehen v. intr. 1. sair; von etwas ausgehen: partir de alguma coisa; 2. acabar (-se); esgotar(-se); 3. acabar; terminar; gut ausgehen: acabar bem; 4. (cabelo, dente) cair; 5. apagar(-se)
ausgehungert adj. faminto, esfomeado
ausgekocht adj. (coloq.) sabido, finório
ausgelassen I p. p. de auslassen; II adj. divertido; travesso, endiabrado
Ausgelassenheit s. f. exuberância$_f$, animação$_f$
ausgeleiert adj. (elástico) gasto, moído
ausgenommen I p. p. de ausnehmen; II cj. excepto; ausgenommen, dass...: a não ser que...
ausgeprägt adj. pronunciado, acentuado
ausgerechnet adv. (coloq.) precisamente
ausgeschlossen I p. p. de ausschließen; II adj. impossível; ausgeschlossen!: de maneira nenhuma!
ausgeschnitten I p. p. de ausschneiden; II adj. decotado

ausgesprochen I p. p. de aussprechen; II adj. acentuado, pronunciado; III adv. sinceramente
ausgestorben I p. p. de aussterben; II adj. extinto
ausgesucht adj. selecto
ausgewachsen adj. desenvolvido; adulto
ausgewogen adj. equilibrado
ausgezeichnet adj. excelente, notável
ausgiebig I adj. abundante; II adv. largamente
ausgießen v. tr. 1. esvaziar; despejar; 2. verter; vazar; 3. derramar
Ausgleich s. m. 1. equilíbrio$_m$; acordo$_m$; 2. DESPORTO empate$_m$; 3. compensação$_f$ [für +ac., por]
ausgleichen I v. tr. 1. (diferenças) ajustar; 2. (conta) saldar; 3. (falta) compensar; II v. intr. DESPORTO empatar
ausgraben v. tr. desenterrar; exumar
Ausgrabung s. f. escavação$_f$
Ausguss s. m. bacia$_f$; pia$_f$
aushalten v. tr. 1. suportar, aguentar; 2. sustentar
aushandeln v. tr. negociar
aushändigen v. tr. entregar
Aushang s. m. edital$_m$
aushängen I v. tr. pendurar, expor; II v. intr. estar exposto
Aushängeschild s. nt. tabuleta$_f$, letreiro$_m$
ausharren v. intr. resistir, perseverar
aushelfen v. intr. auxiliar, ajudar
Aushilfe s. f. 1. ajuda$_f$; 2. auxiliar$_{m. e f.}$
Aushilfskraft s. f. auxiliar$_{m. e f.}$, ajudante$_{m. e f.}$
aushilfsweise adv. provisoriamente
aushöhlen v. tr. escavar
auskennen v. refl. 1. conhecer bem, ser versado [in +dat., em]; 2. orientar-se bem
ausklammern v. tr. (tema) deixar de lado
Ausklang s. m. fim$_m$, final$_m$

auskleiden v. tr. 1. (espaço) revestir [mit +dat., de]; 2. despir
auskommen v. intr. 1. dar-se bem [mit +dat., com]; 2. remediar-se [mit +dat., com]; 3. (Áustria) escapar-se; 4. (Suíça) tornar-se público
Auskommen s. nt. meios$_{m. pl.}$ de subsistência
auskosten v. tr. disfrutar; gozar (até o fim)
auskundschaften v. tr. 1. espiar; 2. (região) explorar
Auskunft s. f. informação$_f$ [über +ac., sobre]; jemandem Auskunft erteilen: dar uma informação a alguém
auskurieren I v. tr. curar uma doença; II v. refl. (coloq.) curar-se
auslachen v. tr. rir-se de
ausladen v. tr. descarregar; NÁUTICA desembarcar
Auslage s. f. 1. artigos$_{m. pl.}$ expostos; 2. montra$_f$
Ausland s. nt. estrangeiro$_m$
Ausländer s. m. estrangeiro$_m$
ausländerfeindlich adj. xenófobo
Ausländerfeindlichkeit s. f. xenofobia$_f$
ausländisch adj. estrangeiro
Auslandsgespräch s. nt. TELECOMUNICAÇÕES chamada$_f$ internacional
auslassen v. tr. 1. omitir; 2. (raiva, aborrecimento) descarregar [an +dat., em]
auslaufen v. intr. 1. NÁUTICA partir; 2. (líquido) vazar; 3. (cores) desbotar
ausleeren v. tr. esvaziar, despejar; vazar
auslegen v. tr. 1. expor (para venda); 2. (dinheiro) emprestar; 3. revestir [mit +dat., de]; 4. interpretar
Auslegung s. f. interpretação$_f$
ausleiern v. intr. (elástico, rosca) gastar-se
ausleihen v. tr. 1. pedir emprestado [bei +dat., a]; sich [dat.] etwas ausleihen: pedir alguma coisa emprestada; 2. emprestar; jemanden etwas ausleihen: emprestar alguma coisa a alguém
Auslese s. f. 1. ⟨sem pl.⟩ selecção$_f$; 2. reserva$_f$
auslesen v. tr. escolher, seleccionar
ausliefern v. tr. 1. (mercadoria) entregar; 2. DIREITO extraditar
Auslieferung s. f. 1. (de mercadoria) entrega$_f$; 2. DIREITO extradição$_f$
auslosen v. tr. tirar à sorte, sortear
auslösen v. tr. 1. provocar; 2. (tiro) disparar
Auslöser s. m. 1. FOTOGRAFIA disparador$_m$; 2. (arma) gatilho$_m$; 3. causa$_f$
Auslosung s. f. sorteio$_m$
ausmachen v. tr. 1. (rádio, luz) desligar; (fogo) apagar; 2. combinar [mit +dat., com]; 3. importar; das macht mir nichts aus: não me importo (nada)
ausmalen I v. tr. pintar; II v. refl. sich [dat.] etwas ausmalen: imaginar alguma coisa
Ausmaß s. nt. 1. dimensão$_f$; 2. extensão$_f$; in großem Ausmaß: em grande escala
ausmerzen v. tr. (bicharia) exterminar; (erro) eliminar
Ausnahme s. f. excepção$_f$ [von +dat., de]
Ausnahmefall s. m. caso$_m$ excepcional
Ausnahmezustand s. m. estado$_m$ de emergência
ausnahmslos adv. sem excepção
ausnahmsweise adv. excepcionalmente
ausnutzen v. tr. 1. aproveitar; 2. aproveitar-se de; explorar
auspacken v. tr. desfazer; desembrulhar
ausplaudern v. tr. revelar
ausplündern v. tr. saquear, pilhar
ausposaunen v. tr. (coloq.) espalhar, divulgar
ausprobieren v. tr. provar, experimentar
Auspuff s. m. ENGENHARIA escape$_m$
Auspuffrohr s. nt. ENGENHARIA tubo$_m$ de escape

ausquartieren* *v. tr.* desalojar
ausquetschen *v. tr.* espremer
ausradieren* *v. tr.* apagar
ausrasten *v. intr. (coloq.)* explodir
ausrauben *v. tr.* espoliar, roubar
ausräumen *v. tr.* 1. despejar; 2. esvaziar; desocupar
ausrechnen *v. tr.* calcular
Ausrede *s. f.* pretexto*m*, evasiva*f*
ausreden I *v. tr.* dissuadir; II *v. intr.* acabar de falar
ausreichen *v. intr.* chegar [für +ac., para], bastar [für +ac., para]
ausreichend *adj.* suficiente, bastante
Ausreise *s. f.* partida*f* [nach +dat., para], saída*f* [nach +dat., para]
ausreisen *v. intr.* partir, sair do país
ausreißen I *v. tr.* arrancar; II *v. intr. (coloq.)* pirar-se
Ausreißer *s. m. (coloq.)* fugitivo*m*
ausrichten *v. tr.* 1. transmitir; (cumprimento) dar; 2. conseguir [bei +dat., junto de]; 3. *(Áustria)* fazer pouco de; 4. *(Suíça)* pagar
ausrollen *v. tr.* CULINÁRIA (massa) estender
ausrotten *v. tr.* (seres vivos) exterminar
Ausruf *s. m.* exclamação*f*
ausrufen *v. tr.* 1. exclamar; gritar; 2. proclamar
Ausrufezeichen *s. nt.* ponto*m* de exclamação
ausruhen *v. intr.* repousar
ausrüsten *v. tr.* equipar, apetrechar [mit +dat., com]
Ausrüstung *s. f.* equipamento*m*; MILITAR armamento*m*; apetrechos*m.pl*
ausrutschen *v. intr.* escorregar, deslizar
Ausrutscher *s. m. (coloq.)* deslize*m*
Aussage *s. f.* 1. afirmação*f*; 2. DIREITO depoimento*m*
aussagen *v. tr.* 1. afirmar; 2. DIREITO depor
Aussand *s. m. (Suíça)* envio*m*

ausschaffen *v. tr. (Suíça)* expulsar
ausschalten *v. tr.* 1. desligar; (luz) apagar; 2. (erros, concorrência) eliminar
Ausschau *s. f.* nach jemandem/etwas Ausschau halten: procurar alguém/alguma coisa (com os olhos)
ausscheiden I *v. tr.* 1. segregar; 2. DESPORTO eliminar; II *v. intr.* sair [aus +dat., de]
Ausscheidung *s. f.* 1. BIOLOGIA excrementos*m.pl*; 2. DESPORTO eliminatória*f*
Ausscheidungskampf *s. m.* DESPORTO provas*f.pl* eliminatórias
ausschimpfen *v. tr.* ralhar com
ausschlafen *v. intr.* dormir até tarde
Ausschlag *s. m.* MEDICINA eczema*m*, erupção*f* cutânea
ausschlagen I *v. tr.* 1. (dentes) partir; 2. (oferta) rejeitar; II *v. intr.* (ponteiro, pêndulo) oscilar
ausschlaggebend *adj.* decisivo [für +ac., para]
ausschließen *v. tr.* 1. excluir; 2. expulsar [aus +dat., de]
ausschließlich I *adj.* exclusivo; II *adv.* exclusivamente
Ausschluss *s. m.* exclusão*f* [aus +dat., de]; expulsão*f* [aus +dat., de]
ausschmücken *v. tr.* adornar
ausschneiden *v. tr.* (imagem) recortar
Ausschnitt *s. m.* 1. parte*f*, sector*f*; 2. recorte*m*; 3. decote*m*
ausschreiben *v. tr.* 1. (emprego) pôr a concurso; 2. (cheque, receita) passar
Ausschreitungen *s. pl.* distúrbios*m.pl*
Ausschuss *s. m.* 1. comité*m*; júri*m*; 2. *(sem pl.)* refugo*m*
ausschütteln *v. tr.* sacudir
ausschütten *v. tr.* 1. (líquido) verter; 2. (recipiente) despejar; 3. (dividendo) distribuir
ausschweifend *adj.* 1. exagerado; 2. desregrado

aussehen *v. intr.* ter aspecto [nach +*dat.*, de]; parecer; hübsch aussehen: ser/estar giro

Aussehen *s. nt.* aspecto*_m*, aparência*_f*

außen *adv.* fora; von außen: de fora, por fora

Außenbezirk *s. m.* zona*_f* periférica

Außenbordmotor *s. m.* motor*_m* fora de bordo

aussenden *v. tr.* (raios, sinais) emitir

Außendienst *s. m.* serviço*_m* externo

Außenhandel *s. m.* comércio*_m* externo

Außenminister *s. m.* Ministro*_m* dos Negócios Estrangeiros

Außenministerium *s. nt.* Ministério*_m* dos Negócios Estrangeiros

Außenpolitik *s. f.* política*_f* externa

Außenseiter *s. m.* marginal*_{m. e f.}*

Außenstände *s. pl.* ECONOMIA créditos*_{m. pl.}*

Außenstelle *s. f.* filial*_f*, dependência*_f*

außer I *prep.* [+*dat.*] 1. fora de; außer Haus: fora de casa; außer sich sein/geraten: estar/ficar fora de si; 2. para além de; 3. excepto; II *cj.* außer dass: a não ser que; außer wenn: a menos que

außerdem *adv.* além disso

außerehelich *adj.* (relação) extra-conjugal

äußere(r) *adj.* 1. exterior; 2. externo

Äußere(s) *s. nt.* aparência*_f*, aspecto*_m*

außergewöhnlich *adj.* extraordinário, excepcional

außerhalb I *prep.* [+*gen.*,] fora de; II *adv.* fora, por fora

außerirdisch *adj.* extraterrestre

äußerlich *adj.* 1. exterior; externo; 2. superficial

Äußerlichkeit *s. f.* formalidade*_f*

äußern I *v. tr.* exprimir, dizer; II *v. refl.* pronunciar-se [zu +*dat.*, sobre]

außerordentlich I *adj.* extraordinário; II *adv.* extraordinariamente

außerorts *adv.* (Áustria, Suíça) na periferia

außerplanmäßig *adj.* 1. extraordinário; 2. (comboio) fora do horário

äußerst *adv.* extremamente

äußerste(r, s) *adj.* 1. extremo; 2. máximo

Äußerung *s. f.* declaração*_f*; observação*_f*

aussetzen I *v. tr.* 1. (animal) abandonar; 2. DIREITO (negociação) suspender; 3. criticar; II *v. intr.* parar ❖ jemandem/sich etwas aussetzen: expor alguém/expor-se a alguma coisa

Aussicht *s. f.* 1. panorama*_m*; 2. perspectiva*_f* [auf +*ac.*, de]; in Aussicht stellen: prometer; etwas in Aussicht haben: ter alguma coisa em vista

aussichtslos *adj.* sem esperança; desesperado

aussichtsreich *adj.* prometedor

Aussichtsturm *s. m.* miradouro*_m*

Aussiedler *s. m.* expatriado*_m*

aussöhnen *v. refl.* reconciliar-se [mit +*dat.*, com]

Aussöhnung *s. f.* reconciliação*_f*

aussondern *v. tr.* separar, apartar

aussortieren* *v. tr.* seleccionar, escolher

ausspannen I *v. tr.* (rede) estender; II *v. intr.* descansar, descontrair

aussperren *v. tr.* impedir a entrada

Aussperrung *s. f.* 1. lockout*_m*; 2. greve*_f* patronal

ausspionieren* *v. tr.* espiar

Aussprache *s. f.* 1. pronúncia*_f*; 2. debate*_m* [mit +*dat.*, com; über +*ac.*, sobre]

aussprechen I *v. tr.* 1. pronunciar; 2. exprimir; II *v. intr.* acabar de falar; III *v. refl.* declarar-se [für +*ac.*, a favor de; gegen +*ac.*, contra]

Ausspruch *s. m.* dito*_m*; DIREITO sentença*_f*

ausspucken *v. tr.* cuspir

ausspülen *v. tr.* lavar, enxaguar

Ausstand *s. m.* greve_f_; in den Ausstand treten: fazer greve
ausstatten *v. tr.* 1. equipar [mit +*dat.*, com]; 2. decorar
Ausstattung *s. f.* 1. equipamento_m_; 2. acabamentos_m. pl._; 3. apresentação_f_
ausstehen I *v. tr.* suportar; II *v. intr.* noch ausstehen: (ainda) estar por vir; (conta) estar por pagar
aussteigen *v. intr.* 1. descer [aus +*dat.*, de]; desembarcar [aus +*dat.*, de]; 2. retirar-se [aus +*dat.*, de]
Aussteiger *s. m.* dissidente_m. e f._
ausstellen *v. tr.* 1. (conta) tirar; (documento) passar; 2. expor
Aussteller *s. m.* 1. expositor_m_; 2. (letra de câmbio) sacador_m_
Ausstellung *s. f.* 1. exposição_f_; 2. (documento) emissão_f_; (letra de câmbio) saque_m_
aussterben *v. intr.* extinguir-se
Aussteuer *s. f.* dote_m_
Ausstieg *s. m.* 1. saída_f_; 2. (de sociedade) dissidência_f_
ausstopfen *v. tr.* 1. (almofada) encher [mit +*dat.*, de]; 2. (animais) embalsamar
ausstrahlen *v. tr.* irradiar
Ausstrahlung *s. f.* 1. irradiação_f_; 2. carisma_m_
ausstrecken I *v. tr.* estender; II *v. refl.* estender-se
ausströmen I *v. tr.* libertar, deitar; II *v. intr.* libertar-se
aussuchen *v. tr.* escolher, seleccionar
Austausch *s. m.* troca_f_, intercâmbio_m_
austauschbar *adj.* permutável
austauschen *v. tr.* trocar; permutar
Austauschmotor *s. m.* motor_m_ de troca/recâmbio
Austauschstudent *s. m.* estudante_m. e f._ de intercâmbio
austeilen *v. tr.* distribuir [unter +*dat.*, por], repartir [unter +*dat.*, entre]

Auster *s. f.* ostra_f_
Australien *s. nt.* Austrália_f_
Australier *s. m.* australiano_m_
australisch *adj.* australiano
austreiben *v. tr.* (diabo, espíritos) exorcismar; jemandem etwas austreiben: desabituar alguém de alguma coisa
austreten *v. tr.* (cigarro) apagar (com o pé); II *v. intr.* 1. (gás, vapor) sair [aus +*dat.*, de]; 2. retirar-se [aus +*dat.*, de]
austricksen *v. tr.* DESPORTO fintar
austrinken I *v. tr.* 1. esvaziar; 2. beber (até ao fim); II *v. intr.* beber (tudo)
Austritt *s. m.* 1. saída_f_ [aus +*dat.*, de], retirada_f_ [aus +*dat.*, de]; 2. (de gás) fuga_f_
austrocknen *v. intr.* secar
ausüben *v. tr.* exercer, praticar
Ausübung *s. f.* exercício_m_
Ausverkauf *s. m.* saldos_m. pl._; liquidação_f_ (total)
ausverkauft *adj.* esgotado
Auswahl *s. f.* 1. ⟨sem pl.⟩ escolha_f_, selecção_f_; 2. sortido_m_, variedade_f_
auswählen *v. tr.* escolher [unter +*dat.*, entre], seleccionar [unter +*dat.*, entre]
Auswanderer *s. m.* emigrante_m. e f._
auswandern *v. intr.* emigrar [aus +*dat.*, de; nach +*dat.*, para]
Auswanderung *s. f.* emigração_f_ [aus +*dat.*, de; nach +*dat.*, para]
auswärtig *adj.* 1. forasteiro; 2. estrangeiro
auswärts *adv.* fora; no estrangeiro
Auswärtsspiel *s. nt.* DESPORTO jogo_m_ fora de casa
auswaschen *v. tr.* lavar
auswechseln *v. tr.* trocar; substituir [gegen +*ac.*, por]
Auswechslung *s. f.* troca_f_; substituição_f_
Ausweg *s. m.* saída_f_ [aus +*dat.*, de]; solução_m_
ausweichen *v. intr.* 1. dar passagem; 2. evitar

ausweichend *adj.* evasivo
Ausweis *s. m.* bilhete$_m$ de identidade
aus|weisen I *v. tr.* expulsar [aus +*dat.*, de]; II *v. refl.* identificar-se [als +*nom.*, como]
Ausweispapiere *s. pl.* documentos$_{m. pl.}$ (comprovativos de identidade)
Ausweisung *s. f.* expulsão$_f$ [aus +*dat.*, de]
aus|weiten *v. tr.* alargar [auf +*ac.*, a], estender [auf +*ac.*, a]
auswendig *adv.* de cor; auswendig lernen: decorar
aus|werten *v. tr.* analisar, avaliar
Auswertung *s. f.* análise$_f$, avaliação$_f$
aus|wirken *v. refl.* ter efeito [auf +*ac.*, em], repercutir-se [auf +*ac.*, em]
Auswirkung *s. f.* consequência$_f$ [auf +*ac.*, para], efeito$_m$ [auf +*ac.*, em]
aus|wischen *v. tr.* limpar ❖ jemandem eins auswischen: *(coloq.)* pregar uma partida a alguém
aus|wringen *v. tr.* torcer
Auswuchs *s. m.* 1. MEDICINA excrescência$_f$; 2. exagero$_m$
aus|wuchten *v. tr.* calibrar
aus|zahlen I *v. tr.* pagar; II *v. refl.* valer a pena
aus|zählen *v. tr.* contar
aus|zeichnen I *v. tr.* 1. distinguir [mit +*dat.*, com]; 2. marcar (o preço em); II *v. refl.* distinguir-se [durch +*ac.*, por]
Auszeichnung *s. f.* distinção$_f$; MILITAR condecoração$_f$
aus|ziehen I *v. tr.* tirar, descalçar; II *v. intr.* mudar de casa; III *v. refl.* despir-se
Auszubildende(r) *s. m.* e *f.* aprendiz, -a$_{m, f}$, formand|o, -a$_{m, f}$
Auszug *s. m.* 1. mudança$_f$ (de casa); 2. extracto$_m$; 3. excerto$_m$
autark *adj.* autárquico

authentisch *adj.* autêntico
Auto *s. nt.* carro$_m$
Autobahn *s. f.* auto-estrada$_f$
Autobahnauffahrt *s. f.* entrada$_f$ de auto-estrada
Autobahnausfahrt *s. f.* saída$_f$ de auto-estrada
Autobahngebühr *s. f.* portagem$_f$
Autobahnkreuz *s. nt.* nó$_m$ de auto-estrada
Autobiografie *s. f.* autobiografia$_f$
Autobus *s. m.* autocarro$_m$; camioneta$_f$
Autofahrer *s. m.* condutor$_m$
Autofahrt *s. f.* viagem$_f$ de carro
Autogramm *s. nt.* autógrafo$_m$
Autolenker *s. m. (Suíça)* condutor$_m$
Automat *s. m.* autómato$_m$; distribuidora$_f$ automática
Automatikschaltung *s. f.* caixa$_f$ de velocidades automática
Automatikwagen *s. m.* automóvel$_m$ de transmissão automática
automatisch *adj.* automático
Automatisierung *s. f.* automatização$_f$
Automechaniker *s. m.* mecânico$_m$ de automóveis
Automobil *s. nt.* automóvel$_m$
autonom *adj.* autónomo
Autonummer *s. f.* matrícula$_f$
Autor *s. m.* autor$_m$
Autoradio *s. nt.* auto-rádio$_m$
Autoreifen *s. m.* pneu$_m$
Autorennen *s. nt.* corrida$_f$ de automóveis
autoritär *adj.* autoritário
Autorität *s. f.* autoridade$_f$
Autoschlüssel *s. m.* chave$_f$ do carro
Autounfall *s. m.* acidente$_m$ de automóvel
Autoverleih *s. m.* aluguer$_m$ de automóveis
Avocado *s. f.* BOTÂNICA abacate$_m$
Axt *s. f.* machado$_m$

B

B, b *s. nt.* 1. B, b*m.*; 2. MÚSICA si-bemol*m.*
Baby *s. nt.* bebé*m. e f.*
Babynahrung *s. f.* comida*f.* para bebé
babysitten *v. intr. (coloq.)* tomar conta de crianças
Babysitter *s. m.* baby-sitter*m. e f.*
Bach *s. m.* ribeiro*m.*, regato*m.*
Back *s. m. (Áustria, Suíça)* DESPORTO defesa*f.*
Backblech *s. nt.* tabuleiro*m.* (do forno)
Backbord *s. nt.* NÁUTICA bombordo*m.*
Backe *s. f.* bochecha*f.*
backen I *v. tr.* (pão, bolo) cozer (no forno), fazer; II *v. intr.* (pão, bolo) cozer, fazer
Backenbart *s. m.* suíças*f. pl.*
Backenknochen *s. m.* maçã*f.* do rosto
Backenzahn *s. m.* dente*m.* molar
Bäcker *s. m.* padeiro*m.*
Bäckerei *s. f.* 1. padaria*f.*; 2. pastéis*m. pl.*, bolos*m. pl.*
Backform *s. f.* forma*f.* (para bolos)
Backobst *s. nt.* fruta*f.* seca
Backofen *s. m.* forno*m.*
Backpflaume *s. f.* ameixa*f.* seca
Backpulver *s. nt.* fermento*m.* em pó
Backrohr *s. nt. (Áustria)* forno*m.*
Backstein *s. m.* tijolo*m.*, ladrilho*m.*
Backup *s. nt.* INFORMÁTICA backup*m.*
Backwaren *s. pl.* pastéis*m. pl.*, bolos*m. pl.*; salgados*m. pl.*
Bad *s. nt.* 1. quarto*m.* de banho; 2. banho*m.*
Badeanstalt *s. f.* piscina*f.* pública
Badeanzug *s. m.* fato*m.* de banho
Badehose *s. f.* calção*m.* de banho
Badekappe *s. f.* touca*f.* de banho
Bademantel *s. m.* roupão*m.* (de banho)
Bademeister *s. m.* (pessoa) banheiro*m.*
baden I *v. tr.* banhar; II *v. intr.* 1. tomar banho; in Schweiß gebadet: alagado em suor; 2. nadar
Baden-Württemberg *s. nt.* Baden-Vurtemberga*f.*
Badeort *s. m.* 1. termas*f. pl.*; estância*f.* balnear; 2. praia*f.*
Badetuch *s. nt.* toalha*f.* de banho
Badewanne *s. f.* banheira*f.*
Badezimmer *s. nt.* quarto*m.* de banho
baff *adj. (coloq.)* baff sein: ficar embasbacado
Bafög *s. nt.* [abrev. de *Bundesausbildungsförderungsgesetz*] subsídio*m.* directo de estudo
Bagatelle *s. f.* bagatela*f.*, insignificância*f.*
Bagger *s. m.* (retro)escavadora*f.*
baggern *v. intr.* 1. escavar; dragar; 2. (voleibol) dar manchete
Baggersee *s. m.* lago*m.*
Bahn *s. f.* 1. caminho-de-ferro*m.*; 2. comboio*m.*; 3. eléctrico*m.*; 4. caminho*m.*; pista*f.*; 5. ASTRONOMIA órbita*f.*
Bahnangestellte(r) *s. m. e f.* empregad|o, -a*m. f.* dos caminhos-de-ferro
Bahnfahrt *s. f.* viagem*f.* de comboio
Bahnhof *s. m.* estação*f.* (de caminho-de-ferro)
Bahnhofsvorstand *s. m. (Áustria, Suíça)* chefe*m.* da estação
Bahnlinie *s. f.* linha*f.* férrea
Bahnpolizei *s. f.* polícia*f.* ferroviária
Bahnsteig *s. m.* plataforma*f.*
Bahnsteigkarte *s. f.* bilhete*m.* de gare

Bahnstrecke s. f. linha_f
Bahnübergang s. m. passagem_f de nível
Bahnverbindung s. f. ligação_f ferroviária
Bahre s. f. 1. maca_f; 2. féretro_m
Bakterie s. f. bactéria_f
bakteriell adj. bacteriano
Bakteriologe s. m. bacteriólogo_f
Balance s. f. equilíbrio_m, balanço_m
balancieren* I v. tr. balançar; equilibrar; II v. intr. balançar
bald adv. 1. em breve; bald darauf: pouco depois; 2. (coloq.) por pouco
baldig adj. pronto, rápido; auf baldiges Wiedersehen: até breve
Baldrian s. m. BOTÂNICA valeriana_f
balgen v. refl. brigar [um +ac., por], lutar [um +ac., por]
Balkan s. m. Balcãs_{m. pl.}
Balken s. m. viga_f, trave_f
Balkon s. m. varanda_f, terraço_m
Ball s. m. 1. bola_f; 2. baile_m
Ballade s. f. balada_f
Ballast s. m. 1. lastro_m; 2. (fig.) fardo_m, peso_m inútil
Ballaststoffe s. pl. fibras_{f. pl.} vegetais
ballen I v. tr. (punho) cerrar; II v. refl. acumular-se
Ballen s. m. 1. fardo_m; 2. (da mão) palma_f
Ballett s. nt. ballet_m
Balletttänzer s. m. bailarino_m
Balljunge s. m. DESPORTO apanhador_m de bolas
Ballon s. m. AERONÁUTICA aeróstato_m; balão_m
Ballung s. f. aglomeração_f, concentração_f
Ballungsraum s. m. zona_f industrial
Balsam s. m. bálsamo_m
Bambus s. m. BOTÂNICA bambu_m
Bambusrohr s. nt. BOTÂNICA cana-da-índia_f
Bammel s. m. (coloq.) medo

banal adj. banal, trivial
Banane s. f. banana_f
Banause s. m. ignorante_{m. e f.}
band pret. imp. de binden
Band¹ s. nt. ⟨-(e)s, Bänder⟩ 1. fita_f, tira_f; faixa_f, banda_f; 2. ANATOMIA ligamento_m
❖ am laufenden Band: em série
Band² s. m. ⟨-(e)s, Bände⟩ (livro) volume_m, tomo_m
Band³ s. f. ⟨-,-s⟩ MÚSICA banda_f, grupo_m
Bandage s. f. ligadura_f
Bande s. f. cambada_f; bando_m, quadrilha_f
bändigen v. tr. (animal) domar, dominar
Bandit s. m. bandido_m
Bandscheibe s. f. ANATOMIA disco_m vertebral
Bandwurm s. m. ténia_f
bange adj. medroso; (jemanden) bange machen: amedrontar (alguém)
bangen v. intr. temer, recear; um jemanden/etwas bangen: recear por alguém/alguma coisa
Bank¹ s. f. ⟨-, Bänke⟩ (assento) banco_m
Bank² s. f. ⟨-,-en⟩ (instituição bancária) banco_m
Bankangestellte(r) s. m. e f. empregad|o, -a_{m. f} bancári|o, -a_{m. f.}
Bankett s. nt. banquete_m
Bankfiliale s. f. agência_f, balcão_m
Bankguthaben s. nt. crédito_m bancário
Bankier s. m. banqueiro_m
Bankkauffrau s. f. empregada_f bancária
Bankkaufmann s. m. empregado_m bancário
Bankkonto s. nt. conta-corrente_f, conta_f bancária
Bankleitzahl s. f. número_m de identificação bancária
Banknote s. f. nota_f (bancária)
Bankraub s. m. assalto_m a um banco

bankrott *adj.* ECONOMIA falido
Bankrott *s. m.* ECONOMIA falência$_f$, bancarrota$_f$; Bankrott machen/gehen: falir
Banküberfall *s. m.* assalto$_m$ a um banco
Bankwesen *s. nt.* sistema$_m$ bancário
bar *adj.* em dinheiro; etwas (in) bar bezahlen: pagar em dinheiro
Bar *s. f.* bar$_m$
Bär *s. m.* ZOOLOGIA urso$_m$.; ASTRONOMIA Großer/Kleiner Bär: Ursa Maior/Menor
Baracke *s. f.* barraca$_f$
barbarisch *adj.* bárbaro
barfuß *adj.* descalço
barg *pret. imp. de* bergen
Bargeld *s. nt.* numerário$_m$
bargeldlos *adj.* por cheque, por transferência
Barhocker *s. m.* banco$_m$ de bar
Barkeeper *s. m.* barman$_m$
barmherzig *adj.* caridoso, misericordioso
Barmherzigkeit *s. f.* misericórdia$_f$
barock *adj.* barroco
Barock *s. m. e nt.* barroco$_m$
Barometer *s. nt.* barómetro$_m$
Barren *s. m.* 1. (metal) barra$_f$; 2. DESPORTO barras$_{f. pl.}$ paralelas
Barriere *s. f.* barreira$_f$; cancela$_f$
barsch *adj.* rude, brusco
Barsch *s. m.* ZOOLOGIA perca$_f$
Barscheck *s. m.* cheque$_m$ ao portador
barst *pret. imp. de* bersten
Bart *s. m.* 1. (homem) barba$_f$, barbas$_{f. pl.}$; 2. (animal) bigodes$_{m. pl.}$
bärtig *adj.* barbudo
Barzahlung *s. f.* pagamento$_m$ em dinheiro
Base *s. f.* 1. *(Suíça)* tia$_f$; 2. *(Regionalismo)* prima$_f$
Basel *s. nt.* Basileia$_f$
Basen *s. pl. de* Basis
basieren* *v. intr.* basear-se [auf +*dat.*, em]

Basilikum *s. nt.* BOTÂNICA manjerico$_m$
Basis *s. f.* base$_f$
Basketball *s. m.* DESPORTO basquetebol$_m$
Bass *s. m.* MÚSICA baixo$_m$
Bassist *s. m.* MÚSICA baixista$_{m. e f.}$
basteln I *v. tr.* fazer, montar; II *v. intr.* dedicar-se a bricolage
bat *pret. imp. de* bitten
Batterie *s. f.* 1. pilha$_f$ (eléctrica); 2. bateria$_f$
Bau^1 *s. m.* ⟨-(e)s, -ten⟩ edifício$_m$, prédio$_m$
Bau^2 *s. m.* ⟨-(e)s, sem pl.⟩ 1. construção$_f$; 2. obras$_{f. pl.}$; 3. (pessoa) estatura$_f$
Bau^3 *s. m.* ⟨-(e)s, -e⟩ toca$_f$, covil$_m$
Bauarbeiten *s. pl.* obras$_{f. pl.}$
Bauarbeiter *s. m.* operário$_m$ da construção civil
Bauch *s. m.* barriga$_f$, ventre$_m$
Bauchfell *s. nt.* ANATOMIA peritoneu$_m$
bauchig *adj.* 1. (pessoa) barrigudo; 2. (objecto) abaulado
Bauchnabel *s. m.* umbigo$_m$
Bauchredner *s. m.* ventríloquo$_m$
Bauchschmerzen *s. pl.* dores$_{f. pl.}$ de barriga
Bauchspeicheldrüse *s. f.* ANATOMIA pâncreas$_m$
Bauchtanz *s. m.* dança$_f$ do ventre
Bauchweh *s. nt. (coloq.)* → Bauchschmerzen
bauen I *v. tr.* 1. construir, erigir; 2. (instrumentos) fabricar; II *v. intr.* confiar [auf +*ac.*, em]
Bauer^1 *s. m.* ⟨-n, -n⟩ 1. (carta de jogo) valete$_m$; 2. (peça de xadrez) peão$_m$
Bauer^2 *s. m.* ⟨-n, -n⟩ camponês$_m$, agricultor$_m$
bäuerlich *adj.* campestre, rústico
Bauernhaus *s. nt.* casa$_f$ rural, casa$_f$ de campo
Bauernhof *s. m.* quinta$_f$
baufällig *adj.* em perigo de ruir

Baufirma s. f. empresa, de construção civil
Baugelände s. nt. terreno, para construção
Baugerüst s. nt. andaime,
Bauherr s. m. patrão,
Bauindustrie s. f. indústria, de construção civil
Bauingenieur s. m. engenheiro, civil
Baujahr s. nt. ano, de construção; (carro) modelo,
Bauklotz s. m. peça, de construção
Bauland s. nt. terreno, para construção
Baum s. m. árvore,
Baumeister s. m. mestre-de-obras,
baumeln v. intr. bambolear, baloiçar
Baumkrone s. f. copa, (da árvore)
Baumnuss s. f. (Suíça) noz,
Baumrinde s. f. casca, (da árvore); cortiça,
Baumschule s. f. viveiro, de plantas
Baumstamm s. m. tronco, (da árvore)
Baumstumpf s. m. cepo,
Baumwolle s. f. algodão,
Baumwollstoff s. m. tecido, de algodão
Bauplan s. m. projecto, de construção; planta,
Bauplatz s. m. terreno, para construção
Bausch s. m. (algodão) chumaço,, tufo,
Bausparkasse s. f. crédito, predial
Bausparvertrag s. m. contrato, de poupança imobiliária
Baustelle s. f. estaleiro,, obras, pl.
Baustil s. m. estilo, arquitectónico
Bauten s. pl. de Bau[1]
Bauunternehmer s. m. construtor,, empreiteiro,
Bauwerk s. nt. obra,
Bauwesen s. nt. obras, pl. públicas
Bayer s. m. bávaro,
Bayern s. nt. Baviera,

bayrisch adj. bávaro
Bazillus s. m. BIOLOGIA bacilo,
Bd. s. m. [abrev. de Band] vol. [abrev. de volume]
Bde. s. pl. [abrev. de Bände] vol. [abrev. de volumes]
beabsichtigen* v. tr. tencionar, ter em vista
beachten* v. tr. 1. reparar em; 2. ter em conta; 3. (regra, norma) seguir, respeitar
beachtenswert adj. notável
beachtlich adj. 1. considerável; 2. importante
Beachtung s. f. (de regra, regulamento) observação,; Beachtung finden: ser considerado
Beamte(r) s. m. funcionário, público
beängstigen* v. tr. inquietar, alarmar
beängstigend adj. inquietante, alarmante
beanspruchen* v. tr. 1. exigir; reivindicar, reclamar; 2. levar, requerer
Beanspruchung s. f. 1. exigência,; reivindicação,; 2. desgaste,
beanstanden* v. tr. pôr objecções a, reclamar
Beanstandung s. f. objecção,, reclamação,
beantragen* v. tr. pedir, requerer
beantworten* v. tr. responder a
bearbeiten* v. tr. 1. (requerimento, caso, acta) estudar; 2. (material) trabalhar; 3. (campo) lavrar; 4. (texto) redigir; 5. (assunto) tratar
Bearbeiter s. m. (texto) revisor,
Bearbeitung s. f. 1. (de requerimento, assunto) tratamento,; 2. (de pedra) aparelhamento,; 3. (do campo) cultivo,; 4. revisão,; (de filme) adaptação,
beaufsichtigen* v. tr. vigiar, inspeccionar
beauftragen* v. tr. encarregar, incumbir
Beauftragte(r) s. m. e f. 1. encarregad|o, -a,, ,, delegad|o, -a,, ,; 2. DIREITO mandatári|o, -a,, ,

bebauen° *v. tr.* 1. ARQUITECTURA urbanizar; 2. AGRICULTURA cultivar
Bebauung *s. f.* urbanização_f_
Bebauungsplan *s. m.* plano_m_ de urbanização
beben *v. intr.* tremer
Beben *s. nt.* sismo_m_
bebildern° *v. tr.* ilustrar
Becher *s. m.* caneca_f_; taça_f_, copo_m_
Becken *s. nt.* 1. ANATOMIA bacia_f_; 2. bacia_f_; 3. lavatório_m_; 4. piscina_f_
bedacht *adj.* ponderado; auf etwas bedacht sein: pensar em alguma coisa, preocupar-se com alguma coisa
bedächtig *adj.* 1. reflectido, ponderado; 2. lento
bedanken *v. refl.* agradecer; sich bei jemandem für etwas bedanken: agradecer alguma coisa a alguém
Bedarf *s. m.* 1. necessidade_f_ [an +*dat.*, de], falta_f_ [an +*dat.*, de]; 2. ECONOMIA procura_f_
Bedarfsartikel *s. m.* artigo_m_ de primeira necessidade
bedauerlich *adj.* lamentável, deplorável
bedauern° *v. tr.* lamentar, deplorar; ter pena de
Bedauern *s. nt.* pena_f_, pesar_m_
bedauernswert *adj.* 1. lamentável; 2. desgraçado
bedecken° *v. tr.* cobrir [mit +*dat.*, de], tapar [mit +*dat.*, com]
bedeckt *adj.* 1. coberto; 2. ‹céu› encoberto
Bedeckung *s. f.* 1. cobertura_f_; 2. protecção_f_; MILITAR escolta_f_
bedenken° *v. tr.* ponderar, reflectir sobre
Bedenken¹ *s. nt.* ‹-s, sem pl.› reflexão_f_, meditação_f_
Bedenken² *s. pl.* reservas_f. pl._, dúvidas_f. pl._; escrúpulos_m. pl._
bedenklich *adj.* 1. estado crítico, preocupante; 2. ‹acção› duvidoso

Bedenkzeit *s. f.* tempo_m_ para deliberar
bedeuten° *v. tr.* 1. significar, querer dizer; 2. significar, ter importância; das hat nichts zu bedeuten: não importa, não quer dizer nada
bedeutend *adj.* 1. importante; 2. considerável, significativo
Bedeutung *s. f.* 1. sentido_m_, significado_m_; 2. ‹sem pl.› importância_f_
bedeutungslos *adj.* insignificante, sem importância
Bedeutungslosigkeit *s. f.* insignificância_f_
bedeutungsvoll *adj.* 1. relevante, importante; 2. significativo
bedienen° **I** *v. tr.* 1. servir; atender; 2. manejar; **II** *v. refl.* servir-se
Bedienerin *s. f.* (Áustria) empregado_m_ da limpeza
bedienstet *adj.* (Áustria) empregado
Bedienung *s. f.* 1. ‹sem pl.› serviço_m_, atendimento_m_; 2. ‹sem pl.› manejo_m_; 3. empregad|o, -a_m., f._
bedingen *v. tr.* 1. pressupor; exigir; 2. condicionar
Bedingung *s. f.* condição_f_; unter der Bedingung, dass...: com a/na condição de...
bedingungslos *adj.* incondicional
bedrängen° *v. tr.* 1. importunar; 2. pressionar
bedrohen° *v. tr.* ameaçar [mit +*dat.*, de]
bedrohlich *adj.* ameaçador
Bedrohung *s. f.* ameaça_f_
bedrucken° *v. tr.* imprimir, estampar [mit +*dat.*, com]
bedrücken° *v. tr.* oprimir, afligir
bedrückend *adj.* opressivo, aflitivo
Bedürfnis *s. nt.* necessidade_f_
bedürftig *adj.* necessitado, carenciado
Beefsteak *s. nt.* bife_m_
beeiden° *v. tr.* DIREITO jurar, ajuramentar

beeilen* v. refl. apressar-se [zu +dat., a], despachar-se [zu +dat., a]
beeindrucken* v. tr. impressionar
beeinflussen* v. tr. influenciar
Beeinflussung s. f. influência*f*
beeinträchtigen* v. tr. 1. afectar; prejudicar; 2. restringir
Beeinträchtigung s. f. prejuízo*m*, dano*m*
beenden* v. tr. acabar, terminar, concluir
beengen* v. tr. 1. apertar; 2. constranger, restringir
beerdigen* v. tr. enterrar, sepultar
Beerdigung s. f. enterro*m*, funeral*m*
Beerdigungsinstitut s. nt. agência*f* funerária
Beere s. f. bago*m*, baga*f*
Beet s. nt. canteiro*m*
Beete s. f. BOTÂNICA beterraba*f*
befähigen* v. tr. habilitar [zu +dat., para], tornar capaz [zu +dat., de +inf.]
Befähigung s. f. 1. capacidade*f*; 2. qualificação*f*
befahl pret. imp. de befehlen
befahrbar adj. transitável; NÁUTICA navegável
befahren adj. (estrada) com movimento
befallen* v. tr. 1. (medo, dúvidas) acometer; 2. (parasita) atacar
befangen* adj. 1. embaraçado, acanhado; 2. DIREITO parcial
Befangenheit s. f. 1. embaraço*m*, acanhamento*m*; 2. DIREITO parcialidade*f*
befassen* v. refl. 1. ocupar-se [mit +dat., de]; 2. tratar [mit +dat., de]
Befehl s. m. 1. ordem*f*; MILITAR comando*m*; 2. INFORMÁTICA comando*m*, instrução*f*
befehlen v. tr. e intr. ordenar, mandar
befestigen* v. tr. 1. fixar; pôr; amarrar; 2. MILITAR fortificar
Befestigung s. f. 1. reforço*m*; 2. fixação*f*; 3. MILITAR fortificação*f*

befeuchten* v. tr. humedecer
befinden* I v. refl. encontrar-se, estar; ficar; II v. intr. considerar; etwas für gut/schlecht befinden: considerar alguma coisa boa/má
Befinden s. nt. estado*m* de saúde
beflügeln* v. tr. (fantasia) deixar voar, dar asas a
befohlen pret. imp. de befehlen
befolgen* v. tr. (conselho) seguir; cumprir
befördern* v. tr. 1. transportar; 2. promover [zu +dat., a]
Beförderung s. f. 1. transporte*m*; 2. (profissional) promoção*f*
befragen* v. tr. interrogar; consultar
Befragung s. f. interrogatório*m*
befreien* I v. tr. 1. libertar [aus/von +dat., de]; 2. dispensar [von +dat., de], isentar [von +dat., de]; II v. refl. libertar-se [aus/von +dat., de]
Befreiung s. f. 1. libertação*f*; 2. isenção*f*
befremden* v. tr. parecer estranho a
befreunden* v. refl. tornar-se amigo [mit +dat., de]
befreundet adj. amigo [mit +dat., de]
befriedigen* v. tr. satisfazer, contentar
befriedigend adj. satisfatório; suficiente
Befriedigung s. f. satisfação*f*
befristen* v. tr. limitar; aprazar
befristet adj. limitado; a prazo
befruchten* v. tr. fecundar, fertilizar
Befruchtung s. f. fecundação*f*
Befugnis s. f. autorização*f*
befugt adj. autorizado, habilitado
Befund s. m. MEDICINA diagnóstico*m*, resultado*m*
befürchten* v. tr. temer, recear
Befürchtung s. f. receio*m*
befürworten* v. tr. aprovar; recomendar
begabt adj. dotado, talentoso

Begabung *s. f.* talento*_m*, aptidão*_f*
begann *pret. imp. de* beginnen
begeben° *v. refl.* 1. dirigir-se [zu +*dat.*, a/para], ir [zu +*dat.*, a/para]; **sich in Gefahr begeben**: expor-se ao perigo; 2. acontecer
Begebenheit *s. f.* acontecimento*_m*
begegnen I *v. intr.* encontrar; **jemandem begegnen**: encontrar alguém; II *v. refl.* encontrar-se, cruzar-se
Begegnung *s. f.* encontro*_m* [mit +*dat.*, com]
begehen° *v. tr.* 1. (delito, erro) cometer; 2. (festa) celebrar
begehren *v. tr.* ansiar por, desejar
begehrenswert *adj.* desejável, apetecível
begehrt *adj.* cobiçado; muito procurado
begeistern I *v. tr.* entusiasmar [für +*ac.*, por]; II *v. refl.* entusiasmar-se [für +*ac.*, por]
begeistert *adj.* 1. entusiasmado [von +*dat.*, com]; 2. entusiástico
Begeisterung *s. f.* entusiasmo*_m* [für, +*ac.*, por]
Begierde *s. f.* desejo*_m*, anseio*_m*
begierig *adj.* desejoso [auf +*ac.*, por], ansioso [auf +*ac.*, por]
begießen° *v. tr.* molhar, regar
Beginn *s. m.* princípio*_m*, começo*_m*
beginnen *v. tr. e intr.* começar, iniciar
beglaubigen° *v. tr.* autenticar, certificar; (assinatura) reconhecer
Beglaubigung *s. f.* atestado*_m*, certificado*_m*; (notarial) autenticação*_f*
begleiten° *v. tr.* acompanhar
Begleiter *s. m.* acompanhante*_{m. e f.}*; companheiro*_m*
Begleiterscheinung *s. f.* fenómeno*_m* concomitante; MEDICINA epifenómeno*_m*
Begleitmusik *s. f.* música*_f* de acompanhamento
Begleitschreiben *s. nt.* carta*_f* acompanhante; carta*_f* de apresentação

Begleitung *s. f.* companhia*_f*; MÚSICA acompanhamento*_m*
beglückwünschen° *v. tr.* felicitar [zu +*dat.*, por], dar os parabéns a [zu +*dat.*, por]
begnadigen° *v. tr.* amnistiar
Begnadigung *s. f.* indulto*_m*, amnistia*_f*
begnügen° *v. refl.* contentar-se [mit +*dat.*, com]
Begonie *s. f.* BOTÂNICA begónia*_f*
begonnen *p. p. de* beginnen
begraben° *v. tr.* 1. enterrar, sepultar; 2. *(fig.)* esquecer; pôr fim a
Begräbnis° *s. nt.* enterro*_m*, funeral*_m*
begreifen° *v. tr.* compreender, entender
begreiflich *adj.* compreensível
begrenzen° *v. tr.* 1. demarcar; 2. limitar [auf +*ac.*, a]
begrenzt *adj.* limitado
Begrenzung *s. f.* demarcação*_f*, limitação*_f*
Begriff *s. m.* 1. termo*_m*, conceito*_m*; 2. noção*_f*, ideia*_f*; **im Begriff sein, etwas zu tun**: estar prestes a fazer alguma coisa
begriffsstutzig *adj.* lento, de compreensão lenta
begründen° *v. tr.* 1. justificar [mit +*dat.*, com]; 2. fundar, estabelecer
Begründer *s. m.* fundador*_m*
Begründung *s. f.* motivo*_m* [für +*ac.*, de], causa*_f* [für +*ac.*, de], justificação*_f* [für +*ac.*, para]
begrüßen° *v. tr.* 1. saudar, cumprimentar; 2. receber bem, aclamar
Begrüßung *s. f.* saudação*_f*, cumprimento*_m*
begünstigen° *v. tr.* 1. favorecer; 2. promover; 3. DIREITO encobrir
Begünstigung *s. f.* protecção*_f*, auxílio*_m*
begutachten° *v. tr.* pronunciar-se sobre; examinar
begütert *adj.* rico, abastado
behaart *adj.* peludo, cabeludo
Behaarung *s. f.* pêlos*_{m. pl}*; pelugem*_f*
behagen° *v. intr.* agradar, ser agradável a

Behagen s. nt. agrado$_m$, bem-estar$_m$.
behaglich adj. agradável; confortável, aconchegado
Behaglichkeit s. f. comodidade$_f$, bem-estar$_m$.
behalten* v. tr. 1. guardar, ficar com; 2. manter; 3. (na memória) reter
Behälter* s. m. recipiente$_m$, depósito$_m$.
behandeln* v. tr. tratar [mit +dat., com]
Behandlung s. f. tratamento$_m$. [mit +dat., com]
beharren* v. intr. insistir [auf +dat., em], teimar [auf +dat., em]
beharrlich adj. persistente; obstinado
Beharrlichkeit s. f. perseverança$_f$, insistência$_f$
behaupten* I v. tr. 1. (tese) afirmar; 2. (posição) defender; II v. refl. afirmar-se, impor-se
Behauptung s. f. afirmação$_f$, asserção$_f$
Behausung s. f. alojamento$_m$, habitação$_f$
beheben* v. tr. remediar; resolver
behelfen* v. refl. arranjar-se [mit +dat., com; ohne +ac., sem]
behelfsmäßig adj. provisório, temporário
behelligen* v. tr. importunar [mit +dat., com], maçar
beherbergen* v. tr. albergar, hospedar
beherrschen* I v. tr. 1. dominar; 2. controlar; II v. refl. conter-se
beherrscht adj. controlado
Beherrschung s. f. domínio$_m$, controlo$_m$.
behilflich adj. prestável
behindern* v. tr. estorvar; impedir
behindert adj. deficiente
Behinderte(r) s. m. e f. deficiente$_{m. e f.}$
Behinderung s. f. 1. impedimento$_m$, obstrução$_f$; 2. MEDICINA deficiência$_f$
Behörde s. f. 1. autoridade(s)$_{f. (pl.)}$, serviços$_{m. pl.}$ públicos; 2. repartição$_f$

behüten* v. tr. guardar [vor +dat., de], proteger [vor +dat., de]
behutsam adj. cuidadoso, cauteloso
Behutsamkeit s. f. cuidado$_m$, cautela$_f$
bei prep. [+dat.] 1. (espacial) perto de, junto de; em casa de; **bei mir:** em minha casa; 2. (circunstância) com; **bei Regen:** com chuva; 3. (temporal) a; durante, de; **bei jedem Schritt:** a cada passo; **beim Fahren:** a conduzir; **bei Nacht/Tag:** de noite/dia
beibehalten* v. tr. conservar, manter
beibringen v. tr. 1. apresentar; 2. ensinar
Beichte s. f. confissão$_f$
beichten I v. tr. confessar; II v. intr. confessar-se
Beichtstuhl s. m. RELIGIÃO confessionário$_m$.
Beichtvater s. m. RELIGIÃO confessor$_m$.
beide adj. ambos, ambas; **wir beide:** nós os dois; **beides:** as duas coisas
beiderseits adv. de ambos os lados; mutuamente, reciprocamente
beieinander adj. um ao pé do outro, juntos; **alle beieinander:** todos juntos
Beifahrer s. m. passageiro$_m$.
Beifahrersitz s. m. lugar$_m$. do passageiro
Beifall s. m. 1. aplauso$_m$; **Beifall klatschen:** aplaudir; 2. aprovação$_f$
beifügen v. tr. juntar, incluir
Beige s. f. (Suíça) pilha$_f$, montão$_m$.
beigeben v. tr. juntar; dar; **klein beigeben:** ceder, desistir
Beigeschmack s. m. ressaibo$_m$; sabor$_m$. desagradável
Beihilfe s. f. 1. subsídio$_m$, abono$_m$; 2. (sem pl.) DIREITO cumplicidade$_f$
Beil s. nt. machado$_m$.
Beilage s. f. 1. JORNALISMO suplemento$_m$; 2. CULINÁRIA acompanhamento$_m$; 3. (Áustria) (carta) anexo$_m$.
beiläufig I adj. 1. acidental, casual; 2. (Áustria) aproximado; II adv. de passagem

beilegen v. tr. 1. juntar, anexar; 2. (zanga) resolver

Beileid s. nt. pêsames$_{m.\,pl.}$; Beileid aussprechen: dar pêsames

beiliegend adj. junto, anexo

beim contr. da prep. bei + art. def. dem

beimessen v. tr. atribuir, imputar

Bein s. nt. 1. perna$_f$; sich auf die Beine machen: pôr-se a caminho; 2. pata$_f$

beinah(e) adv. quase, por um pouco

Beinbruch s. m. fractura$_f$ da perna

beinhalten* v. tr. conter, incluir

beipflichten v. intr. concordar com

Beiried s. nt. (Áustria) bife$_m$

beirren* v. refl. transtornar; sich beirren lassen: deixar-se influenciar, deixar-se enganar

beisammen adj. juntos, reunidos

Beisammensein s. nt. convívio$_m$

Beischlaf s. m. coito$_m$

beiseite adv. à parte, de parte; Spaß beiseite!: fora de brincadeira!, a sério!

Beisel s. nt. (Áustria) taberna$_f$

beisetzen v. tr. enterrar

Beisetzung s. f. enterro$_m$, funeral$_m$

Beispiel s. nt. exemplo$_m$; zum Beispiel: por exemplo

beispielhaft adj. exemplar

beispiellos adj. sem precedentes

beispielsweise adv. por exemplo

beißen I v. tr. e intr 1. morder; picar; 2. arder; II v. refl. (cores) não combinar

beißend adj. 1. (humor) sarcástico; 2. (frio, vento) cortante; 3. (dor) agudo; 4. (gosto) picante

Beistand s. m. 1. ajuda$_f$, auxílio$_m$; 2. DIREITO advogado$_m$, 3. conselheiro$_m$

beistehen v. intr. ajudar; socorrer

beisteuern v. intr. contribuir [zu +dat., para]

Beistrich s. m. (Áustria) vírgula$_f$

Beitrag s. m. 1. quota-parte$_f$; 2. contribuição$_f$; cota$_f$

beitragen v. intr. contribuir [zu +dat., para]; ajudar [zu +dat., a]

beitreten v. intr. aderir [+dat., a]; entrar [+dat., para]; filiar-se [+dat., em]

Beitritt s. m. adesão$_f$ [zu +dat., a]; entrada$_f$ [zu +dat., em]; filiação$_f$ [zu +dat., em]

Beiz s. f. (Suíça) tasca$_f$

beizeiten adv. a tempo

bejahen* v. tr. dizer que sim, responder afirmativamente

bekämpfen* v. tr. combater

Bekämpfung s. f. combate$_m$

bekannt I p. p. de bekennen; II adj. (pessoa) conhecido; (coisa) sabido; bekannt sein mit: conhecer; jemanden bekannt machen: apresentar alguém

Bekanntenkreis s. m. conhecimentos$_{m.\,pl.}$, relações$_{f.\,pl.}$

Bekannte(r) s. m. e f. conhecid|o, -a$_{m.\,f.}$

bekanntlich adv. como se sabe

Bekanntmachung s. f. 1. comunicação$_f$, publicação$_f$; 2. (oficial) edital$_m$

Bekanntschaft s. f. conhecimento$_m$

bekehren* v. tr. converter [zu +dat., em]

Bekehrung s. f. conversão$_f$ [zu, +dat., em]

bekennen* I v. tr. confessar; II v. refl. sich zu etwas bekennen: professar alguma coisa; sich schuldig bekennen: confessar-se culpado

Bekenntnis s. nt. RELIGIÃO confissão$_f$; credo$_m$, profissão$_f$ de fé

beklagen* I v. tr. chorar, lamentar; II v. refl. queixar-se [über +ac., de]

beklagenswert adj. lamentável, lastimável

bekleckern* I v. tr. manchar, sujar; II v. refl. manchar-se, sujar-se

bekleiden* v. tr. 1. ocupar, desempenhar; 2. vestir

Bekleidung

Bekleidung s. f. 1. ⟨sem pl.⟩ desempenho_m, exercício_m; 2. vestuário_m.
beklemmend adj. opressivo; sufocante; constrangedor
beklommen adj. angustiado, aflito
Beklommenheit s. f. angústia_f, aflição_f
bekloppt adj. (coloq.) tolo, tolinho
bekommen* I v. tr. 1. receber; 2. arranjar, obter; 3. ficar com, apanhar; 4. (bebé) ter; II v. intr. gut/schlecht bekommen: fazer bem/mal à saúde
bekömmlich adj. saudável; leicht bekömmlich: leve; schwer bekömmlich: indigesto
bekräftigen* v. tr. confirmar, corroborar
bekreuzigen* v. refl. benzer-se
bekümmern* v. tr. afligir, preocupar
bekümmert adj. aflito, preocupado
bekunden* v. tr. declarar, manifestar
beladen* v. tr. carregar [mit +dat., com/de]
Belag s. m. 1. camada_f (fina); revestimento_m; 2. sarro_m; (de língua) saburra_f
belagern* v. tr. cercar, assediar
Belagerung s. f. cerco_m, sítio_m.
Belang s. m. importância_f
belanglos adj. sem importância, insignificante
Belanglosigkeit s. f. insignificância_f
belassen* v. tr. deixar como estava
Belastbarkeit s. f. 1. capacidade_f de carga; 2. ⟨sem pl.⟩ capacidade_f de resistência
belasten* I v. tr. 1. carregar; 2. DIREITO incriminar; 3. prejudicar; 4. (conta) debitar; II v. refl. sich mit etwas belasten: sobrecarregar-se com alguma coisa
belästigen* v. tr. incomodar [mit +dat., com], maçar [mit +dat., com]; assediar
Belästigung s. f. 1. incómodo_m, maçada_f; 2. assédio_m (sexual)
Belastung s. f. 1. carga_f; 2. DIREITO incriminação_f; 3. (psiquicamente) sobrecarga_f; 4. poluição_f; 5. (financeiro) encargo_m.

belauschen* v. tr. espreitar, escutar
beleben* v. tr. animar, dar vida a
belebt adj. animado; movimentado
Beleg s. m. 1. prova_f; documento_m, comprovativo; 2. recibo_m.
belegen* v. tr. 1. cobrir; 2. comprovar; 3. (quarto) ocupar; (curso) inscrever-se em
Belegschaft s. f. pessoal_m.
belehren* v. tr. instruir
beleibt adj. corpulento, gordo
beleidigen* v. tr. ofender; insultar; DIREITO injuriar
Beleidigung s. f. ofensa_f; insulto_m; DIREITO injúria_f
belesen adj. muito lido, erudito
beleuchten* v. tr. 1. iluminar; 2. focar
Beleuchtung s. f. 1. iluminação_f, luz_f; 2. faróis_m.pl.
Belgien s. nt. Bélgica_f
Belgier s. m. belga_m.
belgisch adj. belga
belichten* v. tr. FOTOGRAFIA expor (à luz)
Belichtung s. f. FOTOGRAFIA exposição_f (à luz)
Belichtungsmesser s. m. FOTOGRAFIA fotómetro_m.
Belieben s. nt. vontade_f, agrado_m; nach Belieben: à vontade, à discrição
beliebig I adj. qualquer; II adv. à vontade
beliebt adj. 1. querido [bei +dat., por]; popular [bei +dat., entre]; 2. em voga
Beliebtheit s. f. popularidade_f [bei +dat., entre]
beliefern* v. tr. fornecer, abastecer [mit +dat., com/de]
bellen v. intr. ladrar, latir
Belletristik s. f. belas-letras_f.pl.
belohnen* v. tr. recompensar [für +ac., por]; gratificar [für +ac., por]
Belohnung s. f. recompensa_f [für +ac., por]
belügen* v. tr. intrujar, mentir a

Belustigung s. f. divertimento_m_
bemächtigen* v. refl. sich [dat.] etwas bemächtigen: apoderar-se de/usurpar alguma coisa
bemalen* v. tr. pintar
bemängeln* v. tr. criticar, censurar
bemannt adj. tripulado
bemerkbar adj. perceptível; sich bemerkbar machen: fazer-se notar
bemerken* v. tr. 1. fazer uma observação; 2. notar, reparar em
bemerkenswert adj. notável
Bemerkung s. f. observação_f_, reparo_m_; nota_f_
bemitleiden* v. tr. ter pena de
bemitleidenswert adj. digno de compaixão
bemühen* v. refl. incomodar-se; esforçar-se [um +ac., por]
Bemühung s. f. esforço_m_, empenho_m_
bemuttern v. tr. tratar com carinho, apaparicar
benachbart adj. vizinho; adjacente
benachrichtigen* v. tr. informar [von +dat., de], avisar [von +dat., de]
Benachrichtigung s. f. aviso_m_, notificação_f_
benachteiligen* v. tr. prejudicar [wegen +gen., por]
Benachteiligung s. f. detrimento_m_
benebelt adj. (através do álcool) tonto
benehmen* v. refl. comportar-se [wie +nom., como]
Benehmen s. nt. comportamento_m_; educação_f_
beneiden* v. tr. invejar; jemanden um etwas beneiden: invejar alguma coisa a alguém
beneidenswert adj. invejável
benennen* v. tr. 1. dar nome a, chamar; 2. (candidatos) apresentar
Bengel s. m. maroto_m_, malandro_m_

benommen I p. p. de benehmen; II adj. atordoado [von +dat., por]
benoten* v. tr. dar nota
benötigen* v. tr. precisar de
benutzen* v. tr. 1. usar, utilizar; empregar; 2. (pej.) aproveitar-se de
Benutzer s. m. utente_m. e f._
Benutzerkonto s. nt. (Internet) conta_f_
Benutzername s. nt. INFORMÁTICA nome_m_ do utilizador
Benutzerhandbuch s. nt. INFORMÁTICA manual_m_ do utilizador
Benutzung s. f. utilização_f_, uso_m_
Benzin s. nt. gasolina_f_; benzina_f_; bleifreies Benzin: gasolina sem chumbo
Benzinkanister s. m. lata_f_ de gasolina
Benzintank s. m. depósito_m_ de gasolina
Benzinverbrauch s. m. consumo_m_ de gasolina
beobachten* v. tr. 1. observar; 2. vigiar; 3. notar [an +dat., em]
Beobachter s. m. observador_m_
Beobachtung s. f. observação_f_; vigilância_f_
bepacken* v. tr. carregar [mit +dat., com/de]
bepflanzen* v. tr. plantar [mit +dat., com]
bequem adj. 1. cómodo, confortável; machen Sie es sich bequem!: esteja à (sua) vontade!; 2. comodista
Bequemlichkeit s. f. 1. comodidade_f_, conforto_m_; 2. (sem pl.) comodismo_m_
beraten* I v. tr. 1. aconselhar; 2. conferenciar; II v. refl. aconselhar-se [mit +dat., com]
Berater s. m. 1. conselheiro_m_; 2. consultor_m_
Beratung s. f. 1. conselho_m_; 2. consulta_f_
Beratungsstelle s. f. 1. centro_m_ de orientação e apoio; 2. (médico) consultório_m_
berauben* v. tr. roubar; despojar
berauschen* v. tr. (álcool) embriagar; (poder, sucesso) inebriar
Berber s. m. (coloq.) vagabundo_m_

berechenbar adj. calculável
berechnen° v. tr. 1. calcular; 2. pôr na conta
berechnend adj. (depr.) calculista, interesseiro
Berechnung s. f. 1. cálculo$_m$; 2. interesse$_m$
berechtigen° v. tr. dar o direito [zu +dat., de], autorizar [zu +dat., a]
berechtigt adj. 1. autorizado [zu +dat., a], com direito [zu +dat., a]; 2. legítimo, justificado
Berechtigung s. f. autorização$_f$ [zu +dat., para]
bereden° v. tr. discutir [mit +dat., com], tratar
Beredsamkeit s. f. eloquência$_f$
beredt adj. eloquente
Bereich s. m. 1. área$_f$; 2. domínio$_m$, âmbito$_m$
bereichern I v. tr. enriquecer [mit +dat., com]; II v. refl. enriquecer(-se) [an +dat., com]
Bereicherung s. f. enriquecimento$_m$
Bereifung s. f. pneus$_{m. pl.}$
bereinigen° v. tr. 1. (mal-entendido) esclarecer; 2. (dívidas) liquidar
bereisen° v. tr. percorrer, viajar por
bereit adj. 1. pronto [zu +dat., para]; 2. disposto [zu +dat., a]; 3. disponível
bereiten° v. tr. 1. preparar; 2. (desgosto, alegria) causar
bereithalten v. tr. ter à disposição [für +ac., de]
bereitlegen v. tr. preparar [für +ac., para]
bereitmachen v. refl. aprontar-se [für +ac., para]
bereits adv. já
Bereitschaft s. f. prontidão$_f$; in Bereitschaft sein: estar a postos; Bereitschaft haben: estar de serviço
Bereitschaftsdienst s. m. serviço$_m$ de urgências
bereitwillig I adj. pronto, solícito; II adv. de boa vontade

bereuen° v. tr. arrepender-se de
Berg s. m. monte$_m$, montanha$_f$; (fig.) wir sind über den Berg: o pior já passou
bergab adv. (pelo) monte abaixo, a descer; es geht bergab: está a piorar
Bergarbeiter s. m. mineiro$_m$
bergauf adv. (pelo) monte acima, a subir; es geht bergauf: está a melhorar
Bergbahn s. f. teleférico$_m$, ascensor$_m$
Bergbau s. m. exploração$_f$ de minas
bergen° v. tr. salvar; recuperar
Bergführer s. m. guia$_{m. e f.}$ (nas montanhas)
bergig adj. montanhoso, acidentado
Bergkette s. f. serra$_f$, cordilheira$_f$
Bergmann s. m. mineiro$_m$
Bergrutsch s. m. desabamento$_m$ de terras
Bergspitze s. f. pico$_m$, cume$_m$
Bergsteigen s. nt. montanhismo$_m$, alpinismo$_m$
Bergsteiger s. m. alpinista$_{m. e f.}$, montanhista$_{m. e f.}$
Bergwerk s. nt. mina$_f$
Bericht s. m. relatório$_m$; relato$_m$; reportagem$_f$
berichten° v. tr. e intr. 1. informar [über +ac., sobre]; 2. relatar [von +dat., sobre]; 3. comunicar
Berichterstatter s. m. repórter$_f$, correspondente$_f$
berichtigen° v. tr. corrigir, rectificar
Berlin s. nt. Berlim$_f$
Berliner¹ s. m. ⟨-s, -⟩ CULINÁRIA bola$_f$ de Berlim
Berliner² s. m. ⟨-s, -⟩ berlinense$_{m. e f.}$
Bermudashorts s. pl. bermudas$_{f. pl.}$
Bern s. nt. Berna$_f$
Bernstein s. m. âmbar$_m$
bersten v. intr. rebentar, estourar; rachar
berüchtigt adj. famigerado, de má fama
berücksichtigen° v. tr. considerar, tomar em consideração
Beruf s. m. profissão$_f$

berufen[*1] I *v. tr.* nomear [zu +*dat.*, para]; II *v. intr.* (*Áustria*) DIREITO apelar; III *v. refl.* referir-se [auf +*ac.*, a]
berufen[2] *adj.* indicado, destinado
beruflich *adj.* profissional
Berufsausbildung *s. f.* formação$_f$ profissional
Berufsaussichten *s. pl.* perspectivas$_{f. pl.}$ profissionais
Berufsberatung *s. f.* orientação$_f$ profissional
Berufserfahrung *s. f.* experiência$_f$ profissional
Berufsgeheimnis *s. nt.* segredo$_m$ profissional
Berufsleben *s. nt.* vida$_f$ profissional
Berufsschule *s. f.* escola$_f$ profissional
Berufssoldat *s. m.* militar$_{m. e f.}$ de carreira
berufstätig *adj.* que trabalha, em exercício duma profissão
Berufstätige(r) *s. m. e f.* profissional$_{m. e f.}$
Berufswahl *s. f.* escolha$_f$ da profissão
Berufung *s. f.* 1. nomeação$_f$ [zu +*dat.*, para]; 2. vocação$_f$; 3. DIREITO apelação$_f$
beruhen[*] *v. intr.* basear-se [auf +*dat.*, em], assentar [auf +*dat.*, em]
beruhigen[*] I *v. tr.* sossegar, tranquilizar; II *v. refl.* acalmar(-se)
Beruhigung *s. f.* 1. (dos nervos) descanso$_m$; 2. (da consciência) descargo$_m$
Beruhigungsmittel *s. nt.* calmante$_m$, sedativo$_m$
berühmt *adj.* célebre [für +*ac.*, por], famoso [für +*ac.*, por]
Berühmtheit *s. f.* 1. (*sem pl.*) celebridade$_f$; 2. vedeta$_f$
berühren[*] *v. tr.* 1. tocar em; 2. aludir a; 3. comover
Berührung *s. f.* 1. toque$_m$; 2. contacto$_m$
bes. [*abrev. de* besonders] esp. [*abrev. de* especialmente]

besagen[*] *v. tr.* querer dizer; significar
besänftigen[*] *v. tr.* acalmar, apaziguar
besaß *pret. imp. de* besitzen
Besatzung *s. f.* 1. MILITAR tropas$_{f. pl.}$ de ocupação; 2. NÁUTICA, AERONÁUTICA tripulação$_f$
besaufen[*] *v. refl.* (*coloq.*) embebedar-se [mit +*dat.*, com]
beschädigen *v. tr.* 1. danificar; 2. avariar
Beschädigung *s. f.* 1. dano$_m$; 2. avaria$_f$
beschaffen[1] *v. tr.* arranjar, conseguir
beschaffen[2] *adj.* feito, constituído; gut beschaffen: em boas condições
Beschaffenheit *s. f.* estado$_m$; natureza$_f$, qualidade$_f$; constituição$_f$
Beschaffung *s. f.* aquisição$_f$, compra$_f$
beschäftigen[*] I *v. tr.* 1. ocupar [mit +*dat.*, com]; entreter [mit +*dat.*, com]; 2. empregar; II *v. refl.* ocupar-se [mit +*dat.*, de]
Beschäftigung *s. f.* 1. ocupação$_f$ [mit +*dat.*, com]; 2. trabalho$_m$, emprego$_m$
beschämen[*] *v. tr.* envergonhar
Bescheid *s. m.* 1. resposta$_f$; 2. aviso$_m$; informação$_f$; Bescheid wissen: ter conhecimento [über +*ac.*, de]; jemandem Bescheid geben/sagen: informar alguém
bescheiden *adj.* modesto, simples
Bescheidenheit *s. f.* modéstia$_f$
bescheinigen[*] *v. tr.* atestar, certificar
Bescheinigung *s. f.* atestado$_m$, certificado$_m$; recibo$_m$
bescheißen[*] *v. tr.* (*coloq.*) enganar
beschenken[*] *v. tr.* presentear [mit +*dat.*, com]
bescheren *v. tr.* dar, oferecer
Bescherung *s. f.* 1. distribuição$_f$ de presentes; 2. sarilho$_m$; eine schöne Bescherung!: bonito serviço!
bescheuert *adj.* (*coloq.*) tolo
beschießen[*] *v. tr.* disparar sobre/contra [mit +*dat.*, com]
beschimpfen[*] *v. tr.* insultar

Beschimpfung s. f. insulto_m_
Beschiss s. m. 1. (coloq.) peta_f_; 2. (coloq.) batota_f_
beschissen I p. p. de bescheißen; II adj. (coloq.) péssimo
Beschlag s. m. 1. protecção_f_; 2. ferradura_f_; 3. bafo_m_; humidade_f_
beschlagen*¹ I v. tr. ferrar; pregar; II v. intr. embaciar(-se); ficar baço
beschlagen² adj. embaciado; baço
beschlagnahmen* v. tr. confiscar
beschleunigen* v. tr. 1. acelerar; 2. apressar
Beschleunigung s. f. aceleração_f_
beschließen* v. tr. 1. decidir, resolver; 2. concluir
Beschluss s. m. decisão_f_, resolução_f_
beschmieren* v. tr. 1. barrar [mit +dat., com]; 2. besuntar [mit +dat., de]
beschmutzen* v. tr. sujar [mit +dat., de], manchar [mit +dat., de]
beschneiden* v. tr. 1. cortar, aparar; 2. circuncidar
beschnuppern* v. tr. farejar
beschönigen* v. tr. suavizar, paliar
Beschönigung s. f. paliação_f_
beschränken* I v. tr. limitar [auf +ac., a], restringir [auf +ac., a]; II v. refl. restringir-se [auf +ac., a], cingir-se [auf +ac., a]
beschränkt adj. 1. limitado; 2. (intelectualmente) tapado
Beschränktheit s. f. 1. escassez_f_; 2. tacanhez_f_
Beschränkung s. f. limitação_f_; restrição_f_ [auf +ac., a]
beschreiben* v. tr. descrever
Beschreibung s. f. descrição_f_
beschriften* v. tr. legendar; rotular
Beschriftung s. f. legenda_f_, rótulo_m_
beschuldigen* v. tr. acusar [+gen., de], culpar [+gen., de]

Beschuldigung s. f. acusação_f_
beschützen* v. tr. proteger [vor +dat., de], defender [vor +dat., de]
Beschützer s. m. protector_m_, defensor_m_
Beschwerde s. f. 1. dor_f_; 2 queixa_f_, reclamação_f_
Beschwerdebuch s. nt. livro_m_ de reclamações
beschweren* I v. tr. fazer peso em; II v. refl. queixar-se
beschwerlich adj. penoso, incómodo
beschwichtigen* v. tr. acalmar, apaziguar
beschwindeln* v. tr. (coloq.) intrujar
beschwipst adj. (coloq.) tocado, alegre
beschwören* v. tr. 1. jurar; 2. implorar
beseitigen* v. tr. 1. (dificuldades) resolver; (dúvidas) eliminar; 2. (danos) reparar
Beseitigung s. f. remoção_f_, afastamento_m_
Besen s. m. vassoura_f_; espanador_m_
Besenstiel s. m. cabo_m_ de vassoura
besessen I p. p. de besitzen; II adj. possesso, obcecado [von +dat., por]
besetzen* v. tr. 1. ocupar; 2. (lugar) preencher; 3. guarnecer [mit +dat., de]
besetzt adj. ocupado; (lugar) preenchido; TELECOMUNICAÇÕES impedido
Besetztzeichen s. nt. TELECOMUNICAÇÕES sinal_m_ de impedido
Besetzung s. f. 1. MILITAR ocupação_f_; 2. TEATRO distribuição_f_ de papéis 3. DESPORTO equipa_f_
besichtigen* v. tr. visitar; ir ver
Besichtigung s. f. 1. visita_f_; 2. inspecção_f_
besiedeln* v. tr. povoar, colonizar
besiegeln* v. tr. selar
besiegen* v. tr. 1. derrotar; 2. vencer
Besiegte(r) s. m. e f. vencido_m_, -a_m., f._
besinnen v. refl. 1. lembrar-se [auf +ac., de]; 2. reflectir (sobre); sich eines Besseren besinnen: mudar de ideias

Besinnung *s. f.* consciência*f*; wieder zur Besinnung kommen: recuperar os sentidos; (*fig.*) voltar à razão

besinnungslos *adj.* inconsciente, sem sentidos

Besitz *s. m.* posse*f*; propriedade*f*

besitzen* *v. tr.* possuir

Besitzer *s. m.* dono*m*, proprietário*m.*

besitzlos *adj.* sem recursos

besoffen I *p. p. de* besaufen; II *adj.* embriagado

besondere(r, s) *adj.* 1. especial; etwas Besonderes: algo especial; 2. peculiar; excepcional

Besonderheit *s. f.* 1. particularidade*f*; 2. peculiaridade*f*

besonders *adv.* 1. particularmente; nicht besonders: assim-assim; 2. principalmente, sobretudo

besonnen I *p. p. de* besinnen; II *adj.* prudente; ponderado

Besonnenheit *s. f.* prudência*f*; ponderação*f*

besorgen* *v. tr.* 1. arranjar; comprar; 2. fazer; tratar de

Besorgnis *s. f.* preocupação*f*

besorgt *adj.* preocupado [wegen +*gen.*, com], apreensivo

Besorgung *s. f.* compra*f*, aquisição*f*

bespitzeln* *v. tr.* espiar, vigiar

besprechen* *v. tr.* 1. falar de, debater; combinar; 2. LITERATURA, CINEMA fazer a crítica de

Besprechung *s. f.* 1. reunião*f*, conferência*f*; 2. LITERATURA, CINEMA crítica*f*

bespritzen* *v. tr.* 1. regar; 2. salpicar

besser *adj., comp. de* gut, melhor; besser werden: melhorar; es geht ihm besser: ele está melhor

bessern I *v. tr.* melhorar, corrigir; II *v. refl.* melhorar; emendar-se

Besserung *s. f.* melhoria*f*; (saúde) melhoras*f. pl.*; gute Besserung!: as melhoras!

Besserwisser *s. m.* sabichão*f*

Bestand *s. m.* 1. (*sem pl.*) existência*f*; duração*f*; 2. stock*m*; 3. dinheiro*m* em caixa

beständig *adj.* 1. constante, permanente; 2. resistente [gegen +*ac.*, a]; 3. estável

Beständigkeit *s. f.* 1. constância*f*, duração*f*; 2. resistência*f* [gegen +*ac.*, a]; 3. estabilidade*f*

Bestandsaufnahme *s. f.* inventário*m*

Bestandteil *s. m.* componente*m. e f.*, parte*f* integrante

bestärken* *v. tr.* confirmar, corroborar

bestätigen* *v. tr.* 1. confirmar; ratificar; 2. reeleger

Bestätigung *s. f.* 1. confirmação*f*; 2. aviso*m* de recepção; recibo*m.*

bestatten* *v. tr.* enterrar, sepultar

Bestattung *s. f.* enterro*m*, funeral*m.*

bestäuben* *v. tr.* BOTÂNICA polinizar

bestechen* *v. tr.* subornar, corromper

bestechlich *adj.* venal, corrupto

Bestechlichkeit *s. f.* venalidade*f*, corrupção*f*

Bestechung *s. f.* suborno*m*, aliciação*f*

Besteck *s. nt.* 1. talher*m*; 2. MEDICINA estojo*m.* (de instrumentos)

bestehen* I *v. tr.* (exame) passar em; (luta, prova) vencer; II *v. intr.* 1. haver, existir; 2. insistir [auf +*dat.*, em]; 3. consistir [aus +*dat.*, de]

besteigen* *v. tr.* subir, escalar; (cavalo) montar

bestellen* *v. tr.* 1. encomendar; pedir; mandar vir; 2. mandar reservar

Bestellschein *s. m.* requisição*f*, pedido*m.*

Bestellung *s. f.* encomenda*f*; auf Bestellung: por/de encomenda

bestenfalls *adv.* na melhor das hipóteses, quando muito

bestens adv. da melhor maneira, o melhor possível
beste(r, s) adj., superl. de gut, melhor
besteuern* v. tr. lançar impostos sobre
bestialisch adj. bestial
Bestie s. f. fera_f, besta_f
bestimmen* I v. tr. 1. determinar; marcar; 2. destinar [für +ac., para]; 3. designar [zu +dat., para]; II v. intr. decidir; mandar
bestimmt I adj. determinado; certo; destinado; II adv. com (toda) a certeza
Bestimmung s. f. 1. (sem pl.) determinação_f; 2. disposição_f
Bestimmungort s. m. destino_m
Bestleistung s. f. recorde_m
bestrafen v. tr. castigar [mit +dat., com; wegen +gen., por]; multar; DIREITO punir; DESPORTO penalizar
Bestrafung s. f. castigo_m, punição_f
bestrahlen* v. tr. 1. irradiar, iluminar; 2. MEDICINA tratar por radioterapia_f
Bestrahlung s. f. 1. irradiação_f; 2. MEDICINA (tratamento_m por) radioterapia_f
Bestreben s. nt. empenho_m, esforço_m
bestreichen* v. tr. 1. pintar [mit +dat., com]; 2. barrar [mit +dat., com]; untar [mit +dat., com]
bestreiten* v. tr. 1. contestar, negar; 2. (despesas) custear, cobrir
bestreuen* v. tr. polvilhar [mit +dat., com]
bestürzt adj. perturbado [über +ac., com], consternado [über +ac., com]
Bestürzung s. f. sobressalto_m [über +ac., com]; perturbação_f, consternação_f [über +ac., com]
Besuch s. m. visita_f; Besuch haben/bekommen: ter/receber visitas
besuchen* v. tr. 1. visitar; 2. frequentar; assistir a, ir a
Besucher s. m. visitante_m. e f.
Besuchszeit s. f. horário_m das visitas

betagt adj. idoso
betakeln* v. tr. (Áustria) enganar
betasten* v. tr. apalpar
betätigen* I v. tr. accionar; pôr em acção; II v. refl. trabalhar [als +nom., como]
Betätigung s. f. 1. (sem pl.) actividade_f; 2. ocupação_f
betäuben* v. tr. 1. MEDICINA anestesiar; (dor) abrandar; 2. atordoar
Betäubungsmittel s. nt. 1. MEDICINA anestesia_f, narcótico_m; 2. estupefaciente_m
Bete s. f. BOTÂNICA beterraba_f
beteiligen* I v. tr. fazer participar a [an/bei +dat., em]; II v. refl. participar [an +dat., de]
Beteiligte(r) s. m. e f. 1. participante_m. e f.; 2. implicad|o, -a_m. f.
Beteiligung s. f. 1. participação_f; 2. colaboração_f
beten v. tr. e intr. rezar [für/um +ac., por; zu +dat., a], orar [für/um +ac., por; zu +dat., a]
beteuern* v. tr. asseverar, reiterar
Beteuerung s. f. afirmação_f solene
Bethlehem s. nt. Belém_f
betiteln* v. tr. (livro) dar o título (de)
Beton s. m. betão_m, cimento_m armado
betonen* v. tr. 1. (sílaba, nota) acentuar; 2. frisar, realçar
betonieren* v. tr. betonar, cimentar
betont I adj. marcado; II adv. especialmente
Betonung s. f. 1. (palavra) acentuação_f; 2. ênfase_f
betören* v. tr. 1. seduzir; 2. iludir
Betracht s. m. consideração, atenção; in Betracht kommen: interessar; etwas in Betracht ziehen: tomar alguma coisa em consideração
betrachten* v. tr. 1. contemplar; observar, examinar; 2. considerar [als +ac., como]

Betrachter s. m. observador $_m$
beträchtlich adj. considerável
Betrachtung s. f. 1. (sem pl.) contemplação$_f$; observação$_f$, exame$_m$; 2. consideração$_f$
Betrag s. m. importância$_f$, quantia$_f$
betragen I v. intr. (soma, conta) importar em; II v. refl. proceder, comportar-se
Betragen s. nt. comportamento$_m$, conduta$_f$
betreffen* v. intr. 1. dizer respeito a, referir-se a; was mich betrifft: quanto a mim; 2. atingir
betreffend adj. respectivo, em questão
betreffs prep. [+gen.] relativo a, respeitante a
betreiben* v. tr. 1. dedicar-se a; 2. (negócio) explorar; 3. accionar, pôr em movimento
betreten*¹ v. tr. 1. entrar em; 2. (chão) pisar; 3. (palco) subir a
betreten² adj. 1. embaraçado, confuso; 2. embaraçoso
betreuen* v. tr. cuidar de, tomar conta de; acompanhar
Betrieb s. m. 1. empresa$_f$; fábrica$_f$; oficina$_f$; 2. (sem pl.) funcionamento$_m$; außer Betrieb sein: estar avariado, estar fora de serviço
Betriebsanleitung s. f. instruções$_{f. pl.}$
Betriebsgeheimnis s. nt. segredo$_m$ profissional
Betriebsklima s. nt. ambiente$_m$ de trabalho
Betriebskosten s. pl. 1. despesas$_{f. pl.}$ de serviço; 2. custos$_{m. pl.}$ de produção
Betriebsleitung s. f. gerência$_f$
Betriebsrat s. m. conselho$_m$ dos empregados e operários, comité$_m$ de empresa
Betriebssystem s. nt. INFORMÁTICA sistema$_m$ operacional

Betriebswirtschaft s. f. gestão$_f$ de empresas
betrinken* v. refl. embriagar-se
betroffen I p. p. de betreffen; II adj. 1. consternado; 2. afectado
betrüben* v. tr. entristecer, afligir
betrübt adj. triste [über +ac., com], desolado [über +ac., com]
Betrug s. m. 1. engano$_m$, vigarice$_f$; 2. DIREITO fraude$_f$
betrügen* v. tr. 1. enganar, ludibriar; trair; 2. DIREITO defraudar, burlar
Betrüger s. m. intrujão$_m$, impostor$_m$
betrügerisch adj. enganador, fraudulento
betrunken I p. p. de betrinken; II adj. embriagado
Bett s. nt. 1. cama$_f$; 2. (rio) leito$_m$
Bettanzug s. m. (Suíça) → Bettbezug
Bettbank s. f. (Áustria) sofá-cama$_m$
Bettbezug s. m. edredão$_m$
Bettdecke s. f. cobertor$_m$, coberta$_f$
bettelarm adj. indigente
Bettelei s. f. mendicidade$_f$
betteln v. intr. 1. mendigar, pedir (esmola); 2. pedinchar
bettlägerig adj. acamado
Bettlaken s. nt. lençol$_m$
Bettler s. m. mendigo$_m$, pedinte$_{m. e f.}$
Bettvorleger s. m. tapete$_m$ de cama
Bettwäsche s. f. roupa$_f$ da cama
beugen I v. tr. 1. dobrar, flectir; 2. GRAMÁTICA declinar; II v. refl. abaixar-se, vergar-se [+dat., a]
Beule s. f. 1. mossa$_f$, amolgadela$_f$; 2. inchaço$_m$; galo$_m$
beunruhigen* I v. tr. inquietar; II v. refl. inquietar-se [über +ac., com]
Beunruhigung s. f. inquietação$_f$, preocupação$_f$
beurkunden* v. tr. documentar
beurlauben* v. tr. 1. dar férias a; 2. dar licença a

beurteilen* v. tr. julgar; apreciar; avaliar
Beurteilung s. f. juízo$_m$; apreciação$_f$; avaliação$_f$
Beute s. f. 1. despojo$_m$; 2. presa$_f$, vítima$_f$
Beutel s. m. 1. saco$_m$; 2. (coloq.) bolsa$_f$
bevölkern* v. tr. povoar
Bevölkerung s. f. população$_f$
Bevölkerungsdichte s. f. densidade$_f$ populacional
bevollmächtigen* v. tr. conceder plenos poderes a [zu +dat., para]
Bevollmächtigte(r) s. m. e f. 1. ECONOMIA procurador, -a$_{m, f}$; 2. POLÍTICA plenipotenciári|o, -a$_{m, f}$
Bevollmächtigung s. f. procuração$_f$
bevor cj. antes de [+inf.], antes que [+conj.]
bevormunden* v. tr. tutelar, manter sob tutela
Bevormundung s. f. tutela$_f$
bevor|stehen v. intr. (acontecimento) estar iminente
bevorzugen* v. tr. preferir, favorecer
Bevorzugung s. f. 1. preferência$_f$; 2. favoritismo$_m$
bewachen* v. tr. vigiar
Bewachung s. f. vigilância$_f$
bewaffnen* v. tr. armar [mit +dat., com]
Bewaffnung s. f. armamento$_m$
bewahren* v. tr. proteger [vor +dat., de], livrar [vor +dat., de]
bewähren* v. refl. (pessoa) dar provas de; (coisa) dar bom resultado
bewährt adj. comprovado, experimentado
Bewährung s. f. 1. prova$_f$; 2. DIREITO liberdade$_f$ condicional
Bewährungsfrist s. f. 1. tempo$_m$ de prova; 2. DIREITO prazo$_m$ de liberdade condicional
bewaldet adj. arborizado
bewältigen* v tr. 1. vencer; 2. levar a cabo

bewandert adj. versado [in +dat., em], perito [in +dat., em]
bewässern* v. tr. regar, irrigar
Bewässerung s. f. irrigação$_f$
Bewässerungssystem s. nt. sistema$_m$ de rega
bewegen*[1] I v. tr. 1. mover; mexer; pôr em movimento; 2. comover; II v. refl. mover-se, mexer-se
bewegen*[2] v. tr. levar a, persuadir
Beweggrund s. m. razão$_f$, motivo$_m$
beweglich adj. móvel; ágil
bewegt adj. 1. agitado; movimentado; 2. comovido
Bewegung s. f. movimento$_m$; exercício$_m$ (físico)
bewegungslos adj. imóvel
Beweis s. m. 1. prova$_f$; 2. mostra$_f$
beweisen* v. tr. provar; MATEMÁTICA demonstrar
Beweismittel s. nt. DIREITO prova$_f$
bewenden v. intr. es bei etwas bewenden lassen: deixar alguma coisa como está
bewerben* v. refl. candidatar-se [um +ac., a; bei +dat., em], concorrer [um +ac., a/para; bei +dat., em]
Bewerber s. m. candidato$_m$ [für +ac., a]; concorrente$_{m\,e\,f}$ [für +ac., a]
Bewerbung s. f. concurso$_m$, candidatura$_f$ [um +ac., a]
bewerten* v. tr. 1. valorizar; avaliar; 2. DESPORTO classificar
Bewertung s. f. 1. valorização$_f$; avaliação$_f$; 2. DESPORTO classificação$_f$
bewilligen* v. tr. conceder; (requerimento) deferir
bewirken* v. tr. 1. causar; 2. conseguir
bewirten* v. tr. servir, dar de comer a
bewirtschaften* v. tr. 1. administrar, dirigir; 2. cultivar
Bewirtung s. f. serviço$_m$ de refeições

bewog *pret. imp. de* bewegen
bewogen *p. p. de* bewegen
bewohnbar *adj.* habitável
bewohnen* *v. tr.* habitar
Bewohner *s. m.* habitante*m. e f.*; morador*m.*; inquilino*m.*
bewölkt *adj.* nublado; leicht/stark bewölkt: pouco/ muito nublado
Bewunderer *s. m.* admirador*f.*
bewundern* *v. tr.* admirar [wegen +*gen.*, por]
bewundernswert *adj.* admirável
Bewunderung *s. f.* admiração*f.*
bewusst *adj.* 1. consciente; 2. intencional
bewusstlos *adj.* inconsciente, sem sentidos
Bewusstlosigkeit *s. f.* desmaio*m.*, perda*f.* dos sentidos
Bewusstsein *s. nt.* consciência*f.*
bezahlen* *v. tr.* pagar
Bezahlung *s. f.* 1. pagamento*m.*; 2. remuneração*f.*
bezaubern* *v. tr.* encantar [durch +*ac.*, com]
bezeichnen* *v. tr.* 1. designar; bezeichnen als: qualificar de; 2. descrever; indicar
bezeichnend *adj.* característico [für +*ac.*, de]
Bezeichnung *s. f.* 1. designação*f.*; 2. indicação*f.*
bezeugen* *v. tr.* 1. atestar, certificar; 2. DIREITO testemunhar
beziehen* I *v. tr.* 1. cobrir [mit +*dat.*, de]; forrar; 2. (casa) instalar-se em; 3. (mercadoria) comprar; (jornal) assinar; 4. (remuneração) receber; 5. relacionar [auf +*ac.*, com]; II *v. refl.* 1. referir-se [auf +*ac.*, a]; 2. (céu) anuviar-se
Beziehung *s. f.* 1. relação*f.* [zwischen +*dat.*, entre; zu +*dat.*, com]; 2. aspecto*m.*
beziehungsweise *cj.* 1. respectivamente; 2. isto é

Bezirk *s. m.* 1. freguesia*f.*; 2. distrito*m.*; DIREITO comarca*f.*
Bezirksgericht *s. nt. (Áustria, Suíça)* Tribunal*m.* de Comarca
Bezug *s. m.* 1. cobertura*f.*; forro*m.*; 2. ⟨sem pl.⟩ compra*f.*; (jornal) assinatura*f.*; 3. referência*f.*; in Bezug auf: em relação a; 4. *pl.* Bezüge: ordenado*m.*, vencimento*m.*
bezüglich I *adj.* que diz respeito a; II *prep.* [+*gen.*] referente a
Bezugspunkt *s. m.* ponto*m.* de referência
bezwecken* *v. tr.* ter em vista, pretender
bezweifeln* *v. tr.* duvidar de
bezwingen *v. tr.* 1. vencer; 2. dominar, domar
BGB *s. nt.* [*abrev. de* Bürgerliches Gesetzbuch] Código*m.* Civil
BH *s. m.* [*abrev. de* Büstenhalter] soutien*m.*
Bhf. [*abrev. de* Bahnhof] estação*f.*
Bibel *s. f.* RELIGIÃO Bíblia*f.*
Biber *s. m.* ZOOLOGIA castor*m.*
Bibliografie *s. f.* bibliografia*f.*
bibliografisch *adj.* bibliográfico
Bibliothek *s. f.* biblioteca*f.*
Bibliothekar *s. m.* bibliotecário*m.*
biblisch *adj.* bíblico
Bidet *s. nt.* bidé*m.*
bieder *adj.* conservador
biegen I *v. tr.* dobrar, torcer; flectir; etwas gerade biegen: endireitar alguma coisa; II *v. intr.* virar, dobrar; III *v. refl.* curvar-se, dobrar-se
biegsam *adj.* flexível
Biegung *s. f.* curvatura*f.*; curva*f.*
Biene *s. f.* ZOOLOGIA abelha*f.*
Bienenstich *s. m.* picada*f.*
Bienenstock *s. m.* colmeia*f.*
Bienenzucht *s. f.* apicultura*f.*
Bienenzüchter *s. m.* apicultor*m.*
Bier *s. nt.* cerveja*f.*

Bierdeckel s. m. base_f (de cerveja)
Biergarten s. m. cervejaria_f (ao ar livre)
Bierkasten s. m. grade_f de cerveja
Bierstängel s. m. (Suíça) palito_m salgado
Bierteller s. m. (Suíça) → Bierdeckel
Biest s. nt. 1. (coloq.) (animal) fera_f; 2. (coloq.) (pessoa) besta_f
bieten I v. tr. 1. oferecer; dar; 2. apresentar; II v. refl. (oportunidade) aparecer, dar-se; sich [dat.] etwas bieten lassen: suportar alguma coisa
Bilanz s. f. balanço_m
Bild s. nt. 1. quadro_m; retrato_m; 2. fotografia_f; 3. ideia_f; sich ein Bild von etwas machen: fazer uma ideia de alguma coisa
Bildband s. m. livro_m ilustrado
bilden I v. tr. 1. formar; constituir; (frase) construir; 2. instruir; II v. refl. 1. produzir-se; 2. (intelectualmente) formar-se
Bilderbuch s. nt. livro_m ilustrado
Bilderrahmen s. m. moldura_f
Bildfläche s. f. tela_f
bildhaft adj. plástico, gráfico
Bildhauer s. m. escultor_f
bildhübsch adj. lindo, muito formoso
bildlich adj. figurado, metafórico
Bildnis s. nt. retrato_m
Bildschirm s. m. 1. TELEVISÃO ecrã_m; 2. INFORMÁTICA monitor_m
bildschön adj. muito bonito, muito formoso
Bildung s. f. 1. fundação_f; constituição_f; 2. formação_f, educação_f; cultura_f; instrução_f
Bildungslücke s. f. falha_f na cultura geral
Bildungspolitik s. f. política_f educacional
Bildungssystem s. nt. sistema_m educacional
Bildungsurlaub s. m. férias_f pl. de formação

Billard s. nt. bilhar_m
Billardkugel s. f. bola_f de bilhar
Billardstock s. m. taco_m
Billet s. nt. 1. (Suíça) bilhete_m; 2. (Áustria) carta_f
Billiarde s. f. mil_m pl. biliões
billig adj. 1. barato; 2. (pej.) baratucho; fraco
billigen v. tr. aprovar
Billigung s. f. aprovação_f, consentimento_m
Billion s. f. bilião_m, milhão_m de milhões
bimmeln v. intr. (coloq.) (sino) tocar
Binde s. f. 1. cinta_f; 2. penso_m higiénico; 3. MEDICINA ligadura_f
Bindegewebe s. nt. tecido_m conjuntivo
Bindeglied s. nt. vínculo_m [zwischen +dat., entre]
Bindehautentzündung s. f. MEDICINA conjuntivite_f
Bindemittel s. nt. aglutinante_m
binden I v. tr. 1. amarrar, ligar; 2. (livro) encadernar; (laço) dar; 3. comprometer; II v. refl. comprometer-se
Bindestrich s. m. hífen_m
Bindfaden s. m. cordel_m, fio_m
binnen prep. [+dat./gen.] dentro de
Binnenhafen s. m. porto_m fluvial
Binnenhandel s. m. comércio_m interno
Binnenmeer s. nt. mar_m interior
Binnenschifffahrt s. f. navegação_f fluvial
Binse s. f. junco_m
Binsenweisheit s. f. lugar_m comum, verdade_f óbvia
Biochemie s. f. bioquímica_f
Biograf s. m. biógrafo_m
Biografie s. f. biografia_f
Bioladen s. m. (coloq.) loja_f de produtos biológicos
Biologe s. m. biólogo_m
Biologie s. f. biologia_f

biologisch *adj.* biológico; biologisch abbaubar: biodegradável
Biomüll *s. m.* lixo$_m$ orgânico
Biorhythmus *s. m.* ritmo$_m$ biológico
Biotonne *s. f.* contentor$_m$ para lixo orgânico
Biotop *s. nt.* BIOLOGIA biótopo$_m$
Birke *s. f.* BOTÂNICA bétula$_f$
Birnbaum *s. m.* BOTÂNICA pereira$_f$
Birne *s. f.* 1. BOTÂNICA pêra$_f$; 2. lâmpada$_f$ (eléctrica); 3. *(coloq.)* cabeça$_f$
bis I *prep.* [+*ac.*] (temporal, espacial) até; bis wann?: até quando?; bis auf: excepto; II *cj.* até que [+*conj.*], até [+*inf.*]; ich warte, bis sie kommt: espero até que ela venha/até ela vir
Bischof *s. m.* bispo$_f$
Bischofssitz *s. m.* diocese$_f$
bisexuell *adj.* bissexual
bisher *adv.* até agora
bisherige(r, s) *adj.* até agora; sein bisheriges Verhalten: o seu comportamento até agora
Biskuit *s. m. e nt.* biscoito$_m$
bislang *adv.* até agora
biss *pret. imp. de* beißen
Biss *s. m.* dentada$_f$
bisschen *pron. indef.* ein bisschen: um pouco, um bocado; ein bisschen Salz: um pouco de sal; ein bisschen Zeit: um momentinho; kein bisschen: nem um bocadinho; ein klein bisschen (von): um bocadinho (de)
Bissen *s. m.* bocado$_m$
bissig *adj.* que morde; mordaz
Bistro *s. nt.* pub$_m$, bar$_m$
Bistum *s. nt.* bispado$_m$
Bit *s. nt.* INFORMÁTICA bit$_m$
bitte *interj.* 1. (se) faz favor; por favor; 2. de nada; não tem de quê
Bitte *s. f.* pedido$_m$

bitten *v. tr.* pedir, rogar; jemanden um etwas bitten: pedir alguma coisa a alguém; ich bitte Sie!: ora essa!
bitter *adj.* 1. (sabor) amargo; 2. (frio) cortante
bitterböse *adj.* furioso, muito zangado
Bitumen *s. nt.* QUÍMICA betume$_m$
bizarr *adj.* bizarro, extravagante
blähen I *v. tr. e intr.* inchar; II *v. refl.* pavonear-se
Blähung *s. f.* gases$_{m. pl}$, flatulência$_f$
blamabel *adj.* vergonhoso
Blamage *s. f.* vergonha$_f$
blamieren* I *v. tr.* ridicularizar; II *v. refl.* fazer triste figura
blank *adj.* 1. brilhante; 2. puro; blanker Neid: pura inveja ❖ blank sein: estar liso, sem dinheiro nenhum
blanko *adv.* em branco
Blankoscheck *s. m.* cheque$_m$ em branco
Blase *s. f.* 1. bolha$_f$; 2. MEDICINA borbulha$_f$; 3. ANATOMIA bexiga$_f$; 4. ANATOMIA vesícula$_f$
Blasebalg *s. m.* fole$_m$
blasen *v. tr. e intr.* soprar
blasiert *adj. (depr.)* presumido, snobe
Blasinstrument *s. nt.* instrumento$_m$ de sopro
Blaskapelle *s. f.* banda$_f$ de música
Blasphemie *s. f.* blasfémia$_f$
blass *adj.* 1. pálido; 2. desbotado; 3. vago
Blässe *s. f.* palidez$_f$
Blatt *s. nt.* 1. BOTÂNICA folha$_f$; 2. (papel) folha$_f$ ❖ kein Blatt vor den Mund nehmen: não ter papas na língua
blättern *v. intr.* folhear
Blätterteig *s. m.* CULINÁRIA massa$_f$ folhada
Blattlaus *s. f.* ZOOLOGIA pulgão$_m$
blau *adj.* 1. azul; 2. (lábios) roxo; (olho) negro; blauer Fleck: pisadura$_f$; 3. *(coloq.)* bêbedo
Blau *s. nt.* azul$_m$

blauäugig adj. de olhos azuis
Blaukraut s. nt. (Áustria) couve_f roxa
Blaulicht s. nt. sinal_m luminoso
blaumachen v. intr. (coloq.) fazer gazeta
Blech s. nt. 1. chapa_f; 2. tabuleiro_m; 3. (sem pl.) MÚSICA metais_{m. pl.}; 4. (sem pl.) (coloq.) disparate_m
Blechdose s. f. lata_f
blechen v. intr. (coloq.) pagar [für +ac., por]
Blechschaden s. m. dano_m na carroçaria
Blei s. nt. chumbo_m
Bleibe s. f. alojamento_m
bleiben v. intr. 1. ficar, permanecer; übrig bleiben: sobrar; 2. manter(-se); es bleibt dabei: fica assim, fica combinado
bleich adj. pálido
bleichen v. tr. (roupa) branquear; (cabelo) descolorar
bleifrei adj. sem chumbo
bleihaltig adj. com chumbo
Bleistift s. m. lápis_m
Bleistiftspitzer s. m. aguça_m
Blende s. f. 1. protecção_f; 2. FOTOGRAFIA diafragma_m; 3. ARQUITECTURA janela_f falsa
blenden v. tr. 1. ofuscar; 2. deslumbrar
blendend adj. 1. deslumbrante; 2. extraordinário
Blick s. m. 1. olhar_m; olhadela_f; 2. (sem pl.) vista_f
blicken v. intr. olhar; sich blicken lassen: aparecer
Blickpunkt s. m. ponto_m de vista
blieb pret. imp. de bleiben
blies pret. imp. de blasen
blind adj. 1. cego; 2. (passageiro) clandestino; 3. (alarme) falso
Blinddarm s. m. ANATOMIA apêndice_m
Blinddarmentzündung s. f. MEDICINA apendicite_f
Blindenhund s. m. cão_m de guia
Blindenschrift s. f. escrita_f Braille

Blinde(r) s. m. e f. cego_{m}, -a_{m. f.}
Blindheit s. f. cegueira_f
blindlings adv. às cegas
Blindschleiche s. f. ZOOLOGIA licranço_m
blinken v. intr. 1. reluzir, brilhar; cintilar; 2. (ao conduzir) indicar a mudança de direcção; pôr o pisca-pisca
Blinker s. m. indicador_m de mudança de direcção; pisca-pisca_m
Blinklicht s. nt. luz_f intermitente; piscas_{m.pl.}
blinzeln v. intr. 1. pestanejar; 2. piscar o olho
Blitz s. m. 1. METEOROLOGIA relâmpago_m, raio_m; 2. FOTOGRAFIA flash_m
Blitzableiter s. m. pára-raios_m
blitzen v. intr. 1. relampejar; 2. brilhar, reluzir; 3. FOTOGRAFIA disparar o flash
Blitzgerät s. nt. FOTOGRAFIA flash_m
Blitzlicht s. nt. FOTOGRAFIA flash_m
blitzsauber adj. (coloq.) tão limpo que (até) brilha
blitzschnell adj. (coloq.) rápido como um raio, rapidíssimo
Block s. m. 1. bloco_m; cepo_m; 2. POLÍTICA bloco_m; 3. quarteirão_m
Blockade s. f. bloqueio_m
Blockflöte s. f. MÚSICA flauta_f de bisel
blockieren* v. tr. bloquear
blöd adj. 1. (coloq.) burro, estúpido; 2. (coloq.) chato, aborrecido
Blödheit s. f. estupidez_f, parvoíce_f
Blödmann s. m. (coloq.) estúpido_m, parvo_m
Blödsinn s. m. (coloq.) disparate_m; parvoíce_f
blödsinnig adj. 1. imbecil, idiota; 2. (coloq.) parvo, estúpido
blond adj. louro, loiro
blondieren* v. tr. alourar, aloirar
Blondine s. f. loura_f, loira_f
bloß I adj. 1. nu; descoberto; 2. mero; II adv. só, apenas, somente

Blöße *s. f.* 1. nudez*f*; 2. ponto*m* fraco
bloßstellen *v. tr.* desmascarar, comprometer
Blouson *s. m.* blusão*m*
Bluff *s. m. (pej.)* bluff*m*
bluffen *v. intr. (pej.)* fazer bluff
blühen *v. intr.* 1. florescer; 2. prosperar
Blühet *s. f. (Suíça)* florescência*f*
Blume *s. f.* 1. BOTÂNICA flor*f*; etwas durch die Blume sagen: dizer alguma coisa de forma indirecta; 2. (cerveja) espuma*f*; 3. (vinho) aroma*m*
Blumenkohl *s. m.* BOTÂNICA couve-flor*f*
Blumenladen *s. m.* florista*f*
Blumenstrauß *s. m.* ramo*m* (de flores), arranjo*m* (de flores)
Blumentopf *s. m.* vaso*m*
Blumenvase *s. f.* jarra*f*
Blumenzwiebel *s. f.* BOTÂNICA bolbo*m*
blumig *adj.* (estilo) com floreados
Bluse *s. f.* blusa*f*
Blut *s. nt.* sangue*m*
blutarm *adj.* MEDICINA anémico
Blutbad *s. nt.* carnificina*f*, chacina*f*
Blutbild *s. nt.* MEDICINA fórmula*f* sanguínea
Blutdruck *s. m.* tensão*f* arterial
Blüte *s. f.* 1. BOTÂNICA florescência*f*; 2. *(coloq.)* (dinheiro) nota*f* falsa
bluten *v. intr.* sangrar, deitar sangue
Blütenstaub *s. m.* BOTÂNICA pólen*m*
Bluter *s. m.* MEDICINA hemofílico*m*
Bluterguss *s. m.* MEDICINA hemorragia*f*, efusão*f* de sangue
Blütezeit *s. f.* 1. florescência*f*; 2. *(fig.)* apogeu*m*
Blutgefäß *s. nt.* vaso*m* sanguíneo
Blutgruppe *s. f.* grupo*m* sanguíneo
Bluthochdruck *s. m.* MEDICINA hipertensão*f*
blutig *adj.* sangrento

Blutkörperchen *s. nt.* glóbulo*m* sanguíneo
Blutkreislauf *s. m.* circulação*f* sanguínea
Blutprobe *s. f.* análise*f* ao sangue
blutrünstig *adj.* sanguinário, sangrento
Blutspender *s. m.* dador*m* de sangue
blutt *adj. (Suíça)* nu
Blutübertragung *s. f.* transfusão*f* de sangue
Blutung *s. f.* hemorragia*f*; menstruação*f*
Blutvergießen *s. nt.* derramamento*m* de sangue
Blutvergiftung *s. f.* MEDICINA septicemia*f*
Blutwurst *s. f.* chouriço*m* de sangue, morcela*f*
BLZ *s. f.* [*abrev. de* Bankleitzahl] NIB*m* [*abrev. de* número de identificação bancária]
Bö *s. f.* rajada*f* (de vento)
Bock *s. m.* 1. ZOOLOGIA bode*m*; 2. (pintura) cavalete*m*; 3. DESPORTO cavalo-de-pau*m*
Bockbier *s. nt.* cerveja*f* forte
bocken *v. intr.* 1. teimar, ser teimoso; 2. (cavalo) empinar-se
bockig *adj.* teimoso como uma mula
Bockwurst *s. f.* salsicha*f*
Boden *s. m.* 1. chão*m*; solo*m*; 2. águas-furtadas*f. pl*; 3. base*f*
Bodenerhebung *s. f.* ondulação*f* do terreno
Bodenfrost *s. m.* geada*f*
bodenlos *adj.* 1. sem fundo, insondável; 2. *(coloq.)* incrível, espantoso
Bodenpersonal *s. nt.* AERONÁUTICA pessoal*m* de terra
Bodenreform *s. f.* reforma*f* agrária
Bodensatz *s. m.* (vinho) depósito*m*; (café, vinho) borra(s)*f. (pl.)*, pé*m*
Bodenschätze *s. pl.* riquezas*f. pl* naturais
Bodensee *s. m.* lago*m* de Constança
Bodenstation *s. f.* AERONÁUTICA estação*f* terrestre
Bodybuilding *s. nt.* culturismo*m*

bog pret. imp. de biegen
Bogen s. m. 1. curva$_f$; 2. ARQUITECTURA, MÚSICA arco$_m$; 3. (de flechas) arco$_m$; 4. (papel) folha$_f$
Bogenschießen s. nt. tiro$_m$ ao arco
Bohle s. f. prancha$_f$, pranchão$_m$
Bohne s. f. 1. feijão$_m$; fava$_f$; 2. grão$_m$
Bohnenkaffee s. m. café$_m$ em grão
bohnern v. tr. encerar
Bohnerwachs s. nt. cera$_f$ (para soalhos)
bohren I v. tr. 1. furar, brocar; 2. perfurar; II v. intr. 1. introduzir-se (perfurando); 2. (dentista) brocar
Bohrer s. m. 1. broca$_f$, berbequim$_m$
Bohrinsel s. f. plataforma$_f$ de sondagem; plataforma$_f$ petrolífera
Bohrmaschine s. f. berbequim$_m$, máquina$_f$ de furar
Bohrturm s. m. torre$_f$ de perfuração, torre$_f$ de sondagem
böig adj. (vento) às rajadas
Boiler s. m. esquentador$_m$
Boje s. f. 1. bóia$_f$; 2. baliza$_f$
Bolivien s. nt. Bolívia$_f$
böllern v. intr. disparar morteiros
Bolzen s. m. 1. ENGENHARIA cavilha$_f$; pino$_m$; 2. flecha$_f$, seta$_f$
bombardieren* v. tr. bombardear
Bombe s. f. bomba$_f$
Bombenangriff s. m. ataque$_m$ aéreo
Bombenattentat s. nt. atentado$_m$ bombista
Bombenerfolg s. m. (coloq.) grande sucesso$_m$
Bombenstimmung s. f. 1. (coloq.) (pessoa) óptima disposição$_f$; 2. (coloq.) (festa) espectáculo$_m$
Bomber s. m. AERONÁUTICA bombardeiro$_m$
Bon s. m. 1. talão$_m$, senha$_f$; 2. talão$_m$
Bonbon s. m. e nt. rebuçado$_m$
Bonn s. nt. Bona$_f$

Bonus s. m. bónus$_m$
Boot s. nt. barco$_m$, bote$_m$
Bord^1 s. nt. (-(e)s, -e) 1. prateleira$_f$; 2. (Suíça) borda$_f$, bordo$_m$
Bord^2 s. m. (-(e)s, sem pl.) NÁUTICA bordo$_m$; an Bord: a bordo
Bordell s. nt. bordel$_m$
Bordkarte s. f. cartão$_m$ de embarque
Bordpersonal s. nt. pessoal$_m$ de bordo
Bordstein s. m. beira$_f$ do passeio/da calçada
borgen v. tr. 1. pedir emprestado; sich [dat.] etwas von jdm borgen: pedir alguma coisa emprestada a alguém; 2. emprestar; jemandem etwas borgen: emprestar alguma coisa a alguém
borniert adj. (depr.) tacanho, bronco
Börse s. f. ECONOMIA Bolsa$_f$
Börsenkurs s. m. ECONOMIA cotação$_f$ da Bolsa
Börsenmakler s. m. ECONOMIA corretor$_f$
Börsenspekulant s. m. ECONOMIA especulador$_m$ da Bolsa
Borste s. f. cerda$_f$
Borte s. f. debrum$_m$, passamanes$_{m. pl.}$
bösartig adj. 1. feroz; maldoso; 2. MEDICINA maligno
Böschung s. f. declive$_m$; ribanceira$_f$
böse I adj. 1. mau, maldoso; (criança) maroto; 2. mau, desagradável; 3. zangado [auf +ac., com]; bist du mir böse?: estás zangado comigo?; II adv. mal
boshaft adj. mau, pérfido
Bosheit s. f. maldade$_f$, malícia$_f$
Bosnien s. nt. Bósnia$_f$
Bosnien-Herzegowina s. nt. Bósnia-Erzegovina$_f$
Bosnier s. m. bósnio$_f$
bosnisch adj. bósnio
Boss s. m. chefe$_{m. e f.}$
böswillig adj. malévolo, mal-intencionado

bot *pret. imp. de* bieten
Botanik *s. f.* botânica*f.*
Bote *s. m.* moço*m.*
Botschaft *s. f.* 1. mensagem*f*, notícia*f*; 2. POLÍTICA embaixada*f*
Botschafter *s. m.* embaixador*m.*
Bott *s. nt. (Suíça)* assembleia*f* de sócios
Bottich *s. m.* tina*f*, cuba*f*
Bouillon *s. f.* CULINÁRIA caldo*m.*
Boulevardpresse *s. f.* imprensa*f* sensacionalista
Box *s. f.* 1. (de cavalos) boxe*f*; 2. coluna*f*
boxen *v. intr.* DESPORTO jogar boxe
Boxen *s. nt.* DESPORTO boxe*m.*, pugilismo*m.*
Boxer *s. m.* 1. DESPORTO pugilista*m.*; 2. (raça de cão) boxer*m.*
Boxkampf *s. m.* combate*m* de boxe
Boykott *s. m.* boicote*m.*
boykottieren* *v. tr.* boicotar
brach *pret. imp. de* brechen
brachliegen *v. intr.* 1. (campo) ficar de pousio, alqueivar; 2. (capacidades) tornar-se improdutivo
brachte *pret. imp. de* bringen
Branche *s. f.* ramo*m.*
Brand *s. m.* incêndio*m.*, fogo*m.*
Brandenburg *s. nt.* Brandemburgo*m.*
brandmarken *v. tr.* (pessoa) estigmatizar; (situação) criticar
Brandstifter *s. m.* incendiário*m.*
Brandstiftung *s. f.* fogo*m.* posto
Brandung *s. f.* rebentamento*m.* das ondas
brannte *pret. imp. de* brennen
Branntwein *s. m.* aguardente*f*
Brasilianer *s. m.* brasileiro*m.*
brasilianisch *adj.* brasileiro
Brasilien *s. nt.* Brasil*m.*
braten *v. tr.* assar; fritar; kurz gebraten: mal passado
Braten *s. m.* assado*m.*, carne*f* assada
Brathähnchen *s. nt.* frango*m* assado

Brathendl *s. nt. (Áustria)* frango*m* assado
Bratkartoffeln *s. pl.* batatas*f. pl.* assadas
Bratpfanne *s. f.* frigideira*f*, sertã*f*
Bratwurst *s. f.* salsicha*f* grelhada
Brauch *s. m.* costume*m.*, hábito*m.*
brauchbar *adj.* útil
brauchen *v. tr.* 1. precisar de, necessitar de; (tempo) levar; 2. usar, utilizar; 3. gastar, consumir; 4. ter que/de [+inf.]
brauen *v. tr.* (cerveja) fabricar
Brauerei *s. f.* fábrica*f* de cerveja, cervejaria*f*
braun *adj.* 1. castanho; 2. moreno; bronzeado; braun braten: tostar
Bräune *s. f.* bronzeado*m.*
bräunen *v. tr.* 1. (com sol) bronzear; 2. CULINÁRIA alourar, aloirar, tostar
Braunkohle *s. f.* lignite*f*
Bräunungsstudio *s. nt.* solário*m.*
Brause *s. f.* 1. chuveiro*m.*, duche*m.*; 2. (bebida) gasosa*f*
Braut *s. f.* noiva*f*
Bräutigam *s. m.* noivo*m.*
Brautjungfer *s. f.* dama*f* de honor
Brautkleid *s. nt.* vestido*m* de noiva
Brautpaar *s. nt.* 1. noivos*m. pl.*; 2. recém-casados*m. pl.*
brav *adj.* 1. bem-comportado; 2. discreto
BRD *s. f.* [*abrev. de* Bundesrepublik Deutschland] RFA*f* [*abrev. de* República Federal da Alemanha]
Brecheisen *s. nt.* pé-de-cabra*m.*
brechen I *v. tr.* 1. quebrar; MEDICINA fracturar; 2. (promessa, acordo) romper; (palavra) faltar a; 3. (lei) violar; (greve) furar; II *v. intr.* 1. partir(-se); 2. (*coloq.*) vomitar
Brechreiz *s. m.* náusea*f*
Brei *s. m.* papa*f*; CULINÁRIA puré*m.*
breit *adj.* largo; extenso, amplo; weit und breit: por toda a parte

Breite s. f. 1. largura_f; extensão_f, amplitude_f; 2. GEOGRAFIA latitude_f
Breitengrad s. m. grau_m de latitude
breitschult(e)rig adj. entroncado, espadaúdo
Bremen s. nt. Bremen_f
Bremer adj. de Bremen
Bremsbelag s. m. calço_m do travão
Bremse s. f. 1. travão_m; 2. ZOOLOGIA moscardo_m
bremsen v. tr. 1. travar; 2. entravar
Bremslicht s. nt. luz_f de travão
Bremspedal s. nt. pedal_m do travão
Bremsspur s. f. rasto_m de travagem
brennbar adj. inflamável, combustível
brennen I v. tr. 1. queimar; incendiar; 2. tostar; II v. intr. 1. arder; 2. (cigarros, luz) estar aceso; 3. (sol) queimar ❖ darauf brennen zu: estar morto por
Brennnessel s. f. urtiga_f
Brennspiritus s. m. álcool_m desnaturado
Brennstoff s. m. combustível_m
brenzlich adj. (Áustria) → brenzlig
brenzlig adj. (coloq.) difícil, melindroso
Brett s. nt. tábua_f, prancha_f
Bretterzaun s. m. tabique_m de madeira
Brettspiel s. nt. jogo_m de tabuleiro
Brevet s. nt. (Suíça) cartão_m
Brezel s. f. rosquilha_f
Brief s. m. carta_f
Briefblock s. m. bloco_m de carta
Briefbogen s. m. folha_f de papel de carta
Brieffreund s. m. correspondente_m. e f., pen_f friend
Briefkasten s. m. caixa_f do correio; marco_m (dos correios)
brieflich adv. por escrito, por carta
Briefmarke s. f. selo_m
Brieföffner s. m. corta-papel_m
Briefpapier s. nt. papel_m de carta

Brieftasche s. f. carteira_f
Briefträger s. m. carteiro_m
Briefumschlag s. m. envelope_m, sobrescrito_m
Briefwechsel s. m. correspondência_f
briet pret. imp. de braten
Brikett s. nt. briquete_m
brillant adj. brilhante, esplêndido
Brillant s. m. brilhante_m
Brille s. f. óculos_m. pl.
Brillengestell s. nt. armação_f
Brimborium s. nt. lengalenga_f; rodeios_m. pl.
bringen v. tr. 1. trazer; transportar; 2. levar, acompanhar; jemanden nach Hause bringen: levar/acompanhar alguém a casa; 3. fazer; causar; produzir; das bringt nichts: não adianta nada
brisant adj. esmagador, explosivo
Brise s. f. brisa_f
Brite s. m. britânico_m
britisch adj. britânico
bröckeln v. intr. desmoronar-se, desfazer-se
Brocken s. m. pedaço_m
brodeln v. intr. 1. borbulhar; 2. (Áustria) demorar-se
Broiler s. m. (Regionalismo) frango_m assado
Brokkoli s. pl. BOTÂNICA brócolos_m. pl.
Brombeere s. f. BOTÂNICA amora_f silvestre
Bronchien s. pl. ANATOMIA brônquios_m. pl.
Bronchitis s. f. MEDICINA bronquite_f
Bronze s. f. bronze_m
Brosche s. f. broche_m, alfinete_m
Broschüre s. f. brochura_f, folheto_m
Brösel s. m. migalha_f
Brot s. nt. pão_m
Brötchen s. nt. pão_m, pãozinho_m; belegtes Brötchen: sanduíche_f, sande_f
Bruch s. m. 1. ruptura_f; 2. MEDICINA fractura_f; 3. MATEMÁTICA fracção_f

Bruchbude *s. f. (coloq.)* espelunca*f.*
brüchig *adj.* quebradiço
Bruchlandung *s. f.* aterragem*f.* forçada
Bruchrechnung *s. f.* MATEMÁTICA cálculo*m.* de fracções
Bruchstrich *s. m.* MATEMÁTICA traço*m.* de fracção
Bruchstück *nt.* fragmento*m.*
Bruchteil *s. m.* fracção*f.*, parte*f.*
Bruchzahl *s. f.* MATEMÁTICA número*m.* fraccionário
Brücke *s. f.* ponte*f.*
Bruder *s. m.* 1. irmão*m.*; 2. frade*m.*
brüderlich *adj.* fraternal
Brühe *s. f.* 1. CULINÁRIA caldo*m.*; 2. *(pej.)* água*f.* da barrela
brüllen *v. intr.* 1. gritar, berrar; 2. rugir; mugir
brummen *v. intr.* 1. zumbir; 2. roncar; 3. resmungar
brummig *adj.* rabugento, resmungão
brünett *adj.* 1. castanho, escuro; 2. moreno
Brunnen *s. m.* 1. poço*m.*; 2. fonte*f.*, chafariz*m.*; 3. águas*f. pl.* medicinais
brüsk *adj.* brusco, rude
Brüssel *s. nt.* Bruxelas*f.*
Brust *s. f.* 1. peito*m.*; 2. seio(s)*m. (pl.)*; 3. tórax*m.*
Brustbein *s. nt.* ANATOMIA esterno*m.*
brüsten *v. refl.* vangloriar-se [mit +*dat.*, de], gabar-se [mit +*dat.*, de]
Brustkrebs *s. m.* MEDICINA cancro*m.* da mama
Brustschwimmen *s. nt.* natação*f.* de braços
Brüstung *s. f.* parapeito*m.*
Brustwarze *s. f.* mamilo*m.*
Brut *s. f.* 1. choco*m.*; 2. crias*f. pl.*, filhotes*m. pl.*; ninhada*f.*
brutal *adj.* brutal

Brutalität *s. f.* brutalidade*f.*
brüten *v. intr.* chocar; incubar
Brüter *s. m.* FÍSICA reactor*m.* de enriquecimento
Brutkasten *s. m.* incubadora*f.*
brutto *adv.* bruto
Bruttogehalt *s. nt.* salário*m.* bruto
Bruttosozialprodukt *s. nt.* ECONOMIA produto*m.* social bruto
Bub *s. m.* *(Áustria, Suíça)* rapaz*m.*, garoto*m.*
Buch *s. nt.* livro*m.*
Buchdruck *s. m.* tipografia*f.*
Buche *s. f.* BOTÂNICA faia*f.*
buchen *v. tr.* 1. (lugar, viagem) marcar, reservar; 2. (quantia) assentar, registar
Bücherei *s. f.* livraria*f.*
Bücherregal *s. nt.* estante*f.*
Bücherschaft *s. m. (Suíça)* → Bücherregal
Bücherwurm *s. m. (coloq.)* rato*m.* de biblioteca, bibliomaníaco*m.*
Buchführung *s. f.* contabilidade*f.*, escrita*f.*
Buchhalter *s. m.* contabilista*m. e f.*
Buchhandel *s. m.* comércio*m.* de livros
Buchhändler *s. m.* livreiro*m.*
Buchhandlung *s. f.* livraria*f.*
Büchse *s. f.* 1. caixa*f.*; 2. lata*f.* de conserva; 3. espingarda*f.*
Büchsenöffner *s. m.* abre-latas*m.*
Buchstabe *s. m.* letra*f.*
buchstabieren* *v. tr.* soletrar
buchstäblich I *adj.* literal; II *adv.* à letra, literalmente
Bucht *s. f.* baía*f.*, golfo*m.*; enseada*f.*
Buchung *s. f.* 1. reserva*f.*, marcação*f.*; 2. (quantia) lançamento*m.*, registo*m.*
Buchweizen *s. m.* trigo*m.* mourisco
Buckel *s. m.* 1. ANATOMIA corcunda*f.*; 2. *(coloq.)* costas*f. pl.*
bücken *v. refl.* (a)baixar-se, curvar-se
Bückling *s. m.* 1. vénia*f.*; 2. CULINÁRIA arenque*m.* fumado

Buddhismus s. m. RELIGIÃO Budismo_m.
Bude s. f. 1. quiosque_m.; barraca_f.; tenda_f.; 2. (coloq.) quarto_m. (de estudante)
Budget s. nt. orçamento_m.
Büfett s. nt. 1. bufete_m.; 2. aparador_m.
Büffel s. m. ZOOLOGIA búfalo_m.
büffeln v. intr. (coloq.) marrar, empinar
Buffet s. nt. (Áustria, Suíça) → Büfett
Bug s. m. NÁUTICA proa_f.
Bügel s. m. 1. cabide_m., cruzeta_f.; 2. asa_f.
Bügelbrett s. nt. tábua_f. de passar a ferro
Bügeleisen s. nt. ferro_m. de engomar/de passar
Bügelfalte s. f. vinco_m.
bügeln v. tr. passar a ferro, engomar
Bühne s. f. 1. estrado_m., tribuna_f.; palco_m.; 2. teatro_m.
Bühnenbild s. nt. cenário_m.
Buhruf s. m. assobios_m. pl.
Bulette s. f. (Regionalismo) almôndega_f.
Bulgare s. m. búlgaro_m.
Bulgarien s. nt. Bulgária_f.
bulgarisch adj. búlgaro
Bulldogge s. f. ZOOLOGIA buldogue_m.
Bulle s. m. 1. ZOOLOGIA touro_m.; 2. (coloq.) (polícia) chui_m.
Bummel s. m. (coloq.) volta_f., giro_m.
bummeln v. intr. 1. (coloq.) passear, dar uma volta; 2. demorar-se; vadiar
bums interj. zumba! zás!
bumsen v. intr. 1. (coloq.) embater [gegen +ac., contra]; 2. (vulg.) dar uma queca
Bund[1] s. m. ⟨-(e)s, Bünde⟩ 1. liga_f., união_f.; 2. (sem pl.) POLÍTICA confederação_f.; 3. (em calças, saia) cós_m.
Bund[2] s. m. ⟨-(e)s, -e⟩ molho_m., feixe_m.
Bündel s. nt. embrulho_m.; molho_m.; maço_m.; trouxa_f.
bündeln v. tr. embrulhar
Bundesbank s. f. Banco_m. Federal

Bundesdeutsche(r) s. m. e f. cidad|ão, -ã_m., f. da RFA
Bundesgericht s. nt. (Suíça) Tribunal_m. da Confederação Helvética
Bundesgrenzschutz s. m. polícia_f. das fronteiras da RFA
Bundeskanzler s. m. chanceler_m. federal
Bundesland s. nt. estado_m. federado
Bundesliga s. f. DESPORTO Liga_f. de futebol da RFA
Bundespräsident s. m. (Alemanha, Áustria) presidente_m. e f. da República Federal; (Suíça) presidente_m. e f. da Confederação
Bundesrat s. m. 1. (Alemanha) Câmara_f. Alta do Parlamento Federal; (Áustria) Câmara_f. dos Representantes; 2. (Suíça) Conselho_m. Federal
Bundesregierung s. f. governo_m. federal
Bundesrepublik s. f. República_f. Federal
Bundesstaat s. m. 1. estado_m. federado; 2. confederação_f.
Bundesstraße s. f. estrada_f. nacional
Bundestag s. m. Câmara_f. Baixa do Parlamento Federal
Bundestagswahl s. f. eleição_f. do Parlamento alemão
Bundesverfassungsgericht s. nt. Tribunal_m. Constitucional Federal
Bundeswehr s. f. Forças_f. pl. Armadas Federais
bündig adj. conciso; kurz und bündig: sem rodeios
Bündnis s. nt. POLÍTICA aliança_f., pacto_m.
Bungalow s. m. bungalow_m.
Bunker s. m. abrigo_m. antiaéreo
bunt adj. 1. colorido, às cores; 2. variado
Buntstift m. lápis_m. de cor
Burg s. f. castelo_m., cidadela_f.
Bürge s. m. fiador_m., abonador_m.
bürgen v. intr. responsabilizar-se; afiançar, abonar
Bürger s. m. cidadão_m.

Bürgerinitiative s. f. comissão$_f$ de moradores
Bürgerkrieg s. m. guerra$_f$ civil
bürgerlich adj. 1. burguês; 2. DIREITO civil; Bürgerliches Gesetzbuch: código$_m$ civil
Bürgermeister s. m. presidente$_{m.\ e\ f.}$ da Câmara, presidente$_{m.e\ f.}$ da Junta
Bürgerrecht s. nt. cidadania$_f$
Bürgerrechtler s. m. defensor$_m$ dos direitos humanos e dos cidadãos
Bürgersteig s. m. passeio$_m$.
Bürgschaft s. f. 1. fiança$_f$, caução$_f$; 2. DIREITO garantia$_f$
Büro s. nt. escritório$_m$.
Büroangestellte(r) s. m. e f. empregad|o, -a$_{m.\ f.}$ de escritório
Büroklammer s. f. clip$_m$.
Bürokrat s. m. burocrata$_{m.\ e\ f.}$
Bürokratie s. f. burocracia$_f$
bürokratisch adj. burocrático
Bursche s. m. rapaz$_m$, garoto$_m$.
Bürste s. f. escova$_f$
bürsten v. tr. escovar
Bus s. m. autocarro$_m$.
Busbahnhof s. m. terminal$_m$ de autocarros; terminal$_m$ de camionetas
Busch s. m. 1. arbusto$_m$, moita$_f$; 2. mato$_m$.

Büschel s. nt. molho$_m$; tufo$_m$.
buschig adj. espesso
Busen s. m. seio(s)$_{m.\ (pl.)}$, peito(s)$_{m.\ (pl.)}$
Busenfreund s. m. amigo$_f$ do peito
Busfahrer s. m. motorista$_{m.\ e\ f.}$ (de autocarro)
Bushaltestelle s. f. paragem$_f$ de autocarro
Bussard s. m. ZOOLOGIA busardo$_m$.
Buße s. f. 1. multa$_f$; 2. RELIGIÃO penitência$_f$
busseln v. tr. e intr. (Áustria) beijar
büßen v. tr. 1. RELIGIÃO fazer penitência; 2. (por uma acção) pagar; das wird er mir büßen: ele vai-mas pagar
Busserl s. nt. (Áustria) beijo$_m$.
Bußgeld s. nt. multa$_f$, coima$_f$
Büste s. f. busto$_m$.
Büstenhalter s. m. soutien$_m$.
Butter s. f. manteiga$_f$
Butterbrot s. nt. (fatia$_f$ de) pão com manteiga
Butterbrotpapier s. nt. papel$_m$ vegetal
Buttermilch s. f. soro$_m$ de manteiga
Button s. m. pin$_m$.
BWL [abrev. de Betriebswirtschaftslehre] gestão$_f$ de empresas
Byte s. nt. INFORMÁTICA byte$_m$.

C

C, c s. nt. 1. C, c_m; 2. MÚSICA dó_m.
ca. [abrev. de circa] cerca de
Cabrio s. nt. cabrio_m, descapotável_m.
Café s. nt. café_m.
Cafeteria s. f. cafetaria_f.
Camion s. m. (Suíça) camião_m.
Camp s. nt. acampamento_m.
campen v. intr. acampar
Camper s. m. campista_m. e f.
Camping s. nt. campismo_m.
Campingbus s. m. carrinha_f. de campismo
Campingplatz s. m. parque_m. de campismo
Car s. m. (Suíça) camioneta_f. de turismo
Caravan s. m. caravana_f.
Cäsium s. nt. QUÍMICA césio_m.
catchen v. intr. fazer luta livre
Catcher s. m. praticante_m. e f. de luta livre
CD s. f. [abrev. de Compact Disc] CD_m. [abrev. de disco compacto]
CD-ROM s. f. INFORMÁTICA CD-ROM_m.
CD-ROM-Laufwerk s. nt. INFORMÁTICA leitor_m. de CD-ROM
CD-Spieler s. m. leitor_m. de CD
Cellist s. m. violoncelista_m. e f.
Cello s. nt. violoncelo_m.
Cellophan® s. nt. celofane_m, película_f. aderente
Celsius s. nt. Grad Celsius: grau_m. centígrado
Chalet s. nt. (Suíça) chalé_m.
Chamäleon s. nt. camaleão_m.
Champagner s. m. champanhe_m.
Champignon s. m. cogumelo_m, champignon_m.

Champion s. m. campeão_m.
Chance s. f. 1. oportunidade_f, chance_f; 2. possibilidade_f.
Chancengleichheit s. f. igualdade_f. de oportunidades
Chaos s. nt. caos_m.
Chaot s. m. pessoa_f. caótica
chaotisch adj. caótico
Charakter s. m. carácter_m.
charakterisieren* v. tr. caracterizar [als +ac., de]
charakteristisch adj. característico [für +ac., de]
charakterlos adj. sem carácter
Charakterschwäche s. f. fraqueza_f. de carácter
Charakterstärke s. f. força_f. de carácter, personalidade_f. forte
Charakterzug s. m. feitio_m, traço_m. de carácter
charmant adj. charmoso, atraente
Charme s. m. charme_m.
Charterflug s. m. voo_m. charter
Charterflugzeug s. nt. charter_m.
chartern v. tr. fretar
Chauffeur s. m. motorista_m. e f.
Chauffeuse s. f. (Suíça) condutora_f.
Chauvi s. m. (coloq.) machista_m.
Chauvinismus s. m. 1. chauvinismo_m; 2. machismo_m.
Chauvinist s. m. 1. chauvinista_m; 2. machista_m.
checken v. tr. controlar, verificar
Checkliste s. f. lista_f. de controlo

Chef s. m. chefe_{m. e f.}
Chefarzt s. m. médico-chefe_{m.}
Chemie s. f. química_{f.}
Chemiefaser s. f. fibra_{f} sintética
Chemikalie s. f. produto_{m.} químico
Chemiker s. m. químico_{m.}
Cheminée s. nt. (Suíça) chaminé_{f}
chemisch adj. químico; chemische Reinigung: limpeza_{f.} a seco
Chemotherapie s. f. MEDICINA quimioterapia_{f.}
Chicorée s. f. chicória_{f.}
Chiffre s. f. cifra_{f.}, código_{m.}
Chile s. nt. Chile_{m.}
China s. nt. China_{f.}
Chinese s. m. chinês_{m.}
chinesisch adj. chinês
Chip s. m. 1. INFORMÁTICA chip_{m.}, pastilha_{f.}; 2. (de jogo) ficha_{f.}; 3. pl. chips: batatas_{f. pl.} fritas
Chirurg s. m. cirurgião_{m.}
Chirurgie s. f. cirurgia_{f.}
chirurgisch adj. cirúrgico
Chlor s. nt. QUÍMICA cloro_{m.}
Chlorophyll s. nt. clorofila_{f.}
Cholera s. f. MEDICINA cólera_{f.}
cholerisch adj. 1. irascível; 2. MEDICINA colérico
Cholesterin s. nt. MEDICINA colesterol_{m.}
Chor s. m. ARQUITECTURA, MÚSICA coro_{m.}
Choral s. m. coral_{m.}
Choreograf s. m. coreógrafo_{m.}
Choreografie s. f. coreografia_{f.}
Christ s. m. cristão_{m.}
Christentum s. nt. Cristianismo_{m.}
Christkind s. nt. Menino_{m.} Jesus
christlich adj. cristão
Christus s. m. Cristo_{m.}
Chrom s. nt. QUÍMICA cromo_{m.}
Chromosom s. nt. BIOLOGIA cromossoma_{m.}
Chronik s. f. crónica_{f.}

chronisch adj. crónico
Chronologie s. f. cronologia_{f.}
chronologisch adj. cronológico
Cidre s. m. BOTÂNICA cidra_{f.}
circa adv. cerca de, aproximadamente
clever adj. esperto
Clinch s. m. (coloq.) disputa_{f.}
Clique s. f. malta_{f.}, pessoal_{m.}
Clou s. m. (coloq.) atracção_{f.} principal
Clown s. m. palhaço_{m.}
Club s. m. clube_{m.}
Coach s. m. treinador_{m.}
Cockpit s. nt. AERONÁUTICA cockpit_{m.}
Cocktail s. m. cocktail_{m.}
Code s. m. código_{m.}, chave_{f.}
Cognac® s. m. conhaque_{m.}, brandy_{m.}
Coiffeur s. m. (Suíça) cabeleireiro_{m.}
Coiffeursalon s. m. (Suíça) salão_{m.} de cabeleireiro
Collage s. f. colagem_{f.}
Come-back s. nt. regresso_{m.}
Comic s. m. banda_{f.} desenhada
Compactdisc s. f. disco_{m.} compacto
Computer s. m. computador_{m.}
Computerspiel s. nt. jogo_{m.} de computador
Computertomographie s. f. tomografia_{f.} computadorizada
Confiserie s. f. (Suíça) confeitaria_{f.}, pastelaria_{f.}
Container s. m. contentor_{m.}
cool adj. (coloq.) fixe, porreiro, baril
Copyright s. nt. direitos_{m. pl.} de autor
Cordhose s. f. calças_{f. pl.} de bombazine
Corner s. m. (Áustria, Suíça) DESPORTO canto_{m.}
Cornflakes s. pl. flocos_{m. pl.} de cereais, cornflakes_{m. pl.}
Couch s. f. sofá_{m.}, divã_{m.}
Count-down s. m. contagem_{f.} decrescente
Coupé s. nt. 1. (carro) cupé_{m.}; 2. (Áustria) compartimento_{m.}

Coupon s. m. cupão m.
Courage s. f. (coloq.) coragem f.
Cousin s. m. primo m.
Cover s. nt. capa f.
Cowboy s. m. vaqueiro m., cowboy m.
Crack s. m. 1. DESPORTO craque m.; 2. (estupefaciente) crack m.
Creme s. f. CULINÁRIA creme m.
Crew s. f. NÁUTICA tripulação f.
Croissant s. nt. croissant m.
Curry s. nt. caril m.
Cursor s. m. INFORMÁTICA cursor m.
Cutter s. m. montador m.
Cyberspace s. m. INFORMÁTICA ciberespaço m.

D

D, d s. nt. 1. D, d m.; 2. MÚSICA ré m.
da I adv. 1. (espacial) ali, lá; aqui, cá; ist noch Kaffee da?: ainda há café?; 2. (temporal) então; von da an/ab: a partir de aí; II cj. como, já que
dabehalten* v. tr. ficar com
dabei adv. 1. junto, ao pé; dabei sein: estar presente; fazer parte (de); 2. nisso, com isso; was ist schon dabei?: que tem isso?; es bleibt dabei: fica combinado; 3. ao mesmo tempo; er war gerade dabei, zu gehen: ele ia mesmo a sair; 4. embora, apesar de
dabeihaben v. tr. (coloq.) ter (consigo), trazer (consigo)
dableiben v. intr. ficar
Dach s. nt. telhado m.
Dachboden s. m. sótão m., águas-furtadas f. pl.
Dachdecker s. m. telhador m.
Dachgarten s. m. terraço m.
Dachgepäckträger s. m. porta-bagagem m. de tejadilho
Dachgeschoss s. nt. sótão m., águas-furtadas f. pl.
Dachluke s. f. clarabóia f.
Dachrinne s. f. caleira f.
Dachs s. m. ZOOLOGIA texugo m.
dachte pret. imp. de denken
Dachziegel s. m. telha f.
Dackel s. m. ZOOLOGIA cão m. salsicha
dadurch adv. 1. (espacial) por aí, por ali; 2. (causal) assim, desta maneira; com isto; por isso; dadurch, dass...: pelo facto de...
DaF s. nt. [abrev. de Deutsch als Fremdsprache] alemão m. como língua estrangeira
dafür adv. 1. para isso; 2. em vez disso; dafür sein: ser a favor (de); ich kann nichts dafür: não tenho culpa; dafür, dass...: atendendo a que...
dagegen adv. 1. contra isso; dagegen sein: ser contra, opor-se; 2. em comparação com isso; 3. pelo contrário
daheim adv. 1. (Regionalismo) em casa, lá em casa; 2. (Regionalismo) no (seu) país, na (sua) terra
daher adv. 1. (espacial) daí, dali, de lá; 2. (causal) daí, por isso; von daher: por conseguinte, daí que [+conj.]

daherbringen v. tr. (Suíça) trazer
daherreden v. intr. (coloq.) dumm daherreden: dizer asneiras
dahin adv. 1. (para) ali, lá, acolá; (temporal) bis dahin: até lá; 2. a tal ponto ❖ dahin sein: estar perdido
dahingestellt adj. em aberto; etwas dahingestellt sein lassen: deixar alguma coisa (em aberto)
dahinten adv. (lá) atrás; (lá) ao fundo
dahinter adv. atrás, por trás; dahinter kommen: descobrir
Dahlie s. f. BOTÂNICA dália,
Daktylo s. f. (Suíça) dactilógrafa,
dalassen v. tr. (coloq.) deixar (aí)
damalig adj. desse tempo, de então
damals adv. nesse tempo, naquele tempo
Damast s. m. BOTÂNICA damasco,
Dame s. f. 1. senhora,; 2. (jogo) damas, pl.; (cartas) dama,; (xadrez) rainha,
Damenbinde s. f. penso, higiénico
damenhaft adj. senhoril
Damespiel s. nt. jogo, das damas
damit I adv. com isto, com isso; was meinst du damit?: que queres dizer com isso?; II cj. para, de modo a [+inf.]
dämlich adj. (coloq.) estúpido, idiota
Damm s. m. 1. dique,; barragem,; 2. aterro,
dämmerig adj. crepuscular
dämmern v. intr. 1. amanhecer; 2. anoitecer; 3. (coloq.) ficar claro; es dämmert mir: começo a entender
Dämmerung s. f. crepúsculo,; alvorada,
Dämon s. m. demónio,
dämonisch adj. demoníaco
Dampf s. m. vapor,
Dampfbad s. nt. banho, de vapor, banho, turco
dampfen v. intr. fumegar, deitar fumo

dämpfen v. tr. 1. CULINÁRIA estufar; 2. abafar; 3. baixar; reduzir; amortecer; atenuar; 4. reprimir
Dampfer s. m. barco, a vapor
Dämpfer s. m. MÚSICA surdina,
Dampfkochtopf s. m. panela, de pressão
Dampfmaschine s. f. máquina, a vapor
danach adv. 1. depois, a seguir; mais tarde; 2. de acordo com isso, consequentemente; 3. por isto
Däne s. m. dinamarquês,
daneben adv. 1. ao lado, junto (de); 2. em comparação; 3. além disso
danebenbenehmen* v. refl. (coloq.) perder a linha
danebengehen v. intr. 1. (tiro) falhar (o alvo); 2. (plano) falhar, fracassar
Dänemark s. nt. Dinamarca,
dänisch adj. dinamarquês
dank prep. [+gen./dat.] graças a
Dank s. m. agradecimento,; vielen/besten Dank: muito obrigado
dankbar adj. agradecido [für +ac., por], grato [für +ac., por]
Dankbarkeit s. f. gratidão,
danke interj. obrigado; danke schön!: muito obrigado!
danken v. intr. agradecer; nichts zu danken!: não tem de quê!
Dankeschön s. nt. muito obrigado,
Danksagung s. f. acção, de graças
dann adv. 1. depois; então, nesse momento; dann und wann: de vez em quando; 2. além disso; 3. mesmo; selbst dann, wenn sie käme: mesmo no caso de ela vir
daran adv. nisso, a isto
daranmachen v. refl. (coloq.) começar [zu +dat., a], pôr-se [zu +dat., a]
daransetzen v. tr. wir müssen alles daransetzen, um...: temos de fazer os possíveis para...

darauf *adv.* 1. em/por cima, sobre; 2. depois, a seguir; 3. isso; **das kommt darauf an:** isso depende

daraufhin *adv.* 1. a seguir; 2. por conseguinte

daraus *adv.* daí, daqui; disto, disso; **daraus folgt, dass...:** daí resulta que...

Darbietung *s. f.* representação$_f$

darin *adv.* 1. lá dentro; 2. nisso, nisto

darlegen *v. tr.* explicar; expor

Darlehen *s. nt.* empréstimo$_m$

Darm *s. m.* ANATOMIA intestino$_m$

Darminfektion *s. f.* MEDICINA infecção$_f$ intestinal

darstellen *v. tr.* 1. representar, significar; 2. expor; descrever; 3. TEATRO (papel) interpretar

Darsteller *s. m.* TEATRO actor$_m$

Darstellung *s. f.* 1. (gráfica) representação$_f$; ilustração$_f$; 2. exposição$_f$; descrição$_f$; 3. TEATRO representação$_f$

darüber *adv.* 1. por cima; *(fig.)* **darüber stehen:** estar acima disso; 2. sobre isso, acerca disso; 3. daí para cima

darum *adv.* 1. à volta, em redor; **es geht darum, dass...:** trata-se de...; 2. por isso, por esse motivo, por causa disso

darunter *adv.* 1. debaixo, por baixo; 2. entre (eles); 3. daí para baixo, menos de ❖ **was verstehen Sie darunter?** o que é que entende por isto?

das I *art. def.* o, a; II *pron. dem.* isto, isso, aquilo; **das ist es!:** é isso mesmo!; III *pron. refl.* que, o qual, a qual; **das, was:** aquilo que, o que

Dasein *s. nt.* 1. vida$_f$; 2. existência$_f$; 3. presença$_f$

dasjenige *pron. dem.* o, a; aquele, aquela

dass *cj.* que; **ohne dass:** sem que; **so dass:** de modo a; **unter der Bedingung, dass:** na condição de

dasselbe *pron. dem.* o mesmo, a mesma coisa

dastehen *v. intr.* estar ali/aí; **gut dastehen:** prosperar; **dumm dastehen:** ficar com cara de parvo

Datei *s. f.* INFORMÁTICA ficheiro$_m$

Dateiname *s. m.* INFORMÁTICA nome$_m$ do ficheiro

Daten *s. pl.* 1. *pl. de* Datum; 2. dados$_{m. pl.}$, elementos$_{m. pl.}$; 3. INFORMÁTICA dados$_{m. pl.}$

Datenbank *s. f.* INFORMÁTICA banco$_m$ de dados

Datenbasis *s. f.* INFORMÁTICA base$_f$ de dados

Datenerfassung *s. f.* INFORMÁTICA recolha$_f$ de dados

Datenschutz *s. m.* protecção$_f$ de dados

Datenträger *s. m.* INFORMÁTICA suporte$_m$ de dados, suporte$_m$ informático

Datentypist *s. m.* operador$_m$ de registo de dados

Datenverarbeitung *s. f.* (sem pl.) INFORMÁTICA processamento$_m$ de dados

datieren* *v. tr.* pôr a data [auf +ac., em]

Dativ *s. m.* GRAMÁTICA dativo$_m$

Dattel *s. f.* BOTÂNICA tâmara$_f$

Datum *s. nt.* data$_f$

Dauer *s. f.* duração$_f$; período$_m$; **auf die Dauer:** a longo prazo

Dauerauftrag *s. m.* ECONOMIA ordem$_f$ permanente de transferência

dauerhaft *adj.* durável, constante

Dauerkarte *s. f.* passe$_m$

Dauerlauf *s. m.* DESPORTO corrida$_f$ de resistência

dauern *v. intr.* durar; demorar

dauernd *adj.* contínuo, permanente

Dauerwelle *s. f.* permanente$_f$

Dauerzustand *s. m.* estado$_m$ permanente

Daumen *s. m.* polegar$_m$; *(coloq.)* **jemandem die Daumen drücken:** fazer figas por alguém

Daune s. f. penugem$_f$
Daunendecke s. f. edredão$_m$ de penas
davon adv. daí, dali; disso, disto; **die Hälfte davon**: a metade; **was habe ich davon?**: o que é que eu ganho com isso?; **das kommt davon!**: ora aí tens o resultado!
davonkommen v. intr. escapar, safar-se
davonlaufen v. intr. fugir [vor +dat., de]
davontragen v. tr. 1. levar; 2. sofrer
davor adv. 1. (espacial) em frente; 2. (temporal) antes; 3. disso; **ich habe keine Angst davor**: eu não tenho medo disso
dazu adv. 1. em relação a isso, sobre isso; **wie kommt er dazu?**: quem lhe deu o direito?; **dazu fähig sein**: ser capaz disso; 2. para isso; 3. além disso
dazugehören* v. intr. fazer parte [zu +dat., de], pertencer [zu +dat., a]
dazugehörig adj. correspondente
dazukommen v. intr. 1. chegar; 2. acrescer [zu +dat., a], juntar-se [zu +dat., a]
dazutun v. tr. juntar [zu +dat., a], acrescentar [zu +dat., a]
dazwischen adv. 1. (espacial) entre; 2. (temporal) (no) entretanto, nesse meio tempo
dazwischenkommen v. intr. intervir, interpor-se
dazwischenreden v. tr. interromper (a conversa)
DB s. f. [abrev. de **Deutsche Bahn**] caminhos-de-ferro$_{m. pl}$ alemães
DDR s. f. [abrev. de **Deutsche Demokratische Republik**] RDA$_f$ [abrev. de República$_f$ Democrática Alemã]
dealen v. intr. traficar
Dealer s. m. narcotraficante$_{m. e f.}$
Debakel s. nt. ruína$_f$
Debatte s. f. debate$_m$, discussão$_f$
debil adj. atrasado mental
Debüt s. nt. estreia$_f$
Deck s. nt. NÁUTICA convés$_m$

Deckbett s. nt. 1. edredão$_m$; 2. (Suíça) roupa$_f$ de cama
Decke s. f. 1. manta$_f$; coberta$_f$, colcha$_f$; cobertor$_m$; 2. toalha$_f$; 3. tecto$_m$
Deckel s. m. 1. tampa$_f$; 2. capa$_f$
decken v. tr. 1. cobrir; tapar; **den Tisch decken**: pôr a mesa; 2. (pedido) satisfazer; 3. (custos) cobrir; 4. (crime) encobrir
Deckmantel s. m. pretexto$_m$
Deckname s. m. pseudónimo$_m$
Deckung s. f. 1. defesa$_f$; **in Deckung gehen**: abrigar-se; 2. (cheque) cobertura$_f$
Decoder s. m. descodificador$_m$
defekt adj. avariado
Defekt s. m. 1. MEDICINA deficiência$_f$, malformação$_f$; 2. avaria$_f$
definieren* v. tr. definir
Definition s. f. definição$_f$
definitiv adj. definitivo
Defizit s. nt. ECONOMIA défice$_m$
deftig adj. 1. (refeição) forte, pesado; 2. (brincadeira) grande
Degen s. m. espada$_f$
degenerieren* v. intr. degenerar
dehnbar adj. elástico, extensível
dehnen I v. tr. estender; alongar; alargar; II v. refl. 1. dilatar(-se); 2. alongar-se; estender-se
Dehnung s. f. alongamento$_m$; dilatação$_f$
Deich s. m. dique$_m$
Deichsel s. f. lança$_f$
dein pron. poss. (como adjectivo) teu, tua; **dein Mantel/Auto**: o teu casaco/carro; **deine Bluse**: a tua blusa
deine(r, s) pron. poss. (como substantivo) o teu, a tua; **der Mantel/das Buch dort, ist das deiner/deines?**: o casaco/livro ali, é o teu?
deinerseits adv. por teu lado, pela tua parte

deinesgleichen *pron. indef.* teus/tuas semelhantes
deinetwegen *adv.* por ti; por tua causa
dekadent *adj.* decadente
Dekadenz *s. f.* decadência_f.
Dekan *s. m.* director_m. de uma Faculdade
Deklaration *s. f.* declaração_f.
deklarieren* *v. tr.* declarar
Deklination *s. f.* GRAMÁTICA declinação_f.
deklinieren* *v. tr.* GRAMÁTICA declinar
dekodieren* *v. tr.* INFORMÁTICA descodificar
Dekolletee *s. nt.* decote_m.
Dekorateur *s. m.* decorador_m.
Dekoration *s. f.* decoração_f.
dekorativ *adj.* decorativo
dekorieren* *v. tr.* decorar
Delegation *s. f.* delegação_f.
delegieren* *v. tr.* delegar [an +ac., em]
Delegierte(r) *s. m. e f.* delegadlo, -a_m., f.
Delfin *s. m.* ZOOLOGIA golfinho_m.
delikat *adj.* 1. delicioso; 2. melindroso, delicado
Delikatesse *s. f.* CULINÁRIA petisco_m.
Delikt *s. nt.* DIREITO delito_m.
Delle *s. f.* (Regionalismo) mossa_f., amolgadela_f.
Delta *s. nt.* delta_m.
dem *dat. sing. de* der, das ❖ **wie dem auch sei:** seja como for
Demagoge *s. m.* demagogo_m.
dementieren* *v. tr.* desmentir
dementsprechend I *adj.* correspondente; II *adv.* consequentemente
demnach *adv.* logo, portanto, por conseguinte
demnächst *adv.* em breve
Demo *s. f.* (coloq.) manifestação_f.
Demokrat *s. m.* democrata_m. e f.
Demokratie *s. f.* democracia_f.
demokratisch *adj.* democrático
demolieren* *v. tr.* demolir

Demonstrant *s. m.* manifestante_m. e f.
Demonstration *s. f.* 1. manifestação_f.; 2. demonstração_f.
demonstrativ *adj.* demonstrativo
demonstrieren* I *v. tr.* demonstrar, manifestar; II *v. intr.* manifestar-se [gegen +ac., contra; für +ac., a favor de]
Demut *s. f.* humildade_f.
demütig *adj.* humilde; submisso
Demütigung *s. f.* humilhação_f.
demzufolge *adv.* por conseguinte, consequentemente
den *ac. sing., dat. pl. de* der
denen *dat. pl. de* der
Den Haag *s. nt.* Haia_f.
denkbar I *adj.* concebível, imaginável; II *adv.* extremamente
denken *v. intr.* pensar [an +ac., em]; crer, julgar; sich [dat.] etwas denken: imaginar alguma coisa; gut/schlecht über jemanden denken: pensar bem/mal de alguém
Denker *s. m.* pensador_m.
Denkfähigkeit *s. f.* capacidade_f. de raciocínio
Denkmal *s. nt.* monumento_m.
Denkmalschutz *s. m.* defesa_f. do património
denkwürdig *adj.* memorável
Denkzettel *s. m.* lição_f.
denn I *cj.* pois, porque; II *adv.* então; afinal; **es sei denn, dass...**: a não ser que... [+conj.]
dennoch *adv.* contudo, não obstante
Denunziant *s. m.* denunciante_m. e f.
denunzieren* *v. tr.* denunciar
Deodorant *s. nt.* desodorizante_m.
Deoroller *s. m.* desodorizante_m. roll-on
Deospray *s. m. e nt.* spray_m. desodorizante
deplatziert *adj.* deslocado
Deponie *s. f.* lixeira_f.
deponieren* *v. tr.* depositar

Deportation *s. f.* deportação*f*
deportieren* *v. tr.* deportar
Depot *s. nt.* 1. depósito*m*, armazém*m*; 2. cofre*m*
Depp *s. m. (depr.)* idiota*m*
Depression *s. f.* depressão*f*
depressiv *adj.* deprimente
deprimieren* *v. tr.* deprimir
der I *art. def.* o, a; II *pron. dem.* este, esse, aquele; III *pron. refl.* que, o qual, a qual
derart *adv.* de tal maneira; (antes de adjectivo) tão; **derart, dass...**: de tal modo que...
derartig *adj.* tal, semelhante
derb *adj.* 1. rude, grosseiro; 2. forte, resistente
deren *gen. pl. de* die
derjenige *pron. dem.* o, a; aquele, aquela; **derjenige, welcher...**: aquele que...
dermaßen *adv.* tanto, de tal modo; (antes de adjectivo) tão
derselbe *pron. dem.* o mesmo, a mesma coisa
derzeitig *adj.* actual
des *gen. sing. de* der, das
Desaster *s. nt.* desastre*m*, catástrofe*f*
desgleichen *adv.* igualmente
deshalb *adv.* por isso
Designer *s. m.* desenhador*m*
Desinfektion *s. f.* desinfecção*f*
Desinfektionsmittel *s. nt.* desinfectante*m*
desinfizieren* *v. tr.* desinfectar
Desinteresse *s. nt.* desinteresse*m*
desorientiert *adj.* desorientado
dessen *gen. sing. de* der, das
Dessert *s. nt.* sobremesa*f*
Dessous *s. nt.* roupa*f* interior
destillieren* *v. tr.* destilar
desto *cj.* tanto; **je mehr, desto besser**: quanto mais, melhor; **desto besser**: tanto melhor

destruktiv *adj.* destrutivo
deswegen *adv.* por isso, por essa razão
Detail *s. nt.* pormenor*m*, detalhe*m*
detailliert *adj.* pormenorizado, detalhado
Detektiv *s. m.* detective*m. e f.*
deuten I *v. tr.* interpretar [als +*ac.,* como]; II *v. intr.* apontar, indicar [auf +*ac.,* para]
deutlich *adj.* claro; nítido; legível; **jemandem etwas deutlich machen**: fazer ver alguma coisa a alguém
Deutlichkeit *s. f.* claridade*f*
deutsch *adj.* alemão
Deutsch(e) *s. nt.* alemão*m*; **auf Deutsch**: em alemão
Deutsche(r) *s. m.* alemão, -ã*m, f*
Deutschland *s. nt.* Alemanha*f*
deutschsprachig *adj.* de expressão alemã
Deutung *s. f.* interpretação*f*
Devise *s. f.* lema*m*, divisa*f*
Dezember *s. m.* Dezembro*m*
dezent *adj.* decente, discreto
dezimal *adj.* decimal
Dezimalbruch *s. m.* fracção*f* decimal
d. h. [*abrev. de* das heißt] i. e. [*abrev. de* isto é]
Dia *s. nt.* slide*m*, diapositivo*m*
Diabetes *s. m.* MEDICINA diabetes*f*
Diabetiker *s. m.* diabético*m*
Diagnose *s. f.* diagnóstico*m*
diagonal *adj.* diagonal
Diagramm *s. nt.* diagrama*m*
Dialekt *s. m.* dialecto*m*
Dialyse *s. f.* MEDICINA diálise*f*
Diamant *s. m.* diamante*m*
Diaphragma *s. nt.* MEDICINA diafragma*m*
Diaprojektor *s. m.* projector*m*
Diät *s. f.* 1. dieta*f*; **Diät halten**: fazer dieta; 2. *pl.* **Diäten**: gratificações*f. pl.*
dich *pron. pess., ac. de* du, te; (depois de preposição) ti; **für dich**: para ti

dicht I *adj.* 1. denso; cerrado; intenso; compacto; 2. impermeável; hermético; II *adv.* rente, muito perto
Dichte *s. f.* densidade*_f._*
dichten I *v. tr.* 1. escrever, compor; 2. vedar, calafetar; II *v. intr.* LITERATURA fazer poesia
Dichter *s. m.* poeta*_m._*
dichterisch *adj.* poético
dicht|halten *v. intr. (coloq.)* guardar segredo, calar-se
dicht|machen *v. tr. (coloq.)* (loja) fechar
Dichtung *s. f.* 1. LITERATURA poesia*_f._*; 2. ENGENHARIA empanque*_m._*; (carro) junta*_f._*
dick *adj.* 1. gordo; grosso; 2. *(fig.)* íntimo; 3. espesso; 4. inchado
Dicke *s. f.* grossura*_f._*; espessura*_f._*
Dickicht *s. nt.* mata*_f._*, matagal*_m._*
Dickkopf *s. m.* teimoso*_m._*, cabeçudo*_m._*
Dickmilch *s. f.* leite*_m._* coalhado
die I *art. def.* o, a; II *pron. dem.* esta, essa, aquela; III *pron. refl.* que, o qual, a qual
Dieb *s. m.* ladrão*_m._*
Diebesgut *s. nt.* bens*_m. pl._* furtados
diebisch *adj.* muito, imenso
Diebstahl *s. m.* roubo*_m._*, furto*_m._*
diejenige *pron. dem.* o, a; aquele, aquela
Diele *s. f.* 1. tábua*_f._*, prancha*_f._*; 2. hall*_m._*
dienen *v. intr.* servir [als +*nom.*, de; zu +*dat.*, para]
Diener *s. m.* criado*_m._*
Dienst *s. m.* serviço*_m._*; função*_f._*; außer Dienst: aposentado, reformado
Dienstag *s. m.* terça-feira*_f._*
dienstags *adv.* à terça-feira
Dienstgeheimnis *s. nt.* segredo*_m._* profissional
Dienstleistung *s. f.* prestação*_f._* de serviços
dienstlich *adj.* oficial

Dienstreise *s. f.* viagem*_f._* de negócios
Dienstwagen *s. m.* carro*_m._* de serviço
Dienstweg *s. m.* via*_f._* oficial, trâmites*_m. pl._* legais
Dienstwohnung *s. f.* residência*_f._* oficial
Dienstzeit *s. f.* 1. tempo*_m._* de serviço; 2. horas*_f. pl._* de expediente
diesbezüglich *adj.* respectivo, correspondente
Diesel *s. m.* *(sem pl.)* (combustível) gasóleo*_m._*
dieselbe *pron. dem.* o mesmo, a mesma coisa
diese(r, s) *pron. dem.* este, esta; esse, essa
diesig *adj.* enevoado, nebuloso
diesjährig *adj.* deste ano
diesmal *adv.* desta vez
diesseits I *adv.* neste lado [von +*dat.*, de]; II *prep.* [+*gen.*] deste lado de
Dietrich *s. m.* gazua*_f._*, chave*_f._* falsa
diffamieren* *v. tr.* difamar
Differenz *s. f.* MATEMÁTICA diferença*_f._* [zwischen +*dat.*, entre]
Differenzialgetriebe *s. nt.* MECÂNICA diferencial*_m._*
Differenzialrechnung *s. f.* MATEMÁTICA cálculo*_m._* diferencial
differenzieren* *v. intr.* diferenciar [zwischen +*dat.*, entre]
digital *adj.* digital
Digitalanzeige *s. f.* visor*_m._* digital
Digitaluhr *s. f.* relógio*_m._* digital
Diktat *s. nt.* ditado*_m._*
Diktator *s. m.* ditador*_m._*
diktatorisch *adj.* ditatorial
Diktatur *s. f.* ditadura*_f._*
diktieren* *v. tr.* 1. (texto) ditar; 2. (condições) impor
Diktiergerät *s. nt.* dictafone*_m._*
Dilemma *s. nt.* dilema*_m._*

Dilettant s. m. diletante_{m. e f.}
Dill s. m. BOTÂNICA aneto_{m.}
dilletantisch adj. diletante
Dimension s. f. dimensão_{f.}
Diminutiv s. m. LINGUÍSTICA diminutivo_{m.}
Dimmer s. m. interruptor_{m.} regulador de luz
Ding¹ s. nt. ⟨-(e)s, -e⟩ 1. objecto_{m.}; coisa_{f.}; 2. assunto_{m.}, coisa_{f.}; **vor allen Dingen**: acima de tudo
Ding² s. nt. ⟨-(e)s, -er⟩ (coloq.) coisa_{f.}; **was ist denn das für ein Ding?**: que coisa é essa?; **krumme Dinger drehen**: fazer negócios escuros
dingfest adj. **jemanden dingfest machen**: prender alguém
Dingsbums s. m. e f. (coloq.) o coiso_{m.}, a coisa_{f.}
Dingsda s. nt. (aparelho) coisa_{f.}, geringonça_{f.}
Dinosaurier s. m. ZOOLOGIA dinossauro_{m.}
Diode s. f. ELECTRICIDADE díodo_{m.}
Diözese s. f. diocese_{f.}
Diphterie s. f. MEDICINA difteria_{f.}
Diphthong s. m. GRAMÁTICA ditongo_{m.}
Diplom s. nt. 1. diploma_{m.}; 2. [grau académico alemão]
Diplomat s. m. e f. diplomata_{m. e f.}
Diplomatie s. f. ⟨sem pl.⟩ diplomacia_{f.}
diplomatisch adj. diplomático
diplomiert adj. diplomado, licenciado
Diplomingenieur s. m. e f. engenheiro_{m.}
dir pron. pess., dat. de **du**, te; (depois de preposição) ti
direkt I adj. directo; GRAMÁTICA **direkte Rede**: discurso_{m.} directo; **direkt am Bahnhof**: mesmo na estação; II adv. 1. directamente, a direito; 2. (transmissão) em directo, ao vivo
Direktion s. f. 1. direcção_{f.}; 2. (Suíça) (ministério) departamento_{m.} cantonal
Direktor s. m. e f. director_{m.}

Direktorium s. nt. conselho_{m.} de directores
Direktübertragung s. f. transmissão_{f.} directa
Dirigent s. m. e f. MÚSICA maestro_{m.}
dirigieren* v. tr. dirigir
Dirndl s. nt. [vestido tradicional da Baviera]
Dirne s. f. meretriz_{f.}, prostituta_{f.}
Discountladen s. m. loja_{f.} de desconto
Diskette s. f. INFORMÁTICA disquete_{f.}
Diskettenlaufwerk s. nt. INFORMÁTICA leitor_{m.} de disquetes
Disko s. f. (coloq.) discoteca_{f.}
Diskont s. m. ECONOMIA desconto_{m.}
diskret adj. discreto
Diskretion s. f. ⟨sem pl.⟩ discrição_{f.}
diskriminieren* v. tr. discriminar
Diskriminierung s. f. discriminação_{f.}
Diskussion s. f. discussão_{f.}
diskutieren* v. tr. e intr. discutir [mit +dat., com; über +ac., sobre]
Display s. nt. INFORMÁTICA mostrador_{m.}, marcador_{m.} electrónico
disqualifizieren* v. tr. DESPORTO desqualificar
Distanz s. f. distância_{f.}; **Distanz halten**: manter distância
distanzieren* v. refl. distanciar-se [von +dat., de], afastar-se [von +dat., de]
Distel s. f. cardo_{m.}
distinguiert adj. distinto
Distrikt s. m. distrito_{m.}
Disziplin s. f. 1. ⟨sem pl.⟩ disciplina_{f.}; 2. DESPORTO modalidade_{f.}
diszipliniert adj. disciplinado
Diva s. f. diva_{f.}
divers adj. diverso
Dividende s. f. dividendo_{m.}
dividieren* v. tr. dividir [durch, +ac., por]
Division s. f. MILITAR divisão_{f.}

DM *s. f.* [*abrev. de* **Deutsche Mark**] marco*m.* alemão

DNS *s. f.* [*abrev. de* **Desoxyribonukleinsäure**] ADN*m.* [*abrev. de* ácido desoxiribonucleico]

doch I *adv.* 1. contudo; er kam doch noch: ele (afinal) sempre veio; 2. pois; 3. (convite, desejo) kommen Sie doch!: venha lá! ❖ du weißt doch: tu sabes muito bem; du kommst nicht mit? – Doch!: tu não vens? – Venho pois!; nicht doch!: por favor, não!; II *cj.* mas, porém

Docht *s. m.* pavio*m.*, mecha*f.*
Dock *s. nt.* doca*f.*
Dogge *s. f.* ZOOLOGIA dogue*m.*
Dogma *s. nt.* dogma*m.*
dogmatisch *adj.* dogmático
Doktor *s. m.* doutor*m.*
Dokument *s. nt.* documento*m.*
Dokumentarfilm *s. m.* documentário*m.*
dokumentarisch *adj.* documental
dokumentieren* *v. tr.* documentar
Dolch *s. m.* punhal*m.*
Dollar *s. m.* dólar*m.*
dolmetschen I *v. tr.* traduzir simultaneamente; II *v. intr.* servir de intérprete, fazer tradução simultânea
Dolmetscher *s. m.* intérprete*m. e f.*
Dom *s. m.* catedral*f.*
dominieren* *v. intr.* dominar
Donator *s. m.* (Suíça) doador*m.*
Donau *s. f.* Danúbio*m.*
Dönerkebab *s. m.* CULINÁRIA [carne de carneiro assada no espeto]
Donner *s. m.* trovão*m.*
donnern *v. intr.* trovejar
Donnerstag *s. m.* quinta-feira*f.*
donnerstags *adv.* às quintas-feiras
Donnerwetter *s. nt. (coloq.)* Donnerwetter!: caramba!

doof *adj.* parvo, pateta
dopen *v. refl.* DESPORTO dopar-se
Doping *s. nt.* DESPORTO doping*m.*
Doppel *s. nt.* 1. duplicado*m.*; 2. DESPORTO jogo*m.* de pares
Doppelbett *s. nt.* cama*f.* de casal
Doppelgänger *s. m. e f.* sósia*m. e f.*
Doppelhaus *s. nt.* moradias*f. pl.* geminadas
Doppelkinn *s. nt.* queixo*m.* duplo
Doppelpunkt *s. m.* dois pontos*m. pl.*
doppelt I *adj.* duplo; em duplicado; II *adv.* a dobrar; doppelt soviel: duas vezes mais, o dobro
Doppelzimmer *s. nt.* quarto*m.* duplo, quarto*m.* de casal
Dorf *s. nt.* aldeia*f.*
Dorfbewohner *s. m. e f.* aldeão*m.*
dörflich *adj.* aldeão, campesino
Dorn *s. m.* espinho*m.*
dornig *adj.* espinhoso
dörren *v. tr.* secar
Dörrobst *s. nt.* fruta*f.* seca
Dorsch *s. m.* ZOOLOGIA badejo*m.*, bacalhau*m.*
dort *adv.* lá, ali; dort drüben: acolá, além; dort oben: ali em cima
dorther *adv.* de lá, dali
dorthin *adv.* (para) lá, (para) ali; der Weg dorthin: o caminho para lá
Dose *s. f.* caixa*f.*, lata*f.*
dösen *v. intr.* sonhar acordado
Dosenöffner *s. m.* abre-latas*m.*
dosieren* *v. tr.* dosear
Dosis *s. f.* dose*f.*
Dossier *s. nt.* dossier*m.*
dotieren* *v. tr.* dotar [mit +dat., de]
Dotter *s. m. e nt.* gema*f.* (de ovo)
Dozent *s. m.* docente*m. e f.*
Dr. [*abrev. de* **Doktor**] Dr. [*abrev. de* doutor]
Drache *s. m.* dragão*m.*
Drachen *s. m.* 1. (brinquedo) papagaio*m.*; 2. DESPORTO asa*f.* delta; 3. *(pej.)* (mulher) megera*f.*

Drachenfliegen s. nt. voo_m livre
Drachenflieger s. m. voador_m de asa delta
Dragee s. nt. drageia_f
Draht s. m. arame_m, fio_m metálico; auf Draht sein: estar bem-disposto
Drahtesel s. m. (coloq.) bicicleta_f
Drahtseil s. nt. cabo_m de arame
drall adj. (pessoa) robusto; (parte do corpo) forte, rijo
Drama s. nt. drama_m
Dramatiker s. m. autor_m dramático
dramatisch adj. dramático
dramatisieren* v. tr. dramatizar
drang pret. imp. de dringen
Drang s. m. ímpeto_m [nach +dat., de], necessidade_f [nach +dat., de]
Drängelei s. f. aperto_m, acotovelamento_m
drängeln v. intr. (coloq.) empurrar, acotovelar
drängen I v. tr. 1. empurrar; 2. pressionar; II v. intr. 1. ser urgente; die Zeit drängt: o tempo urge; 2. insistir [auf +ac., em]; III v. refl. acotovelar-se, apinhar-se
dran|kommen v. intr. (coloq.) ser a vez de
drastisch adj. drástico
Draufgänger s. m. arrojado_m, destemido_m, valente_m.e.f.
drauflos adv. directamente, sem hesitação
draußen adv. (lá) fora
drechseln v. tr. tornear
Dreck s. m. 1. (coloq.) porcaria_f, imundície_f; 2. (coloq.) bagatela_f, insignificância_f
dreckig adj. 1. sujo, porco; 2. (riso) maldoso; es geht ihr dreckig: ela está muito mal
Dreckspatz s. m. badalhoco_m
Dreharbeiten s. pl. CINEMA filmagens_f. pl.
Drehbank s. f. torno_m
drehbar adj. rotativo, giratório

Drehbuch s. nt. guião_m
drehen I v. tr. 1. (fazer) girar, virar; (coloq.) an etwas drehen: manipular alguma coisa; 2. (filme) rodar; 3. (cigarro) enrolar; II v. intr. (vento) virar; III v. refl. 1. virar-se, voltar-se; girar; 2. tratar-se [um +ac., de]
Drehorgel s. f. realejo_m
Drehstuhl s. m. cadeira_f giratória
Drehtür s. f. porta_f giratória
Drehung s. f. volta_f; rotação_f
Drehzahlmesser s. m. conta-rotações_m
drei num. card. três; drei viertel: três quartos; nicht bis drei zählen können: ser ignorante
Drei s. f. três_m
dreidimensional adj. tridimensional
Dreieck s. nt. triângulo_m
dreieckig adj. triangular
dreierlei adj. de três formas, de três espécies
dreifach adj. triplo; in dreifacher Ausfertigung: em triplicado
dreihundert num. card. trezentos
dreijährig adj. de três anos
Dreiklang s. m. MÚSICA trítono_m
Dreikönige s. pl. Epifania_f, Dia_m de Reis
dreimal adv. três vezes
dreimalig adj. três vezes, tri...; dreimaliger Weltmeister: tricampeão mundial
drein|reden v. intr. (coloq.) jemandem dreinreden: meter-se na vida de alguém
Dreirad s. nt. triciclo_m
dreißig num. card. trinta
dreist adj. ousado, atrevido
Dreistigkeit s. f. ousadia_f, atrevimento_m
dreiteilig adj. de três partes, tripartido
Dreiviertelstunde s. f. três quartos_m. pl. de hora
Dreivierteltakt s. m. MÚSICA compasso_m ternário

dreizehn *num. card.* treze
dreschen *v. tr.* (cereais) malhar, debulhar
Dresden *s. nt.* Dresda$_f$
dressieren* *v. tr.* amestrar
Dressing *s. nt.* CULINÁRIA molho$_m$
Dr. h. c. [*abrev. de* Doctor honoris causa] doutor$_m$ honoris causa
Drillinge *s. pl.* trigémeos$_{m. pl.}$
dringen *v. intr.* 1. durch etwas dringen: penetrar através de alguma coisa; in etwas dringen: penetrar em alguma coisa; in jemanden dringen: instar com alguém; 2. auf etwas dringen: insistir em alguma coisa
dringend I *adj.* urgente; II *adv.* insistentemente
Dringlichkeit *s. f.* urgência$_f$
drinnen *adv.* (lá) dentro
Drittel *s. nt.* terço$_m$, terça parte$_f$
drittens *adv.* em terceiro (lugar)
dritte(r, s) *num. ord.* terceiro; die Dritte Welt: o Terceiro Mundo
drittletzte(r, s) *adj.* antepenúltimo
droben *adv.* (*Áustria*) (lá) em cima
Droge *s. f.* droga$_f$; harte/weiche Drogen: drogas duras/leves
drogenabhängig *adj.* toxicodependente
Drogenabhängige(r) *s. m. e f.* toxicodependente$_{m. e f.}$
Drogenhandel *s. m.* narcotráfico$_m$
Drogenszene *s. f.* mundo$_m$ da droga
Drogerie *s. f.* drogaria$_f$
Drogist *s. m.* droguista$_{m. e f.}$
drohen *v. intr.* 1. ameaçar; 2. estar iminente
dröhnen *v. intr.* (motor) vibrar; (voz, música) retumbar
Drohung *s. f.* ameaça$_f$
drollig *adj.* engraçado, divertido
Dromedar *s. nt.* ZOOLOGIA dromedário$_m$
drosch *pret. imp. de* dreschen

drosseln *v. tr.* 1. (despesas) restringir; 2. (velocidade) reduzir
drüben *adv.* além, do outro lado, do lado de lá
Druck[1] *s. m.* ⟨-(e)s, sem pl.⟩ 1. pressão$_f$; 2. impressão$_f$
Druck[2] *s. m.* ⟨-(e)s, Drücke⟩ FÍSICA pressão$_f$
Druck[3] *s. m.* ⟨-(e)s, -e⟩ (arte) estampa$_f$
Druckbuchstabe *s. m.* letra$_f$ de imprensa
Drückeberger *s. m.* (*coloq.*) preguiçoso$_m$, mandrião$_m$
drucken *v. tr.* imprimir
drücken I *v. tr.* 1. pressionar; comprimir; (mão) apertar; 2. abraçar; 3. (preço) baixar; II *v. intr.* 1. (botão) carregar [auf +ac., em]; (porta) empurrar; 2. estar apertado; III *v. refl.* (*coloq.*) escapar-se, pisgar-se
drückend *adj.* (calor) sufocante; (ar) abafado
Drucker *s. m.* INFORMÁTICA impressora$_f$
Drücker *s. m.* 1. puxador$_m$; 2. (eléctrico) botão$_m$
Druckerei *s. f.* tipografia$_f$
Druckfehler *s. m.* erro$_m$ de impressão, gralha$_f$
Druckknopf *s. m.* mola$_f$
Druckluft *s. f.* FÍSICA ar$_m$ comprimido
Druckmittel *s. nt.* meio$_m$ coercivo
Drucksache *s. f.* impresso$_m$
Druckschrift *s. f.* letra$_f$ de imprensa
drunten *adv.* (*Áustria*) (lá) em baixo
Drüse *s. f.* glândula$_f$
Dschungel *s. m.* selva$_f$
du *pron. pess.* tu; mit jemandem per Du sein: tratar alguém por tu
dubios *adj.* dúbio
ducken *v. refl.* encolher-se
Duckmäuser *s. m.* palerma$_m$, lorpa$_m$
Dudelsack *s. m.* gaita-de-foles$_f$
Duell *s. nt.* duelo$_m$

Duett s. nt. MÚSICA dueto$_m$.
Duft s. m. cheiro$_m$; aroma$_m$, fragrância$_f$
dufte adj. (coloq.) porreiro, fantástico
duften v. intr. cheirar [nach +dat., a]
duftig adj. (vestido) vaporoso, leve
dulden v. tr. tolerar, suportar
duldsam adj. tolerante
dumm adj. 1. burro, estúpido; 2. aborrecido
dummerweise adv. infelizmente
Dummheit s. f. 1. (sem pl.) burrice$_f$, estupidez$_f$; 2. (acto) asneira$_f$, estupidez$_f$
Dummkopf s. m. (pej.) idiota$_{m. e f.}$, parvo$_m$.
dumpf adj. 1. (som) abafado; 2. (recordação) vago; 3. (dor) moído
Düne s. f. duna$_f$.
Düngemittel s. nt. adubo$_m$.
düngen v. tr. estrumar
Dünger s. m. estrume$_m$, adubo$_m$.
dunkel adj. 1. (cor, luminosidade) escuro; im Dunkeln: às escuras; 2. (som) baixo; (voz) grave; 3. (ideia) vago; 4. obscuro, escuro
Dunkelheit s. f. escuridão$_f$
dünn adj. 1. fino; delgado; (pessoa) magro; 2. (café, voz) fraco; (ar) leve
dünnflüssig adj. fluido
Dunst s. m. 1. vapor$_m$; 2. (sem pl.) nebulosidade$_f$, névoa$_f$
dünsten v. tr. CULINÁRIA estufar
dunstig adj. enevoado
Duplikat s. nt. duplicado$_m$.
Dur s. nt. MÚSICA tom$_m$ maior
durch I prep. [+ac.] 1. (local) por, através de; mitten durch (die Stadt): pelo meio (da cidade); 2. através de, por meio de; 3. MATEMÁTICA por; durch 5 teilen: dividir por 5; II adv. (coloq.) durch und durch: de ponta a ponta, de cima a baixo; **das Fleisch ist durch**: a carne está bem passada

durch|arbeiten I v. tr. trabalhar, estudar; II v. intr. trabalhar sem interrupção
durch|atmen v. intr. respirar fundo
durchaus adv. 1. absolutamente; durchaus nicht: de modo nenhum; 2. mesmo
durch|beißen I v. tr. separar com os dentes, trincar; II v. refl. (coloq.) batalhar, ultrapassar as dificuldades
durch|bekommen* v. tr. (coloq.) conseguir passar [durch +ac., por]
durch|blättern v. tr. folhear
Durchblick s. m. (coloq.) vista$_f$
durch|blicken v. intr. espreitar por, olhar através de
Durchblutung s. f. circulação$_f$ sanguínea
durch|bohren* v. tr. 1. (parede) perfurar; 2. (com o olhar) penetrar, fulminar
durch|brechen*¹ v. tr. 1. (barreiras) transpor; 2. (hábito) romper com, quebrar
durch|brechen² v. intr. 1. romper(-se); 2. (ódio, raiva) irromper, revelar-se
durch|brennen v. intr. 1. (fusível) fundir; 2. (coloq.) fugir, pisgar-se
Durchbruch s. m. 1. MILITAR ataque$_m$; 2. fenda$_f$, brecha$_f$; 3. sucesso$_m$
durch|checken v. tr. controlar
durch|denken* v. tr. reflectir sobre, meditar sobre
durch|drehen I v. tr. (carne) picar; II v. intr. (coloq.) enlouquecer
durch|dringen*¹ v. tr. atravessar, trespassar
durch|dringen² v. intr. (frio, liquido) penetrar
durcheinander adv. 1. confuso, caótico; durcheinander bringen: misturar; (planos) estragar; 2. confuso, desnorteado; jemanden durcheinander bringen: confundir alguém
Durcheinander s. nt. desordem$_f$, confusão$_f$; trapalhada$_f$

durch|fahren[1] *v. intr.* 1. passar [durch +ac., por]; 2. não parar no caminho
durch|fahren[2] *v. tr.* atravessar
Durchfahrt *s. f.* passagem*f*, travessia*f*; Durchfahrt verboten!: trânsito proibido!
Durchfall *s. m.* MEDICINA diarreia*f*
durch|fallen *v. intr.* 1. (através de abertura) cair [durch +ac., por]; 2. fracassar; (prova) reprovar, chumbar
durch|fragen *v. refl.* perguntar o caminho
durch|führen *v. tr.* (plano) realizar; (medidas, obras) executar
Durchführung *s. f.* realização*f*, execução*f*
Durchgang *s. m.* 1. (caminho) passagem*f* [durch +ac., por]; 2. fase*f* de ensaio; 3. DESPORTO prova*f* eliminatória
durchgefroren *adj.* (pessoa) enregelado
durch|gehen *v. intr.* 1. (porta, estrada) passar, ir [durch +ac., por]; 2. (proposta) ser aceite; jemandem etwas durchgehen lassen: tolerar alguma coisa a alguém
durchgehend *adj.* 1. (comboio) directo; 2. (horário) contínuo
durch|greifen *v. intr.* tomar medidas enérgicas
durch|halten *v. intr.* resistir, aguentar firme
durch|hängen *v. intr.* (coloq.) estar deprimido
durch|kommen *v. intr.* 1. (espaço, multidão) conseguir passar [durch +ac., por], conseguir atravessar; 2. (prova) passar; 3. (coloq.) safar-se; salvar-se
durch|kreuzen* *v. tr.* (planos) estragar, frustrar
durch|lassen *v. tr.* deixar passar
durchlässig *adj.* permeável
durch|laufen I *v. tr.* (sapatos) gastar; II *v. intr.* 1. correr sem parar; 2. (líquido) escorrer
Durchlauferhitzer *s. m.* esquentador*m* de água

durch|leben* *v. tr.* experimentar, passar por, viver
durch|lesen *v. tr.* ler (do princípio ao fim); passar os olhos por
durch|löchern* *v. tr.* perfurar; (estrada) esburacar
durch|machen I *v. tr.* (coloq.) (doença) passar por, sofrer; II *v. intr.* (coloq.) fazer uma noitada
Durchmesser *s. m.* diâmetro*m*
durch|nässen* *v. tr.* ensopar, encharcar
durch|nehmen *v. tr.* (na escola) dar (uma matéria)
durch|queren* *v. tr.* atravessar
Durchreise *s. f.* passagem*f*; auf der Durchreise sein: estar de passagem
durch|rosten *v. intr.* enferrujar
Durchsage *s. f.* aviso*m*, comunicação*f*
durch|sagen *v. tr.* comunicar, anunciar
durch|schauen* *v. tr.* conhecer as intenções de; topar
durchscheinend *adj.* transparente
Durchschlag *s. m.* 1. cópia*f*; 2. coador*m*, passador*m*
durch|schlagen I *v. tr.* quebrar; II *v. refl.* ir vivendo, lutar pela vida
durchschlagend *adj.* 1. (prova) convincente; 2. (medida) eficaz; 3. (sucesso) retumbante
durch|schneiden *v. tr.* cortar
Durchschnitt *s. m.* média*f*; im Durchschnitt: em média
durchschnittlich I *adj.* médio; medíocre; II *adv.* em média
Durchschrift *s. f.* cópia*f*
durch|sehen I *v. tr.* (documentos) examinar, rever; (prova) corrigir; II *v. intr.* ver, olhar [durch +ac., por/através de]
durch|setzen I *v. tr.* levar a cabo, conseguir; (direitos) fazer valer; (opinião, vontade) (conseguir) impor; seinen Kopf durchsetzen: levar a sua avante; II *v. refl.* 1. (ideia)

impor-se; 2. (pessoa) impor-se, fazer-se respeitar

Durchsicht s. f. inspecção$_f$, revisão$_f$; exame$_m$.

durchsichtig adj. 1. transparente, diáfano; 2. (fig.) evidente, manifesto

durch|sickern v. intr. 1. (líquido) passar; 2. (notícia) escapar, transpirar

durch|spielen v. tr. (situação) simular

durch|sprechen v. tr. discutir

durch|stehen v. intr. 1. (situação, prova) aguentar; 2. (doença) resistir a; 3. (tormentos) sofrer

durch|stellen v. tr. (telefonema) passar

durch|stöbern* v. tr. (coloq.) rever (com minúcia)

durch|streichen v. tr. riscar, cancelar

durch|suchen* v. tr. revistar [nach +dat., em busca de]; (prédio, bagagem) passar revista a

Durchsuchungsbefehl s. m. DIREITO mandado$_m$ de busca

durchtrieben adj. astuto, manhoso

Durchwahl s. f. extensão$_f$.

durchweg adv. 1. sem excepção, completamente; 2. todo o tempo, sempre

durchweichen* v. tr. encharcar

durch|zählen v. tr. contar

durch|ziehen[1] I v. tr. 1. passar [durch +ac., através de]; 2. (coloq.) acabar; II v. intr. passar [durch +ac., por]

durchziehen*[2] v. tr. 1. (território) percorrer, passar por; 2. estar presente em

Durchzug s. m. 1. (sem pl.) corrente$_f$ de ar; 2. travessia$_f$.

dürfen v. tr. 1. poder, ter licença de; wenn ich bitten darf: se faz favor; das dürfte nicht sein: isto era escusado; 2. dever, poder; was darf es sein?: o que deseja?

durfte pret. imp. de dürfen

dürftig adj. pobre, necessitado

dürr adj. 1. seco; 2. (chão) árido, estéril; 3. esquelético, magro

Dürre s. f. seca$_f$, aridez$_f$.

Dürreperiode s. f. época$_f$ de seca

Durst s. m. sede$_f$.

durstig adj. sedento [nach +dat., de]

Dusche s. f. duche$_m$, chuveiro$_m$.

duschen v. intr. e refl. tomar um duche

Duschgel s. nt. gel$_m$ de banho, gel$_m$ de duche

Duschkabine s. f. chuveiro$_m$.

Düse s. f. 1. ENGENHARIA bico$_m$, bocal$_m$; 2. (avião) turborreactor$_m$.

Düsenantrieb s. m. propulsão$_f$ a jacto

Düsenflugzeug s. nt. avião$_m$ a jacto

Düsenjäger s. m. MILITAR caça$_m$.

düster adj. 1. escuro, sombrio; 2. triste; sorumbático; (futuro) negro; 3. sinistro

Dutzend s. nt. dúzia$_f$.

dutzendweise adv. às dúzias, à dúzia

duzen v. tr. tratar por tu

Dynamik s. f. 1. FÍSICA dinâmica$_f$; 2. dinamismo$_m$, energia$_f$

dynamisch adj. dinâmico

Dynamit s. nt. dinamite$_m$.

Dynamo s. m. dínamo$_m$.

Dynastie s. f. dinastia$_f$.

E

E, e s. nt. 1. E, e$_m$; 2. MÚSICA mi$_m$.
Ebbe s. f. maré$_f$ baixa; Ebbe und Flut: fluxo e refluxo
eben I adj. 1. plano; 2. liso, chão; II adv. 1. agora mesmo; 2. precisamente, exactamente
Ebenbild s. nt. imagem$_f$; er ist das Ebenbild seines Vaters: ele é tal e qual o pai
ebenbürtig adj. igual
Ebene s. f. 1. planície$_f$; 2. nível$_m$; 3. MATEMÁTICA plano$_m$
ebenfalls adv. igualmente, do mesmo modo
ebenso adv. igualmente, do mesmo modo; ebenso schön wie: (assim) tão bonito como
Eber s. m. ZOOLOGIA porco$_m$ (macho)
ebnen v. tr. aplanar, nivelar
EC s. m. [abrev. de Eurocity] EC$_m$ [abrev. de Eurocity]
Echo s. nt. eco$_m$.
Echse s. f. ZOOLOGIA sáurio$_m$.
echt I adj. 1. autêntico; genuíno; 2. verdadeiro, puro; 3. típico; II adv. (coloq.) mesmo
Echtheit s. f. 1. autenticidade$_f$; 2. pureza$_f$, sinceridade$_f$
Eckball s. m. DESPORTO canto$_m$
Ecke s. f. 1. esquina$_f$; um die Ecke: ao virar da esquina; 2. canto$_m$
eckig adj. 1. angular; 2. rude
Eckzahn s. m. dente$_m$ canino
Ecstasy s. nt. ecstasy$_m$.
Ecuador s. nt. Equador$_m$.
edel adj. 1. (pedra, metal) precioso; 2. nobre
Edelgas s. nt. gás$_m$ nobre
Edelmetall s. nt. metal$_m$ nobre
Edelstahl s. m. aço$_m$ nobre
Edelstein s. m. pedra$_f$ preciosa
editieren* v. tr. INFORMÁTICA editar
Editor s. m. INFORMÁTICA editor$_m$.
EEG s. nt. [abrev. de Elektroenzephalogramm] EEG$_m$. [abrev. de electroencefalograma]
Efeu s. nt. BOTÂNICA hera$_f$
Effeff s. nt. (coloq.) etwas aus dem Effeff können: fazer alguma coisa de olhos fechados
Effekt s. m. efeito$_m$.
Effekten s. pl. ECONOMIA valores$_{m. pl}$
Effekthascherei s. f. (depr.) exibicionismo$_m$.
effektiv adj. 1. eficaz; 2. efectivo
effizient adj. eficiente
EG s. f. [abrev. de Europäische Gemeinschaft] CE$_f$ [abrev. de Comunidade Europeia]
egal adj. igual; indiferente; das ist egal: tanto faz/vale
Egge s. f. grade$_f$ (de alfaia agrícola)
Egoismus s. m. egoísmo$_m$.
Egoist s. m. egoísta$_{m. e f.}$
egoistisch adj. egoísta
egozentrisch adj. egocêntrico
eh I cj. → ehe; II adv. seit eh und je: desde sempre
ehe cj. antes que [+conj.], antes de [+inf.]
Ehe s. f. casamento$_m$, matrimónio$_m$; mit jemandem die Ehe schließen: contrair matrimónio com alguém
Eheberater s. m. consultor$_m$ matrimonial

Ehebett s. nt. cama_f de casal
Ehebruch s. m. adultério_m
Ehefrau s. f. mulher_f, esposa_f
Ehegatte s. m. marido_m
Eheleute s. pl. cônjuges_{m.pl}
ehelich adj. conjugal; (criança) legítimo
ehemalig adj. antigo, ex-...
Ehemann s. m. marido_m, esposo_m
Ehepaar s. nt. casal_m
eher adv. 1. antes [als +nom., de]; 2. antes, de preferência
Ehering s. m. aliança_f de casamento
Ehescheidung s. f. divórcio_m
Eheschließung s. f. matrimónio_m, casamento_m
ehest adv. (Áustria) o mais cedo possível
eheste(r, s) adj. primeiro, mais cedo; am eheste(r, s)n: de preferência, o mais provavelmente
ehrbar adj. honrado, respeitável, honesto
Ehre s. f. honra_f; zu Ehren von: em honra de
ehren v. tr. honrar; respeitar, venerar
ehrenamtlich adj. não remunerado, gratuito
Ehrenbürger s. m. cidadão_m honorário
Ehrengast s. m. convidado_m de honra
Ehrenmitglied s. nt. sócio_m honorário
Ehrenplatz s. m. lugar_m de honra
Ehrensache s. f. questão_f de honra
Ehrenwort s. nt. palavra_f de honra
Ehrfurcht s. f. veneração_f, respeito_m [vor +dat., por]
Ehrgefühl s. nt. sentimento_m de honra
Ehrgeiz s. m. ambição_f
ehrgeizig adj. ambicioso
ehrlich adj. honesto, honrado; sério
Ehrlichkeit s. f. honestidade_f; seriedade_f
Ehrung s. f. homenagem_f
ehrwürdig adj. venerável, respeitável
Ei s. nt. 1. ovo_m; 2. óvulo_m

Eiche s. f. BOTÂNICA carvalho_m
Eichel s. f. BOTÂNICA bolota_f
Eichhörnchen s. nt. ZOOLOGIA esquilo_m
Eid s. m. juramento_m; einen Eid leisten: prestar juramento
Eidechse s. f. ZOOLOGIA lagarto_m
Eidgenossenschaft s. f. confederação_f; Schweizerische Eidgenossenschaft: Confederação_f Helvética
Eidotter s. m. gema_f de ovo
Eierbecher s. m. oveiro_m
Eierkuchen s. m. CULINÁRIA crepe_m
Eierschale s. f. casca_f de ovo
Eierstock s. m. ANATOMIA ovário_m
Eieruhr s. f. ampulheta_f
Eifer s. m. 1. afinco_m, zelo_m; 2. fervor_m, entusiasmo_m
Eifersucht s. f. ciúme_m
eifersüchtig adj. ciumento [auf +ac., de]
eiförmig adj. oval
eifrig I adj. 1. diligente, zeloso; 2. fervoroso; II adv. com entusiasmo, com fervor
Eigelb s. nt. gema_f de ovo
eigen adj. 1. próprio; à parte; auf eigene Rechnung: por conta própria, por sua conta e risco; 2. (típico) próprio, característico
Eigenart s. f. peculiaridade_f, particularidade_f; característica_f
eigenartig adj. 1. singular, peculiar; 2. esquisito
Eigenbedarf s. m. consumo_m próprio
eigenhändig I adj. do próprio punho; II adv. em mão, por mão própria
Eigenheim s. nt. casa_f própria
Eigenheit s. f. particularidade_f, peculiaridade_f
Eigenlob s. nt. vaidade_f, ostentação_f
eigenmächtig adj. arbitrário
Eigenname s. m. nome_m próprio

Eigenschaft s. f. propriedade$_f$, qualidade$_f$; característica$_f$
Eigensinn s. m. teimosia$_f$, obstinação$_f$
eigensinnig adj. teimoso, obstinado
eigentlich I adj. 1. verdadeiro, real; 2. original; II adv. afinal, no fundo
Eigentor s. nt. DESPORTO auto-golo$_m$
Eigentum s. nt. propriedade$_f$, bens$_{m. pl.}$
Eigentümer s. m. proprietário$_m$
eigentümlich adj. 1. próprio, característico; 2. singular, estranho
Eigentümlichkeit s. f. particularidade$_f$
Eigentumswohnung s. f. casa$_f$ própria
eigenwillig adj. 1. voluntarioso; 2. teimoso
eignen v. refl. ser próprio para, servir, dar [zu +dat., para]
Eignung s. f. aptidão$_f$ [zu +dat., para], capacidade$_f$
Eilbote s. m. correio$_m$ expresso; per Eilboten: por (correio) expresso
Eilbrief s. m. carta$_f$ urgente
Eile s. f. pressa$_f$; in Eile: com pressa
eilen v. intr. 1. apressar-se; 2. ser urgente
eilends adv. depressa, apressadamente
Eilgut s. nt. mercadoria$_f$ expresso
eilig adj. 1. apressado; es immer eilig haben: estar sempre com pressa; 2. urgente
Eilzug s. m. comboio$_m$ semi-directo
Eimer s. m. balde$_{m.}$; *(coloq.)* es ist alles im Eimer: está tudo estragado
ein[1] I num. card. um; II art. indef. um
ein[2] adv. (aparelho eléctrico) ligado
einander pron. refl. um ao outro/uns aos outros; mutuamente; nach einander: sucessivamente; sie helfen einander: eles ajudam-se mutuamente/um ao outro
ein|arbeiten v. refl. familiarizar-se [in +ac., com]

ein|atmen I v. tr. inalar; II v. intr. inspirar
Einbahnstraße s. f. rua$_f$ de sentido único
Einband s. m. encadernação$_f$
einbändig adj. num só volume
Einbau s. m. instalação$_f$
ein|bauen v. tr. 1. instalar [in +ac., em], montar [in +ac., em]; embutir; 2. encaixar [in +ac., em]
Einbauküche s. f. cozinha$_f$ encastrada
Einbauschrank s. m. armário$_m$ embutido
ein|berufen* v. tr. 1. convocar; 2. MILITAR recrutar, chamar
Einberufung s. f. MILITAR recrutamento$_{m.}$, chamada$_f$
Einbettzimmer s. nt. quarto$_m$ individual
ein|beziehen* v. tr. incluir [in +ac., em]
ein|biegen v. intr. virar [in +ac., em]; nach rechts/links einbiegen: virar/cortar à direita/esquerda
ein|bilden v. refl. 1. sich etwas einbilden: imaginar alguma coisa; 2. sich etwas einbilden auf: vangloriar-se/gabar-se de alguma coisa
Einbildung s. f. 1. imaginação$_f$, ilusão$_f$; 2. presunção$_f$
Einbildungskraft s. f. (capacidade de) imaginação$_f$, fantasia$_f$
ein|binden v. tr. 1. encadernar; 2. integrar, enquadrar
Einblick s. m. 1. vista$_f$; 2. *(fig.)* ideia$_f$; Einblick in etwas haben/gewinnen: conhecer/ficar a conhecer alguma coisa
ein|brechen v. intr. 1. assaltar; 2. desabar; 3. afundar-se; 4. (noite) romper; cair
Einbrecher s. m. ladrão$_m$, assaltante$_{m. e f.}$
ein|bringen v. tr. 1. (dinheiro, proveito) render; 2. (colheita) recolher
ein|brocken v. tr. *(coloq.)* jemandem etwas einbrocken: pregar uma partida a alguém
Einbruch s. m. 1. assalto$_{m.}$; 2. desabamento$_{m.}$; 3. começo$_{m.}$; bei Einbruch der

Nacht/des Winters: ao cair da noite/com a chegada do Inverno

einbruchsicher *adj.* seguro contra roubo

ein|bürgern I *v. tr.* naturalizar; II *v. refl.* introduzir-se

Einbuße *s. f.* perda$_f$, dano$_m$, prejuízo$_m$.

ein|büßen *v. tr.* perder, sofrer danos, ter prejuízo

ein|checken I *v. tr.* (bagagem) fazer o check--in de; II *v. intr.* (aeroporto) fazer o check--in; (hotel) fazer o registo de entrada

ein|cremen I *v. tr.* 1. pôr creme em; 2. (sapatos) engraxar; II *v. refl.* pôr creme no corpo

eindeutig *adj.* claro, inequívoco

ein|dringen *v. intr.* 1. penetrar [in +ac., em], introduzir-se [in +ac., em]; infiltrar-se [in +ac., em]; 2. invadir [in, +ac.]; 3. instar [auf +ac., com]

eindringlich *adj.* 1. penetrante; 2. (pedido) insistente

Eindringling *s. m.* intruso$_m$

Eindruck *s. m.* 1. impressão$_f$; Eindruck auf jemanden machen: impressionar alguém; 2. marca$_f$

eindrucksvoll *adj.* impressionante

eineiig *adj.* 1. univitelino; 2. (coloq.) verdadeiro

eineinhalb *num. card.* um(a) e meio

ein|engen *v. tr.* 1. apertar; 2. restringir, limitar

einerlei *adj.* igual, indiferente

eine(r, s) *pron. indef.* um, uma; alguém; was für einer?: qual?; soll (dir) das einer glauben?: alguém acredita nisso?; weder der eine noch der andere: nem um nem outro

einerseits *adv.* por um lado

Einerzimmer *s. nt. (Suíça)* quarto$_m$ individual

einfach I *adj.* 1. simples; 2. modesto; 3. (viagem) (só) ida; II *adv.* simplesmente

Einfachheit *s. f.* simplicidade$_f$

ein|fädeln *v. tr.* 1. enfiar; 2. (intriga) tramar, urdir

ein|fahren I *v. tr.* (carro) fazer a rodagem de; II *v. intr.* (comboio) chegar

Einfahrt *s. f.* 1. portão$_m$; entrada$_f$; 2. (sem pl.) chegada$_f$

Einfall *s. m.* 1. ideia$_f$; 2. MILITAR invasão$_f$ [in +ac., de]; 3. (luz) incidência$_f$

ein|fallen *v. intr.* 1. lembrar-se de repente; (pensamento) ocorrer; was fällt dir ein?: que ideia é essa?; 2. vir abaixo, desmoronar-se; 3. MILITAR einfallen in: invadir

einfallslos *adj.* sem imaginação, sem ideias

einfallsreich *adj.* engenhoso

einfältig *adj.* simples, simplório; ingénuo

Einfamilienhaus *s. nt.* moradia$_f$, vivenda$_f$

ein|fangen *v. tr.* apanhar

einfarbig *adj.* unicolor

ein|fetten *v. tr.* untar; engraxar

ein|finden *v. refl.* chegar, aparecer, vir

ein|fließen *v. intr.* afluir, entrar; etwas einfließen lassen: mencionar alguma coisa

ein|flößen *v. tr.* 1. (remédio) dar; 2. inspirar; infundir

Einfluss *s. m.* influência$_f$ [auf +ac., em/sobre]; efeito$_m$ [auf +ac., em/sobre]

einflussreich *adj.* influente

einförmig *adj.* monótono

ein|frieren I *v. tr.* congelar; II *v. intr.* ficar bloqueado pelo gelo

ein|fügen I *v. tr.* inserir, introduzir [in +ac., em]; encaixar [in +ac., em]; II *v. refl.* integrar-se [in +ac., em], adaptar-se [in +ac., a]

einfühlsam *adj.* sensível, compreensivo

Einfühlungsvermögen *s. nt.* sensibilidade$_f$, compreensão$_f$

Einfuhr *s. f.* ECONOMIA importação$_f$

ein|führen *v. tr.* 1. introduzir [in +ac., em]; 2. ECONOMIA importar; 3. implantar [in +ac., em]; 4. iniciar [in +ac., em]

Einführung *s. f.* 1. introdução*f*; 2. implantação*f*; 3. iniciação*f*; 4. apresentação*f*

Eingabe *s. f.* 1. petição*f*, requerimento*m*; 2. INFORMÁTICA entrada*f*

Eingang *s. m.* 1. entrada*f*; 2. ⟨sem pl.⟩ chegada*f*

eingangs *adv.* ao princípio, de início

Eingangshalle *s. f.* hall*m* de entrada

Eingangstür *s. f.* porta*f* de entrada

ein|geben *v. tr.* (dados) introduzir

eingebildet *adj.* 1. presunçoso, pretensioso; 2. imaginário

Eingeborene(r) *s. m. e f.* indígena*m e f*

eingefallen I *p. p. de* einfallen; II *adj.* (cara) magro

eingefleischt *adj.* inveterado, incorrigível

ein|gehen I *v. tr.* 1. (risco) correr; 2. (matrimónio) contrair; (compromisso) assumir; II *v. intr.* 1. aceder [auf +*ac.*, a]; 2. (roupa) encolher; 3. (planta, animal) morrer [an +*dat.*, de]

eingehend *adj.* pormenorizado, detalhado

Eingemachte(s) *s. nt.* doce*m* em conserva

ein|gemeinden *v. tr.* incorporar [in +*ac.*, em]

eingenommen I *p. p. de* einnehmen; II *adj.* von sich [*dat.*] eingenommen sein: ser presunçoso

eingerostet *adj.* enferrujado, perro

eingeschnappt *adj.* (coloq.) amuado

eingeschrieben I *p. p. de* einschreiben; II *adj.* (carta) registado

ein|gestehen* *v. tr.* confessar, admitir

Eingeweide *s. pl.* entranhas*f. pl*, vísceras*f. pl*

ein|gewöhnen* *v. refl.* habituar-se [in +*ac.*, a], acostumar-se [in +*ac.*, a], adaptar-se [in +*ac.*, a]

ein|gießen *v. tr.* deitar [in +*ac.*, para]

eingleisig *adj.* de via única

ein|gliedern *v. tr.* integrar, incorporar [in +*ac.*, em]

ein|graben I *v. tr.* enterrar; II *v. refl.* 1. MILITAR entrincheirar-se; 2. (na memória) gravar-se

ein|greifen *v. intr.* 1. intervir [in +*ac.*, em]; 2. ENGENHARIA engrenar [in +*ac.*, em]

Eingriff *s. m.* 1. intervenção*f* [in +*ac.*, em]; 2. MEDICINA intervenção*f* cirúrgica

ein|haken *v. tr.* 1. enganchar, engatar; 2. (pessoa) enfiar o braço em

ein|halten *v. tr.* 1. deter, fazer parar; 2. respeitar, cumprir

ein|handeln *v. refl.* negociar; (coloq.) sich [*dat.*] etwas einhandeln: trocar alguma coisa

einhändig *adj.* maneta

ein|hängen I *v. tr.* 1. (telefone) pousar (o auscultador); 2. enganchar; II *v. intr.* desligar; III *v. refl.* sich bei jemandem einhängen: enfiar o braço em alguém

einheimisch *adj.* 1. nativo, natural; 2. nacional

Einheimischer *s. m.* nativo*m*, natural*m e f*

Einheit *s. f.* 1. unidade*f*; 2. (telefone) impulso*m*

einheitlich *adj.* 1. uniforme; (sistema) unitário; 2. igual

Einheitspreis *s. m.* preço*m* único

ein|heizen I *v. tr.* aquecer; II *v. intr.* (coloq.) jemandem einheizen: chatear alguém

ein|holen *v. tr.* 1. (pessoa) apanhar; 2. (conselho, autorização, informação) pedir

Einhorn *s. nt.* unicórnio*m*

ein|hüllen *v. tr.* envolver, embrulhar [in +*ac.*, em]

einhundert *num. card.* cem

einig *adj.* de acordo

einigen *v. refl.* acordar [auf +*ac.*, em], chegar a acordo [auf +*ac.*, sobre]

einigermaßen *adv.* até certo ponto; razoavelmente

einige(r, s) *pron. indef.* alguns, algumas, uns, umas; **einige hundert Menschen:** umas centenas de pessoas; **nach einiger Zeit:** após algum tempo
Einigkeit *s. f.* concórdia_f_
Einigung *s. f.* 1. acordo_m_; 2. unificação_f_, união_f_
einjährig *adj.* 1. de um ano; 2. anual
einkalkulieren* *v. tr.* levar em conta
Einkauf *s. m.* compra_f_
einkaufen I *v. tr.* comprar; II *v. intr.* fazer compras; **einkaufen gehen:** ir às compras
Einkaufsbummel *s. m.* passeio_m_ de compras
Einkaufspreis *s. m.* preço_m_ de custo
Einkaufstasche *s. f.* saco_m_ das compras
Einkaufswagen *s. m.* carrinho_m_ de compras
Einkaufszentrum *s. nt.* centro_m_ comercial
einklammern *v. tr.* pôr entre parênteses
Einklang *s. m.* harmonia_f_, acordo_m_
einkleiden *v. tr.* vestir
einklemmen *v. tr.* entalar, apertar
Einkommen *s. nt.* rendimento_m_
Einkommensteuer *s. f.* imposto_m_ complementar
einkreisen *v. tr.* cercar, circundar
einkriegen *v. refl. (coloq.)* controlar-se
Einkünfte *s. pl.* rendimentos_{m. pl.}_
Einlad *s. nt. (Suíça)* → Einladung
einladen *v. tr.* 1. convidar [zu +dat., para]; 2. carregar [in +dat., para]
Einladung *s. f.* convite_m_ [zu +dat., para]
Einlage *s. f.* 1. depósito_m_ (bancário); 2. investimento_m_; 3. (sapato) palmilha_f_ ortopédica
einlagern *v. tr.* armazenar, depositar
Einlass *s. m.* entrada_f_, admissão_f_
einlassen I *v. tr.* 1. admitir, deixar entrar; 2. ENGENHARIA embutir; II *v. refl.* 1. meter-se (em); meter-se (com); 2. consentir

einlaufen *v. intr.* 1. NÁUTICA entrar (num porto); 2. DESPORTO entrar (em campo); 3. (tecido) encolher; 4. (água) correr [in +ac., em]
einleben *v. refl.* acostumar-se [in +dat., a], habituar-se [in +dat., a]
einlegen *v. tr.* 1. pôr, inserir; 2. CULINÁRIA pôr de escabeche; 3. (nomeação) interpor; 4. (pausa) fazer ❖ **ein gutes Wort für jemanden einlegen:** intervir em favor de alguém
Einlegesohle *s. f.* palmilha_f_
einleiten *v. tr.* 1. abrir, iniciar; 2. (processo) instaurar
Einleitung *s. f.* 1. introdução_f_, prefácio_m_; 2. início_m_
einlenken *v. intr.* ceder, transigir
einleuchten *v. intr.* ser claro, parecer óbvio; **das leuchtet mir (nicht) ein:** eu (não) compreendo
einleuchtend *adj.* claro, evidente
einliefern *v. tr.* entregar, levar
einlösen *v. tr.* 1. (cheque) cobrar; (penhor) trocar; 2. (promessa) cumprir
einmachen *v. tr.* pôr em conserva
Einmachglas *s. nt.* frasco_m_ de conservas
einmal *adv.* 1. uma vez; **auf einmal:** de (uma) vez; de repente; **nicht einmal:** nem sequer; 2. um dia, qualquer dia; 3. (ênfase) **ich bin nun einmal so:** é a minha maneira de ser
Einmaleins *s. nt.* tabuada_f_
einmalig *adj.* 1. único; 2. *(coloq.)* fora de série
Einmarkstück *s. nt.* moeda_f_ de um marco
Einmarsch *s. m.* entrada_f_ [in +ac., em]; MILITAR invasão_f_ [in +ac., em]
einmarschieren* *v. intr.* entrar [in +ac., em]
einmassieren* *v. tr.* aplicar (massajando)
einmischen *v. refl.* intrometer-se [in +ac., em]

Einmischung s. f. intromissão_f [in +ac., em]
ein|münden v. intr. desaguar [in +ac., em]; desembocar [in +ac., em]
einmütig I adj. unânime; II adv. unanimemente
Einnahme s. f. 1. (dinheiro) receitas_{f. pl.}; 2. (sem pl.) MILITAR tomada_f; 3. (medicamentos) ingestão_f
Einnahmequelle s. f. fonte_f de rendimento
ein|nehmen v. tr. 1. receber; 2. ocupar; jemanden für sich einnehmen: cativar alguém; 3. tomar, ingerir
ein|nicken v. intr. cabecear, dormitar
ein|nisten v. refl. (depr.) instalar-se [bei +dat., em]
Einöde s. f. deserto_m
ein|ordnen v. tr. ordenar, dispor por ordem; classificar
ein|packen v. tr. embrulhar; encaixotar; meter na mala
ein|parken v. intr. estacionar
ein|pauken v. tr. (coloq.) meter na cabeça
ein|pendeln v. refl. equilibrar-se
ein|pflanzen v. tr. 1. plantar; 2. MEDICINA implantar, incubar
ein|planen v. tr. incluir nos planos
ein|prägen v. tr. gravar; sich [dat.] etwas einprägen: gravar alguma coisa (na memória)
einprägsam adj. fácil de lembrar
ein|quartieren* v. tr. aquartelar, alojar [bei +dat., em]
ein|rahmen v. tr. emoldurar
ein|räumen v. tr. 1. arrumar; 2. conceder
ein|reden v. tr. persuadir, convencer
ein|reiben v. tr. 1. aplicar; 2. friccionar; esfregar
ein|reichen v. tr. 1. entregar; 2. apresentar
ein|reihen v. refl. unir-se [in +ac., a]

Einreise s. f. entrada_f (num país) [nach +dat., em]
Einreiseerlaubnis s. f. autorização_f de entrada
ein|reisen v. intr. entrar [nach +dat., em]
ein|reißen I v. tr. 1. demolir; 2. rasgar; II v. intr. 1. rasgar(-se); 2. alastrar
ein|renken v. tr. endireitar
ein|richten I v. tr. 1. (casa) montar, mobilar; 2. arranjar, endireitar; II v. refl. preparar-se [auf +ac., para]
Einrichtung s. f. 1. instituição_f; serviço_m; 2. (casa) decoração_f, mobiliário_m; 3. (sem pl.) estabelecimento_m, fundação_f
ein|rosten v. intr. enferrujar(-se)
eins num. card. um
Eins s. f. um_m
einsam adj. 1. solitário, sozinho; 2. isolado
Einsamkeit s. f. solidão_f
ein|sammeln v. tr. juntar; recolher
Einsatz s. m. 1. (sem pl.) esforço_m; 2. (sem pl.) emprego_m; zum Einsatz kommen: ser empregue; 3. (no jogo) parada_f; 4. MILITAR entrada_f em acção
einsatzbereit adj. pronto para entrar em acção; pronto a ser usado
ein|scannen v. tr. INFORMÁTICA digitalizar, scanear
ein|schalten I v. tr. 1. (aparelho, luz) ligar, acender; 2. (advogado) recorrer a; II v. refl. intervir
Einschaltquote s. f. taxa_f de audiências
ein|schätzen v. tr. avaliar; hoch einschätzen: ter em muito apreço
Einschätzung s. f. avaliação_f
ein|schenken v. tr. servir
ein|schicken v. tr. enviar, remeter
ein|schieben v. tr. 1. meter [in +ac., em], introduzir [in +ac., em]; 2. enfiar [in +ac., em]

ein|schiffen I *v. tr.* embarcar; II *v. refl.* embarcar [nach +*dat.*, para]
ein|schlafen *v. intr.* 1. adormecer; 2. esmorecer
ein|schläfern *v. tr.* 1. adormecer, embalar; 2. (animal) matar
ein|schlagen I *v. tr.* 1. partir; arrombar; 2. pregar [in +*ac.*, a/em]; 3. (volante) virar; 4. (caminho) seguir por; II *v. intr.* 1. (relâmpago) cair [in +*ac.*, em]; 2. ter êxito
einschlägig *adj.* correspondente, respectivo
ein|schleichen *v. refl.* infiltrar-se, introduzir-se
ein|schließen *v. tr.* 1. fechar à chave, encerrar [in +*ac.*, em]; 2. cercar; 3. incluir [in +*ac.*, em]
einschließlich I *prep.* [+*gen.*] incluindo; II *adv.* inclusive, inclusivamente
ein|schmeicheln *v. refl.* cativar as simpatias [bei +*dat.*, de]
ein|schnappen *v. intr.* 1. (fechadura) engatar; 2. (*coloq.*) melindrar-se
einschneidend *adj.* 1. incisivo; 2. (*fig.*) decisivo, radical
Einschnitt *s. m.* 1. corte$_m$; 2. MEDICINA incisão$_f$
ein|schränken I *v. tr.* 1. limitar; restringir; 2. reduzir; II *v. refl.* poupar
Einschränkung *s. f.* restrição$_f$; redução$_f$
Einschreibebrief *s. m.* carta$_f$ registada
ein|schreiben I *v. tr.* inscrever [in +*ac.*, em]; matricular [in +*ac.*, em]; II *v. refl.* inscrever-se [in +*ac.*, em]; matricular-se [in +*ac.*, em]
Einschreiben *s. nt.* remessa$_f$ registada
Einschreibung *s. f.* matrícula$_f$, inscrição$_f$
ein|schreiten *v. intr.* tomar medidas [gegen +*ac.*, contra], intervir
ein|schüchtern *v. tr.* intimidar
ein|schulen *v. tr.* matricular numa escola
ein|sehen *v. tr.* 1. compreender; 2. reconhecer; 3. (documentos) ver

Einsehen *s. nt.* bom-senso; ein/kein Einsehen haben: ser/não ser razoável
ein|seifen *v. tr.* ensaboar
einseitig *adj.* 1. unilateral; parcial; 2. (alimentação) deficiente
Einseitigkeit *s. f.* 1. parcialidade$_f$; 2. (alimentação) deficiência$_f$
ein|senden *v. tr.* enviar, mandar, remeter [an +*ac.*, a]
Einsender *s. m.* remetente$_{m. e f.}$
Einsendeschluss *s. m.* fim$_m$ do prazo de envio
Einsendung *s. f.* envio$_m$
ein|setzen I *v. tr.* 1. colocar, inserir; encaixar; 2. empregar; 3. investir; 4. arriscar; II *v. intr.* começar; III *v. refl.* empenhar-se
Einsicht *s. f.* 1. (*sem pl.*) consulta$_f$; 2. entendimento$_m$, juízo$_m$, conhecimento$_m$
einsichtig *adj.* 1. sensato, ajuizado; 2. compreensivo
Einsiedler *s. m.* eremita$_{m. e f.}$, anacoreta$_{m. e f.}$
einsilbig *adj.* 1. monossilábico; 2. lacónico, taciturno
ein|sinken *v. intr.* afundar-se [in +*ac./dat.*, em]
ein|spannen *v. tr.* 1. pôr, colocar; 2. atrelar; 3. (*coloq.*) chamar
Einspänner *s. m.* (*Áustria*) café$_m$ com natas
ein|sparen *v. tr.* poupar
ein|sperren *v. tr.* 1. fechar; 2. (*coloq.*) prender
ein|spielen I *v. tr.* (despesas) recuperar; II *v. refl.* 1. harmonizar-se; 2. DESPORTO treinar, exercitar
einsprachig *adj.* unilingue
ein|springen *v. intr.* entrar, dar uma ajuda; für jemanden einspringen: substituir alguém
ein|spritzen *v. tr.* injectar
Einspritzpumpe *s. f.* bomba$_f$ de injecção

Einspruch s. m. 1. protesto$_m$; Einspruch erheben: protestar [gegen +ac., contra]; 2. DIREITO recurso$_m$.
einspurig adj. de via única
einst adv. outrora, antigamente
einstecken v. tr. 1. meter; introduzir; 2. levar consigo; (dinheiro) meter ao bolso
einstehen v. intr. responsabilizar-se [für +ac., por], responder [für +ac., por]
einsteigen v. intr. 1. entrar [in +ac., em/para], subir [in +ac., para]; 2. (coloq.) participar
einstellbar adj. regulável
einstellen I v. tr. 1. arrumar [in +ac., em]; 2. contratar; 3. (rádio) sintonizar; (câmara) focar; 4. acabar com; suspender; cessar; II v. refl. sich auf jemanden/etwas einstellen: adaptar-se a alguém/alguma coisa
Einstellung s. f. 1. atitude$_f$, mentalidade$_f$; 2. contratação$_f$; 3. (aparelho) afinação$_f$; (câmara) focagem$_f$; (rádio) sintonização$_f$; 4. suspensão$_f$
Einstieg s. m. porta$_f$ de entrada
einstimmen I v. tr. MÚSICA acompanhar; II v. intr. MÚSICA (a cantar) acompanhar [in +ac., em]; juntar-se [in +ac., em]
einstimmig I adj. 1. unânime; 2. MÚSICA a uma só voz; II adv. 1. unanimemente; 2. MÚSICA em uníssono
einstöckig adj. de um andar, de um piso
einströmen v. intr. afluir
einstudieren v. tr. 1. estudar, decorar; 2. ensaiar
einstufen v. tr. classificar [in +ac., em]
einstündig adj. de uma hora
Einsturz s. m. desabamento$_m$
einstürzen v. intr. desmoronar-se, desabar, ruir
Einsturzgefahr s. f. perigo$_m$ de desmoronamento
einstweilig adj. provisório, interino
eintägig adj. de um dia

eintauchen v. tr. mergulhar [in +ac., em]
eintauschen v. tr. trocar [gegen +ac., por]
eintausend num. card. mil
einteilen v. tr. 1. dividir [in +ac., em]; distribuir; 2. classificar [in +ac., por]; 3. destacar [zu +dat., para]
einteilig adj. de corpo inteiro
Einteilung s. f. 1. divisão$_f$; 2. classificação$_f$; 3. distribuição$_f$
eintönig adj. monótono
Eintönigkeit s. f. monotonia$_f$
Eintopf s. m. CULINÁRIA guisado$_m$, ensopado$_m$
Eintracht s. f. harmonia$_f$
einträchtig I adj. unânime, de acordo; II adv. unanimemente
Eintrag s. m. 1. nota$_f$; 2. (numa lista) inscrição$_f$
eintragen I v. tr. 1. inscrever [in +ac., em]; registar [in +ac., em]; anotar [in +ac., em]; 2. render; II v. refl. inscrever-se [in +ac., em]
einträglich adj. lucrativo
eintreffen v. intr. 1. chegar [in +dat., a]; 2. (previsão) confirmar-se
eintreiben v. tr. cobrar
eintreten I v. tr. arrombar (com pontapés); II v. intr. 1. entrar [in +ac., em]; 2. acontecer, ocorrer; 3. lutar [für +ac., por]
Eintritt s. m. 1. entrada$_f$; 2. ingresso$_m$ [in +ac., em]; 3. começo$_m$
Eintrittsgeld s. nt. preço$_m$ de entrada
Eintrittskarte s. f. bilhete$_m$ (de entrada)
Eintrittspreis s. m. preço$_m$ de entrada
eintrocknen v. intr. secar, enxugar
eintrudeln v. intr. (coloq.) chegar (sucessivamente)
einüben v. tr. estudar, ensaiar
einverstanden adj. de acordo; mit etwas einverstanden sein: estar de acordo com alguma coisa

Einverständnis *s. nt.* 1. consentimento*m.*; 2. acordo*m.*
Einwand *s. m.* objecção*f.* [gegen +*ac.*, a], protesto*m.* [gegen +*ac.*, contra]
Einwanderer *s. m.* imigrante*m. e f.*
einwandern *v. intr.* imigrar
Einwanderung *s. f.* imigração*f.*
Einwanderungsland *s. nt.* país*m.* de destino (dos emigrantes)
einwandfrei *adj.* 1. impecável; intacto; 2. incontestável
Einwegflasche *s. f.* garrafa*f.* sem depósito, tara*f.* perdida
Einwegspritze *s. f.* seringa*f.* descartável
Einwegverpackung *s. f.* embalagem*f.* descartável
einweichen *v. tr.* pôr de molho
einweihen *v. tr.* 1. inaugurar; 2. iniciar [in +*ac.*, em]
Einweihung *s. f.* inauguração*f.*
einweisen *v. tr.* 1. iniciar [in +*ac.*, em]; 2. (hospital) internar [in +*ac.*, em]
Einweisung *s. f.* 1. iniciação*f.*; 2. (hospital) internamento*m.*
einwenden *v. tr.* levantar objecções [gegen +*ac.*, a]
einwerfen *v. tr.* 1. apedrejar; 2. pôr (no correio) [in +*ac.*, em]; 3. (moeda) introduzir [in +*ac.*, em]; 4. objectar
einwickeln *v. tr.* embrulhar
einwilligen *v. intr.* consentir [in +*ac.*, em]
Einwilligung *s. f.* consentimento*m.*
einwirken *v. intr.* actuar [auf +*ac.*, sobre]; influir [auf +*ac.*, sobre]
Einwohner *s. m.* habitante*m. e f.*
Einwohnermeldeamt *s. nt.* cartório*m.* do registo de moradores
Einwurf *s. m.* 1. abertura*f.*; 2. objecção*f.*; 3. DESPORTO lançamento*m.*
Einzahl *s. f.* GRAMÁTICA singular*m.*
einzahlen *v. tr.* depositar [auf +*ac.*, em]
Einzahlung *s. f.* depósito*m.* [auf +*ac.*, em]
einzäunen *v. tr.* vedar
Einzelfahrschein *s. m.* bilhete*m.* de uma viagem
Einzelfall *s. m.* caso*m.* isolado
Einzelgänger *s. m.* solitário*m.*
Einzelhandel *s. m.* comércio*m.* a retalho
Einzelheit *s. f.* pormenor*m.*
Einzelkind *s. nt.* filho*m.* único
einzeln I *adj.* 1. só; **der/die Einzelne:** o indivíduo; 2. isolado; II *adv.* em separado; **ins Einzelne gehen:** entrar em pormenores
Einzelteil *s. nt.* peça*f.* solta, peça*f.* avulsa
Einzelzimmer *s. nt.* quarto*m.* individual
einziehen I *v. tr.* 1. (cabeça) baixar; 2. (vela) arriar; 3. (imposto) cobrar; 4. retirar da circulação; 5. DIREITO confiscar; II *v. intr.* mudar-se [in +*ac.*, para], instalar-se [in +*ac.*, em]
einzig I *adj.* único; **ein einziges Mal:** uma única vez; II *adv.* **einzig und allein:** única e exclusivamente
einzigartig *adj.* único, sem par
Einzug *s. m.* 1. entrada*f.* [in +*ac.*, em]; 2. mudança*f.* [in +*ac.*, para]
Eis *s. nt.* 1. gelado*m.*; sorvete*m.*; 2. gelo*m.*
Eisbahn *s. f.* ringue*m.* de patinagem sobre o gelo
Eisbär *s. m.* ZOOLOGIA urso*m.* polar
Eisbecher *s. m.* taça*f.* de gelado
Eisbein *s. nt.* chispe*m.* (salgado)
Eisberg *s. m.* icebergue*m.*
Eischnee *s. m.* CULINÁRIA claras*f. pl.* em castelo
Eiscreme *s. f.* gelado*m.*; sorvete*m.*
Eisdecke *s. f.* camada*f.* de gelo
Eisdiele *s. f.* gelataria*f.*
Eisen *s. nt.* ferro*m.*
Eisenbahn *s. f.* caminho-de-ferro*m.*
Eisenbahner *s. m.* empregado*m.* dos caminhos-de-ferro

Eisenbahnnetz s. nt. rede₍f₎ dos caminhos-de-ferro

Eisenbahnwagen s. m. carruagem₍f₎ de caminhos-de-ferro

Eisenerz s. nt. minério₍m₎ de ferro

eisenhaltig adj. ferruginoso

eisern adj. de ferro, férreo

Eisfach s. nt. (compartimento₍m₎ do) congelador

eisfrei adj. sem gelo

eisgekühlt adj. fresco

Eishockey s. nt. DESPORTO hóquei₍m₎ sobre o gelo

eisig adj. gélido, glacial

eiskalt adj. 1. gelado; muito frio; 2. impassível

Eiskunstlauf s. m. DESPORTO patinagem₍f₎ artística (no gelo)

Eislaufen s. nt. patinagem₍f₎ no gelo

Eisläufer s. m. patinador₍m₎ no gelo

Eismeer s. nt. oceano₍m₎ glacial

Eisschrank s. m. (Regionalismo) frigorífico₍m₎

Eiswaffel s. f. barquilho₍m₎

Eiswürfel s. m. cubo₍m₎ de gelo

Eiszapfen s. m. sincelo₍m₎

Eiszeit s. f. era₍f₎ glacial

eitel adj. vaidoso

Eitelkeit s. f. vaidade₍f₎

Eiter s. m. pus₍m₎

eitern v. intr. supurar

eitrig adj. purulento

Eiweiß s. nt. 1. clara₍f₎ do ovo; 2. QUÍMICA albumina₍f₎; 3. BIOLOGIA proteína₍f₎

eiweißreich adj. rico em proteínas

Eizelle s. f. óvulo₍m₎

Ekel s. m. 1. (sem pl.) nojo₍m₎ [vor +dat., de]; repugnância₍f₎; 2. (coloq., pej.) pessoa₍f₎ nojenta

ekelhaft adj. nojento, repugnante

ekeln v. refl. sentir repugnância [vor +dat., por], ter nojo [vor +dat., de]

EKG s. nt. [abrev. de Elektrokardiogramm] ECG₍m₎ [abrev. de electrocardiograma]

eklig adj. 1. repugnante, nojento; 2. (coloq.) horrível

Ekstase s. f. êxtase₍m₎

Ekzem s. nt. MEDICINA eczema₍m₎

Elan s. m. elã₍m₎

elastisch adj. elástico

Elastizität s. f. elasticidade₍f₎

Elbe s. f. Elba₍m₎

Elch s. m. ZOOLOGIA alce₍m₎

Elefant s. m. ZOOLOGIA elefante₍m₎

elegant adj. elegante

Eleganz s. f. elegância₍f₎

Elektriker s. m. electricista₍m. e f.₎

elektrisch adj. eléctrico

Elektrizität s. f. electricidade₍f₎

Elektrizitätswerk s. nt. central₍f₎ eléctrica

Elektroenzephalogramm s. nt. MEDICINA electroencefalograma₍m₎

Elektrogerät s. nt. electrodoméstico₍m₎

Elektroherd s. m. fogão₍m₎ eléctrico

Elektrokardiogramm s. nt. MEDICINA electrocardiograma₍m₎

Elektromotor s. m. electromotor₍m₎

Elektron s. nt. FÍSICA electrão₍m₎

Elektronenmikroskop s. nt. microscópio₍m₎ electrónico

Elektronik s. f. electrónica₍f₎

elektronisch adj. electrónico

Elektrorasierer s. m. máquina₍f₎ de barbear (eléctrica)

Elektrotechnik s. f. electrotecnia₍f₎

Element s. nt. elemento₍m₎

elementar adj. elementar, básico

elend adj. 1. infeliz, desgraçado; 2. miserável; 3. adoentado

Elend s. nt. miséria₍f₎

Elendsviertel s. nt. bairro₍m₎ pobre

elf num. card. onze

Elf s. f. 1. (número) onze₍m₎; 2. equipa₍f₎ de futebol

Elfe *s. f.* sílfide*_f_*
Elfenbein *s. nt.* marfim*_m_*
Elfenbeinturm *s. m.* torre*_f_* de marfim
elfmal *adv.* onze vezes
Elfmeter *s. m.* DESPORTO penalty*_m_*
Elftel *s. nt.* décima primeira parte*_f_*
elfte(r, s) *num. card.* décimo primeiro
eliminieren* *v. tr.* eliminar
elitär *adj.* elitista
Elite *s. f.* elite*_f_*
Ellbogen *s. m.* ANATOMIA cotovelo*_m_*
Elle *s. f.* ANATOMIA cúbito*_m_*
Ellenbogen *s. m.* → Ellbogen
Ellipse *s. f.* GEOMETRIA, GRAMÁTICA elipse*_f_*
Elsass *s. nt.* Alsácia*_f_*
Elster *s. f.* ZOOLOGIA pega*_f_*
elterlich *adj.* (próprio) dos pais
Eltern *s. pl.* pais*_m. pl_*
Elternabend *s. m.* reunião*_f_* de pais
Elternhaus *s. nt.* casa*_f_* paterna
elternlos *adj.* órfão
E-Mail *s. f.* e-mail*_m_*; E-Mail-Adresse: endereço*_m_* de e-mail
Email *s. nt.* esmalte*_m_*
emaillieren* *v. tr.* esmaltar
Emanzipation *s. f.* emancipação*_f_*
emanzipieren* *v. tr.* emancipar
emanzipiert *adj.* emancipado
Embargo *s. nt.* embargo*_m_*
Embryo *s. m.* BIOLOGIA embrião*_m_*
Emigrant *s. m.* 1. emigrante*_m. e f_*; 2. exilado*_m_*
Emigration *s. f.* emigração*_f_*
emigrieren* *v. intr.* emigrar
eminent *adj.* eminente
Emission *s. f.* emissão*_f_*
emotional *adj.* emocional
empfahl *pret. imp. de* empfehlen
empfand *pret. imp. de* empfinden
Empfang *s. m.* 1. (lugar) recepção*_f_*; 2. acolhimento*_m_*
empfangen *v. tr.* receber, acolher

Empfänger *s. m.* destinatário*_m_*; (de mercadoria) consignatário*_m_*
empfänglich *adj.* sensível [für +ac., a], impressionável [für +ac., com]
Empfängnis *s. f.* concepção*_f_*
Empfängnisverhütung *s. f.* anticoncepção*_f_*
Empfangsbescheinung *s. f.* aviso*_m_* de recepção, recibo*_m_*
Empfangschef *s. m.* recepcionista*_m. e f_*
empfehlen *v. tr.* recomendar; es empfiehlt sich: é conveniente, é aconselhável
empfehlenswert *adj.* recomendável, aconselhável
Empfehlung *s. f.* recomendação*_f_*
Empfehlungsschreiben *s. nt.* carta*_f_* de recomendação
empfinden *v. tr.* sentir
empfindlich *adj.* 1. sensível; delicado; 2. melindroso
Empfindlichkeit *s. f.* sensibilidade*_f_*, susceptibilidade*_f_*
empfindsam *adj.* sentimental
Empfindung *s. f.* sensação*_f_*; sentimento*_m_*
empfing *pret. imp. de* empfangen
empfohlen *p. p. de* empfehlen
empfunden *p. p. de* empfinden
empirisch *adj.* empírico
empor *adv.* para cima, acima
Empore *s. f.* tribuna*_f_*, galeria*_f_*
empören I *v. tr.* escandalizar, chocar; II *v. refl.* indignar-se [über +ac., com], chocar-se [über +ac., com]
empörend *adj.* chocante
emporkommen *v. tr.* prosperar
Empörung *s. f.* indignação*_f_* [über +ac., com]
emsig *adj.* zeloso, diligente
Endausscheidung *s. f.* DESPORTO eliminatória*_f_* final
Ende *s. nt.* ⟨sem pl.⟩ fim*_m_*, final*_m_*; letzten Endes: afinal de contas

Endeffekt *s. m.* resultado*m* final; im Endeffekt: em última análise

enden *v. intr.* acabar [auf +*dat.*, em], terminar [auf +*dat.*, em]

Endergebnis *s. nt.* resultado*m* (final)

endgültig *adj.* definitivo

Endivie *s. f.* BOTÂNICA endívia*f*

Endlagerung *s. f.* armazenagem*f* definitiva

endlich *adv.* finalmente, por fim, enfim

endlos *adj.* interminável, sem fim

Endlospapier *s. nt.* INFORMÁTICA papel*m* contínuo

Endprodukt *s. nt.* produto*m* final

Endspiel *s. nt.* DESPORTO final*f*

Endspurt *s. m.* DESPORTO arranque*m* final

Endstation *s. f.* término*m*

Endung *s. f.* GRAMÁTICA terminação*f*, desinência*f*

Energie *s. f.* energia*f*

Energiequelle *s. f.* fonte*f* de energia

Energieverbrauch *s. m.* consumo*m* de energia

Energieversorgung *s. f.* abastecimento*m* de energia

energisch *adj.* enérgico

eng *adj.* 1. estreito; apertado; 2. limitado; 3. íntimo

Engagement *s. nt.* (*sem pl.*) empenho*m*; 2. TEATRO contrato*m*

engagieren I *v. tr.* contratar; II *v. refl.* empenhar-se [für +*ac.*, em]

Enge *s. f.* 1. (*sem pl.*) estreiteza*f*; 2. estreito*m*

Engel *s. m.* anjo*m*

Engelsgeduld *s. f.* paciência*f* de santo

England *s. nt.* Inglaterra*f*

Engländer[1] *s. m.* (-s, -) chave-inglesa*f*

Engländer[2] *s. m.* inglês*m*

englisch *adj.* inglês

englischsprachig *adj.* de língua inglesa

Engpass *s. m.* 1. desfiladeiro*m*; 2. impasse*m*

engstirnig *adj.* tacanho

Enkel *s. m.* neto*m*

Enkelkind *s. nt.* neto*m*

en masse *adv.* (*coloq.*) em abundância

enorm *adj.* enorme

Ensemble *s. nt.* TEATRO elenco*m*

entbehren° *v. tr.* dispensar, prescindir de

entbehrlich *adj.* dispensável, prescindível

Entbehrung *s. f.* privação*f*

entbinden° I *v. tr.* desobrigar [von +*dat.*, de], dispensar [von +*dat.*, de]; exonerar [von +*dat.*, de]; II *v. intr.* dar à luz

Entbindung *s. f.* MEDICINA parto*m*

entdecken° *v. tr.* descobrir

Entdecker *s. m.* descobridor*m*

Entdeckung *s. f.* 1. descoberta*f*; 2. HISTÓRIA descobrimento*m*

Ente *s. f.* 1. ZOOLOGIA pato*m*; 2. boato*m*

entehren° *v. tr.* desonrar, desacreditar

enteignen° *v. tr.* expropriar

Enteignung *s. f.* expropriação*f*

enteisen° *v. tr.* descongelar

enterben° *v. tr.* deserdar

entfachen° *v. tr.* atiçar

entfallen° *v. intr.* 1. (subsídio) ser anulado; 2. caber [auf +*ac.*, a], recair [auf +*ac.*, sobre]; 3. esquecer, passar (da memória)

entfalten° I *v. tr.* desenvolver; II *v. refl.* desenvolver-se

entfernen° I *v. tr.* afastar, retirar; tirar; II *v. refl.* afastar-se [von +*dat.*, de]

entfernt *adj.* 1. longe, distante; 2. afastado; 3. remoto, vago

Entfernung *s. f.* 1. distância*f*; 2. (*sem pl.*) eliminação*f*

entfesseln° *v. tr.* desencadear, desatar

entfliehen° *v. intr.* fugir, evadir-se [aus +*dat.*, de]

entfremden˚ *v. tr.* alhear, afastar
Entfremdung *s. f.* alheamento_m_, afastamento_m_
entfrosten˚ *v. tr.* tirar o gelo de
entführen˚ *v. tr.* raptar, sequestrar
Entführer *s. m.* raptor_m_, sequestrador_m_
Entführung *s. f.* rapto_m_, sequestro_m_
entgegen I *prep.* [+*dat.*] contra, contrariamente a; II *adv.* ao encontro
entgegen|bringen *v. tr.* (interesse, simpatia) mostrar, demonstrar
entgegen|gehen *v. intr.* ir ao encontro [+*dat.*, de]
entgegengesetzt *adj.* contrário, oposto
entgegen|halten *v. tr.* 1. opor, objectar; 2. oferecer
entgegen|kommen *v. intr.* ir ao encontro [+*dat.*, de]
Entgegenkommen *s. nt.* boa vontade_f_
entgegenkommend *adj.* atencioso, amável
entgegen|nehmen *v. tr.* receber, aceitar
entgegen|sehen *v. tr.* aguardar
entgegen|treten *v. intr.* opor-se a
entgegnen˚ *v. tr.* replicar, retorquir
Entgegnung *s. f.* resposta_f_
entgehen˚ *v. intr.* passar despercebido
entgeistert *adj.* pasmado
Entgelt *s. m.* remuneração_f_
entgleisen˚ *v. intr.* 1. descarrilar; 2. disparatar
Entgleisung *s. f.* 1. descarrilamento_m_; 2. deslize_m_
entgleiten˚ *v. intr.* escapar
entgräten˚ *v. tr.* tirar as espinhas a
Enthaarung *s. f.* depilação_f_
Enthaarungsmittel *s. nt.* depilatório_m_
enthalten˚ I *v. tr.* conter; II *v. refl.* abster-se [+*gen.*, de]
enthaltsam *adj.* 1. moderado; 2. (sexualmente) continente; abstémio

Enthaltsamkeit *s. f.* 1. moderação_f_; 2. abstinência_f_, continência_f_
Enthaltung *s. f.* abstenção_f_
enthüllen˚ *v. tr.* 1. desvendar, revelar; 2. inaugurar
Enthusiasmus *s. m.* entusiasmo_m_
enthusiastisch *adj.* entusiástico
entkleiden˚ I *v. tr.* despir; II *v. refl.* despir-se
entkommen˚ *v. intr.* fugir [aus +*dat.*, de], escapar [aus +*dat.*, de]
entkorken˚ *v. tr.* desarrolhar, abrir
entkräften˚ *v. tr.* 1. debilitar, enfraquecer; 2. refutar
Entlad *s. m.* (Suíça) descarga_f_
entladen˚ I *v. tr.* descarregar; II *v. refl.* 1. (bateria) descarregar; 2. (fúria) desencadear-se
entlang I *prep.* [+*ac./gen./dat.*] ao longo de; entlang des Weges/dem Weg: ao longo do caminho, pelo caminho fora; die Straße entlang: pela rua fora; II *adv.* por; hier entlang: por aqui (fora)
entlang|fahren *v. tr.* ir por, seguir por
entlang|gehen *v. intr.* andar ao longo [an +*dat.*, de]
entlarven˚ *v. tr.* desmascarar
entlassen˚ *v. tr.* 1. despedir, demitir; 2. pôr em liberdade; 3. dar alta a
Entlassung *s. f.* 1. despedimento_m_, demissão_f_; 2. libertação_f_; 3. alta_f_
entlasten˚ *v. tr.* 1. aliviar; descongestionar; 2. exonerar
Entlastung *s. f.* 1. alívio_m_; 2. DIREITO exoneração_f_
Entlastungszeuge *s. m.* DIREITO testemunha_f_ de defesa
entlaufen˚ *v. intr.* fugir
entledigen *v. refl.* desembaraçar-se de, libertar-se de

entleeren* v. tr. esvaziar
entlegen adj. distante, afastado
entlocken* v. tr. (conseguir) arrancar, tirar com manha
entlüften* v. tr. arejar
entmachten* v. tr. desapossar
entmilitarisieren* v. tr. desmilitarizar
entmündigen* v. tr. pôr sob tutela
entmutigen* v. tr. desencorajar, desanimar
entmutigt adj. desanimado
Entnahme* s. f. toma_f_; MEDICINA colheita_f_
entnehmen* v. tr. 1. tirar, retirar; 2. depreender, concluir [+dat., de]
entnervt adj. enervante
entpuppen* v. refl. revelar-se [als +nom.]
entreißen* v. tr. arrancar
entrichten* v. tr. pagar, liquidar
entrinnen* v. intr. escapar [+dat., a]
entrosten* v. tr. desenferrujar
entrüsten* I v. tr. causar indignação, indignar; II v. refl. indignar-se [über +ac., com]
Entrüstung s. f. indignação_f_ [über +ac., com]
entsagen* v. intr. renunciar [+dat., a]; abdicar [+dat., de]
entschädigen* v. tr. indemnizar [für +ac., por]
Entschädigung s. f. indemnização_f_ [für +ac., por]
entschärfen* v. tr. 1. desactivar; 2. atenuar
entscheiden* I v. tr. decidir [über +ac., sobre], resolver [über +ac., sobre]; II v. refl. decidir-se [für +ac., por; gegen +ac., contra]
entscheidend adj. decisivo
Entscheidung s. f. decisão_f_
Entscheidungsspiel* s. nt. DESPORTO jogo_m_ decisivo
entschieden I p. p. de entscheiden; II adj. decidido, determinado
Entschiedenheit s. f. determinação_f_
entschlacken* v. tr. desintoxicar, limpar

entschließen* v. refl. resolver-se [zu +dat., a], decidir-se [zu +dat., a]
entschlossen I p. p. de entschließen; II adj. decidido, determinado
Entschlossenheit s. f. determinação_f_, firmeza_f_
Entschluss s. m. decisão_f_, resolução_f_
entschuldbar adj. desculpável
entschuldigen* I v. tr. 1. desculpar; 2. justificar; II v. refl. desculpar-se, pedir desculpa [bei +dat., a; für +ac., por]
Entschuldigung s. f. desculpa_f_; Entschuldigung!: desculpe!; jemanden um Entschuldigung bitten: pedir desculpa a alguém [für +ac., por]
entsenden* v. tr. enviar; expedir
entsetzen* v. tr. horrorizar
Entsetzen s. nt. espanto_m_
entsetzlich adj. horrível, terrível
entsetzt adj. horrorizado
entsichern* v. tr. (arma) engatilhar
entsinnen v. refl. recordar-se [+gen., de]
entsorgen* v. tr. (lixo) eliminar
Entsorgung s. f. tratamento_m_ de lixo
entspannen* I v. tr. 1. descontrair; 2. desanuviar; II v. refl. descontrair(-se), relaxar
Entspannung s. f. 1. repouso_m_, descanso_m_; 2. POLÍTICA desanuviamento_m_
Entspannungspolitik s. f. política_f_ de desanuviamento
entsprechen* v. intr. 1. corresponder [+dat., a]; 2. satisfazer
entsprechend I adj. correspondente, respectivo; II prep. [+dat.] conforme
entspringen* v. intr. 1. (rio) nascer [in +dat., em]; 2. provir [+dat., de]
entstehen* v. intr. surgir [aus +dat., de], ter origem [aus +dat., em]
Entstehung s. f. origem_f_, formação_f_
entstellen* v. tr. deformar; desfigurar; deturpar

enttäuschen* v. tr. desiludir, decepcionar, desapontar

Enttäuschung s. f. desilusão$_f$, decepção$_f$

entwaffnen* v. tr. desarmar

entwässern* v. tr. drenar, escoar

Entwässerung s. f. drenagem$_f$, escoamento$_m$

entweder cj. entweder...oder: ou... ou; entweder du beeilst dich oder ich gehe allein: ou te despachas, ou vou sozinha

entweichen* v. intr. (gás) sair [aus +dat., de]

entweihen* v. tr. profanar

entwenden* v. tr. extraviar, furtar

entwerfen* v. tr. esboçar, delinear; (plano) traçar

entwerten* v. tr. 1. inutilizar, obliterar; 2. desvalorizar

entwickeln* I v. tr. 1. desenvolver; 2. manifestar; 3. FOTOGRAFIA revelar; II v. refl. desenvolver-se, evoluir [aus +dat., de]

Entwicklung s. f. 1. desenvolvimento$_m$, evolução$_f$; 2. FOTOGRAFIA revelação$_f$

Entwicklungsdienst s. m. serviço$_m$ de revelação

Entwicklungshilfe s. f. ajuda$_f$ para o desenvolvimento

Entwicklungsland s. nt. país$_m$ em vias de desenvolvimento

entwirren* v. tr. 1. desembaraçar, desemaranhar; 2. deslindar

entwischen* v. intr. (coloq.) fugir [aus +dat., de], desaparecer [aus +dat., de]

entwöhnen* v. tr. 1. desmamar; 2. desintoxicar

entwürdigend adj. degradante, aviltante

Entwurf s. m. 1. projecto$_m$; rascunho$_m$; 2. esboço$_m$

entwurzeln* v. tr. arrancar pela raiz; desenraizar

entziehen* I v. tr. retirar, negar; privar de; II v. refl. (dever) fugir a

Entziehungskur s. f. cura$_f$ de desintoxicação

entziffern* v. tr. decifrar

entzücken* v. tr. enlevar, encantar

Entzücken s. nt. enlevo$_m$, encanto$_m$

entzückend adj. encantador, arrebatador

Entzug s. m. 1. desintoxicação$_f$; 2. apreensão$_f$

entzünden v. refl. inflamar(-se)

Entzündung s. f. MEDICINA inflamação$_f$

entzündungshemmend adj. MEDICINA anti-inflamatório

entzwei adj. partido, quebrado

entzweibrechen v. tr. partir em pedaços

entzweien* v. tr. separar; dividir

entzweigehen v. intr. partir-se, ficar em dois

Enzian s. m. BOTÂNICA genciana$_f$

Enzyklopädie s. f. enciclopédia$_f$

Epen s. pl. de Epos

Epidemie s. f. epidemia$_f$

Epilepsie s. f. MEDICINA epilepsia$_f$

Epileptiker s. m. epiléptico$_m$

episch adj. épico

Episode s. f. episódio$_m$

Epoche s. f. época$_f$

Epos s. nt. epopeia$_f$, poema$_m$ épico

Equalizer s. m. ELECTRICIDADE equalizador$_m$

er pron. pess. ele

erachten* v. tr. julgar, considerar [als +nom.]

Erachten s. nt. opinião; meines Erachtens: a meu ver, no meu entender

erbarmen* v. refl. compadecer-se; sich jemandes erbarmen: compadecer-se de alguém

Erbarmen s. nt. compaixão$_f$, misericórdia$_f$, piedade$_f$

erbärmlich adj. deplorável, lastimável; miserável

erbarmungslos adj. impiedoso, sem compaixão

Erbarmungslosigkeit s. f. impiedade*f.*
erbauen* v. tr. erigir, edificar
Erbauer s. m. construtor*m.*, arquitecto*m.*
erbaulich adj. edificante
Erbauung s. f. construção*f.*, edificação*f.*
Erbe¹ s. m. ⟨-n, -n⟩ herdeiro*m.*
Erbe² s. nt. ⟨-s, sem pl.⟩ herança*f.*
erben v. tr. herdar [von +dat., de]
erbeuten* v. tr. capturar
Erbgut s. nt. BIOLOGIA património*m.* genético
erbittert adj. (discussão) amargo
Erbkrankheit s. f. doença*f.* hereditária
erblassen* v. intr. empalidecer
erbleichen* v. intr. empalidecer
erblich adj. hereditário
erblicken* v. tr. ver, avistar
erblinden* v. intr. cegar
erbost adj. zangado, irritado
erbrechen* v. tr. e intr. vomitar
Erbschaft s. f. herança*f.*, legado*m.*
Erbse s. f. BOTÂNICA ervilha*f.*
Erbstück s. nt. peça*f.* de herança
Erbteil s. m. e nt. quinhão*m.* (de uma herança)
Erdapfel s. m. (Áustria) batata*f.*
Erdbeben s. nt. terramoto*m.*, tremor*m.* de terra, sismo*m.*
Erdbeere s. f. BOTÂNICA morango*m.*
Erdboden s. m. solo*m.*, terra*f.*
Erde s. f. 1. Terra*f.*; 2. terra*f.*, solo*m.*; 3. ELECTRICIDADE ligação*f.* à terra
erden v. tr. ELECTRICIDADE ligar à terra
erdenklich adj. imaginável, possível
Erdgas s. nt. gás*m.* natural
Erdgeschoss s. nt. rés-do-chão*m.*
erdig adj. terroso
Erdkunde s. f. geografia*f.*
Erdnuss s. f. BOTÂNICA amendoim*m.*
Erdoberfläche s. f. superfície*f.* terrestre
Erdöl s. nt. petróleo*m.*

erdreisten* v. refl. atrever-se [zu +dat., a]
erdrosseln* v. tr. estrangular, sufocar
erdrücken* v. tr. esmagar
Erdrutsch s. m. desabamento*m.* de terras, aluimento*m.* de terras
Erdteil s. m. continente*m.*
erdulden* v. tr. suportar, tolerar
ereifern* v. refl. exaltar-se [über +ac., com]
ereignen* v. refl. acontecer, dar-se, registar-se
Ereignis s. nt. acontecimento*m.*
ereignisreich adj. cheio de acontecimentos
Erektion s. f. erecção*f.*
Eremit s. m. eremita*m. e f.*
erfahren*¹ v. tr. 1. (vir a) saber; 2. experimentar, vivenciar; (dor) sofrer
erfahren² I p. p. de erfahren; II adj. experimentado [in +dat., em]
Erfahrung s. f. experiência*f.*
erfahrungsgemäß adv. por experiência
erfassen* v. tr. 1. compreender; atingir; 2. agarrar; 3. incluir, abranger; 4. INFORMÁTICA (dados) recolher, levantar
erfinden* v. tr. inventar
Erfinder s. m. inventor*m.*
erfinderisch adj. engenhoso
Erfindung s. f. invenção*f.*; invento*m.*
Erfindungsreichtum s. m. engenho*m.*
Erfolg s. m. sucesso*m.*, êxito*m.*; viel Erfolg!: boa sorte!
erfolgen* v. intr. ocorrer, acontecer; efectuar-se
erfolglos I adj. mal sucedido; frustrado; II adv. em vão, sem resultado
Erfolglosigkeit s. f. insucesso*m.*, fracasso*m.*
erfolgreich adj. bem sucedido; coroado de êxito; eficaz
Erfolgsaussicht s. f. perspectiva*f.* de sucesso

erforderlich *adj.* requerido; necessário
erfordern* *v. tr.* requerer, exigir
Erfordernis *s. nt.* necessidade*f*, exigência*f*
erforschen* *v. tr.* 1. pesquisar, investigar; 2. indagar, sondar; 3. explorar
Erforschung *s. f.* 1. investigação*f*, pesquisa*f*; 2. sondagem*f*; 3. exploração*f*
erfragen* *v. tr.* perguntar
erfreuen* I *v. tr.* alegrar; II *v. refl.* alegrar-se [an +*dat.*, com]
erfreulich *adj.* agradável
erfreulicherweise *adv.* felizmente, por sorte
erfreut *adj.* contente, alegre [über +*ac.*, com]
erfrieren* *v. intr.* 1. gelar; 2. morrer de frio
Erfrierung *s. f.* congelação*f*
erfrischen* I *v. tr.* refrescar; II *v. refl.* refrescar-se
Erfrischung *s. f.* 1. ⟨sem pl.⟩ refrescamento*m*; 2. (bebida) refresco*m*
Erfrischungsgetränk *s. nt.* refrigerante*m*
Erfrischungsraum *s. m.* bar*m*, cafetaria*f*
Erfrischungstuch *s. nt.* toalhete*m* refrescante
erfüllen* I *v. tr.* 1. cumprir; satisfazer; 2. (objectivo) atingir; II *v. refl.* cumprir-se; realizar-se; concretizar-se
Erfüllung *s. f.* 1. cumprimento*m*; satisfação*f*; 2. realização*f*
ergänzen* *v. tr.* 1. completar; 2. acrescentar
Ergänzung *s. f.* 1. complemento*m*; 2. suplemento*m*, aditamento*m*
ergattern* *v. tr.* ⟨coloq.⟩ apanhar
ergeben* I *v. tr.* 1. dar; produzir; 2. mostrar, provar; II *v. refl.* MILITAR render-se; 2. dedicar-se [+*dat.*, a]; 3. resultar [aus +*dat.*, de]
Ergebenheit *s. f.* 1. resignação*f*; 2. lealdade*f*, dedicação*f*

Ergebnis *s. nt.* resultado*m*
ergebnislos *adj.* sem resultado
ergehen* *v. intr.* 1. sair, ser publicado; 2. acontecer; wie ist es dir ergangen?: como passado?
ergiebig *adj.* 1. produtivo; rentável; 2. abundante; 3. fértil
Ergonomie *s. f.* ergonomia*f*
ergonomisch *adj.* ergonómico
ergötzen *v. refl.* deleitar-se [an +*dat.*, com]
ergreifen* *v. tr.* 1. pegar em; 2. prender; 3. (palavra, iniciativa) tomar; (oportunidade) agarrar; (profissão) seguir
ergriffen I *p. p. de* ergreifen; II *adj.* comovido, abalado
Erguss *s. m.* 1. derramamento*m* (de sangue); 2. ejaculação*f* de esperma
erhaben *adj.* 1. elevado, sublime; 2. superior [über +*ac.*, a]
erhalten* *v. tr.* 1. receber; obter, conseguir; (castigo) apanhar; 2. conservar; manter
erhältlich *adj.* à venda
Erhaltung *s. f.* conservação*f*, manutenção*f*
erhängen* I *v. tr.* enforcar; II *v. refl.* enforcar-se
erhärten* *v. refl.* confirmar-se
erheben* I *v. tr.* 1. levantar, erguer; 2. (imposto) lançar; 3. (queixa) instaurar; II *v. refl.* 1. levantar-se; 2. sublevar-se [gegen +*ac.*, contra]
erheblich *adj.* considerável
erheitern* *v. tr.* divertir, distrair
Erheiterung *s. f.* divertimento*m*, distracção*f*
erhellen* *v. tr.* 1. iluminar; 2. aclarar
erhitzen* I *v. tr.* 1. aquecer; 2. excitar; II *v. refl.* exaltar-se
erhoffen* *v. tr.* esperar [von +*dat.*, de]
erhöhen* *v. tr.* aumentar; subir [auf +*ac.*, para; um +*ac.*, em]

Erhöhung s. f. aumento_m; subida_f [auf +ac., para; um +ac., em]
erholen* v. refl. 1. recuperar [von +dat., de]; recompor-se [von +dat., de]; 2. descansar
erholsam adj. repousante
Erholung s. f. 1. restabelecimento_m, recuperação_f; 2. repouso_m, descanso_m
erholungsbedürftig adj. cansado
Erholungsgebiet s. nt. região_f de repouso
erhören* v. tr. (pedido) atender a, satisfazer
Erika s. f. BOTÂNICA urze_f
erinnern* I v. tr. lembrar, recordar; II v. refl. lembrar-se, recordar-se [an +ac., de]
Erinnerung s. f. 1. memória_f; 2. lembrança_f, recordação_f
erkälten v. refl. constipar-se
Erkältung s. f. constipação_f
erkennbar adj. reconhecível
erkennen* v. tr. 1. distinguir; etwas erkennen lassen: dar a entender alguma coisa; 2. reconhecer [an +dat., por]
erkenntlich adj. reconhecido [für +ac., por]
Erkenntnis s. f. 1. conhecimento_m; 2. (sem pl.) reconhecimento_m
Erkennungszeichen s. nt. sinal_m, marca_f
Erker s. m. marquise_f
erklärbar adj. explicável
erklären* I v. tr. 1. explicar; esclarecer; 2. declarar; II v. refl. declarar-se
erklärlich adj. compreensível, explicável
Erklärung s. f. 1. explicação_f [für +ac., para], esclarecimento_m; 2. declaração_f
erklingen* v. intr. soar, ressoar
erkranken* v. intr. adoecer [an +dat., com]
Erkrankung s. f. doença_f
erkunden v. tr. 1. (segredo) descobrir; 2. (terreno) reconhecer, explorar
erkundigen* v. refl. informar-se [nach +dat., de; über +ac., sobre; bei +dat., junto de]

Erkundigung s. f. informação_f
erlahmen* v. intr. 1. cansar-se; 2. esmorecer
erlangen* v. tr. conseguir, alcançar
Erlass s. m. 1. DIREITO decreto_m, edital_m; 2. portaria_f, despacho_m; 3. (lei) promulgação_f
erlassen* v. tr. 1. promulgar, decretar; 2. (pena, castigo) perdoar, dispensar
erlauben* v. tr. permitir, consentir, autorizar
Erlaubnis s. f. permissão_f, licença_f, autorização_f
erläutern* v. tr. explicar
Erläuterung s. f. explicação_f; comentário_m
Erle s. f. BOTÂNICA amieiro_m
erleben* v. tr. 1. viver; passar por; (acontecimento) assistir a; 2. viver até; chegar a
Erlebnis s. nt. 1. vivência_f; experiência_f; 2. acontecimento_m (inesquecível)
erledigen v. tr. 1. despachar, fazer; executar; (assunto) resolver; 2. (coloq.) despachar; arruinar
Erledigung s. f. 1. (sem pl.) execução_f; 2. compra_f; Erledigungen machen: fazer compras
erlegen* v. tr. abater
erleichtern* v. tr. aliviar, facilitar
erleichtert adj. aliviado
Erleichterung s. f. 1. (sem pl.) alívio_m; 2. facilitação_f
erleiden* v. tr. padecer; sofrer, passar por
erlernbar adj. que se pode aprender
erlernen* v. tr. aprender
erlesen adj. seleccionado; requintado; selecto
erleuchten* v. tr. iluminar
Erleuchtung s. f. inspiração_f
erlogen adj. falso, inventado
Erlös s. m. lucro_m [aus +dat., de]
erlosch pret. imp. de erlöschen

erloschen I *p. p.* de erlöschen; II *adj.* extinto, apagado

erlöschen *v. intr.* 1. extinguir-se, apagar-se; 2. expirar, caducar

erlösen* *v. tr.* 1. libertar [von +*dat.*, de]; 2. RELIGIÃO salvar, redimir

Erlösung *s. f.* 1. libertação$_f$; 2. RELIGIÃO salvação$_f$, redenção$_f$.

ermächtigen* *v. tr.* autorizar [zu +*dat.*, a]

Ermächtigung *s. f.* autorização$_f$ [zu +*dat.*, para]

ermahnen* *v. tr.* exortar [zu +*dat.*, a]; advertir

Ermahnung *s. f.* exortação$_f$; advertência$_f$.

ermäßigen* *v. tr.* reduzir [um +*ac.*, em]

Ermäßigung *s. f.* 1. redução$_f$; 2. desconto$_m$ [um +*ac.*, de]

ermessen* *v. tr.* julgar, avaliar

ermitteln* I *v. tr.* 1. apurar, averiguar; descobrir; 2. determinar; II *v. intr.* investigar

Ermittlung *s. f.* 1. inquérito$_m$, investigação$_f$; 2. determinação$_f$, averiguação$_f$.

ermöglichen* *v. tr.* possibilitar, facultar, proporcionar

ermorden* *v. tr.* matar, assassinar

Ermordung *s. f.* assassínio$_m$

ermüden* I *v. tr.* cansar; II *v. intr.* cansar-se

ermüdend *adj.* cansativo, fatigante

Ermüdung *s. f.* cansaço$_m$, fadiga$_f$

ermuntern* *v. tr.* animar, estimular, incitar [zu +*dat.*, a]

ermutigen* *v. tr.* encorajar, instigar [zu +*dat.*, a]

ernähren* I *v. tr.* 1. alimentar; 2. sustentar; II *v. refl.* alimentar-se [von +*dat.*, de], viver [von +*dat.*, de]

Ernährer *s. m.* sustentáculo$_m$ da família

Ernährung *s. f.* 1. alimentação$_f$, nutrição$_f$; 2. sustento$_m$

Ernährungswissenschaft *s. f.* ciências$_{f, pl.}$ da nutrição

ernennen* *v. tr.* nomear, designar [zu +*dat.*, para]

Ernennung *s. f.* nomeação$_f$ [zu +*dat.*, para]

erneuern* *v. tr.* 1. renovar, restaurar; 2. substituir

Erneuerung *s. f.* 1. restauração$_f$; renovação$_f$; 2. substituição$_f$

erneut I *adj.* repetido; II *adv.* de novo, novamente

erniedrigen* *v. tr.* 1. diminuir, baixar; 2. rebaixar, humilhar, degradar

ernst I *adj.* 1. sério; 2. grave; II *adv.* a sério; ernst gemeint: a sério

Ernst *s. m.* 1. gravidade$_f$, severidade$_f$; 2. seriedade$_f$; im Ernst: a sério; allen Ernstes: seriamente

Ernstfall *s. m.* emergência$_f$

ernsthaft *adj.* 1. sério; 2. grave

ernstlich *adj.* sério

Ernte *s. f.* colheita$_f$

Erntedankfest *s. nt.* festa$_f$ em acção de graças pela colheita

ernten *v. tr.* 1. ceifar; 2. colher, apanhar; 3. receber

Ernüchterung *s. f.* desengano$_m$, desilusão$_f$

Eroberer *s. m.* conquistador$_m$

erobern* *v. tr.* conquistar, tomar

Eroberung *s. f.* conquista$_f$, tomada$_f$

eröffnen* I *v. tr.* 1. abrir; 2. iniciar; inaugurar; II *v. refl.* abrir-se, apresentar-se

Eröffnung *s. f.* 1. abertura$_f$; 2. início$_m$; inauguração$_f$; 3. comunicação$_f$

Eröffnungsfeier *s. f.* cerimónia$_f$ de abertura, inauguração$_f$

erogen *adj.* erógeno

erörtern* *v. tr.* discutir, debater

Erörterung *s. f.* discussão$_f$, debate$_m$.

Erosion *s. f.* GEOLOGIA erosão$_f$.

Erotik *s. f.* erotismo$_m$

erotisch *adj.* erótico

erpicht *adj.* auf etwas erpicht sein: estar ansioso por alguma coisa
erpressen* *v. tr.* 1. chantagear; 2. extorquir
Erpresser *s. m.* chantagista_{m. e f.}
Erpressung *s. f.* chantagem_{f}
erproben* *v. tr.* pôr à prova, experimentar
erraten* *v. tr.* adivinhar, resolver
erregbar *adj.* irritável
Erregbarkeit *s. f.* irritabilidade_{f}
erregen* *v. tr.* 1. excitar; 2. causar, provocar; suscitar; 3. estimular
Erreger *s. m.* MEDICINA bacilo_{m}, micróbio_{m.} patogénico
Erregung *s. f.* excitação_{f}, agitação_{f}
erreichbar *adj.* acessível, ao alcance
erreichen *v. tr.* 1. atingir, alcançar; chegar a; (comboio) apanhar; 2. contactar; 3. conseguir
errichten* *v. tr.* 1. erigir, edificar; 2. fundar, estabelecer
erringen* *v. tr.* conseguir
erröten* *v. intr.* corar [vor +dat., de]
Errungenschaft *s. f.* 1. progresso_{m.}; 2. (coloq.) aquisição_{f}
Ersatz *s. m.* 1. substituição_{f}; 2. substituto_{m.}; peça_{f}. sobresselente; 3. DESPORTO suplente_{m.}; 4. compensação_{f}; indemnização_{f}
Ersatzdienst *s. m.* serviço_{m.} cívico
Ersatzmann *s. m.* 1. substituto_{m.}; 2. DESPORTO suplente_{m.}
Ersatzreifen *s. m.* pneu_{m.} sobresselente
Ersatzspieler *s. m.* jogador_{m.} suplente
Ersatzteil *s. nt.* peça_{f} sobresselente
ersaufen* *v. intr.* (coloq.) afogar-se
ersäufen* *v. tr.* afogar
erschaffen* *v. tr.* criar
erscheinen* *v. intr.* 1. aparecer; 2. vir; comparecer; 3. sair, publicar-se
Erscheinung *s. f.* 1. aparência_{f}, aspecto_{m.}; figura_{f}; 2. fenómeno_{m.}

erschießen* *v. tr.* matar a tiro; fuzilar
erschlaffen* *v. intr.* afrouxar, ceder
erschlagen* *v. tr.* 1. matar (à pancada); 2. (raio) fulminar
erschleichen* *v. tr.* (depr.) conseguir (por manha)
erschließen* *v. tr.* 1. deduzir; 2. explorar; (mercado) abrir
erschöpfen* *v. tr.* esgotar
erschöpft *adj.* exausto, esgotado
Erschöpfung *s. f.* esgotamento_{m.}
erschrak *pret. imp. de* erschrecken
erschrecken I *v. tr.* assustar; II *v. intr.* assustar-se [vor +dat., com]
erschreckend *adj.* assustador, pavoroso
erschrocken I *p. p. de* erschrecken; II *adj.* assustado
erschüttern* *v. tr.* abalar, fazer estremecer
Erschütterung *s. f.* abalo_{m.}
erschweren* *v. tr.* dificultar
erschwinglich *adj.* acessível, ao alcance
ersetzbar *adj.* substituível
ersetzen* *v. tr.* 1. substituir [durch +ac., por]; trocar [durch +ac., por]; 2. (prejuízo) reparar; reembolsar, restituir
ersichtlich *adj.* claro, evidente
ersparen* *v. tr.* 1. poupar, economizar; 2. evitar
Ersparnis *s. f.* 1. poupança_{f} [an +dat., de]; 2. *pl.* Ersparnisse: economias_{f. pl.}
erst *adv.* 1. primeiramente; erst einmal: primeiro; 2. só, somente
erstarren* *v. intr.* 1. gelar; 2. solidificar; 3. estarrecer, paralisar
erstatten* *v. tr.* 1. restituir, reembolsar; 2. (denúncia, relatório) fazer
Erstaufführung *s. f.* estreia_{f}
erstaunen* *v. tr.* admirar, espantar
Erstaunen *s. nt.* admiração_{f}, espanto_{m.}

erstaunlich *adj.* admirável, espantoso; surpreendente
erstechen* *v. tr.* apunhalar
erstehen* *v. tr.* adquirir, comprar
erstellen* *v. tr.* 1. construir; 2. fazer; 3. INFORMÁTICA (ficheiro) criar
erstens *adv.* primeiro, em primeiro lugar
erstere(r, s) *adj.* der/die/das Estere: o primeiro, a primeira
erste(r, s) *num. ord.* primeiro; zum ersten Mal: pela primeira vez; fürs Erste: primeiro, por agora
ersticken* I *v. tr.* 1. asfixiar, sufocar; 2. abafar; II *v. intr.* morrer asfixiado, sufocar
erstklassig *adj.* de categoria, de primeira classe
Erstkommunion *s. f.* primeira, comunhão
erstmalig I *adj.* primeiro; II *adv.* pela primeira vez
erstmals *adv.* pela primeira vez
erstrebenswert *adj.* desejável
erstrecken* *v. refl.* 1. (lugar) estender-se [über +*ac.*, sobre]; 2. (tempo) estender-se [über +*ac.*, por]
Erstschlag *s. m.* MILITAR ataque$_m$.
Erstsemester *s. nt.* caloiro$_m$.
ersuchen* *v. tr.* apelar [um +*ac.*, para]
ertappen* *v. tr.* surpreender, apanhar [bei +*dat.*, em]
erteilen* *v. tr.* (aula, conselho) dar
ertönen* *v. intr.* ressoar
Ertrag *s. m.* 1. receita$_f$; rendimento$_m$; 2. AGRICULTURA produto$_m$.
ertragen *v. tr.* suportar, aguentar
erträglich *adj.* 1. suportável; 2. *(coloq.)* tolerável
ertränken* *v. tr.* afogar
erträumen* *v. tr.* sonhar com, desejar ardentemente
ertrinken* *v. intr.* afogar-se
erübrigen I *v. tr.* pôr de parte; poupar, economizar; II *v. refl.* ser escusado
erwachen* *v. intr.* despertar
erwachsen *adj.* crescido, adulto
Erwachsene(r) *s. m. e f.* adult|o, -a$_{m., f.}$
erwägen* *v. tr.* ponderar, considerar
Erwägung *s. f.* ponderação$_f$, consideração$_f$
erwähnen* *v. tr.* mencionar, referir
erwähnenswert *adj.* digno de ser mencionado
Erwähnung *s. f.* menção$_f$, referência$_f$
erwärmen* I *v. tr.* aquecer; II *v. refl.* 1. aquecer(-se); 2. entusiasmar-se [für +*ac.*, com]
erwarten* *v. tr.* 1. aguardar, esperar; 2. exigir
Erwartung *s. f.* expectativa$_f$
erwartungsgemäß *adv.* de acordo com as expectativas
erwartungsvoll I *adj.* esperançoso; II *adv.* ansioso
erwecken* *v. tr.* suscitar; inspirar; despertar
erweisen* I *v. tr.* 1. provar, demonstrar; 2. fazer, prestar; II *v. refl.* mostrar-se, revelar-se
erweitern* *v. tr.* alargar; aumentar
Erwerb *s. m.* 1. aquisição$_f$; compra$_f$; 2. trabalho$_m$.
erwerben* *v. tr.* 1. adquirir; 2. merecer
erwerbslos *adj.* desempregado
erwerbstätig *adj.* activo
Erwerbstätige(r) *s. m. e f.* trabalhador, -a$_{m., f.}$
erwerbsunfähig *adj.* inválido
erwidern* *v. tr.* 1. replicar, responder [auf +*ac.*, a]; 2. retribuir; corresponder a
erwischen* *v. tr.* (*coloq.*) apanhar
erwog *pret. imp. de* erwägen
erwogen *p. p. de* erwägen

erwünscht *adj.* desejado, bem-vindo
erwürgen* *v. tr.* estrangular
Erz *s. nt.* minério*m.*
erzählen *v. tr.* contar, narrar
Erzähler *s. m.* narrador*m.*
Erzählung *s. f.* conto*m.*, narrativa*f.*
Erzbischof *s. m.* arcebispo*m.*
Erzengel *s. m.* arcanjo*m.*
erzeugen* *v. tr.* produzir, fabricar; gerar; causar
Erzeugnis *s. nt.* produto*m.*
Erzeugung *s. f.* produção*f.*; (energia) geração*f.*
Erzfeind *s. m.* inimigo*m.* de morte
erziehen* *v. tr.* educar [zu +*dat.*, para]
Erzieher *s. m.* educador*m.* de infância
Erziehung *s. f.* educação*f.*
Erziehungsberechtigte(r) *s. m. e f.* encarregad|o, -a*m., f.* de educação
Erziehungsheim *s. nt.* casa*f.* de correcção
erzielen* *v. tr.* 1. conseguir, obter; 2. (golo) marcar
erzwingen* *v. tr.* extorquir
es *pron. pess.* 1. ele, ela; o, a; isto, isso; 2. (impessoal) es regnet: está a chover; es gibt: há; ich bin es: sou eu; es wurde getanzt: dançou-se
Esche *s. f.* freixo*m.*
Escudo *s. m.* escudo*m.*
Esel *s. m.* burro*m.*, asno*m.*
Eselsbrücke *s. f.* (coloq.) cábula*f*
Eselsohr *s. nt.* (coloq.) dobra*f* (no canto duma folha)
Eskalation *s. f.* escalada*f*
eskalieren* *v. intr.* escalar
Eskapade *s. f.* escapadela*f*
Eskimo *s. m.* esquimó*m. e f.*
Eskorte *s. f.* escolta*f*
Esoterik *s. f.* esoterismo*m.*
esoterisch *adj.* esotérico
Espresso *s. m.* café*m.*

Esprit *s. m.* vivacidade*f*, perspicácia*f*
Essay *s. m.* ensaio*m.*
essbar *adj.* comestível
essen *v. tr. e intr.* comer; zu Mittag/zu Abend: almoçar/jantar
Essen *s. nt.* 1. comida*f*; prato*m.*; refeição*f*; 2. beim Essen: à refeição
Essensmarke *s. f.* senha*f* (de refeição)
Essenszeit *s. f.* hora*f* das refeições, hora*f* de comer
Essenz *s. f.* essência*f*
Essig *s. m.* vinagre*m.*
Essiggurke *s. f.* pepino*m.* em pickle
Esskastanie *s. f.* castanha*f*
Esslöffel *s. m.* colher*f* de sopa
Esstisch *s. m.* mesa*f* de jantar
Esszimmer *s. nt.* sala*f* de jantar
Este *s. m.* estónio*m.*
Estland *s. nt.* Estónia*f*
estnisch *adj.* estónio
Estragon *s. m.* BOTÂNICA estragão*m.*
etablieren* I *v. tr.* estabelecer, fundar; II *v. refl.* estabelecer-se
Etage *s. f.* andar*m.*; piso*m.*
Etagenwohnung *s. f.* andar*m.*; apartamento*m.*
Etappe *s. f.* fase*f*, etapa*f*; in Etappen: por etapas
Etat *s. m.* orçamento*m.*
etepetete *adj.* (coloq.) niquento, miudinho
Ethik *s. f.* ética*f*
ethisch *adj.* ético
ethnisch *adj.* étnico
Ethnologie *s. f.* etnologia*f*
Etikett *s. nt.* etiqueta*f*, rótulo*m.*
Etikette *s. f.* etiqueta*f*, protocolo*m.*
etikettieren* *v. tr.* etiquetar
etliche(r, s) *pron. indef.* alguns, algumas; uns, umas, vários
Etui *s. nt.* estojo*m.*

etwa *adv.* 1. cerca de, aproximadamente; 2. por exemplo; 3. por acaso, porventura

etwaig *adj.* eventual, casual

etwas *pron. indef.* algum, alguma, alguma/qualquer coisa, algo; um pouco (de), um tanto; **etwas anderes**: uma coisa diferente, outra coisa; **etwas Neues**: algo de novo

Etwas *s. nt.* não-sei-quê$_m$; **das gewisse Etwas**: um não-sei-quê

Etymologie *s. f.* etimologia$_f$

EU *s. f.* [*abrev. de* **Europäische Union**] UE$_f$ [*abrev. de* União Europeia]

EU-Bürger *s. m.* cidadão$_m$ europeu

euch *pron. pess., ac./dat. de* **ihr**, vos; (depois de prep.) vós

euer[1] *pron. poss.* (como adjectivo) (o) vosso, (a) vossa; **euer Haus**: a vossa casa; **eure Freunde**: os vossos amigos

euer[2] *pron. pess., gen. de* **ihr**, vosso

euere *pron. poss.* → **euer**[1]

eu(e)re(r, s) *pron. poss.* (como substantivo) o vosso, a vossa; **meine Pläne sind anders als eure**: os meus planos são diferentes dos vossos

Eukalyptus *s. m.* eucalipto$_m$

Eule *s. f.* ZOOLOGIA coruja$_f$, mocho$_m$

Eunuch *s. m.* eunuco$_m$

Euphemismus *s. m.* eufemismo$_m$

Euphorie *s. f.* euforia$_f$

euphorisch *adj.* eufórico

eurerseits *adv.* pela vossa parte, por vosso lado

euresgleichen *pron. indef.* vosso semelhante, como vós

euretwegen *adv.* por vós; por vossa causa

Euro *s. m.* euro$_m$

Eurocity *s. m.* eurocity$_m$

Europa *s. nt.* Europa$_f$

Europäer *s. m.* europeu$_m$

europäisch *adj.* europeu

Europameister *s. m.* DESPORTO campeão$_m$ europeu

Europameisterschaft *s. f.* DESPORTO campeonato$_m$ da Europa/europeu

Europaparlament *s. nt.* parlamento$_m$ europeu

Europapokal *s. m.* DESPORTO taça$_f$ da Europa

Europarat *s. m.* Conselho$_m$ Europeu

Euroscheck *s. m.* eurocheque$_m$

Euroscheckkarte *s. f.* cartão$_m$ eurocheque

Eurovision *s. f.* eurovisão$_f$

Euter *s. nt.* úbere$_m$

Euthanasie *s. f.* eutanásia$_f$

evakuieren* *v. tr.* evacuar

evangelisch *adj.* evangélico, protestante

Evangelium *s. nt.* Evangelho$_m$

eventuell *adj.* eventual

Evolution *s. f.* evolução$_f$

EWG *s. f.* [*abrev. de* **Europäische Wirtschaftsgemeinschaft**] CEE$_f$ [*abrev. de* Comunidade Económica Europeia]

ewig *adj.* eterno

Ewigkeit *s. f.* eternidade$_f$

exakt *adj.* exacto

Examen *s. nt.* exame$_m$

exekutieren* *v. tr.* executar

Exekutive *s. f.* DIREITO, POLÍTICA executivo$_m$

Exemplar *s. nt.* exemplar$_m$

exemplarisch *adj.* exemplar

Exihibitionist *s. m.* exibicionista$_{m. e f.}$

Exil *s. nt.* exílio$_m$, degredo$_m$

Existenz *s. f.* 1. (sem pl.) existência$_f$; 2. posição$_f$

Existenzberechtigung *s. f.* direito$_m$ à existência

Existenzkampf *s. m.* luta$_f$ pela sobrevivência

Existenzminimum *s. nt.* mínimo$_m$ de subsistência

existieren* *v. intr.* existir

exklusiv *adj.* exclusivo
exkommunizieren* *v. tr.* excomungar
Exkurs *s. m.* desvio$_m$
Exkursion *s. f.* excursão$_f$
exotisch *adj.* exótico
expandieren* *v. tr.* ECONOMIA expandir
Expansion *s. f.* expansão$_f$
Expedition *s. f.* expedição$_f$
Experiment *s. nt.* experiência$_f$, ensaio$_m$
experimentell *adj.* experimental
experimentieren* *v. intr.* fazer uma experiência [mit +*dat.*, com]
Experte *s. m.* perito$_m$
Expertensystem *s. nt.* INFORMÁTICA sistema$_m$ informático completo
explodieren* *v. intr.* explodir
Explosion *s. f.* explosão$_f$
explosiv *adj.* explosivo
Exponent *s. m.* MATEMÁTICA expoente$_m$
exponiert *adj.* exposto
Export *s. m.* exportação$_f$
Exporteur *s. m.* exportador$_m$
Exporthandel *s. m.* comércio$_m$ de exportação
exportieren* *v. tr.* exportar

Exportland *s. nt.* país$_m$ de exportação
Express *s. m. (Suíça)* comboio$_m$ expresso
Expressgut *s. nt.* mercadoria$_f$ expresso
Expressionismus *s. m.* ARTES PLÁSTICAS, LITERATURA expressionismo$_m$
exquisit *adj.* requintado
extern *adj.* externo
extra *adv.* 1. extra, adicional, suplementar; 2. à parte, em separado; 3. expressamente, especialmente
Extra *s. nt.* extra$_m$
Extrablatt *s. nt.* edição$_f$ especial
extravagant *adj.* extravagante
Extrazug *s. m. (Suíça)* comboio$_m$ especial
extrem I *adj.* extremo; II *adv.* extremamente
Extrem *s. nt.* extremo$_m$
Extremismus *s. m.* extremismo$_m$
extremistisch *adj.* extremista, radical
extrovertiert *adj.* extrovertido
exzellent *adj.* excelente
Exzellenz *s. f.* Excelência$_f$
exzentrisch *adj.* excêntrico
Exzess *s. m.* excesso$_m$
exzessiv *adj.* excessivo

F

F, f s. nt. 1. F, f_m; 2. MÚSICA fá_m
Fabel s. f. fábula_f
fabelhaft adj. fabuloso, estupendo
Fabrik s. f. fábrica_f
Fabrikant s. m. fabricante_{m. e f.}
Fabrikarbeiter s. m. operário_m
Fabrikat s. nt. 1. produto_m (manufacturado), artefacto_m; 2. marca_f
Fabrikation s. f. fabrico_m, fabricação_f, produção_f
fabrikneu adj. saído de fábrica, novo
fabrizieren* v. tr. (coloq.) fazer
Fach s. nt. 1. prateleira_f, gaveta_f; cacifo_m; 2. ramo_m, especialidade_f; 3. disciplina_f
Facharbeiter s. m. perito_m, trabalhador_m especializado
Facharzt s. m. especialista_{m. e f.}
Fachausdruck s. m. termo_m técnico
Fachbereich s. m. 1. especialidade_f; 2. (na universidade) departamento_m, área_f
Fächer s. m. leque_m
Fachfrau s. f. especialista_{m. e f.}
Fachgebiet s. nt. especialidade_f, ramo_m
Fachgeschäft s. nt. loja_f especializada
Fachhochschule s. f. Escola_f Superior, Instituto_m Superior
Fachkenntnisse s. pl. conhecimentos_{m. pl.} técnicos/especializados
fachlich adj. técnico, especializado, profissional
Fachmann s. m. especialista_{m. e f.} [für +ac., em], técnico_m [für +ac., de]; perito_m [für +ac., em]
fachmännisch adj. competente, profissional

Fachschaft s. f. 1. equipa_f de especialistas; 2. (na universidade) departamento_m
Fachsprache s. f. linguagem_f técnica
Fachwerk s. nt. madeiramento_m
Fachzeitschrift s. f. revista_f científica, revista_f de especialidade
Fackel s. f. archote_m, tocha_f
fade adj. 1. (depr.) insosso; 2. (depr.) aborrecido, chato
Faden s. m. fio_m; linha_f ❖ den Faden verlieren: perder o fio à meada
fähig adj. 1. capaz [zu +dat., de], apto [zu +dat., para]; 2. inteligente
Fähigkeit s. f. 1. capacidade_f, aptidão_f; 2. talento_m
fahnden v. intr. procurar [nach +dat., por]
Fahndung s. f. busca_f [nach +dat., de]
Fahne s. f. 1. bandeira_f, estandarte_m; 2. (sem pl.) (coloq.) hálito_m a álcool
Fahnenflucht s. f. MILITAR deserção_f
Fahrausweis s. m. 1. senha_f, bilhete_m; 2. (Suíça) carta_f de condução
Fahrbahn s. f. faixa_f de rodagem, pista_f; (ponte) tabuleiro_m
fahrbar adj. móvel, com rodas
Fähre s. f. ferry_m, ferry-boat_m
fahren I v. tr. 1. levar, transportar; 2. guiar, conduzir; 3. andar de; II v. intr. 1. ir [mit +dat., de]; andar [mit +dat., de]; 2. partir; 3. viajar [nach +dat., para]; ir [nach +dat., a/para]
Fahrer s. m. condutor_m; motorista_{m. e f.}
Fahrerflucht s. f. fuga_f do condutor
Fahrgast s. m. passageiro_m
Fahrgeld s. nt. 1. preço_m do bilhete; 2. dinheiro_m do bilhete

Fahrgestell s. nt. 1. (carro) chassis$_m$; 2. (avião) trem$_m$ de aterragem
Fahrkarte s. f. senha$_f$, bilhete$_m$, passagem$_f$
Fahrkartenautomat s. m. máquina$_f$ (distribuidora) de bilhetes
Fahrkartenschalter s. m. bilheteira$_f$
fahrlässig adj. 1. desleixado, negligente; 2. DIREITO involuntário
Fahrlässigkeit s. f. 1. incúria$_f$, desleixo$_m$; 2. DIREITO negligência$_f$
Fahrlehrer s. m. instrutor$_m$ de condução
Fahrplan s. m. horário$_m$
fahrplanmäßig I adj. regular, ordinário; (partida, chegada) à tabela; II adv. à tabela
Fahrpreis s. m. preço$_m$ do bilhete
Fahrpreisermäßigung s. f. tarifa$_f$ reduzida
Fahrprüfung s. f. exame$_m$ de condução
Fahrrad s. nt. bicicleta$_f$
Fahrradfahrer s. m. ciclista$_{m. e f.}$
Fahrradweg s. m. pista$_f$ de velocípedes, caminho$_m$ para bicicletas
Fahrschein s. m. bilhete$_m$, senha$_f$
Fahrschule s. f. escola$_f$ de condução
Fahrschüler s. m. aluno$_m$ de escola de condução
Fahrstuhl s. m. elevador$_m$, ascensor$_m$
Fahrt s. f. 1. viagem$_f$; 2. excursão$_f$; passeio$_m$; 3. velocidade$_f$
Fährte s. f. pista$_f$, rasto$_m$
Fahrtkosten s. pl. custos$_{m. pl.}$ de viagem, custos$_{m. pl.}$ de deslocação
Fahrtrichtung s. f. rumo$_m$, direcção$_f$
Fahrtunterbrechung s. f. paragem$_f$
Fahrzeug s. nt. veículo$_m$
Fahrzeughalter s. m. proprietário$_m$ do veículo
Faible s. nt. fraqueza$_f$, ponto$_m$ fraco [für +ac., por]
fair adj. correcto, justo
Fairness s. f. 1. justiça$_f$; 2. DESPORTO jogo$_m$ limpo

faktisch adj. efectivo, real
Faktor s. m. factor$_m$
Fakultät s. f. faculdade$_f$
fakultativ adj. facultativo
Falke s. m. ZOOLOGIA falcão$_m$
Fall^1 s. m. (-(e)s, sem pl.) queda$_f$
Fall^2 s. m. (-es, Fälle) caso$_m$; auf jeden Fall: em todo o caso; für alle Fälle: pelo sim pelo não
Falle s. f. 1. armadilha$_f$; ratoeira$_f$; 2. cilada$_f$
fallen v. intr. 1. cair; (plano) abandonar; auseinander fallen: escangalhar-se; 2. baixar [auf +ac., para], descer [auf +ac., para]; 3. morrer em combate
fällen v. tr. 1. derrubar, abater; 2. (decisão) tomar; (sentença) pronunciar
fällig adj. vencível, ser pagável
Fälligkeit s. f. 1. (juros) vencimento$_m$; 2. (prazo) expiração$_f$
Fallobst s. nt. fruta$_f$ caída, fruta$_f$ do chão
falls cj. no caso de, se, caso [+conj.], supondo que
Fallschirm s. m. pára-quedas$_m$
Fallschirmspringer s. m. pára-quedista$_{m. e f.}$
falsch I adj. 1. falso; 2. postiço; 3. errado; 4. traiçoeiro; II adv. mal
fälschen v. tr. falsificar, adulterar
Fälscher s. m. falsificador$_m$, falsário$_m$
Falschgeld s. nt. dinheiro$_m$ falso
Falschheit s. f. falsidade$_f$
fälschlich adj. falso
fälschlicherweise adv. por engano, falsamente
Fälschung s. f. falsificação$_f$
Falte s. f. 1. prega$_f$; dobra$_f$; 2. ruga$_f$
falten v. tr. 1. dobrar; 2. vincar; 3. (mãos) pôr, juntar
Faltenrock s. m. saia$_f$ de pregas
Falter s. m. ZOOLOGIA borboleta$_f$

faltig *adj.* 1. amarrotado; 2. enrugado; 3. franzido
familiär *adj.* familiar
Familie *s. f.* família$_f$
Familienangehörige(r) *s. m. e f.* familiar$_{m.\,e\,f.}$; parente$_{m.\,e\,f.}$; membro$_m$ da família
Familienangelegenheit *s. f.* assuntos$_{m.\,pl.}$ de família
Familienbetrieb *s. m.* empresa$_f$ de família
Familienkreis *s. m.* família$_f$, círculo$_m$ familiar
Familienmitglied *s. nt.* membro$_m$ da família
Familienname *s. m.* nome$_m$ de família, apelido$_m$
Familienplanung *s. f.* planeamento$_m$ familiar
Familienstand *s. m.* estado$_m$ civil
famos *adj. (coloq.)* excelente, esplêndido
Fan *s. m.* fã$_m$
Fanatiker *s. m.* fanático$_m$
fanatisch *adj.* fanático
Fanatismus *s. m.* fanatismo$_m$
Fanclub *s. m.* clube$_m$ de fãs
fand *pret. imp. de* finden
Fanfare *s. f.* fanfarra$_f$
Fang *s. m.* 1. captura$_f$; 2. pesca$_f$; 3. presa$_f$
fangen *v. tr.* 1. apanhar, agarrar; prender; 2. pescar
Fangfrage *s. f.* pergunta$_f$ de algibeira
Fantasie *s. f.* fantasia$_f$
Farbaufnahme *s. f.* fotografia$_f$ a cores
Farbband *s. nt.* fita$_f$ (de máquina de escrever)
Farbdruck *s. m.* impressão$_f$ a cores
Farbe *s. f.* 1. cor$_f$; 2. tinta$_f$; 3. (cartas) naipe$_m$
farbecht *adj.* que não desbota
färben I *v. tr.* 1. tingir; 2. pintar; II *v. intr.* tingir, largar tinta

farbenblind *adj.* daltónico
farbenfroh *adj.* garrido, multicolor
Farbfernsehen *s. nt.* televisão$_f$ a cores
Farbfernseher *s. m.* televisor$_m$ a cores
Farbfilm *s. m.* filme$_m$ a cores
Farbfoto *s. nt.* fotografia$_f$ a cores
farbig *adj.* 1. às cores, colorido; 2. de cor; 3. vivo
Farbige(r) *s. m. e f.* pessoa$_f$ de cor
Farbkasten *s. m.* caixa$_f$ de tintas
farblos *adj.* 1. sem cor; 2. incolor
Farbstift *s. m.* lápis$_m$ de cor
Farbstoff *s. m.* 1. tinta$_f$; 2. corante$_m$
Farbton *s. m.* tom$_m$, tonalidade$_f$
Färbung *s. f.* 1. pintura$_f$; 2. cor$_f$; 3. tom$_m$; 4. feição$_f$, tendência$_f$
Farce *s. f.* 1. farsa$_f$; 2. CULINÁRIA recheio$_m$ (de carne)
Farm *s. f.* quinta$_f$
Farn *s. m.* BOTÂNICA feto$_m$
Fasan *s. m.* ZOOLOGIA faisão$_m$
Faschierte(s) *s. nt. (Áustria)* carne$_f$ picada
Fasching *s. m. (Regionalismo)* Carnaval$_m$
Faschismus *s. m.* POLÍTICA fascismo$_m$
Faschist *s. m.* fascista$_{m.\,e\,f.}$
faschistisch *adj.* fascista
faseln *v. tr. (depr.)* dizer asneiras, disparatar
Faser *s. f.* fibra$_f$, filamento$_m$
faserig *adj.* fibroso
Fass *s. nt.* pipa$_f$, barril$_m$; tonel$_m$; bidão$_m$
Fassade *s. f.* fachada$_f$
fassbar *adj.* 1. palpável, concreto; 2. *(fig.)* concebível, compreensível
Fassbier *s. nt.* cerveja$_f$ de barril
fassen I *v. tr.* 1. agarrar, segurar; 2. apanhar, prender; 3. conceber, compreender; 4. comportar; 5. (decisão, inclinação) tomar; Mut fassen: cobrar ânimo; 6. (pedras preciosas) engastar; II *v. refl.* controlar-se, acalmar-se ❖ sich kurz fassen: ser breve

Fassung *s. f.* 1. (moldura, óculos) armação$_f$; 2. (pedras preciosas) engaste$_m$; 3. (texto) versão$_f$; 4. (sem pl.) calma$_f$, sangue-frio$_m$

fassungslos *adj.* desorientado; fora de si

Fassungsvermögen *s. nt.* 1. capacidade$_f$ de compreensão, inteligência$_f$; 2. (recipiente) capacidade$_f$

fast *adv.* quase

fasten *v. intr.* jejuar

Fasten *s. nt.* jejum$_m$

Fastenzeit *s. f.* Quaresma$_f$

Fastfood *s. nt.* comida$_f$ de plástico, fast food$_m$

Fastnacht *s. f.* Carnaval$_m$

faszinieren* *v. tr.* fascinar

faszinierend *adj.* fascinante

fatal *adj.* fatal

Fata Morgana *s. f.* miragem$_f$

fauchen *v. intr.* (gato) bufar

faul *adj.* 1. preguiçoso; 2. podre; 3. (pej.) duvidoso; suspeito

faulen *v. intr.* apodrecer, estragar-se; (dente) cariar

faulenzen *v. intr.* mandriar, não fazer nada

Faulenzer *s. m.* mandrião$_m$, preguiçoso$_m$, vadio$_m$

Faulheit *s. f.* preguiça$_f$

faulig *adj.* podre, pútrido

Fäulnis *s. f.* podridão$_f$, putrefacção$_f$

Faulpelz *s. m.* (coloq.) mandrião$_m$

Fauna *s. f.* fauna$_f$

Faust *s. f.* punho$_m$

faustdick *adj.* da grossura dum punho

Faustregel *s. f.* regra$_f$ geral

favorisieren* *v. tr.* favorecer

Favorit *s. m.* favorito$_m$

faxen I *v. tr.* mandar por fax; II *v. intr.* mandar um fax

Faxen *s. pl.* (coloq.) palhaçadas$_{f. pl}$, macaquices$_{f. pl}$

Faxmodem *s. nt.* modemfax$_m$

Fazit *s. nt.* 1. resultado$_m$; 2. conclusão$_f$

Feber *s. m.* (Áustria) → Februar

Februar *s. m.* Fevereiro$_m$

fechten *v. intr.* 1. DESPORTO esgrimir; 2. combater [gegen +ac., com/contra], lutar [gegen +ac., com/contra]

Feder *s. f.* 1. pena$_f$; 2. pluma$_f$; 3. ENGENHARIA mola$_f$

Federball *s. m.* (sem pl.) 1. DESPORTO badminton$_m$; 2. bola$_f$ de badminton

Federbett *s. nt.* edredão$_m$ de penas

Federhalter *s. m.* caneta$_f$

federleicht *adj.* leve como uma pena, levíssimo

federn *v. intr.* ser elástico

Federung *s. f.* 1. molas$_{f. pl}$; 2. suspensão$_f$

Fee *s. f.* fada$_f$

Feedback *s. nt.* feedback$_m$

Fegefeuer *s. nt.* RELIGIÃO Purgatório$_m$

fegen I *v. tr.* varrer; limpar; II *v. intr.* 1. (vento) soprar com violência; 2. varrer

fehl *adv.* errado, despropositado, impróprio

Fehlanzeige *s. f.* resposta$_f$ negativa

fehlen *v. intr.* 1. faltar; 2. fazer falta; du fehlst mir: tenho saudades tuas; 3. errar, falhar; 4. pecar; 5. (saúde) ter; was fehlt dir?: o que é que tens?

Fehler *s. m.* 1. erro$_m$, falta$_f$; 2. defeito$_m$, falha$_f$

fehlerfrei *adj.* sem erros, perfeito

fehlerhaft *adj.* com defeito; com erros

Fehlgeburt *s. f.* aborto$_m$

fehlgehen *v. intr.* estar enganado, enganar-se

Fehlgriff *s. m.* erro$_m$, engano$_m$

Fehlkonstruktion *s. f.* plano$_m$ mal concebido

Fehlpass *s. m.* DESPORTO passe$_m$ errado

Fehlschlag *s. m.* fracasso$_m$, malogro$_m$, insucesso$_m$

fehlschlagen *v. intr.* fracassar, malograr-se

Fehlstart *s. m.* 1. DESPORTO partida*_f_* em falso; 2. ENGENHARIA arranque*_m_* com defeito

Fehltritt *s. m.* 1. passo*_m_* em falso, deslize*_m_*; 2. *(fig.)* pecado*_m_*, falta*_f_*

Fehlzündung *s. f.* falha*_f_* de ignição

Feier *s. f.* festa*_f_*; celebração*_f_*; cerimónia*_f_*

Feierabend *s. m.* fim*_m_* do trabalho (diário)

feierlich *adj.* solene, festivo

feiern I *v. tr.* 1. celebrar, festejar; 2. homenagear; II *v. intr.* fazer uma festa

Feiertag *s. m.* feriado*_m_*

feig(e) *adj.* cobarde, medroso

Feige *s. f.* BOTÂNICA figo*_m_*

Feigenbaum *s. m.* BOTÂNICA figueira*_f_*

Feigenkaktus *s. m.* BOTÂNICA figueira-da--índia*_f_*, nopal*_m_*

Feigheit *s. f.* cobardia*_f_*

Feigling *s. m.* cobarde*_m e f_*, medricas*_m e f_*

Feile *s. f.* lima*_f_*

feilschen *v. intr.* regatear

fein *adj.* 1. fino, delgado; 2. miudinho; 3. delicado; 4. requintado; 5. apurado; 6. distinto, elegante; 7. *(coloq.)* belo, excelente; **fein!**: que bom!

Feind *s. m.* inimigo*_m_*

Feindbild *s. nt.* imagem*_f_* do inimigo

feindlich *adj.* 1. inimigo; 2. hostil

Feindschaft *s. f.* inimizade*_f_*

feindselig *adj.* hostil

Feindseligkeit *s. f.* hostilidade*_f_*, inimizade*_f_*

feinfühlig *adj.* 1. sensível; 2. delicado

Feingefühl *s. nt.* sensibilidade*_f_*, tacto*_m_*

Feinheit *s. f.* 1. fineza*_f_*, finura*_f_*; 2. delicadeza*_f_*; 3. detalhe*_m_*

Feinkost *s. f.* mercearia*_f_* fina

Feinmechanik *s. f.* mecânica*_f_* de precisão

Feinschmecker *s. m.* gastrónomo*_m_*

feinsinnig *adj.* delicado, subtil

Feinwaschmittel *s. nt.* detergente*_m_* para roupa delicada

feixen *v. intr.* sorrir com desdém

Feld *s. nt.* 1. campo*_m_*; 2. MILITAR campo*_m_* de batalha; 3. (jogo de tabuleiro) casa*_f_*

Feldbett *s. nt.* cama*_f_* de campanha

Feldwebel *s. m.* MILITAR primeiro-sargento*_m_*

Feldweg *s. m.* atalho*_m_*, carreiro*_m_*

Feldzug *s. m.* campanha*_f_*

Felge *s. f.* jante*_f_*

Fell *s. nt.* 1. pele*_f_*; 2. pêlo*_m_*

Fels *s. m.* rochedo*_m_*, penedo*_m_*, penhasco*_m_*

Felsen *s. m.* → Fels

felsenfest *adj.* firme, inabalável

felsig *adj.* rochoso

Felswand *s. f.* escarpa*_f_*

feminin *adj.* feminino

Feminismus *s. m.* feminismo*_m_*

Feminist *s. m.* feminista*_m e f_*

feministisch *adj.* feminista

Fenchel *s. m.* BOTÂNICA funcho*_m_*

Fenster *s. nt.* 1. janela*_f_*; 2. montra*_f_*

Fensterbank *s. f.* peitoril*_m_*

Fensterladen *s. m.* portada*_f_*

Fensterplatz *s. m.* lugar*_m_* à janela

Fensterscheibe *s. f.* vidro*_m_*, vidraça*_f_*

Fenstersims *s. m. e nt.* cornija*_f_*

Ferien *s. f. pl.* férias*_f. pl._*

Ferienhaus *s. nt.* casa*_f_* de férias

Ferkel *s. nt.* 1. ZOOLOGIA leitão*_m_*; 2. *(coloq., pej.)* porcalhão*_m_*

fern I *adj.* 1. (temporal) distante, remoto; 2. (espacial) distante, longínquo; II *adv.* longe

Fernbedienung *s. f.* controlo*_m_* à distância

fernbleiben *v. intr.* não comparecer

Fernblick *s. m.* panorama*_m_*

Ferne *s. f.* distância*_f_*

ferner I *cj.* além disso, mais; II *adv.* de futuro

Fernfahrer *s. m.* camionista*_m e f_*

Ferngespräch *s. nt.* chamada*_f_* (telefónica) interurbana
ferngesteuert *adj.* telecomandado
Fernglas *s. nt.* binóculo*_m_*
Fernheizung *s. f.* aquecimento*_m_* central (de várias casas)
Fernlicht *s. nt.* máximos*_m. pl_*
Fernmeldeamt *s. nt.* telecomunicações*_f. pl_*
Fernost *s. m.* Extremo-Oriente*_m_*
Fernrohr *s. nt.* telescópio*_m_*
Fernsehansager *s. m.* locutor*_m_*
Fernsehapparat *s. m.* aparelho*_m_* de televisão, televisor*_m_*
fernsehen *v. intr.* ver televisão
Fernsehen *s. nt.* televisão*_f_*
Fernseher *s. m. (coloq.)* televisor*_m_*, televisão*_f_*
Fernsehfilm *s. m.* telefilme*_m_*
Fernsehserie *s. f.* série*_f_* televisiva
Fernsicht *s. f.* 1. vista*_f_*, panorama*_m_*; 2. *(fig.)* perspectiva*_f_*
Fernsteuerung *s. f.* comando*_m_* à distância
Fernstudium *s. nt.* ensino*_m_* à distância, ensino*_m_* por correspondência
Fernuniversität *s. f.* universidade*_f_* aberta, universidade*_f_* de ensino por correspondência
Fernverkehr *s. m.* 1. (telefone) serviço*_m_* interurbano; 2. (comboio) serviço*_m_* ferroviário de longo curso; 3. trânsito*_m_* de longo curso
Fernweh *s. nt.* saudade*_f_*
Ferse *s. f.* calcanhar*_m_*
fertig *adj.* 1. pronto, despachado; 2. pronto a usar; 3. acabado; **mit einer Situation fertig werden**: superar uma situação; **mit jemandem fertig sein**: *(coloq.)* estar farto de alguém; 4. *(coloq.)* estourado, estafado
Fertiggericht *s. nt.* pré-cozinhado*_m_*
Fertighaus *s. nt.* casa*_f_* pré-fabricada

Fertigkeit *s. f.* 1. habilidade*_f_*, jeito*_m_*; 2. capacidade*_f_*
Fertigung *s. f.* fabrico*_m_*, produção*_f_*
fesch *adj.* 1. *(coloq.)* chique, janota; 2. *(Áustria)* simpático, amável
Fessel *s. f.* 1. algemas*_f. pl._*, grilhões*_m. pl._*; 2. ANATOMIA tornozelo*_m_*; 3. ANATOMIA pata*_f_*
fesseln *v. tr.* 1. algemar; agrilhoar; 2. prender, cativar
fesselnd *adj.* cativante, empolgante
fest *adj.* 1. sólido; 2. duro; 3. consistente, forte; 4. firme; 5. fixo, estável; 6. permanente; 7. (sono) profundo
Fest *s. nt.* festa*_f_*, festividade*_f_*; **Frohes Fest!**: Boas Festas!
Festbeleuchtung *s. f.* iluminações*_f. pl._* festivas
festbinden *v. tr.* atar [an +dat., a], amarrar [an +dat., a]
festen *v. intr.* *(Suíça)* → feiern
Festessen *s. nt.* banquete*_m_*, festim*_m_*
festfahren *v. intr.* 1. (com automóvel) ficar parado [in +dat., em], ficar preso; 2. (negociações) encalhar
Festgehalt *s. nt.* ordenado*_m_* fixo
festhalten I *v. tr.* 1. segurar, agarrar; 2. registar; II *v. intr.* manter, não abdicar de; III *v. refl.* segurar-se [an +dat., a], agarrar-se [an +dat., a]
festigen I *v. tr.* 1. consolidar; 2. estabilizar; II *v. refl.* fortalecer, consolidar-se
Festigkeit *s. f.* 1. solidez*_f_*, resistência*_f_*; 2. estabilidade*_f_*; constância*_f_*, 3. firmeza*_f_*; 4. consistência*_f_*
Festival *s. nt.* festival*_m_*
festklammern *v. tr.* prender (com gancho) [an +dat., a]
Festland *s. nt.* 1. continente*_m_*; 2. *(sem pl.)* terra*_f_* firme
festlegen I *v. tr.* 1. estabelecer, determinar; 2. imobilizar; II *v. refl.* comprometer-se [auf +ac., com]

festlich *adj.* solene, festivo; (roupa) de cerimónia
festmachen *v. tr.* 1. combinar; fixar, marcar; 2. amarrar [an +*dat.*, a]
festnageln *v. tr.* pregar [an/auf +*dat.*, a]
Festnahme *s. f.* detenção*_f_*, prisão*_f_*
festnehmen *v. tr.* deter, prender
Festplatte *s. f.* INFORMÁTICA disco*_m_* duro, disco*_m_* rígido
Festschrift *s. f.* publicação*_f_* comemorativa
festsetzen I *v. tr.* 1. estipular, marcar; fixar; 2. prender, deter; II *v. refl.* (pó, sujidade) fixar-se
festsitzen *v. intr.* 1. estar preso [an +*dat.*, a]; 2. estar parado; (barco) estar encalhado
Festspiel *s. nt.* festival*_m_*
feststehen *v. intr.* ser certo; estar assente
feststellen *v. tr.* 1. averiguar; apurar; 2. identificar; 3. constatar, verificar; 4. afirmar
Feststellung *s. f.* 1. apuramento*_m_*; 2. constatação*_f_*, verificação*_f_*; 3. afirmação*_f_*
Festtag *s. m.* dia*_m_* de festa, feriado*_m_*
Festung *s. f.* fortaleza*_f_*
festverzinslich *adj.* a juro fixo
Fete *s. f.* (coloq.) festa*_f_*
Fetisch *s. m.* feitiço*_m_*, fetiche*_m_*
Fetischist *s. m.* fetichista*_m. e f._*
fett *adj.* 1. gordo; 2. gorduroso
Fett *s. nt.* gordura*_f_*; banha*_f_*; Fett ansetzen: (coloq.) engordar
fettarm *adj.* com pouca gordura; magro
fetten I *v. tr.* 1. untar, engordurar; 2. ENGENHARIA lubrificar; II *v. intr.* ser gorduroso
Fettfleck *s. m.* nódoa*_f_* de gordura
Fettgehalt *s. m.* teor*_m_* de gordura
fettig *adj.* 1. gorduroso; 2. oleoso
Fettnäpfchen *s. nt.* (coloq.) ins Fettnäpfchen treten: meter água
Fettsucht *s. f.* obesidade*_f_*
Fettwanst *s. m.* (depr.) pançudo*_m._*
Fetzen *s. m.* 1. farrapo*_m_*, trapo*_m_*; 2. pedaço*_m_*, bocado*_m_*
fetzig *adj.* (coloq.) bom, animado
feucht *adj.* húmido, molhado
Feuchtigkeit *s. f.* humidade*_f_*
Feuchtigkeitscreme *s. f.* creme*_m_* hidratante
feudal *adj.* feudal
Feuer *s. nt.* 1. fogo*_m_*, fogueira*_f_*; 2. lume*_m_*; 3. incêndio*_m_*
Feueralarm *s. m.* alarme*_m_* de incêndio
Feuerbestattung *s. f.* incineração*_f_*, cremação*_f_*
feuerfest *adj.* à prova de fogo, refractário, resistente ao fogo
Feuergefahr *s. f.* perigo*_m_* de incêndio
feuergefährlich *adj.* inflamável
Feuerleiter *s. f.* escada*_f_* de incêndio
Feuerlöscher *s. m.* extintor*_m_* de incêndio
Feuermelder *s. m.* detector*_m_* de incêndios
feuern I *v. tr.* (coloq.) despedir, expulsar; II *v. intr.* atirar [auf +*ac.*, contra], disparar [auf +*ac.*, contra]
feuerrot *adj.* rubro
feuersicher *adj.* resistente ao fogo
Feuerstein *s. m.* pederneira*_f_*, pedra*_f_* de isqueiro
Feuerversicherung *s. f.* seguro*_m_* contra incêndio
Feuerwaffe *s. f.* arma*_f_* de fogo
Feuerwehr *s. f.* bombeiros*_m. pl._*
Feuerwehrmann *s. m.* bombeiro*_m_*
Feuerwerk *s. nt.* fogo-de-artifício*_m_*
Feuerzeug *s. nt.* isqueiro*_m_*
feurig *adj.* 1. fogoso; 2. ardente
ff. [*abrev. de* folgende Seiten] ss. [*abrev. de* e páginas seguintes]
Fiasko *s. nt.* fiasco*_m_*

Fiche

Fiche *s. m. (Suíça)* ficha*f.*
Fichte *s. f.* BOTÂNICA pinheiro*m.*, abeto*m.*
ficken *v. tr. e intr. (vulg.)* foder
Fieber *s. nt.* febre*f.*
fieberhaft *adj.* febril
fieberig *adj.* febril
fiebern *v. intr.* 1. ter febre; 2. estar exaltado
Fieberthermometer *s. nt.* termómetro*m.* (clínico)
fiel *pret. imp. de* fallen
fies *adj. (coloq.)* asqueroso
Figur *s. f.* 1. figura*f.*; 2. (de jogo) peça*f.*, pedra*f.*; 3. personagem*m. e f.*
Fiktion *s. f.* ficção*f.*
fiktiv *adj.* fictício
Filet *s. nt.* CULINÁRIA filete*m.*
Filiale *s. f.* filial*f.*, sucursal*f.*
Film *s. m.* 1. película*f.*; 2. CINEMA, TELEVISÃO filme*m.*; 3. FOTOGRAFIA rolo*m.*
Filmaufnahme *s. f.* filmagem*f.*
Filmemacher *s. m.* realizador*m.*, cineasta*m. e f.*
filmen *v. tr. e intr.* filmar
Filmkamera *s. f.* câmara*f.* (de filmar), máquina*f.* de filmar
Filmmusik *s. f.* banda*f.* sonora
Filmschauspieler *s. m.* actor*m.* de cinema, artista*m. e f.* de cinema
Filmstar *s. m.* estrela*f.* de cinema
Filter *s. m.* filtro*m.*
filtern *v. tr.* filtrar
Filterpapier *s. nt.* papel*m.* filtro
Filz *s. m.* feltro*m.*
filzen I *v. tr. (coloq.)* revistar; II *v. intr.* (lã) feltrar
Filzstift *s. m.* caneta*f.* de feltro
Fimmel *s. m. (coloq.)* ideia*f.* fixa, mania*f.*, obsessão*f.*
Finale *s. nt.* DESPORTO final*f.*
Finanzamt *s. nt.* repartição*f.* de finanças
Finanzen *s. pl.* finanças*f. pl.*
finanziell *adj.* financeiro
finanzieren* *v. tr.* financiar
Finanzierung *s. f.* financiamento*m.*
Finanzminister *s. m.* Ministro*m.* das Finanças
finden I *v. tr.* 1. achar, encontrar; 2. pensar; II *v. refl.* aparecer; es findet sich immer Leute, die...: há sempre pessoas que...
Finder *s. m.* pessoa*f.* que encontra
Finderlohn *s. m.* alvíssaras*f. pl.*, recompensa*f.*
findig *adj.* engenhoso, esperto
fing *pret. imp. de* fangen
Finger *s. m.* dedo*m.*
Fingerabdruck *s. m.* impressão*f.* digital
Fingerfertigkeit *s. f.* destreza*f.*, habilidade*f.*
Fingerhut *s. m.* 1. (para coser) dedal*m.*; 2. BOTÂNICA digital*f.*
Fingernagel *s. m.* unha*f.*
Fingerspitze *s. f.* ponta*f.* do dedo
Fingerspitzengefühl *s. nt.* tacto*m.*
fingieren* *v. tr.* fingir, simular
Finish *s. nt.* DESPORTO arranque*m.* final
Finken *s. m. (Suíça)* chinelo*m.*, pantufa*f.*
Finne *s. m.* finlandês*m.*
finnisch *adj.* finlandês
Finnland *s. nt.* Finlândia*f.*
finster *adj.* 1. escuro, sombrio, lúgubre; 2. sinistro, tenebroso; 3. malévolo
Finsternis *s. f.* 1. escuridão*f.*, trevas*f. pl.*; 2. ASTRONOMIA eclipse*m.*
Finte *s. f.* 1. DESPORTO finta*f.*; 2. pretexto*m.*, ardil*m.*
Firlefanz *s. m. (coloq.)* futilidade*f.*
firm *adj.* in etwas firm sein: saber bem alguma coisa
Firma *s. f.* firma*f.*, empresa*f.*
Firmen *s. pl. de* Firma

Firmung *s. f.* RELIGIÃO crisma$_m$, confirmação$_f$.
Firnis *s. m.* verniz$_m$.
Fisch *s. m.* 1. ZOOLOGIA peixe$_m$; 2. *pl.* Fische: (signo) Peixes$_{m. pl.}$
Fischbesteck *s. nt.* talher$_m$ de peixe
fischen *v. tr. e intr.* pescar
Fischer *s. m.* pescador$_m$
Fischerboot *s. nt.* barco$_m$ de pesca, barco$_m$ pesqueiro
Fischerei *s. f.* pesca$_f$, pescaria$_f$
Fischernetz *s. nt.* rede$_f$ de pesca
Fischfang *s. m.* pesca$_f$
Fischfilet *s. nt.* filete$_m$ de peixe
Fischgericht *s. nt.* prato$_m$ de peixe
Fischhändler *s. m.* comerciante$_{m. e f.}$ de peixe
Fischladen *s. m.* peixaria$_f$
Fischmarkt *s. m.* mercado$_m$ de peixe
Fischverkäufer *s. m.* peixeiro$_m$, varino$_m$
Fisolen *s. pl.* (*Áustria*) feijão$_m$ verde, vagem$_f$.
fit *adj.* em boa forma; in etwas fit sein: ser bom em alguma coisa
Fitness *s. f.* boa forma$_f$ (física)
Fitnesscenter *s. nt.* ginásio$_m$, centro$_m$ de culturismo
fix *adj.* 1. fixo; fixe Idee: ideia fixa; 2. (*coloq.*) ligeiro, despachado ❖ fix und fertig sein: estar estourado
fixen *v. intr.* drogar-se
Fixer *s. m.* drogado$_m$.
fixieren* *v. tr.* fixar
Fjord *s. m.* fiorde$_m$.
flach *adj.* 1. plano, chato; 2. raso; 3. pouco profundo; 4. baixo; 5. superficial
Fläche *s. f.* 1. superfície$_f$; 2. área$_f$; 3. planície$_f$
Flächeninhalt *s. m.* MATEMÁTICA área$_f$, superfície$_f$
Flächenmaß *s. nt.* MATEMÁTICA medida$_f$ de superfície

flachfallen *v. intr.* (*coloq.*) (plano) cair por terra
Flachland *s. nt.* planície$_f$.
Flachs *s. m.* linho$_m$.
flachsen *v. intr.* (*coloq.*) brincar
flackern *v. intr.* chamejar, bruxulear
Fladenbrot *s. nt.* pão$_m$ redondo e achatado
Flagge *s. f.* bandeira$_f$
flaggen *v. intr.* içar bandeira, embandeirar
Flair *s. m. e nt.* ambiente$_m$ sedutor
Flakon *s. m. e nt.* frasco$_m$ de perfume
flambieren* *v. tr.* flamejar
Flamingo *s. m.* ORNITOLOGIA flamingo$_m$.
flämisch *adj.* flamengo
Flamme *s. f.* chama$_f$; labareda$_f$
Flandern *s. nt.* Flandres$_f$
Flanell *s. m.* flanela$_f$
flanieren* *v. intr.* flanar
Flanke *s. f.* MILITAR, ZOOLOGIA flanco$_m$.
flapsig *adj.* (*coloq.*) pateta
Flasche *s. f.* 1. garrafa$_f$; 2. biberão$_m$; 3. (*coloq.*) morcão$_m$.
Flaschenöffner *s. m.* abre-cápsulas$_m$.
Flaschenpfand *s. nt.* depósito$_m$.
Flaschenpost *s. f.* mensagem$_f$ numa garrafa (que se lança ao mar)
Flaschner *s. m.* (*Regionalismo, Suíça*) picheleiro$_m$.
flatterhaft *adj.* volúvel, inconstante
flattern *v. intr.* 1. esvoaçar; 2. flutuar (ao vento)
flau *adj.* fraco, débil; mir wird flau: sinto-me desfalecer
Flaum *s. m.* penugem$_f$
flauschig *adj.* macio e felpudo
Flausen *s. pl.* (*coloq.*) patranhas$_{f. pl.}$
Flaute *s. f.* 1. NÁUTICA calmaria$_f$; 2. ECONOMIA época$_f$ morta
Flechte *s. f.* 1. MEDICINA impigem$_f$; 2. BOTÂNICA líquen$_m$.

flechten *v. tr.* entrançar

Fleck *s. m.* 1. mancha*f*, nódoa*f*; blauer Fleck: nódoa negra; 2. *(coloq.)* lugar*m*, sítio*m*; nicht vom Fleck kommen: não sair do sítio

Fleckenentferner *s. m.* tira-nódoas*m*

fleckenlos *adj.* sem nódoa, imaculado

Fleckenwasser *s. nt.* tira-nódoas*m*

fleckig *adj.* manchado

Fledermaus *s. f.* ZOOLOGIA morcego*m*

Flegel *s. m. (depr.)* malcriado*m*; grosseiro*m*

flegelhaft *adj. (depr.)* malcriado, grosseiro

flehen *v. intr.* implorar, suplicar

Fleisch *s. nt.* 1. carne*f*; aus Fleisch und Blut: de carne e osso; 2. polpa*f*

Fleischbrühe *s. f.* caldo*m* de carne

Fleischer *s. m.* carniceiro*m*

Fleischerei *s. f.* talho*m*

Fleischhauer *s. m. (Áustria)* carniceiro*m*

Fleischklößchen *s. nt.* CULINÁRIA almôndega*f*

fleischlos *adj.* descarnado, sem carne

Fleischwolf *s. m.* máquina*f* de picar carne

Fleischwunde *s. f.* chaga*f*, ferida*f*

Fleischwurst *s. f.* mortadela*f*

Fleiß *s. m.* aplicação*f*, diligência*f*

fleißig *adj.* aplicado, trabalhador, assíduo

flektieren* *v. tr.* GRAMÁTICA declinar; conjugar

flennen *v. intr. (coloq.)* choramingar

fletschen *v. tr.* die Zähne fletschen: mostrar/arreganhar os dentes

flexibel *adj.* flexível

flexiblisieren* *v. tr.* flexibilizar

flicken *v. tr.* remendar, consertar

Flicken *s. m.* remendo*m*

Flickzeug *s. nt.* 1. estojo*m* de costura; 2. (pneus) kit*m* de remendos

Flieder *s. m.* lilás*m*

Fliege *s. f.* 1. ZOOLOGIA mosca*f*; 2. laço*m*
❖ die Fliege machen: pirar-se

fliegen I *v. tr.* pilotar; II *v. intr.* 1. voar; 2. andar/ir de avião; 3. *(coloq.)* ser posto na rua

Fliegenpilz *s. m.* BOTÂNICA amanita*m*

Flieger *s. m.* 1. aviador*m*, piloto*m*; 2. *(coloq.)* avião*m*

Fliegeralarm *s. m.* alarme*m* antiaéreo

fliehen *v. intr.* fugir [vor +*dat.*, de], escapar [vor +*dat.*, de]

Fliehkraft *s. f.* FÍSICA força*f* centrífuga

Fliese *s. f.* azulejo*m*, ladrilho*m*

Fließband *s. nt.* linha*f* de montagem, cadeia*f* de montagem

fließen *v. intr.* 1. escorrer; fluir; 2. desaguar [in +*ac.*, em]

fließend I *adj.* 1. corrente; 2. fluente; II *adv.* fluentemente

flimmern *v. intr.* cintilar, tremeluzir; tremer

flink *adj.* ligeiro, ágil, desembaraçado

Flinte *s. f.* espingarda*f*, caçadeira*f*

flippig *adj. (coloq.)* flipado, atrofiado

Flirt *s. m.* namorico*m*, flirt*m*

flirten *v. intr.* namoriscar, flirtar

Flitterwochen *s. pl.* lua-de-mel*f*

flitzen *v. intr. (coloq.)* voar, correr como uma seta

flocht *pret. imp. de* flechten

Flocke *s. f.* floco*m*

flockig *adj.* em flocos

flog *pret. imp. de* fliegen

floh *pret. imp. de* fliehen

Floh *s. m.* ZOOLOGIA pulga*f*

Flohmarkt *s. m.* feira*f* da ladra

Flop *s. m.* fracasso*m*

Floppydisk *s. f.* INFORMÁTICA disquete*f*

Flora *s. f.* flora*f*

florieren *v. intr.* florescer, prosperar

Florist *s. m.* florista*m, e f.*

Floskel *s. f.* floreados*m, pl.*

floss *pret. imp. de* fließen

Floß *s. nt.* jangada$_f$
Flosse *s. f.* barbatana$_f$
Flöte *s. f.* flauta$_f$
flöten *v. intr.* 1. tocar flauta; 2. *(coloq.)* estar com falinhas mansas
Flötist *s. m.* flautista$_{m\ e\ f.}$
flott I *adj.* 1. *(coloq.)* ligeiro, desembaraçado; 2. *(coloq.)* janota, catita; 3. *(coloq.)* (música) animado; II *adv.* com facilidade, com desembaraço
Flotte *s. f.* frota$_f$, armada$_f$
flottmachen *v. tr.* 1. NÁUTICA pôr a flutuar; 2. *(coloq.)* (carro) pôr a andar
Fluch *s. m.* 1. maldição$_f$, praga$_f$; 2. praguejo$_m$
fluchen *v. intr.* 1. amaldiçoar; 2. praguejar
Flucht *s. f.* 1. *(sem pl.)* fuga$_f$, evasão$_f$; 2. alinhamento$_m$
fluchtartig I *adj.* em fuga, em debandada; II *adv.* precipitadamente
flüchten *v. intr.* fugir [vor +*dat.*, de], evadir-se [vor +*dat.*, de]; escapar [aus +*dat.*, de]
Fluchthelfer *s. m.* agente$_{m\ e\ f.}$ de fuga
flüchtig *adj.* 1. fugitivo; 2. fugaz, fugidio; 3. rápido, de fugida; 4. QUÍMICA volátil; 5. superficial
Flüchtigkeit *s. f.* 1. fugacidade$_f$; 2. rapidez$_f$, ligeireza$_f$; 3. QUÍMICA volatilidade$_f$; 4. superficialidade$_f$
Flüchtigkeitsfehler *s. m.* lapso$_m$
Flüchtling *s. m.* fugitivo$_m$; refugiado$_m$
Flüchtlingslager *s. nt.* campo$_m$ de refugiados
Fluchtversuch *s. m.* tentativa$_f$ de fuga
Flug *s. m.* voo$_m$
Flugabwehr *s. f.* MILITAR defesa$_f$ antiaérea
Flugbahn *s. f.* trajectória$_f$ (de voo)
Flugbegleiter *s. m.* comissário$_m$ de bordo
Flugblatt *s. nt.* panfleto$_m$, folheto$_m$
Flügel *s. m.* 1. asa$_f$; 2. (edifício) ala$_f$; 3. batente$_m$; 4. MÚSICA piano$_m$ de cauda

Fluggast *s. m.* passageiro$_m$ (de avião)
flügge *adj.* prestes a deixar o ninho
Fluggesellschaft *s. f.* companhia$_f$ aérea
Flughafen *s. m.* aeroporto$_m$
Flugkapitän *s. m.* piloto$_m$ aviador (civil), capitão-aviador$_m$
Fluglinie *s. f.* linha$_f$ aérea
Fluglotse *s. m.* controlador$_m$ de voo
Flugplan *s. m.* horário$_m$ de voos
Flugplatz *s. m.* aeródromo$_m$, campo$_m$ de aviação
flugs *adv.* logo, imediatamente
Flugschein *s. m.* 1. bilhete$_m$ de avião; 2. brevete$_m$, carta$_f$ de piloto aviador
Flugverkehr *s. m.* tráfego$_m$ aéreo
Flugwesen *s. nt.* aviação$_f$
Flugzettel *s. m.* *(Áustria)* panfleto$_m$
Flugzeug *s. nt.* avião$_m$
Flugzeugabsturz *s. m.* queda$_f$ de avião, despenhamento$_m$ de avião
Flugzeugträger *s. m.* porta-aviões$_m$
Fluktuation *s. f.* flutuação$_f$
flunkern *v. intr.* 1. *(coloq.)* aldrabar; 2. mentir
Fluor *s. nt.* flúor$_m$
fluoreszieren* *v. intr.* fluorescer
Fluorkohlenwasserstoff *s. m.* QUÍMICA clorofluorcarboneto$_m$
Flur¹ *s. m.* ⟨-(e)s, -e⟩ corredor$_m$
Flur² *s. f.* ⟨-, -en⟩ campo$_m$, campina$_f$
Fluss *s. m.* 1. rio$_m$; 2. *(sem pl.)* curso$_m$, fluxo$_m$
flussabwärts *adv.* rio abaixo
flussaufwärts *adv.* rio acima
Flussbett *s. nt.* leito$_m$ do rio
flüssig *adj.* 1. líquido; fluido; 2. fluente; 3. disponível, em caixa
Flüssigkeit *s. f.* 1. líquido$_m$, fluido$_m$; 2. *(sem pl.)* fluidez$_f$
Flußmündung *s. f.* foz$_f$ do rio

Flusspferd s. nt. ZOOLOGIA hipopótamo_m.
flüstern v. tr. e intr. murmurar, sussurrar
Flut s. f. 1. ⟨sem pl.⟩ maré_f. cheia, preia-mar_f.; 2. enchente_f., torrente_f.; 3. vagas_f.pl., ondas_f.pl.
Flutkatastrophe s. f. cheia_f.
flutschen v. intr. 1. (coloq.) escorregar; 2. (coloq.) andar/correr bem
focht pret. imp. de fechten
Föderalismus s. m. federalismo_m.
Fohlen s. nt. ZOOLOGIA potro_m.
Föhn s. m. 1. ⟨sem pl.⟩ METEOROLOGIA vento_m. anabático, vento_m. quente e seco; 2. secador_m. de cabelo
föhnen v. tr. secar (com secador)
Föhre s. f. pinheiro_m.
Folge s. f. 1. resultado_m.; 2. consequência_f., efeito_m.; 3. série_f., sequência_f.; 4. continuação_f.
Folgeerscheinung s. f. consequência_f., resultado_m.
folgen v. intr. 1. seguir; 2. seguir-se, suceder; 3. resultar; 4. obedecer
folgend adj. seguinte, subsequente
folgendermaßen adv. do seguinte modo, da seguinte maneira
folgenschwer adj. grave, de graves consequências
folgerichtig adj. lógico, consequente
folgern v. tr. concluir [aus +dat., de], deduzir [aus +dat., de]
Folgerung s. f. conclusão_f., dedução_f.
folglich adv. logo, por conseguinte, portanto
folgsam adj. obediente
Folie s. f. (de metal, plástico) folha_f.
Folklore s. m. folclore_m.
Folter s. f. tortura_f.; tormento_m.
foltern v. tr. torturar
Fontäne s. f. repuxo_m., chafariz_m.
foppen v. tr. (coloq.) troçar de, escarnecer de

Förderband s. nt. passadeira_f. rolante, cinta_f. transportadora
Förderkorb s. m. gaiola_f. de extracção, elevador_m.
förderlich adj. útil, proveitoso
fordern v. tr. 1. exigir; provocar; 2. requerer [von +dat., de]; 3. reivindicar, reclamar
fördern v. tr. 1. proteger; 2. patrocinar; 3. promover, fomentar, incrementar; 4. extrair
Forderung s. f. exigência_f., pretensão_f.; reivindicação_f.
Förderung s. f. 1. fomento_m., promoção_m., incremento_m.; 2. patrocínio_m., subsídio_m.; 3. extracção_f.
Forelle s. f. ZOOLOGIA truta_f.
Form s. f. 1. forma_f.; 2. forma_f.; molde_m.; 3. feitio_m.; 4. formalidade_f., maneiras_f.pl.; 5. ⟨sem pl.⟩ condição_f. física
formal adj. formal
Formalität s. f. formalidade_f.
Format s. nt. formato_m.
formatieren* v. tr. INFORMÁTICA formatar
Formation s. f. formação_f.
Formel s. f. 1. MATEMÁTICA fórmula_f.; 2. expressão_f.
formell adj. formal, cerimonioso
formen v. tr. formar, modelar, moldar
formieren* v. tr. formar
förmlich I adj. 1. formal, protocolar; 2. verdadeiro; II adv. literalmente, realmente
Förmlichkeit s. f. formalidade_f., cerimónia_f.
formlos adj. 1. informe, amorfo; 2. descontraído; 3. sem cerimónia
Formular s. nt. impresso_m., formulário_m.
formulieren* v. tr. formular, exprimir
Formulierung s. f. 1. formulação_f.; 2. redacção_f.

forsch *adj.* enérgico, cheio de vida
forschen *v. intr.* 1. procurar, averiguar; 2. investigar, pesquisar
Forscher *s. m.* investigador*m.*
Forschung *s. f.* investigação*f,* pesquisa*f*
Forschungszentrum *s. nt.* centro*m.* de investigação
Forst *s. m.* floresta*f,* bosque*m.*
Förster *s. m.* guarda-florestal*m. e f.*
Forstwirtschaft *s. f.* silvicultura*f,* engenharia*f* florestal
fort *adv.* fora, embora; sie ist fort: ela foi embora; und so fort: e assim por diante
Fortbestand *s. m.* continuidade*f,* persistência*f*
fortbestehen* *v. intr.* continuar, persistir, durar
fortbewegen* I *v. tr.* mover; II *v. refl.* mover-se, andar, avançar
fortbilden *v. refl.* actualizar os conhecimentos, prosseguir os estudos
Fortbildung *s. f.* actualização*f* dos conhecimentos, formação*f* permanente
fortbleiben *v. intr.* não vir, não comparecer
Fortdauer *s. f.* continuação*f,* duração*f,* persistência*f*
forte *adv.* MÚSICA forte
fortfahren *v. intr.* 1. partir; 2. continuar [mit +dat., com], prosseguir [mit +dat., com]
fortführen *v. tr.* 1. continuar, prosseguir; 2. levar, conduzir
fortgehen *v. intr.* 1. ir-se embora, sair; 2. continuar
fortgeschritten I *p. p. de* fortschreiten; II *adj.* adiantado; (idade, grau) avançado
fortkommen *v. intr.* 1. sair, fugir, escapar-se; 2. prosperar, fazer progressos, avançar; 3. perder-se

fortlaufen *v. intr.* fugir
fortlaufend *adj.* contínuo, consecutivo
fortpflanzen *v. refl.* reproduzir-se
Fortpflanzung *s. f.* reprodução*f*
fortschicken *v. tr.* 1. enviar, despachar; 2. despedir, mandar embora
fortschreiten *v. intr.* 1. progredir, caminhar, avançar; 2. correr
Fortschritt *s. m.* progresso*m,* avanço*m.*
fortschrittlich *adj.* avançado, moderno
fortsetzen *v. tr.* continuar, prosseguir
Fortsetzung *s. f.* continuação*f,* prosseguimento*m.*
fortwährend *adj.* contínuo, constante, seguido
fortziehen I *v. tr.* puxar, arrastar; II *v. intr.* mudar-se
Fossil *s. nt.* fóssil*m.*
Foto *s. nt.* fotografia*f*
Fotoalbum *s. nt.* álbum*m.* de fotografias
Fotoapparat *s. m.* máquina*f* fotográfica
fotogen *adj.* fotogénico
Fotograf *s. m.* fotógrafo*m.*
Fotografie *s. f.* fotografia*f*
fotografieren* I *v. tr.* fotografar; II *v. intr.* tirar fotografias
Fotokopie® *s. f.* fotocópia*f*
fotokopieren* *v. tr.* fotocopiar
Fotokopierer *s. m.* fotocopiadora*f*
Fotomodell *s. nt.* modelo*m. e f.* fotográfico
Fötzel *s. m. (Suíça)* mandrião*m.*
Foul *s. nt.* DESPORTO falta*f*
foulen *v. tr.* DESPORTO fazer falta
Fracht *s. f.* frete*m.*
Frachtenbahnhof *s. m. (Áustria)* estação*f* de mercadorias
Frachter *s. m.* navio*m.* de carga, cargueiro*m.*
Frachtflugzeug *s. nt.* avião*m.* de carga
Frack *s. m.* fraque*m.*

Frage s. f. 1. pergunta_f, questão_f; 2. GRAMÁTICA interrogação_f; etwas in Frage stellen: pôr alguma coisa em causa

Fragebogen s. m. questionário_m.

fragen v. tr. e intr. perguntar [nach +dat., por]

Fragepronomen s. nt. GRAMÁTICA pronome_m interrogativo

Fragesatz s. m. GRAMÁTICA oração_f interrogativa

Fragestellung s. f. colocação_f do problema

Fragewort s. nt. GRAMÁTICA partícula_f interrogativa

Fragezeichen s. nt. ponto_m de interrogação

fraglich adj. 1. duvidoso, questionável, discutível; 2. em questão, em causa

fraglos adv. incontestável, fora de dúvida

Fragment s. nt. fragmento_m.

fragwürdig adj. 1. discutível, questionável; 2. duvidoso, incerto

Fraktion s. f. 1. POLÍTICA grupo_m (partidário); 2. GRAMÁTICA, QUÍMICA fracção_f

Fraktionschef s. m. chefe_m e f. de grupo (partidário)

Franken s. m. franco_m

frankieren* v. tr. franquear

Frankreich s. nt. França_f

Franse s. f. franja_f

Franzose s. m. francês_m.

Französin s. f. francesa_f

französisch adj. francês

frappant adj. impressionante, surpreendente

fräsen v. tr. fresar

fraß pret. imp. de fressen

Fratze s. f. (coloq.) careta_f; Fratzen schneiden: fazer caretas

Frau s. f. 1. mulher_f; esposa_f; 2. RELIGIÃO Unsere Liebe Frau: Nossa Senhora_f; senhora_f; 3. Frau Müller: a senhora Müller

Frauenarzt s. m. ginecologista_m e f.

Frauenbewegung s. f. movimento_m feminista

Frauenklinik s. f. [maternidade e clínica para mulheres]

Frauenzeitschrift s. f. revista_f feminina

Fräulein s. nt. menina_f

fraulich adj. feminino

Freak s. m. 1. (coloq.) baldas_m; 2. (coloq.) fanático_m

frech adj. atrevido, descarado

Frechdachs s. m. (coloq.) atrevido_m, malcriado_m

Frechheit s. f. atrevimento_m, descaramento_m

Fregatte s. f. fragata_f

frei adj. 1. livre; 2. vago; 3. isento; 4. grátis, gratuito

Freibad s. nt. piscina_f descoberta

freibekommen* v. intr. ich möchte zwei Tage freibekommen: eu queria ter dois dias livres

freiberuflich adj. trabalhador por conta própria, freelance

Freie s. nt. ar_m livre, natureza_f; im Freien: ao ar livre

Freier s. m. (coloq.) cliente_m de prostitutas

Freiexemplar s. nt. exemplar_m gratuito

freigeben I v. tr. 1. libertar, soltar; 2. levantar o embargo a; II v. intr. dar feriado a, dispensar

freigebig adj. generoso

Freigebigkeit s. f. generosidade_f

Freigepäck s. nt. bagagem_f gratuita

freihaben v. intr. (coloq.) ter folga, estar de folga

freihalten v. tr. 1. (passagem) deixar livre; 2. (lugar) guardar

freihändig adj. à mão livre, sem apoio

Freiheit s. f. liberdade_f; independência_f

freiheitlich adj. liberal

Freiheitskampf *s. m.* luta_f_ pela independência

Freiheitsstrafe *s. f.* DIREITO pena_f_ de prisão

Freikarte *s. f.* bilhete_m_ grátis

freikommen *v. intr.* sair em liberdade

Freikörperkultur *s. f.* nudismo_m_

freilassen *v. tr.* soltar, libertar, pôr em liberdade

freilich *adv.* 1. no entanto; 2. *(Regionalismo)* sem dúvida, com toda a certeza

Freilichtbühne *s. f.* teatro_m_ ao ar livre

freimachen *v. tr.* 1. pôr selo, franquiar; 2. *(coloq.)* ter folga

Freimaurer *s. m.* pedreiro-livre_m_, mação_m_

Freimaurerei *s. f.* maçonaria_f_

freimütig *adj.* franco, sincero

Freiraum *s. m.* espaço_m_ livre

freischaffend *adj.* autónomo

Freischärler *s. m.* guerrilheiro_m_

freisprechen *v. tr.* DIREITO absolver

Freispruch *s. m.* DIREITO absolvição_f_

freistehen *v. intr.* 1. estar livre, estar vago; 2. ser permitido

freistellen *v. tr.* livrar [von +*dat.*, de]; jemandem etwas freistellen: deixar alguma coisa à escolha de alguém

Freistil *s. m.* DESPORTO estilo_m_ livre

Freistoß *s. m.* DESPORTO pontapé_m_ livre

Freitag *s. m.* 1. sexta-feira_f_; 2. *(Suíça)* dia_m_ festivo

freitags *adv.* à(s) sextas-feira(s)

freiwillig *adj.* voluntário, espontâneo

Freiwillige(r) *s. m. e f.* voluntári|o, -a_m_, f_

Freizeit *s. f.* tempo_m_ livre, horas_f. pl._ vagas

Freizeitgestaltung *s. f.* organização_f_ do tempo livre

Freizeitsport *s. m.* desporto_m_ recreativo

freizügig *adj.* 1. generoso; 2. liberal

fremd *adj.* 1. estranho; 2. desconhecido; 3. alheio; 4. estrangeiro; fremde Sprachen: línguas estrangeiras

fremdartig *adj.* estranho

Fremdenführer *s. m.* guia_m. e f._, cicerone_m. e f._

Fremdenhass *s. m.* xenofobia_f_

Fremdenverkehr *s. m.* turismo_m_

Fremdenzimmer *s. nt.* quarto_m_ de hóspedes

Fremde(r) *s. m. e f.* forasteir|o, -a_m. f._; estrangeir|o, -a_m. f._

fremdgehen *v. intr. (coloq.)* ser infiel

Fremdkörper *s. m.* corpo_m_ estranho

Fremdsprache *s. f.* língua_f_ estrangeira

fremdsprachig *adj.* de língua estrangeira

Fremdwort *s. nt.* palavra_f_ estrangeira

frenetisch *adj.* frenético

Frequenz *s. f.* frequência_f_

Fresko *s. nt.* fresco_m_

Fresse *s. f. (coloq.)* boca_f_, focinho_m_

fressen *v. tr.* 1. (animal) comer; 2. *(coloq.)* (pessoa) devorar

Fressnapf *s. m.* comedouro_m_, comedoiro_m_

Freude *s. f.* 1. alegria_f_ [auf +*ac.*, por; über +*ac.*, com]; 2. prazer_m_ [an +*dat.*, em]

Freudenschrei *s. m.* grito_m_ de alegria

Freudentränen *s. pl.* lágrimas_f. pl._ de alegria

freudestrahlend *adj.* radiante

freudig *adj.* alegre, feliz

freudlos *adj.* triste

freuen I *v. tr.* alegrar, dar alegria; II *v. refl.* regozijar-se, ficar contente; sie freut sich auf das Kind: ela está ansiosa que o bebé nasça; er freut sich über das Geschenk: ele está muito contente com o presente

Freund *s. m.* 1. amigo_m_; 2. namorado_m_

Freundeskreis *s. m.* círculo_m_ de amizades

freundlich *adj.* 1. simpático, amigável; 2. agradável

freundlicherweise *adv.* gentilmente, amavelmente

Freundlichkeit *s. f.* amabilidade*f*, gentileza*f*

Freundschaft *s. f.* amizade*f*; mit jemandem Freundschaft schließen: fazer amizade com alguém

freundschaftlich *adj.* amigável, amistoso

Frevel *s. m.* 1. delito*m*, crime*m*; 2. RELIGIÃO sacrilégio*m*

freveln *v. intr.* 1. cometer um delito; 2. RELIGIÃO cometer um sacrilégio, pecar

Frieden *s. m.* paz*f*

Friedensbewegung *s. f.* movimento*m* pacifista

Friedensverhandlungen *s. pl.* negociações*f. pl.* de paz

Friedensvertrag *s. m.* tratado*m* de paz

friedfertig *adj.* pacífico

Friedhof *s. m.* cemitério*m*

friedlich *adj.* pacífico, tranquilo, sossegado

frieren *v. intr.* 1. congelar, gelar; 2. ter frio

Fries *s. m.* ARQUITECTURA friso*m*

Frikadelle *s. f.* CULINÁRIA almôndega*f*

Frisbeescheibe* *s. f.* disco*m* voador

frisch *adj.* 1. fresco; 2. (força) novo; 3. (ar) puro; 4. recente; 5. limpo; 6. (cor) vivo, alegre; 7. (aspecto) fresco, sadio

Frische *s. f.* frescura*f*, vigor*m*

Frischhaltefolie *s. f.* película*f* aderente

Friseur *s. m.* (profissão) cabeleireiro*m*

Friseursalon *s. m.* salão*m* de cabeleireiro

Friseuse *s. f.* cabeleireira*f*

frisieren* *v. tr.* 1. pentear; 2. *(coloq.)* (conta) falsificar; (motor) artilhar

Frist *s. f.* 1. prazo*m*; 2. moratória*f*

fristlos *adv.* imediatamente, sem prazo; sem aviso prévio

Frisur *s. f.* penteado*m*

Fritten *s. pl. (coloq.)* batatas*f. pl.* fritas

Fritteuse *s. f.* fritadeira*f*

frittieren* *v. tr.* fritar

frivol *adj.* frívolo

Frl. [*abrev. de* Fräulein] menina*f*

froh *adj.* 1. alegre; 2. feliz [über *+ac.,* com]; 3. contente [über *+ac.,* com]

fröhlich *adj.* alegre, bem disposto

Fröhlichkeit *s. f.* alegria*f*

frohlocken *v. intr.* regozijar-se (com), encher-se de júbilo

Frohnatur *s. f.* pessoa*f* alegre

Frohsinn *s. m.* alegria*f*, bom-humor*m*

fromm *adj.* 1. crente, devoto; 2. obediente

Frömmelei *s. f. (depr.)* beatice*f*; hipocrisia*f*

Frömmigkeit *s. f.* religiosidade*f*

frönen *v. intr.* entregar-se a, ser escravo de

Fronleichnam *s. m.* RELIGIÃO Corpo*m* de Deus

Front *s. f.* 1. ARQUITECTURA fachada*f*; 2. frente*f*; Front machen: fazer frente

frontal *adj.* frontal, de frente

fror *pret. imp. de* frieren

Frosch *s. m.* ZOOLOGIA rã*f*

Frost *s. m.* 1. geada*f*, gelo*m*; 2. frio*m*

frösteln *v. intr.* ter arrepios; tiritar

frostig *adj.* 1. frio; 2. com frieza

Frostschutzmittel *s. nt.* anticongelante*m*

Frottee *s. m. e nt.* felpo*m*

frottieren* *v. tr.* friccionar, esfregar

Frottiertuch *s. nt.* toalha*f* turca, toalha*f* de felpo

frotzeln *v. intr. (coloq.)* brincar com, gozar com

Frucht s. f. 1. BOTÂNICA fruto_m; fruta_f; 2. produto_m, resultado_m
fruchtbar adj. 1. fértil, fecundo; 2. produtivo
Fruchtbarkeit s. f. fecundidade_f, fertilidade_f
Fruchteis s. nt. gelado_m de fruta
fruchten v. intr. dar resultado, servir (para)
Fruchtfleisch s. nt. polpa_f (de fruta)
fruchtig adj. com sabor a fruta
fruchtlos adj. infrutífero, estéril
Fruchtsaft s. m. sumo_m de fruta(s)
früh I adj. 1. cedo; 2. prematuro; II adv. de manhã
Frühaufsteher s. m. madrugador_m
Frühe s. f. madrugada_f
früher I adj. anterior; antigo, ex-; II adv. 1. anteriormente, antes; 2. antigamente, dantes
frühestens adv. não antes de, o mais cedo
Frühgeburt s. f. parto_m prematuro
Frühjahr s. nt. Primavera_f
Frühjahrsmüdigkeit s. f. fadiga_f de primavera
Frühling s. m. Primavera_f
frühmorgens adv. de manhã cedo, de madrugada
frühreif adj. precoce
Frühschicht s. f. turno_m da manhã
Frühstück s. nt. pequeno-almoço_m, café_m da manhã
frühstücken v. intr. tomar o pequeno-almoço
frühzeitig adj. 1. com antecedência, antecipado; 2. precoce, prematuro
Frust s. m. (coloq.) frustração_f
frusten v. tr. (coloq.) frustrar
Frustration s. f. frustração_f
frustrieren* v. tr. frustrar
Fuchs s. m. 1. ZOOLOGIA raposa_f; 2. (cavalo) alazão_m; 3. (coloq.) matreiro_m, manhoso_m

fuchsen v. tr. (coloq.) irritar, aborrecer
Fuchtel s. f. espada_f; (coloq.) unter jemandes Fuchtel stehen: estar sob a autoridade de alguém
fuchteln v. intr. agitar
Fuge s. f. 1. junta_f, fenda_f; aus den Fugen gehen: escangalhar-se; 2. MÚSICA fuga_f
fügen v. refl. 1. conformar-se, resignar-se; 2. encaixar ❖ sich gut fügen: vir a propósito
fügsam adj. obediente
fühlbar adj. notável; palpável
fühlen I v. tr. 1. sentir; 2. pressentir; 3. tocar; apalpar; II v. refl. sentir-se
Fühler s. m. ZOOLOGIA antena_f
fuhr pret. imp. de fahren
führen I v. tr. 1. guiar, conduzir; 2. liderar, chefiar; 3. dirigir, gerir; 4. levar, conduzir; 5. ter, usar; 6. vender; 7. (conversa) ter, manter; II v. intr. 1. ir ter, ir dar; 2. ir à frente, estar à cabeça; 3. dar em, levar a; das führt zu nichts: isso não leva a lado nenhum; III v. refl. comportar-se, portar-se
Führer[1] s. m. ⟨-s, -⟩ 1. chefe_m, director_m; POLÍTICA líder_{m. e f.}, dirigente_{m. e f.}; 2. guia_{m. e f.}, cicerone_{m. e f.}
Führer[2] s. m. ⟨-s, -⟩ (livro) guia_m
Führerausweis s. m. (Suíça) → Führerschein
Führerschein s. m. carta_f de condução
Fuhrpark s. m. parque_m de viaturas
Führung s. f. 1. (sem pl.) chefia_f; gerência_f, administração_f, direcção_f; 2. (sem pl.) POLÍTICA liderança_f; 3. (sem pl.) comportamento_m; 4. visita_f guiada
Führungskraft s. f. 1. ECONOMIA quadro_m executivo; 2. POLÍTICA líderes_{m. e f. pl.}
Führungszeugnis s. nt. certificado_m de bom comportamento
Fuhrwerk s. nt. carroça_f

Fülle s. f. 1. abundância_f, plenitude_f; 2. corpulência_f.
füllen I v. tr. 1. encher [mit +dat., de]; 2. (dente) chumbar; 3. CULINÁRIA rechear [mit +dat., com]; II v. refl. encher-se
Füller s. m. (coloq.) → Füllfederhalter
Füllfederhalter s. m. caneta_f de tinta permanente
Fulltimejob s. m. emprego_m a tempo inteiro
Füllung s. f. 1. CULINÁRIA recheio_m; 2. (dentes) massa_f, chumbo_m; 3. (acção) enchimento_m.
Fund s. m. 1. (sem pl.) descoberta_f; 2. achado_m.
Fundament s. nt. 1. fundamento_m, base_f; 2. alicerce(s)_m. (pl.)
fundamental adj. fundamental
Fundamentalismus s. m. fundamentalismo_m.
Fundamentalist s. m. fundamentalista_m. e f.
fundamentalistisch adj. fundamentalista
Fundbüro s. nt. secção_f de perdidos e achados
Fundgrube s. f. mina_f.
fundiert adj. fundamentado; gut fundiert: sólido, seguro
fündig adj. fündig werden: descobrir alguma coisa
Fundort s. m. local_m do achado
Fundsache s. f. objecto_m achado, achado_m.
fünf num. card. cinco
Fünf s. f. cinco_f.
fünffach adj. quíntuplo
fünfhundert num. card. quinhentos
fünfjährig adj. de cinco anos
fünfmal adv. cinco vezes
Fünftel s. nt. quinto_m, quinta parte_f.
fünftens adv. em quinto (lugar)
fünfte(r, s) num. ord. quinto
fünfzehn num. card. quinze
fünfzig num. card. cinquenta
fungieren* v. intr. actuar [als +nom., como], servir [als +nom., de]
Funk s. m. 1. transmissão_f, radiodifusão_f; 2. rádio_f.
Funke s. m. faísca_f, centelha_f, faúlha_f.
funkeln v. intr. brilhar, cintilar, reluzir
funkelnagelneu adj. (coloq.) novo em folha
funken v. tr. emitir, radiotelegrafar
Funker s. m. (radio)telegrafista_m. e f.
Funkgerät s. nt. radiotelefone_m.
Funkhaus s. nt. centro_m de radiodifusão
Funkspruch s. m. radiograma_m.
Funkstille s. f. silêncio_m.
Funkstreife s. f. rádio-patrulha_f.
Funktelefon s. nt. telemóvel_m, telebip_m.
Funktion s. f. 1. função_f; 2. (sem pl.) funcionamento_m.
Funktionär s. m. funcionário_m.
funktionieren* v. intr. funcionar
Funktionsleiste s. f. INFORMÁTICA barra_f de funções
Funktionstaste s. f. INFORMÁTICA tecla_f de função
für prep. [+ac.] 1. (objectivo) para; was für ein...?: que espécie/ tipo de...?; 2. (troca, preço, tempo) por, em vez de; das ist alles für heute: é tudo por hoje; 3. (consentimento) a favor de; ich bin für deine Idee: sou a favor da tua ideia ❖ Schritt für Schritt: passo a passo
Fürbitte s. f. intercessão_f.
Furche s. f. 1. sulco_m; 2. ruga_f.
Furcht s. f. receio_m [vor +dat., de], temor_m. [vor +dat., de]
furchtbar I adj. 1. terrível, horrível; 2. (coloq.) tremendo; II adv. (coloq.) muito, super
fürchten I v. tr. temer, recear; II v. refl. ter medo [vor +dat., de], ter receio [vor +dat., de]

fürchterlich *adj.* horrível, terrível
furchtlos *adj.* destemido, intrépido
furchtsam *adj.* medroso
füreinander *adv.* um para o outro
Furie *s. f.* fúria$_f$
Furnier *s. nt.* folheado$_m$, contraplacado$_m$
Furore *s. f.* furor$_m$; Furore machen: causar sensação
Fürsorge *s. f.* assistência$_f$
Fürsorgeamt *s. nt. (Suíça)* serviço$_m$ de assistência social
fürsorglich *adj.* cuidadoso, prudente
Fürsprache *s. f.* intercessão$_f$
Fürsprecher *s. m.* intercessor$_m$, mediador$_m$
Fürst *s. m.* príncipe$_m$
Fürstentum *s. nt.* principado$_m$
fürstlich *adj.* 1. principesco; 2. opulento, sumptuoso
Furt *s. f.* vau$_m$
Furunkel *s. m. e nt.* MEDICINA furúnculo$_m$
Furz *s. m. (coloq.)* traque$_m$, peido$_m$
furzen *v. intr. (coloq.)* dar um traque, peidar-se
Fusel *s. m. (depr.)* aguardente$_f$ ordinária
Fusion *s. f.* fusão$_f$
fusionieren* *v. intr.* fundir
Fuß *s. m.* 1. pé$_m$; zu Fuß gehen: ir a pé; jemandem auf den Fuß treten: pisar alguém; 2. pata$_f$; 3. *(móvel)* perna$_f$
Fußball *s. m.* 1. bola$_f$ de futebol; 2. *(sem pl.)* DESPORTO futebol$_m$
Fußballer *s. m.* jogador$_m$ de futebol, futebolista$_{m.\,e\,f.}$

Fußballfan *s. m.* fanático$_m$ do futebol
Fußballmannschaft *s. f.* equipa$_f$ de futebol
Fußballplatz *s. m.* campo$_m$ de futebol
Fußballspiel *s. nt.* jogo$_m$ de futebol
Fußballspieler *s. m.* jogador$_m$ de futebol, futebolista$_{m.\,e\,f.}$
Fußballstadion *s. nt.* estádio$_m$ de futebol
Fußboden *s. m.* chão$_m$, piso$_m$
Fussel *s. m.* linha$_f$
Fußgänger *s. m.* peão$_m$
Fußgängerüberweg *s. m.* passadeira$_f$, passagem$_f$ para peões
Fußgängerzone *s. f.* zona$_f$ de peões
Fußgelenk *s. nt.* tornozelo$_m$
Fußmarsch *s. m.* marcha$_f$, caminhada$_f$
Fußnote *s. f.* nota$_f$ de rodapé
Fußpfleger *s. m.* calista$_{m.\,e\,f.}$
Fußsohle *s. f.* planta$_f$ do pé
Fußspitze *s. f.* ponta$_f$ do pé
Fußspur *s. f.* pegada$_f$
Fußstapfen *s. m.* pegada$_f$
Fußtritt *s. m.* 1. pontapé$_m$; 2. coice$_m$
Fußweg *s. m.* 1. carreiro$_m$, vereda$_f$, atalho$_m$; 2. passeio$_m$; calçada$_f$
futsch *adj. (coloq.)* estragado, perdido
Futter *s. nt.* 1. *(sem pl.)* comida$_f$ para animais, pasto$_m$; 2. *(roupa)* forro$_m$
Futteral *s. nt.* estojo$_m$
futtern *v. tr. e intr. (coloq.)* comer
füttern *v. tr.* 1. dar de comer a, alimentar; 2. *(roupa)* forrar
Futur *s. nt.* GRAMÁTICA futuro$_m$
futuristisch *adj.* futurista

G

G, g *s. nt.* 1. G, g*ₘ*; 2. MÚSICA sol*ₘ*
gab *pret. imp. de* geben
Gabe *s. f.* 1. dádiva*f*; eine milde Gabe: uma esmola; 2. dom*ₘ*; 3. *(Suíça)* prémio*ₘ*
Gabel *s. f.* 1. garfo*ₘ*; 2. forcado*ₘ*; forquilha*f*; 3. (telefone) descanso*ₘ*
gabeln *v. refl.* bifurcar-se, dividir-se em dois
Gabelstapler *s. m.* empilhadora*f*
Gabelung *s. f.* bifurcação*f*
gackern *v. intr.* cacarejar
gaffen *v. intr. (depr.)* olhar embasbacado
Gag *s. m.* piada*f*
Gage *s. f.* cachet*ₘ*
gähnen *v. intr.* bocejar
Gala *s. f.* gala*f*
galant *adj.* galante
Galerie *s. f.* galeria*f*
Galerist *s. m.* dono*ₘ* de galeria
Galgen *s. m.* forca*f*; an den Galgen kommen: ser enforcado
Galgenfrist *s. f.* último prazo*ₘ*
Galgenhumor *s. m.* humor*ₘ* negro
Galicien *s. nt.* Galiza*f*
galicisch *adj.* galego
Galle *s. f.* 1. bílis*f*, fel*ₘ*; *(fig.)* mir läuft die Galle über: estou zangado; 2. (órgão) vesícula*f*
Galopp *s. m.* galope*ₘ*; im Galopp: a galope
galoppieren* *v. intr.* galopar
galt *pret. imp. de* gelten
gammeln *v. intr.* 1. (alimentos) estragar-se; 2. (pessoa) vadiar
Gammler *s. m.* vadio*ₘ*
Gämse *s. f.* camurça*f*

Gang¹ *s. m.* (-(e)s, Gänge) 1. passeio*ₘ*, volta*f*; 2. *(sem pl.)* andar*ₘ*; 3. *(sem pl.)* andamento*ₘ*; in Gang sein: estar em curso; 4. velocidade*f*; in den zweiten Gang schalten: meter a segunda velocidade; 5. corredor*ₘ*; prato; 6. (refeição) prato*ₘ*
Gang² *s. f.* (-, -s) gang*ₘ*, bando*ₘ*
gängeln *v. tr. (coloq.)* trazer pela trela
gängig *adj.* corrente
Gangschaltung *s. f.* mudança*f* de velocidade
Ganove *s. m. (coloq.)* gatuno*ₘ*, vigarista*ₘ. e f.*
Gans *s. f.* ZOOLOGIA ganso*ₘ*; *(pej.)* dumme Gans!: parvalhona!
Gänseblümchen *s. nt.* BOTÂNICA margarida*f*, bonina*f*
Gänsebraten *s. m.* ganso*ₘ* assado
Gänsefüßchen *s. pl. (coloq.)* aspas*f. pl.*; in Gänsefüßchen: entre aspas
Gänsehaut *s. f.* pele*f* de galinha/arrepiada
Gänsemarsch *s. m.* im Gänsemarsch: em fila indiana, um atrás do outro
Gänserich *s. m.* ZOOLOGIA ganso*ₘ* (macho)
ganz I *adj.* 1. todo, inteiro; completo; im Ganzen: ao todo; das Ganze: tudo; 2. *(coloq.)* inteiro, intacto; II *adv.* 1. completamente; 2. *(coloq.)* muito; ganz viel Geld: muito dinheiro; 3. bastante
Ganze(s) *s. nt.* todo*ₘ*, totalidade*f*; *(coloq.)* aufs Ganze gehen: arriscar tudo
gänzlich *adv.* totalmente, inteiramente
gar I *adj.* (alimento) pronto, cozido; II *adv.* gar nichts/keiner: absolutamente nada/ninguém; das ist gar nicht schlecht: não é nada mau

Garage *s. f.* garagem,
Garagist *s. m. (Suíça)* dono, de oficina
Garantie *s. f.* garantia,
garantieren* *v. tr.* garantir; jemandem etwas garantieren: garantir alguma coisa a alguém
Garderobe *s. f.* 1. ⟨sem pl.⟩ vestuário,, roupa,; 2. roupeiro,, guarda-roupa,
Garderobenmarke *s. f.* ficha, de bengaleiro
Gardine *s. f.* cortina,
gären *v. intr.* fermentar, levedar
Garn *s. nt.* fio,; linha,
Garnele *s. f.* ZOOLOGIA camarão,
garnieren* *v. tr.* guarnecer, enfeitar
Garnison *s. f.* guarnição,
Garnitur *s. f.* conjunto,
Garten *s. m.* 1. jardim,; quintal,; 2. horta,; zoologischer Garten: jardim zoológico
Gartenbau *s. m.* 1. horticultura,; 2. jardinagem,
Gartenhaus *s. nt.* anexos, pl. (nas traseiras da casa)
Gartenlokal *s. nt.* esplanada,
Gartenschlauch *s. m.* mangueira, (de jardim)
Gärtner *s. m.* jardineiro,
Gärtnerei *s. f.* 1. horto,; 2. jardinagem,
Gärung *s. f.* fermentação,, levedura,
Garzeit *s. f.* tempo, de cozedura
Gas *s. nt.* 1. QUÍMICA gás,; 2. ⟨sem pl.⟩ acelerador,; Gas geben: acelerar
Gasflasche *s. f.* garrafa, de gás
Gasheizung *s. f.* aquecimento, a gás
Gasherd *s. m.* fogão, a gás
Gaskammer *s. f.* câmara, de gás
Gaskocher *s. m.* fogão, a gás
Gasmaske *s. f.* máscara, de gás
Gaspedal *s. nt.* acelerador,
Gasse *s. f.* 1. viela,, travessa,, ruela,; 2. *(Áustria)* rua,

Gast *s. m.* 1. hóspede, e f.; convidado,; 2. cliente, e f.
Gastarbeiter *s. m.* trabalhador, estrangeiro
Gästebuch *s. nt.* livro, de hóspedes, livro, de honra
Gästezimmer *s. nt.* quarto, de hóspedes
gastfreundlich *adj.* hospitaleiro
Gastfreundschaft *s. f.* hospitalidade,
Gastgeber *s. m.* anfitrião,
Gasthaus *s. nt.* 1. restaurante,; 2. hospedaria,, pousada,
Gasthof *s. m.* → Gasthaus
Gasthörer *s. m.* ouvinte, e f.
gastlich *adj.* hospitaleiro
Gastritis *s. f.* MEDICINA gastrite,
Gastronomie *s. f.* gastronomia,
gastronomisch *adj.* gastronómico
Gaststätte *s. f.* restaurante,
Gaststättengewerbe *s. nt.* hotelaria,, indústria, hoteleira
Gastwirt *s. m.* dono, de restaurante
Gastwirtschaft *s. f.* restaurante,
Gaswerk *s. nt.* fábrica, de gás
Gaszähler *s. m.* contador, de gás
Gatte *s. m.* marido,
Gatter *s. nt.* cancela,
Gattin *s. f.* esposa,
Gattung *s. f.* 1. BIOLOGIA espécie,; 2. LITERATURA género, literário
Gaudi *s. f. (coloq.)* divertimento,
Gaul *s. m.* ZOOLOGIA cavalo,
Gaumen *s. m.* palato,, céu-da-boca,
Gauner *s. m.* intrujão,, vigarista, e f.
Gaunerei *s. f.* intrujice,, vigarice,
Gazelle *s. f.* ZOOLOGIA gazela,
geb. [*abrev. de* geboren] nasc. [*abrev. de* nascido]
Gebäck *s. nt.* bolachas, pl., biscoitos, pl.
gebar *pret. imp. de* gebären

Gebärde s. f. gesto_m.
gebärden v. refl. portar-se, comportar-se
gebären v. tr. dar à luz
Gebärmutter s. f. ANATOMIA útero_m.
Gebäude s. nt. edifício_m., prédio_m.
Gebell s. nt. latidos_m. pl., ladrar_m.
geben I v. tr. 1. dar; entregar; (telefonema) passar; 2. haver; **es gibt**: há; 3. (ensinar) dar; **sie gibt Englisch**: ela dá Inglês; 4. (filme, peça de teatro) apresentar; **ein Konzert geben**: dar um concerto; II v. refl. parar, passar; **das wird sich geben**: isso passa
Gebet s. nt. oração_f., prece_f.
gebeten p. p. de bitten
Gebiet s. nt. 1. (superfície) região_f., área_f.; 2. (do saber) área_f., campo_m.
gebieten v. tr. 1. ordenar, mandar; 2. exigir
gebieterisch adj. imperioso, peremptório
Gebilde s. nt. 1. criação_f.; 2. produto_m.; 3. estrutura_f.
gebildet adj. culto, instruído
Gebirge s. nt. serra_f., montanhas_f. pl.
gebirgig adj. montanhoso
Gebirgskette s. f. cordilheira_f., cadeia_f. de montanhas
Gebiss s. nt. dentes_m. pl.; (artificial) dentadura_f.
gebissen p. p. de beißen
Gebläse s. nt. (no carro) ventoinha_f.
geblasen p. p. de blasen
geblieben p. p. de bleiben
geblümt adj. às flores, floreado
gebogen I p. p. de biegen; II adj. curvado, curvo
geboren I p. p. de gebären; II adj. 1. nascido; **geboren in**: natural de; **geboren werden**: nascer; 2. nato; **die geborene Tänzerin**: uma dançarina nata
geborgen I p. p. de bergen; II adj. **sich (bei jemandem) geborgen fühlen**: sentir-se seguro (na companhia de alguém)
Geborgenheit s. f. protecção_f., segurança_f.

geborsten p. p. de bersten
gebot pret. imp. de gebieten
Gebot s. nt. 1. RELIGIÃO mandamento_m.; **die Zehn Gebote**: os dez mandamentos; 2. ordem_f.; 3. (leilão) lanço_m.
geboten I p. p. de bieten, gebieten; II adj. indicado, conveniente
gebracht p. p. de bringen
gebrannt p. p. de brennen
gebraten p. p. de braten
Gebrauch s. m. emprego_m., utilização_f.; uso_m.
gebrauchen v. tr. 1. usar; utilizar; empregar; 2. servir para; **das ist nicht zu gebrauchen**: isso não serve para nada
gebräuchlich adj. usual, corrente
Gebrauchsanweisung s. f. instruções_f. pl., modo_m. de usar
Gebrauchsgegenstand s. m. artigo_m. de consumo
gebraucht adj. usado, em segunda mão
Gebrauchtwagen s. m. carro_m. em segunda mão
Gebrechen s. nt. deficiência_f. (física)
gebrechlich adj. 1. frágil, débil; 2. decrépito
gebrochen I p. p. de brechen; II adj. 1. abalado, deprimido; 2. arranhado, mascavado; **gebrochen deutsch sprechen**: arranhar o Alemão
Gebrüll s. nt. 1. rugido_m.; 2. gritaria_f., berreiro_m.
Gebühr s. f. 1. (escola, faculdade) propina_f.; 2. (auto-estrada) portagem_f.; 3. (telefone) taxa_f.
gebühren I v. intr. pertencer (por direito); II v. refl. convir; **wie es sich gebührt**: como convém
gebührend adj. devido, conveniente
gebührenfrei adj. isento de taxas; (correio) franco de porte
Gebührenordnung s. f. tabela_f., tarifário_m.
gebührenpflichtig adj. sujeito a taxa

gebunden *p. p. de* binden
Geburt *s. f.* 1. nascimento*m*; von Geburt an: de nascença; 2. parto*m*.
Geburtenkontrolle *s. f.* controlo*m* da natalidade
Geburtenrückgang *s. m.* diminuição*f* da natalidade
gebürtig *adj.* natural [aus +*dat.*, de]; gebürtige Portuguesin: portuguesa de nascimento
Geburtsdatum *s. nt.* data*f* de nascimento
Geburtshilfe *s. f.* obstetrícia*f*
Geburtsjahr *s. nt.* ano*m* de nascimento
Geburtsort *s. m.* local*m* de nascimento, naturalidade*f*
Geburtstag *s. m.* aniversário*m*, dia*m* de anos
Geburtstagsgeschenk *s. nt.* prenda*f* de anos
Geburtsurkunde *s. f.* certidão*f* de nascimento
Gebüsch *s. nt.* mata*f*, moita*f*
gedacht *p. p. de* denken
Gedächtnis *s. nt.* memória*f*
Gedächtnisstütze *s. f.* auxiliar*m* de memória
Gedanke *s. m.* pensamento*m*; ideia*f*; in Gedanken vertieft: absorto; Gedanke machen über etwas: preocupar-se com alguma coisa
Gedankenaustausch *s. m.* troca*f* de impressões
Gedankengang *s. m.* ordem*f* de ideias
gedankenlos *adj.* 1. irreflectido; 2. distraído
Gedankenlosigkeit *s. f.* 1. descuido*m*; 2. distracção*f*
Gedankenstrich *s. m.* travessão*m*
Gedankenübertragung *s. f.* transmissão*f* de pensamentos
gedanklich *adj.* mental
Gedeck *s. nt.* talher*m*.

gedeihen *v. intr.* 1. (planta) crescer, dar-se bem; 2. florescer, prosperar
gedenken* *v. intr.* 1. recordar; 2. tencionar
Gedenkstätte *s. f.* lugar*m* comemorativo
Gedicht *s. nt.* poema*m*.
gediegen *adj.* 1. puro, genuíno; 2. bom, sólido, de boa qualidade
gedieh *pret. imp. de* gedeihen
gediehen *p. p. de* gedeihen
Gedränge *s. nt.* 1. aperto*m*; 2. multidão*f*; im Gedränge: no meio da multidão
gedroschen *p. p. de* dreschen
Geduld *s. f.* paciência*f*; pachorra*f*.
gedulden* *v. refl.* ter paciência
geduldig *adj.* paciente
gedurft *p. p. de* dürfen
geehrt *adj.* (em carta) caro; Sehr geehrte Damen und Herren: Excelentíssimas Senhoras e Senhores
geeignet *adj.* adequado [für +*ac.*, para], apropriado [für +*ac.*, para], indicado [für +*ac.*, para]
Gefahr *s. f.* perigo*m*; risco*m*; jemanden in Gefahr bringen: pôr alguém em perigo; Gefahr laufen zu: arriscar-se a
gefährden* *v. tr.* pôr em perigo, arriscar; gefährdet sein: estar em perigo
gefahren *p. p. de* fahren
gefährlich *adj.* perigoso, arriscado; (idade) crítico; (doença) grave
Gefährte *s. m.* companheiro*m*.
Gefälle *s. nt.* 1. (estrada) inclinação*f*, declive*m*; 2. (social) desnível*m*; 3. (preços, ordenados) disparidade*f*.
gefallen I *p. p. de* fallen, gefallen; II *v. intr.* agradar; das gefällt mir: isso agrada-me
Gefallen¹ *s. nt.* (-s, sem pl.) prazer*m*, gosto*m*; an etwas Gefallen finden: ter prazer em alguma coisa
Gefallen² *s. m.* (-s, -s) favor*m*; jemandem (mit etwas) einen Gefallen tun: fazer um favor a alguém (com alguma coisa)

Gefälligkeit s. f. favor$_m$
gefangen I p. p. de **fangen**; II adj. preso, detido
Gefangene(r) s. m. e f. pres|o, -a$_{m., f.}$, prisioneir|o, -a$_{m., f.}$
Gefangenschaft s. f. prisão$_f$, cativeiro$_m$
Gefängnis s. nt. 1. (local) cadeia$_f$; 2. (pena) prisão$_f$
Gefängnisstrafe s. f. pena$_f$ de prisão
Gefasel s. nt. (coloq.) disparates$_{m. pl}$, tolices$_{f. pl.}$
Gefäß s. nt. 1. recipiente$_m$; 2. ANATOMIA vaso$_m$
gefasst adj. 1. calmo, resignado; 2. preparado [auf +ac., para]
Gefecht s. nt. combate$_m$
Gefieder s. nt. plumagem$_f$
gefiel pret. imp. de **gefallen**
gefleckt adj. malhado
geflochten p. p. de **flechten**
geflogen p. p. de **fliegen**
geflohen p. p. de **fliehen**
geflossen p. p. de **fließen**
Geflügel s. nt. aves$_{f. pl}$ de criação, aves$_{f. pl}$ de capoeira
geflügelt adj. alado, com asas; geflügelte Worte: ditos$_{m. pl.}$ proverbiais
Geflüster s. nt. murmúrio$_m$
gefochten p. p. de **fechten**
gefragt adj. procurado, desejado
gefräßig adj. comilão
gefressen p. p. de **fressen**
gefrieren v. intr. congelar
Gefrierfach s. nt. (compartimento$_m$ do) congelador
gefriergetrocknet adj. liofilizado
Gefrierpunkt s. m. ponto$_m$ de congelação
Gefriertruhe s. f. arca$_f$ frigorífica, arca$_f$ congeladora
gefroren p. p. de **frieren**, **gefrieren**

Gefüge s. nt. estrutura$_f$; sistema$_m$
gefügig adj. resignado, conformado
Gefühl s. nt. 1. tacto$_m$, sensibilidade$_f$; 2. sentimento$_m$; 3. (sem pl.) impressão$_f$, pressentimento$_m$
gefühllos adj. insensível
Gefühllosigkeit s. f. insensibilidade$_f$
gefühlsbetont adj. emotivo
Gefühlsduselei s. f. (coloq.) pieguice$_f$
gefühlsmäßig adj. intuitivo
gefühlvoll adj. emotivo, sentimental
gefunden p. p. de **finden**
gegangen p. p. de **gehen**
gegeben p. p. de **geben**
gegebenenfalls adv. em caso afirmativo; eventualmente
gegen prep. [+ac.] 1. contra; gegen etwas sein: ser contra alguma coisa; 2. em comparação com; 3. cerca de, por volta de; 4. em troca de
Gegenargument s. nt. contra-argumento$_m$
Gegenbeweis s. m. contraprova$_f$
Gegend s. f. 1. região$_f$; hier in der Gegend: por estes lados; 2. arredores$_{m. pl.}$
gegeneinander adv. um contra o outro
Gegenfahrbahn s. f. via$_f$ em sentido contrário
Gegenfrage s. f. contra-pergunta$_f$
Gegengift s. nt. antídoto$_m$, contraveneno$_m$
Gegenkandidat s. m. oponente$_{m. e f.}$
Gegenleistung s. f. compensação$_f$, contrapartida$_f$; als Gegenleistung für: como compensação por
Gegenlicht s. nt. contraluz$_f$
Gegenmaßnahme s. f. contramedida$_f$
Gegenmehr s. nt. (Suíça) voto$_m$ contra
Gegenmittel s. nt. antídoto$_m$
Gegensatz s. m. 1. oposição$_f$, contraste$_m$; im Gegensatz stehen zu: estar em

oposição a; 2. (palavra) antónimo $_m$; 3. contrário $_m$, oposto $_m$.
gegensätzlich adj. oposto, contrário
Gegenseite s. f. 1. lado $_m$ oposto; 2. POLÍTICA, DIREITO oposição $_f$.
gegenseitig adj. mútuo, recíproco
Gegenseitigkeit s. f. reciprocidade $_f$; das beruht auf Gegenseitigkeit: o sentimento é recíproco
Gegenspieler s. m. adversário $_m$.
Gegenstand s. m. 1. objecto $_m$; 2. assunto $_m$.
gegenstandslos adj. 1. sem validade, nulo; desnecessário, supérfluo; 2. sem fundamento
Gegenstimme s. f. POLÍTICA voto $_m$ contra
Gegenteil s. nt. contrário $_m$ [von +dat., de]; im Gegenteil!: pelo contrário!
gegenteilig adj. contrário, oposto
gegenüber I prep. [+dat.] 1. (espacial) em frente de; 2. (uma pessoa) para com; diante de, perante; 3. em comparação com, contra; II adv. em frente
gegenüberliegen v. refl. estar em frente (de)
gegenüberstehen v. intr. jemandem/ etwas positiv/negativ gegenüberstehen: encarar bem/mal alguém/alguma coisa
gegenüberstellen v. tr. 1. confrontar; 2. comparar [+dat., com]
Gegenüberstellung s. f. 1. confronto $_m$; 2. comparação $_f$.
Gegenverkehr s. m. trânsito $_m$ em sentido contrário
Gegenvorschlag s. m. contraproposta $_f$.
Gegenwart s. f. 1. presença $_f$; 2. presente $_m$; actualidade $_f$; 3. GRAMÁTICA presente $_m$.
gegenwärtig I adj. presente, actual; II adv. actualmente, presentemente
Gegenwehr s. f. defesa $_f$; resistência $_f$; Gegenwehr leisten: oferecer resistência

Gegenwert s. m. equivalente $_m$.
Gegenwind s. m. vento $_m$ contrário
gegenzeichnen v. tr. contra-rubricar
gegessen p. p. de essen
geglichen p. p. de gleichen
geglitten p. p. de gleiten
geglommen p. p. de glimmen
Gegner s. m. adversário $_m$; inimigo $_m$.
gegnerisch adj. oposto, adverso, inimigo
gegolten p. p. de gelten
gegoren p. p. de gären
gegossen p. p. de gießen
gegraben p. p. de graben
gegriffen p. p. de greifen
Gehabe s. nt. (depr.) afectação $_f$, pose $_f$.
Gehackte(s) s. nt. carne $_f$ picada
Gehalt¹ s. nt. (-(e)s, -hälter) ordenado $_m$, salário $_m$, vencimento $_m$.
Gehalt² s. m. (-(e)s, -e) 1. teor $_m$ [an +dat., de]; percentagem $_f$; 2. conteúdo $_m$.
gehalten p. p. de halten
Gehaltsempfänger s. m. assalariado $_m$.
Gehaltserhöhung s. f. aumento $_m$ do vencimento
gehaltvoll adj. substancial
gehangen p. p. de hängen
gehässig adj. 1. (pessoa) malvado; 2. (expressão) maldoso
Gehässigkeit s. f. malvadez $_f$.
gehauen p. p. de hauen
Gehäuse s. nt. 1. (rádio, relógio) caixa $_f$; 2. (fruto) caroço $_m$; 3. ZOOLOGIA concha $_f$.
gehbehindert adj. com dificuldades no andar
Gehege s. nt. cercado $_m$.
geheim adj. secreto; im Geheimen: às escondidas
Geheimdienst s. m. serviços $_{m.\,pl.}$ secretos
Geheimnis s. nt. segredo $_m$; mistério $_m$.
geheimnisvoll adj. misterioso

geheißen *p. p. de* heißen
gehemmt *adj.* inibido
gehen *v. intr.* 1. ir; wie geht es Ihnen?: como está?, como vai?; 2. ir a pé; 3. partir, ir(-se) embora; 4. (aparelho) funcionar; 5. dar; das geht nicht: não dá; 6. tratar-se [um +ac., de]
geheuer *adj.* das ist mir nicht (ganz) geheuer: eu estou inseguro/desconfiado, isto é muito suspeito
Geheul *s. nt.* 1. uivo$_m$; 2. *(pej.)* (criança) gritaria$_f$, choradeira$_f$
Gehilfe *s. m.* 1. ajudante$_{m.\,e\,f.}$, auxiliar$_{m.\,e\,f.}$; 2. DIREITO cúmplice$_{m.\,e\,f.}$
Gehirn *s. nt.* cérebro$_m$
Gehirnerschütterung *s. f.* MEDICINA traumatismo$_m$ craniano
Gehirnschlag *s. m.* MEDICINA apoplexia$_f$ cerebral
Gehirnwäsche *s. f.* lavagem$_f$ cerebral
gehoben I *p. p. de* heben; II *adj.* 1. (estilo) elevado; 2. (disposição) alegre
geholfen *p. p. de* helfen
Gehör *s. nt.* ouvido$_m$
gehorchen* *v. intr.* obedecer; jemandem gehorchen: obedecer a alguém
gehören* I *v. intr.* 1. pertencer a, ser de; das gehört mir: isso é meu; 2. fazer parte [zu +dat., de]; 3. ser preciso; dazu gehört Mut: para isso é preciso coragem; II *v. refl.* ser conveniente
gehörig *adj.* 1. conveniente, apropriado; 2. grande, a valer
gehorsam *adj.* obediente
Gehorsam *s. m.* obediência$_f$
Gehweg *s. m.* passeio$_m$
Geier *s. m.* abutre$_m$; *(coloq.)* weiß der Geier!: sei lá!
Geige *s. f.* MÚSICA violino$_m$
geigen *v. intr.* tocar violino
Geiger *s. m.* violinista$_{m.\,e\,f.}$

geil *adj. (coloq.)* porreiro, fixe
Geisel *s. f.* refém$_{m.\,e\,f.}$
Geiselnahme *s. f.* tomada$_f$ de reféns
Geiselnehmer *s. m.* raptor$_m$, sequestrador$_m$
Geiß *s. f. (Áustria, Suíça)* cabra$_f$
Geißbock *s. m. (Áustria, Suíça)* bode$_m$
geißeln *v. tr.* censurar
Geist *s. m.* 1. ⟨*sem pl.*⟩ espírito$_m$, mente$_f$; 2. ⟨*sem pl.*⟩ engenho$_m$; 3. alma$_f$; RELIGIÃO der Heilige Geist: o Espírito Santo; 4. fantasma$_m$
Geisterfahrer *s. m.* condutor$_m$ que circula em contramão
geisterhaft *adj.* sobrenatural, fantasmagórico
geistesabwesend *adj.* distraído
Geistesblitz *s. m.* flash$_m$
Geistesgegenwart *s. f.* presença$_f$ de espírito
geisteskrank *adj.* demente, doente mental
Geisteskranke(r) *s. m. e f.* doente$_{m.\,e\,f.}$ mental
Geisteswissenschaften *s. pl.* Letras$_{f.\,pl.}$, humanidades$_{f.\,pl.}$, ciências$_{f.\,pl.}$ humanas
Geisteszustand *s. m.* estado$_m$ de espírito
geistig *adj.* mental; intelectual; espiritual
geistlich *adj.* espiritual; eclesiástico; clerical
Geistliche(r) *s. m.* sacerdote$_m$, padre$_m$
geistlos *adj.* trivial, banal; insosso, insípido, sem graça
geistreich *adj.* espirituoso, brilhante
geisttötend *adj.* monótono, fastidioso
Geiz *s. m.* avareza$_f$
geizen *v. intr.* ser somítico [mit +dat., com]
Geizhals *s. m. (depr.)* avarento$_m$, sovina$_m$
geizig *adj.* avarento, forreta
Geizkragen *s. m.* → Geizhals

Gejammer s. nt. (depr.) lamúrias_{f. pl.}
gekannt p. p. de kennen
Geklapper s. nt. matraquear_{m.}
geklungen p. p. de klingen
geknickt adj. abatido, deprimido
gekniffen p. p. de kneifen
gekommen p. p. de kommen
gekonnt I p. p. de können; II adj. de mestre
Gekritzel s. nt. (depr.) rabiscos_{m. pl.}, gatafunhos_{m. pl.}
gekrochen p. p. de kriechen
gekünstelt adj. artificial, afectado; (estilo) rebuscado; (riso) forçado
Gel s. nt. gel_{m.}
Gelaber s. nt. (depr.) palrar_{m.}, tagarelar_{m.}
Gelächter s. nt. risadas_{f. pl.}, gargalhadas_{f. pl.}; in Gelächter ausbrechen: desatar às gargalhadas
geladen I p. p. de laden; II adj. 1. prestes a explodir; 2. convidado
gelähmt adj. paralítico
Gelände s. nt. 1. terreno_{m.}; 2. (fechado) recinto_{m.}; 3. DESPORTO campo_{m.}
Geländer s. nt. balaustrada_{f.}; corrimão_{m.}
Geländewagen s. m. veículo_{m.} todo-o-terreno
gelang pret. imp. de gelingen
gelangen* v. intr. 1. chegar (zu/nach +dat., a); 2. conseguir, arranjar
gelassen I p. p. de lassen; II adj. calmo, descontraído; III adv. com calma, com moderação
Gelassenheit s. f. calma_{f.}, descontracção_{f.}
gelaufen p. p. de laufen
geläufig adj. corrente, familiar
gelaunt adj. gut/schlecht gelaunt sein: estar bem/mal disposto
gelb adj. amarelo
gelblich adj. amarelado

Gelbsucht s. f. MEDICINA icterícia_{f.}
Geld s. nt. 1. dinheiro_{m.}; 2. pl. Gelder: fundos_{m. pl.}, dinheiros_{m. pl.}
Geldanlage s. f. investimento_{m.} (de capital)
Geldautomat s. m. caixa_{m.} automático, multibanco_{m.}
Geldbeutel s. m. porta-moedas_{m.}
Geldbuße s. f. multa_{f.}
Geldgeber s. m. capitalista_{m. e f.}
geldgierig adj. ganancioso
Geldinstitut s. nt. instituição_{f.} bancária
Geldschein s. m. nota_{f.}; ECONOMIA papel-moeda_{m.}
Geldschrank s. m. cofre_{m.}
Geldstrafe s. f. multa_{f.}
Geldstück s. nt. moeda_{f.}
Geldwechsel s. m. câmbio_{m.}
Gelee s. m. e nt. geleia_{f.}
gelegen I p. p. de liegen; II adj. situado; zentral gelegen: central
Gelegenheit s. f. ocasião_{f.} (zu +dat., para); (favorável) oportunidade_{f.}
Gelegenheitsarbeit s. f. biscate_{m.}
gelegentlich I adj. ocasional, acidental; II adv. 1. ocasionalmente; 2. oportunamente, em devido tempo
gelehrig adj. que aprende bem, inteligente
gelehrt adj. douto, erudito
Gelehrte(r) s. m. e f. erudit|o, -a_{m., f.}, escolar_{m. e f.}
Geleit s. nt. 1. acompanhamento_{m.}; freies Geleit: salvo-conduto_{m.}; 2. escolta_{f.}
geleiten* v. tr. acompanhar
Gelenk s. nt. 1. ANATOMIA articulação_{f.}; 2. ENGENHARIA dobradiça_{f.}
gelenkig adj. flexível, ágil
gelernt adj. qualificado
gelesen p. p. de lesen
Geliebte(r) s. m. e f. amante_{m. e f.}

geliehen p. p. de leihen
gelingen v. intr. resultar; sair bem; es gelingt ihm: ele consegue
gelitten p. p. de leiden
gell interj. (Regionalismo) não é?
gellen v. intr. (ficar a) zumbir
geloben* v. tr. prometer (solenemente)
gelogen p. p. de lügen
Gelse s. nt. (Áustria) mosquito$_m$
gelten v. intr. 1. ser válido; 2. passar [als +nom., por], ser considerado [als +nom., como]; 3. ser dirigido [+dat., a]; 4. aplicar-se [für +ac., a]
Geltung s. f. 1. validade$_f$; 2. valor$_m$, prestígio$_m$
Geltungsbedürfnis s. nt. vaidade$_f$
Gelübde s. nt. voto$_m$, promessa$_f$
gelungen I p. p. de gelingen; II adj. bem feito; bem conseguido
gemächlich I adj. 1. pachorrento; 2. pacato; II adv. 1. lentamente; 2. sossegadamente
Gemahl s. m. esposo$_m$
Gemälde s. nt. pintura$_f$, quadro$_m$
gemäß I prep. [+dat.] segundo, conforme, em conformidade com; II adj. adequado
gemäßigt adj. moderado; (clima) ameno, temperado
gemein adj. 1. mau, malvado; 2. indecente, vergonhoso
Gemeinde s. f. 1. comunidade$_f$, município$_m$, freguesia$_f$; 2. RELIGIÃO paróquia$_f$
Gemeindepräsident s. m. (Suíça) presidente$_{m\ e\ f.}$ da câmara/junta
Gemeinderat s. m. 1. junta$_f$ de freguesia, conselho$_m$ municipal; 2. membro$_m$ do conselho municipal
Gemeindezentrum s. nt. 1. (cidade) centro$_m$ cultural; 2. (igreja) centro$_m$ paroquial
gemeingefährlich adj. que constitui perigo público

Gemeinheit s. f. maldade$_f$
gemeinnützig adj. de utilidade pública
gemeinsam I adj. comum; conjunto; II adv. em conjunto
Gemeinsamkeit s. f. interesse$_m$ comum, coisa$_f$ em comum
Gemeinschaft s. f. comunidade$_f$, associação$_f$
gemeinschaftlich I adj. comum; II adv. em comum
gemessen I p. p. de messen; II adj. pausado
Gemetzel s. nt. matança$_f$, carnificina$_f$
gemieden p. p. de meiden
Gemisch s. nt. mistura$_f$
gemischt adj. 1. misturado; misto; 2. confuso
gemocht p. p. de mögen
gemolken p. p. de melken
Gemurmel s. nt. murmúrio$_m$
Gemüse s. nt. legumes$_{m.\,pl.}$, verduras$_{f.\,pl.}$
Gemüsegarten s. m. horta$_f$
Gemüsehändler s. m. vendedor$_m$ de hortaliça
Gemüsesuppe s. f. sopa$_f$ de legumes
gemusst p. p. de müssen
gemustert adj. estampado
Gemüt s. nt. 1. mente$_f$, temperamento$_m$; 2. alma$_f$, coração$_m$
gemütlich adj. 1. acolhedor; agradável, confortável; 2. caseiro
Gemütlichkeit s. f. 1. conforto$_m$; 2. aconchego$_m$; in aller Gemütlichkeit: em sossego
Gemütsbewegung s. f. comoção$_f$
Gemütsmensch s. m. (coloq.) pessoa$_f$ caseira
Gemütsruhe s. f. paz$_f$ de espírito, tranquilidade$_f$
Gen s. nt. BIOLOGIA gene$_m$
genannt p. p. de nennen
genas pret. imp. de genesen

genau I *adj.* 1. exacto; 2. cuidadoso; 3. minucioso; II *adv.* exactamente; (horas) em ponto

Genauigkeit *s. f.* 1. exactidão, rigor$_m$; 2. cuidado$_m$, minúcia$_f$

genauso *adv.* tal e qual

genehmigen* *v. tr.* autorizar; (requerimento) aprovar; sich [*dat.*] etwas genehmigen: permitir-se (fazer) alguma coisa

Genehmigung *s. f.* autorização$_f$, licença$_f$; (requerimento) aprovação$_f$

geneigt *adj.* zu etwas geneigt sein: estar inclinado/disposto a fazer alguma coisa

General *s. m.* MILITAR general$_m$

Generaldirektor *s. m.* director-geral$_m$

generalisieren* *v. intr.* generalizar

Generalprobe *s. f.* ensaio$_m$ geral

Generalstreik *s. m.* greve$_f$ geral

Generation *s. f.* geração$_f$

Generationskonflikt *s. m.* conflito$_m$ de gerações

Generator *s. m.* gerador$_m$

generell I *adj.* geral, universal; II *adv.* geralmente

genesen *v. intr.* restabelecer-se, convalescer

Genesung *s. f.* restabelecimento$_m$, convalescença$_f$

Genetik *s. f.* BIOLOGIA genética$_f$

genetisch *adj.* genético

Genf *s. nt.* Genebra$_f$

genial *adj.* genial

Genick *s. nt.* nuca$_f$

Genie *s. nt.* génio$_m$

genieren* *v. refl.* ter vergonha

genießbar *adj.* comestível

genießen *v. tr.* 1. gozar; disfrutar; 2. (comer) saborear; 3. (educação, formação) gozar de, receber

Genießer *s. m.* bon vivant$_m$, apreciador$_m$ do que é bom

Genitalien *s. pl.* órgãos$_{m. pl.}$ genitais

Genitiv *s. m.* GRAMÁTICA genitivo$_m$

genommen *p. p. de* nehmen

genoss *pret. imp. de* genießen

Genosse *s. m.* camarada$_{m. e f.}$, companheiro$_m$

genossen *p. p. de* genießen

Genossenschaft *s. f.* cooperativa$_f$

Genre *s. nt.* género$_m$

gentechnisch *adj.* genético

Gentechnologie *s. f.* BIOLOGIA engenharia$_f$ genética

genug *adv.* suficiente, bastante; ich habe genug davon: já estar farto disso

genügen* *v. intr.* bastar, ser suficiente, chegar

genügend *adj.* suficiente, bastante

genügsam *adj.* fácil de contentar, modesto

Genügsamkeit *s. f.* modéstia$_f$, moderação$_f$

Genugtuung *s. f.* satisfação$_f$

Genus *s. nt.* GRAMÁTICA género$_m$

Genuss *s. m.* 1. prazer$_m$, gozo$_m$; 2. (*sem pl.*) (comida) ingestão$_f$, consumo$_m$; 3. (*sem pl.*) usufruto$_m$

genüsslich *adv.* com deleite, com prazer

geöffnet *adj.* aberto

Geograf *s. m.* geógrafo$_m$

Geografie *s. f.* geografia$_f$

geografisch *adj.* geográfico

Geologe *s. m.* geólogo$_m$

Geologie *s. f.* geologia$_f$

geologisch *adj.* geológico

Geometrie *s. f.* geometria$_f$

geometrisch *adj.* geométrico

Gepäck *s. nt.* bagagem$_f$, malas$_{f. pl.}$

Gepäckabfertigung *s. f.* despacho$_m$ de bagagem

Gepäckannahme *s. f.* recepção$_f$ de bagagem

Gepäckaufbewahrung s. f. depósito_m de bagagem
Gepäckträger s. m. 1. (pessoa) bagageiro_m; 2. porta-bagagem_m
Gepäckwagen s. m. 1. (estação) carrinho_m de bagagem; 2. (comboio) furgão_m, vagão_m de bagagem
gepanzert adj. blindado
Gepard s. m. chita_f
gepfeffert adj. 1. (coloq.) (preço) muito elevado; 2. (coloq.) (anedota) picante
gepfiffen p. p. de pfeifen
gepflegt adj. (bem) cuidado; bem tratado
Geplätscher s. nt. murmúrio_m (da água)
gepriesen p. p. de preisen
Gequatsche s. nt. (coloq.) palrar_m, tagarelice_f
gequollen p. p. de quellen
gerade I adj. 1. recto, a direito; 2. direito; 3. MATEMÁTICA par; II adv. 1. precisamente, justamente; 2. agora mesmo; 3. (a) direito; etwas gerade biegen: endireitar alguma coisa
Gerade s. f. MATEMÁTICA recta_f
geradeaus adv. a direito, em frente
geradeheraus adv. (coloq.) francamente
gerädert adj. (coloq.) estafado, estourado
geradewegs adv. directamente, sem rodeios
geradezu adv. verdadeiramente
gerammelt adv. (coloq.) gerammelt voll: a abarrotar, à pinha
gerannt p. p. de rennen
Gerät s. nt. 1. aparelho_m; 2. instrumento_m, utensílio_m
geraten v. intr. 1. sair bem, dar resultado; 2. chegar [an/in +ac., a], ir dar [an/in +ac., a], ir parar [an/in +ac., a]; (situação) ver-se metido [in +ac., em]; außer sich geraten: ficar fora de si
Geratewohl s. nt. aufs Geratewohl: à toa, à sorte

geräuchert adj. defumado
geraum adj. geraume Zeit später: bastante tempo depois
geräumig adj. espaçoso, amplo
Geräusch s. nt. ruído_m, barulho_m
Geräuschdämmung s. f. insonorização_f
geräuschlos adj. silencioso
geräuschvoll adj. ruidoso, barulhento
gerben v. tr. curtir
Gerberei s. f. fábrica_f de curtumes
gerecht adj. justo
Gerechtigkeit s. f. justiça_f
Gerede s. nt. 1. (coloq.) palavreado_m; 2. falatório_m, boato_m
geregelt adj. regrado
gereizt adj. irritado; nervoso; tenso
Gericht s. nt. 1. tribunal_m; 2. (comida) prato_m
gerichtlich adj. judicial, legal
Gerichtsbarkeit s. f. jurisdição_f
Gerichtshof s. m. tribunal_m
Gerichtskosten s. pl. encargos_m. pl. judiciais
Gerichtsmedizin s. f. medicina_f legal
Gerichtssaal s. m. sala_f de audiências
Gerichtsverfahren s. nt. processo_m judicial
Gerichtsverhandlung s. f. audiências_f. pl. (de um processo)
Gerichtsvollzieher s. m. oficial_m. e f. de diligências
gerieben p. p. de reiben
geriet pret. imp. de geraten
gering adj. 1. pequeno; pouco; (temperatura) baixo; 2. insignificante
geringfügig adj. insignificante, mínimo
geringschätzig adj. depreciativo, desdenhoso
gerinnen v. intr. 1. (sangue) coagular; 2. (leite) talhar, coalhar
Gerippe s. nt. esqueleto_m, ossatura_f

gerissen I *p. p. de* reißen; II *adj.* manhoso, sabido
geritten *p. p. de* reiten
gern(e) *adv.* com gosto, de bom grado; jemanden/etwas gern haben/mögen: gostar de alguém/alguma coisa; etwas gern machen: gostar de fazer alguma coisa
gerochen *p. p. de* riechen
Geröll *s. nt.* cascalho$_m$, entulho$_m$.
geronn *pret. imp. de* gerinnen
geronnen *p. p. de* rinnen, gerinnen
Gerste *s. f.* cevada$_f$
Gerstenkorn *s. nt.* 1. BOTÂNICA grão$_m$ de cevada; 2. MEDICINA terçolho$_m$.
gertenschlank *adj.* esguio
Geruch *s. m.* cheiro$_m$ [nach +*dat.*, a], aroma$_m$ [nach +*dat.*, a], odor$_m$ [nach +*dat.*, a]
geruchlos *adj.* inodoro
Geruchssinn *s. m.* olfacto$_m$.
Gerücht *s. nt.* boato$_m$, rumor$_m$.
gerufen *p. p. de* rufen
gerührt *adj.* comovido
geruhsam *adj.* calmo, pacato
Gerümpel *s. nt. (depr.)* tralha$_f$, tarecos$_m$.
gerungen *p. p. de* ringen
Gerüst *s. nt.* (obras) armação$_f$, andaime$_m$.
gesalzen *adj.* 1. (comida) salgado; 2. (preço) exorbitante
gesamt *adj.* todo, inteiro, geral; (custo) total; (obra) completo
Gesamtausgabe *s. f.* edição$_f$ completa
gesamtdeutsch *adj.* de toda a Alemanha
Gesamteindruck *s. m.* impressão$_f$ geral
gesamthaft I *adj. (Suíça)* total; II *adv. (Suíça)* no total
Gesamtheit *s. f.* totalidade$_f$, conjunto$_m$, todo$_m$.
Gesamthochschule *s. f.* Escola$_f$ Superior integrada
Gesamtschule *s. f.* escola$_f$ integrada

gesandt *p. p. de* senden
Gesandte(r) *s. m. e f.* enviad|o, -a$_{m, f.}$
Gesandtschaft *s. f.* legação$_f$.
Gesang *s. m.* 1. *(sem pl.) (acção de cantar)* canto$_m$; 2. cântico$_m$.
Gesangbuch *s. nt.* livro$_m$ de cânticos
Gesangverein *s. m.* grupo$_m$ coral, orfeão$_m$.
Gesäß *s. nt.* rabo$_m$.
gesch. [*abrev. de* geschieden] divorciado
geschaffen *p. p. de* schaffen
Geschäft *s. nt.* 1. negócio$_m$; ein Geschäft abschließen: fechar um negócio; 2. loja$_f$, estabelecimento$_m$.
Geschäftemacher *s. m. (depr.)* aproveitador$_m$, explorador$_m$.
geschäften *v. intr. (Suíça)* negociar
geschäftig *adj.* diligente
Geschäftigkeit *s. f.* diligência$_f$.
geschäftlich I *adj.* comercial, de negócios; II *adv.* em negócios
Geschäftsaufgabe *s. f.* liquidação$_f$, comercial
Geschäftsbrief *s. m.* carta$_f$ comercial
geschäftsfähig *adj.* DIREITO capaz
Geschäftsführer *s. m.* gerente$_m$, director$_m$.
Geschäftsführung *s. f.* gerência$_f$, direcção$_f$
Geschäftsjahr *s. nt.* ano$_m$ fiscal, ano$_m$ económico
Geschäftslage *s. f.* ECONOMIA situação$_f$ (comercial)
Geschäftsleute *s. pl.* homens$_{m. pl.}$ de negócios
Geschäftsmann *s. m.* homem$_m$ de negócios
Geschäftspartner *s. m.* sócio$_m$.
Geschäftsreise *s. f.* viagem$_f$ de negócios
Geschäftsschluss *s. m.* encerramento$_m$, hora$_f$ de fecho
Geschäftsstelle *s. f.* escritório$_m$; agência$_f$

geschäftstüchtig adj. eficiente, competente

geschah pret. imp. de geschehen

geschehen* v. intr. acontecer, suceder; das geschieht dir recht!: é bem feito!

Geschehen s. nt. acontecimentos_{m. pl.}

gescheit adj. sensato, inteligente; nichts Gescheites: nada de jeito

Geschenk s. nt. prenda_f, presente_m; jemandem ein Geschenk machen: dar uma prenda a alguém

Geschenkgutschein s. m. vale-presente_m

Geschichte s. f. 1. história_f, conto_m; 2. (sem pl.) História_f; Geschichte studieren: estudar História; 3. (coloq.) história_f, coisa_f; erzähl mir keine Geschichten!: não me venhas com histórias!

geschichtlich adj. histórico

Geschichtsschreibung s. f. historiografia_f

Geschick s. nt. → Geschicklichkeit

Geschicklichkeit s. f. habilidade_f, jeito_m, perícia_f

geschickt I adj. hábil, habilidoso, jeitoso; II adv. com arte

geschieden p. p. de scheiden

geschienen p. p. de scheinen

Geschirr s. nt. 1. louça_f; 2. (sem pl.) utensílios_m, de cozinha, trem_m, de cozinha

Geschirrspülmaschine s. f. máquina_f, de lavar louça

Geschirrtuch s. nt. pano_m, da louça

geschissen p. p. de scheißen

geschlafen p. p. de schlafen

geschlagen p. p. de schlagen

Geschlecht s. nt. 1. BIOLOGIA sexo_m; 2. GRAMÁTICA género_m

geschlechtlich adj. sexual

Geschlechtskrankheit s. f. doença_f, venérea

Geschlechtsorgan s. nt. órgão_m, sexual

Geschlechtsreife s. f. maturidade_f, sexual, puberdade_f

Geschlechtsteil s. nt. órgão_m, genital

Geschlechtsverkehr s. m. relações_{f. pl.} sexuais

geschlichen p. p. de schleichen

geschliffen I p. p. de schleifen; II adj. polido

geschlossen I p. p. de schließen; II adj. 1. fechado, íntimo; 2. (vogal) fechado; III adv. unanimemente, por unanimidade

geschlungen p. p. de schlingen

Geschmack s. m. 1. gosto_m; an etwas Geschmack finden: tomar gosto em alguma coisa; 2. (comida) gosto_m, [nach +dat., a], sabor_m [nach +dat., a]

geschmacklos adj. 1. (comida) insípido, sem gosto; 2. de mau gosto, grosseiro

Geschmacklosigkeit s. f. (sem pl.) falta_f, de gosto, mau_m, gosto; 2. inconveniência_f, grosseria_f

Geschmack(s)sache s. f. questão_f, de gosto

Geschmackssinn s. m. paladar_m, gosto_m

geschmackvoll adj. de bom gosto

geschmeidig adj. 1. (material) maleável, flexível; macio; 2. (movimento) flexível

Geschmier(e) s. nt. (depr.) gatafunhos_{m. pl.}

geschmissen p. p. de schmeißen

geschmolzen p. p. de schmelzen

geschnitten p. p. de schneiden

geschoben p. p. de schieben

gescholten p. p. de schelten

Geschöpf s. nt. criatura_f

geschoren p. p. de scheren

Geschoss s. nt. 1. projéctil_m, bala_f; 2. andar_m; piso_m

geschossen p. p. de schießen

Geschrei s. nt. gritaria_f, alarido_m

geschrieben p. p. de schreiben

geschrie(e)n p. p. de schreien

geschritten p. p. de schreiten
Geschütz s. nt. canhão_m.
geschützt adj. protegido; abrigado
Geschwader s. nt. MILITAR esquadrão_m.
Geschwätz s. nt. (depr.) palavreado_m, conversa_f fiada
geschwätzig adj. (depr.) linguareiro; linguarudo
geschweige cj. geschweige denn: muito menos, quanto mais
geschwiegen p. p. de schweigen
geschwind adj. (Regionalismo) veloz
Geschwindigkeit s. f. velocidade_f.
Geschwindigkeitsbeschränkung s. f. limite_m de velocidade
Geschwister s. pl. irmãos_m. pl.; irmãs_f. pl.
geschwollen I p. p. de schwellen; II adj. (estilo) empolado
geschwommen p. p. de schwimmen
geschworen p. p. de schwören
Geschworene(r) s. m. e f. jurado|o, -a_m. f.
Geschwulst s. f. tumor_m, inchaço_m.
geschwunden p. p. de schwinden
geschwungen I p. p. de schwingen; II adj. curvo, arqueado
Geschwür s. nt. MEDICINA úlcera_f.
gesehen p. p. de sehen
Geselchte(s) s. nt. (Áustria) carne_f fumada
Geselle s. m. oficial_m. (de um ofício)
gesellen* v. refl. juntar-se [zu +dat., a]
gesellig adj. sociável
Geselligkeit s. f. convívio_m.
Gesellschaft s. f. 1. SOCIOLOGIA sociedade_f; 2. (sem pl.) companhia_f; jemandem Gesellschaft leisten: fazer companhia a alguém; 3. ECONOMIA sociedade_f; 4. associação_f
gesellschaftlich adj. social
Gesellschaftsordnung s. f. ordem_f social
Gesellschaftsschicht s. f. nível_m social, classe_f social

Gesellschaftsspiel s. nt. jogo_m de sala
gesessen p. p. de sitzen
Gesetz s. nt. lei_f.
Gesetzbuch s. nt. código_m (de leis)
Gesetzentwurf s. m. projecto_m de lei
Gesetzesvorlage s. f. → Gesetzentwurf
gesetzgebend adj. legislativo
Gesetzgeber s. m. legislador_m.
Gesetzgebung s. f. legislação_f.
gesetzlich adj. legal, legítimo
gesetzmäßig adj. legal, conforme a lei
gesetzt adj. (pessoa) maduro, que assentou
gesetzwidrig adj. ilegal, contra a lei
Gesicht s. nt. 1. cara_f, rosto_m; 2. ar_m, aspecto; etwas zu Gesicht bekommen: ver alguma coisa; (coloq.) ein langes Gesicht machen: ficar de trombas
Gesichtsausdruck s. m. cara_f, expressão_f (facial)
Gesichtsfarbe s. f. tez_f.
Gesichtspunkt s. m. ponto_m de vista
Gesichtswasser s. nt. loção_f facial
Gesichtszüge s. pl. traços_m. pl., feições_f. pl.
Gesindel s. nt. (depr.) gentalha_f, gentinha_f, ralé_f
gesinnt adj. jemandem feindlich/freundlich gesinnt sein: ser hostil/favorável a alguém
Gesinnung s. f. mentalidade_f; opinião_f; politische Gesinnung: convicções políticas_f. pl.
Gesinnungswandel s. m. mudança_f de opinião
gesittet adj. civilizado, bem-educado
gesoffen p. p. de saufen
gesogen p. p. de saugen
gesotten p. p. de sieden
Gespan s. m. (Suíça) companheiro_m.
Gespann s. nt. 1. (cavalos) parelha_f; (bois) junta_f; 2. (pessoas) par_m, parelha_f
gespannt adj. 1. tenso; 2. curioso [auf +ac., por], ansioso [auf +ac., por]

Gespenst s. nt. fantasma_m_, espírito_m._
gespenstisch adj. fantástico
gesponnen p. p. de spinnen
Gespött s. nt. alvo_m_ de troça
Gespräch s. nt. 1. conversa_f_, diálogo_m_; ein Gespräch mit jemandem führen: ter uma conversa com alguém; 2. telefonema_m_; chamada_f._
gesprächig adj. falador, conversador, comunicativo
Gesprächspartner s. m. interlocutor_m._
Gesprächsstoff s. m. assunto_m._
Gesprächsthema s. nt. tema_m_ de conversa
Gespritzte(r) s. m. (Áustria) [vinho e água com gás]
gesprochen p. p. de sprechen
gesprossen p. p. de sprießen
gesprungen p. p. de springen
Gespür s. nt. intuição_f_ [für +ac., para]
Gestalt s. f. 1. (sem pl.) forma_f_; in Gestalt von: sob a forma de; 2. (sem pl.) aspecto_m_; porte_m_, estatura_f_; 3. vulto_m._
gestalten* v. tr. 1. (esboço) dar forma a; 2. (conferência) realizar; 3. (aula, vida, tempo) organizar
Gestaltung s. f. 1. (sessão) realização_f_, organização_f_; 2. (tema) tratamento_m_; 3. (vida, tempo) organização_f._
gestanden p. p. de gestehen, stehen
geständig adj. confesso
Geständnis s. nt. confissão_f._
Gestank s. m. fedor_m_, mau cheiro_m._
gestatten* v. tr. permitir, consentir, dar licença
Geste s. f. gesto_m._
gestehen* v. tr. DIREITO confessar
Gestein s. nt. mineral_m_; rocha_f._
Gestell s. nt. 1. armação_f_; suporte_m_; 2. (óculos) armação_f_; 3. (carro) chassis_m._
gestern adv. ontem; gestern vor zwei Wochen: fez ontem quinze dias

gestiegen p. p. de steigen
Gestik s. f. mímica_f._
gestikulieren* v. intr. gesticular
Gestirn s. nt. astro_m._
gestochen I p. p. de stechen; II adj. primoroso
gestohlen p. p. de stehlen
gestorben p. p. de sterben
gestoßen p. p. de stoßen
gestreift adj. às riscas
gestresst adj. stressado
gestrichelt adj. tracejado
gestrichen p. p. de streichen
gestrig adj. de ontem
gestritten p. p. de streiten
Gestrüpp s. nt. matagal_m._
gestunken p. p. de stinken
Gestüt s. nt. coudelaria_f._
Gesuch s. nt. requerimento_m._
gesund adj. saudável, sadio, são; der gesunde Menschenverstand: o bom senso
Gesundheit s. f. saúde_f_; Gesundheit!: santinho!, viva!
gesundheitlich adj. de saúde
Gesundheitsamt s. nt. Direcção-Geral_f_ de Saúde
gesundheitsschädlich adj. prejudicial à saúde
Gesundheitswesen s. nt. Serviços_m. pl._ de Saúde Pública
Gesundheitszeugnis s. nt. atestado_m_ de saúde
Gesundheitszustand s. m. estado_m_ de saúde
gesungen p. p. de singen
gesunken p. p. de sinken
getan p. p. de tun
Getöse s. nt. ruído_m_, barulho_m._
getragen I p. p. de tragen; II adj. (música) solene
Getränk s. nt. bebida_f._

Getränkeautomat s. m. máquina, de bebidas

getrauen* v. refl. atrever-se [zu +inf., a], ousar [zu +inf.]

Getreide s. nt. cereal$_m$, cereais$_{m. pl.}$

getrennt adj. separado

getreten p. p. de treten

getreu adj. exacto

Getriebe s. nt. 1. ENGENHARIA mecanismo$_m$, engrenagem$_f$; 2. (automóvel) caixa, de velocidades

getrieben p. p. de treiben

getroffen p. p. de treffen

getrogen p. p. de trügen

getrost adv. descansado, tranquilo, sem receio

getrunken p. p. de trinken

Getue s. nt. (coloq., depr.) complicação,

Getümmel s. nt. tumulto$_m$

geübt adj. com prática, treinado

Gewächs s. nt. planta,

gewachsen I p. p. de wachsen; II adj. jemandem/etwas gewachsen sein: estar à altura de alguém/alguma coisa

Gewächshaus s. nt. estufa,

gewagt adj. ousado, arriscado

gewählt adj. (estilo) rebuscado

Gewähr s. f. garantia,; ohne Gewähr: sem compromisso

gewähren* v. tr. 1. (pedido) atender a, aceder a; 2. (alojamento) dar; (asilo) conceder; 3. (desconto) fazer

gewährleisten* v. tr. garantir

Gewahrsam s. m. 1. custódia,, guarda,; 2. prisão,, detenção,

Gewalt s. f. 1. violência,, força,; 2. poder$_m$, autoridade,

Gewaltanwendung s. f. uso$_m$ da força

Gewaltherrschaft s. f. despotismo$_m$, tirania,

gewaltig I adj. 1. poderoso; 2. enorme; tremendo; II adv. (coloq.) imensamente

gewaltlos I adj. pacífico; II adv. pacificamente

gewaltsam I adj. violento; II adv. violentamente

gewalttätig adj. violento

Gewand s. nt. vestimenta,

gewandt adj. 1. hábil, ágil; 2. desembaraçado

gewann pret. imp. de gewinnen

gewaschen p. p. de waschen

Gewässer s. nt. águas$_{f. pl.}$

Gewässerschutz s. m. protecção, das águas, protecção, hidrológica

Gewebe s. nt. tecido$_m$

Gewehr s. nt. espingarda,

Gewehrkolben s. m. coronha,

Gewehrlauf s. m. cano$_m$ de espingarda

Geweih s. nt. armação,, chifres$_{m. pl.}$

Gewerbe s. nt. 1. profissão,, ofício$_m$; 2. ⟨sem pl.⟩ pequena empresa,

Gewerbegebiet s. nt. zona, industrial

Gewerbeschein s. m. carteira, profissional

Gewerbesteuer s. f. contribuição, industrial

gewerbetreibend adj. industrial, profissional

gewerblich adj. comercial; industrial; profissional

gewerbsmäßig adj. profissional

Gewerkschaft s. f. sindicato$_m$

Gewerkschafter s. m. sindicalista$_{m. e f.}$

gewerkschaftlich adj. sindical, sindicalista

Gewerkschaftsbund s. m. associação, sindical

gewesen p. p. de sein

gewichen p. p. de weichen

Gewicht s. nt. 1. ⟨sem pl.⟩ (de objecto, pessoa) peso$_m$; 2. ⟨sem pl.⟩ (significado) importância,, peso$_m$; 3. (para balança, desporto) peso$_m$

Gewichtheben s. nt. DESPORTO levantamento_m de pesos
gewichtig adj. de peso
gewieft adj. (coloq.) esperto
gewiesen p. p. de weisen
gewillt adj. gewillt sein, etwas zu tun: estar disposto a fazer alguma coisa
Gewinde s. nt. rosca_f
Gewinn s. m. 1. ECONOMIA lucro_m, ganho_m; 2. (lotaria, jogo) prémio_m
Gewinnbeteilung s. f. participação_f nos lucros
gewinnbringend adj. lucrativo, proveitoso
gewinnen I v. tr. 1. ganhar, alcançar, conseguir; 2. (carvão, óleo) extrair; 3. (energia) produzir; II v. intr. vencer (bei +dat., em)
gewinnend adj. insinuante, simpático
Gewinner s. m. vencedor_m; premiado_m
Gewinnung s. f. 1. (carvão, petróleo) extracção_f; 2. (energia) produção_f
Gewirr s. nt. 1. (fios) emaranhamento_m, embrulhada_f; 2. (vozes) confusão_f; 3. (ruas) labirinto_m
gewiss I adj. certo; in gewissem Maß(e): de certa forma; II adv. com certeza
Gewissen s. nt. consciência_f; jemandem ins Gewissen reden: chamar alguém à razão
gewissenhaft adj. consciencioso, consciente
Gewissenhaftigkeit s. f. consciência_f
gewissenlos adj. inconsciente
Gewissenlosigkeit s. f. inconsciência_f, falta_f de consciência
Gewissensbisse s. pl. remorsos_{m. pl}
Gewissensfrage s. f. questão_f de consciência
Gewissensfreiheit s. f. liberdade_f de consciência
Gewissenskonflikt s. m. conflito_m de consciência

gewissermaßen adv. de certo modo, até certo ponto
Gewissheit s. f. certeza_f
Gewitter s. nt. trovoada_f
gewittern* v. impess. trovejar
Gewitterschauer s. m. chuva_f de trovoada
gewittrig adj. de trovoada
gewitzt adj. sabido
gewoben p. p. de weben
gewogen p. p. de wiegen
gewöhnen* I v. tr. habituar (an +ac., a); II v. refl. acostumar-se (an +ac., a)
Gewohnheit s. f. hábito_m, costume_m
Gewohnheitsrecht s. nt. DIREITO direito_m consuetudinário, direito_m de costumes
gewöhnlich I adj. 1. habitual, normal; 2. vulgar, ordinário; II adv. geralmente; wie gewöhnlich: como de costume
gewohnt adj. habituado, acostumado
Gewöhnung s. f. habituação_f (an +ac., a)
Gewölbe s. nt. abóbada_f
gewonnen p. p. de gewinnen
geworben p. p. de werben
geworden p. p. de werden
geworfen p. p. de werfen
gewrungen p. p. de wringen
Gewühl s. nt. turba_f, multidão_f
gewunden p. p. de winden
gewunken p. p. de winken
Gewürz s. nt. especiaria_f, condimento_m, tempero_m
Gewürznelke s. f. BOTÂNICA cravinho_m, cravo-da-índia_m
gewusst p. p. de wissen
gez. (abrev. de gezeichnet) ass. (abrev. de assinado)
Gezeiten s. pl. maré_f
Gezeitenkraftwerk s. nt. central_f eléctrica de aproveitamento das marés
gezielt adj. 1. específico, dirigido (a); 2. propositado, calculado

gezogen *p. p. de* ziehen
Gezwitscher *s. nt.* gorjeio*m*, chilreio*m*.
gezwungen *p. p. de* zwingen
gezwungenermaßen *adv.* à força, contra a vontade
Ghana *s. nt.* Gana*m*.
Ghetto *s. nt.* gueto*m*.
Gibraltar *s. nt.* (Gibraltar*m*.
Gicht *s. f.* MEDICINA gota*f*, artrite*f*.
Giebel *s. m.* ARQUITECTURA frontão*m*.
Gier *s. f.* avidez [nach +*dat*., de], cobiça [nach +*dat*., de]
gierig *adj.* ávido [nach +*dat*., de]; cobiçoso; glutão
gießen I *v. tr.* 1. (planta) regar; 2. (metal) fundir; 3. deitar [in +*ac*., para/em], vazar [in +*ac*., para/em]; 4. entornar; II *v. intr. (coloq.)* chover (muito)
Gießerei *s. f.* (fábrica) fundição*f*.
Gießkanne *s. f.* regador*m*.
Gift *s. m.* veneno*m*.
Giftgas *s. nt.* gás*m*. tóxico
giftig *adj.* 1. (substância) tóxico; 2. (animal, planta) venenoso
Giftmüll *s. m.* resíduos*m. pl.* tóxicos
Giftschlange *s. f.* serpente*f*. venenosa
Giftstoff *s. m.* substância*f*. tóxica; toxina*f*.
Gigabyte *s. nt.* INFORMÁTICA gigabyte*m*.
Gigant *s. m.* gigante*m*.
gigantisch *adj.* gigante, gigantesco
ging *pret. imp. de* gehen
Gipfel *s. m.* 1. cume*m*, topo*m*; 2. cúmulo*m*; 3. POLÍTICA cimeira*f*.
gipfeln *v. intr.* culminar [in +*dat*., em]
Gipfeltreffen *s. nt.* POLÍTICA cimeira*f*.
Gips *s. m.* gesso*m*.
Gipsbein *s. nt. (coloq.)* perna*f*. engessada
gipsen *v. tr.* engessar
Gipsverband *s. m.* gesso*m*.
Giraffe *s. f.* ZOOLOGIA girafa*f*.
Girlande *s. f.* grinalda*f*.

Giro *s. nt.* transferência*f*.
Girokonto *s. nt.* conta-corrente*f*.
Gischt *s. f.* espuma*f*. (do mar)
Gitarre *s. f.* MÚSICA viola*f*; (portuguesa) guitarra*f*.
Gitarrist *s. m.* guitarrista*m. e f.*
Gitter *s. nt.* grade*f*.
Glace *s. f.* (Suíça) gelado*m*; sorvete*m*.
Gladiole *s. f.* BOTÂNICA gladíolo*m*.
Glanz *s. m.* 1. brilho*m*; lustro*m*; 2. brilho*m*, esplendor*m*.
glänzen *v. intr.* 1. brilhar, luzir; 2. distinguir-se [durch +*ac*., por], brilhar [durch +*ac*., por]
glänzend *adj.* brilhante
Glanzleistung *s. f.* actuação*f*. brilhante
glanzlos *adj.* sem brilho, baço
glanzvoll *adj.* brilhante, esplêndido
Glanzzeit *s. f.* período*m*. áureo, apogeu*m*.
Glas *s. nt.* 〈sem pl.〉 vidro*m*; 1. 2. copo*m*; 3. frasco*m*; 4. (óculos) lente*f*.
Glascontainer *s. m.* vidrão*m*.
Glaser *s. m.* vidraceiro*m*.
Glaserei *s. f.* vidraria*f*.
gläsern *adj.* de vidro
glasieren* *v. tr.* 1. (cerâmica) envernizar, vidrar; 2. CULINÁRIA (bolos) cobrir
glasig *adj.* (olhar) vidrado
Glasscherbe *s. f.* caco*m*. de vidro
Glasur *s. f.* 1. (cerâmica) verniz*m*., esmalte*m*; 2. CULINÁRIA (bolos) cobertura*f*.
glatt I *adj.* 1. plano; liso; 2. escorregadio; 3. sem dificuldades, perfeito; II *adv.* 1. sem dificuldades; 2. absolutamente
Glätte *s. f.* 1. lisura*f*., polimento*f*; 2. (com gelo) estado*m*. escorregadio
Glatteis *s. nt.* gelo*m*; *(fig.)* jemanden aufs Glatteis führen: pregar uma rasteira a alguém
glätten *v. tr.* 1. alisar; 2. *(Suíça)* passar a ferro
Glatze *s. f.* 1. careca*f*; 2. *(coloq.)* cabeça-rapada*m*, skinhead*m. e f.*

Glaube *s. m.* 1. RELIGIÃO fé*f.* [an +*ac.*, em], crença*f.* [an +*ac.*, em]; 2. convicção*f.*
glauben I *v. tr.* acreditar, crer, julgar, pensar; kaum zu glauben!: inacreditável!; II *v. intr.* RELIGIÃO crer [an +*ac.*, em]
Glaubensbekenntnis *s. nt.* RELIGIÃO profissão*f.* de fé, credo*m.*
Glaubensfreiheit *s. f.* liberdade*f.* de culto
Glaubenskrieg *s. m.* guerra*f.* religiosa
glaubhaft *adj.* credível, verosímil
gläubig *adj.* crente
Gläubige(r) *s. m. e f.* RELIGIÃO crente*m. e f.*
Gläubiger *s. m.* DIREITO credor*m.*
glaubwürdig *adj.* fidedigno, de confiança
gleich I *adj.* 1. igual, mesmo; idêntico; auf die gleiche Weise: do mesmo modo; 2. indiferente; es ist mir gleich, (ob...): é-me indiferente, (se...); II *adv.* 1. já; logo (a seguir); bis gleich!: até já!; 2. igualmente
gleichaltrig *adj.* da mesma idade
gleichartig *adj.* do mesmo modo, semelhante
gleichbedeutend *adj.* sinónimo [mit +*dat.*, de], equivalente [mit +*dat.*, a]
gleichberechtigt *adj.* que tem os mesmos direitos
Gleichberechtigung *s. f.* igualdade*f.* de direitos
gleichen I *v. intr.* parecer-se [+*dat.*, com], assemelhar-se [+*dat.*, a]; II *v. refl.* assemelhar-se
gleichentags *adv. (Suíça)* neste dia
gleichermaßen *adv.* igualmente, do mesmo modo
gleichfalls *adv.* igualmente, do mesmo modo
Gleichgewicht *s. nt.* equilíbrio*m.*; jemanden/etwas aus dem Gleichgewicht bringen: desequilibrar alguém/alguma coisa
gleichgültig *adj.* indiferente
Gleichgültigkeit *s. f.* indiferença*f.* [gegenüber +*dat.*, para com]
Gleichheitszeichen *s. nt.* MATEMÁTICA sinal*m.* de igualdade
gleichkommen *v. intr.* igualar-se, comparar-se
gleichmäßig *adj.* 1. (andamento) regular; 2. (distribuição) igual, proporcional; 3. (temperatura) constante
Gleichnis *s. nt.* parábola*f.*
gleichsehen *v. intr.* parecer; *(coloq.)* das sieht ihr gleich: isso é mesmo dela
gleichseitig *adj.* MATEMÁTICA equilátero
gleichsetzen *v. tr.* 1. comparar [mit +*dat.*, com]; 2. equiparar [mit +*dat.*, a], igualar [mit +*dat.*, a]
Gleichstand *s. m.* DESPORTO empate*m.*
gleichstellen *v. tr.* igualar [mit +*dat.*, a]
Gleichstellung *s. f.* igualdade*f.*
Gleichstrom *s. m.* FÍSICA corrente*f.* contínua
gleichtun *v. tr.* es jemandem gleichtun: fazer o mesmo a alguém
Gleichung *s. f.* MATEMÁTICA equação*f.*
gleichwertig *adj.* equivalente
gleichzeitig I *adj.* simultâneo, concomitante; II *adv.* em simultâneo, ao mesmo tempo
Gleis *s. nt.* 1. carril*m.*, via-férrea*f.*; 2. (plataforma) linha*f.*
gleiten *v. intr.* 1. deslizar [über +*ac.*, sobre], escorregar [über +*ac.*, sobre]; 2. (olhos, mão) passar [über +*ac.*, por]
Gleitzeit *s. f.* horário*m.* flexível
Gletscher *s. m.* glaciar*m.*
glich *pret. imp. de* gleichen
Glied *s. nt.* 1. membro*m.*; 2. (corrente) elo*m.*
gliedern I *v. tr.* 1. estruturar, organizar; 2. dividir [in +*ac.*, em]; II *v. refl.* dividir-se [in +*ac.*, em]

Gliederung s. f. 1. estrutura_f_, organização_f_; 2. divisão_f_ [in +ac., em]
Gliedmaßen s. pl. membros_m.pl._
glimmen v. intr. arder (sem chama)
glimpflich I adj. moderado, indulgente; II adv. sem grande prejuízo
glitschig adj. escorregadio
glitt p. p. de gleiten
glitzern v. intr. cintilar, reluzir
global adj. global
Globalisierung s. f. ECONOMIA globalização_f_
Globus s. m. globo_m_ (terrestre)
Glocke s. f. 1. (igreja) sino_m_; 2. (Regionalismo) (de porta) campainha_f_
Glockenschlag s. m. badalada_f_
Glockenspiel s. nt. carrilhão_m_
Glockenturm s. m. campanário_m_
glomm pret. de glimmen
glorreich adj. glorioso
Glossar s. nt. glossário_m_
Glotze s. f. (coloq.) televisão_f_
glotzen v. intr. (coloq.) arregalar os olhos
Glück s. nt. sorte_f_; felicidade_f_; viel Glück!: boa sorte!; auf gut Glück: à sorte; jemandem Glück wünschen: desejar boa sorte a alguém
glücken v. intr. sair bem, ser bem sucedido
gluckern v. intr. gargarejar
glücklich adj. feliz; contente
glücklicherweise adv. felizmente, por sorte
Glücksfall s. m. feliz acaso_m_, caso_m_ de sorte
Glücksklee s. m. trevo_m_ de quatro folhas
Glückspilz s. m. felizardo_m_
Glücksspiel s. nt. jogo_m_ de azar
Glückssträhne s. f. raio_m_ de sorte
Glückwunsch s. m. parabéns_m.pl._; herzlichen Glückwunsch: muitos parabéns

Glühbirne s. f. lâmpada_f_ (eléctrica)
glühen v. intr. 1. (carvão) estar em brasa; 2. (fig.) arder [vor +dat., de]
Glühwein s. m. vinho_m_ quente
Glühwürmchen s. nt. pirilampo_m_
Glut s. f. 1. (de carvão, cigarro) brasa_f_; 2. calor_m_
GmbH s. f. [abrev. de Gesellschaft mit beschränkter Haftung] S.A.R.L._f_ [abrev. de sociedade anónima de responsabilidade limitada]
Gnade s. f. 1. favor_m_; 2. RELIGIÃO graça_f_; 3. clemência_f_
Gnadenfrist s. f. prazo_m_ final, último prazo_m_
gnadenlos adj. implacável, impiedoso
gnädig adj. 1. misericordioso, clemente; 2. complacente
Gockel s. m. (Regionalismo) galo_m_
Gold s. nt. ouro_m_
golden adj. 1. de ouro; 2. dourado
Goldfisch s. m. peixe_m_ dourado
Goldgräber s. m. garimpeiro_m_
Goldgrube s. f. (coloq.) mina_f_ de ouro
goldig adj. (coloq.) amoroso
Goldmedaille s. f. medalha_f_ de ouro
Goldschmied s. m. ourives_m_
Goldschmiedearbeit s. f. ourivesaria_f_
Golf[1] s. m. (-(e)s, -e) GEOGRAFIA golfo_m_
Golf[2] s. nt. (-(e)s, sem pl.) DESPORTO golfe_m_
Golfplatz s. m. campo_m_ de golfe
Golfspieler s. m. jogador_m_ de golfe
Golfstrom s. m. corrente_f_ do golfo
Gondel s. f. 1. gôndola_f_; 2. (teleférico) cabine_f_
Gondelbahn s. f. (Suíça) teleférico_m_
Gong s. m. gongo_m_
gönnen v. tr. folgar com, não invejar; ich gönne es ihm: tanto melhor para ele; jemandem etwas nicht gönnen: invejar alguma coisa a alguém; sich [dat.] etwas gönnen: permitir-se alguma coisa

Gönner *s. m.* protector*_m*, benfeitor*_{m.}*
gönnerhaft *adj.* condescendente
gor *pret. imp. de* gären
Gorilla *s. m.* ZOOLOGIA gorila*_{m.}*
goss *pret. imp. de* gießen
Gosse *s. f.* sarjeta*_{f.}*
Gotik *s. f.* gótico*_{f.}*
gotisch *adj.* gótico
Gott *s. m.* 1. (*sem pl.*) Deus*_{m.}*; Gott sei Dank!: graças a Deus!; um Gottes Willen!: por amor de Deus!; 2. deus*_{m.}*
Gotte *s. f.* (*Suíça*) madrinha*_{f.}*
Gottesdienst *s. m.* serviço*_{m.}* religioso, missa*_{f.}*
Gotteshaus *s. nt.* casa*_{f.}* de Deus
Gottheit *s. f.* divindade*_{f.}*
Götti *s. m.* (*Suíça*) padrinho*_{m.}*
göttlich *adj.* 1. divino; 2. (*coloq.*) divinal
gottlob *adv.* graças a Deus
gottlos *adj.* ateu, ímpio
Götze *s. m.* ídolo*_{m.}*
Grab *s. nt.* campa*_{f.}*, jazigo*_{m.}*, sepultura*_{f.}*
graben I *v. tr.* cavar, escavar; (buraco) abrir; II *v. intr.* escavar [*nach* +*dat.*, à procura de]
Graben *s. m.* 1. cova*_{f.}*, vala*_{f.}*, valeta*_{f.}*; 2. MILITAR trincheira*_{f.}*
Grabmal *s. nt.* túmulo*_{m.}*
Grabstein *s. m.* lápide*_{f.}*
Grad *s. m.* grau*_{m.}*; akademischer Grad: grau*_{m.}* académico
Graduierte(r) *s. m. e f.* formado|o, -a*_{m., f.}*, graduado|o, -a*_{m., f.}*
Graf *s. m.* conde*_{m.}*
Graffiti *s. pl.* graffiti*_{m. pl.}*
Grafik *s. f.* gráfico*_{f.}*
Grafiker *s. m.* artista*_{m.}* gráfico
grafisch *adj.* gráfico
Grafit *s. m.* grafite*_{f.}*
Grafschaft *s. f.* condado*_{m.}*
grämen *v. refl.* afligir-se [*über* +*ac.*, com]

Gramm *s. nt.* grama*_{m.}*
Grammatik *s. f.* gramática*_{f.}*
grammatisch *adj.* gramatical
Granatapfel *s. m.* BOTÂNICA romã*_{f.}*
Granate *s. f.* MILITAR granada*_{f.}*
grandios *adj.* grandioso
Granit *s. m.* granito*_{m.}*
grantig *adj.* rabugento
Grapefruit *s. f.* BOTÂNICA toranja*_{f.}*
grapschen *v. tr.* (*coloq.*) agarrar
Gras *s. nt.* 1. (*sem pl.*) relva*_{f.}*; 2. erva*_{f.}*; (*coloq.*) Gras über etwas wachsen lassen: o que lá vai, lá vai
grasen *v. intr.* pastar
Grasfläche *s. f.* relvado*_{m.}*
grasgrün *adj.* verde-gaio
Grashalm *s. m.* vergôntea*_{f.}*
grassieren* *v. intr.* espalhar-se
grässlich *adj.* horrível; abominável; atroz
Grat *s. m.* cume*_{m.}*
Gräte *s. f.* espinha*_{f.}*
gratis *adv.* grátis, gratuito
Gratulant *s. m.* congratulador*_{m.}*
Gratulation *s. f.* felicitações*_{f. pl.}*, parabéns*_{m. pl.}*
gratulieren* *v. intr.* felicitar [*zu* +*dat.*, por], dar os parabéns [*zu* +*dat.*, por]
grau *adj.* 1. cinzento, pardo; (cabelo) grisalho; 2. monótono
Gräuel *s. m.* horror*_{m.}*
grauen *v. impess.* ter medo, ter pavor
Grauen *s. nt.* pavor*_{m.}*, horror*_{m.}*
grauenhaft *adj.* pavoroso, horrível
grauenvoll *adj.* horroroso
grauhaarig *adj.* de cabelo grisalho
Graupel *s. f.* granizo*_{m.}*
grausam *adj.* atroz, horrível; cruel
Grausamkeit *s. f.* atrocidade*_{f.}*, crueldade*_{f.}*
grausen *v. impess.* ter pavor [*vor* +*dat.*, de]; mir graust: tenho pavor

grausig *adj.* pavoroso, horrível
grauslich *adj. (Áustria)* → grässlich
gravieren* *v. tr.* gravar [in +*ac.*, em]
gravierend *adj.* 1. (circunstância) agravante; 2. (erro) grave
Gravitation *s. f.* FÍSICA gravitação$_f$
grazil *adj.* gracioso
greifbar *adj.* 1. acessível; in greifbarer Nähe: à mão; 2. palpável, concreto
greifen I *v. tr.* apanhar, pegar em; agarrar; II *v. intr.* 1. pegar [nach/zu +*dat.*, em]; 2. (método) recorrer [zu +*dat.*, a]; in die Tasche greifen: meter a mão no bolso; um sich greifen: propagar-se
Greis *s. m.* velho$_m$, ancião$_m$
grell *adj.* 1. (luz, sol) forte, ofuscante; 2. (cor) berrante; 3. (voz, grito) agudo, estridente
Gremium *s. nt.* grémio$_m$
Grenze *s. f.* 1. fronteira$_f$ [zu +*dat.*, com]; 2. limite$_m$
grenzen *v. intr.* 1. (região) confinar [an +*ac.*, com]; 2. chegar a ser, aproximar-se [an +*ac.*, de]
grenzenlos *adj.* 1. (espaço) ilimitado, infinito; 2. enorme, imenso
Grenzfall *s. m.* caso$_m$ extremo
Grenzgebiet *s. nt.* região$_f$ fronteiriça
Grenzschutz *s. m.* guarda$_f$ fronteiriça
Grenzübergang *s. m.* passagem$_f$ da fronteira; travessia$_f$ da fronteira
grenzüberschreitend *adj.* transfronteiriço
Grenzverletzung *s. f.* violação$_f$ da fronteira
Grenzwert *s. m.* valor-limite$_m$
Grenzzwischenfall *s. m.* incidente$_m$ de fronteiras
Grieche *s. m.* grego$_m$
Griechenland *s. nt.* Grécia$_f$
griechisch *adj.* grego

griesgrämig *adj.* carrancudo
griff *pret. imp. de* greifen
Griff *s. m.* 1. cabo$_m$; pega$_f$; 2. puxador$_m$; 3. jeito$_m$ de mãos
griffbereit *adj.* à mão; etwas griffbereit haben: ter alguma coisa à mão
Grill *s. m.* 1. grelha$_f$; 2. grelhador$_m$; barbecue$_m$
Grille *s. f.* ZOOLOGIA grilo$_m$
grillen *v. tr.* 1. grelhar; 2. assar no espeto
Grimasse *s. f.* careta$_f$; Grimassen schneiden: fazer caretas
grimmig *adj.* 1. furioso, irado; 2. excessivo; grimmige Kälte: frio de morrer
grinsen *v. intr.* sorrir ironicamente; fazer um sorriso amarelo
Grippe *s. f.* gripe$_f$
Grips *s. m. (coloq.)* miolos$_{m. pl.}$, carola$_f$
grob *adj.* 1. grosso, espesso; 2. rude, grosseiro; 3. (erro) crasso, grave; 4. aproximado
Grobheit *s. f.* 1. (material) rudeza$_f$; 2. (pessoa) grosseria$_f$
Grobian *s. m. (depr.)* grosseirão$_m$
Grog *s. m.* grogue$_m$
groggy *adj. (coloq.)* grogue
grölen *v. intr.* berrar
Groll *s. m.* rancor$_m$
grollen *v. intr.* 1. (pessoa) guardar rancor; 2. (trovão) troar
Grönland *s. nt.* Gronelândia$_f$
Groschen *s. m. (coloq.)* moeda$_f$ de 10 Pfennig
groß *adj.* 1. grande; im Großen und Ganzen: em geral; 2. (letra) maiúscula; 3. extenso, grande; 4. alto; wie groß bist du?: quanto medes?; groß werden: crescer; 5. mais velho; sie hat vier große Brüder: ela tem quatro irmãos mais velhos; 6. grande; forte; intenso; ich habe große Angst: eu tenho muito medo; 7. grande, importante, famoso

großartig *adj.* grandioso, magnífico
Großaufnahme *s. f.* primeiro plano_m._
Großbetrieb *s. m.* grande empresa_f_
Großbritannien *s. nt.* Grã-Bretanha_f_
Großbuchstabe *s. m.* letra_f_ maiúscula
Größe *s. f.* 1. tamanho_m_; número_m_; 2. extensão_f_; 3. altura_f_; estatura_f_; 4. *(sem pl.)* grandeza_f_
Großeltern *s. pl.* avós_m. pl._
Größenwahn *s. m.* megalomania_f_
größenwahnsinnig *adj.* megalómano
Großgrundbesitz *s. m.* latifúndio_m._
Großgrundbesitzer *s. m.* latifundiário_m._
Großhandel *s. m.* comércio_m_ por atacado/grosso
Grossist *s. m.* grossista_m. e f._
Großkind *s. nt. (Suíça)* net|o, -a_m. f._
Großmacht *s. f.* (estado, nação) grande potência_f_
Großmarkt *s. m.* hipermercado_m._
Großmaul *s. nt. (depr.)* gabarola_m._, fanfarrão_m_
Großmutter *s. f.* avó_f_
Großonkel *s. m.* tio-avô_m._
Großraum *s. m.* grande área_f_; im Großraum Porto: no grande Porto
Großschreibung *s. f.* letra_f_ maiúscula
großspurig *adj.* arrogante, pretensioso
Großstadt *s. f.* grande cidade_f_
Großtante *s. f.* tia-avó_f_
größtenteils *adv.* na maior parte das vezes
größtmöglich *adj.* maior possível
Großvater *s. m.* avô_m._
Großveranstaltung *s. f.* grande acontecimento_m._
großziehen *v. tr.* criar
großzügig *adj.* 1. liberal, tolerante; 2. generoso; 3. amplo
Großzügigkeit *s. f.* 1. liberalidade_f_, tolerância_f_; 2. generosidade_f_

grotesk *adj.* grotesco
Grotte *s. f.* gruta_f._
grub *pret. imp. de* graben
Grübchen *s. nt.* covinha_f_
Grube *s. f.* 1. cova_f_; 2. mina_f_
grübeln *v. intr.* matutar [über +ac., em], cismar [über +ac., com]
grüezi *interj. (Suíça)* olá!
Gruft *s. f.* 1. jazigo_m_, túmulo_m_; 2. cripta_f._
grün *adj.* verde
Grünanlage *s. f.* espaço_m_ verde, zona_f_ ajardinada
Grund *s. m.* 1. *(sem pl.)* solo_m_, terreno_m_; 2. *(sem pl.)* fundo_m_; *(fig.)* zu Grunde gehen: ir ao fundo; 3. motivo_m_ [für +ac., de], razão_f_ [für +ac., de]; aus diesem Grund: por este motivo; 4. *(sem pl.)* base_f_, fundamento_m_; im Grunde: no fundo
Grundbesitz *s. m.* bens_m. pl._ de raiz, terras_f. pl._
Grundbuch *s. nt.* cadastro_m._
gründen I *v. tr.* fundar; constituir; II *v. refl.* basear-se [auf +ac., em]
Gründer *s. m.* fundador_m_
Grundgebühr *s. f.* 1. taxa_f_ base; 2. (de telefone) assinatura_f_
Grundgedanke *s. m.* ideia_f_ fundamental
Grundgesetz *s. nt.* POLÍTICA lei_f_ básica, lei_f_ fundamental; constituição_f_
Grundkenntnisse *s. pl.* conhecimentos_m. pl._ básicos
Grundlage *s. f.* base_f_, fundamento_m._
grundlegend *adj.* fundamental
gründlich I *adj.* 1. profundo, sólido; 2. minucioso; 3. geral, radical; II *adv.* a fundo, em profundidade
grundlos *adj.* sem fundamento, infundado
Grundnahrungsmittel *s. nt.* alimento_m_ básico
Gründonnerstag *s. m.* Quinta-Feira_f_ Santa
Grundrecht *s. nt.* direito_m_ fundamental

Grundriss *s. m.* ARQUITECTURA planta*f*
Grundsatz *s. m.* princípio*m*, máxima*f*
grundsätzlich I *adj.* fundamental, básico; II *adv.* 1. fundamentalmente, basicamente; 2. em princípio; por princípio
Grundschule *s. f.* escola*f* primária
Grundstück *s. nt.* terreno*m*.
Gründung *s. f.* fundação*f*; constituição*f*
Grundwasser *s. nt.* águas*f pl.* subterrâneas
Grüne *s. nt.* Natureza*f*; im Grünen: ao ar livre; ins Grüne fahren: ir para o campo
Grüne(r) *s. m. e f.* POLÍTICA Verde*m. e f.*
Grünfläche *s. f.* relvado*m*
Grünkohl *s. m.* couve*f* galega
grunzen *v. intr.* grunhir
Gruppe *s. f.* grupo*m*; (de trabalho) equipa*f*
Gruppenarbeit *s. f.* trabalho*m* de grupo
gruppieren* *v. tr.* agrupar
gruselig *adj.* arrepiante, horripilante
Gruß *s. m.* cumprimento*m*, saudação*f*
grüßen *v. tr.* cumprimentar, saudar; sie läßt Sie grüßen!: ela manda-lhe cumprimentos!
Guatemala *s. nt.* Guatemala*f*
gucken *v. intr.* (coloq.) olhar; guck mal!: (ora) olha!
Guerillakrieg *s. m.* guerra*f* de guerrilhas
Guinea *s. nt.* Guiné*f*
Guinea-Bissau *s. nt.* Guiné-Bissau*f*
Gulasch *s. nt.* CULINÁRIA guisado*m* de vaca
Gulden *s. m.* florim*m*
gültig *adj.* válido; (lei) vigente, em vigor; allgemein gültig: geral, universal
Gültigkeit *s. f.* 1. validade*f*; 2. vigência*f*
Gummi *s. m. e nt.* 1. (material) borracha*f*, goma*f*; 2. borracha*f*; 3. (coloq.) elástico*m*
Gummiband *s. nt.* elástico*m*
Gummiknüppel *s. m.* cacete*m* (de borracha)
Gummistiefel *s. m.* galocha*f*, bota*f* de borracha

Gunst *s. f.* graça*f*, favor*m*; zu jemandes Gunsten: a favor de alguém
günstig *adj.* favorável; propício, oportuno; vantajoso; etwas günstig kaufen: comprar alguma coisa barata
Gurgel *s. f.* garganta*f*
gurgeln *v. intr.* gargarejar
Gurke *s. f.* pepino*m*
Gurt *s. m.* 1. correia*f*; 2. cinto*m* de segurança
Gürtel *s. m.* 1. cinto*m*; (karaté) cinturão*m*; 2. zona*f*
Gürtelreifen *s. m.* pneu*m* radial
Gurtpflicht *s. f.* obrigatoriedade*f* do uso do cinto de segurança
GUS *s. f.* [abrev. de Gemeinschaft unabhängiger Staaten] Associação*f* dos Estados Independentes
Guss *s. m.* 1. (sem pl.) (metal) fundição*f*, fusão*f*; 2. (coloq.) aguaceiro*m*; bátega*f*; 3. (bolo) cobertura*f*
Gusseisen *s. nt.* ferro*m* fundido
gut I *adj.* bom; II *adv.* bem; schon gut!: está bem!; gut gemacht!: muito bem!; etwas gut können: saber fazer bem alguma coisa; gut gemeint: bem intencionado
Gut *s. nt.* 1. quinta*f*, herdade*f*; fazenda*f*; 2. mercadoria*f*
Gutachten *s. nt.* parecer*m*.
Gutachter *s. m.* perito*m*
gutartig *adj.* 1. (animal) manso; 2. MEDICINA benigno
Güte *s. f.* 1. bondade*f*; 2. qualidade*f*
Güteklasse *s. f.* nível*m* de qualidade
Güterbahnhof *s. m.* estação*f* de mercadorias
Güterfernverkehr *s. m.* tráfego*m* de mercadorias
Gütertrennung *s. f.* DIREITO separação*f* de bens

Güterwagen s. m. carruagem_f. de mercadorias
Güterzug s. m. comboio_m. de mercadorias
Gute(s) s. nt. bom_m.; alles Gute!: felicidades!
gutgläubig adj. de boa fé
Guthaben s. nt. crédito_m.
gutheißen v. tr. aprovar, sancionar
gütig adj. bondoso; amável
gütlich adj. amigável, amistoso
gutmütig adj. bondoso, de bom coração
Gutmütigkeit s. f. bondade_f.

Gutschein s. m. vale_m.
Gutschrift s. f. nota_f. de crédito
Gutsherr s. m. senhor_m. da propriedade
Gutshof s. m. herdade_f., propriedade_f.
Gymnasiast s. m. estudante_m. e f. do liceu
Gymnasium s. nt. liceu_m., escola_f. secundária
Gymnastik s. f. ginástica_f.
Gynäkologe s. m. ginecologista_m. e f.
Gynäkologie s. f. ginecologia_f.
Gyros s. nt. CULINÁRIA [carne assada no espeto]

H

H, h s. nt. H, h_m.
Haar s. nt. 1. pêlo_m.; 2. cabelo_m.
Haarausfall s. m. queda_f. de cabelo
Haarbürste s. f. escova_f. de cabelo
Haarbüschel s. nt. tufo_m. de cabelo
Haarfestiger s. m. espuma_f. de cabelo
haargenau adj. (coloq.) exactamente
haarig adj. 1. peludo; 2. complicado
Haarlack s. m. laca_f.
haarscharf adj. preciso, exacto
Haarschnitt s. m. corte_m. de cabelo
Haarspalterei s. f. mesquinhez_f.
Haarspange s. f. travessão_m., gancho_m.
Haarspray s. nt. laca_f.
haarsträubend adj. horripilante, de pôr os cabelos em pé
Haartrockner s. m. secador_m. de cabelo
Habe s. f. bens_m. pl., posses_f. pl., haveres_m. pl.
haben I v. tr. 1. ter, possuir; lieber haben: preferir; (coloq.) da haben wir's!: ora aí está!; 2. ter de/que; ich habe zu tun: tenho que fazer; II v. aux. ter; es hatte geregnet: tinha chovido; III v. refl. ser esquisito, ser exigente ❖ jemanden/etwas gern haben: gostar de alguém
Habgier s. f. cobiça_f., avidez_f.
habgierig adj. ávido, cobiçoso
Habicht s. m. ZOOLOGIA açor_m.
Hachse s. f. ANATOMIA jarrete_m.
Hacke s. f. 1. enxada_f., picareta_f.; 2. calcanhar_m.
hacken I v. tr. 1. cavar, sachar; 2. picar; 3. (lenha) cortar; II v. intr. picar
Hacker s. m. INFORMÁTICA pirata_m. informático
Hackfleisch s. nt. carne_f. picada, carne_f. moída
Hafen s. m. porto_m.
Hafenarbeiter s. m. estivador_m.
Hafenstadt s. f. cidade_f. portuária

Hafer s. m. aveia f.
Haferflocke s. f. floco m. de aveia
Haferschleim s. m. papas f. pl. de aveia
Haft s. f. captura f.; detenção f., prisão f.
Haftanstalt s. f. prisão f.
haftbar adj. responsável [für +ac., por]
Haftbefehl s. m. mandado m. de captura, ordem f. de prisão
haften v. intr. 1. colar [an +dat., a]; 2. (odor) haften bleiben: ficar entranhado [an +dat., em]; 3. (memória) ficar gravado [in +dat., em]; 4. ser responsável [für +ac., por]
Häftling s. m. detido m., prisioneiro m.
Haftpflicht s. f. responsabilidade f.
Haftpflichtversicherung s. f. seguro m. de responsabilidade civil
Haftung s. f. responsabilidade f.
Hagebutte s. f. BOTÂNICA baga f. de roseira brava
Hagel s. m. saraiva f., granizo m.
hageln v. intr. saraivar, granizar
hager adj. magro, descarnado
Hahn s. m. 1. ZOOLOGIA galo m.; 2. torneira f.
Hähnchen s. nt. ZOOLOGIA frango m.
Hai s. m. ZOOLOGIA tubarão m.
Häkelarbeit s. f. crochê m.
häkeln I v. tr. tricotar; II v. intr. fazer crochê
haken I v. tr. enganchar, prender; II v. intr. ficar preso, engatar
Haken s. m. 1. gancho m.; cabide m.; 2. anzol m.; 3. (sinal) visto m.; 4. (coloq.) dificuldade f., problema m.
Hakenkreuz s. nt. cruz f. suástica
Hakennase s. f. nariz m. curvo
halb I adj. metade, meio; es ist halb eins: é meio dia e meia hora; II adv. meio; halb offen: entreaberto; halbe-halbe machen: dividir a meias
Halbbruder s. m. meio-irmão m.

Halbdunkel s. nt. penumbra f.
halber prep. [+gen.] por causa de, devido a
Halbfinale s. nt. DESPORTO meia-final f., semi-final f.
halbherzig adj. com indiferença
halbieren v. tr. dividir ao meio
Halbinsel s. f. península f.
Halbjahr s. nt. semestre m.
halbjährlich I adj. semestral; II adv. semestralmente
Halbkreis s. m. semicírculo m., semicircunferência f.
Halbkugel s. f. GEOGRAFIA hemisfério m.
Halbleiter s. m. FÍSICA semicondutor m.
halbmast adv. auf halbmast: a meia haste
Halbmond s. m. meia-lua f.
Halbschatten s. m. penumbra f.
Halbschlaf s. m. sonolência f., sono m. leve
Halbstarke(r) s. m. e f. (depr.) rufia m. e f.
halbstündig adj. de meia hora
halbstündlich adv. de meia em meia hora
halbtags adv. em part-time
Halbtagsarbeit s. f. trabalho m. em part-time
Halbtagskraft s. f. trabalhador m. em part-time
halbwegs adv. mais ou menos
Halbwertszeit s. f. FÍSICA período m. de semidesintegração
Halbwüchsige(r) s. m. e f. adolescente m. e f.
Halbzeit s. f. DESPORTO meio-tempo m.; erste/zweite Halbzeit: primeira/segunda parte
Halde s. f. encosta f.; colina f.; outeiro m.
half pret. imp. de helfen
Hälfte s. f. metade f.
Halfter s. nt. coldre m.
Halle s. f. 1. átrio m., entrada f.; 2. armazém m.; 3. pavilhão m.; ginásio m.; picadeiro m.
hallen v. intr. ecoar, ressoar

Hallenbad s. nt. piscina_f coberta
Hallensport s. m. desporto_m de salão
hallo interj. 1. olá!; 2. (ao telefone) estou?
Hallodri s. m. (Áustria) malandro_m.
Halluzination s. f. alucinação_f
Halm s. m. 1. cana_f, caule_m; 2. palhinha_f
Halogen s. nt. QUÍMICA halogéneo_m.
Halogenleuchte s. f. lâmpada_f de halogéneo
Hals s. m. 1. ANATOMIA pescoço_m; (coloq.) Hals über Kopf: precipitadamente; 2. garganta_f; 3. (garrafa) gargalo_m.
Halsband s. nt. coleira_f
halsbrecherisch adj. perigoso, arriscado
Halsentzündung s. f. inflamação_f da garganta
Halskette s. f. colar_m
Hals-Nasen-Ohren-Arzt s. m. otorrinolaringologista_{m. e f.}
Halsschmerzen s. pl. dores_{f. pl.} de garganta
halsstarrig adj. teimoso, obstinado
Halstuch s. nt. lenço_m de pescoço; écharpe_f
Halsweh s. nt. → Halsschmerzen
halt I interj. alto (aí)!; chega!; II adv. apenas, simplesmente
Halt s. m. 1. paragem_f; 2. apoio_m; amparo_m
haltbar adj. 1. resistente, sólido; 2. duradouro; conservável; sustentável
Haltbarkeit s. f. 1. resistência_f; 2. conservação_f
Haltbarkeitsdatum s. nt. prazo_m de validade
halten I v. tr. 1. agarrar, segurar; 2. manter; fazer; 3. (discurso) fazer; 4. (promessa) cumprir; 5. pensar [von +dat., de]; was halten Sie davon?: que acha?; 6. tomar [für +ac., por], ter [für +ac., como]; etwas für gut/schlecht halten: achar bem/mal alguma coisa; II v. intr. 1. parar; 2. durar, manter-se; 3. (alimentos) conservar-se; III v. refl. conservar-se; sich an etwas halten: cumprir alguma coisa; sich für etwas halten: julgar-se alguma coisa
Haltestelle s. f. paragem_f de autocarro
Halteverbot s. nt. paragem_f proibida
haltlos adj. inconstante; inconsistente
Haltung s. f. 1. postura_f; 2. atitude_f; 3. (sem pl.) compostura_f, autodomínio_m
Halunke s. m. patife_m, malandro_m.
Hamburg s. nt. Hamburgo_m.
hamburgisch adj. de Hamburgo
hämisch adj. pérfido, malvado; sarcástico
Hammel s. m. ZOOLOGIA carneiro_m.
Hammelkotelett s. nt. costeleta_f de carneiro
Hammer s. m. martelo_m.
hämmern v. intr. martelar; bater
Hämorrhoiden s. pl. MEDICINA hemorróidas_{f. pl.}
Hampelmann s. m. marioneta_f
hamstern v. tr. e intr. açambarcar
Hand s. f. mão_f; jemandem die Hand schütteln: dar um aperto de mão a alguém; an Hand von: baseado em; die Hände in den Schoß legen: cruzar os braços; Hand in Hand: de mãos dadas
Handarbeit s. f. 1. trabalho_m. manual; 2. costura_f; malha_f, tricô_m.
Handball s. m. 1. (sem pl.) andebol_m; 2. bola_f de andebol
Handbewegung s. f. gesto_m.
Handbremse s. f. travão_m de mão, freio_m. de mão
Handbuch s. nt. manual_m.
Händedruck s. m. aperto_m de mão
Handel s. m. 1. comércio_m; negócio_m; 2. (drogas) tráfico_m.
handeln I v. intr. 1. negociar [mit +dat., em]; 2. agir, proceder; 3. (conto, filme)

tratar [von +*dat.*, de]; 4. regatear; II *v. refl.* tratar-se [um +*ac.*, de]; **es handelt sich um**: trata-se de

Handelsabkommen *s. nt.* acordo_m_ comercial

Handelsbilanz *s. f.* balanço_m_ comercial

Handelsgesellschaft *s. f.* sociedade_f_ comercial

Handelskammer *s. f.* câmara_f_ de comércio

Handelskette *s. f.* cadeia_f_ comercial

Handelsregister *s. nt.* registo_m_ comercial

Handelsvertreter *s. m.* representante_m. e f._ comercial

händeringend *adj.* desesperado, suplicante

Handfeger *s. m.* espanador_m_

handfest *adj.* 1. forte, pesado; 2. evidente, seguro

Handfläche *s. f.* palma_f_ da mão

Handgelenk *s. nt.* pulso_m_

handgemacht *adj.* feito à mão

Handgepäck *s. nt.* bagagem_f_ de mão

handgeschrieben *adj.* manuscrito, escrito à mão

handgreiflich *adj.* palpável; evidente; **handgreiflich werden**: chegar a vias de facto

Handgriff *s. m.* 1. (para segurar) pega_f_; 2. jeito_m_ (de mãos)

handhaben *v. tr.* 1. manejar; **schwer zu handhaben**: difícil de manejar; 2. aplicar

Handikap *s. nt.* 1. incapacidade_f_; desvantagem_f_; 2. DESPORTO handicap_m_

händisch *adj.* (*Áustria*) manual

Handkuss *s. m.* beijo_m_ na mão

Händler *s. m.* comerciante_m. e f._

handlich *adj.* jeitoso, fácil de manejar

Handlung *s. f.* 1. acto_m_, acção_f_; 2. LITERATURA, CINEMA, TELEVISÃO argumento_m_; enredo_m_, acção_f_; 3. negócio_m_, loja_f_

Handlungsbevollmächtigte(r) *s. m. e f.* procurador, -a_m. f._

Handrücken *s. m.* costas_f. pl_ da mão

Handschelle *s. f.* algemas_f. pl_

Handschlag *s. m.* aperto_m_ de mão

Handschrift *s. f.* 1. caligrafia_f_, letra_f_; 2. manuscrito_m_

handschriftlich *adj.* escrito à mão, manuscrito

Handschuh *s. m.* luva_f_

Handschuhfach *s. nt.* porta-luvas_m_

Handstand *s. m.* pino_m_

Handtasche *s. f.* carteira_f_, mala_f_ (de mão)

Handtuch *s. nt.* toalha_f_ das mãos

Handumdrehen *s. nt.* **im Handumdrehen**: num abrir e fechar de olhos

Handwerk *s. nt.* ofício_m_

Handwerker *s. m.* artífice_m. e f._

Handwerksbetrieb *s. m.* oficina_f_

Handwerkskammer *s. f.* associação_f_ dos artífices

Handwerkszeug *s. nt.* ferramenta_f_

Handy *s. nt.* telemóvel_m_

Hanf *s. m.* cânhamo_m_

Hang *s. m.* 1. encosta_f_, declive_m_; 2. (*sem pl.*) inclinação_f_ [zu +*dat.*, para], tendência_f_ [zu +*dat.*, para]

Hangar *s. m.* AERONÁUTICA hangar_m_

Hängebrücke *s. f.* ponte_f_ suspensa

Hängematte *s. f.* rede_f_ (de descanso)

hängen I *v. tr.* pendurar [an +*ac.*, em]; II *v. intr.* estar dependurado [an +*dat.*, em]; **an jemandem/etwas hängen**: ser muito agarrado a alguém/alguma coisa

hänseln *v. tr.* gozar com, troçar de

Hansestadt *s. f.* cidade_f_ hanseática

Hantel *s. f.* altere_m_

hantieren* *v. intr.* manejar

hapern *v. intr.* haver falta [an +*dat.*, de]

happig *adj.* 1. ávido; 2. (*coloq.*) excessivo; exorbitante

Harfe s. f. MÚSICA harpa_f_
Harke s. f. ancinho_m_
harken v. tr. revolver (com ancinho)
harmlos adj. 1. inofensivo; 2. inocente
Harmonie s. f. MÚSICA harmonia_f_
harmonieren* v. intr. harmonizar [mit +dat., com]
Harn s. m. urina_f_
Harnblase s. f. ANATOMIA bexiga_f_
Harpune s. f. arpão_m_
hart adj. 1. duro, rijo; (ovo) bem cozido; 2. rígido, severo; 3. árduo, pesado; 4. forte
Härte s. f. 1. dureza_f_; 2. severidade_f_, rigidez_f_
härten v. tr. endurecer
hartherzig adj. cruel, implacável
hartnäckig adj. obstinado, teimoso, casmurro
Harz s. nt. resina_f_
harzig adj. 1. (madeira) resinoso; 2. (Suíça) custoso, trabalhoso
Haschee s. nt. CULINÁRIA picado_m_ de carne
haschen v. intr. (coloq.) fumar haxixe
Haschisch s. nt. haxixe_m_
Hase s. m. ZOOLOGIA lebre_f_
Haselnuss s. f. avelã_f_
Hass s. m. ódio [auf +ac., de]
hassen v. tr. odiar, detestar; abominar
hasserfüllt adj. odiento
hässig adj. (Suíça) mal humorado, maldisposto
hässlich adj. 1. feio; 2. mau
Hässlichkeit s. f. 1. ⟨sem pl.⟩ fealdade_f_; 2. malvadez_f_
Hast s. f. pressa_f_; precipitação_f_
hasten v. intr. apressar-se
hastig adj. apressado; precipitado
hatte pret. imp. de haben
Haube s. f. 1. touca_f_, barrete_m_; 2. (carro) capot_m_

Hauch s. m. 1. sopro_m_; 2. aragem_f_; 3. vestígio_m_ [von +dat., de]
hauchen I v. tr. sussurrar; II v. intr. soprar
Haue s. f. (coloq.) tau-tau_m_
hauen v. tr. 1. (coloq.) bater em; 2. meter (batendo); pregar; 3. esculpir, talhar
Haufen s. m. 1. monte_m_, amontoado_m_; 2. (coloq.) monte(s)_m (pl.)_
häufen v. refl. acumular-se, amontoar-se
haufenweise adv. (coloq.) aos montes
häufig I adj. frequente; II adv. muitas vezes, frequentemente
Häufigkeit s. f. frequência_f_
hauptamtlich adj. profissional
Hauptanliegen s. nt. mira_f_, fim_m_ principal
Hauptbahnhof s. m. estação_f_ central
hauptberuflich adj. profissional
Hauptdarsteller s. m. actor_m_ principal
Haupteingang s. m. entrada_f_ principal
Häuptel s. nt. (Áustria) alface_f_; couve_f_
Hauptfach s. nt. disciplina_f_ principal
Hauptgericht s. nt. prato_m_ principal
Hauptgewinn s. m. primeiro prémio_m_
Häuptling s. m. chefe_m. e f._, cabecilha_m. e f._
Hauptmann s. m. MILITAR capitão_m_
Hauptperson s. f. figura_f_ principal
Hauptrolle s. f. papel_m_ principal
Hauptsache s. f. o principal, o importante
hauptsächlich I adj. principal; II adv. principalmente, sobretudo
Hauptsaison s. f. época_f_ alta
Hauptsatz s. m. GRAMÁTICA oração_f_ principal
Hauptschlagader s. f. ANATOMIA aorta_f_
Hauptschule s. f. [escola de ensino secundário até ao 9.° ano]
Hauptspeicher s. m. INFORMÁTICA memória_f_ principal
Hauptstadt s. f. capital_f_

Heiratsanzeige *s. f.* participação$_f$ de casamento

Heiratsvermittlung *s. f.* agência$_f$ matrimonial

heiser *adj.* rouco

Heiserkeit *s. f.* rouquidão$_f$

heiß *adj.* 1. quente; a ferver; mir ist heiß: tenho calor; 2. vivo, fogoso; 3. ardente

heißen *v. intr.* 1. chamar-se; wie heißt du?: como é que te chamas?; 2. significar; das heißt: quer dizer, isto é

Heißhunger *s. m.* fome$_f$ canina

heiter *adj.* 1. alegre; 2. (tempo) limpo, claro

Heiterkeit *s. f.* alegria$_f$; hilaridade$_f$, risos$_{m. ef.}$

heizen I *v. tr.* 1. aquecer; 2. (fogão) acender; II *v. intr.* aquecer

Heizkörper *s. m.* radiador$_m$

Heizlüfter *s. m.* termoventilador$_m$

Heizöl *s. nt.* óleo$_m$ combustível

Heizung *s. f.* aquecimento$_m$

Heizungskeller *s. m.* cave$_f$ da caldeira

Hektar *s. m.* hectar$_m$

Hektik *s. f.* agitação$_f$

hektisch *adj.* agitado

Held *s. m.* herói$_m$

helfen *v. intr.* 1. ajudar [bei +dat., em]; acudir, socorrer; helfen gegen: ser bom contra; helfen zu: servir para; 2. *(Suíça)* participar

Helfer *s. m.* ajudante$_{m. ef.}$, assistente$_{m. ef.}$

Helfershelfer *s. m. (depr.)* cúmplice$_{m. ef.}$

Helium *s. nt.* hélio$_m$

hell *adj.* 1. claro; hell werden: amanhecer; 2. luminoso; 3. lúcido

hellblau *adj.* azul claro

hellblond *adj.* muito louro

Helligkeit *s. f.* 1. claridade$_f$; 2. FOTOGRAFIA luminosidade$_f$

Hellseher *s. m.* visionário$_m$

Helm *s. m.* capacete$_m$; elmo$_m$

Hemd *s. nt.* 1. camisa$_f$; 2. camisola$_f$ interior

Hemisphäre *s. f.* hemisfério$_m$

hemmen *v. tr.* 1. deter, travar; 2. impedir, obstruir, entravar

Hemmung *s. f.* 1. impedimento$_m$, obstáculo$_m$; 2. complexo$_m$, inibição$_f$; 3. retardamento$_m$

hemmungslos *adj.* desenfreado

Hendl *s. nt. (Áustria)* frango$_m$

Hengst *s. m.* ZOOLOGIA cavalo$_m$ reprodutor, garanhão$_m$

Henkel *s. m.* asa$_f$

Henker *s. m.* carrasco$_m$

Henne *s. f.* ZOOLOGIA galinha$_f$

her *adv.* 1. (espacial) (para) cá, (para) aqui; wo ist er her?: donde vem ele?; von weit her: de longe; 2. (temporal) há; wie lange ist das her?: há quanto tempo foi isso?

herab *adv.* abaixo, para baixo; von oben herab: de cima abaixo

herablassen I *v. tr.* baixar, descer; II *v. refl.* condescender, dignar-se

herablassend *adj.* condescendente, desdenhoso

Herablassung *s. f.* condescendência$_f$

herabsetzen *v. tr.* 1. baixar; reduzir; 2. depreciar

Herabsetzung *s. f.* 1. redução$_f$; 2. depreciação$_f$

heran *adv.* para cá, para aqui, para junto de

herankommen *v. intr.* 1. aproximar-se [an +ac., de]; 2. chegar [an +ac., a]

heranmachen *v. refl. (coloq.)* sich an jemanden heranmachen: fazer-se a alguém

heranreichen *v. intr.* alcançar, chegar [an +ac., a]

heranwachsen *v. intr.* desenvolver-se, crescer

heranwagen v. refl. ousar aproximar-se [an +ac., de]
heranziehen I v. tr. 1. puxar (para si); 2. recorrer a [zu +dat., para]; II v. intr. aproximar-se
herauf adv. acima, para cima
heraufbeschwören v. tr. evocar; 2. provocar
heraufkommen v. intr. vir para cima, subir
heraufziehen I v. tr. puxar para cima; II v. intr. aproximar-se
heraus adv. fora, para fora; heraus damit!: diz lá!
herausarbeiten v. tr. 1. esculpir, modelar; 2. evidenciar; salientar
herausbekommen v. tr. conseguir saber; conseguir descobrir; adivinhar
herausbringen v. tr. 1. trazer para fora; 2. publicar; lançar
herausfinden I v. tr. (conseguir) descobrir, apurar; II v. intr. conseguir sair [aus +dat., de]
herausfordern v. tr. desafiar
Herausforderung s. f. desafio$_m$.
herausgeben v. tr. 1. devolver, restituir; 2. (livro) publicar, editar; 3. dar de troco
Herausgeber s. m. editor$_m$.
herausgehen v. intr. sair [aus +dat., de]
Herausgeld s. nt. (Suíça) troco$_m$.
heraushaben v. tr. ter adivinhado
heraushalten v. refl. ficar de fora [aus +dat., de]
herausholen v. tr. tirar [aus +dat., de]
herauskommen v. intr. 1. sair [aus +dat., de]; 2. (resultado) dar; 3. ser publicado; 4. vir a saber-se
herausnehmen v. tr. 1. tirar [aus +dat., de], retirar [aus +dat., de]; 2. MEDICINA extrair
herausputzen v. refl. aperaltar-se

herausreden v. refl. (coloq.) arranjar desculpas
herausreißen v. tr. arrancar
herausrutschen v. intr. escapar
herausstellen I v. tr. 1. pôr para fora; 2. evidenciar, pôr em destaque; II v. refl. verificar-se, provar-se
heraussuchen v. tr. escolher, seleccionar
herausziehen v. tr. tirar [aus +dat., de]; extrair, arrancar
herb adj. acre, amargo; herber Wein: vinho seco
herbei adv. (para) cá, (para) aqui
herbeiführen v. tr. causar
Herberge s. f. albergue$_m$, pousada$_f$.
Herbst s. m. Outono$_m$.
herbstlich adj. outonal
Herd s. m. 1. fogão$_m$; forno$_m$; 2. foco$_m$.
Herde s. f. manada$_f$; rebanho$_m$.
herein adv. para dentro; herein!: entre!
hereinbitten v. tr. mandar entrar
hereinbrechen v. intr. (noite) cair
hereinbringen v. tr. 1. (objecto) trazer para dentro; 2. (despesas, prejuízos) repor
hereinkommen v. intr. entrar [in +ac., em/para]
hereinlassen v. tr. deixar entrar [in +ac., em/para]
hereinlegen v. intr. 1. pôr (cá) dentro; 2. (coloq.) levar, enganar
herfallen v. intr. 1. atacar; assaltar; 2. criticar; über etwas herfallen: atirar-se a alguma coisa
Hergang s. m. desenrolar$_m$ dos acontecimentos, processo$_m$.
herhören v. intr. escutar, prestar atenção
Hering s. m. arenque$_m$.
herkommen v. intr. 1. vir cá; 2. vir, provir
herkömmlich adj. tradicional, habitual
Herkunft s. f. proveniência$_f$; origem$_f$.

Herkunftsland *s. nt.* país_m_ de origem

her|machen *v. refl.* sich über etwas hermachen: lançar-se a alguma coisa; sich über das Essen hermachen: atirar-se à comida

Hermelin *s. nt.* arminho_m_

hermetisch *adj.* hermético

Heroin *s. nt.* heroína_f_

heroisch *adj.* heróico

Herr¹ *s. m.* ‹-n, -en› 1. senhor_m_, cavalheiro_m_; 2. RELIGIÃO (Nosso) Senhor_m_

Herr² *s. m.* ‹-n, -en› senhor_m_, patrão_m_

Herrchen *s. nt.* (de cão) dono_m_

herrenlos *adj.* sem dono, abandonado; vadio

Herrentoilette *s. f.* casa-de-banho_f_ dos homens

her|richten *v. tr.* arranjar, preparar

herrisch *adj.* autoritário, imperioso

herrlich *adj.* magnífico, esplêndido

Herrschaft *s. f.* 1. soberania_f_ [über +ac., sobre], poder_m_ [über +ac., sobre]; 2. domínio [über +ac., sobre], controlo [über +ac., de]; 3. *pl.* Herrschaften!: senhores_m, pl_; meine Herrschaften!: minhas senhoras e meus senhores!

herrschen *v. intr.* 1. dominar; governar; reinar; 2. reinar, haver

Herrscher *s. m.* soberano_m_

Herrschsucht *s. f.* 1. despotismo_m_; 2. ambição_f_ de poder

her|rühren *v. intr.* provir [von +dat., de], derivar [von +dat., de]

her|sehen *v. intr.* olhar (para cá); sieh mal her!: olha (lá)!

her|stellen *v. tr.* 1. produzir, fabricar; 2. estabelecer

Hersteller *s. m.* produtor_m_, fabricante_m_

Herstellung *s. f.* produção_f_, fabrico_m_

Hertz *s. nt.* FÍSICA hertz_m_

herüber *adv.* para cá, para aqui, para este lado

herum *adv.* 1. em redor, à/em volta; hier herum: por aqui; 2. *(aproximadamente)* um... herum: à volta de; das kostet um die 40 Euro herum: isso custa à volta de 40 euros

herum|führen I *v. tr.* conduzir [um +ac., por]; II *v. intr.* conduzir em redor; herumführen um [+ac.]: rodear, cercar

herum|gehen *v. intr.* 1. circular, andar às voltas; 2. (tempo) passar

herum|kommandieren* *v. tr.* *(coloq.)* dar ordens a

herum|kommen *v. intr.* 1. viajar; weit herumgekommen sein: ser muito viajado; 2. escapar [um +ac., a], livrar-se [um +ac., de]

herum|kriegen *v. tr. (coloq.)* dar a volta a, conseguir convencer

herum|lungern *v. intr.* vadiar, mandriar

herum|schlagen *v. refl. (coloq.)* debater-se [mit +dat., com]

herum|sprechen *v. refl.* (notícia) espalhar-se

herum|stehen *v. intr.* 1. *(coloq.)* (pessoa) ficar parado; 2. *(coloq.)* (objecto) estar à toa

herum|treiben *v. refl. (coloq.)* andar por aí, andar a vaguear

herunter *adv.* para baixo, abaixo

heruntergekommen *adj.* 1. (pessoa) em baixo; 2. (edifício) degradado

herunter|holen *v. tr.* trazer para baixo

herunter|kommen *v. intr.* 1. descer, vir para baixo; 2. decair

herunter|laden *v. tr.* INFORMÁTICA carregar, fazer o carregamento de

herunter|lassen *v. tr.* descer, baixar

herunter|spielen *v. tr. (coloq.)* (acontecimento) minimizar

hervor *adv.* 1. para a frente, para diante; 2. para fora

hervorbringen v. tr. 1. produzir; 2. proferir, articular
hervorgehen v. intr. sair [aus +dat., de], resultar [aus +dat., de]
hervorheben v. tr. salientar, sublinhar; pôr em destaque
hervorragend adj. extraordinário, excelente
hervorrufen v. tr. causar, provocar
hervortreten v. intr. 1. avançar; 2. evidenciar-se, distinguir-se
hervortun v. refl. distinguir-se, notabilizar-se [als +nom., como]
Herz s. nt. 1. ANATOMIA coração$_m$; 2. centro$_m$; 3. (sem pl.) (cartas) copas$_{f. pl.}$ ❖ von Herz gern: com todo o gosto
Herzanfall s. m. ataque$_m$ cardíaco
Herzenslust s. f. nach Herzenslust: à vontade
Herzenswunsch s. m. desejo$_m$ ardente
Herzfehler s. m. deficiência$_f$ cardíaca
herzhaft adj. (comida) forte, consistente
Herzinfarkt s. m. MEDICINA enfarte$_m$ do miocárdio
Herzklopfen s. nt. palpitação$_f$; Herzklopfen haben: estar excitado
herzlich adj. afectuoso, afável; herzliche Grüße: muitos cumprimentos
Herzlichkeit s. f. afecto$_m$, afabilidade$_f$
herzlos adj. sem coração, insensível; cruel
Herzog s. m. duque$_m$
Herzogtum s. nt. ducado$_m$
Herzschlag s. m. 1. pulsação$_f$; 2. MEDICINA ataque$_m$ cardíaco
Herzschrittmacher s. m. MEDICINA pacemaker$_m$
Herzversagen s. nt. falha$_f$ cardíaca
herzzerreißend adj. de cortar o coração, dilacerante
Hessen s. nt. Hesse$_m$
hessisch adj. de Hesse
heterogen adj. heterogéneo

heterosexuell adj. heterossexual
Hetze s. f. 1. correria$_f$, pressa$_f$; 2. campanha$_f$ difamatória
hetzen I v. tr. perseguir; II v. intr. 1. andar numa correria; 2. agitar [gegen +ac., contra], fazer propaganda [gegen +ac., contra]
Hetzkampagne s. f. campanha$_f$ difamatória
Heu s. nt. feno$_m$
Heuchelei s. f. hipocrisia$_f$, dissimulação$_f$
heucheln I v. tr. fingir, dissimular; II v. intr. ser hipócrita, ser fingido
Heuchler s. m. hipócrita$_{m. e f.}$
heuchlerisch adj. hipócrita, falso, dissimulado
heuer adv. (Áustria, Suíça) este ano
heulen v. intr. 1. uivar; 2. apitar; 3. chorar
heurig adj. (Áustria) deste ano
Heurige(r) s. m. (Áustria) vinho$_m$ novo
Heuschnupfen s. m. febre$_f$ do feno
Heuschrecke s. f. ZOOLOGIA gafanhoto$_m$
heute adv. hoje; heute Morgen: hoje de manhã; heute in vierzehn Tagen: de hoje a quinze dias
heutig adj. de hoje, actual
heutzutage adv. hoje em dia
Hexe s. f. bruxa$_f$, feiticeira$_f$
hexen v. intr. fazer bruxarias
Hexenschuss s. m. lumbago$_m$
Hexerei s. f. bruxedo$_m$, feitiçaria$_f$
Hieb s. m. pancada$_f$, golpe$_m$
hielt pret. imp. de halten
hier adv. aqui, cá; der/ dieser hier: este
hieran adv. aqui, nisto; hieran zeigt sich...: aqui mostra-se...
Hierarchie s. f. hierarquia$_f$
hierarchisch adj. hierárquico
hierauf adv. 1. (espacial) cá em cima; 2. (temporal) de seguida
hieraus adv. disto, daqui; hieraus folgt, dass...: daqui resulta que...

hierbei *adv.* 1. com isto, nisto; 2. aqui; hierbei geht es um...: aqui trata-se de...
hierdurch *adv.* assim, deste modo
hierfür *adv.* 1. para isto/ isso; 2. em troca
hierher *adv.* para aqui, para cá
hierhin *adv.* para cá
hiermit *adv.* com isto; (carta) por este meio
Hieroglyphe *s. f.* hieróglifo$_m$
hiervon *adv.* daqui, disto
hierzu *adv.* a isto, com isto
hierzulande *adv.* nesta terra, neste país
hiesig *adj.* de cá, local
hieß *pret. imp. de* heißen
high *adj.* mocado, pedrado
Hilfe *s. f.* ajuda$_f$ [bei +*dat.*, em]; auxílio$_m$, socorro$_m$; erste Hilfe: primeiros socorros; (jemandem) Hilfe leisten: prestar ajuda (a alguém); um Hilfe rufen: pedir ajuda
hilflos *adj.* desamparado; impotente
Hilflosigkeit *s. f.* impotência$_f$
hilfreich *adj.* 1. prestável, solícito; 2. útil
Hilfsaktion *s. f.* acção$_f$ de caridade, campanha$_f$ de beneficiência
Hilfsarbeiter *s. m.* auxiliar$_{m. e f.}$
hilfsbedürftig *adj.* necessitado, indigente
hilfsbereit *adj.* prestável
Hilfsbereitschaft *s. f.* prestabilidade$_f$, solicitude$_f$
Hilfskraft *s. f.* auxiliar$_{m. e f.}$, assistente$_{m. e f.}$
Hilfsmittel *s. nt.* meio$_m$, recurso$_m$
Hilfsverb *s. nt.* GRAMÁTICA verbo$_m$ auxiliar
Himbeere *s. f.* BOTÂNICA framboesa$_f$
Himmel *s. m.* céu$_m$; (coloq.) weiß der Himmel!: sei lá!
himmelblau *adj.* azul$_m$ celeste
Himmelfahrt *s. f.* RELIGIÃO Ascensão$_f$
himmelschreiend *adj.* de bradar aos céus, atroz
Himmelskörper *s. m.* corpo$_m$ celeste
Himmelsrichtung *s. f.* ponto$_m$ cardeal
himmlisch *adj.* 1. divino; 2. divinal

hin I *adv.* 1. (direcção) (para) lá, (para) ali, (para) aí; hin und her: para lá e para cá, de um lado para o outro; das Hin und Her: o vaivém; 2. (temporal) hin und wieder: de vez em quando; zum Frühjahr hin: até à Primavera; II *adj. (coloq.)* acabado, perdido; estragado
hinab *adv.* para baixo, abaixo
hinabgehen *v. intr.* descer, ir para baixo
hinarbeiten *v. intr.* auf etwas hinarbeiten: batalhar por alguma coisa
hinauf *adv.* para cima, acima
hinaufgehen I *v. tr.* subir; II *v. intr.* subir, ir para cima
hinaufsteigen *v. intr.* subir
hinaus *adv.* fora, para fora; zur Tür hinaus: pela porta fora; auf Jahre hinaus: durante anos; darüber hinaus: além disso
hinausblicken *v. intr.* olhar para fora; zum Fenster hinausblicken: olhar pela janela
hinausgehen *v. intr.* 1. (espacial) sair [aus +*dat.*, de]; 2. (janela, varanda) dar [auf +*ac.*, para]; 3. exceder, ultrapassar
hinauslaufen *v. intr.* sair a correr [aus +*dat.*, de]
hinausschieben *v. tr.* adiar, protelar
hinauswerfen *v. tr.* 1. deitar fora; 2. expulsar, pôr na rua
hinauswollen *v. intr.* querer sair [aus +*dat.*, de]
hinausziehen I *v. tr.* 1. (objecto) puxar para fora [aus +*dat.*, de]; 2. (tempo) arrastar, prolongar; II *v.refl.* arrastar-se, prolongar-se
hinauszögern I *v. tr.* prolongar, arrastar; II *v. refl.* demorar-se, prolongar-se
Hinblick *s. m.* olhadela; im Hinblick auf [+*ac.*]: tendo em vista, considerando
hinderlich *adj.* impeditivo
hindern *v. tr.* impedir
Hindernis *s. nt.* obstáculo$_m$, impedimento$_m$

hindeuten v. intr. auf etwas hindeuten: apontar para alguma coisa, indicar alguma coisa

hindurch adv. 1. (espacial) através de, pelo meio de; 2. (temporal) durante; **den ganzen Tag hindurch:** (durante) todo o dia

hinein adv. para dentro, dentro; **bis in die Nacht hinein:** pela noite dentro

hineindenken v. refl. imaginar-se [in +ac., em]

hineinfallen v. intr. cair [in +ac., em]; incidir [in +ac., em]

hineingehen v. intr. 1. entrar [in +ac., em]; 2. caber [in +ac., em]

hineingeraten* v. intr. ir parar [in +ac., a], deparar [in +ac., com]

hineinkommen v. intr. entrar [in +ac., em]

hineinpassen v. intr. caber [in +ac., em]

hineinsehen v. intr. espreitar [in +ac., para]

hineinstecken v. tr. 1. enfiar [in +ac., em], meter [in +ac., em]; 2. investir [in +ac., em]

hineinsteigern v. refl. exaltar-se, deixar-se levar [in +ac., por]

hineinversetzen v. refl. sich in jemanden hineinversetzen: pôr-se no lugar de alguém

hineinwachsen v. intr. familiarizar-se [in +ac., com], habituar-se [in +ac., a]

hineinziehen v. tr. envolver [in +ac., em]

hinfahren I v. tr. levar (lá); II v. intr. ir (lá)

Hinfahrt s. f. ida$_f$; auf der Hinfahrt: à ida

hinfallen v. intr. cair

hinfällig adj. 1. inválido; 2. fraco, debilitado

hing pret. imp. de hängen

Hingabe s. f. 1. entrega$_f$, dedicação$_f$; 2. fervor$_m$, amor$_m$ ardente

hingeben I v. tr. dar, entregar; II v. refl. entregar-se

hingehen v. intr. ir (lá) [zu +dat., a]

hingehören* v. intr. ser, pertencer

hingerissen adj. fascinado [von +dat., com], extasiado [von +dat., com]

hinhalten v. tr. 1. (mão, objecto) estender, oferecer [+dat., a]; 2. fazer esperar; empatar, entreter

hinken v. intr. coxear, mancar

hinkriegen v. tr. (coloq.) dar conta do recado, conseguir (fazer alguma coisa)

hinlegen v. tr. 1. (objecto) pôr, colocar, pousar; 2. (coloq.) (pagar) desembolsar

hinnehmen v. tr. aceitar; suportar, aguentar

hinreichend adj. suficiente, bastante

Hinreise s. f. ida$_f$; auf der Hinreise: à ida

hinreißen v. refl. sich zu etwas hinreißen lassen: deixar-se levar [von +dat., por]

hinrichten v. tr. executar

Hinrichtung s. f. execução$_f$

hinschicken v. tr. mandar, enviar

hinschmeißen v. tr. 1. (coloq.) atirar ao chão; 2. (coloq.) mandar à fava

hinsehen v. intr. olhar [zu +dat., para]

hinsetzen v. refl. sentar-se

Hinsicht s. f. in dieser Hinsicht: a este respeito, nesse aspecto

hinsichtlich prep. [+gen.] a respeito de, em vista de

hinstellen v. tr. 1. pôr, colocar, pousar; 2. apresentar; classificar [als +nom., como]

hinten adv. atrás; ao fundo; **nach/von hinten:** para trás/por trás; **weit hinten:** lá atrás

hintenherum adv. (coloq.) por trás

hinter I prep. [+dat.] atrás de, detrás de; **etwas hinter sich haben:** ter passado por alguma coisa; II prep. [+ac.] atrás de

Hinterausgang s. m. porta$_f$ das traseiras

Hinterbliebener s. m. familiar$_{m.e f.}$ do falecido

hintereinander adv. 1. (espacial) um atrás do outro; 2. (temporal) seguido

hintere(r, s) adj. de trás, traseiro

hinterfragen* v. tr. questionar, interrogar
Hintergedanke s. m. segundas intenções, $_{f. pl.}$
hintergehen* v. tr. enganar
Hintergrund s. m. 1. plano$_m$ de fundo, último plano$_m$; 2. antecedentes$_{m. pl.}$
Hinterhalt s. m. cilada$_f$, emboscada$_f$
hinterhältig adj. traiçoeiro, falso
hinterher adv. 1. (espacial) atrás; 2. (temporal) depois, a seguir
hinterherlaufen v. intr. correr atrás
Hinterhof s. m. traseiras$_{f. pl.}$, fundos$_{m. pl.}$
Hinterkopf s. m. ANATOMIA occipital$_m$
Hinterlage s. f. (Suíça) depósito$_m$
hinterlassen* v. tr. deixar; legar
hinterlegen* v. tr. depositar [für +ac., por]
Hinterlist s. f. manha$_f$, perfídia$_f$
hinterlistig adj. manhoso, pérfido
Hintermann s. m. 1. pessoa$_f$ que está atrás; 2. cérebro$_m$; maquinador$_m$
Hintern s. m. (coloq.) traseiro$_m$, rabo$_m$
Hinterrad s. nt. roda$_f$ traseira
Hinterradantrieb s. m. (carro) tracção$_f$ às rodas traseiras
hinterrücks adv. pelas costas
Hinterteil s. nt. (coloq.) traseiro$_m$
Hintertür s. f. porta$_f$ traseira
hinterziehen* v. tr. (impostos) fugir a
hinüber adv. para lá, para o outro lado
hinübergehen v. intr. passar para o outro lado; über etwas hinübergehen: atravessar alguma coisa
hinunter adv. para baixo, abaixo
hinunterbringen v. tr. levar para baixo
hinuntergehen v. intr. descer, ir para baixo
hinunterschlucken v. tr. engolir
Hinweg s. m. ida$_f$; auf dem Hinweg: à ida
hinwegsehen v. intr. über jemanden/etwas hinwegsehen: não fazer caso de alguém/ alguma coisa

Hinweis s. m. 1. instrução$_f$; unter Hinweis auf: com referência a; 2. indicação$_f$
hinweisen I v. tr. mostrar, indicar, aludir; II v. intr. remeter [auf +ac., para], apontar [auf +ac., para]
hinzufügen v. tr. acrescentar
hinzukommen v. intr. 1. (pessoa) juntar-se [zu +dat., a]; 2. (coisa) acrescer [zu +dat., a]
hinzuziehen v. tr. consultar
Hirn s. nt. 1. cabeça$_f$, juízo$_m$; 2. cérebro$_m$
Hirngespinst s. nt. visão$_f$, fantasma$_m$, alucinação$_f$
Hirnhautentzündung s. f. MEDICINA meningite$_f$
hirnverbrannt adj. (coloq.) descabido, absurdo
Hirsch s. m. ZOOLOGIA veado$_m$, cervo$_m$
Hirse s. f. painço$_m$
Hirte s. m. pastor$_m$
Hispanistik s. f. filologia$_f$ espanhola, estudos$_{m. pl.}$ espanhóis
hissen v. tr. (bandeira) hastear
Historiker s. m. historiador$_m$
historisch adj. histórico
Hit s. m. 1. MÚSICA (coloq.) sucesso$_m$, êxito$_m$; 2. (coloq.) êxito$_m$ de vendas
Hitparade s. f. lista$_f$ dos tops
Hitze s. f. 1. calor$_m$; 2. (fig.) calor$_m$, ardor$_m$
hitzebeständig adj. resistente ao calor
Hitzewelle s. f. onda$_f$ de calor
hitzig adj. 1. impulsivo, temperamental; 2. acalorado
Hitzkopf s. m. (coloq.) pessoa$_f$ impulsiva
Hitzschlag s. m. insolação$_f$
HIV [abrev. de Human Immune Deficiency Virus] VIH$_m$ [abrev. de Vírus da Imunodeficiência Humana]
HIV-negativ adj. seronegativo
HIV-positiv adj. seropositivo
H-Milch s. f. leite$_m$ UHT
hob pret. imp. de heben
Hobby s. nt. passatempo$_m$, hobby$_m$

Hobel *s. m.* plaina*f*
hobeln *v. tr.* aplainar
hoch *adj.* 1. alto, elevado; hoch oben: lá em cima; hoch begabt sein: ser altamente talentoso; 2. (idade) avançado; 3. (som) agudo; 4. MATEMÁTICA elevado a
Hoch *s. nt.* METEOROLOGIA anticiclone*m*
Hochachtung *s. f.* consideração*f*, estima*f* [vor +dat., por]
hochachtungsvoll *adj.* (carta) muito atentamente, com os melhores cumprimentos
Hochbetrieb *s. m.* grande movimento*m*, grande afluência*f*
hoch|bringen *v. tr.* levar para cima
Hochburg *s. f.* foco*m*, centro*m*
hochdeutsch *adj.* alto-alemão
Hochdeutsch *s. nt.* alto-alemão*m*
Hochdruck *s. m.* 1. FÍSICA alta pressão*f*; 2. METEOROLOGIA anticiclone*m*
Hochebene *s. f.* planalto*m*
Hochform *s. f.* boa forma*f*; in Hochform sein: estar em boa forma
Hochgebirge *s. nt.* altas montanhas*f. pl.*
Hochgeschwindigkeitszug *s. m.* comboio*m* de alta velocidade
Hochglanz *s. m.* lustre*m*, brilho*m* intenso
hochgradig *adv.* altamente, em alto grau
hoch|halten *v. tr.* 1. segurar no ar; 2. admirar, ter consideração por
Hochhaus *s. nt.* arranha-céus*m*
hoch|heben *v. tr.* levantar
hochintelligent *adj.* muito inteligente
hoch|leben *v. intr.* jemand/etwas lebe hoch: viva alguém/alguma coisa; jemanden hochleben lassen: dar vivas a alguém
Hochleistungssport *s. m.* desporto*m* de alta competição
Hochmut *s. m.* altivez*f*, presunção*f*
hochmütig *adj.* altivo, presunçoso

hochnäsig *adj.* arrogante
hochprozentig *adj.* (álcool) de percentagem elevada
hoch|rappeln *v. refl.* (*coloq.*) arrebitar
Hochrechnung *s. f.* projecção*f*, previsão*f* estatística
Hochsaison *s. f.* época*f* alta
Hochschulabschluss *s. m.* diploma*m* final de curso
Hochschule *s. f.* escola*f* superior, instituto*m* superior
Hochschulreife *s. f.* aptidão*f* para aceder ao ensino superior
Hochschulstudium *s. nt.* curso*m* universitário
hochschwanger *adj.* em estado avançado de gravidez
Hochsommer *s. m.* pino*m* do Verão
Hochspannung *s. f.* ELECTRICIDADE alta tensão*f*
Hochsprung *s. m.* DESPORTO salto*m* em altura
höchst *adv.* extremamente
Hochstapler *s. m.* vigarista*m. e f.*, aldrabão*m*
höchstens *adv.* no máximo, quando muito
höchste(r, s) *superl.* de hoch
Höchstgeschwindigkeit *s. f.* velocidade*f* máxima
höchstpersönlich *adj.* em pessoa
höchstwahrscheinlich *adv.* muito provavelmente
hochtrabend *adj.* patético
Hochverrat *s. m.* DIREITO alta traição*f*
Hochwasser *s. nt.* 1. cheia*f*; inundação*f*; 2. maré*f* alta, maré*f* cheia
hochwertig *adj.* de alta qualidade
Hochzeit *s. f.* 1. casamento*m*, matrimónio*m*; 2. boda
Hochzeitsreise *s. f.* viagem*f* de núpcias
Hochzeitstag *s. m.* 1. dia*m* de casamento; 2. aniversário*m* de casamento

hocken *v. intr.* acocorar-se, agachar-se
Hocker *s. m.* banco*m*
Hockey *s. nt.* hóquei*m*
Hoden *s. m.* testículo*m*
Hof *s. m.* 1. pátio*m*; 2. quinta*f*; 3. corte*f* (do rei)
hoffen I *v. tr.* esperar; II *v. intr.* esperar; auf etwas hoffen: esperar alguma coisa
hoffentlich *adv.* oxalá, Deus queira
Hoffnung *s. f.* esperança*f* [auf +ac., em]
hoffnungslos *adj.* sem esperança, desesperado
Hoffnungslosigkeit *s. f.* desespero*m*
hoffnungsvoll *adj.* esperançado, optimista
höflich *adj.* cortês, gentil, bem-educado
Höhe *s. f.* 1. altura*f*; *(coloq.)* das ist die Höhe: isso é o cúmulo!; 2. GEOGRAFIA altitude*f*; 3. (quantia) montante*m*, importância*f*
Hoheit *s. f.* 1. (sem pl.) soberania*f*; 2. Alteza*f*, Eminência*f*
Hoheitsgebiet *s. nt.* território*m* nacional
Hoheitsgewässer *s. pl.* águas*f. pl* territoriais
Höhenluft *s. f.* ar*m* das montanhas
Höhensonne *s. f.* lâmpada*f* de raios ultra-violeta
Höhenunterschied *s. m.* diferença*f* de altura
Höhenzug *s. m.* cumeada*f*
Höhepunkt *s. m.* auge*m*, apogeu*m*
höher *comp. de* hoch
hohl *adj.* 1. oco, vazio; furado; 2. côncavo, cavado; 3. (voz) cavernoso; 4. fútil, vazio
Höhle *s. f.* 1. caverna*f*; gruta*f*; 2. toca*f*, covil*m*
Höhlenmalerei *s. f.* pintura*f* rupestre
Hohlmaß *s. nt.* medida*f* de capacidade
Hohlraum *s. m.* espaço*m* vazio
Hohn *s. m.* troça*f*, escárnio*m*
höhnisch *adj.* sarcástico
holen *v. tr.* 1. ir buscar, trazer; chamar; jemanden/etwas holen lassen: mandar vir alguém/alguma coisa; Atem holen: tomar ar; 2. *(coloq.)* (doença) apanhar
Holland *s. nt.* Holanda*f*
Holländer *s. m.* holandês*m*
holländisch *adj.* holandês
Hölle *s. f.* inferno*m*
höllisch *adj.* infernal, diabólico; es tut höllisch weh: dói que se farta
Holocaust *s. m.* holocausto*m*
holperig *adj.* 1. acidentado, desnivelado; 2. escabroso
holpern *v. intr.* dar solavancos
Holunder *s. m.* BOTÂNICA sabugueiro*m*
Holz *s. nt.* madeira*f*; lenha*f*; ein Stück Holz: uma acha
hölzern *adj.* de madeira
Holzfäller *s. m.* lenhador*m*
holzfrei *adj.* (papel) sem celulose
Holzkohle *s. f.* carvão*m* vegetal
Holzweg *s. m.* atalho*m*; *(coloq.)* auf dem Holzweg sein: estar enganado
Holzwurm *s. m.* ZOOLOGIA caruncho*m*, bicho-carpinteiro*m*
homogen *adj.* homogéneo
Homöopathie *s. f.* homeopatia*f*
homöopathisch *adj.* homeopático
Homosexualität *s. f.* homossexualidade*f*
homosexuell *adj.* homossexual
Homosexueller *s. m.* homossexual*m. e f.*
Honig *s. m.* mel*m*
Honigmelone *s. f.* melão*m*
Honorar *s. nt.* honorário*m*
honorieren* *v. tr.* 1. honrar; 2. pagar, remunerar
Hopfen *s. m.* BOTÂNICA lúpulo*m*
hopsen *v. intr. (coloq.)* saltar, pular
hörbar *adj.* audível, perceptível
horchen *v. intr.* escutar, estar à escuta
Horde *s. f.* bando*m*
hören I *v. tr.* 1. ouvir, escutar; 2. ouvir dizer; II *v. intr.* ouvir; obedecer

Hörensagen s. nt. (nur) vom Hörensagen: (só) de ouvir dizer
Hörer¹ s. m. (-s, -) ouvinte_{m. e f.}
Hörer² s. m. (telefone) auscultador_{m.}
Hörfunk s. m. radiodifusão_{f.}
Hörgerät s. nt. aparelho_{m} auditivo
Horizont s. m. horizonte_{m.}
horizontal adj. horizontal
Hormon s. nt. hormona_{f.}
Horn s. nt. 1. ZOOLOGIA corno_{m}, chifre_{m.}; 2. MÚSICA corneta_{f.}
Hornhaut s. f. 1. pele_{f.} calejada; 2. (olhos) córnea_{f.}
Hornisse s. f. vespão_{m}, moscardo_{m.}
Horoskop s. nt. horóscopo_{m.}
horrend adj. exorbitante
Horror s. m. horror_{m}, terror_{m.}
Horrorfilm s. m. filme_{m.} de terror
Hörsaal s. m. auditório_{m.}
Hörspiel s. nt. peça_{f.} radiofónica
Hort s. m. infantário_{m.}, creche_{f.}
horten v. tr. açambarcar, acumular
Hörverstehen s. nt. compreensão_{f.} auditiva
Hose s. f. calças_{f. pl.}
Hosenanzug s. m. fato_{m}, perna_{f.} das calças
Hosenbein s. nt. perna_{f.} das calças
Hosentasche s. f. bolso_{m.} das calças
Hosenträger s. m. suspensórios_{m. pl.}
Hospital s. nt. hospital_{m.}
Hostess s. f. guia_{f.}
Hostie s. f. RELIGIÃO hóstia_{f.}
Hotel s. nt. hotel_{m.}
Hotelgewerbe s. nt. indústria_{f.} hoteleira
Hotelier s. m. hoteleiro_{m.}
Hotline s. f. linha_{f.} verde
Hubraum s. m. ENGENHARIA cilindrada_{f.}
hübsch adj. 1. bonito, lindo; giro; 2. (coloq.) belo; eine hübsche Summe: uma bela quantia

Hubschrauber s. m. helicóptero_{m.}
huckepack adv. às costas, às cavalitas
hudeln v. intr. (Áustria) aldrabar
Huf s. m. (cavalo) casco_{m.}
Hufeisen s. nt. ferradura_{f.}
Hüferl s. nt. (Áustria) → Hüfte
Hüfte s. f. anca_{f.}
Hügel s. m. colina_{f.}, outeiro_{m.}
hügelig adj. acidentado
Huhn s. nt. ZOOLOGIA galinha_{f.}
Hühnchen s. nt. CULINÁRIA frango_{m.}
Hühnerauge s. nt. calo_{m.}
Hühnerbrühe s. f. canja_{f.}, caldo_{m.} de galinha
Hülle s. f. 1. estojo_{m.}; 2. capa_{f.}, cobertura_{f.}
hüllen v. tr. envolver [in +ac., em], cobrir [in +ac., com]
Hülse s. f. 1. BOTÂNICA casca_{f.}, vagem_{f.}; 2. caixa_{f.}, estojo_{m.}
Hülsenfrucht s. f. BOTÂNICA leguminosa_{f.}
human adj. humano
Humangenetik s. f. genética_{f.} humana
humanitär adj. humanitário
Humbug s. m. (coloq.) disparate_{m.}
Hummel s. f. ZOOLOGIA zangão_{m}, abelhão_{m.}
Hummer s. m. ZOOLOGIA lavagante_{m.}
Humor s. m. humor_{m.}; Sinn für Humor haben: ter sentido de humor
Humorist s. m. humorista_{m. e f.}
humorlos adj. sem humor
humorvoll adj. humorístico
humpeln v. intr. coxear, mancar
Humus s. m. húmus_{m.}
Hund s. m. cão_{m.}; (Brasil) cachorro_{m.}
Hundefutter s. nt. comida_{f.} de cão
Hundehütte s. f. canil_{m.}
Hundekuchen s. m. biscoito_{m.} de cão
Hundeleine s. f. trela_{f.}
hundemüde adj. (coloq.) esfalfado, estafado
hundert num. card. cem

Hundert *s. nt.* centena$_f$, cento$_m$
Hundertjahrfeier *s. f.* centenário$_m$
hundertjährig *adj.* centenário, secular
hundertmal *adv.* cem vezes
hundertprozentig I *adj.* (de) cem por cento; II *adv.* cem por cento, completamente
Hunger *s. m.* fome$_f$
Hungerlohn *s. m.* remuneração$_f$ miserável
hungern *v. intr.* 1. passar fome; 2. jejuar
Hungersnot *s. f.* fome$_f$
Hungerstreik *s. m.* greve$_f$ de fome
hungrig *adj.* faminto, esfomeado
Hupe *s. f.* buzina$_f$
hupen *v. intr.* buzinar
hüpfen *v. intr.* saltar, pular
Hürde *s. f.* 1. cerca$_f$; 2. DESPORTO obstáculo$_m$, barreira$_f$
Hürdenlauf *s. m.* DESPORTO corrida$_f$ de obstáculos
Hure *s. f. (depr.)* prostituta$_f$, puta$_f$
huschen *v. intr.* deslizar
husten *v. intr.* tossir
Husten *s. m.* tosse$_f$

Hustenanfall *s. m.* ataque$_m$ de tosse
Hustenbonbon *s. nt.* rebuçado$_m$ da tosse
Hustensaft *s. m.* xarope$_m$ para a tosse
Hut *s. m.* chapéu$_m$
hüten I *v. tr.* tomar conta de; guardar; II *v. refl.* tomar cuidado, acautelar-se [vor +*dat.*, com]
Hütte *s. f.* 1. cabana$_f$, barraca$_f$; abrigo$_m$; 2. fundição$_f$
Hüttenindustrie *s. f.* indústria$_f$ siderúrgica
Hyäne *s. f.* ZOOLOGIA hiena$_f$
Hyazinthe *s. f.* BOTÂNICA jacinto$_m$
Hydrant *s. m.* boca-de-incêndio$_f$
hydraulisch *adj.* hidráulico
Hygiene *s. f.* higiene$_f$
hygienisch *adj.* higiénico
Hymne *s. f.* hino$_m$
Hypnose *s. f.* hipnose$_f$, hipnotismo$_m$
hypnotisieren* *v. tr.* hipnotizar
Hypochonder *s. m.* hipocondríaco$_m$
Hypothek *s. f.* hipoteca$_f$
Hypothese *s. f.* hipótese$_f$
hypothetisch *adj.* hipotético
Hysterie *s. f.* histeria$_f$, histerismo$_m$
hysterisch *adj.* histérico

I

I, i *s. nt.* I, i*m.*
iberisch *adj.* ibérico
Iberoamerikaner *s. m.* ibero-americano*m.*
ich *pron. pess.* eu; ich bin's!: sou eu!
ideal *adj.* ideal
Ideal *s. nt.* ideal*m.*
idealisieren* *v. tr.* idealizar, conceber
idealistisch *adj.* idealista
Idee *s. f.* ideia*f.*
identifizieren* *v. tr.* identificar
identisch *adj.* idêntico
Identität *s. f.* identidade*f.*
Identitätskarte *s. f. (Suíça)* bilhete*m.* de identidade
Ideologie *s. f.* ideologia*f.*
ideologisch *adj.* ideológico
Idiom *s. nt.* 1. idioma*m.*, língua*f.*; 2. expressão*f.* idiomática
idiomatisch *adj.* idiomático
Idiot *s. m. (depr.)* idiota*m. e f.*, pateta*m. e f.*
idiotisch *adj. (depr.)* idiota, simplório
Idol *s. nt.* ídolo*m.*
idyllisch *adj.* idílico, encantador
Igel *s. m.* ZOOLOGIA ouriço(-cacheiro)*m.*
Ignoranz *s. f.* ignorância*f.*
ignorieren* *v. tr.* ignorar, não fazer caso de
ihm *dat. de* er, es
ihn *ac. de* er
ihnen *dat. de* sie
Ihnen *dat. de* sie
ihr I *dat. de* sie; II *pron. poss.* deles, dela(s); das ist ihr Buch/ihre Uhr: este livro/relógio é deles/dela(s)
Ihr *pron. poss.* (o) seu, (a) sua

ihrer *gen. de* sie
ihrerseits *adv.* por seu lado, da/pela parte dela, deles, delas
ihresgleichen *pron. indef.* seu igual, seu semelhante
ihretwegen *adv.* por sua causa, por causa dela, deles, delas
Ikone *s. f.* ícone*m.*
illegal *adj.* ilegal
Illegalität *s. f.* ilegalidade*f.*
Illusion *s. f.* ilusão*f.*
illusorisch *adj.* ilusório, enganador
Illustration *s. f.* ilustração*f.*
illustrieren* *v. tr.* ilustrar
Illustrierte *s. f.* revista*f.*
Iltis *s. m.* ZOOLOGIA tourão*m.*
im *contr. da prep.* in + *art def.* dem
imaginär *adj.* imaginário
Imbiss *s. m.* refeição*f.* ligeira
Imbissstube *s. f.* snack-bar*m.*
Imker *s. m.* apicultor*m.*
Immatrikulation *s. f.* matrícula*f.*, inscrição*f.*
immatrikulieren* I *v. tr.* 1. matricular [für +*ac.*, em]; 2. *(Suíça)* registar; II *v. refl.* matricular-se [für +*ac.*, em]
immens *adj.* imenso, enorme
immer *adv.* sempre; immer noch: ainda; was/wer auch immer: o que/quem quer que seja
immerhin *adv.* em todo o caso, ainda assim
Immigrant *s. m.* imigrante*m. e f.*
Immobilie *s. f.* imóveis*m. pl.*, bens*m. pl.* de raiz

immun *adj.* MEDICINA, DIREITO imune [gegen +*ac.*, contra]
Immunität *s. f.* MEDICINA, DIREITO imunidade$_f$
Immunschwäche *s. f.* MEDICINA imunodeficiência$_f$
Immunsystem *s. nt.* sistema$_m$ imunológico
Imperialismus *s. m.* imperialismo$_m$
imperialistisch *adj.* imperialista
Imperium *s. nt.* império$_m$
Impfausweis *s. m.* boletim$_m$ de vacinas
impfen *v. tr.* vacinar [gegen +*ac.*, contra]
Impfstoff *s. m.* vacina$_f$
Impfung *s. f.* vacinação$_f$ [gegen +*ac.*, contra]
implizieren* *v. tr.* implicar
implizit *adj.* implícito
imponieren* *v. intr.* impressionar
Import *s. m.* importação$_f$
Importeur *s. m.* importador$_m$
importieren* *v. tr.* importar
imposant *adj.* imponente
Impotenz *s. f.* impotência$_f$
imprägnieren* *v. tr.* impregnar, impermeabilizar
Impressionismus *s. m.* ARTES PLÁSTICAS, LITERATURA impressionismo$_m$
Improvisation *s. f.* improviso$_m$
improvisieren* *v. tr. e intr.* improvisar
Impuls *s. m.* impulso$_m$
impulsiv *adj.* impulsivo
imstande *adv.* [+*dat.*] de maneira, de modo; em situação; imstande sein, etwas zu tun: ser capaz de fazer alguma coisa
in I *prep.* [+*ac.*] (direcção) a, para; in die Schweiz gehen: ir à/para a Suíça; ins Kino gehen: ir ao cinema; II *prep.* [+*dat.*] 1. (espacial) em; wir wohnen in der Schweiz/der Stadt: nós vivemos na Suíça/na cidade; 2. (temporal) em; im Jahr 2002: em 2002; im Herbst: no Outono; in der Nacht: à noite; 3. (temporal) dentro de, daqui a; in einer Woche: daqui a uma semana
Inbegriff *s. m.* suma$_f$, quinta-essência$_f$, cúmulo$_m$
inbegriffen *adj.* incluído, compreendido
Inbetriebnahme *s. f.* colocação$_f$ em funcionamento
indem *cj.* 1. quando, enquanto; indem er mich ansah, sagte er...: enquanto ele olhava para mim, disse...; 2. posto que; er half uns, indem er Überstunden machte: ele ajudou-nos, fazendo horas extra
Inder *s. m.* indiano$_m$
Index *s. m.* 1. índice$_m$; 2. RELIGIÃO índex$_m$
Indianer *s. m.* índio$_m$
Indien *s. nt.* Índia$_f$
indirekt *adj.* indirecto
indisch *adj.* indiano
indiskret *adj.* indiscreto
Indiskretion *s. f.* indiscrição$_f$
indiskutabel *adj.* inadmissível
individuell *adj.* individual; personalizado
Individuum *s. nt.* indivíduo$_m$
Indiz *s. nt.* indício$_m$ [für +*ac.*, de]
Indonesien *s. nt.* Indonésia$_f$
Industrialisierung *s. f.* industrialização$_f$
Industrie *s. f.* indústria$_f$
Industriegebiet *s. nt.* zona$_f$ industrial
industriell *adj.* industrial
Industrielle(r) *s. m. e f.* industrial$_{m.\ e\ f.}$
ineinander *adv.* um no/pelo outro
Infarkt *s. m.* MEDICINA enfarte$_m$
Infektion *s. f.* MEDICINA infecção$_f$
Infektionskrankheit *s. f.* doença$_f$ infecciosa
infizieren* I *v. tr.* 1. MEDICINA infeccionar, infectar [mit +*dat.*, com]; 2. INFORMÁTICA infectar; II *v. refl.* infectar-se [mit +*dat.*, com]

Inflation s. f. ECONOMIA inflação$_f$
Inflationsrate s. f. ECONOMIA taxa$_f$ de inflação
Info s. f. (coloq.) informação$_f$, dica$_f$
infolge prep. [+gen.] devido a
infolgedessen adv. por conseguinte, portanto
Informatik s. f. informática$_f$
Informatiker s. m. informático$_m$
Information s. f. informação$_f$ [über +ac., sobre]
informieren I v. tr. informar [über +ac., sobre]; II v. refl. informar-se [über +ac., sobre]
infrage adv. infrage stehen: estar em causa; etwas infrage stellen: pôr alguma coisa em causa
infrarot adj. infravermelho
Infrastruktur s. f. infra-estrutura$_f$
Infusion s. f. infusão$_f$
Ing. [abrev. de **Ingenieur**] Eng.º [abrev. de engenheiro]
Ingenieur s. m. engenheiro$_m$
Ingwer s. m. gengibre$_f$
Inhaber s. m. 1. proprietário$_m$, dono$_m$; 2. titular$_{m. e f.}$
inhaftieren* v. tr. prender, capturar
Inhalt s. m. 1. conteúdo$_m$; 2. assunto$_m$, tema$_m$; 3. MATEMÁTICA volume$_m$
Inhaltsangabe s. f. resumo$_m$, sumário$_m$
inhaltslos adj. vazio, oco
Inhaltsverzeichnis s. nt. índice$_m$
Initiative s. f. 1. iniciativa$_f$; 2. (Suíça) referendo$_m$
Injektion s. f. injecção$_f$
inklusive I prep. inclusive, incluindo; II adv. incluído
inkompetent adj. incompetente
In-Kraft-Treten s. nt. entrada$_f$ em vigor
Inland s. nt. 1. interior$_m$; 2. POLÍTICA país$_m$

Inlandflug s. m. voo$_m$ doméstico
inländisch adj. nacional, interno
inmitten prep. no meio de
innehaben v. tr. ter, possuir
innen adv. (por) dentro, no interior; von innen: de dentro
Innenarchitekt s. m. decorador$_m$ de interiores
Inneneinrichtung s. f. decoração$_f$ de interiores
Innenhof s. m. pátio$_m$ interior
Innenminister s. m. Ministro$_m$ do Interior
Innenministerium s. m. Ministério$_m$ do Interior
Innenpolitik s. f. política$_f$ interna
Innenstadt s. f. centro$_m$ da cidade
Innere s. nt. 1. interior$_m$; 2. centro$_m$; 3. âmago$_m$; fundo$_m$
Innereien s. pl. entranhas$_{f. pl}$; (de galinha) miúdos$_{m. pl.}$
innere(r, s) adj. interior; interno
innerhalb I prep. [+gen.] 1. (espacial) dentro de; 2. (temporal) dentro de, no espaço de; II adv. dentro
innerlich adj. interno, interior
innig adj. íntimo, profundo
Innung s. f. corporação$_f$, grémio$_m$
inoffiziell adj. não oficial
ins contr. da prep. in + art. def. das
Insasse s. m. 1. internado$_m$; 2. passageiro$_m$, ocupante$_{m. e f.}$
insbesondere adv. especialmente, principalmente
Inschrift s. f. inscrição$_f$, epígrafe$_f$
Insekt s. nt. insecto$_m$
Insektizid s. nt. insecticida$_m$
Insel s. f. ilha$_f$
Inselgruppe s. f. arquipélago$_m$
Inserat s. nt. anúncio$_m$
inserieren* v. intr. inserir, pôr um anúncio

insgeheim *adv.* em segredo, secretamente
insgesamt *adv.* no total, ao todo
insofern I *adv.* nisso, nesse ponto; II *cj.* contanto que, desde que
insoweit *adv. e cj.* → insofern
Inspektion *s. f.* inspecção$_f$; (carro) revisão$_f$
Inspektor *s. m.* inspector$_m$
Inspiration *s. f.* inspiração$_f$
inspirieren* *v. tr.* inspirar [zu +*dat.*, para]
Installateur *s. m.* 1. electricista$_{m. e f.}$; 2. canalizador$_m$
Installation *s. f.* instalação$_f$
installieren* *v. tr.* instalar
Instandhaltung *s. f.* manutenção$_f$, conservação$_f$
inständig I *adj.* instante, insistente; II *adv.* encarecidamente
Instanz *s. f.* instância$_f$
Instinkt *s. m.* instinto$_m$
instinktiv *adj.* instintivo, por instinto
Institut *s. nt.* instituto$_m$
Institution *s. f.* instituição$_f$
Instrument *s. nt.* 1. MÚSICA instrumento$_m$; 2. ferramenta$_f$
Insulin *s. nt.* MEDICINA insulina$_f$
inszenieren* *v. tr.* (peça de teatro) encenar
Inszenierung *s. f.* encenação$_f$
intakt *adj.* intacto
Intellekt *s. m.* intelecto$_m$
intellektuell *adj.* intelectual
Intellektuelle(r) *s. m. e f.* intelectual$_{m. e f.}$
intelligent *adj.* inteligente
Intelligenz *s. f.* inteligência$_f$
Intensität *s. f.* intensidade$_f$
intensiv *adj.* 1. intenso, profundo; 2. intensivo
intensivieren* *v. tr.* intensificar
Intensivkurs *s. m.* curso$_m$ intensivo

Intensivstation *s. f.* Unidade$_f$ de Cuidados Intensivos
Intercity *s. m.* intercidades$_m$, alfa$_m$
interessant *adj.* interessante
interessanterweise *adv.* curiosamente
Interesse *s. nt.* interesse$_m$ [für +*ac.*, por; an +*dat.*, em]
Interessent *s. m.* interessado$_m$
interessieren* I *v. tr.* interessar; II *v. refl.* interessar-se [für +*ac.*, por]
interessiert *adj.* interessado [an +*dat.*, em]
Intermezzo *s. nt.* 1. MÚSICA entreacto$_m$; 2. incidente$_m$, episódio$_m$
intern *adj.* interno
Internat *s. nt.* internato$_m$, colégio$_m$ interno
international *adj.* internacional
Internet *s. nt.* Internet$_f$
internieren* *v. tr.* internar
Internist *s. m.* especialista$_{m. e f.}$ em medicina interna
Interpretation *s. f.* interpretação$_f$
interpretieren* *v. tr.* interpretar
Interpunktion *s. f.* pontuação$_f$
Intervention *s. f.* intervenção$_f$
Interview *s. nt.* entrevista$_f$
interviewen* *v. tr.* entrevistar
intim *adj.* íntimo, familiar
Intimbereich *s. m.* intimidade$_f$, foro$_m$ íntimo
Intimität *s. f.* intimidade$_f$
Intimsphäre *s. f.* privacidade$_f$
intolerant *adj.* intolerante
Intoleranz *s. f.* intolerância$_f$
Intrige *s. f.* intriga$_f$, enredo$_m$
Intuition *s. f.* intuição$_f$
intuitiv *adj.* intuitivo
Invalide(r) *s. m. e f.* inválid|o, -a$_{m. f.}$
Invasion *s. f.* invasão$_f$
Inventar *s. nt.* inventário$_m$
Inventur *s. f.* inventariação$_f$

investieren° *v. tr.* investir [in +*ac.*, em]
Investition *s. f.* investimento_m_
inwiefern I *adv.* até que ponto; II *cj.* em que medida, como
Inzest *s. m.* incesto_m_
inzwischen *adv.* entretanto
Irak *s. m.* Iraque_m_
Iran *s. m.* Irão_m_
irdisch *adj.* terreno, terrestre
Ire *s. m.* irlandês_m_
irgendeine(r, s) *pron. indef.* alguém, algum, qualquer um
irgendetwas *pron. indef.* qualquer coisa, alguma coisa
irgendjemand *pron. indef.* alguém, uma pessoa qualquer
irgendwann *adv.* qualquer dia, em qualquer altura
irgendwer *pron. indef.* (*coloq.*) alguém, quem quer que seja
irgendwie *adv.* de qualquer modo/maneira, de algum modo
irgendwo *adv.* em qualquer lugar/parte
Iris *s. f.* BOTÂNICA, ANATOMIA íris_f_
irisch *adj.* irlandês
Irland *s. nt.* Irlanda_f_
Ironie *s. f.* ironia_f_
ironisch *adj.* irónico
irre *adj.* 1. louco, demente, doido; 2. (*coloq.*) porreiro
Irre *s. f.* caminho errado; jemanden in die Irre führen: induzir alguém em erro
irreführen *v. tr.* enganar, desorientar

irregulär *adj.* irregular
irren I *v. intr.* perder-se, desviar-se; II *v. refl.* errar, enganar-se
irreparabel *adj.* irreparável
Irre(r) *s. m. e f.* louc|o, -a_m., f._, alienad|o, -a_m., f._
irreversibel *adj.* irreversível
Irrgarten *s. m.* labirinto_m_
irrig *adj.* erróneo, falso
irritieren° *v. tr.* irritar
irrsinnig *adj.* 1. demente, louco, doido; 2. irracional, absurdo; 3. (*coloq.*) de gritos
Irrtum *s. m.* erro_m_, engano_m_
irrtümlich I *adj.* erróneo; II *adv.* por engano, por equívoco
Ischias *s. m. e nt.* MEDICINA ciática_f_
Islam *s. m.* Islão_m_
islamisch *adj.* islâmico
Island *s. nt.* Islândia_f_
Isländer *s. m.* islandês_m_
isländisch *adj.* islandês, da Islândia
Isolation *s. f.* isolamento_m_
Isolierband *s. nt.* fita_f_ isoladora
isolieren° *v. tr.* isolar [gegen +*ac.*, de]
Isolierkanne *s. f.* garrafa_f_ termos
Isolierung *s. f.* isolamento_m_
Israel *s. nt.* Israel_m_
Israeli *s. m. e f.* israelita_m. e f._
Italien *s. nt.* Itália_f_
Italiener *s. m.* italiano_m_
italienisch *adj.* italiano

J

J, j *s. nt.* J, j*m.*
ja *adv.* sim; **ja sagen:** dizer que sim; **ja doch!:** sim, sim!
Jacht *s. f.* iate*m.*
Jacke *s. f.* casaco*m.*, blusão*m.*
Jackett *s. nt.* jaqueta*f.*
Jagd *s. f.* caça*f.* [auf +ac., a]
Jagdgewehr *s. nt.* caçadeira*f.*
Jagdhund *s. m.* cão*m.* de caça, perdigueiro*m.*
Jagdrevier *s. nt.* zona*f.* de caça
Jagdschein *s. m.* licença*f.* de caça
jagen I *v. tr.* 1. caçar; perseguir; 2. escorraçar; II *v. intr.* 1. ir à caça, caçar; 2. correr
Jäger *s. m.* caçador*m.*
jäh *adj.* 1. súbito, repentino; brusco; 2. íngreme
Jahr *s. nt.* ano*m.*
jahrelang I *adj.* de muitos anos; II *adv.* durante anos
jähren *v. refl.* celebrar-se
Jahresbeginn *s. m.* início*m.* do ano
Jahresbericht *s. m.* relatório*m.* anual, anuário*m.*
Jahresende *s. nt.* fim*m.* do ano
Jahresring *s. m.* BOTÂNICA cerne*m.*
Jahrestag *s. m.* aniversário*m.*
Jahresurlaub *s. m.* férias*f. pl.* anuais
Jahreswechsel *s. m.* passagem*f.* de ano
Jahreszeit *s. f.* estação*f.* do ano
Jahrgang *s. m.* 1. ano*m.* (de nascimento); 2. (vinho) ano*m.* (de colheita)
Jahrhundert *s. nt.* século*m.*
jährlich I *adj.* anual; II *adv.* anualmente, todos os anos
Jahrmarkt *s. m.* feira*f.* popular
Jahrtausend *s. nt.* milénio*m.*
Jahrtausendwende *s. f.* passagem*f.* do milénio
Jahrzehnt *s. nt.* década*f.*, decénio*m.*
Jähzorn *s. m.* cólera*f.*, fúria*f.*
jähzornig *adj.* colérico, furioso
Jalousie *s. f.* persiana*f.*
Jammer *s. m.* 1. lamento*m.*; 2. lástima*f.*, miséria*f.*
jämmerlich *adj.* 1. lastimável, deplorável; lastimoso; 2. miserável
jammern *v. intr.* lastimar-se, lamentar-se [über +ac., de]
Janker *s. m.* (Áustria) casaco*m.* de malha
Jänner *s. m.* (Áustria) Janeiro*m.*
Januar *s. m.* Janeiro*m.*
Japan *s. nt.* Japão*m.*
Japaner *s. m.* japonês*m.*
japanisch *adj.* japonês
japsen *v. intr.* ofegar, estar ofegante
Jargon *s. m.* jargão*m.*, gíria*f.*
jäten *v. tr.* arrancar; mondar
Jauche *s. f.* estrume*m.*
jauchzen *v. intr.* jubilar, vibrar
jaulen *v. intr.* latir, ganir
Jause *s. f.* (Áustria) merenda*f.*
jawohl *adv.* com certeza, sim senhor
Jawort *s. nt.* consentimento*m.*, sim*m.*
je I *adv.* 1. nunca, jamais, em tempo algum; **besser denn je:** melhor (do) que nunca; 2. cada; **je nach:** conforme; II *prep.* [+ac.] por, a; ... **Euro je Stunde:** ... euros por/à hora; III *cj.* **jemehr... desto...:** quanto mais... (tanto) mais...; **je nachdem:** segundo, conforme

Jeans *s. pl.* calças*_f. pl._* de ganga, jeans*_m. pl._*
jedenfalls *adv.* em todo o caso, de qualquer forma
jedermann *pron. indef.* cada qual, cada um; todos, toda a gente
jede(r, s) *pron. indef.* 1. (como substantivo) todos, cada qual, cada um; jeder einzelne: cada um; 2. (como adjectivo) cada, todo; auf jeden Fall: em todo o caso
jederzeit *adv.* a qualquer hora, a qualquer momento
jedoch *cj.* todavia, contudo, no entanto
jeher *adv.* von jeher: desde sempre
jemals *adv.* alguma vez, jamais
jemand *pron. indef.* alguém, algum(a); jemand anderes: outra pessoa
jene(r, s) *pron. dem.* (ali) esse, essa, isso; (aí) aquele, aquela, aquilo; dieses und jenes: isto e aquilo
jenseits I *prep.* [+*gen.*] do outro lado de; II *adv.* do outro lado
Jenseits *s. nt.* além*_m_*, outro mundo*_m._*
jetzig *adj.* actual
jetzt *adv.* agora, neste momento; von jetzt an: a partir de agora
jeweilig *adj.* respectivo
jeweils *adv.* de cada vez, respectivamente
Jh. [*abrev. de* Jahrhundert] séc. [*abrev. de* século]
Job *s. m.* (*coloq.*) trabalho*_m_*, emprego*_m._*
Joch *s. nt.* jugo*_m_*, junta*_f_*
Jockei *s. m.* DESPORTO jóquei*_m._*
Jod *s. nt.* iodo*_m._*
Joga *s. nt.* ioga*_m._*
joggen *v. intr.* fazer jogging
Jogger *s. m.* corredor*_m._*
Jogginganzug *s. m.* fato*_m_* de treino
Joghurt *s. m.* → Jogurt
Jogurt *s. m.* iogurte*_m._*

Johannisbeere *s. f.* BOTÂNICA groselha*_f_*
johlen *v. intr.* (*depr.*) berrar, gritar
Joint *s. m.* charro*_m._*
Jointventure *s. nt.* ECONOMIA empreendimento*_m_*, conjunto
Jongleur *s. m.* malabarista*_m. e f._*
jonglieren *v. intr.* fazer malabarismo
Jordanien *s. nt.* Jordânia*_f_*
Journalismus *s. m.* jornalismo*_m._*
Journalist *s. m.* jornalista*_m. e f._*
Jubel *s. m.* júbilo*_m._*
jubeln *v. intr.* regozijar-se, jubilar
Jubilar *s. m.* aniversariante*_m. e f._*
Jubiläum *s. nt.* jubileu*_m_*, aniversário*_m._*
jucken *v. tr. e intr.* fazer comichão
Juckreiz *s. m.* comichão*_f_*
Jude *s. m.* judeu*_m._*
Judentum *s. nt.* judaísmo*_m._*
Jüdin *s. f.* judia
jüdisch *adj.* judaico
Judo *s. m.* DESPORTO judo*_m._*
Jugend *s. f.* juventude*_f_*, mocidade*_f_*
Jugendamt *s. nt.* assistência*_f_* social para crianças e jovens
jugendfrei *adj.* permitido a jovens
Jugendherberge *s. f.* pousada*_f_* da juventude
jugendlich *adj.* juvenil
Jugendliche(r) *s. m. e f.* jovem*_m. e f._*, adolescente*_m. e f._*
Jugendliebe *s. f.* paixão*_f_* de adolescente
Jugendstil *s. m.* arte*_f_* nova
Jugendsünde *s. f.* erro*_m_* da juventude
Jugendzentrum *s. nt.* centro*_m_* de jovens
Jugoslawien *s. nt.* Jugoslávia*_f_*
Juli *s. m.* Julho*_m._*
jung *adj.* jovem, novo, moço
Junge *s. m.* rapaz*_m_*, menino*_m._*
Jünger *s. m.* discípulo*_m_*
Junge(s) *s. nt.* cria*_f_*, filhote*_m._*

Jungfernhäutchen s. nt. ANATOMIA hímen$_m$
Jungfrau s. f. 1. virgem$_f$; 2. RELIGIÃO Virgem$_f$
Junggeselle s. m. solteiro$_m$, celibatário$_m$
Jüngling s. m. (depr.) rapazola$_m$, rapazote$_m$
jüngst adj. (mais) recente; das Jüngste Gericht: o Juízo Final
Juni s. m. Junho$_m$
junior adj. júnior
Junior s. m. DESPORTO júnior$_{m\,e\,f}$
Junkie s. m. (coloq.) drogado$_m$
Jupe s. f. (Suíça) saia$_f$
Jura s. nt. Direito$_m$
Jurist s. m. jurista$_{m\,e\,f}$
juristisch adj. jurídico
Jury s. f. júri$_m$
Jus s. nt. 1. (Suíça) sumo$_m$ de fruta; 2. (Áustria) → Jura
Justiz s. f. justiça$_f$
Justizirrtum s. m. erro$_m$ de justiça
Jute s. f. BOTÂNICA juta$_f$
Juwel s. nt. jóia$_f$
Juwelier s. m. joalheiro$_m$, ourives$_{m\,e\,f}$
Juweliergeschäft s. nt. joalharia$_f$, ourivesaria$_f$
Jux s. m. (coloq.) brincadeira$_f$, piada$_f$

K

K, k s. nt. K, k$_m$
Kabarett s. nt. revista$_f$
Kabarettist s. m. actor$_m$ de revista
Kabel s. nt. cabo$_m$
Kabelfernsehen s. nt. televisão$_f$ por cabo
Kabeljau s. m. bacalhau$_m$ (fresco)
Kabine s. f. cabine$_f$; camarote$_m$
Kabinett s. nt. POLÍTICA gabinete$_m$, conselho$_m$ de ministros
Kabis s. m. (Suíça) couve$_f$
Kabrio s. nt. cabriolé$_m$
Kachel s. f. azulejo$_m$
Kachelofen s. m. forno$_m$ de azulejos
Kacke s. f. (vulg.) merda$_f$
Kadaver s. m. cadáver$_m$
Käfer s. m. 1. ZOOLOGIA escaravelho$_m$; 2. (coloq.) (carro) carocha$_m$
Kaff s. nt. (coloq.) terreola$_f$, lugarejo$_m$
Kaffee s. m. 1. café$_m$; 2. BOTÂNICA cafeeiro$_m$
Kaffeebohne s. f. grão$_m$ de café
Kaffeefilter s. m. filtro$_m$ de café
Kaffeehaus s. nt. (Áustria) café$_m$
Kaffeekanne s. f. cafeteira$_f$
Kaffeeklatsch s. m. conversa$_f$ de café
Kaffeemaschine s. f. máquina$_f$ de café
Kaffeemühle s. f. moinho$_m$ de café
Kaffeepause s. f. pausa$_f$ para café
Kaffeesatz s. m. borra$_f$ de café
Käfig s. m. 1. gaiola$_f$; 2. jaula$_f$
kahl adj. 1. calvo, careca; 2. desfolhado; despido
kahlköpfig adj. calvo, careca
Kahn s. m. 1. barco$_m$, bote$_m$; 2. batelão$_m$
Kai s. m. cais$_m$
Kaiser s. m. imperador$_m$
kaiserlich adj. imperial

Kaiserreich s. nt. império_m.
Kaiserschnitt s. m. cesariana_f.
Kajalstift s. m. lápis_m. dos olhos
Kajüte s. f. camarote_m.
Kakao s. m. (planta, bebida) cacau_m.
Kakerlak s. m. ZOOLOGIA barata_f.
Kaktus s. m. BOTÂNICA cacto_m.
Kalb s. nt. ZOOLOGIA bezerro_m., vitelo_m.
Kalbfleisch s. nt. vitela_f., carne_f. de vitela
Kaldaunen s. pl. CULINÁRIA tripas_f.pl.
Kalender s. m. 1. calendário_m.; 2. agenda_f.
Kalenderjahr s. nt. ano_m. civil
Kaliber s. nt. calibre_m.
Kalium s. nt. QUÍMICA potássio_m.
Kalk s. m. 1. cal_f.; 2. cálcio_m.
Kalkstein s. m. calcário_m.
kalkulieren* v. tr. calcular
Kalorie s. f. caloria_f.
Kaloriengehalt s. m. teor_m. calórico
kalt adj. 1. frio; es ist kalt: está frio; mir ist/wird kalt: tenho frio; 2. insensível, indiferente
kaltblütig adj. de sangue-frio
Kaltblütigkeit s. f. sangue-frio_m.
Kälte s. f. 1. frio_m.; eisige Kälte: frio de rachar; 2. frieza_f.
Kälteeinbruch s. m. queda_f. brusca da temperatura
Kaltmiete s. f. renda_f. sem aquecimento incluído
Kalzium s. nt. QUÍMICA cálcio_m.
kam pret. imp. de kommen
Kamel s. nt. ZOOLOGIA camelo_m.
Kamelie s. f. BOTÂNICA camélia_f.
Kamera s. f. 1. câmara_f. (de filmar); 2. máquina_f. fotográfica
Kamerad s. m. camarada_m. e f., companheiro_m.
Kameradschaft s. f. camaradagem_f.
kameradschaftlich adj. de camaradagem

Kameramann s. m. operador_m. de câmara
Kamerun s. nt. Camarões_m.pl.
Kamille s. f. BOTÂNICA camomila_f.
Kamillentee s. m. chá_m. de camomila
Kamin s. m. 1. lareira_f., fogão_m. de sala; 2. chaminé_f.
Kaminfeger s. m. limpa-chaminés_m. e f.
Kamm s. m. 1. pente_m.; 2. (monte) cumeada_f.; 3. (galo) crista_f.
kämmen I v. tr. pentear; II v. refl. pentear-se
Kammer s. f. 1. despensa_f.; 2. POLÍTICA câmara_f.
Kammermusik s. f. música_f. de câmara
Kampagne s. f. campanha_f. [für +ac., a favor de; gegen +ac., contra]
Kampf s. m. 1. combate_m.; luta [für +ac., por; gegen +ac., contra]; 2. DESPORTO competição_f.
kampfbereit adj. pronto para o combate
kämpfen v. intr. 1. lutar [für +ac., por; gegen +ac., contra/com; um +ac., por]; 2. MILITAR combater
Kämpfer s. m. 1. lutador_m.; 2. MILITAR combatente_m. e f.
kämpferisch adj. lutador
Kampfsport s. m. artes_f.pl. marciais
kampieren* v. intr. acampar
Kanada s. nt. Canadá_m.
Kanadier s. m. canadiano_m.
kanadisch adj. canadiano
Kanal s. m. 1. canal_m.; esgoto_m.; 2. (televisão) canal_m.; (rádio) estação_f.
Kanalisation s. f. saneamento_m.
Kanaltunnel s. m. eurotúnel_m.
Kanaren s. pl. Canárias_f.pl.
Kanarienvogel s. m. ZOOLOGIA canário_m.
kanarisch adj. canário
Kandidat s. m. candidato_m.
Kandidatur s. f. candidatura_f.

kandidieren* v. intr. candidatar-se [für +ac., a]
Kandiszucker s. m. açúcar$_m$ cristalizado
Känguru s. nt. ZOOLOGIA canguru$_m$
Kaninchen s. nt. ZOOLOGIA coelho$_m$
Kanister s. m. lata$_f$; bidão$_m$
Kanne s. f. jarro$_m$, caneca$_f$; bule$_m$
Kannibale s. m. canibal$_{m.\ e\ f.}$
Kannibalismus s. m. canibalismo$_m$
kannte pret. imp. de kennen
Kanone s. f. 1. canhão$_m$; 2. (coloq.) pistola$_f$
Kante s. f. 1. borda$_f$, beira$_f$; canto$_m$; 2. MATEMÁTICA aresta$_f$; 3. orla$_f$
Kantine s. f. cantina$_f$
Kanton s. m. cantão$_m$
Kanu s. nt. canoa$_f$
Kanzel s. f. 1. (igreja) púlpito$_m$; 2. (avião) cabina$_f$
Kanzlei s. f. 1. escritório$_m$; 2. chancelaria$_f$
Kanzler s. m. POLÍTICA chanceler$_{m.\ e\ f.}$
Kanzleramt s. nt. chancelaria$_f$
Kap s. nt. cabo$_m$
Kapazität s. f. capacidade$_f$
Kapelle s. f. 1. capela$_f$; 2. MÚSICA banda$_f$, orquestra$_f$
Kaper s. f. alcaparra$_f$
kapern v. tr. capturar
kapieren* v. tr. (coloq.) perceber, pescar
Kapital s. nt. capital$_m$
Kapitalanlage s. f. investimento$_m$ de capital
Kapitalflucht s. f. fuga$_f$ de capitais
Kapitalismus s. m. capitalismo$_m$
Kapitalist s. m. capitalista$_{m.\ e\ f.}$
kapitalistisch adj. capitalista
Kapitalverbrechen s. nt. crime$_m$ capital
Kapitän s. m. 1. capitão$_m$; 2. comandante$_{m.\ e\ f.}$
Kapitel s. nt. capítulo$_m$
Kapitulation s. f. capitulação$_f$, rendição$_f$

kapitulieren* v. intr. capitular, render-se
Kappe s. f. 1. boné$_m$; 2. (caneta) tampa$_f$; 3. (sapato) biqueira$_f$
Kapsel s. f. 1. estojo$_m$, cápsula$_f$; 2. FARMÁCIA cápsula$_f$
kaputt adj. 1. (coloq.) estragado; partido; 2. (coloq.) estafado
kaputt|gehen v. intr. (coloq.) (aparelho) escangalhar-se; (tecido) romper(-se); (vidro) partir(-se)
kaputtlachen v. refl. (coloq.) fartar-se de rir [über +ac., de]
kaputtmachen I v. tr. (coloq.) dar cabo de; estragar; arruinar; II v. refl. (coloq.) dar cabo de si
Kapuze s. f. capuz$_m$, carapuço$_m$
Kapuziner s. m. (Áustria) café$_m$ com leite
Kapverden s. pl. Cabo$_m$ Verde
Kapverdier s. m. cabo-verdiano$_m$
kapverdisch adj. cabo-verdiano
Karaffe s. f. garrafa$_f$
Karambolage s. f. colisão$_f$, choque$_m$
Karamell s. m. caramelo$_m$
Karat s. nt. quilate$_m$
Karate s. nt. karaté$_m$
Karawane s. f. caravana$_f$
Kardinal s. m. cardeal$_m$
Kardinalzahl s. f. número$_m$ cardinal
Kardiologe s. m. cardiologista$_{m.\ e\ f.}$
Karfreitag s. m. Sexta-Feira$_f$ Santa
karg adj. 1. escasso; 2. pobre; 3. árido
kärglich adj. escasso, pobre
Karibik s. f. Caraíbas$_{f.\ pl.}$
kariert adj. axadrezado, aos quadrados; (papel) quadriculado
Karies s. f. cárie$_f$
Karikatur s. f. caricatura$_f$
Karneval s. m. Carnaval$_m$
Karo s. nt. 1. quadrado$_m$; losango$_m$; (padrão) xadrez$_m$; 2. (jogo de cartas) ouros$_{m.\ pl.}$
Karosserie s. f. carroçaria$_f$

Karotte s. f. cenoura_f_
Karpfen s. m. ZOOLOGIA carpa_f_
Karree s. nt. (Áustria) entrecosto_m_, costeleta_f_
Karren s. m. carroça_f_
Karriere s. f. carreira_f_
Karsamstag s. m. Sábado_m_ de Páscoa
Karte s. f. 1. mapa_m_, carta_f_; 2. bilhete_m_; 3. postal_m_; 4. ementa_f_, lista_f_
Kartei s. f. ficheiro_m_
Karteikarte s. f. ficha_f_
Kartenspiel s. nt. 1. jogo_m_ de cartas; 2. baralho_m_
Kartoffel s. f. batata_f_
Kartoffelbrei s. m. puré_m_ de batata
Kartoffelkäfer s. m. ZOOLOGIA escaravelho_m_ da batata
Kartoffelpuffer s. m. CULINÁRIA panqueca_f_ de batata
Kartoffelpüree s. nt. CULINÁRIA puré_m_ de batata
Kartoffelstock s. m. (Suíça) CULINÁRIA puré_m_ de batata
Karton s. m. 1. caixa_f_ de cartão; 2. papelão_m_, cartão_m_; cartolina_f_
Karussell s. nt. carrocel_m_
Karwoche s. f. Semana_f_ Santa
Karzinom s. nt. MEDICINA carcinoma_m_
Kasachstan s. nt. Cazaquistão_m_
kaschieren* v. tr. esconder
Kaschmir s. m. casimira_f_
Käse s. m. 1. queijo_m_; 2. (coloq.) disparate_m_
Käsekuchen s. m. CULINÁRIA queijada_f_, tarte_f_ de queijo
Kaserne s. f. quartel_m_
käsig adj. (coloq.) pálido
Kaskoversicherung s. f. seguro_m_ contra todos os riscos
Kasper s. m. fantoche_m_
Kasperletheater s. nt. teatro_m_ de fantoches

Kassa s. f. (Áustria) caixa_f_
Kasse s. f. 1. bilheteira_f_; 2. caixa_f_ (de pagamento)
Kassenzettel s. m. talão_m_ (da caixa)
Kassette s. f. 1. cassete_f_; 2. guarda-jóias_m_
Kassettendeck s. nt. leitor-gravador_m_ de cassetes
Kassettenrekorder s. m. gravador_m_ de cassetes
kassieren* I v. tr. 1. (dinheiro) cobrar; 2. (coloq.) ficar com; 3. DIREITO anular; II v. intr. tirar a conta
Kassierer s. m. caixa_m. e f._
Kastanie s. f. 1. castanha_f_; 2. castanheiro_m_
Kastanienbaum s. m. castanheiro_m_
Kästchen s. nt. 1. caixinha_f_; 2. (papel) quadrado_m_
Kasten s. m. 1. caixa_f_; 2. (para bebidas) grade_f_; 3. (Áustria, Suíça) armário_m_. ❖ (coloq.) etwas auf dem Kasten haben: ser esperto
Katalog s. m. catálogo_m_
katalogisieren* v. tr. catalogar
Katalysator s. m. catalisador_m_
Katarr s. m. catarro_m_
Katarrh s. m. → Katarr
katastrophal adj. catastrófico
Katastrophe s. f. catástrofe_f_
Kategorie s. f. categoria_f_
Kater s. m. 1. ZOOLOGIA gato_m_; 2. (coloq.) ressaca_f_
Kathedrale s. f. catedral_f_, sé_f_
Katheter s. m. MEDICINA cateter_m_
Katholik s. m. católico_m_
katholisch adj. católico
Katze s. f. ZOOLOGIA gato_m_; gata_f_; (coloq.) es war alles für die Katz: foi tudo em vão
Katzensprung s. m. es ist nur ein Katzensprung: é um tirinho
Kauderwelsch s. nt. 1. jargão_m_; gíria_f_; 2. expressão_f_ incompreensível
kauen v. tr. mastigar; mascar

kauern I v. intr. estar de cócoras; II v. refl. acocorar-se, agachar-se
Kauf s. m. compra_f_
kaufen v. tr. comprar
Käufer s. m. comprador_m_
Kaufhaus s. nt. armazéns_m. pl._ (de comércio)
Kaufkraft s. f. poder_m_ de compra
käuflich adj. 1. comprável; 2. subornável
Kaufmann s. m. comerciante_m. e f._
kaufmännisch adj. comercial, mercantil
Kaufvertrag s. m. contrato_m_ de compra e venda
Kaugummi s. nt. pastilha_f_ elástica, chiclete
Kaulquappe s. f. ZOOLOGIA girino_m_
kaum adv. 1. mal, quase; 2. dificilmente; kaum zu glauben: custa a crer; 3. mal, logo que
kausal adj. causal
Kaution s. f. 1. DIREITO fiança_f_, caução_f_; 2. depósito_m_
Kautschuk s. m. borracha_f_
Kauz s. m. 1. ZOOLOGIA mocho_m_, coruja_f_; 2. (pessoa) esquisito_m_
Kavalier s. m. cavalheiro_m_
Kavaliersdelikt s. nt. pecadilho_m_, pequena ofensa_f_
KB [abrev. de **Kilobyte**] KB_m_ [abrev. de quilobyte]
Kcal [abrev. de **Kilokalorie**] Kcal [abrev. de quilocaloria]
Kebab s. m. CULINÁRIA [carne_f_ assada no espeto]
keck adj. atrevido, descarado
Keeper s. m. (Áustria, Suíça) DESPORTO guarda-redes_m. e f._
Kefe s. f. (Suíça) ervilha_f_
Kegel s. m. 1. MATEMÁTICA cone_m_; 2. (figura de jogo) pino_m_
Kegelbahn s. f. pista_f_ de bowling
kegeln v. intr. jogar bowling
Kehle s. f. garganta_f_
Kehlkopf s. m. ANATOMIA laringe_f_
kehren I v. tr. 1. virar, voltar; 2. varrer; II v. intr. (Suíça) (vento, moda) mudar; (carro) dar a volta
Kehrreim s. m. refrão_m_
Kehrseite s. f. reverso_m_
kehrtmachen v. intr. voltar atrás, dar meia volta, retroceder
Keil s. m. 1. calço_m_, cunha_f_; 2. calço_m_ de travão
Keilriemen s. m. correia_f_ do ventilador
Keim s. m. 1. gérmen_m_, germe_m_; 2. embrião_m_
keimen v. intr. germinar
keimfrei adj. esterilizado
Keimzelle s. f. BIOLOGIA célula_f_ embrionária
kein pron. indef. nenhum(a); ich habe kein Geld: eu não tenho dinheiro (nenhum)
keine(r, s) pron. indef. ninguém, nenhum; keiner von beiden/uns: nenhum dos dois/de nós
keinesfalls adv. de forma nenhuma
keineswegs adv. de maneira nenhuma
keinmal adv. nem uma só vez
Keks s. m. bolacha_f_
Kelch s. m. 1. taça_f_; 2. BOTÂNICA, RELIGIÃO cálice_m_
Kelle s. f. 1. concha_f_; 2. pá_f_
Keller s. m. cave_f_; porão_m_
Kellerei s. f. caves_f. pl._
Kellner s. m. empregado_m_ de mesa
Kenia s. nt. Quénia_m_
kennen v. tr. conhecer; etwas/jemanden kennen lernen: (ficar a) conhecer alguma coisa/alguém
Kenner s. m. conhecedor_m_, entendido_m_
Kenntnis s. f. 1. conhecimento_m_; in Kenntnis nehmen: tomar conhecimento;

2. *pl.* **Kenntnisse**: conhecimentos $_{m.\,pl.}$, noções $_{f.\,pl.}$
Kennwort *s. nt.* senha $_f$
Kennzeichen *s. nt.* 1. sinal $_m$, marca $_f$; 2. matrícula $_f$; placa $_f$ de matrícula
kennzeichnen *v. tr.* distinguir, assinalar
Kennziffer *s. f.* código $_m$
kentern *v. intr.* virar, voltar-se
Keramik *s. f.* cerâmica $_f$
Kerbe *s. f.* 1. (madeira) entalhe $_m$; 2. (metal) mossa $_f$
Kerbel *s. m.* BOTÂNICA cerefólio $_m$
Kerker *s. m.* 1. cárcere $_m$; 2. *(Áustria)* presídio $_m$
Kerl *s. m. (coloq.)* tipo $_m$, gajo $_m$
Kern *s. m.* 1. caroço $_m$; pevide $_m$; grainha $_f$, grão $_m$; 2. BIOLOGIA, FÍSICA núcleo $_m$; 3. essência $_f$; âmago $_m$
Kernbrennstoff *s. m.* combustível $_m$ nuclear
Kernenergie *s. f.* energia $_f$ nuclear
kerngesund *adj.* sadio, são como um pêro
Kernkraft *s. f.* energia $_f$ nuclear
Kernkraftwerk *s. nt.* central $_f$ nuclear
Kernseife *s. f.* sabão $_m$
Kernwaffen *s. pl.* armas $_{f.\,pl.}$ nucleares
Kerze *s. f.* 1. vela $_f$; 2. RELIGIÃO círio $_m$
kerzengerade *adj.* aprumado
Kerzenständer *s. m.* castiçal $_m$
kess *adj.* arrojado, atrevido
Kessel *s. m.* 1. chaleira $_f$; 2. caldeira $_f$; 3. GEOGRAFIA vale $_m$ fundo; 4. *(Suíça)* balde $_m$
Kette *s. f.* 1. corrente $_f$; cadeia $_f$; 2. colar $_m$, cordão $_m$; 3. serra $_f$, cordilheira $_f$; 4. série $_f$
Kettenraucher *s. m.* fumador $_m$ em série
Kettenreaktion *s. f.* reacção $_f$ em cadeia
Ketzerei *s. f.* heresia $_f$
ketzerisch *adj.* herege
keuchen *v. intr.* arquejar, ofegar
Keuchhusten *s. m.* tosse $_f$ convulsa

Keule *s. f.* 1. CULINÁRIA perna $_f$, coxa $_f$; 2. (arma) moca $_f$
keusch *adj.* casto, puro
Kfz [*abrev. de* Kraftfahrzeug] veículo $_m$ ligeiro
kg [*abrev. de* Kilogramm] kg [*abrev. de* quilograma]
Kichererbse *s. f.* grão-de-bico $_m$
kichern *v. intr.* dar risadinhas
kicken I *v. tr. (coloq.)* chutar; II *v. intr. (coloq.)* jogar futebol
Kidnapper *s. m.* raptor $_m$, sequestrador $_m$
Kiefer[1] *s. m.* ⟨-s, -⟩ ANATOMIA maxilar $_m$, maxila $_f$
Kiefer[2] *s. f.* ⟨-, -n⟩ BOTÂNICA pinheiro $_m$ bravo
Kiel *s. m.* NÁUTICA quilha $_f$
Kieme *s. f.* ZOOLOGIA guelra $_f$
Kies *s. m.* 1. cascalho $_m$, gravilha $_f$; 2. *(coloq.)* massa $_f$, pastel $_m$
Kieselstein *s. m.* seixo $_m$
kiffen *v. intr. (coloq.)* fumar (charros)
Kilo *s. nt. (coloq.)* quilo $_m$
Kilobyte *s. nt.* kilobyte $_m$
Kilogramm *s. nt.* quilograma $_m$
Kilojoule *s. nt.* quilojoule $_m$
Kilokalorie *s. f.* quilocaloria $_f$
Kilometer *s. m.* quilómetro $_m$
Kilometerstand *s. m.* quilometragem $_f$
Kilometerzähler *s. m.* conta-quilómetros $_m$
Kilowatt *s. nt.* quilowatt $_m$
Kind *s. nt.* 1. criança $_f$; 2. filh|o, -a $_{m.,\,f.}$; sie bekommt ein Kind: ela vai ter um filho
Kinderarzt *s. m.* pediatra $_{m.\,e\,f.}$
Kinderbuch *s. nt.* livro $_m$ infantil
Kinderfahrkarte *s. f.* meio-bilhete $_m$
Kindergarten *s. m.* infantário $_m$, jardim $_m$ de infância
Kindergärtnerin *s. f.* educadora $_f$ de infância

Kindergeld *s. nt.* abono*ₘ* de família
Kinderheim *s. nt.* lar*ₘ* de infância
Kinderhort *s. m.* infantário*ₘ*
Kinderlähmung *s. f.* MEDICINA poliomielite*f*, paralisia*f* infantil
kinderleicht *adj.* facílimo
kinderlieb *adj.* que gosta de crianças
kinderlos *adj.* sem filhos
kinderreich *adj.* kinderreiche Familie: família*f* numerosa
Kindersitz *s. m.* cadeira*f* de bebé
Kinderwagen *s. m.* carrinho*ₘ* de bebé
Kinderzimmer *s. nt.* quarto*ₘ* das crianças
Kindesmisshandlung *s. f.* maus-tratos*ₘ, ₚₗ* (infantis)
Kindheit *s. f.* infância*f*
kindisch *adj.* infantil, pueril
kindlich *adj.* infantil
Kinn *s. nt.* queixo*ₘ*
Kinnhaken *s. m.* golpe*ₘ* no queixo
Kino *s. nt.* cinema*ₘ*
Kinokarte *s. f.* bilhete*ₘ* de cinema
Kiosk *s. m.* quiosque*ₘ*
Kipferl *s. nt. (Áustria)* bolacha*f* em meia-lua
Kippe *s. f.* 1. lixeira*f*; 2. *(coloq.)* (cigarro) pica*f*, beata*f*
kippen I *v. tr.* 1. inclinar; 2. virar, entornar; II *v. intr.* perder o equilíbrio
Kirche *s. f.* igreja*f*
Kirchengemeinde *s. f.* paróquia*f*
Kirchenlied *s. nt.* cântico*ₘ* (sagrado)
Kirchenmusik *s. f.* música*f* sacra
Kirchensteuer *s. f.* contribuição*f* para a Igreja
kirchlich *adj.* eclesiástico, da Igreja
Kirchturm *s. m.* campanário*ₘ*
Kirsche *s. f.* BOTÂNICA cereja*f*
Kissen *s. nt.* almofada*f*; travesseiro*ₘ*
Kissenbezug *s. m.* fronha*f*

Kiste *s. f.* 1. caixa*f*, caixote*ₘ*; grade*f* (de bebidas); 2. *(coloq.)* cama*f*
kitschig *adj.* parolo, piroso
Kitt *s. m.* massa*f*, argamassa*f*
Kittchen *s. nt. (coloq.)* cadeia*f*, prisão*f*
Kittel *s. m.* 1. bata*f*; 2. *(Suíça)* jaqueta*f*
Kitz *s. nt.* cabrito*ₘ*; cria*f* de corça
kitzelig *adj.* que tem cócegas
kitzeln *v. tr.* fazer cócegas a
Kiwi *s. f.* BOTÂNICA kiwi*ₘ*
kläffen *v. intr. (depr.)* latir, ladrar
Klage *s. f.* queixa*f*, lamento*ₘ*
klagen *v. intr.* queixar-se [über +*ac.*, de]; lamentar-se [über +*ac.*, de]
Kläger *s. m.* DIREITO queixoso*ₘ*
kläglich *adj.* 1. lastimável, lamentável; 2. miserável
Klamauk *s. m. (coloq.)* palhaçada*f*, fantochada*f*
klamm *adj.* húmido; (de frio) inteiriçado
Klammer *s. f.* 1. (texto) parêntese*ₘ*, parêntesis*ₘ*; 2. mola*f* (da roupa); 3. clipe; 4. (dentes) aparelho*ₘ*
klammern I *v. tr.* enganchar, engatar; II *v. refl.* agarrar-se [an +*ac.*, a], prender-se [an +*ac.*, a]
Klamotten *s. pl.* 1. *(coloq.)* tarecos*ₘ, ₚₗ*; 2. *(coloq.)* roupa*f*
klang pret. imp. de klingen
Klang *s. m.* som*ₘ*; timbre*ₘ*; tom*ₘ*
klangvoll *adj.* sonoro
Klappbett *s. nt.* cama*f* articulada
Klappe *s. f.* 1. tampa*f*; 2. MÚSICA (instrumento de sopro) lingueta*f*; 3. (caixa de correio) portinhola*f*; 4. *(coloq.)* matraca*f*; halt die Klappe!: cala-te!
klappen I *v. tr.* bater; II *v. intr. (coloq.)* dar (certo), resultar
klapperig *adj.* 1. a cair aos bocados; 2. decrépito
klappern *v. intr.* fazer barulho, dar estalos; (janelas) bater

Klapperschlange s. f. cobra, cascavel
Klappstuhl s. m. cadeira, articulada
Klapptisch s. m. mesa, de abrir
Klaps s. m. palmada,
klar adj. 1. límpido; limpo; transparente; 2. claro, nítido
Kläranlage s. f. estação, de tratamento de águas residuais (ETAR,)
klären I v. tr. 1. limpar; 2. esclarecer; II v. refl. esclarecer-se
Klarheit s. f. 1. clareza,; 2. transparência,; 3. nitidez,
Klarinette s. f. clarinete,
klarkommen v. intr. não ter problemas [mit +dat., com]
klarmachen v. tr. 1. esclarecer; jemandem etwas klarmachen: explicar alguma coisa a alguém; 2. (barco) preparar (para zarpar)
Klarsichtfolie s. f. película, transparente
klarstellen v. tr. esclarecer
Klärung s. f. 1. (águas residuais) tratamento,, limpeza,; 2. (questão) esclarecimento,
klasse interj. (coloq.) espectacular
Klasse s. f. 1. classe,; 2. turma,
Klassenarbeit s. f. teste,
Klassenkamerad s. m. colega, e f. de turma
Klassentreffen s. nt. encontro, de ex-colegas de escola
Klassenzimmer s. nt. sala, de aula
Klassik s. f. 1. classicismo,; 2. MÚSICA música, clássica
Klassiker s. m. clássico,
klassisch adj. clássico
Klatsch s. m. 1. pancada,; 2. (sem pl.) bisbilhotice,, mexerico,
Klatschbase s. f. (depr.) bisbilhoteira,, coscuvilheiro,
klatschen I v. tr. Beifall klatschen: aplaudir, bater palmas; II v. intr. 1. aplaudir;

2. (pej.) bisbilhotar, coscuvilhar; 3. bater, fazer barulho
Klatschmohn s. m. BOTÂNICA papoila,
klatschnass adj. (coloq.) encharcado
Klaue s. f. 1. ZOOLOGIA garra,; 2. (coloq.) gatafunhada,
klauen v. tr. (coloq.) gamar
Klausel s. f. cláusula,
Klausur s. f. frequência,
Klavier s. nt. MÚSICA piano,
Klebeband s. nt. fita, adesiva
kleben I v. tr. colar [an +ac., a]; II v. intr. 1. estar preso [an +dat., a]; 2. colar
Klebestreifen s. m. fita-cola,
klebrig adj. pegajoso, melado
Klebstoff s. m. cola,
kleckern v. intr. sujar-se
Klecks s. m. nódoa,; borrão,
klecksen v. intr. manchar
Klee s. m. BOTÂNICA trevo,
Kleid s. nt. vestido,
kleiden I v. tr. vestir; II v. refl. vestir-se
Kleider s. pl. roupa,
Kleiderbügel s. m. cruzeta,, cabide,
Kleiderhaken s. m. cabide,
Kleiderkasten s. m. (Áustria, Suíça) → Kleiderschrank
Kleiderschrank s. m. guarda-roupa,, guarda-fatos,
Kleidung s. f. vestuário,
Kleie s. f. farelo,
klein adj. pequeno; baixo; ein klein wenig: um pouquinho
Kleinanzeige s. f. pequeno anúncio,
Kleinbuchstabe s. m. minúscula,
Kleinbus s. m. autocarro, pequeno
Kleine(r) s. m. e f. pequen|o, -a,, t., menin|o, -a,, t.
Kleingeld s. nt. trocos,, pl.
Kleinigkeit s. f. 1. coisinha,; 2. insignificância,, ninharia,

kleinkariert *adj.* tacanho
Kleinkind *s. nt.* criança,, pequena
Kleinkram *s. m.* 1. *(coloq.)* tralha,, quinquilharia,; 2. *(coloq.)* ninharia,
kleinlich *adj.* miudinho, niquento; mesquinho
Kleinstadt *s. f.* vila,
Kleister *s. m.* grude,
Klemme *s. f.* 1. pinça,; 2. *(sem pl.)* aperto,, apuros,, ,; **in der Klemme sitzen:** estar em apuros
klemmen I *v. tr.* 1. apertar, entalar; 2. trilhar; II *v. intr.* estar perro
Klempner *s. m.* picheleiro,
Klerus *s. m.* clero,
Klette *s. f.* 1. BOTÂNICA bardana,; 2. *(coloq.)* (pessoa) lapa,, cola, e f
klettern *v. intr.* trepar [auf +ac., a], subir [auf +ac., a]
Kletterpflanze *s. f.* trepadeira,
klicken *v. intr.* INFORMÁTICA clicar [auf +ac., em]
Klient *s. m.* cliente, e f, freguês,
Klima *s. nt.* clima,
Klimaanlage *s. f.* ar, condicionado
Klimakterium *s. nt.* menopausa,
klimatisch *adj.* climático
klimatisieren* *v. tr.* climatizar
klimpern *v. intr.* 1. tilintar; 2. *(coloq.)* (piano) arranhar
Klinge *s. f.* lâmina,
Klingel *s. f.* campainha,
klingeln *v. intr.* 1. tocar à campainha; 2. (campanhia, telefone) tocar
klingen *v. intr.* soar
Klinik *s. f.* clínica,
klinisch *adj.* clínico
Klinke *s. f.* trinco,, puxador,
klipp *adv.* **jemandem etwas klipp und klar sagen:** dizer alguma coisa a alguém com clareza

Klippe *s. f.* 1. penhasco,, rochedo,; 2. *(fig.)* obstáculo,
klirren *v. intr.* tilintar, vibrar
Klischee *s. nt.* cliché,, chavão,
Klitoris *s. f.* ANATOMIA clítoris,
Klo *s. nt.* *(coloq.)* retrete,, sanita,
Kloake *s. f.* esgoto,
Klobrille *s. f.* tampa, da sanita
Klonen *s. nt.* BIOLOGIA clonagem,
Klopapier *s. nt.* *(coloq.)* papel, higiénico
klopfen I *v. tr.* 1. (tapete) sacudir; 2. (compasso) marcar; II *v. intr.* bater; **es klopft:** estão a bater à porta
Klops *s. m.* CULINÁRIA almôndega,
Klosett *s. nt.* retrete,, sanita,
Kloß *s. m.* CULINÁRIA almôndega,; bolinho,
Kloster *s. nt.* convento,; mosteiro,
Klotz *s. m.* 1. tronco,; 2. *(coloq.)* caixote,; 3. (brinquedo) cubo,
Klub *s. m.* clube,
Kluft¹ *s. f.* 〈-, *Klüfte*〉 abismo,, diferença,
Kluft² *s. f.* 〈-, *-en*〉 traje,
klug *adj.* 1. inteligente; 2. sensato; 3. esperto; prudente
Klugheit *s. f.* 1. esperteza,; 2. sensatez,
Klumpen *s. m.* 1. pedaço,; grumo,; 2. torrão,
km [*abrev. de* **Kilometer**] km [*abrev. de* quilómetro]
km/h [*abrev. de* **Stundenkilometer**] km/h [*abrev. de* quilómetros por hora]
knabbern *v. tr. e intr.* debicar; mordiscar
Knabe *s. m.* rapaz,
Knäckebrot *s. nt.* tosta, dietética
knacken I *v. tr.* 1. quebrar; 2. *(coloq.)* (exercício) resolver; II *v. intr.* (madeira) crepitar, estalar
knackig *adj.* estaladiço
Knackpunkt *s. m.* *(coloq.)* ponto, crucial
Knacks *s. m.* 1. estalido,; 2. racha,

Knall s. m. estalo_m; estouro_m; estrondo_m
knallen I v. tr. (porta) bater com; II v. intr. estalar
knallig adj. berrante
knapp adj. 1. escasso; 2. apertado; 3. quase; vor einer knappen Stunde: há quase uma hora; 4. conciso
Knappheit s. f. 1. escassez [an +dat., de]; 2. concisão_f
knarren v. intr. ranger
Knast s. m. (coloq.) cadeia_f
knattern v. intr. dar estalos; crepitar
Knäuel s. nt. novelo_m
knauserig adj. avaro, sovina
Knautschzone s. f. (carro) zona_f absorvente de impacto
Knebel s. m. mordaça_f
knebeln v. tr. amordaçar
Knecht s. m. criado_m
kneifen I v. tr. beliscar; II v. intr. 1. (roupa) apertar; 2. (coloq.) esquivar-se
Kneipe s. f. pub_m
Knete s. f. 1. plasticina_f; 2. (coloq.) (dinheiro) massa_f
kneten v. tr. amassar; moldar
Knetmasse s. f. plasticina_f
Knick s. m. 1. dobra_f; 2. curva_f
knicken v. tr. vergar; dobrar
Knie s. nt. ANATOMIA joelho_m
Kniebeuge s. f. flexão_f dos joelhos
knien v. intr. estar de joelhos
Kniescheibe s. f. ANATOMIA rótula_f
kniff pret. imp. de kneifen
Kniff s. m. 1. beliscão_m; 2. dobra_f; 3. truque_m
kniffelig adj. complicado, bicudo
knipsen I v. tr. 1. (coloq.) fotografar; 2. (senha) picar; II v. intr. FOTOGRAFIA disparar
Knirps s. m. rapazote_m
knirschen v. intr. ranger
knistern v. tr. crepitar; ranger; estalar

knittern I v. tr. amarrotar, engelhar; II v. intr. encorrilhar
Knoblauch s. m. alho_m
Knoblauchzehe s. f. dente_m de alho
Knöchel s. m. 1. tornozelo_m; 2. nó_m, articulação_f
Knochen s. m. osso_m
Knochenbruch s. m. fractura_f
Knochenmark s. nt. medula_f óssea
knochig adj. ossudo
Knödel s. m. bolinho_m
Knolle s. f. BOTÂNICA tubérculo_m
Knopf s. m. 1. botão_m; 2. (Suíça) nó_m
knöpfen v. tr. abotoar
Knopfloch s. nt. casa_f de botão
Knorpel s. m. cartilagem_f
knorpelig adj. cartilaginoso
Knospe s. f. BOTÂNICA botão_m; rebento_m
knoten v. tr. dar um nó em
Knoten s. m. 1. nó_m; 2. NÁUTICA nó_m, milha_f marítima; 3. MEDICINA caroço_m
Knotenpunkt s. m. entroncamento_m
knüpfen v. tr. 1. tecer; 2. (amizade) travar
Knüppel s. m. cacete_m; cassetete_m
knurren v. intr. 1. rosnar; 2. resmungar; 3. (estômago) dar horas
knusprig adj. tostado, estaladiço
knutschen v. tr. (coloq.) beijar
k. o. DESPORTO [abrev. de knock-out] k. o. [abrev. de knock-out]
Koalition s. f. coligação_f
Kobold s. m. duende_m
Koch s. m. cozinheiro_m
Kochbuch s. nt. livro_m de receitas
kochen I v. tr. 1. cozinhar; 2. cozer; ferver; II v. intr. 1. cozinhar; 2. (estar a) ferver
Kocher s. m. fogareiro_m
Kochlöffel s. m. colher_f de pau
Kochnische s. f. kitchenette_f
Kochplatte s. f. disco_m
Kochtopf s. m. tacho_m; panela_f

Köder s. m. isco_m.
ködern v. tr. 1. atrair; 2. aliciar
Koffein s. nt. cafeína_f.
koffeinfrei adj. descafeinado
Koffer s. m. mala_f.
Kofferradio s. nt. rádio_m. portátil
Kofferraum s. m. mala_f. (do carro), porta-bagagem_m.
Kognak s. m. conhaque_m.
Kohl s. m. 1. couve_f.; 2. *(coloq.)* disparate_m.
Kohldampf s. m. *(coloq.)* (muita) fome_f.
Kohle s. f. 1. carvão_m.; 2. *(coloq.) (dinheiro)* massa_f.
Kohlendioxid s. nt. dióxido_m. de carbono
Kohlenhydrat s. nt. hidrato_m. de carbono
Kohlensäure s. f. 1. QUÍMICA ácido_m. carbónico; 2. (bebidas) gás_m.
Kohlenstoff s. m. carbono_m.
Kohlenwasserstoff s. m. hidrocarboneto_m.
Kohlepapier s. nt. papel_m. químico
Kohlkopf s. m. repolho_m.
Kohlsprossen s. pl. *(Áustria)* couve-de-bruxelas_f.
Koje s. f. camarote_m.
Kokain s. nt. cocaína_f.
kokett adj. janota
kokettieren* v. intr. namoriscar [mit +*dat.*, com]
Kokosflocken s. pl. coco_m. ralado
Kokosnuss s. f. BOTÂNICA coco_m.
Kokospalme s. f. BOTÂNICA coqueiro_m.
Koks s. m. 1. carvão_m. de coque; 2. *(coloq.)* coca_f.
Kolben s. m. 1. ENGENHARIA êmbolo_m., pistão_m.; 2. (espingarda) culatra_f.; 3. QUÍMICA balão_m.
Kollaps s. m. colapso_m.
Kollege s. m. colega_m. e f.
Kollegium s. nt. 1. colegas_m. pl.; 2. corpo_m. docente
kollektiv adj. colectivo
Kollision s. f. colisão_f.

Köln s. nt. Colónia_f.
kolonial adj. colonial
Kolonie s. f. colónia_f.
Kolonisation s. f. colonização_f.
Kolonne s. f. fila_f.; coluna_f.
kolossal adj. colossal
Kolumbien s. nt. Colômbia_f.
Kolumne s. f. coluna_f.
Koma s. nt. MEDICINA coma_m.
Kombi s. m. carrinha_f.
kombinieren* I v. tr. combinar; II v. intr. concluir
Komet s. m. cometa_m.
Komfort s. m. conforto_m.
komfortabel adj. confortável
Komiker s. m. humorista_m. e f.
komisch adj. 1. cómico; 2. esquisito
Komitee s. nt. comité_m.
Komma s. nt. vírgula_f.
kommandieren* v. tr. comandar
kommen v. intr. 1. vir; chegar; ich komme nicht darauf: não me consigo lembrar; 2. acontecer, suceder, ser; 3. vir [aus +*dat.*, de], ser [aus +*dat.*, de]; 4. derivar
kommend adj. futuro, próximo; vindouro
Kommentar s. m. comentário_m.
Kommilitone s. m. colega_m. e f. (de universidade)
Kommissar s. m. comissário_m.
kommissarisch adj. provisório
Kommode s. f. cómoda_f.
Kommunalpolitik s. f. política_f. municipal, política_f. autárquica
Kommunalwahl s. f. eleições_f. pl. autárquicas
Kommune s. f. autarquia_f., concelho_m., município_m.
Kommunikation s. f. comunicação_f.
Kommunion s. f. comunhão_f.
Kommunismus s. m. comunismo_m.
Kommunist s. m. comunista_m. e f.

kommunistisch *adj.* comunista
kommunizieren* *v. intr.* 1. comunicar [mit +*dat.*, com]; 2. RELIGIÃO comungar
Komödiant *s. m.* comediante$_{m.\,e\,f.}$
Komödie *s. f.* comédia$_f$
Kompass *s. m.* bússola$_f$
kompensieren* *v. tr.* compensar
kompetent *adj.* competente
Kompetenz *s. f.* competência$_f$
komplett *adj.* completo, inteiro
Komplex *s. m.* 1. conjunto$_m$, complexo$_m$; 2. PSICOLOGIA complexo$_m$
Kompliment *s. nt.* elogio$_m$
Komplize *s. m.* cúmplice$_{m.\,e\,f.}$
kompliziert *adj.* complicado
Komplott *s. nt.* complô$_m$, conspiração$_f$
komponieren* *v. tr.* MÚSICA compor
Komponist *s. m.* compositor$_m$
Komposition *s. f.* MÚSICA composição$_f$
Kompositum *s. nt.* GRAMÁTICA palavra$_f$ composta
kompromissbereit *adj.* transigente
Kondensmilch *s. f.* leite$_m$ condensado
Konditionstraining *s. nt.* treino$_m$ de condição física
Konditor *s. m.* pasteleiro$_m$, confeiteiro$_m$
Konditorei *s. f.* pastelaria$_f$, confeitaria$_f$
Kondom *s. nt.* preservativo$_m$
Konfekt *s. nt.* doces$_{m.\,pl.}$
Konfektionsgröße *s. f.* tamanho$_m$
Konferenz *s. f.* conferência$_f$
Konferenzschaltung *s. f.* videoconferência$_f$
Konfession *s. f.* 1. religião$_f$; 2. confissão$_f$
Konfirmation *s. f.* RELIGIÃO confirmação$_f$
Konfiserie *s. f.* 1. *(Suíça)* confeitaria$_f$; 2. *(Suíça)* doces$_{m.\,pl.}$
Konfitüre *s. f.* compota$_f$
Konflikt *s. m.* conflito$_m$
Konfrontation *s. f.* confrontação$_f$
konfrontieren* *v. tr.* confrontar [mit +*dat.*, com]

Kongress *s. m.* congresso$_m$
König *s. m.* rei$_m$
Königin *s. f.* rainha$_f$
königlich *adj.* real, régio
Königreich *s. nt.* reino$_m$
Konjugation *s. f.* GRAMÁTICA conjugação$_f$
Konjunktion *s. f.* GRAMÁTICA conjunção$_f$
Konjunktur *s. f.* conjuntura$_f$
konkav *adj.* côncavo
konkret *adj.* concreto
Konkurrent *s. m.* concorrente$_{m.\,e\,f.}$
Konkurrenz *s. f.* concorrência$_f$
konkurrenzfähig *adj.* competitivo
Konkurrenzkampf *s. m.* luta$_f$ de concorrência
konkurrieren* *v. intr.* concorrer [mit +*dat.*, com]
Konkurs *s. m.* falência$_f$; in Konkurs gehen: falir
können I *v. tr.* saber; sie kann gut singen: ela canta bem; er kann Portugiesisch: ele sabe (falar) português; II *v. modal* 1. poder, ser capaz de; kannst du mir das erklären?: podes explicar-me isso?; 2. poder, ser possível; es kann sein: é possível; 3. poder, ter licença de; kann ich gehen?: posso ir?; III *v. intr.* poder; ich kann nicht mehr: não posso mais
Können *s. nt.* saber$_m$, capacidade$_f$
konnte *pret. imp. de* können
Konsens *s. m.* consenso$_m$
konsequent I *adj.* consequente; II *adv.* com coerência
Konsequenz *s. f.* 1. coerência$_f$; 2. consequência$_f$
konservativ *adj.* conservador
Konserve *s. f.* conserva$_f$
Konservenbüchse *s. f.* lata$_f$ de conserva
konservieren* *v. tr.* conservar
Konservierungsmittel *s. nt.* conservante$_m$

Konstante *s. f.* MATEMÁTICA constante*f*, invariável
Konstellation *s. f.* 1. ASTRONOMIA constelação*f*; 2. conjuntura*f*
Konstruktion *s. f.* construção*f*
konstruktiv *adj.* construtivo
Konsul *s. m.* cônsul*m*
Konsulat *s. nt.* consulado*m*
Konsum *s. m.* consumo*m*
Konsument *s. m.* consumidor*m*
konsumieren* *v. tr.* consumir
Kontakt *s. m.* contacto*m*
kontaktfreudig *adj.* comunicativo, dado
Kontaktlinse *s. f.* lente*f* de contacto
Kontext *s. m.* contexto*m*
Kontinent *s. m.* continente*m*
Kontinuität *s. f.* continuidade*f*
Konto *s. nt.* conta*f*; ein Konto eröffnen/auflösen: abrir/fechar uma conta
Kontoauszug *s. m.* extracto*m* de conta
Kontoinhaber *s. m.* titular*m. e f* da conta
Kontonummer *s. f.* número*m* da conta
Kontostand *s. m.* saldo*m* bancário
Kontoüberziehung *s. f.* conta*f* a descoberto
kontra I *prep.* [+ac.] DIREITO contra; II *adv.* contra
Kontra *s. nt.* jemandem Kontra geben: contradizer alguém, opor-se a alguém
Kontrabass *s. m.* contrabaixo*m*
Kontrast *s. m.* contraste*m*
Kontrolle *s. f.* 1. controlo*m*; jemanden/etwas unter Kontrolle haben: ter alguém/alguma coisa sob controlo; 2. peritagem*f*; inspecção*f*
Kontrolleur *s. m.* revisor*m*
kontrollieren* *v. tr.* 1. testar; verificar; revistar; 2. controlar, fiscalizar, inspeccionar
Kontrollturm *s. m.* AERONÁUTICA torre*f* de controlo

kontrovers *adj.* 1. oposto, contrário; 2. controverso
konvex *adj.* convexo
Konvoi *s. m.* comboio*m*
Konzentration *s. f.* concentração*f*
Konzentrationslager *s. nt.* campo*m* de concentração
Konzentrationsschwäche *s. f.* falta*f* de concentração
konzentrieren* I *v. tr.* concentrar [auf +ac., em]; II *v. refl.* concentrar-se [auf +ac., em]
konzentrisch *adj.* GEOMETRIA concêntrico
Konzept *s. nt.* 1. esboço*m*, rascunho*m*; 2. plano*m*
Konzeption *s. f.* concepção*f*
Konzern *s. m.* grupo*m* de empresas
Konzert *s. nt.* concerto*m*
Konzession *s. f.* 1. concessão*f*; 2. licença*f*, alvará*m*
kooperieren* *v. intr.* cooperar [mit +dat., com]
Kopenhagen *s. nt.* Copenhaga*f*
Kopf *s. m.* 1. ANATOMIA cabeça*f*; 2. cérebro*m*, cabecilha*m*
köpfen *v. tr.* 1. decapitar; 2. DESPORTO dar uma cabeçada em
Kopfende *s. nt.* cabeceira*f* (da cama)
Kopfhaut *s. f.* couro*m* cabeludo
Kopfhörer *s. m.* auscultador*m*
Kopfkissen *s. nt.* travesseira*f*
kopflos *adj.* 1. acéfalo; 2. (*fig.*) desnorteado
kopfrechnen *v. intr.* calcular de cabeça
Kopfrechnen *s. nt.* cálculo*m* mental
Kopfsalat *s. m.* alface*f*
Kopfschmerzen *s. pl.* dores*f. pl* de cabeça
Kopfsprung *s. m.* salto*m* de cabeça
Kopfstand *s. m.* pino*m*
Kopfsteinpflaster *s. nt.* piso*m* em paralelo
Kopfstütze *s. f.* encosto*m* de cabeça
Kopie *s. f.* 1. cópia*f*; 2. fotocópia*f*; 3. imitação*f*

kopieren* v. tr. 1. copiar; 2. fotocopiar; 3. imitar
Kopierer s. m. (coloq.) fotocopiadora f.
Kopiergerät s. nt. copiadora f.
Kopplung s. f. atrelagem f.; acoplamento m.; (aparelhos) ligação f.
Koralle s. f. coral m.
Koran s. m. Alcorão m.
Korb s. m. 1. cesto m., cesta f.; 2. DESPORTO cesto m.; 3. rejeição f., recusa f.
Korbstuhl s. m. cadeira f. de verga
Kord s. m. bombazine f.
Korea s. nt. Coreia f.
Koriander s. m. BOTÂNICA coentro m.
Kork s. m. cortiça f.
Korkeiche s. f. BOTÂNICA sobreiro m.
Korken s. m. rolha f.
Korn¹ s. nt. ⟨-(e)s, Körner⟩ 1. (areia, arroz) grão m.; 2. (de sal) pedra f.; 3. semente f.; 4. ⟨sem pl.⟩ cereais m. pl.
Korn² s. m. ⟨-(e)s, sem pl.⟩ aguardente f. de cereais
Kornblume s. f. BOTÂNICA centáurea f.
Kornfeld s. nt. seara f.
Körper s. m. corpo m.
Körperbau s. m. estrutura f. física
körperbehindert adj. deficiente físico
Körpergewicht s. nt. peso m. do corpo
Körpergröße s. f. estatura f.
körperlich adj. corporal, físico
Körperpflege s. f. higiene f. do corpo
Körperschaft s. f. DIREITO corpo m., corporação f.
Körperverletzung s. f. lesão f. corporal
korpulent adj. corpulento
Korpus s. m. (Suíça) balcão m.; secretária f.
korrekt adj. correcto
Korrektur s. f. correcção f.
Korrespondent s. m. correspondente m. e f.
Korrespondenz s. f. correspondência f.
Korridor s. m. corredor m.

korrigieren* v. tr. corrigir; emendar
Korrosion s. f. corrosão f.
korrupt adj. corrupto
Korruption s. f. corrupção f.
Korsett s. nt. espartilho m.
Korsika s. nt. Córsega f.
korsisch adj. corso
Kosename s. m. nome m. de afecto
Kosewort s. nt. palavra f. de afecto
Kosmetik s. f. cosmética f.
Kosmetikerin s. f. esteticista m. e f.
Kosmetiktuch s. nt. toalhete m.
kosmisch adj. cósmico
Kosmos s. m. cosmo m.
Kost s. f. comida f., alimento m.
kostbar adj. precioso; dispendioso
Kostbarkeit s. f. preciosidade f.
kosten v. tr. 1. custar; 2. provar; 3. exigir
Kosten s. pl. custo(s) m. (pl.), despesas f. pl.; (fig.) auf seine Kosten kommen: divertir-se à farta
kostenlos adj. gratuito
kostenpflichtig adj. sujeito a pagamento
Kostenvoranschlag s. m. orçamento m.
köstlich adj. 1. delicioso; 2. divertido
Kostprobe s. f. prova f. (de comida)
kostspielig adj. dispendioso
Kostüm s. nt. 1. conjunto m. de saia e casaco; 2. disfarce m., fantasia f.; 3. (teatro) guarda-roupa m.
Kot s. m. excremento m.
Kotelett s. nt. costeleta f.
Koteletten s. pl. suíças f. pl.
Köter s. m. (depr.) rafeiro m.
Kotflügel s. m. guarda-lamas m.
kotzen v. intr. (coloq.) vomitar; das ist ja zum Kotzen!: isso é nojento!
Krabbe s. f. ZOOLOGIA camarão m.
krabbeln v. intr. 1. gatinhar; 2. rastejar; (mosca) andar
Krach s. m. 1. barulho m., estrondo m.; barulheira f.; 2. (coloq.) zanga f.

bsvorsorge s. f. prevenção, contra o ancro
dit s. m. crédito$_m$
ditkarte s. f. cartão$_m$ de crédito
ditwürdig adj. digno de crédito, solente
eide s. f. 1. giz$_m$; 2. (pedra) cré$_f$
eidebleich adj. branco como a cal
eieren* v. tr. criar
eis s. m. 1. círculo$_m$; 2. meio$_m$; im Kreis der Familie: no seio da família; 3. distrito$_m$, comarca$_f$
eischen v. intr. 1. guinchar; 2. chiar
eisel s. m. pião$_m$
eisen v. intr. 1. girar [um +ac., à/em volta de], rodar [um +ac., à/em volta de]; 2. dar voltas [über +dat., sobre]; 3. circular
eislauf s. m. 1. ciclo$_m$; 2. (sem pl.) circulação$_f$ (sanguínea)
eislaufkollaps s. m. colapso$_m$ circulatório
eislaufstörung s. f. perturbação$_f$ circulatória
reissäge s. f. serra$_f$ circular
reißsaal s. m. sala$_f$ de parto
reisstadt s. f. capital$_f$ de distrito
reisverkehr s. m. trânsito$_m$ circundante; rotunda$_f$
rempe s. f. aba$_f$
rempel s. m. (coloq.) tralha$_f$
epieren* v. intr. (coloq.) morrer
epp s. m. crepe$_m$
sse s. f. BOTÂNICA agrião$_m$
uz s. nt. 1. cruz$_f$; 2. ANATOMIA espinha$_f$ dorsal; 3. (cartas) paus$_{m. pl.}$; 4. MÚSICA sus nido$_m$
uzen I v. tr. cruzar; II v. refl. cruzar-se
uzfahrt s. f. cruzeiro$_m$
zgang s. m. claustro$_m$
gen* v. tr. crucificar
gung s. f. crucificação$_f$

Kreuzotter s. f. ZOOLOGIA víbora$_f$
Kreuzschlüssel s. m. chave$_f$ em cruz
Kreuzung s. f. cruzamento$_m$, encruzilhada$_f$
Kreuzverhör s. nt. acareação$_f$
Kreuzworträtsel s. nt. palavras$_{f. pl}$ cruzadas
Kreuzzug s. m. HISTÓRIA cruzada$_f$
kribbeln v. intr. formigar
kriechen v. intr. 1. rastejar; gatinhar; 2. arrastar-se; 3. (pej.) lamber as botas [vor +dat., a]
Kriecher s. m. (depr.) pau-mandado$_m$
Kriechspur s. f. faixa$_f$ lenta
Krieg s. m. guerra$_f$; Krieg führen: fazer guerra [gegen +ac., com]
kriegen v. tr. 1. (coloq.) receber, arranjar; 2. (coloq.) apanhar
kriegerisch adj. guerreiro, bélico
Kriegsdienstverweigerer s. m. objector$_m$ de consciência
Kriegserklärung s. f. declaração$_f$ de guerra
Kriegsgefangene(r) s. m. prisioneiro$_m$ de guerra
Kriegsgericht s. nt. conselho$_m$ de guerra
Kriegsschauplatz s. m. cenário$_m$ de guerra
Kriegsversehrte(r) s. m. ferido$_m$ de guerra
Krimi s. m. 1. filme$_m$ policial; 2. romance$_m$ policial
Kriminalbeamte(r) s. m. agente$_{m. e f.}$ da polícia judiciária
Kriminalität s. f. criminalidade$_f$
Kriminalpolizei s. f. polícia$_f$ judiciária
Kriminalroman s. m. romance$_m$ policial
kriminell adj. criminoso
Kriminelle(r) s. m. e f. criminoso|o, -a$_{m. f.}$
Krimskrams s. m. (coloq.) quinquilharias$_{f. pl}$
Kripo [abrev. de **Kriminalpolizei**] PJ$_f$ [abrev. de polícia judiciária]
Krippe s. f. 1. manjedoura$_f$; 2. presépio$_m$; 3. infantário$_m$, creche$_f$

krachen v. intr. 1. rebentar; estalar; 2. (coloq.) chocar

krächzen v. intr. 1. (pato) grasnar; 2. (pessoa) rouquejar

kraft prep. [+gen.] em virtude de

Kraft s. f. 1. força$_f$; energia$_f$; 2. eficácia$_f$; 3. Kraft; in Kraftsein/treten: estar/entrar em vigor

Kraftfahrer s. m. automobilista$_{m.\ e\ f.}$

Kraftfahrzeug s. nt. automóvel$_m$

Kraftfahrzeugbrief s. m. título$_m$ de propriedade do veículo

Kraftfahrzeugschein s. m. livrete$_m$

Kraftfahrzeugsteuer s. f. imposto$_m$ automóvel

Kraftfahrzeugversicherung s. f. seguro$_m$ de automóvel

kräftig adj. 1. forte; robusto; 2. potente; 3. (cor) vivo; intenso

kraftlos adj. sem forças, fraco

Kraftprobe s. f. prova$_f$ de esforço

Kraftstoff s. m. combustível$_m$

kraftvoll adj. vigoroso

Kraftwagen s. m. automóvel$_m$

Kraftwerk s. nt. central$_f$ eléctrica

Kragen s. m. gola$_f$; colarinho$_m$

Krähe s. f. gralha$_f$

krähen v. intr. (galo) cantar

Krake s. m. ZOOLOGIA polvo$_m$

Kralle s. f. garra$_f$

Kram s. m. 1. (coloq.) tralha$_f$; 2. (coloq.) coisas$_{f.\ pl.}$

kramen v. intr. remexer [in +dat., em]

Krampf s. m. 1. MEDICINA cãibra$_f$; convulsão$_f$; 2. (sem pl.) (coloq.) maçada$_f$; 3. (Suíça) delito$_m$

Krampfader s. f. MEDICINA variz$_f$

krampfhaft adj. 1. MEDICINA convulsivo; 2. desesperado

Kran s. m. guindaste$_m$

Kranich s. m. ZOOLOGIA grou$_m$

krank adj. doente

kränken v. tr. magoar

Krankengymnast s. m. fisiote

Krankengymnastik s. f. fisiote

Krankenhaus s. nt. hospital$_m$

Krankenkasse s. f. caixa$_f$ de p

Krankenpfleger s. m. enferme

Krankenschwester s. f. enferm

Krankenversicherung s. f. se saúde

Krankenwagen s. m. ambulânc

Kranke(r) s. m. e f. doente$_{m.\ e\ f.}$

krankhaft adj. doentio, patológi

Krankheit s. f. doença$_f$, enferm

Krankheitserreger s. m. micrób génico

kränklich adj. adoentado, achac

krankschreiben v. tr. dar baixa a

Kränkung s. f. ofensa$_f$

Kranz s. m. coroa$_f$

krass adj. 1. crasso; 2. flagrante; e

Krater s. m. cratera$_f$

kratzbürstig adj. rabugento

kratzen I v. tr. 1. arranhar; 2. coçar par [von +dat., de]; II v. intr. 2. arranhar; III v. refl. coçar-se

Kratzer s. m. 1. arranhão$_m$; 2. es

kraulen I v. tr. fazer festinhas a DESPORTO nadar crawl

kraus adj. 1. crespo; 2. encorrilh gado

Kraut s. nt. 1. erva$_f$; 2. couve$_f$

Kräutertee s. m. chá$_m$ de erv

Krautkopf s. m. (Áustria) rep

Krawall s. m. 1. tumulto$_m$; 2.

Krawatte s. f. gravata$_f$

kreativ adj. criativo

Kreativität s. f. criatividade

Krebs s. m. 1. MEDICINA car GIA caranguejo$_m$; 3. ⟨s Caranguejo$_m$

Krise s. f. crise_f_
kriseln v. intr. estar em crise
Kristall s. nt. cristal_m_
Kriterium s. nt. critério_m_
Kritik s. f. crítica_f_; Kritik an etwas üben: fazer uma crítica a alguma coisa
Kritiker s. m. crítico_m_
kritisch adj. crítico
kritisieren* v. tr. criticar
kritzeln v. tr. e intr. rabiscar
Kroate s. m. croata_m. e f._
Kroatien s. nt. Croácia_f_
kroatisch adj. croata
kroch pret. imp. de kriechen
Krokette s. f. CULINÁRIA croquete_m_
Krokodil s. nt. ZOOLOGIA crocodilo_m_
Krone s. f. 1. (rei, moeda) coroa_f_; 2. (árvore) copa_f_; 3. (dente) coroa_f_
krönen v. tr. 1. coroar; 2. acabar, rematar
Kronkorken s. m. cápsula_f_
Kronleuchter s. m. candelabro_m_, lustre_m_
Kronprinz s. m. príncipe_m_ herdeiro
Krönung s. f. 1. coroação_f_; 2. remate_m_
Kronzeuge s. m. testemunha_f_ principal
Kropf s. m. 1. papo_m_; bucho_m_; 2. MEDICINA papeira_f_
Kröte s. f. ZOOLOGIA sapo_m_
Krücke s. f. muleta_f_
Krug s. m. jarro_m_; caneca_f_
Krümel s. m. migalha_f_
krümeln v. intr. 1. fazer migalhas; 2. esmigalhar(-se)
krumm adj. 1. torto; curvo; 2. (coloq.) duvidoso; escuro
krümmen I v. tr. dobrar; curvar; II v. refl. dobrar-se; torcer-se
Krümmung s. f. curvatura_f_, curva_f_
Krüppel s. m. aleijado_m_, mutilado_m_
Kruste s. f. 1. (ferida) crosta_f_; 2. (assado) crosta_f_; 3. (pão) côdea_f_
Kruzifix s. nt. crucifixo_m_

Kuba s. nt. Cuba_f_
Kübel s. m. tina_f_
Küche s. f. cozinha_f_
Kuchen s. m. bolo_m_
Kuchenform s. f. forma_f_ para bolos
Küchenschabe s. f. ZOOLOGIA barata_f_
Küchenschrank s. m. armário_m_ de cozinha
Kücken s. nt. (Áustria) pintainho_m_
Kuckuck s. m. ZOOLOGIA cuco_m_; (coloq.) weiß der Kuckuck!: sei lá!
Kuddelmuddel s. m. (coloq.) mistela_f_
Kugel s. f. 1. MATEMÁTICA esfera_f_; 2. bala_f_; 3. DESPORTO peso_m_
Kugellager s. nt. rolamento_m_ de esferas
kugelrund adj. esférico
Kugelschreiber s. m. esferográfica_f_
kugelsicher adj. à prova de bala
Kuh s. f. vaca_f_; blinde Kuh spielen: jogar à cabra-cega
kühl adj. 1. fresco; 2. frio
Kühlbox s. f. geleira_f_
Kühle s. f. 1. frescura_f_; 2. frieza_f_
kühlen v. tr. arrefecer; refrescar
Kühler s. m. (carro) radiador_m_
Kühlerhaube s. f. tampa_f_ do radiador
Kühlhaus s. nt. armazém_m_ frigorífico
Kühlschrank s. m. frigorífico_m_
Kühltasche s. f. saco_m_ térmico
Kühltruhe s. f. arca_f_ frigorífica
kühn adj. ousado
Kühnheit s. f. ousadia_f_
Kuhstall s. m. vacaria_f_
Küken s. nt. ZOOLOGIA pintainho_m_
Kukuruz s. m. (Áustria) milho_m_
Kuli s. m. (coloq.) caneta_f_
kulinarisch adj. culinário
Kulisse s. f. bastidor_m_
kullern v. intr. rolar
Kult s. m. culto_m_
kultiviert adj. 1. cultivado; 2. culto

Kultur s. f. cultura_f._
Kulturbeutel s. m. estojo_m._ de toilette
Kulturschock s. m. choque_m._ de culturas
Kultusministerium s. nt. ministério_m._ federal da Educação
Kümmel s. m. 1. (planta, especiaria) cominho_m._; 2. (aguardente) kümmel_m._
Kummer s. m. desgosto_m._; aflição_f._
kümmerlich adj. 1. miserável; 2. débil
kümmern I v. tr. preocupar; II v. refl. 1. tratar [um +ac., de], ocupar-se [um +ac., de]; 2. cuidar [um +ac., de], tratar [um +ac., de]
Kumpel s. m. (coloq.) parceiro_m._
Kunde s. m. cliente_m. e f._
Kundendienst s. m. assistência_f._ técnica, serviço_m._ pós-venda
Kundenstock s. m. (Áustria) clientela_f._
Kundgebung s. f. manifesto_m._
kündigen I v. tr. 1. demitir-se de; 2. rescindir; cancelar; II v. intr. 1. despedir; despedir-se; 2. (inquilino) sair
Kündigung s. f. 1. despedimento_m._; demissão_f._; 2. (contrato) rescisão_f._
Kündigungsfrist s. f. prazo_m._ de rescisão
Kündigungsschutz s. m. protecção_f._ contra despedimento
Kundschaft s. f. clientela_f._
künftig adj. futuro
Kunst s. f. arte_f._
Kunstausstellung s. f. exposição_f._ de obras de arte
Kunstfaser s. f. fibra_f._ sintética
Kunstgegenstand s. m. obra_f._ de arte
Kunstgeschichte s. f. história_f._ da arte
Kunstgewerbe s. nt. artes_f. pl._ decorativas
Kunsthandwerk s. nt. artesanato_m._
Künstler s. m. artista_m. e f._
künstlerisch adj. artístico
künstlich adj. 1. artificial, falso; 2. postiço
Kunststoff s. m. plástico_m._

Kunststück s. nt. artifício_m._
Kunsttischler s. m. marceneiro_m._
Kunstturnen s. nt. ginástica_f._ artística
kunstvoll adj. artístico
Kunstwerk s. nt. obra_f._ de arte
kunterbunt adj. 1. colorido; 2. misturado
Kupfer s. nt. cobre_m._
Kupferstich s. m. gravura_f._ em cobre
Kuppe s. f. 1. cimo_m._, cume_m._; 2. ponta_f._
Kuppel s. f. cúpula_f._
Kuppelei s. f. alcovitice_f._
kuppeln I v. tr. (automóveis) atrelar [an +ac., a]; II v. intr. (carro) embraiar
Kupplung s. f. 1. engate_m._; 2. embraiagem_f._
Kur s. f. 1. cura_f._; 2. (estadia) termas_f._
Kurbel s. f. manivela_f._
Kurbelwelle s. f. ENGENHARIA cambota_f._
Kürbis s. m. abóbora_f._
Kurde s. m. curdo_m._
kurdisch adj. curdo
Kurgast s. m. banhista_m. e f._ (de termas)
Kurier s. m. correio_m._ expresso
Kurort s. m. termas_f._, estação_f._ termal
Kurpfuscher s. m. curandeiro_m._
Kurs s. m. 1. curso_m._; 2. rumo_m._; 3. NÁUTICA rota_f._; 4. ECONOMIA cotação_f._; 5. ECONOMIA (divisas) câmbio_m._
Kursbuch s. nt. horário_m._ dos caminhos-de-ferro
kursieren* v. intr. (dinheiro, boato) circular
kursiv adj. em itálico
Kurswagen s. m. carruagem_f._ directa
Kurtaxe s. f. taxa_f._ diária de turismo
Kurve s. f. curva_f._
kurvenreich adj. cheio de curvas, sinuoso
kurz adj. 1. (espacial) curto; kurz vor Köln: pouco antes de Colónia; 2. (temporal) breve, conciso; seit kurzem: (desde) há pouco

Kurzarbeit *s. f.* trabalho$_m$ a tempo reduzido
kurzärmelig *adj.* de manga curta
Kürze *s. f.* 1. (espacial) curta distância$_f$; 2. (temporal) brevidade$_f$; in Kürze: em breve
kürzen *v. tr.* 1. encurtar; abreviar; 2. reduzir
kurzerhand *adv.* sem rodeios, sem cerimónias
kurzfristig *adj. e adv.* 1. a curto prazo; 2. em cima da hora
Kurzgeschichte *s. f.* conto$_m$
kurzhaarig *adj.* de cabelo curto
kürzlich *adv.* recentemente
Kurzschluss *s. m.* ELECTRICIDADE curto-circuito$_m$
kurzsichtig *adj.* MEDICINA míope
Kurzsichtigkeit *s. f.* MEDICINA miopia$_f$
Kürzung *s. f.* 1. corte$_m$, redução$_f$; 2. abreviação$_f$

Kurzwaren *s. pl.* miudezas$_{f. pl.}$
Kurzwelle *s. f.* onda$_f$ curta
Kusine *s. f.* prima$_f$
Kuss *s. m.* beijo$_m$
küssen I *v. tr.* beijar; II *v. refl.* beijar-se
Küste *s. f.* costa$_f$; litoral$_m$
Küstenschifffahrt *s. f.* navegação$_f$ costeira
Küster *s. m.* sacristão$_m$
Kutsche *s. f.* coche$_m$
Kutscher *s. m.* cocheiro$_m$
Kutteln *s. pl.* (Áustria, Suíça) tripas$_{f. pl.}$
Kutter *s. m.* NÁUTICA chalupa$_f$
kV [*abrev. de* **Kilovolt**] kV [*abrev. de* quilovolt]
kW [*abrev. de* **Kilowatt**] kW [*abrev. de* quilowatt]
Kybernetik *s. f.* cibernética$_f$

L

L, l s. nt. L, l_m.
labern v. intr. (depr.) palrar, papaguear
labil adj. MEDICINA, PSICOLOGIA instável
Labor s. nt. laboratório_m.
Labyrinth s. nt. labirinto_m.
Lache¹ s. f. ⟨-, -n⟩ poça_f.
Lache² s. f. ⟨-, -n⟩ gargalhada_f.
lächeln v. intr. sorrir
Lächeln s. nt. sorriso_m.
lachen v. intr. rir(-se) [über +ac., de]
lächerlich adj. 1. ridículo; 2. irrisório
lachhaft adj. cómico, caricato
Lachs s. m. salmão_m.
Lack s. m. 1. verniz_m.; 2. pintura_f.
Lackel s. m. (Áustria) (depr.) tanso_m.
lackieren* v. tr. 1. envernizar; 2. pintar
Ladegerät s. nt. FÍSICA carregador_m. de bateria
laden v. tr. 1. carregar; 2. DIREITO intimar
Laden s. m. 1. loja_f.; 2. portada_f.
Ladenhüter s. m. (depr.) mono_m.
Ladenschluss s. m. hora_f. de fecho
Ladentisch s. m. balcão_m.
Ladentochter s. f. (Suíça) empregada_f. de balcão
Ladung s. f. 1. carga_f.; 2. DIREITO intimação_f., citação_f.
lag pret. imp. de liegen
Lage s. f. 1. situação_f.; 2. posição_f.; in der Lage sein, etwas zu tun: estar em condições de fazer alguma coisa; 3. sítio_m.; 4. camada_f.
Lager s. nt. 1. armazém_m.; 2. acampamento_m.; campo_m.
Lagerfeuer s. nt. fogueira_f. de acampamento
lagern I v. tr. 1. armazenar; 2. pôr; II v. intr. 1. estar em armazém; 2. acampar
Lagerung s. f. armazenagem_f.
Lagune s. f. lagoa_f.
lahm adj. 1. paralítico; 2. (coloq.) paralisado; 3. (coloq.) lento; chato
lähmen v. tr. paralisar
Lähmung s. f. MEDICINA paralisia_f.
Laich s. m. ovas_f. pl.
Laie s. m. 1. leigo_m., amador_m.; 2. RELIGIÃO laico_m.
Laken s. nt. lençol_m.
Lakritze s. f. alcaçuz_m.
lallen I v. tr. balbuciar; II v. intr. gaguejar
Lama s. nt. lama_m.
Lametta s. nt. fios_m. pl. prateados
Lamm s. nt. cordeiro_m.; borrego_m.
Lammkotelett s. nt. costeleta_f. de borrego
Lampe s. f. candeeiro_m.
Lampenfieber s. nt. nervosismo_m.
Lampenschirm s. m. abajur_m., quebra-luz_m.
Land s. nt. 1. país_m.; 2. estado_m. federado; 3. ⟨sem pl.⟩ terra_f.; 4. ⟨sem pl.⟩ campo_m.; auf dem Land: no campo
Landarbeiter s. m. trabalhador_m. rural, camponês_m.
Landbevölkerung s. f. população_f. rural
Landebahn s. f. pista_f. de aterragem
landen v. intr. 1. aterrar, 2. alunar; 3. (coloq.) ir parar a

Ländereien s. pl. terras$_{f. pl.}$, bens$_{m. pl.}$ de raiz
Länderspiel s. nt. campeonato$_m$ internacional
Landeskunde s. f. história$_f$ e cultura$_f$ de um país
Landeswährung s. f. moeda$_f$ nacional
Landflucht s. f. êxodo$_m$ rural
Landgut s. nt. quinta$_f$, herdade$_f$
Landhaus s. nt. casa$_f$ de campo
Landkarte s. f. mapa$_m$
Landkreis s. m. distrito$_m$
ländlich adj. rural
Landmine s. f. mina$_f$ anti-pessoal
Landrat s. m. [parlamento$_m$ em alguns cantões suíços]
Landschaft s. f. paisagem$_f$
Landsmann s. m. compatriota$_{m. e f.}$
Landstraße s. f. estrada$_f$ nacional
Landstreicher s. m. vagabundo$_m$
Landtag s. m. câmara$_f$ dos deputados (de estado federado)
Landung s. f. 1. aterragem$_f$; 2. alunagem$_f$; 3. desembarque$_m$
Landwirt s. m. agricultor$_m$, lavrador$_m$
Landwirtschaft s. f. agricultura$_f$
landwirtschaftlich adj. agrícola, agrário
lang adj. 1. comprido; extenso; 2. longo; seit langem: há muito (tempo); 3. *(coloq.)* (pessoa) alto
langatmig adj. extenso, prolixo
lange adv. (por) muito tempo; es ist schon/nicht lange her: foi há muito/pouco tempo
Länge s. f. 1. comprimento$_m$; 2. duração$_f$; 3. GEOGRAFIA longitude$_f$
langen v. intr. 1. *(coloq.)* chegar, bastar; 2. estender a mão [nach +dat., para], pôr a mão [in +ac., em]
Langeweile s. f. tédio$_m$; Langeweile haben: estar aborrecido
langfristig adj. a longo prazo
langhaarig adj. de cabelo comprido, cabeludo
langjährig adj. antigo, de muitos anos
Langlauf s. m. DESPORTO esqui$_m$ de fundo
langlebig adj. de longa vida; duradouro
länglich adj. alongado
längs prep. [+gen.] ao longo de
langsam I adj. lento; II adv. 1. (velocidade) devagar; 2. lentamente, ir [+gerúndio]; es wird langsam Zeit, dass...: já vai sendo altura de...
Langsamkeit s. f. lentidão$_f$
Langschläfer s. m. dorminhoco$_m$
längst adv. 1. há muito (tempo); 2. de longe; das ist noch längst nicht alles: isto ainda não é tudo
Langstreckenrakete s. f. míssil$_m$ de longo alcance
Languste s. f. ZOOLOGIA lagosta$_f$
langweilen I v. tr. aborrecer, maçar; II v. refl. aborrecer-se
langweilig adj. aborrecido, enfadonho; chato
langwierig adj. moroso
Lanze s. f. lança$_f$
Lappalie s. f. ninharia$_f$, bagatela$_f$
Lappen s. m. trapo$_m$, farrapo$_m$
läppisch adj. 1. tolo, infantil; 2. irrisório
Laptop s. m. computador$_m$ portátil
Lärche s. f. BOTÂNICA lariço$_m$
large adj. (Suíça) generoso
Lärm s. m. barulho$_m$, ruído$_m$
Lärmbelastung s. f. poluição$_f$ sonora
lärmen v. intr. fazer barulho
Lärmschutz s. m. protecção$_f$ sonora
Larve s. f. ZOOLOGIA larva$_f$
las pret. imp. de lesen
lasch adj. frouxo
Lasche s. f. 1. (saca) pala$_f$; (sapato) lingueta$_f$; 2. ENGENHARIA cobre-junta$_f$

Laser s. m. laser m.
Laserdrucker s. m. impressora f. a laser
Laserstrahl s. m. raio m. laser
lassen v. tr. 1. deixar, permitir; 2. mandar; etwas machen lassen: mandar fazer alguma coisa; 3. deixar (de); lass mich!: deixa-me!; 4. conceder; jemandem Zeit lassen: dar tempo a alguém; 5. ser possível; das lässt sich machen: isso é possível/viável
lässig adj. 1. descontraído; 2. (coloq.) fácil
Lässigkeit s. f. descontracção f.
Last s. f. 1. carga f.; 2. peso m.; 3. fardo m.; zu Lasten von: a cargo de; 4. pl. Lasten: encargos m. pl.
lasten v. intr. pesar [auf +dat., sobre]
Laster s. nt. vício m.
Lästerer s. m. má-língua m. e f.
lasterhaft adj. vicioso, perverso
lästern v. intr. dizer mal [über +ac., de]
lästig adj. maçador, incómodo; enfadonho, chato
Lastkraftwagen s. m. veículo m. automóvel de mercadorias
Lasttier s. nt. animal m. de carga
Lastwagen s. m. camião m.
Latein s. nt. latim m.
Lateinamerika s. nt. América f. Latina
Lateinamerikaner s. m. latino-americano m.
lateinamerikanisch adj. latino-americano
lateinisch adj. latino
Laterne s. f. 1. candeeiro m., lampião m.; 2. lanterna f.
Laternenpfahl s. m. poste m. de iluminação
latschen v. intr. 1. (coloq.) ir nas calmas; 2. (coloq.) arrastar os pés
Latte s. f. 1. ripa f.; 2. (baliza) trave f.; 3. (salto em altura) barra f.

Lattenrost s. m. estrado m. de ripas
Latz s. m. 1. (na roupa) peitilho m.; 2. (para bebés) babete f.
Latzhose s. f. calças f. pl. à jardineira
lau adj. morno, tépido
Laub s. nt. folhagem f.
Laubbaum s. m. árvore f. de folhas caducas
Laube s. f. ramada f.
Laubfrosch s. m. ZOOLOGIA rela f.
Laubsäge s. f. serra f. de recortes
Laubwald s. m. floresta f. de folha caduca
Lauch s. m. alho m.
Lauer s. f. auf der Lauer liegen: estar à espreita
lauern v. intr. 1. estar à espreita [auf +ac., de]; 2. (coloq.) (impacientemente) esperar [auf +ac., por]
Lauf s. m. 1. corrida f.; 2. (sem pl.) (rio) curso m., corrente f.; 3. (astros) rota f.; 4. (sem pl.) decurso m., decorrer m.; im Laufe der Zeit: com o decorrer do tempo; 5. cano m.
laufen I v. tr. correr; II v. intr. 1. correr, andar depressa; 2. (coloq.) caminhar; 3. (torneira) escorrer; 4. funcionar; trabalhar; 5. (filme) estar em exibição; 6. decorrer
laufend I adj. 1. contínuo; 2. corrente; auf dem Laufenden sein: estar ao corrente; II adv. permanentemente
Läufer¹ s. m. ⟨-s, -⟩ DESPORTO corredor m.
Läufer² s. m. ⟨-s, -⟩ 1. passadeira f.; 2. (xadrez) bispo m.
Lauferei s. f. (coloq.) correria f.
läufig adj. läufig sein: estar com o cio
Laufmasche s. f. malha f. caída
Laufsteg s. m. passarela f.
Laufwerk s. nt. INFORMÁTICA drive f.
Lauge s. f. 1. barrela f.; 2. QUÍMICA solução f. de soda cáustica

Laune *s. f.* 1. disposição*f*, humor*m*; 2. capricho*m*.
launisch *adj.* caprichoso, instável
Laus *s. f.* piolho*m*.
Lausbub *s. m. (coloq.)* maroto*m*.
lauschen *v. intr.* 1. escutar; 2. estar à escuta
lausig *adj.* 1. mísero; 2. grande; lausige Kälte: um frio de rachar
laut I *adj.* 1. (som) alto; 2. barulhento; II *adv.* em voz alta; III *prep.* [+gen.] de acordo com
Laut *s. m.* som*m*.
lauten *v. intr.* dizer (o seguinte), ser (o seguinte); die Antwort lautet...: a resposta é (a seguinte)...
läuten I *v. tr.* (sinos) tocar; II *v. intr.* 1. tocar à campainha; 2. tocar
lauter *adj. inv.* 1. leal; puro; 2. só; vor lauter Kummer: de tanto desgosto
lauthals *adv.* a plenos pulmões
lautlos *adj.* silencioso, mudo
Lautsprecher *s. m.* altifalante*m*.
Lautsprecherbox *s. f.* coluna*f* (de som)
Lautstärke *s. f.* volume*m*. (do som)
lauwarm *adj.* morno
Lavendel *s. m.* lavanda*f*.
Lawine *s. f.* avalanche*f*.
Lazarett *s. nt.* hospital*m*. militar
leben *v. intr.* viver
Leben *s. nt.* 1. vida*f*; existência*f*; 2. vivacidade*f*.
lebendig *adj.* 1. vivo; 2. vivaço
Lebendigkeit *s. f.* vivacidade*f*.
Lebensart *s. f.* modo*m*. de vida
Lebensdauer *s. f.* tempo*m*. de vida
Lebenserwartung *s. f.* esperança*f*. de vida
lebensfroh *adj.* alegre, contente da vida
Lebensgefahr *s. f.* perigo*m*. de vida, perigo*m*. de morte

lebensgefährlich *adj.* muito perigoso; muito grave
Lebensgefährte *s. m.* companheiro*m*. de vida
Lebenshaltungskosten *s. pl.* custo*m*. de vida
Lebenslage *s. f.* situação*f*. da vida
lebenslänglich *adj.* perpétuo; vitalício
Lebenslauf *s. m.* curriculum*m*. (vitae)
lebenslustig *adj.* alegre, jovial
Lebensmittel *s. pl.* géneros*m.pl* alimentícios, mantimentos*m.pl*.
Lebensmittelgeschäft *s. nt.* mercearia*f*.
lebensmüde *adj.* cansado da vida
Lebensstandard *s. m.* nível*m*. de vida
Lebensunterhalt *s. m.* sustento*m*.
Lebensversicherung *s. f.* seguro*m*. de vida
Lebenswandel *s. m.* vida*f*, conduta*f*.
lebenswichtig *adj.* (de importância) vital
Lebenswille *s. m.* vontade*f*. de viver
Lebenszeichen *s. nt.* sinal*m*. de vida
Leber *s. f.* fígado*m*.
Leberfleck *s. m.* sarda*f*.
Leberwurst *s. f.* paté*m*. de fígado
Lebewesen *s. nt.* ser*m*. vivo
lebhaft *adj.* 1. vivaço; vivo; 2. (trânsito) intenso
Lebhaftigkeit *s. f.* vivacidade*f*.
Lebkuchen *s. m.* broa*f*. de mel
leblos *adj.* inanimado, sem vida
Lebzeiten *s. pl.* zu Lebzeiten: em vida
Leck *s. nt.* fuga*f*, furo*m*.
lecken I *v. tr.* lamber; II *v. intr.* (recipiente) estar furado
lecker *adj.* delicioso
Leckerbissen *s. m.* petisco*m*.
led. [*abrev. de* ledig] solteiro
Leder *s. nt.* couro*m*; cabedal*m*.
Lederwaren *s. pl.* marroquinaria*f*, artigos*m.pl*. de couro/pele
ledig *adj.* solteiro

lediglich *adv.* somente, simplesmente
Lee *s. f.* NÁUTICA sotavento_m._
leer *adj.* 1. vazio; 2. em branco; 3. sem fundamento, vão
Leere *s. f.* vazio_m._
leeren *v. tr.* esvaziar, despejar
Leergut *s. nt.* vasilhame_m._
Leerlauf *s. m.* 1. (carro) ponto_m._ morto; 2. período_m._ de inactividade
Leertaste *s. f.* espaço_m._
Leerung *s. f.* esvaziamento_m._; tiragem_f._
legal *adj.* legal
legalisieren* *v. tr.* legalizar
Legalität *s. f.* legalidade_f._
legen I *v. tr.* 1. pôr; pousar; colocar; meter [in +*ac.*, em]; 2. (gás, água) instalar; II *v. refl.* 1. deitar-se, estender-se; 2. acalmar, abrandar
Legende *s. f.* lenda_f._
leger *adj.* à vontade
Legierung *s. f.* liga_f._
Lehm *s. m.* barro_m._, argila_f._
Lehne *s. f.* costas_f. pl._ da cadeira; encosto_m._ de braços
lehnen I *v. tr.* encostar, apoiar; II *v. intr.* estar encostado; III *v. refl.* encostar-se, apoiar-se
Lehnstuhl *s. m.* poltrona_f._, cadeira_f._ de braços
Lehramt *s. nt.* ensino_m._
Lehrbuch *s. nt.* livro_m._ de aprendizagem
Lehre *s. f.* 1. aprendizagem_f._; 2. doutrina_f._; 3. lição_f._; ensinamento; 4. ENGENHARIA calibre_m._
lehren *v. tr.* 1. ensinar, instruir; 2. dar aulas
Lehrer *s. m.* professor_m._
Lehrgang *s. m.* curso_m._
Lehrling *s. m.* aprendiz_m._
Lehrplan *s. m.* programa_m._ de ensino
lehrreich *adj.* instrutivo, educativo
Lehrstelle *s. f.* lugar_m._ de aprendiz

Lehrstuhl *s. m.* cátedra_f._ [für +*ac.*, de]
Lehrzeit *s. f.* tempo_m._ de aprendizagem
Leib *s. m.* 1. corpo_m._; 2. ventre_m._
Leibchen *s. nt. (Áustria)* camisola_f._ interior
leibhaftig *adj.* verdadeiro, em pessoa
leiblich *adj.* 1. corporal; 2. de sangue
Leibwächter *s. m.* guarda-costas_m. e f._
Leiche *s. f.* cadáver_m._
leichenblass *adj.* lívido, cadavérico
Leichenhalle *s. f.* capela_f._ mortuária
Leichenverbrennung *s. f.* cremação_f._
Leichenwagen *s. m.* carro_m._ fúnebre
Leichnam *s. m.* cadáver_m._, corpo_m._
leicht I *adj.* 1. leve; 2. fácil, simples; 3. ligeiro; suave; 4. fraco; II *adv.* 1. facilmente; 2. ligeiramente, levemente
Leichtathletik *s. f.* atletismo_m._
leichtfertig *adj.* leviano
leichtgläubig *adj.* crédulo
Leichtigkeit *s. f.* facilidade_f._
Leichtmetall *s. nt.* metal_m._ leve
Leichtsinn *s. m.* leviandade_f._, descuido_m._
leichtsinnig *adj.* leviano, imprudente
leid *adj.* etwas leid haben/sein: estar farto de alguma coisa
Leid *s. nt.* 1. mágoa_f._, dor_f._; 2. pena_f._; es tut mir Leid: sinto muito, lamento muito
leiden I *v. tr.* suportar, aguentar; II *v. intr.* sofrer [an +*dat.*, de; unter +*dat.*, com]
Leiden *s. nt.* 1. sofrimento_m._; dor_f._; 2. doença_f._, mal_m._
Leidenschaft *s. f.* paixão_f._ [für +*ac.*, por]
leidenschaftlich I *adj.* apaixonado; II *adv.* apaixonadamente
leider *adv.* infelizmente
leidig *adj.* maçador, enfadonho
leidlich *adj.* tolerável, suportável
Leier *s. f.* 1. MÚSICA lira_f._; 2. lengalenga_f._
Leierkasten *s. m.* realejo_m._
leihen *v. tr.* 1. emprestar; 2. pedir emprestado

Leihgebühr s. f. aluguer_m_
Leihmutter s. f. mãe_f_ de aluguer
Leihwagen s. m. carro_m_ de aluguer
Leim s. m. cola_f_
leimen v. tr. colar
Leine s. f. corda_f_; trela_f_
Leinen s. nt. linho_m_
Leintuch s. nt. (Regionalismo) lençol_m_
Leinwand s. f. 1. (pintura) tela_f_; 2. (cinema) ecrã_m_
leise I adj. 1. baixo; silencioso; 2. leve, brando; 3. vago; II adv. baixo, baixinho
Leiste s. f. 1. borda_f_; 2. rodapé_m_; friso_m_; 3. ANATOMIA virilha_f_
leisten v. tr. 1. fazer; realizar; 2. produzir, render; 3. (serviços, ajuda) prestar; (juramento) fazer; 4. (coloq.) comprar; sich [dat.] etwas leisten können: ter dinheiro para alguma coisa
Leistenbruch s. m. MEDICINA hérnia_f_ inguinal
Leistung s. f. 1. trabalho_m_; mérito_m_ profissional; 2. (na escola) aproveitamento_m_; 3. DESPORTO desempenho_m_; 4. capacidade_f_; 5. potência_f_
Leistungen s. pl. 1. serviços_m. pl_; 2. encargos_m. pl_ financeiros
Leistungssport s. m. desporto_m_ de competição
Leitartikel s. m. artigo_m_ de fundo
leiten v. tr. 1. dirigir; conduzir; encaminhar; 2. reger; governar
leitend adj. 1. dirigente, principal; 2. ELECTRICIDADE, FÍSICA condutor
Leiter¹ s. f. ⟨-, -n⟩ escadote_m_
Leiter² s. m. ⟨-s, -n⟩ director_m_, chefe_m e f_
Leitfaden s. m. guia_m_
Leitfähigkeit s. f. FÍSICA condutibilidade_f_
Leitmotiv s. nt. tónica_f_, tema_m_ fundamental
Leitplanke s. f. barreira_f_ de segurança
Leitung s. f. 1. direcção_f_; gerência_f_; 2. fio_m_; linha_f_; 3. canalização_f_
Leitungswasser s. nt. água_f_ da torneira
Lektion s. f. lição_f_
Lektor s. m. 1. (faculdade) leitor_m_; 2. (editora) revisor_m_
Lektorat s. nt. 1. (faculdade) leitorado_m_; 2. (editora) departamento_m_ de revisão
Lektüre s. f. leitura_f_
Lende s. f. lombo_m_
lenken v. tr. 1. (automóvel) guiar, dirigir; (barco) pilotar; 2. (atenção, olhar) dirigir [auf +ac., para]
Lenkrad s. nt. volante_m_
Lenkstange s. f. guiador_m_
Lenkung s. f. 1. (sem pl.) condução_f_; 2. (carro) direcção_f_
Leopard s. m. ZOOLOGIA leopardo_m_
Lepra s. f. MEDICINA lepra_f_
Lerche s. f. ZOOLOGIA cotovia_f_
lernen I v. tr. aprender, estudar; II v. intr. estudar
lesbar adj. legível
Lesbierin s. f. lésbica_f_
lesbisch adj. lésbica
Lese s. f. 1. colheita_f_; 2. vindima_f_
Lesebuch s. nt. livro_m_ de leitura
lesen v. tr. 1. ler; 2. apanhar, colher; Trauben lesen: vindimar
Leser s. m. leitor_m_
Leserbrief s. m. carta_f_ de leitor
leserlich adj. legível
Lesung s. f. 1. recital_m_; 2. POLÍTICA leitura_f_
letztens adv. por último, em último lugar
letzte(r, s) adj. 1. último, final, derradeiro; 2. (temporal) último, passado; in letzter Zeit: nos últimos tempos
letztlich adv. finalmente, por fim
Leuchte s. f. 1. lâmpada_f_; 2. (coloq.) (pessoa) génio_m_

leuchten v. intr. 1. iluminar; 2. alumiar; 3. brilhar, luzir
Leuchter s. m. castiçal_m.
Leuchtfarbe s. f. cor_f fluorescente
Leuchtreklame s. f. reclame_m. luminoso
Leuchtstift s. m. caneta_f fluorescente
Leuchtturm s. m. farol_m.
leugnen I v. tr. contestar; II v. intr. desmentir
Leukämie s. f. MEDICINA leucemia_f.
Leumund s. m. reputação_f.
Leute s. pl. pessoas_f. pl., gente_f.
Leutnant s. m. tenente_m.
Level s. m. nível_m.
Lexikograf s. m. lexicógrafo_m.
Lexikografie s. f. lexicografia_f.
Lexikon s. nt. enciclopédia_f.
libanesisch adj. libanês
Libanon s. m. Líbano_m.
Libelle s. f. ZOOLOGIA libélula_f.
Liberia s. nt. Libéria_f.
Libyen s. nt. Líbia_f.
Licht s. nt. luz_f.
Lichtbild s. nt. 1. fotografia_f.; 2. slide_m.
Lichtblick s. m. raio_m. de esperança
lichtempfindlich adj. sensível à luz
lichten I v. tr. (floresta) desbastar; II v. refl. 1. (nuvens) clarear; 2. (cabelo) rarear
Lichthupe s. f. sinais_m. pl. de luzes
Lichtjahr s. nt. ano-luz_m.
Lichtmaschine s. f. dínamo_m.
Lichtschalter s. m. interruptor_m.
Lichtschein s. m. clarão_m.
Lichtschutzfaktor s. m. factor_m. de protecção solar
Lichtstrahl s. m. raio_m. de luz
Lichtung s. f. clareira_f.
Lid s. nt. ANATOMIA pálpebra_f.
Lidschatten s. m. sombra_f. para os olhos
lieb adj. 1. querido, caro; jemanden lieb haben: gostar de alguém; 2. amoroso; simpático; 3. bom; 4. agradável

Liebe s. f. amor [zu +dat., a]; afeição_m. [zu +dat., a]
lieben v. tr. 1. amar; 2. fazer amor com; 3. gostar de, adorar
liebenswürdig adj. amável, gentil
liebenswürdigerweise adv. amavelmente, gentilmente
Liebenswürdigkeit s. f. amabilidade_f., gentileza_f.
lieber I antes; etwas lieber mögen/haben: gostar mais de alguma coisa, preferir alguma coisa; II adv. antes; lieber wollen: antes querer, preferir; lieber nicht: é melhor não
Liebesbeziehung s. f. relação_f. amorosa, namoro_m.
Liebeserklärung s. f. declaração_f. de amor
Liebeskummer s. m. desgosto_m. de amor
Liebespaar s. nt. namorados_m.
liebevoll adj. carinhoso, afectuoso
Liebhaber s. m. 1. amante_m. e f.; 2. apreciador_m.
liebkosen* v. tr. acariciar, acarinhar
lieblich adj. 1. encantador; 2. (perfume) suave; 3. (vinho) adocicado
Liebling s. m. 1. querido_m.; 2. favorito_m.
Lieblingsbuch s. nt. livro_m. preferido
lieblos adj. frio, insensível
Liebste(r) s. m. e f. amor_m., querid|o, -a_m. f.
Lied s. nt. canção_f.; cântico_m.
Liederbuch s. nt. cancioneiro_m.
liederlich adj. 1. desmazelado; 2. vadio
Liedermacher s. m. cançonetista_m. e f.
lief pret. imp. de laufen
Lieferant s. m. fornecedor_m.
lieferbar adj. pronto para entrega
liefern v. tr. 1. fornecer, entregar; 2. produzir; 3. dar, apresentar
Lieferschein s. m. guia_f. de remessa

Lieferung s. f. 1. fornecimento_m, entrega_f; 2. remessa_f.
Lieferungswagen s. m. (Suíça) furgoneta_f.
Lieferwagen s. m. furgoneta_f.
Liege s. f. espreguiçadeira_f.
liegen v. intr. 1. estar deitado; 2. encontrar-se; ficar, situar-se; 3. agradar; mir liegt viel daran: tenho muito empenho nisso; 4. depender de, dever-se a; woran liegt es?: qual é a causa?
Liegesitz s. m. (carro) banco_m. reclinável
Liegestuhl s. m. cadeira_f de repouso
Liegestütz s. m. flexão_f.
Liegewagen s. m. vagão-cama_m.
lieh pret. imp. de leihen
ließ pret. imp. de lassen
Lift s. m. elevador_m.
Likör s. m. licor_m.
lila adj. inv. lilás
Lilie s. f. BOTÂNICA lírio_m.
Liliputaner s. m. liliputiano_m.
Limonade s. f. 1. limonada_f; 2. gasosa_f; 3. laranjada_f.
Limone s. f. lima_f.
Limousine s. f. limusine_f.
Linde s. f. BOTÂNICA tília_f.
lindern v. tr. aliviar, mitigar
Linderung s. f. alívio_m.
Lineal s. nt. régua_f.
linear adj. linear
Linguist s. m. linguista_m. e f.
Linguistik s. f. linguística_f.
Linie s. f. linha_f; in erster Linie: em primeiro lugar
Linienbus s. m. autocarro_m de carreira
Linienflug s. m. voo_m de carreira, voo_m regular
Linienrichter s. m. DESPORTO juíz_m. e f. de linha, fiscal_m. e f. de linha

Linke s. f. 1. mão_f. esquerda; 2. POLÍTICA esquerda_f.
linke(r, s) adj. esquerdo
linkisch adj. desajeitado
links adv. (direcção) à esquerda
Linkshänder s. m. canhoto_m.
linksradikal adj. de extrema esquerda
Linse s. f. 1. BOTÂNICA lentilha_f; 2. (óptica) lente_f.
Lippe s. f. lábio_m.
Lippenstift s. m. bâton_m.
lispeln v. intr. ciciar
Lissabon s. nt. Lisboa_f.
Lissabonner s. m. lisboeta_m. e f.
List s. f. 1. astúcia_f, manha_f; 2. artimanha_f.
Liste s. f. lista_f.
listig adj. astuto, manhoso
Litauen s. nt. Lituânia_f.
Litauer s. m. lituano_m.
litauisch adj. lituano
Liter s. m. litro_m.
literarisch adj. literário
Literatur s. f. literatura_f.
Literaturangaben s. pl. bibliografia_f.
Literaturwissenschaft s. f. literatura(s)_f. (pl.)
litt pret. imp. de leiden
live adv. ao vivo
Livesendung s. f. transmissão_f. ao vivo
Liveübertragung s. f. transmissão_f. ao vivo
Lizenz s. f. licença_f, alvará_m.
Lkw, LKW [abrev. de Lastkraftwagen] veículo_m. pesado
Lob s. nt. elogio_m, louvor_m.
loben v. tr. elogiar, louvar
lobenswert adj. louvável
Loch s. nt. 1. buraco_m, furo_m; 2. rasgão_m.
lochen v. tr. furar
Locher s. m. furador_m.
Locke s. f. caracol_m. (de cabelo)

locken I *v. tr.* atrair, aliciar; II *v. refl.* (cabelo) encaracolar(-se)
Lockenwickler *s. m.* rolo*m.* (de cabelo)
locker *adj.* 1. solto; frouxo; 2. (massa, bolo) fofo; 3. (postura) descontraído
lockerlassen *v. intr. (coloq.)* nicht lockerlassen: não desistir
lockern *v. tr.* 1. desapertar; soltar; afrouxar; 2. relaxar; 3. (limitação) reduzir
lockig *adj.* encaracolado
Löffel *s. m.* 1. colher*f.*; 2. orelha*f.* de lebre
log *pret. imp. de* lügen
Loge *s. f.* 1. (teatro) camarote*m.*; 2. portaria*f.*
Logik *s. f.* lógica*f.*
logisch *adj.* lógico
Logistik *s. f.* logística*f.*
Lohn *s. m.* 1. salário*m.*, vencimento*m.*; 2. recompensa*f.*, prémio*m.*
Lohnempfänger *s. m.* assalariado*m.*
lohnen I *v. tr.* compensar, valer a pena; II *v. refl.* compensar, valer a pena; das lohnt sich nicht: não vale a pena
Lohnerhöhung *s. f.* aumento*m.* de salários
Lohnkosten *s. pl.* custos*m. pl.* salariais
Lohnsteuer *s. f.* imposto*m.* sobre o rendimento das pessoas singulares (IRS)
Lok [abrev. de Lokomotive] locomotiva*f.*
Lokal *s. nt.* restaurante*m.*
lokalisieren *v. tr.* localizar
Lokomotive *s. f.* locomotiva*f.*
Lokomotivführer *s. m.* maquinista*m. e f.*
Lolli *s. m.* chupa-chupa*m.*, pirulito*m.*
London *s. nt.* Londres*f.*
Look *s. m.* estilo*m.*
Lorbeer *s. m.* BOTÂNICA louro*m.*, loureiro*m.*
los I *adj.* 1. solto; jemanden/etwas los sein: ter-se livrado de alguém/alguma coisa; 2. was ist los?: o que é que se passa?; was ist mit ihm/ihr los?: que é que ele/ela tem?; II *adv.* 1. los!: vamos (lá)!, anda (lá)!; 2. *(coloq.)* sie sind schon los: eles já foram (embora)

Los *s. nt.* 1. bilhete*m.* de lotaria; 2. (sem pl.) sorte*f.*
losbinden *v. tr.* desatar, soltar
Löschblatt *s. nt.* mata-borrão*m.*
löschen *v. tr.* 1. (fogo) apagar, extinguir; 2. (dados) apagar, limpar; desgravar; 3. (sede) matar
Löschtaste *s. f.* INFORMÁTICA tecla*f.* para apagar
lose *adj.* 1. solto, frouxo; 2. avulso, a granel
Lösegeld *s. nt.* resgate*m.*
losen *v. intr.* tirar à sorte
lösen I *v. tr.* 1. desprender [von +dat., de]; 2. (nó) desatar; 3. (problema, tarefa) resolver; 4. (contrato) rescindir, anular; (relacionamento) romper; 5. (senha) comprar, tirar; 6. (substância) dissolver [in +dat., em]; II *v. refl.* 1. soltar-se [von +dat., de]; 2. dissolver-se [in +dat., em]; 3. resolver-se
losfahren *v. intr.* partir
losgehen *v. intr.* 1. (pessoa) partir; 2. *(coloq.)* (sessão) começar
loslassen *v. tr.* largar, soltar
loslegen *v. intr. (coloq.)* começar a despachar
löslich *adj.* solúvel
Lösung *s. f.* 1. solução*f.*; 2. separação*f.* [von +dat., de]; 3. rescisão*f.*; 4. QUÍMICA solução*f.*
Lösungsmittel *s. nt.* solvente*m.*
loswerden *v. tr.* livrar-se de, desembaraçar-se de
Lot *s. nt.* 1. fio-de-prumo*m.*; 2. MATEMÁTICA perpendicular*f.*; 3. NÁUTICA sonda*f.*
löten *v. tr.* soldar
Lotion *s. f.* loção*f.*
Lotse *s. m.* piloto*m. e f.*
lotsen *v. tr.* 1. conduzir, guiar; 2. AERONÁUTICA, NÁUTICA pilotar
Lotterie *s. f.* lotaria*f.*
Lotto *s. nt.* loto*m.*

Lottogewinn *s. m.* prémio*m.* do loto
Löwe¹ *s. m.* (*-n, -n*) ZOOLOGIA leão*m.*
Löwe² *s. m.* (*-n, sem pl.*) (zodíaco) Leão*m.*
Löwenzahn *s. m.* BOTÂNICA dente-de-leão*m.*
loyal *adj.* leal
LP [*abrev. de* Langspielplatte] LP*m.*
Luchs *s. m.* ZOOLOGIA lince*m.*
Lücke *s. f.* 1. espaço*m.* (vazio); 2. lacuna*f.*; falha*f.*
lückenhaft *adj.* omisso, com lacunas
lückenlos *adj.* completo, sem lacunas
lud *pret. imp. de* laden
Luft *s. f.* 1. ar*m.*; 2. ⟨*sem pl.*⟩ fôlego*m.*; Luft holen: tomar fôlego
Luftangriff *s. m.* ataque*m.* aéreo
Luftballon *s. m.* balão*m.* aerostático
luftdicht *adj.* hermético, impermeável ao ar
Luftdruck *s. m.* pressão*f.* atmosférica
lüften *v. tr.* 1. arejar; 2. revelar
Luftfahrt *s. f.* aeronáutica*f.*, aviação*f.*
luftig *adj.* (roupa) vaporoso, ligeiro
Luftkissenboot *s. nt.* aerodeslizador*m.*
Luftkurort *s. m.* estância*f.* de ar
luftleer *adj.* vazio
Luftlinie *s. f.* linha*f.* aérea
Luftloch *s. nt.* 1. respiradouro*m.*; 2. (*coloq.*) (ao voar) poço*m.* de ar
Luftmatraze *s. f.* colchão*m.* de ar
Luftpirat *s. m.* pirata*m. e f.* do ar
Luftpost *s. f.* correio*m.* aéreo
Luftpumpe *s. f.* bomba*f.* pneumática
Luftröhre *s. f.* ANATOMIA traqueia*f.*
Lüftung *s. f.* ventilação*f.*
Luftverkehr *s. m.* tráfego*m.* aéreo
Luftverschmutzung *s. f.* poluição*f.* do ar
Luftwaffe *s. f.* força*f.* aérea
Luftzug *s. m.* corrente*f.* de ar

Lüge *s. f.* mentira*f.*
lügen *v. intr.* mentir
Lügner *s. m.* mentiroso*m.*
Luke *s. f.* fresta*f.*
Lümmel *s. m.* malandro*m.*
lümmeln *v. refl.* refastelar-se
Lump *s. m.* patife*m.*
Lumpen *s. m.* 1. trapo*m.*; 2. (*Regionalismo*) esfregão*m.*
lumpig *adj.* miserável
Lunge *s. f.* pulmão*m.*
Lungenentzündung *s. f.* MEDICINA pneumonia*f.*
Lungenkrebs *s. m.* MEDICINA cancro*m.* do pulmão
Lupe *s. f.* lupa*f.*, lente*f.* de aumento
Lusitanistik *s. f.* estudos*m. pl.* portugueses
Lust *s. f.* 1. vontade*f.*; 2. prazer*m.*, gozo*m.*
lüstern *adj.* lascivo
lustig *adj.* 1. divertido; 2. engraçado; sich über jemanden/etwas lustig machen: fazer troça de alguém/alguma coisa
lustlos *adj.* sem gosto, desanimado
lutschen I *v. tr.* chupar; II *v. intr.* chuchar
Lutscher *s. m.* chupa-chupa*m.*, pirulito*m.*
Luv *s. f.* NÁUTICA barlavento*m.*
Luxemburg *s. nt.* Luxemburgo*m.*
Luxemburger *s. m.* luxemburguês*m.*
luxemburgisch *adj.* luxemburguês
luxuriös *adj.* luxuoso
Luxus *s. m.* luxo*m.*
Lymphknoten *s. m.* ANATOMIA glândula*f.* linfática
lynchen *v. tr.* linchar
Lyrik *s. f.* lírica*f.*
Lyriker *s. m.* poeta*m.* lírico
lyrisch *adj.* lírico

M

M, m s. nt. M, m$_m$
machbar adj. praticável, viável
machen v. tr. 1. fazer; (passo, passeio, salto) dar; 2. ser; was/ wieviel macht das?: quanto é?; 3. produzir, fabricar; etwas zu essen machen: fazer alguma coisa para comer; 4. causar; Eindruck auf jemanden machen: impressionar alguém
Machenschaft s. f. maquinação$_f$, intriga$_f$
Macho s. m. machista$_m$
Macht s. f. 1. (sem pl.) poder$_m$; força$_f$; 2. (Estado) potência$_f$
Machthaber s. m. detentor$_m$ do poder
mächtig I adj. 1. poderoso; 2. (coloq.) enorme; II adv. imenso
Machtkampf s. m. luta$_f$ pelo poder
machtlos adj. impotente
Machtwort s. nt. palavra$_f$ de ordem
Macke s. f. 1. defeito$_m$; 2. (coloq.) pancada$_f$
Mädchen s. nt. menina$_f$, moça$_f$; rapariga$_f$
Mädchenname s. m. apelido$_m$ de solteira
Made s. f. bicho$_m$, verme$_m$
Madeira s. nt. Madeira$_f$
Mädel s. nt. (coloq.) rapariga$_f$
madig adj. bichoso, cheio de vermes
Madl s. nt. (Áustria) → Mädel
Magazin s. nt. 1. armazém$_m$, depósito$_m$; 2. revista$_f$ (ilustrada); 3. (arma) coronha$_f$
Magd s. f. criada$_f$
Magen s. m. estômago$_m$
Magengeschwür s. nt. úlcera$_f$ no estômago
Magenschmerzen s. pl. dores$_{f. pl.}$ de estômago
Magenverstimmung s. f. indigestão$_f$

mager adj. 1. magro; 2. pobre
Magermilch s. f. leite$_m$ magro
Magersucht s. f. MEDICINA anorexia$_f$ nervosa
Magie s. f. magia$_f$
Magier s. m. mágico$_m$
magisch adj. mágico
Magister s. m. 1. [grau académico obtido após a licenciatura]; 2. (Áustria) farmacêutico$_m$
Magistrat s. m. (Suíça) membro$_m$ do governo
Magnesium s. nt. QUÍMICA magnésio$_m$
Magnet s. m. íman$_m$
Magnetband s. nt. fita$_f$ magnética
Magnetfeld s. nt. campo$_m$ magnético
magnetisch adj. magnético
Mahagoni s. nt. mogno$_m$
Mähdrescher s. m. ceifeira-debulhadora$_f$
mähen v. tr. e intr. ceifar
Mahl s. nt. refeição$_f$
mahlen v. tr. moer
Mahlzeit s. f. refeição$_f$; Mahlzeit!: bom proveito!
Mähne s. f. 1. crina$_f$; 2. juba$_f$
mahnen v. tr. 1. advertir; 2. exortar; 3. lembrar; (devedor) reclamar pagamento
Mahnmal s. nt. monumento$_m$ comemorativo
Mahnung s. f. advertência$_f$, aviso$_m$
Mai s. m. Maio$_m$
Maiglöckchen s. nt. BOTÂNICA lírio-do-vale$_m$
Maikäfer s. m. ZOOLOGIA besouro$_m$
Mailand s. nt. Milão$_m$

Mailbox s. f. INFORMÁTICA caixa$_f$ de correio electrónico
mailen v. tr. enviar por correio electrónico
Main s. m. Meno$_m$.
Mainz s. nt. Mogúncia$_f$.
Mais s. m. milho$_m$.
Maisbrot s. nt. broa$_f$ de milho
Maiskolben s. m. espiga$_f$ de milho
Majestät s. f. majestade$_f$
majestätisch adj. majestoso
Majoran s. m. BOTÂNICA manjerona$_f$
makaber adj. macabro
Makel s. m. mácula$_f$.
makellos adj. imaculado
mäkeln v. intr. criticar, detrair; mäkeln an [+dat.]: criticar
Make-up s. nt. maquilhagem$_f$
Makkaroni s. pl. macarrão$_m$
Makler s. m. agente$_{m. e f.}$; corretor$_m$.
Maklergebühr s. f. corretagem$_f$
Makrele s. f. cavala$_f$
makrobiotisch adj. macrobiótico
mal adv. MATEMÁTICA vezes ❖ hören Sie mal: ouça (lá); komm mal her!: anda cá!
Mal s. nt. vez$_f$; das letzte Mal: a última vez; ein anderes Mal: (uma) outra vez
Malaria s. f. malária$_f$.
Malaysia s. nt. Malásia$_f$.
malen v. tr. e intr. pintar
Maler s. m. pintor$_m$.
Malerei s. f. pintura$_f$.
malerisch adj. pitoresco
Malkasten s. m. caixa$_f$ de tintas
Malta s. nt. Malta$_f$.
Malz s. nt. malte$_m$.
Mama s. f. (coloq.) mamã$_f$
Mami s. f. (coloq.) → Mama
man pron. indef. a gente, alguém, se; man sagt, dass...: diz-se que..., dizem que...

Management s. nt. gestão$_f$ de empresas
Manager s. m. 1. gestor$_m$, gerente$_{m. e f.}$; 2. agente$_{m. e f.}$
manche(r, s) I pron. indef. alguns, algumas; so manches Mal: várias vezes; II adj. alguns, algumas, certos, certas
manchmal adv. 1. às vezes; de vez em quando; 2. (Suíça) muitas vezes
Mandant s. m. DIREITO cliente$_{m. e f.}$
Mandarine s. f. BOTÂNICA tangerina$_f$.
Mandel s. f. 1. amêndoa$_f$; 2. ANATOMIA amígdala$_f$
Mandelbaum s. m. BOTÂNICA amendoeira$_f$
Mandelentzündung s. f. MEDICINA amigdalite$_f$
Mangel¹ s. m. ⟨-s, Mängel⟩ 1. defeito$_m$, falha$_f$; 2. (sem pl.) falta$_f$ [an +dat., de]
Mangel² s. f. ⟨-, -n⟩ calandra$_f$
mangelhaft I adj. 1. defeituoso; 2. (nota escolar) insuficiente; II adv. mal
mangeln v. intr. ter falta [an +dat., de], carecer [an +dat., de]
mangels prep. [+gen.] por falta de
Mango s. f. BOTÂNICA manga$_f$
Mangold s. m. BOTÂNICA acelga$_f$.
Manie s. f. mania$_f$
Manier s. f. maneira
Manieren s. pl. (boas) maneiras$_{f. pl.}$, (bons) modos$_{m. pl.}$
manierlich adj. 1. cortês; bem-educado; 2. (aparência) cuidado
Manifest s. nt. manifesto$_m$
Maniküre s. f. manicura$_f$
Maniok s. m. BOTÂNICA mandioca$_f$
Manipulation s. f. manipulação$_f$
manipulieren* v. tr. manipular
Manko s. nt. 1. falha$_f$, defeito$_m$; 2. ECONOMIA défice$_m$
Mann s. m. 1. homem$_m$; 2. marido$_m$.
Männchen s. nt. ZOOLOGIA macho$_m$; Männchen machen: pôr-se nas patas traseiras

männlich *adj.* 1. BIOLOGIA macho; 2. GRAMÁTICA masculino; 3. viril;
Männlichkeit *s. f.* virilidade*f*, masculinidade*f*
Mannschaft *s. f.* 1. AERONÁUTICA, NÁUTICA tripulação*f*; 2. DESPORTO equipa*f*
Manöver *s. nt.* 1. MILITAR manobra, exercício; 2. *(pej.)* estratagema*m*
Mansarde *s. f.* águas-furtadas*f. pl.*
Manschette *s. f.* 1. (camisa) punho*m*; 2. ENGENHARIA guarnição*f*
Manschettenknopf *s. m.* botão*m* de punho
Mantel *s. m.* 1. casaco*m*; sobretudo*m*; 2. ENGENHARIA revestimento*m*
manuell I *adj.* manual; II *adv.* manualmente
Manuskript *s. nt.* manuscrito*m*
Mappe *s. f.* pasta*f*
Marathonlauf *s. m.* maratona*f*
Märchen *s. nt.* conto*m* (de fadas)
Marder *s. m.* ZOOLOGIA marta*f*
Margarine *s. f.* margarina*f*
Margerite *s. f.* BOTÂNICA margarida*f*, bem-me-quer*f*
Marienkäfer *s. m.* ZOOLOGIA joaninha*f*
Marille *s. f.* *(Áustria)* damasco*m*, alperce*m*
Marinade *s. f.* escabeche*m*
Marine *s. f.* armada*f*
marinieren* *v. tr.* pôr de escabeche
Marionette *s. f.* 1. marionete*f*; 2. *(fig.)* fantoche*m*
maritim *adj.* marítimo
Mark¹ *s. f.* (-, -) marco*m*
Mark² *s. nt.* (-(e)s, sem pl.) medula*f*, miolo; tutano*m*
markant *adj.* marcado, carregado
Marke *s. f.* 1. marca*f*; 2. senha*f*; ficha*f*
Markenartikel *s. m.* artigo*m* de marca

markieren* *v. tr.* 1. marcar [mit +dat., com]; 2. *(coloq.)* armar-se em; den Dummen markieren: fazer-se de burro
Markierung *s. f.* marcação*f*
Markise *s. f.* toldo*m*
Markstück *s. nt.* moeda*f* de um marco
Markt *s. m.* mercado*m*
Marktforschung *s. f.* prospecção*f* de mercado; pesquisa*f* de mercado
Markthalle *s. f.* (edifício do) mercado*m*
Marktplatz *s. m.* praça (do mercado)*m*
Marktwirtschaft *s. f.* economia*f* de mercado
marktwirtschaftlich *adj.* da economia de mercado
Marmelade *s. f.* 1. compota*f*, doce*m*; 2. marmelada*f*
Marmor *s. m.* mármore*m*
Marokko *s. nt.* Marrocos*m*
Marone *s. f.* castanha*f*
Marotte *s. f.* capricho*m*, mania*f*
Marrokaner *s. m.* marroquino*m*
marrokanisch *adj.* marroquino
Mars *s. m.* Marte*m*
marsch *interj.* 1. MILITAR marchar!; 2. *(coloq.)* embora!
Marsch *s. m.* marcha*f*
marschieren* *v. intr.* marchar
Märtyrer *s. m.* mártir*m. e f.*
März *s. m.* Março*m*
Marzipan *s. nt.* CULINÁRIA maçapão*m*
Masche *s. f.* 1. malha*f*; 2. *(coloq.)* truque*m*, fita*f*; 3. *(Áustria, Suíça)* laço*m*
Maschine *s. f.* 1. máquina*f*; 2. avião*m*; 3. *(coloq.)* mota*f*
maschinell I *adj.* mecânico; II *adv.* à máquina
Maschinenbau *s. m.* engenharia*f* mecânica
Maschinengewehr *s. nt.* metralhadora*f*

Maschinenpistole s. f. pistola, automática
Masern s. pl. sarampo_m.
Maserung s. f. veio_m. na madeira
Maske s. f. máscara,
Maskenball s. m. baile_m. de máscaras
maskieren* I v. tr. mascarar; II v. refl. mascarar-se
Maskottchen s. nt. mascote,
maskulin adj. masculino
masochistisch adj. masoquista
maß pret. imp. de messen
Maß¹ s. nt. ⟨-es, -e⟩ medida,; extensão,; in hohem Maß: em grande escala; in Maßen: com moderação
Maß² s. f. ⟨-, -(e)⟩ (Regionalismo, Áustria) caneca, de litro (de cerveja)
Massage s. f. massagem,
Massaker s. nt. massacre_m.
Maßarbeit s. f. trabalho_m. por medida
Masse s. f. 1. quantidade,; (pessoas) multidão,; in Massen: aos montes; 2. massa,
Maßeinheit s. f. unidade, de medida
Massenentlassung s. f. despedimento_m. colectivo
Massengrab s. nt. vala, comum
massenhaft adj. (coloq.) em massa
Massenkarambolage s. f. choque_m. em cadeia
Massenmedien s. pl. órgãos_m. pl. de comunicação social, (mass-)media_m. pl.
Massenproduktion s. f. produção, em série
Masseur s. m. massagista_m. e f.
maßgebend adj. 1. (pessoa) competente; 2. decisivo, determinante
maßgeschneidert adj. feito à medida
massieren* v. tr. massajar
massig I adj. robusto, volumoso; II adv. (coloq.) muito
mäßig adj. 1. moderado; 2. medíocre
mäßigen v. tr. moderar

massiv adj. maciço, compacto
Massiv s. nt. maciço_m.
maßlos adj. desmedido; descomedido
Maßnahme s. f. medida,; Maßnahmen ergreifen: tomar medidas [gegen +ac., contra]
Maßstab s. m. 1. critério_m., norma,; 2. escala,
Mast¹ s. m. ⟨-e(s), -en⟩ 1. poste_m.; 2. NÁUTICA mastro_m.
Mast² s. f. ⟨-, -en⟩ ceva,, engorda,
mästen v. tr. cevar, engordar
masturbieren* v. intr. masturbar-se
Material s. nt. material_m.
Materie s. f. 1. ⟨sem pl.⟩ matéria,; 2. assunto_m., tema_m.
materiell adj. material
Mathematik s. f. matemática,
Mathematiker s. m. matemático_m.
mathematisch adj. matemático
Matratze s. f. colchão_m.
Matrize s. f. matriz,
Matrose s. m. marinheiro_m., marujo_m.
Matsch s. m. lama,, lodo_m.
matschig adj. 1. lamacento; 2. feito em papa
matt adj. 1. fraco; abatido; 2. fosco; 3. baço; mate
Matte s. f. 1. esteira,; tapete_m.; 2. DESPORTO colchão_m.; 3. (Áustria, Suíça) prado_m.
Maturand s. m. (Suíça) [aluno do último ano do liceu]
Maturant s. m. (Áustria) [aluno do último ano do liceu]
Mauer s. f. 1. muro_m.; 2. muralha,
mauern v. tr. murar
Maueröffnung s. f. HISTÓRIA queda, do muro
Maul s. nt. focinho_m.
maulen v. intr. (coloq.) amuar
Maulkorb s. m. açaime_m., focinheira,
Maultier s. nt. macho_m., mulo_m.

Maulwurf s. m. ZOOLOGIA toupeira$_f$
Maure s. m. mouro$_m$
Maurer s. m. pedreiro$_m$
Mauretanien s. nt. Mauritânia$_f$
maurisch adj. mouro, mourisco
Maus s. f. ZOOLOGIA rato$_m$
Mausefalle s. f. ratoeira$_f$
mausern v. refl. mudar as penas
Mausklick s. m. INFORMÁTICA clique$_m$ (com o rato)
maximal I adj. máximo; II adv. no máximo
Maximum s. nt. máximo$_m$
Mayonnaise s. f. maionese$_f$
Mazedonien s. nt. Macedónia$_f$
Mäzen s. m. mecenas$_m$
Mechanik s. f. 1. mecânica$_f$; 2. mecanismo$_m$
Mechaniker s. m. mecânico$_m$
mechanisch adj. mecânico
Mechanismus s. m. mecanismo$_m$
meckern v. intr. 1. (cabra) balar; 2. (coloq.) resmungar [über +ac., por causa de]
Mecklenburg-Vorpommern s. nt. Meclemburgo-Pomerânia$_m$
Medaille s. f. medalha$_f$
Medien s. pl. media$_{m. pl.}$
Medikament s. nt. medicamento$_m$, remédio$_m$
Meditation s. f. meditação$_f$
meditieren* v. intr. meditar
Medizin s. f. 1. (sem pl.) medicina$_f$; 2. remédio$_m$
medizinisch adj. médico
Meer s. nt. mar$_m$
Meerenge s. f. estreito$_m$, canal$_m$
Meeresfrüchte s. pl. marisco$_m$
Meeresspiegel s. m. nível$_m$ do mar
Meerrettich s. m. rábano$_m$
Meersalz s. nt. sal$_m$ marinho
Meerschweinchen s. nt. ZOOLOGIA porquinho-da-índia$_m$, cobaia$_f$

Mehl s. nt. farinha$_f$
mehlig adj. enfarinhado
Mehlspeise s. f. (Áustria) sobremesa$_f$
mehr I comp. de viel; II adv. mais (als, (do) que); es dauert nicht mehr lange: já não demora muito; III pron. indef. mais (als, (do) que); immer mehr: cada vez mais
mehrdeutig adj. ambíguo, equívoco
mehrere pron. indef. vários; diferentes
mehrfach I adj. múltiplo, diverso; II adv. repetidas vezes, de várias maneiras
Mehrfamilienhaus s. nt. prédio$_m$ de habitação
Mehrheit s. f. maioria$_f$
mehrmals adv. várias vezes
mehrsprachig adj. poliglota
Mehrwegflasche s. f. garrafa$_f$ com depósito
Mehrwertsteuer s. f. imposto$_m$ sobre o valor acrescentado
Mehrzahl s. f. 1. maioria$_f$; 2. GRAMÁTICA plural$_m$
meiden v. tr. evitar
Meile s. f. milha$_f$
meilenweit adj. a milhas
mein pron. poss. (como adjectivo) meu, minha; meine Arbeit/Freunde: o meu trabalho/os meus amigos
Meineid s. m. perjúrio$_m$
meinen v. tr. 1. julgar, achar; pensar; 2. referir-se a; 3. querer dizer ❖ es gut mit jemandem meinen: ter boas intenções com alguém
meiner pron. pess., gen. de ich, de mim, meu
meine(r, s) pron. poss. (como substantivo) o meu, a minha; deine Wohnung ist größer als meine: a tua casa é maior (do) que a minha
meinerseits adv. quanto a mim, pela minha parte

meinesgleichen *pron. indef.* igual a mim, do mesmo modo que eu
meinetwegen *adv.* por minha causa; por mim; quanto a mim
Meinung *s. f.* opinião$_f$, parecer$_m$; meiner Meinung nach: na minha opinião
Meinungsforschung *s. f.* sondagem$_f$ de opinião (pública)
Meinungsfreiheit *s. f.* liberdade$_f$ de pensamento
Meinungsumfrage *s. f.* sondagem$_f$ de opinião
Meinungsverschiedenheit *s. f.* divergência$_f$ de opinião
Meise *s. f.* abelheiro$_m$
Meißel *s. m.* cinzel$_m$
meißeln *v. tr.* cinzelar, esculpir
meist *adv.* → meistens
meistens *adv.* quase sempre, a maior parte das vezes
Meister *s. m.* 1. (no ofício) mestre$_m$; 2. DESPORTO campeão$_m$
meisterhaft I *adj.* magistral; II *adv.* perfeitamente
meistern *v. tr.* dominar; superar
meiste(r, s) *pron. indef., superl. de* viel, a maior parte de
Meisterschaft *s. f.* 1. ⟨sem pl.⟩ mestria$_f$; 2. DESPORTO campeonato$_m$
Meisterwerk *s. nt.* obra-prima$_f$
Melancholie *s. f.* melancolia$_f$
melancholisch *adj.* melancólico
Melange *s. f. (Áustria)* galão$_m$; meia-de-leite$_f$
Meldefrist *s. f.* prazo$_m$ de participação
melden I *v. tr.* 1. participar; noticiar; 2. anunciar; II *v. refl.* 1. apresentar-se [bei +dat., em]; sich krank melden: avisar que está doente; 2. (telefone) atender
Meldestelle *s. f.* registo$_m$
Meldung *s. f.* 1. participação$_f$; comunicado$_m$; 2. notícia$_f$

melken *v. tr.* ordenhar
Melodie *s. f.* melodia$_f$
melodisch *adj.* melódico, melodioso
Melone *s. f.* 1. melão$_m$; 2. melancia$_f$
Membran *s. f.* 1. ANATOMIA, BIOLOGIA membrana$_f$; 2. ENGENHARIA diafragma$_m$
Memoiren *s. pl.* memórias$_{f. pl}$
Menge *s. f.* 1. quantidade$_f$; eine ganze/jede Menge: uma data de; 2. multidão$_f$
Mensa *s. f.* cantina$_f$ universitária
Mensch *s. m.* homem$_m$, ser$_m$ humano; pessoa$_f$
Menschenkenntnis *s. f.* conhecimento$_m$ da natureza humana
menschenleer *adj.* despovoado; deserto; vazio
Menschenmenge *s. f.* multidão$_f$
menschenmöglich *adj.* humanamente possível
Menschenrechte *s. pl.* direitos$_{m. pl.}$ humanos
menschenscheu *adj.* tímido, acanhado
Menschenverstand *s. m.* inteligência$_f$ humana; der gesunde Menschenverstand: o bom senso
Menschheit *s. f.* humanidade$_f$
menschlich *adj.* humano
Menschlichkeit *s. f.* humanidade$_f$
Menstruation *s. f.* menstruação$_f$
Mentalität *s. f.* mentalidade$_f$
Menü *s. nt.* 1. CULINÁRIA ementa$_f$; 2. INFORMÁTICA menu$_m$
Menüzeile *s. f.* INFORMÁTICA barra$_f$ do menu
merken I *v. tr.* 1. notar, reparar em, dar conta de; 2. perceber; II *v. refl.* lembrar-se de, tomar nota de; merk dir das!: não te esqueças disso!
merklich *adj.* visível, perceptível
Merkmal *s. nt.* marca$_f$, sinal$_m$
merkwürdig *adj.* esquisito, estranho
messbar *adj.* mensurável

Messe s. f. 1. RELIGIÃO missa$_f$; 2. feira$_f$, exposição$_f$
Messehalle s. f. salão$_m$ de exposições
messen I v. tr. medir [an +dat., por]; II v. refl. medir-se [mit +dat., com]
Messer s. nt. 1. faca$_f$; 2. canivete$_m$; 3. navalha$_f$
Messgerät s. nt. instrumento$_m$ de medição
Messing s. nt. latão$_m$
Messung s. f. medição$_f$
Mestize s. m. mestiço$_m$
Metall s. nt. metal$_m$
Metallindustrie s. f. indústria$_f$ metalúrgica
Metapher s. f. GRAMÁTICA metáfora$_f$
Meteor s. m. meteorito$_m$
Meteorologie s. f. meteorologia$_f$
Meter s. m. e nt. metro$_m$
Metermaß s. nt. fita$_f$ métrica
Methode s. f. método$_m$
methodisch adj. metódico
Metzger s. m. talhante$_{m.\,e\,f.}$
Metzgerei s. f. talho$_m$
Meute s. f. matilha$_f$
Meuterei s. f. motim$_m$, revolta$_f$
meutern v. intr. revoltar-se, sublevar-se
Mexiko s. nt. México$_m$
mich pron. pess., ac. de ich, me; (depois de preposição) mim; für mich: para mim
mied pret. imp. de meiden
Miene s. f. cara$_f$, ar$_m$
mies adj. (coloq.) feio, ruim; reles
Miesmuschel s. f. ZOOLOGIA mexilhão$_m$
Miete s. f. aluguer$_m$; renda$_f$
mieten v. tr. alugar, arrendar
Mieter s. m. inquilino$_m$, locatário$_m$
Mietvertrag s. m. contrato$_m$ de arrendamento
Mietwagen s. m. automóvel$_m$ de aluguer
Mietwohnung s. f. casa$_f$ alugada
Mietzins s. m. (Áustria, Suíça) aluguer$_m$

Migräne s. f. enxaqueca$_f$
Mikrobe s. f. micróbio$_m$
Mikrochip s. m. microchip$_m$
Mikrophon s. nt. microfone$_m$
Mikroskop s. nt. microscópio$_m$
Mikrowelle s. f. 1. (coloq.) micro-ondas$_{m.}$; 2. FÍSICA micro-onda$_f$
Mikrowellenherd s. m. forno$_m$ de micro-ondas
Milch s. f. leite$_m$
Milchflasche s. f. 1. garrafa$_f$ de leite; 2. biberão$_m$
Milchglas s. nt. vidro$_m$ fosco
milchig adj. lácteo
Milchkaffee s. m. café$_m$ com leite; galão$_m$; meia-de-leite$_f$
Milchkuh s. f. vaca$_f$ leiteira
Milchpulver s. nt. leite$_m$ em pó
Milchreis s. m. CULINÁRIA arroz$_m$ doce
Milchstraße s. f. ASTRONOMIA Via$_f$ Láctea
Milchzahn s. m. dente$_m$ de leite
mild adj. 1. suave; temperado; 2. moderado; 3. leve; milde Gabe: esmola$_f$
Milde s. f. 1. suavidade$_f$; 2. benevolência$_f$
mildern v. tr. suavizar; aliviar; DIREITO mildernde Umstände: atenuantes$_{f.\,pl.}$
Milieu s. nt. meio$_m$, ambiente$_m$
militant adj. militante
Militär s. nt. forças$_{f.\,pl.}$ armadas; tropa$_f$
Militärdienst s. m. serviço$_m$ militar
militärisch adj. militar
Milliardär s. m. multimilionário$_m$
Milliarde s. f. mil$_m$ milhões
Million s. f. milhão$_m$
Millionär s. m. milionário$_m$
Milz s. f. ANATOMIA baço$_m$
Mimik s. f. mímica$_f$
mindere(r, s) adj. menor; inferior
Minderheit s. f. minoria$_f$
minderjährig adj. menor (de idade)

Minderjährige(r) *s. m. e f.* menor*m. e f.* de idade

mindern *v. tr.* reduzir [um *+ac.*, em], diminuir [um *+ac.*, em]

minderwertig *adj.* de menor valia, inferior

Minderwertigkeitskomplex *s. m.* complexo*m* de inferioridade

mindestens *adv.* pelo menos, no mínimo

mindeste(r, s) *adj.* mínimo, menor

Mine *s. f.* 1. (esferográfica) carga*f*; (lapiseira) mina*f*; 2. MILITAR mina*f*

Mineral *s. nt.* mineral*m*

Mineralwasser *s. nt.* água*f* mineral

Minigolf *s. nt.* minigolf*m*

minimal *adj.* mínimo

Minimum *s. nt.* mínimo*m*

Minister *s. m.* ministro*m*

Ministerium *s. nt.* ministério*m*

Ministerpräsident *s. m.* primeiro-ministro*m*

minus *adv.* 1. MATEMÁTICA menos; 2. (temperatura) negativo

Minus *s. nt.* défice*m*

Minuszeichen *s. nt.* sinal*m* negativo

Minute *s. f.* minuto*m*

mir *pron. pess., dat. de* ich, me, a mim; mit mir: comigo; von mir aus!: por mim!

mischen *v. tr.* misturar [mit *+dat.*, com]; (cartas) baralhar; II *v. refl.* misturar-se

Mischling *s. m.* mestiço

Mischmasch *s. m.* (coloq.) misturada*f*, mistela*f*

Mischpult *s. nt.* mesa*f* de mistura

Mischung *s. f.* mistura*f*

miserabel *adj.* miserável

missachten* *v. tr.* 1. desprezar; 2. desrespeitar

Missachtung *s. f.* 1. desprezo*m*; 2. desrespeito*m*

Missbildung *s. f.* MEDICINA malformação*f*

missbilligen* *v. tr.* desaprovar, reprovar

Missbilligung *s. f.* desaprovação*f*

Missbrauch *s. m.* abuso*m*

missbrauchen* *v. tr.* abusar de

Misserfolg *s. m.* fracasso

Missfallen *s. nt.* desagrado*m*

Missgeburt *s. f.* MEDICINA recém-nascido*m* com malformações graves

Missgeschick *s. nt.* infortúnio*m*

misshandeln* *v. tr.* maltratar

Misshandlung *s. f.* mau trato*m*

Mission *s. f.* missão*f*

Missionar *s. m.* missionário*m*

Missklang *s. m.* dissonância*f*

Misskredit *s. m.* descrédito

misslang *pret. imp. de* misslingen

misslingen *v. intr.* falhar, sair mal

misslungen *p. p. de* misslingen

missmutig *adj.* mal-humorado

missraten* *v. intr.* falhar, sair mal

misstrauen* *v. intr.* desconfiar de

Misstrauen *s. nt.* desconfiança*f* (gegenüber *+dat.*, em relação a)

misstrauisch *adj.* desconfiado (gegenüber *+dat.*, em relação a)

Missverhältnis *s. nt.* desproporção*f*

Missverständnis *s. nt.* mal-entendido*m*, equívoco*m*

missverstehen* *v. tr.* entender mal; interpretar mal

Mist *s. m.* 1. esterco*m*; estrume*m*; 2. *(coloq.)* asneiras

Mistel *s. f.* visco*m*

mit I *prep.* [*+dat.*] 1. com, por meio de; mit Gewalt: à força; mit Recht: com razão; mit dem Auto/Zug: de carro/comboio; 2. (acompanhamento) com; mit dir: contigo; II *adv.* também; etwas mit berücksichtigen: considerar (também) alguma coisa

Mitarbeit *s. f.* colaboração [an/bei *+dat.*, em], cooperação [an/bei *+dat.*, em]

mitarbeiten *v. intr.* colaborar [an/bei +dat., em], cooperar [an/bei +dat., em]
Mitarbeiter *s. m.* colaborador*ₘ*, trabalhador*ₘ*
mitbekommen* *v. tr.* perceber, captar
mitbestimmen* *v. tr.* decidir (também) [bei +dat., sobre], participar na gestão [bei +dat., de]
Mitbestimmung *s. f.* co-gestão*f.*
Mitbewohner *s. m.* companheiro*ₘ* de casa
mitbringen *v. tr.* trazer (consigo)
Mitbürger *s. m.* concidadão*ₘ*
miteinander *adv.* 1. um com o outro; 2. juntos
miterleben* *v. tr.* assistir a, presenciar
Mitesser *s. m.* MEDICINA ponto*ₘ* negro
mitfahren *v. intr.* ir (também), vir (também)
Mitfahrgelegenheit *s. f.* boleia*f.* (com divisão das despesas de combustível)
Mitgefühl *s. nt.* simpatia*f.* [für +ac., por]; compaixão [für +ac., por]
mitgehen *v. intr.* ir (também) [mit +dat., com], acompanhar
mitgenommen *adj.* 1. (pessoa) abatido; 2. (objecto) gasto
Mitgift *s. f.* dote*ₘ*
Mitglied *s. nt.* membro*ₘ*; sócio*ₘ*
Mitgliedschaft *s. f.* condição*f.* de membro/sócio
Mitgliedsland *s. nt.* Estado-membro*ₘ*
Mithilfe *s. f.* ajuda [bei +dat., em], colaboração [bei +dat., em]
mitkommen *v. intr.* vir/ir (também) [mit +dat., com], acompanhar
Mitleid *s. nt.* compaixão*f.* [mit + dat., por]; pena*f.* [mit +dat., de]; Mitleid erregen: fazer/meter dó
Mitleidenschaft *s. f.* jemanden/etwas in Mitleidenschaft ziehen: afectar alguém/alguma coisa
mitleidig *adj.* piedoso, compassivo
mitmachen I *v. tr.* 1. participar em; 2. *(coloq.)* passar por; II *v. intr. (coloq.)* entrar [bei +dat., em], alinhar [bei +dat., em]
Mitmensch *s. m.* próximo*ₘ*
mitnehmen *v. tr.* 1. levar (consigo); 2. desgastar
mitreißen *v. tr.* 1. arrastar; 2. arrebatar
Mitschuld *s. f.* cumplicidade [an +dat., em]
mitschuldig *adj.* cúmplice [an +dat., em]
Mitschüler *s. m.* colega*ₘ ₑ f.* (da escola)
mitspielen *v. intr.* 1. (jogo, teatro, filme) entrar (também) [bei +dat., em]; 2. ter influência [bei +dat., em]
Mittag *s. m.* meio-dia*ₘ*; zu Mittag essen: almoçar
Mittagessen *s. nt.* almoço*ₘ*
mittags *adv.* ao meio-dia
Mittagspause *s. f.* intervalo*ₘ* de almoço
Mittagszeit *s. f.* hora de almoço
Mitte *s. f.* 1. (espacial) meio*ₘ*, centro*ₘ*; in der Mitte: no meio; 2. (temporal) meio*ₘ*; Mitte Juli: em meados de Julho; sie ist Mitte zwanzig: ela tem uns 25 anos
mitteilen *v. tr.* comunicar, participar
Mittel *s. nt.* 1. meio*ₘ*, recurso*ₘ*; 2. MEDICINA remédio*ₘ*; 3. *pl.* Mittel: meios*ₘ. pl.*, recursos*ₘ. pl.*
Mittelalter *s. nt.* Idade*f.* Média
mittelalterlich *adj.* medieval
Mittelamerika *s. nt.* América*f.* Central
Mitteleuropa *s. nt.* Europa*f.* Central
mitteleuropäisch *adj.* da Europa Central
Mittelfinger *s. m.* dedo*ₘ* médio
Mittelgebirge *s. nt.* montanha*f.* secundária
mittellos *adj.* sem meios, sem recursos
mittelmäßig *adj.* medíocre
Mittelmeer *s. nt.* Mediterrâneo*ₘ*
Mittelpunkt *s. m.* centro*ₘ*

Mittelstand *s. m.* 1. classe*f* média; 2. ECONOMIA médias empresas*f. pl.*
Mittelstreckenrakete *s. f.* míssil*m.* de alcance intermediário
Mittelstreifen *s. m.* faixa*f* central
Mittelstufe *s. f.* ensino*m.* secundário
Mittelstürmer *s. m.* DESPORTO avançado-centro*m. e f.*
Mittelweg *s. m.* meio-termo*m.*
Mittelwelle *s. f.* onda*f.* média
mitten *adv.* no meio [bei +*dat.*, de]
Mitternacht *s. f.* meia-noite*f.*
mittlere(r, s) *adj.* 1. (espacial) do meio; im mittleren Teil: na parte do meio; 2. médio; mittleren Alters: de meia idade
mittlerweile *adv.* entretanto
Mittwoch *s. m.* quarta-feira*f.*
mittwochs *adv.* às quartas-feiras
mitwirken *v. intr.* cooperar [an/bei +*dat.*, em], colaborar [an/bei +*dat.*, em]
Mitwirkung *s. f.* colaboração [an/bei +*dat.*, em]
mixen *v. tr.* misturar
Mixer *s. m.* batedeira*f* eléctrica
Mobbing *s. nt.* conspiração*f.* (no emprego)
Möbel *s. nt.* móvel*m.*
Möbelwagen *s. m.* carrinha*f.* de mudanças
mobil *adj.* móvel
Mobiliar *s. nt.* mobiliário*m.*
mobilisieren* *v. tr.* mobilizar
möblieren* *v. tr.* mobilar
mochte *pret. imp. de* mögen
Mocken *s. m.* (Suíça) pedaço*m.*
Modalverb *s. nt.* GRAMÁTICA verbo*m.* modal
Mode *s. f.* moda; aus der Mode: fora de moda
Modell *s. nt.* 1. modelo*m.*; 2. padrão*m.*
Modem *s. nt.* INFORMÁTICA modem*m.*
Modenschau *s. f.* passagem*f.* de modelos
Moderator *s. m.* apresentador*m.*

modern *adj.* moderno
modernisieren* *v. tr.* modernizar
modisch I *adj.* moderno; II *adv.* na moda
Mofa *s. nt.* bicicleta*f* motorizada
mogeln *v. intr.* (coloq.) fazer batota
mögen I *v. tr.* 1. gostar de; jemanden/etwas (gern) mögen: gostar de alguém/alguma coisa; lieber mögen: preferir; 2. querer, desejar; II *v. modal* 1. querer; 2. (suposição) poder, dever; es mag sein: pode ser
möglich *adj.* possível
möglicherweise *adv.* possivelmente
Möglichkeit *s. f.* possibilidade*f*
möglichst *adv.* se possível; möglichst bald: quanto antes; möglichst wenig: o menos possível; sein Möglichstes tun: fazer os possíveis
Mohn *s. m.* 1. BOTÂNICA papoila*f.*; 2. semente*f.* de papoila
Möhre *s. f.* BOTÂNICA cenoura*f.*
Mokka *s. m.* café*m.* (cheio)
Mole *s. f.* molhe*m.*
Molekül *s. nt.* QUÍMICA molécula*f.*
molk *pret. imp. de* melken
Molkerei *s. f.* leitaria*f.*
mollig *adj.* 1. (calor) agradável; 2. (pulôver) fofo; 3. (pessoa) gorducho
Moment *s. m.* momento*m.*; Moment mal!: espera aí!
momentan I *adj.* momentâneo; II *adv.* de momento
Monaco *s. nt.* Mónaco*m.*
Monarch *s. m.* monarca*m. e f.*
Monarchie *s. f.* monarquia*f.*
Monat *s. m.* mês*m.*
monatlich *adj.* mensal
Monatsgehalt *s. nt.* ordenado*m.* mensal
Monatskarte *s. f.* passe*m.* mensal
Mönch *s. m.* monge*m.*

Mond s. m. lua_f.
mondän adj. chique
Mondfinsternis s. f. eclipse_m. da lua
Mondschein s. m. luar_m.
Mongolei s. f. Mongólia_f.
Monitor s. m. INFORMÁTICA monitor_m.
Monopol s. nt. monopólio_m.
monoton adj. monótono
Monotonie s. f. monotonia_f.
Monster s. nt. monstro_m.
Monsun s. m. monção_f.
Montag s. m. segunda-feira_f.
Montage s. f. montagem_f.
montags adv. às segundas-feiras
Monteur s. m. instalador_m.
montieren* v. tr. montar, instalar
Monument s. nt. monumento_m.
monumental adj. monumental, colossal
Moor s. nt. pântano_m., charco_m.
Moos s. nt. BOTÂNICA musgo_m.
Moped s. nt. ciclomotor_m.
Mops s. m. ZOOLOGIA dogue_m. pequeno
Moral s. f. moral_f., moralidade_f.
moralisch adj. moral
Morast s. m. lamaçal_m., lodaçal_m.
Mord s. m. assassinato_m. [an +dat., de], homicídio_m. [an +dat., de]
Mörder s. m. assassino_m., homicida_m. e f.
mörderisch adj. 1. *(coloq.)* homicida; 2. *(coloq.)* (calor) de morrer
Mordkommission s. f. brigada_f. de homicídios
Mordshunger s. m. *(coloq.)* fome_f. de cão
Mordskrach s. m. *(coloq.)* barulho_m. infernal
morgen adv. amanhã; morgen früh: amanhã de manhã
Morgen s. m. manhã_f.; guten Morgen!: bom dia!; gestern Morgen: ontem de manhã
Morgenessen s. nt. *(Suíça)* pequeno-almoço_m., café_m. da manhã

Morgenrock s. m. roupão_m., robe_m.
morgens adv. de manhã, pela manhã
Morphium s. nt. morfina_f.
Morphologie s. f. LINGUÍSTICA morfologia_f.
morsch adj. podre, quebradiço
Mörser s. m. almofariz_m.
Mörtel s. m. argamassa_f.
Mosaik s. nt. mosaico_m.
Mosambik s. nt. Moçambique_m.
Mosambikaner s. m. moçambicano_m.
mosambikanisch adj. moçambicano
Moschee s. f. mesquita_f.
Mosel s. f. Mosela_m.
Moskau s. nt. Moscovo_m.
Moskito s. m. mosquito_m.
Moslem s. m. muçulmano_m., islamita_m. e f.
moslemisch adj. mulçulmano, islâmico
Most s. m. 1. mosto_m.; 2. *(Regionalismo)* cidra_f.
Motel s. nt. motel_m.
Motiv s. nt. motivo_m.
Motivation s. f. motivação_f.
motivieren* v. tr. motivar [zu +dat., para]
Motor s. m. motor_m.
Motorboot s. nt. barco_m. a motor
Motorhaube s. f. capô_m.
Motorrad s. nt. motorizada_f.
Motorroller s. m. motoreta_f., lambreta_f.®
Motorschaden s. m. avaria_f. no motor
Motorsport s. m. motorismo_m.
Motte s. f. ZOOLOGIA traça_f.
Motto s. nt. lema_m., divisa_f.
Mountainbike s. nt. bicicleta_f. de montanha
Mousepad s. nt. INFORMÁTICA tapete_m. do rato
Möwe s. f. ZOOLOGIA gaivota_f.
Mücke s. f. mosquito_m.
Mückenstich s. m. picada_f. de mosquito
müde adj. cansado; com sono

Müdigkeit s. f. cansaço$_m$; sono$_m$.
Muffel s. m. (coloq.) resmungão$_m$.
muffig adj. 1. mofento; 2. (coloq.) carrancudo
Mühe s. f. esforço$_m$; sich [dat.] Mühe geben: esforçar-se
mühelos I adj. fácil; II adv. sem dificuldade
muhen v. intr. mugir
mühevoll adj. trabalhoso
Mühle s. f. moinho$_m$.
mühsam I adj. custoso, trabalhoso; II adv. dificilmente
Mulatte s. m. mulato$_m$.
Mulde s. f. gamela$_f$.
Müll s. m. lixo$_m$.
Müllabfuhr s. f. recolha$_f$ do lixo
Mullbinde s. f. ligadura$_f$ (de gaze)
Müllcontainer s. m. contentor$_m$ do lixo
Mülldeponie s. f. lixeira$_f$.
Mülleimer s. m. balde$_m$ do lixo
Müller s. m. moleiro$_m$.
Müllplatz s. m. lixeira$_f$.
Müllschlucker s. m. conduta$_f$ de lixo
Mülltonne s. f. contentor$_m$ do lixo
Müllverbrennungsanlage s. f. central$_f$ de incineração
Müllwagen s. m. camião$_m$ do lixo
multikulturell adj. multicultural
Mumps s. m. MEDICINA papeira$_f$.
München s. nt. Munique$_m$.
Mund s. m. boca$_f$.
Mundart s. f. dialecto$_m$.
münden v. intr. desaguar [in +ac., em]; desembocar [in +ac., em]
Mundgeruch s. m. mau hálito$_m$.
Mundharmonika s. f. gaita$_f$ de beiços
mündig adj. maior de idade
mündlich I adj. oral, verbal; II adv. oralmente, verbalmente
Mündung s. f. (rio) foz$_f$.

Munition s. f. munição$_f$.
munkeln v. intr. (coloq.) murmurar; man munkelt...: dizem que...
Münster s. nt. sé$_f$, catedral$_f$.
munter adj. 1. vivo; alegre, animado; 2. desperto
Munterkeit s. f. vivacidade$_f$; alegria$_f$.
Münze s. f. moeda$_f$.
Münzfernsprecher s. m. telefone$_m$ de moedas
mürbe adj. 1. mole; 2. (carne) tenro
murmeln v. tr. e intr. murmurar
Murmeltier s. nt. ZOOLOGIA marmota$_f$.
murren v. intr. resmungar
mürrisch adj. rabugento
Mus s. nt. papa$_f$, puré$_m$.
Muschel s. f. 1. ZOOLOGIA marisco$_m$; 2. concha$_f$.
Muse s. f. musa$_f$.
Museum s. nt. museu$_m$.
Musical s. nt. musical$_m$.
Musik s. f. música$_f$.
musikalisch adj. musical
Musiker s. m. músico$_m$.
Musikhochschule s. f. Escola$_f$ Superior de Música
musizieren* v. intr. tocar música
Muskatnuss s. f. noz-moscada$_f$
Muskel s. m. músculo$_m$.
Muskelkater s. m. dores$_{f, pl}$ musculares
Muskulatur s. f. musculatura$_f$.
muskulös adj. musculoso
Müsli s. nt. muesli$_m$.
Muße s. f. ócio$_m$, vagar$_m$.
müssen I v. intr. ter de/que; ich muss nicht: eu não preciso de fazê-lo; II v. modal 1. (obrigação, dever) ter de/que, dever; es muss sein: tem de ser; 2. (suposição) dever; hier ist alles nass; es muss geregnet haben: aqui está tudo molhado; deve ter chovido

müßig I *adj.* 1. ocioso; 2. desnecessário; II *adv.* ociosamente
Müßiggang *s. m.* ociosidade $_f$
musste *pret. imp. de* müssen
Muster *s. nt.* 1. modelo $_m$; padrão $_m$; 2. exemplo $_m$; 3. amostra $_f$
mustergültig *adj.* exemplar
mustern *v. tr.* 1. examinar, inspeccionar; 2. MILITAR fazer a inspecção a
Musterung *s. f.* inspecção $_f$
Mut *s. m.* coragem $_f$, ânimo $_m$
Mutation *s. f.* BIOLOGIA mutação $_f$
mutig *adj.* corajoso, valente
mutlos *adj.* desanimado, sem coragem
mutmaßlich *adj.* provável, presumível
Mutschli *s. nt. (Suíça)* pão $_m$
Mutter[1] *s. f.* ⟨-, *Mütter*⟩ mãe $_f$
Mutter[2] *s. f.* ⟨-, *-n*⟩ ENGENHARIA porca $_f$
mütterlich *adj.* maternal
mütterlicherseits *adv.* materno

Muttermal *s. nt.* sinal $_m$ de nascença
Mutterschaft *s. f.* maternidade $_f$
Mutterschaftsurlaub *s. m.* licença $_f$ de parto
Muttersöhnchen *s. nt. (coloq. depr.)* menino $_m$ da mamã
Muttersprache *s. f.* língua $_f$ materna
Muttersprachler *s. m.* falante $_{m.\ e\ f.}$ nativo
Mutti *s. f. (coloq.)* mamã $_f$
mutwillig *adj.* 1. propositado, deliberado; 2. maldoso
Mütze *s. f.* 1. barrete $_m$, carapuço $_m$; 2. boné $_m$; boina $_f$
MWSt [*abrev. de* Mehrwertsteuer] IVA $_m$. [*abrev. de* imposto sobre o valor acrescentado]
mysteriös *adj.* misterioso
Mystik *s. f.* mística $_f$
Mythos *s. m.* mito $_m$

N

N, n s. nt. N, n_m_
na interj. então!; na, wie geht´s?: então, como estás?; na und?: e depois?; na ja: enfim, bem
Nabe s. f. cubo_m_
Nabel s. m. umbigo_m_
Nabelschnur s. f. cordão_m_ umbilical
nach I prep. [+dat.] 1. (temporal) depois de, após; 5 Minuten nach zwei: duas e cinco; 2. (direcção) para, a; nach Hause: para casa; 3. (numa série) depois de; einer nach dem anderen: um de cada vez; 4. segundo, conforme; de acordo com; II adv. nach und nach: pouco a pouco; nach wie vor: como sempre
nachahmen v. tr. imitar, copiar
Nachahmung s. f. imitação_f_, cópia_f_
Nachbar s. m. vizinho_m_
Nachbarschaft s. f. vizinhança_f_
Nachbeben s. nt. réplica(s)_f. (pl.)_ (de terramoto)
nach|bestellen* v. tr. fazer nova encomenda de
nach|bilden v. tr. copiar
Nachbildung s. f. cópia_f_, imitação_f_
nachdem cj. depois de; je nachdem: conforme
nach|denken v. intr. pensar [über +ac., sobre], reflectir [über +ac., sobre]
nachdenklich adj. pensativo
Nachdruck s. m. ênfase_m_
nachdrücklich I adj. expresso, vigoroso; II adv. expressamente
nacheinander adv. 1. (espacial) um atrás do outro, sucessivamente; 2. (temporal) consecutivamente

nach|empfinden* v. tr. sentir com alguém; jemandem etwas nachempfinden: compreender o que alguém sente
Nacherzählung s. f. reprodução_f_ (duma narrativa)
nach|feiern v. tr. festejar depois do dia
Nachfolge s. f. sucessão_f_
Nachfolger s. m. sucessor_m_
nach|forschen v. intr. investigar, indagar
Nachforschung s. f. investigação_f_, indagação_f_
Nachfrage s. f. ECONOMIA procura_f_
nach|fragen v. intr. informar-se, pedir informações
nachfüllbar adj. recarregável
nach|füllen v. tr. recarregar
Nachfüllpackung s. f. recarga_f_
nach|geben v. intr. ceder; dar de si
Nachgeburt s. f. ANATOMIA secundinas_f. pl._
nach|gehen v. intr. 1. seguir, ir atrás de; 2. investigar; 3. (relógio) atrasar-se; 4. (negócios) ocupar-se de; (prazeres) entregar-se a
Nachgeschmack s. m. 1. mau gosto_m_, travo_m_; 2. (fig.) dissabor_m_
nachgiebig adj. 1. flexível, transigente; 2. elástico
nachhaltig adj. duradouro
nach|helfen v. intr. dar uma ajuda, ajudar
nachher adv. mais tarde, depois
Nachhilfe s. f. explicações_f. pl._ [in +dat., de]
Nachhilfestunde s. f. explicação_f_, aula_f_ particular
nach|holen v. tr. 1. (tempo) recuperar; 2. ir buscar depois
Nachkomme s. m. descendente_m. e f._

nach|kommen v. intr. 1. vir mais tarde, vir/chegar depois; 2. acompanhar; 3. (dever) cumprir; 4. *(Suíça)* perceber, compreender

Nachkriegszeit s. f. pós-guerra*m.*

Nachlass s. m. 1. redução*f.*, abatimento*m.*; 2. espólio*m.*, herança*f.*

nach|lassen I v. tr. (preço) descontar, abater; II v. intr. 1. diminuir; 2. acalmar; abrandar

nachlässig adj. negligente, desleixado, desmazelado

Nachlässigkeit s. f. negligência*f.*, desleixo*m.*

nach|laufen v. intr. correr atrás de

nach|machen v. tr. 1. imitar, copiar; 2. falsificar; 3. fazer cópias de

Nachmittag s. m. tarde*f.*; heute Nachmittag: hoje à tarde; am Nachmittag: à/de tarde

nachmittags adv. à/de tarde

Nachnahme s. f. cobrança*f.*

Nachname s. m. apelido*m.*, sobrenome*m.*

nach|plappern v. tr. *(coloq.)* repetir maquinalmente

nach|prüfen v. tr. rever, conferir

nach|rechnen v. tr. conferir, verificar

Nachricht s. f. 1. notícia*f.*; recado*m.*; 2. pl. Nachrichten: noticiário*m.*, notícias*f. pl.*

Nachrichtenagentur s. f. agência*f.* noticiosa

Nachrichtendienst s. m. serviço*m.* de informação

Nachrichtensatellit s. m. satélite*m.* de telecomunicações

Nachrichtentechnik s. f. telecomunicações*f. pl.*

Nachruf s. m. discurso*m.* fúnebre [auf +*ac.*, em memória de]

nach|rüsten I v. tr. reequipar; II v. intr. MILITAR rearmar

Nachrüstung s. f. 1. reequipamento*m.*; 2. MILITAR rearmamento*m.*

nach|sagen v. tr. repetir; jemandem etwas nachsagen: dizer alguma coisa de alguém

Nachsaison s. f. fim*m.* de estação

nach|schauen I v. tr. 1. rever, conferir; 2. procurar, ver; II v. intr. seguir com os olhos

nach|schicken v. tr. remeter, fazer seguir

nach|schlagen v. tr. procurar

Nachschlagewerk s. nt. obra*f.* de consulta

Nachschub s. m. reabastecimento*m.*, reforços*m. pl.*

nach|sehen I v. tr. 1. rever, conferir; 2. procurar, ver; II v. intr. seguir com os olhos

nach|senden v. tr. (correio) remeter, fazer seguir

Nachsicht s. f. benevolência*f.*, indulgência*f.*

nachsichtig adj. benevolente, indulgente

nach|sitzen v. intr. ficar de castigo (na escola)

Nachspeise s. f. sobremesa*f.*

Nachspiel s. nt. 1. epílogo*m.*; 2. consequências*f. pl.*

nach|sprechen v. intr. repetir as palavras (de alguém)

Nächstenliebe s. f. amor*m.* ao próximo

nächstens adv. (dentro) em breve

Nächste(r) s. m. e f. próximo*m.*

nächste(r, s) adj. próximo; seguinte; (parente) chegado

nächstmögliche(r, s) adj. o mais cedo possível

Nacht s. f. noite*f.*; über Nacht: durante a noite

Nachtdienst s. m. serviço*m.* nocturno

Nachteil s. m. desvantagem*f.*, inconveniente*m.*

nachteilig adj. desvantajoso

nächtelang adv. noites inteiras

Nachtfrost s. m. geada*f.*

Nachthemd s. nt. camisa*f.* de noite

Nachtigall s. f. ZOOLOGIA rouxinol_m.
Nachtisch s. m. sobremesa_f.
nächtlich adj. nocturno
Nachtlokal s. nt. boîte_f.
nachtragen v. tr. 1. acrescentar; 2. guardar rancor
nachträglich adj. suplementar, adicional
nachts adv. à/de noite
Nachtschicht s. f. turno_m. da noite
Nachttisch s. m. mesinha-de-cabeceira_f.
Nachttopf s. m. bacio_m., pote_m.
Nachtwache s. f. vigília_f.
Nachtwächter s. m. guarda-nocturno_m.
nachvollziehen° v. tr. imaginar, identificar-se com
Nachweis s. m. 1. prova_f.; 2. documento_m. comprovativo, atestado_m.
nachweisen v. tr. provar, comprovar, demonstrar
nachweislich adj. susceptível de prova
Nachwirkung s. f. consequência_f., repercussão_f.
Nachwort s. nt. epílogo_m.
Nachwuchs s. m. 1. (coloq.) filhos_m. pl.; 2. nova geração_f.
nachzählen v. tr. tornar a contar
Nachzügler s. m. atrasado_m., retardatário_m.
Nacken s. m. nuca_f., cachaço_m.
nackert adj. (Áustria) (coloq.) nu
nackt adj. nu, despido
Nadel s. f. 1. agulha_f.; alfinete_m.; 2. gancho_m.; 3. BOTÂNICA agulha_f.
Nadelbaum s. m. BOTÂNICA árvore_f. conífera
Nadeldrucker s. m. impressora_f. de agulhas
Nadelwald s. m. pinhal_m., floresta_f. de coníferas
Nagel s. m. 1. unha_f.; 2. prego_m.
Nagelfeile s. f. lima_f. das unhas

Nagellack s. m. verniz_m. (das unhas)
nageln v. tr. pregar [an +ac., a; auf +ac., em]
nagelneu adj. (coloq.) novo em folha
Nagelschere s. f. tesoura_f. das unhas
nagen v. intr. roer
Nagetier s. nt. ZOOLOGIA roedor_m.
Nahaufnahme s. f. FOTOGRAFIA, CINEMA grande plano_m.
nah(e) I adj. 1. (espacial) próximo, chegado; 2. (temporal) próximo, iminente; II adv. perto, junto; **nah an/bei** [+dat.] : perto de, junto a/de; III prep. [+dat.] perto de
Nähe s. f. 1. (espacial) proximidade_f.; 2. (temporal) futuro_m. próximo
nahen v. intr. aproximar-se
nähen v. tr. 1. (roupa) coser; 2. (ferida) suturar
näher I adj. mais próximo; II adv. mais perto
Näherin s. f. costureira_f.
nähern v. refl. aproximar-se [+dat., de]
nahezu adv. quase
Nähgarn s. nt. linha_f. (de costura)
nahm pret. imp. de **nehmen**
Nähmaschine s. f. máquina_f. de costura
Nahost s. m. Próximo Oriente_m.
nähren v. tr. 1. alimentar, nutrir; 2. (dúvidas, esperanças) alimentar
nahrhaft adj. nutritivo
Nährstoff s. m. nutriente_m.
Nahrung s. f. alimentação_f., comida_f., alimento_m.
Nahrungsmittel s. nt. alimento_m., género_m. alimentício
Nährwert s. m. valor_m. nutritivo
Naht s. f. 1. costura_f.; 2. MEDICINA sutura_f.
nahtlos adj. (roupa) sem costura
Nahverkehr s. m. tráfego_m. suburbano
naiv adj. 1. ingénuo, inocente; (coloq.) lorpa; 2. (arte) naïf

Naivität *s. f.* ingenuidade*f*, inocência*f*
Name *s. m.* nome*m*
namenlos *adj.* anónimo, sem nome
namens *adv.* de nome
Namenstag *s. m.* dia*m* do santo patrono
namentlich *adv.* nomeadamente, especialmente
namhaft *adj.* conhecido, ilustre
Namibia *s. nt.* Namíbia*f*
nämlich *adv.* 1. é que; sie ist nämlich Feministin: é que ela é feminista; 2. a saber, isto é
nannte *pret. imp. de* nennen
Napf *s. m.* tigela*f*, malga*f*
Narbe *s. f.* 1. MEDICINA cicatriz*f*; 2. BOTÂNICA estigma*m*
Narkose *s. f.* anestesia*f*
Narr *s. m.* tolo*m*, bobo*m*
närrisch *adj.* tolo
Narzisse *s. f.* narciso*m*
naschen I *v. tr.* petiscar; II *v. intr.* petiscar; comer lambarices
naschhaft *adj.* guloso, lambareiro
Nase *s. f.* nariz*m*
Nasenbluten *s. nt.* hemorragia*f* nasal
Nasenloch *s. nt.* narina*f*
Nasentropfen *s. pl.* gotas*f, pl* nasais
Nashorn *s. nt.* ZOOLOGIA rinoceronte*m*
nass *adj.* molhado, húmido
Nässe *s. f.* humidade*f*
nasskalt *adj.* húmido e frio
Nastuch *s. nt.* *(Suíça)* lenço*m* (do nariz)
Nation *s. f.* nação*f*
national *adj.* nacional
Nationalhymne *s. f.* hino*m* nacional
nationalistisch *adj.* nacionalista
Nationalität *s. f.* nacionalidade*f*
Nationalrat[1] *s. m.* ⟨-es, sem pl.⟩ *(Áustria, Suíça)* Parlamento*m*
Nationalrat[2] *s. m.* ⟨-es, -räte⟩ *(Áustria, Suíça)* deputado*m* parlamentar
Nationalsozialismus *s. m.* nacional-socialismo*m*
Nationalsozialist *s. m.* nacional-socialista*m, e f*
NATO [*abrev. de* North Atlantic Treaty Organization] OTAN*f* [*abrev. de* Organização do Tratado do Atlântico Norte]
Natrium *s. nt.* QUÍMICA sódio*m*
Natron *s. nt.* QUÍMICA bicarbonato*m* de sódio
Natur *s. f.* natureza*f*; carácter*m*
naturgemäß I *adj.* natural, normal; II *adv.* naturalmente, normalmente
Naturgesetz *s. nt.* lei*f* da natureza, lei*f* natural
Naturheilkunde *s. f.* medicina*f* naturalista
Naturkost *s. f.* alimentação*f* biológica
natürlich I *adj.* natural; II *adv.* naturalmente, evidentemente
Natürlichkeit *s. f.* naturalidade*f*
Naturschutz *s. m.* preservação*f* da natureza
Naturschutzgebiet *s. nt.* reserva*f* natural
Naturwissenschaft *s. f.* ciências*f, pl* naturais
Naturwissenschaftler *s. m.* cientista*m, e f*
Nautik *s. f.* náutica*f*
Navigation *s. f.* navegação*f*
Nazi *s. m.* nazi*m, e f*
n. Chr. [*abrev. de* nach Christus] d.C. [*abrev. de* depois de Cristo]
Neapel *s. nt.* Nápoles*f*
Nebel *s. m.* névoa*f*, neblina*f*; nevoeiro*m*
Nebelbank *s. f.* camada*f* espessa de nevoeiro
Nebelhorn *s. nt.* sirene*f* de nevoeiro, ronca*f*
nebelig *adj.* enevoado, nublado
Nebelscheinwerfer *s. m.* farol*m* de nevoeiro
Nebelschlussleuchte *s. f.* farol*m* traseiro de nevoeiro

neben I *prep.* [+*dat.*] perto de, junto a/de; **neben der Tür sein**: estar ao pé da porta; II *prep.* [+*ac.*] ao pé de; **neben die Tür stellen**: colocar ao pé da porta

nebenan *adv.* ao lado

nebenbei *adv.* 1. de passagem; **nebenbei bemerkt**: diga-se de passagem; 2. além disso

Nebenbeschäftigung *s. f.* ocupação, secundária

Nebeneffekt *s. m.* efeito $_m$ secundário, efeito $_m$ colateral

nebeneinander *adv.* um ao lado do outro

Nebenfach *s. nt.* (na escola) disciplina, secundária

Nebenfluss *s. m.* afluente $_m$

Nebengebäude *s. nt.* dependência, edifício $_m$ anexo

nebenher *adv.* além disso; paralelamente

Nebenkosten *s. pl.* despesas, $_{pl}$ suplementares

Nebenprodukt *s. nt.* derivado $_m$

Nebenrolle *s. f.* papel $_m$ secundário

Nebensache *s. f.* coisa, secundária

nebensächlich *adj.* secundário, de pouca importância

Nebensatz *s. m.* GRAMÁTICA oração, subordinada

Nebenstraße *s. f.* travessa,; estrada, secundária

Nebenwirkung *s. f.* efeito $_m$ secundário, efeito $_m$ colateral

Nebenzimmer *s. nt.* quarto $_m$ contíguo

necken *v. tr.* brincar com, gozar com

neckisch *adj.* brincalhão, gozão; engraçado

nee *adv. (coloq.)* nã, não

Neffe *s. m.* sobrinho $_m$

negativ *adj.* negativo

Negativ *s. nt.* negativo $_m$

Neger *s. m.* negro $_m$

nehmen *v. tr.* 1. pegar em; tirar, agarrar; **wer hat mein Heft genommen?**: quem é que pegou no meu caderno?; 2. tomar, aceitar, receber; **nehmen Sie noch ein Stück Kuchen?**: aceita mais uma fatia de bolo?; 3. ficar com; levar; **ich weiß nicht, was ich nehmen soll**: não sei o que hei-de levar; 4. (meio de transporte) apanhar ❖ **etwas auf sich nehmen**: tomar alguma coisa a seu cargo; **etwas zu sich nehmen**: tomar alguma coisa; **jemanden ernst nehmen**: levar alguém sério

Neid *s. m.* inveja,

neidisch *adj.* invejoso

neigen I *v. tr.* inclinar; II *v. intr.* tender; **zu etwas neigen**: ter tendência para alguma coisa; III *v. refl.* inclinar-se

Neigung *s. f.* 1. declive $_m$; 2. pendor $_m$, queda,; 3. afeição, [**zu** +*dat.*, a]

nein *adv.* não

Nektarine *s. f.* nectarina,

Nelke *s. f.* 1. BOTÂNICA cravo $_m$; 2. cravo-da-índia $_m$

nennen I *v. tr.* 1. indicar; 2. designar; 3. (um nome) chamar; II *v. refl.* chamar-se

nennenswert *adj.* digno de menção

Nenner *s. m.* MATEMÁTICA denominador $_m$

Nennwert *s. m.* valor $_m$ nominal

Neon *s. nt.* néon $_m$

Neonlicht *s. nt.* luz, fluorescente

Neonröhre *s. f.* lâmpada, fluorescente

Nepal *s. nt.* Nepal $_m$

Nerv *s. m.* nervo $_m$; *(coloq.)* **jemandem auf die Nerven gehen**: enervar alguém

nerven *v. tr. e intr. (coloq.)* irritar, chatear

Nervenkitzel *s. m.* emoção, sensação,

Nervenzusammenbruch *s. m.* esgotamento $_m$ nervoso

nervig *adj. (coloq.)* enervante, irritante

nervlich *adj.* nervoso

nervös *adj.* nervoso

Nervosität *s. f.* nervosismo $_m$

Nerz *s. m.* ZOOLOGIA marta, do Canadá, vison $_m$

Nessel s. f. BOTÂNICA urtiga f.
Nest s. nt. 1. ninho m; 2. (coloq.) terreola f.
nett adj. 1. simpático; 2. agradável; engraçado
netto adv. ECONOMIA líquido
Nettoeinkommen s. nt. ECONOMIA rendimento m. líquido
Netz s. nt. rede f.
Netzanschluss s. m. ligação f. à rede
Netzhaut s. f. ANATOMIA retina f.
neu I adj. 1. novo; recente; 2. inédito; II adv. 1. recentemente; 2. novamente
neuartig adj. moderno
Neuauflage s. f. nova edição f.
Neubau s. m. edifício m. novo
Neubearbeitung s. f. edição f. revista
neuerdings adv. recentemente, ultimamente
Neuerscheinung s. f. novidade f.
Neuerung s. f. inovação f.
Neugeborene(s) s. nt. recém-nascid|o, -a m., f.
Neugier(de) s. f. curiosidade [auf +ac., por]
neugierig adj. curioso [auf +ac., por]
Neuheit s. f. novidade f.
Neuigkeit s. f. novidade f., nova f.
Neujahr s. nt. Ano m. Novo; Prost Neujahr!: feliz Ano Novo!
Neujahrstag s. m. dia m. de Ano Novo
Neuland s. nt. terra f. virgem
neulich adv. recentemente, há pouco tempo, (no) outro dia
Neuling s. m. novato m.
neumodisch adj. moderno, novo
Neumond s. m. lua f. nova
neun num. card. nove
Neun s. f. nove m.
neunhundert num. card. novecentos
neunjährig adj. de nove anos
Neuntel s. nt. nona parte f.

neunte(r, s) num. ord. nono
neunzehn num. card. dezanove
neunzig num. card. noventa
Neuregelung s. f. reorganização f., reestruturação f.
neureich adj. novo-rico
Neurologe s. m. neurologista m. e f.
Neurotiker s. m. neurótico m.
neurotisch adj. neurótico
Neuseeland s. nt. Nova Zelândia f.
neuseeländisch adj. neozelandês
neutral adj. neutro, neutral
neutralisieren* v. tr. neutralizar
Neutralität s. f. neutralidade f.
Neuzeit s. f. idade f. moderna
Nicaragua s. nt. Nicarágua f.
nicht adv. não; nicht einmal: nem (sequer); nicht mehr: já não; gar nicht: de maneira nenhuma; nicht wahr?: não é?
Nichte s. f. sobrinha f.
nichtig adj. DIREITO nulo
Nichtraucher s. m. não-fumador m.
nichts pron. indef. nada; gar/überhaupt nichts: absolutamente nada; mir nichts, dir nichts: sem mais nem menos
Nichts s. nt. nada m.
Nichtschwimmer s. m. não-nadador m.
Nichtstun nt. ociosidade f.
Nichtwähler s. m. abstencionista m. e f.
nicken v. intr. 1. acenar com a cabeça; 2. fazer que sim (com a cabeça)
Nickerchen s. nt. soneca f.
nie adv. nunca, jamais; nie wieder: nunca mais; noch nie: (até agora) nunca
nieder I adj. inferior; II adv. abaixo
Niedergang s. m. decadência f.
niedergeschlagen adj. abatido, cabisbaixo
Niedergeschlagenheit s. f. desânimo m., tristeza f.
niederknien v. intr. ajoelhar-se

Niederlage s. f. derrota$_f$
Niederlande s. m. pl. Países$_{m.pl.}$ Baixos
Niederländer s. m. neerlandês$_m$
Niederländisch adj. neerlandês
niederlegen refl. 1. fixar-se; estabelecer; 2. (cargo) demitir-se de ... cursal$_f$
Niederösterreich s. nt. Baixa-Áustria$_f$
Niedersachsen s. nt. Baixa Saxónia$_f$
Niederschlag s. m. METEOROLOGIA precipitação$_f$, chuvas$_{f.pl}$
niederschlagen I v. tr. 1. derrubar; 2. (os olhos) baixar; 3. suprimir; II v. refl. (humidade, vapor) depositar-se
niederstechen v. tr. apunhalar
niederträchtig adj. infame, vil
Niederung s. f. terreno$_m$ baixo, chã$_f$
niedlich adj. giro, engraçado, bonito
niedrig adj. 1. baixo; 2. mesquinho
niemals adv. nunca, jamais
niemand pron. indef. ninguém
Niere s. f. ANATOMIA rim$_m$
Nierenentzündung s. f. MEDICINA nefrite$_f$, inflamação$_f$ renal
Nierenstein s. m. MEDICINA cálculo$_m$ renal
nieseln v. intr. chuviscar, morrinhar
Nieselregen s. m. morrinha$_f$, chuviscos$_{m.pl.}$
niesen v. intr. espirrar
Niete s. f. 1. (lotaria) bilhete$_m$ em branco; 2. (coloq.) (pessoa) nulidade$_f$; 3. ENGENHARIA rebite$_m$
Nigeria s. nt. Nigéria$_f$
Nikolaus s. m. 1. São Nicolau$_m$; 2. dia$_m$ de São Nicolau
Nikotin s. nt. nicotina$_f$
Nilpferd s. nt. ZOOLOGIA hipopótamo$_m$
nimmer adv. (Áustria) nunca mais, jamais
Nimmersatt s. m. (coloq.) comilão$_m$, glutão$_m$

nippen v. intr. nippen an [+dat.]: bebericar
Nippes s. pl. bibelôs$_{m.pl.}$
nirgends adv. em lado nenhum, em parte alguma
Nische s. f. nicho$_m$
nisten v. intr. nidificar, fazer ninho
Niveau s. nt. nível$_m$
niveaulos adj. sem nível, baixo
nix pron. indef. (coloq.) → **nichts**
Nobel... ninfa$_f$
Nobelpreis s. ... 2. de luxo
Nobel
noch adv. 1. ainda; heute noch: ainda hoje; nur noch: (já) só; 2. outro, mais; noch einmal: outra vez; mais uma vez
nochmalig adj. outro, repetido
nochmals adv. outra vez
Nomen s. nt. GRAMÁTICA substantivo$_m$
Nominativ s. m. GRAMÁTICA nominativo$_m$
nominieren v. tr. nomear [für +ac., para]
Nonne s. f. freira$_f$
Nordafrika s. nt. Norte$_m$ de África
Nordamerika s. nt. América$_f$ do Norte
norddeutsch adj. do norte da Alemanha
Norden s. m. norte$_m$
Nordeuropa s. nt. norte$_m$ da Europa
nordisch adj. nórdico
nördlich adj. do norte
Nordosten s. m. nordeste$_m$
Nordpol s. m. pólo$_m$ norte
Nordrhein-Westfalen s. nt. Renânia$_f$ do Norte-Vestefália
Nordsee s. f. Mar$_m$ do Norte
Nordwesten s. m. noroeste$_m$
Nordwind s. m. vento$_m$ do norte
nörgeln v. intr. resmungar
Nörgler s. m. resmungão$_m$
Norm s. f. norma$_f$
normal adj. normal
Normalbenzin s. nt. gasolina$_f$ normal
normalerweise adv. normalmente

normalisieren I v. tr. normalizar; II v. refl. normalizar

Norwegen s. nt. Noruega*f*

Norweger s. m. norueguês*m*

norwegisch adj. norueguês

Nostalgie s. f. nostalgia*f*

Not s. f. falta*f*; miséria*f*; pobreza*f*, necessidade*f*; Not leiden: passar necessidades

Notar s. m. notário*m* ... perante o notário

notariell I adj. nota...

Notarzt s. m. médico*m* de urgência

Notausgang s. m. saída*f* de emergência

Notbehelf s. m. recurso*m*

Notbremse s. f. travão*m* de emergência

notdürftig adj. 1. insuficiente; 2. provisório

Note s. f. 1. nota*f*; 2. MÚSICA nota*f*

Notebook s. nt. INFORMÁTICA computador*m* portátil

Notenbank s. f. banco*m* emissor

Notenschlüssel s. m. MÚSICA clave*f*

Notenständer s. m. estante*f* de música

Notfall s. m. emergência*f*

notfalls adv. em caso de necessidade

Notfallstation s. f. (Suíça) urgências*f.pl*

notgedrungen adv. forçado pela necessidade

notieren v. tr. 1. apontar, anotar; 2. ECONOMIA cotar

nötig adj. necessário, preciso; unbedingt nötig: imprescindível

nötigen v. tr. 1. obrigar, forçar; 2. DIREITO coagir

Notiz s. f. 1. nota*f*, apontamento*m*; 2. notícia*f*

Notizbuch s. nt. caderno*m* de apontamentos, agenda*f*

Notlage s. f. situação*f* de emergência

notlanden v. intr. AERONÁUTICA aterrar de emergência

Notlandung s. f. AERONÁUTICA aterragem de emergência

Notlösung s. f. solução...o solução*f* provisória

Notlüge s. f. ... pedido*m* de socorro;

notori... de emergência

Nrufsäule s. f. poste*m* SOS

Notstand s. m. DIREITO estado*m* de emergência, calamidade*f* pública

Notwehr s. f. DIREITO legítima defesa*f*

notwendig adj. 1. necessário, preciso; 2. forçoso

Notwendigkeit s. f. necessidade*f*

Novelle s. f. novela*f*; conto*m*

November s. m. Novembro*m*

Nu s. m. (coloq.) im Nu: num instante

nüchtern adj. 1. em jejum; 2. sóbrio; 3. objectivo

Nüchternheit s. f. 1. jejum*m*; 2. sobriedade*f*; 3. objectividade*f*

nuckeln v. intr. (coloq.) chuchar, chupar

Nudel s. f. massa*f*

Nugat® s. m. nugado*m*

nuklear adj. nuclear

Nuklearwaffe s. f. arma*f* nuclear

null num. card. zero

Null s. f. 1. zero*m*; 2. (pej.) (pessoa) nulidade*f*

Nullpunkt s. m. zero*m*

Nulltarif s. m. zum Nulltarif: de graça

nummerieren v. tr. numerar

Nummernschild s. nt. chapa*f* da matrícula

nun adv. 1. agora, já; von nun an: de agora em diante; 2. pois, então, ora; nun gut: ora bem

nur adv. só, somente, apenas; nur noch: (já) só

Nuss *s. f.* BOTÂNICA noz*f*
Nussbaum *s. m.* BOTÂNICA nogueira*f*
Nussknacker *s. m.* quebra-nozes*m*
Nutte *s. f. (depr.)* puta*f*
nutzen *v. tr. e intr.* → nützen
Nutzen *s. m.* 1. utilidade*f*, préstimo*m*; 2. proveito*m*; Nutzen aus etwas ziehen: tirar proveito de alguma coisa
nützen I *v. tr.* 1. utilizar; 2. (oportunidade) aproveitar [zu +*dat.*, para]; II *v. intr.* ser útil, servir, prestar
nützlich *adj.* proveitoso, útil
Nützlichkeit *s. f.* utilidade*f*
nutzlos *adj.* inútil
Nutzlosigkeit *s. f.* inutilidade*f*
Nylon® *s. nt.* nylon*m*

O

O, o *s. nt.* O, o*m*
Oase *s. f.* oásis*m*
ob *cj.* se; als ob: como se [+*conj.*]; und ob!: e como!
obdachlos *adj.* desalojado, sem abrigo
Obdachlose(r) *s. m. e f.* sem-abrigo*m. e f.*
Obdachlosigkeit *s. f.* falta*f* de abrigo
Obduktion *s. f.* autópsia*f*
O-Beine *s. pl.* pernas*f. pl.* arqueadas
oben *adv.* em cima, por cima
obendrein *adv.* além disso, ainda por cima
Ober *s. m.* empregado*m* de mesa; Herr Ober!: por favor!
Oberarzt *s. m.* médico-chefe*m*
Oberbefehlshaber *s. m.* MILITAR comandante*m* supremo
Oberbegriff *s. m.* conceito*m* geral
Oberbekleidung *s. f.* roupa*f* de cima
Oberbürgermeister *s. m.* presidente*m. e f.* da câmara
obere(r, s) *adj.* de cima, superior
Oberfläche *s. f.* superfície*f*
oberflächlich *adj.* superficial
Obergeschoss *s. nt.* andar*m*
oberhalb I *prep.* [+*gen.*] acima de, por cima de; II *adv.* oberhalb von: na parte de cima de
Oberhaupt *s. nt.* cabecilha*m. e f.*, chefe*m. e f.*
Oberhemd *s. nt.* camisa*f*
Oberin *s. f.* 1. enfermeira-chefe*f*; 2. madre-superiora*f*
oberirdisch *adj.* supraterrâneo; (fio) aéreo
Oberkellner *s. m.* chefe*m. e f.* de mesa
Oberkiefer *s. m.* maxilar*m* superior
Oberkörper *s. m.* tronco*m*, meio-corpo*m*
Oberland *s. nt. (Suíça)* região*f* montanhosa
Oberlicht *s. nt.* clarabóia*f*
Oberlippe *s. f.* lábio*m* superior
Obers *s. nt. (Áustria)* nata(s)*f. (pl.)*
Oberschenkel *s. m.* coxa*f*
Oberschicht *s. f.* classe*f* alta
Oberschule *s. f.* escola*f* secundária
Oberschwester *s. f.* enfermeira-chefe*f*
Oberst *s. m.* coronel*m*
Oberstaatsanwalt *s. m.* procurador-geral*m* da república
oberste(r, s) *adj.* 1. mais alto, de cima; 2. (piso) último; 3. (lei, tribunal) supremo

Oberstufe *s. f.* ensino*ₘ* secundário complementar
Oberweite *s. f.* medida*f* de peito
obgleich *cj.* → obwohl
Obhut *s. f.* guarda*f*; protecção*f*
Objekt *s. nt.* 1. objecto*ₘ*; 2. GRAMÁTICA complemento*ₘ*, objecto*ₘ*; 3. *(Áustria)* edifício*ₘ*
objektiv *adj.* objectivo
Objektiv *s. nt.* FOTOGRAFIA objectiva*f*
Objektivität *s. f.* objectividade*f*
Oblate *s. f.* 1. (para pastéis) obreia*f*; 2. hóstia*f*
obligatorisch *adj.* obrigatório
Obrigkeit *s. f.* autoridade*f*
obskur *adj.* obscuro
Obst *s. nt.* fruta*f*
Obstbaum *s. m.* árvore*f* de fruto
Obstgarten *s. m.* pomar*ₘ*
Obstkuchen *s. m.* bolo*ₘ* de frutas
Obstsalat *s. m.* salada*f* de fruta
obszön *adj.* obsceno
Obszönität *s. f.* obscenidade*f*
obwohl *cj.* embora [+*conj.*], apesar de [+*inf.*]
Ochse *s. m.* 1. ZOOLOGIA boi*ₘ*; 2. *(pej.)* (pessoa) burro*ₘ*
Ochsenschwanzsuppe *s. f.* CULINÁRIA sopa*f* de rabo de boi
Ocker *s. nt.* ocre*ₘ*
Öde *s. f.* 1. solidão*f*; 2. deserto*ₘ*, ermo*ₘ*
öd(e) *adj.* 1. árido; 2. despovoado; 3. monótono; aborrecido, chato
oder *cj.* ou; entweder... oder...: ou... ou...; oder aber/doch: ou então
Ofen *s. m.* 1. fogão*ₘ* de sala; 2. forno*ₘ*, fornalha*f*
offen *adj.* 1. aberto; descoberto; 2. (lugar) livre, vago; 3. em aberto; em suspenso; 4. sincero; offen reden: falar abertamente
offenbar I *adj.* evidente, manifesto, patente; II *adv.* pelos vistos
offenbaren* *v. tr.* revelar, tornar público
Offenbarung *s. f.* revelação*f*

Offenheit *s. f.* 1. franqueza*f*, sinceridade*f*; 2. espírito*ₘ* aberto
offenherzig *adj.* franco, sincero
offenkundig *adj.* notório, manifesto; evidente
offensichtlich *adj.* evidente, óbvio
öffentlich *adj.* público
Öffentlichkeit *s. f.* público*ₘ*; in aller Öffentlichkeit: em público
offiziell *adj.* oficial
Offizier *s. m.* oficial*ₘ*
offline *adj.* INFORMÁTICA desligado, offline
öffnen I *v. tr. e intr.* abrir; II *v. refl.* abrir-se
Öffner *s. m.* abridor*ₘ*; abre-latas*ₘ*
Öffnung *s. f.* 1. abertura*f*; 2. orifício*ₘ*, furo*ₘ*
Öffnungszeit *s. f.* horário*ₘ* de abertura
oft *adv.* muitas vezes, com frequência; wie oft?: quantas vezes?
öfter *comp. de* oft
öfters *adv.* várias vezes
ohne I *prep.* [+*ac.*] sem; ohne Zweifel: sem dúvida; II *cj.* ohne zu: sem [+*inf.*]; ohne dass...: sem que... [+*conj.*]
ohnehin *adv.* mesmo assim
Ohnmacht *s. f.* 1. desmaio*ₘ*, desfalecimento*ₘ*; 2. impotência*f*
ohnmächtig *adj.* desmaiado
Ohr *s. nt.* orelha*f*; ouvido*ₘ*
Ohrenarzt *s. m.* otologista*ₘ, e f*, médico*ₘ* especialista de doenças de ouvidos
ohrenbetäubend *adj.* ensurdecedor, estrondoso
Ohrenschmerzen *s. pl.* dores*f, pl.* de ouvidos
Ohrfeige *s. f.* bofetada*f*
ohrfeigen *v. tr.* esbofetear
Ohrläppchen *s. nt.* lóbulo*ₘ* da orelha
Ohrring *s. m.* brinco*ₘ*
Ohrwurm *s. m.* *(coloq.)* música*f* que não sai da cabeça
o.k. [*abrev. de* okay] bem

okay I *adj. (coloq.)* bem, bom; II *adv. (coloq.)* bem
Ökobauer *s. m.* agricultor$_m$ de produtos biológicos
Ökologe *s. m.* ecologista$_{m.\,e\,f.}$
Ökologie *s. f.* ecologia$_f$
ökologisch *adj.* ecológico
Ökonomie *s. f.* economia$_f$
ökonomisch *adj.* económico
Ökosystem *s. nt.* ecossistema$_m$
Oktanzahl *s. f.* índice$_m$ de octanas
Oktave *s. f.* MÚSICA oitava$_f$
Oktober *s. m.* Outubro$_m$
Öl *s. nt.* óleo$_m$
Oldtimer *s. m.* carro$_m$ antigo
ölen *v. tr.* lubrificar; olear
Ölfarbe *s. f.* tinta$_f$ a óleo
Ölfeld *s. nt.* campo$_m$ de petróleo, campo$_m$ petrolífero
Ölgemälde *s. nt.* pintura$_f$ a óleo
Ölheizung *s. f.* aquecimento$_m$ a óleo
ölig *adj.* oleoso, gorduroso
Olive *s. f.* BOTÂNICA azeitona$_f$
Olivenbaum *s. m.* BOTÂNICA oliveira$_f$
Olivenöl *s. nt.* azeite$_m$
Öllämpchen *s. nt.* candeia$_f$ de azeite
Ölpest *s. f.* maré$_f$ negra
Ölsardine *s. f.* sardinha$_f$ enlatada em azeite
Ölstand *s. m.* nível$_m$ do óleo
Öltanker *s. m.* petroleiro$_m$
Olympiade *s. f.* olimpíadas$_{f.\,pl.}$
Olympiasieger *s. m.* campeão$_m$ olímpico
olympisch *adj.* olímpico
Oma *s. f. (coloq.)* vovó$_f$, avó$_f$
Omelett *s. nt.* omelete$_f$
Omen *s. nt.* presságio$_m$, augúrio$_m$
Omnibus *s. m.* autocarro$_m$
Onkel *s. m.* tio$_m$
online *adj.* INFORMÁTICA ligado, online
Onlinedienst *s. m.* INFORMÁTICA serviço$_m$ online
OP *s. m.* [abrev. de Operationssaal] sala$_f$ de operações
Opa *s. m. (coloq.)* vovô$_m$, avô$_m$
Oper *s. f.* ópera$_f$
Operation *s. f.* operação$_f$
operativ *adj.* MEDICINA operatório
Operette *s. f.* opereta$_f$
operieren* *v. tr.* operar; sich operieren lassen: ser operado
Opernsänger *s. m.* cantor$_m$ de ópera
Opfer *s. nt.* 1. vítima$_f$; 2. sacrifício$_m$; 3. oferenda$_f$
opfern I *v. tr.* sacrificar; II *v. refl.* sacrificar-se [für +ac., por]
Opium *s. nt.* ópio$_m$
Opposition *s. f.* oposição$_f$
Optik *s. f.* óptica$_f$
Optiker *s. m.* oculista$_{m.\,e\,f.}$
optimal *adj.* óptimo
Optimismus *s. m.* optimismo$_m$
Optimist *s. m.* optimista$_{m.\,e\,f.}$
optimistisch *adj.* optimista
Orang-Utan *s. m.* orangotango$_m$
orange *adj.* cor-de-laranja
Orange *s. f.* laranja$_f$
Orangenbaum *s. m.* laranjeira$_f$
Orangensaft *s. m.* sumo$_m$ de laranja
Orchester *s. nt.* orquestra$_f$
Orchidee *s. f.* BOTÂNICA orquídea$_f$
Orden *s. m.* 1. condecoração$_f$; 2. ordem$_f$
ordentlich I *adj.* 1. regular; organizado, metódico; 2. (membro) efectivo; (professor) catedrático$_m$; 3. *(coloq.)* razoável; II *adv.* devidamente
ordinär *adj.* 1. ordinário; *(coloq.)* reles; 2. vulgar
Ordner¹ *s. m.* ⟨-s, -⟩ 1. pasta$_f$ de arquivo; 2. INFORMÁTICA pasta$_f$
Ordner² *s. m.* ⟨-s, -⟩ segurança$_{m.\,e\,f.}$

Ordnung s. f. ordem_f_; etwas in Ordnung bringen: pôr alguma coisa em ordem; consertar alguma coisa; *(coloq.)* geht in Ordnung!: está (a ir) bem!
Ordnungsstrafe s. f. DIREITO multa_f_ disciplinar
Oregano s. nt. oregão_m_
Organ s. nt. 1. órgão_m_; 2. organismo_m_
Organisation s. f. organização_f_
Organisator s. m. organizador_m_
organisatorisch adj. organizador
organisch adj. orgânico
organisieren* v. tr. 1. organizar; 2. *(coloq.)* tentar arranjar
Organismus s. m. organismo_m_
Organist s. m. organista_m. e f._
Organspender s. m. doador_m_ de órgãos
Orgasmus s. m. orgasmo_m_
Orgel s. f. órgão_m_
Orgie s. f. orgia_f_
Orient s. m. Oriente_m_
orientalisch adj. oriental
orientieren* v. refl. orientar-se
Orientierung s. f. orientação_f_ [an +dat., por; über +ac., sobre]
Orientierungssinn s. m. sentido_m_ de orientação
original adj. original; autêntico, verdadeiro
Original s. nt. original_m_; manuscrito_m_
Originalität s. f. originalidade_f_
originell adj. original, fora do vulgar
Orkan s. m. furacão_m_
Ornament s. nt. ornamento_m_, adorno_m_
Ort s. m. 1. lugar_m_, local_m_; sítio_m_; vor Ort: no local; 2. localidade_f_
orten v. tr. NÁUTICA, AERONÁUTICA localizar
Orthografie s. f. ortografia_f_
orthografisch adj. ortográfico
Orthopäde s. m. ortopedista_m. e f._
orthopädisch adj. ortopédico

örtlich adj. local
ortsansässig adj. residente; domiciliado
Ortschaft s. f. localidade_f_, povoação_f_
ortsfremd adj. forasteiro
Ortsgespräch s. nt. chamada_f_ (telefónica) local
Ortstarif s. m. tarifa_f_ local
O-Saft s. m. *(coloq.)* sumo_m_ de laranja
Öse s. f. fêmea_f_ de colchete
Ossi s. m. *(coloq.)* alemão_m_ de Leste
Ostberlin s. nt. Berlim_f_ oriental
Ostblock s. m. POLÍTICA Bloco_m_ de Leste
Ostdeutsche(r) s. m. e f. alemão, -ã_m. f._ de Leste
Ostdeutschland s. nt. Alemanha_f_ de Leste
Osten s. m. oriente_m_, leste_m_
Osterei s. nt. ovo_m_ de Páscoa
Osterglocke s. f. BOTÂNICA narciso_m_
Osterhase s. m. coelhinho_m_ da Páscoa
Ostern s. nt. Páscoa_f_
Österreich s. nt. Áustria_f_
Österreicher s. m. austríaco_m_
österreichisch adj. austríaco
Osteuropa s. nt. Europa_f_ de Leste
östlich adj. oriental, de leste
Ostsee s. f. mar_m_ Báltico
Otter¹ s. f. ⟨-, -n⟩ ZOOLOGIA víbora_f_
Otter² s. m. ⟨-s, -⟩ ZOOLOGIA lontra_f_
Ouzo s. m. licor_m_ grego de anis
oval adj. oval
Overall s. m. macacão_m_, fato-macaco_m_
Overheadprojektor s. m. retroprojector_m_
Oxid s. nt. óxido_m_
oxidieren* v. intr. oxidar
Ozean s. m. oceano_m_; Stiller Ozean: Oceano Pacífico
ozeanisch adj. oceânico
Ozon s. nt. ozono_m_
Ozonloch s. nt. buraco_m_ do ozono
Ozonschicht s. f. camada_f_ de ozono

P

P, p *s. nt.* P, p$_m$
paar *pron. indef.* ein paar: alguns, algumas; uns, umas; ein paar Mal: algumas vezes, umas vezes
Paar *s. nt.* 1. par$_m$; 2. casal$_m$
paaren I *v. tr.* (animais) juntar; II *v. refl.* (animais) acasalar, copular
Paarung *s. f.* (animais) acasalamento$_m$, cópula$_f$
paarweise *adv.* aos pares, dois a dois
Pacht *s. f.* arrendamento$_m$
pachten *v. tr.* arrendar
Pächter *s. m.* arrendatário$_m$
Päckchen *s. nt.* 1. encomenda$_f$ postal; 2. maço$_m$
packeln *v. intr. (Áustria) (coloq.)* planear alguma coisa em segredo
packen *v. tr.* 1. pôr, meter; embrulhar; (malas) fazer; etwas in Kisten packen: encaixotar alguma coisa; 2. agarrar, segurar; 3. prender
Packpapier *s. nt.* papel$_m$ de embrulho
Packung *s. f.* 1. pacote$_m$; maço$_m$; 2. MEDICINA cataplasma$_m$
Pädagoge *s. m.* pedagogo$_m$
Pädagogik *s. f.* pedagogia$_f$
pädagogisch *adj.* pedagógico
Paddel *s. nt.* remo$_m$
Paddelboot *s. nt.* canoa$_f$
paddeln *v. intr.* andar de canoa
pädophil *adj.* pedófilo
paffen *v. intr. (coloq.)* fumar, deitar nuvens de fumo
Page *s. m.* trintanário$_m$, porteiro$_m$
Paket *s. nt.* 1. pacote$_m$, embrulho$_m$; 2. encomenda$_f$ postal

Paketkarte *s. f.* talão$_m$, guia$_f$
Pakistan *s. nt.* Paquistão$_m$
Pakistani *s. m. e f.* paquistanês$_m$
Pakt *s. m.* pacto$_m$, acordo$_m$
Palast *s. m.* palácio$_m$
Palästina *s. nt.* Palestina$_f$
Palästinenser *s. m.* palestino$_m$
Palette *s. f.* 1. palete$_f$; 2. variedade$_f$
Palme *s. f.* palmeira$_f$
Palmsonntag *s. m.* Domingo$_m$ de Ramos
Pampelmuse *s. f.* BOTÂNICA toranja$_f$
Panda *s. m.* ZOOLOGIA panda$_m$
panieren* *v. tr.* CULINÁRIA panar
Paniermehl *s. nt.* pão$_m$ ralado
Panik *s. f.* pânico$_m$
panisch *adj.* pânico; panische Angst vor etwas haben: ter pavor de alguma coisa
Panne *s. f.* 1. avaria$_f$; 2. percalço$_m$
Pannendienst *s. m.* serviço$_m$ de desempanagem
Panorama *s. nt.* panorama$_m$
Panter *s. m.* ZOOLOGIA pantera$_f$
Panther *s. m.* → Panter
Pantoffel *s. m.* chinelo$_m$
Pantomime *s. f.* pantomima$_f$, mímica$_f$
Panzer *s. m.* 1. MILITAR tanque$_m$, blindado$_m$; 2. ZOOLOGIA carapaça$_f$
Papa *s. m. (coloq.)* papá$_m$
Papagei *s. m.* papagaio$_m$
Papier *s. nt.* 1. papel$_m$; 2. título$_m$, valor$_m$; 3. documento$_m$; 4. *pl.* **Papiere**: documentos$_{m.pl}$, documentação$_f$
Papiergeld *s. nt.* papel-moeda$_m$
Papierkorb *s. m.* cesto$_m$ dos papéis

Papiertaschentuch s. nt. lenço_m de papel
Papiertüte s. f. saco_m de papel
Pappbecher s. m. copo_m de papel
Pappe s. f. papelão_m; cartão_m; cartolina_f
Pappel s. f. BOTÂNICA choupo_m
Paprika s. m. 1. pimento_m; 2. (sem pl.) colorau_m
Papst s. m. papa_m
Parabel s. f. LITERATURA parábola_f
Parabolantenne s. f. antena_f parabólica
Parade s. f. MILITAR parada_f
Paradeiser s. m. (Áustria) tomate_m
Paradies s. nt. paraíso_m
paradiesisch adj. paradisíaco
paradox adj. paradoxal
Paragraf s. m. parágrafo_m
Paraguay s. nt. Paraguai_m
parallel adj. paralelo
Parallele s. f. 1. MATEMÁTICA paralela_f; 2. analogia_f
Parasit s. m. parasita_m
parat adj. à mão
Parfüm s. nt. perfume_m
Parfümerie s. f. perfumaria_f
parfümieren* v. tr. perfumar
parieren* v. intr. obedecer
Park s. m. parque_m
Parkanlage s. f. parque_m, jardim_m público
parken v. tr. e intr. estacionar
Parkett s. nt. 1. (chão) parquet_m; 2. (cinema, teatro) plateia_f
Parkhaus s. nt. silo-auto_m
Parkkralle s. f. bloqueador_m de rodas
Parklücke s. f. espaço_m para estacionar
Parkplatz s. m. parque_m de estacionamento
Parkscheinautomat s. m. máquina_f para pagamento do estacionamento
Parkuhr s. f. parquímetro_m
Parkverbot s. nt. estacionamento_m proibido

Parlament s. nt. parlamento_m, assembleia_f
Parlamentarier s. m. parlamentar_{m. e f.}
parlamentarisch adj. parlamentar
Parmesan s. m. queijo_m parmesão
Parodie s. f. paródia_f [auf +ac., de]
Parole s. f. 1. lema_m; 2. senha_f
Partei s. f. POLÍTICA partido_m
parteiisch adj. parcial
Parteitag s. m. congresso_m do partido
Parterre s. nt. rés-do-chão_m
Partie s. f. 1. parte_f; 2. (desporto, jogo) partida_f ❖ **eine gute Partie**: um bom partido
Partisan s. m. guerrilheiro_m
Partizip s. nt. particípio_m
Partner s. m. 1. companheiro_m, parceiro_m; 2. par_m; interlocutor_m; 3. sócio_m
Partnerschaft s. f. 1. (vida em conjunto) relação_f; 2. (trabalho em conjunto) cooperação_f
partnerschaftlich adj. 1. de amizade; 2. de namoro
Partnerstadt s. f. cidade_f geminada
Party s. f. festa_f
Parzelle s. f. lote_m (de terreno)
Pass s. m. 1. passaporte_m; 2. desfiladeiro_m
passabel adj. aceitável
Passage s. f. 1. travessia_f; 2. passagem_f, corredor_m; 3. (texto) passagem_f
Passagier s. m. passageiro_m
Passant s. m. transeunte_{m. e f.}
Passat s. m. monção_f
Passbild s. nt. fotografia_f tipo passe
passen v. intr. 1. (tamanho, forma) servir; (quantidade) caber; 2. ajustar-se; (cor) condizer [zu +dat., com]; 3. convir; 4. (no jogo) passar
passend adj. adequado, apropriado, conveniente
passieren* I v. tr. 1. passar, atravessar; 2. (legumes) passar; II v. intr. acontecer, passar-se

passiv *adj.* passivo
Passiv *s. nt.* GRAMÁTICA voz_f passiva
Passivität *s. f.* passividade_f
Passwort *s. nt.* palavra-passe_f
Pastete *s. f.* pastel_m; empada_f
Pastor *s. m. (Regionalismo)* pastor_m
Pate *s. m.* padrinho_m
Patenkind *s. nt.* afilhado_m
Patent *s. nt.* 1. patente_f; 2. *(Suíça)* alvará_m, licença_f
patentieren* *v. tr.* registar, patentear
Pater *s. m.* padre_m
pathetisch *adj.* patético
Pathos *s. nt.* ardor_m, veemência_f
Patient *s. m.* paciente_m e f
Patisserie *s. f.* 1. *(Suíça)* pastelaria_f, confeitaria_f; 2. *(Suíça)* confeito_m
Patriot *s. m.* patriota_m e f
patriotisch *adj.* patriótico
Patrone *s. f.* 1. (tinta) carga_f; 2. (armas) cartucho_m
Patrouille *s. f.* patrulha_f
patschnass *adj. (coloq.)* encharcado, molhado até aos ossos
Patzer *s. m.* 1. *(coloq.)* gafe_f, deslize_m; 2. *(Áustria)* mancha_f
Pauke *s. f.* MÚSICA timbale_m, tímpano_m
pauken *v. intr.* 1. MÚSICA tocar timbales; 2. *(coloq.)* marrar, empinar
Pauker *s. m.* 1. MÚSICA timbaleiro_m; 2. *(coloq.)* professor_m
pausbäckig *adj.* gorducho
pauschal I *adj.* (custos, quantia) global; II *adv.* 1. ao todo, no total; 2. de forma generalizada
Pauschale *s. f.* quantia_f fixa
Pauschalpreis *s. m.* preço_m global
Pauschalreise *s. f.* viagem_f com tudo incluído, pacote_m turístico
Pauschalurteil *s. nt.* juízo_m generalizado

Pause *s. f.* 1. pausa_f, intervalo_m; 2. recreio_m
pausenlos *adj.* contínuo, ininterrupto
Pavian *s. m.* babuíno_m
Pavillon *s. m.* pavilhão_m
Pazifik *s. m.* oceano_m Pacífico
Pazifist *s. m.* pacifista_m e f
pazifistisch *adj.* pacifista
PC *s. m.* [*abrev. de* **Personalcomputer**] PC_m [*abrev. de* personal computer]
Pech *s. nt.* azar_m
Pechsträhne *s. f.* maré_f de azar
Pechvogel *s. m. (coloq.)* azarento_m
Pedal *s. nt.* pedal_m
Pedant *s. m.* pedante_m e f
pedantisch *adj.* pedante
Pegel *s. m.* marégrafo_m
Pegelstand *s. m.* nível_m da água
peilen *v. tr.* NÁUTICA localizar
peinigen* *v. tr.* atormentar, torturar
peinlich *adj.* 1. penoso, embaraçoso; 2. meticuloso
Peinlichkeit *s. f.* embaraço_m
Peitsche *s. f.* chicote_m
peitschen *v. tr.* chicotear, fustigar
Peking *s. nt.* Pequim_f
Pelikan *s. m.* ZOOLOGIA pelicano_m
Pelle *s. f.* casca_f; pele_f
Pellkartoffel *s. f.* batata_f cozida com a pele
Pelz *s. m.* pele_f
Pelzmantel *s. m.* casaco_m de peles
Pendel *s. nt.* pêndulo_m
pendeln *v. intr.* oscilar
Pendelverkehr *s. m.* tráfego_m de ida e volta
penetrant *adj.* penetrante
penibel *adj.* meticuloso
Penis *s. m.* pénis_m
pennen *v. intr. (coloq.)* dormir

Penner s. m. vagabundo_m, vadio_m.
Pension s. f. 1. pensão_f, hospedaria_f; 2. pensão_f, reforma_f.
Pensionär s. f. m. 1. pensionista_m. e f; 2. *(Suíça)* hóspede_m. e f.
pensionieren* v. tr. aposentar, reformar
pensioniert adj. reformado, aposentado
Pensionierung s. f. aposentadoria_f, reforma_f.
Pensum s. nt. tarefa_f.
Pep s. m. genica_f.
Peperoni s. f. *(Suíça)* pimento_m.
per prep. [+ac.] por, de, por meio de; per Post: pelo correio
perfekt adj. perfeito
Perfekt s. nt. GRAMÁTICA pretérito_m. perfeito
Perfektion s. f. perfeição_f.
Perfektionist s. m. perfeccionista_m. e f.
Pergament s. nt. pergaminho_m.
Pergamentpapier s. nt. papel_m. vegetal
Periode s. f. 1. período_m, época_f; 2. menstruação_f.
periodisch adj. periódico
Peripherie s. f. 1. periferia_f; 2. INFORMÁTICA equipamento_m. periférico
Peripheriegerät s. nt. INFORMÁTICA periférico_m.
Perle s. f. pérola_f.
perlen v. intr. borbulhar
Perlmutt s. nt. madrepérola_f.
permanent adj. permanente
perplex adj. perplexo, atónito
Perserteppich s. m. tapete_m. persa
Persien s. nt. Pérsia_f.
Person s. f. 1. pessoa_f; 2. CINEMA, LITERATURA personagem_m. e f.
Personal s. nt. pessoal_m.
Personalabteilung s. f. secção_f. de pessoal
Personalausweis s. m. bilhete_m. de identidade

Personalcomputer s. m. computador_m. pessoal
Personalien s. pl. dados_m. pl. pessoais
Personenkraftwagen s. m. automóvel_m. ligeiro de passageiros
Personenzug s. m. comboio_m. de passageiros
persönlich I adj. pessoal; II adv. pessoalmente, em pessoa
Persönlichkeit s. f. personalidade_f.
Perspektive s. f. perspectiva_f.
Peru s. nt. Peru_m.
Perücke s. f. peruca_f, cabeleira_f. (postiça)
pervers adj. perverso
Pessar s. nt. MEDICINA pessário_m.
Pessimismus s. m. pessimismo_m.
Pessimist s. m. pessimista_m. e f.
pessimistisch adj. pessimista
Pest s. f. peste_f.
Pestizid s. nt. pesticida_m.
Peterli s. m. *(Suíça)* → Petersilie
Petersilie s. f. salsa_f.
Petroleum s. nt. petróleo_m.
Petting s. nt. carícias_f. pl.
petzen v. intr. *(coloq.)* fazer queixinhas
Pf [abrev. de **Pfennig**] pfennig_m.
Pfad s. m. caminho_m, vereda_f, carreiro_m.
Pfadfinder s. m. escuteiro_m.
Pfahl s. m. estaca_f, poste_m.
Pfand s. nt. 1. penhor_m; (no jogo) prenda_f; 2. ⟨sem pl.⟩ (garrafas) depósito_m.
pfänden v. tr. penhorar
Pfandflasche s. f. garrafa_f. com depósito
Pfandhaus s. nt. casa_f. de penhores, prego_m.
Pfandschein s. m. cautela_f. de penhora
Pfändung s. f. penhora_f.
Pfanne s. f. frigideira_f, sertã_f.
Pfannkuchen s. m. CULINÁRIA crepe_m, panqueca_f.
Pfarramt s. nt. paróquia_f.

Pfarrei s. f. paróquia₁
Pfarrer s. m. (católico) padre_m, pároco_m; (protestante) pastor_m
Pfau s. m. pavão_m
Pfeffer s. m. pimenta₁
Pfefferkuchen s. m. broa₁ de mel
Pfefferminze s. f. hortelã-pimenta₁
pfeffern v. tr. temperar com pimenta
Pfefferstreuer s. m. pimenteira₁
Pfeife s. f. 1. cachimbo_m; 2. MÚSICA pífaro_m; 3. apito_m; 4. MÚSICA (de órgão) tubo_m
pfeifen v. intr. assobiar; apitar
Pfeil s. m. seta₁; flecha₁
Pfeiler s. m. pilar_m
Pfennig s. m. pfennig_m
Pferd s. nt. ZOOLOGIA cavalo_m
Pferderennen s. nt. corrida₁ de cavalos
Pferdeschwanz s. m. (penteado) rabo-de-cavalo_m
Pferdestall s. m. cavalariça₁
Pferdestärke s. f. cavalo-vapor_m
pfiff pret. imp. de pfeifen
Pfiff s. m. assobio_m
pfiffig adj. finório, ladino; esperto
Pfingsten s. nt. Pentecostes_m
Pfingstrose s. f. BOTÂNICA peónia₁
Pfirsich s. m. BOTÂNICA pêssego_m
Pfirsichbaum s. m. BOTÂNICA pessegueiro_m
Pflanze s. f. planta₁
pflanzen v. tr. plantar
Pflanzenfett s. nt. gordura₁ vegetal
Pflanzenschutzmittel s. nt. pesticida_m
pflanzlich adj. vegetal
Pflaster s. nt. 1. adesivo_m; 2. pavimento_m, piso_m
pflastern v. tr. calcetar, empedrar
Pflasterstein s. m. paralelepípedo_m
Pflaume s. f. BOTÂNICA ameixa₁
Pflaumenbaum s. m. BOTÂNICA ameixoeira₁
Pflege s. f. 1. tratamento_m; assistência₁; 2. higiene₁; 3. manutenção₁

Pflegeeltern s. pl. família₁ de acolhimento
Pflegeheim s. nt. lar_m de terceira idade
Pflegekind s. nt. criança₁ adoptiva
pflegen I v. tr. 1. tratar de, cuidar de; 2. (amizades) cultivar; II v. intr. costumar; er pflegt zu sagen...: ele costuma dizer...
Pfleger s. m. enfermeiro_m
Pflicht s. f. obrigação₁, dever_m
pflichtbewusst adj. cumpridor, ciente do dever
Pflichtbewusstsein s. nt. consciência₁ do dever
Pflichtfach s. nt. disciplina₁ obrigatória
Pflichtversicherung s. f. seguro_m obrigatório
Pflock s. m. estaca₁
pflücken v. tr. apanhar, colher
Pflug s. m. arado_m, charrua₁
pflügen v. tr. e intr. lavrar, arar
Plümli s. nt. (Suíça) aguardente₁ de ameixa
Pforte s. f. portão_m
Pförtner s. m. porteiro_m
Pfosten s. m. poste_m
Pfote s. f. pata₁
Pfropfen s. m. rolha₁, batoque_m
pfui interj. credo!, ui!
Pfund s. nt. 1. meio quilo_m; 2. libra₁
pfuschen v. intr. (coloq.) aldrabar, atamancar
Pfuscherei s. f. (coloq.) trabalho_m mal feito
Pfütze s. f. poça₁
Phänomen s. nt. fenómeno_m
Phantasie s. f. fantasia₁
phantasieren* v. intr. 1. fantasiar; 2. MEDICINA delirar
phantastisch adj. 1. irreal; 2. (coloq.) fantástico, fabuloso
Phantombild s. nt. retrato-robô_m
pharmazeutisch adj. farmacêutico

Pharmazie s. f. farmácia $_f$
Phase s. f. fase $_f$
Philologe s. m. filólogo $_m$
Philologie s. f. filologia $_f$
philologisch adj. filológico
Philosoph s. m. filósofo $_m$
Philosophie s. f. filosofia $_f$
philosophisch adj. filosófico
phlegmatisch adj. pachorrento, vagaroso
Phonetik s. f. fonética $_f$
Phosphat s. nt. fosfato $_m$
Phosphor s. m. fósforo $_m$
Photo s. nt. → Foto
Physik s. f. física $_f$
physikalisch adj. físico
Physiker s. m. físico $_m$
Physiologie s. f. fisiologia $_f$
Physiotherapie s. f. fisioterapia $_f$
physisch adj. físico
Pianist s. m. pianista $_{m. e f.}$
Pickel s. m. 1. borbulha $_f$, espinha $_f$; 2. picareta $_f$
picken v. tr. picar
Picknick s. nt. piquenique $_m$
piepen v. intr. 1. piar; 2. apitar
piepsen v. intr. → piepen
Piepser s. m. (coloq.) bip $_m$, telebip $_m$
Pik s. nt. (jogo de cartas) espadas $_{f. pl.}$
pikant adj. picante
Pilger s. m. peregrino $_m$
pilgern v. intr. fazer uma peregrinação [nach +dat., a]
Pille s. f. comprimido $_m$, pílula $_f$
Pilot s. m. piloto $_{m. e f.}$
Pils s. nt. cerveja $_f$ branca
Pilz s. m. fungo $_m$; cogumelo $_m$
Pilzerkrankung s. f. MEDICINA micose $_f$
Pimmel s. m. (coloq.) pila $_f$
pingelig adj. picuinhas, miudinho
Pinguin s. m. ZOOLOGIA pinguim $_m$
Pinie s. f. BOTÂNICA pinheiro $_m$

pink adj. cor-de-rosa
pinkeln v. intr. (coloq.) mijar
Pinnwand s. f. quadro $_m$ de afixação (em cortiça)
Pinsel s. m. pincel $_m$
Pinzette s. f. pinça $_f$
Pionier s. m. pioneiro $_m$
Pipi s. nt. (coloq.) chichi $_m$
Pirat s. m. pirata $_{m. e f.}$
pissen v. intr. (coloq.) mijar
Pistazie s. f. BOTÂNICA pistácio $_m$
Piste s. f. AERONÁUTICA, DESPORTO pista $_f$
Pistole s. f. pistola $_f$
Plackerei s. f. (coloq.) maçada $_f$
plädieren* v. intr. lutar [für +ac., por]
Plage s. f. praga $_f$
plagen I v. tr. atormentar, consumir; II v. refl. esfalfar-se
Plakat s. nt. cartaz $_m$, placard $_m$
Plan s. m. 1. plano $_m$; 2. mapa $_m$, planta $_f$; 3. esboço $_m$
Plane s. f. lona $_f$
planen v. tr. planear, projectar; planificar
Planet s. m. planeta $_m$
planieren* v. tr. terraplenar, nivelar
Planierraupe s. f. tractor $_m$ de terraplenagem
Planke s. f. prancha $_f$
planlos I adj. sem plano, sem método; II adv. ao acaso, à sorte
planmäßig I adj. planeado, previsto; II adv. conforme os planos
Planschbecken s. nt. → Plantschbecken
planschen v. intr. → plantschen
Plantage s. f. plantação $_f$
Plantschbecken s. nt. piscina $_f$ para crianças
plantschen v. intr. chapinhar [in +dat., em]
Planung s. f. planeamento $_m$, planificação $_f$

Pro-Kopf-Einkommen s. nt. rendimento_m per capita
Promenade s. f. passeio_m
Promille s. pl. (coloq.) taxa_f de alcoolemia
prominent adj. proeminente, destacado
Prominenz s. f. alta sociedade_f
Promotion s. f. doutoramento_m
promovieren v. intr. fazer o doutoramento [in +dat., em; über +ac., sobre]
prompt I adj. rápido; II adv. com prontidão, imediatamente
Propaganda s. f. propaganda_f
Propeller s. m. hélice_f
Prophet s. m. profeta_m
prophetisch adj. profético
prophezeien* v. tr. profetizar
Prophezeiung s. f. profecia_f
Proportion s. f. proporção_f
proportional adj. proporcional
Prosa s. f. prosa_f
prosaisch adj. prosaico
prosit interj. (à) saúde!
Prospekt s. m. prospecto_m, folheto_m
prost interj. saúde!
Prostata s. f. ANATOMIA próstata_f
Prostituierte s. m. e f. prostitut|o, -a_{m, f}
Prostitution s. f. prostituição_f
Protein s. nt. proteína_f
Protest s. m. protesto_m
Protestant s. m. protestante_{m e f}
protestantisch adj. protestante
protestieren* v. intr. protestar [gegen +ac., contra]
Prothese s. f. prótese_f
Protokoll s. nt. 1. acta_f; registo; 2. multa_f
protzen v. intr. (coloq.) gabar-se [mit +dat., de], exibir-se [mit +dat., com]
protzig adj. 1. (coloq.) gabarola; 2. (coloq.) luxuoso
Proviant s. m. provisões_{f, pl}, mantimentos_{m, pl}
Provinz s. f. província_f

Provision s. f. comissão_f
provisorisch adj. provisório
Provokation s. f. provocação_f
provozieren* v. tr. provocar
Prozedur s. f. procedimento_m, processo_m
Prozent s. nt. percentagem_f
Prozente s. pl. (coloq.) desconto_m
Prozentsatz s. m. percentagem_f
prozentual adj. percentual
Prozess s. m. 1. processo_m; 2. DIREITO processo_m, causa_f
prozessieren* v. intr. instaurar um processo
Prozession s. f. procissão_f
Prozesskosten s. pl. DIREITO custos_{m, pl} de processo
Prozessor s. m. INFORMÁTICA processador_m
prüde adj. pudico
prüfen v. tr. 1. testar; conferir, verificar; 2. examinar
Prüfer s. m. 1. revisor_m; 2. examinador_m
Prüfung s. f. 1. exame_m, prova_f; 2. revisão_f; verificação_f
Prüfungskommission s. f. júri_m
Prügel s. m. 1. pau_m, cacete_m; 2. pl. Prügel: tareia_f, sova_f
Prügelei s. f. pancadaria_f
prügeln I v. tr. bater em, sovar; II v. refl. andar à pancada [mit +dat., com]
Prunk s. m. pompa_f, fausto_m
prunkvoll adj. faustoso, sumptuoso
PS [abrev. de **Pferdestärke**] CV [abrev. de cavalo-vapor]
Psalm s. m. salmo_m
Pseudonym s. nt. pseudónimo_m
Psyche s. f. psique_f
Psychiater s. m. psiquiatra_{m e f}
Psychiatrie s. f. psiquiatria_f
psychisch adj. psíquico
Psychoanalyse s. f. psicanálise_f
Psychologe s. m. psicólogo_m

Psychologie s. f. psicologia_f_
psychologisch adj. psicológico
Psychopath s. m. psicopata_m. e f._
Psychose s. f. psicose_f_
Psychotherapeut s. m. psicoterapeuta_m. e f._
Pubertät s. f. puberdade_f_
Publikum s. nt. público_m._
Puck s. m. DESPORTO disco_m._ de hóquei
Pudding s. m. pudim_m._
Pudel s. m. caniche_m._
Puder s. m. 1. pó_m._; 2. pó-de-arroz_m._
pudern v. tr. pôr pó em
Puderzucker s. m. açúcar_m._ em pó
Puerto Rico s. nt. Porto_m._ Rico
Puff s. m. (coloq.) bordel_m._
Puffer s. m. pára-choques_m._
Pufferzone s. f. POLÍTICA zona_f_ neutra
Pulle s. f. (coloq.) garrafa_f_
Pulli s. m. (coloq.) → Pullover
Pullover s. m. camisola_f_; pulôver_m._
Pullunder s. m. pulôver_m._ sem mangas
Puls s. m. pulso_m._
Pulsader s. f. artéria_f_
Pulsschlag s. m. pulsação_f_
Pult s. nt. 1. púlpito_m._; 2. escrivaninha_f_
Pulver s. nt. pó_m._; pólvora_f_
Pulverkaffee s. m. café_m._ solúvel
Pulverschnee s. m. neve_f_ solta
pummelig adj. gorducho, rechonchudo
Pumpe s. f. bomba_f_
pumpen v. tr. 1. bombear; 2. (coloq.) pedir emprestado; sich [dat.] etwas von jemandem pumpen: cravar alguma coisa a alguém

Pumps s. m. sapato_m._ de tacão alto
Punker s. m. punk_m. e f._
Punkt s. m. ponto_m._; der springende Punkt: o busílis
pünktlich I adj. pontual; II adv. à hora, pontualmente
Pünktlichkeit s. f. pontualidade_f_
Pupille s. f. pupila_f_
Puppe s. f. boneca_f_
Puppenwagen s. m. carrinho_m._ de bonecas
pur adj. 1. puro; 2. (coloq.) mero
Püree s. nt. CULINÁRIA puré_m._
pürieren v. tr. passar
Pürierstab s. m. varinha_f_
Purzelbaum s. m. cambalhota_f_
Pustel s. f. MEDICINA pústula_f_
pusten v. intr. (coloq.) soprar, bufar
Pute s. f. ZOOLOGIA perua_f_
Puter s. m. ZOOLOGIA peru_m._
Putsch s. m. golpe_m._ de estado
Putz s. m. reboco_m._
putzen v. tr. limpar; sich [dat.] die Nase putzen: assoar-se; die Zähne putzen: lavar os dentes
Putzete s. f. (Suíça) limpeza_f_ geral
Putzfrau s. f. mulher_f_ da limpeza
putzig adj. engraçado
Puzzle s. nt. puzzle_m._
Pyjama s. m. pijama_m._
Pyramide s. f. pirâmide_f_
Pyrenäen s. pl. Pirinéus_m. pl._
Python s. m. ZOOLOGIA pitão_m._

Q

Q, q s. nt. Q, q_m.
Quader s. m. 1. pedra_f de cantaria; 2. MATEMÁTICA paralelepípedo_m.
Quadrat s. nt. quadrado_m.
quadratisch adj. quadrado
Quadratmeter s. m. metro_m quadrado
Quadratwurzel s. f. MATEMÁTICA raiz_f quadrada
Quai s. m. e nt. 1. molhe_m; 2. (Suíça) ribeira_f
quaken v. intr. 1. coaxar; 2. grasnar
Qual s. f. tormento_m, martírio_m.
quälen I v. tr. torturar; atormentar; II v. refl. consumir-se, afligir-se
Quälerei s. f. tormento_m, tortura_f
Qualifikation s. f. 1. qualificação_f; 2. DESPORTO apuramento_m.
qualifizieren I v. tr. qualificar; classificar; II v. refl. 1. qualificar-se; 2. DESPORTO ficar apurado
Qualität s. f. qualidade_f.
Qualle s. f. ZOOLOGIA alforreca_f
Qualm s. m. fumarada_f, fumaça_f.
qualmen v. intr. 1. fumegar; 2. (coloq.) fumar como uma chaminé
qualvoll adj. 1. torturoso; 2. doloroso
Quantität s. f. quantidade_f.
Quarantäne s. f. quarentena_f.
Quark s. m. CULINÁRIA requeijão_m.
Quartal s. nt. trimestre_m.
Quartett s. nt. MÚSICA quarteto_m.
Quartier s. nt. 1. alojamento_m; 2. (Suíça) bairro_m.
Quarz s. m. MINERALOGIA quartzo_m.
quasseln v. intr. (coloq.) tagarelar, dar à língua

Quatsch s. m. (coloq.) disparate_m, parvoíce_f.
quatschen v. intr. 1. (coloq.) palrar, dar à língua; 2. revelar
Quecksilber s. nt. QUÍMICA mercúrio_m.
Quelle s. f. 1. nascente_f, fonte_f; 2. (texto) fonte_f
quellen v. intr. brotar
Quellenangabe s. f. indicação_f da fonte
quer adv. de través, de lado; quer durch: através de; kreuz und quer: em todos os sentidos
Quere s. f. direcção_f transversal; jemandem in die Quere kommen: atravessar-se no caminho de alguém
Querflöte s. f. MÚSICA flauta_f transversal
querschnittsgelähmt adj. paraplégico
Querstraße s. f. rua_f transversal
quetschen v. tr. 1. apertar [an/gegen +ac., contra]; 2. esmagar; sich [dat.] den Finger quetschen: trilhar o dedo
Quetschung s. f. MEDICINA contusão_f
quietschen v. intr. guinchar; chiar
Quirl s. m. 1. CULINÁRIA batedeira_f; 2. traquina_m. e f.
quitt adj. (coloq.) mit jemandem quitt sein: estar quite com alguém
Quitte s. f. BOTÂNICA marmelo_m
quittieren v. tr. passar recibo
Quittung s. f. recibo_m.
Quiz s. nt. concurso_m.
quoll pret. imp. de quellen
Quote s. f. cota_f, quota_f.

R

R, r s. nt. R, r_m.
Rabatt s. m. desconto_m.
Rabe s. m. ZOOLOGIA corvo_m.
rabiat adj. sem respeito
Rache s. f. vingança_f [für +ac., por]
Rachen s. m. 1. garganta_f, faringe_f; 2. goela_f
rächen I v. tr. vingar; II v. refl. 1. vingar-se [an +dat., de; für +ac., por]; 2. sair caro
rachsüchtig adj. vingativo
Raclette s. f. CULINÁRIA queijo_m fundido
Rad s. nt. 1. roda_f; 2. bicicleta_f
Radar s. m. e nt. radar_m.
Radarkontrolle s. f. controlo_m por radar
Radau s. m. (coloq.) estardalhaço_m, barulheira_f
radebrechen v. tr. arranhar; Englisch radebrechen: arranhar o inglês
radeln v. intr. (coloq.) andar de bicicleta
Radfahrer s. m. ciclista_m e f.
radieren* v. intr. 1. safar, apagar; 2. (arte) gravar
Radiergummi s. m. borracha_f
Radieschen s. nt. BOTÂNICA rabanete_m.
radikal adj. 1. radical, total; 2. POLÍTICA extremista
Radio s. nt. rádio_m.
radioaktiv adj. radioactivo
Radioaktivität s. f. radioactividade_f
Radiorecorder s. m. radiogravador_m.
Radiosender s. m. emissora_f de rádio
Radiowecker s. m. rádio-despertador_m.
Radius s. m. MATEMÁTICA raio_m.
Radler[1] s. m. (-s, -) CULINÁRIA panaché_m.
Radler[2] s. m. (-s, -) ciclista_m e f.
Radlerhose s. f. calções_m. pl. de ciclismo
Radrennen s. nt. corrida_f de bicicletas
Radsport s. m. ciclismo_m.
Radtour s. f. passeio_m de bicicleta
Radweg s. m. pista_f para velocípedes
raffen v. tr. 1. (pej.) apanhar, arrebatar; 2. resumir, fazer um apanhado de
Raffinerie s. f. refinaria_f
raffiniert adj. 1. fino, finório; 2. subtil; sofisticado; 3. refinado, requintado
Rage s. f. (coloq.) raiva_f, fúria_f
ragen v. intr. sobressair [aus +dat., de]; erguer-se [aus +dat., de]
Ragout s. nt. CULINÁRIA guisado_m.
Rahm s. m. (Áustria, Suíça) nata(s)_f (pl.)
rahmen v. tr. encaixilhar, emoldurar
Rahmen s. m. 1. moldura_f, caixilho_m; 2. (carro) chassis_m; 3. (sem pl.) âmbito_m, enquadramento_m
Rain s. m. (Suíça) encosta_f
Rakete s. f. 1. foguetão_m; 2. foguete_m; 3. MILITAR míssil_m.
Rallye s. f. DESPORTO rali
Ramadan s. m. RELIGIÃO ramadão_m.
rammen v. tr. 1. cravar, fincar [in +ac., em]; 2. abalroar
Rampe s. f. 1. rampa_f; 2. plataforma_f
Rampenlicht s. nt. luz_f da ribalta
Ramsch s. m. (coloq.) rebotalho_m, tralha_f
RAM-Speicher s. m. INFORMÁTICA memória_f RAM
ran adv. (coloq.) → heran
Rand s. m. 1. beira_f, borda_f; margem_f; Ränder unter den Augen: olheiras_f; 2. orla_f, rebordo_m.
Randale s. f. (coloq.) balbúrdia_f

randalieren* v. intr. provocar distúrbios
Randalierer s. m. arruaceiro$_m$, zaragateiro$_m$.
Rande s. f. (Suíça) beterraba$_f$.
Randgruppe s. f. grupo$_m$ marginal
Randstreifen s. m. berma$_f$ da estrada
rang pret. imp. de ringen
Rang s. m. 1. posição$_f$; grau$_m$, nível$_m$; MILITAR posto$_m$; 2. (sem pl.) classe$_f$, categoria$_f$; 3. (teatro) balcão$_m$; 4. DESPORTO lugar$_m$.
rangieren* I v. tr. manobrar; II v. intr. ocupar um lugar
Rangliste s. f. DESPORTO ranking$_m$, lista$_f$ de categorias
Rank s. m. 1. (Suíça) sinuosidade$_f$; 2. (Suíça) manha$_f$, ardil$_m$.
rann pret. imp. de rinnen
rannte pret. imp. de rennen
Ranzen s. m. 1. mochila$_f$; 2. (coloq.) pança$_f$, bandulho$_m$.
ranzig adj. rançoso
Rappe s. m. cavalo$_m$ preto
rar adj. raro
Rarität s. f. raridade$_f$.
rasant adj. (coloq.) rápido; rapidíssimo
rasch I adj. rápido, veloz; II adv. depressa
rascheln v. intr. ramalhar; fazer ruído
rasen v. intr. 1. (coloq.) correr como um louco; (veículo) ir a alta velocidade; 2. vociferar
Rasen v. intr. relva$_f$, relvado$_m$.
rasend adj. 1. alucinante, vertiginoso; 2. entusiástico; 3. (dor) agudo
Rasenmäher s. m. cortador$_m$ de relva, cortador$_m$ de grama$_{Brasil}$
Raser s. m. (coloq., depr.) acelera$_{m. e f.}$
Raserei s. f. 1. fúria$_f$, raiva$_f$; 2. (coloq.) correria$_f$ (louca)
Rasierapparat s. m. máquina$_f$ de barbear
rasieren* I v. tr. 1. fazer a barba a; 2. depilar; II v. refl. 1. fazer a barba, barbear-se; 2. depilar-se

Rasierklinge s. f. lâmina$_f$ de barbear
Rasiermesser s. nt. navalha$_f$ de barba
Rasierpinsel s. m. pincel$_m$ de barba
Rasierschaum s. m. espuma$_f$ de barbear
Rasierwasser s. nt. loção$_f$ da barba
raspeln v. tr. ralar
raß adj. 1. (Áustria, Suíça) picante; 2. (Áustria, Suíça) cortante; 3. (Áustria, Suíça) enérgico, resoluto
Rasse s. f. raça$_f$.
Rassel s. f. matraca$_f$.
rasseln v. intr. tocar; fazer barulho
Rassendiskriminierung s. f. discriminação$_f$ racial
Rassentrennung s. f. segregação$_f$ racial
Rassismus s. m. racismo$_m$.
Rassist s. m. racista$_{m. e f.}$
rassistisch adj. racista
Rast s. f. descanso$_m$, repouso$_m$.
rasten v. intr. descansar, repousar
Raster s. nt. 1. (tipografia) retículo$_m$; 2. norma$_f$.
Rasthaus s. nt. pousada$_f$, estalagem$_f$.
rastlos adj. sem descanso; incessante
Rastplatz s. m. área$_f$ de descanso
Raststätte s. f. área$_f$ de serviço
Rasur s. f. raspagem$_f$.
Rat[1] s. m. (-(e)s, Räte) 1. (sem pl.) conselho$_m$; jemandem einen Rat geben: dar um conselho a alguém; 2. conselho$_m$, junta$_f$
Rat[2] s. m. (-(e)s, Räte) membro$_m$ de conselho
Rate s. f. prestação$_f$; in Raten zahlen: pagar em prestações
raten v. tr. 1. aconselhar; 2. adivinhar
Ratenzahlung s. f. pagamento$_m$ em prestações
Ratgeber[1] s. m. (-s, -) (livro) guia$_m$.
Ratgeber[2] s. m. (-s, -) conselheiro$_m$.
Rathaus s. nt. câmara$_f$ municipal; junta$_f$ de freguesia

Ration s. f. ração_f
rational adj. racional
rationalisieren* I v. tr. racionalizar; II v. intr. fazer despedimentos
ratlos adj. desorientado, desnorteado
Ratlosigkeit s. f. desorientação_f, atrapalhação_f
ratsam adj. aconselhável
Rätsel s. nt. 1. adivinha_f, charada_f; 2. enigma_m, mistério_m
rätselhaft adj. enigmático, misterioso
Ratte s. f. ratazana_f
rattern v. intr. estalar; fazer barulho
rau adj. 1. áspero; 2. rouco; 3. agreste; (inverno) rigoroso
Raub s. m. 1. roubo_m, furto_m; 2. rapto_m; 3. presa_f
rauben v. tr. 1. roubar, furtar; 2. raptar
Räuber s. m. ladrão_m, gatuno_m; salteador_m
Raubkatze s. f. ZOOLOGIA felino_m predador
Raubkopie s. f. cópia_f pirata
Raubmord s. m. assassinato_m e roubo
Raubtier s. nt. ZOOLOGIA predador_m
Raubüberfall s. m. assalto_m (à mão armada)
Raubvogel s. m. ZOOLOGIA ave_f de rapina
Rauch s. m. fumo_m
rauchen I v. tr. fumar; II v. intr. 1. fumar; 2. fumegar
Raucher s. m. fumador_m
Raucherabteil s. nt. compartimento_m para fumadores
räuchern v. tr. defumar
Rauchfleisch s. nt. carne_f defumada
rauchig adj. cheio de fumo
Rauchverbot s. nt. proibição_f de fumar
Räude s. f. tinha_f, sarna_f
rauf adv. (coloq.) → heraufen
raufen v. intr. brigar
Rauferei s. f. briga_f, rixa_f
Raum s. m. 1. espaço_m; 2. (sem pl.) lugar_m, sítio_m; 3. sala_f, divisão_f; 4. área_f, zona_f

räumen v. tr. evacuar
Raumfähre s. f. vaivém_m espacial
Raumfahrt s. f. aeronáutica_f
räumlich adj. espacial, do espaço
Räumlichkeiten s. pl. instalações_f. pl.
Raumpfleger s. m. homem_m da limpeza
Raumschiff s. nt. nave_f espacial
Raumstation s. f. estação_f espacial
Räumung s. f. 1. (casa) desocupação_f; 2. DIREITO despejo_m; evacuação_f
Räumungsverkauf s. m. liquidação_f total
Raupe s. f. ZOOLOGIA lagarta_f
Raureif s. m. geada_f
raus adv. (coloq.) → heraus
Rausch s. m. 1. bebedeira_f; 2. embriaguez_f, êxtase_m
rauschen v. intr. murmurar; (mar) marulhar; (vento) sussurrar; (árvore) ramalhar
rauschend adj. 1. impetuoso, frenético; 2. ruidoso
Rauschgift s. nt. estupefaciente_m
Rauschgifthandel s. m. narcotráfico_m
Rauschgiftsüchtige(r) s. m. e f. toxicodependente_m. e f.
räuspern v. refl. pigarrear, tossir levemente
Rayon s. m. (Áustria, Suíça) distrito_m
Razzia s. f. rusga_f
Reagenzglas s. nt. tubo_m de ensaio
reagieren* v. intr. reagir [auf +ac., a]
Reaktion s. f. reacção_f [auf +ac., a]
reaktionär adj. reaccionário
Reaktionär s. m. reaccionário_m
Reaktor s. m. reactor_m
real adj. real
realisieren* v. tr. realizar
Realismus s. m. realismo_m
Realist s. m. realista_m. e f.
realistisch adj. realista
Realität s. f. 1. realidade_f; 2. pl. Realitäten: (Áustria) imóveis_m. pl.

Reality-TV *s. nt.* televisão*f* sensacionalista
Realschule *s. f.* [escola secundária até ao 10.º ano de escolaridade]
Rebe *s. f.* videira*f*, vide*f*
Rebell *s. m.* rebelde*m. e f.*
rebellieren* *v. intr.* revoltar-se, insurgir-se [**gegen** +*ac.*, contra]
Rebellion *s. f.* rebelião*f*
rebellisch *adj.* rebelde
Rebhuhn *s. nt.* ZOOLOGIA perdiz*f*
Reblaus *s. f.* filoxera*f*
Rebstock *s. m.* cepa*f*, videira*f*
Rechenaufgabe *s. f.* problema*m* aritmético
Rechenfehler *s. m.* erro*m* de cálculo
Rechenmaschine *s. f.* máquina*f* de calcular, calculadora*f*
Rechenschaft *s. f.* satisfação*f*, contas*f. pl.*
Recherche *s. f.* pesquisa*f*
recherchieren* *v. tr. e intr.* pesquisar
rechnen *v. tr. e intr.* 1. calcular; 2. contar; 3. avaliar
Rechner *s. m.* 1. calculadora*f*; 2. computador*m*
Rechnung *s. f.* 1. cálculo*m*; 2. factura*f*; conta*f*
recht I *adj.* 1. certo, próprio; 2. verdadeiro; II *adv.* 1. bem, muito; **es ist recht tief**: é bem fundo; **recht viel**: bastante; 2. justamente
Recht *s. nt.* 1. (*sem pl.*) direito*m*; lei*f*; **Recht haben**: ter razão; 2. direito*m* [**auf** +*ac.*, a]
Rechte *s. f.* direita*f*
Rechteck *s. nt.* rectângulo*m*
rechteckig *adj.* rectangular
rechte(r, s) *adj.* 1. (lado) direito; 2. POLÍTICA de direita; 3. GEOMETRIA **rechter Winkel**: ângulo recto
rechtfertigen I *v. tr.* justificar; II *v. refl.* justificar-se [**für** +*ac.*, por; **vor** +*dat.*, a]

Rechtfertigung *s. f.* justificação*f* [**für** +*ac.*, por]
rechthaberisch *adj.* teimoso
rechtlich *adj.* 1. legal; 2. jurídico
rechtmäßig *adj.* legítimo, legal
rechts *adv.* à direita
Rechtsanwalt *s. m.* advogado*m*
Rechtsberatung *s. f.* aconselhamento*m* jurídico
Rechtschreibung *s. f.* ortografia*f*
Rechtsextremist *s. m.* extremista*m. e f.* de direita
Rechtshänder *s. m.* pessoa*f* destra
Rechtskonsulent *s. m.* 1. (*Suíça*) solicitador*m*; 2. (*Suíça*) advogado*m*
rechtskräftig *adj.* válido, vigente
Rechtsprechung *s. f.* jurisdição*f*
rechtsradikal *adj.* de extrema direita
Rechtsschutzversicherung *s. f.* seguro*m* de protecção jurídica
Rechtsweg *s. m.* via*f* judicial
rechtswidrig *adj.* ilegal, contra a lei
rechtwinklig *adj.* rectangular
rechtzeitig I *adj.* atempado; II *adv.* a tempo, a horas
Reck *s. nt.* DESPORTO barra*f* fixa
recken *v. refl.* espreguiçar-se, esticar-se
Recorder *s. m.* gravador*m*
recycelbar *adj.* reciclável
recyceln* *v. tr.* reciclar
Recycling *s. nt.* reciclagem*f*
Recyclingpapier *s. nt.* papel*m* reciclado
Redakteur *s. m.* redactor*m*
Redaktion *s. f.* redacção*f*
Redaktor *s. m.* (*Suíça*) → Redakteur
Rede *s. f.* discurso*m*; conversa*f*
Redefreiheit *s. f.* liberdade*f* de expressão
redegewandt *adj.* eloquente
reden I *v. tr.* dizer; II *v. intr.* 1. falar [**mit** +*dat.*, com; **über** +*ac.*, sobre; **von** +*dat.*, de]; 2. discursar [**über** +*ac.*, sobre]

Redewendung s. f. expressão₍f₎ idiomática
redlich adj. sério, recto
Redner s. m. orador₍m₎
redselig adj. falador
reduzieren* v. tr. reduzir [auf +ac., para; um +ac., em]
Reede s. f. ancoradouro₍m₎
Reeder s. m. armador₍m₎
Reederei s. f. companhia₍f₎ de navegação
reell adj. 1. real; 2. honesto, sério
Referat s. nt. 1. relatório₍m₎, trabalho₍m₎ [über +ac., sobre]; 2. secção₍f₎
Referendar s. m. estagiário₍m₎
Referendariat s. nt. estágio₍m₎
Referendum s. nt. referendo₍m₎
Referent s. m. 1. arguente₍m. e f.₎; 2. chefe₍m. e f.₎ de secção
Referenz s. f. referência₍f₎
referieren* v. intr. 1. relatar [über +ac., sobre]; 2. informar [über +ac., sobre]
reflektieren* v. tr. (luz) reflectir
Reflektor s. m. reflector₍m₎
Reflex s. m. reflexo₍m₎
Reflexion s. f. reflexão₍f₎ [über +ac., sobre]
reflexiv adj. reflexo, reflexivo
Reflexivpronomen s. nt. GRAMÁTICA pronome₍m₎ reflexo
Reform s. f. reforma₍f₎
Reformation s. f. RELIGIÃO, HISTÓRIA Reforma₍f₎
Reformhaus s. nt. loja₍f₎ de produtos naturais
reformieren* v. tr. reformar
Refrain s. m. refrão₍m₎
Regal s. nt. estante₍f₎
Regatta s. f. regata₍f₎
rege adj. 1. intenso; grande; 2. animado; vivo
Regel s. f. regra₍f₎; in der Regel: geralmente, por norma
regelmäßig adj. regular
Regelmäßigkeit s. f. regularidade₍f₎

regeln I v. tr. 1. regular; regulamentar; 2. regularizar, resolver; II v. refl. regularizar-se
regelrecht adj. 1. correcto, segundo as regras; 2. (coloq.) autêntico
Regelung s. f. 1. regulamento₍m₎; acordo₍m₎; 2. regularização₍f₎
regelwidrig adj. irregular, contra a regra
regen v. refl. mexer-se, agitar-se
Regen s. m. chuva₍f₎
Regenbogen s. m. arco-íris₍m₎
Regenbogenpresse s. f. imprensa₍f₎ sensacionalista
Regeneration s. f. regeneração₍f₎
regenerieren* v. refl. regenerar-se
Regenmantel s. m. gabardine₍f₎, impermeável₍m₎
Regenrinne s. f. caleira₍f₎, goteira₍f₎
Regenschauer s. m. aguaceiro₍m₎; chuvada₍f₎
Regenschirm s. m. guarda-chuva₍m₎, chapéu-de-chuva₍m₎
Regenwasser s. nt. águas₍f. pl.₎ pluviais
Regenwetter s. nt. tempo₍m₎ de chuva
Regenwurm s. m. minhoca₍f₎
Regenzeit s. f. estação₍f₎ das chuvas
Regie s. f. 1. administração; 2. CINEMA realização₍f₎; TEATRO direcção₍f₎ artística
regieren* I v. tr. reger, dirigir; II v. intr. governar
Regierung s. f. governo₍m₎
Regierungsbezirk s. m. distrito₍m₎
Regierungschef s. m. chefe₍m. e f.₎ de governo
Regime s. nt. regime₍m₎
Regiment s. nt. 1. governo₍m₎; 2. MILITAR regimento₍m₎
Region s. f. região₍f₎
regional adj. regional
Regisseur s. m. CINEMA realizador₍m₎; TEATRO director₍m₎ artístico, encenador₍m₎
Register s. nt. 1. registo₍m₎, lista₍f₎; 2. índice₍m₎

registrieren* *v. tr.* registar
regnen *v. intr.* chover
regnerisch *adj.* chuvoso
regulär *adj.* regular
regulieren* *v. tr.* 1. regular; 2. regulamentar
Regung *s. f.* 1. movimento$_m$, agitação$_f$; 2. emoção$_f$
regungslos *adj.* imóvel
Reh *s. nt.* ZOOLOGIA corça$_f$
Rehabilitation *s. f.* reabilitação$_f$
rehabilitieren* *v. tr.* (autoridade, prestígio) recuperar
Reibe *s. f.* raspa$_f$
Reibeisen *s. nt.* raspador$_m$, ralador$_m$
reiben *v. tr.* 1. esfregar, friccionar; 2. ralar, raspar
Reiberei *s. f.* atrito$_m$
Reibung *s. f.* 1. fricção$_f$; 2. FÍSICA atrito$_m$
reibungslos *adj.* sem atritos
reich *adj.* 1. rico [an +*dat.*, em]; 2. abundante, opulento; 3. rico, variado
Reich *s. nt.* 1. império$_m$; 2. reino$_m$
reichen I *v. tr.* 1. passar, chegar; 2. (a mão) estender; 3. servir; II *v. intr.* 1. chegar, bastar; 2. chegar [bis +*ac.*, até], alcançar
reichhaltig *adj.* abundante, rico; variado
reichlich *adj.* bastante, suficiente; (tempo) (mais que) suficiente
Reichtum *s. m.* 1. riqueza$_f$ [an +*dat.*, em]; 2. abundância$_f$, fartura$_f$
Reichweite *s. f.* alcance$_m$
reif *adj.* maduro
Reif *s. m.* 1. pulseira$_f$; 2. ⟨sem pl.⟩ geada$_f$
Reife *s. f.* 1. amadurecimento$_m$; 2. madureza$_f$; maturidade$_f$
reifen *v. intr.* amadurecer
Reifen *s. m.* 1. pneu$_m$; 2. (brinquedo) arco$_m$
Reifenpanne *s. f.* furo$_m$ no pneu
Reifeprüfung *s. f.* exame$_m$ final

Reihe *s. f.* 1. fila$_f$, fileira$_f$; 2. série$_f$; 3. ⟨sem pl.⟩ ordem$_f$; der Reihe nach: por ordem
Reihenfolge *s. f.* ordem$_f$, sucessão$_f$
Reihenhaus *s. nt.* moradia$_f$ em banda
Reiher *s. m.* ZOOLOGIA garça$_f$
Reim *s. m.* rima$_f$
reimen *v. refl.* rimar [auf +*ac.*, com]
rein I *adj.* 1. puro; 2. limpo; II *adv.* (*coloq.*) → herein
Reinfall *s. m.* (*coloq.*) fracasso$_m$, fiasco$_m$
Reinheit *s. f.* 1. pureza$_f$; 2. limpeza$_f$
reinigen *v. tr.* limpar; depurar
Reiniger *s. m.* produto$_m$ de limpeza
Reinigung *s. f.* 1. ⟨sem pl.⟩ limpeza$_f$; 2. lavandaria$_f$
reinlich *adj.* limpo, asseado
reinrassig *adj.* de raça pura
Reis *s. m.* arroz$_m$
Reise *s. f.* viagem$_f$ [nach +*dat.*, a/para]
Reiseandenken *s. nt.* recordação$_f$ de viagem
Reisebüro *s. nt.* agência$_f$ de viagens
Reisebus *s. m.* camioneta$_f$ de turismo
Reiseführer *s. m.* guia$_m$ turístico, roteiro$_m$ turístico
Reisekosten *s. pl.* despesas$_{f. pl.}$ de viagem
Reiseleiter *s. m.* guia$_m$ turístico
reisen *v. intr.* viajar [nach +*dat.*, para]
Reisende(r) *s. m. e f.* viajante$_{m. e f.}$
Reisepass *s. m.* passaporte$_m$
Reisescheck *s. m.* cheque$_m$ de viagem
Reisetasche *s. f.* saco$_m$ de viagem
Reiseveranstalter *s. m.* operador$_m$ turístico
Reiseziel *s. nt.* destino$_m$ da viagem
Reisfeld *s. nt.* lezíria$_f$
Reißbrett *s. nt.* estirador$_m$
reißen I *v. tr.* 1. rasgar; 2. arrancar; tirar; 3. puxar; etwas an sich reißen: apoderar-se de alguma coisa; II *v. intr.* romper(-se)

reißend *adj.* 1. impetuoso; 2. torrencial; 3. (rio) caudaloso
Reißverschluss *s. m.* fecho-éclair_m.
Reißwolf *s. m.* destruidora_f de papel
Reißzwecke *s. f.* percevejo_m.
reiten I *v. tr.* montar; II *v. intr.* montar, andar a cavalo
Reiter *s. m.* cavaleiro_m.
Reithose *s. f.* calças_f. pl. de montar
Reitpferd *s. nt.* cavalo_m de montar
Reitsport *s. m.* hipismo_m., equitação_f.
Reitstall *s. m.* picadeiro_m.
Reitstiefel *s. m.* bota_f de montar
Reiz *s. m.* 1. estímulo_m.; 2. atracção_f., encanto_m.; 3. atractivo_m.
reizbar *adj.* irritadiço
Reizbarkeit *s. f.* irritabilidade_f.
reizen *v. tr.* 1. irritar, espicaçar; 2. atrair, encantar
reizend *adj.* encantador, atraente
reizlos *adj.* sem graça, insípido
Reizung *s. f.* MEDICINA irritação_f.
reizvoll *adj.* 1. encantador; 2. cativante, atraente
Reklamation *s. f.* reclamação_f.
Reklame *s. f.* reclame_m., anúncio_m.
reklamieren* *v. tr.* reclamar
rekonstruieren* *v. tr.* reconstruir
Rekonstruktion *s. f.* reconstrução_f.
Rekord *s. m.* recorde_m.
Rekrut *s. m.* recruta_m. e f.
Rektor *s. m.* reitor_m.
Relais *s. nt.* ELECTRICIDADE relé_m.
Relation *s. f.* proporção_f., relação_f.
relativ *adj.* relativo
relaxen* *v. intr.* relaxar
relevant *adj.* relevante
Relief *s. nt.* relevo_m.
Religion *s. f.* religião_f.
religiös *adj.* religioso

Relikt *s. nt.* vestígio_m.
Reling *s. f.* amurada_f.
Remigrant *s. m.* retornado_m.
Remoulade *s. f.* remolada_f.
Renaissance *s. f.* Renascença_f., Renascimento_m.
Rennbahn *s. f.* 1. pista_f de corridas; 2. hipódromo_m.; 3. velódromo_m.
rennen *v. intr.* correr; gegen etwas rennen: embater em alguma coisa
Rennen *s. nt.* corrida_f.
Rennfahrer *s. m.* corredor_m., piloto_m. e f.
Rennrad *s. nt.* bicicleta_f de corrida
Rennwagen *s. m.* carro_m de corrida
renovieren* *v. tr.* renovar
Renovierung *s. f.* renovação_f.
rentabel *adj.* rentável, lucrativo
Rente *s. f.* pensão_f de reforma
Rentenalter *s. nt.* idade_f. da reforma
Rentenversicherung *s. f.* fundo_m de pensão; seguro_m de poupança reforma
Rentier *s. nt.* ZOOLOGIA rena_f.
rentieren* *v. refl.* ser proveitoso; ser rentável
Rentner *s. m.* reformado_m., pensionista_m. e f.
Reparatur *s. f.* reparação_f., conserto_m.
Reparaturwerkstatt *s. f.* oficina_f.
reparieren* *v. tr.* reparar, consertar
Reportage *s. f.* reportagem_f. [über +ac., sobre]
Reporter *s. m.* repórter_m. e f.
Repräsentant *s. m.* representante_m. e f.
repräsentativ *adj.* representativo
Repressalien *s. pl.* represálias_f. pl.
Reptil *s. nt.* ZOOLOGIA réptil_m.
Republik *s. f.* república_f.
Republikaner *s. m.* republicano_m.
republikanisch *adj.* republicano
Requisit *s. nt.* adereço_m.
resch *adj.* 1. (*Áustria*) estaladiço; 2. (*Áustria*) enérgico

Reserve *s. f.* reserva*f.*
Reserverad *s. nt.* pneu*m.* sobresselente
reservieren* *v. tr.* reservar, marcar
reserviert *adj.* reservado
Resignation *s. f.* resignação*f*
resignieren* *v. intr.* resignar-se, conformar-se
Resonanz *s. f.* 1. FÍSICA, MÚSICA ressonância*f.*; 2. receptividade*f*
Respekt *s. m.* respeito*m.* [vor +*dat.*, por]
respektabel *adj.* respeitável
respektieren* *v. tr.* respeitar
respektlos *adj.* irreverente
respektvoll *adj.* respeitoso
Ressource *s. f.* recurso*m.*
Rest *s. m.* 1. resto*m.*; retalho*m.*; 2. sobras*f. pl.*
Restaurant *s. nt.* restaurante*m.*
Restauration *s. f.* 1. restauração*f*; restauro*m.*; 2. *(Áustria)* restaurante*m.*
restaurieren* *v. tr.* restaurar
Restbetrag *s. m.* saldo*m.* devedor
restlich *adj.* restante
restlos *adv.* completamente
Resultat *s. nt.* resultado*m.*
Retorte *s. f.* retorta*f*
Retortenbaby *s. nt.* bebé*m.* proveta
Retourbillett *s. nt.* *(Suíça)* bilhete*m.* de ida e volta
Retourgeld *s. nt.* *(Suíça)* troco*m.*
retten *v. tr.* 1. salvar [vor +*dat.*, de]; 2. restaurar
Retter *s. m.* salvador*m.*
Rettich *s. m.* rábano*m.*
Rettung *s. f.* 1. salvamento*m.*; 2. restauro*m.*
Rettungsboot *s. nt.* barco*m.* salva-vidas
Rettungshubschrauber *s. m.* helicóptero*m.* de salvamento
Rettungsring *s. m.* bóia*f.* de salvamento
Rettungsschwimmer *s. m.* nadador-salvador*m.*

Rettungswagen *s. m.* pronto-socorro*m.*
Reue *s. f.* arrependimento*m.*
reuig *adj.* arrependido
Revanche *s. f.* desforra*f*, vingança*f*
revanchieren* *v. refl.* 1. desforrar-se [für +*ac.*, de]; 2. retribuir
revidieren* *v. tr.* rever
Revier *s. nt.* 1. distrito*m.*; 2. esquadra*f.*; 3. zona*f* de caça
Revision *s. f.* 1. revisão*f*; 2. DIREITO recurso*m.*
Revolution *s. f.* revolução*f*
revolutionär *adj.* revolucionário
Revolutionär *s. m.* revolucionário*m.*
Revolver *s. m.* revólver*m.*
rezensieren* *v. tr.* criticar
Rezension *s. f.* crítica*f*
Rezept *s. nt.* receita*f*
rezeptfrei *adj.* de venda livre
Rezeption *s. f.* recepção*f*
rezeptpflichtig *adj.* que só se vende mediante receita médica
R-Gespräch *s. nt.* chamada*f* a cobrar no destino
Rhabarber *s. m.* BOTÂNICA ruibarbo*m.*
Rhein *s. m.* Reno*m.*
Rheinland-Pfalz *s. nt.* Renânia-Palatinado*f*
Rhesusfaktor *s. m.* factor*m.* Rh
Rhetorik *s. f.* retórica*f*
rhetorisch *adj.* retórico
Rheuma *s. nt. (coloq.)* reumatismo*m.*
Rhinozeros *s. nt.* ZOOLOGIA rinoceronte*m.*
rhythmisch *adj.* rítmico
Rhythmus *s. m.* ritmo*m.*
richten I *v. tr.* dirigir; (arma) apontar; (olhar, atenção) dirigir; (carta) endereçar; II *v. refl.* 1. reger-se; 2. ajustar-se; 3. dirigir-se; **sich an jemanden richten**: dirigir-se a alguém
Richter *s. m.* juiz*m.*

richterlich *adj.* judiciário, judicial
Richtgeschwindigkeit *s. f.* velocidade$_f$ recomendada
richtig I *adj.* 1. certo; correcto; 2. autêntico; verdadeiro; 3. apropriado, justo; II *adv.* 1. bem, correctamente; etwas richtig stellen: rectificar alguma coisa; 2. *(coloq.)* mesmo; das Konzert war richtig gut: o concerto foi mesmo bom
Richtigkeit *s. f.* exactidão$_f$
Richtpreis *s. m.* preço$_m$ recomendado
Richtung *s. f.* 1. direcção$_f$, sentido$_m$; 2. tendência$_f$
rieb *pret. imp. de* reiben
riechen I *v. tr.* cheirar; II *v. intr.* cheirar [nach +*dat.*, a]
rief *pret. imp. de* rufen
Riegel *s. m.* 1. ferrolho$_m$; 2. (de chocolate) barra$_f$
Riemen *s. m.* 1. tira$_f$, cinto$_m$; 2. remo$_m$
Riese *s. m.* gigante$_{m. e f.}$
rieseln *v. intr.* 1. (areia, pó) cair; 2. (neve) cair de mansinho
Riesenarbeit *s. f.* trabalhão$_m$, trabalheira$_f$
Riesenerfolg *s. m.* mega-sucesso$_m$
riesengroß *adj.* gigantesco, enorme
Riesenrad *s. nt.* roda$_f$ gigante
riesig *adj.* 1. gigantesco; 2. enorme
riet *pret. imp. de* raten
Riff *s. nt.* recife$_m$
rigoros *adj.* rigoroso
Rikscha *s. f.* riquexó$_m$
Rille *s. f.* sulco$_m$
Rind *s. nt.* 1. ZOOLOGIA boi$_m$; vaca$_f$; 2. ZOOLOGIA gado$_m$ bovino
Rinde *s. f.* 1. casca$_f$; 2. côdea$_f$
Rinderwahnsinn *s. m. (coloq.)* doença$_f$ das vacas loucas
Rindfleisch *s. nt.* carne$_f$ de vaca
Rindvieh *s. nt. (coloq., depr.)* boi$_m$, estúpido$_m$

Ring *s. m.* 1. argola$_f$; 2. anel$_m$; aliança$_f$; Ringe unter den Augen haben: estar com olheiras; 3. (boxe) ringue$_m$
Ringelnatter *s. f.* cobra$_f$ d'água
ringen *v. intr.* lutar [um +*ac.*, por]
Ringer *s. m.* lutador$_m$
Ringfinger *s. m.* dedo$_m$ anular
Ringkampf *s. m.* luta$_f$
ringsherum *adv.* a toda a volta [um +*ac.*, de]
ringsum *adv.* à/ em volta
Rinne *s. f.* 1. sulco$_m$; rego$_m$; 2. caleira$_f$
rinnen *v. intr.* escorrer
Rippchen *s. nt.* CULINÁRIA entrecosto$_m$
Rippe *s. f.* ANATOMIA costela$_f$
Rippli *s. nt. (Suíça)* → Rippchen
Risiko *s. nt.* risco$_m$; Risiko eingehen: correr riscos
Risikogruppe *s. f.* grupo$_m$ de risco
riskant *adj.* arriscado
riskieren* *v. tr.* arriscar
riss *pret. imp. de* reißen
Riss *s. m.* 1. rasgão$_m$; 2. fenda$_f$; rachadela$_f$
rissig *adj.* rachado, fendido; gretado
ritt *pret. imp. de* reiten
Ritt *s. m.* cavalgada$_f$, passeio$_m$ a cavalo
Ritter *s. m.* cavaleiro$_m$
ritterlich *adj.* cavalheiresco
Ritual *s. nt.* ritual$_m$
Ritze *s. f.* frincha$_f$
ritzen *v. tr.* riscar [in +*ac.*, em]
Rivale *s. m.* rival$_{m. e f.}$
rivalisieren* *v. intr.* rivalizar, competir
Rivalität *s. f.* rivalidade$_f$
Robbe *s. f.* ZOOLOGIA foca$_f$
Roboter *s. m.* robô$_m$
robust *adj.* robusto
roch *pret. imp. de* riechen
röcheln *v. intr.* 1. gemer; 2. agonizar
Rock[1] *s. m.* (-(e)s, Röcke) 1. saia$_f$; 2. *(Suíça)* vestido$_m$

Rock² *s. m. (-(s), sem pl.)* MÚSICA rock*m*

Rocker *s. m.* roqueiro*m*

Rodelbahn *s. f.* pista*f* de trenós

rodeln *v. intr.* andar de trenó

Rodelschlitten *s. m.* trenó*m*

roden *v. tr.* desbravar; desbastar

Rodung *s. f.* 1. desbravamento*m*; 2. terra*f* desbravada

Rogen *s. m.* ovas*f. pl.*

Roggen *s. m.* centeio*m*

Roggenbrot *s. nt.* pão*m* de centeio

roh *adj.* 1. cru; 2. bruto, tosco; 3. grosseiro

Rohbau *s. m.* construção*f* de alvenaria

Rohkost *s. f.* comida*f* crua

Rohöl *s. nt.* petróleo*m* bruto, crude*m*

Rohr *s. nt.* 1. cano*m*, tubo*m*; 2. *(sem pl.)* BOTÂNICA cana*f*

Röhre *s. f.* 1. tubo*m*, cano*m*; 2. válvula*f*; 3. forno*m*

Rohrzucker *s. m.* açúcar*m* de cana

Rohstoff *s. m.* matéria-prima*f*

Rolle *s. f.* 1. rolo*m*; 2. bobina*f*; 3. roldana*f*; 4. rodízio*m*; 5. papel*m*; eine Rolle spielen: representar um papel; das spielt keine Rolle: isso não interessa

rollen I *v. tr.* 1. rodar; 2. enrolar; II *v. intr.* rolar

Roller *s. m.* 1. trotinete*f*; 2. *(Áustria)* estore*m*

Rollkragenpullover *s. m.* camisola*f* de gola alta

Rollladen *s. m.* persiana*f*

Rollo *s. nt.* estore*m*

Rollschuh *s. m.* patim*m*

Rollstuhl *s. m.* cadeira*f* de rodas

Rollstuhlfahrer *s. m.* deficiente*m. e f.* motor

Rolltreppe *s. f.* escada*f* rolante

Roma *s. pl.* ciganos*m. pl.*

Roman *s. m.* romance*m*

romanisch *adj.* 1. românico; 2. *(Suíça)* reto-romano

Romanistik *s. f.* filologia*f* românica

Romantik *s. f.* romantismo*m*

Romantiker *s. m.* romântico*m*

romantisch *adj.* romântico

Romanze *s. f.* romance*m*

römisch *adj.* romano

röntgen *v. tr.* radiografar

Röntgenaufnahme *s. f.* radiografia*f*

Röntgenbild *s. nt.* radiografia*f*

Röntgenstrahlen *s. pl.* raios*m. pl.* X

rosa *adj. inv.* cor-de-rosa

Rose *s. f.* rosa*f*

Rosenkohl *s. m.* couve*f* de Bruxelas

Rosenkranz *s. m.* terço*m*, rosário*m*

Rosenmontag *s. m.* segunda-feira*f* de Carnaval

rosig *adj.* rosado; cor-de-rosa; rosige Zeiten: bons tempos

Rosine *s. f.* uva*f* passa

Rosmarin *s. m.* rosmaninho*m*

Ross *s. nt. (Áustria, Suíça)* cavalo*m*

Rosskur *s. f.* terapia*f* de choque

Rösslispiel *s. nt. (Suíça)* carrocel*m*

Rost *s. m.* 1. ferrugem*f*; 2. grelha*f*

Rostbraten *s. m. (Áustria)* carne*f* grelhada

rosten *v. intr.* enferrujar, oxidar

rösten *v. tr.* grelhar; torrar; assar

rostfrei *adj.* inoxidável

Rösti *s. f.* [batatas assadas cortadas em fatias muito finas]

rostig *adj.* enferrujado, ferrugento

Rostschutz *s. m.* anticorrosivo*m*

rot *adj.* 1. vermelho; rot werden: corar; 2. (cabelo) ruivo

rotblond *adj.* ruivo

Röte *s. f.* vermelhidão*f*; rubor*m*

Röteln *s. pl.* MEDICINA rubéola*f*

röten *v. refl.* ficar vermelho; corar

rotgrün *adj.* POLÍTICA social-democrata e ecologista

rothaarig adj. de cabelo ruivo
Rotkäppchen s. nt. capuchinho_m vermelho
Rotkehlchen s. nt. ZOOLOGIA pintarroxo_m
Rotkohl s. m. BOTÂNICA couve_f roxa
rötlich adj. avermelhado
Rotlichtviertel s. nt. (coloq.) bairro_m da luz vermelha
Rotwein s. m. vinho_m tinto
Rotz s. m. (coloq.) ranho_m
Rouge s. nt. blush_m
Roulade s. f. CULINÁRIA rolo_m de carne
Route s. f. rota_f, itinerário_m
Routine s. f. 1. rotina_f; 2. prática_f, experiência_f
Rowdy s. m. vândalo_m
Rübe s. f. 1. BOTÂNICA nabo_m; (Regionalismo) gelbe Rübe: cenoura_f; rote Rübe: beterraba_f; 2. (coloq.) (cabeça) tola_f
Rubel s. m. rublo_m
rüber adv. (coloq.) → herüber
Rubin s. m. rubi_m
Rubrik s. f. rubrica_f
Ruck s. m. solavanco_m
ruckartig adj. brusco, repentino
Rückblick s. m. retrospectiva_f [auf +ac., de]
rückblickend adj. em retrospectiva
rücken I v. tr. deslocar, mudar (de sítio); II v. intr. 1. chegar-se para lá; 2. aproximar-se
Rücken s. m. 1. costas_f. pl.; 2. lombada_f; 3. lombo_m, dorso_m
Rückenlehne s. f. espaldar_m, costas_f. pl. (da cadeira)
Rückenmark s. nt. ANATOMIA espinal medula_f
Rückenschmerzen s. pl. dores_f. pl. de costas
Rückenwind s. m. vento_m de cauda
Rückerstattung s. f. restituição_f; reembolso_m
Rückfahrkarte s. f. bilhete_m de ida e volta

Rückfahrscheinwerfer s. m. farol_m de marcha atrás
Rückfahrt s. f. volta_f, viagem_m de regresso
Rückfall s. m. 1. MEDICINA recaída_f; 2. DIREITO reincidência_f
rückfällig adj. reincidente; reversível
Rückflug s. m. voo_m de regresso
Rückgabe s. f. devolução_f, restituição_f
Rückgang s. m. diminuição_f [um +ac., em]
rückgängig adj. retrógrado; etwas rückgängig machen: anular; desmarcar
Rückgrat s. nt. ANATOMIA coluna_f vertebral, espinha_f dorsal
Rückhalt s. m. apoio_m
Rückkehr s. f. regresso_m, volta_f
Rücklicht s. nt. luz_f traseira
Rückreise s. f. viagem_f de regresso
Rückruf s. m. resposta_f por telefone
Rucksack s. m. mochila_f
Rucksacktourist s. m. turista_m. e f. pé-descalço
Rückschritt s. m. retrocesso_m
Rückseite s. f. 1. (edifício) traseiras_f. pl.; 2. (folha de papel) verso_m; **siehe Rückseite**: ver no verso; 3. (tecido) avesso_m
Rücksicht s. f. consideração_f, respeito_m; **auf jemanden Rücksicht nehmen**: ter consideração por alguém
rücksichtslos adj. sem respeito; grosseiro, indelicado
Rücksichtslosigkeit s. f. falta_f de consideração
rücksichtsvoll adj. atencioso
Rücksitz s. m. banco_m de trás
Rückspiegel s. m. retrovisor_m
Rücksprache s. f. 1. conferência_f; 2. consulta_f; parecer_m
Rückstand s. m. 1. restante_m, resto_m; 2. atraso_m
rückständig adj. 1. atrasado; 2. subdesenvolvido

Rücktritt s. m. 1. recuo$_m$; 2. demissão$_f$.
rückwärts adv. 1. para trás; 2. (Áustria) atrás
Rückwärtsgang s. m. marcha$_f$ atrás
Rückweg s. m. volta$_f$, regresso$_m$.
rückwirkend adj. retroactivo
Rückzahlung s. f. reembolso$_m$.
Rückzug s. m. MILITAR retirada$_f$.
Rüde s. m. cão$_m$ macho
Rudel s. nt. 1. alcateia$_f$; 2. manada$_f$.
Ruder s. nt. 1. remo$_m$; 2. leme$_m$.
Ruderboot s. nt. barco$_m$ a remos
Ruderer s. m. remador$_m$.
rudern v. intr. remar
Rüebli s. nt. (Suíça) cenoura$_f$.
Ruf s. m. 1. grito$_m$, clamor$_m$; 2. (sem pl.) reputação$_f$.
rufen I v. tr. chamar; II v. intr. chamar; laut rufen: gritar
Rufmord s. m. destruição$_f$ da reputação
Rufname s. m. nome$_m$ próprio
Rufnummer s. f. número$_m$ de telefone
rügen v. tr. repreender
Ruhe s. f. 1. sossego$_m$; calma$_f$; 2. descanso$_m$, repouso$_m$; sich zur Ruhe setzen: retirar-se da vida activa; 3. paz$_f$; 4. silêncio$_m$.
ruhelos adj. irrequieto, desassossegado
ruhen v. intr. descansar, repousar
Ruhepause s. f. pausa$_f$, intervalo$_m$.
Ruhestand s. m. reforma$_f$.
Ruhestörung s. f. perturbação$_f$ da ordem pública
Ruhetag s. m. folga$_f$; dia$_m$ de descanso
ruhig adj. 1. quieto; 2. silencioso; calado; 3. sossegado; calmo; tranquilo
Ruhm s. m. fama$_f$, celebridade$_f$.
rühmen v. tr. louvar, exaltar, glorificar
Ruhr s. f. MEDICINA disenteria$_f$.
Rührei s. nt. ovo$_m$ mexido

rühren I v. tr. 1. mexer; misturar; 2. mover; 3. comover; II v. intr. mexer; III v. refl. mover-se
rührend adj. comovente, enternecedor
Rührteig s. m. massa$_f$ de bolo
Rührung s. f. comoção$_f$.
Ruin s. m. ruína$_f$.
Ruine s. f. ruína(s)$_{f, (pl.)}$.
ruinieren* v. tr. arruinar; dar cabo de
rülpsen v. intr. (coloq.) arrotar
Rülpser s. m. (coloq.) arroto$_m$.
rum adv. (coloq.) → herum
Rumäne s. m. romeno$_m$.
Rumänien s. nt. Roménia$_f$.
rumänisch adj. romeno
Rummel s. m. (coloq.) agitação$_f$.
Rumpf s. m. 1. (de pessoa) tronco$_m$; 2. NÁUTICA casco$_m$; 3. AERONÁUTICA fuselagem$_f$.
rund I adj. 1. redondo; 2. roliço; II adv. (coloq.) à/por volta de, cerca de
Runde s. f. 1. grupo$_m$; 2. (guarda) ronda$_f$; 3. (bebidas) rodada$_f$; 4. (desafio) volta$_f$; (boxe) assalto$_m$.
Rundfahrt s. f. circuito$_m$ turístico
Rundfunk s. m. rádio$_f$, radiodifusão$_f$.
Rundfunkgebühr s. f. taxa$_f$ de radiodifusão
Rundfunksender s. m. emissora$_f$ de rádio
Rundgang s. m. volta$_f$, ronda$_f$.
Rundschreiben s. nt. circular$_f$.
runter adv. (coloq.) → herunter
Runzel s. f. ruga$_f$.
runzelig adj. rugoso, enrugado; engelhado
runzeln v. tr. enrugar, franzir
Rüpel s. m. malcriado$_m$, grosseirão$_m$.
rüpelhaft adj. insolente
rupfen v. tr. 1. (aves) depenar; 2. (erva) arrancar
Rushhour s. f. hora$_f$ de ponta

Ruß s. m. fuligem$_f$
Russe s. m. russo$_m$
Rüssel s. m. (de porco) focinho$_m$; (de elefante) tromba$_f$; (de insecto) ferrão$_m$
rußig adj. fuliginoso
russisch adj. russo
Russland s. nt. Rússia$_f$
rüsten I v. tr. (Suíça) preparar; II v. intr. 1. MILITAR armar-se; 2. (Suíça) preparar-se [zu +dat., para]
rüstig adj. forte, vigoroso
Rüstung s. f. 1. (sem pl.) MILITAR armamento$_m$; 2. armadura$_f$
Rute s. f. 1. vara$_f$; 2. (pesca) cana$_f$
Rutsch s. m. 1. desabamento$_m$; 2. escorregão$_m$; 3. passeiozinho$_m$; ❖ guten Rutsch!: Boas Entradas!
Rutschbahn s. f. escorregão$_m$
rutschen v. intr. 1. escorregar; 2. deslizar; 3. (coloq.) chegar-se para lá
rutschig adj. escorregadio
rütteln v. intr. abanar, sacudir

S

S, s s. nt. S, s$_m$
S. [abrev. de Seite] p. [abrev. de página]
Saal s. m. salão$_m$
Saaltochter s. f. (Suíça) empregada$_f$ de mesa
Saarland s. nt. Sarre$_m$
saarländisch adj. do Sarre
Saat s. f. 1. sementeira$_f$; 2. semente$_f$
Saatgut s. nt. semente$_f$
Sabbat s. m. sabat$_m$, sábado$_m$ judaico
sabbern v. intr. babar-se
Säbel s. m. sabre$_m$
Sabotage s. f. sabotagem$_f$
sabotieren* v. tr. sabotar
Saccharin s. nt. sacarina$_f$
Sachbearbeiter s. m. funcionário$_m$ especializado
Sachbuch s. nt. livro$_m$ especializado
Sache s. f. 1. coisa$_f$; objecto$_m$; 2. assunto$_m$; das ist Ihre Sache!: isso é consigo!
Sachertorte s. f. torta$_f$ de chocolate
Sachgebiet s. nt. área$_f$ especializada
sachgemäß adj. apropriado, adequado
sachkundig adj. especialista
sachlich adj. objectivo
Sachschaden s. m. dano$_m$ material
Sachse s. m. saxónio$_m$
Sachsen s. nt. Saxónia$_f$
Sachsen-Anhalt s. nt. Saxónia-Anhalt$_f$
sächsisch adj. saxónio
sachte adv. 1. com calma; 2. devagar; 3. pouco a pouco
Sachverhalt s. m. factos$_{m. pl.}$
Sachverständige(r) s. m. e f. perit|o, -a$_{m., f.}$, técnic|o, -a$_{m., f.}$
Sack s. m. saco$_m$, saca$_f$
Sackgasse s. f. beco$_m$ sem saída
Sackmesser s. nt. (Suíça) canivete$_m$
sadistisch adj. sádico
säen v. tr. semear
Safe s. m. cofre$_m$
Safran s. m. CULINÁRIA açafrão$_m$

Saft s. m. 1. (fruta) sumo$_m$; 2. (planta) seiva$_f$
saftig adj. 1. suculento, sumarento; 2. (bofetada) forte
Sage s. f. saga$_f$
Säge s. f. (ferramenta) serra$_f$
Sägemehl s. nt. serrim$_m$
sagen v. tr. dizer; (coloq.) was Sie nicht sagen!: não diga!; (coloq.) sag bloß!: não me digas!
sägen v. tr. serrar
sagenhaft adj. 1. lendário, mítico; 2. (coloq.) fabuloso
Sägewerk s. nt. serração$_f$
sah pret. imp. de sehen
Sahara s. f. Saara$_m$
Sahne s. f. nata(s)$_{f. (pl.)}$
Saison s. f. época$_f$, temporada$_f$
Saite s. f. MÚSICA, DESPORTO corda$_f$
Saiteninstrument s. nt. MÚSICA instrumento$_m$ de cordas
Sakko s. nt. casaco$_m$
Salami s. f. salame$_m$
Salär s. nt. (Suíça) salário$_m$
Salat s. m. salada$_f$
Salatkopf s. m. alface$_f$
Salatsoße s. f. molho$_m$ para saladas
Salbe s. f. pomada$_f$
Salbei s. f. salva$_f$
Saldo s. m. saldo$_m$
Säle s. pl. de Saal
Salmiak s. m. sal$_m$ amoníaco
Salmiakgeist s. m. amoníaco$_m$
Salmonellen s. pl. MEDICINA salmonelose$_f$
Salon s. m. salão$_m$
salopp adj. descontraído; à vontade
Salpeter s. m. salitre$_m$
Salpetersäure s. f. ácido$_m$ nítrico
salü interj. 1. (Suíça) (coloq.) olá!; 2. tchau!
Salz s. nt. sal$_m$
Salzburg s. nt. Salzburgo$_m$
salzen v. tr. pôr sal em, salgar
salzhaltig adj. salino

salzig adj. salgado
Salzkartoffeln s. pl. batatas$_{f. pl.}$ cozidas
Salzsäure s. f. ácido$_m$ clorídico
Salzstreuer s. m. saleiro$_m$
Salzwasser s. nt. água$_f$ salgada
Samen s. m. 1. semente$_f$; 2. (sem pl.) sémen$_m$, esperma$_m$
Samenbank s. f. banco$_m$ de esperma
Samenerguss s. m. ejaculação$_f$
Sammelband s. m. colectânea$_f$
sammeln I v. tr. 1. recolher; juntar; colher; 2. coleccionar; II v. refl. reunir-se
Sammler s. m. coleccionador$_m$
Sammlung s. f. 1. colecção$_f$; 2. colectânea$_f$
Samstag s. m. sábado$_m$
samstags adv. aos sábados
samt prep. [+dat.] juntamente com
Samt s. m. veludo$_m$
sämtlich pron. indef. todo, todos
Sanatorium s. nt. sanatório$_m$
Sand s. m. areia$_f$
Sandale s. f. sandália$_f$
Sandbank s. f. banco$_m$ de areia
sandig adj. arenoso
Sandkasten s. m. caixa$_f$ de areia
Sandmännchen s. nt. João$_m$ Pestana
Sandpapier s. nt. lixa$_f$
Sandstein s. m. arenito$_m$
Sandstrand s. m. praia$_f$ de areia
sandte pret. imp. de senden
Sanduhr s. f. ampulheta$_f$
Sandwich s. nt. sande$_f$, sanduíche$_f$
sanft adj. 1. suave; brando; 2. meigo, afável
sang pret. imp. de singen
Sänger s. m. cantor$_m$; vocalista$_{m. e f.}$
sanieren* v. tr. 1. ARQUITECTURA restaurar; 2. ECONOMIA sanear
Sanierung s. f. 1. ARQUITECTURA restauração$_f$; 2. ECONOMIA reabilitação$_f$

sanitär *adj.* sanitário; sanitäre Anlagen: instalações *f. pl.* sanitárias
Sanität *s. f.* 1. *(Áustria)* sanidade*f*; 2. *(Suíça)* ambulância*f*
Sanitäter *s. m.* socorrista *m. e f.*
sank *pret. imp. de* sinken
Sankt *adj. inv.* santo, são
Sanktionen *s. pl.* sanções *f. pl.*
sanktionieren *v. tr.* 1. sancionar; 2. impor sanções a
Sardelle *s. f.* anchova*f*
Sardine *s. f.* sardinha*f*
Sardinien *s. nt.* Sardenha*f*
Sarg *s. m.* caixão *m*
Sarkasmus *s. m.* sarcasmo *m*
saß *pret. imp. de* sitzen
Satan *s. m.* satanás *m*
Satellit *s. m.* satélite *m*
Satellitenfernsehen *s. nt.* televisão*f* via satélite
Satellitenschüssel *s. f.* prato *m* da antena parabólica
Satin *s. m.* cetim *m*
Satire *s. f.* sátira*f*
satirisch *adj.* satírico
satt *adj.* cheio, farto; sich satt essen: ficar cheio
Sattel *s. m.* selim *m*; sela*f*
satteln *v. tr.* selar, pôr sela
sättigen I *v. tr.* saturar; II *v. intr.* saciar, encher
Satz *s. m.* 1. GRAMÁTICA frase*f*, oração*f*; 2. série*f*; conjunto *m*; 3. salto *m*; 4. depósito *m*, borra*f*; 5. (ténis) set *m*; 6. taxa*f*, percentagem*f*
Satzung *s. f.* regulamento *m*, estatutos *m. pl.*
Satzzeichen *s. nt.* sinal *m* de pontuação
Sau *s. f.* ZOOLOGIA porca*f*
sauber *adj.* limpo
Sauberkeit *s. f.* limpeza*f*; asseio *m*
säubern *v. tr.* limpar

Säuberung *s. f.* limpeza*f*
Sauce *s. f.* molho *m*
Saudi-Arabien *s. nt.* Arábia*f* Saudita
sauer *adj.* 1. ácido; amargo; 2. azedo; 3. *(coloq.)* zangado
Sauerei *s. f.* *(depr.)* patifaria*f*
Sauerkirsche *s. f.* BOTÂNICA ginja*f*
Sauerkraut *s. nt.* chucrute *m*
säuerlich *adj.* 1. (comida, bebida) ácido; 2. (ar) irritado
Sauermilch *s. f.* leite *m* coalhado
Sauerrahm *s. m.* nata*f* azeda
Sauerstoff *s. m.* oxigénio *m*
Sauerstoffflasche *s. f.* garrafa*f* de oxigénio
saufen *v. intr.* 1. (animal) beber; 2. (pessoa) beber como uma esponja
Säufer *s. m.* bêbedo *m*
Sauferei *s. f.* *(coloq.)* borracheira*f*
saugen I *v. tr.* 1. chupar, sugar; 2. aspirar; II *v. intr.* (bebé) mamar
säugen *v. tr.* amamentar
Sauger *s. m.* 1. tetina*f*; 2. aspirador *m*
Säugetier *s. nt.* mamífero *m*
Säugling *s. m.* bebé *m*
Saukerl *s. m.* *(depr.)* porcalhão *m*
Säule *s. f.* coluna*f*, pilar *m*
Saum *s. m.* (na roupa) bainha*f*
Säure *s. f.* 1. QUÍMICA ácido *m*; 2. *(sem pl.)* acidez*f*
säurehaltig *adj.* ácido
Saurier *s. m.* sáurio *m*
Saus *s. m.* in Saus und Braus leben: viver à grande
sausen *v. intr.* sibilar; zunir
Sauwetter *s. nt.* *(coloq.)* tempo *m* péssimo
S-Bahn *s. f.* metro *m* de superfície
SB-Markt *s. m.* supermercado *m*
scannen *v. tr.* INFORMÁTICA copiar com o scanner; scanear; digitalizar
Scanner *s. m.* INFORMÁTICA scanner *m*

Schabe s. f. ZOOLOGIA barata_f_
schaben v. tr. raspar, ralar
schäbig adj. 1. esfarrapado; 2. reles
Schablone s. f. padrão_m_
Schach s. nt. 1. (sem pl.) xadrez_m_; 2. xeque-mate_m_
Schachbrett s. nt. tabuleiro_m_ de xadrez
Schachfigur s. f. peça_f_ de xadrez
schachmatt adj. xeque-mate
Schacht s. m. poço_m_ (de mina)
Schachtel s. f. 1. caixa_f_; maço_m_; 2. (pej.) carcaça_f_
schade interj. que pena!; es ist schade!: é pena!
Schädel s. m. crânio_m_
Schädelbruch s. m. fractura_f_ craniana
schaden v. intr. prejudicar, causar dano a
Schaden s. m. 1. dano_m_, estrago_m_; avaria_f_; 2. prejuízo_m_; 3. lesão_f_
Schadenersatz s. m. indemnização_f_
Schadenfreude s. f. satisfação_f_ maliciosa
schadenfroh adj. que se alegra com o mal dos outros
schadhaft adj. defeituoso
schädigen v. tr. prejudicar
schädlich adj. prejudicial, nocivo
Schädling s. m. parasita_m_
Schädlingsbekämpfungsmittel s. nt. pesticida_m_
Schadstoff s. m. substância_f_ tóxica
schadstoffarm adj. pouco poluente
Schadstoffbelastung s. f. poluição_f_ ambiental
Schaf s. nt. ZOOLOGIA ovelha_f_
Schafbock s. m. ZOOLOGIA carneiro_m_
Schäfer s. m. pastor_m_
Schäferhund s. m. pastor_m_ alemão
schaffen[1] v. tr. 1. criar; fundar; 2. (ordem) pôr; 3. (lugar) arranjar
schaffen[2] v. tr. conseguir (fazer)
schaffig adj. (Suíça) trabalhador

Schaffner s. m. revisor_m_
Schafskäse s. m. queijo_m_ de ovelha
Schaft s. m. 1. (de bota) cano_m_; 2. (Suíça) armário_m_
Schakal s. m. ZOOLOGIA chacal_m_
schal adj. insosso, insípido
Schal s. m. cachecol_m_
Schale s. f. 1. casca_f_; 2. concha_f_; 3. (de balança) prato_m_
schälen I v. tr. descascar; II v. refl. esfolar
Schall s. m. som_m_; ressonância_f_
Schalldämpfer s. m. silenciador_m_
schalldicht adj. impermeável ao som
schallen v. intr. ressoar
Schallgeschwindigkeit s. f. velocidade_f_ do som
Schallmauer s. f. barreira_f_ do som
Schallplatte s. f. disco_m_
schalten I v. tr. 1. ligar; desligar; 2. (anúncio) colocar, pôr; II v. intr. mudar de velocidade; in den zweiten Gang schalten: meter a segunda velocidade
Schalter s. m. 1. guiché_m_; bilheteira_f_; 2. ELECTRICIDADE interruptor_m_
Schalthebel s. m. alavanca_f_ das velocidades
Schaltjahr s. nt. ano_m_ bissexto
Schalttafel s. f. quadro_m_ eléctrico
Schaltung s. f. 1. ELECTRICIDADE ligação_f_; 2. caixa_f_ de velocidades
Scham s. f. 1. vergonha_f_; 2. pudor_m_
schämen v. refl. ter vergonha [vor +dat., de]
Schamgefühl s. nt. pudor_m_
schamhaft adj. pudico, envergonhado
schamlos adj. sem vergonha, descarado
Schamlosigkeit s. f. descaramento_m_
Schande s. f. vergonha_f_, desonra_f_
schändlich adj. vergonhoso
Schandtat s. f. acto_m_ vil, infâmia_f_
Schar s. f. 1. bando_m_; 2. canalha_f_; 3. multidão_f_; in Scharen: em massa

scharf *adj.* 1. afiado; 2. picante; 3. perspicaz; penetrante; 4. rigoroso; 5. (vento) cortante; 6. (curva) apertado; 7. mordaz; 8. (coloq.) porreiro

Schärfe *s. f.* 1. corte*m.*; 2. sabor*m.* picante; 3. perspicácia*f.*; 4. (fotografia) nitidez*f.*; 5. agudeza*f.*; 6. mordacidade*f.*

schärfen *v. tr.* afiar, aguçar

Scharfschütze *s. m.* bom atirador*m.*

Scharfsinn *s. m.* perspicácia*f.*

scharfsinnig *adj.* perspicaz, sagaz

Scharlach *s. m.* MEDICINA escarlatina*f.*

Scharlatan *s. m.* charlatão*m.*, impostor*m.*

Schaschlik *s. nt.* CULINÁRIA espetada*f.*

Schatten *s. m.* sombra*f.*

Schattenseite *s. f.* 1. sítio*m.* à sombra; 2. lado*m.* fraco

schattieren* *v. tr.* sombrear, matizar

Schattierung *s. f.* sombreado*m.*, matiz*m.*

schattig *adj.* sombrio, com sombra

Schatulle *s. f.* guarda-jóias*f.*

Schatz *s. m.* 1. tesouro*m.*; 2. ⟨sem pl.⟩ (coloq.) amor, querido

schätzen *v. tr.* 1. estimar, avaliar; calcular; 2. estimar, prezar; **etwas gering schätzen**: menosprezar alguma coisa

Schätzung *s. f.* cálculo*m.*, estimativa*f.*, avaliação*f.*

schätzungsweise *adv.* aproximadamente

Schau *s. f.* exposição*f.*; (coloq.) **eine große Schau abziehen**: ser o centro das atenções

Schauder *s. m.* arrepio*m.*

schauderhaft *adj.* horrível, horroroso, horripilante

schaudern *v. intr.* estremecer, arrepiar-se

schauen *v. intr.* 1. ver, olhar; 2. (Áustria, Suíça) olhar [nach +dat., por]

Schauer *s. m.* 1. aguaceiro*m.*; 2. arrepio*m.*

schauerlich *adj.* horripilante, terrível

Schaufel *s. f.* pá*f.*

schaufeln *v. tr.* 1. remover com a pá; 2. escavar

Schaufenster *s. nt.* montra*f.*

Schaufensterbummel *s. m.* passeio*m.* para ver as montras

Schaufensterpuppe *s. f.* manequim*m.*

Schaukasten *s. m.* vitrina*f.*, mostrador*m.*

Schaukel *s. f.* baloiço*m.*

schaukeln *v. intr.* baloiçar, balançar

Schaukelstuhl *s. m.* cadeira*f.* de baloiço

Schaulustige(r) *s. m. e f.* curioso|o, -a*m., f.*

Schaum *s. m.* espuma*f.*

schäumen *v. intr.* espumar, fazer espuma

Schaumgummi *s. nt.* espuma*f.* de borracha

schaumig *adj.* espumoso

Schaumwein *s. m.* vinho*m.* espumoso, espumante*m.*

Schauplatz *s. m.* cenário*m.*, teatro*m.*

schaurig *adj.* arrepiante

Schauspiel *s. nt.* 1. peça*f.* de teatro; 2. espectáculo*m.*

Schauspieler *s. m.* actor*m.*

Schauspielhaus *s. nt.* teatro*m.*

Scheck *s. m.* cheque*m.*

Scheckheft *s. nt.* livro*m.* de cheques

scheckig *adj.* malhado

Scheckkarte *s. f.* cartão*m.* multibanco

Scheibe *s. f.* 1. disco*m.*; 2. (do oleiro) roda*f.*; 3. fatia*f.*; rodela*f.*; 4. vidro*m.*

Scheibenbremse *s. f.* (carro) travão*m.* de disco

Scheibenwaschanlage *s. f.* limpa-pára-brisas*m.*

Scheibenwischer *s. m.* escova*f.* do limpa-pára-brisas

Scheich *s. m.* xeque*m.*

Scheide *s. f.* 1. ANATOMIA vagina*f.*; 2. (da espada) bainha*f.*

scheiden *v. tr., intr. e refl.* 1. separar; dividir; 2. despedir-se; 3. divorciar-se;

sich von jemandem scheiden lassen: divorciar-se de alguém
Scheidung s. f. divórcio $_m$
Schein s. m. 1. (sem pl.) brilho $_m$; 2. (sem pl.) aparência $_f$; 3. (dinheiro) nota $_f$; 4. certificado $_m$
scheinbar adj. aparente
scheinen v. intr. 1. brilhar, luzir; 2. parecer; wie es scheint...: ao que parece...
Scheinfirma s. f. firma $_f$ fictícia
scheinheilig adj. hipócrita
Scheinwerfer s. m. 1. projector $_m$; 2. (carro) farol $_m$
Scheiß s. m. (cal.) chatice $_f$
Scheiße s. f. 1. (vulg.) merda $_f$; 2. (vulg.) chatice $_f$
scheißegal adj. (cal.) das ist (mir) scheißegal: quero lá saber disso
scheißen v. intr. (vulg.) cagar
scheißfreundlich adj. (vulg.) hipócrita
Scheitel s. m. (no cabelo) risca $_f$
Scheiterhaufen s. m. fogueira $_f$
scheitern v. intr. falhar, fracassar [an +dat., em]
Schellfisch s. m. ZOOLOGIA eglefim $_m$
Schelm s. m. (Suíça) ladrão $_m$
Schema s. nt. esquema $_m$
schematisch adj. esquemático
Schenkel s. m. coxa $_f$
schenken v. tr. oferecer
Schenkung s. f. oferta $_f$
Scherbe s. f. caco $_m$
Schere s. f. 1. tesoura $_f$; 2. (caranguejo) tenaz $_f$
scheren v. tr. tosquiar; rapar
Schererei s. f. maçada $_f$
Scherz s. m. brincadeira $_f$, piada $_f$
scherzhaft adj. engraçado, divertido
scheu adj. 1. tímido, acanhado; 2. (animal) medroso
Scheu s. f. timidez $_f$
scheuchen v. tr. enxotar, espantar

scheuen I v. tr. e intr. 1. temer; 2. espantar-se; II v. refl. ter receio [vor +dat., de]
Scheuerlappen s. m. esfregão $_m$
scheuern v. tr. esfregar
Scheune s. f. celeiro $_m$
Scheusal s. nt. monstro $_m$
scheußlich adj. horrível; atroz
Scheußlichkeit s. f. atrocidade $_f$, monstruosidade $_f$
Schi s. m. → Ski
Schicht s. f. 1. camada $_f$; estrato $_m$; 2. turno $_m$
Schichtarbeit s. f. trabalho $_m$ por turnos
schichten v. tr. empilhar
schick adj. chique, elegante
schicken v. tr. mandar, enviar
Schickimicki s. m. (coloq.) queque $_m$, peralta $_m$
Schicksal s. nt. destino $_m$, sina $_f$
Schicksalsschlag s. m. golpe $_m$ do destino, fatalidade $_f$
Schiebedach s. nt. tecto $_m$ de abrir
schieben v. tr. empurrar; etwas zur Seite schieben: afastar alguma coisa para o lado
Schiebetür s. f. porta $_f$ de correr
schied pret. imp. de scheiden
Schiedsgericht s. nt. tribunal $_m$ arbitral
Schiedsrichter s. m. árbitro $_m$
schief I adj. torto; inclinado; II adv. de lado; schief gehen: correr mal
Schiefer s. m. xisto $_m$, ardósia $_f$
schielen v. intr. ser estrábico, trocar os olhos
schien pret. imp. de scheinen
Schienbein s. nt. tíbia $_f$, canela $_f$ (da perna)
Schiene s. f. 1. carril $_m$; trilho $_m$; 2. MEDICINA tala $_f$
Schießbude s. f. barraca $_f$ de tiro
schießen I v. tr. 1. disparar; 2. chutar; ein Tor schießen: marcar um golo; II v. intr. 1. atirar; 2. DESPORTO rematar

Schießerei s. f. tiroteio$_m$.
Schießpulver s. nt. pólvora$_f$.
Schießstand s. m. carreira$_f$ de tiro
Schiff s. nt. 1. NÁUTICA navio$_m$, embarcação$_f$; 2. ARQUITECTURA nave$_f$.
schiffbar adj. navegável
Schiffbau s. m. construção$_f$ naval
Schiffbruch s. m. naufrágio$_m$.
schiffbrüchig adj. naufragado
Schifffahrt s. f. navegação$_f$.
Schikane s. f. chicana$_f$, trapaça$_f$.
schikanieren* v. tr. chicanar
Schild¹ s. m. ⟨-(e)s, -e⟩ 1. escudo$_m$; 2. pala$_f$.
Schild² s. nt. ⟨-(e)s, -er⟩ 1. letreiro$_m$; tabuleta$_f$; placa$_f$; 2. placard$_m$; 3. etiqueta$_f$.
Schilddrüse s. f. tiróide$_f$.
schildern v. tr. contar; descrever
Schilderung s. f. narração$_f$; descrição$_f$.
Schildkröte s. f. ZOOLOGIA tartaruga$_f$.
Schilf s. nt. 1. cana$_f$; 2. canavial$_m$.
schillern v. intr. cintilar, reluzir
Schilling s. m. xelim$_m$.
Schimmel s. m. 1. ⟨sem pl.⟩ bolor$_m$; 2. cavalo$_m$ branco
schimmelig adj. bolorento
schimmeln v. intr. criar bolor
Schimmer s. m. brilho$_m$.
schimmern v. intr. cintilar
Schimpanse s. m. ZOOLOGIA chimpanzé$_m$.
schimpfen v. intr. 1. ralhar; 2. barafustar
Schimpfwort s. nt. palavrão$_m$.
Schinderei s. f. trabalheira$_f$.
Schinken s. m. presunto$_m$; gekochter Schinken: fiambre$_m$.
Schirm s. m. 1. guarda-chuva$_m$; 2. guarda-sol$_m$; 3. quebra-luz$_m$; 4. pala$_f$.
Schirmherr s. m. patrono$_m$; patrocinador$_m$.
Schirmherrschaft s. f. patrocínio$_m$.
Schirmmütze s. f. boné$_m$.
Schirmständer s. m. bengaleiro$_m$ (para guarda-chuvas)

schiss pret. imp. de scheißen
Schiss s. m. ⟨cal.⟩ cagaço$_m$.
schizophren adj. esquizofrénico
Schlacht s. f. batalha$_f$.
schlachten v. tr. abater, matar
Schlachter s. m. carniceiro$_m$.
Schlachtfeld s. nt. campo$_m$ de batalha
Schlachthof s. m. matadouro$_m$.
Schlachtvieh s. nt. gado$_m$ de abate
Schlacke s. f. escória$_f$.
Schlaf s. m. sono$_m$.
Schlafanzug s. m. pijama$_m$.
Schläfe s. f. fonte$_f$.
schlafen v. intr. dormir
schlaff adj. 1. frouxo; flácido; 2. mole
Schlaffheit s. f. 1. frouxidão$_f$; 2. fraqueza$_f$; moleza$_f$.
Schlafgelegenheit s. f. sítio$_m$ para dormir
schlaflos adj. acordado, sem dormir
Schlaflosigkeit s. f. insónia$_f$.
Schlafmittel s. nt. soporífero$_m$.
schläfrig adj. sonolento
Schlafsaal s. m. dormitório$_m$.
Schlafsack s. m. saco-cama$_m$.
Schlaftablette s. f. comprimido$_m$ para dormir
Schlafwagen s. m. carruagem-cama$_f$.
Schlafzimmer s. nt. quarto$_m$ (de dormir)
Schlag s. m. 1. pancada$_f$, golpe$_m$, soco$_m$; 2. badalada$_f$; batida$_f$; 3. choque$_m$; 4. pl. Schläge: pancada$_f$
Schlagader s. f. ANATOMIA artéria$_f$.
Schlaganfall s. m. MEDICINA acidente$_m$ vascular cerebral
schlagartig adj. repentino
schlagen I v. tr. 1. bater; 2. derrotar; 3. (horas) dar; II v. intr. palpitar; III v. refl. bater-se
Schlager s. m. êxito$_m$ de temporada
Schläger s. m. 1. raquete$_f$; 2. taco$_m$.

Schlägerei *s. f.* pancadaria*f*
Schlagersänger *s. m.* cantor*m* popular
schlagfertig *adj.* de resposta pronta
Schlagfertigkeit *s. f.* prontidão*f* para responder
Schlagloch *s. nt.* buraco*m*
Schlagsahne *s. f.* chantilly*m*
Schlagwort *s. nt.* tópico*m*
Schlagzeile *s. f.* título*m*, manchete*f*
Schlagzeug *s. nt.* MÚSICA bateria*f*
Schlagzeuger *s. m.* baterista*m. e f.*
Schlamm *s. m.* lodo*m*, lama*f*
schlammig *adj.* lamacento
Schlamperei *s. f.* 1. *(coloq.)* desleixo*m*; 2. *(sem pl.) (coloq.)* desordem*f*
schlampig *adj.* desleixado
schlang *pret. imp. de* schlingen
Schlange *s. f.* 1. ZOOLOGIA serpente*f*, cobra*f*; 2. fila*f*, bicha*f*; Schlange stehen: fazer fila
schlängeln *v. refl.* (cobra, caminho) serpentear
Schlangenlinie *s. f.* linha*f* sinuosa
schlank *adj.* elegante, esbelto
Schlankheitskur *s. f.* cura*f* de emagrecimento
schlapp *adj.* 1. frouxo, mole; 2. estafado
schlau *adj.* esperto, astuto; 2. fino
Schlauch *s. m.* 1. mangueira*f*; tubo*m* de borracha; 2. câmara-de-ar*f*
Schlauchboot *s. nt.* barco*m* pneumático
schlecht I *adj.* mau; mir ist schlecht: sinto-me mal; II *adv.* mal; schlecht gelaunt: mal-disposto
schlechthin *adv.* por excelência
Schleckermaul *s. nt.* guloso*m*
schleichen *v. intr.* 1. andar/ir de mansinho; 2. arrastar-se
Schleichweg *s. m.* atalho*m*
Schleier *s. m.* véu*m*
schleierhaft *adj.* misterioso, incompreensível
Schleife *s. f.* laço*m*

schleifen¹ *v. tr.* 1. afiar; 2. polir
schleifen² *v. tr.* arrastar
Schleim *s. m.* 1. muco*m*; 2. papa*f*
schleimig *adj.* 1. mucoso; viscoso; 2. *(pej.)* sebento
schlemmen *v. intr.* comer e beber à farta
Schlemmerei *s. f.* patuscada*f*, comezaina*f*
schlendern *v. intr.* vaguear
schlenkern *v. intr.* balançar, bambolear
schleppen I *v. tr.* 1. arrastar; rebocar; 2. carregar com; II *v. refl.* arrastar-se
Schlepper *s. m.* 1. (barco) rebocador*m*; 2. passador*m* (de fronteira)
Schlesien *s. nt.* Silésia*f*
Schleswig-Holstein *s. nt.* Schleswig-Holstein*m*
Schleuder *s. f.* centrifugadora*f* de roupa
schleudern I *v. tr.* 1. arremessar, lançar; 2. (roupa) centrifugar; II *v. intr.* derrapar
Schleuderpreis *s. m.* baixo preço*m*
Schleudersitz *s. m.* assento*m* de ejecção
schleunigst *adv.* quanto antes
Schleuse *s. f.* eclusa*f*
schlich *pret. imp. de* schleichen
Schlich *s. m.* artimanha*f*; jemandem auf die Schliche kommen: topar as manhas de alguém
schlicht *adj.* 1. simples; 2. singelo; 3. liso
schlichten *v. tr.* apaziguar
Schlichtung *s. f.* acordo*m*
Schlick *s. m.* lodo*m*
schlief *pret. imp. de* schlafen
schließen I *v. tr.* 1. fechar; 2. terminar; 3. (contrato) firmar; (casamento) contrair; (amizade) travar; II *v. intr.* 1. fechar; 2. deduzir [aus +*dat.*, de]
Schließfach *s. nt.* 1. cofre*m*; cacifo*m*; 2. apartado*m*
schließlich *adv.* 1. finalmente; 2. afinal
schliff *pret. imp. de* schleifen

schlimm I *adj.* mau; grave; halb so schlimm: não tão grave; II *adv.* mal

schlimmstenfalls *adv.* na pior das hipóteses

Schlinge *s. f.* laço$_m$, laçada$_f$

schlingen I *v. tr.* atar; II *v. intr.* engolir

Schlingpflanze *s. f.* trepadeira$_f$

Schlips *s. m.* gravata$_f$

Schlitten *s. m.* 1. trenó$_m$; 2. *(coloq.)* carro$_m$

Schlittschuh *s. m.* patim$_m$

Schlittschuhläufer *s. m.* patinador$_m$

Schlitz *s. m.* 1. fenda$_f$; 2. abertura$_f$; ranhura$_f$; 3. (roupa) racha$_f$

Schlitzohr *s. nt.* *(coloq.)* melro$_m$ de bico amarelo

schloss *pret. imp. de* schließen

Schloss *s. nt.* 1. castelo$_m$, palácio$_m$; 2. fechadura$_f$

Schlosser *s. m.* serralheiro$_m$

Schlot *s. m.* chaminé$_f$

Schlucht *s. f.* barranco$_m$

schluchzen *v. intr.* soluçar

Schluck *s. m.* gole$_m$, trago$_m$

Schluckauf *s. m.* soluços$_{m. pl}$

schlucken *v. tr.* engolir

Schluckimpfung *s. f.* vacinação$_f$ oral

schlug *pret. imp. de* schlagen

schlummern *v. intr.* dormitar, passar pelas brasas

Schlund *s. m.* 1. garganta$_f$; 2. goela$_f$

schlüpfen *v. intr.* 1. meter-se, enfiar-se; 2. esgueirar-se; 3. (pintainho) sair do ovo

Schlupfloch *s. nt.* esconderijo$_m$

schlüpfrig *adj.* 1. escorregadio; 2. obsceno, indecente

schlürfen *v. tr.* sorver

Schluss *s. m.* 1. fim$_m$; 2. conclusão$_f$

Schlüssel *s. m.* 1. chave$_f$; 2. MÚSICA clave$_f$

Schlüsselbein *s. nt.* clavícula$_f$

Schlüsselbund *s. m.* molho$_m$ de chaves

Schlüsselindustrie *s. f.* ECONOMIA indústria-chave$_f$

Schlüsselloch *s. nt.* buraco$_m$ da fechadura

Schlussfolgerung *s. f.* conclusão$_f$

Schlusslicht *s. nt.* farolim$_m$ traseiro

Schlussstrich *s. m.* ponto$_m$ final

Schlussverkauf *s. m.* liquidação$_f$, saldos$_{m. pl}$, promoções$_{f. pl}$

Schlusswort *s. nt.* última palavra$_f$

schmächtig *adj.* franzino, débil

schmackhaft *adj.* saboroso, gostoso

schmal *adj.* 1. estreito; 2. esguio, magro

schmälern *v. tr.* diminuir, reduzir

Schmalz *s. nt.* banha$_f$ de porco

schmalzig *adj.* piegas, lamecha

schmarotzen* *v. intr.* viver à custa dos outros

Schmarotzer *s. m.* parasita$_{m. e f.}$

schmatzen *v. intr.* fazer barulho a comer

schmecken *v. intr.* 1. saber bem, estar saboroso; 2. saber [nach +*dat.*, a]

Schmeichelei *s. f.* lisonja$_f$

schmeichelhaft *adj.* lisonjeador

schmeicheln *v. intr.* lisonjear, adular

Schmeichler *s. m.* adulador$_m$, bajulador$_m$

schmeißen *v. tr.* 1. *(coloq.)* atirar; 2. *(coloq.)* largar, deixar

Schmelz *s. m.* esmalte$_m$

schmelzen I *v. tr.* fundir; derreter; II *v. intr.* derreter(-se); fundir(-se)

Schmelzkäse *s. m.* queijo$_m$ fundido

Schmelzpunkt *s. m.* ponto$_m$ de fusão

Schmerz *s. m.* dor$_f$; mágoa$_f$

schmerzempfindlich *adj.* sensível à dor

schmerzen *v. intr.* doer

Schmerzensgeld *s. nt.* indemnização$_f$

schmerzhaft *adj.* doloroso

schmerzlich *adj.* doloroso

schmerzlos *adj.* sem dor

schmerzstillend *adj.* (remédio) analgésico

Schmerztablette *s. f.* analgésico$_m$

Schmetterling *s. m.* 1. ZOOLOGIA borboleta*f*; 2. (natação) mariposa*f*.
Schmied *s. m.* forjador*m*.
schmieden *v. tr.* 1. (ferro) forjar; 2. (planos) engendrar
schmiegen *v. refl.* 1. ajustar-se; adaptar-se; 2. chegar-se a
schmiegsam *adj.* flexível
Schmiere *s. f.* graxa*f*.
schmieren *v. tr.* 1. lubrificar; 2. barrar
Schmiergeld *s. nt.* dinheiro*m* de suborno
schmierig *adj.* gorduroso
Schmiermittel *s. nt.* lubrificante*m*.
Schmierzettel *s. m.* papel*m* de rascunho
Schminke *s. f.* maquilhagem*f*.
schminken I *v. tr.* maquilhar, pintar; II *v. refl.* maquilhar-se, pintar-se
schmirgeln *v. tr.* lixar
Schmirgelpapier *s. nt.* lixa*f*.
schmiss *pret. imp. de* schmeißen
schmollen *v. intr.* amuar
schmolz *pret. imp. de* schmelzen
Schmorbraten *s. m.* carne*f* estufada
schmoren *v. tr.* estufar; refogar
Schmuck *s. m.* 1. jóias*f, pl*; bijutaria*f*; 2. adorno*m*.
schmücken *v. tr.* enfeitar, adornar
Schmuckstück *s. nt.* jóia*f*.
Schmuggel *s. m.* contrabando*m*.
schmuggeln *v. tr.* fazer contrabando de
Schmuggler *s. m.* contrabandista*m. e f*.
schmunzeln *v. intr.* sorrir (satisfeito)
schmusen *v. intr.* fazer carícias, acariciar-se
Schmutz *s. m.* sujidade*f*, imundície*f*.
Schmutzfink *s. m.* porcalhão*m*.
schmutzig *adj.* 1. sujo; 2. indecente, porco
Schnabel *s. m.* 1. (pássaro) bico*m*; 2. (coloq.) boca*f*.
Schnake *s. f.* ZOOLOGIA melga*f*, mosquito*m*.
Schnalle *s. f.* fivela*f*.

schnallen *v. tr.* apertar
schnalzen *v. intr.* estalar
Schnäppchen *s. nt.* (coloq.) pechincha*f*.
schnappen I *v. tr.* agarrar (em); apanhar; II *v. intr.* apanhar com a boca
Schnappschuss *s. m.* instantâneo*m*.
Schnaps *s. m.* aguardente*f*, bagaço*m*.
Schnapsidee *s. f.* ideia*f*, mirabolante
schnarchen *v. intr.* ressonar, roncar
schnattern *v. intr.* grasnar
schnauben *v. intr.* bufar; bafejar
schnaufen *v. intr.* ofegar, arquejar
Schnauzbart *s. m.* bigode*m*.
Schnauze *s. f.* 1. focinho*m*; 2. (pej.) boca*f*.
schnäuzen *v. refl.* assoar-se
Schnecke *s. f.* ZOOLOGIA caracol*m*.
Schneckenhaus *s. nt.* casca*f* do caracol
Schneckentempo *s. nt.* (coloq.) passo*m*. de caracol
Schnee *s. m.* neve*f*.
Schneeball *s. m.* bola*f* de neve
Schneebesen *s. m.* batedeira*f*.
Schneefall *s. m.* nevada*f*.
Schneeflocke *s. f.* floco*m* de neve
Schneegestöber *s. nt.* nevão*m*.
Schneeglöckchen *s. nt.* BOTÂNICA campânula*f* branca
Schneekette *s. f.* corrente*f* anti-derrapante
Schneemann *s. m.* boneco*m* de neve
Schneepflug *s. m.* limpa-neve*m*.
Schneewittchen *s. nt.* Branca*f* de Neve
Schneide *s. f.* gume*m*, fio*m*.
schneiden I *v. tr.* cortar, partir; Grimassen schneiden: fazer caretas; II *v. refl.* cortar-se
schneidend *adj.* agudo; cortante
Schneider *s. m.* costureiro*m*, alfaiate*m*.
schneidern *v. tr.* costurar
Schneidezahn *s. m.* dente*m* incisivo
schneien *v. intr.* nevar
schnell I *adj.* rápido, veloz; II *adv.* depressa

Schnellhefter *s. m.* pasta*f* de arquivo
Schnelligkeit *s. f.* rapidez*f*, ligeireza*f*
Schnellimbiss *s. m.* pronto-a-comer*m*
Schnellkochtopf *s. m.* panela*f* de pressão
schnellstens *adv.* o mais depressa possível
Schnellstraße *s. f.* via*f* rápida
Schnellzug *s. m.* comboio*m* rápido
schnitt *pret. imp. de* schneiden
Schnitt *s. m.* 1. corte*m*; 2. golpe*m*; 3. *(coloq.)* média*f*; im Schnitt: em média
Schnittlauch *s. m.* cebolinho*m*
Schnittmuster *s. nt.* molde*m*
Schnittpunkt *s. m.* ponto*m* de intersecção
Schnittstelle *s. f.* INFORMÁTICA interface*f*
Schnittwunde *s. f.* golpe*m*
Schnitzel *s. nt.* escalope*m*
schnitzen *v. tr.* entalhar, esculpir
Schnitzer *s. m.* *(coloq.)* gafe*f*, deslize*m*
Schnitzerei *s. f.* talha*f*
Schnorchel *s. m.* tubo*m* de respirador
Schnörkel *s. m.* 1. arabesco*m*; 2. cornucópia*f*
schnorren I *v. tr.* *(coloq.)* cravar; II *v. intr.* 1. *(coloq.)* mendigar; 2. *(Suíça) (pej.)* dizer asneiras
schnüffeln *v. intr.* 1. farejar [an +*dat.*, em]; 2. *(coloq.)* meter o nariz
Schnüffler *s. m.* intrometido*m*, bisbilhoteiro*m*
Schnuller *s. m.* chupeta*f*
Schnupfen *s. m.* constipação*f*
schnuppern *v. intr.* cheirar, farejar [an +*dat.*, em]
Schnur *s. f.* fio*m*, cordel*m*
schnüren *v. tr.* atar, apertar
schnurlos *adj.* (telefone) sem fio
Schnurrbart *s. m.* bigode*m*
schnurren *v. intr.* (gato) ronronar

Schnürsenkel *s. m.* atacador*m*
schnurstracks *adv.* *(coloq.)* imediatamente
schob *pret. imp. de* schieben
Schock *s. m.* choque*m*, abalo*m*
schockieren* *v. tr.* chocar; escandalizar
Schöffe *s. m.* jurado*m*
Schokolade *s. f.* chocolate*m*
Schokoladentafel *s. f.* tablete*f* de chocolate
Scholle *s. f.* 1. (peixe) solha*f*; 2. bloco*m* de gelo
schon *adv.* 1. já; schon lange: (desde) há muito tempo; schon wieder: outra vez; 2. só, somente; schon der Anblick....: só o aspecto...; 3. até, certamente; das ist schon möglich, doch...: isso até é possível, mas...; 4. sim; ich denke schon: eu penso que sim
schön I *adj.* bonito, lindo; II *adv.* bem; bitte schön!: faça favor!; danke schön!: muito obrigado!
schonen I *v. tr.* poupar; tratar com cuidado; II *v. refl.* cuidar-se
Schönheit *s. f.* beleza*f*
Schönheitsoperation *s. f.* operação*f* plástica
schön|machen *v. refl.* pôr-se bonito
Schonung *s. f.* cuidado*m*; conservação*f*
schonungslos *adj.* sem piedade, cruel
Schonzeit *s. f.* defeso*m*
schöpfen *v. tr.* 1. criar; tirar; 2. ganhar; tomar; frische Luft schöpfen: apanhar ar puro; Verdacht schöpfen: suspeitar
Schöpfer *s. m.* criador*m*
schöpferisch *adj.* criativo
Schöpfkelle *s. f.* concha*f*
Schöpfung *s. f.* criação*f*
Schoppen *s. m.* *(Suíça)* biberão*m*
schor *pret. imp. de* scheren
Schorf *s. m.* crosta*f*
Schornstein *s. m.* chaminé*f*

Schornsteinfeger *s. m.* limpa-chaminés_{m. e f.}
schoss *pret. imp. de* schießen
Schoß *s. m.* colo_{m}, regaço_{m.}
Schote *s. f.* vagem_{f.}
Schotte *s. m.* escocês_{m.}
Schotter *s. m.* cascalho_{m.}
schottisch *adj.* escocês
Schottland *s. nt.* Escócia_{f.}
schräg I *adj.* oblíquo; inclinado; II *adv.* de través, de esguelha
Schräge *s. f.* inclinação_{f.}
Schrägstrich *s. m.* barra_{f.}
Schramme *s. f.* arranhão_{m.}
schrammen *v. tr.* arranhar, esmurrar
Schrank *s. m.* 1. armário_{m}; 2. roupeiro_{m.}
Schranke *s. f.* 1. barreira_{f}; 2. cancela_{f.}
Schraube *s. f.* 1. parafuso_{m}; 2. hélice_{f.}
schrauben *v. tr.* aparafusar; desaparafusar
Schraubenschlüssel *s. m.* chave_{f} de parafusos
Schraubenzieher *s. m.* chave_{f} de fendas
Schraubstock *s. m.* torno_{m.}
Schraubverschluss *s. m.* tampa_{f} de rosca
Schreck *s. m.* susto_{m.}
schreckhaft *adj.* assustadiço
schrecklich *adj.* horrível
Schrei *s. m.* grito_{m.}
Schreibblock *s. m.* bloco_{m} de papel
schreiben *v. tr. e intr.* escrever
Schreiben *s. nt.* carta_{f.}
schreibfaul *adj.* preguiçoso para escrever
Schreibfehler *s. m.* erro_{m.} ortográfico
Schreibkraft *s. f.* escrituraria_{f.}
Schreibmaschine *s. f.* máquina_{f.} de escrever
Schreibtisch *s. m.* secretária_{f.}
Schreibwaren *s. pl.* artigos_{m. pl.} de papelaria
schreien *v. intr.* gritar
Schreiner *s. m.* carpinteiro_{m.}
Schreinerei *s. f.* carpintaria_{f.}
schreiten *v. intr.* caminhar

schrie *pret. imp. de* schreien
schrieb *pret. imp. de* schreiben
Schrift *s. f.* 1. escrita_{f}; 2. letra_{f}; 3. caligrafia_{f.}
schriftlich I *adj.* escrito; II *adv.* por escrito
Schriftsteller *s. m.* escritor_{m.}
schrill *adj.* estridente
schritt *pret. imp. de* schreiten
Schritt *s. m.* 1. passo_{m}; 2. tentativa_{f}; diligência_{f}
Schrittmacher *s. m.* MEDICINA pacemaker_{m.}
schrittweise *adv.* passo a passo
schroff *adj.* 1. íngreme; 2. seco; rude
Schrot *s. m.* 1. (munição) chumbo_{m}; 2. cereal_{m} triturado
Schrott *s. m.* sucata_{f.}
Schrubber *s. m.* escova_{f.} (de esfregar)
schrumpfen *v. intr.* 1. encolher; 2. diminuir
Schub *s. m.* 1. empurrão_{m}, encontrão_{m.}; 2. FÍSICA, ENGENHARIA impulso_{m.}
Schubkarre *s. f.* carrinho_{m.} de mão
Schublade *s. f.* gaveta_{f.}
Schubs *s. m.* (coloq.) empurrão_{m.}
schüchtern *adj.* tímido, acanhado
Schüchternheit *s. f.* timidez_{f.}
schuf *pret. imp. de* schaffen
Schuft *s. m.* patife_{m}, canalha_{m.}
schuften *v. intr.* (coloq.) trabalhar (muito), labutar
Schuh *s. m.* sapato_{m.}
Schuhcreme *s. f.* graxa_{f.} para calçado
Schuhgeschäft *s. nt.* sapataria_{f.}
Schuhgröße *s. f.* número_{m.} de calçado
Schuhlöffel *s. m.* calçadeira_{f.}
Schuhmacher *s. m.* sapateiro_{m.}
Schuhputzer *s. m.* engraxador_{m.} de sapatos
Schulbuch *s. nt.* livro_{m} escolar
Schuld *s. f.* 1. culpa_{f}; an etwas Schuld sein/haben: ter culpa de alguma coisa; 2. dívida_{f}; Schulden machen: contrair dívidas

schuldbewusst *adj.* consciente de culpa
schulden *v. tr.* dever
schuldig *adj.* 1. culpado; 2. endividado
Schuldner *s. m.* devedor_m
Schuldspruch *s. m.* condenação_f
Schule *s. f.* escola_f
schulen *v. tr.* (trabalhadores) formar
Schüler *s. m.* 1. aluno_m; 2. discípulo_m
Schulfach *s. nt.* disciplina_f escolar
Schulferien *s. pl.* férias_{f. pl.} da escola
schulfrei *adj.* livre, sem aulas
Schuljahr *s. nt.* ano_m lectivo
Schulpflicht *s. f.* escolaridade_f obrigatória
schulpflichtig *adj.* sujeito a escolaridade obrigatória
Schulstunde *s. f.* aula_f
Schultag *s. m.* dia_m de aulas
Schultasche *s. f.* pasta_f da escola
Schulter *s. f.* ombro_m
Schulterblatt *s. nt.* ANATOMIA omoplata_f
Schulterpolster *s. nt.* enchumaço_m
Schulung *f.* 1. formação_f; instrução_f; ensino_m; 2. curso_m
Schund *s. m.* lixo_m, porcaria_f
Schupfer *s. m.* (Áustria) (coloq.) empurrão_m
Schuppe *s. f.* 1. escama_f; 2. caspa_f
schuppen I *v. tr.* (peixe) escamar; II *v. refl.* (pele) escamar, esfolar
Schuppen *s. m.* barracão_m, telheiro_m
schüren *v. tr.* avivar, atiçar
schürfen *v. tr.* (pele) arranhar, esfolar
Schurke *s. m.* patife_m, malandro_m
Schurwolle *s. f.* lã_f virgem
Schürze *s. f.* avental_m
Schuss *s. m.* 1. tiro_m; 2. (futebol) chuto_m
Schüssel *s. f.* 1. tigela_f; terrina_f; 2. bacia_f
Schussverletzung *s. f.* ferida_f de bala
Schusswaffe *s. f.* arma_f de fogo
Schuster *s. m.* sapateiro_m

Schutt *s. m.* entulho_m, lixo_m
Schüttelfrost *s. m.* calafrios_{m. pl.}
schütteln *v. tr.* abanar; sacudir; agitar; **jemandem die Hand schütteln:** apertar a mão a alguém
schütten *v. tr.* despejar, deitar; virar
Schutz *s. m.* protecção_f; defesa_f
Schutzblech *s. nt.* guarda-lamas_m
Schutzbrille *s. f.* óculos_{m. pl.} protectores
Schütze *s. m.* 1. atirador_m; 2. (zodíaco) Sagitário_m
schützen I *v. tr.* proteger; defender; II *v. refl.* proteger-se
Schutzengel *s. m.* anjo-da-guarda_m
Schutzhelm *s. m.* capacete_m de protecção
Schutzhülle *s. f.* capa_f de protecção
Schutzimpfung *s. f.* vacinação_f preventiva
schutzlos *adj.* desprotegido, indefeso
Schutzpatron *s. m.* padroeiro_m
Schutzweg *s. m.* (Áustria) passadeira_f, passagem_f para peões
schwach *adj.* 1. fraco; 2. frágil; 3. escasso;
Schwäche *s. f.* fraqueza_f
schwächen *v. tr.* debilitar
Schwächling *s. m.* fraco_m
Schwachsinn *s. m.* 1. MEDICINA deficiência_f mental; 2. (coloq.) estupidez_f
schwachsinnig *adj.* 1. MEDICINA deficiente mental; 2. (coloq.) estúpido
Schwachstrom *s. m.* corrente_f de baixa tensão
schwafeln *v. intr.* (depr.) disparatar
Schwager *s. m.* cunhado_m
Schwalbe *s. f.* ZOOLOGIA andorinha_f
Schwall *s. m.* torrente_f; enchente_f
schwamm *pret. imp. de* schwimmen
Schwamm *s. m.* 1. esponja_f; 2. (Áustria) cogumelo_m

Schwan s. m. ZOOLOGIA cisne_m_.
schwand pret. imp. de schwinden
schwang pret. imp. de schwingen
schwanger adj. grávida
Schwangere s. f. grávida_f_.
schwängern v. tr. engravidar
Schwangerschaft s. f. gravidez_f_.
Schwangerschaftsabbruch s. m. interrupção_f_ (voluntária) da gravidez
Schwangerschaftstest s. m. teste_m_ de gravidez
Schwangerschaftsverhütung s. f. contracepção_f_
schwanken v. intr. 1. balançar; oscilar; 2. cambalear; 3. hesitar
Schwankung s. f. oscilação_f_
Schwanz s. m. 1. cauda_f_, rabo_m_.; 2. *(vulg.)* caralho_m_.
schwänzen v. tr. *(coloq.)* fazer gazeta
Schwarm s. m. 1. enxame_m_; 2. cardume_m_; 3. bando_m_; 4. *(fig.)* paixão_f_
schwärmen v. intr. delirar, adorar
schwarz adj. preto, negro; schwarz sehen: ser pessimista
Schwarzarbeit s. f. trabalho_m_ clandestino
Schwarzbrot s. nt. pão_m_ integral (escuro)
schwarzfahren v. intr. viajar sem bilhete
Schwarzfahrer s. m. passageiro_m_ sem bilhete
schwarzhaarig adj. de cabelos pretos
Schwarzmarkt s. m. mercado_m_ negro
Schwarzwald s. m. Floresta_f_ Negra
schwarzweiß adj. preto e branco
schwatzen v. intr. → schwätzen
schwätzen v. intr. tagarelar [über +ac., sobre]
Schwätzer s. m. tagarela_m. e f._
Schwebebahn s. f. teleférico_m_.
Schwebebalken s. m. barra_f_ suspensa
schweben v. intr. pairar, estar suspenso

Schwede s. m. sueco_m_.
Schweden s. nt. Suécia_f_
schwedisch adj. sueco
Schwefel s. m. enxofre_m_.
Schwefelsäure s. f. ácido_m_ sulfúrico
schweigen v. intr. calar(-se)
Schweigen s. nt. silêncio_m_
Schweigepflicht s. f. sigilo_m_ profissional
schweigsam adj. calado
Schwein s. nt. ZOOLOGIA porco_m_.
Schweinefleisch s. nt. carne_f_ de porco
Schweinerei s. f. 1. porcaria_f_; 2. pulhice_f_, sujeira_f_; 3. indecência_f_
schweinisch adj. 1. porco, imundo; 2. indecente
Schweiß s. m. suor_m_.
Schweißbrenner s. m. ferro_m_ de soldar
schweißen v. tr. soldar
Schweißer s. m. soldador_m_.
Schweißfuß s. m. suor_m_ dos pés
schweißgebadet adj. alagado em suor
Schweiz s. f. Suíça_f_.
Schweizer s. m. suíço_m_.
Schweizerdeutsch s. nt. alemão_m_ da Suíça
schweizerisch adj. suíço
schwelgen v. intr. gozar, regalar-se [in +dat., com]
Schwelle s. f. 1. (porta) soleira_f_, umbral_m_; 2. (comboio) travessa_f_
schwellen I v. tr. *(Suíça)* cozinhar em lume brando; II v. intr. inchar
Schwellung s. f. MEDICINA inchaço_m_.
schwer I adj. 1. pesado; 2. (doença) grave; 3. difícil, custoso; (destino) duro; II adv. muito, gravemente, pesadamente
Schwerbehinderte(r) s. m. e f. deficiente_m. e f._ profundo
Schwere s. f. 1. peso_m_; 2. gravidade_f_; 3. dificuldade_f_
schwerelos adj. sem gravidade
Schwerelosigkeit s. f. ausência_f_ de gravidade

schwerfällig *adj.* 1. lento, pesado; 2. tosco
schwerhörig *adj.* mouco
Schwerindustrie *s. f.* indústria*_f_* pesada
Schwerkraft *s. f.* FÍSICA gravidade*_f_*
schwerlich *adv.* dificilmente, a custo
schwermütig *adj.* taciturno, tristonho
Schwerpunkt *s. m.* 1. FÍSICA centro*_m_* de gravidade; 2. área*_f_* de especialização, variante*_f_*; 3. ponto*_m_* principal
Schwert *s. nt.* espada*_f_*
Schwertfisch *s. m.* ZOOLOGIA peixe-espada*_m_*
Schwerverbrecher *s. m.* delinquente*_m_* perigoso
schwerwiegend *adj.* importante, de peso
Schwester *s. f.* 1. irmã*_f_*; 2. enfermeira*_f_*
schwieg *pret. imp. de* schweigen
Schwiegereltern *s. pl.* sogros*_m. pl_*
Schwiegermutter *s. f.* sogra*_f_*
Schwiegersohn *s. m.* genro*_m_*
Schwiegertochter *s. f.* nora*_f_*
Schwiegervater *s. m.* sogro*_m_*
Schwiele *s. f.* calo*_m_*
schwierig *adj.* difícil, complicado
Schwierigkeit *s. f.* dificuldade*_f_*
Schwimmbad *s. nt.* piscina*_f_*
Schwimmbecken *s. nt.* piscina*_f_*
schwimmen *v. intr.* 1. nadar; 2. flutuar, boiar
Schwimmer *s. m.* nadador*_m_*
Schwimmflosse *s. f.* barbatana*_f_*
Schwimmsport *s. m.* natação*_f_*
Schwimmweste *s. f.* colete*_m_* salva-vidas
Schwindel *s. m.* 1. vertigem*_f_*; 2. (*coloq.*) treta*_f_*; vigarice*_f_*
schwindelfrei *adj.* que não tem vertigens
schwindelig *adj.* ourado, tonto
schwindeln *v. intr.* aldrabar
schwinden *v. intr.* 1. desaparecer; 2. diminuir
Schwindler *s. m.* aldrabão*_m_*, vigarista*_m. e f._*

schwingen I *v. tr.* balançar; agitar; sacudir; II *v. intr.* oscilar
Schwingung *s. f.* oscilação*_f_*
Schwips *s. m.* (*coloq.*) piela*_f_*
schwitzen *v. intr.* suar, transpirar
schwoll *pret. imp. de* schwellen
schwor *pret. imp. de* schwören
schwören *v. tr.* jurar
schwul *adj.* homossexual
schwül *adj.* abafado, sufocante
Schwule(r) *s. m.* homossexual*_m_*
Schwung *s. m.* 1. impulso*_m_*, lanço*_m_*; 2. garra*_f_*
schwungvoll *adj.* dinâmico
Schwur *s. m.* juramento*_m_*
Schwurgericht *s. nt.* tribunal*_m_* de jurados
Sciencefiction *s. nt.* ficção*_f_* científica
sechs *num. card.* seis
Sechs *s. f.* seis*_m_*
Sechseck *s. nt.* hexágono*_m_*
sechshundert *num. card.* seiscentos
sechstausend *num. card.* seis mil
sechste(r, s) *num. ord.* sexto
sechzehn *num. card.* dezasseis
sechzig *num. card.* sessenta
Secondhandladen *s. m.* loja*_f_* de artigos em segunda mão
See¹ *s. f.* ⟨-, *sem pl.*⟩ mar*_m_*
See² *s. m.* ⟨-s, -n⟩ lago*_m_*
Seebad *s. nt.* estância*_f_* balnear
Seebeben *s. nt.* maremoto*_m_*
Seefahrt *s. f.* viagem*_f_* marítima
Seehund *s. m.* ZOOLOGIA lobo-marinho*_m_*, foca*_f_*
Seeigel *s. m.* ZOOLOGIA ouriço-do-mar*_m_*
seekrank *adj.* enjoado
Seele *s. f.* alma*_f_*
Seeleute *s. pl.* marinheiros*_m. pl_*
seelisch *adj.* mental, psíquico
Seemann *s. m.* marinheiro*_m_*
Seemeile *s. f.* milha*_f_* marítima
Seenot *s. f.* perigo*_m_* de naufragar

Seepferdchen *s. nt.* ZOOLOGIA cavalo-marinho$_m$.
Seeräuber *s. m.* pirata$_m$.
Seerose *s. f.* nenúfar$_m$.
Seestern *s. m.* estrela-do-mar$_f$.
Seeweg *s. m.* caminho$_m$ marítimo
Seezunge *s. f.* ZOOLOGIA linguado$_m$.
Segel *s. nt.* vela$_f$.
Segelboot *s. nt.* barco$_m$ à vela
Segelfliegen *s. nt.* voo$_m$ de planador
Segelflugzeug *s. nt.* planador$_m$.
segeln *v. intr.* velejar
Segelschiff *s. nt.* veleiro$_m$.
Segelsport *s. m.* vela$_f$.
Segeltuch *s. nt.* lona$_f$.
Segen *s. m.* 1. bênção$_f$; 2. felicidade$_f$
Segler *s. m.* velejador$_m$.
segnen *v. tr.* abençoar
sehen I *v. tr.* ver; II *v. intr.* ver; olhar; jemandem ähnlich sehen: ser parecido com alguém
sehenswert *adj.* digno de ser visto
Sehenswürdigkeit *s. f.* atracção$_f$ turística
Sehkraft *s. f.* visão$_f$.
Sehne *s. f.* 1. ANATOMIA tendão$_m$; 2. GEOMETRIA corda$_f$.
sehnen *v. refl.* ter saudades, ansiar
Sehnsucht *s. f.* saudade(s)$_{f. (pl.)}$
sehnsüchtig *adj.* ansioso, desejoso
sehr *adv.* muito; sehr oft: muitas vezes; zu sehr: demasiado; so sehr: tanto, tão
seicht *adj.* 1. (águas) baixo; 2. (conversa) superficial, fútil
Seide *s. f.* seda$_f$.
seiden *adj.* de seda
Seife *s. f.* sabonete$_m$; sabão$_m$.
Seifenoper *s. f.* telenovela$_f$.
Seiher *s. m. (Áustria)* passador$_m$.
Seil *s. nt.* corda$_f$, cabo$_m$.
Seilbahn *s. f.* teleférico$_m$.
seilspringen *v. intr.* saltar à corda
seiltanzen *v. intr.* dançar na corda bamba
Seiltänzer *s. m.* funâmbulo$_m$.
sein[1] I *v. intr.* 1. ser; 2. estar; mir ist kalt: estou com frio; es ist sonnig/heiß: está sol/calor; 3. haver, existir; 4. ter; er ist 15: ele tem 15 anos; 5. estar; ficar situado; 6. passar-se; was ist los?: o que é que se passa?; II *v. aux.* ist er schon angekommen?: ele já chegou?
sein[2] *pron. poss.* (como adjectivo) (o) seu, (a) sua, o/a... dele; sein Vater: o seu pai, o pai dele
seiner *pron. pess. gen. de* er, es
seine(r, s) *pron. poss.* (como substantivo) (o) seu, (a) sua, (o/a) dele; die schwarze Katze ist seine: o gato preto é seu/dele
seinerseits *adv.* por seu lado, pela sua parte
seinerzeit *adv.* nessa altura, naquele tempo
seinesgleichen *pron. indef.* (seu) igual
seinetwegen *adv.* por ele; por causa dele
seit *prep.* [+dat.] desde; seit wann?: desde quando?
seitdem I *adv.* desde então, desde essa altura; II *cj.* desde que
Seite *s. f.* 1. lado$_m$; zur Seite gehen: desviar-se; 2. borda$_f$, margem$_f$; 3. página$_f$; 4. (moeda) face$_f$
Seitenansicht *s. f.* vista$_f$ de perfil
seitens *prep.* [+gen.] da parte de
Seitensprung *s. m.* escapadela$_f$, aventura$_f$.
Seitenstraße *s. f.* travessa$_f$.
seither *adv.* desde então
seitlich *adj.* lateral
seitwärts *adv.* para o lado
Sekretär *s. m.* secretário$_m$.
Sekretariat *s. nt.* secretaria$_f$, secretariado$_m$.

Sekt s. m. espumante_m, champanhe_m.
Sekte s. f. seita_f.
sekundär adj. secundário
Sekundarschule s. f. (Suíça) escola_f secundária
Sekunde s. f. segundo_m.
selbst I pron. dem. mesmo, próprio; von selbst: por si (mesmo); II adv. (até) mesmo, até
Selbstachtung s. f. auto-estima_f.
Selbstauslöser s. m. FOTOGRAFIA disparador_m automático
Selbstbedienung s. f. self-service_m.
Selbstbefriedigung s. f. masturbação_f.
Selbstbeherrschung s. f. autodomínio_m.
Selbstbestimmung s. f. POLÍTICA autodeterminação_f.
selbstbewusst adj. auto-confiante
Selbstbewusstsein s. nt. autoconfiança_f.
selbstgefällig adj. vaidoso, presunçoso
selbstgemacht adj. feito pela própria pessoa
Selbstgespräch s. nt. monólogo_m.
Selbsthilfegruppe s. f. grupo_m de interajuda
Selbstkostenpreis s. m. preço_m de custo
selbstlos adj. altruísta, desinteressado
Selbstmitleid s. nt. auto-compaixão_f.
Selbstmord s. m. suicídio_m.
Selbstmörder s. m. suicida_m. e f.
selbstmörderisch adj. suicida
selbstsicher adj. seguro de si
selbstständig adj. 1. autónomo; 2. independente
Selbstständigkeit s. f. independência_f, autonomia_f.
selbstverständlich I adj. natural, evidente, óbvio; II adv. evidentemente, obviamente
Selbstverteidigung s. f. autodefesa_f.
Selbstvertrauen s. nt. autoconfiança_f.
Selbstverwaltung s. f. autonomia_f administrativa
Selchfleisch s. nt. (Áustria) carne_f defumada
selig adj. 1. feliz (da vida), felicíssimo; 2. RELIGIÃO bem-aventurado
Sellerie s. m. aipo_m.
selten I adj. 1. raro; 2. singular; II adv. 1. raramente; 2. extraordinariamente
Seltenheit s. f. raridade_f.
seltsam adj. estranho, esquisito
seltsamerweise adv. estranhamente
Semantik s. f. semântica_f.
Semester s. nt. semestre_m.
Semesterferien s. pl. férias_f. pl. de semestre
Semikolon s. nt. ponto_m e vírgula
Seminar s. nt. 1. seminário_m; 2. instituto_m, departamento_m.
Semmel s. f. (Áustria) pãozinho_m.
Senat s. m. senado_m.
senden[1] v. tr. e intr. (rádio, televisão) emitir, transmitir
senden[2] v. tr. (correio) enviar, remeter
Sender s. m. (rádio, televisão) emissora_f.
Sendereihe s. f. mini-série_f.
Sendezeit s. f. tempo_m de antena
Sendung s. f. 1. envio_m; 2. (rádio, televisão) emissão_f, programa_m.
Senf s. m. mostarda_f.
senil adj. senil
Senior s. m. 1. idoso_m; 2. DESPORTO sénior_m. e f.
Seniorenheim s. nt. lar_m de terceira idade
senken I v. tr. baixar; reduzir; II v. refl. abater
senkrecht I adj. vertical; II adv. a prumo
Senkung s. f. descida_f, redução_f.
Senner s. m. (Áustria) vaqueiro_m alpino
Sensation s. f. sensação_f.

sensationell *adj.* sensacional
Sense *s. f.* foice*f*, gadanha*f*
sensibel *adj.* sensível
Sensibilität *s. f.* sensibilidade*f*
sentimental *adj.* 1. sentimental; 2. *(pej.)* lamecha
Sentimentalität *s. f.* sentimentalismo*m*
September *s. m.* Setembro*m*
Serbe *s. m.* sérvio*m*
Serbien *s. nt.* Sérvia*f*
serbisch *adj.* sérvio
Serie *s. f.* série*f*; colecção*f*
serienweise *adv.* em série
seriös *adj.* sério
Serum *s. nt.* soro*m*
Service¹ *s. m.* ‹-, sem pl.› 1. serviço*m*; 2. assistência*f* técnica
Service² *s. nt.* ‹-(e)s, -› (louça) serviço*m*
servieren* *v. tr.* servir
Serviertochter *s. f. (Suíça)* empregada*f* de mesa
Serviette *s. f.* guardanapo*m*
Servobremse *s. f.* servofreio*m*
Servolenkung *s. f.* direcção*f* assistida
servus *interj. (Áustria)* tchau!
Sessel *s. m.* poltrona*f*, maple*m*
Sessellift *s. m.* teleférico*m*
sesshaft *adj.* sedentário
Set *s. nt.* conjunto*m*
setzen I *v. tr.* 1. pôr, meter; colocar; 2. estabelecer, fixar; 3. (dinheiro) apostar; II *v. refl.* sentar-se
Setzer *s. m.* tipógrafo*m*
Setzerei *s. f.* tipografia*f*
Seuche *s. f.* epidemia*f*
seufzen *v. intr.* suspirar
Seufzer *s. m.* suspiro*m*
Sex *s. m.* sexo*m*
sexistisch *adj.* sexista
Sexualität *s. f.* sexualidade*f*
Sexualkunde *s. f.* educação*f* sexual
sexuell *adj.* sexual
sexy *adj.* sensual, sexy
sezieren* *v. tr.* dissecar
Shampoo *s. nt.* champô*m*
Sherry *s. m.* xerez*m*
Shorts *s. pl.* calções*m. pl.*
Sibirien *s. nt.* Sibéria*f*
sich *pron. refl.* se; si; sie kämmt sich: ela penteia-se; er denkt nur an sich: ele só pensa nele/em si
Sichel *s. f.* foice*f*
sicher I *adj.* seguro, firme; certo; II *adv.* 1. com certeza; 2. sem dúvida; 3. com segurança
Sicherheit *s. f.* 1. segurança*f*; 2. certeza*f*; firmeza*f*
Sicherheitsgurt *s. m.* cinto*m* de segurança
Sicherheitsnadel *s. f.* alfinete*m* de bebé, alfinete*m* de segurança
Sicherheitsschloss *s. nt.* fechadura*f* de segurança
Sicherheitsvorkehrung *s. f.* medida*f* de precaução
sicherlich *adv.* certamente, com certeza
sichern *v. tr.* proteger; salvaguardar
Sicherung *s. f.* 1. ‹sem pl.› protecção*f*, salvaguarda*f*; 2. ELECTRICIDADE fusível*m*
Sicht *s. f.* 1. visibilidade*f*; vista*f*; 2. visão*f*, ponto*m* de vista
sichtbar *adj.* 1. visível; 2. notório, manifesto
sichten *v. tr.* 1. avistar; 2. arrumar, seleccionar
sichtlich I *adj.* visível; II *adv.* visivelmente
Sichtvermerk *s. m.* visto*m*
Sichtweite *s. f.* alcance*m* da vista
sickern *v. intr.* infiltrar-se
sie *pron. pess.* ela; a; eles, elas; os, as

Sie *pron. pess.* o(s) senhor(es), a(s) senhora(s), você(s)
Sieb *s. nt.* 1. peneira*f*; 2. coador*m*; passador*m*
sieben *num. card.* sete
Sieben *s. f.* sete*m*
siebenhundert *num. card.* setecentos
siebentausend *num. card.* sete mil
siebte(r, s) *num. ord.* sétimo
siebzehn *num. card.* dezassete
siebzig *num. card.* setenta
sieden *v. intr.* ferver
Siedepunkt *s. m.* ponto*m* de ebulição
Siedler *s. m.* colono*m*
Siedlung *s. f.* urbanização*f*
Sieg *s. m.* vitória*f*
Siegel *s. nt.* selo*m*, lacre*m*
siegen *v. tr.* vencer, triunfar
Sieger *s. m.* vencedor*m*
siegessicher *adj.* certo da vitória
siegreich *adj.* vitorioso, triunfante
siezen *v. tr.* tratar por você
Signal *s. nt.* sinal*m*
signalisieren* *v. tr.* dar sinal de
Silbe *s. f.* sílaba*f*
Silber *s. nt.* prata*f*
Silberhochzeit *s. f.* bodas*f, pl.* de prata
silbern *adj.* de prata; prateado
Silhouette *s. f.* silhueta*f*
Silo *s. nt.* silo*m*
Silvester *s. nt.* passagem*f* de ano
simpel *adj.* fácil
Sims *s. m.* 1. cornija*f*; 2. peitoril*m*
simulieren* *v. tr.* simular
simultan *adj.* (em) simultâneo
Simultandolmetschen *s. nt.* tradução*f* simultânea
Sinfonie *s. f.* sinfonia*f*
singen *v. tr. e intr.* cantar
Single[1] *s. f.* ⟨-, -s⟩ MÚSICA single*m*
Single[2] *s. m.* ⟨-(s), -⟩ solteiro*m*
Singvogel *s. m.* ave*f* canora

sinken *v. intr.* 1. descer, baixar; 2. afundar-se
Sinn *s. m.* 1. sentido*m*; die fünf Sinne: os cinco sentidos; 2. ⟨sem pl.⟩ sentido*m*, significado*m*; 3. ⟨sem pl.⟩ espírito*m*; Sinn für Humor haben: ter sentido de humor; 4. ⟨sem pl.⟩ sentido*m*; das hat keinen Sinn: isso não faz sentido
Sinnbild *s. nt.* símbolo*m*
sinnbildlich *adj.* simbólico
Sinnestäuschung *s. f.* ilusão*f* dos sentidos
sinnlich *adj.* 1. sensorial, sensitivo; 2. sensual
Sinnlichkeit *s. f.* sensualidade*f*
sinnlos *adj.* sem sentido; inútil
Sinnlosigkeit *s. f.* falta*f* de sentido, inutilidade*f*
sinnvoll *adj.* 1. sensato; 2. útil
Sintflut *s. f.* dilúvio*m*
Sinti *s. pl.* ciganos*m. pl.* de origem germânica
Sippe *s. f.* clã*m*
Sirene *s. f.* sirene*f*
Sirup *s. m.* xarope*m*
Sitte *s. f.* costume*m*
sittlich *adj.* decente
Sittlichkeit *s. f.* moral*f*, bons costumes*m. pl.*
Situation *s. f.* situação*f*
Sitz *s. m.* 1. assento*m*; 2. (de empresa) sede*f*; 3. POLÍTICA lugar*m*
sitzen *v. intr.* 1. estar sentado; (ave) estar pousado; 2. (vestido) assentar bem; 3. *(coloq.)* (escola) sitzen bleiben: reprovar; 4. estar preso
Sitzgelegenheit *s. f.* lugar*m*, assento*m*
Sitzplatz *s. m.* lugar*m* sentado
Sitzung *s. f.* sessão*f*, reunião*f*
Sizilien *s. nt.* Sicília*f*
Skala *s. f.* 1. escala*f*; 2. gama*f*

Skalpell *s. nt.* bisturi*m.*
Skandal *s. m.* escândalo*m.*
skandalös *adj.* escandaloso
Skandinavien *s. nt.* Escandinávia*f.*
Skateboard *s. nt.* skate*m.*
Skater *s. m.* patinador*m.* de skate
Skelett *s. nt.* esqueleto*m.*
Skepsis *s. f.* cepticismo*m.*
skeptisch *adj.* céptico
Ski *s. m.* esqui*m.*
Skianzug *s. m.* fato*m.* de esqui
Skifahrer *s. m.* esquiador*m.*
Skilift *s. m.* cadeira*f.* teleférica
Skinhead *s. m.* cabeça-rapada*m.*
Skizze *s. f.* esboço*m.*
skizzieren* *v. tr.* 1. fazer o esboço de; 2. delinear
Sklave *s. m.* escravo*m.*
Sklaverei *s. f.* escravidão*f.*
Skorpion *s. m.* 1. ZOOLOGIA escorpião*m.*; 2. (zodíaco) Escorpião*m.*
Skrupel *s. m.* escrúpulo*m.*
skrupellos *adj.* sem escrúpulos
Skrupellosigkeit *s. f.* falta*f.* de escrúpulos
Skulptur *s. f.* escultura*f.*
Slang *s. m.* calão*m.*
Slip *s. m.* cuecas*f. pl.*
Slowake *s. m.* eslovaco*m.*
Slowakei *s. f.* Eslováquia*f.*
slowakisch *adj.* eslovaco
Slowene *s. m.* esloveno*m.*
Slowenien *s. nt.* Eslovénia*f.*
slowenisch *adj.* esloveno
Slum *s. m.* barraca*f.*
Smaragd *s. m.* esmeralda*f.*
Smog *s. m.* nevoeiro*m.* com fumo
Smogalarm *s. m.* alarme*m.* de fumos
so I *adv.* 1. assim, desta maneira; 2. tanto, de tal modo; tão; 3. *(coloq.)* mais ou menos; **so gegen acht**: lá para as oito; 4. *(coloq.)* tal; II *cj.* de modo que; III *interj.* so was!: ora essa!; ach so!: ah!
sobald *cj.* logo que [+*conj.*], assim que [+*conj.*], mal [+*conj.*]; **sobald ich kann**: eu ajudo-te logo que possa
Socke *s. f.* meia*f.* (curta), peúga*f.*
Sockel *s. m.* pedestal*m.*
Socken *s. m.* (Áustria, Suíça) peúga*f.*
sodass *cj.* de modo que
Sodbrennen *s. nt.* azia*f.*
soeben *adv.* agora mesmo
Sofa *s. nt.* sofá*m.*
sofern *cj.* desde que [+*conj.*], contanto que [+*conj.*]; **sofern nicht**: a não ser que
soff *pret. imp. de* saufen
sofort *adv.* 1. imediatamente, já; 2. no mesmo instante
Softie *s. m.* *(coloq.)* homem*m.* sensível
Software *s. f.* INFORMÁTICA software*m.*
sog *pret. imp. de* saugen
Sog *s. m.* sucção*f.*
sog. [abrev. de sogenannt] chamado
sogar *adv.* até, mesmo
sogenannt *adj.* chamado, denominado
sogleich *adv.* já, imediatamente
Sohle *s. f.* 1. planta*f.* do pé; 2. sola*f.*; 3. palmilha*f.*
Sohn *s. m.* filho*m.*
solange *cj.* enquanto
Solarenergie *s. f.* energia*f.* solar
solch *pron. dem.* 1. tal; 2. semelhante
Soldat *s. m.* soldado*m.*
Söldner *s. m.* mercenário*m.*
solidarisch *adj.* solidário
solidarisieren* *v. refl.* solidarizar-se [mit +*dat.*, com]
Solidarität *s. f.* solidariedade*f.* [mit +*dat.*, com]
solide *adj.* 1. sólido, firme, seguro; 2. sério, respeitável

Soll *s. nt.* 1. débito_m_; Soll und Haben: débito e crédito; 2. tarefa_f_ prevista

sollen I *v. modal* 1. (dever moral) dever; du solltest ihm helfen: tu devias ajudá-lo; 2. (conselho, recomendação) dever; du solltest ins Bett gehen: tu devias ir para a cama; 3. (dúvida) sollte er kommen: se vier; II *v. intr.* significar; was soll das?: o que vem a ser isso?

Söller *s. m. (Suíça)* chão_m_

Somalia *s. nt.* Somália_f_

somit *adv.* assim, por conseguinte, portanto

Sommer *s. m.* Verão_m_

Sommerferien *s. pl.* férias_f. pl._ de Verão

sommerlich *adj.* estival, veranil

Sommerloch *s. nt.* férias_f. pl._ políticas do Verão

Sommerschlussverkauf *s. m.* saldos_m. pl._ de Verão

Sommersprosse *s. f.* sarda_f_

Sommerzeit *s. f.* 1. ⟨sem pl.⟩ Verão_m_; 2. hora_f_ de Verão

Sonderangebot *s. nt.* promoção_f_

sonderbar *adj.* estranho, esquisito

Sonderfall *s. m.* caso_m_ isolado

Sonderkorrespondent *s. m.* enviado_m_ especial

Sonderling *s. m.* excêntrico_m_

Sondermüll *s. m.* resíduos_m. pl._ tóxicos

sondern *cj.* mas (sim), porém; senão, antes; nicht nur..., sondern auch...: não só... mas também

Sonderschule *s. f.* escola_f_ de ensino especial

Sonderzeichen *s. nt.* INFORMÁTICA carácter_m_ especial

Sonderzug *s. m.* comboio_m_ especial

Sonnabend *s. m.* sábado_m_

sonnabends *adv.* aos sábados

Sonne *s. f.* sol_m_

sonnen *v. refl.* apanhar sol, tomar banhos de sol

Sonnenaufgang *s. m.* nascer_m_ do sol

sonnenbaden *v. intr.* apanhar banhos de sol

Sonnenblume *s. f.* girassol_m_

Sonnenbrand *s. m.* escaldão_m_

Sonnenbrille *s. f.* óculos_m. pl._ de sol

Sonnenenergie *s. f.* energia_f_ solar

Sonnenfinsternis *s. f.* eclipse_m_ do sol

Sonnenlicht *s. nt.* luz_f_ solar

Sonnenmilch *s. f.* leite_m_ solar

Sonnenöl *s. nt.* óleo_m_ solar

Sonnenschein *s. m.* luz_f_ do sol

Sonnenschirm *s. m.* guarda-sol_m_

Sonnenstich *s. m.* insolação_f_

Sonnenuntergang *s. m.* pôr-do-sol_m_

sonnig *adj.* soalheiro; exposto ao sol

Sonntag *s. m.* domingo_m_

sonntags *adv.* aos domingos

sonst *adv.* 1. além disso; sonst noch etwas?: mais alguma coisa?; 2. senão, caso contrário; 3. normalmente, habitualmente; wie sonst: como de costume

sonstig *adj.* restante, outro

sooft *cj.* (todas) as vezes que, sempre que

Sorge *s. f.* preocupação_f_

sorgen I *v. intr.* 1. cuidar, tratar; 2. encarregar-se; II *v. refl.* preocupar-se

sorgenfrei *adj.* despreocupado, descansado

sorgenvoll *adj.* cheio de preocupações, cheio de cuidados

Sorgerecht *s. nt.* DIREITO custódia_f_

Sorgfalt *s. f.* esmero_m_, cuidado_m_, atenção_f_

sorgfältig *adj.* cuidadoso, esmerado

sorglos *adj.* 1. descuidado; 2. despreocupado

Sorglosigkeit *s. f.* 1. descuido*m*; 2. despreocupação*f*
sorgsam *adj.* cuidadoso, diligente
Sorte *s. f.* 1. género*m*, qualidade*f*; 2. marca*f*
sortieren* *v. tr.* classificar, ordenar
Sortiment *s. nt.* sortido*m*
sosehr *cj.* por muito que, por mais que
soso *adv. (coloq.)* pois; **soso lala:** assim-assim
Soße *s. f.* molho*m*
Soundkarte *s. f.* INFORMÁTICA placa*f* de som
soundso *adv.* tal, (um) tanto
Souvenir *s. nt.* lembrança*f*, recordação*f*
souverän *adj.* soberano
Souverän *s. m. (Suíça)* eleitores*m. pl*
Souveränität *s. f.* soberania*f*
soviel *cj.* tanto quanto; **soviel ich weiß, ...:** tanto quanto sei, ...
soweit *cj.* tanto quanto; **soweit ich es beurteilen kann, ...:** tanto quanto posso julgar, ...
sowenig I *cj.* por pouco que [+*conj.*]; II *adv.* tão pouco
sowie *cj.* assim como, bem como
sowieso *adv.* 1. de qualquer maneira, mesmo assim; 2. *(Suíça)* evidentemente
Sowjetunion *s. f.* União*f* Soviética
sowohl *cj.* **sowohl... als auch...:** tanto... como..., não só... mas também...
sozial *adj.* social
Sozialabgaben *s. pl.* descontos*m. pl* para a segurança social
Sozialamt *s. nt.* serviços*m. pl* de assistência social
Sozialarbeit *s. f.* acção*f* social
Sozialarbeiter *s. m.* assistente*m. e f.* social
Sozialhilfe *s. f.* rendimento*m* mínimo
sozialistisch *adj.* socialista
Sozialversicherung *s. f.* segurança*f* social

Sozialwissenschaften *s. pl.* ciências*f. pl.* sociais
Sozialwohnung *s. f.* habitação*f* social
Soziologe *s. m.* sociólogo*m*
Soziologie *s. f.* sociologia*f*
soziologisch *adj.* sociológico
sozusagen *adv.* por assim dizer, como quem diz
Spachtel *s. m.* espátula*f*
Spagetti *s. pl.* CULINÁRIA esparguete*m*
Spaghetti *s. pl.* → Spagetti
Spalt *s. m.* 1. fenda*f*; 2. frincha*f*
Spalte *s. f.* 1. (no jornal) coluna*f*; 2. fenda*f*
spalten I *v. tr.* 1. dividir, separar; 2. cortar; rachar; II *v. refl.* dividir-se
Spaltung *s. f.* 1. cisma*m*; divisão*f*; 2. QUÍMICA dissociação*f*; FÍSICA cisão*f*
Span *s. m.* 1. lasca*f*, fita*f*; 2. limalha*f*
Spanferkel *s. nt.* ZOOLOGIA leitão*m*
Spange *s. f.* 1. (para cabelo) travessão*m*; 2. aparelho*m* (dental)
Spanien *s. nt.* Espanha*f*
Spanier *s. m.* espanhol*m*
spanisch *adj.* espanhol
spann *pret. imp. de* spinnen
Spanne *s. f.* 1. espaço*m* de tempo, intervalo*m*; 2. (lucro) margem*f*
spannen *v. tr.* 1. estender, esticar; 2. distender
spannend *adj.* emocionante, absorvente, com suspense
Spannteppich *s. m. (Suíça)* alcatifa*f*
Spannung *s. f.* 1. ansiedade*f*; 2. *(sem pl.)* suspense*m*; 3. tensão*f*; inimizade*f*; 4. ELECTRICIDADE voltagem*f*
Spannweite *s. f.* 1. envergadura*f*; 2. ARQUITECTURA vão*m*
Sparbuch *s. nt.* caderneta*f* de poupança
Sparbüchse *s. f.* mealheiro*m*
sparen I *v. tr.* 1. poupar, economizar; 2. evitar; II *v. intr.* poupar

Spargel *s. m.* espargo*m.*
Sparheft *s. nt.* (Suíça) → Sparbuch
Sparkasse *s. f.* caixa-económica*f.*, Caixa*f.* Geral de Depósitos
Sparkonto *s. nt.* conta*f.* poupança
spärlich *adj.* parco; escasso; pobre
Sparmaßnahme *s. f.* medida*f.* de contenção de despesas
sparsam *adj.* poupado; económico
Sparsamkeit *s. f.* poupança*f.*, economia*f.*
Sparte *s. f.* 1. área*f.*, campo*m.*; 2. (jornal) rubrica*f.*
Spaß *s. m.* 1. (sem pl.) prazer*m.*, gozo*m.*; 2. brincadeira*f.*, gracejo*m.*
spaßen *v. intr.* brincar
spaßeshalber *adv.* por brincadeira
spaßig *adj.* divertido, engraçado
Spaßvogel *s. m.* brincalhão*m.*
spät I *adj.* tardio, atrasado; **wie spät ist es?**: que horas são?; II *adv.* tarde; **es wird spät**: faz-se tarde
Spaten *s. m.* pá*f.*
später I *adj.* 1. posterior; 2. futuro; II *adv.* mais tarde; **bis später!**: até logo!
spätestens *adv.* o mais tardar
Spätnachmittag *s. m.* fim*m.* da tarde
Spatz *s. m.* ZOOLOGIA pardal*m.*
spazieren* *v. intr.* passear [durch +ac., por]; **spazieren gehen**: (ir) passear
Spaziergang *s. m.* passeio*m.*
Specht *s. m.* ZOOLOGIA pica-pau*m.*
Speck *s. m.* toucinho*m.*
Spediteur *s. m.* transportador*m.*
Spedition *s. f.* transportadora*f.*, empresa*f.* de transportes
Speer *s. m.* 1. lança*f.*; 2. DESPORTO dardo*m.*
Speiche *s. m.* raio*m.*
Speichel *s. m.* saliva*f.*
Speicher *s. m.* 1. armazém*m.*; celeiro*m.*; 2. *(Regionalismo)* sótão*m.*, águas-furtadas*f. pl*; 3. INFORMÁTICA memória*f.*; 4. depósito*m.*, reservatório*m.*

speichern *v. tr.* 1. armazenar; 2. INFORMÁTICA gravar
Speise *s. f.* 1. comida*f.*; 2. prato*m.*
Speiseeis *s. nt.* gelado*m.*, sorvete*m.*
Speisekammer *s. f.* despensa*f.*
Speisekarte *s. f.* ementa*f.*, lista*f.*
Speiseröhre *s. f.* ANATOMIA esófago*m.*
Speisesaal *s. m.* refeitório*m.*
Speisewagen *s. m.* vagão-restaurante*m.*
Spektakel *s. nt.* espectáculo*m.*
spektakulär *adj.* espectacular
Spekulant *s. m.* especulador*m.*
Spekulation *s. f.* especulação*f.*
spekulieren* *v. intr.* especular
Spende *s. f.* donativo*m.*
spenden *v. tr.* dar, doar [für +ac., para]
Spender¹ *s. m.* (-s, -) (máquina) distribuidora*f.*
Spender² *s. m.* (-s, -) doador*m.*
Sperma *s. nt.* esperma*m.*
Sperre *s. f.* 1. barreira*f.*; barricada*f.*; 2. DESPORTO suspensão*f.*
sperren *v. tr.* 1. fechar, cortar, vedar (ao trânsito); 2. (água, telefone) cortar; (conta, crédito) bloquear; 3. fechar, prender; 4. DESPORTO suspender
Sperrholz *s. nt.* contraplacado*m.*
Sperrstunde *s. f.* hora*f.* de encerramento
Spesen *s. pl.* despesas*f. pl*, ajudas*f. pl.* de custo
spezialisieren* *v. refl.* especializar-se [auf +ac., em]
Spezialisierung *s. f.* especialização*f.* [auf +ac., em]
Spezialist *s. m.* especialista [für +ac., em]
Spezialität *s. f.* especialidade*f.*
speziell *adj.* especial
spezifisch *adj.* específico
Sphäre *s. f.* esfera*f.*
Spickzettel *s. m.* (coloq.) copianço*m.*
Spiegel *s. m.* 1. espelho*m.*; 2. nível*m.* das águas

Spiegelbild s. nt. imagem, reflectida
Spiegelei s. nt. ovo,,, estrelado
spiegeln I v. tr. reflectir; II v. refl. reflectir-se [in +dat., em]
Spiegelung s. f. reflexo,,.
Spiel s. nt. 1. jogo,,,; 2. ENGENHARIA folga,
Spieldose s. f. caixa, de música
spielen I v. tr. 1. jogar; 2. MÚSICA tocar; 3. (peça de teatro) representar; (papel) desempenhar; 4. fazer-se de, fingir-se; II v. intr. 1. brincar; jogar; 2. (acção) passar-se, desenrolar-se
spielend adv. a brincar, sem dificuldade
Spieler s. m. jogador,,,
Spielerei s. f. brincadeira,
Spielfeld s. nt. 1. campo,, de jogos; 2. campo,, de ténis
Spielfilm s. m. longa-metragem,
Spielhalle s. f. salão,, de jogos
Spielothek s. f. → Spielhalle
Spielplatz s. m. parque,, infantil
Spielraum s. m. liberdade, de acção
Spielregel s. f. regra, do jogo
Spielsachen s. pl. brinquedos,,,. ,,.
Spielverderber s. m. desmancha-prazeres,,, e f.
Spielzeug s. nt. brinquedo,,.
Spieß s. m. 1. lança,; 2. espeto,,,
Spießer s. m. (depr.) bota-de-elástico,,,. e f.
spießig adj. (depr.) quadrado
Spinat s. m. espinafre,,,
Spindel s. f. 1. fuso,,,; 2. ENGENHARIA eixo,,,
Spinne s. f. ZOOLOGIA aranha,
spinnen I v. tr. 1. fiar; 2. tecer; II v. intr. fiar
Spinnennetz s. nt. teia, de aranha
Spinner s. m. 1. fiandeiro,,,; 2. (coloq.) maluco,,,, tolo,,,
Spinnerei s. f. 1. fábrica, de fiação; 2. (coloq.) maluquice,, tolice,
Spion s. m. espião,,,

Spionage s. f. espionagem,
spionieren* v. intr. espionar, fazer espionagem
Spirale s. f. espiral,
spirituell adj. espiritual
Spirituosen s. pl. bebidas,,, ,,,. alcoólicas
Spiritus s. m. álcool,,, desnaturado
Spital s. nt. (Suíça) hospital,,.
spitz adj. 1. pontiagudo, bicudo; 2. aguçado
spitze adj. (coloq.) espectacular
Spitze s. f. 1. ponta,; 2. cimo,,,, pico,,,; 3. frente,; 4. (tecido) renda,
Spitzel s. m. informador,,,, espião,,,
spitzen v. tr. aguçar, afiar
Spitzenkandidat s. m. candidato,,, da frente
Spitzenleistung s. f. 1. rendimento,,, máximo; 2. DESPORTO recorde,,,
Spitzensportler s. m. recordista,,,. e f.
Spitzentechnologie s. f. tecnologia, de ponta
spitzfindig adj. (depr.) manhoso
Spitzname s. m. alcunha,
Splitter s. m. 1. farpa,; 2. estilhaço,,,; 3. lasca,
splittern v. intr. 1. estilhaçar; 2. fender
splitternackt adj. (coloq.) completamente nu, em pêlo
Spoiler s. m. aileron,,,
sponsern v. tr. patrocinar
Sponsor s. m. patrocinador,,,
spontan adj. espontâneo
Spontaneität s. f. espontaneidade,
Sport s. m. desporto,,,; Sport treiben: praticar desporto
Sportlehrer s. m. professor,,, de educação física
Sportler s. m. desportista,,,. e f.
sportlich adj. 1. desportivo; 2. desportista

Sportplatz s. m. campo_m de desporto
Sportverein s. m. clube_m desportivo
Sportwagen s. m. 1. carro_m desportivo; 2. carrinho_m de bebé
Spott s. m. troça_f, zombaria_f
spottbillig adj. (coloq.) muito barato, ao desbarato
spotten v. intr. troçar, zombar [über +ac., de]
spöttisch adj. trocista
sprach pret. imp. de sprechen
sprachbegabt adj. com jeito para línguas
Sprache s. f. 1. língua_f, idioma_m; 2. (sem pl.) linguagem_f; fala_f
Sprachfehler s. m. deficiência_f na fala
Sprachführer s. m. guia_m de conversação
Sprachkenntnisse s. pl. conhecimentos_{m.pl.} da língua; conhecimentos_{m.pl.} linguísticos
Sprachkurs s. m. curso_m de línguas
Sprachlabor s. nt. laboratório_m de línguas
sprachlich adj. linguístico
sprachlos adj. sem fala, mudo
Sprachrohr s. nt. 1. porta-voz_m; 2. megafone_m
Sprachunterricht s. m. aula_f de línguas
Sprachwissenschaft s. f. linguística_f
Sprachwissenschaftler s. m. linguista_{m. e f.}
sprang pret. imp. de springen
Spray s. nt. spray_m
sprayen v. intr. vaporizar
Sprechanlage s. f. intercomunicador_m
sprechen I v. tr. 1. falar; 2. dizer; jemanden schuldig sprechen: condenar alguém; II v. intr. falar
Sprecher s. m. 1. orador_m; 2. locutor_m; 3. porta-voz_{m. e f.}
Sprechstunde s. f. hora_f de consulta; hora_f de atendimento
Sprechzimmer s. nt. consultório_m

spreizen v. tr. abrir, estender; escarrapachar, escachar
sprengen v. tr. 1. fazer explodir, rebentar com; 2. regar; borrifar
Sprengkopf s. m. MILITAR ogiva_f
Sprengstoff s. m. explosivo_m
Sprichwort s. nt. provérbio_m, ditado_m
sprießen v. intr. brotar
Springbrunnen s. m. chafariz_m, repuxo_m
Springer¹ s. m. ⟨-s, -⟩ (xadrez) cavalo_m
Springer² s. m. ⟨-s, -⟩ DESPORTO saltador_m
Sprint s. m. DESPORTO corrida_f
Sprit s. m. (coloq.) gasolina_f
Spritze s. f. 1. MEDICINA seringa_f; injecção_f; 2. bomba_f de incêndio
spritzen I v. tr. 1. pulverizar, 2. salpicar; borrifar; 3. regar; 4. injectar; II v. intr. 1. salpicar; 2. brotar [aus +dat., de]; esguichar
Spritzer s. m. 1. salpico_m; 2. (nódoa) pinta_f
spritzig adj. 1. (vinho) espumoso; 2. animado
Spritzkanne s. f. (Suíça) regador_m
spröde adj. 1. frágil; 2. (cabelo) espigado; 3. (pele) gretado; 4. (pessoa) reservado
spross pret. imp. de sprießen
Spross s. m. rebento_m
Sprosse s. f. degrau_m
Sprössling s. m. (coloq.) rebento_m
Spruch s. m. 1. dito_m; 2. DIREITO veredicto_m, sentença_f
Sprudel s. m. água_f com gás
sprudeln v. intr. 1. brotar, jorrar; 2. borbulhar
Sprühdose s. f. pulverizador_m, spray_m
sprühen I v. tr. borrifar; II v. intr. jorrar; faiscar
Sprühregen s. m. chuvisco_m, morrinha_f
Sprung s. m. 1. salto_m; 2. fenda_f, racha_f
Sprungbrett s. nt. trampolim_m

sprunghaft *adj.* 1. inconstante, instável; 2. repentino

Spucke *s. f. (coloq.)* cuspo$_m$, cuspe$_m$

spucken I *v. tr.* cuspir, escarrar; II *v. intr.* cuspir

Spuk *s. m.* fantasma$_m$, assombração$_f$

Spülbecken *s. nt.* banca$_f$, lava-louça$_m$

Spule *s. f.* 1. FOTOGRAFIA rolo$_m$; 2. (para fio) carretel$_m$, carreto$_m$; 3. ELECTRICIDADE bobina$_f$

Spüle *s. f.* banca$_f$, lava-louça$_m$

spülen I *v. tr.* 1. lavar; 2. passar por água; II *v. intr.* 1. lavar a louça; 2. puxar o autoclismo

Spülmaschine *s. f.* máquina$_f$ de lavar a louça

Spülmittel *s. nt.* detergente$_m$ da louça

Spülung *s. f.* 1. MEDICINA lavagem$_f$; 2. autoclismo$_m$

Spur *s. f.* 1. rasto$_m$; pista$_f$; 2. faixa$_f$ de rodagem; 3. vestígio$_m$

spürbar *adj.* perceptível

spüren *v. tr.* sentir; perceber

Spurenelement *s. nt.* oligoelemento$_m$

spurlos *adv.* sem vestígio

Spürsinn *s. m.* faro$_m$

Spurt *s. m.* DESPORTO corrida$_f$

Spurweite *s. f.* bitola$_f$ de via-férrea

SSV *s. m.* [abrev. de **Sommerschlussverkauf**] saldos$_{m. pl.}$ de Verão

Staat *s. m.* estado$_m$

staatenlos *adj.* apátrida

staatlich *adj.* estatal

Staatsangehörigkeit *s. f.* nacionalidade$_f$

Staatsanwalt *s. m.* procurador$_m$ da República

Staatsbürger *s. m.* cidadão$_m$

Staatschef *s. m.* chefe$_{m. e f.}$ de Estado

Staatsexamen *s. nt.* exame$_m$ final de curso

Staatsoberhaupt *s. nt.* chefe$_{m. e f.}$ de Estado

Staatspräsident *s. m.* presidente$_{m. e f.}$ da República

Staatsstreich *s. m.* golpe$_m$ de Estado

Stab *s. m.* 1. pau$_m$; 2. bastão$_m$; 3. DESPORTO vara$_f$; 4. MILITAR estado-maior$_m$ (do exército)

Stabhochsprung *s. m.* salto$_m$ à vara

stabil *adj.* 1. resistente; 2. estável

stabilisieren* *v. tr.* estabilizar

Stabilität *s. f.* estabilidade$_f$

stach *pret. imp. de* **stechen**

Stachel *s. m.* 1. espinho$_m$, pico$_m$; 2. ferrão$_m$; aguilhão$_m$; 3. pico$_m$, ponta$_f$

Stachelbeere *s. f.* groselha-espim$_f$

Stacheldraht *s. m.* arame$_m$ farpado

stachelig *adj.* espinhoso

Stadion *s. nt.* estádio$_m$

Stadium *s. nt.* estádio$_m$

Stadt *s. f.* cidade$_f$

Städtebau *s. m.* urbanismo$_m$, gestão$_f$ urbanística

Städtepartnerschaft *s. f.* geminação$_f$ entre cidades

städtisch *adj.* 1. urbano, citadino; 2. municipal

Stadtmauer *s. f.* muralha$_f$ da cidade

Stadtmitte *s. f.* centro$_m$ da cidade

Stadtplan *s. m.* planta$_f$ da cidade

Stadtrand *s. m.* periferia$_f$ da cidade

Stadtstaat *s. m.* cidade-estado$_f$, cidade$_f$ livre

Stadtteil *s. m.* bairro$_m$

Stadtverwaltung *s. f.* serviços$_{m. pl.}$ municipais

Stadtviertel *s. nt.* bairro$_m$

Staffel *s. f.* 1. DESPORTO estafetas$_{f. pl.}$; 2. MILITAR esquadrão$_m$

staffeln *v. tr.* escalonar

stahl *pret. imp. de* **stehlen**

Stahl *s. m.* aço$_m$

Stahlbeton *s. m.* betão$_m$ armado

Stahlwerk *s. nt.* empresa*f.* de fundição de aço

Stall *s. m.* 1. estábulo*m.*; cavalariça*f.*; 2. pocilga*f.*; 3. galinheiro*m.*; 4. coelheira*f.*

Stamm *s. m.* 1. (árvore) tronco*m.*; 2. tribo*f.*; 3. (palavra) raiz*f.*, radical*m.*, tema*m.*

Stammbaum *s. m.* árvore*f.* genealógica

stammeln *v. tr.* balbuciar, gaguejar

stammen *v. intr.* provir, derivar; ser natural de

Stammgast *s. m.* cliente*m. e f.* habitual

stämmig *adj.* entroncado, robusto

stampfen I *v. tr.* esmagar; pisar; II *v. intr.* bater com os pés

stand *pret. imp. de* stehen

Stand *s. m.* 1. (*sem pl.*) posição*f.* (de pé); 2. estado*m.*; 3. (de táxis) praça*f.*; 4. (da água, do óleo, dos preços) nível*m.*

Standard *s. m.* 1. padrão*m.*, norma*f.*; 2. nível*m.*

Ständer *s. m.* 1. suporte*m.*; 2. cavalete*m.* de música; 3. cabide*m.*

Standesamt *s. nt.* registo*m.* civil

standhaft *adj.* constante

standhalten *v. intr.* perseverar, resistir

ständig *adj.* contínuo, constante; permanente

Standlicht *s. nt.* mínimos*m. pl.*

Standort *s. m.* 1. localização*f.*, posição*f.*; 2. MILITAR guarnição*f.*

Standpunkt *s. m.* opinião*f.*, ponto*m.* de vista

Standspur *s. f.* faixa*f.* de paragem de emergência

Stange *s. f.* 1. estaca*f.*, vara*f.*, pau*m.*; 2. haste*f.*; 3. (cigarros) volume*m.*

Stängel *s. m.* pedúnculo*m.*

Stangenbrot *s. nt.* cacete*m.*

stank *pret. imp. de* stinken

Stapel *s. m.* 1. pilha*f.*, monte*m.*; 2. NÁUTICA estaleiro*m.*

stapeln *v. tr.* empilhar, amontoar

Star[1] *s. m.* ⟨-(e)s, -e⟩ ZOOLOGIA estorninho*m.*

Star[2] *s. m.* ⟨-s, -s⟩ estrela*f.*, vedeta*f.*, vedete*f.Brasil*

starb *pret. imp. de* sterben

stark I *adj.* 1. forte; robusto; 2. intenso; 3. *(coloq.)* espectacular, bestial; II *adv.* muito, fortemente

Stärke *s. f.* 1. (*sem pl.*) força*f.*; potência*f.*; 2. intensidade*f.*; 3. fécula*f.*, amido*m.*; 4. goma*f.* para a roupa

stärken I *v. tr.* 1. fortalecer, fortificar; 2. (roupa) engomar; II *v. refl.* comer

Starkstrom *s. m.* ELECTRICIDADE corrente*f.* de alta tensão

Stärkung *s. f.* 1. reforço*m.*; 2. lanche*m.*; 3. (*sem pl.*) fortalecimento*m.*

starr *adj.* 1. rígido, teso; 2. fixo; estarrecido

starren *v. intr.* olhar fixamente [auf +ac., para]

starrköpfig *adj.* teimoso, casmurro

Starrsinn *s. m.* teimosia*f.*, obstinação*f.*

Start *s. m.* 1. início*m.*; 2. arranque*m.*; descolagem*f.*; 3. DESPORTO partida*f.*

Startbahn *s. f.* pista*f.* de descolagem

starten I *v. tr.* 1. pôr a trabalhar; ligar; 2. (foguete) lançar; II *v. intr.* 1. partir; arrancar; 2. (avião) descolar

Startkapital *s. nt.* capital*m.* inicial

Startrampe *s. f.* plataforma*f.* de lançamento

Stasi [abrev. de Staatssicherheitsdienst] polícia*f.* de segurança do estado

Station *s. f.* 1. estação*f.*; paragem*f.*; 2. enfermaria*f.*

stationär *adj.* MEDICINA estacionário

stationieren *v. tr.* (armas, tropas) colocar

statisch *adj.* estático

Statist *s. m.* figurante*m. e f.*

Statistik *s. f.* estatística*f.*

statistisch *adj.* estatístico
Stativ *s. nt.* tripé_m
statt I *prep.* [+gen.] em vez de; II *cj.* em vez de, em lugar de
stattfinden *v. intr.* realizar-se, ter lugar
Statthalter *s. m.* (Suíça) presidente_{m. e f.} da Câmara
stattlich *adj.* 1. robusto; 2. imponente; esplêndido; 3. (soma) considerável
Statue *s. f.* estátua_f
Statur *s. f.* porte_m, estatura_f
Status *s. m.* estatuto_m, status_m
Stau *s. m.* engarrafamento_m
Staub *s. m.* pó_m, poeira_f
staubig *adj.* empoeirado, cheio de pó
staubsaugen *v. tr.* aspirar
Staubsauger *s. m.* aspirador_m
Staubtuch *s. nt.* pano_m do pó
Staudamm *s. m.* barragem_f
stauen I *v. tr.* estancar; II *v. refl.* 1. acumular-se; 2. congestionar-se
staunen *v. intr.* ficar espantado, ficar admirado
Stausee *s. m.* represa_f, albufeira_f
Stauung *s. f.* 1. estancamento_m; 2. congestionamento_m; 3. MEDICINA congestão_f
Steak *s. nt.* bife_m
stechen I *v. tr.* picar; espetar; II *v. intr.* picar, ferrar
stechend *adj.* penetrante; agudo
Stechmücke *s. f.* mosquito_m, melga_f
Steckbrief *s. m.* mandado_m de captura
Steckdose *s. f.* ELECTRICIDADE tomada_f
stecken I *v. tr.* 1. pôr, meter; 2. enfiar; espetar; II *v. intr.* estar metido [in +dat., em], estar enfiado [in +dat., em]; stecken bleiben: ficar atolado, ficar preso, (a falar) atrapalhar-se
Stecker *s. m.* ELECTRICIDADE ficha_f
Stecknadel *s. f.* alfinete_m
Steg *s. m.* 1. pontão_m; 2. ponte_f de embarque

Stehcafé *s. nt.* café_m sem mesas
stehen *v. intr.* 1. estar de/em pé; 2. estar, ficar; gut stehen: ficar bem; unter Drogen stehen: estar sob o efeito de drogas; 3. estar parado
Stehlampe *s. f.* candeeiro_m de pé
stehlen *v. tr.* roubar, furtar
Stehplatz *s. m.* lugar_m de pé
steif *adj.* 1. teso; 2. rijo; 3. espesso
Steigbügel *s. m.* estribo_m
Steige *s. f.* 1. (Áustria) rua_f íngreme; 2. (Áustria) escada_f
steigen *v. intr.* 1. subir, trepar; 2. entrar; 3. sair; 4. aumentar
steigern I *v. tr.* subir; intensificar; II *v. refl.* aumentar, intensificar-se
Steigerung *s. f.* 1. aumento_m, subida_f; 2. (Suíça) leilão_m
Steigung *s. f.* ladeira_f, encosta_f; subida_f
steil I *adj.* íngreme; II *adv.* a pique
Steilküste *s. f.* ribanceira_f
Stein *s. m.* 1. pedra_f; 2. caroço_m
Steinbock *s. m.* 1. ZOOLOGIA bode_m; 2. (zodíaco) Capricórnio_m
Steinbruch *s. m.* pedreira_f
Steineiche *s. f.* BOTÂNICA azinheira_f
steinern *adj.* de pedra
Steingut *s. nt.* louça_f de barro
steinhart *adj.* duro como pedra
steinig *adj.* pedregoso
Steinkohle *s. f.* carvão_m mineral, hulha_f
Steinmetz *s. m.* pedreiro_m
Steinobst *s. nt.* fruta_f de caroço
Steinzeit *s. f.* Idade_f da Pedra
Steißbein *s. nt.* ANATOMIA cóccix_m
Stelle *s. f.* 1. lugar_m, sítio_m; 2. ponto_m, área_f; 3. emprego_m; freie Stelle: vaga_f; 4. repartição_f; 5. (texto) passagem_f
stellen I *v. tr.* 1. pôr, colocar [in +ac., em]; meter [in +ac., em]; (jemandem) eine Frage stellen: fazer uma pergunta (a alguém);

2. regular; acertar; II *v. refl.* 1. pôr-se; colocar-se; 2. fazer-se; **sich dumm stellen:** fazer-se de burro

Stellenanzeige *s. f.* anúncio*m.* de emprego

stellenweise *adv.* aqui e ali

Stellenwert *s. m.* importância*f.*, valor*m.*

Stellung *s. f.* 1. emprego*m.*, colocação*f.*; função*f.*; 2. posição*f.*

Stellungnahme *s. f.* tomada*f.* de posição, reacção*f.*

stellvertretend *adj.* substituto, adjunto

Stellvertreter *s. m.* substituto*m.*, representante*m. e f.*

Stelze *s. f.* anda*f.*

stemmen I *v. tr.* (peso) levantar; fincar; II *v. refl.* 1. resistir, opor-se; 2. encostar-se

Stempel *s. m.* 1. carimbo*m.*; 2. BOTÂNICA estilete*m.*, pistilo*m.*

Stempelkissen *s. nt.* almofada*f.* de carimbos

stempeln *v. tr.* 1. carimbar; 2. selar

Stenografie *s. f.* estenografia*f.*

stenografieren* *v. tr. e intr.* estenografar

Steppdecke *s. f.* edredão*m.*

Steppe *s. f.* estepe*f.*

Sterbehilfe *s. f.* eutanásia*f.*

sterben *v. intr.* morrer, falecer

Sterbeurkunde *s. f.* certidão*f.* de óbito

sterblich *adj.* mortal

Sterblichkeit *s. f.* mortalidade*f.*

Stereoanlage *s. f.* aparelhagem*f.* de alta fidelidade

stereotyp *adj.* estereotípico

steril *adj.* 1. esterilizado; 2. estéril

Sterilisation *s. f.* esterilização*f.*

sterilisieren* *v. tr.* esterilizar

Stern *s. m.* estrela*f.*; astro*m.*

Sternbild *s. nt.* constelação*f.*

Sternschnuppe *s. f.* estrela-cadente*f.*

Sternwarte *s. f.* observatório*m.* astronómico

Sternzeichen *s. nt.* signo*m.* do zodíaco

stetig *adj.* permanente, contínuo

stets *adv.* sempre, continuamente

Steuer¹ *s. f.* ‹-, -n› imposto*m.*

Steuer² *s. nt.* ‹-s, -› 1. volante*m.*; 2. leme*m.*

Steuerberater *s. m.* consultor*m.* fiscal

Steuerbord *s. nt.* AERONÁUTICA, NÁUTICA estibordo*m.*

Steuererklärung *s. f.* declaração*f.* de impostos

Steuerhinterziehung *s. f.* evasão*f.* fiscal, fuga*f.* ao fisco

Steuerkarte *s. f.* cartão*m.* de contribuinte

Steuerknüppel *s. m.* alavanca*f.* de comando

steuern *v. tr.* 1. conduzir, guiar; 2. pilotar; 3. comandar, controlar

steuerpflichtig *adj.* sujeito a impostos, tributário

Steuerrad *s. nt.* 1. (carro) volante*m.*; 2. (barco) roda*f.* do leme

Steuerung *s. f.* 1. condução*f.*; 2. pilotagem*f.*

Steuerzahler *s. m.* contribuinte*m. e f.*

Steward *s. m.* comissário*m.* de bordo; camareiro*m.*

Stewardess *s. f.* hospedeira*f.*

Stich *s. m.* 1. picadela*f.*; 2. facada*f.*; 3. (sem pl.) (cor) tom*m.*; 4. MEDICINA ponto*m.*; 5. (dor) pontada*f.* ❖ **jemanden im Stich lassen:** deixar ficar mal alguém

stichhaltig *adj.* convincente, plausível

Stichprobe *s. f.* amostra*f.* aleatória

Stichwort¹ *s. nt.* ‹-(e)s, -wörter› (no dicionário) entrada*f.*, palavra*f.*

Stichwort² *s. nt.* ‹-(e)s, -e› 1. (teatro) deixa*f.*; 2. apontamento*m.*, nota*f.*

sticken *v. tr.* bordar

Stickerei *s. f.* bordado~m~.
stickig *adj.* sufocante; abafado
Stickstoff *s. m.* azoto~m~, nitrogénio~m~.
Stiefbruder *s. m.* meio-irmão~m~.
Stiefel *s. m.* bota~f~.
Stiefkind *s. nt.* enteado~m~.
Stiefmutter *s. f.* madrasta~f~.
Stiefschwester *s. f.* meia-irmã~f~.
Stiefvater *s. m.* padrasto~m~.
stieg *pret. imp. de* steigen
Stiel *s. m.* 1. cabo~m~; 2. pedúnculo~m~, pé~m~; talo~m~.
Stier *s. m.* 1. ZOOLOGIA touro~m~; 2. (zodíaco) Touro~m~.
Stierkampf *s. m.* tourada~f~, corrida~f~ de touros
Stierkämpfer *s. m.* toureiro~m~.
stieß *pret. imp. de* stoßen
Stift *s. m.* 1. lápis~m~; 2. prego~m~.
stiften *v. tr.* 1. fundar; instituir; 2. doar; 3. causar, provocar
Stiftung *s. f.* fundação~f~, instituição~f~.
Stil *s. m.* estilo~m~.
stilistisch *adj.* estilístico
still *adj.* 1. silencioso; sossegado; 2. quieto
Stille *s. f.* calma~f~, sossego~m~.
stillen *v. tr.* 1. (bébé) amamentar; 2. (fome, saudade) matar; 3. (dor) acalmar
stillhalten *v. intr.* não se mexer, ficar quieto
Stillleben *s. nt.* natureza-morta~f~.
stilllegen *v. tr.* 1. parar o funcionamento; 2. (veículos) proibir a circulação de
Stillschweigen *s. nt.* silêncio~m~.
stillschweigend *adv.* em silêncio, calado
Stillstand *s. m.* 1. intervalo~m~, pausa~f~; 2. interrupção~f~; paralisação~f~
stillstehen *v. intr.* estar parado; cessar; estar paralisado
Stimmband *s. nt.* ANATOMIA corda~f~ vocal
stimmberechtigt *adj.* com direito de voto

Stimmbeteiligung *s. f. (Suíça)* afluência~f~ às urnas
Stimmbruch *s. m.* mudança~f~ de voz
Stimmbürger *s. m. (Suíça)* eleitor~m~.
Stimme *s. f.* 1. voz~f~; 2. voto~m~; 3. MÚSICA voz~f~
stimmen I *v. tr.* afinar; II *v. intr.* 1. estar certo; das stimmt!: é verdade!, está certo!; 2. votar [für/gegen +ac., a favor de/contra]
Stimmrecht *s. nt.* direito~m~ de voto
Stimmung *s. f.* 1. humor~m~; in guter/ schlechter Stimmung sein: estar de bom/ mau humor; 2. ambiente~m~, atmosfera~f~.
Stimmzettel *s. m.* boletim~m~ de voto
stimulieren* *v. tr.* estimular
stinken *v. intr.* feder, cheirar mal; *(coloq.)* mir stinkt's!: estou farto!
Stipendiat *s. m.* bolseiro~m~.
Stipendium *s. nt.* bolsa~f~ (de estudos)
Stirn *s. f.* testa~f~.
Stirnhöhlenentzündung *s. f.* MEDICINA sinusite~f~ frontal
stöbern *v. tr. e intr.* remexer, vasculhar
stochern *v. intr.* 1. palitar; 2. escarafunchar
Stock *s. m.* 1. pau~m~; 2. bengala~f~; 3. taco~m~; 4. *(sem pl.)* andar~m~.
stockdunkel *adj.* completamente escuro, escuro como breu
Stöckelschuh *s. m.* sapato~m~ de tacão alto
stocken *v. intr.* parar; congestionar-se; emperrar
Stockfisch *s. m.* bacalhau~m~.
Stockholm *s. nt.* Estocolmo~m~.
Stockung *s. f.* 1. paralisação~f~; 2. congestionamento~m~.
Stockwerk *s. nt.* andar~m~.
Stoff *s. m.* 1. pano~m~, tecido~m~; 2. matéria~f~, material~m~; 3. assunto~m~, matéria~f~; 4. *(sem pl.) (coloq.)* droga~f~
Stoffwechsel *s. m.* metabolismo~m~.

stöhnen v. intr. gemer; queixar-se
Stollen s. m. 1. CULINÁRIA bolo_m de Natal; 2. galeria_f (de mina)
stolpern v. intr. tropeçar [über +ac., em]
stolz adj. orgulhoso [auf +ac., de]
Stolz s. m. orgulho_m [auf +ac., em]
stopfen I v. tr. 1. remendar; 2. tapar; 3. meter, enfiar; II v. intr. causar prisão de ventre
stopp interj. alto!
Stopp s. m. 1. (carro) paragem_f; 2. (avião) escala_f
Stoppel s. f. 1. restolho_m; 2. (coloq.) barba_f rala
stoppen I v. tr. 1. (fazer) parar; 2. cronometrar; II v. intr. parar
Stoppschild s. nt. sinal_m de paragem obrigatória, stop_m
Stoppuhr s. f. cronómetro_m
Stöpsel s. m. rolha_f
Storch s. m. ZOOLOGIA cegonha_f
stören v. tr. 1. incomodar, importunar; 2. perturbar
Störenfried s. m. perturbador_m (da paz)
störrisch adj. teimoso, casmurro
Störung s. f. 1. incómodo_m, estorvo_m; 2. perturbação_f; interrupção_f; interferência_f
Stoß s. m. 1. empurrão_m; cotovelada_f; 2. golpe_m; 3. solavanco_m; 4. monte_m; ein Stoß Bücher: um monte de livros
Stoßdämpfer s. m. amortecedor_m
stoßen I v. tr. empurrar; II v. intr. 1. esbarrar; 2. deparar-se; III v. refl. dar um encontrão, esbarrar-se
Stoßstange s. f. pára-choques_m
Stoßzeit s. f. hora_f de ponta
stottern v. intr. gaguejar
Str. [abrev. de Straße] R. [abrev. de rua]
Strafanstalt s. f. 1. prisão_f; 2. casa_f de correcção
Strafarbeit s. f. castigo_m escolar

strafbar adj. punível
Strafe s. f. 1. castigo_m; pena_f; 2. multa_f
strafen v. tr. 1. punir, castigar; 2. multar
straff adj. 1. esticado; liso; 2. rigoroso, rígido
straffällig adj. criminoso
Strafgefangene(r) s. m. e f. presidiário|o, -a_m, f, recluso|o, -a_m, f
Strafgesetzbuch s. nt. código_m penal
sträflich adj. condenável, imperdoável
Sträfling s. m. presidiário_m, recluso_m
Strafraum s. m. DESPORTO grande área_f
Strafrecht s. nt. direito_m penal
Strafstoß s. m. DESPORTO penalty_m
Straftat s. f. delito_m
Strafzettel s. m. aviso_m de multa
Strahl s. m. 1. (de luz, sol) raio_m; 2. (de água) jacto_m
strahlen v. intr. 1. (luz, sol) brilhar, raiar; 2. ser radioactivo; 3. (pessoa) estar radiante, irradiar [vor +dat., de]
strählen I v. tr. (Suíça) pentear; II v. refl. (Suíça) pentear-se
Strahlenbehandlung s. f. MEDICINA radioterapia_f
Strahlenbelastung s. f. exposição_f à radiação
strahlend adj. 1. refulgente, brilhante; 2. (pessoa) radiante
strahlenverseucht adj. contaminado por radiação
Strahlung s. f. FÍSICA radiação_f
Strähne s. f. (cabelo) madeixa_f
stramm adj. 1. direito, teso; 2. vigoroso, robusto
strampeln v. intr. espernear
Strand s. m. praia_f
stranden v. intr. (barco) encalhar
Strandgut s. nt. despojos_m. pl. do mar
Strandkorb s. m. cadeirão_m de praia
Strang s. m. 1. corda_f; 2. (músculos, nervos) feixe_m

Strapaze *s. f.* canseira*,* estafa*,*
strapazfähig *adj. (Áustria)* → strapazierfähig
strapazieren* *v. tr.* cansar, estafar; desgastar
strapazierfähig *adj.* resistente
strapaziös *adj.* cansativo, fatigante
Straßburg *s. nt.* Estrasburgo*m.*
Straße *s. f.* 1. rua*,*; avenida*,*; estrada*,*; 2. estreito*m*.
Straßenbahn *s. f.* eléctrico*m*; metro*m* de superfície
Straßencafé *s. nt.* esplanada*,*
Straßennetz *s. nt.* rede*,* rodoviária
Straßenschild *s. nt.* placa*,* tabuleta*,*
Straßensperre *s. f.* barricada*,* bloqueio*m*. de rua
Straßenverkehr *s. m.* trânsito*m*. rodoviário
Straßenverkehrsordnung *s. f.* código*m*. da estrada
Strategie *s. f.* estratégia*,*
strategisch *adj.* estratégico
sträuben *v. refl.* 1. arrepiar-se; eriçar-se; 2. opor-se, resistir
Strauch *s. m.* arbusto*m*.
Strauß¹ *s. m.* ⟨-es, -e⟩ ZOOLOGIA avestruz*,*
Strauß² *s. m.* ⟨-es, Sträuße⟩ (de flores) ramo*m*.
streben *v. intr.* aspirar [nach +*dat.*, a], ambicionar
Streber *s. m. (depr.)* marrão*m*.
strebsam *adj.* 1. aplicado, assíduo; 2. ambicioso
Strecke *s. f.* 1. percurso*m*, trajecto*m*; distância*,*; 2. (caminho de ferro) linha*,*; 3. MATEMÁTICA segmento*m*. de recta
strecken I *v. tr.* (braços, pernas) esticar, estender; II *v. refl.* estender-se, esticar-se
Streetworker *s. m.* assistente*m. e f.* social de rua

Streich *s. m.* partida*,* brincadeira*,*; einen Streich spielen: pregar uma partida
streicheln *v. tr.* acariciar, fazer festas a
streichen I *v. tr.* 1. pintar; 2. riscar; 3. anular; cancelar; 4. barrar; II *v. intr.* 1. vaguear [durch +*ac.*, por]; 2. passar a mão [über +*ac.*, por]
Streichholz *s. nt.* fósforo*m*.
Streichinstument *s. nt.* MÚSICA instrumento*m* de cordas
Streife *s. f.* patrulha*,*
streifen I *v. tr.* roçar, tocar (de leve); II *v. intr.* vaguear [durch +*ac.*, por]
Streifen *s. m.* 1. tira*,*, fita*,*; 2. risca*,*; 3. *(coloq.)* filme*m*.
Streifenwagen *s. m.* carro*m*. de patrulha
Streik *s. m.* greve*,*; in Streik treten: entrar em greve
Streikbrecher *s. m.* fura-greves*m. e f.*
streiken *v. intr.* fazer greve
Streit *s. m.* discussão*,*, briga*,*; contenda*,*
streiten I *v. intr.* 1. brigar [um +*ac.*, por]; 2. discutir [über +*ac.*, por causa de]; II *v. refl.* discutir [mit +*dat.*, com; wegen +*dat./gen.*, por causa de]
Streitfrage *s. f.* controvérsia*,*
Streitigkeit *s. f.* desavença*,*, disputa*,*
Streitkräfte *s. pl.* forças*,* *pl* armadas
streitsüchtig *adj.* brigão
streng *adj.* rígido; rigoroso; severo
strenggläubig *adj.* ortodoxo
strengstens *adv.* rigorosamente
Stress *s. m.* stress*m*
stressen *v. tr.* cansar, estafar
stressig *adj.* estafante, stressante
streuen *v. tr.* espalhar, polvilhar
strich *pret. imp. de* streichen
Strich *s. m.* 1. risco*m*, linha*,*; 2. ⟨sem pl.⟩ (no cabelo) risca*,*; 3. *(coloq.)* prostituição*,*; auf den Strich gehen: andar na vida

Strichjunge s. m. (coloq.) prostituto m.
Strichkode s. m. código m. de barras
Strick s. m. cordel m., cordão m.
stricken I v. tr. tricotar; II v. intr. fazer malha, fazer tricô
Strickjacke s. f. casaco m. de malha
Strickleiter s. f. escada f. de cordas
Stricknadel s. f. agulha f. de tricô
Strickwaren s. pl. malhas f. pl.
strikt I adj. rigoroso, estrito; II adv. à risca, estritamente
stritt pret. imp. de streiten
strittig adj. discutível
Stroh s. nt. palha f.
Strohblume s. f. BOTÂNICA perpétua f.
Strohdach s. nt. telhado m. de palha
Strohhalm s. m. 1. palha f., cálamo m.; 2. palhinha f.
Strohmann s. m. testa-de-ferro m. e f.
Strom s. m. 1. ELECTRICIDADE corrente f.; 2. grande rio m.; **es gießt in Strömen**: chove a cântaros; 3. mar m. de gente
stromabwärts adv. rio abaixo
stromaufwärts adv. rio acima
Stromausfall s. m. falha f. de corrente
strömen v. intr. 1. (líquido) correr; **bei strömendem Regen**: com chuva torrencial; 2. (pessoas) afluir
Stromschnelle s. f. cascata f.
Stromspannung s. f. voltagem f.
Strömung s. f. corrente f.
Stromversorgung s. f. abastecimento m. de energia
Strophe s. f. estrofe f.
strotzen v. intr. estar cheio, transbordar [vor/von +dat., de]
Strudel s. m. 1. (água) redemoinho m.; 2. CULINÁRIA torta f.
Struktur s. f. estrutura f.
Strumpf s. m. meia f., peúga f.
Strumpfhose s. f. meia-calça f., collant m.
Stube s. f. quarto m.
Stubenhocker s. m. pessoa f. muito caseira
stubenrein adj. limpo, treinado
Stuck s. m. estuque m.
Stück s. nt. 1. bocado m., pedaço m.; **ein Stück Kuchen**: uma fatia de bolo; 2. peça f.
Stücklohn s. m. remuneração f. à peça
stückweise adv. aos bocados
Student s. m. estudante m. e f. (de universidade)
Studentenausweis s. m. cartão m. de estudante
Studentenwohnheim s. nt. residência f. universitária
Studie s. f. estudo m., investigação f.
Studienanfänger s. m. caloiro m.
Studienaufenthalt s. m. estadia f. para fins de estudo
Studienberatung s. f. orientação f. académica
Studienfach s. nt. disciplina f. de estudos
Studiengebühren s. pl. propinas f. pl.
Studienjahr s. nt. ano m. lectivo
studieren* v. tr. estudar
Studio s. nt. estúdio m.
Studium s. nt. curso m. (universitário), estudos m. pl.
Stufe s. f. 1. degrau m.; 2. nível m.
stufenweise adv. gradualmente
Stuhl s. m. cadeira f.
Stuhlgang s. m. evacuação f.
stumm adj. 1. mudo; 2. calado
Stummel s. m. 1. (de lápis, vela) coto m.; 2. (de cigarro) beata f.
Stummfilm s. m. filme m. mudo
Stümper s. m. sucateiro m., remendão m.
stumpf adj. 1. (faca) rombo; (agulha) embotado; 2. baço; 3. apático; 4. GEOMETRIA **stumpfer Winkel**: ângulo m. obtuso
Stumpf s. m. toco m., cepo m.; coto m.

Stumpfsinn s. m. 1. apatia_f; 2. monotonia_f.
stumpfsinnig adj. 1. apático; 2. monótono
Stunde s. f. 1. hora_f; alle zwei Stunden: de duas em duas horas; 2. aula_f.
Stundenkilometer s. m. quilómetro_m por hora
stundenlang adv. durante horas, horas a fio
Stundenlohn s. m. salário_m por hora
Stundenplan s. m. horário_m.
stündlich I adj. de uma hora; II adv. de hora a hora
Stupsnase s. f. nariz_m arrebitado
stur adj. casmurro, teimoso
Sturm s. m. tempestade_f, temporal_m.
stürmen I v. tr. assaltar; II v. intr. 1. correr disparado; 2. DESPORTO passar ao ataque; 3. METEOROLOGIA haver tempestade
Stürmer s. m. DESPORTO avançado_m.
Sturmflut s. f. grande cheia_f
stürmisch adj. 1. tempestuoso; 2. impulsivo; entusiástico
Sturz s. m. 1. queda_f; 2. baixa_f repentina
stürzen I v. tr. derrubar, virar; II v. intr. 1. cair; 2. largar a correr; sair disparado; III v. refl. precipitar-se
Sturzflug s. m. voo_m picado
Sturzhelm s. m. capacete_m.
Stute s. f. ZOOLOGIA égua_f
Stutz s. m. (Suíça) (coloq.) franco_m suíço
Stütze s. f. 1. suporte_m, estaca_f; 2. apoio_m.
stutzen I v. tr. podar; cortar; II v. intr. ficar perplexo
stützen I v. tr. amparar, apoiar; II v. refl. 1. apoiar-se; 2. basear-se
stutzig adj. perplexo
Stützpunkt s. m. MILITAR base_f
Styropor® s. nt. esferovite_m.
s. u. [abrev. de siehe unten] ver em baixo

subjektiv adj. subjectivo
Substantiv s. nt. GRAMÁTICA substantivo_m.
Substanz s. f. substância_f.
Subvention s. f. subvenção_f, subsídio_m.
Suche s. f. procura_f, busca_f [nach +dat., de]
suchen v. tr. e intr. procurar; nach jemandem/etwas suchen: procurar alguém/ alguma coisa
Sucher s. m. FOTOGRAFIA visor_m.
Suchmaschine s. f. INFORMÁTICA motor_m de pesquisa
Sucht s. f. 1. vício_m; 2. mania_f
süchtig adj. 1. viciado; drogado; 2. maníaco [nach +dat., por]
Süchtige(r) s. m. e f. viciad|o, -a_m, f.
Südafrika s. nt. África_f do Sul
Südamerika s. nt. América_f do Sul
Sudan s. m. Sudão_m.
Sudel s. m. (Suíça) rascunho_m.
Süden s. m. sul_m.
Südeuropa s. nt. sul_m da Europa
Südfrucht s. f. fruta_f meridional
südlich adj. meridional
Südosten s. m. sueste_m, sudeste_m.
Südpol s. m. Pólo_m Sul
Südsee s. f. mar_m do Sul
Südwesten s. m. sudoeste_m.
süffig adj. (vinho) apaladado
Sultan s. m. sultão_m.
Sultanine s. f. passa_f branca
Sülze s. f. geleia_f de carne
Summe s. f. 1. MATEMÁTICA soma_f; 2. quantia_f, montante_m.
summen v. intr. zumbir; sussurrar
summieren* v. tr. somar
Sumpf s. m. pântano_m.
sumpfig adj. pantanoso
Sünde s. f. pecado_m.
Sündenbock s. m. (coloq.) bode_m expiatório
Sünder s. m. pecador_m.
sündigen v. intr. pecar

super *adj. (coloq.)* óptimo, fantástico
Super *s. nt. (coloq.)* gasolina*f.* super
Supermarkt *s. m.* supermercado*m.*
Suppe *s. f.* sopa*f.*
Surfbrett *s. nt.* prancha*f.* de surf
surfen *v. intr.* DESPORTO surfar
Surfen *s. nt.* surf*m.*
Surfer *s. m.* surfista*m. e f.*
surren *v. intr.* zumbir, zunir
suspekt *adj.* suspeito
süß *adj.* 1. doce; 2. querido, amoroso
Süßigkeit *s. f.* doce*m.*, lambarice*f.*
süßlich *adj.* adocicado
süßsauer *adj.* agridoce
Süßspeise *s. f.* doce*m.*
Süßstoff *s. m.* adoçante*m.*
Süßwasser *s. nt.* água*f.* doce
Sweatshirt *s. nt.* camisola*f.* de algodão
Symbol *s. nt.* símbolo*m.* [für +*ac.*, de]
symbolisch *adj.* simbólico
symbolisieren* *v. tr.* simbolizar
Symmetrie *s. f.* simetria*f.*

symmetrisch *adj.* simétrico
Sympathie *s. f.* simpatia [für +*ac.*, por]
sympathisch *adj.* simpático; er ist mir sehr sympathisch: eu acho-o muito simpático
sympathisieren* *v. intr.* simpatizar [mit +*dat.*, com]
Symptom *s. nt.* sintoma*m.*
Synagoge *s. f.* sinagoga*f.*
synchron *adj.* sincronizado
synchronisieren* *v. tr.* (filme) dobrar
Syndrom *s. nt.* síndroma*m.*
synonym *adj.* sinónimo
Synonym *s. nt.* sinónimo*m.*
Synthese *s. f.* síntese*f.*
Synthesizer *s. m.* sintetizador*m.*
synthetisch *adj.* sintético
Syphilis *s. f.* sífilis*f.*
Syrien *s. nt.* Síria*f.*
System *s. nt.* sistema*m.*
Systematik *s. f.* método*m.*
systematisch *adj.* sistemático, metódico

T

T, t *s. nt.* T, t*m.*
Tabak *s. m.* tabaco*m.*
Tabelle *s. f.* tabela*f*, quadro*m.*
Tablett *s. nt.* tabuleiro*m*, bandeja*f.*
Tablette *s. f.* comprimido*m*, pastilha*f.*
Tablettensucht *s. f.* dependência*f.* de medicamentos
Tabu *s. nt.* tabu*m.*
Tachometer *s. m.* velocímetro*m*, tacómetro*m.*
Tadel *s. m.* repreensão*f*; censura*f.*
tadellos *adj.* irrepreensível; impecável
tadeln *v. tr.* repreender; censurar
Tafel *s. f.* 1. quadro*m.*; 2. painel*m.*; 3. tablete*f.*; 4. tabela*f.*; 5. mesa*f.*
Tafelwein *s. m.* vinho*m.* de mesa
Tag *s. m.* dia*m.*; bei/am Tag: de dia; eines Tages: um dia, uma vez; Tag für Tag: dia a dia; heute in acht Tagen: de hoje a oito dias
tagaus *adv.* tagaus tagein: dia a dia, todos os dias
Tage *s. pl.* *(coloq.)* período*m.*
Tagebuch *s. nt.* diário*m.*
tagein *adv.* → **tagaus**
tagelang I *adj.* de muitos dias; II *adv.* dias a fio
Tagelöhner *s. m.* jornaleiro*m.*
tagen *v. intr.* reunir-se, estar reunido
Tagesanbruch *s. m.* alvorada*f*, madrugada*f.*
Tageslicht *s. nt.* luz*f.* do dia
Tageslichtprojektor *s. m.* retroprojector*m.*
Tagesmutter *s. f.* ama*f*
Tagesordnung *s. f.* ordem*f.* do dia
Tagesschau *s. f.* telejornal*m.*
Tageszeit *s. f.* hora*f.* do dia; zu jeder Tageszeit: a qualquer hora do dia
Tageszeitung *s. f.* jornal*m.* diário
täglich I *adj.* diário; II *adv.* diariamente; zweimal täglich: duas vezes por dia
tagsüber *adv.* durante o dia
Tagung *s. f.* congresso*m.*
Taifun *s. m.* tufão*m.*
Taille *s. f.* cintura*f.*
tailliert *adj.* cintado
Takt *s. m.* 1. *(sem pl.)* MÚSICA compasso*m.*; 2. MÚSICA tempo*m.*; 3. *(sem pl.)* tacto*m.*
Taktik *s. f.* táctica*f.*
taktisch *adj.* táctico
taktlos *adj.* sem tacto; inconveniente
Taktlosigkeit *s. f.* falta*f.* de tacto
taktvoll *adj.* com tacto; cuidadoso
Tal *s. nt.* vale*m.*
Talent *s. nt.* talento [zu +*dat.*, para]
talentiert *adj.* talentoso
Talg *s. m.* sebo*m.*
Talisman *s. m.* talismã*m.*
Talschaft *s. f.* *(Suíça)* habitantes*m. pl.* do vale
Talsperre *s. f.* represa*f.*
Tamburin *s. nt.* tamborim*m*, pandeireta*f.*
Tampon *s. m.* tampão*m.*
Tang *s. m.* sargaço*m*, alga*f.*
Tank *s. m.* tanque*m*, depósito*m.*
tanken *v. tr. e intr.* meter gasolina
Tanker *s. m.* petroleiro*m*, navio-cisterna*m.*
Tankstelle *s. f.* estação*f.* de serviço, posto*m.* de gasolina
Tankwagen *s. m.* camião-cisterna*m.*

Tankwart s. m. empregado_m. de estação de serviço
Tanne s. f. BOTÂNICA pinheiro_m.
Tannenbaum s. m. 1. BOTÂNICA pinheiro_m.; 2. (coloq.) árvore_f. de Natal
Tannenzapfen s. m. pinha_f.
Tante s. f. tia_f.
Tanz s. m. dança_f.
tanzen I v. tr. dançar; II v. intr. dançar, bailar
Tänzer s. m. dançarino_m.; bailarino_m.
Tanzmusik s. f. música_f. de dança
Tapete s. f. papel_m. de parede
tapezieren* v. tr. forrar; revestir de papel
tapfer adj. valente, corajoso
Tapferkeit s. f. valentia_f., coragem_f.
Tarif s. m. tarifa_f.
Tariflohn s. m. salário_m. contratual
tarnen v. tr. camuflar
Tarnung s. f. camuflagem_f.
Tasche s. f. 1. bolso_m.; 2. saco_m.; pasta_f.; carteira_f.
Taschenbuch s. nt. livro_m. de bolso
Taschendieb s. m. carteirista_m. e f.
Taschengeld s. nt. semanada_f.; mesada_f.
Taschenlampe s. f. pilha_f. eléctrica
Taschenmesser s. nt. canivete_m.
Taschenrechner s. m. calculadora_f. de bolso
Taschentuch s. nt. lenço_m. (da mão)
Tasse s. f. chávena_f.
Tastatur s. f. teclado_m.
Taste s. f. tecla_f.
tasten v. intr. apalpar, tactear
Tastentelefon s. nt. telefone_m. digital
Tastsinn s. m. tacto_m.
tat pret. imp. de tun
Tat s. f. 1. acto_m., acção_f.; in der Tat!: de facto!; 2. delito_m., crime_m.; jemanden auf frischer Tat ertappen: apanhar alguém em flagrante (delito)

Tatbestand s. m. DIREITO factos_m. pl.
Täter s. m. autor_m.
Täterschaft s. f. (Suíça) autores_m. pl. do crime
tätig adj. activo; tätig sein: trabalhar, exercer funções
Tätigkeit s. f. actividade_f.
tatkräftig adj. efectivo
tätlich adj. violento; tätlich werden: passar a vias de facto
Tatort s. m. local_m. do crime
tätowieren* v. tr. tatuar
Tätowierung s. f. tatuagem_f.
Tatsache s. f. facto_m., realidade_f.
tatsächlich I adj. real; II adv. realmente, de facto; tatsächlich?: a sério?
Tatze s. f. pata_f.
Tau[1] s. nt. (-(e)s, -e) NÁUTICA cabo_m., amarra_f.
Tau[2] s. m. (-(e)s, sem pl.) orvalho_m.
taub adj. 1. surdo; 2. entorpecido
Taube s. f. ZOOLOGIA pombo_m.
taubstumm adj. surdo-mudo
tauchen I v. tr. molhar, embeber; II v. intr. mergulhar; submergir
Taucher s. m. mergulhador_m.
Taucheranzug s. m. fato_m. de mergulho
Tauchsieder s. m. aquecedor_m. de imersão
tauen v. intr. derreter
Taufe s. f. 1. (sem pl.) baptismo_m.; 2. baptizado_m.
taufen v. tr. baptizar
Taufpate s. m. padrinho_m.
taugen v. intr. servir, prestar [zu +dat., para], valer
Taugenichts s. m. (depr.) zero_m. à esquerda
tauglich adj. 1. útil; apropriado, adequado; 2. apto
taumeln v. intr. cambalear
Tausch s. m. troca_f.
tauschen v. tr. trocar [für/gegen +ac., por]

täuschen I *v. tr.* iludir, enganar; II *v. refl.* iludir-se
täuschend *adj.* ilusório, enganador
Tauschhandel *s. m.* comércio*ₘ* de troca
Täuschung *s. f.* 1. engano*ₘ*; 2. ilusão*ₜ*
tausend *num. card.* mil
Tausend *s. nt.* milhar*ₘ*; zu Tausenden: aos milhares
Tausendfüßler *s. m.* ZOOLOGIA centopeia*ₜ*
tausendmal *adv.* mil vezes, milhares de vezes
Tausendstel *s. nt.* milésimo*ₘ*, milésima parte*ₜ*
tausendste(r, s) *num. ord.* milésimo
Tauwetter *s. nt.* degelo*ₘ*
Taxcard *s. f. (Suíça)* cartão*ₘ* de contribuinte
Taxi *s. nt.* táxi*ₘ*
Taxifahrer *s. m.* taxista*ₘ. ₑ ₜ*
Team *s. nt.* equipa*ₜ*
Teamarbeit *s. f.* trabalho*ₘ* de equipa
Technik *s. f. (sem pl.)* técnica*ₜ*; equipamento*ₘ*
Techniker *s. m.* técnico*ₘ*
technisch *adj.* técnico
Technologie *s. f.* tecnologia*ₜ*
technologisch *adj.* tecnológico
Teddybär *s. m.* urso*ₘ* de peluche
Tee *s. m.* chá*ₘ*
Teebeutel *s. m.* saquinho*ₘ* de chá
Teekanne *s. f.* bule*ₘ*
Teelöffel *s. m.* colher*ₜ* de chá
Teer *s. m.* alcatrão*ₘ*
Teeservice *s. nt.* serviço*ₘ* de chá
Teich *s. m.* lago*ₘ*
Teig *s. m.* massa*ₜ*
Teil¹ *s. nt.* (-(e)s, -e) peça*ₜ*; peça*ₜ* sobresselente
Teil² *s. m.* (-(e)s, -e) parte*ₜ*; componente*ₘ. ₑ ₜ*; zum Teil: em parte
teilbar *adj.* divisível, repartível

Teilchen *s. nt.* FÍSICA partícula*ₜ*
teilen I *v. tr.* 1. partir, dividir; 2. partilhar; 3. MATEMÁTICA dividir [durch +*ac.*, por]; II *v. refl.* dividir-se
Teilhaber *s. m.* ECONOMIA sócio*ₘ*
Teilkaskoversicherung *s. f.* seguro*ₘ* contra terceiros
Teilnahme *s. f.* participação*ₜ* [an +*dat.*, em]
teilnahmslos *adj.* sem interesse, indiferente
teilnehmen *v. intr.* participar [an +*dat.*, em]; assistir [an +*dat.*, a]
Teilnehmer *s. m.* participante*ₘ. ₑ ₜ*
teils *adv.* em parte
Teilung *s. f.* divisão*ₜ*; partilha*ₜ*
teilweise *adv.* em parte
Teilzeitbeschäftigung *s. f.* emprego*ₘ* em part-time
Teint *s. m.* tez*ₜ*
Telefax *s. nt.* telefax*ₘ*
Telefon *s. nt.* telefone*ₘ*
Telefonanschluss *s. m.* ligação*ₜ* telefónica
Telefonat *s. nt.* telefonema*ₘ*
Telefonbuch *s. nt.* lista*ₜ* telefónica
Telefongespräch *s. nt.* chamada*ₜ* telefónica
telefonieren* *v. intr.* telefonar
telefonisch I *adj.* telefónico; II *adv.* por telefone
Telefonist *s. m.* telefonista*ₘ. ₑ ₜ*
Telefonkarte *s. f.* cartão*ₘ* de telefone
Telefonnummer *s. f.* número*ₘ* de telefone
Telefonzelle *s. f.* cabine*ₜ* telefónica
telegrafieren* *v. intr.* telegrafar
Telegramm *s. nt.* telegrama*ₘ*
Telekommunikation *s. f.* telecomunicações*ₜ. ₚₗ*
Telepathie *s. f.* telepatia*ₜ*
Teleskop *s. nt.* telescópio*ₘ*
Telex *s. nt.* telex*ₘ*

Teller s. m. prato_m; flacher Teller: prato_m ladeiro; tiefer Teller: prato fundo
Tempel s. m. templo_m
Temperament s. nt. temperamento_m, feitio_m
temperamentvoll adj. temperamental
Tempo¹ s. nt. ⟨-s, -s⟩ velocidade_f
Tempo² s. nt. ⟨-s, Tempi⟩ MÚSICA tempo_m
Tempo®³ s. nt. ⟨-s, -s⟩ (coloq.) lenço_m de papel
Tempolimit s. nt. limite_m de velocidade
Tendenz s. f. tendência_f [zu +dat., para]
Tennis s. nt. DESPORTO ténis_m
Tennisplatz s. m. campo_m de ténis
Tennisschläger s. m. raquete_f de ténis
Tennisspieler s. m. tenista_m. e f.
Teppich s. m. tapete_m
Teppichboden s. m. alcatifa_f
Termin s. m. 1. prazo_m; 2. consulta_f; hora_f marcada
Terminal s. nt. AERONÁUTICA, INFORMÁTICA terminal_m
Terminkalender s. m. agenda_f
Terpentin s. nt. 1. terebintina_f; 2. (coloq.) aguarrás_f
Terrasse s. f. terraço_m
Territorium s. nt. território_m
Terror s. m. terror_m
terrorisieren* v. tr. aterrorizar
Terrorismus s. m. terrorismo_m
Terrorist s. m. terrorista_m. e f.
Tesafilm® s. m. fita-cola_f
Test s. m. teste_m
Testament s. nt. testamento_m; RELIGIÃO das Alte/Neue Testament: o Antigo/Novo Testamento
testen v. tr. testar
Tetanus s. m. MEDICINA tétano_m
teuer adj. 1. caro; 2. prezado
Teuerung s. f. encarecimento_m
Teufel s. m. diabo_m; (coloq.) was zum Teufel ...?: que diabo...?

Teufelskreis s. m. círculo_m vicioso
teuflisch adj. diabólico, demoníaco
Text s. m. 1. texto_m; 2. (canção) letra_f
Texter s. m. redactor_m
Textilien s. pl. têxteis_m
Textverarbeitung s. f. INFORMÁTICA processamento_m de texto
Textverarbeitungsprogramm s. nt. INFORMÁTICA programa_m de processamento de texto
Thailand s. nt. Tailândia_f
Theater s. nt. teatro_m
Theaterkarte s. f. bilhete_m de teatro
Theaterstück s. nt. peça_f de teatro
theatralisch adj. teatral
Theke s. f. balcão_m
Thema s. nt. tema_m
Thematik s. f. temática_f
Themse s. f. Tamisa_f
Theologe s. m. teólogo_m
Theologie s. f. teologia_f
theologisch adj. teológico
theoretisch adj. teórico
Theorie s. f. teoria_f
Therapeut s. m. terapeuta_m. e f.
therapeutisch adj. terapêutico
Therapie s. f. terapia_f
Thermalbad s. nt. termas_f. pl., caldas_f. pl.
Thermometer s. nt. termómetro_m
Thermosflasche® s. f. garrafa_f termos
Thermostat s. m. termóstato_m
These s. f. tese_f
Thon s. m. (Suíça) atum_m
Thrombose s. f. MEDICINA trombose_f
Thron s. m. trono_m
Thronfolge s. f. sucessão_f ao trono
Thunfisch s. m. ZOOLOGIA atum_m
Thüringen s. nt. Turíngia_f
Thymian s. m. BOTÂNICA tomilho_m
Tick s. m. 1. (coloq.) mania_f, tara_f; 2. MEDICINA tique_m

ticken v. intr. (relógio) fazer tiquetaque

tief I adj. 1. fundo; profundo; 2. baixo; tiefe Temperaturen: baixas temperaturas; II adv. 1. para baixo; baixo; 2. profundamente, muito; tief schlafen: dormir profundamente

Tief s. nt. METEOROLOGIA centro$_m$ de baixa pressão, depressão$_f$

Tiefbau s. m. obras$_{f. pl.}$ públicas e construção$_f$ subterrânea

Tiefdruckgebiet s. nt. zona$_f$ de depressão atmosférica

Tiefe s. f. 1. profundidade$_f$; 2. (sem pl.) (som, voz) gravidade$_f$

Tiefebene s. f. GEOGRAFIA planície$_f$ baixa

Tiefgarage s. f. garagem$_f$ subterrânea

tiefgefroren adj. congelado

tiefgekühlt adj. congelado

Tiefkühlfach s. nt. congelador$_m$

Tiefkühlkost s. f. congelados$_{m. pl.}$

Tiefkühltruhe s. f. arca$_f$ congeladora

Tiefpunkt s. m. ponto$_m$ mais baixo

tiefsinnig adj. pensado, reflectido

Tiefsttemperatur s. f. temperatura$_f$ mínima

Tier s. nt. animal$_m$

Tierarzt s. m. veterinário$_m$

Tierheim s. nt. canil$_m$

tierisch adj. 1. animal; 2. (coloq.) muito; ich habe tierischen Durst: estou a morrer de sede

Tierkreiszeichen s. nt. signo$_m$ do zodíaco

Tierpark s. m. jardim$_m$ zoológico

Tierquälerei s. f. crueldade$_f$ para com os animais

Tierschutzverein s. m. sociedade$_f$ protectora dos animais

Tierversuch s. m. experiência$_f$ com animais

Tiger s. m. ZOOLOGIA tigre$_m$

tilgen v. tr. 1. anular; apagar; 2. ECONOMIA amortizar; saldar; seine Schulden tilgen: saldar as dívidas

Tilgung s. f. 1. anulação; 2. ECONOMIA amortização$_f$

Timor s. nt. Timor$_m$

Tinte s. f. tinta$_f$

Tintenfisch s. m. lula$_f$, choco$_m$

Tipp s. m. 1. (coloq.) dica$_f$; 2. palpite$_m$

tippen v. intr. 1. tocar levemente; 2. (coloq.) escrever à máquina; 3. (coloq.) apostar [auf +ac., em]

Tippfehler s. m. gralha$_f$, erro$_m$ de dactilografia

Tippse s. f. (depr.) dactilógrafa$_f$

Tisch s. m. mesa$_m$; den Tisch decken/abdecken: pôr/levantar a mesa

Tischdecke s. f. toalha$_f$ de mesa

tischen v. intr. (Suíça) pôr a mesa

Tischfußball s. m. matrecos$_{m. pl.}$, matraquilhos$_m$

Tischler s. m. carpinteiro$_m$

Tischlerei s. f. carpintaria$_f$

Tischtennis s. nt. ténis$_m$ de mesa

Titel s. m. título$_m$

Titelbild s. nt. vinheta$_f$

Titelseite s. f. frontispício$_m$; capa$_f$; (jornal) primeira página$_f$

Toast s. m. 1. (pão) torrada$_f$, tosta$_f$; 2. brinde$_m$

toasten v. tr. torrar

Toaster s. m. torradeira$_f$

toben v. intr. 1. enfurecer-se; bramar; 2. brincar ruidosamente

tobsüchtig adj. frenético

Tochter s. f. 1. filha$_f$; 2. (Suíça) empregada$_f$ de mesa

Tochtergesellschaft s. f. ECONOMIA filial$_f$

Tod s. m. morte$_f$

todernst adj. (coloq.) muito sério

Todesangst s. f. agonia$_f$

Todesanzeige s. f. anúncio_m. de falecimento

Todesfall s. m. falecimento_m.; im Todesfall: em caso de morte

Todesopfer s. nt. vítima_f. mortal

Todesstrafe s. f. pena_f. de morte

Todesurteil s. nt. sentença_f. de morte

todkrank adj. fatalmente doente

tödlich I adj. mortal, fatal; II adv. fatalmente

todmüde adj. (coloq.) morto (de cansaço), estafado

todschick adj. (coloq.) chiquíssimo

todsicher adj. (coloq.) infalível

Todsünde s. f. RELIGIÃO pecado_m. mortal

Toilette s. f. casa-de-banho_f.

Toilettenpapier s. nt. papel_m. higiénico

tolerant adj. tolerante

Toleranz s. f. tolerância_f.

tolerieren* v. tr. tolerar

toll adj. 1. (coloq.) estupendo; 2. (coloq.) incrível

Tollkirsche s. f. BOTÂNICA beladona_f.

Tollpatsch s. m. patego_m., desastrado_m.

Tollwut s. f. MEDICINA raiva_f.

Tomate s. f. tomate_m.

Tomatenmark s. nt. polpa_f. de tomate

Ton¹ s. m. ‹-(e)s, Töne› 1. som; 2. tom_m.; 3. entoação_f.

Ton² s. m. ‹-(e)s, -e› barro_m., argila_f.

Tonart s. f. MÚSICA tom_m., tonalidade_f.

Tonband s. nt. 1. fita_f. magnética; 2. (coloq.) gravador_m.

Tonbandgerät s. nt. gravador_m.

tönen I v. tr. 1. tonalizar; 2. (cabelos) pintar; II v. intr. soar

Tonfall s. m. entoação_f.

Tonfilm s. m. filme_m. sonoro

Tonic s. nt. água_f. tónica

Tonleiter s. f. escala_f.

Tonne s. f. 1. tonel_m.; 2. tonelada_f.

Tonstudio s. nt. estúdio_m. de som

Topf s. m. 1. tacho_m.; 2. vaso_m.

Topfen s. m. (Áustria) requeijão_m.

Töpfer s. m. oleiro_m.

Töpferei s. f. olaria_f.

topfit adj. (coloq.) em plena forma

Topflappen s. m. pega_f.

Tor s. nt. 1. portão_m.; porta_f.; 2. DESPORTO baliza_f.; 3. DESPORTO golo_m.

Torf s. m. turfa_f.

Torhüter s. m. DESPORTO guarda-redes_m. e f.

torkeln v. intr. vacilar, cambalear

Torte s. f. torta_f.

Torwart s. m. DESPORTO guarda-redes_m. e f.

tosen v. intr. 1. bramar; 2. ressoar, atroar

tot adj. falecido, morto

total adj. total

Totalschaden s. m. perda_f. total

töten v. tr. matar; assassinar

Totengräber s. m. coveiro_m.

Totenschein s. m. certidão_f. de óbito

Tote(r) s. m. e f. mort|o, -a_m., f.

totlachen v. refl. (coloq.) morrer de riso

Toto s. nt. totobola_m.

Totschlag s. m. DIREITO homicídio_m.

totschlagen v. tr. matar à pancada; abater

Toupet s. nt. 1. topete_m.; 2. (Suíça) descaramento_m.

Tour s. f. passeio_m.; excursão_f.

Tourismus s. m. turismo_m.

Tourist s. m. turista_m. e f.

touristisch adj. turístico

Tournee s. f. digressão_f., tournée_f.

toxisch adj. tóxico

Trab s. m. trote_m.

Tracht s. f. traje_m. ❖ eine Tracht Prügel: uma sova

Tradition s. f. tradição_f.

traditionell adj. tradicional

traf *pret. imp. de* treffen
Trafik *s. f.* (Áustria) tabacaria*f.*
Trafikant *s. m.* (Áustria) dono*m.* de tabacaria
Tragbahre *s. f.* maca*f.*
tragbar *adj.* 1. portátil; 2. suportável
träge *adj.* lento; indolente
tragen I *v. tr.* 1. trazer, levar; 2. usar, vestir; 3. arcar com; suportar; II *v. intr.* (roupa) usar-se
Träger[1] *s. m.* ⟨-s, -⟩ 1. ARQUITECTURA viga*f.*, suporte*m.*; 2. (roupa) alça*f.*; 3. entidade*f.* responsável
Träger[2] *s. m.* ⟨-s, -⟩ 1. carregador*m.*; 2. titular*m. e f.*
Tragetasche *s. f.* saco*m.* de mão
Tragfähigkeit *s. f.* capacidade*f.* de carga
Tragfläche *s. f.* asa*f.*
Trägheit *s. f.* 1. lentidão*f.*; indolência*f.*; 2. FÍSICA inércia*f.*
tragisch *adj.* trágico
Tragödie *s. f.* tragédia*f.*
Tragweite *s. f.* 1. envergadura*f.*; 2. alcance*m.*
Trainer[1] *s. m.* ⟨-s, -⟩ DESPORTO treinador*m.*, instrutor*m.*
Trainer[2] *s. m.* ⟨-s, -⟩ (Suíça) fato*m.* de treino
trainieren* *v. tr. e intr.* treinar
Training *s. nt.* treino*m.*
Trainingsanzug *s. m.* fato*m.* de treino
Traktor *s. m.* tractor*m.*
Tram *s. nt.* (Suíça) eléctrico*m.*
trampeln *v. intr.* bater com os pés
trampen *v. intr.* viajar à boleia
Tramper *s. m.* viajante*m. e f.* à boleia
Tramway *s. f.* (Áustria) eléctrico*m.*
Träne *s. f.* lágrima*f.*
tränen *v. intr.* lacrimejar, chorar
Tränengas *s. nt.* gás*m.* lacrimogéneo
trank *pret. imp. de* trinken
Tränke *s. f.* bebedouro*m.*
tränken *v. tr.* 1. (animal) dar de beber a; 2. molhar, ensopar
Transfer *s. m.* ECONOMIA, DESPORTO transferência*f.*
Transfusion *s. f.* MEDICINA transfusão*f.*
Transit *s. m.* trânsito*m.*
transparent *adj.* transparente
Transplantation *s. f.* MEDICINA transplante*m.*
Transport *s. m.* transporte*m.*
transportieren* *v. tr.* transportar
Transportmittel *s. nt.* meio*m.* de transporte
Transportunternehmen *s. nt.* empresa*f.* de transportes
Transvestit *s. m.* travesti*m. e f.*
Trapez *s. nt.* trapézio*m.*
trat *pret. imp. de* treten
Tratsch *s. m.* (coloq.) bisbilhotice*f.*, mexerico*m.*
tratschen *v. intr.* (coloq.) bisbilhotar, mexericar
Traube *s. f.* 1. uva*f.*; 2. cacho*m.* de uvas
Traubenzucker *s. m.* glicose*f.*
trauen I *v. tr.* casar; sich trauen lassen: casar-se; II *v. intr.* confiar; jemandem/etwas trauen: confiar em alguém/alguma coisa; III *v. refl.* atrever-se
Trauer *s. f.* 1. mágoa*f.*; 2. luto*m.*; Trauer tragen: estar de luto
Trauerfeier *s. f.* ofício*m.* fúnebre
trauern *v. intr.* 1. estar triste; 2. estar de luto [um +ac., por]
Trauerspiel *s. nt.* tragédia*f.*
Trauerweide *s. f.* BOTÂNICA chorão*m.*
träufeln *v. tr.* pingar [in +ac., para]
Traum *s. m.* sonho*m.*
Trauma *s. nt.* MEDICINA, PSICOLOGIA trauma*m.*
träumen *v. intr.* sonhar [von +dat., com]

Träumer *s. m.* sonhador*m.*
träumerisch *adj.* sonhador
traumhaft *adj.* de sonho
traurig *adj.* triste [über +*ac.*, com]
Traurigkeit *s. f.* tristeza*f.*
Trauschein *s. m.* certidão*f.* de casamento
Trauung *s. f.* casamento*m.*
Trauzeuge *s. m.* padrinho*m.* de casamento
treffen I *v. tr.* 1. encontrar; 2. acertar em; 3. alcançar; 4. tomar; eine Entscheidung treffen: tomar uma decisão; Maßnahmen treffen: tomar providências; II *v. intr.* (alvo) acertar; III *v. refl.* 1. encontrar-se [mit +*dat.*, com]; 2. suceder; das trifft sich gut!: isso vem mesmo a calhar!
Treffen *s. nt.* encontro*m.* [mit +*dat.*, com]
treffend *adj.* acertado; adequado
Treffer *s. m.* DESPORTO golo*m.*
Treffpunkt *s. m.* ponto*m.* de encontro
treiben I *v. tr.* 1. fazer andar; 2. mover; 3. ENGENHARIA impulsionar; 4. exercer; DESPORTO praticar; II *v. intr.* 1. andar; 2. flutuar; 3. (planta) germinar ❖ etwas zu weit treiben: levar alguma coisa ao extremo
Treibgas *s. nt.* gás*m.* propulsor
Treibhaus *s. nt.* estufa*f.*
Treibhauseffekt *s. m.* efeito*m.* de estufa
Treibstoff *s. m.* combustível*m.*
Trend *s. m.* tendência*f.*
trennen I *v. tr.* 1. separar; dividir; 2. isolar; II *v. refl.* separar-se
Trennkost *s. f.* alimentação*f.* racional
Trennung *s. f.* separação*f.*
Treppe *s. f.* escada*f.*
Treppenhaus *s. nt.* escadaria*f.*
Tresen *s. m.* balcão*m.*
Tresor *s. m.* cofre*m.*
treten I *v. tr.* 1. pisar, calcar; 2. dar um pontapé a; II *v. intr.* 1. sair [aus +*dat.*, de]; 2. entrar [in +*ac.*, em]

treu *adj.* fiel
Treue *s. f.* fidelidade*f.*
treulos *adj.* desleal, infiel
Triangel *s. m.* MÚSICA ferrinhos*m. pl.*
Tribüne *s. f.* tribuna*f.*
Trichter *s. m.* funil*m.*
Trick *s. m.* truque*m.*
Trickfilm *s. m.* desenhos*m. pl.* animados
trieb *pret. imp. de* treiben
Trieb *s. m.* 1. impulso*m.*; instinto*m.*; 2. BOTÂNICA rebento*m.*
Triebkraft *s. f.* 1. ENGENHARIA força*f.* motriz; 2. PSICOLOGIA impulso*m.*
Triebtäter *s. m.* criminoso*m.* sexual
Triebwagen *s. m.* automotora*f.*
Triebwerk *s. nt.* AERONÁUTICA reactor*m.*
Trikot *s. nt.* camisola*f.*
Trillerpfeife *s. f.* apito*m.*
Trimmpfad *s. m.* circuito*m.* de manutenção
trinkbar *adj.* potável
trinken *v. tr.* beber, tomar
Trinker *s. m.* alcoólico*m.*
Trinkgeld *s. nt.* gorjeta*f.*
Trinkhalm *s. m.* palhinha*f.*
Trinkwasser *s. nt.* água*f.* potável
Tripper *s. m.* MEDICINA gonorreia*f.*
Tritt *s. m.* 1. passo*m.*; 2. pontapé*m.*
Trittbrett *s. nt.* estribo*m.*
Triumph *s. m.* triunfo*m.*
triumphieren* *v. intr.* triunfar
Trivialliteratur *s. f.* literatura*f.* ligeira
trocken *adj.* 1. enxuto; seco; 2. sóbrio
Trockenhaube *s. f.* capacete*m.* secador
Trockenheit *s. f.* secura*f.*; seca*f.*
trockenlegen *v. tr.* 1. drenar, secar; 2. (criança) mudar
Trockenmilch *s. f.* leite*m.* em pó
trocknen I *v. tr.* secar, enxugar; II *v. intr.* secar
Trockner *s. m.* secador*m.*
Trödelmarkt *s. m.* feira*f.* da ladra

trödeln *v. intr. (coloq.)* ser demorado; andar devagar
Trödler *s. m.* adeleiro_m.
trog *pret. imp. de* trügen
Trommel *s. f.* MÚSICA tambor_m.
Trommelfell *s. nt.* ANATOMIA tímpano_m.
trommeln *v. intr.* tocar tambor
Trommler *s. m.* tamborileiro_m.
Trompete *s. f.* trompete_m.
Trompeter *s. m.* trompetista_m. e f.
Tropen *s. pl.* trópicos_m. pl.
tröpfeln *v. intr.* pingar; *(coloq.)* **es tröpfelt**: está a chuviscar
tropfen *v. intr.* gotejar, pingar
Tropfen *s. m.* gota_f., pinga_f.
tropfenweise *adv.* gota a gota, às gotas
Tropfsteinhöhle *s. f.* gruta_f. de estalactites
Trophäe *s. f.* troféu_m.
tropisch *adj.* tropical
Trost *s. m.* consolação_f., consolo_m.
trösten *v. tr.* consolar
tröstlich *adj.* consolador
trostlos *adj.* desolador; aflito, desesperado
Trottel *s. m.* pateta_m. e f.
Trottoir *s. nt. (Suíça)* passeio_m.
trotz *prep.* [+gen./dat.] apesar de
Trotz *s. m.* obstinação_f., teimosia_f.
trotzdem *adv.* apesar disso, apesar de tudo; **ich bleibe trotzdem!**: mesmo assim, eu fico!
trotzig *adj.* teimoso, rebelde
trüb *adj.* 1. turvo; baço; 2. sombrio; 3. enevoado
Trubel *s. m.* rebuliço_m., balbúrdia_f.
trüben I *v. tr.* 1. turvar; 2. (atmosfera) estragar; II *v. refl.* (céu) encobrir-se
Trübsal *s. f.* tristeza_f., melancolia_f.
trübselig *adj.* abatido, triste

Trübsinn *s. m.* tristeza_f., desânimo_m.
trübsinnig *adj.* tristonho, desanimado
Trüffel *s. f.* trufa_f.
trug *pret. imp. de* tragen
trügen *v. intr.* iludir, enganar
trügerisch *adj.* enganador, falso
Trugschluss *s. m.* paralogismo_m.
Truhe *s. f.* arca_f., baú_m.
Trümmer *s. pl.* restos_m. pl.; escombros_m. pl.
Trumpf *s. m.* trunfo_m.
Trunkenheit *s. f.* embriaguez_f.
Truppe *s. f.* 1. MILITAR tropa_f.; 2. (actores) companhia_f.
Trute *s. f. (Suíça)* perua_f.
Truthahn *s. m.* ZOOLOGIA peru_m.
Tscheche *s. m.* checo_m.
Tschechien *s. nt.* República_f. Checa
tschechisch *adj.* checo
Tschechoslowakei *s. f.* Checoslováquia_f.
Tschetschenien *s. nt.* Tchetchénia_f.
tschüss *interj. (coloq.)* tchau!
T-Shirt *s. nt.* t-shirt_f.
Tuba *s. f.* MÚSICA tuba_f.
Tube *s. f.* bisnaga_f., tubo_m.
Tuberkulose *s. f.* tuberculose_f.
Tuch *s. nt.* 1. lenço_m.; 2. pano_m.
tüchtig *adj.* 1. hábil; 2. activo; 3. a valer
Tücke *s. f.* 1. *(sem pl.)* maldade_f., malícia_f.; 2. manha_f.
tückisch *adj.* 1. mau, malicioso; 2. traiçoeiro
Tugend *s. f.* virtude_f.
tugendhaft *adj.* virtuoso
Tulpe *s. f.* BOTÂNICA túlipa_f.
Tumor *s. m.* MEDICINA tumor_m.
tun I *v. tr.* 1. fazer; (dever) cumprir; 2. *(coloq.)* pôr, meter; II *v. intr.* 1. fazer; (viel) **zu tun haben**: ter (muito) que fazer; 2. agir; proceder; **so tun, als ob...**: fazer de conta que...; III *v. refl.* acontecer; **es tut sich etwas/viel**: há certa/muita agitação

Tunesien s. nt. Tunísia_f._
Tunfisch s. m. ZOOLOGIA atum_m._
Tunnel s. m. túnel_m._
Tupfen s. m. pinta_f._
Tür s. f. porta_f._
Turban s. m. turbante_m._
Turbolader s. m. turbocompressor_m._
turbolent adj. turbolento
Türke s. m. turco_m._
Türkei s. f. Turquia_f._
türkis adj. turquesa
Türkis s. m. turquesa_f._
türkisch adj. turco
Türklinke s. f. trinco_m._
Turm s. m. 1. torre_f._; torreão_m._; 2. torre_f._ de igreja
turnen v. intr. fazer ginástica
Turnen s. nt. ginástica_f._
Turner s. m. ginasta_m. e f._
Turnhalle s. f. ginásio_m._

Turnhose s. f. calções_m. pl._ de ginástica
Turnier s. nt. torneio_m._
Turnschuh s. m. sapatilha_f._
Turnverein s. m. clube_m_ desportivo
Tusche s. f. tinta-da-china_f._
tuscheln v. intr. cochichar
Tüte s. f. saca_f._, saco_m._
tuten v. intr. apitar, roncar
Tutor s. m. tutor_m._
TÜV [abrev. de Technischer Überwachungsverein] organização_f._ de inspecção de veículos
Typ s. m. 1. género_m._; 2. (coloq.) tipo_m._, gajo_m._
Typenrad s. nt. roda_f._ de impressão
Typhus s. m. MEDICINA tifo_m._
typisch adj. típico [für +ac., de]
Tyrann s. m. tirano_m._
tyrannisch adj. tirânico
tyrannisieren* v. tr. tiranizar

U

U, u *s. nt.* U, u_m_
U-Bahn *s. f.* metro_m_
Übel *s. nt.* mal_m_, desgraça_f_
übel I *adj.* mau; **mir ist übel**: sinto-me mal, estou enjoado; II *adv.* mal
Übelkeit *s. f.* náusea_f_, enjoo_m_
Übeltäter *s. m.* malfeitor_m_, autor_m_ (de má acção)
üben I *v. tr.* praticar, treinar, exercitar; **Kritik üben**: exercer uma crítica; II *v. intr.* treinar
über I *prep.* [+*ac.*] 1. (direcção) em cima de; (caminho, rumo) por, via; por cima de; 2. (assunto) sobre, acerca de; 3. (quantia) de; **ein Scheck über 300 Euro**: um cheque de 300 euros; 4. (meio) por, via; **über Satellit**: via satélite; II *prep.* [+*dat.*] 1. sobre, por cima de; 2. acima de; III *adv.* 1. mais de, para cima de; **sind Sie über 30?**: tem mais de 30 anos?; 2. (temporal) durante; **die ganze Zeit über**: o tempo todo
überall *adv.* por toda a parte
überanstrengen I *v. tr.* extenuar, cansar; II *v. refl.* esforçar-se demasiado
Überanstrengung *s. f.* esforço_m_ excessivo
überarbeiten* I *v. tr.* retocar, aperfeiçoar; II *v. refl.* trabalhar excessivamente
überaus *adv.* extremamente, muito
überbacken* *v. tr.* CULINÁRIA gratinar
überbieten* *v. tr.* 1. exceder; 2. (leilão) cobrir o lanço de
Überbleibsel *s. nt.* resto_m_, sobras_f. pl._
Überblick *s. m.* 1. vista_f_; 2. visão_f_ geral
überblicken* *v. tr.* 1. ver, abranger com a vista; 2. compreender
überbringen* *v. tr.* trazer, levar
Überbringer *s. m.* portador_m_
überbrücken* *v. tr.* 1. (período, prazo) colmatar; 2. (opostos) equilibrar
überdenken* *v. tr.* ponderar, repensar
Überdosis *s. f.* overdose_f_
Überdruck *s. m.* FÍSICA pressão_f_ excessiva
Überdruss *s. m.* fastio_m_, tédio_m_
überdrüssig *adj.* farto; cansado
übereinander *adv.* 1. um por cima do outro, sobreposto; 2. um do outro
übereinkommen *v. intr.* concordar, combinar
Übereinkunft *s. f.* acordo_m_
übereinǀstimmen *v. intr.* 1. estar de acordo; 2. estar conforme
Übereinstimmung *s. f.* concordância_f_; harmonia_f_
überempfindlich *adj.* hipersensível
überfahren* *v. tr.* 1. atropelar; 2. *(coloq.)* tomar de surpresa
Überfahrt *s. f.* passagem_f_, travessia_f_
Überfall *s. m.* assalto_m_ (à mão armada) [auf +*ac.*, a]
überfallen* *v. tr.* 1. assaltar; 2. (cansaço, sentimento) invadir
überfällig *adj.* atrasado
überfliegen* *v. tr.* 1. sobrevoar; 2. ver por alto
Überfluss *s. m.* superabundância_f_, fartura_f_
überflüssig *adj.* supérfluo, em demasia
überfordern* *v. tr.* exigir demais de
überführen* *v. tr.* 1. transportar, trasladar; 2. provar a culpa de
Überführung *s. f.* 1. transporte_m_; 2. (criminoso) prova_f_ de culpa; 3. viaduto_m_

überfüllt *adj.* 1. repleto; 2. apinhado, superlotado

Übergabe *s. f.* entrega*f*

Übergang *s. m.* 1. passagem*f*; travessia*f*; 2. transição*f*

Übergangszeit *s. f.* fase*f* de transição

übergeben* I *v. tr.* entregar; transmitir; II *v. refl.* vomitar

übergehen[1] *v. intr.* passar; mudar

übergehen[*2] *v. tr.* 1. ignorar, não fazer caso de; 2. passar por cima de

Übergepäck *s. nt.* excesso*m* de bagagem

übergeschnappt *adj. (coloq.)* doido

Übergewicht *s. nt.* 1. excesso*m* de peso; 2. preponderância*f*

überglücklich *adj.* felicíssimo, feliz da vida

überhäufen* *v. tr.* sobrecarregar [mit +*dat.*, com/de]; atulhar [mit +*dat.*, de]

überhaupt *adv.* 1. em geral; überhaupt nicht: de modo nenhum; überhaupt nichts: absolutamente nada; 2. sobretudo

überheblich *adj.* presunçoso, arrogante

Überheblichkeit *s. f.* presunção*f*, arrogância*f*

überholen* *v. tr.* 1. ultrapassar; 2. vencer

Überholspur *s. f.* faixa*f* de ultrapassagem

überholt *adj.* ultrapassado

überhören* *v. tr.* não ouvir; fazer ouvidos de mercador

überirdisch *adj.* sobrenatural

überladen* *v. tr.* sobrecarregar

überlassen* *v. tr.* deixar, ceder

überlasten* *v. tr.* sobrecarregar

überlaufen[1] *v. intr.* 1. deitar por fora, transbordar; 2. (para o lado contrário) passar(-se) [zu +*dat.*, para]

überlaufen[2] *adj.* apinhado

Überläufer *s. m.* desertor*m*

überleben* *v. tr.* sobreviver

Überlebende(r) *s. m. e f.* sobrevivente*m. e f.*

überlegen[1] *adj.* superior

überlegen[*2] *v. tr.* pensar em, reflectir sobre

Überlegenheit *s. f.* superioridade*f*

Überlegung *s. f.* reflexão*f*, ponderação*f*

überlisten* *v. tr.* ser mais esperto do que, enganar

Übermacht *s. f.* supremacia*f*, superioridade*f*

Übermaß *s. nt.* excesso*m* [an +*dat.*, de]

übermäßig I *adj.* excessivo; II *adv.* excessivamente, em demasia

übermenschlich *adj.* sobre-humano

übermitteln* *v. tr.* transmitir

übermorgen *adv.* depois de amanhã

übermüdet *adj.* exausto

Übermut *s. m.* 1. alegria*f* incontida; 2. petulância*f*

übermütig *adj.* 1. muito alegre, eufórico; 2. atrevido

übernachten* *v. intr.* passar a noite, pernoitar [in +*dat.*, em]

Übernachtung *s. f.* dormida*f*

Übernahme *s. f.* aceitação*f*; adopção*f*; (cargo) tomada*f* de posse

übernatürlich *adj.* sobrenatural

übernehmen* I *v. tr.* encarregar-se de; assumir; (cargo) aceitar, tomar posse de; II *v. refl.* abusar das suas capacidades

überprüfen* *v. tr.* examinar, rever, verificar

Überprüfung *s. f.* revisão*f*

überqueren* *v. tr.* atravessar

überraschen* *v. tr.* surpreender

überraschend I *adj.* inesperado; II *adv.* de surpresa

Überraschung *s. f.* surpresa*f*

überreden* *v. tr.* persuadir [zu +*dat.*, a]

überreichen* *v. tr.* entregar, apresentar

überrumpeln* *v. tr.* tomar de surpresa, apanhar desprevenido

übersättigt *adj.* saciado, farto
Überschallgeschwindigkeit *s. f.* velocidade$_f$ supersónica
überschätzen* I *v. tr.* sobrestimar; II *v. refl.* sobrestimar as suas capacidades
überschaubar *adj.* 1. claro, de fácil percepção; 2. seguro
Überschlag *s. m.* 1. estimativa$_f$, cálculo$_m$ aproximado; 2. DESPORTO cambalhota$_f$
überschlagen* I *v. tr.* 1. calcular; 2. (página) saltar; II *v. refl.* (veículo) capotar
überschneiden* *v. refl.* sobrepor-se, coincidir
überschreiten* *v. tr.* 1. atravessar; 2. ultrapassar, exceder
Überschrift *s. f.* título$_m$
Überschuss *s. m.* 1. excedente$_m$; 2. saldo$_m$ positivo
überschüssig *adj.* excedente, em excesso
überschütten* *v. tr.* cobrir [mit +dat., de]
überschwemmen* *v. tr.* inundar, alagar
Überschwemmung *s. f.* inundação$_f$
Übersee *s. f.* ultramar, além-mar
übersehen* *v. tr.* 1. abranger com a vista; 2. perceber, ver; 3. não ver, não se dar conta de
übersenden* *v. tr.* mandar, enviar
übersetzen* *v. tr.* traduzir
Übersetzer *s. m.* tradutor$_m$
Übersetzung *s. f.* 1. tradução$_f$; 2. transmissão$_f$
Übersicht *s. f.* 1. visão$_f$ geral; 2. resumo$_m$, síntese$_f$; quadro$_m$ sinóptico
übersichtlich *adj.* 1. aberto; 2. visível, claro, nítido
Übersichtlichkeit *s. f.* clareza$_f$, abertura$_f$
überspannt *adj.* exaltado
überspielen* *v. tr.* (cassete, filme) copiar
überspitzt *adj.* exagerado, levado ao extremo
überspringen* *v. tr.* 1. saltar (por cima de); 2. omitir
überstehen* *v. tr.* resistir a, aguentar; vencer
übersteigen* *v. tr.* exceder, ultrapassar
übersteigert *adj.* exagerado
überstimmen* *v. tr.* 1. rejeitar por maioria de votos; 2. vencer por maioria de votos
Überstunde *s. f.* hora$_f$ extra, hora$_f$ extraordinária
überstürzen* *v. tr.* precipitar
überstürzt *adj.* precipitado
Übertrag *s. m.* transporte$_m$
übertragbar *adj.* 1. transmissível; transferível; 2. contagioso
übertragen¹ *adj.* (Áustria) usado
übertragen*² *v. tr.* 1. transmitir; 2. aplicar; 3. contagiar; 4. ceder; conferir; conceder
Übertragung *s. f.* 1. transmissão$_f$; 2. transferência$_f$; 3. contágio$_m$; 4. cedência$_f$
übertreffen* *v. tr.* exceder, ultrapassar
übertreiben* *v. tr. e intr.* exagerar
Übertreibung *s. f.* exagero$_m$
übertrieben I *p. p. de* übertreiben; II *adj.* 1. exagerado; 2. exorbitante, excessivo
überwachen* *v. tr.* 1. fiscalizar, controlar; 2. vigiar
Überwachung *s. f.* 1. fiscalização$_f$; 2. vigilância$_f$
überwältigen* *v. tr.* 1. vencer, dominar; 2. arrebatar, impressionar profundamente
überwältigend *adj.* 1. arrebatador, 2. grandioso; 3. esmagador
überweisen* *v. tr.* (dinheiro) transferir
Überweisung *s. f.* (dinheiro) transferência$_f$
überwiegen* *v. intr.* predominar
überwiegend I *adj.* preponderante; II *adv.* predominantemente

überwinden* I *v. tr.* superar; ultrapassar, vencer; II *v. refl.* fazer um esforço
Überwindung *s. f.* esforço*ₘ*, sacrifício*ₘ*.
überwintern* *v. intr.* 1. passar o Inverno; 2. hibernar
Überzahl *s. f.* número*ₘ* superior, maioria*f*
überzeugen* *v. tr.* convencer [von +*dat.*, de]
überzeugend *adj.* convincente
Überzeugung *s. f.* convicção*f*.
überziehen* *v. tr.* 1. forrar, revestir; 2. (conta) deixar a descoberto
Überzug *s. m.* 1. cobertura*f*, revestimento*ₘ*; 2. (almofada) fronha*f*.
üblich *adj.* habitual, comum, usual
U-Boot *s. nt.* submarino*ₘ*.
übrig *adj.* restante, que resta; das Übrige: o resto; im Übrigen: de resto
übrigens *adv.* a propósito, aliás, por sinal
Übung *s. f.* 1. exercício*ₘ*; 2. (*sem pl.*) prática*f*.
Ufer *s. nt.* 1. margem*f*; 2. costa*f*; praia*f*.
Uferstraße *s. f.* marginal*f*.
Ufo *s. nt.* [*abrev. de* unbekanntes Flugobjekt] OVNI*ₘ*. [*abrev. de* objecto voador não identificado]
U-Haft *s. f.* prisão*f* preventiva
Uhr *s. f.* 1. relógio*ₘ*; 2. hora*f*.
Uhrmacher *s. m.* relojoeiro*ₘ*.
Uhrwerk *s. nt.* mecanismo*ₘ* do relógio
Uhrzeiger *s. m.* ponteiro*ₘ* do relógio
Uhrzeigersinn *s. m.* im Uhrzeigersinn: no sentido dos ponteiros do relógio
Uhrzeit *s. f.* hora*f*.
Uhu *s. m.* ZOOLOGIA bufo*ₘ*, corujão*ₘ*.
Ukraine *s. f.* Ucrânia*f*.
ulkig *adj.* engraçado, cómico, patusco
Ulme *s. f.* BOTÂNICA ulmo*ₘ*, ulmeiro*ₘ*.
Ultimatum *s. nt.* ultimato*ₘ*.
Ultrakurzwelle *s. f.* frequência*f* modulada
Ultraschall *s. m.* FÍSICA ultra-som*ₘ*.
Ultraschallbild *s. nt.* MEDICINA ecografia*f*.
ultraviolett *adj.* ultra-violeta
um I *prep.* [+*ac.*] 1. (espacial) à/em volta de, perto de; um... (herum): à/em roda de; 2. (temporal) a; um zwölf: ao meio-dia; um... (herum): por, por volta de; 3. (diferença) em; um 10 cm kürzer: 10 cm mais curto; 4. (motivo) por causa de; sich um etwas streiten: discutir por alguma coisa; II *cj.* um... zu: para; sie ging ins Ausland, um dort zu studieren: ela foi para o estrangeiro para estudar
umändern *v. tr.* mudar, transformar, reorganizar
umarmen *v. tr.* abraçar
Umarmung *s. f.* abraço*ₘ*.
Umbau *s. m.* obras*f. pl.*
umbauen *v. tr.* fazer obras em, remodelar
umblättern *v. intr.* virar a página
umbringen *v. tr.* matar, assassinar
Umbruch *s. m.* reviravolta*f*, mudança*f* radical
umbuchen *v. tr.* (viagem) mudar (a data de)
umdrehen I *v. tr.* virar, voltar; II *v. refl.* voltar-se, virar-se
Umdrehung *s. f.* 1. volta*f*; 2. rotação*f*.
umfallen *v. intr.* cair, tombar
Umfang *s. m.* 1. extensão*f*; 2. volume*ₘ*; 3. circunferência*f*; 4. proporções*f. pl*, dimensões*f. pl*.
umfangreich *adj.* 1. volumoso, 2. extenso; vasto, grande
umfassen* *v. tr.* 1. abraçar; 2. abranger, abarcar, compreender
umfassend *adj.* abrangente
Umfeld *s. nt.* meio*ₘ*.
umformen *v. tr.* transformar, reformar

Umfrage s. f. inquérito_m, sondagem_f
Umgang s. m. 1. relações_{f. pl.}; 2. trato_m
umgänglich adj. tratável, sociável, acessível
Umgangsformen s. pl. modos_{m.pl}, maneiras_{f.pl}
Umgangssprache s. f. linguagem_f corrente; linguagem coloquial
umgeben* v. tr. rodear, cercar [mit +dat., de]
Umgebung s. f. 1. arredores_{m. pl.}; 2. meio_m; ambiente_m
umgehen v. intr. 1. (boato) circular; 2. lidar [mit +dat., com]
umgehend I adj. imediato, rápido; II adv. sem demora, imediatamente
Umgehungsstraße s. f. circunvalação_f
umgekehrt I adj. inverso, invertido; II adv. ao contrário; und umgekehrt: e vice-versa
umgraben v. tr. escavar
Umhang s. m. capa_f
Umhängetasche s. f. saco_m a tiracolo
umhauen v. tr. 1. (coloq.) derrubar; 2. (coloq.) abananar, fulminar
umher adv. aqui e acolá; em todas as direcções
umhergehen v. intr. andar por aí
umhören v. refl. (tentar) informar-se
Umkehr s. f. regresso_m, volta_f
umkehren I v. tr. inverter; II v. intr. voltar para trás, regressar
umkippen I v. tr. virar, entornar; II v. intr. 1. cair; 2. (barco) virar-se; 3. (coloq.) desmaiar
Umkleideraum s. m. vestiário_m
umkommen v. intr. perecer, morrer
Umkreis s. m. circunferência_f, periferia_f
umkreisen* v. tr. andar à volta de, circundar
umkrempeln v. tr. arregaçar

umladen v. tr. transferir
Umlauf s. m. 1. volta_f, rotação_f; 2. (dinheiro) circulação_f
Umlaufbahn s. f. ASTRONOMIA órbita_f
Umlaut s. m. GRAMÁTICA metafonia_f
umleiten v. tr. desviar
Umleitung s. f. desvio_m
umliegend adj. circunvizinho, adjacente
umräumen v. tr. mudar (a disposição de)
umrechnen v. tr. (medidas, valor da moeda) converter
Umrechnungskurs s. m. taxa_f de câmbio
umringen* v. tr. rodear
Umriss s. m. contorno_m
umrühren v. tr. mexer
Umsatz s. m. volume_m de vendas, movimento_m
Umsatzsteuer s. f. imposto_m sobre vendas
umschalten v. intr. 1. mudar; 2. mudar de canal
umschauen v. refl. → umsehen
Umschlag s. m. 1. envelope_m; 2. (de livro) capa_f; 3. MEDICINA compressa_f; 4. (sem pl.) (mercadoria) transbordo_m
umschlagen I v. tr. (manga) arregaçar; II v. intr. (vento) virar; (tempo) mudar; (disposição) alterar-se, mudar
umschreiben¹ v. tr. 1. reescrever; 2. transcrever
umschreiben*² v. tr. parafrasear
umschulen v. tr. 1. transferir para outra escola; 2. dar nova formação profissional a
Umschulung s. f. 1. mudança_f de escola; 2. readaptação_f profissional
umschwärmen* v. tr. 1. esvoaçar em volta de; 2. idolatrar, admirar
Umschweife s. pl. rodeios_{m. pl.}
Umschwung s. m. 1. mudança_f; 2. (Suíça) arredores_{m. pl.}

um|sehen v. refl. 1. olhar para trás; 2. olhar em volta; 3. procurar

Umsicht s. f. prudência_f, cautela_f

umsichtig adj. prudente, cauteloso

umso cj. tanto; umso besser: tanto melhor; je leiser du sprichst, umso mehr kann ich verstehen: quanto mais baixo falares, mais eu percebo

umsonst adv. 1. de graça, gratuitamente; 2. em vão, debalde

Umstand s. m. circunstância_f

umständlich adj. 1. trabalhoso, complicado; 2. pormenorizado

Umstandskleidung s. f. roupa_f de grávida

um|steigen v. intr. fazer transbordo, mudar (de transporte)

um|stellen I v. tr. inverter; mudar de lugar; II v. refl. adaptar-se [auf +ac., a]

Umstellung s. f. 1. inversão_f; mudança_f (de lugar); 2. adaptação_f; reestruturação_f

um|stimmen v. tr. persuadir, convencer

um|stoßen v. tr. 1. derrubar, entornar; 2. (plano) anular

umstritten adj. discutido, debatido

Umsturz s. m. revolução_f

Umtausch s. m. troca_f

um|tauschen v. tr. trocar [gegen +ac., por]

um|wandeln v. tr. transformar, converter [in +ac., em]

Umwandlung s. f. transformação_f, conversão_f [in +ac., em]

um|wechseln v. tr. trocar, cambiar [in +ac., em]

Umweg s. m. desvio_m

Umwelt s. f. 1. meio_m; 2. ECOLOGIA meio-ambiente_m

Umweltbelastung s. f. poluição_f ambiental

umweltfreundlich adj. ecológico, não-poluente

umweltgefährdend adj. poluente, nocivo ao ambiente

Umweltkatastrophe s. f. desastre_m ambiental

Umweltpapier s. nt. papel_m reciclado

umweltschädlich adj. prejudicial ao ambiente

Umweltschutz s. m. protecção_f do ambiente

Umweltschutzorganisation s. f. organização_f ambiental

Umweltverschmutzung s. f. poluição_f ambiental

um|werfen v. tr. 1. derrubar, virar; 2. (coloq.) transtornar

umwerfend adj. espantoso, de pasmar

um|ziehen I v. intr. mudar de casa; II v. refl. mudar de roupa, trocar-se

Umzug s. m. 1. mudança_f de casa; 2. cortejo_m

unabhängig adj. independente [von +dat., de]

Unabhängigkeit s. f. independência_f [von +dat., de]

unabsehbar adj. 1. imprevisível; 2. ilimitado; 3. indeterminado

unabsichtlich I adj. involuntário; II adv. sem querer

unachtsam adj. desatento, distraído

unangebracht adj. impróprio; descabido

unangemeldet I adj. não anunciado; II adv. sem ser anunciado

unangemessen adj. inconveniente

unangenehm adj. desagradável

Unannehmlichkeit s. f. transtorno_m, inconveniência_f

unanständig adj. indecente; obsceno

unantastbar adj. intocável

unappetitlich adj. repugnante

unartig adj. mal-criado, mal-educado

unauffällig adj. discreto

unaufhörlich I *adj.* incessante; II *adv.* sem cessar
unaufmerksam *adj.* 1. desatento, distraído; 2. imprestável
unausgeglichen *adj.* desequilibrado
unaussprechlich *adj.* inenarrável, indizível
unausstehlich *adj.* insuportável
unausweichlich *adj.* inevitável
unbarmherzig *adj.* cruel, desumano
unbeabsichtigt *adj.* involuntário, não intencional
unbeachtet *adj.* despercebido
unbedenklich *adj.* seguro, sem perigo
unbedeutend *adj.* 1. insignificante; 2. mínimo
unbedingt I *adj.* incondicional, absoluto; II *adv.* absolutamente; unbedingt nötig: indispensável
unbefangen *adj.* 1. descontraído, à vontade; 2. imparcial
Unbefangenheit *s. f.* 1. naturalidade$_f$, à-vontade$_m$; 2. imparcialidade$_f$
unbefriedigend *adj.* insatisfatório
unbefristet *adj.* sem prazo
unbefugt *adj.* não autorizado
unbegabt *adj.* sem talento
unbegreiflich *adj.* incompreensível
unbegrenzt *adj.* ilimitado
unbegründet *adj.* infundado, sem fundamento
Unbehagen *s. nt.* desassossego$_m$, inquietação$_f$
unbehaglich *adj.* incómodo, desagradável
unbeholfen *adj.* desajeitado
unbekannt *adj.* desconhecido
unbekümmert *adj.* despreocupado
unbeliebt *adj.* mal visto [bei +*dat.*, por]
unbemerkt *adj.* despercebido
unbequem *adj.* 1. desconfortável, incómodo; 2. inconveniente

unberechenbar *adj.* incalculável; imprevisível
unberechtigt *adj.* injustificado
unbeschreiblich *adj.* indescritível
unbeschwert *adj.* despreocupado, descontraído
unbeständig *adj.* instável, variável
unbestechlich *adj.* incorruptível
unbestimmt *adj.* 1. incerto, vago; 2. indeterminado
unbewacht *adj.* não vigiado, sem vigilância
unbewaffnet *adj.* desarmado
unbeweglich *adj.* 1. imóvel; 2. impassível
unbewusst I *adj.* inconsciente; II *adv.* inconscientemente
unbrauchbar *adj.* inútil
und *cj.* e; und so weiter: e assim por diante; *(coloq.)* na und?: (e) então?
Undank *s. m.* ingratidão$_f$
undankbar *adj.* ingrato
undenkbar *adj.* impensável, inconcebível
undeutlich *adj.* 1. indistinto; vago; 2. ininteligível; 3. ilegível
undicht *adj.* permeável; undicht sein: não vedar
Unding *s. nt.* absurdo
undiszipliniert *adj.* indisciplinado
undurchlässig *adj.* impermeável
undurchsichtig *adj.* 1. opaco; 2. obscuro
uneben *adj.* (terreno) acidentado; (rua, superfície) irregular
unecht *adj.* falso, postiço
unehelich *adj.* ilegítimo
unehrlich *adj.* desonesto
uneigennützig *adj.* altruísta, desinteressado
uneingeschränkt *adj.* ilimitado
uneinig *adj.* em desacordo
Uneinigkeit *s. f.* discórdia$_f$

unempfindlich adj. 1. insensível [gegen +ac., a]; 2. resistente
unendlich adj. 1. interminável; 2. MATEMÁTICA infinito; 3. imenso
Unendlichkeit s. f. 1. infinito$_m$; 2. infinidade$_f$
unentbehrlich adj. indispensável, imprescindível
unentgeltlich I adj. gratuito, grátis; II adv. de graça
unentschieden adj. 1. indeciso; 2. (assunto) pendente; 3. DESPORTO empatado
unentschlossen adj. indeciso
unerbittlich adj. implacável
unerfahren adj. inexperiente [in +dat., em]
unerfreulich adj. desagradável
unergründlich adj. impenetrável, insondável
unerhört adj. 1. inaudito, incrível; 2. vergonhoso
unerlässlich adj. indispensável, essencial
unerlaubt adj. ilícito
unermesslich adj. imenso, incomensurável
unermüdlich adj. incansável
unerreichbar adj. inacessível, inatingível
unersättlich adj. insaciável
unerschöpflich adj. inesgotável
unerschütterlich adj. inabalável
unerträglich adj. insuportável
unerwartet I adj. inesperado; II adv. inesperadamente
unerwünscht adj. indesejado, inoportuno
unfähig adj. incapaz, inapto [zu +dat., para]
Unfähigkeit s. f. incapacidade$_f$
unfair adj. desleal, pouco correcto
Unfall s. m. acidente$_m$
Unfallversicherung s. f. seguro$_m$ contra acidentes
unfassbar adj. inconcebível, incrível
unfehlbar adj. infalível
Unfehlbarkeit s. f. infalibilidade$_f$
unfreiwillig adj. involuntário
unfreundlich adj. antipático, desagradável
unfruchtbar adj. estéril; infecundo
Unfug s. m. disparate$_m$, absurdo$_m$
Ungar s. m. húngaro$_m$
ungarisch adj. húngaro
Ungarn s. nt. Hungria$_f$
ungeachtet prep. [+gen.] não obstante, apesar de; **ungeachtet dessen**: não obstante, apesar disso
ungebeten adj. 1. indesejado; 2. intruso
ungebildet adj. inculto, sem educação
ungedeckt adj. 1. (cheque) sem cobertura; 2. (mesa) por pôr
Ungeduld s. f. impaciência$_f$
ungeduldig adj. impaciente
ungeeignet adj. impróprio; inapto
ungefähr I adj. aproximado; II adv. aproximadamente
ungefährlich adj. sem perigo; inofensivo
ungeheuer I adj. descomunal, monstruoso; II adv. imensamente
Ungeheuer s. nt. monstro$_m$
ungeheuerlich adj. chocante, escandaloso
ungehorsam adj. desobediente
Ungehorsam s. m. desobediência$_f$
ungelegen adj. inconveniente, inoportuno
ungelogen adv. (coloq.) sem mentir
ungemein I adj. tremendo, extraordinário; II adv. tremendamente, extraordinariamente
ungemütlich adj. desconfortável; desagradável
ungenau adj. impreciso, incerto
ungeniert I adj. desembaraçado, com à-vontade; II adv. sem cerimónia
ungenießbar adj. 1. intragável; 2. (coloq.) insuportável
ungenügend adj. insuficiente
ungepflegt adj. desleixado, desmazelado

ungerade *adj.* ímpar
ungerecht *adj.* injusto
ungerechtfertigt *adj.* injustificado
Ungerechtigkeit *s. f.* injustiça,
ungern *adv.* de má vontade
ungeschickt *adj.* desajeitado
ungeschminkt *adj.* 1. (pessoa) sem maquilhagem; 2. (verdade) crua, pura
ungesetzlich *adj.* ilegal, ilegítimo
ungestört I *adj.* tranquilo, sossegado; II *adv.* em paz, à vontade
ungestraft *adj.* impune
ungestüm *adj.* impetuoso, precipitado
ungesund *adj.* pouco saudável
Ungetüm *s. nt.* trambolho,
ungewiss *adj.* incerto
Ungewissheit *s. f.* incerteza,
ungewöhnlich *adj.* 1. invulgar, estranho; 2. extraordinário
ungewohnt *adj.* 1. insólito; 2. desacostumado
Ungeziefer *s. nt.* bichos$_{m. pl.}$ parasitas$_{m. pl.}$
ungezogen *adj.* malcriado
ungezwungen I *adj.* espontâneo, natural; II *adv.* sem constrangimento
ungiftig *adj.* não-tóxico
ungläubig *adj.* 1. incrédulo; 2. RELIGIÃO descrente, ateu
unglaublich *adj.* incrível
unglaubwürdig *adj.* 1. (pessoa) não fiável; 2. (história) inverosímil
ungleich *adj.* desigual, diferente
ungleichmäßig *adj.* desigual, irregular
Unglück *s. nt.* 1. desgraça,; 2. azar$_m$.; 3. desastre$_m$.
unglücklich *adj.* 1. infeliz; 2. funesto
unglücklicherweise *adv.* infelizmente, por azar
ungültig *adj.* inválido; nulo; ungültig werden: caducar

ungünstig *adj.* desfavorável, pouco propício
Unheil *s. nt.* mal$_m$., infortúnio$_m$.
unheilbar *adj.* incurável
unheimlich I *adj.* 1. medonho, pavoroso; 2. (coloq.) enorme; II *adv.* muito
unhöflich *adj.* descortês, malcriado
unhygienisch *adj.* anti-higiénico
uni *adj.* liso
Uni *s. f.* (coloq.) universidade,
Uniform *s. f.* uniforme$_m$., farda,
uninteressant *adj.* desinteresante
Union *s. f.* união,
Universität *s. f.* universidade,
Universum *s. nt.* universo$_m$.
unkenntlich *adj.* irreconhecível
Unkenntnis *s. f.* ignorância,, falta, de conhecimento
unklar *adj.* 1. confuso, pouco claro; 2. incompreensível; 3. incerto
Unklarheit *s. f.* falta, de clareza, confusão,
unklug *adj.* imprudente, insensato
Unkosten *s. pl.* gastos$_{m. pl.}$ despesas$_{f. pl.}$
Unkraut *s. nt.* erva, daninha
unleserlich *adj.* ilegível
unlogisch *adj.* ilógico, sem lógica
Unmenge *s. f.* grande quantidade,, sem-número$_m$. [von +*dat.*, de]
Unmensch *s. m.* monstro$_m$.
unmenschlich *adj.* desumano, cruel
unmissverständlich *adj.* inequívoco, inconfundível
unmittelbar *adj.* 1. directo; 2. imediato
unmodern *adj.* antiquado, fora de moda
unmöglich *adj.* impossível
unmoralisch *adj.* imoral
unmusikalisch *adj.* insensível à música
unnachgiebig *adj.* intransigente, implacável
unnahbar *adj.* inacessível
unnötig *adj.* desnecessário, escusado

UNO *s. f.* [*abrev. de* United Nations Organization] ONU*f.* [*abrev. de* Organização das Nações Unidas]

unordentlich *adj.* desorganizado, desarrumado

Unordnung *s. f.* desordem*f.*, confusão*f.*

unparteiisch *adj.* imparcial

unpassend *adj.* inconveniente; descabido

unpersönlich *adj.* impessoal

unpopulär *adj.* impopular

unpraktisch *adj.* pouco prático

unpünktlich *adj.* pouco pontual

unqualifiziert *adj.* não qualificado

unrasiert *adj.* com a barba por fazer

Unrecht *s. nt.* injustiça*f.*; **zu Unrecht:** injustamente

unrechtmäßig *adj.* ilegal

unregelmäßig *adj.* irregular

unreif *adj.* 1. verde, não maduro; 2. imaturo

unrentabel *adj.* não rentável

Unruhe *s. f.* 1. desassossego*m.*, inquietação*f.*; 2. preocupação*f.*, 3. *pl.* **Unruhen:** distúrbios*m.pl.*

unruhig *adj.* inquieto; agitado

uns I *pron. pess., ac./dat. de* **wir**, nos; (depois de prep.) nós; II *pron. refl., ac./dat. de* **wir**, nos

unsachlich *adj.* subjectivo

unsagbar *adj.* indizível, inenarrável

unschädlich *adj.* inofensivo

unscharf *adj.* desfocado

unschätzbar *adj.* incalculável, inestimável

unscheinbar *adj.* discreto

unschlagbar *adj.* invencível; insuperável

Unschuld *s. f.* inocência*f.*

unschuldig *adj.* inocente

unselbstständig *adj.* sem iniciativa própria

unser I *pron. poss.* (como adjectivo) o nosso, a nossa; **unser Vater/unsere Mutter:** o nosso pai/a nossa mãe; II *pron. pess., gen. de* **wir**

unsere(r, s) *pron. poss.* (como substantivo) (o) nosso, (a) nossa; **der rote Koffer ist unserer:** a mala vermelha é nossa

unseretwegen *adv.* por nós; por nossa causa

unsicher *adj.* 1. incerto; 2. inseguro

Unsicherheit *s. f.* 1. incerteza*f.*; 2. (*sem pl.*) insegurança*f.*

unsichtbar *adj.* invisível

Unsinn *s. m.* 1. absurdo*m.*; 2. disparate*m.*, tolice*f.*

unsinnig *adj.* absurdo, disparatado

Unsitte *s. f.* mau hábito*m.*

unsittlich *adj.* imoral

unsportlich *adj.* pouco desportivo

unsre(r, s) *pron. poss.* → **unsere(r, s)**

unsterblich *adj.* imortal

Unstimmigkeit *s. f.* 1. irregularidade*f.*; 2. desavença*f.*, discórdia*f.*

Unsumme *s. f.* enorme quantia*f.*

unsympathisch *adj.* antipático

untätig *adj.* inactivo

untauglich *adj.* inútil; incapaz

unteilbar *adj.* indivisível

unten *adv.* 1. em baixo, por baixo; 2. no fundo; 3. *(coloq.)* no Sul

unter I *prep.* [+*dat.*] 1. (posição) debaixo de, em/por baixo de; 2. entre; **unter anderem:** entre outras coisas; 3. abaixo de; (quantidade) menos de; 4. (modo, maneira) sob, em; **unter Protest/Tränen:** em protesto/lágrimas; II *prep.* [+*ac.*] (direcção) para baixo de, em baixo de

Unterarm *s. m.* antebraço*m.*

unterbelichten* *v. tr.* dar exposição insuficiente a

Unterbewusstsein *s. nt.* subconsciente*m.*

unterbezahlt *adj.* mal pago

unterbrechen *v. tr.* interromper, suspender

Unterbrechung *s. f.* interrupção*_f_*, suspensão*_f_*
unterbringen *v. tr.* 1. arranjar lugar para; 2. hospedar, alojar; 3. *(coloq.)* colocar
unterdessen *adv.* entretanto
Unterdruck *s. m.* FÍSICA baixa pressão*_f_*
unterdrücken* *v. tr.* reprimir, oprimir
Unterdrückung *s. f.* repressão*_f_*, opressão*_f_*
untereinander *adv.* 1. um debaixo do outro; 2. uns com os outros
unterentwickelt *adj.* subdesenvolvido
unterernährt *adj.* subnutrido, desnutrido
Unterernährung *s. f.* subnutrição*_f_*, desnutrição*_f_*
untere(r, s) *adj.* inferior; de baixo
Unterführung *s. f.* passagem*_f_* subterrânea
Untergang *s. m.* 1. naufrágio*_m_*; 2. queda*_f_*, ruína*_f_*; 3. decadência*_f_*
Untergebene(r) *s. m. e f.* súbdit|o, -a*_m. f._*
untergehen *v. intr.* 1. afundar-se, naufragar; 2. (sol) pôr-se; 3. acabar-se
Untergewicht *s. nt.* falta*_f_* de peso, peso*_m_* a menos
untergliedern* *v. tr.* subdividir [in +*ac.*, em]
Untergrund *s. m.* 1. subsolo*_m_*; 2. POLÍTICA clandestinidade*_f_*
unterhalb *prep.* [+*gen.*] abaixo de
Unterhalt *s. m.* 1. sustento*_m_*; 2. pensão*_f_* de alimentos
unterhalten I *v. tr.* 1. sustentar; manter; 2. entreter, divertir; II *v. refl.* conversar
unterhaltend *adj.* recreativo; divertido
unterhaltsam *adj.* recreativo
Unterhaltung *s. f.* 1. conversa*_f_*; 2. entretenimento*_m_*, divertimento*_m_*; 3. (*sem pl.*) manutenção*_f_*
Unterhemd *s. nt.* camisola*_f_* interior
Unterhose *s. f.* calcinhas*_f. pl._*, cuecas*_f. pl._*

unterirdisch *adj.* subterrâneo
Unterkiefer *s. m.* ANATOMIA maxilar*_m_* inferior
unterkommen *v. intr.* 1. achar alojamento; 2. *(coloq.)* encontrar colocação
Unterkunft *s. f.* alojamento*_m_*
Unterlage *s. f.* 1. base*_f_*; 2. bloco*_m_*; 3. *pl.* Unterlagen: documentos*_m. pl._*, documentação*_f_*
unterlegen¹ *v. tr.* colocar por baixo
unterlegen² *adj.* inferior (a); vencido
Unterleib *s. m.* ANATOMIA abdómen*_m_*, ventre*_m_*
unterliegen* *v. intr.* 1. sucumbir, ser vencido; 2. estar sujeito
Unterlippe *s. f.* lábio*_m_* inferior
Untermiete *s. f.* sublocação*_f_*, subarrendamento*_m_*
Untermieter *s. m.* sublocatário*_m_*, subarrendatário*_m_*
unternehmen* *v. tr.* empreender, fazer
Unternehmen *s. nt.* 1. empresa*_f_*; 2. empreendimento*_m_*
Unternehmensberater *s. m.* consultor*_m_* de empresas
Unternehmer *s. m.* empresário*_m_*, industrial*_m. e f._*
unternehmungslustig *adj.* empreendedor, com iniciativa
unterordnen *v. tr.* subordinar
Unterredung *s. f.* conversa*_f_*, conferência*_f_*
Unterricht *s. m.* 1. ensino*_m_*; 2. aula*_f_*, lição*_f_*
unterrichten* *v. tr.* 1. ensinar, leccionar; 2. informar
untersagen* *v. tr.* proibir
unterschätzen* *v. tr.* subestimar
unterscheiden* I *v. tr.* distinguir [von +*dat.*, de]; II *v. refl.* distinguir-se [von +*dat.*, de]
Unterscheidung *s. f.* distinção*_f_*
Unterschied *s. m.* diferença*_f_*; im Unterschied zu: ao contrário de
unterschiedlich *adj.* diferente, diverso

unterschlagen* *v. tr.* 1. (carta, dinheiro) desviar; 2. (informação) ocultar, escamotear
Unterschlagung *s. f.* 1. (dinheiro) desfalque$_m$; desvio$_m$; 2. (de informação) escamoteação$_f$
Unterschlupf *s. m.* refúgio$_m$, abrigo$_m$
unterschreiben* *v. tr.* assinar, subscrever
Unterschrift *s. f.* assinatura$_f$
Unterschriftensammlung *s. f.* abaixo-assinado$_m$
Unterseeboot *s. nt.* submarino$_m$
untersetzt *adj.* atarracado
unterstellen*[1] *v. tr.* presumir, supor; jemandem etwas unterstellen: imputar alguma coisa a alguém
unterstellen[2] I *v. tr.* guardar, recolher; II *v. refl.* abrigar-se
unterste(r, s) *adj.* inferior, mais baixo
unterstreichen* *v. tr.* sublinhar
Unterstufe *s. f.* nível$_m$ elementar
unterstützen* *v. tr.* 1. apoiar; 2. proteger; subsidiar
Unterstützung *s. f.* 1. apoio$_m$; 2. subsídio$_m$
untersuchen* *v. tr.* 1. analisar; investigar; 2. (doente) examinar
Untersuchung *s. f.* 1. análise$_f$; 2. investigação$_f$; 3. MEDICINA exame$_m$
Untersuchungshaft *s. f.* prisão$_f$ preventiva
untertags *adv. (Áustria, Suíça)* durante o dia
Untertasse *s. f.* pires$_m$
untertauchen *v. intr.* 1. mergulhar, submergir; 2. desaparecer, esconder-se
Unterteil *s. nt.* parte$_f$ de baixo
Unterteller *s. m. (Suíça)* → Untertasse
Untertitel *s. m.* legenda$_f$
untervermieten* *v. tr.* sublocar, subarrendar
Unterwäsche *s. f.* roupa$_f$ interior
unterwegs *adv.* 1. a caminho; 2. pelo caminho, no caminho
unterwerfen* I *v. tr.* subjugar; II *v. refl.* submeter-se
unterwürfig *adj.* submisso
unterzeichnen* *v. tr.* assinar, firmar
Unterzeichner *s. m.* signatário$_m$
unterziehen* *v. tr.* submeter, sujeitar
untrennbar *adj.* inseparável
untreu *adj.* infiel
Untreue *s. f.* infidelidade$_f$
untröstlich *adj.* inconsolável
untypisch *adj.* que não é típico
unüberlegt I *adj.* irreflectido, impensado; II *adv.* sem pensar
unübersehbar *adj.* 1. imenso; que não passa despercebido; 2. (consequências) (ainda) por conhecer
unübertrefflich *adj.* inexcedível, insuperável
unumgänglich *adj.* inevitável, indispensável
ununterbrochen I *adj.* ininterrupto, contínuo; II *adv.* ininterruptamente, continuamente
unveränderlich *adj.* inalterável; invariável
unverändert *adj.* inalterado, o mesmo
unverantwortlich *adj.* irresponsável
unverbesserlich *adj.* incorrigível
unverbindlich *adj.* facultativo; sem compromisso
unvereinbar *adj.* incompatível
unverfroren *adj.* descarado
unvergesslich *adj.* inesquecível
unverheiratet *adj.* solteiro
unverhofft *adj.* inesperado, imprevisto
unverkennbar *adj.* evidente; inconfundível
unvermeidlich *adj.* inevitável
unvermittelt I *adj.* repentino, súbito; II *adv.* de repente, inesperadamente

unvermutet *adj.* inesperado, insuspeitado
Unvernunft *s. f.* insensatez*f.*
unvernünftig *adj.* insensato, desajuizado
unverschämt *adj.* 1. descarado, insolente; 2. exorbitante
Unverschämtheit *s. f.* descaramento*m.*
unversöhnlich *adj.* irreconciliável, implacável
unverständlich *adj.* incompreensível
unverträglich *adj.* 1. (comida) inassimilável; 2. incompatível
unverwechselbar *adj.* inconfundível
unverzeihlich *adj.* imperdoável
unverzüglich I *adj.* imediato; II *adv.* sem demora
unvollkommen *adj.* imperfeito
unvollständig *adj.* incompleto
unvorbereitet *adj.* não preparado; desprevenido
unvoreingenommen *adj.* imparcial
unvorhergesehen *adj.* imprevisto, inesperado
unvorhersehbar *adj.* imprevisível
unvorsichtig *adj.* imprudente, descuidado
unvorstellbar *adj.* inimaginável
unwahr *adj.* falso
Unwahrheit *s. f.* mentira*f.*, falsidade*f.*
unwahrscheinlich I *adj.* 1. improvável; 2. inverosímil; II *adv. (coloq.)* incrivelmente
Unwahrscheinlichkeit *s. f.* improbabilidade*f.*, inverosimilhança*f.*
Unwesen *s. nt.* mau comportamento*m.*
Unwetter *s. nt.* mau tempo*m.*, temporal*m.*
unwichtig *adj.* insignificante, sem importância
unwiderlegbar *adj.* irrefutável
unwiderstehlich *adj.* irresistível
unwillkürlich I *adj.* involuntário; II *adv.* sem querer

unwirklich *adj.* irreal, imaginário
unwirksam *adj.* ineficaz
unwirtschaftlich *adj.* não lucrativo
unwissend *adj.* ignorante
Unwissenheit *s. f.* ignorância*f.*
unwohl *adj.* indisposto
Unwohlsein *s. nt.* indisposição*f.*, mal-estar*m.*
unwürdig *adj.* indigno
unzählig *adj.* incontável
Unze *s. f.* onça*f.*
unzerbrechlich *adj.* inquebrável
unzertrennlich *adj.* inseparável
Unzucht *s. f.* DIREITO delito*m.* sexual
unzufrieden *adj.* insatisfeito [mit +*dat.*, com]
Unzufriedenheit *s. f.* insatisfação*f.* [mit +*dat.*, com]
unzulänglich *adj.* insuficiente
unzulässig *adj.* inadmissível
unzumutbar *adj.* insensato, inaceitável
unzurechnungsfähig *adj.* irresponsável
unzutreffend *adj.* errado
unzuverlässig *adj.* de pouca confiança
Update *s. nt.* INFORMÁTICA actualização*f.*
üppig *adj.* 1. abundante, opulento; 2. exuberante
uralt *adj.* 1. antiquíssimo; 2. velhíssimo
Uraufführung *s. f.* estreia*f.*
Ureinwohner *s. m.* indígena*m. e f.*, aborígene*m. e f.*
Urenkel *s. m.* bisneto*m.*
Urgroßeltern *s. pl.* bisavós*m. pl.*
Urgroßmutter *s. f.* bisavó*f.*
Urgroßvater *s. m.* bisavô*m.*
Urheber *s. m.* autor*m.*
Urheberrecht *s. nt.* direitos*m. pl.* de autor
Urin *s. m.* urina*f.*
Urknall *s. m.* big-bang*m.*
Urkunde *s. f.* documento*m.*
Urlaub *s. m.* férias*f. pl.*
Urlauber *s. m.* turista*m. e f.*

Urlaubsgeld s. nt. subsídio_m de férias
Urne s. f. urna_f
Ursache s. f. causa_f, motivo_m; keine Ursache!: de nada!
Ursprung s. m. origem_f
ursprünglich I adj. 1. inicial; 2. original; 3. natural; II adv. originalmente
Urteil s. nt. 1. juízo_m, opinião_f; 2. DIREITO sentença_f
urteilen v. intr. julgar [über +ac., sobre]

Urteilsspruch s. m. veredicto_m, sentença_f
Uruguay s. nt. Uruguai_m
Urwald s. m. floresta_f virgem, selva_f
urwüchsig adj. natural
USA s. pl. [abrev. de United States of America] EUA_m. pl. [abrev. de Estados Unidos da América]
usw. [abrev. de und so weiter] etc. [abrev. de et cetera]

V

V, v s. nt. V, v_m
vage adj. vago
Vagina s. f. ANATOMIA vagina_f
Vakuum s. nt. vácuo_m
vakuumverpackt adj. embalado a vácuo
Valenz s. f. QUÍMICA, LINGUÍSTICA valência_f
Vampir s. m. vampiro_m
Vanille s. f. baunilha_f
Varietee s. nt. espectáculo_m de variedades; teatro_m de variedades
Vase s. f. jarra_f, jarro_m
Vater s. m. pai_m
Vaterland s. nt. pátria_f
väterlich adj. 1. paterno; 2. paternal
väterlicherseits adv. paterno
Vaterunser s. nt. padre-nosso_m, pai-nosso_m
V-Ausschnitt s. m. decote_m em bico
v. Chr. [abrev. de vor Christus] a. C. [abrev. de antes de Cristo]
Vegetarier s. m. vegetariano_m
vegetarisch adj. vegetariano

Vegetation s. f. vegetação_f
Veilchen s. nt. BOTÂNICA violeta_f
Velo s. nt. (Suíça) bicicleta_f
Vene s. f. veia_f
Venezuela s. nt. Venezuela_f
Ventil s. nt. válvula_f
Ventilator s. m. ventilador_m
verabreden* I v. tr. combinar; mit jemandem verabredet sein: ter um encontro com alguém; II v. refl. marcar um encontro [mit +dat., com]
Verabredung s. f. 1. encontro_m, compromisso_m; 2. combinação_f, acordo_m
verabscheuen* v. tr. detestar, abominar
verabschieden* I v. tr. 1. (convidados) fazer as despedidas de; 2. (lei) aprovar; II v. refl. despedir-se [von +dat., de]
Verabschiedung s. f. 1. despedida_f; 2. (lei) aprovação_f
verachten* v. tr. desprezar, desdenhar
verächtlich I adj. desdenhoso; II adv. com desdém

Verachtung s. f. desprezo_m, desdém_m.
verallgemeinern* v. tr. generalizar
Verallgemeinerung s. f. generalização_f.
veralten* v. intr. cair em desuso
veraltet adj. antigo, antiquado, em desuso
veränderlich adj. variável, mutável
verändern* I v. tr. mudar, alterar; II v. refl. mudar, modificar-se
Veränderung s. f. modificação_f, mudança_f.
Veranlagung s. f. predisposição_f. [zu +dat., para]
veranlassen* v. tr. 1. providenciar, determinar; 2. causar, provocar
Veranlassung s. f. 1. motivo_m; 2. ordem_f.
veranschaulichen* v. tr. ilustrar
veranschlagen* v. tr. avaliar, calcular, orçar [auf +ac., em]
veranstalten* v. tr. organizar, realizar
Veranstalter s. m. organizador_m.
Veranstaltung s. f. espectáculo_m.
verantworten* I v. tr. responder por, assumir responsabilidade por; II v. refl. responsabilizar-se [für +ac., por]
verantwortlich adj. 1. responsável [für +ac., por]; 2. de responsabilidade
Verantwortung s. f. responsabilidade_f. [für +ac., por]
verantwortungsbewusst adj. responsável, ciente das suas responsabilidades
verantwortungslos adj. irresponsável
verarbeiten* v. tr. 1. trabalhar, transformar; 2. (experiência) assimilar; digerir
Verarbeitung s. f. 1. tratamento_m; 2. elaboração_f, execução_f.
verärgern* v. tr. aborrecer, irritar
verarmen* v. intr. empobrecer, cair na miséria
verarschen* v. tr. (coloq.) lixar
Verb s. nt. verbo_m.
Verband s. m. 1. MEDICINA ligadura_f; 2. associação_f, liga_f, sociedade_f; 3. MILITAR unidade_f.

Verbandskasten s. m. estojo_m de primeiros-socorros
Verbandzeug s. nt. ligaduras_f.pl. e pensos
verbeamten* v. tr. admitir no serviço público
verbergen* I v. tr. esconder, ocultar; II v. refl. esconder-se
verbessern* v. tr. 1. melhorar; aperfeiçoar; 2. corrigir, emendar
Verbesserung s. f. 1. melhoramento_m; 2. emenda_f, correcção_f.
verbeugen* v. refl. fazer uma vénia [vor +dat., a]
Verbeugung s. f. vénia_f.
verbeulen* v. tr. amolgar
verbiegen* v. tr. entortar, dobrar
verbieten* v. tr. proibir
verbilligt adj. a preço reduzido
verbinden* v. tr. 1. juntar, unir; ligar; 2. (telefone) ligar, passar; 3. MEDICINA ligar
verbindlich adj. 1. vinculativo; 2. amável, afável
Verbindung s. f. 1. união_f; relação_f; 2. contacto_m; 3. (telefónica, de trânsito) ligação_f; 4. QUÍMICA composto_m.
verbissen adj. aferrado
verbittert adj. amargurado
verblassen* v. intr. esbater-se; perder a cor
verblichen adj. desbotado
verblöden* v. intr. estupidificar
verblüffen* v. tr. espantar; transtornar, desconcertar
verblüfft adj. estupefacto, atónito, siderado
Verblüffung s. f. estupefacção_f, perplexidade_f.
verblühen* v. intr. murchar
verbluten* v. intr. esvair-se em sangue
verbogen I p. p. de **verbiegen**; II adj. torto, torcido

verborgen I *p. p. de* verbergen; II *adj.* oculto, escondido

Verbot *s. nt.* proibição_f_, interdição_f_

verboten I *p. p. de* verbieten; II *adj.* proibido, interdito

Verbrauch *s. m.* consumo_m_ [an +dat., de]

verbrauchen *v. tr.* consumir; gastar; usar

Verbraucher *s. m.* consumidor_m_

Verbraucherschutz *s. m.* defesa_f_ do consumidor

verbraucht *adj.* 1. gasto; 2. (ar) viciado

Verbrechen *s. nt.* crime_m_, delito_m_

Verbrecher *s. m.* criminoso_m_, delinquente_m. e f._

verbrecherisch *adj.* criminoso

verbreiten* I *v. tr.* espalhar, divulgar; difundir; II *v. refl.* espalhar-se, propagar-se

verbrennen* I *v. tr.* queimar; incinerar; cremar; II *v. intr.* arder; (comida) queimar-se

Verbrennung *s. f.* 1. combustão_f_; incineração_f_; cremação_f_; 2. MEDICINA queimadura_f_

Verbrennungsmotor *s. m.* motor_m_ de combustão interna

verbringen* *v. tr.* (férias, tempo) passar

verbrühen* *v. refl.* escaldar-se

verbunden I *p. p. de* verbinden; II *adj.* ligado, unido

verbünden* *v. refl.* unir-se, ligar-se [mit +dat., a]

Verbündete(r) *s. m. e f.* aliado, -a_m. f._

Verbundglas *s. nt.* vidro_m_ laminado

verbüßen* *v. tr.* DIREITO cumprir

Verdacht *s. m.* suspeita_f_

verdächtig *adj.* suspeito

verdächtigen* *v. tr.* suspeitar de

verdammen* *v. tr.* condenar

verdammt *adj.* (coloq.) maldito

verdampfen* *v. intr.* evaporar-se

verdanken* *v. tr.* agradecer; jemandem etwas verdanken: dever alguma coisa a alguém

Verdankung *s. f.* (Suíça) agradecimento_m_

verdarb *pret. imp. de* verderben

verdauen* *v. tr.* digerir

verdaulich *adj.* leicht verdaulich: de fácil digestão; schwer verdaulich: indigesto

Verdauung *s. f.* digestão_f_

Verdauungsstörungen *s. pl.* indigestão_f_

Verdauungstrakt *s. m.* aparelho_m_ digestivo

Verdeck *s. nt.* 1. (carro) capota_f_; 2. NÁUTICA coberta_f_, convés_m_

verdecken* *v. tr.* 1. cobrir; 2. encobrir, ocultar

verderben I *v. tr.* 1. estragar; deteriorar; 2. corromper, perverter; II *v. intr.* estragar-se

Verderben *s. nt.* perdição_f_, ruína_f_

verderblich *adj.* 1. perecível; 2. pernicioso, nocivo

verdeutlichen* *v. tr.* esclarecer, elucidar, explicar

verdienen* *v. tr.* 1. ganhar; lucrar; 2. merecer

Verdienst¹ *s. m.* (-(e)s, -e) vencimento_m_

Verdienst² *s. nt.* (-(e)s, -e) mérito_m_, merecimento_m_

verdoppeln* *v. tr.* duplicar, dobrar

verdorben I *p. p. de* verderben; II *adj.* 1. estragado, deteriorado; 2. corrompido, depravado

verdorren* *v. intr.* secar, murchar

verdrängen* *v. tr.* 1. suplantar; esquecer; 2. PSICOLOGIA recalcar

Verdrängung *s. f.* 1. suplantação_f_; 2. PSICOLOGIA recalcamento_m_

verdrehen* *v. tr.* deturpar, distorcer

verdreifachen* *v. tr.* triplicar

verdrossen *adj.* carrancudo

Verdruss *s. m.* aborrecimento_m_, dissabor_m_

verduften* *v. intr.* (coloq.) evaporar-se, eclipsar-se

verdummen* *v. intr.* estupidificar

verdunkeln* I *v. tr.* escurecer; II *v. refl.* toldar-se, escurecer
Verdunkelung *s. f.* escurecimento*m.*
verdünnen *v. tr.* diluir; rarefazer
verdunsten *v. intr.* evaporar-se
verdursten *v. intr.* morrer de sede
verdutzt *adj.* estupefacto, atónito, perplexo
verehren* *v. tr.* 1. venerar, reverenciar; 2. RELIGIÃO venerar; adorar
Verehrer *s. m.* admirador*m.*
verehrt *adj.* venerado
Verehrung *s. f.* 1. veneração*f.*; 2. RELIGIÃO culto*m.*, veneração*f.*; adoração*f.*
vereidigen* *v. tr.* ajuramentar
Vereidigung *s. f.* juramento*m.*
Verein *s. m.* associação*f.*; clube*m.*
vereinbar *adj.* compatível, conciliável [mit +*dat.*, com]
vereinbaren* *v. tr.* 1. combinar, acordar; 2. conciliar [mit +*dat.*, com]
Vereinbarung *s. f.* acordo*m.*, combinação*f.*
vereinfachen* *v. tr.* simplificar
vereinigen* *v. tr.* unir, associar
Vereinigung *s. f.* 1. união*f.*, unificação*f.*; 2. união*f.*, associação*f.*
vereinsamen* *v. intr.* isolar-se, ficar só
vereint *adj.* unido
vereinzelt *adj.* isolado
vereitern* *v. intr.* supurar, criar pus
vererben* I *v. tr.* 1. BIOLOGIA transmitir por hereditariedade; 2. legar, deixar; II *v. refl.* BIOLOGIA ser hereditário
vererblich *adj.* hereditário
verewigen* I *v. tr.* eternizar, perpetuar, imortalizar; II *v. refl.* (coloq.) deixar rasto
verfahren*¹ I *v. intr.* proceder; II *v. refl.* perder-se, enganar-se no caminho
verfahren² I *p. p.* de verfahren; II *adj.* encrencado, confuso
Verfahren *s. nt.* 1. procedimento*m.*; processo*m.*, método*m.*; 2. DIREITO processo*m.*

Verfall *s. m.* 1. queda*f.*; 2. decadência*f.*, declínio*m.*; 3. fim*m.* da validade
verfallen* *v. intr.* 1. desmoronar-se, ruir; 2. entrar em declínio; 3. caducar; (prazo) expirar; 4. viciar-se, entregar-se; 5. lembrar-se [auf +*ac.*, de]
Verfallsdatum *s. nt.* data*f.* de validade
verfälschen* *v. tr.* deturpar, distorcer
verfärben* *v. refl.* tingir; tomar cor
verfassen* *v. tr.* redigir, compor
Verfasser *s. m.* autor*m.*
Verfassung *s. f.* 1. estado*m.*; 2. POLÍTICA constituição*f.*
Verfassungsgericht *s. nt.* tribunal*m.* constitucional
verfassungswidrig *adj.* anticonstitucional
verfaulen* *v. intr.* apodrecer
verfehlen* I *v. tr.* 1. falhar; errar; 2. perder; não encontrar; II *v. refl.* desencontrar-se
verfilmen* *v. tr.* fazer um filme de
verfliegen* *v. intr.* 1. dissipar-se, evaporar-se; 2. (tempo) voar
verfluchen* *v. tr.* amaldiçoar; maldizer
verflucht *adj.* (coloq.) maldito, danado
verflüchtigen* *v. refl.* dissipar-se
verfolgen* *v. tr.* perseguir; seguir de perto
Verfolger *s. m.* perseguidor*m.*
Verfolgung *s. f.* perseguição*f.*
Verfolgungswahn *s. m.* PSICOLOGIA mania*f.* da perseguição
verfrüht *adj.* prematuro
verfügbar *adj.* disponível
verfügen* *v. intr.* dispor [über +*ac.*, de]
Verfügung *s. f.* 1. disposição*f.*; 2. ordem*f.*
verführen* *v. tr.* 1. desencaminhar, tentar; 2. seduzir
verführerisch *adj.* sedutor; tentador, aliciante
Verführung *s. f.* sedução*f.*

vergammeln* v. intr. (coloq.) estragar-se
vergangen I p. p. de vergehen; II adj. passado
Vergangenheit s. f. passado_m.
vergänglich adj. efémero, passageiro
Vergaser s. m. carburador_m.
vergaß pret. imp. de vergessen
vergeben* v. tr. 1. conferir; atribuir; 2. perdoar
vergebens adv. em vão, debalde
vergeblich I adj. inútil, infrutífero; II adv. em vão, debalde
Vergebung s. f. 1. perdão_m.; 2. (dos pecados) remissão_f.
vergehen* I v. intr. passar; decorrer; II v. refl. faltar ao respeito; transgredir
Vergehen s. nt. delito_m., crime_m.
Vergeltung s. f. desforra_f., troco_m.
vergessen v. tr. esquecer-se de, esquecer
Vergessenheit s. f. esquecimento_m.
vergesslich adj. esquecido
vergeuden* v. tr. desperdiçar; esbanjar
vergewaltigen* v. tr. violar
Vergewaltigung s. f. violação_f.
vergewissern* v. refl. certificar-se
vergießen* v. tr. entornar, derramar, verter
vergiften* v. intr. intoxicar; envenenar
Vergiftung s. f. intoxicação_f.; envenenamento_m.
Vergissmeinnicht* s. nt. BOTÂNICA miosótis_f.
verglasen* v. tr. envidraçar
Vergleich s. m. 1. comparação_f.; im Vergleich zu [+dat.]: em comparação com; 2. DIREITO acordo_m.
vergleichbar adj. comparável
vergleichen* v. tr. comparar, confrontar [mit +dat., com]
vergleichsweise adv. em comparação

vergnügen* v. refl. divertir-se, entreter-se
Vergnügen s. nt. 1. gosto_m., prazer_m., satisfação_f.; 2. entretenimento_m., divertimento_m.
vergnügt adj. satisfeito, contente [über +ac., com]
Vergnügung s. f. diversão_f., divertimento_m.
Vergnügungspark s. m. parque_m. de diversões
vergolden* v. tr. dourar
vergönnen* v. tr. 1. permitir, consentir; 2. (Suíça) não conceder
vergöttern* v. tr. idolatrar, deificar
vergraben* v. tr. soterrar, enterrar
vergriffen adj. esgotado
vergrößern* I v. tr. aumentar, ampliar; II v. refl. 1. aumentar; 2. crescer
Vergrößerung s. f. 1. aumento_m., ampliação_m.; 2. crescimento_m.
Vergünstigung s. f. 1. regalia_f., benefício_m.; 2. bonificação_f., bónus_m.
vergüten* v. tr. 1. remunerar; 2. indemnizar
Vergütung s. f. 1. remuneração_f.; 2. indemnização_f.
verh. [abrev. de verheiratet] casado
verhaften* v. tr. prender, deter
Verhaftung s. f. prisão_f., detenção_f.
verhalten* v. refl. 1. comportar-se, portar-se; 2. ser
Verhalten s. nt. comportamento_m., conduta_f.
verhaltensgestört adj. com distúrbios de comportamento
Verhältnis s. nt. 1. relação_f.; proporção_f.; 2. relacionamento_m. [zu +dat., com]; 3. (coloq.) relação_f. (amorosa) [mit +dat., com]
verhältnismäßig adv. em proporção, relativamente

Verhältnisse s. pl. condições$_{f.pl.}$, circunstâncias$_{f.pl.}$
Verhältniswahlrecht s. nt. POLÍTICA sufrágio$_m$ proporcional
verhandeln* I v. tr. DIREITO deliberar; II v. intr. negociar
Verhandlung s. f. 1. negociação$_f$; 2. DIREITO audiência$_f$
verhängen* v. tr. 1. (castigo) infligir [über +ac., a]; 2. (estado de emergência) declarar [über +ac., para]
Verhängnis s. nt. fatalidade$_f$
verhängnisvoll adj. fatídico
verharmlosen* v. tr. minimizar
verharren* v. intr. permanecer, persistir
verhasst adj. odiado, detestado
verheerend adj. devastador, assolador
verheilen v. intr. sarar, cicatrizar
verheimlichen* v. tr. esconder, ocultar, encobrir
verheiratet adj. casado [mit +dat., com]
verheißen* v. tr. prometer
verherrlichen* v. tr. glorificar, enaltecer
verhexen* v. tr. enfeitiçar
verhindern* v. tr. impedir, evitar
verhöhnen* v. tr. escarnecer, troçar de, zombar de
Verhör s. nt. interrogatório$_m$
verhören* I v. tr. interrogar; II v. refl. ouvir mal
verhungern* v. intr. morrer de fome
verhüten* v. tr. impedir; evitar
Verhütung s. f. prevenção$_f$, precaução$_f$; contracepção$_f$
Verhütungsmittel s. nt. contraceptivo$_m$, método$_m$ anticoncepcional
verinnerlichen* v. tr. interiorizar
verirren* v. refl. perder-se [in +dat., em]
verjagen* v. tr. enxotar, escorraçar
verjähren* v. intr. prescrever
Verkabelung s. f. cablagem$_f$

verkalken* v. intr. 1. (máquina) calcinar, calcificar; 2. MEDICINA escloretizar
verkalkulieren* v. refl. enganar-se nos cálculos
Verkauf s. m. venda$_f$
verkaufen* v. tr. vender
Verkäufer s. m. vendedor$_m$
verkäuflich adj. vendível
Verkaufspreis s. m. preço$_m$ de venda
Verkehr s. m. 1. trânsito$_m$; tráfego$_m$; 2. (mercadorias) transporte$_m$, circulação$_f$; 3. correspondência$_f$
verkehren* I v. tr. inverter; II v. intr. 1. circular; 2. frequentar; mit jemandem verkehren: dar-se com alguém
Verkehrsampel s. f. semáforo$_m$
Verkehrsdelikt s. nt. infracção$_f$ ao código da estrada
Verkehrsdurchsage s. f. informação$_f$ de trânsito
Verkehrsmittel s. nt. meio$_m$ de transporte
Verkehrsordnung s. f. código$_m$ da estrada
Verkehrspolizei s. f. polícia$_f$ de trânsito
Verkehrsregel s. f. regra$_f$ de trânsito
Verkehrsschild s. nt. sinal$_m$ de trânsito
Verkehrsstockung s. f. engarrafamento$_m$
Verkehrsunfall s. m. acidente$_m$ de viação
Verkehrsverein s. m. agência$_f$ de turismo
verkehrswidrig adj. contrário ao regulamento de trânsito
verkehrt I adj. errado; II adv. do avesso, às avessas; mal
verkennen* v. tr. desconhecer, não entender
verklagen* v. tr. DIREITO processar, apresentar queixa contra
verkleiden* I v. tr. revestir; II v. refl. fantasiar-se, mascarar-se [als +nom., de]
Verkleidung s. f. 1. revestimento$_m$; 2. disfarce$_m$
verkleinern* v. tr. diminuir, reduzir

verklemmt *adj.* inibido, complexado
verklingen* *v. intr.* deixar de se ouvir lentamente, desaparecer lentamente
verkneifen* *v. tr.* conter, reprimir; *(coloq.)* sich [*dat.*] etwas verkneifen: conter alguma coisa
verkniffen I *p. p. de* verkneifen; II *adj.* tenso
verknüpfen* *v. tr.* 1. ligar, juntar [mit +*dat.*, a]; 2. associar [mit +*dat.*, a]
verkommen¹ *v. intr.* 1. degradar-se; 2. corromper-se, degenerar
verkommen² I *p. p. de* verkommen; II *adj.* 1. degradado; 2. corrompido
verkomplizieren* *v. tr.* complicar
verkörpern* *v. tr.* encarnar, personificar
Verkörperung *s. f.* encarnação_f_, personificação_f_
verkrachen* *v. refl. (coloq.)* zangar-se, chatear-se
verkraften* *v. tr.* aguentar, suportar
verkrampfen* *v. refl.* (músculo) contrair-se
verkrampft *adj.* 1. tenso, contraído; 2. (sorriso) forçado
verkriechen* *v. refl.* agachar-se, encolher-se
verkrümmt *adj.* deformado
Verkrümmung *s. f.* deformação_f_
verkrüppelt *adj.* aleijado, atrofiado
verkühlen* *v. refl.* constipar-se, apanhar um resfriado
verkümmern* *v. intr.* 1. atrofiar; mirrar; 2. (talento) perder-se
verkünden* *v. tr.* 1. comunicar; anunciar; 2. proferir; pronunciar; 3. (lei) publicar
Verkündigung *s. f. (Suíça)* publicação_f_ de banhos
verkürzen* *v. tr.* 1. encurtar, reduzir; 2. abreviar
Verlad *s. m. (Suíça)* → Verladung
verladen* *v. tr.* 1. carregar; 2. embarcar

Verladung *s. f.* 1. carga_f_, carregamento_m_; 2. embarque_m_
Verlag *s. m.* editora_f_
verlagern* *v. tr.* transferir [auf +*ac.*, para]
Verlagswesen *s. nt.* sector_m_ editorial
verlangen* *v. tr.* 1. exigir; 2. pedir
Verlangen *s. nt.* 1. desejo_m_, ansiedade_f_; 2. exigência_f_
verlängern* I *v. tr.* 1. prolongar; 2. prorrogar; II *v. refl.* prolongar-se
Verlängerung *s. f.* prolongamento_m_, prorrogação_f_
Verlängerungsschnur *s. f.* ELECTRICIDADE extensão_f_
verlangsamen* *v. tr.* reduzir, abrandar
Verlass *s. m.* confiança_f_
verlassen*¹ I *v. tr.* deixar, abandonar; II *v. refl.* confiar, fiar-se [auf +*ac.*, em]
verlassen² I *p. p. de* verlassen; II *adj.* abandonado; sem vivalma
verlässlich *adj.* seguro, de confiança
Verlauf *s. m.* 1. decurso_m_, decorrer_m_; desenrolar_m_; evolução_f_; 2. percurso_m_; curso_m_
verlaufen* I *v. intr.* 1. decorrer; passar; 2. (caminho, rio) estender-se [durch +*ac.*, por]; II *v. refl.* perder-se
verlauten* *v. intr.* constar
verleben* *v. tr.* passar
verlegen¹ *v. tr.* 1. mudar, transferir [auf +*ac.*, para]; 2. pôr fora do sítio, perder; 3. instalar; colocar; 4. editar, publicar
verlegen² *adj.* embaraçado, constrangido, atrapalhado
Verlegenheit *s. f.* embaraço_m_, constrangimento_m_
Verleger *s. m.* editor_m_
Verleih *s. m.* (empresa) distribuidor_m_
verleihen* *v. tr.* 1. emprestar; alugar; 2. atribuir, conferir

Verleihung s. f. 1. empréstimo_m; 2. aluguer_m; 3. concessão_f; 4. condecoração_f
verleiten* v. tr. 1. induzir; 2. desencaminhar
verlernen* v. tr. desaprender, esquecer
verlesen* v. tr. 1. (texto) ler; 2. (legumes) escolher
verletzen* I v. tr. 1. ferir; magoar; 2. ofender; 3. infringir; II v. refl. ferir-se, magoar-se
verletzend adj. ofensivo
verletzt adj. ferido, magoado
Verletzte(r) s. m. e f. ferid|o, -a_{m, f}
Verletzung s. f. 1. ferimento_m, lesão_f; 2. ofensa_f; 3. infracção_f
verleugnen* v. tr. renegar
verleumden* v. tr. caluniar, difamar
verleumderisch adj. calunioso, difamador
Verleumdung s. f. calúnia_f, difamação_f
verlieben* v. refl. apaixonar-se, enamorar-se [in +ac., de]
verliebt adj. apaixonado
Verliebtheit s. f. paixão_f
verlieren I v. tr. perder; II v. intr. perder; desvalorizar
Verlierer s. m. perdedor_m
verloben* v. refl. ficar noivo [mit +dat., de]
Verlobte(r) s. m. e f. noiv|o, -a_{m, f}
Verlobung s. f. noivado_m
verlockend adj. tentador, aliciante
Verlockung s. f. tentação_f
verlogen adj. mentiroso, falso
Verlogenheit s. f. mentira_f, falsidade_f
verlor pret. imp. de verlieren
verloren I p. p. de verlieren; II adj. perdido; verloren gehen: perder-se, extraviar-se
verlosen* v. tr. sortear, rifar
Verlosung s. f. sorteio_m, rifa_f
Verlust s. m. 1. perda_f; prejuízo_m; 2. baixa_f
vermachen* v. tr. jemandem etwas vermachen: legar alguma coisa a alguém, deixar alguma coisa a alguém

Vermächtnis s. nt. legado_m
vermarkten* v. tr. comercializar
vermasseln* v. tr. (coloq.) estragar, escangalhar
vermehren* I v. tr. aumentar; II v. refl. 1. aumentar; 2. multiplicar-se
Vermehrung s. f. 1. aumento_m; 2. multiplicação_f
vermeiden* v. tr. evitar
vermeintlich adj. pretenso
Vermerk s. m. observação_f, nota_f
vermerken* v. tr. 1. anotar, apontar; 2. notar
vermessen¹ v. tr. medir
vermessen² adj. ousado, arrojado
Vermessung s. f. levantamento_m topográfico
vermieten* v. tr. alugar, arrendar [an +ac., a]
Vermieter s. m. senhorio_m
vermindern* I v. tr. 1. diminuir, reduzir; 2. mitigar, abrandar; II v. refl. diminuir
Verminderung s. f. diminuição_f, redução_f
verminen* v. tr. minar
vermischen* v. tr. misturar [mit +dat., com]
vermissen* v. tr. sentir falta de; dar pela falta de
vermisst adj. desaparecido
Vermisste(r) s. m. e f. desaparecid|o, -a_{m, f}
vermitteln* I v. tr. 1. arranjar; 2. proporcionar; 3. facilitar; II v. intr. servir de mediador, mediar
Vermittler s. m. mediador_m, intermediário_m
Vermittlung s. f. 1. mediação_f; 2. (de telefones) central_f
vermögen* v. tr. (Suíça) poder ter
Vermögen s. nt. fortuna_f
vermögend adj. rico
vermummt adj. disfarçado, mascarado
Vermummung s. f. disfarce_m, máscara_f

vermuten* v. tr. presumir, supor, imaginar

vermutlich I adj. presumível, suposto; II adv. presumivelmente

Vermutung s. f. suposição_f_, presunção_f_

vernachlässigen* v. tr. descurar, descuidar, desleixar

vernarben* v. intr. cicatrizar

vernarrt adj. doido [in +ac., por]

vernehmen* v. tr. 1. DIREITO interrogar; 2. saber, ter conhecimento; 3. ouvir

Vernehmung s. f. DIREITO interrogatório_m_; audição_f_

verneigen* v. refl. fazer uma vénia [vor +dat., a]

verneinen* v. tr. responder negativamente a

Verneinung s. f. 1. negação_f_; 2. resposta_f_ negativa

vernetzen* v. tr. INFORMÁTICA ligar à rede

vernichten* v. tr. 1. destruir, aniquilar; exterminar; 2. suprimir

vernichtend adj. fulminante; arrasador

Vernichtung s. f. destruição_f_, aniquilamento_m_; extermínio_m_

verniedlichen* v. tr. minimizar

Vernissage s. f. inauguração_f_ (de exposição)

Vernunft s. f. juízo_m_, razão_f_, sensatez_f_

vernünftig adj. sensato; ajuizado

veröden* v. intr. ficar deserto, ficar despovoado

veröffentlichen* v. tr. publicar, divulgar

Veröffentlichung s. f. publicação_f_, divulgação_f_

verordnen* v. tr. 1. MEDICINA prescrever, receitar; 2. decretar, ordenar

Verordnung s. f. 1. MEDICINA prescrição_f_, receita_f_; 2. decreto_m_

verpachten* v. tr. arrendar [an +ac., a]

verpacken* v. tr. 1. embrulhar; 2. embalar, empacotar; 3. encaixotar

Verpackung s. f. acondicionamento_m_, embalagem_f_

verpassen* v. tr. 1. (comboio, oportunidade) perder; 2. (pessoa) desencontrar-se de

verpesten* v. tr. empestar

verpetzen* v. tr. (depr.) fazer queixa de

verpfänden* v. tr. empenhar, penhorar

Verpflanzung s. f. 1. MEDICINA transplante_m_; 2. BOTÂNICA transplantação_f_

verpflegen* v. tr. alimentar

Verpflegung s. f. alimentação_f_

verpflichten* I v. tr. 1. obrigar; constranger; 2. (jogador) contratar; II v. refl. comprometer-se [zu +dat., a]

Verpflichtung s. f. 1. compromisso_m_; 2. obrigação_f_, dever_m_; 3. contratação_f_

verpfuschen* v. tr. (coloq.) estragar, dar cabo de

verplempern* v. tr. (coloq.) desperdiçar

verpönt adj. de mau tom

verprügeln* v. tr. espancar

Verputz s. m. reboco_m_

verputzen* v. tr. rebocar, revestir com reboco

verqualmt adj. cheio de fumo

verquollen adj. inchado

verramschen* v. tr. (coloq.) vender ao desbarato

Verrat s. m. traição_f_

verraten* I v. tr. 1. denunciar; 2. atraiçoar, trair; II v. refl. (através de gestos, palavras) trair-se

Verräter s. m. traidor_m_

verräterisch adj. 1. traiçoeiro; 2. traidor

verrechnen* I v. tr. descontar, lançar em conta; II v. refl. enganar-se nas contas

Verrechnungsscheck s. m. cheque_m_ cruzado

verregnet adj. chuvoso

verreisen* *v. intr.* ir para fora, partir de viagem; **verreist sein:** estar para fora

verrenken* *v. tr.* torcer, deslocar

Verrenkung *s. f.* MEDICINA luxação*f*

verriegeln* *v. tr.* aferrolhar, trancar

verringern I *v. tr.* diminuir, reduzir; II *v. refl.* diminuir

Verringerung *s. f.* diminuição*f*, redução*f*

verrosten* *v. intr.* enferrujar

verrückt *adj.* doido, louco, maluco [nach +*dat.*, por]

Verrückte(r) *s. m. e f.* louc|o, -a*m., f.*, maluc|o, -a*m., f.*, doid|o, -a*m., f.*

Verruf *s. m.* 1. difamação*f*; descrédito*m.*; **jemanden in Verruf bringen:** difamar alguém, desacreditar alguém

verrufen *adj.* com má fama

verrutschen* *v. intr.* escorregar, deslizar

Vers *s. m.* 1. verso*m.*; 2. versículo*m.*

versagen* *v. intr.* falhar

Versagen *s. nt.* avaria*f*, falha*f*

Versager *s. m.* falhado*m.*, fracassado*m.*

versalzen* *v. tr.* pôr sal a mais em

versammeln* I *v. tr.* reunir, juntar; II *v. refl.* reunir-se, juntar-se

Versammlung *s. f.* reunião*f*, assembleia*f*

Versand *s. m.* expedição*f*, envio*m.*

versanden* *v. intr.* assorear

Versandhaus *s. nt.* firma*f* de venda por correspondência

versäumen* *v. tr.* 1. deixar passar; perder; 2. negligenciar, esquecer; 3. faltar a

Versäumnis *s. nt.* falta*f*, negligência*f*

verschaffen* *v. tr.* arranjar, proporcionar; **sich** [*dat.*] **Respekt verschaffen:** impor respeito

verschämt *adj.* envergonhado

verschärfen* I *v. tr.* 1. agravar; 2. reforçar; II *v. refl.* agravar-se; intensificar-se

verschätzen* *v. refl.* enganar-se

verschenken* *v. tr.* oferecer, dar de presente [an +*ac.*, a]

verscheuchen* *v. tr.* enxotar, escorraçar; afugentar

verschicken* *v. tr.* enviar, mandar

verschieben* *v. tr.* 1. remover, deslocar; 2. adiar

verschieden *adj.* 1. diferente; 2. vários, diversos

verschiedenartig *adj.* variado, diversificado

Verschiedenheit *s. f.* 1. diferença*f*, divergência*f*; 2. diversidade*f*, variedade*f*

verschimmeln* *v. intr.* criar bolor

verschlafen* I *v. tr.* passar a dormir, passar o tempo a dormir; II *v. intr.* adormecer, não acordar a horas

verschlechtern* I *v. tr.* piorar, deteriorar; II *v. refl.* piorar, deteriorar-se

Verschlechterung *s. f.* piora*f*, deterioração*f*

verschleiern* I *v. tr.* velar, cobrir com véu; II *v. refl.* cobrir-se com véu

Verschleiß *s. m.* 1. desgaste*m.*; 2. *(Áustria)* venda*f*

verschleppen* *v. tr.* 1. raptar; 2. curar mal; 3. transmitir; 4. retardar

verschleudern* *v. tr.* 1. vender ao desbarato; 2. esbanjar

verschließen* *v. tr.* 1. fechar (à chave); 2. (recipiente) tapar

verschlimmern* *v. refl.* piorar, agravar-se

verschlossen I *p. p. de* **verschließen**; II *adj.* fechado, reservado

verschlucken* I *v. tr.* engolir; II *v. refl.* engasgar-se

Verschluss *s. m.* 1. fecho*m.*; 2. rolha*f*

verschlüsseln* *v. tr.* codificar, escrever em código

verschmähen* *v. tr.* desdenhar, desprezar

verschmitzt *adj.* maroto
verschmutzen* *v. tr.* sujar; poluir
Verschmutzung *s. f.* sujidade$_f$; poluição$_f$
verschneit *adj.* coberto de neve
verschnupft *adj.* constipado
verschollen *adj.* desaparecido
verschonen* *v. tr.* jemanden mit etwas verschonen; poupar alguma coisa a alguém
verschönern* *v. tr.* embelezar
verschränken* *v. tr.* cruzar; mit verschränkten Armen: de braços cruzados
verschreiben* I *v. tr.* MEDICINA receitar, prescrever; II *v. refl.* enganar-se a escrever
verschreibungspflichtig *adj.* que só se vende mediante receita médica
verschrotten* *v. tr.* transformar em sucata
verschulden* I *v. tr.* causar; II *v. refl.* endividar-se
Verschuldung *s. f.* dívidas$_{f. pl.}$
verschütten* *v. tr.* 1. entornar, derramar; 2. soterrar
verschweigen* *v. tr.* ocultar, não contar
verschwenden* *v. tr.* desperdiçar; esbanjar; gastar
Verschwender *s. m.* esbanjador$_m$
verschwenderisch *adj.* esbanjador
Verschwendung *s. f.* desperdício$_m$, esbanjamento$_m$
verschwiegen I *p. p. de* verschweigen; II *adj.* calado
Verschwiegenheit *s. f.* discrição$_f$
verschwimmen* *v. intr.* (contornos) desvanecer
verschwinden *v. intr.* desaparecer
Verschwinden *s. nt.* desaparecimento$_m$
verschwören* *v. refl.* conspirar [gegen +ac., contra]
Verschwörung *s. f.* conspiração$_f$
versehen* *v. tr.* 1. prover, fornecer [mit +dat., de]; 2. exercer

Versehen *s. nt.* descuido$_m$, engano$_m$, lapso$_m$
versehentlich *adv.* por descuido, inadvertidamente
versenden* *v. tr.* enviar, expedir, remeter
versenken* *v. tr.* afundar
versessen *adj.* obstinado; auf etwas versessen sein: ser louco por alguma coisa
versetzen* *v. tr.* 1. deslocar; 2. transpor, transplantar; 3. transferir; 4. (na escola) passar; 5. (golpe) aplicar; 6. *(coloq.)* (encontro) deixar à espera
Versetzung *s. f.* 1. transferência$_f$; 2. (na escola) passagem$_f$
verseuchen* *v. tr.* poluir; contaminar
versichern* I *v. tr.* 1. pôr no seguro, segurar; 2. assegurar, asseverar; II *v. refl.* 1. fazer um seguro; 2. assegurar-se
Versicherte(r) *s. m. e f.* segurad|o, -a$_{m, f.}$
Versicherung *s. f.* 1. seguro$_m$ [gegen +ac., contra]; 2. seguradora$_f$; 3. garantia$_f$
Versicherungsgesellschaft *s. f.* companhia$_f$ de seguros
Versicherungspolice *s. f.* apólice$_f$ de seguro
versiegeln* *v. tr.* selar, lacrar
versiegen* *v. intr.* (fonte) secar, esgotar-se
versinken* *v. intr.* imergir [in +dat., em]; afundar-se [in +dat., em]
Version *s. f.* versão$_f$
versoffen *adj. (coloq.)* bêbedo
versöhnen* *v. refl.* reconciliar-se [mit +dat., com]
versöhnlich *adj.* disposto a reconciliar-se
Versöhnung *s. f.* reconciliação$_f$
versorgen* I *v. tr.* 1. prover, abastecer [mit +dat., de]; 2. cuidar de; 3. sustentar; II *v. refl.* abastecer-se [mit +dat., de]
Versorgung *s. f.* 1. abastecimento$_m$ [mit +dat., de]; 2. sustento$_m$; 3. (doente) assistência$_f$ médica

verspäten* v. refl. atrasar-se
Verspätung s. f. atraso_m.
versperren* v. tr. 1. obstruir; 2. (Áustria) trancar
verspielen* v. tr. (dinheiro) perder no jogo
verspotten* v. tr. troçar de
versprechen I v. tr. prometer; II v. refl. enganar-se a falar
Versprechen s. nt. promessa_f.
verstaatlichen* v. tr. nacionalizar
Verstand s. m. intelecto_m.; juízo_m.; razão_f.
verständigen* I v. tr. informar; II v. refl. entender-se
Verständigung s. f. 1. acordo_m.; 2. comunicação_f.
verständlich adj. compreensível; claro; perceptível
Verständnis s. nt. compreensão_f.
verständnislos adj. incompreensivo
verständnisvoll adj. compreensivo
verstärken* I v. tr. 1. reforçar; fortalecer; 2. aumentar; 3. amplificar; II v. refl. intensificar-se
Verstärker s. m. amplificador_m.
Verstärkung s. f. 1. reforço_m.; 2. aumento_m.; 3. amplificação_f.
verstauchen* v. tr. torcer; sich [dat.] den Fuß verstauchen: torcer o pé
Verstauchung s. f. entorse_f.
Versteck s. nt. esconderijo_m.
verstecken* I v. tr. esconder; II v. refl. esconder-se
versteckt adj. escondido
verstehen I v. tr. entender, compreender, perceber; II v. refl. entender-se [mit +dat., com]
versteigern* v. tr. leiloar
Versteigerung s. f. leilão_m.
verstellbar adj. regulável
verstellen* I v. tr. 1. mudar (de sítio); 2. ajustar, regular; 3. dissimular; II v. refl. fingir

versteuern* v. tr. pagar imposto de
verstohlen adj. furtivo
verstopfen* v. tr. 1. tapar; 2. entupir; obstruir
Verstopfung s. f. 1. obturação_f.; 2. entupimento_m.; 3. MEDICINA prisão_f. de ventre
verstorben adj. falecido
verstört adj. perturbado, transtornado
Verstoß s. m. infracção_f. [gegen +ac., a]
verstoßen* I v. tr. expulsar; II v. intr. infringir
verstreuen* v. tr. espalhar
verstümmeln* v. tr. mutilar
verstummen* v. intr. emudecer
Versuch s. m. 1. tentativa_f.; 2. experiência_f., ensaio_m.
versuchen* v. tr. tentar, experimentar
Versuchskaninchen s. nt. cobaia_f.
versuchsweise adv. a título de experiência
Versuchung s. f. tentação_f.; jemanden in Versuchung führen: tentar alguém
versüßen* v. tr. adoçar, adoçicar
vertagen* v. tr. adiar [auf +ac., para]
vertauschen* v. tr. 1. trocar, permutar; 2. confundir
verteidigen* I v. tr. defender; II v. refl. defender-se
Verteidiger s. m. 1. DIREITO advogado_m. de defesa; 2. DESPORTO defesa_m. e f.
Verteidigung s. f. defesa_f. [gegen +ac., contra]
verteilen* v. tr. 1. distribuir; 2. espalhar
Verteiler s. m. distribuidor_m.
Verteilung s. f. distribuição_f. [an +ac., por]
verteuern* v. tr. encarecer
vertiefen* v. tr. aprofundar
Vertiefung s. f. aprofundamento_m.
vertilgen* v. tr. (bicharia) exterminar
vertippen* v. refl. enganar-se na tecla
Vertrag s. m. 1. contrato_m.; 2. POLÍTICA tratado_m.

vertragen* I v. tr. 1. aguentar; 2. *(Suíça)* distribuir; II v. refl. dar-se bem/mal; sich mit jemandem gut vertragen: dar-se bem com alguém

vertraglich I adj. contratual; II adv. por contrato

verträglich adj. facilmente digerível; assimilável

Vertragsbruch s. m. violação_f_ de contrato

Vertragshändler s. m. concessionário_m_

Vertragspartner s. m. outorgante_m. e f._

vertrauen* v. intr. confiar, fiar-se

Vertrauen s. nt. confiança_f_; im Vertrauen: confidencialmente

vertrauensvoll adj. confiante

vertraulich adj. confidencial

Vertraulichkeit s. f. confidencialidade_f_

verträumt adj. distraído, absorto

vertraut adj. familiar, íntimo; sich vertraut machen: familiarizar-se

vertreiben* v. tr. 1. expulsar; 2. enxotar

Vertreibung s. f. expulsão_f_ [aus +dat., de]

vertreten* v. tr. 1. substituir; 2. representar; 3. defender

Vertreter s. m. 1. substituto_m_; 2. representante_m. e f._; 3. defensor_m._

Vertretung s. f. 1. substituição_f_; 2. representação_f_

Vertrieb s. m. venda_f_

Vertriebene(r) s. m. e f. expatriad|o, -a_m., f._, desterrad|o, -a_m., f._

vertrocknen* v. intr. secar

vertun* I v. tr. desperdiçar; II v. refl. *(coloq.)* enganar-se

vertuschen* v. tr. encobrir

verübeln* v. tr. levar alguma coisa a mal

verunglücken* v. intr. sofrer um acidente

verunreinigen* v. tr. poluir, contaminar

verunsichern* v. tr. fazer ficar inseguro, fazer hesitar

verunstalten* v. tr. desfigurar

veruntreuen* v. tr. desviar

verursachen* v. tr. provocar

verurteilen* v. tr. condenar [zu +dat., a]

Verurteilung s. f. condenação_f_ [zu +dat., a]

vervielfältigen* v. tr. multiplicar, reproduzir; fazer cópias de

vervollkommnen* v. tr. aperfeiçoar

vervollständigen* v. tr. completar

verw. [abrev. de verwitwet] viúvo

verwackelt adj. desfocado, tremido

verwählen* v. refl. marcar mal o número

verwahren* v. tr. conservar, guardar

verwahrlosen* v. intr. degradar-se; ficar ao abandono

verwaist adj. órfão

verwalten* v. tr. 1. administrar; 2. exercer, desempenhar

Verwalter s. m. administrador_m_

Verwaltung s. f. administração_f_

verwandeln* v. tr. 1. alterar; 2. transformar [in +ac., em]

Verwandlung s. f. transformação_f_, conversão_f_ [in +ac., em]

verwandt adj. análogo, afim; mit jemandem verwandt sein: ser parente de alguém

Verwandte(r) s. m. e f. parente_m. e f._

Verwandtschaft s. f. parentesco_m_

verwarnen* v. tr. advertir

Verwarnung s. f. advertência_f_, aviso_m._

verwechseln* v. tr. confundir, trocar [mit +dat., com]

Verwechselung s. f. confusão_f_, equívoco_m._

Verwegenheit s. f. audácia_f_, arrojo_m_, ousadia_f_

verweigern* v. tr. recusar

Verweigerung s. f. recusa_f_

Verweis s. m. 1. repreensão_f_; 2. referência_f_ [auf +ac., a]

verweisen* v. tr. 1. remeter [auf +ac., para]; 2. expulsar

verwelken° *v. intr.* murchar
verwenden° *v. tr.* usar, utilizar, empregar, gastar
Verwendung *s. f.* uso_m_, emprego_m_.
verwerfen° *v. tr.* (ideia, plano) rejeitar
verwerflich *adj.* reprovável
verwerten° *v. tr.* aproveitar; Abfälle wieder verwerten: reciclar resíduos
verwesen° *v. intr.* decompor-se
verwickeln° *v. tr.* envolver; enredar
verwildern° *v. intr.* 1. (jardim, parque) ficar descuidado; 2. (animal) tornar-se selvagem
verwirklichen° *v. tr.* realizar; concretizar
Verwirklichung *s. f.* realização_f_.
verwirren° *v. tr.* 1. emaranhar; 2. baralhar
verwirrt *adj.* confuso; baralhado
Verwirrung *s. f.* confusão_f_.
verwittern° *v. intr.* corroer-se; aluir
verwitwet *adj.* viúvo
verwöhnen° *v. tr.* mimar
verworren *adj.* confuso; baralhado
verwundbar *adj.* vulnerável
verwunden° *v. tr.* ferir, magoar
Verwunderung *s. f.* admiração_f_, surpresa_f_.
Verwundete(r) *s. m. e f.* ferid|o, -a_m., f._
verwüsten° *v. tr.* devastar
Verwüstung *s. f.* devastação_f_.
verzählen° *v. refl.* enganar-se na conta
verzaubern° *v. tr.* encantar, enfeitiçar
verzehren° *v. tr.* consumir, comer
Verzeichnis *s. nt.* 1. registo; lista_f_; 2. índice_m_.
verzeigen° *v. tr.* (Suíça) denunciar
verzeihen° *v. tr.* perdoar
Verzeihung *s. f.* perdão_m_.
verzerren° *v. tr.* torcer; contorcer
Verzicht *s. m.* abdicação_f_, renúncia_f_ [auf +ac., a]
verzichten° *v. intr.* abdicar, renunciar [auf +ac., a]

verzieh *pret. imp. de* verzeihen
verziehen°¹ I *v. tr.* 1. estragar; (criança) amimalhar; 2. torcer; II *v. intr.* mudar-se; III *v. refl.* 1. dissipar-se; 2. (coloq.) pirar-se
verziehen² *p. p. de* verzeihen
verzieren° *v. tr.* enfeitar [mit +dat., com]
Verzierung *s. f.* enfeite_m_.
verzinsen *v. tr.* pagar juros de
verzögern° I *v. tr.* retardar; II *v. refl.* atrasar(-se)
Verzögerung *s. f.* atraso_m_, demora_f_.
verzollen° *v. tr.* pagar direitos alfandegários de
verzückt *adj.* encantado, extasiado
Verzug *s. m.* atraso_m_, demora_f_.
verzweifeln° *v. intr.* desesperar [an +dat., com]
verzweifelt *adj.* desesperado
Verzweiflung *s. f.* desespero_m_.
Verzweigung *s. f.* (Suíça) cruzamento_m_.
verzwickt *adj.* (coloq.) complicado
Veto *s. nt.* veto_m_.
Vetter *s. m.* primo_m_.
Vetternwirtschaft *s. f.* compadrio_m_.
vgl. [abrev. de vergleiche] cf. [abrev. de confrontar]
VHS *s. f.* [abrev. de Volkshochschule] escola_f_ de formação para adultos
vibrieren° *v. intr.* vibrar
Video *s. nt.* vídeo_m_.
Videoclip *s. m.* teledisco_m_.
Videokassette *s. f.* cassete_f_ de vídeo
Videorecorder *s. m.* videogravador_m_.
Videotext *s. m.* videotexto_m_.
Videothek *s. f.* videoclube_m_.
Videoüberwachung *s. f.* vigilância_f_ de vídeo; (em casa) videoporteiro_m_.
Vieh *s. nt.* gado_m_.
Viehzucht *s. f.* pecuária_f_.

viel I *pron. indef.* muito; zu viel: demais; II *adv.* muito; viel zu viel: demasiado

vielfach I *adj.* múltiplo; II *adv.* muitas vezes

Vielfalt *s. f.* variedade_f_

vielfältig *adj.* múltiplo, variado

vielleicht *adv.* 1. talvez [+*conj.*]; *(coloq.)* se calhar; 2. por acaso, porventura

vielmals *adv.* danke vielmals!: muitíssimo obrigado!

vielmehr *adv.* antes, pelo contrário

vielseitig *adj.* 1. variado, abrangente, vasto; 2. versátil

vier *num. card.* quatro; *(coloq.)* auf allen vieren: de gatas

Vier *s. f.* quatro_m_

Viereck *s. nt.* quadrângulo_m_

viereckig *adj.* quadrado, quadrangular

vierhundert *num. card.* quatrocentos

viermal *adv.* quatro vezes

Viertaktmotor *s. m.* motor_m_ a quatro tempos

Viertel *s. nt.* 1. quarto_m_; es ist Viertel nach zwei: são duas e um quarto; 2. bairro_m_

Vierteljahr *s. nt.* trimestre_m_

vierteljährlich *adj.* trimestral

Viertelstunde *s. f.* quarto_m_ de hora

vierzehn *num. card.* catorze

vierzig *num. card.* quarenta

Vietnam *s. nt.* Vietname_m_

Vignette *s. f.* vinheta_f_

Vikar *s. m.* vigário_m_

Villa *s. f.* vivenda_f_

Villenviertel *s. nt.* urbanização_f_ (de vivendas)

violett *adj.* violeta, roxo

Violine *s. f.* MÚSICA violino_m_

Viper *s. f.* ZOOLOGIA víbora_f_

Virensuchprogramm *s. nt.* INFORMÁTICA programa_m_ anti-vírus

virtuell *adj.* virtual

Virus *s. m.* MEDICINA, INFORMÁTICA vírus_m_

Virusinfektion *s. f.* MEDICINA virose_f_

Visier *s. nt.* 1. (arma) mira_f_; 2. (capacete) viseira_f_

Vision *s. f.* visão_f_

Visitenkarte *s. f.* cartão-de-visitas_m_

Visum *s. nt.* 1. visto_m_; 2. *(Suíça)* rúbrica_f_

Vitamin *s. nt.* vitamina_f_

Vizepräsident *s. m.* vice-presidente_m. e f._

Vogel *s. m.* pássaro_m_; ave_f_

Vogelkäfig *s. m.* gaiola_f_

Vogelscheuche *s. f.* espantalho_m_

Vokabular *s. nt.* vocabulário_m_

Vokal *s. m.* vogal_f_

Volk *s. nt.* povo_m_; nação_f_

Völkerkunde *s. f.* etnologia_f_

Völkerrecht *s. nt.* DIREITO direito_m_ internacional

Völkerverständigung *s. f.* paz_f_ internacional

Völkerwanderung *s. f.* HISTÓRIA migração_f_ dos povos

Volksabstimmung *s. f.* plebiscito_m_

Volksentscheid *s. m.* referendo_m_

Volksfest *s. nt.* festa_f_ popular; arraial_m_

Volkshochschule *s. f.* escola_f_ de formação para adultos

Volkslied *s. nt.* canção_f_ popular

Volksmund *s. m.* voz_f_ do povo

Volksrepublik *s. f.* república_f_ popular

Volksstamm *s. m.* tribo_f_

Volkstanz *s. m.* dança_f_ popular

volkstümlich *adj.* popular

Volkswirtschaft *s. f.* economia_f_ política

Volkszählung *s. f.* recenseamento_m_ (da população)

voll I *adj.* 1. cheio; 2. completo; II *adv.* plenamente; voll und ganz: inteiramente

Vollbad *s. nt.* banho_m_ de imersão

Vollbart *s. m.* barba_f_ cerrada

Vollbeschäftigung *s. f.* ausência_f_ de desemprego, pleno emprego_m_

vollbringen* v. tr. realizar
vollenden* v. tr. terminar, concluir
Vollendung s. f. conclusão$_f$, acabamento$_m$.
Volleyball s. m. DESPORTO voleibol$_m$.
Vollgas s. nt. toda a velocidade
völlig I adj. total, completo; II adv. completamente
volljährig adj. maior (de idade)
Volljährigkeit s. f. maioridade$_f$.
Vollkaskoversicherung s. f. seguro$_m$. contra todos os riscos
vollkommen I adj. 1. perfeito; 2. total; II adv. perfeitamente
Vollkommenheit s. f. perfeição$_f$.
Vollkornbrot s. nt. pão$_m$. integral
Vollmacht s. f. plenos poderes$_{m. pl.}$; procuração$_f$.
Vollmilch s. f. leite$_m$. gordo
Vollmond s. m. lua$_f$. cheia
Vollnarkose s. f. MEDICINA anestesia$_f$. geral
Vollpension s. f. pensão$_f$. completa
vollständig I adj. completo; II adv. completamente
vollstrecken* v. tr. DIREITO executar
Volltreffer s. m. golpe$_m$. certeiro
Vollversammlung s. f. assembleia$_f$. magna, sessão$_f$. plenária
Vollwaschmittel s. nt. detergente$_m$. da roupa (para lavagem a altas e baixas temperaturas)
Vollwertkost s. f. alimentação$_f$. integral
vollzählig adj. completo
vollziehen* v. tr. 1. executar; 2. consumar
Vollzugsanstalt s. f. estabelecimento$_m$. prisional
Voltmeter s. nt. voltímetro$_m$.
Volumen s. nt. volume$_m$.
voluminös adj. volumoso
vom contr. da prep. von +art. def. dem
von prep. [+dat.] 1. (geral, espacial) de; von oben nach unten: de cima para baixo; von Hamburg bis Berlin: desde Hamburgo até Berlim; eine Freundin von mir: uma amiga minha; von selbst: por si; (coloq.) von mir aus: (cá) por mim; 2. (temporal) de, desde; von nun an: a partir de agora; 3. (passiva) por; der Roman wurde von Böll geschrieben: o romance foi escrito por Böll
voneinander adv. um do outro
vor I prep. [+ac.] (direcção) à frente de, em frente a; II prep. [+dat.] 1. (espacial) à/em/na frente de, diante de; 2. (temporal) antes de; há; vor drei Tagen: há três dias; 3. (causal) de; vor Freude/Kälte: de alegria/frio ❖ vor allem: sobretudo
Vorabend s. m. véspera$_f$.
voran adv. para a frente
vorangehen v. intr. 1. ir à frente; 2. preceder
vorankommen v. intr. progredir, avançar
voraus adv. à frente; im Voraus: de antemão
vorausgehen v. tr. 1. ir à frente; 2. preceder
Voraussage s. f. previsão$_f$.
voraussagen v. tr. profetizar
voraussehen v. tr. prever
voraussetzen v. tr. pressupor; vorausgesetzt, dass...: partindo do princípio que...
Voraussetzung s. f. 1. pressuposto$_m$.; 2. condição$_f$.; unter der Voraussetzung, dass...: na condição de...; 3. requisito$_m$.
voraussichtlich I adj. previsto; II adv. previsivelmente
Vorbehalt s. m. restrição$_f$., reserva$_f$.
vorbehalten* v. tr. reservar; Irrtum vorbehalten: salvo erro
vorbei adv. 1. (espacial) perto, junto, ao lado; 2. (temporal) passado; acabado
vorbeigehen v. intr. passar [an +dat., por; junto de]

vor|bereiten* I v. tr. preparar; II v. refl. preparar-se [auf +ac., para]
Vorbereitung s. f. preparação_f; preparativo_m.
vor|bestellen* v. tr. reservar, marcar
vorbestraft adj. com antecedentes penais
vor|beugen I v. intr. prevenir; II v. refl. debruçar-se
vorbeugend adj. preventivo
Vorbeugung s. f. 1. prevenção_f [gegen +ac., de]; 2. MEDICINA profilaxia_f.
Vorbild s. nt. modelo_m, exemplo_m.
vorbildlich adj. exemplar
Vorderachse s. f. eixo_m dianteiro
vordere(r, s) adj. dianteiro, da frente
Vordergrund s. m. primeiro plano_m.
Vorderradantrieb s. m. tracção_f à frente
Vorderseite s. f. frente_f
vor|drängen v. refl. meter-se à frente
voreilig adj. precipitado
voreingenommen adj. com ideias preconcebidas
Voreingenommenheit s. f. opinião_f. preconcebida
vor|enthalten* v. tr. jemandem etwas vorenthalten: privar alguém de alguma coisa
vorerst adv. para já
Vorfahr s. m. antepassado_m.
Vorfahrt s. f. prioridade_f (na estrada)
Vorfahrtsschild s. nt. sinal_m de prioridade
Vorfahrtsstraße s. f. rua_f com prioridade
Vorfall s. m. incidente_m.
Vorfilm s. m. curta-metragem_f.
vor|finden v. tr. encontrar
vor|führen v. tr. 1. apresentar; mostrar; 2. exibir
Vorführung s. f. 1. apresentação_f; 2. demonstração_f; 3. (de filme) projecção_f.
Vorgang s. m. 1. caso_m; acontecimento_m; 2. processo_m.
Vorgänger s. m. antecessor_m.

vor|geben v. tr. 1. fingir; 2. dar, estipular
Vorgefühl s. nt. pressentimento_m.
vor|gehen v. intr. 1. ir à frente; avançar; 2. (relógio) estar adiantado; 3. passar-se; 4. proceder
Vorgehen s. nt. procedimento_m.
Vorgeschichte s. f. 1. (sem pl.) pré-história_f; 2. antecedentes_m. pl.
Vorgeschmack s. m. antegosto_m, cheirinho_m.
Vorgesetzte(r) s. m. e f. chefe_m. e f.; superior_m. e f.
vorgestern adv. anteontem
vor|haben v. tr. 1. tencionar; 2. ter planeado
Vorhaben s. nt. plano_m.
vorhanden adj. existente; vorhanden sein: haver
Vorhandensein s. nt. existência_f.
Vorhang s. m. 1. (janela) cortinado_m.; 2. (teatro) pano_m.
Vorhängeschloss s. nt. cadeado_m.
Vorhaut s. f. ANATOMIA prepúcio_m.
vorher adv. antes; previamente
vor|hergehen v. intr. anteceder, preceder
vorherig adj. anterior, precedente
Vorherrschaft s. f. supremacia_f
vor|herrschen v. intr. predominar
Vorhersage s. f. prognóstico_m; previsão_f.
vor|hersagen v. tr. prever, profetizar
vorhersehbar adj. previsível
vor|hersehen v. tr. prever, antever
vorhin adv. há pouco
Vorhinein adv. (Áustria) im Vorhinein: de antemão
vorig adj. anterior; passado
Vorkehrung s. f. precaução_f; providência_f; Vorkehrungen treffen: tomar providências
Vorkenntnisse s. pl. conhecimentos_m. pl. prévios

vorkommen *v. intr.* 1. acontecer, ocorrer; 2. parecer; sich [*dat.*] vorkommen wie: sentir-se como

Vorkommen *s. nt.* 1. existência*,f*; 2. (de matérias-primas) depósito*,m*

Vorladung *s. f.* DIREITO intimação*,f*

Vorlage *s. f.* 1. (*sem pl.*) apresentação*,f*; 2. moção*,f*; 3. modelo*,m*; 4. *(Suíça)* tapete*,m*

vorläufig I *adj.* provisório; II *adv.* por enquanto

vorlaut *adj.* indiscreto, metediço

vorlegen *v. tr.* mostrar; apresentar

vorlesen *v. tr.* ler (em voz alta)

Vorlesung *s. f.* aula*,f*

vorletzte(r, s) *adj.* penúltimo

Vorliebe *s. f.* predilecção*,f* [für +ac., por]

vorliegen *v. intr.* haver

vorliegend *adj.* presente; im vorliegenden Fall: no caso em questão

vorlügen *v. tr.* (*coloq.*) jemandem etwas vorlügen: mentir a alguém acerca de alguma coisa

vormachen *v. tr.* 1. mostrar (como se faz); 2. (tentar) iludir

vormerken *v. tr.* tomar nota de

Vormittag *s. m.* manhã*,f*

vormittags *adv.* de manhã

Vormund *s. m.* tutor*,m*

Vorname *s. m.* nome*,m* próprio

vorn(e) *adv.* 1. à frente; na frente; von/nach vorn: de/para a frente; 2. no princípio

vornehm *adj.* distinto

vornehmen *v. tr.* realizar; efectuar; sich [*dat.*] etwas vornehmen: tencionar fazer alguma coisa; planear alguma coisa

vornherein *adv.* de antemão

Vorort *s. m.* subúrbio*,m*

Vorortzug *s. m.* comboio*,m* suburbano

Vorrang *s. m.* prioridade*,f*, primazia*,f*

vorrangig *adj.* prioritário

Vorrat *s. m.* stock*,m*; provisões*,f. pl.*

vorrätig *adj.* em armazém

Vorrecht *s. nt.* regalia*,f*, privilégio*,m*

Vorrichtung *s. f.* dispositivo*,m*

Vorrunde *s. f.* DESPORTO eliminatória*,f*

vorsagen *v. tr.* dizer, ditar

Vorsatz *s. m.* desígnio*,m*, intento*,m*, exibições*,f. pl.*

vorsätzlich I *adj.* 1. propositado; 2. DIREITO premeditado; II *adv.* 1. deliberadamente; 2. DIREITO premeditadamente

Vorschau *s. f.* 1. programa*,m* previsto; 2. (filme) apresentações*,f. pl.*; exibições*,f. pl.*

Vorschlag *s. m.* proposta*,f*, sugestão*,f*

vorschlagen *v. tr.* propor, sugerir

vorschnell *adj.* precipitado

vorschreiben *v. tr.* prescrever, ordenar

Vorschrift *s. f.* prescrição*,f*; regra*,f*

vorschriftsmäßig I *adj.* correcto; II *adv.* conforme (o regulamento)

Vorschub *s. m.* etwas Vorschub leisten: favorecer alguma coisa

Vorschuss *s. m.* adiantamento*,m*

vorsehen I *v. tr.* 1. prever; 2. destinar; II *v. refl.* ter cuidado [vor +dat., com]

Vorsehung *s. f.* Providência*,f* (divina)

Vorsicht *s. f.* precaução*,f*, cautela*,f*; Vorsicht!: cuidado!

vorsichtig *adj.* prudente

vorsichtshalber *adv.* por precaução

Vorsichtsmaßnahme *s. f.* medida*,f* de precaução

Vorsilbe *s. f.* GRAMÁTICA prefixo*,m*

Vorsitz *s. m.* presidência*,f*

Vorsitzende(r) *s. m. e f.* presidente*,m. e f.*

Vorsorge *s. f.* 1. precaução*,f*; 2. MEDICINA prevenção*,f*

vorsorgen *v. intr.* prevenir-se [für +ac., para]

Vorsorgeuntersuchung *s. f.* MEDICINA exame*,m* de prevenção

vorsorglich adj. preventivo, providente
Vorspann s. m. (de filme) genérico_m.
Vorspeise s. f. CULINÁRIA entrada_f.
Vorspiel s. m. MÚSICA prelúdio_m.
vorspielen v. tr. 1. (canção) tocar; 2. (sketch) representar
Vorsprung s. m. 1. saliência_f.; 2. avanço_m. [vor +dat., sobre]
Vorstadt s. f. arrabaldes_{m. pl.}
Vorstand s. m. direcção_f.
vorstehen v. intr. 1. sobressair; 2. dirigir
vorstellbar adj. imaginável, concebível
vorstellen I v. tr. 1. pôr à frente; 2. apresentar; 3. (relógio) adiantar; 4. imaginar; sich [dat.] etwas vorstellen: imaginar alguma coisa; II v. refl. apresentar-se
Vorstellung s. f. 1. apresentação_f.; 2. ideia_f.; 3. espectáculo_m.; (cinema) sessão_f.
Vorstellungsgespräch s. nt. entrevista_f. (de emprego)
Vorstoß s. m. 1. MILITAR ataque_m.; 2. investida_f.
vorstoßen v. intr. avançar
Vorstrafe s. f. DIREITO antecedente_m. criminal
vorstrecken v. tr. 1. (cabeça) esticar; 2. (dinheiro) adiantar
vortäuschen v. tr. fingir
Vorteil s. m. vantagem_f.
vorteilhaft adj. vantajoso
Vortrag s. m. conferência_f.
vortragen v. tr. 1. (poema) recitar; 2. expor
vortrefflich adj. excelente, primoroso
vortreten v. intr. dar um passo em frente, avançar
vorüber adv. passado; es ist vorüber: já passou
vorübergehen v. intr. passar [an +dat., por/junto de]
vorübergehend adj. passageiro
Vorurteil s. nt. preconceito_m.
Vorverkauf s. m. venda_f. antecipada
Vorwahl s. f. TELECOMUNICAÇÕES indicativo_m.
Vorwand s. m. pretexto_m.
vorwärmen v. tr. aquecer previamente
vorwarnen v. tr. avisar previamente
vorwärts adv. para a frente, em frente
Vorwärtsgang s. m. velocidade_f. para a frente
vorweg adv. 1. antecipadamente; 2. à frente
vorwegnehmen v. tr. antecipar
vorweisen v. tr. 1. apresentar, mostrar; 2. (conhecimentos) demonstrar
vorwerfen v. tr. jemandem etwas vorwerfen: acusar alguém de alguma coisa
vorwiegend adv. principalmente
vorwitzig adj. petulante, impertinente
Vorwort s. nt. prefácio_m.
Vorwurf s. m. acusação_f., censura_f.
vorwurfsvoll adj. reprovador
Vorzeichen s. nt. 1. presságio_m.; 2. sinal_m.; sintoma_m.
vorzeigen v. tr. mostrar; apresentar
vorzeitig I adj. prematuro, antecipado; II adv. prematuramente, antecipadamente
vorziehen v. tr. 1. puxar para a frente; (cortina) correr; 2. preferir
Vorzimmer s. nt. 1. sala_f. de espera; 2. (Áustria) entrada_f.
Vorzug s. m. 1. (sem pl.) preferência_f.; 2. qualidade_f., vantagem_f.
vorzüglich adj. excelente
vulgär adj. vulgar, ordinário
Vulkan s. m. vulcão_m.
Vulkanausbruch s. m. erupção_f. vulcânica

W

W, w *s. nt.* W, w$_m$.
Waage *s. f.* 1. balança$_f$; 2. (zodíaco) Balança$_f$
waagerecht *adj.* horizontal
wabbelig *adj. (coloq.)* mole, flácido
Wabe *s. f.* favo$_m$.
wach *adj.* acordado; **wach werden**: despertar
Wachdienst *s. m.* serviço$_m$ de vigilância
Wache *s. f.* 1. guarda$_{m\ e\ f}$; 2. vigilância$_f$; **Wache stehen**: estar de sentinela; 3. esquadra$_f$
wachen *v. intr.* vigiar, fiscalizar
Wachmann *s. m.* 1. segurança$_m$; 2. *(Áustria)* polícia$_m$
Wacholder *s. m.* BOTÂNICA zimbro$_m$.
Wachs *s. nt.* cera$_f$
wachsam *adj.* vigilante, atento
Wachsamkeit *s. f.* vigilância$_f$
wachsen I *v. tr.* encerar; II *v. intr.* crescer; aumentar
Wachstum *s. nt.* crescimento$_m$; aumento$_m$.
Wachtel *s. f.* ZOOLOGIA codorniz$_f$
Wächter *s. m.* guarda$_{m\ e\ f}$.
wackelig *adj.* 1. vacilante; 2. tremido
Wackelkontakt *s. m.* mau contacto$_m$.
wackeln *v. intr.* 1. abanar; 2. estar pouco seguro
Wade *s. f.* barriga$_f$ da perna
Waffe *s. f.* arma$_f$
Waffel *s. f.* CULINÁRIA bolacha$_f$ quente
Waffenschein *s. m.* licença$_f$ de porte de arma
Waffenstillstand *s. m.* cessar-fogo$_m$, tréguas$_{f.\,pl}$
Wagemut *s. m.* audácia$_f$, ousadia$_f$

wagemutig *adj.* audaz, ousado
wagen *v. tr.* 1. atrever-se [zu +*dat.*, a], ousar; 2. arriscar
Wagen *s. m.* 1. carro$_m$; 2. carruagem$_f$; carroça$_f$; 3. ASTRONOMIA **der Große/Kleine Wagen**: a Ursa Maior/ Menor
Wagenheber *s. m.* MECÂNICA macaco$_m$.
Waggon *s. m.* vagão$_m$.
waghalsig *adj.* arrojado
Wagnis *s. nt.* risco$_m$
Wagon *s. m.* vagão$_m$.
Wahl *s. f.* 1. escolha$_f$, opção$_f$; 2. POLÍTICA eleições$_{f.\,pl}$; voto$_m$
wahlberechtigt *adj.* com direito de voto
Wahlbeteiligung *s. f.* afluência$_f$ às urnas
wählen I *v. tr.* 1. POLÍTICA eleger; **jemanden wählen**: votar em alguém; 2. (número de telefone) marcar; II *v. intr.* 1. escolher; 2. (telefone) marcar o número
Wähler *s. m.* eleitor$_m$
wählerisch *adj.* picuinhas, esquisito
Wahlfach *s. nt.* disciplina$_f$ de opção
Wahlkampf *s. m.* campanha$_f$ eleitoral
wahllos I *adj.* indiscriminado, ao acaso; II *adv.* indiscriminadamente
Wahlpflicht *s. f.* voto$_m$ obrigatório
Wahlrecht *s. nt.* direito$_m$ de voto
Wählscheibe *s. f.* disco$_m$ (do telefone)
Wahlurne *s. f.* urna$_f$ eleitoral
wahlweise *adv.* à escolha
Wahn *s. m.* 1. ilusão$_f$; 2. MEDICINA delírio$_m$.
Wahnsinn *s. m.* 1. demência$_f$; 2. *(coloq.)* loucura$_f$
wahnsinnig I *adj.* louco; II *adv. (coloq.)* incrivelmente

wahr *adj.* 1. verdadeiro; nicht wahr?: não é (verdade)?; 2. real, verídico

wahren *v. tr.* 1. guardar; conservar; 2. salvaguardar, defender ❖ den Schein wahren: manter as aparências

während I *prep.* [+*gen.*] durante; II *cj.* 1. (temporal) enquanto; 2. ao passo que, enquanto (que)

währenddessen *adv.* enquanto isso, entretanto

wahrhaftig *adv.* na verdade, realmente

Wahrheit *s. f.* verdade$_f$

wahrnehmen *v. tr.* 1. aperceber-se de, notar; 2. aproveitar; eine Gelegenheit wahrnehmen: aproveitar uma oportunidade; 3. (interesses, direitos) zelar por

Wahrnehmung *s. f.* 1. percepção$_f$; 2. (interesses, direitos) defesa$_f$

wahrsagen *v. intr.* profetizar, prever o futuro

Wahrsager *s. m.* adivinho$_m$

wahrscheinlich I *adj.* provável, verosímil; II *adv.* provavelmente

Wahrscheinlichkeit *s. f.* probabilidade$_f$

Währung *s. f.* moeda$_f$

Währungsunion *s. f.* união$_f$ monetária

Wahrzeichen *s. nt.* símbolo$_m$, brasão$_m$

Waise *s. f.* órfão$_m$

Wal *s. m.* ZOOLOGIA baleia$_f$

Wald *s. m.* floresta$_f$, bosque$_m$

Waldbrand *s. m.* incêndio$_m$ florestal

Waldsterben *s. nt.* degradação$_f$ das florestas

Wall *s. m.* 1. valado$_m$; 2. dique$_m$

Wallfahrer *s. m.* peregrino$_m$

Wallfahrt *s. f.* peregrinação$_f$

Wallfahrtsort *s. m.* lugar$_m$ de peregrinação

Walnuss *s. f.* noz$_f$

Walross *s. nt.* ZOOLOGIA morsa$_f$

Walze *s. f.* rolo$_m$, cilindro$_m$

walzen *v. tr.* 1. (metal) laminar; 2. (estrada) aplanar

wälzen I *v. tr.* rolar; revolver; rodar; II *v. refl.* rebolar-se; dar voltas

Walzer *s. m.* valsa$_f$

wand *pret. imp. de* winden

Wand *s. f.* parede$_f$; spanische Wand: biombo$_m$

Wandel *s. m.* mudança$_f$, transformação$_f$

wandeln I *v. tr.* transformar; II *v. refl.* transformar-se

Wanderer *s. m.* caminhante$_{m.\,e\,f.}$, turista$_{m.\,e\,f.}$ a pé

wandern *v. intr.* andar a pé, fazer caminhadas

Wanderung *s. f.* excursão$_f$ a pé, caminhada$_f$

Wandlung *s. f.* mudança$_f$

Wandmalerei *s. f.* pintura$_f$ a fresco

Wandschrank *s. m.* armário$_m$ de parede

Wange *s. f.* face$_f$

wankelmütig *adj.* inconstante

wanken *v. intr.* vacilar

wann *adv.* quando; seit wann?: desde quando?; wann auch immer: seja quando for

Wanne *s. f.* 1. bacia$_f$; 2. banheira$_f$

Wanze *s. f.* 1. ZOOLOGIA percevejo$_m$; 2. (coloq.) aparelho$_m$ de escuta

Wappen *s. nt.* brasão$_m$

war *pret. imp. de* sein

warb *pret. imp. de* werben

Ware *s. f.* mercadoria$_f$

Warenhaus *s. nt.* armazém$_m$

Warenlager *s. nt.* armazém$_m$, depósito$_m$ de mercadorias

Warenprobe *s. f.* amostra$_f$

Warenumsatzsteuer *s. f.* (Suíça) imposto$_m$ sobre o valor acrescentado

Warenzeichen *s. nt.* marca$_f$

warf *pret. imp. de* werfen
warm *adj.* 1. quente; 2. caloroso
Wärme *s. f.* calor$_m$
Wärmekraftwerk *s. nt.* central$_f$ de energia térmica
wärmen I *v. intr.* aquecer; II *v. refl.* aquecer-se
Wärmflasche *s. f.* botija$_f$ (de água quente)
warmherzig *adj.* caloroso
Warnblinkanlage *s. f.* luzes$_{f.pl}$ de perigo, quatro piscas$_{m.pl}$
Warndreieck *s. nt.* triângulo$_m$ de pré-sinalização
warnen *v. tr.* avisar, alertar [vor +dat., de]
Warnung *s. f.* aviso$_m$, advertência$_f$ [vor +dat., para]
Warschau *s. nt.* Varsóvia$_f$
Warteliste *s. f.* lista$_f$ de espera
warten I *v. tr.* ENGENHARIA fazer a manutenção de; II *v. intr.* esperar, aguardar [auf +ac., por]; na warte!: se te agarro!
Wärter *s. m.* guarda$_{m.\,e\,f.}$
Wartesaal *s. m.* sala$_f$ de espera
Warteschlange *s. f.* fila$_f$ de espera
Wartezimmer *s. nt.* sala$_f$ de espera
Wartung *s. f.* manutenção$_f$
warum *adv.* porquê?; por que motivo?
Warze *s. f.* verruga$_f$
was I *pron. interr.* (o) que; was ist los?: (o) que aconteceu?; was du nicht sagst!: não me digas!; ach was!: qual quê!; II *pron. rel.* (o) que, aquilo que; das ist alles, was ich will: é tudo o que quero; III *pron. indef.* (coloq.) alguma coisa
Waschanlage *s. f.* lavagem$_f$ automática
Waschbecken *s. nt.* lavatório$_m$
Wäsche *s. f.* 1. lavagem$_f$; 2. roupa$_f$ suja
waschecht *adj.* 1. (roupa) lavável; que não tinge; 2. (coloq.) genuíno, de gema
Wäscheklammer *s. f.* mola$_f$ da roupa
Wäscheleine *s. f.* corda$_f$ da roupa
waschen I *v. tr.* 1. lavar; 2. (coloq.) (dinheiro) branquear; II *v. refl.* lavar-se
Wäscherei *s. f.* lavandaria$_f$
Wäscheschleuder *s. f.* centrifugadora$_f$ de roupa
Wäschetrockner *s. m.* secador$_m$ de roupa
Waschlappen *s. m.* esponja$_f$ de banho
Waschmaschine *s. f.* máquina$_f$ de lavar roupa
Waschmittel *s. nt.* detergente$_m$ da roupa
Waschpulver *s. nt.* detergente$_m$ em pó (para a roupa)
Wasser *s. nt.* água$_f$
Wasserbad *s. nt.* CULINÁRIA banho-maria$_m$
Wasserdampf *s. m.* vapor$_m$ de água
wasserdicht *adj.* impermeável; à prova de água
Wasserfall *s. m.* cascata$_f$
Wasserfarbe *s. f.* aguarela$_f$
Wasserflugzeug *s. nt.* hidroavião$_m$
Wasserhahn *s. m.* torneira$_f$ da água
Wasserhaushalt *s. m.* BIOLOGIA, MEDICINA reserva$_f$ de água (no organismo)
Wasserkraftwerk *s. nt.* central$_f$ hidráulica
Wasserleitung *s. f.* canalização$_f$
wasserlöslich *adj.* solúvel em água
Wassermangel *s. m.* falta$_f$ de água
Wassermann *s. m.* (zodiaco) Aquário$_m$
Wassermelone *s. f.* melancia$_f$
wässern *v. tr.* 1. (árvores, jardim) regar; 2. CULINÁRIA pôr de molho, demolhar
Wasserpflanze *s. f.* planta$_f$ aquática
wasserscheu *adj.* hidrópico, que tem medo da água
Wasserski *s. nt.* esqui$_m$ aquático
Wassersport *s. m.* desporto$_m$ aquático
Wasserstand *s. m.* nível$_m$ da água
Wasserstoff *s. m.* QUÍMICA hidrogénio$_m$

Wasserstraße *s. f.* via*f* fluvial
Wasserwaage *s. f.* nível*m* de bolha de ar
Wasserwerk *s. nt.* estação*f* de depósito de água
Watsche *s. f. (Áustria)* bofetada*f*
watscheln *v. intr.* gingar
Watt[1] *s. nt.* ⟨-(e)s, -en⟩ (no mar) baixio*m*
Watt[2] *s. nt.* ⟨-s, -⟩ FÍSICA vátio*m*, watt*m*
Watte *s. f.* algodão*m* (em rama)
weben *v. tr.* tecer
Webstuhl *s. m.* tear*m*
Wechsel *s. m.* 1. troca*f*, permuta*f*; 2. mudança*f*; 3. letra*f* de câmbio
Wechselbeziehung *s. f.* interrelação*f*, [zwischen +*dat.*, entre]
Wechselgeld *s. nt.* troco*m*
wechselhaft *adj.* instável, incerto
Wechseljahre *s. pl.* menopausa*f*
Wechselkurs *s. m.* taxa*f* de câmbio
wechseln I *v. tr.* trocar; cambiar; mudar; II *v. intr.* mudar
wechselseitig *adj.* mútuo, recíproco
Wechselstrom *s. m.* ELECTRICIDADE corrente*f* alterna
Wechselwirkung *s. f.* interacção*f*, reciprocidade*f*
wecken *v. tr.* acordar, despertar
Wecken *s. m. (Áustria)* pãozinho*m*
Wecker *s. m.* despertador*m*
wedeln *v. intr.* acenar; abanar
weder *cj.* nem; weder... noch...: nem... nem...
weg *adv.* 1. fora, embora; sie ist schon weg: ela já foi (embora); geh weg!: vai-te embora!; 2. desaparecido; 3. longe; das ist weit weg: isso fica longe
Weg *s. m.* 1. caminho*m*; atalho*m*; 2. trajecto*m*; 3. via*f*; auf diesem Weg: desta maneira
wegbleiben *v. intr.* não vir, não comparecer
wegbringen *v. tr.* levar
wegen *prep.* [+*gen./dat.*] por causa de
wegfahren *v. intr.* partir, sair de carro
wegfallen *v. intr.* ser eliminado, desaparecer
weggeben *v. tr.* dar, desfazer-se de
weggehen *v. intr.* ir(-se) embora, partir
weglassen *v. tr.* 1. deixar ir; 2. *(coloq.)* (linha, página) saltar, omitir
weglaufen *v. intr.* fugir [vor +*dat.*, de]
wegmachen *v. tr. (coloq.)* tirar
wegmüssen *v. intr. (coloq.)* ter de ir (embora), ter de sair
wegnehmen *v. tr.* 1. tirar; 2. roubar
wegräumen *v. tr.* guardar, arrumar
wegschicken *v. tr.* 1. (correio, pacote) mandar, enviar; 2. (pessoa) mandar embora
wegtun *v. tr.* 1. guardar; tirar; 2. deitar fora
Wegweiser *s. m.* 1. directório*m*; 2. roteiro*m*
wegwerfen *v. tr.* deitar fora, pôr fora
Wegwerfprodukt *s. nt.* produto*m* descartável
wegziehen I *v. tr.* tirar, retirar; II *v. intr.* mudar-se
weh I *adj.* magoado, ferido; II *interj.* o weh!: caramba!, meu deus!
wehen *v. intr.* 1. soprar; 2. flutuar, ondear
Wehen *s. pl.* dores*f. pl* de parto, contracções*f. pl.*
wehleidig *adj.* plangente, queixoso
Wehmut *s. f.* melancolia*f*, saudade*f*
wehmütig *adj.* melancólico, saudoso
Wehr[1] *s. f.* ⟨-, -en⟩ 1. arma; 2. defesa, resistência; sich zur Wehr setzen: defender-se, resistir
Wehr[2] *s. nt.* ⟨-(e)s, -e⟩ represa*f*, barragem*f*
Wehrdienst *s. m.* serviço*m* militar
wehren *v. refl.* defender-se
wehrlos *adj.* indefeso
Wehrmann *s. m. (Suíça)* soldado*m*

Wehrpflicht *s. f.* serviço*ₘ* militar obrigatório

Wehrpflichtige(r) *s. m.* pessoa*f* sujeita ao serviço militar obrigatório

wehtun *v. intr.* doer; magoar

Weib *s. nt. (depr.)* mulher*f*

Weibchen *s. nt.* ZOOLOGIA fêmea*f*

weiblich *adj.* feminino

weich *adj.* 1. mole; fofo; 2. macio; 3. brando; suave

Weiche *s. f.* (comboio) agulha*f*

Weichspüler *s. m.* amaciador*ₘ*

Weide *s. f.* 1. BOTÂNICA salgueiro*ₘ*; 2. pastagem*f*

weiden *v. intr.* pastar

weigern *v. refl.* recusar-se, negar-se [*zu +inf.*, *a +inf.*]

Weigerung *s. f.* recusa*f*

weihen *v. tr.* ordenar, consagrar

Weiher *s. m.* tanque*ₘ*, viveiro*ₘ*

Weihnachten *s. nt.* Natal*ₘ*

weihnachtlich *adj.* natalício

Weihnachtsabend *s. m.* noite*f* de Natal, consoada*f*

Weihnachtsbaum *s. m.* árvore*f* de Natal

Weihnachtsgeld *s. nt.* subsídio*ₘ* de Natal

Weihnachtsmann *s. m.* Pai*ₘ* Natal

Weihnachtsmarkt *s. m.* venda*f* de Natal

Weihrauch *s. m.* incenso*ₘ*

Weihwasser *s. nt.* água*f* benta

weil *cj.* porque

Weile *s. f.* bocado*ₘ* (de tempo), algum tempo*ₘ*; **vor einer Weile**: há pouco (tempo)

Wein *s. m.* vinho*ₘ*

Weinbau *s. m.* vinicultura*f*

Weinbeere *s. f.* (*Áustria, Suíça*) uva*f* passa

Weinberg *s. m.* vinha*f*

Weinbrand *s. m.* aguardente*f* (de uva), conhaque*ₘ*

weinen *v. intr.* chorar [*vor +dat.*, de]

Weinessig *s. m.* vinagre*ₘ* de vinho

Weingeist *s. m.* álcool*ₘ* vínico

Weinkarte *s. f.* lista*f* dos vinhos

Weinkeller *s. m.* adega*f*

Weinlese *s. f.* vindima*f*

Weinprobe *s. f.* prova*f* de vinhos

Weinrebe *s. f.* BOTÂNICA videira*f*

weinrot *adj.* cor de vinho

Weinstock *s. m.* videira*f*

Weintraube *s. f.* uva*f*

weise *adj.* sábio

Weise *s. f.* maneira*f*, modo*ₘ*; **auf diese Weise**: deste modo; **in gewisser Weise**: de certa maneira/forma

weisen *v. tr.* indicar; **jemanden aus dem Land weisen**: expulsar alguém do país

Weise(r) *s. m. e f.* sábi|lo, -a*ₘ, f*

Weisheit *s. f.* sabedoria*f*

Weisheitszahn *s. m.* dente*ₘ* do siso

weiß *adj.* branco, alvo

Weißbrot *s. nt.* pão*ₘ* branco, pão*ₘ* de trigo

weißhaarig *adj.* de cabelo(s) branco(s)

Weißkohl *s. m.* couve*f* branca

Weißwein *s. m.* vinho*ₘ* branco

Weisung *s. f.* instrução*f*

weit I *adj.* 1. grande; 2. longo; 3. vasto, largo; **von weitem**: de longe; II *adv.* 1. muito; **weit größer/mehr**: muito maior/mais; **es ist weit nach Mitternacht**: passa muito da meia-noite; 2. longe

Weitblick *s. m.* perspicácia*f*

Weite *s. f.* 1. vastidão*f*, extensão*f*; 2. distância*f*

weiter I *adj.* 1. outro, mais; 2. seguinte; a seguir; **ohne weiteres**: sem mais (nada); **bis auf weiteres**: até ver; II *adv.* depois; **nichts/niemand weiter**: mais nada/ninguém; **und so weiter**: e por aí fora

Weiterbildung *s. f.* formação*f* complementar, reciclagem*f*
Weiterfahrt *s. f.* continuação*f* da viagem
weitergehen *v. intr.* 1. seguir; 2. continuar
weiterhin *adv.* 1. daqui em diante; etwas weiterhin tun: continuar a fazer alguma coisa; 2. além disso
weiterkommen *v. intr.* avançar; progredir
weitermachen *v. intr.* continuar [mit +*dat.*, com]
weiterreisen *v. intr.* continuar viagem
weitersagen *v. tr.* divulgar
weitgehend I *adj.* extenso, vasto; II *adv.* em grande parte
weitreichend *adj.* vasto
weitsichtig *adj.* 1. perspicaz; 2. MEDICINA presbita
Weitsprung *s. m.* salto*m* em comprimento
weitverbreitet *adj.* divulgado, generalizado
Weitwinkelobjektiv *s. nt.* FOTOGRAFIA lente*f* grande-angular
Weizen *s. m.* trigo*m*
welche(r, s) I *pron. interr.* que; qual, quais; aus welchem Grund?: por que razão?; II *pron. indef.* algum; III *pron. rel.* que
welk *adj.* murcho
welken *v. intr.* murchar, secar, definhar
Wellblech *s. nt.* chapa*f* ondulada
Welle *s. f.* 1. onda*f*; 2. ENGENHARIA eixo*m*
Wellenbrecher *s. m.* quebra-mar*m*
Wellengang *s. m.* ondulação*f*
Wellenlänge *s. f.* FÍSICA comprimento*m* de onda
Wellenreiten *s. nt.* surf*m*
Wellensittich *s. m.* ZOOLOGIA periquito*m*
wellig *adj.* ondulado
Wellpappe *s. f.* cartão*m* canelado
Welpe *s. m.* ZOOLOGIA cachorro*m*
Welschschweiz *s. f. (Suíça)* Suíça*f* francesa

Welt *s. f.* 1. mundo*m*; 2. Terra*f*
Weltall *s. nt.* universo*m*
Weltanschauung *s. f.* mundividência*f*, concepção*f* do mundo
weltberühmt *adj.* mundialmente famoso
weltfremd *adj.* ingénuo, inocente
Weltkrieg *s. m.* guerra*f* mundial
Weltkulturerbe *s. nt.* património*m* mundial
weltlich *adj.* 1. mundano, profano; 2. secular
Weltmacht *s. f.* potência*f* mundial
Weltmarkt *s. m.* mercado*m* mundial
Weltmeister *s. m.* campeão*m* mundial
Weltmeisterschaft *s. f.* campeonato*m* do mundo; (futebol) mundial*m*
Weltraum *s. m.* espaço*m*
Weltreise *s. f.* volta*f* ao mundo
Weltrekord *s. m.* recorde*m* mundial
Weltuntergang *s. m.* fim*m* do mundo
weltweit I *adj.* mundial, universal; II *adv.* universalmente
Weltwunder *s. nt.* maravilha*f* do mundo
wem I *dat. de* wer; II *pron. rel.* a quem, para quem
wen I *ac. de* wer; II *pron. rel.* (a) quem
Wende *s. f.* viragem*f*, transição*f*
Wendekreis *s. m.* GEOGRAFIA trópico*m*; der Wendekreis des Krebses/Steinbocks: o trópico de Câncer/Capricórnio
Wendeltreppe *s. f.* escada*f* em caracol
wenden I *v. tr. e intr.* virar; II *v. refl.* virar-se, dirigir-se; sich an jemanden wenden: dirigir-se a alguém
Wendepunkt *s. m.* ponto*m* de transição
wendig *adj.* 1. ágil, hábil; 2. facilmente manobrável
Wendung *s. f.* 1. volta*f*; 2. viragem*f*, mudança*f*; 3. expressão*f* idiomática
wenig *adv. e pron. indef.* pouco

weniger *pron. indef. e adv.* menos; weniger als: menos de, menos (do) que; weniger werden: diminuir

wenigstens *adv.* ao menos, pelo menos

wenigste(r, s) *pron. indef.* menor (número de), mínimo; die wenigsten: muito poucos

wenn *cj.* 1. quando; jedes Mal, wenn...: cada vez que..., sempre que...; 2. se; no caso de; wenn dem so ist: se é assim; 3. wenn auch: ainda que, mesmo que, embora; 4. se (ao menos); wenn er doch bald käme!: se (ao menos) ele viesse em breve!

wennschon *cj. (coloq.)* und wennschon!: e depois?, e daí?

wer I *pron. interr.* quem; II *pron. rel.* quem; wer auch immer: seja quem for

Werbeagentur *s. f.* agência, de publicidade

Werbefernsehen *s. nt.* publicidade, televisiva

werben I *v. tr.* recrutar, angariar; II *v. intr.* fazer publicidade [für +ac., a]

Werbespot *s. m.* anúncio, publicitário, reclame,

Werbung *s. f.* 1. publicidade,, propaganda,; 2. recrutamento,, angariação,

Werdegang *s. m.* desenvolvimento,, evolução,

werden I *v. intr.* 1. ficar; alt/krank werden: envelhecer/adoecer; 2. tornar-se, ser; vir a ser; er will Arzt werden: ele quer ser médico; was ist aus ihm geworden?: o que é feito dele?; II *v. aux.* 1. (futuro) ir, haver de; ich werde ihn einladen: eu vou convidá-lo, eu hei-de o convidar; 2. (passiva) ser; mir wurde gesagt, dass...: foi-me dito que...; 3. (Konjunktiv II) ficaria, seria; ich würde dich gerne wiedersehen: eu gostaria muito de voltar a ver-te

werfen I *v. tr.* 1. atirar, lançar, deitar; 2. (animais) parir; II *v. intr.* atirar [mit +dat., com]

Werft *s. f.* estaleiro,

Werk *s. nt.* 1. obra,; trabalho,; 2. fábrica,

Werkstatt *s. f.* oficina,

Werktag *s. m.* dia, útil

werktags *adv.* nos dias úteis

Werkzeug *s. nt.* ferramenta,

wert *adj.* etwas wert sein: valer alguma coisa; es ist nicht der Mühe wert: não vale a pena

Wert *s. m.* valor,; importância,

Wertbrief *s. m.* valor, declarado

werten *v. tr.* avaliar [als, como]

Wertgegenstand *s. m.* objecto, de valor

wertlos *adj.* sem valor

Wertpapier *s. nt.* título,, valor,

Wertsachen *s. pl.* objectos,, pl. de valor

Wertstoff *s. m.* material, reciclável

Wertung *s. f.* 1. avaliação,; 2. DESPORTO classificação,, pontuação,

wertvoll *adj.* valioso, precioso

Wesen *s. nt.* 1. ser,, ente,; 2. *(sem pl.)* essência,, substância,; 3. *(sem pl.)* natureza,, índole,

wesentlich I *adj.* essencial; II *adv.* consideravelmente

weshalb *adv.* porque

Wespe *s. f.* ZOOLOGIA vespa,

wessen I *gen. de* wer; II *pron. rel.* (de) quem

Wessi *s. m. (coloq.)* alemão, ocidental

westdeutsch *adj.* alemão ocidental

Westdeutschland *s. nt.* Alemanha, Ocidental

Weste *s. f.* colete,

Westen *s. m.* ocidente,, oeste,

Westeuropa *s. nt.* Europa, Ocidental

westlich *adj.* ocidental

weswegen *adv.* porque

Wettbewerb s. m. 1. concurso$_m$; 2. DESPORTO campeonato$_m$; 3. ⟨sem pl.⟩ concorrência$_f$

Wette s. f. aposta$_f$; um die Wette: ao desafio

wetteifern v. intr. competir

wetten v. tr. e intr. apostar

Wetter s. nt. tempo$_m$

Wetterbericht s. m. boletim$_m$ meteorológico

Wetterdienst s. m. serviço$_m$ meteorológico

Wetterkarte s. f. mapa$_m$ meteorológico

Wetterlage s. f. estado$_m$ do tempo

Wettervorhersage s. f. previsão$_f$ do tempo

Wettkampf s. m. DESPORTO competição$_f$, desafio$_m$

Wettlauf s. m. corrida$_f$

WG [abrev. de Wohngemeinschaft] habitação$_f$ partilhada

Whisky s. m. whisky$_m$, uísque$_m$

wich pret. imp. de weichen

wichtig adj. importante; sich wichtig machen: fazer-se importante

Wichtigkeit s. f. importância$_f$

Wichtigtuer s. m. presumido$_m$, convencido$_m$

wickeln v. tr. 1. enrolar; 2. (bebé) mudar a fralda a

Widder s. m. 1. ZOOLOGIA carneiro$_m$; 2. (zodíaco) Carneiro$_m$

wider prep. [+ac.] contra

Widerhandlung s. f. (Suíça) infracção$_f$

widerlegen* v. tr. refutar, impugnar

widerlich adj. repugnante, nojento

widerrechtlich adj. ilegal, ilícito

Widerruf s. m. 1. (de ordem) revogação$_f$, contra-ordem$_f$; 2. (de declaração) desmentido$_m$, retractação$_f$

widerrufen* v. tr. 1. revogar; 2. retractar

Widersacher s. m. adversário$_m$

widersetzen* v. refl. opor-se, resistir

widersinnig adj. absurdo

widerspenstig adj. renitente, pertinaz, rebelde

Widerspenstigkeit s. f. pertinácia$_f$, rebeldia$_f$

widerspiegeln v. tr. reflectir

widersprechen* v. intr. jemandem widersprechen: contrariar/contradizer alguém; etwas wider sprechen: contestar alguma coisa

Widerspruch s. m. 1. ⟨sem pl.⟩ protesto$_m$; 2. contradição$_f$; im Widerspruch zu etwas stehen: estar em contradição com alguma coisa

widersprüchlich adj. contraditório

widerspruchslos adj. sem contradições

Widerstand s. m. resistência$_f$

widerstandsfähig adj. resistente

widerstandslos adj. sem resistência

widerstehen* v. intr. resistir

widerwärtig adj. repugnante

Widerwille s. m. 1. repugnância$_f$, aversão$_f$; 2. relutância$_f$, má vontade$_f$

widerwillig I adj. contrariado, relutante; II adv. de má vontade, com relutância

widmen I v. tr. dedicar; II v. refl. dedicar-se

Widmung s. f. dedicatória$_f$

wie I adv. 1. (interrogativo) como, de que modo; que; wie oft?: quantas vezes?; wie spät ist es?: que horas são?; 2. (relativo) como; die Art, wie er spricht: a maneira como ele fala; 3. (exclamação) que; wie schade!: que pena!; II cj. (comparação) como, quanto; wie immer: como sempre

wieder adv. 1. outra vez, de novo; 2. voltar a, tornar a

Wiederaufbau s. m. reconstrução$_f$

Wiederaufnahme s. f. 1. recomeço$_m$; 2. DIREITO (processo judicial) revisão$_f$

Wiedereröffnung s. f. reabertura_f_
Wiedergabe s. f. 1. reprodução_f_; 2. representação_f_
wiedergeben v. tr. 1. devolver; 2. reproduzir; 3. repetir
Wiedergutmachung s. f. 1. (de prejuízo) reparação_f_; 2. ressarcimento_m_; compensação_f_
wiederherstellen v. tr. restabelecer
wiederholen¹ v. tr. ir buscar (de volta)
wiederholen*² v. tr. 1. repetir; 2. recapitular
Wiederholung s. f. 1. repetição_f_; 2. recapitulação_f_
Wiederhören s. nt. auf Wiederhören!: até à próxima!, adeus!
Wiederkäuer s. m. ZOOLOGIA ruminante_m_
Wiederkehr s. f. regresso_m_
Wiedersehen s. nt. reencontro_m_; auf Wiedersehen!: adeus!, até à vista!
wiederum adv. 1. de novo, outra vez; 2. por outro lado, em compensação
Wiedervereinigung s. f. reunificação_f_
Wiederverwertung s. f. reaproveitamento_m_, reciclagem_f_
wiegen¹ v. tr. e intr. pesar
wiegen² v. tr. (criança) embalar
wiehern v. intr. relinchar
Wien s. nt. Viena_f_
wies pret. imp. de weisen
Wiese s. f. prado_m_
Wiesel s. nt. ZOOLOGIA doninha_f_
wieso adv. a que propósito, por que razão
wievielte(r, s) adj. qual; den Wievielten haben wir heute?: quantos são hoje?, que dia é hoje?; zum wievielten Mal?: (por) quantas vezes?
wieweit adv. até onde, até que ponto
wild adj. 1. selvagem, bravo; 2. silvestre; agreste; 3. furioso; 4. (acto) furtivo
Wild s. nt. caça_f_

wildfremd adj. absolutamente desconhecido
Wildleder s. nt. camurça_f_
Wildnis s. f. selva_f_
Wildschwein s. nt. ZOOLOGIA javali_m_
Wille s. m. vontade_f_; intenção_f_; aus freiem Willen: de livre vontade; böser Wille: má-fé; wider Willen: contra a vontade
willen prep. [+gen.] um... willen: por (amor de); um Gottes willen!: por amor de Deus!
willenlos adj. sem vontade própria
willensschwach adj. sem força de vontade
willensstark adj. com força de vontade
willig I adj. solícito, disposto; II adv. de boa vontade
willkommen adj. 1. bem-vindo; jemanden willkommen heißen: dar as boas-vindas a alguém; 2. oportuno
Willkommen s. nt. boas-vindas_f. pl._
willkürlich adj. arbitrário, despótico
wimmeln v. intr. formigar [von +dat., de], estar cheio [von +dat., de]
wimmern v. intr. gemer, choramingar
Wimper s. f. pestana_f_
Wimperntusche s. f. rímel_m_
Wind s. m. vento_m_
Windbeutel s. m. sonho_m_
Winde s. f. 1. ENGENHARIA guincho_m_; 2. BOTÂNICA trepadeira_f_, bons-dias
Windel s. f. fralda_f_
winden v. refl. 1. enroscar-se; contorcer-se; 2. esquivar-se
windgeschützt adj. abrigado (do vento)
Windhund s. m. galgo_m_
windig adj. com vento, ventoso
Windjacke s. f. impermeável_m_
Windmühle s. f. moinho_m_ de vento
Windpocken s. pl. MEDICINA varicela_f_
Windschutzscheibe s. f. pára-brisas_m_

Windstärke s. f. intensidade_f do vento
Windstille s. f. calmaria_f, bonança_f
Windstoß s. m. rajada_f de vento, pé-de-vento_m
Windsurfen s. nt. windsurf_m
Windsurfer s. m. praticante_{m. e f.} de windsurf
Wink s. m. 1. aceno_m, sinal_m; 2. indicação_f; aviso_m; palpite_m
Winkel s. m. 1. GEOMETRIA ângulo_m; 2. (re)canto_m
winken v. intr. acenar, fazer sinal
winseln v. intr. (cão) ganir
Winter s. m. Inverno_m
Wintergarten s. m. estufa_f
winterlich adj. de Inverno, hibernal
Winterschlaf s. m. hibernação_f
Winterschlussverkauf s. m. saldos_{m. pl.} de Inverno
Wintersport s. m. desporto_m de Inverno
Winzer s. m. vinicultor_m, viticultor_m
winzig adj. minúsculo, diminuto
Wipfel s. m. copa_f
Wippe s. f. gangorra_f, tábua_f de balanço
wir pron. pess. nós
Wirbel s. m. 1. redemoinho_m; 2. rodopio_m; 3. escândalo_m; bronca_f; 4. ANATOMIA vértebra_f
Wirbelsäule s. f. coluna_f vertebral
Wirbelsturm s. m. ciclone_m
Wirbelwind s. m. turbilhão_m, redemoinho_m
wirken v. intr. 1. fazer efeito, ser eficaz; gegen etwas wirken: ser eficaz contra alguma coisa; 2. parecer
wirklich I adj. real, efectivo; verdadeiro; II adv. realmente, verdadeiramente, mesmo
Wirklichkeit s. f. realidade_f
wirksam adj. eficaz
Wirksamkeit s. f. eficácia_f
Wirkstoff s. m. agente_m (químico)
Wirkung s. f. efeito_m; eficácia_f; resultado_m
wirkungslos adj. ineficaz
wirkungsvoll adj. eficaz
wirr adj. 1. enrodilhado, emaranhado; 2. desgrenhado, enriçado; 3. confuso
Wirren s. pl. confusão_f, distúrbios_{m. pl.}
Wirrwarr s. m. confusão_f, barafunda_f, trapalhada_f
Wirsingkohl s. m. BOTÂNICA couve_f sabóia
Wirt s. m. 1. dono_m; 2. senhorio_m
Wirtschaft s. f. 1. economia_f; 2. restaurante_m
wirtschaftlich adj. económico
Wirtschaftlichkeit s. f. economia_f, poupança_f
Wirtschaftslage s. f. situação_f económica
Wirtschaftswachstum s. nt. crescimento_m económico
Wirtschaftswissenschaften s. pl. ciências_{f. pl.} económicas
Wisch s. m. (depr.) papelucho_m
wischen v. tr. 1. limpar, esfregar; 2. (Suíça) varrer
wispern v. intr. cochichar, murmurar
Wissbegierde s. f. curiosidade_f
wissbegierig adj. curioso, ávido de saber
wissen v. tr. 1. saber; so viel ich weiß: que eu saiba; was weiß ich: sei lá; 2. conhecer
Wissen s. nt. conhecimento_m; saber_m; meines Wissens: que eu saiba
Wissenschaft s. f. ciência_f
Wissenschaftler s. m. cientista_{m. e f.}
wissenschaftlich adj. científico
wissenswert adj. interessante
Witfrau s. f. (Suíça) viúva_f
wittern v. tr. 1. farejar; 2. pressentir, cheirar

Witterung *s. f.* 1. tempo_m, condições_{f. pl.} meteorológicas; 2. faro_m.
Witwer *s. m.* viúvo_m.
Witz *s. m.* 1. anedota_f; Witze machen: fazer brincadeiras; 2. subtileza_f, astúcia_f.
Witzbold *s. m.* brincalhão_m.
witzig *adj.* engraçado; espirituoso
WM (futebol) [*abrev. de* Weltmeisterschaft] mundial_m.
wo I *adv.* onde; II *cj.* embora; wo sie doch wusste, dass das passieren würde: embora ela soubesse que isto ia acontecer
woanders *adv.* noutro lugar, noutro lado
wobei *adv.* 1. (interrogativo) como, por que; 2. (relativo) em que, pelo qual
Woche *s. f.* semana_f.
Wochenende *s. nt.* fim-de-semana_m.
wochenlang *adv.* semanas a fio, durante semanas
Wochentag *s. m.* dia_m. de semana; dia_m. útil
wöchentlich I *adj.* semanal; II *adv.* semanalmente, todas as semanas
Wochenzeitung *s. f.* semanário_m.
wodurch *adv.* 1. (interrogativo) como, de que modo; 2. (relativo) por onde, pelo que
wofür *adv.* 1. (interrogativo) para que, por que; 2. (relativo) para o que, pelo qual
wog *pret. imp. de* wiegen
Woge *s. f.* vaga_f, onda_f.
wogegen I *adv.* 1. (interrogativo) contra que; 2. (relativo) contra o que, contra o qual; II *cj.* enquanto (que), ao passo que
woher *adv.* (interrogativo e relativo) de onde, donde
wohin *adv.* (interrogativo e relativo) (a)onde, para onde
wohl *adv.* 1. bem; sich wohl fühlen: sentir-se bem; 2. provavelmente, certamente, talvez; porventura; ob er wohl kommt?: ele virá?
Wohl *s. nt.* bem-estar_m; auf dein/Ihr Wohl!: à tua/sua saúde!
wohlbehalten *adv.* 1. são e salvo, ileso; 2. bem conservado, em boas condições
wohlerzogen *adj.* bem-educado
wohlgemerkt *adv.* bem entendido
wohlhabend *adj.* abastado
wohlig *adj.* agradável
Wohlklang *s. m.* harmonia_f.
Wohlstand *s. m.* abastança_f, prosperidade_f.
Wohltat *s. f.* 1. boa acção_f, benefício_m; 2. (*sem pl.*) alívio_m.
wohltätig *adj.* benéfico
wohlverdient *adj.* bem merecido
Wohlwollen *s. nt.* benquerença_f, estima_f.
wohlwollend *adj.* benévolo
wohnen *v. intr.* 1. morar, viver; 2. estar alojado
Wohngebiet *s. nt.* área_f. residencial
Wohngemeinschaft *s. f.* habitação_f. partilhada
wohnhaft *adj.* residente [in +*dat.*, em]
Wohnheim *s. nt.* residência_f, lar_m.
Wohnmobil *s. nt.* autocaravana_f.
Wohnort *s. m.* morada_f.
Wohnsitz *s. m.* residência_f.
Wohnung *s. f.* andar_m, apartamento_m.
Wohnungsnot *s. f.* crise_f. habitacional
Wohnwagen *s. m.* caravana_f, roulote_f.
Wohnzimmer *s. nt.* sala_f. de estar
wölben *v. refl.* abaular, arquear
Wölbung *s. f.* abóbada_f.
Wolf *s. m.* ZOOLOGIA lobo_m.
Wolfram *s. nt.* QUÍMICA volfrâmio_m.
Wolke *s. f.* nuvem_f.
Wolkenbruch *s. m.* aguaceiro_m. torrencial
Wolkenkratzer *s. m.* arranha-céus_m.
wolkenlos *adj.* limpo, sem nuvens
wolkig *adj.* nublado

Wolle *s. f.* lã*f*
wollen[1] *adj.* de lã
wollen[2] I *v. tr.* querer; etwas lieber wollen: preferir alguma coisa; II *v. intr.* 1. querer; 2. desejar; III *v. modal* querer, tencionar
wollüstig *adj.* lascivo, voluptuoso
womit *adv.* 1. (interrogativo) com quê; 2. (relativo) com que, com o qual
womöglich *adv.* porventura, possivelmente, se calhar
wonach *adv.* 1. (interrogativo) por que, a que; 2. (relativo) pelo qual, atrás do qual
Wonne *s. f.* delícia*f*, deleite*m*
woran *adv.* 1. (interrogativo) em que; 2. (relativo) a que, ao qual, no qual
worauf *adv.* 1. (interrogativo) a que, em que; (espacial) sobre que, em que; 2. (relativo) sobre que; (temporal) depois do qual
woraus *adv.* 1. (interrogativo) de que; 2. (relativo) donde, do qual
worden *p. p. irreg. de* werden
worin *adv.* 1. (interrogativo) em que, onde; 2. (relativo) onde, no qual
Wort[1] *s. nt.* ⟨-(e)s, Wörter⟩ palavra*m*, vocábulo*m*, termo*m*
Wort[2] *s. nt.* ⟨-(e)s, -e⟩ 1. palavra*f*, conversa*f*, fala*f*; zu Wort kommen: falar; 2. ⟨sem pl.⟩ palavra*f*, promessa*f*; sein Wort halten: cumprir a sua palavra
Wörterbuch *s. nt.* dicionário*m*
Wörterverzeichnis *s. nt.* glossário*m*
wortkarg *adj.* lacónico, de poucas palavras
Wortlaut *s. m.* conteúdo*m* textual
wörtlich I *adj.* literal, textual; II *adv.* literalmente, textualmente, à letra
wortlos *adv.* sem palavras
Wortschatz *s. m.* vocabulário*m*
Wortspiel *s. nt.* jogo*m* de palavras, trocadilho*m*
Wortwechsel *s. m.* troca*f* de palavras
wortwörtlich *adj.* literal
worüber *adv.* 1. (interrogativo) sobre que, de que; 2. (relativo) de que, do qual
worum *adv.* 1. (interrogativo) de que; 2. (relativo) de que, do qual
wovon *adv.* 1. (interrogativo) de que, de quê; 2. (relativo) de que, do qual
wozu *adv.* 1. (interrogativo) para quê; 2. (relativo) para que
Wrack *s. nt.* destroços*m. pl.*
wrang *pret. imp. de* wringen
wringen *v. tr.* torcer
Wucher *s. m.* usura*f*, agiotagem*f*
wuchern *v. intr.* 1. pulular; 2. MEDICINA proliferar; 3. praticar usura
Wucherung *s. f.* excrescência*f*, tumor*m*
wuchs *pret. imp. de* wachsen
Wucht *s. f.* força*f*, peso*m*
wuchtig *adj.* 1. forte, violento; 2. volumoso, pesado
wühlen I *v. tr.* 1. esgravatar, revolver; 2. escavar; II *v. intr.* revolver, remexer
Wulst *s. m.* 1. protuberância*f*; 2. MEDICINA inchaço*m*
wulstig *adj.* balofo
wund *adj.* ferido, em ferida
Wunde *s. f.* ferida*f*
Wunder *s. nt.* 1. maravilha*f*; 2. RELIGIÃO milagre*m*
wunderbar *adj.* 1. maravilhoso, extraordinário; 2. milagroso
Wunderkind *s. nt.* menino-prodígio*m*
wunderlich *adj.* estranho, esquisito
wundern I *v. tr.* admirar; II *v. refl.* ficar admirado, admirar-se [über +*ac.*, com]
wunderschön *adj.* lindíssimo, maravilhoso
wundervoll *adj.* maravilhoso, extraordinário

Wundstarrkrampf *s. m.* MEDICINA tétano$_m$.
Wunsch *s. m.* desejo$_m$; anseio$_m$. [nach +*dat.*, por]; auf Wunsch: a pedido
wünschen *v. tr.* desejar
wünschenswert *adj.* desejável
wurde *pret. imp. de* werden
Würde *s. f.* dignidade$_f$.
würdevoll *adj.* digno, respeitável
würdig *adj.* digno
würdigen *v. tr.* 1. apreciar, estimar; 2. reconhecer, valorizar
Würdigung *s. f.* 1. apreciação$_f$, reconhecimento$_m$; 2. homenagem$_f$.
Wurf *s. m.* 1. arremesso$_m$; 2. DESPORTO lançamento$_m$; jogada$_f$, lance$_m$; 3. ninhada$_f$.
Würfel *s. m.* 1. dado$_m$; 2. MATEMÁTICA cubo$_m$.
würfeln I *v. tr.* 1. cortar em cubos; 2. (jogo) lançar; II *v. intr.* jogar os dados
Würfelspiel *s. nt.* jogo$_m$ de dados
Würfelzucker *s. m.* açúcar$_m$ em cubos
würgen I *v. tr.* esganar; II *v. intr.* sufocar, asfixiar
Wurm *s. m.* verme$_m$; bicho$_m$.
wurmen *v. tr. (coloq.)* irritar, aferroar

wurmig *adj.* bichoso
wurmstichig *adj.* com bicho; (madeira) carunchoso
Wurst *s. f.* enchido$_m$; salsicha$_f$; morcela$_f$; chouriço$_m$.
Würstchen *s. nt.* salsicha$_f$
Würze *s. f.* 1. especiaria$_f$, condimento$_m$; 2. aroma$_m$.
Wurzel *s. f.* raiz$_f$.
würzen *v. tr.* condimentar, temperar
würzig *adj.* temperado, condimentado, aromático
wusch *pret. imp. de* waschen
wusste *pret. imp. de* wissen
wüst *adj.* 1. ermo; deserto; 2. desordenado; 3. indecente; 4. mau, ruim
Wüste *s. f.* deserto$_m$.
Wut *s. f.* raiva$_f$, fúria$_f$.
Wutanfall *s. m.* acesso$_m$ de cólera, ataque$_m$ de fúria
wüten *v. intr.* 1. (tempestade) desencadear-se em fúria; 2. (epidemia, guerra) assolar, devastar
wütend *adj.* furioso; zangado

X

X, x *s. nt.* X, x*m.*
X-Beine *s. pl.* pernas*f. pl* arqueadas
x-beliebig *adj. (coloq.)* qualquer; jeder x-Beliebige: qualquer um
Xenophobie *s. f.* xenofobia*f.*
x-mal *adv. (coloq.)* vezes sem conta, inúmeras vezes
Xylophon *s. nt.* MÚSICA xilofone*m.*

Y

Y, y *s. nt.* Y, y*m.*
Yang *s. nt.* Yang*m.*
Yen *s. nt.* iene*m.*
Yeti *s. nt.* abominável homem*m.* das neves
Yin *s. nt.* Yin*m.*
Yoga *s. m. e nt.* ioga*m.*
Ypsilon *s. nt.* ípsilon*m.*, i*m.* grego
Yuppie *s. m.* yuppie*m.*

Z

Z, z *s. nt.* Z, z*m.*
Zacke *s. f.* ponta*f.*, dente*m.*
zackig *adj.* 1. recortado; 2. (pessoa) expedito
zaghaft *adj.* 1. medroso; 2. acanhado, tímido
zäh *adj.* 1. rijo, duro; 2. tenaz; resistente
zähflüssig *adj.* 1. viscoso, espesso; 2. (trânsito) congestionado
Zähigkeit *s. f.* tenacidade*f.*
Zahl *s. f.* número*m.*
zahlbar *adj.* pagável
zahlen *v. tr. e intr.* pagar
zählen I *v. tr.* contar; II *v. intr.* contar; auf jemanden/etwas zählen: contar com alguém/alguma coisa
zahlenmäßig *adj.* numérico
Zahlenschloss *s. nt.* fechadura*f.* de segredo

Zahler s. m. pagador_m.
Zähler s. m. 1. contador_m; 2. MATEMÁTICA numerador_m.
zahllos adj. inúmero
zahlreich I adj. numeroso, abundante; II adv. em grande quantidade
Zahlung s. f. pagamento_m.
zahlungsfähig adj. solvente
zahlungsunfähig adj. insolvente
Zahlwort s. nt. LINGUÍSTICA numeral_m.
zahm adj. manso
zähmen v. tr. 1. domesticar, domar; 2. dominar
Zahn s. m. dente_m.
Zahnarzt s. m. dentista_m. e f.
Zahnbürste s. f. escova_f de dentes
Zahnersatz s. m. dentadura_f postiça
Zahnfleisch s. nt. gengiva_f.
zahnlos adj. desdentado
Zahnlücke s. f. falha_f de dente
Zahnmedizin s. f. medicina_f dentária
Zahnpasta s. f. pasta_f dentífrica
Zahnrad s. nt. roda_f dentada
Zahnradbahn s. f. elevador_m. de cremalheira
Zahnschmelz s. m. esmalte_m. dos dentes
Zahnschmerz s. m. dor_f de dentes
Zahnseide s. f. fio_m. dental
Zahnspange s. f. aparelho_m. de dentes
Zahnstein s. m. tártaro_m.
Zahnstocher s. m. palito_m.
Zange s. f. 1. alicate_m; 2. MEDICINA fórceps_m; 3. ZOOLOGIA tenaz_f.
zanken I v. intr. ralhar [um +ac., por causa de]; II v. refl. brigar [um +ac., por]
zänkisch adj. brigão
Zäpfchen s. nt. 1. ANATOMIA úvula_f; 2. MEDICINA supositório_m.
zapfen v. tr. tirar
Zapfen s. m. 1. BOTÂNICA pinha_f; 2. (de gelo) sincelo_m; 3. perno_m, pino_m.

Zapfenzieher s. m. (Suíça) saca-rolhas_m.
Zapfsäule s. f. bomba_f de gasolina
zappelig adj. irrequieto, inquieto
zappeln v. intr. estrebuchar
zappen v. intr. mudar de canal para canal
Zar s. m. czar_m.
zart adj. 1. tenro; 2. sensível; delicado; 3. suave
Zartgefühl s. nt. delicadeza_f.
zärtlich adj. terno, meigo, carinhoso
Zärtlichkeit s. f. 1. ⟨sem pl.⟩ ternura_f, carinho_m; 2. carícia_f, mimo_m.
Zauber s. m. 1. feitiço_m; 2. magia_f; 3. encanto_m.
Zauberei s. f. 1. ⟨sem pl.⟩ feitiçaria_f; 2. truque_m. de magia
Zauberer s. m. feiticeiro_m.
zauberhaft adj. encantador
Zauberkünstler s. m. ilusionista_m. e f.
zaubern v. intr. fazer magia
Zauberspruch s. m. fórmula_f mágica
Zauberstab s. m. varinha_f mágica
Zaum s. m. rédea_f.
Zaun s. m. cerca_f, sebe_f.
Zaunkönig s. m. ZOOLOGIA carriça_f.
Zaunpfahl s. m. estaca_f.
z. B. [abrev. de zum Beispiel] p. ex. [abrev. de por exemplo]
Zebra s. nt. ZOOLOGIA zebra_f.
Zebrastreifen s. m. passadeira_f, passagem_f para peões
Zeche s. f. 1. mina_f; 2. conta_f, despesa_f.
Zeck s. m. (Áustria) → Zecke
Zecke s. f. carraça_f.
Zeder s. f. cedro_m.
Zeh s. m. dedo_m. do pé
Zehe s. f. 1. dedo_m. do pé; 2. dente_m. de alho
Zehenspitze s. f. ponta_f do pé
zehn num. card. dez
Zehn s. f. dez_m.
zehnfach adj. dez vezes

Zehntel s. nt. décimo_m.
zehntens adv. em décimo lugar
zehnte(r, s) num. ord. décimo
Zeichen s. nt. 1. sinal_m.; marca_f.; 2. indício_m.; 3. MEDICINA sintoma_m.
Zeichenblock s. m. bloco_m. de desenho
Zeichensetzung s. f. pontuação_f.
Zeichensprache s. f. linguagem_f. gestual
Zeichentrickfilm s. m. filme_m. de desenhos animados
zeichnen v. tr. 1. desenhar; 2. marcar
Zeichner s. m. desenhador_m.
Zeichnung s. f. desenho_m.
Zeigefinger s. m. dedo_m. indicador
zeigen I v. tr. 1. mostrar; exibir; 2. indicar; II v. intr. apontar [auf +ac., para]; III v. refl. mostrar-se; das wird sich zeigen: isso se verá
Zeiger s. m. indicador_m.; ponteiro_m.
Zeile s. f. linha_f.
Zeilenabstand s. m. entrelinha_f.
Zeit s. f. 1. tempo_m.; 2. horas_f.pl.; 3. período_m.
Zeitalter s. nt. época_f., era_f., idade_f.
Zeitarbeit s. f. trabalho_m. temporário
Zeitbombe s. f. bomba-relógio_f.
Zeitgeist s. m. espírito_m. da época
zeitgemäß adj. actual, moderno
Zeitgenosse s. m. contemporâneo_m.
zeitgenössisch adj. contemporâneo
zeitlebens adv. durante toda a vida
zeitlich adj. temporal
zeitlos adj. intemporal
Zeitlupe s. f. câmara_f. lenta
Zeitplan s. m. calendário_m.
Zeitpunkt s. m. momento_m., altura_f.
Zeitraffer s. m. filme_m. acelerado
zeitraubend adj. moroso, demorado
Zeitraum s. m. espaço_m. de tempo, período_m.
Zeitschrift s. f. revista_f.

Zeitumstellung s. f. mudança_f. da hora
Zeitung s. f. jornal_m.
Zeitverschwendung s. f. perda_f. de tempo
Zeitvertrag s. m. contrato_m. a prazo
Zeitvertreib s. m. passatempo_m., entretenimento_m.
zeitweilig adj. temporário
zeitweise adv. temporariamente
Zeitzone s. f. fuso_m. horário
Zelle s. f. 1. cela_f.; 2. cabine_f.; 3. célula_f.
Zellstoff s. m. celulose_f.
Zelt s. nt. tenda_f.; barraca_f.
zelten v. intr. acampar
Zeltlager s. nt. acampamento_m.
Zement s. m. cimento_m.
zensieren* v. tr. 1. censurar; 2. avaliar, dar nota a
Zensur s. f. 1. ⟨sem pl.⟩ censura_f.; 2. (na escola) nota_f.
Zentimeter s. m. centímetro_m.
Zentner s. m. 1. (50 kg) quintal_m.; 2. (Áustria, Suíça) (100 kg) quintal_m. métrico
zentral adj. central
Zentrale s. f. central_f.
Zentraleinheit s. f. INFORMÁTICA unidade_f. central de processamento
Zentralheizung s. f. aquecimento_m. central
zentralisieren* v. tr. centralizar
Zentralverriegelung s. f. fecho_m. centralizado de portas
zentrieren* v. tr. centrar
Zentrum s. nt. centro_m.
zerbrechen* I v. tr. partir, quebrar; II v. intr. partir(-se), quebrar(-se)
zerbrechlich adj. frágil, quebradiço
zerdrücken* v. tr. esmagar, esborrachar
Zeremonie s. f. cerimónia_f.
Zerfall s. m. 1. desmoronamento_m., queda_f.; 2. decadência_f.; 3. QUÍMICA desagregação_f.; 4. FÍSICA desintegração_f.

zerfallen* *v. intr.* 1. desmoronar-se, cair; 2. decair; 3. QUÍMICA desagregar-se; 4. FÍSICA desintegrar-se

zerfetzen* *v. tr.* esfarrapar; rasgar

zerfließen *v. intr.* escorrer

zergehen* *v. intr.* desfazer-se

zerkleinern* *v. tr.* esmiuçar, triturar; partir, cortar

zerlegen* *v. tr.* 1. desmontar, desmanchar; 2. (carne) trinchar

zermürben* *v. tr.* 1. moer; 2. cansar; desmoralizar; consumir

zerquetschen* *v. tr.* esmagar

zerreißen* I *v. tr.* rasgar; II *v. intr.* rasgar (-se)

zerren I *v. tr.* arrastar; II *v. intr.* puxar [an +dat., por]

zerrissen I *p. p. de* zerreißen; II *adj.* rasgado

Zerrung *s. f.* MEDICINA distensão$_f$, muscular, entorse$_f$

zerschlagen*[1] I *v. tr.* 1. despedaçar; 2. destroçar; 3. quebrar; espatifar; II *v. refl.* falhar

zerschlagen[2] I *p. p. de* zerschlagen; II *adj.* estourado, estafado

zerschneiden* *v. tr.* retalhar

zersetzen* *v. refl.* decompor-se

Zerstäuber *s. m.* pulverizador$_m$

zerstechen* *v. tr.* (pneus) furar

zerstören* *v. tr.* destruir

Zerstörung *s. f.* destruição$_f$

zerstreuen* I *v. tr.* 1. dispersar; 2. distrair; II *v. refl.* 1. dispersar(-se); 2. distrair-se

zerstreut *adj.* 1. dissipado; disperso; 2. distraído

Zerstreutheit *s. f.* distracção$_f$

Zerstreuung *s. f.* 1. (sem pl.) dispersão$_f$; 2. distracção$_f$, diversão$_f$

zerstritten *adj.* zangado

zerstückeln* *v. tr.* partir em pedaços; esquartejar

Zertifikat *s. nt.* certificado$_m$

zertrümmern* *v. tr.* destroçar, destruir

zerzaust *adj.* desgrenhado, despenteado

Zettel *s. m.* 1. papel$_m$; 2. bilhete$_m$; talão$_m$

Zeug *s. nt.* (coloq.) coisa$_f$

Zeuge *s. m.* testemunha$_f$

zeugen *v. tr.* gerar; *v. intr.* zeugen von: revelar, mostrar

Zeugenaussage *s. f.* depoimento$_m$

Zeugenvernehmung *s. f.* audição$_f$, das testemunhas

Zeugnis *s. nt.* 1. diploma$_m$; 2. certificado$_m$

Zeugung *s. f.* geração$_f$

zeugungsunfähig *adj.* impotente, estéril

z.H. [abrev. de zu Händen von] a/c [abrev. de ao cuidado de]

Zicklein *s. nt.* ZOOLOGIA cabrito$_m$

Zickzack *s. m.* ziguezague$_m$

Ziege *s. f.* ZOOLOGIA cabra$_f$

Ziegel *s. m.* 1. tijolo$_m$; 2. telha$_f$

Ziegenkäse *s. m.* queijo$_m$ de cabra

ziehen I *v. tr.* 1. puxar; esticar; etwas nach sich ziehen: trazer alguma coisa (como consequência); 2. tirar, arrancar, extrair [aus +dat., de]; 3. (linha) traçar; 4. (fronteira) estabelecer; II *v. intr.* 1. tirar; 2. puxar; (no cigarro) dar uma passa; 3. mudar-se [in +ac., para]; 4. ir [nach/zu +dat., para]; passar [durch +ac., por]; 5. (ave) migrar; 6. (chá) abrir; III *v. refl.* 1. estender-se; 2. (coloq.) durar; IV *v. impess.* haver corrente de ar

Ziehharmonika *s. f.* MÚSICA acordeão$_m$

Ziehung *s. f.* extracção$_f$ da lotaria

Ziel *s. nt.* 1. destino$_m$; 2. objectivo$_m$; 3. DESPORTO meta$_f$; 4. alvo$_m$

zielen *v. intr.* 1. apontar [auf +ac., para]; 2. visar, dirigir-se [auf +ac., a]

Zielgruppe *s. f.* grupo$_m$ alvo

ziellos *adv.* à toa, sem rumo
Zielscheibe *s. f.* alvo_m_
zielstrebig *adj.* determinado, decidido
ziemlich I *adj.* razoável; mit ziemlicher Sicherheit: quase de certeza; II *adv.* bastante
zieren *v. refl.* fazer-se rogado, fazer cerimónia
zierlich *adj.* gracioso, elegante
Zierlichkeit *s. f.* graciosidade_f_, elegância_f_
Ziffer *s. f.* algarismo_m_, cifra_f_
Zifferblatt *s. nt.* mostrador_m_
zig *adj. inv. (coloq.)* muitos, N
Zigarette *s. f.* cigarro_m_
Zigarettenautomat *s. m.* distribuidora_f_ automática de cigarros
Zigarettenschachtel *s. f.* maço_m_ de cigarros
Zigarillo *s. nt.* cigarrilha_f_
Zigarre *s. f.* charuto_m_
Zigeuner *s. m.* cigano_m_
zigmal *adv. (coloq.)* montes de vezes
Zikade *s. f.* ZOOLOGIA cigarra_f_
Zimmer *s. nt.* sala_f_, quarto_m_
Zimmerantenne *s. f.* antena_f_ interior
Zimmermädchen *s. nt.* criada_f_ de quarto
Zimmermann *s. m.* carpinteiro_m_
zimmern *v. tr.* construir
Zimmerpflanze *s. f.* planta_f_ de interiores
zimperlich *adj.* 1. *(depr.)* melindroso; susceptível; 2. *(depr.)* afectado
Zimt *s. m.* canela_f_
Zimtstange *s. f.* pau_m_ de canela
Zink *s. nt.* QUÍMICA zinco_m_
Zinn *s. nt.* estanho_m_
Zins *s. m.* 1. juro_m_; 2. *(Áustria, Suíça)* aluguer_m_
Zinseszins *s. m.* juro_m_ composto
zinslos *adj.* isento de juros
Zinssatz *s. m.* taxa_f_ de juro
Zipfel *s. m.* ponta_f_
Zipfelmütze *s. f.* carapuço_m_, carapuça_f_

zippen *v. tr.* INFORMÁTICA compactar, zipar
Zippverschluss *s. m. (Áustria)* fecho-éclair_m_
zirka *adv.* cerca de
Zirkel *s. m.* 1. (instrumento) compasso_m_; 2. círculo_m_
zirkulieren* *v. intr.* circular
Zirkus *s. m.* circo_m_
zischen *v. intr.* sibilar; sussurrar
Zitat *s. nt.* citação_f_
zitieren* *v. tr.* citar
Zitrone *s. f.* BOTÂNICA limão_m_
Zitronenbaum *s. m.* BOTÂNICA limoeiro_m_
Zitronensaft *s. m.* sumo_m_ de limão
Zitrusfrucht *s. f.* citrino_m_
zitterig *adj.* 1. trémulo; 2. tremido
zittern *v. intr.* tremer
Zitze *s. f.* teta_f_
Zivi *s. m. (coloq.)* → Zivildienstleistende(r)
zivil *adj.* 1. civil; 2. moderado
Zivil *s. nt.* in Zivil: à paisana
Zivilbevölkerung *s. f.* população_f_ civil
Zivilcourage *s. f.* coragem_f_ (para defender as suas convicções)
Zivildienst *s. m.* serviço_m_ cívico
Zivildienstleistende(r) *s. m.* prestador_m_ de serviço cívico
Zivilisation *s. f.* civilização_f_
zivilisiert *adj.* civilizado
Zivilist *s. m.* civil_m. e f._
Zivilrecht *s. nt.* direito_m_ civil
Zmittag *s. m. e nt. (Suíça)* almoço_m_
Zmorgen *s. m. e nt. (Suíça)* pequeno-almoço_m_
Znacht *s. m. e nt. (Suíça)* jantar_m_
Znüni *s. m. e nt. (Suíça)* pequeno-almoço_m_ tardio
zocken *v. intr. (coloq.)* jogar a dinheiro
Zoff *s. m. (coloq.)* chatices_f. pl._
zog *pret. imp. de* ziehen

zögern v. intr. hesitar, vacilar
Zölibat s. nt. celibato_m
Zoll¹ s. m. (-(e)s, Zölle) 1. ⟨sem pl.⟩ alfândega_f; 2. direitos_{m. pl.} alfandegários
Zoll² s. m. (-(e)s, -) (unidade de medida) polegada_f
Zollabfertigung s. f. despacho_m alfandegário
Zollamt s. nt. alfândega_f
Zollbeamte(r) s. m. funcionário|o, -a_{m. f.} da alfândega
Zollerklärung s. f. declaração_f (de alfândega)
zollfrei adj. isento de direitos alfandegários
Zollkontrolle s. f. controlo_m alfandegário
zollpflichtig adj. sujeito a direitos
Zone s. f. zona_f
Zoo s. m. jardim_m zoológico
Zoologie s. f. zoologia_f
Zoom s. nt. FOTOGRAFIA zoom_m
Zopf s. m. trança_f
Zorn s. m. cólera_f, ira_f, fúria_f
zornig adj. irado, enfurecido
zottig adj. cabeludo; peludo
z.T. [abrev. de zum Teil] em parte
zu I prep. [+dat.] 1. (direcção) para, a; zu jemandem gehen: ir a/para casa de alguém; 2. (situação) em; zu Hause: em casa; 3. (temporal) a, por; zu Ostern: pela Páscoa; 4. (finalidade) para; Papier zum Schreiben: papel para escrever; 5. (frequência, preço, quantidade) a, por; zum halben Preis: a/por metade do preço?; 6. (modo, maneira) a; zu Fuß: a pé; II adv. 1. muito, demasiado, demais; zu schnell: depressa demais; 2. *(coloq.)* fechado; zu sein: estar fechado; 3. em direcção a; III cj. para, de; leicht zu handhaben: fácil de manejar; ich rufe an, um dir alles zu erzählen: estou a telefonar-te para te contar tudo

zuallererst adv. antes de mais nada
zuallerletzt adv. em último lugar
Zubehör s. nt. acessório_m
zubereiten* v. tr. preparar
Zubereitung s. f. preparação_f
zubinden v. tr. atar, ligar
Zubringer s. m. via_f de acesso
Zucchini s. pl. aboborinha_f, courgette_f
Zucht s. f. 1. criação_f; 2. cultivo_m; cultura_f
züchten v. tr. 1. criar; 2. cultivar
Züchter s. m. 1. criador_m; 2. cultivador_m
züchtig adj. recatado, pudico
Züchtung s. f. 1. criação_f; 2. cultura_f
zucken v. intr. fazer um movimento involuntário; estremecer; contrair-se; mit den Schultern zucken: encolher os ombros
Zucker s. m. 1. açúcar_m; 2. diabetes_f
Zuckerdose s. f. açucareiro_m
Zuckerhut s. m. pão-de-açúcar_m
zuckerkrank adj. diabético
Zuckerl s. nt. *(Áustria)* rebuçado_m
zuckern v. tr. pôr açúcar em
Zuckerrohr s. nt. cana-de-açúcar_f
Zuckerwatte s. f. algodão_m doce
Zuckung s. f. convulsão_f, contracção_f
zudecken v. tr. cobrir, tapar
zudrehen v. tr. 1. fechar; 2. virar, voltar
zudringlich adj. impertinente
zudrücken v. tr. fechar
zueinander adv. um ao outro, um para com o outro
zuerst adv. 1. primeiro; 2. a princípio
Zufahrt s. f. acesso_m
Zufahrtsstraße s. f. estrada_f de acesso
Zufall s. m. acaso_m, coincidência_f; durch Zufall: por acaso
zufällig I adj. casual, acidental; II adv. por acaso
Zuflucht s. f. abrigo_m, refúgio_m
Zufluss s. m. afluente_m

zufolge *prep.* [+*dat.*] segundo, em consequência de; der Meinung des Arztes zufolge: segundo a opinião do médico

zufrieden *adj.* satisfeito, contente [mit +*dat.*, com]

Zufriedenheit *s. f.* satisfação$_f$, contentamento$_m$

zufrieren *v. intr.* congelar

zufügen *v. tr.* 1. acrescentar; 2. causar, provocar

Zufuhr *s. f.* 1. abastecimento$_m$; 2. afluência$_f$; 3. transporte$_m$

Zug *s. m.* 1. comboio$_m$, 2. cortejo$_m$; 3. (no cigarro) passa$_f$; 4. trago$_m$; gole$_m$; 5. jogada$_f$; 6. (natação) braçada$_f$; 7. (cara) traço$_m$; (carácter) feitio$_m$; 8. ⟨sem pl.⟩ corrente$_f$ de ar

Zugabe *s. f.* 1. ⟨sem pl.⟩ acréscimo$_m$; 2. extraprograma$_m$

Zugang *s. m.* acesso$_m$, entrada$_f$ [zu +*dat.*, para]

zugänglich *adj.* acessível

Zugbrücke *s. f.* ponte$_f$ levadiça

zugeben *v. tr.* 1. acrescentar; 2. admitir; confessar

zugehen I *v. intr.* ir; auf jemanden/etwas zugehen: dirigir-se a alguém/alguma coisa; II *v. impess.* acontecer

Zugehfrau *s. f. (Áustria)* mulher$_f$ a dias

Zugehörigkeit *s. f.* 1. pertença$_f$ [zu +*dat.*, a]; 2. filiação$_f$ [zu +*dat.*, em]

Zügel *s. m.* freio$_m$, rédeas$_{f.\,pl.}$

zügellos *adj.* desenfreado

Zügellosigkeit *s. f.* leviandade$_f$, libertinagem$_f$

zügeln I *v. tr.* refrear, conter; II *v. intr. (Suíça)* mudar-se

Zugeständnis *s. nt.* concessão$_f$

zugestehen* *v. tr.* conceder, outorgar

Zugführer *s. m.* maquinista$_{m.\,e\,f.}$

zügig *adj.* rápido, ligeiro

zugleich *adv.* 1. ao mesmo tempo, simultaneamente; 2. juntamente

Züglete *s. f. (Suíça)* cortejo$_m$

Zugluft *s. f.* corrente$_f$ de ar

zugreifen *v. intr.* 1. agarrar; apanhar; 2. servir-se

Zugriff *s. m.* 1. captura$_f$; 2. INFORMÁTICA acesso$_m$

Zugriffszeit *s. f.* INFORMÁTICA tempo$_m$ de acesso

zugrunde *adv.* até ao fundo; zugrunde gehen: ir ao fundo, perecer

zugunsten *prep.* [+*gen.*] em benefício de

zugute *adv.* jemandem etwas zugute halten: ter alguma coisa em conta em alguém; jemandem zugute kommen: reverter a favor de alguém

Zugverbindung *s. f.* ligação$_f$ ferroviária

Zugvogel *s. m.* ave$_f$ de arribação

zuhalten *v. tr.* 1. conservar fechado; 2. tapar

Zuhälter *s. m.* chulo$_m$

zuhören *v. intr.* escutar, ouvir

Zuhörer *s. m.* 1. ouvinte$_{m.\,e\,f.}$; 2. público$_m$

zujubeln *v. intr.* aclamar

zukleben *v. tr.* colar

zuknöpfen *v. tr.* abotoar

zukommen *v. intr.* 1. chegar-se [auf +*ac.*, a], aproximar-se [auf +*ac.*, de]; (problema, tarefa) vir; die Dinge auf sich zukommen lassen: esperar a ver o que dá; 2. condizer, enquadrar-se; dem kommt eine große Bedeutung zu: ele é muito importante; 3. transmitir; jemandem etwas zukommen lassen: fazer chegar alguma coisa às mãos de alguém

Zukunft *s. f.* futuro$_m$

zukünftig *adj.* futuro, vindouro

Zulage *s. f.* suplemento$_m$, aumento$_m$

zulassen *v. tr.* 1. permitir, consentir; 2. deixar entrar

zulässig *adj.* permitido, admitido
Zulassung *s. f.* 1. admissão*f*; 2. licença*f*, autorização*f*
Zulauf *s. m.* afluência*f*, concorrência*f*
zulegen I *v. intr. (coloq.)* aumentar, acrescentar; II *v. refl. (coloq.)* comprar, arranjar
zuleide *adv.* jemandem etwas zuleide tun: fazer mal a alguém
zuletzt *adv.* 1. em último lugar; 2. em último; 3. por último
zuliebe *adv.* 1. por amor de; 2. por causa de
zum *contr. da prep.* zu + *art. def.* dem
zumachen *v. tr.* 1. fechar; 2. tapar; 3. abotoar
zumal I *cj.* tanto mais que, até porque; II *adv.* especialmente
zumindest *adv.* pelo menos
zumute *adv.* mir ist nicht wohl zumute: não me sinto bem/à vontade; ihr war nicht zum Lachen zumute: ela não estava com disposição para rir
zumuten *v. tr.* jemandem etwas zumuten: exigir alguma coisa de alguém; jemandem/sich [*dat.*] zu viel zumuten: exigir demasiado de si/alguém
Zumutung *s. f.* 1. exigência*f*; 2. descaramento*m*
zunächst *adv.* 1. primeiro, em primeiro lugar; 2. para já, por ora
Zunahme *s. f.* aumento*m*
Zuname *s. m.* apelido*m*
zünden *v. intr.* 1. acender; 2. (foguete) disparar; 3. (motor) pegar
zündend *adj.* (ideia) luminoso, brilhante
Zünder *s. m.* espoleta*f*
Zündholz *s. nt.* (Áustria) fósforo*m*
Zündkerze *s. f.* vela*f* de ignição
Zündschlüssel *s. m.* chave*f* de ignição
Zündschnur *s. f.* rastilho*m*
Zündung *s. f.* (carro) ignição*f*

zunehmen *v. intr.* 1. aumentar, crescer; 2. engordar
Zuneigung *s. f.* afeição*f* [zu +*dat.*, a], simpatia*f* [zu +*dat.*, por]
Zunge *s. f.* 1. língua*f*; 2. lingueta*f*
Zungenbrecher *s. m.* trava-língua*m*
zunichte *adv.* etwas zunichte machen: destruir alguma coisa
zunutze *adv.* sich [*dat.*] etwas zunutze machen: aproveitar-se de alguma coisa
zuordnen *v. tr.* classificar, agregar
zupacken *v. intr.* deitar a mão a, agarrar
zur *contr. da prep.* zu + *art. def.* die
zurechnungsfähig *adj.* responsável (pelos seus actos)
zurechtfinden *v. refl.* saber orientar-se, arranjar-se
zurechtkommen *v. intr.* arranjar-se, desenrascar-se; mit jemandem zurechtkommen: dar-se com alguém
zurechtmachen I *v. tr. (coloq.)* arranjar, preparar; II *v. refl. (coloq.)* produzir-se
zurechtweisen *v. tr.* repreender
Zurechtweisung *s. f.* repreensão*f*, repriménda*f*
zureden *v. intr.* 1. encorajar, animar; 2. persuadir
Zürich *s. nt.* Zurique*f*
zurück *adv.* 1. de volta; ich bin gleich zurück: eu volto já; hin und zurück: ida e volta; 2. para trás
zurückbehalten* *v. tr.* reter, guardar; ficar com
zurückbekommen* *v. tr.* 1. recuperar; 2. receber de troco
zurückbezahlen* *v. tr.* reembolsar
zurückbleiben *v. intr.* ficar para trás, atrasar-se
zurückbringen *v. tr.* 1. devolver, trazer de volta; 2. acompanhar
zurückdrängen *v. tr.* fazer recuar

zurückerstatten° *v. tr.* restituir, devolver
zurückfahren *v. intr.* regressar, voltar para trás
zurückfinden *v. intr.* achar o caminho de volta
zurückfordern *v. tr.* reclamar, reivindicar
zurückführen *v. tr.* 1. reduzir [auf +*ac.*, a]; 2. atribuir [auf +*ac.*, a]
zurückgeben *v. tr.* 1. devolver; 2. dar de troco
zurückgeblieben *adj.* atrasado; retardado
zurückgehen *v. intr.* 1. voltar atrás; 2. recuar; 3. descer
zurückgezogen *adj.* retirado, solitário
zurückgreifen *v. intr.* auf etwas zurückgreifen: recorrer a alguma coisa
zurückhalten I *v. tr.* 1. deter; reter; 2. conter; II *v. refl.* conter-se
zurückhaltend *adj.* reservado, discreto
Zurückhaltung *s. f.* discrição*f*, reserva*f*
zurückkehren *v. intr.* voltar, regressar [nach/zu +*dat.*, para/a]
zurückkommen *v. intr.* voltar, regressar [nach/zu +*dat.*, para/a]
zurücklassen *v. tr.* deixar para trás
zurücklegen *v. tr.* 1. voltar a pôr; 2. guardar; pôr de lado; 3. (caminho) percorrer
zurücknehmen *v. tr.* 1. retirar; voltar atrás com; 2. revogar
zurückschalten *v. intr.* reduzir
zurückschicken *v. tr.* 1. devolver; 2. recambiar
zurückschrecken *v. intr.* recuar [vor +*dat.*, perante]
zurückstellen *v. tr.* 1. voltar a pôr; 2. (relógio) atrasar; 3. preterir; pospôr
zurücktreten *v. intr.* 1. recuar; 2. demitir-se [von +*dat.*, de]; 3. desistir [von +*dat.*, de]
zurückweichen *v. intr.* recuar [vor +*dat.*, perante]

zurückweisen *v. tr.* recusar
zurückzahlen *v. tr.* reembolsar
zurückziehen I *v. tr.* 1. puxar para trás; 2. encolher, retrair; cancelar; 3. (queixa) retirar; II *v. refl.* retirar-se
Zuruf *s. m.* clamor*m*, grito*m*.
zurzeit *adv.* actualmente, agora
Zusage *s. f.* 1. resposta*f* afirmativa; 2. promessa*f*
zusagen I *v. tr.* prometer; II *v. intr.* 1. agradar; 2. aceitar
zusammen *adv.* 1. junto(s), em conjunto; 2. ao todo
Zusammenarbeit *s. f.* colaboração*f*, cooperação*f*
zusammenarbeiten *v. intr.* colaborar [mit +*dat.*, com]
zusammenbauen *v. tr.* montar, armar
zusammenbleiben *v. intr.* ficar junto
zusammenbrechen *v. intr.* 1. desmoronar-se, ruir; 2. sucumbir
zusammenbringen *v. tr.* juntar
Zusammenbruch *s. m.* colapso*m*, esgotamento*m*.
zusammenfahren *v. intr.* estremecer
zusammenfallen *v. intr.* 1. cair, desabar; 2. coincidir
zusammenfassen *v. tr.* 1. concentrar, reunir; 2. resumir
zusammenfassend I *adj.* resumido; II *adv.* em suma
Zusammenfassung *s. f.* 1. união*f*; 2. resumo*m*, sumário*m*.
zusammengesetzt *adj.* composto
zusammenhalten I *v. tr.* segurar; II *v. intr.* manter-se unido
Zusammenhang *s. m.* 1. relação*f*, ligação*f* [zwischen +*dat.*, entre]; 2. coerência*f*; 3. contexto*m*; im Zusammenhang: no contexto

zusammen|hängen *v. intr.* estar ligado; estar relacionado [*mit* +*dat.*, com]
zusammenhanglos *adj.* desconexo
zusammenklappbar *adj.* articulado
zusammen|kommen *v. intr.* reunir-se, encontrar-se
Zusammenkunft *s. f.* reunião$_f$, encontro$_m$
zusammen|leben *v. intr.* conviver [*mit* +*dat.*, com]
zusammen|nehmen I *v. tr.* juntar; alles zusammengenommen: no total; II *v. refl.* dominar-se, conter-se
zusammen|packen *v. tr.* 1. empacotar; 2. arrumar
zusammen|passen *v. intr.* condizer
zusammen|reißen *v. refl.* dominar-se
zusammen|schlagen *v. tr.* 1. *(coloq.)* despedaçar; 2. *(coloq.)* desfazer
zusammen|schließen *v. refl.* unir-se; associar-se
Zusammenschluss *s. m.* união$_f$, fusão$_f$
zusammen|setzen I *v. tr.* montar; II *v. refl.* 1. compor-se [*aus* +*dat.*, de]; 2. reunir-se
Zusammensetzung *s. f.* 1. *(sem pl.)* montagem$_f$; 2. composição$_f$
Zusammenspiel *s. nt.* 1. espírito$_m$ de equipa; 2. interacção$_f$
zusammen|stellen *v. tr.* 1. juntar; reunir; 2. organizar; compor; combinar
Zusammenstellung *s. f.* 1. composição$_f$; 2. resumo$_m$; lista$_f$
Zusammenstoß *s. m.* 1. colisão$_f$, choque$_m$; 2. conflito$_m$
zusammen|stoßen *v. intr.* chocar [*mit* +*dat.*, com]
zusammen|tragen *v. tr.* juntar; reunir
zusammen|treffen *v. intr.* 1. encontrar-se [*mit* +*dat.*, com]; 2. coincidir
Zusammentreffen *s. nt.* 1. encontro$_m$; 2. coincidência$_f$

zusammen|wohnen *v. intr.* morar (junto) [*mit* +*dat.*, com]
zusammen|zählen *v. tr.* somar
Zusatz *s. m.* 1. suplemento$_m$, aditamento$_m$; 2. aditivo$_m$
zusätzlich *adj.* adicional, suplementar
zu|schauen *v. intr.* observar, ver
Zuschauer *s. m.* espectador$_m$
zu|schicken *v. tr.* enviar, mandar
Zuschlag *s. m.* 1. sobretaxa$_f$, suplemento$_m$; 2. arrematação$_f$; 3. adjudicação$_f$
zu|schlagen I *v. tr.* fechar batendo; II *v. intr.* 1. (porta) bater; 2. atacar; 3. arrematar
zuschlagspflichtig *adj.* sujeito a sobretaxa
zu|schließen *v. tr.* fechar à chave, trancar
zu|schnüren *v. tr.* 1. atar; 2. apertar
zu|schrauben *v. tr.* 1. aparafusar; 2. fechar
zu|schreiben *v. tr.* atribuir, imputar
Zuschrift *s. f.* carta$_f$
Zuschuss *s. m.* 1. suplemento$_m$; 2. subsídio$_m$
zu|sehen *v. tr.* ver, observar
zusehends *adv.* a olhos vistos
zu|senden *v. tr.* mandar, enviar
zu|sichern *v. tr.* assegurar, garantir
zu|spielen *v. tr.* (bola) atirar
zu|spitzen *v. refl.* agravar-se
Zustand *s. m.* estado$_m$; situação$_f$
zustande *adv.* etwas zustande bringen: (conseguir) fazer alguma coisa; zustande kommen: realizar-se, efectuar-se
zuständig *adj.* responsável [*für* +*ac.*, por], competente
Zuständigkeit *s. f.* competência$_f$
zu|stehen *v. intr.* caber, ter direito a
zu|stellen *v. tr.* 1. tapar; 2. remeter; (correio) entregar
zu|stimmen *v. intr.* concordar
Zustimmung *s. f.* 1. assentimento$_m$; 2. consentimento$_m$

zustoßen v. intr. 1. acontecer; 2. dar uma facada
Zustrom s. m. afluência_f_
Zutat s. f. ingrediente_m_
zuteilen v. tr. distribuir, repartir
zutiefst adv. profundamente
zutrauen v. tr. jemandem etwas zutrauen: julgar alguém capaz de alguma coisa; sich [dat.] etwas zutrauen: sentir-se capaz de alguma coisa
Zutrauen s. nt. confiança_f_ [zu +dat., em]
zutraulich adj. 1. confiante; 2. (animal) manso
Zutraulichkeit s. f. confiança_f_
zutreffen v. intr. 1. estar certo; 2. corresponder [auf +ac., a]
zutreffend adj. correspondente, certo
Zutritt s. m. acesso_m_ [zu +dat., a], entrada_f_ [zu +dat., para]
zuverlässig adj. 1. de confiança; 2. fiável, fidedigno
Zuverlässigkeit s. f. 1. seriedade_f_; 2. fiabilidade_f_
Zuversicht s. f. confiança_f_, esperança_f_
zuversichtlich I adj. confiante; II adv. com confiança
zuvor adv. antes; em primeiro lugar; kurz zuvor: pouco antes
zuvorkommen v. intr. antecipar-se, adiantar-se
zuvorkommend adj. solícito, atencioso
Zuwachs s. m. 1. crescimento_m_; 2. aumento_m_ [um +ac., em]
zuwandern v. intr. imigrar
Zuwanderung s. f. imigração_f_
zuwenden I v. tr. virar, voltar; II v. refl. dedicar-se
Zuwendung s. f. 1. (sem pl.) dedicação_f_, atenção_f_; 2. ajuda_f_ financeira
zuwerfen v. tr. atirar; lançar
zuwider adv. repugnante

zuwiderhandeln v. intr. transgredir, infringir
Zuwiderhandlung s. f. contravenção_f_, infracção_f_
zuziehen v. tr. 1. (cortina) fechar, correr; (laço, nó) apertar; 2. (doença) apanhar
zuzüglich prep. [+gen.] mais, acrescido de
Zvieri s. m. e nt. (Suíça) lanche_m_, merenda_f_
zwang pret. imp. de zwingen
Zwang s. m. 1. violência_f_; 2. pressão_f_; coacção_f_; 3. necessidade_f_
zwängen I v. tr. forçar, comprimir; II v. refl. enfiar-se à força
zwanglos I adj. informal; II adv. à vontade, sem cerimónia
Zwanglosigkeit s. f. à-vontade_m_, desembaraço_m_
Zwangsarbeit s. f. trabalhos_m pl._ forçados
Zwangslage s. f. situação_f_ difícil
zwangsläufig adj. forçoso, inevitável
Zwangsmaßnahme s. f. medida_f_ coerciva
zwangsweise adv. forçosamente
zwanzig num. card. vinte
zwar adv. 1. (restrição) é verdade; das ist zwar..., aber...: é certo que..., mas...; das ist zwar schön, aber teuer: realmente é bonito, mas é caro; 2. (explicação) und zwar: mais precisamente, nomeadamente, a saber; er wird nach England fahren, und zwar nach London: ele vai para Inglaterra, mais precisamente para Londres
Zweck s. m. 1. fim_m_, propósito_m_; objectivo_m_; 2. intenção_f_; desígnio_m_
zweckentfremden* v. tr. usar para outros fins
zwecklos adj. inútil
zweckmäßig adj. conveniente, oportuno
Zweckmäßigkeit s. f. conveniência_f_

zwecks prep. [+gen.] para [+inf.], com o objectivo de
zwei num. card. dois, duas
Zwei s. f. dois$_m$
zweideutig adj. 1. ambíguo; 2. malicioso
zweierlei adj. de dois géneros, de duas maneiras
zweifach adj. duplo
Zweifel s. m. dúvida$_f$; etwas in Zweifel ziehen: pôr alguma coisa em dúvida
zweifelhaft adj. duvidoso
zweifellos adv. sem dúvida
zweifeln v. intr. duvidar [an +dat., de]
Zweifelsfall s. m. caso de dúvida
Zweig s. m. 1. ramo$_m$; 2. ramificação$_f$
Zweigstelle s. f. delegação$_f$, sucursal$_f$
zweihundert num. card. duzentos
zweijährig adj. de dois anos
Zweikampf s. m. duelo$_m$
zweimal adv. duas vezes
zweisprachig adj. bilingue
zweispurig adj. (estrada) de duas faixas
zweistimmig I adj. de duas vozes; II adv. a duas vozes
zweistündig adj. de duas horas
zweit adv. zu zweit: a dois
zweitbeste(r, s) adj. segundo melhor
zweitens adv. em segundo lugar
zweite(r, s) num. ord. segundo
zweitklassig adv. de segunda categoria, de qualidade inferior
Zwerchfell s. nt. diafragma$_m$
Zwerg s. m. anão$_m$
Zwetschge s. f. BOTÂNICA ameixa$_f$
Zwickel s. m. nesga$_f$
zwicken I v. tr. beliscar; II v. intr. (roupa) apertar, repuxar
Zwickmühle s. f. (coloq.) embrulhada$_f$, beco$_m$ sem saída
Zwieback s. m. tosta$_f$

Zwiebel s. f. 1. BOTÂNICA cebola$_f$; 2. BOTÂNICA bolbo$_m$
Zwielicht s. nt. lusco-fusco$_m$, meia-luz$_f$
Zwiespalt s. m. indecisão$_f$, dilema$_m$
Zwietracht s. f. discórdia$_f$
Zwilling s. m. 1. gémeo$_m$; 2. pl. Zwillinge: (zodíaco) Gémeos$_{m. pl.}$
zwingen v. tr. forçar, obrigar [zu +dat., a]
Zwinger s. m. 1. jaula$_f$; 2. canil$_m$
zwinkern v. intr. pestanejar, piscar os olhos
Zwirn s. m. linha$_f$
zwischen I prep. [+ac.] (direcção) entre; ich setze mich zwischen euch: eu sento-me entre vocês; II prep. [+dat.] (posição) entre; ich sitze zwischen euch: eu estou sentado entre vocês; zwischen mir und dir: entre nós os dois
Zwischenbemerkung s. f. aparte$_m$
Zwischenbilanz s. f. balancete$_m$
zwischendurch adv. pelo meio; entretanto
Zwischenfall s. m. incidente$_m$
Zwischenhändler s. m. intermediário$_m$
Zwischenlager s. nt. estação$_f$ de transferência
zwischenlanden v. intr. fazer escala
Zwischenlandung s. f. escala$_f$
zwischenmenschlich adj. interpessoal
Zwischenraum s. m. espaço$_m$, intervalo$_m$
Zwischenruf s. m. intervenção$_f$
Zwischenstation s. f. paragem$_f$
Zwischenstecker s. m. ELECTRICIDADE ficha$_f$ de adaptação
Zwischenzeit s. f. intervalo$_m$, meio-tempo$_m$
zwitschern v. intr. gorjear, chilrear
Zwitter s. m. hermafrodita$_{m. e f.}$
zwo num. card. (coloq.) → zwei
zwölf num. card. doze

Zwölffingerdarm s. m. duodeno_m._
zwölfte(r, s) num. ord. décimo segundo
Zyklus s. m. ciclo_m._
Zylinder s. m. 1. MATEMÁTICA, ENGENHARIA cilindro_m_; 2. (chapéu) cartola_f._
zylindrisch adj. cilíndrico

Zyniker s. m. cínico_m._
zynisch adj. cínico
Zynismus s. m. cinismo_m._
Zypern s. nt. Chipre_m._
Zypresse s. f. BOTÂNICA cipreste_m._
Zyste s. f. MEDICINA quisto_m._

PORTUGUÊS-ALEMÃO

A

A, a *s. m.* A, a*nt.*
a I *art. def. f.* die, der, das; II *pron. pess. f.* (ela) sie, ihn, es; (você) Sie; III *prep.* 1. (direcção) in [+*ac.*], zu [+*dat.*]; nach [+*dat.*]; ir à escola: in die/zur Schule gehen; a Braga: nach Braga; 2. (posição) an [+*dat.*]; à janela/mesa: am Fenster/Tisch; 3. (distância) a uns metros: einige Meter entfernt; 4. (tempo) um [+*ac.*]; à uma hora: um ein Uhr; 5. (modo) à mão: mit der Hand; a pé: zu Fuß; 6. (preço) zu [+*dat.*], für [+*ac.*]
à *contr. da prep.* a + *art. def.* a
aba *s. f.* 1. (do chapéu) Krempe*f*; 2. (da mesa) Klappe*f*; 3. (margem) Ufer*nt.*
abacate *s. m.* BOTÂNICA Avocado*f*
abacaxi *s. m.* BOTÂNICA Ananas*f*
abade *s. m.* Abt*m.*
abadia *s. f.* Abtei*f*
abafado *adj.* 1. (som) dumpf; 2. (atmosfera) schwül, drückend; (num quarto) stickig
abafar I *v. tr.* 1. (som) dämpfen; 2. (pessoa) ersticken; 3. (informação, notícia) unterdrücken; II *v. intr.* (pessoa) ersticken
abaixar I *v. tr.* (objecto) herunterlassen; 2. (reduzir) senken, verringern; II *v. refl.* (curvar-se) sich (nieder)beugen
abaixo *adv.* unten; pelas escadas abaixo: die Treppe hinunter/herunter; abaixo de: unter [+*ac./dat.*]
abaixo-assinado *s. m.* Unterschriftensammlung*f*
abajur *s. m.* Lampenschirm*m.*
abalar I *v. tr.* (pessoa) erschüttern; II *v. intr.* 1. (terra) beben; 2. (coloq.) (pessoa) abhauen
abalo *s. m.* 1. (comoção) Erschütterung*f*; 2. (tremor de terra) Erdbeben*nt.*
abanador *s. m.* Fächer*m.*
abananar *v. tr.* verwirren, verblüffen
abanão *s. m.* Ruck*m*, Stoß*m.*
abanar I *v. tr.* 1. (cabeça, árvore) schütteln; 2. (cauda) wedeln mit [+*dat.*]; II *v. intr.* wackeln
abancar *v. intr.* (coloq.) sich setzen, sich niederlassen
abandonado *adj.* verlassen
abandonar *v. tr.* 1. (pessoa, local) verlassen; 2. (desamparar) im Stich lassen; 3. (desistir) aufgeben
abandono *s. m.* 1. (de pessoa, local) Verlassen*nt.*; 2. (desistência) Aufgabe*f*
abarcar *v. tr.* einschließen, umfassen
abarrotado *adj.* überfüllt
abarrotar *v. tr.* überladen, vollstopfen
abastado *adj.* wohlhabend, vermögend
abastança *s. f.* Überfluss*m*, Wohlstand*m.*
abastardar I *v. tr.* verderben; II *v. refl.* entarten
abastecedor *s. m.* Lieferant*m.*
abastecer I *v. tr.* versorgen [de, mit +*dat.*]; (loja) beliefern; II *v. refl.* sich versorgen
abastecimento *s. m.* Versorgung*f* [de, mit +*dat.*]; abastecimento de energia: Energieversorgung*f*

abatatado *adj.* kartoffelförmig

abate *s. m.* 1. *(árvores)* Fällen*nt*; 2. *(gado)* Schlachten*nt*

abater I *v. tr.* 1. *(preço)* senken, verringern; 2. *(árvore)* fällen; 3. *(gado)* schlachten; II *v. intr.* mager werden, abmagern

abatido *adj.* 1. *(cansado)* abgespannt; 2. *(deprimido)* niedergeschlagen

abatimento *s. m. (preço)* Ermäßigung*f*, Rabatt*m*

abaulamento *s. m.* Wölbung*f*

abaular *v. tr.* wölben

abcesso *s. m.* MEDICINA Abszess*m*

abdicação *s. f.* Abdankung*f*

abdicar *v. intr.* abdanken; *(cargo)* niederlegen; verzichten [de, auf +ac.]

abdómen *s. m.* Unterleib*m*

abdominal I *s. m.* Bauchmuskel*m*; II *adj.* Unterleibs...

abecedário *s. m.* Alphabet*nt*

abeirar I *v. tr.* heranrücken; II *v. refl.* sich nähern, näher kommen [de, +dat.]

abelha *s. f.* ZOOLOGIA Biene*f*

abelha-mestra *s. f.* ZOOLOGIA Bienenkönigin*f*

abelhão *s. m.* ZOOLOGIA Hummel*f*

abelheira *s. f.* Bienennest*nt*

abelhudo *adj.* 1. *(coloq.) (curioso)* indiskret, vorlaut; 2. *(coloq.) (teimoso)* hartnäckig

abençoado *adj.* gesegnet

abençoar *v. tr.* segnen

aberração *s. f.* Abweichung*f*

aberta *s. f.* 1. *(abertura)* Öffnung*f*; 2. METEOROLOGIA Aufheiterung*f*; 3. *(oportunidade)* Chance*f*, Möglichkeit*f*

abertamente *adv.* offen; *(sinceramente)* aufrichtig

aberto I *p. p.* de **abrir**; II *adj.* 1. *(porta, loja)* geöffnet, offen; 2. *(mentalidade)* offen, offenherzig

abertura *s. f.* 1. *(de porta)* Öffnung*f*; *(de loja)* Eröffnung*f*; 2. *(orifício)* Öffnung*f*; 3. MÚSICA Ouvertüre*f*

abeto *s. m.* BOTÂNICA Tanne*f*

abismado *adj.* erstaunt

abismal *adj.* abgrundtief, kolossal

abismar *v. tr.* 1. *(espantar)* bestürzen; 2. *(precipitar)* hinabstürzen, hinabstoßen

abismo *s. m.* 1. Abgrund*m*; 2. *(fig.)* Kluft*f*

abissal *adj.* 1. *(do mar)* Tiefsee...; 2. *(abismal)* abgrundtief

abjeção *s. f. (Brasil)* → **abjecção**

abjecção *s. f.* Gemeinheit*f*, Abscheulichkeit*f*

abjecto *adj.* gemein, abscheulich

abjeto *adj. (Brasil)* → **abjecto**

abjudicação *s. f.* DIREITO Aberkennung*f*

abjudicar *v. tr.* DIREITO aberkennen

abjurar *v. tr.* widerrufen

ablação *s. f.* 1. MEDICINA Entfernung*f*; 2. GEOLOGIA Ablation*f*

ablegar *v. tr.* verbannen

ablução *s. f.* RELIGIÃO Reinigung*f*, Waschung*f*

abluir *v. tr.* RELIGIÃO reinigen, waschen

abnegação *s. f.* Selbstverleugnung*f*

abnegado *adj.* selbstlos

abnegar *v. tr.* entsagen

abóbada *s. f.* ARQUITECTURA Gewölbe*nt*

abobalhado *adj. (Brasil)* dumm, blöd

abóbora *s. f.* BOTÂNICA Kürbis*m*

abocanhar *v. tr. (cão)* beißen

abocar *v. tr.* 1. *(apanhar)* schnappen; 2. *(meter na boca)* in den Mund stecken

abolição *s. f.* 1. Abschaffung*f*; *(lei)* Aufhebung*f*, Annullierung*f*

abolir *v. tr.* abschaffen; *(lei)* aufheben, annullieren

abominação *s. f.* Widerwille*m*, Abscheu*m*

abominar *v. tr. (detestar)* verabscheuen; *(odiar)* hassen

abominável *adj.* abscheulich, grässlich

abonar I v. tr. bürgen, garantieren; II v. refl. sich rühmen

abono s. m. 1. (subsídio) Beihilfe f.; abono de família: Kindergeld nt.; 2. (fiança) Bürgschaft f.; 3. (adiantamento) Vorschuss m.

abordagem s. f. 1. (assunto, problema) Ansprechen nt.; 2. NÁUTICA Anlegen nt.

abordar I v. tr. (pessoa, problema) ansprechen; II v. intr. NÁUTICA anlegen

aborígene I s. m. e f. Ureinwohner, -in m., f.; II adj. eingeboren

aborrecer I v. tr. 1. (irritar) verärgern; 2. (maçar) langweilen; II v. refl. 1. (irritar-se) sich ärgern [com, über +ac.]; 2. (maçar-se) sich langweilen [de, über +ac.]

aborrecido adj. 1. (livro, filme) langweilig; 2. (pessoa) missmutig, verärgert; 3. (situação) unangenehm

aborrecimento s. m. 1. (irritação) Ärger m., Missmut m.; 2. (tédio) Langeweile f.; 3. (fastio) Überdruss m.

abortar v. intr. 1. (aborto provocado) abtreiben; 2. (aborto espontâneo) eine Fehlgeburt haben; 3. (plano) fehlschlagen

aborto s. m. 1. (provocado) Abtreibung f.; 2. (espontâneo) Abort m., Fehlgeburt f.

abotoar v. tr. zuknöpfen

abraçar v. tr. umarmen

abraço s. m. Umarmung f.

abrandar I v. tr. 1. (velocidade) verlangsamen; 2. (dor) lindern; II v. intr. 1. (pessoa) langsamer werden; (automóvel) abbremsen; 2. (chuva) nachlassen; (vento) abflauen

abranger v. tr. umfassen, enthalten

abrasivo s. m. Schleifmittel nt.

abre-cartas s. m. inv. Brieföffner m.

abre-latas s. m. inv. Büchsenöffner m., Dosenöffner m.

abreviado adj. 1. (palavra) abgekürzt; 2. (texto) gekürzt, zusammengefasst

abreviar v. tr. 1. (palavra) abkürzen; 2. (texto) kürzen, zusammenfassen

abreviatura s. f. Abkürzung f.

abridor s. m. (instrumento) Öffner m.

abrigar I v. tr. Zuflucht gewähren [+dat.], aufnehmen; II v. refl. 1. Zuflucht suchen; 2. (da chuva) sich unterstellen

abrigo s. m. Zufluchtsort m.; abrigo antiaéreo: Luftschutzkeller m.

Abril s. m. April m.

abrir I v. tr. 1. (porta, janela) öffnen, aufmachen; (com chave) aufschließen; 2. (conta bancária, loja) eröffnen; 3. (torneira) aufdrehen; (luz) anmachen; II v. intr. (porta, janela, loja) öffnen; III v. refl. sich öffnen

abrupto adj. 1. (repentino) plötzlich; 2. (grosseiro) schroff, rau; 3. (íngreme) steil, abschüssig

abrutalhado adj. unhöflich, grob

absinto s. m. Absinth m.

absolutamente adv. unbedingt, durchaus; absolutamente nada: gar nichts

absolutismo s. m. HISTÓRIA Absolutismus m.

absoluto adj. 1. absolut; 2. (poder) unumschränkt; 3. (sem restrições) unbeschränkt; völlig

absolver v. tr. 1. DIREITO freisprechen [de, von +dat.]; 2. RELIGIÃO die Absolution erteilen

absolvição s. f. 1. DIREITO Freispruch m.; 2. RELIGIÃO Absolution f.

absorção s. f. 1. Absorbieren nt.; 2. FÍSICA Absorption f.

absorto adj. in Gedanken versunken

absorver I v. tr. 1. (líquido) absorbieren, aufsaugen; 2. (fig.) (pessoa) in Anspruch nehmen; II v. refl. sich vertiefen [em, in +ac.]

abstenção s. f. POLÍTICA Stimmenthaltung f.

abstencionista s. m. e f. Nichtwähler, -in m., f.

abster I v. tr. abhalten [de, von +dat.]; II v. refl. 1. verzichten [de, auf +ac.]; 2. (em votação) sich enthalten [de, +gen.]

abstinência s. f. Enthaltsamkeit_f_, Abstinenz_f_.
abstração s. f. (Brasil) → abstracção
abstracção s. f. FILOSOFIA Abstraktion_f_
abstracto adj. abstrakt
abstraído adj. zerstreut, geistesabwesend
abstrair-se v. refl. abstrahieren [de, von +dat.]
abstrato adj. (Brasil) → abstracto
absurdo I s. m. Unsinn_m_, Sinnlosigkeit_f_; II adj. absurd, unsinnig
abundância s. f. 1. Fülle_f_; 2. (opulência) Überfluss_m_
abundante adj. reichhaltig; abundante em: reich an [+dat.]
abundar v. intr. reichlich vorhanden sein, überquellen
abusado adj. (Brasil) frech, unverschämt
abusador adj. frech, unverschämt
abusar v. intr. übertreiben; abusar de: missbrauchen
abuso s. m. Missbrauch_m_
abutre s. m. ZOOLOGIA Geier_m_
acabado adj. 1. vollendet, fertig; 2. (pessoa) erledigt
acabamento s. m. 1. Fertigstellung_f_; Appretur_f_; 2. pl. acabamentos: (de casa) Ausstattung_f_; (de automóvel, móveis) Ausführung_f_
acabar I v. tr. beenden, abschließen; II v. intr. aufhören, enden; acabar bem: gut ausgehen; acabar de fazer alguma coisa: eben/gerade etwas getan haben; acabar por fazer alguma coisa: schließlich etwas tun; (namoro) acabar com alguém: mit jemandem Schluss machen; III v. refl. ausgehen
acácia s. f. BOTÂNICA Akazie_f_
academia s. f. Akademie_f_
académico I s. m. 1. Student_m_; 2. Akademiemitglied_nt_; II adj. akademisch

açafrão s. m. 1. (especiaria) Krokus_m_; 2. (planta) Safran_m_
açaimar v. tr. 1. den Maulkorb anlegen [+dat.]; 2. (fig.) zügeln
açaime s. m. Maulkorb_m_
acalmar I v. tr. 1. beruhigen; 2. (dor) lindern; II v. intr. 1. sich beruhigen; 2. (tempestade) sich legen
acalmia s. f. Ruhepause_f_
acalorado adj. 1. (pessoa) leidenschaftlich; 2. (discussão) hitzig
acalorar v. tr. 1. (aquecer) erhitzen; 2. (discussão) aufheizen
açambarcador s. m. Hamsterer_m_
açambarcamento s. m. Aufkauf_m_; Hamstern_nt_
açambarcar v. tr. aufkaufen; hamstern
acampamento s. m. Lager_nt_
acampar v. intr. 1. lagern, ein Lager aufschlagen; 2. (nas férias) campen, zelten
acanaladura s. f. Rinne_f_, Furche_f_
acanhado adj. 1. (tímido) schüchtern; 2. (em tamanho) beengt, eng
acanhamento s. m. 1. (timidez) Schüchternheit_f_; 2. (em tamanho) Enge_f_
acanhar I v. tr. 1. (pessoa) einschüchtern; 2. (em tamanho) verengen; II v. refl. (vergonha) verlegen werden
acantonamento s. m. MILITAR Einquartierung_f_; (lugar) Quartier_nt_, Standort_m_
acantonar I v. tr. MILITAR einquartieren; II v. intr. MILITAR Quartier beziehen
ação s. f. (Brasil) → acção
acareação s. f. DIREITO Gegenüberstellung_f_
acarear v. tr. DIREITO gegenüberstellen
acariciar v. tr. liebkosen, streicheln
acarinhar v. tr. umhegen; streicheln
ácaro s. m. Milbe_f_
acarretar v. tr. 1. anfahren, herbeischaffen; 2. (consequências) mit sich bringen

acasalar I v. tr. paaren; II v. intr. sich paaren

acaso s. m. Zufall_m_; por acaso: zufällig

acastanhado adj. bräunlich

acatamento s. m. Respekt_m_, Ehrerbietung_f_

acatar v. tr. 1. *(respeitar)* respektieren, ehren; 2. *(cumprir)* beachten, befolgen

acautelado adj. vorsichtig, umsichtig

acautelar I v. tr. 1. *(prevenir)* warnen; 2. *(precaver)* vorbeugen; II v. refl. sich vorsehen

acção s. f. 1. Aktion_f_, Tat_f_; 2. *(efeito)* Wirkung_f_; 3. ECONOMIA Aktie_f_; 4. DIREITO Gerichtsverfahren_nt_; 5. LITERATURA Handlung_f_

accionamento s. m. ENGENHARIA Antrieb_m_

accionar v. tr. *(máquina)* in Gang setzen; *(motor)* anlassen

accionista s. m. e f. Aktionär, -in_m, f_

acearia s. f. Stahlwerk_nt_

acedência s. f. Zustimmung_f_, Einverständnis_nt_

aceder v. intr. zustimmen, bewilligen

acéfalo adj. kopflos

aceitação s. f. 1. *(de proposta, presente)* Annahme_f_; 2. *(consentimento)* Zustimmung_f_

aceitar v. tr. 1. *(proposta, presente)* annehmen, akzeptieren; 2. *(consentir)* zustimmen

aceitável adj. annehmbar, akzeptabel

aceite p. p. de aceitar

aceito adj. *(Brasil)* → aceite

aceleração s. f. Beschleunigung_f_

acelerado adj. rasch, schnell

acelerador s. m. Gaspedal_nt_; carregar no acelerador: Gas geben

acelerar I v. tr. beschleunigen; II v. intr. Gas geben; schneller gehen

acenar v. intr. 1. *(com a mão)* winken [a, +dat.]; 2. *(com a cabeça)* zunicken, (mit dem Kopf) nicken

acendedor s. m. Anzünder_m_

acender I v. tr. 1. *(cigarro, lume)* anzünden; 2. *(luz, fogão)* anschalten, einschalten; II v. refl. *(discussão)* entbrennen

aceno s. m. 1. *(de mão)* Wink_m_; 2. *(de cabeça)* Nicken_nt_

acento s. m. 1. *(sinal gráfico)* Akzent_m_; 2. *(de palavra)* Betonung_f_

acentuação s. f. Betonung_f_

acentuado adj. 1. *(sílaba)* betont; 2. *(graficamente)* mit Akzent; 3. *(marcado)* markant

acentuar v. tr. 1. *(sílaba)* betonen; 2. *(graficamente)* einen Akzent setzen auf [+ac.]

acepção s. f. Bedeutung_f_

acepipe s. m. 1. *(iguaria)* Leckerbissen_m_; 2. *(aperitivo)* Vorspeise_f_

ácer s. m. BOTÂNICA Ahorn_m_

acerca adv. acerca de: hinsichtlich [+gen.], bezüglich [+gen.]

acercar I v. tr. annähern; *(objecto)* heranrücken; II v. refl. sich nähern [de, +dat.]

acérrimo superl. de acre

acertar I v. tr. 1. treffen; 2. *(caminho)* finden; 3. *(relógio)* stellen; II v. intr. treffen; acertar com alguma coisa: etwas herausfinden

acerto s. m. Abrechnung_f_

acervo s. m. 1. DIREITO Besitztum_nt_, Vermögen_nt_; 2. *(montão)* Haufen_m_

aceso adj. 1. *(vela, luz)* brennend; 2. *(discussão)* hitzig

acessível adj. 1. *(pessoa, lugar)* erreichbar; 2. *(preço)* erschwinglich

acesso s. m. 1. Zutritt_m_, Zugang_m_; *(para veículos)* Zufahrt_f_; 2. MEDICINA Anfall_m_

acessório I s. m. 1. Zubehör_nt_; 2. pl. acessórios: *(de moda)* Accessoires_pl._; II adj. zusätzlich

acetato s. m. Acetat$_{nt.}$
acetinado adj. satiniert; glänzend
acetona s. f. Aceton$_{nt.}$
acha s. f. Holzscheit$_{nt.}$
achacadiço adj. anfällig, kränklich
achacado adj. kränklich, schwach
achado s. m. Fund$_m$
achaque s. m. 1. *(doença)* Leiden$_{nt.}$; 2. *(vício)* schlechte Angewohnheit$_f$
achar I v. tr. 1. *(encontrar)* finden; *(descobrir)* entdecken; 2. *(pensar, julgar)* finden, glauben; II v. refl. sich befinden
achatado adj. platt
achatar v. tr. abflachen, platt drücken
achega s. f. 1. *(aditamento)* Beitrag$_m$; 2. *(auxílio)* Unterstützung$_f$
achincalhar v. tr. verspotten, verhöhnen
achocolatado adj. 1. (sabor) Schokoladen...; 2. (cor) schokoladenbraun
acicatar v. tr. anspornen, anstacheln
acicate s. m. Ansporn$_m$
acidentado adj. 1. (terreno) uneben, hügelig; (rua) holperig; 2. (vida) bewegt
acidental adj. 1. *(casual)* zufällig; 2. *(inesperado)* unerwartet
acidente s. m. 1. Unfall$_m$, Unglück$_{nt.}$; acidente de viação: Verkehrsunfall$_m$; 2. *(acaso)* Zufall$_m$
acidez s. f. Säure$_f$, Säuregehalt$_m$
ácido I s. m. Säure$_f$; II adj. sauer
acima adv. 1. *(em cima)* oben; acima de: über [+dat./ac.], oberhalb [+gen.]; 2. *(para cima)* aufwärts, nach oben; pelas escadas acima: die Treppe hinauf/herauf; acima!: hinauf!
acinzentado adj. gräulich
acionamento s. m. *(Brasil)* ENGENHARIA Antrieb$_m$
acionar v. tr. *(Brasil)* → accionar
acionista s. m. e f. *(Brasil)* Aktionär, -in$_{m., f.}$

acirrado adj. halsstarrig
acirrar v. tr. 1. *(irritar)* reizen, ärgern; 2. *(estimular)* anstacheln; (cão) hetzen
aclamação s. f. 1. Applaus$_m$; 2. POLÍTICA Akklamation$_f$
aclamar v. tr. 1. zujubeln; 2. POLÍTICA durch Zuruf wählen
aclarar v. tr. 1. *(esclarecer)* erhellen; 2. (crime) aufklären; (verdade) ans Licht bringen
aclimatação s. f. Gewöhnung$_f$, Eingewöhnung$_f$
aclimatar I v. tr. gewöhnen an [+ac.], akklimatisieren; II v. refl. sich gewöhnen [a, an +ac.]
aclive I s. m. Hang$_m$, Abhang$_m$; em aclive: ansteigend; II adj. steil
acne s. f. MEDICINA Akne$_f$
aço s. m. Stahl$_m$; de aço: stählern
acobardado adj. feige, mutlos
acobardar I v. tr. Angst einjagen; II v. refl. verzagen
acobertar I v. tr. 1. *(tapar)* zudecken; 2. *(dissimular)* verstecken, verschleiern; II v. refl. *(fig.)* sich verstecken [com, hinter +dat.]
acochar-se v. refl. sich kauern
acocorar I v. tr. hinhocken; II v. refl. sich hinkauern, sich hinhocken
açodar v. tr. antreiben, hetzen
acoimar v. tr. bestrafen
acoitamento s. m. Aufnahme$_f$
acoitar I v. tr. beherbergen, aufnehmen; II v. refl. Zuflucht suchen
açoitar v. tr. auspeitschen
açoite s. m. *(coloq.)* Klaps$_m$
acolá adv. dort, da; para acolá: dorthin, dahin
acolchoado I s. m. 1. (objecto estofado) Polster$_{nt.}$; 2. (coberta) Steppdecke$_f$; II adj. gepolstert
acolchoar v. tr. 1. (estofar) polstern; 2. (roupa) wattieren; steppen

acolhedor *adj.* 1. (ambiente, local) gemütlich, gastlich; 2. (pessoa) gastfreundlich

acolher I *v. tr.* 1. (uma visita) empfangen; (uma ideia) aufnehmen; 2. (abrigar) Zuflucht gewähren; (hospedar) beherbergen; II *v. refl.* Schutz suchen

acolhimento *s. m.* 1. (de visita) Empfang$_m$; (de ideia) Aufnahme$_f$; 2. (refúgio) Zuflucht$_f$

acolitar *v. tr.* 1. (acompanhar) begleiten; 2. (ajudar) assistieren [+dat.]

acólito *s. m.* RELIGIÃO Messdiener$_m$

acometer *v. tr.* 1. (atacar) anfallen, angreifen; 2. (doença) befallen

acomodação *s. f.* 1. (adaptação) Anpassung$_f$; 2. (conforto) Bequemlichkeit$_f$; 3. (alojamento) Unterkunft$_f$

acomodar I *v. tr.* 1. (hospedar) unterbringen, beherbergen; 2. (adaptar) gewöhnen [a, an +ac.]; 3. (arrumar) aufräumen; II *v. refl.* sich anpassen [a, an +ac.]

acompanhamento *s. m.* 1. Begleitung$_f$; 2. CULINÁRIA Beilage$_f$; 3. MEDICINA Betreuung$_f$

acompanhante *s. m. e f.* Begleiter, -in$_{m, f.}$

acompanhar *v. tr.* 1. (uma pessoa) begleiten; 2. (doente, turistas) betreuen; 3. (acontecimento) verfolgen

aconchegado *adj.* behaglich, gemütlich

aconchegar I *v. tr.* schmiegen; gemütlich machen; II *v. refl.* sich schmiegen

aconchego *s. m.* Gemütlichkeit$_f$

acondicionamento *s. m.* Herrichtung$_f$ (für den Versand)

acondicionar *v. tr.* 1. herrichten; 2. (embalar) verpacken; (para transporte) versandfertig machen

aconselhar I *v. tr.* raten, empfehlen; aconselhar alguém: jemanden beraten; II *v. refl.* sich beraten

aconselhável *adj.* ratsam, empfehlenswert

acontecer *v. intr.* geschehen, sich ereignen

acontecimento *s. m.* Ereignis$_{nt.}$

acoplamento *s. m.* 1. FÍSICA Schaltung$_f$; 2. (veículos, máquinas) Kopplung$_f$

acoplar *v. tr.* 1. FÍSICA schalten; 2. (veículos, máquinas) koppeln

açor *s. m.* ZOOLOGIA Habicht$_m$

açorda *s. f.* CULINÁRIA Brotbrei$_m$

acordado *adj.* 1. wach; 2. (combinado) vereinbart

acórdão *s. m.* DIREITO Urteil$_{nt.}$

acordar I *v. tr.* 1. (despertar) wecken, aufwecken; 2. (combinar) vereinbaren; 3. (conciliar) versöhnen; II *v. intr.* 1. (despertar) aufwachen; 2. (concordar) sich einigen

acorde *s. m.* MÚSICA Akkord$_m$

acordeão *s. m.* MÚSICA Ziehharmonika$_f$, Akkordeon$_{nt}$

acordo *s. m.* 1. Einverständnis$_{nt.}$; de acordo!: einverstanden!; Vereinbarung$_f$; 2. (combinação) de acordo com: gemäß [+dat.]; 3. POLÍTICA Abkommen$_{nt.}$; 4. DIREITO Vertrag$_m$

Açores *s. m. pl.* Azoren$_{pl.}$

açoriano I *s. m.* Azorianer$_m$; II *adj.* von den Azoren

acorrentar *v. tr.* anketten, fesseln

acorrer *v. intr.* herbeieilen

acossar *v. tr.* 1. (perseguir) verfolgen; 2. (atormentar) beunruhigen, quälen; 3. (molestar) belästigen

acostar I *v. tr.* anlehnen; II *v. intr.* NÁUTICA anlegen; (atracar) entern; III *v. refl.* sich anlehnen [a, an +ac.]

acostumado *adj.* gewohnt [a, an +ac.]; mal acostumado: verwöhnt

acostumar I *v. tr.* gewöhnen [a, an +ac.]; II *v. refl.* sich gewöhnen [a, an +ac.]

acotovelamento *s. m.* (na multidão) Gedränge$_{nt.}$

acotovelar I v. tr. mit dem Ellbogen anstoßen; II v. refl. sich drängen

açougue s. m. 1. *(matadouro)* Schlachthaus$_{nt}$; 2. *(Brasil) (talho)* Metzgerei$_f$

acre I s. m. AGRICULTURA Morgen$_m$; II adj. bitter, herb

acreditar I v. tr. POLÍTICA akkreditieren; II v. intr. glauben [em, an +ac.]; acreditar em alguém: jemandem glauben

acrescentar v. tr. 1. hinzufügen, anfügen; 2. *(ao cozinhar)* hinzufügen, zugeben; 3. *(aumentar)* vermehren

acrescer I v. tr. hinzufügen; II v. intr. hinzukommen

acréscimo s. m. Zuwachs$_m$, Zunahme$_f$

acriançado adj. kindisch

acrílico s. m. Acryl$_{nt}$

acrobacia s. f. Akrobatik$_f$

acrobata s. m. e f. Akrobat, -in$_{m.\,f.}$

acrobático adj. akrobatisch

acta s. f. Bericht$_m$; *(de reunião)* Protokoll$_{nt}$

activação s. f. Aktivierung$_f$

activar v. tr. aktivieren, in Gang setzen

actividade s. f. 1. Tätigkeit$_f$, Aktivität$_f$; actividade profissional: berufliche Tätigkeit, Beruf$_m$; actividades culturais: Kulturveranstaltungen$_{pl.}$

activista s. m. e f. Aktivist, -in$_{m.\,f.}$

activo I s. m. ECONOMIA Aktiva$_{pl.}$; II adj. 1. *(pessoa)* aktiv, rührig; *(profissionalmente)* erwerbstätig; 2. *(eficaz)* wirksam

acto s. m. 1. *(acção)* Tat$_f$, Handlung$_f$; 2. LITERATURA Akt$_m$

actor s. m. Schauspieler$_m$

actuação s. f. 1. Betätigung$_f$, Wirkung$_f$; 2. *(em palco)* Auftritt$_m$

actual adj. aktuell, gegenwärtig

actualidade s. f. 1. *(de notícia, documento)* Aktualität$_f$; 2. *(presente)* Gegenwart$_f$

actualização s. f. Aktualisierung$_f$; actualização de conhecimentos: Fortbildung$_f$

actualizar v. tr. aktualisieren, auf den neuesten Stand bringen

actualmente adv. heutzutage, zurzeit

actuar v. intr. 1. wirken [sobre, auf +ac.]; 2. *(em palco)* auftreten

açúcar s. m. Zucker$_m$; sem açúcar: ungesüßt

açucarar v. tr. 1. süßen, zuckern; 2. *(fig.)* versüßen

açucareiro I s. m. Zuckerdose$_f$; II adj. Zucker...

açucena s. f. BOTÂNICA weiße Lilie$_f$

açude s. m. *(represa)* Stauwehr$_{nt}$; *(comporta)* Schleuse$_f$

acudir v. intr. 1. zu Hilfe eilen; 2. *(vir)* herbeikommen

acuidade s. f. 1. *(agudeza)* Schärfe$_f$; 2. *(sensibilidade)* Empfindlichkeit$_f$

acumulação s. f. Anhäufung$_f$, Ansammlung$_f$

acumulador s. m. FÍSICA Akkumulator$_m$

acumular I v. tr. 1. *(amontoar)* anhäufen; 2. *(energia)* speichern; II v. refl. sich ansammeln

acusação s. f. 1. Beschuldigung$_f$; 2. DIREITO Anklage$_f$

acusado s. m. DIREITO Angeklagte$_{m.\,e\,f.}$

acusar v. tr. 1. beschuldigen; acusar alguém de alguma coisa: jemandem etwas zum Vorwurf machen; 2. DIREITO anklagen

acusativo s. m. GRAMÁTICA Akkusativ$_m$

acústica s. f. Akustik$_f$

acústico adj. akustisch

acutilar v. tr. erstechen

adaga s. f. Dolch$_m$

adágio s. m. Sprichwort$_{nt}$

adaptação s. f. 1. Anpassung$_f$ [a, an +ac.]; 2. *(modificação)* Umstellung$_f$; 3. *(filme)* Bearbeitung$_f$

adaptador s. m. ELECTRICIDADE Adapter$_m$

adaptar I *v. tr.* 1. anpassen [a, an +ac.]; 2. *(modificar)* umarbeiten; 3. *(filme)* bearbeiten; II *v. refl.* sich umstellen, sich anpassen

adega *s. f.* Weinkeller$_m$.

adeleiro *s. m.* Trödler$_m$.

adelgaçar *v. tr.* verdünnen

adenda *s. f.* 1. *(aditamento)* Nachtrag$_m$; 2. *(apêndice)* Anhang$_m$.

adenite *s. f.* MEDICINA Lymphknotenentzündung$_f$.

adentro *adv.* hinein

adepto *s. f.* 1. Anhänger$_m$.

adequado *adj.* angemessen, geeignet

adequar *v. tr.* angleichen, anpassen

adereçar *v. tr.* 1. *(enfeitar)* schmücken, ausschmücken; 2. *(dirigir)* richten [a, an +ac.]

adereço *s. m.* 1. Schmuck$_m$, Schmuckstück$_{nt}$; 2. *pl.* TEATRO adereços: Ausstattung$_f$

aderência *s. f.* 1. *(de objecto)* Haftfähigkeit$_f$, Haftung$_f$; 2. *(de automóvel)* Bodenhaftung$_f$

aderente I *s. m. e f.* Anhänger, -in$_{m., f.}$; II *adj.* Klebe...

aderir *v. intr.* 1. *(colar)* haften [a, an +dat.]; 2. (a uma organização) sich anschließen [a, +dat.]; (a uma campanha) teilnehmen [a, +dat.]

adernar *v. intr.* NÁUTICA Schlagseite haben

adesão *s. f.* 1. (a uma organização) Beitritt$_m$; 2. *(aprovação)* Zustimmung$_f$; 3. FÍSICA Adhäsion$_f$.

adesivo I *s. m.* MEDICINA Heftpflaster$_{nt}$; II *adj.* klebend

adestrar *v. tr.* 1. (pessoa) schulen; 2. (animal) abrichten

adeus *s. m.* Verabschiedung$_f$; adeus!: auf Wiedersehen!; tschüss!

adiamento *s. m.* 1. (reunião) Vertagung$_f$, Verschiebung$_f$; 2. (prazo) Aufschub$_m$

adiantadamente *adv.* im Voraus

adiantado *adj.* fortgeschritten; estar adiantado: (pessoa) zu früh kommen; (relógio) vorgehen

adiantamento *s. m.* 1. *(progresso)* Fortschritt$_m$; 2. (de dinheiro) Vorschuss$_m$.

adiantar I *v. tr.* 1. *(mover por diante)* vorwärtstreiben; *(coloq.)* não adianta nada: das bringt nichts; 2. (dinheiro) vorschießen; 3. (relógio) vorstellen; II *v. intr.* Fortschritte machen; III *v. refl.* zuvorkommen

adiante *adv.* vorwärts; adiante!: weiter!

adiar *v. tr.* verschieben; (sem data concreta) aufschieben

adiável *adj.* aufschiebbar, verschiebbar

adição *s. f.* MATEMÁTICA Addition$_f$.

adicional I *s. m.* 1. Zusatz$_m$; 2. (dinheiro) Zuschlag$_m$; II *adj.* zusätzlich, ergänzend

adicionar *v. tr.* 1. MATEMÁTICA addieren, zusammenzählen; 2. *(acrescentar)* zufügen; (comentário) hinzufügen

adido *s. m.* Attaché$_m$

adipose *s. f.* MEDICINA Fettleibigkeit$_f$

aditamento *s. m.* Ergänzung$_f$, Zusatz$_m$.

aditar *v. tr.* 1. *(complementar)* ergänzen; 2. *(juntar)* zufügen, hinzusetzen

aditivo I *s. m.* QUÍMICA Zusatz$_m$; II *adj.* zusätzlich; MATEMÁTICA sinal aditivo: Pluszeichen$_{nt}$.

adivinha *s. f.* Rätsel$_{nt}$.

adivinhar *v. tr.* 1. *(pensamentos)* erraten; 2. (segredo, enigma) raten; 3. *(prognosticar)* voraussagen, vorhersagen; 4. *(pressentir)* ahnen

adivinho *s. m.* Wahrsager$_m$.

adjacência *s. f.* 1. *(proximidade)* Nähe$_f$; 2. *(vizinhança)* Nachbarschaft$_f$; 3. *pl.* adjacências: Umgebung$_f$

adjacente *adj.* angrenzend

adjectivar *v. tr.* beschreiben, charakterisieren

adjectivo s. m. GRAMÁTICA Adjektiv_nt.
adjetivar v. tr. (Brasil) → adjectivar
adjetivo s. m. (Brasil) → adjectivo
adjudicação s. f. 1. DIREITO Zuerkennung_f; 2. (leilão) Zuschlag_m; (trabalho) Vergabe_f
adjudicar v. tr. 1. DIREITO zuerkennen; 2. (leilão) zuschlagen
adjunto s. m. Gehilfe_m, Assistent_m
administração s. f. Verwaltung_f
administrador s. m. Verwalter_m
administrar v. tr. 1. (empresa) verwalten; 2. (cargo) bekleiden; 3. (medicamento) verabreichen; 4. RELIGIÃO (sacramentos) spenden
administrativo adj. Verwaltungs...
admiração s. f. 1. Bewunderung_f [por, für +ac.]; 2. (surpresa) Erstaunung_nt, Verwunderung_f
admirado adj. erstaunt [com, über +ac.]
admirador s. m. 1. Bewunderer_m; 2. (adorador) Verehrer_m
admirar I v. tr. 1. bewundern; 2. (surpreender) erstaunen, verwundern; II v. refl. sich wundern [com, über +ac.]
admirável adj. bewundernswert
admissão s. f. 1. (em exame) Zulassung_f [a/em, zu +dat.]; 2. (em associação) Aufnahme_f [a/em, in +dat.]; 3. (em empresa) Einstellung_f; 4. (aceitação) Annahme_f; 5. ENGENHARIA Zuführung_f; admissão de ar: Luftzufuhr_f
admissível adj. zulässig, statthaft
admitir v. tr. 1. (erro) zugeben; 2. (possibilidade) akzeptieren, annehmen; 3. (contratar) einstellen; 4. (permitir) zulassen
admoestação s. f. 1. (advertência) Ermahnung_f; 2. (repreensão) Rüge_f, Verweis_m
admoestar v. tr. 1. (advertir) ermahnen; 2. (repreender) zurechtweisen
adoçante s. m. Süßstoff_m
adoção s. f. (Brasil) → adopção

adoçar v. tr. 1. süßen; 2. (fig.) versüßen
adocicado adj. süßlich; (vinho) lieblich
adoçicar v. tr. leicht süßen
adoecer v. intr. krank werden, erkranken
adolescência s. f. Jugend_f
adolescente I s. m. e f. Jugendliche_m. e f., Teenager_m; II adj. jugendlich
adopção s. f. 1. (de criança) Adoption_f; 2. (aplicação) Anwendung_f
adoptar v. tr. 1. (criança) adoptieren; 2. (método) anwenden; 3. (medida) ergreifen
adoptivo adj. Adoptiv...
adoração s. f. RELIGIÃO Anbetung_f, Verehrung_f
adorar v. tr. 1. RELIGIÃO anbeten, verehren; 2. (coloq.) lieben
adormecer I v. tr. zum Schlafen bringen; II v. intr. 1. einschlafen; 2. (não acordar) verschlafen
adormecido adj. schlafend
adornar v. tr. schmücken, verzieren
adorno s. m. 1. Schmuck_m, Verzierung_f; 2. (fig.) Zierde_f
adotar v. tr. (Brasil) → adoptar
adotivo adj. (Brasil) → adoptivo
adquirir v. tr. 1. (comprar) erwerben, kaufen; 2. (obter) erlangen
adrenalina s. f. Adrenalin_nt
adriático adj. adriatisch
Adriático s. m. Adria_f
adro s. m. Kirchhof_m, Kirchplatz_m
adstringente adj. MEDICINA adstringierend
adstringir v. tr. MEDICINA adstringieren, zusammenziehen
adstrito adj. abhängig [a, von +dat.], gebunden [a, an +ac.]
aduaneiro I s. m. Zollbeamte_m; II adj. Zoll...
adubar v. tr. düngen
adubo s. m. Dünger_m; adubo químico: Kunstdünger_m
aduela s. f. Daube_f

adulação s. f. Schmeichelei$_f$, Lobhudelei$_f$
adular v. tr. schmeicheln
adulteração s. f. Verfälschung$_f$
adulterar I v. tr. 1. *(falsificar)* fälschen; 2. *(leite, vinho)* panschen; II v. refl. verderben, schlecht werden
adultério s. m. Ehebruch$_m$
adúltero s. m. Ehebrecher$_m$
adulto I s. m. Erwachsene$_{m.\ e\ f.}$; II adj. erwachsen
adventício I s. m. Fremde$_m$, Auswärtige$_m$; II adj. 1. *(estrangeiro)* fremd, zugewandert; 2. *(casual)* zufällig
Advento s. m. RELIGIÃO Advent$_m$
adverbial adj. GRAMÁTICA adverbial
advérbio s. m. GRAMÁTICA Adverb$_{nt}$
adversário I s. m. Gegner$_m$, Widersacher$_m$; II adj. gegnerisch
adversativo adj. 1. gegensätzlich, entgegengesetzt; 2. GRAMÁTICA adversativ
adversidade s. f. 1. *(contrariedade)* Widrigkeit$_f$; 2. *(infortúnio)* Missgeschick$_{nt}$
adverso adj. 1. *(oposto)* widrig; 2. *(inimigo)* gegnerisch, feindlich
advertência s. f. 1. *(aviso)* Warnung$_f$; 2. *(repreensão)* Vorwurf$_m$; 3. *(informação)* Hinweis$_m$
advertir v. tr. 1. *(avisar)* warnen; 2. *(chamar a atenção)* aufmerksam machen [sobre, auf +ac.]; 3. *(repreender)* verweisen
advir v. intr. 1. *(acrescer)* hinzukommen; 2. *(suceder)* geschehen; 3. *(como consequência)* sich ergeben [de, aus +dat.]
advocacia s. f. Anwaltsberuf$_m$
advogado s. m. Rechtsanwalt$_m$
advogar v. tr. verteidigen, eintreten für [+ac.]
aéreo adj. Luft...
aerodinâmica s. f. Aerodynamik$_f$
aerodinâmico adj. aerodynamisch
aeródromo s. m. Flugplatz$_m$
aerólito s. m. Meteorstein$_m$
aerómetro s. m. FÍSICA Aerometer$_{nt}$
aeromoço s. m. *(Brasil)* Steward$_m$
aeromotor s. m. Windrad$_{nt}$, Windmotor$_m$
aeronauta s. m. e f. Flugzeugführer, -in$_{m.\ f.}$; Pilot, -in$_{m.\ f.}$
aeronáutica s. f. Luftfahrt$_f$
aeronáutico adj. Luftfahrt...
aeronave s. f. Luftschiff$_{nt}$
aeroplano s. m. Flugzeug$_{nt}$
aeroporto s. m. Flughafen$_m$
aerossol s. m. Spray$_{m.\ e\ nt.}$
aerostática s. f. FÍSICA Aerostatik$_f$
aeróstato s. m. Ballon$_m$
aerotecnia s. f. Flugtechnik$_f$
aerovia s. f. Luftkorridor$_m$
afã s. m. Anstrengung$_f$, Mühe$_f$
afabilidade s. f. Freundlichkeit$_f$
afadigar I v. tr. ermüden, anstrengen; II v. refl. sich [dat.] Mühe geben, sich bemühen
afagar v. tr. liebkosen
afago s. m. Liebkosung$_f$
afamado adj. berühmt
afamar I v. tr. berühmt machen; II v. refl. berühmt werden
afanado adj. in Anspruch genommen; müde, erschöpft
afanar I v. tr. anstreben; II v. refl. 1. *(trabalhar)* sich abmühen [em, mit +dat.]; 2. *(cansar-se)* ermüden
afastado adj. abgelegen, entfernt
afastamento s. m. 1. Entfernung$_f$; 2. *(distância)* Abstand$_m$
afastar I v. tr. entfernen; II v. refl. 1. sich entfernen; 2. *(do caminho)* abweichen [de, von +dat.]; 3. *(retirar-se)* sich zurückziehen
afável adj. freundlich, nett
afazeres s. m. pl. 1. *(negócios)* Geschäfte$_{pl}$; 2. *(obrigações)* Pflichten$_{pl}$, Verpflichtungen$_{pl}$
afeção s. f. *(Brasil)* → afecção

afecção *s. f.* 1. MEDICINA Erkrankung$_f$; 2. (estado) Affekt$_m$.
afectação *s. f.* Geziertheit$_f$, Affektiertheit$_f$
afectado *adj.* gekünstelt, affektiert
afectar *v. tr.* 1. *(influenciar)* beeinflussen; 2. *(prejudicar)* beeinträchtigen; 3. *(simular)* heucheln
afectivo *adj.* Gefühls...
afecto *s. m.* Zuneigung$_f$; (carinho) Zärtlichkeit$_f$
afectuoso *adj.* zärtlich, liebevoll
Afeganistão *s. m.* Afghanistan$_{nt}$.
afeição *s. f.* Zuneigung$_f$
afeiçoar-se *v. refl.* liebgewinnen
afeito *adj.* gewohnt
aferição *s. f.* Eichung$_f$
aferido *adj.* geeicht, geprüft
aferidor *s. m.* 1. (instrumento) Eichmaß$_{nt}$; 2. (critério) Maßstab$_m$.
aferir *v. tr.* 1. (pesos, medidas) eichen; 2. (medir) messen [por, an +dat.]
aferrar I *v. tr.* festhalten, packen; II *v. refl.* sich klammern [a, an +ac.]
aferro *s. m.* Hartnäckigkeit$_f$, Eigensinn$_m$.
aferroar *v. tr.* anstacheln
aferrolhar *v. tr.* verriegeln
afetação *s. f.* (Brasil) → afectação
afetado *adj.* (Brasil) → afectado
afetar *v. tr.* (Brasil) → afectar
afetivo *adj.* (Brasil) → afectivo
afeto *s. m.* (Brasil) → afecto
afetuoso *adj.* (Brasil) → afectuoso
afiado *adj.* (faca, lâmina) scharf, geschliffen; (lápis, língua) spitz
afiançar *v. tr.* 1. *(ficar por fiador)* eine Bürgschaft leisten für [+ac.]; 2. *(garantir)* verbürgen
afiançável *adj.* kautionsfähig
afiar *v. tr.* (faca, lâmina) schärfen, schleifen; (lápis) anspitzen
aficionado *s. m.* Liebhaber$_m$.

afigurar-se *v. refl.* scheinen
afilhado *s. m.* RELIGIÃO Patensohn$_m$, Patenkind$_{nt}$.
afiliar I *v. tr.* aufnehmen; II *v. refl.* Mitglied werden [em, bei +dat.]
afim I *s. m.* Verwandte$_m$; II *adj.* verwandt; afins: dergleichen
afinação *s. f.* 1. ENGENHARIA Einstellung$_f$; 2. MÚSICA Stimmen$_{nt}$.
afinal *adv.* 1. *(por fim)* schließlich, endlich; 2. also, nun; que queres afinal?: was willst du eigentlich?
afinar *v. tr.* 1. ENGENHARIA einstellen; 2. MÚSICA stimmen
afinco *s. m.* 1. *(pertinácia)* Hartnäckigkeit$_f$; *(perseverança)* Beharrlichkeit$_f$; 2. *(empenho)* Eifer$_m$, Fleiß$_m$
afinfar *v. tr.* (coloq.) (comida) fressen; (bebida) saufen
afinidade *s. f.* 1. *(semelhança)* Ähnlichkeit$_f$; 2. (por casamento) Verschwägerung$_f$
afirmação *s. f.* 1. *(asseveração)* Behauptung$_f$; 2. (de pergunta) Bejahung$_f$
afirmar I *v. tr.* 1. *(asseverar)* behaupten; 2. *(dizer sim)* bejahen; II *v. refl.* sich behaupten
afirmativa *s. f.* Zusage$_f$
afirmativamente *adv.* bejahend; responder afirmativamente: zustimmen, zusagen
afirmativo *adj.* bejahend; resposta afirmativa: positive Antwort
afixação *s. f.* Anschlag$_m$.
afixar *v. tr.* anschlagen, anbringen
aflição *s. f.* 1. Kummer$_m$; 2. *(agitação)* Aufregung$_f$
afligir *v. tr.* 1. bekümmern; quälen; 2. *(agitar)* aufregen
aflito *adj.* verzweifelt; aufgeregt
aflorar I *v. tr.* 1. (um assunto) berühren; 2. *(nivelar)* einebnen; II *v. intr.* auftauchen

afluência *s. f.* 1. (de pessoas) Zustrom$_m$, Andrang$_m$; 2. (de água, dinheiro) Zufluss$_m$

afluente I *s. m.* Nebenfluss$_m$; II *adj.* reichlich

afluir *v. intr.* 1. fließen, münden; 2. herbeiströmen

afluxo *s. m.* 1. (de pessoas) Zustrom$_{nt}$, Herbeiströmen$_{nt}$; 2. (de sangue) Blutandrang$_m$

afogadilho *s. m.* Eile$_f$, Hetze$_f$

afogado *adj.* 1. ertrunken; **morrer afogado:** ertrinken; 2. (vestido) hochgeschlossen

afogamento *s. m.* (morrer) Ertrinken$_{nt}$; (ser morto) Ertränken$_{nt}$

afogar I *v. tr.* ertränken; II *v. refl.* (morrer) ertrinken; (matar-se) sich ertränken

afogueado *adj.* atemlos, erhitzt

afoitar I *v. tr.* ermutigen, anspornen; II *v. refl.* sich trauen, wagen

afoito *adj.* kühn, energisch

afonia *s. f.* Heiserkeit$_f$

afónico *adj.* heiser

aforamento *s. m.* Verpachtung$_f$

aforismo *s. m.* Aphorismus$_m$

aforro *s. m.* (poupança) Ersparnisse$_{pl.}$

afortunado *adj.* glücklich

afortunar I *v. tr.* 1. (tornar feliz) glücklich machen; 2. (dar fortuna) bereichern; II *v. refl.* glücklich werden

África *s. f.* Afrika$_{nt}$; **África do Sul:** Südafrika$_{nt}$

africano I *s. m.* Afrikaner$_m$; II *adj.* afrikanisch

afronta *s. f.* Beleidigung$_f$

afrontado *adj.* 1. MEDICINA erhitzt; 2. (coloq.) pappsatt

afrontar *v. tr.* beleidigen, beschimpfen

afrouxamento *s. f.* 1. (cinto, corda) Lockerung$_f$; 2. (músculos) Erschlaffen$_{nt}$; 3. (velocidade) Verringerung$_f$

afrouxar I *v. tr.* 1. (cinto, regras) lockern; 2. (velocidade) verlangsamen; 3. (dor) lindern, mildern; II *v. intr.* nachlassen

afta *s. f.* MEDICINA Aphthe$_f$

afugentar *v. tr.* in die Flucht schlagen, verjagen

afundar I *v. tr.* versenken; II *v. refl.* versinken, untergehen

afunilado *adj.* trichterförmig

agachar I *v. tr.* verstecken; II *v. refl.* sich ducken

agarrado I *s. m.* Geizhals$_m$; II *adj.* (ao dinheiro) geizig

agarrar I *v. tr.* ergreifen; packen, fassen; II *v. refl.* sich klammern [a, an +ac.]

agasalhar I *v. tr.* warm anziehen; II *v. refl.* sich warm anziehen

agasalho *s. m.* warme Kleidung$_f$

agência *s. f.* Agentur$_f$, Vertretung$_f$; **agência funerária:** Beerdigungsinstitut$_{nt}$; **agência noticiosa:** Presseagentur$_f$; **agência de viagens:** Reisebüro$_{nt}$

agenda *s. f.* Notizbuch$_{nt}$, Taschenkalender$_m$

agente I *s. m.* 1. QUÍMICA Wirkstoff$_m$; 2. MEDICINA Krankheitserreger$_m$; 3. GRAMÁTICA Agens$_{nt}$; II *s. m. e f.* Agent, -in$_{m., f.}$; Vertreter, -in$_{m., f.}$

agigantar I *v. tr.* 1. (aumentar) vergrößern; 2. (exagerar) übertreiben; II *v. refl.* über sich hinauswachsen

ágil *adj.* 1. (de movimentos) flink, gewandt; 2. (hábil) geschickt

agilidade *s. f.* 1. Gewandtheit$_f$; 2. (habilidade) Geschicklichkeit$_f$

agiota *s. m. e f.* 1. (usurário) Wucherer, -in$_{m., f.}$; 2. (na Bolsa) Börsenspekulant, -in$_{m., f.}$

agir *v. intr.* 1. vorgehen, handeln; 2. wirken [sobre, auf +ac.]

agitação *s. f.* 1. heftige Bewegung$_f$; 2. (fig.) Unruhe$_f$, Aufregung$_f$; 3. POLÍTICA Agitation$_f$, Aufruhr$_m$

agitado *adj.* 1. (mar) unruhig, aufgewühlt; 2. (pessoa) unruhig, aufgeregt

agitar I *v. tr.* 1. schütteln; 2. *(fig.)* aufregen, erregen; 3. POLÍTICA aufwiegeln; II *v. refl.* sich heftig bewegen

aglomeração *s. f.* (de material) Anhäufung$_f$; (de pessoas) Auflauf$_m$.

aglomerado I *s. m.* GEOLOGIA Agglomerat$_{nt}$; aglomerado urbano: Ballungsgebiet $_{nt}$; II *adj.* gehäuft, geballt

aglomerar I *v. tr.* anhäufen, zusammenballen; II *v. refl.* sich ansammeln

aglutinação *s. f.* MEDICINA, GRAMÁTICA Agglutination$_f$

aglutinar *v. tr.* 1. GRAMÁTICA agglutinieren; 2. *(colar)* zusammenkleben; *(ligar)* verbinden

agoirar I *v. tr.* verkünden, verheißen; II *v. intr.* Unheil verkünden

agoiro *s. m.* Vorzeichen$_{nt}$.

agonia *s. f.* 1. Agonie$_f$; 2. *(coloq.)* Übelkeit$_f$

agoniado *adj.* niedergeschlagen; estou agoniado: mir ist übel

agoniar I *v. tr.* (afligir) quälen; 2. (enjoar) Übelkeit verursachen [+dat.]; II *v. refl.* sich ängstigen

agonizante I *s. m. e f.* Sterbende$_{m. e f.}$; II *adj.* sterbend

agonizar I *v. tr.* peinigen; II *v. intr.* mit dem Tode ringen

agora I *adv.* jetzt, nun; de agora em diante: von nun an; agora mesmo: soeben; por agora: fürs erste; II *cj. (mas)* aber; agora que: jetzt da

Agosto *s. m.* August$_m$.

agourado *adj.* → agoirado

agourar *v. tr. e intr.* → agoirar

agouro *s. m.* → agoiro

agradar I *v. intr.* gefallen, zusagen; II *v. refl.* Gefallen finden [com, an +dat.]

agradável *adj.* (clima) angenehm; (situação) behaglich, gemütlich; (lugar) erfreulich

agradecer *v. tr.* danken für [+ac.]; agradecer alguma coisa a alguém: jemandem für etwas danken

agradecido *adj.* dankbar; mal agradecido: undankbar; **muito agradecido!**: herzlichen Dank!

agradecimento *s. m.* Dank$_m$, Dankbarkeit$_f$ [por, für +ac.]

agrado *s. m.* Wohlgefallen$_{nt}$; *(satisfação)* Zufriedenheit$_f$

agrafador *s. m.* Hefter$_m$, Heftapparat$_m$.

agrafar *v. tr.* heften

agrafo *s. m.* Heftklammer$_f$

agrário *adj.* landwirtschaftlich, Agrar...

agravamento *s. m.* Verschlechterung$_f$, Verschlimmerung$_f$

agravante I *s. f.* DIREITO belastende(r) Umstand$_m$; II *adj.* 1. erschwerend; 2. DIREITO strafverschärfend

agravar I *v. tr.* 1. verschlimmern, verschlechtern; 2. DIREITO belasten; (a pena) verschärfen; II *v. refl.* sich zuspitzen

agravo *s. m.* 1. Beleidigung$_f$; 2. DIREITO Berufung$_f$

agredir *v. tr.* 1. *(atacar)* angreifen; 2. *(bater)* schlagen; 3. *(insultar)* beleidigen

agregação *s. f.* 1. *(ajuntamento)* Hinzufügen$_{nt}$; 2. *(união)* Vereinigung$_f$

agregado *s. m.* Mischung$_f$; agregado familiar: Familienangehörige$_m$

agregar *v. tr.* 1. *(reunir)* anhäufen; 2. *(um adjunto)* zuteilen

agressão *s. f.* 1. *(ataque)* Aggression$_f$; 2. *(insulto)* Angriff$_m$; Beleidigung$_f$

agressividade *s. m.* Aggressivität$_f$, Angriffslust$_f$

agressivo *adj.* aggressiv, angriffslustig

agressor *s. m.* Angreifer$_m$.

agreste *adj.* wild; rau

agrião *s. m.* BOTÂNICA Brunnenkresse$_f$

agrícola I *s. m. e f.* Landwirt, -in$_{m. f.}$; II *adj.* landwirtschaftlich, Agrar...

agricultor s. m. Landwirt$_m$.
agricultura s. f. Landwirtschaft$_f$, Ackerbau$_m$.
agridoce adj. süßsauer
agrónomo s. m. Agronom$_m$; Diplomlandwirt$_m$.
agro-pecuária s. f. Land- und Viehwirtschaft$_f$.
agrupamento s. m. 1. Zusammenstellung$_f$; 2. Gruppe$_f$, Gruppierung$_f$.
agrupar v. tr. gruppieren, zusammenstellen
água s. f. 1. Wasser$_{nt}$; água doce: Süßwasser$_{nt}$; água gasosa: Sprudel$_m$; água potável: Trinkwasser$_{nt}$; 2. pl. águas: Gewässer$_{pl}$; águas medicinais: Heilquellen$_{pl}$; águas residuais: Abwässer$_{pl}$.
aguaceiro s. m. Schauer$_m$, Regenguss$_m$.
água-de-colónia s. f. Kölnischwasser$_{nt}$.
aguado adj. wässrig
água-marinha s. f. Aquamarin$_{nt}$.
água-pé s. f. Tresterwein$_m$.
água-tinta s. f. Aquatinta$_f$.
aguar v. tr. 1. (dissolver) (in Wasser) auflösen; 2. (regar) gießen; (campo) bewässern; 3. (leite, vinho) verwässern; 4. (estragar) vereiteln, verderben
aguardar I v. tr. abwarten; II v. intr. abwarten, warten [por, auf +ac.]
aguardente s. f. Branntwein$_m$.
aguarela s. f. Aquarell$_{nt}$; (tinta) Wasserfarbe$_f$.
aguarrás s. f. inv. Terpentin$_{nt}$.
águas-furtadas s. f. pl. Dachgeschoss$_{nt}$.
aguça s. m. Bleistiftspitzer$_m$.
aguçado adj. spitz
aguçar v. tr. 1. spitzen; 2. (fig.) anstacheln, anregen
agudo adj. 1. (objecto) spitz; 2. (som) hoch, schrill; 3. MEDICINA akut
aguentar I v. tr. 1. (apoiar) stützen, tragen; 2. (aturar) aushalten; II v. intr. halten; III v. refl. durchhalten

águia s. f. ZOOLOGIA Adler$_m$.
agulha s. f. 1. Nadel$_f$; (de tricô) Stricknadel$_f$; 2. (de caminhos-de-ferro) Weiche$_f$; 3. ARQUITECTURA Turmspitze$_f$.
ah interj. ah!, ach!
ai I s. m. Ach$_{nt}$; II interj. au!
aí I adv. 1. dort, da; (lugar indeterminado) da irgendwo; **espera aí!**: Moment mal!; **por aí**: dadurch; 2. (aproximadamente) ungefähr; II s. m. (Brasil) ZOOLOGIA Faultier$_{nt}$.
aidético s. m. (Brasil) MEDICINA Aidskranke$_{m. e f.}$
ainda adv. noch, immer noch; **ainda assim**: immerhin; **ainda que** [+conj.]: wenn… auch, wenngleich; **ainda agora**: gerade (eben)
aipim s. m. (Brasil) Maniok$_m$.
aipo s. m. Sellerie$_m$.
airosidade s. f. Anmut$_f$, Grazie$_f$.
airoso adj. 1. anmutig, elegant; 2. (local) luftig, hell
ajardinar v. tr. bepflanzen; mit Grünanlagen versehen
ajeitar I v. tr. zurechtmachen, in Ordnung bringen; II v. refl. zurechtkommen
ajoelhado adj. kniend, auf den Knien
ajoelhar-se v. refl. sich niederknien
ajuda s. f. 1. Hilfe$_f$, Unterstützung$_f$; **com a ajuda de**: mit Hilfe von [+dat.]; 2. Unterstützung$_f$; **ajudas de custo**: Spesen$_{pl}$.
ajudante s. m. e f. 1. Gehilfe, -in$_{m. f.}$; Helfer, -in$_{m. f.}$; (em empresa) Handlanger, -in$_{m. f.}$; (assistente) Assistent, -in$_{m. f.}$
ajudar v. tr. helfen, unterstützen; **ajudar alguém em alguma coisa**: jemandem bei etwas helfen
ajuizado adj. vernünftig, einsichtig
ajuntamento s. m. Auflauf$_m$.
ajustagem s. f. (Brasil) Einstellung$_f$.
ajustar I v. tr. 1. anpassen; 2. ENGENHARIA einstellen; 3. (combinar) vereinbaren; II v. refl. passen

ajuste s. m. 1. (combinação) Vereinbarung_f; 2. (máquina) Einstellung_f; 3. (liquidação) ajuste de contas: Abrechnung_f.

ala s. f. 1. (fila) Reihe_f; formar alas: Spalier bilden; 2. (igreja) Seitenschiff_nt; 3. (de partido, edifício, tropa) Flügel_m.

alabastro s. m. Alabaster_m.

alado adj. geflügelt, mit Flügeln

alagado adj. 1. (encharcado) überschwemmt; 2. (desmoronado) eingestürzt

alagar I v. tr. 1. (encharcar) überschwemmen; 2. (derribar) einstürzen; II v. refl. 1. (molhar-se) nass werden; 2. (inundar-se) überschwemmt werden

alamar s. m. Litze_f.

alambique s. m. Destillierapparat_m, Retorte_f.

alameda s. f. (avenida) Allee_f; (com álamos) Pappelallee_f.

álamo s. m. BOTÂNICA Pappel_f.

alandro s. m. BOTÂNICA Oleander_m.

alapar I v. tr. verstecken; II v. intr. hocken, kauern; III v. refl. 1. (esconder-se) sich verstecken; 2. (coloq.) (sentar-se) sich setzen

alar I v. tr. erheben; (bandeira) hissen; II v. refl. aufsteigen

alaranjado adj. orange, orangefarben

alarde s. m. Prahlerei_f; (vaidade) Eitelkeit_f

alargamento s. m. Erweiterung_f, Ausdehnung_f

alargar I v. tr. 1. vergrößern, erweitern; (rua) verbreitern; 2. (prolongar) verlängern; II v. intr. (tecido) sich dehnen; III v. refl. (a falar) sich ausbreiten

alarido s. m. Geschrei_nt, Geheul_nt

alarmante adj. beunruhigend, alarmierend

alarmar I v. tr. alarmieren; II v. refl. in Aufregung geraten

alarme s. m. Alarm_m.

alastramento s. m. Ausbreitung_f, Ausdehnung_f

alastrar I v. tr. verbreiten; II v. intr. (fogo) sich ausbreiten; III v. refl. (doença) sich verbreiten, sich ausbreiten

alaúde s. m. MÚSICA Laute_f.

alavanca s. f. Hebel_m; alavanca de velocidades: Schalthebel_m.

alazão s. m. (cavalo) Fuchs_m.

albanês I s. m. Albaner_m; II adj. albanisch

Albânia s. f. Albanien_nt.

albarda s. f. Packsattel_m.

albardar v. tr. 1. (animal) satteln; 2. (oprimir) unterkriegen

albatroz s. m. Albatros_m.

albergar I v. tr. 1. (hospedar) beherbergen; 2. (conter) enthalten; II v. refl. absteigen, unterkommen

albergaria s. f. Herberge_f; (com restaurante) Gasthaus_nt.

albergue s. m. Herberge_f; (para sem-abrigo) Obdachlosenunterkunft_f; albergue da juventude: Jugendherberge_f

albino s. m. Albino_m.

albufeira s. f. 1. (lagoa) Lagune_f; 2. (represa) Stausee_m.

álbum s. m. Album_nt.

albumina s. f. BIOLOGIA Eiweiß_nt.

alça s. f. Träger_m.

alcachofra s. f. BOTÂNICA Artischocke_f.

alçada s. f. Zuständigkeit_f.

alçado s. m. ARQUITECTURA Aufriss_m.

alcalino adj. QUÍMICA alkalisch

alcançar v. tr. 1. (objectivo, pessoa) erreichen; 2. (conseguir) erlangen, erzielen

alcançável adj. erreichbar

alcance s. m. 1. Reichweite_f; estar ao alcance da vista: in Sichtweite sein; 2. (âmbito) Bereich_m; ao alcance de todos: leicht verständlich

alçapão s. m. ARQUITECTURA Falltür_f, Bodenklappe_f.

alcaparra s. f. BOTÂNICA Kaper_f.

alçar I v. tr. 1. hochheben; (bandeira) hissen; 2. (edificar) errichten; 3. (fig.) loben; II v. refl. aufsteigen
alcateia s. f. Rudel$_{nt.}$
alcatifa s. f. Teppichboden$_m$
alcatifar v. tr. mit Teppichboden auslegen
alcatrão s. m. Teer$_m$
alcatroado adj. asphaltiert
alcatroar v. tr. teeren, asphaltieren
alce s. m. ZOOLOGIA Elch$_m$
alcofa s. f. 1. Henkelkorb$_m$; 2. (de bebé) Tragekorb$_m$
álcool s. m. Alkohol$_m$; sem álcool: alkoholfrei
alcoólatra s. m. e f. Trinker, -in$_{m., f.}$
alcoolemia s. f. Blutalkohol$_m$
alcoólico I s. m. Alkoholiker$_m$; II adj. alkoholisch
alcoolismo s. m. Alkoholismus$_m$, Trunksucht$_f$
alcoolizado adj. betrunken
alcoolizar I v. tr. alkoholisieren; II v. refl. sich betrinken
Alcorão s. m. RELIGIÃO Koran$_m$
alcova s. f. Schlafzimmer$_{nt.}$
alcovitar v. tr. verkuppeln; II v. intr. 1. Kuppelei treiben; 2. (mexericar) klatschen
alcoviteiro s. m. Klatschbase$_f$
alcunha s. f. Spitzname$_m$
aldeão I s. m. 1. Dorfbewohner$_m$; Bauer$_m$; II adj. dörflich, ländlich; bäurisch
aldeia s. f. Dorf$_{nt.}$
aldraba s. f. Türklopfer$_m$
aldrabão s. m. Schwindler$_m$; Lügner$_m$
aldrabar I v. tr. betrügen; II v. intr. 1. schwindeln; 2. (no trabalho) schludern, pfuschen
aldrabice s. f. Schwindel$_m$
aleatório adj. zufällig
alecrim s. m. BOTÂNICA Rosmarin$_m$

alegação s. f. DIREITO Plädoyer$_{nt.}$
alegar I v. tr. (razão) angeben; (prova) vorbringen; II v. intr. sich berufen auf [+ac.], geltend machen
alegoria s. f. Allegorie$_f$
alegórico adj. allegorisch
alegrar I v. tr. 1. erfreuen; 2. (animar) aufmuntern, aufheitern; II v. refl. sich freuen [com, über +ac.]
alegre adj. 1. froh, fröhlich; 2. (divertido) lustig; 3. (animado) heiter, lebhaft; 4. (com álcool) angeheitert; 5. (cor) leuchtend
alegria s. f. Freude$_f$, Fröhlichkeit$_f$, Heiterkeit$_f$
aleijado I s. m. Krüppel$_m$; II adj. verkrüppelt
aleijar I v. tr. verletzen; II v. refl. sich verletzen
aleitamento s. m. Stillen$_{nt.}$
aleluia s. f. Halleluja$_{nt.}$, Lobgesang$_m$; aleluia!: Halleluja!
além I s. m. Jenseits$_{nt.}$; II adv. dort, da drüben; (longe) dahinten; além de: jenseits [+gen.]; (excepto) außer [+dat.], abgesehen von [+dat.]; além disso: außerdem
Alemanha s. f. Deutschland$_{nt.}$; Alemanha Ocidental/Oriental: West-/Ostdeutschland
alemão I s. m. 1. Deutsche$_{m. e f.}$; alemão do leste/ocidente: Ost-/Westdeutsche$_m$; 2. (língua) Deutsch$_{nt.}$; II adj. deutsch
além-mar I s. m. Übersee$_f$; II adv. in Übersee
alentado adj. 1. stark, kräftig; 2. mutig
alentar I v. tr. 1. stärken, ermutigen; 2. (esperanças) hegen; II v. refl. Mut fassen
alentejano I s. m. Alentejaner$_m$; II adj. alentejanisch
alento s. m. 1. Mut$_m$; dar alento: ermutigen; 2. Atem$_m$; tomar alento: Atem holen
alergia s. f. MEDICINA Allergie$_f$
alérgico adj. allergisch

alerta I s. m. Alarm$_m$; alerta!: Achtung!, Alarm!; II adj. wachsam; estar alerta: aufpassen
aletria s. f. CULINÁRIA Fadennudeln$_{pl.}$
alfabético adj. alphabetisch
alfabetizar I v. tr. alphabetisieren; (crianças) einschulen; II v. refl. lesen und schreiben lernen
alfabeto s. m. Alphabet$_{nt.}$, ABC$_{nt.}$
alface s. f. BOTÂNICA Kopfsalat$_m$
alfacinha I s. m. e f. (pop.) Lissabonner, -in$_{m.,f.}$; II adj. (pop.) aus Lissabon
alfaia s. f. 1. (utensílio) Gerät$_{nt.}$; 2. (adorno) Schmuck$_m$
alfaiataria s. f. Herrenschneiderei$_f$
alfaiate s. m. Herrenschneider$_m$
alfândega s. f. Zoll$_m$; (edifício) Zollamt$_{nt.}$
alfandegagem s. f. Zollabfertigung$_f$
alfandegar v. tr. 1. (pagar) verzollen; 2. (despachar) zollamtlich abfertigen
alfandegário adj. Zoll...
alfarrabista s. m. e f. Antiquar, -in$_{m.,f.}$
alfarroba s. f. BOTÂNICA Johannisbrot$_{nt.}$
alfazema s. f. BOTÂNICA Lavendel$_m$
alfinetar v. tr. 1. mit einer Stecknadel stechen; 2. (prender) feststecken
alfinete s. m. 1. Stecknadel$_f$; alfinete de segurança: Sicherheitsnadel$_f$; 2. (jóia) Anstecknadel$_f$; (de gravata) Krawattennadel$_f$
alfineteira s. f. Nadelkissen$_{nt.}$
alfombra s. f. Teppich$_m$
alforreca s. f. ZOOLOGIA Qualle$_f$
alga s. f. 1. BOTÂNICA Alge$_f$; 2. pl. algas: Tang$_m$
algáceo adj. algenartig
algália s. f. MEDICINA Katheter$_m$
algarismo s. m. Ziffer$_f$
Algarve s. m. Algarve$_{m./f.}$
algarvio adj. aus dem/der Algarve
algazarra s. f. Lärm$_m$, Geschrei$_{nt.}$

álgebra s. f. Algebra$_f$
algema s. f. Handschelle$_f$
algemar v. tr. Handschellen anlegen [+dat.]
algibeira s. f. Tasche$_f$, Kleidertasche$_f$
algo I pron. indef. inv. etwas, irgendetwas; II adv. etwas, ein bisschen
algodão s. m. 1. BOTÂNICA Baumwolle$_f$; algodão em rama: Rohbaumwolle$_f$; 2. FARMÁCIA Watte$_f$; algodão hidrófilo: Watte$_f$; Verbandwatte$_f$
algodoeiro I s. m. BOTÂNICA Baumwollstaude$_f$; II adj. Baumwoll...
alguém pron. indef. inv. jemand
alguidar s. m. Schüssel$_f$
algum pron. indef. 1. (singular) (irgend)ein; alguma coisa: etwas; 2. (plural) einige, manche; algumas vezes: manchmal
algures adv. irgendwo; para algures: irgendwohin; de algures: irgendwoher
alhada s. f. (coloq.) Durcheinander$_{nt.}$; estar metido numa alhada: in der Patsche sitzen
alheio I s. m. fremdes Eigentum$_{nt.}$; II adj. fremd [a, +dat.]
alheira s. f. CULINÁRIA Knoblauchwurst$_f$
alho s. m. BOTÂNICA Knoblauch$_m$
alho-porro s. m. BOTÂNICA Lauch$_m$, Porree$_m$
ali adv. dort, da; para ali: dorthin, dahin
aliado I s. m. Verbündete$_{m. e f.}$; II adj. verbunden [a, mit +dat.]
aliança s. f. 1. Bund$_m$, Bündnis$_{nt.}$; 2. Ring$_m$; aliança de casamento: Trauring$_m$
aliar I v. tr. verbinden; II v. refl. sich verbünden
aliás adv. übrigens
álibi s. m. Alibi$_{nt.}$
alicate s. m. Zange$_f$; alicate de corte: Kneifzange$_f$
alicerçar v. tr. die Grundlage schaffen für [+ac.]

alicerce *s. m.* 1. ARQUITECTURA Unterbau$_m$, Fundament$_{nt}$; 2. *(fig.)* Fundament$_{nt}$, Grundlage$_f$; lançar os alicerces para alguma coisa: den Grundstein zu etwas legen

aliciação *s. f.* Verführung$_f$

aliciante *adj.* verlockend, verführerisch

aliciar *v. tr.* 1. *(seduzir)* verführen, verlocken; 2. *(atrair)* anlocken

alienação *s. f.* 1. Entfremdung$_f$; 2. PSICOLOGIA Geistesgestörtheit$_f$; 3. ECONOMIA Veräußerung$_f$

alienado I *s. m.* PSICOLOGIA Geisteskranke$_{m.\ e\ f.}$; II *adj.* PSICOLOGIA geisteskrank

alienar I *v. tr.* 1. entfremden; 2. ECONOMIA veräußern; II *v. refl.* PSICOLOGIA geisteskrank werden

alienável *adj.* ECONOMIA veräußerlich

alienismo *s. m.* PSICOLOGIA Wahnsinn$_m$, Geistesgestörtheit$_f$

aligeirar *v. tr.* 1. *(aliviar)* erleichtern; 2. *(apressar)* beschleunigen

alimentação *s. f.* 1. Nahrung$_f$, Ernährung$_f$; (de animais) Fütterung$_f$; 2. ENGENHARIA, ELECTRICIDADE Zufuhr$_f$

alimentar I *v. tr.* ernähren; (animal) füttern; II *v. refl.* sich ernähren [de, von +dat.]; III *adj.* Nahrungs...

alimentício *adj.* Nahrungs..., Nähr...

alimento *s. m.* Nahrung$_f$, Nahrungsmittel$_{nt}$; (de animais) Futter$_{nt}$

alínea *s. f.* 1. Absatz$_m$; 2. DIREITO Paragraph$_m$

alinhamento *s. m.* 1. *(direcção)* Ausrichtung$_f$; 2. *(nivelamento)* Angleichung$_f$; 3. DESPORTO Aufstellung$_f$

alinhar I *v. tr.* 1. ausrichten; 2. *(nivelar)* angleichen; II *v. intr.* 1. (em linha) sich aufstellen; 2. (em projecto, equipa) mitmachen [em, bei +dat.]

alinhavar *v. tr.* 1. heften; 2. *(delinear)* entwerfen

alisar *v. tr.* glätten; *(aplanar)* abschleifen

alistamento *s. m.* MILITAR Anwerbung$_f$

alistar I *v. tr.* MILITAR anwerben; II *v. refl.* MILITAR eintreten

aliteração *s. f.* LITERATURA Alliteration$_f$, Stabreim$_m$

aliviado *adj.* erleichtert

aliviar *v. tr.* 1. erleichtern, entlasten; 2. (dor) lindern; 3. *(suavizar)* besänftigen

alívio *s. m.* 1. Erleichterung$_f$; 2. (dor) Linderung$_f$

alma *s. f.* Seele$_f$; Geist$_m$; de corpo e alma: mit Leib und Seele

almanaque *s. m.* Almanach$_m$, Jahrbuch$_{nt}$

almejar *v. tr.* ersehnen, sich sehnlich wünschen

almejo *s. m.* Sehnsucht$_f$

almirante *s. m.* Admiral$_m$

almoçar *v. tr. e intr.* zu Mittag essen

almoço *s. m.* Mittagessen$_{nt}$

almofada *s. f.* 1. Kopfkissen$_{nt}$, Kissen$_{nt}$; 2. (de porta) Türfüllung$_f$

almofadar *v. tr.* polstern

almofariz *s. m.* Mörser$_m$

almôndega *s. f.* CULINÁRIA Fleischklößchen$_{nt}$, Klops$_m$

alô *interj.* *(Brasil)* hallo!

alocução *s. f.* kurze Rede$_f$, Ansprache$_f$

alogia *s. f.* Unsinn$_m$, Quatsch$_m$

aloirado *adj.* 1. leicht blond; 2. CULINÁRIA knusprig

aloirar I *v. tr.* 1. aufhellen; 2. CULINÁRIA anbräunen; II *v. intr.* 1. blond werden; 2. CULINÁRIA braun werden

alojamento *s. m.* 1. Unterkunft$_f$; 2. MILITAR Quartier$_{nt}$

alojar I *v. tr.* 1. unterbringen; 2. MILITAR einquartieren; II *v. refl.* 1. absteigen, unterkommen; 2. (bactéria) sich einnisten

alongado *adj.* länglich

alongamento s. m. Ausdehnung_f_; (em comprimento) Verlängerung_f_.
alongar I v. tr. 1. verlängern; 2. (atrasar, prolongar) hinauszögern, verzögern; II v. refl. 1. (prolongar-se) sich verzögern; 2. (orador) sich verlieren [em, in +ac.]
aloquete s. m. Vorhängeschloss_nt_.
alourado adj. → aloirado
alourar v. tr. e intr. → aloirar
alpaca s. f. 1. ZOOLOGIA Alpaka_nt_; 2. (tecido) Alpakawolle_f_, Alpaka_nt_.
alpendre s. m. Schutzdach_nt_.
alperce s. m. BOTÂNICA Aprikose_f_.
Alpes s. m. pl. Alpen_pl_.
alpestre adj. Alpen...; (montanhoso) bergig, gebirgig
alpinismo s. m. Bergsport_m_, Bergsteigen_nt_.
alpinista s. m. e f. Bergsteiger, -in_m., f._
alpino adj. alpin
alqueive s. m. AGRICULTURA Brachfeld_nt_.
alquimia s. f. Alchimie_f_.
alquimista s. m. e f. Alchimist, -in_m., f._
Alsácia s. f. Elsass_nt_.
alsaciano I s. m. Elsässer_m_; II adj. elsässisch
alta s. f. 1. (preços) Teuerung_f_; (cotação) Hausse_f_; 2. (cidade) Oberstadt_f_; 3. MEDICINA Entlassung_f_; ter alta: entlassen werden
altamente adv. höchst, in hohem Maß
altaneiro adj. 1. (ave) hochfliegend; 2. (árvore, torre) hochragend; 3. (pessoa) anmaßend, arrogant
altar s. m. Altar_m_.
alta-roda s. f. vornehme Gesellschaft_f_.
alteração s. f. 1. Veränderung_f_, Änderung_f_; 2. (transformação) Umwandlung_f_.
alterar I v. tr. 1. verändern, ändern; 2. (falsificar) fälschen; 3. (voz) erheben; II v. refl. 1. sich ändern, sich verändern; 2. (zangar-se) sich aufregen
alternadamente adv. wechselweise

alternado adj. abwechselnd
alternador s. m. ELECTRICIDADE Wechselstromgenerator_m_.
alternância s. f. Abwechslung_f_, Wechsel_m_.
alternar v. tr. abwechseln, wechseln
alternativa s. f. Alternative_f_.
alternativo adj. alternativ
alterno adj. abwechselnd
alteza s. f. Hoheit_f_.
altifalante s. m. Lautsprecher_m_.
altímetro s. m. Altimeter_nt_, Höhenmesser_m_.
altitude s. f. Höhe_f_ (über dem Meeresspiegel)
altivez s. f. Hochmut_m_; Stolz_m_.
altivo adj. hochmütig; stolz
alto I s. m. 1. Gipfel_m_; do alto: von oben; 2. (num terreno) Anhöhe_f_; 3. (altura) Höhe_f_; II adj. 1. hoch; 2. (pessoa) groß; 3. (som) laut; 4. (elevado) vornehm; III adv. hoch; (som) laut; IV interj. halt! ❖ por alto: über den Daumen gepeilt
alto-alemão s. m. Hochdeutsch_nt_.
alto-astral I s. m. (Brasil) gute Laune_f_; II adj. (Brasil) gut gelaunt
alto-relevo s. m. Hochrelief_nt_.
altruísmo s. m. Selbstlosigkeit_f_, Uneigennützigkeit_f_.
altruísta I s. m. e f. selbstlose(r) Mensch_m_; II adj. selbstlos
altura s. f. 1. Höhe_f_; 2. (de pessoa) Größe_f_; ter um metro de altura: einen Meter groß sein; 3. Zeitpunkt_m_; nessa altura: damals; nesta altura: jetzt, zurzeit; 4. Niveau_nt_; estar à altura de alguém/alguma coisa: jemandem/etwas gewachsen sein
alucinação s. f. Halluzination_f_, Wahnvorstellung_f_.
alucinado adj. verblendet, wahnsinnig
alucinante adj. betörend
alucinar v. tr. betören
alude s. m. Schneelawine_f_.

aludir v. tr. andeuten, anspielen [a, auf +ac.]
alugar v. tr. 1. (dar de aluguer) (casa) vermieten; (bicicleta, filme) verleihen; 2. (tomar de aluguer) (casa) mieten; (bicicleta) leihen
aluguel s. m. (Brasil) → aluguer
aluguer s. m. 1. (arrendamento) Vermietung f.; (de objecto) Verleih m.; 2. (renda) Miete f.; (de objecto) Leihgebühr f.
aluir I v. tr. zum Einsturz bringen; II v. intr. einstürzen
alumiar I v. tr. beleuchten; II v. intr. leuchten
alumínio s. m. QUÍMICA Aluminium nt.
alunagem s. f. Mondlandung f.
alunar v. intr. auf dem Mond landen
alunissagem s. f. (Brasil) → alunagem
alunissar v. intr. (Brasil) → alunar
aluno s. m. (escola) Schüler m.; (universidade) Student m., Studierende m. e f.
alusão s. f. Andeutung f., Anspielung f. [a, auf +ac.]
alusivo adj. anspielend [a, auf +ac.]
aluvião s. m. 1. (cheia) Überschwemmung f.; 2. (depósito) Ablagerung f.
alva s. f. Morgengrauen nt.
alvará s. m. Konzession f.; (para construção) Baugenehmigung f.
alvejar v. tr. schießen auf [+ac.]
alvéloa s. f. ZOOLOGIA Bachstelze f.
alveolar adj. LINGUÍSTICA alveolar
alvéolo s. m. ANATOMIA Zahnhöhle f.
alvião s. m. AGRICULTURA Kreuzhacke f.
alvíssaras s. f. pl. Finderlohn m.
alvitrar v. tr. vorschlagen, empfehlen
alvitre s. m. Vorschlag m.
alvo I s. m. 1. Zielscheibe f.; acertar no alvo: das Ziel treffen; 2. (fig.) Ziel nt.; II adj. 1. weiß; 2. (puro) rein
alvor s. m. 1. (alvorada) Morgendämmerung f.; 2. (brancura) Weiße f.
alvorada s. f. Morgendämmerung f.
alvoroçar v. tr. 1. beunruhigen, aufregen; 2. (entusiasmar) freudig erregen
alvoroço s. m. 1. Aufregung f.; 2. (motim) Aufruhr m.; 3. (entusiasmo) Begeisterung f.
alvura s. f. 1. Weiße f.; 2. (pureza) Reinheit f.
ama s. f. 1. (ama de leite) Amme f.; 2. (ama--seca) Kinderfrau f.
amabilidade s. f. Liebenswürdigkeit f., Freundlichkeit f.
amabilíssimo superl. de amável
amachucar v. tr. (papel) zerknüllen; (tecido) verknittern
amaciador s. m. 1. (da roupa) Weichspüler m.; 2. (do cabelo) Pflegespülung f.
amaciar I v. tr. 1. (suavizar) besänftigen; 2. (alisar) glätten; II v. intr. sanft werden
ama-de-leite s. f. Amme f.
amado s. m. Geliebte m. e f.
amador s. m. Liebhaber m., Amateur m.
amadurecer I v. tr. zur Reife bringen; II v. intr. reifen
âmago s. m. 1. BOTÂNICA Mark nt.; 2. (interior) Innere nt., Wesen nt.; 3. (essência) Kern m., Hauptsache f.
amainar I v. tr. (as velas) einziehen; II v. intr. (tempestade, ira) nachlassen
amaldiçoar I v. tr. verfluchen; II v. intr. fluchen
amálgama s. f. 1. QUÍMICA Amalgam nt.; 2. (fig.) Gemisch nt.
amalgamar v. tr. 1. QUÍMICA amalgamieren; 2. (fig.) vermengen, vermischen
amamentar v. tr. säugen
amanhã I s. m. Morgen nt.; II adv. morgen; amanhã de manhã: morgen früh; depois de amanhã: übermorgen
amanhecer I s. m. Tagesanbruch m.; II v. intr. dämmern, Tag werden
amansar v. tr. 1. zähmen, bändigen; 2. beruhigen; II v. intr. sich beruhigen; (tempestade) sich legen
amante s. m. e f. Geliebte m. e f.; Liebhaber, -in m. f.

amar v. tr. lieben
amaragem s. f. Wasserlandung_f._
amarelado adj. gelblich
amarelo I s. m. Gelb_nt._; II adj. gelb
amarfanhar v. tr. zerknittern
amargar v. tr. 1. verbittern; 2. *(fig.)* leiden
amargo adj. bitter
amargor s. m. bittere(r) Geschmack_m._
amaríssimo superl. de amargo
amarra s. f. NÁUTICA Ankertau_nt._, Halteteu_nt._
amarração s. f. *(Brasil) (coloq.)* Beziehungskiste_f._
amarrado adj. *(Brasil) (coloq.)* verknallt [em, in +ac.]
amarrar I v. tr. 1. festbinden; 2. NÁUTICA vertäuen; II v. intr. NÁUTICA ankern; III v. refl. sich binden [a, an +ac.]
amarrotar v. tr. *(tecido)* zerknittern, zerdrücken
ama-seca s. f. Kindermädchen_nt._, Kinderfrau_f._
amassado adj. 1. verbeult; 2. *(Brasil)* zerknittert, verknittert
amassar v. tr. 1. *(massa)* kneten; 2. *(chapa)* zerquetschen
amável adj. liebenswürdig, freundlich
âmbar s. m. Bernstein_m._
ambição s. f. Ehrgeiz_m._
ambicionar I v. tr. anstreben; II v. intr. streben [a, nach +dat.]
ambicioso adj. ehrgeizig
ambidestro adj. beidhändig
ambiental adj. Umwelt...
ambientar I v. tr. eine Atmosphäre schaffen für [+ac.]; II v. refl. sich eingewöhnen; (no emprego) sich einarbeiten
ambiente I s. m. 1. Atmosphäre_f._; 2. *(ecológico)* Umwelt_f._; 3. *(o que nos rodeia)* Umgebung_f._; *(social)* Milieu_nt._; II adj. umgebend
ambiguidade s. f. Zweideutigkeit_f._, Doppeldeutigkeit_f._

ambíguo adj. zweideutig; doppeldeutig
âmbito s. m. Bereich_m._
ambos pron. indef. beide
ambulância s. f. Krankenwagen_m._
ambulante adj. ambulant, Wander...; vendedor ambulante: Straßenverkäufer_m._
ambulatório I s. m. *(Brasil)* MEDICINA Ambulanz_f._, Poliklinik_f._; II adj. 1. *(variável)* unstet; 2. MEDICINA *(tratamento)* ambulant
ameaça s. f. 1. Drohung_f._, Bedrohung_f._; 2. *(sintoma)* Symptom_nt._; 3. *(prenúncio)* Anzeichen_nt._
ameaçador adj. drohend, bedrohlich
ameaçar v. tr. drohen; (com objecto) bedrohen
amealhar v. tr. e intr. sparen
ameba s. f. BIOLOGIA Amöbe_f._
amedrontar v. tr. erschrecken
amêijoa s. f. ZOOLOGIA Herzmuschel_f._
ameixa s. f. BOTÂNICA Pflaume_f._
ameixoeira s. f. BOTÂNICA Pflaumenbaum_m._
amém interj. Amen!
amêndoa s. f. Mandel_f._
amendoada s. f. CULINÁRIA Mandelkuchen_m._
amendoeira s. f. BOTÂNICA Mandelbaum_m._
amendoim s. m. BOTÂNICA Erdnuss_f._
ameninado adj. kindlich, kindisch
amenizar v. tr. besänftigen, beruhigen
ameno adj. angenehm, freundlich; (clima) mild; (paisagem) lieblich
América s. f. Amerika_nt._
americano I s. m. Amerikaner_m._; II adj. amerikanisch
amestrar v. tr. 1. *(domar)* dressieren, abrichten; 2. *(ensinar)* schulen
ametista s. f. Amethyst_m._
amial s. m. Erlenwald_m._
amianto s. m. Asbest_m._
amicíssimo superl. de amigo
amido s. m. CULINÁRIA Stärke_f._, Stärkemehl_nt._
amieiro s. m. BOTÂNICA Erle_f._

amigalhaço s. m. (pop.) Busenfreund_m_
amigável adj. (relação) freundschaftlich; (pessoa) liebenswürdig
amígdala s. f. Mandel_f_
amigdalite s. f. MEDICINA Mandelentzündung_f_
amigo I s. m. Freund_m_; II adj. freundschaftlich, freundlich; ser amigo de alguém: mit jemandem befreundet sein
amimalhar v. tr. verziehen
amiúde adv. oft, häufig
amizade s. f. Freundschaft_f_; travar amizade: Freundschaft schließen [com, mit +dat.]
amnésia s. f. Gedächtnisschwund_m_
amnésico adj. gedächtnisschwach
amnistia s. f. Amnestie_f_
amnistiar v. tr. amnestieren, begnadigen
amo s. m. Hausherr_m_
amolação s. f. (Brasil) (coloq.) Schererei_f_, Ärger_m_
amolar v. tr. 1. schärfen, wetzen; 2. (Brasil) belästigen
amolecer I v. tr. 1. aufweichen; 2. (fig.) erweichen; II v. intr. weich werden
amolgado adj. verbeult
amolgadura s. f. Beule_f_
amolgar v. tr. zerdrücken, zerquetschen
amónia s. f. Salmiakgeist_m_
amoníaco s. m. Ammoniak_nt_
amontoado I s. m. Haufen_m_; II adj. angehäuft
amontoamento s. m. Haufen_m_, Anhäufung_f_
amontoar v. tr. anhäufen, stapeln
amor s. m. 1. (sentimento) Liebe_f_; 2. Liebling_m_; ela é um amor: sie ist ein Schatz
amora s. f. BOTÂNICA Brombeere_f_
amordaçar v. tr. knebeln
amoreira s. f. BOTÂNICA Maulbeerbaum_m_
amorfo adj. formlos, amorph

amornar v. tr. aufwärmen, anwärmen
amoroso adj. 1. (pessoa) liebevoll; 2. Liebes...
amor-perfeito s. m. BOTÂNICA Stiefmütterchen_nt_
amor-próprio s. m. Selbstachtung_f_, Ehrgefühl_nt_
amortalhar v. tr. in ein Leichentuch hüllen
amortecedor I s. m. (automóvel) Stoßdämpfer _m_; II adj. dämpfend
amortecer v. tr. 1. (ruído, choque, queda) dämpfen; 2. (luz) abschwächen, dämpfen
amortização s. f. ECONOMIA Tilgung_f_, Rückzahlung_f_
amortizar v. tr. ECONOMIA abschreiben, tilgen
amostra s. f. 1. Muster_nt_; amostra de compra: Warenprobe_f_; 2. (estatística) Probe_f_; de amostra: zur Probe
amotinação s. f. 1. Aufstand_m_; 2. MILITAR Meuterei_f_
amotinar I v. tr. aufwiegeln, aufhetzen; II v. refl. sich auflehnen
amover v. tr. 1. (expropriar) enteignen; 2. (afastar) entfernen
amovível adj. entfernbar
amparar I v. tr. stützen; unterstützen; II v. refl. sich stützen [a, auf +ac.]
amparo s. m. Unterstützung_f_; Hilfe_f_
ampere s. m. FÍSICA Ampere_nt_
amperímetro s. m. FÍSICA Amperemeter_nt_
ampliação s. f. 1. Erweiterung_f_; 2. FOTOGRAFIA Vergrößerung_f_
ampliar v. tr. 1. erweitern; 2. FOTOGRAFIA vergrößern
ampliável adj. erweiterbar
amplificação s. f. 1. (de som) Verstärkung_f_; 2. (ampliação) Erweiterung_f_
amplificador s. m. FÍSICA Verstärker_m_
amplificar v. tr. 1. (som) verstärken; 2. (ampliar) erweitern

amplitude s. f. 1. Weite_f_, Ausdehnung_f_; 2. FÍSICA Amplitude_f_.

amplo adj. 1. (largo) weit; 2. (vasto) umfassend; 3. (espaçoso) geräumig

ampola s. f. FARMÁCIA Ampulle_f_.

ampulheta s. f. Sanduhr_f_, Eieruhr_f_.

amputação s. f. MEDICINA Amputation_f_.

amputar v. tr. MEDICINA amputieren

amuado adj. (coloq.) mürrisch, eingeschnappt

amuar v. intr. (coloq.) maulen, einschnappen

amuleto s. m. Talisman_m_.

amurada s. f. NÁUTICA Reling_f_.

anacrónico adj. anachronistisch

anafado adj. klein und dick

anafar v. tr. mästen

anáfora s. f. LINGUÍSTICA Anapher_f_.

anagrama s. m. Anagramm_nt_.

anais s. m. pl. 1. Jahrbuch_nt_; 2. HISTÓRIA Annalen_pl_.

anal adj. anal

analepse s. f. 1. LITERATURA Rückblende_f_; 2. MEDICINA Genesung_f_, Rekonvaleszenz_f_.

analfabetismo s. m. Analphabetismus_m_, Analphabetentum_nt_.

analfabeto I s. m. Analphabet_m_; II adj. analphabetisch

analgésico I s. m. FARMÁCIA Schmerzmittel_nt_; II adj. FARMÁCIA schmerzstillend

analisar v. tr. analysieren; (resultado) auswerten

analisável adj. analysierbar

análise s. f. Analyse_f_ [de, von +dat.]; análise laboratorial: Laboruntersuchung_f_

analista s. m. e f. 1. POLÍTICA Beobachter, -in_m., f._; 2. MEDICINA Laborant, -in_m., f._; 3. MATEMÁTICA Analytiker, -in_m., f._.

analítico adj. analytisch

analogia s. f. Analogie_f_.

analógico adj. analog

analogismo s. m. Analogieschluss_m_.

análogo adj. analog, entsprechend

ananás s. m. BOTÂNICA Ananas_f_.

anão s. m. Zwerg_m_.

anarquia s. f. Anarchie_f_.

anárquico adj. anarchisch

anarquista I s. m. e f. Anarchist, -in_m., f._; II adj. anarchistisch

anatomia s. f. Anatomie_f_.

anatómico adj. anatomisch

anca s. f. Hüfte_f_.

ancestrais s. m. pl. Vorfahren_pl_.

ancestral adj. alt, uralt

anchova s. f. 1. ZOOLOGIA Sardelle_f_; 2. CULINÁRIA Anchovis_f_.

ancião I s. m. Greis_m_; II adj. sehr alt, hochbetagt

ancilose s. f. MEDICINA Gelenksteife_f_.

ancinho s. m. Harke_f_, Rechen_m_.

âncora s. f. NÁUTICA Anker_m_.

ancorado adj. NÁUTICA verankert

ancoradouro s. m. NÁUTICA Ankerplatz_m_.

ancoragem s. f. 1. NÁUTICA Ankern_nt_; 2. NÁUTICA (taxa) Hafengebühr_f_

ancorar I v. tr. NÁUTICA verankern; II v. intr. NÁUTICA vor Anker gehen, ankern

andaimar v. tr. mit einem Gerüst versehen

andaime s. m. Baugerüst_nt_.

andamento s. m. 1. Gang_m_, Fortgang_m_; (curso) Verlauf_m_; estar em andamento: in Gang sein; 2. MÚSICA Satz_m_.

andança s. f. 1. Arbeit_f_; 2. Abenteuer_nt_.

andante I s. m. e f. (Brasil) Passant, -in_m., f._; II adj. wandernd, Wander...

andar I s. m. 1. (de edifício) Etage_f_, Stockwerk_nt_; 2. (habitação) Wohnung_f_; 3. (movimento) Gehen_nt_, Laufen_nt_; II v. intr. 1. gehen; (com transporte) fahren; andar de bicicleta: Fahrrad fahren; 2. (frequentar) besuchen; 3. (exercer uma actividade) andar

a ler um livro: dabei sein, ein Buch zu lesen
andas *s. f. pl.* Stelzen*pl.*
andebol *s. m.* DESPORTO Handball*m.*
Andes *s. m. pl.* Anden*pl.*
andor *s. m.* Traggestell*nt.*; *(pop.)* andor!: weg!
andorinha *s. f.* ZOOLOGIA Schwalbe*f*
andorinha-do-mar *s. f.* ZOOLOGIA Seeschwalbe*f*
andorinhão *s. m.* ZOOLOGIA Turmschwalbe*f*
Andorra *s. f.* Andorra*nt.*
andorrano I *s. m.* Andorraner*m.*; II *adj.* andorranisch
andrajo *s. m.* Lumpen*m.*, Fetzen*m.*
andrajoso *adj.* zerlumpt
androgínico *adj.* BIOLOGIA zwittrig
anedota *s. f.* Anekdote*f*
anedótico *adj.* anekdotenhaft, anekdotisch
anel *s. m.* Ring*m.*
anemia *s. f.* MEDICINA Anämie*f*, Blutarmut*f*
anémico *adj.* MEDICINA anämisch, blutarm
anemómetro *s. m.* METEOROLOGIA Windgeschwindigkeitsmesser*m.*, Windmesser*m.*
anémona *s. f.* BOTÂNICA Anemone*f*
anestesia *s. f.* 1. MEDICINA Anästhesie*f*; 2. *(fig.)* Betäubung*f*
anestesiar *v. tr.* 1. MEDICINA anästhesieren; 2. *(fig.)* betäuben
anestésico I *s. m.* FARMÁCIA Betäubungsmittel*nt.*; II *adj.* FARMÁCIA Betäubungs...
anexação *s. f.* POLÍTICA Annexion*f*
anexar I *v. tr.* 1. POLÍTICA annektieren; 2. (documento) beilegen; II *v. refl.* sich anschließen [a, +dat.]
anexo I *s. m.* 1. ARQUITECTURA Anbau*m.*; 2. (documento) Anhang*m.*; em anexo: beiliegend; 3. *(acessório)* Zubehör*nt.*; II *adj.* angeschlossen; (perto) anliegend
anfíbio I *s. m.* ZOOLOGIA Amphibie*f*; II *adj.* amphibisch

anfiteatro *s. m.* Amphitheater*nt.*
anfitrião *s. m.* Gastgeber*m.*
ânfora *s. f.* Amphore*f*
angariação *s. f.* Beschaffung*f*; (de pessoas) Anwerbung*f*
angariador *s. m.* Finanzakquisiteur*m.*, Fundraiser*m.*
angariar *v. tr.* 1. *(obter, conseguir)* beschaffen; 2. (pessoa) anwerben; 3. (dinheiro) einziehen
angelical *adj.* engelhaft
angina *s. f.* MEDICINA Angina*f*, Mandelentzündung*f*
anglicano I *s. m.* Anglikaner*m.*; II *adj.* anglikanisch
anglicismo *s. m.* LINGUÍSTICA Anglizismus*m.*
Angola *s. f.* Angola*nt.*
angolano I *s. m.* Angolaner*m.*; II *adj.* angolanisch
angra *s. f.* (kleine) Bucht*f*
angular *adj.* Winkel...
ângulo *s. m.* 1. GEOMETRIA Winkel*m.*; 2. Ecke*f*, Kante*f*; 3. *(fig.)* Gesichtspunkt*m.*
angústia *s. f.* Beklemmung*f*, Angstgefühl*nt.*
angustiado *adj.* beklommen, angsterfüllt
angustiante *adj.* beängstigend, qualvoll
angustiar I *v. tr.* ängstigen, beängstigen; II *v. refl.* sich ängstigen
anho *s. m.* ZOOLOGIA Lamm*nt.*
anil I *s. m.* Indigoblau*nt.*; II *adj.* blau
anilha *s. f.* MECÂNICA Unterlegscheibe*f*
animação *s. f.* 1. *(acção de animar)* Belebung*f*; 2. *(vivacidade, alegria)* Lebhaftigkeit*f*, (angeregte) Stimmung*f*; 3. *(movimento, pessoas)* Betrieb*m.*; *(coloq.)* Rummel*m.*
animado *adj.* 1. (pessoa) munter; 2. (ambiente) lebhaft, angeregt; 3. (rua, praça) belebt
animador I *s. m.* Animateur*m.*; (em programa) Talkmaster*m.*; II *adj.* aufmunternd, ermutigend

animal I *s. m.* Tier*_{nt}*; animal de estimação: Haustier*_{nt}*; II *adj.* tierisch, Tier...

animalesco *adj.* tierisch, Tier...

animar I *v. tr.* 1. *(dar vida)* beleben; 2. *(entusiasmar)* anregen; *(encorajar)* ermutigen; II *v. refl.* 1. *(tomar vida)* lebhaft werden; 2. *(encorajar-se)* Mut fassen

anímico *adj.* seelisch

ânimo I *s. m.* 1. *(coragem)* Mut*_m*; 2. *(força de vontade)* Lust*_f*; II *interj.* nur Mut!

animosidade *s. f.* Abneigung*_f*, Unwille*_m*

animoso *adj.* 1. *(corajoso)* beherzt; 2. *(resoluto)* entschlossen

aninhar I *v. tr.* 1. *(esconder)* verbergen; 2. *(acolher)* aufnehmen; II *v. refl.* sich ducken

aniquilação *s. f.* Vernichtung*_f*, Auslöschung*_f*

aniquilar I *v. tr.* vernichten, ausrotten; II *v. refl.* zu Grunde gehen

anis *s. m. inv.* Anis*_m*

anistia *s. f. (Brasil)* Amnestie*_f*

anistiar *v. tr. (Brasil)* amnestieren, begnadigen

aniversariante *s. m. e f.* Geburtstagskind*_{nt}*

aniversário *s. m. (de nascimento)* Geburtstag*_m*; *(de acontecimento)* Jahrestag*_m*; aniversário de casamento: Hochzeitstag*_m*

anjo *s. m.* Engel*_m*

ano *s. m.* Jahr*_{nt}*; ano bissexto: Schaltjahr*_{nt}*; ano de nascimento: Geburtsjahr*_{nt}*; ano lectivo: *(escola)* Schuljahr*_{nt}*; *(universidade)* Studienjahr*_{nt}*; Ano Novo: Neujahr*_{nt}*; dia de anos: Geburtstag*_m*; fazer anos: Geburtstag haben

anoitecer I *s. m.* Dämmerung*_f*; II *v. intr.* dunkel werden

anomalia *s. f.* Anomalie*_f*

anómalo *adj.* abnorm, anormal

anonimato *s. m.* Anonymität*_f*

anónimo *adj.* anonym

anoraque *s. m.* Anorak*_m*

anorexia *s. f.* MEDICINA Anorexie*_f*, Appetitlosigkeit*_f*

anormal *adj.* anormal

anormalidade *s. f.* Anormalität*_f*

anotação *s. f.* 1. *(num texto)* Anmerkung*_f*; 2. *(comentário)* Bemerkung*_f*

anotar *v. tr.* 1. *(escrever)* notieren, aufschreiben; 2. *(observar)* anmerken

anseio *s. m.* 1. *(aflição)* Sorge*_f*, Kummer*_m*; 2. *(desejo)* Verlangen*_{nt}*

ânsia *s. f.* 1. Streben*_{nt}*, Verlangen*_{nt}* [de, nach +dat.]; 2. *(aflição)* Beklemmung*_f*

ansiar I *v. tr. (desejar)* sich sehnen nach [+dat.]; II *v. intr.* 1. *(desejar)* begehren, streben [por, nach +dat.]; 2. *(angústia)* sich ängstigen [por, um +ac.]

ansiedade *s. f.* 1. *(desejo)* Begierde*_f*, Sehnsucht*_f* [por, nach +dat.]; 2. *(impaciência)* innere Unruhe*_f*; 3. *(angústia, aflição)* Angst*_f*, Beklemmung*_f*

ansioso *adj.* 1. *(desejoso)* sehnsüchtig; 2. *(inquieto)* unruhig

anta *s. f.* HISTÓRIA Hünengrab*_{nt}*

antagónico *adj.* gegensätzlich

antagonismo *s. m.* Gegensatz*_m*, Antagonismus*_m*

antagonista *s. m. e f.* Gegner, -in*_{m. f.}*, Antagonist, -in*_{m. f.}*

antárctico *adj.* antarktisch

Antárctida *s. f.* Antarktis*_f*

antártico *adj. (Brasil)* → antárctico

ante *prep.* 1. *(local)* vor [+dat.]; 2. *(em vista de)* angesichts [+gen.]

anteacto *s. m.* TEATRO Vorspiel*_{nt}*

antebraço *s. m.* Unterarm*_m*

antecâmara *s. f.* Vorzimmer*_{nt}*

antecedência *s. f.* Vorrang*_m*; com antecedência: im Voraus

antecedente *adj.* vorhergehend, vorig

antecedentes *s. m. pl.* Vorgeschichte_f_; Vorleben_nt_.
anteceder I *v. tr.* vorhergehen [+dat.], vorangehen [+dat.]; II *v. refl.* zuvorkommen
antecessor *s. m.* Vorgänger_m_.
antecipação *s. f.* Zuvorkommen_nt_, Vorgreifen_nt_.
antecipadamente *adv.* im Voraus
antecipar I *v. tr.* vorwegnehmen; (data, viagem) vorverlegen; (dinheiro) vorstrecken; II *v. refl.* zuvorkommen [a, +dat.]
antemão *loc. adv.* de antemão: im Voraus
antena *s. f.* 1. (de rádio, televisão) Antenne_f_; antena parabólica: Parabolantenne_f_; 2. ZOOLOGIA Fühler_m_.
anteontem *adv.* vorgestern
antepassado I *s. m.* Vorfahr_m_; II *adj.* vergangen
antepenúltimo *adj.* vorvorletzt, drittletzt
anteprojecto *s. m.* Vorentwurf_m_.
antera *s. f.* BOTÂNICA Staubbeutel_m_.
anterior *adj.* vorangehend, vorig
anteriormente *adv.* vorher, früher
antes *adv.* 1. (temporal) vorher, zuvor; (antigamente) früher; (primeiro) zuerst; 2. (de preferência) lieber; antes de: vor [+dat.]; antes de tudo: vor allem; antes que: bevor, ehe
antever *v. tr.* vorhersehen, voraussehen
antevéspera *s. f.* vorvorige(r) Tag_m_; na antevéspera de: zwei Tage vor [+dat.]
antiaéreo *adj.* Flugabwehr...; defesa antiaérea: Luftabwehr_f_.
antibiótico *s. m.* FARMÁCIA Antibiotikum_nt_.
anticiclone *s. m.* METEOROLOGIA Hoch_nt_.
anticoncepcional *adj.* empfängnisverhütend
anticongelante I *s. m.* Frostschutzmittel_nt_; II *adj.* Frostschutz..., Gefrierschutz...
anticonstitucional *adj.* verfassungswidrig
anticorpo *s. m.* BIOLOGIA Antikörper_m_.
anticorrosivo *adj.* Rostschutz..., Korrosionsschutz...
antidemocrata *s. m. e f.* Demokratiegegner, -in_m, f_.
antidemocrático *adj.* undemokratisch, demokratiefeindlich
antiderrapante *adj.* rutschfest
antidesportivo *adj.* unsportlich, unfair
antídoto *s. m.* FARMÁCIA Gegenmittel_nt_; Gegengift_nt_.
antiespasmódico *adj.* FARMÁCIA krampflösend, antispasmodisch
antiestético *adj.* unästhetisch
antifebril *adj.* FARMÁCIA fiebersenkend
antigamente *adv.* früher
antigo *adj.* 1. (velho) alt; 2. (desactualizado) altertümlich; 3. (da Antiguidade) antik; 4. (anterior) ehemalig
antiguidade *s. f.* 1. HISTÓRIA Altertum_nt_; 2. (tempo de serviço) Dienstalter_nt_; 3. *pl.* antiguidades: Antiquitäten_pl_.
anti-higiénico *adj.* unhygienisch
antílope *s. m.* ZOOLOGIA Antilope_f_.
antinatural *adj.* unnatürlich
antipatia *s. f.* Abneigung_f_, Antipathie_f_. [por, gegen +ac.]
antipático *adj.* unsympathisch
antipatizar *v. intr.* nicht mögen [com, +ac.]
antipatriótico *adj.* unpatriotisch
antiquado *adj.* veraltet, altmodisch
antiquário *s. m.* Antiquitätenhändler_m_.
antiquíssimo *adj.*, *superl. de* antigo, uralt
anti-religioso *adj.* unreligiös
anti-roubo *adj.* diebstahlsicher
anti-séptico *adj.* MEDICINA antiseptisch
anti-social *adj.* asozial, unsozial
antítese *s. f.* 1. Gegensatz_m_; 2. FILOSOFIA Antithese_f_.
antitóxico I *s. m.* FARMÁCIA Gegengift_nt_; II *adj.* FARMÁCIA entgiftend

antologia s. f. LITERATURA Anthologie_f_
antónimo I s. m. Gegenteil_nt_; II adj. entgegengesetzt
antracite s. f. Anthrazit_m_
antro s. m. Höhle_f_
antropófago s. m. Menschenfresser_m_
antropologia s. f. Anthropologie_f_
antropólogo s. m. Anthropologe_m_
anual adj. 1. (todos os anos) jährlich, Jahres...; 2. (de um ano) Jahres...
anuário s. m. Jahrbuch_nt_
anuência s. f. 1. Zustimmung_f_; 2. (autorização) Genehmigung_f_
anuidade s. f. ECONOMIA Jahresrate_f_
anuir v. intr. zustimmen [a, +dat.], einwilligen [a, in +ac.]
anulação s. f. (de lei) Aufhebung_f_; (de contrato) Auflösung_f_; (de decisão) Widerruf_m_; (de pedido) Stornierung_f_
anular v. tr. (lei) annullieren; (contrato) auflösen; (decisão) rückgängig machen; (pedido) stornieren
anunciação s. f. Verkündigung_f_
anunciante s. m. e f. Inserent, -in_m, f_
anunciar v. tr. 1. (dar a conhecer) ankündigen, bekannt geben; 2. (no jornal) annoncieren; 3. (na rádio, televisão) ansagen
anúncio s. m. 1. (informação) Ankündigung_f_; 2. (de jornal) Anzeige_f_, Inserat_nt_; 3. (de publicidade) Reklame_f_; (na televisão) Werbespot_m_
ânus s. m. inv. After_m_
anuviar I v. tr. 1. (nublar) bewölken; 2. (escurecer) verdunkeln; II v. refl. (céu) sich bewölken
anzol s. m. Angelhaken_m_
ao contr. da prep. a + art. def. o
aonde adv. wohin
aorta s. f. ANATOMIA Aorta_f_, Hauptschlagader_f_

apadrinhar v. tr. 1. (criança) die Patenschaft übernehmen für [+ac.]; 2. (proteger) begünstigen, schützen
apagado adj. 1. (luz, aparelho) ausgeschaltet; (coloq.) aus; 2. (som) dumpf
apagar I v. tr. 1. (fogo) löschen; 2. (rádio, televisor) ausschalten; (luz) ausmachen; 3. INFORMÁTICA löschen; II v. refl. (fogo, luz) erlöschen
apaixonado I s. m. Liebhaber_m_; II adj. 1. (pessoa) verliebt; 2. (discurso) leidenschaftlich
apaixonar-se v. refl. sich verlieben [por, in +ac.]
apalavrado adj. (mündlich) vereinbart, besprochen
apalavrar v. tr. (mündlich) vereinbaren, absprechen
apalermado adj. albern
apalpadela s. f. Tasten_nt_, Fühlen_nt_; às apalpadelas: tastend
apalpão s. m. Betasten_nt_
apalpar v. tr. betasten, abtasten
apanágio s. m. Kennzeichen_nt_, Merkmal_nt_
apanha s. f. AGRICULTURA Ernte; apanha da azeitona: Olivenernte_f_
apanhado I s. m. (resumo) Zusammenfassung_f_; Übersicht_f_; II adj. 1. (coloq.) (maluco) verrückt; 2. (coloq.) (apaixonado) verknallt
apanhador s. m. 1. (pá do lixo) Kehrblech_nt_; 2. (pessoa) Pflücker_m_
apanha-moscas s. m. inv. Fliegenfänger_m_
apanhar I v. tr. 1. (fruta) pflücken; 2. (um objecto) aufheben; 3. (agarrar) fassen; 4. (uma pessoa) einholen; 5. (um transporte) nehmen; 6. (uma doença, multa) bekommen; 7. (surpreender) erwischen; 8. (um peixe) fangen; II v. intr. Prügel bekommen

apaparicar v. tr. liebkosen
apaparicos s. m. pl. 1. (mimos) Liebkosung,; 2. (guloseimas) Leckerbissen,
apara s. f. (de madeira) Span,; (de papel) Schnipsel,
aparador s. m. Anrichte,, Büfett,
aparafusar v. tr. schrauben [a, auf +ac.]; (fixar) festschrauben
apara-lápis s. m. inv. Bleistiftspitzer,
aparar v. tr. 1. (cabelo) schneiden; 2. (lápis) spitzen; (madeira) abschleifen
aparas s. f. pl. (de comida) Abfall,
aparato s. m. Prunk,, Pracht,
aparatoso adj. prunkvoll, prachtvoll
aparecer v. intr. 1. erscheinen; (inesperadamente) auftauchen; 2. (doença) auftreten
aparecimento s. m. Erscheinen,
aparelhado adj. bereit [para, zu +dat.]; (cavalo) angeschirrt
aparelhagem s. f. Stereoanlage,
aparelhar v. tr. (preparar) vorbereiten; (equipar) ausrüsten [com, mit +dat.]; (cavalo) anschirren
aparelho s. m. 1. ELECTRICIDADE Apparat,, Gerät,; 2. ANATOMIA Apparat,; aparelho digestivo: Verdauungsapparat; aparelho respiratório: Atmungsorgane
aparência s. f. 1. Aussehen,; ter boa aparência: gut aussehen; 2. pl. aparências: Schein,
aparentado adj. verwandt
aparentar v. tr. 1. (parecer) scheinen, aussehen; 2. (simular) vorspiegeln, vortäuschen
aparente adj. scheinbar
aparição s. f. 1. Gespenst,; 2. (aparecimento) Erscheinen,
apartado I s. m. Postfach,; II adj. (separado) entfernt [de, von +dat.]
apartamento s. m. 1. Appartement,, Wohnung,; 2. (separação) Trennung,

apartar I v. tr. 1. (pôr de parte) beiseite legen; 2. (separar) trennen, absondern; II v. refl. 1. (separar-se) sich trennen [de, von +dat.]; 2. (retirar-se) sich zurückziehen
aparte s. m. Zwischenbemerkung,
aparvalhado adj. 1. (confuso) ratlos, bestürzt; 2. (apalermado) albern
aparvalhar v. tr. verdutzen, verwirren
apatia s. f. Apathie,, Gleichgültigkeit,
apático adj. apathisch, teilnahmslos
apátrida adj. staatenlos
apavorado adj. erschrocken, entsetzt
apavorar v. tr. erschrecken
apaziguador I s. m. Friedenstifter,; II adj. beschwichtigend, besänftigend
apaziguamento s. m. Besänftigung,, Beruhigung,
apaziguar v. tr. 1. (pôr em paz) Frieden stiften in [+dat.]; 2. (serenar) beruhigen
apeadeiro s. m. Haltestelle,
apear I v. tr. herunterholen; II v. refl. (de automóvel, comboio) aussteigen; (de bicicleta) absteigen
apedrejar v. tr. steinigen
apegado adj. (dedicado) zugetan [a, +dat.]
apegar-se v. refl. sich klammern [a, an +ac.]
apego s. m. 1. (afeição) Zuneigung,; 2. (aferro) Anhänglichkeit,
apelação s. f. 1. DIREITO Berufung,; 2. (apelo) Appell,
apelante s. m. e f. DIREITO Berufungskläger, -in,, ,
apelar v. intr. 1. DIREITO Berufung einlegen [de, gegen +ac.]; 2. (recorrer) appellieren [a, an +ac.]
apelidar v. tr. nennen
apelido s. m. 1. Familienname,, Nachname,; 2. (Brasil) (alcunha) Spitzname,
apelo s. m. 1. Aufruf,, Appell,; 2. DIREITO Berufung,
apenas adv. 1. (somente) nur, bloß; tenho apenas 20 euros: ich habe nur 20 Euro;

2. (temporal) erst; ela tem apenas 4 anos: sie ist erst 4 Jahre alt

apêndice s. m. 1. (documento) Anhang$_m$; 2. ANATOMIA Blinddarm$_m$.

apendicite s. f. MEDICINA Blinddarmentzündung$_f$.

apenso I s. m. Anhang$_m$, Anlage$_f$; II adj. beigefügt

aperaltado adj. geckenhaft

aperceber-se v. refl. aperceber-se de: bemerken, wahrnehmen

aperfeiçoamento s. m. 1. (melhoramento) Vervollkommnung$_f$; 2. (estudos, profissão) Weiterbildung$_f$.

aperfeiçoar I v. tr. vervollkommnen; verbessern; II v. refl. sich verbessern

aperitivo I s. m. Aperitif$_m$; II adj. appetitanregend

aperreado adj. (Brasil) (coloq.) verärgert, genervt

aperrear v. tr. (Brasil) (coloq.) quälen; (oprimir) unterdrücken

apertado adj. 1. (rua, roupa) eng; 2. (tempo) knapp; 3. (numa multidão) gedrängt

apertão s. m. 1. (aperto) Quetschung$_f$; 2. (multidão) Gedränge$_{nt}$.

apertar I v. tr. 1. (pessoa) drängen; (abraçar) drücken; 2. (abotoar) zuknöpfen; apertar o cinto de segurança: sich anschnallen; 3. (roupa) enger machen; II v. intr. 1. (sapatos) drücken; (vestido) zu eng sein; 2. (tempo) drängen

aperto s. m. 1. (pressão) Druck$_m$; aperto de mão: Händedruck$_m$; 2. (situação difícil) Verlegenheit$_f$; (coloq.) Klemme$_f$; 3. (de pessoas) Gedränge$_{nt}$; 4. (espaço) Enge$_f$.

apesar I loc. prep. apesar de: trotz [+gen./dat.]; II loc. cj. apesar de [+inf.]: obwohl, obgleich; III loc. adv. apesar disso/de tudo: trotzdem

apetecer v. tr. gerne wollen, Lust haben auf [+ac.]

apetecível adj. begehrenswert

apetência s. f. 1. (desejo) Verlangen$_{nt}$; 2. (de comer) Appetit$_m$.

apetite s. m. Appetit$_m$; abrir o apetite: den Appetit anregen

apetitoso adj. 1. appetitlich; 2. (gostoso) schmackhaft

apetrechar v. tr. ausrüsten, ausstatten

apetrecho s. m. Werkzeug$_{nt}$.

ápice s. m. Gipfel$_m$, Spitze$_f$. ❖ num ápice: im Nu

apicultor s. m. Imker$_m$.

apicultura s. f. Bienenzucht$_f$.

apimentar v. tr. würzen; (com pimenta) pfeffern

apinhado adj. überfüllt

apinhar I v. tr. 1. (encher) füllen; 2. (amontoar) anhäufen; II v. refl. sich häufen; (pessoas) sich drängen

apitar v. intr. pfeifen; (sirene) heulen

apito s. m. 1. (instrumento) Pfeife$_f$; 2. (som) Pfiff$_m$.

aplainar v. tr. 1. (madeira) hobeln; 2. (caminho) ebnen

aplanado adj. flach, eben

aplanar v. tr. 1. (nivelar) ebnen; 2. (alisar) glätten

aplaudir I v. tr. 1. applaudieren [+dat.]; 2. (louvar) loben; II v. intr. applaudieren, Beifall klatschen

aplauso s. m. Beifall$_m$, Applaus$_m$.

aplicação s. f. 1. INFORMÁTICA (de lei, programa, método) Anwendung$_f$; 2. (uso) Gebrauch$_m$, Verwendung$_f$; 3. (dedicação) Fleiß$_m$; 4. (de capitais) Anlage$_f$.

aplicado adj. 1. (pessoa) fleißig; 2. (ciência) angewandt

aplicar I v. tr. 1. (lei, programa, método) anwenden; 2. (utilizar) verwenden; 3. (pomada) auftragen; 4. (dinheiro) anlegen; II v. refl. 1. (pessoa) sich widmen [a/em,

+dat.]; 2. (situação, caso) angewendet werden [a, auf +ac.]

aplicável adj. anwendbar [a, auf +ac.]

apoderar-se v. refl. sich bemächtigen [de, +gen.]

apodrecer v. intr. faulen, verfaulen

apodrecimento s. m. Fäulnis_f., Fäule_f.

apogeu s. m. Höhepunkt_m.

apoiado interj. bravo!

apoiar I v. tr. 1. (muro, casa) stützen; 2. (moralmente) unterstützen; 3. (com dinheiro) sponsern; II v. refl. sich stützen [em, auf +ac.]

apoio s. m. 1. (suporte) Stütze_f.; 2. (moral) Unterstützung_f., Hilfe_f.; 3. Sponsoring_nt.

apólice s. f. Police_f.; apólice de seguro: Versicherungspolice_f.

apologia s. f. 1. (defesa) Verteidigungsrede_f.; 2. (elogio) Lobrede_f. [de, auf +ac.]

apologista s. m. e f. Verfechter, -in_m., f., Verteidiger, -in_m., f.

apologizar v. tr. 1. (justificar) rechtfertigen; 2. (defender) verteidigen, verfechten; 3. (elogiar) loben

apontamento s. m. Notiz_f.; tirar apontamentos: sich Notizen machen

apontar I v. tr. 1. (arma) zielen [a/para, auf +ac.]; 2. (tomar nota) notieren, aufschreiben; II v. intr. 1. (com o dedo) zeigen [para, auf +ac.]; 2. (indicar) hinweisen [para, auf +ac.]

apoplexia s. f. MEDICINA Schlaganfall_m., Apoplexie_f.

apoquentação s. f. Kummer_m., Qual_f.

apoquentar I v. tr. 1. (molestar) belästigen; 2. (afligir) quälen, bedrücken; II v. refl. sich ärgern

aportar v. intr. NÁUTICA (cidade) anlaufen [a, +ac.]; (porto) einlaufen [a, in +ac.]

após prep. nach [+dat.]; dia após dia: Tag für Tag

aposentado I s. m. Rentner_m.; (funcionário público) Pensionär_m.; II adj. in Rente; (funcionário público) im Ruhestand

aposentadoria s. f. Rente_f.; (de funcionário público) Pension_f.

aposentar I v. tr. in Rente schicken; (funcionário público) pensionieren; II v. refl. in Rente gehen; (funcionário público) in Pension gehen

aposento s. m. Zimmer_nt.

apossar-se v. refl. Besitz ergreifen [de, von +dat.], sich aneignen [de, +ac.]

aposta s. f. Wette_f.

apostar v. intr. wetten [a, um +ac.], eine Wette abschließen [em, auf +ac.]

aposto s. m. GRAMÁTICA Apposition_f.

apostolar v. intr. RELIGIÃO predigen, das Evangelium verkünden

apostólico adj. RELIGIÃO apostolisch

apóstolo s. m. RELIGIÃO Apostel_m., Jünger_m.

apóstrofe s. f. Zwischenruf_m.

apóstrofo s. m. Apostroph_m.

apoteose s. f. Apotheose_f., Vergötterung_f.

aprazar v. tr. befristen

aprazer v. intr. gefallen; apraz-me saber que...: ich freue mich zu hören, dass...

aprazível adj. gefällig, angenehm

apre interj. pfui!

apreçar v. tr. 1. (perguntar o preço de) nach dem Preis fragen von [+dat.]; 2. (calcular o preço de) den Preis schätzen von [+dat.]

apreciação s. f. 1. (estimação) Schätzung_f.; 2. (avaliação) Bewertung_f.; (crítica, juízo) Beurteilung_f.; 3. (estima) Würdigung_f.

apreciador s. m. Liebhaber_m.

apreciar v. tr. 1. (estimar, calcular) schätzen; 2. (avaliar) beurteilen; 3. (dar valor a) würdigen; 4. (analisar, examinar) prüfen

apreço s. m. 1. (estima) Anerkennung_f.; 2. (valor) Wertschätzung_f.

apreender v. tr. 1. (mercadoria) beschlagnahmen; (carta de condução) einziehen; 2. (uma ideia) erfassen

apreensão s. m. 1. (preocupação) Besorgnis $_f$; 2. (de mercadoria) Beschlagnahmung $_f$; (de carta de condução) Einziehung $_f$

apreensível adj. begreiflich

apreensivo adj. besorgt

apregoador s. m. Ausrufer $_m$; (no mercado) Marktschreier $_m$

apregoar v. tr. ausrufen; (mercadoria) anpreisen

aprender v. intr. lernen, erlernen; aprender de cor: auswendig lernen

aprendiz s. m. Lehrling $_m$

aprendizado s. m. 1. tempo Lehrzeit $_f$; 2. (na matéria) Einarbeitung $_f$

aprendizagem s. f. Lehre $_f$

apresentação s. f. 1. (de pessoas) Vorstellung $_f$; 2. (de filme, peça de teatro) Vorführung $_f$; 3. (aparência) Äußeres $_{nt}$; 4. (configuração) Aufmachung $_f$

apresentador s. m. (na televisão) Ansager $_m$; (em programa) Moderator $_m$

apresentar I v. tr. 1. (pessoa) vorstellen [a, +dat.]; 2. (introduzir) einführen in [+acc.]; 3. (desculpa) vorbringen; 4. (programa) präsentieren, moderieren; 5. (candidato) aufstellen; II v. refl. (a uma pessoa) sich vorstellen

apresentável adj. ansehnlich; (pessoa) gut aussehend

apressado adj. eilig, hastig

apressar I v. tr. beschleunigen; II v. refl. sich beeilen

apresto s. m. 1. (preparativo) Vorbereitung $_f$; 2. (equipamento) Ausrüstung $_f$

aprimorar I v. tr. sorgfältig machen; II v. refl. sich Mühe geben

aprisionado adj. gefangen

aprisionamento s. m. Gefangennahme $_f$, Festnahme $_f$

aprisionar v. tr. gefangennehmen, festnehmen

aproar I v. tr. 1. NÁUTICA (virar) drehen; 2. NÁUTICA (dirigir) zusteuern [para, auf +acc.]; II v. intr. NÁUTICA einlaufen

aprofundamento s. m. Vertiefung $_f$

aprofundar v. tr. vertiefen

aprontar v. tr. fertig machen; (preparar) herrichten

apropriação s. f. 1. (de bens) Aneignung $_f$; 2. (adaptação) Anpassung $_f$

apropriado adj. geeignet, passend

apropriar I v. tr. 1. (adaptar) anpassen; 2. (aplicar) anwenden; II v. refl. apropriar-se de alguma coisa: sich etwas aneignen

aprovação s. f. 1. (de proposta) Zustimmung $_f$, Billigung $_f$; 2. (em exame) Bestehen $_{nt}$; 3. (autorização) Zulassung $_f$ [para, zu +dat.]

aprovado adj. 1. (método) bewährt; 2. (autorizado) genehmigt; 3. (em exame) bestanden

aprovar v. tr. 1. (uma proposta) zustimmen [+dat.], billigen; 2. (concordar) gutheißen, zustimmen [+dat.]; 3. (autorizar) genehmigen, zulassen; 4. (um aluno) bestehen lassen

aproveitamento s. m. 1. Nutzung $_f$; 2. (escolar) (schulische) Leistung $_f$

aproveitar I v. tr. 1. nutzen, ausnutzen; 2. (objecto) benutzen [para, für +acc.]; 3. (conhecimentos) verwerten [para, für +acc.], nutzbar machen [para, für +acc.]; II v. refl. ausnutzen [de, +acc.]

aproveitável adj. nutzbar

aprovisionamento s. m. 1. (abastecimento) Versorgung $_f$; 2. (provisões) Proviant $_m$

aprovisionar v. tr. versorgen

aproximação s. f. Annäherung $_f$ [a, an +acc.]

aproximadamente adv. ungefähr, etwa

aproximar I v. tr. näher bringen; (objecto) heranrücken; II v. refl. näher kommen [de, +dat.], sich nähern [de, +dat.]

aprumado adj. 1. (na vertical) senkrecht; 2. (correcto) korrekt

aprumar I v. tr. senkrecht stellen, gerade aufrichten; II v. refl. Haltung annehmen

aprumo s. m. 1. (posição vertical) senkrechte Stellung$_f$; 2. (compostura) Korrektheit$_f$

aptidão s. f. Eignung$_f$, Befähigung$_f$ [para, für +ac.]

apto adj. geeignet [para, für +ac.]

apunhalar v. tr. 1. (com punhal) erstechen; 2. (trair) verraten

apurado adj. 1. (problema) klar; 2. (olfacto, humor) fein; 3. (pessoa) fein, elegant; 4. DESPORTO qualifiziert

apuramento s. m. 1. (de problema) Klärung$_f$; 2. (da verdade) Ermittlung$_f$; 3. (aperfeiçoamento) Verfeinerung$_f$; 4. (contagem) Zählung$_f$; 5. DESPORTO Qualifikation$_f$

apurar v. tr. 1. (verdade) ermitteln; 2. (problema) klarstellen; 3. (aperfeiçoar) verfeinern; 4. (sentidos) schärfen; 5. (comida) abschmecken

apuro s. m. 1. (requinte) Verfeinerung$_f$; 2. (esmero) Sorgfalt$_f$; 3. pl. apuros: schwierige Lage$_f$; estar em apuros: in Schwierigkeiten stecken

aquário s. m. Aquarium$_{nt.}$

Aquário s. m. (zodíaco) Wassermann$_m$

aquartelamento s. m. MILITAR Einquartierung$_f$; (quartel) Kaserne$_f$

aquartelar v. tr. MILITAR einquartieren

aquático adj. Wasser...; parque aquático: Freizeitbad$_{nt.}$

aquatinta s. f. Aquatinta$_f$

aquecedor s. m. 1. Heizgerät$_{nt.}$; 2. (para água) Warmwasserbereiter$_m$

aquecer I v. tr. 1. (a casa) heizen; 2. (água) erwärmen, erhitzen; 3. (leite, comida) aufwärmen; II v. intr. 1. DESPORTO sich warm machen; 2. METEOROLOGIA warm werden; III v. refl. sich aufwärmen

aquecimento s. m. Heizung$_f$; aquecimento a gás: Gasheizung$_f$; aquecimento central: Zentralheizung$_f$

aqueduto s. m. Aquädukt$_{nt.}$

aquela pron. dem. f. jene (dort), jener (dort), jenes (dort); aquela que...: diejenige, die..., derjenige, der..., dasjenige, das...

àquela contr. da prep. a + pron. dem. aquela

aquele pron. dem. m. jener (dort), jene (dort), jenes (dort); aquele que ...: derjenige, der ..., dasjenige, das..., diejenige, die...

àquele contr. da prep. a + pron. dem. aquele

aquém adv. diesseits [de, +gen.]

aqui adv. hier; para aqui: hierher; até aqui: bisher; daqui a pouco: bald

aquietação s. f. (de criança) Beruhigung$_f$; (dos ânimos) Besänftigung$_f$

aquietar v. tr. (criança) beruhigen; (ânimo) besänftigen

aquilo pron. dem. inv. das, dasjenige; aquilo que...: das, was...

àquilo contr. da prep. a + pron. dem. aquilo

aquisição s. f. 1. (obtenção) Erwerb$_m$; 2. (compra) Kauf$_m$, Erwerb$_m$

aquoso adj. Wasser...; wässerig, wasserhaltig

ar s. m. 1. (atmosfera) Luft$_f$; ar condicionado: Klimaanlage$_f$; ao ar livre: im Freien; apanhar ar fresco: frische Luft schnappen; 2. (brisa) Brise$_f$; corrente de ar: Luftzug$_m$; 3. (aparência) Aussehen$_{nt.}$

árabe I s. m. e f. Araber, -in$_{m., f.}$; II adj. arabisch

Arábia s. f. Arabien$_{nt.}$

arado *s. m.* Pflug_m_.
aragem *s. f.* Brise_f_, leichte(r) Wind_m_.
arame *s. m.* Draht_m_; arame farpado: Stacheldraht_m_. ❖ ir aos arames: in die Luft gehen
aranha *s. f.* ZOOLOGIA Spinne_f_.
aranha-do-mar *s. f.* ZOOLOGIA Spinnenkrebs_m_.
aranhiço *s. m.* ZOOLOGIA Feldspinne_f_.
arar *v. tr.* pflügen
arara *s. f.* Arara_f_.
arbitragem *s. f.* 1. *(mediação)* Schlichtung_f_; 2. *(sentença)* Schiedsspruch_m_; 3. *(instituição)* Schiedsgericht_nt_.
arbitral *adj.* schiedsrichterlich
arbitrar *v. tr.* 1. *(mediar)* schlichten; 2. *(decidir)* schiedsrichterlich entscheiden; 3. DESPORTO (um jogo) pfeifen
arbitrariamente *adv.* willkürlich
arbitrariedade *s. f.* Willkür_f_.
arbitrário *adj.* willkürlich
arbítrio *s. m.* 1. *(sentença)* Schiedsrichterspruch_m_; 2. *(vontade)* Gutdünken_nt_.
árbitro *s. m.* Schiedsrichter_m_.
arboricultura *s. f.* Baumzucht_f_.
arborização *s. f.* Aufforstung_f_.
arborizar *v. tr.* aufforsten
arbusto *s. m.* Strauch_m_, Busch_m_.
arca *s. f.* 1. Truhe_f_; arca frigorífica: Kühltruhe_f_; 2. *(cofre)* Tresor_m_.
arcaboiço *s. m.* 1. ANATOMIA Brustkorb_m_; 2. *(esqueleto de construção)* Gerüst_nt_.
arcabouço *s. m.* → arcaboiço
arcada *s. f.* ARQUITECTURA Bogengang_m_, Arkade_f_.
arcaico *adj.* altertümlich
arcanjo *s. m.* Erzengel_m_.
arcar *v. intr.* arcar com as consequências: die Folgen tragen müssen
arcebispado *s. m.* Erzbistum_nt_.
arcebispo *s. m.* Erzbischof_m_.
archote *s. m.* Fackel_f_.

arco *s. m.* 1. MATEMÁTICA Bogen_m_; 2. *(aro)* Reifen_m_.
arco-íris *s. m. inv.* Regenbogen_m_.
ardência *s. f.* MEDICINA Brennen_nt_.
ardente *adj.* brennend, glühend; (sol) stechend
arder *v. intr.* 1. brennen; 2. *(sem chama)* glühen; 3. *(pimenta)* beißen
ardil *s. m.* List_f_.
ardiloso *adj.* hinterlistig
ardina *s. m.* Zeitungsjunge_m_.
ardor *s. m.* 1. *(paixão)* Leidenschaft_f_, Inbrunst_f_; 2. *(calor)* Hitze_f_, Glut_f_.
ardósia *s. f.* Schiefer_m_.
árduo *adj.* 1. *(trabalho)* schwierig, mühsam; 2. *(caminho)* beschwerlich; 3. *(escarpado)* steil
are *s. m.* Ar_nt_.
área *s. f.* 1. *(superfície)* Fläche_f_; 2. *(zona)* Gebiet_nt_; área residencial: Wohngebiet_nt_; área de serviço: Raststätte_f_; 3. *(de actividade)* Bereich_m_.
areal *s. m.* Sandgrube_f_.
areia *s. f.* Sand_m_.
arejado *adj.* luftig, belüftet
arejamento *s. m.* Lüftung_f_.
arejar I *v. tr.* lüften, durchlüften; II *v. intr.* (frische) Luft schöpfen
arejo *s. m.* Lüftung_f_, Lüften_nt_; *(corrente)* Luftzug_m_.
arena *s. f.* Arena_f_.
arenífero *adj.* sandhaltig
arenito *s. m.* Sandstein_m_.
arenoso *adj.* sandig, Sand...
arenque *s. m.* ZOOLOGIA Hering_m_; arenque defumado: Bückling_m_.
areómetro *s. m.* FÍSICA Senkwaage_f_, Aräometer_nt_.
aresta *s. f.* Kante_f_.
aresto *s. m.* DIREITO Urteil_nt_.
arfar *v. intr.* 1. keuchen; 2. NÁUTICA stampfen

argamassa *s. f.* Mörtel*m.*
Argélia *s. f.* Algerien*nt.*
Argentina *s. f.* Argentinien*nt.*
argila *s. f.* Ton*m.*, Lehm*m.*
argiloso *adj.* tonhaltig, lehmig
argola *s. f.* 1. Ring*m.*; 2. (brinco) Ohrring*m.*; 3. (de porta) Türklopfer*m.*
argúcia *s. f.* Scharfsinn*m.*
arguente *s. m. e f.* Redner, -in*m., f.*
arguição *s. f.* 1. DIREITO *(argumentação)* Beweisführung*f.*; 2. DIREITO *(impugnação)* Verweis*m.*
arguido *s. m.* DIREITO Beschuldigte*m. e f.*
arguir I *v. tr.* 1. DIREITO *(acusar)* anklagen; 2. DIREITO *(impugnar)* beschuldigen; II *v. intr.* argumentieren
argumentação *s. f.* Beweisführung*f.*, Argumentation*f.*
argumentador *s. m.* Disputant*m.*
argumentar I *v. tr.* 1. *(debater)* diskutieren, erörtern; 2. *(sustentar)* begründen; II *v. intr.* argumentieren
argumento *s. m.* 1. (para convencer) Argument*nt.*; 2. *(prova)* Beweis*m.*; 3. (de filme, peça de teatro) Handlung*f.*
arguto *adj.* scharfsinnig
aridez *s. f.* Dürre*f.*, Trockenheit*f.*
árido *adj.* dürr, trocken
arisco *adj.* 1. (pessoa) scheu; 2. *(bravio)* rau; 3. *(arenoso)* sandig
aristocracia *s. f.* Aristokratie*f.*
aristocrata *s. m. e f.* Aristokrat, -in*m., f.*
aristocrático *adj.* aristokratisch
aritmética *s. f.* Arithmetik*f.*
aritmético I *s. m.* Arithmetiker*m.*; II *adj.* arithmetisch, Rechen...
arlequim *s. m.* Harlekin*m.*
arma *s. f.* 1. MILITAR Waffe*f.*; arma branca: Stichwaffe*f.*; armas nucleares: Atomwaffen*pl.*; 2. *(recurso)* Mittel*nt.*; 3. *pl.* armas: Wappen*nt.*

armação *s. f.* 1. *(equipamento)* Ausrüstung*f.*; 2. *(estrutura)* Gestell*nt.*, Gerüst*nt.*; 3. (de óculos) Gestell*nt.*
armada *s. f.* NÁUTICA Flotte*f.*
armadilha *s. f.* Falle*f.*
armado *adj.* bewaffnet
armador *s. m.* 1. NÁUTICA Reeder*m.*; 2. (funerário) Leichenbestatter*m.*
armadura *s. f.* 1. (de guerreiro) Rüstung*f.*; 2. (de edifício) Balkenwerk*nt.*; (do betão armado) Drahtgeflecht*nt.*
armamento *s. m.* MILITAR Bewaffnung*f.*; (de país) Aufrüstung*f.*
armar I *v. tr.* 1. bewaffnen; 2. *(equipar)* ausrüsten; 3. (loja) einrichten, ausstatten; 4. (tenda) aufschlagen; II *v. refl.* 1. sich bewaffnen; 2. *(prevenir-se)* sich wappnen [de, mit +*dat.*] ❖ armar sarilhos: Streit anfangen
armário *s. m.* Schrank*m.*; (de parede) Wandschrank*m.*
armazém *s. m.* 1. *(depósito)* Lager*nt.*; (edifício) Lagerhaus*nt.*; 2. (de comércio) Kaufhaus*nt.*, Warenhaus*nt.*
armazenagem *s. f.* Lagerung*f.*, Einlagerung*f.*
armazenar *v. tr.* 1. lagern, einlagern; 2. *(Brasil)* INFORMÁTICA speichern
armazenista *s. m. e f.* Großhändler, -in*m., f.*
Arménia *s. f.* Armenien*nt.*
arminho *s. m.* 1. ZOOLOGIA Hermelin*nt.*; 2. (pele) Hermelin*m.*
armistício *s. m.* Waffenstillstand*m.*
arnela *s. f.* Zahnstumpf*m.*
aro *s. m.* 1. *(arco)* Reifen*m.*; 2. *(anel)* Ring*m.*; 3. (da roda) Felge*f.*
aroma *s. m.* Aroma*nt.*, Duft*m.*
aromático *adj.* wohlriechend, aromatisch
aromatizar *v. tr.* CULINÁRIA würzen
arpão *s. m.* Harpune*f.*

arqueação s. f. 1. (curvatura) Krümmung f.; Biegung f.; 2. (medição) Messung f.; 3. NÁUTICA Tonnage f.
arqueado adj. bogenförmig
arquear v. tr. biegen, krümmen
arqueiro s. m. (Brasil) DESPORTO Torwart m.
arquejar v. intr. keuchen
arquejo s. m. Keuchen nt.
arqueologia s. f. Archäologie f.
arqueólogo s. m. Archäologe m.
arquétipo s. m. Urbild nt., Archetypus m.
arquiducado s. m. Erzherzogtum nt.
arquiducal adj. erzherzoglich
arquiduque s. m. Erzherzog m.
arquipélago s. m. Archipel m., Inselgruppe f.
arquitectar v. tr. 1. (edificar) errichten, erbauen; 2. (um plano) entwerfen
arquitecto s. m. Architekt m.
arquitectónico adj. architektonisch
arquitectura s. f. Architektur f.
arquitrave s. f. ARQUITECTURA Architrav m.
arquivar v. tr. 1. (documentos) archivieren, aufbewahren; 2. DIREITO (processo) zu den Akten legen, einstellen; 3. INFORMÁTICA speichern
arquivo s. m. 1. Archiv nt.; (pasta) Ordner m.; 2. INFORMÁTICA Speicher m.; **arquivo de dados**: Datenarchiv nt.
arrabalde s. m. 1. (da cidade) Vorort m.; 2. (arredores) Umgebung f.
arraial s. m. 1. Volksfest nt.; 2. MILITAR Lager nt.
arraia-miúda s. f. (depr.) Pöbel m.
arraigar v. intr. 1. (planta) Wurzeln schlagen; 2. (pessoa) sich einleben
arrais s. m. inv. NÁUTICA Schiffer m., Bootsführer m.
arrancar I v. tr. 1. (papel) herausreißen, abreißen; (planta) ausreißen; 2. (com força) entreißen; II v. intr. (partir) losgehen; (processo, máquina) anlaufen; (carro) starten

arranha-céus s. m. inv. Wolkenkratzer m.
arranhão s. m. Kratzer m., Schramme f.
arranhar v. tr. 1. (a pele) kratzen; 2. (uma língua) radebrechen
arranjadela s. f. Ausbesserung f.
arranjado adj. ordentlich, in Ordnung
arranjar I v. tr. 1. (ordenar) in Ordnung bringen; (arrumar) aufräumen; 2. (conseguir) besorgen; 3. (casaco, gravata) zurechtzupfen; 4. (emprego) finden; II v. refl. 1. (na vida) zurechtkommen; 2. (para sair) sich fertig machen
arranjinho s. m. 1. (coloq.) (combinação) Absprache f.; 2. (coloq.) (namoro) Liebschaft f.
arranjo s. m. 1. (arrumação) Anordnung f., Ordnung f.; 2. (acordo) Vereinbarung f.
arranque s. m. 1. (de máquina) Anlaufen nt.; (de motor) Anspringen nt.; 2. (de projecto) Start m.; 3. DESPORTO Anlauf m.
arrasado adj. (pessoa) erledigt, erschöpft
arrasar v. tr. 1. (aplanar) einebnen, dem Erdboden gleichmachen; 2. (demolir) abtragen; 3. (fig.) (pessoa) niederschmettern
arrastadeira s. f. Bettpfanne f.
arrastado adj. 1. (passos) schleppend, langsam; 2. (vida) armselig
arrastão s. m. 1. (puxão) Ruck m.; 2. (barco) Motorboot nt. (mit Schleppnetz)
arrastar I v. tr. schleppen; (com força) mitreißen; **arrastar os pés**: schleppend gehen; II v. refl. kriechen, sich schleppen
arre interj. verflucht, verdammt (noch mal)!
arrear v. tr. 1. (animais) einspannen; 2. (vela, bandeira) einholen
arrebatado adj. 1. (violento) heftig, ungestüm; 2. (colérico) jähzornig; 3. (precipitado) voreilig
arrebatador adj. entzückend, hinreißend
arrebatar v. tr. entreißen
arrebique s. m. kitschige(r) Schmuck m., Kitsch m.

arrebitado *adj.* hoch stehend; com o nariz arrebitado: hochnäsig

arrebitar *v. tr.* hochbiegen, hochklappen

arrebol *s. m.* (da tarde) Abendrot*_{nt}*; (da manhã) Morgenröte*_f*

arre-burrinho *s. m.* Wippe*_f*

arrecadação *s. f.* Abstellraum*_m*

arrecadar *v. tr.* 1. (guardar) aufbewahren; 2. (poupar) sparen; 3. (prémios) bekommen

arrecuas *s. f.* às arrecuas: rückwärts

arredado *adj.* abgelegen

arredar I *v. tr.* (objecto) beiseite stellen; arredar pé: weggehen; II *v. refl.* 1. (afastar-se) sich entfernen; 2. (retirar-se) zurückweichen

arredondado *adj.* 1. (forma) rundlich; 2. MATEMÁTICA gerundet

arredondar I *v. tr.* 1. runden; 2. (trabalho) abrunden; 3. MATEMÁTICA (por defeito) abrunden; (por excesso) aufrunden; II *v. intr.* dick werden

arredor *adv.* umher

arredores *s. m. pl.* Umgebung*_f*

arrefecer I *v. tr.* kühlen, abkühlen; II *v. intr.* 1. (comida, bebida) kalt werden; 2. METEOROLOGIA kalt werden, sich abkühlen

arrefecido *adj.* abgekühlt

arrefecimento *s. m.* Abkühlung*_f*

arregaçar *v. tr.* aufkrempeln

arregalar *v. tr.* aufreißen; arregalar os olhos: große Augen machen

arreganhar *v. tr.* (coloq.) arreganhar os dentes: grinsen; arreganhar a tacha: lachen

arrelia *s. f.* Ärger*_m*

arreliado *adj.* ärgerlich, böse

arreliar *v. tr.* ärgern, plagen

arrematação *s. f.* Versteigerung*_f*

arrematador *s. m.* 1. (leiloeiro) Versteigerer*_m*; 2. (que faz o lanço mais alto) Meistbietende*_{m. e f.}*

arrematar *v. tr.* (leiloar) versteigern; (comprar) ersteigern

arremedar *v. tr.* 1. nachahmen; 2. (pej.) nachäffen

arremedo *s. m.* 1. (imitação) Nachahmung*_f*; (pej.) Nachäfferei*_f*; 2. (aparência) Anschein*_m*

arremessar *v. tr.* schleudern; (para fora) hinauswerfen

arremesso *s. m.* (de objecto) Wurfgeschoss*_{nt}*

arremeter I *v. tr.* überfallen, angreifen; II *v. intr.* stürmen [contra, gegen *+ac.*]

arremetida *s. f.* Überfall*_m*, Angriff*_m* [a/contra, auf *+ac.*]

arrendamento *s. f.* 1. (casa) Vermietung*_f*; (terreno) Verpachtung*_f*; 2. (renda da casa) Miete*_f*; (renda do terreno) Pacht*_f*

arrendar *v. tr.* 1. (tomar de arrendamento) (casa) mieten; (terreno) pachten; 2. (dar de arrendamento) (casa) vermieten; (terreno) verpachten; arrenda-se: zu vermieten

arrendatário *s. m.* (de casa) Mieter*_m*; (de terreno) Pächter*_m*

arrepanhar *v. tr.* (cabelo) raufen; (tecido) zerknittern

arrepelar I *v. tr.* (cabelos) an den Haaren zerren/ziehen; II *v. refl.* sich die Haare raufen

arrepender-se *v. refl.* bereuen [de, *+ac.*]

arrependido *adj.* zerknirscht; (criminoso) reuig; estar arrependido de alguma coisa: etwas bereuen

arrependimento *s. f.* Reue*_f*

arrepiado *adj.* (cabelo) hoch stehend; pele arrepiada: Gänsehaut*_f*

arrepiante *adj.* haarsträubend

arrepiar I *v. tr.* 1. (cabelos) zerzausen; (penas) aufplustern; 2. (pessoa) schaudern; II *v. refl.* eine Gänsehaut bekommen

arrepio *s. m.* Schau(d)er*_m*; estar com arrepios: frösteln

arrevesar v. tr. umdrehen, umkehren

arriar I v. tr. 1. (deitar abaixo) umwerfen; 2. (vela, bandeira) einholen; II v. intr. 1. (ceder) nachgeben; 2. (render-se) sich ergeben

arriscado adj. gefährlich, riskant

arriscar I v. tr. riskieren, wagen; II v. intr. ein Wagnis eingehen; III v. refl. sich einer Gefahr aussetzen

arritmia s. f. MEDICINA Arrhythmie$_f$

arrogância s. f. Arroganz$_f$, Überheblichkeit$_f$

arrogante adj. arrogant, überheblich

arrojado adj. kühn, verwegen

arrojar I v. tr. (arremessar) werfen, fortwerfen; (com força) schleudern; II v. refl. sich stürzen [a, auf +ac.]

arrojo s. m. Verwegenheit$_f$

arrolamento s. m. 1. Bestandsaufnahme$_f$; 2. (numa lista) Eintragung$_f$

arrolar v. tr. 1. (numa lista) eintragen, aufnehmen; 2. (bens) eine Aufstellung machen von [+dat.]

arrolhar v. tr. verkorken

arromba s. de arromba: großartig

arrombamento s. m. (de casa) Einbruch$_m$

arrombar v. tr. (porta, janela, fechadura) aufbrechen; (casa) einbrechen in [+ac.]

arrotar v. intr. aufstoßen, rülpsen

arroteamento s. m. Urbarmachen$_{nt}$, Urbarmachung$_f$

arrotear v. tr. urbarmachen

arroto s. m. Rülpser$_m$

arroz s. m. Reis$_m$

arrozal s. m. Reisfeld$_{nt}$

arroz-doce s. m. CULINÁRIA Milchreis$_m$

arruaça s. f. Tumult$_m$, Aufruhr$_m$

arruaceiro s. m. Raufbold$_m$, Unruhestifter$_m$

arruamento s. m. Straßenzug$_m$

arrufar I v. tr. verstimmen, ärgern; II v. refl. 1. (ave) sich aufplustern; 2. (pessoa) sich ärgern

arrufo s. m. Verstimmung$_f$

arruinado adj. ruiniert

arruinar I v. tr. (pessoa) ruinieren; II v. refl. sich ruinieren, zugrunde gehen

arruivado adj. rötlich

arrumação s. f. 1. Aufräumen$_{nt}$; 2. (ordem) Ordnung$_f$; 3. (lugar) Abstellkammer$_f$

arrumadela s. f. (schnelles) Aufräumen$_{nt}$; dar uma arrumadela a alguma coisa: etwas (schnell) aufräumen

arrumado adj. 1. (casa) aufgeräumt; 2. (pessoa) ordentlich

arrumador s. m. 1. (de automóveis) Parkeinweiser$_m$; 2. (no cinema) Platzanweiser$_m$

arrumar v. tr. 1. (casa, quarto) aufräumen; 2. (guardar) abstellen; 3. (problema, assunto) beseitigen

arrumos s. m. pl. Abstellraum$_m$

arsenal s. m. Arsenal$_{nt}$

arsénico s. m. Arsenik$_{nt}$

arsénio s. m. Arsen$_{nt}$

arte s. f. 1. (actividade) Kunst$_f$; 2. (manha) List$_f$

artefacto s. m. (handgefertigtes) Erzeugnis$_{nt}$

artelho s. m. ANATOMIA Fußknöchel$_m$

artéria s. f. 1. ANATOMIA Schlagader$_f$, Arterie$_f$; 2. (via) Hauptverkehrsstraße$_f$

arterial adj. Arterien...

arteriosclerose s. f. MEDICINA Arterienverkalkung$_f$

artesanato s. m. Handwerk$_{nt}$, Kunsthandwerk$_{nt}$

artesão s. m. Handwerker$_m$

articulação s. f. 1. MECÂNICA Gelenk$_{nt}$; 2. (de pensamentos, palavras) Artikulation$_f$

articulado I s. m. DIREITO Darlegung$_f$; II adj. 1. MECÂNICA Gelenk...; 2. artikuliert

articular I v. tr. artikulieren; II adj. Gelenk...

artífice s. m. e f. (artesão) Handwerker, -in$_{m, f}$; (artista) Künstler, -in$_{m, f}$

artificial adj. künstlich, Kunst...

artificialidade s. f. (de pessoa) Geziertheit$_f$
artifício s. m. 1. (perfeição) Kunstfertigkeit$_f$; 2. (habilidade) Geschick$_{nt.}$; 3. (manha) Trick$_m$.
artificioso adj. listig, verschlagen
artigo s. m. 1. JORNALISMO Artikel$_m$; 2. GRAMÁTICA Artikel$_m$; 3. pl. artigos: Ware$_f$; artigos de papelaria: Schreibwaren$_{pl.}$
artilharia s. f. MILITAR Artillerie$_f$
artimanha s. f. 1. (manha) Kniff$_m$, Trick$_m$; 2. (astúcia) Arglist$_f$, Verschlagenheit$_f$
artista s. m. e f. Künstler, -in$_{m, f}$
artístico adj. künstlerisch, Kunst...
artrose s. f. MEDICINA Arthritis$_f$, Gelenkentzündung$_f$
arvorar v. tr. 1. (mastro) aufrichten; 2. (bandeira) hissen; 3. (pessoa) befördern [em, zu +dat.]
árvore s. f. 1. BOTÂNICA Baum$_m$; árvore genealógica: Stammbaum$_m$; 2. MECÂNICA Achse$_f$
arvoredo s. m. Wäldchen$_{nt.}$
ás s. m. Ass$_{nt.}$
asa s. f. 1. (de ave, avião) Flügel$_m$; 2. (de saco, chávena, tacho) Henkel$_m$; 3. DESPORTO asa delta: Drachen$_m$
ascendência s. f. 1. (antepassados) Vorfahren$_{pl.}$; 2. (origem) Herkunft$_f$; 3. (subida) Aufstieg$_m$
ascendente I s. m. e f. Vorfahr, -in$_{m, f}$; II s. m. 1. (influência) Einfluss$_m$ [sobre, auf +ac.]; 2. (superioridade) Überlegenheit$_f$; III adj. steigend
ascender v. intr. 1. (pessoa) befördert werden, aufsteigen [a, zu +dat.]; 2. (preço) ansteigen [a, auf +ac.]
Ascensão s. f. RELIGIÃO (Christi) Himmelfahrt$_f$
ascensão s. f. Aufstieg$_m$
ascensor s. m. Aufzug$_m$, Fahrstuhl$_m$
asco s. m. Ekel$_m$

ascoroso adj. ekelhaft, widerlich
aselha s. m. e f. (coloq.) Tollpatsch$_m$.
asfaltar v. tr. asphaltieren
asfalto s. m. Asphalt$_m$.
asfixia s. f. Ersticken$_{nt.}$
asfixiante adj. 1. erstickend; 2. (fig.) erdrückend
asfixiar v. tr. e intr. ersticken
Ásia s. f. Asien$_{nt.}$; Ásia Menor: Kleinasien$_{nt.}$
asiático I s. m. Asiat$_m$; II adj. asiatisch
asilar I v. tr. aufnehmen, Asyl gewähren [+dat.]; II v. refl. Zuflucht suchen
asilo s. m. 1. POLÍTICA Asyl$_{nt.}$; 2. (de idosos) Altenheim$_{nt.}$; (para alcoólatras) Entziehungsanstalt$_f$
asma s. f. MEDICINA Asthma$_{nt.}$
asmático adj. asthmatisch
asneira s. f. 1. (disparate) Dummheit$_f$, Blödsinn$_m$; 2. (palavrão) Schimpfwort$_{nt.}$
asno s. m. 1. ZOOLOGIA Esel$_m$; 2. (pej.) Esel$_m$, Dummkopf$_m$
aspas s. f. pl. Anführungszeichen$_{pl.}$; (coloq.) Gänsefüßchen$_{pl.}$; entre aspas: in Anführungszeichen
aspecto s. m. 1. (aparência) Aussehen$_{nt.}$; 2. (ponto de vista) Aspekt$_m$; em todos os aspectos: in jeder Hinsicht
aspereza s. f. 1. (rudeza) Rauheit$_f$; 2. (falando) barscher(r) Ton$_m$
áspero adj. 1. (superfície) rau; 2. (severo) streng
aspérrimo superl. de áspero
aspiração s. f. 1. (de ar) Einatmen$_{nt.}$; 2. (ambição) Streben$_{nt.}$; 3. (téc.) (sucção) Aufsaugen$_{nt.}$; 4. LINGUÍSTICA Aspiration$_f$
aspirador s. m. Staubsauger$_m$
aspirante I s. m. e f. (a título, cargo) Anwärter, -in$_{m, f}$; II adj. saugend, Saug...
aspirar I v. tr. 1. (inspirar) einatmen; (sugar) saugen; 2. (chão) staubsaugen; II v. intr. streben [a, nach +dat.]
aspirina s. f. FARMÁCIA Aspirin®$_{nt.}$

asqueroso adj. ekelhaft, widerlich
assadeira s. f. Tonform_f, Auflaufform_f
assado I s. m. CULINÁRIA Braten_m; II adj. gebraten, Brat...
assalariado s. m. Lohnempfänger_m, Arbeitnehmer_m
assalariar v. tr. 1. (pagar) entlohnen; 2. (empregar) (gegen Lohn) beschäftigen
assaltante s. m. e f. 1. (de banco) Bankräuber, -in_{m, f}; (de casa) Einbrecher, -in_{m, f}; 2. (na rua) Angreifer, -in_{m, f}
assaltar v. tr. 1. (pessoa, banco) überfallen; (casa) einbrechen in [+ac.]; 2. (atacar) angreifen; 3. (doença) befallen
assalto s. m. 1. (a pessoa, banco) Überfall_m; (a casa) Einbruch_m; 2. (ataque) Angriff_m [a, auf +ac.]
assanhado adj. wütend, zornig
assanhar v. tr. erzürnen
assar v. tr. braten, rösten
assarapantado adj. verwirrt, erschrocken
assarapantar v. tr. verwirren, erschrecken
assassinar v. tr. ermorden
assassinato s. m. Mord_m; assassinato e roubo: Raubmord_m
assassínio s. m. → assassinato
assassino I s. m. Mörder_m; II adj. mörderisch
assaz adv. 1. (bastante) ziemlich; 2. (suficientemente) genug
asseado adj. sauber, reinlich
assear I v. tr. säubern; II v. refl. sich gepflegt kleiden
assediar v. tr. 1. (importunar) belästigen; 2. (cercar) umzingeln
assédio s. m. 1. (impertinência) Belästigung_f; assédio sexual: sexuelle Belästigung; 2. (cerco) Belagerung_f
assegurado adj. sicher
assegurar I v. tr. 1. (afirmar) versichern; 2. (garantir) sicherstellen; II v. refl. sich vergewissern

asseio s. m. Reinlichkeit_f
assembleia s. f. Versammlung_f; assembleia distrital: Kreistag_m
assemelhar I v. tr. 1. (tornar semelhante) angleichen; 2. (comparar) vergleichen; II v. refl. ähneln, ähnlich sehen [a, +dat.]
assentar I v. tr. 1. (registar) eintragen; ECONOMIA buchen; 2. (golpe) verpassen; 3. (determinar) festlegen; II v. intr. 1. (roupa) passen; 2. (basear-se) beruhen [em, auf +dat.]
assente I p. p. irreg. de assentar; II adj. fest, sicher
assentimento s. m. Zustimmung_f, Genehmigung_f
assentir v. tr. zustimmen [+dat.], genehmigen
assento s. m. 1. (banco) Sitz_m, Sitzplatz_m; 2. (base) Boden_m
assepsia s. f. MEDICINA Keimfreiheit_f, Asepsis_f
asséptico adj. MEDICINA keimfrei, aseptisch
asserção s. f. Behauptung_f
assertar v. tr. behaupten
assessor s. m. Berater_m
assessoria s. f. Beratung_f
asseveração s. f. Behauptung_f
asseverar v. tr. behaupten; (assegurar) versichern
assexuado adj. BIOLOGIA geschlechtslos
assiduidade s. f. 1. (pontualidade) Pünktlichkeit_f; 2. (empenho) Fleiß_m; 3. (constância) Beharrlichkeit_f
assíduo adj. 1. (pontual) pünktlich; 2. (empenhado) fleißig, eifrig
assim I adv. so, auf diese Art (und Weise); assim como: sowie; assim que [+conj.]: sobald; mesmo assim: immerhin, trotzdem; (Brasil) como assim?: wieso?; II cj. daher, also

assim-assim *adv.* soso lala
assimetria *s. f.* Asymmetrie$_f$
assimétrico *adj.* asymmetrisch
assimilação *s. f.* 1. BIOLOGIA, LINGUÍSTICA Assimilation$_f$; 2. *(de uma ideia)* Aufnahme$_f$
assimilar *v. tr.* 1. BIOLOGIA, LINGUÍSTICA assimilieren; 2. *(ideia)* aufnehmen
assimilável *adj.* verträglich
assinalar *v. tr.* 1. kennzeichnen, markieren; assinalar com uma cruz: ankreuzen; 2. *(designar)* bezeichnen
assinalável *adj. (notável)* bedeutend, herausragend
assinante *s. m. e f.* 1. *(de revista)* Abonnent, -in$_{m, f}$; 2. *(de documento)* Unterzeichner, -in$_{m, f}$; 3. *(do telefone)* Kund|e, -in$_{m, f}$
assinar *v. tr.* 1. *(documento)* unterschreiben; 2. *(revista)* abonnieren
assinatura *s. f.* 1. *(em documento)* Unterschrift$_f$; 2. *(de uma revista)* Abonnement$_{nt}$; 3. TELECOMUNICAÇÕES *(taxa)* Grundgebühr$_f$
assistência *s. f.* 1. *(público)* Zuschauer$_{pl}$, Publikum$_{nt}$; 2. *(auxílio)* Hilfe$_f$, Beistand$_m$; assistência social: Sozialarbeit$_f$; assistência técnica: Kundendienst$_m$
assistente I *s. m. e f. (ajudante)* Assistent, -in$_{m, f}$; assistente social: Sozialarbeiter, -in$_{m, f}$; II *s. f. (Brasil) (parteira)* Hebamme$_f$; III *adj.* anwesend
assistir I *v. tr.* helfen [+*dat.*], unterstützen; II *v. intr. (a espectáculo)* zuschauen
assoalhada *s. f.* Zimmer$_{nt}$
assoar I *v. tr. (nariz)* putzen; II *v. refl.* sich die Nase putzen
assobiar I *v. tr. (actor)* auspfeifen; II *v. intr.* pfeifen
assobio *s. m.* 1. *(som)* Pfiff$_m$; 2. *(instrumento)* Pfeife$_f$
associação *s. f.* Verein$_m$, Verband$_m$; associação patronal: Arbeitgeberverband$_m$

associado I *s. m.* Mitglied$_{nt}$; II *adj.* verbunden [a, mit +*dat.*]
associar I *v. tr.* verbinden [a, mit +*dat.*]; II *v. refl.* 1. *(juntar-se)* sich verbünden [a, mit +*dat.*]; 2. *(como associado)* Mitglied werden [a, bei +*dat.*]
assolação *s. f.* Verwüstung$_f$
assolar *v. tr.* 1. *(cidade)* verwüsten, zerstören; 2. *(fig.) (pessoa)* heimsuchen
assomar *v. intr.* erscheinen, auftauchen
assombração *s. f.* Spuk$_m$; *(fantasma)* Gespenst$_{nt}$
assombrado *adj.* 1. *(casa)* gespenstig; 2. *(assustado)* erschrocken; 3. *(pasmado)* erstaunt, verblüfft
assombrar I *v. tr.* 1. *(pasmar)* erstaunen, verblüffen; 2. *(assustar)* erschrecken; II *v. refl.* erstaunt sein [com, über +*ac.*]
assombro *s. m. (espanto)* Verblüffung$_f$, Erstaunen$_{nt}$
assombroso *adj.* erstaunlich, verblüffend
assomo *s. m.* 1. *(aparecimento, manifestação)* Erscheinen$_{nt}$; 2. *(indício)* Anzeichen$_{nt}$
assonância *s. f.* Anklang$_m$
assumir *v. tr.* 1. *(culpa, responsabilidade, cargo)* übernehmen; 2. *(um erro)* eingestehen
Assunção *s. f.* RELIGIÃO Assunção de Maria: Mariä Himmelfahrt$_f$
assunto *s. m.* Angelegenheit$_f$, Sache$_f$; *(de um livro)* Thema$_{nt}$
assustadiço *adj.* schreckhaft
assustado *adj.* erschrocken [com, über +*ac.*]
assustador *adj.* erschreckend, beängstigend
assustar I *v. tr.* erschrecken; II *v. refl.* sich erschrecken [com, über +*ac.*]; *(cavalo)* scheuen
astenia *s. f.* MEDICINA Schwäche$_f$
asterisco *s. m.* Sternchen$_{nt}$

asteróide I *s. m.* ASTRONOMIA Asteroid$_m$; II *adj.* ASTRONOMIA sternförmig

astigmatismo *s. m.* MEDICINA Astigmatismus$_m$

astral *adj.* Sternen...

astro *s. m.* Gestirn$_{nt}$

astrolábio *s. m.* Astrolabium$_{nt}$

astrologia *s. f.* Astrologie$_f$

astrólogo *s. m.* Astrologe$_m$

astronauta *s. m. e f.* Astronaut, -in$_{m,f}$, Raumfahrer, -in$_{m,f}$

astronáutica *s. f.* Raumfahrt$_f$

astronomia *s. f.* Astronomie$_f$

astronómico *adj.* astronomisch

astrónomo *s. m.* Astronom$_m$

astúcia *s. f.* 1. *(manha)* List$_f$; 2. *(perspicácia)* Scharfsinn$_m$

astuto *adj.* scharfsinnig, pfiffig

atabalhoado *adj.* unbeholfen

atabalhoar *v. tr.* pfuschen, verpfuschen

atacadista *s. m. e f.* *(Brasil)* Grossist, -in$_{m,f}$

atacador *s. m.* *(de sapato)* Schnürsenkel$_m$

atacante *s. m. e f.* *(Brasil)* DESPORTO Stürmer, -in$_{m,f}$

atacar *v. tr.* 1. *(agredir)* angreifen; 2. *(doença)* befallen

atado I *s. m.* *(molho)* Bündel$_{nt}$; II *adj.* 1. *(com fio)* gebunden; 2. *(fig.)* *(pessoa)* scheu, verlegen

atafona *s. f.* Mühle$_f$

atalaia *s. f.* Wachturm$_m$, Ausguck$_m$

atalhar I *v. tr.* 1. *(abreviar)* abkürzen; 2. *(argumentar)* entgegensetzen; II *v. intr.* 1. *(falando)* ins Wort fallen; 2. *(caminho)* einen Seitenweg einschlagen; III *v. refl.* verlegen werden

atalho *s. m.* 1. *(caminho)* Seitenweg$_m$, Pfad$_m$; 2. *(estorvo)* Hindernis$_{nt}$

atamancar *v. intr.* schludern, pfuschen

atapetar *v. tr.* mit Teppich auslegen

ataque *s. m.* 1. *(agressão)* Angriff$_m$; 2. MEDICINA Anfall$_m$; ataque de fúria: Wutanfall$_m$

atar *v. tr.* 1. *(com fio, corda)* schnüren, binden; 2. *(segurar)* festbinden, anbinden

atarantado *adj.* verwirrt; ficar atarantado: die Besinnung verlieren

atarantar *v. tr.* verwirren, durcheinander bringen

atarefado *adj.* geschäftig; andar atarefado: viel zu tun haben

atarracado *adj.* untersetzt

atarraxar *v. tr.* anschrauben

ataúde *s. m.* 1. *(caixão)* Sarg$_m$; 2. *(sepultura)* Grab$_{nt}$

ataviar I *v. tr.* schmücken, ausschmücken; II *v. refl.* sich schmücken

atavio *s. m.* Schmuck$_m$

até I *prep.* 1. *(temporal)* bis [+ac.]; até já: bis gleich; até que enfim!: endlich!; 2. *(local)* bis [+ac.], bis nach/zu [+dat.]; até cima: bis obenhin; II *adv.* sogar, selbst

atear *v. tr.* 1. *(fogo)* anzünden; 2. *(ódio)* schüren

ateia *s. f.* Atheistin$_f$

ateísmo *s. m.* Atheismus$_m$

ateísta *s. m. e f.* Atheist, -in$_{m,f}$

atemorizar *v. tr.* 1. *(assustar)* erschrecken; 2. *(intimidar)* einschüchtern

atempadamente *adj.* rechtzeitig

atenção *s. f.* 1. Aufmerksamkeit$_f$; atenção!: Achtung!; chamar a atenção de alguém: jemanden aufmerksam machen [para, auf +ac.]; prestar atenção: aufpassen; 2. *(consideração)* Rücksicht$_f$; ter alguma coisa em atenção: etwas berücksichtigen

atenciosamente *adv.* *(em carta)* hochachtungsvoll

atencioso *adj.* 1. *(cortês)* höflich, zuvorkommend; 2. *(atento)* aufmerksam; 3. *(respeitoso)* rücksichtsvoll

atendedor *s. m.* TELECOMUNICAÇÕES atendedor (automático) de chamadas: Anrufbeantworter$_m$

atender I *v. tr.* 1. *(cliente)* bedienen; 2. TELECOMUNICAÇÕES entgegennehmen; atender o telefone: ans Telefon gehen; atender uma chamada: einen Anruf annehmen; II *v. intr.* atender a: beachten, berücksichtigen

atendimento *s. m.* 1. *(num restaurante)* Bedienung*_f_*; 2. *(despacho)* Abfertigung*_f_*

atentado *s. m.* Attentat*_nt._*

atentamente *adv.* sorgfältig

atentar I *v. tr.* 1. *(observar)* beachten; 2. *(considerar)* in Betracht ziehen; II *v. intr.* 1. *(cometer atentado)* ein Attentat verüben [contra, auf +ac.]; 2. *(ponderar)* atentar em: bedenken [+ac.]

atento *adj.* aufmerksam; estar atento a alguma coisa: auf etwas aufpassen, auf etwas achten

atenuação *s. f.* *(dos efeitos)* Abschwächung*_f_*; *(da dor)* Linderung*_f_*

atenuante I *s. f.* DIREITO mildernde(r) Umstand*_m_*; II *adj.* 1. mildernd; 2. DIREITO strafmildernd

atenuar *v. tr.* 1. *(efeitos)* abschwächen; *(dor)* lindern; 2. ELECTRICIDADE dämpfen; 3. DIREITO *(pena)* mildern

aterrador *adj.* entsetzlich, schrecklich

aterragem *s. f.* AERONÁUTICA Landung*_f_*; aterragem de emergência: Notlandung*_f_*

aterrar I *v. tr.* 1. AERONÁUTICA landen; 2. *(assustar)* erschrecken; II *v. intr.* AERONÁUTICA landen

aterrissagem *s. f. (Brasil)* → aterragem

aterrissar *v. intr. (Brasil)* → aterrar

aterro *s. m.* *(ebenes)* Gelände*_nt._*; *(para lixo)* Mülldeponie*_f_*

aterrorizar *v. tr.* terrorisieren

ater-se *v. refl.* sich halten [a, an +ac.]

atestado I *s. m.* Bescheinigung*_f_*; *(do médico)* Attest*_nt._*; atestado de residência: Aufenthaltsbescheinigung*_f_*; II *adj.* randvoll

atestar *v. tr.* 1. *(passar atestado)* bescheinigen, bestätigen; 2. *(encher)* (bis zum Rand) füllen

ateu I *s. m.* Atheist*_m_*; II *adj.* atheistisch

atiçar *v. tr.* 1. *(fogo)* schüren; 2. *(pessoa, animal)* aufstacheln, aufhetzen

atilar *v. tr.* verbessern, verfeinern

atilho *s. m.* Schnur*_f_*, Band*_nt._*

atinado *adj.* 1. *(com tino)* verständig, vernünftig; 2. *(adequado)* treffend

atinar *v. intr.* treffen; *(com solução)* finden

atingir *v. tr.* 1. *(objectivos)* erreichen; 2. *(compreender)* verstehen; 3. *(a tiro)* treffen; 4. *(dizer respeito a)* betreffen

atirar I *v. tr.* werfen; II *v. intr.* *(com arma)* schießen [sobre, auf +ac.]; III *v. refl.* sich stürzen [a/para, auf +ac.]

atitude *s. f.* Einstellung*_f_*, Haltung*_f_*

atlântico *adj.* atlantisch; oceano atlântico: Atlantik*_m_*

Atlântico *s. m.* Atlantik*_m_*

atlas *s. m. inv.* Atlas*_m_*

atleta *s. m. e f.* Athlet, -in*_m., f._*, Leichtathlet, -in*_m., f._*

atlético *adj.* athletisch

atletismo *s. m.* Leichtathletik*_f_*

atmosfera *s. f.* Atmosphäre*_f_*

atmosférico *adj.* atmosphärisch; pressão atmosférica: Luftdruck*_m_*

atoalhado *s. m.* *(de mesa)* Tischdecke*_f_*; *(de casa-de-banho)* Handtuch*_nt._*

atolar I *v. tr.* im Schlamm versenken; II *v. refl.* im Schlamm versinken

atoleiro *s. m.* Morast*_m_*, Sumpf*_m_*

atómico *adj.* QUÍMICA atomar, Atom…; bomba atómica: Atombombe*_f_*

átomo *s. m.* Atom*_nt._*

atónito *adj.* verblüfft, perplex

átono *adj.* LINGUÍSTICA unbetont, tonlos

atordoado *adj.* 1. *(por um golpe)* bewusstlos; 2. *(atónito)* verblüfft

atordoar v. tr. 1. (estontear) betäuben; 2. (admirar) verwirren, verblüffen

atormentar v. tr. quälen, peinigen; (torturar) foltern

atracar v. intr. NÁUTICA anlegen [em, an +dat.]

atracção s. f. 1. (acção de atrair) Anziehung$_f$; (força) Anziehungskraft$_f$; 2. (coisa interessante) Attraktion$_f$; atracção turística: Sehenswürdigkeit$_f$

atractivo I s. m. Reiz$_m$, Verlockung$_f$; II adj. anziehend, verlockend

atraente adj. 1. (pessoa) anziehend, charmant; 2. (objecto) verlockend

atraiçoar v. tr. verraten

atrair v. tr. 1. FÍSICA anziehen; 2. (ser interessante para) anziehen, anlocken

atrapalhação s. f. 1. (confusão) Durcheinander$_{nt}$, Verwirrung$_f$; 2. (acanhamento) Ratlosigkeit$_f$

atrapalhado adj. 1. (confundido) verwirrt, durcheinander; 2. (acanhado) verlegen

atrapalhar I v. tr. 1. (confundir) verwirren, durcheinander bringen; 2. (estorvar) stören; II v. refl. 1. (confundir-se) durcheinander geraten; 2. (embaraçar-se) in Verlegenheit geraten

atrás adv. 1. (local) hinten; (direcção) zurück; atrás de: hinter [+ac./dat.]; voltar atrás: zurückgehen; 2. (temporal) nach; há dois meses atrás: vor zwei Monaten

atrasado adj. 1. (pessoa, transporte) verspätet; 2. (país) rückständig; 3. (mental) zurückgeblieben

atrasar I v. tr. 1. (relógio) zurückstellen; 2. (pagamento) hinauszögern; II v. refl. 1. (pessoa, transporte) sich verspäten; 2. (relógio) nachgehen

atraso s. m. 1. (de pessoa, transporte) Verspätung$_f$; 2. (no pagamento) Rückstand$_m$; 3. (de um país) Rückstand$_m$

atrativo s. m. (Brasil) Reiz$_m$, Verlockung$_f$

atravancar v. tr. versperren

atravanco s. m. Hindernis$_{nt}$

através adv. hindurch; através de: (por meio de) durch [+ac.]; (com base em) anhand [+gen.]

atravessado adj. quer; estar atravessado: (em pé) quer stehen; (deitado) quer liegen

atravessar I v. tr. 1. (rua, rio, ponte) überqueren; 2. (cruzar) kreuzen; 3. (cidade) gehen durch [+ac.], fahren durch [+ac.]; 4. (crise) durchmachen; II v. refl. 1. (pessoa, automóvel) quer stehen; (deitando-se) sich quer legen; 2. (na garganta) stecken bleiben

atreito adj. empfänglich [a, für +ac.]

atrelado s. m. Anhänger$_m$

atrelar v. tr. (automóvel) anhängen [a, an +ac.], ankoppeln [a, an +ac.]

atrever-se v. refl. wagen [a, +ac.], sich trauen [a, zu +inf.]

atrevido adj. unverschämt, dreist

atrevimento s. m. Unverschämtheit$_f$, Dreistigkeit$_f$

atribuição s. f. 1. (de tarefa) Zuteilung$_f$; 2. (de prémio) Verleihung$_f$; 3. pl. atribuições: Befugnisse$_{pl}$

atribuir v. tr. 1. (competências) erteilen; (tarefa) zuteilen; 2. (significado) beimessen; 3. (título, prémio) verleihen

atribulação s. f. Kummer$_m$, Sorge$_f$

atribulado adj. 1. (vida, dia) bewegt, ereignisreich; 2. (preocupado) bekümmert, besorgt

atribular v. tr. 1. bekümmern; 2. (maltratar) peinigen, quälen

atributo s. m. Kennzeichen$_{nt}$, Eigenschaft$_f$

atrição s. f. RELIGIÃO Reue$_f$

átrio s. m. Vorhalle$_f$, Eingangshalle$_f$

atrito s. m. 1. FÍSICA Reibung$_f$; 2. pl. atritos: Schwierigkeiten$_{pl}$; sem atritos: reibungslos

atrocidade s. f. Greueltat_f_

atrofia s. f. MEDICINA Atrophie_f_

atrofiado adj. 1. (órgão, membro) verkümmert; 2. (coloq., depr.) (pessoa) verrückt

atrofiar v. intr. 1. (órgão, membro) verkümmern; 2. (coloq., depr.) (pessoa) verrückt werden

atropelamento s. m. Überfahren_nt_

atropelar v. tr. 1. (na estrada) überfahren; 2. (lei) übertreten, missachten

atropelo s. m. 1. (da lei) Übertretung_f_, Missachtung_f_; 2. (de palavras) Verhaspeln_nt_

atroz adj. grässlich, grausam

atufar I v. tr. füllen; II v. refl. tauchen

atulhar v. tr. 1. (encher) auffüllen; 2. (obstruir) versperren

atum s. m. ZOOLOGIA Tunfisch_m_

aturar v. tr. aushalten, ertragen

aturável adj. erträglich

aturdido adj. kopflos; (assombrado) verblüfft

aturdimento s. m. 1. (dos sentidos) Benommenheit_f_; 2. (assombro) Verblüffung_f_

aturdir v. tr. 1. (atordoar) betäuben; 2. (pasmar) in Erstaunen versetzen, verblüffen

audácia s. f. Kühnheit_f_, Verwegenheit_f_

audaz adj. kühn, verwegen

audição s. f. 1. (sentido) Hören_nt_; 2. MÚSICA Konzert_nt_; 3. (de testemunhas) Anhörung_f_

audiência s. f. 1. DIREITO Gerichtsverhandlung_f_; 2. (ouvintes) Zuhörer_pl_; TELEVISÃO **quota de audiências:** Einschaltquote_f_. 3. (recepção) Audienz_f_

audiovisual adj. audiovisuell

auditivo adj. Gehör..., Hör...

auditor s. m. Auditor_m_

auditório s. m. 1. (salão) Hörsaal_m_; 2. (ouvintes) Zuhörer_pl_

auê s. m. (Brasil) (coloq.) Durcheinander_nt_, Schlamassel_m_

auge s. m. Gipfel_m_, Höhepunkt_m_

augúrio s. m. 1. (sinal) Vorzeichen_nt_; (pressentimento) Vorahnung_f_; 2. (prognóstico) Vorhersage_f_

augusto adj. erhaben

aula s. f. 1. Unterrichtsstunde_f_; **dar aulas a alguém:** jemandem Unterricht geben/erteilen; 2. (sala) Klassenzimmer_nt_

aumentar I v. tr. 1. (tamanho) vergrößern; (quantidade) vermehren; 2. (salário, preço) erhöhen; 3. (rendimento) steigern; 4. (alargar) erweitern; II v. intr. 1. (crescer) zunehmen, wachsen; 2. (preço, temperatura) (an)steigen

aumento s. m. 1. (em tamanho) Vergrößerung_f_, Zunahme_f_; (em quantidade) Vermehrung_f_; 2. (do salário) Erhöhung_f_; (do preço) Anstieg_m_

áureo adj. golden

auréola s. f. 1. Heiligenschein_m_; 2. (fig.) Ruhm_m_

aurícula s. f. ANATOMIA Vorkammer_f_, Vorhof_m_

auricular I s. m. Kopfhörer_m_; II adj. Ohren..., Ohr...; **testemunha auricular:** Ohrenzeuge_m_

aurora s. f. Morgenröte_f_

auscultação s. f. MEDICINA Auskultation_f_, Abhorchen_nt_

auscultador s. m. 1. TELECOMUNICAÇÕES Hörer_m_; 2. MÚSICA Kopfhörer_m_; 3. MEDICINA Stethoskop_nt_

auscultar v. tr. MEDICINA abhorchen

ausência s. f. 1. Abwesenheit_f_; 2. (carência) Mangel_m_ [de, an +dat.]

ausentar-se v. refl. 1. (partir) verreisen; 2. (afastar-se) sich entfernen

ausente adj. 1. abwesend; 2. (distraído) geistesabwesend

auspício s. m. 1. (prenúncio) Vorzeichen_nt_; 2. (apoio, protecção) Schirmherrschaft_f_

auspicioso *adj.* aussichtsreich, viel versprechend
austeridade *s. f.* 1. *(severidade)* Strenge*,f*; Härte*,f*; 2. ECONOMIA Sparsamkeit*,f*; política de austeridade: Sparpolitik*,f*
austero *adj.* streng, hart
austral *adj.* südlich, Süd...
Austrália *s. f.* Australien*,nt.*
australiano I *s. m.* Australier*,m*; II *adj.* australisch
Áustria *s. f.* Österreich*,nt.*
austríaco I *s. m.* Österreicher*,m*; II *adj.* österreichisch
autarquia *s. f.* 1. POLÍTICA Autarkie*,f*; 2. *(comunidade)* Gemeinde*,f*
autenticação *s. f.* DIREITO Beglaubigung*,f*
autenticar *v. tr.* DIREITO beglaubigen
autenticidade *s. f.* Echtheit*,f*
autêntico *adj.* echt, authentisch
autista *s. m. e f.* Autist, -in*,m. f.*
auto *s. m.* 1. DIREITO Akte*,f*; 2. *(de reunião)* Protokoll*,nt.*
autobiografia *s. f.* Autobiographie*,f*
autobiográfico *adj.* autobiographisch
autocaravana *s. f.* Wohnmobil*,nt.*
autocarro *s. m.* Bus*,m*, Autobus*,m*
autoclismo *s. m.* (WC-)Spülung*,f*, Wasserspülung*,f*
autocolante *s. m.* Aufkleber*,m*, Sticker*,m*
autoconfiança *s. f.* Selbstvertrauen*,nt.*
autocracia *s. f.* Autokratie*,f*
autocrata *s. m. e f.* Autokrat, -in*,m. f.*
autocrítica *s. f.* Selbstkritik*,f*
autóctone I *s. m. e f.* Ureinwohner, -in*,m. f.*; II *adj.* Ur...
autodefesa *s. f.* Selbstverteidigung*,f*
autodeterminação *s. f.* POLÍTICA Selbstbestimmung*,f*
autodidacta *s. m. e f.* Autodidakt, -in*,m. f.*
autodidáctico *adj.* autodidaktisch
autodomínio *s. m.* Selbstbeherrschung*,f*
autódromo *s. m.* Motodrom*,nt*, Autodrom*,nt*
auto-escola *s. f. (Brasil)* Fahrschule*,f*
auto-estrada *s. f.* Autobahn*,f*
autógrafo I *s. m.* Autogramm*,nt*; II *adj.* eigenhändig
automaticamente *adv.* automatisch; *(coloq.)* von selbst
automático *adj.* automatisch
automatismo *s. m.* Automatismus*,m*
autómato *s. m.* Automat*,m*
automobilismo *s. m.* DESPORTO Autosport*,m*
automobilista *s. m. e f.* Kraftfahrer, -in*,m. f.*
automobilístico *adj.* Auto...
automotora *s. f.* Triebwagen*,m*
automóvel I *s. m.* Auto*,nt*, Kraftfahrzeug*,nt*; II *adj.* selbstfahrend
autonomia *s. f.* 1. POLÍTICA Autonomie*,f*; 2. (moral, financeira) Selbstständigkeit*,f*; 3. AERONÁUTICA autonomia de voo: Reichweite*,f*; 4. ELECTRICIDADE Netzunabhängigkeit*,f*
autónomo *adj.* 1. POLÍTICA autonom; 2. *(independente)* selbstständig, unabhängig
autópsia *s. f.* MEDICINA Autopsie*,f*, Obduktion*,f*
autopsiar *v. tr.* MEDICINA eine Autopsie/Obduktion vornehmen bei [+dat.]
autor *s. m.* 1. *(de obra)* Autor*,m*; *(de texto)* Verfasser*,m*; 2. *(de crime)* Täter*,m*; 3. DIREITO Kläger*,m*
auto-rádio *s. m.* Autoradio*,nt.*
autoria *s. f.* Urheberschaft*,f*
autoridade *s. f.* 1. *(poder)* Autorität*,f*, Amtsgewalt*,f*; 2. *(competência)* Befugnis*,f*; 3. *pl.* autoridades: Behörde*,f*; autoridades locais/municipais: Kommunalverwaltung*,f*
autoritário *adj.* autoritär
autoritarismo *s. m.* Autoritarismus*,m*
autorização *s. f.* Erlaubnis*,f*, Genehmigung*,f* [para, für +ac.]
autorizado *adj.* *(pessoa)* berechtigt

autorizar *v. tr.* bevollmächtigen; *(permitir)* erlauben, genehmigen
auto-serviço *s. m.* Selbstbedienung$_f$
auto-suficiente *adj.* selbstgenügsam; ser auto-suficiente: Selbstversorger sein
autuar *v. tr.* mit einer Geldstrafe belegen
auxiliar I *s. m. e f.* Helfer, -in$_{m., f.}$; II *v. tr.* 1. *(ajudar, socorrer)* helfen [+dat.]; 2. *(apoiar)* unterstützen; III *adj.* Hilfs...
auxílio *s. m.* 1. *(ajuda)* Hilfe$_f$; 2. *(apoio)* Unterstützung$_f$
aval *s. m.* ECONOMIA Wechselbürgschaft$_f$, Aval$_m$
avalancha *s. f.* Lawine$_f$
avaliação *s. f.* 1. *(de valor)* Schätzung$_f$; 2. *(escolar)* Bewertung$_f$
avaliar *v. tr.* 1. *(valor)* schätzen, bewerten; 2. *(rendimento)* beurteilen; 3. *(calcular)* einschätzen
avalista *s. m. e f.* ECONOMIA Avalist, -in$_{m., f.}$
avançado I *s. m.* 1. DESPORTO Stürmer$_m$; 2. ARQUITECTURA Vorsprung$_m$; II *adj.* (idade, nível) fortgeschritten
avançar I *v. tr.* 1. *(dinheiro)* vorstrecken; 2. *(processo)* vorwärtsbringen; II *v. intr.* 1. *(tropas)* vordringen; 2. *(progredir)* vorwärtskommen; avançar com alguma coisa: etwas voranbringen
avanço *s. m.* 1. *(progresso)* Fortschritt$_m$; 2. *(das tropas)* Vorrücken$_{nt}$; 3. *(distância)* Vorsprung$_m$
avantajado *adj.* vorteilhaft
avantajar I *v. tr.* übertreffen; II *v. refl.* sich hervortun [a, vor +dat.]
avante *adv.* vorne; de ora avante: von nun an; avante!: vorwärts!
avarento I *s. m.* Geizhalz$_m$; II *adj.* geizig
avaria *s. f.* *(de máquina)* Schaden$_m$, Störung$_f$; *(de automóvel)* Panne$_f$
avariado *adj.* beschädigt, defekt; *(coloq.)* kaputt

avariar I *v. tr.* beschädigen; *(coloq.)* kaputtmachen; II *v. intr.* 1. *(máquina)* kaputtgehen; *(automóvel)* eine Panne haben; 2. *(enlouquecer)* verrückt werden
avassalador *adj.* überwältigend
ave *s. f.* Vogel$_m$; ave de rapina: Raubvogel$_m$; aves: Geflügel$_{nt}$
ave-fria *s. f.* ZOOLOGIA Kiebitz$_m$
aveia *s. f.* BOTÂNICA Hafer$_m$
avelã *s. f.* BOTÂNICA Haselnuss$_f$
avelaneira *s. f.* BOTÂNICA Haselnussstrauch$_m$
ave-maria *s. f.* RELIGIÃO Ave-Maria$_{nt}$
avença *s. f.* 1. *(quantia)* Pauschalsumme$_f$; por avença: pauschal; 2. *(acordo)* Vergleich$_m$
avenida *s. f.* Allee$_f$
avental *s. m.* Schürze$_f$
aventura *s. f.* Abenteuer$_{nt}$
aventurar I *v. tr.* wagen; *(pensamentos)* vorbringen; II *v. refl.* sich wagen [a, an +ac.]
aventureiro I *s. m.* Abenteurer$_m$; II *adj.* abenteuerlich, gefährlich
averiguação *s. f.* Untersuchung$_f$, Ermittlung$_f$
averiguar *v. tr.* 1. *(investigar)* untersuchen; *(apurar)* ermitteln; 2. *(verificar)* überprüfen, nachprüfen
avermelhado *adj.* rötlich
aversão *s. f.* Widerwille$_m$, Abneigung$_f$
avessas *loc. adv.* às avessas: verkehrt, verdreht; sair às avessas: schief gehen
avesso I *s. m.* Kehrseite$_f$, Rückseite$_f$; II *adj.* umgekehrt, verkehrt herum
avestruz *s. f.* ZOOLOGIA Strauß$_m$, Vogelstrauß$_m$
aviação *s. f.* Luftfahrt$_f$; aviação militar: Luftwaffe$_f$
aviado *adj.* fertig, erledigt
aviador *s. m.* Flieger$_m$

avião *s. m.* Flugzeug*nt.*; avião a jacto: Düsenflugzeug*nt.*; avião de carga: Frachtflugzeug*nt.*

aviar I *v. tr.* 1. (cliente) abfertigen; 2. (tarefa) erledigen; 3. (expedir) absenden; II *v. refl.* sich beeilen

aviário *s. m.* Vogelhaus*nt.*

avicultor *s. m.* Geflügelzüchter*m.*

avicultura *s. f.* Geflügelzucht*f.*

avidez *s. f.* Gier*f.*

ávido *adj.* gierig [de, nach +*dat.*]

aviltamento *s. m.* Verkommenheit*f.*

aviltar I *v. tr.* entwürdigen; II *v. refl.* (humilhar-se) sich erniedrigen

avinagrar *v. tr.* CULINÁRIA säuern, sauer einlegen

avioneta *s. f.* Sportflugzeug*nt.*

avisador I *s. m.* Warnanlage*f.*, Warnsystem*nt.*; II *adj.* Warn..., Signal...

avisar *v. tr.* 1. (prevenir) warnen [de, vor +*dat.*]; 2. (informar) benachrichtigen; 3. (aconselhar) beraten

aviso *s. m.* 1. (advertência) Warnung*f.*; 2. (comunicação) Mitteilung*f.*; aviso prévio: Vorankündigung*f.*

avistar I *v. tr.* erblicken; II *v. refl.* sich treffen [com, mit +*dat.*]

avitaminose *s. f.* MEDICINA Vitaminmangel*m.*

avivar I *v. tr.* 1. (animar) beleben; 2. (realçar) deutlich machen; II *v. refl.* munter werden

avo *s. m.* MATEMÁTICA Bruchteil*m.*

avó *s. f.* Großmutter*f.*

avô *s. m.* Großvater*m.*; os avós: die Großeltern

avolumar I *v. tr.* vergrößern; (em número) vermehren; II *v. refl.* zunehmen, sich vergrößern

à-vontade *s. m.* Ungezwungenheit*f.*; com à-vontade: ungezwungen, unbefangen

avulso *adj.* 1. (solto) einzeln; comprar alguma coisa avulso: etwas lose kaufen; 2. (arrancado) herausgerissen

avultado *adj.* groß, umfangreich; (volumoso) voluminös; (quantia) beträchtlich

avultar I *v. tr.* vergrößern; II *v. intr.* anwachsen

axadrezado *adj.* kariert

axial *adj.* Achsen..., axial

axila *s. f.* 1. ANATOMIA Achsel*f.*; 2. BOTÂNICA Astwinkel*m.*

axioma *s. m.* FILOSOFIA Axiom*nt.*

axiomático *adj.* axiomatisch

áxis *s. m. inv.* Achse*f.*

azáfama *s. f.* Hektik*f.*, Hetze*f.*

azálea *s. f.* BOTÂNICA Azalee*f.*

azar *s. m.* Unglück*nt.*; (coloq.) Pech*nt.*; ter azar: Pech haben

azedar I *v. tr.* säuern; II *v. intr.* sauer werden

azedo *adj.* 1. (comida) sauer; 2. (pessoa) sauer, bissig

azedume *s. m.* 1. (sabor) Säure*f.*; 2. (mau humor) Verbitterung*f.*, Missmut*m.*

azeite *s. m.* Olivenöl*nt.* ❖ (coloq.) estar com os azeites: schlechter Laune sein

azeiteiro *adj.* (coloq.) prolo, prollig

azeitona *s. f.* BOTÂNICA Olive*f.*

azenha *s. f.* Wassermühle*f.*

Azerbeijão *s. m.* Aserbaidschan*nt.*

azevinho *s. m.* BOTÂNICA Stechpalme*f.*

azia *s. f.* MEDICINA Sodbrennen*nt.*

azinhaga *s. f.* Fußweg*m.*

azinheira *s. f.* BOTÂNICA Steineiche*f.*

azo *s. m.* 1. (ocasião) Gelegenheit*f.*; dar azo a alguma coisa: etwas ermöglichen; 2. (causa) Grund*m.*; dar azo a alguma coisa: etwas verursachen

azoto *s. m.* QUÍMICA Stickstoff*m.*

azucrinar *v. tr.* (coloq.) nerven, auf die Nerven gehen [+*dat.*]

azul I *s. m.* Blau$_{nt.}$; II *adj. m. e f.* blau
azulado *adj.* bläulich
azular *v. intr. (Brasil) (coloq.)* abhauen, sich davonmachen

azul-celeste *adj. m. e f. inv.* himmelblau
azulejo *s. m.* Kachel$_f$, Fliese$_f$
azul-marinho *adj. m. e f. inv.* marineblau
azul-turquesa *adj. m. e f. inv.* türkisblau

B

B, b *s. m.* B, b$_{nt.}$
baba *s. f.* Sabber$_m$
babá *s. f. (Brasil)* Kindermädchen$_{nt}$, Kinderfrau$_f$
babado *adj.* 1. besabbert; 2. *(fig.)* stolz
babador *s. m. (Brasil)* Lätzchen$_{nt}$
babar-se *v. refl.* sabbern; *(fig.)* babar-se por alguém: in jemanden verknallt sein
babeiro *s. m.* Lätzchen$_{nt}$
babete *s. f.* Lätzchen$_{nt}$
baboseira *s. f.* Unsinn$_m$
babuíno *s. m.* ZOOLOGIA Pavian$_m$
bacalhau *s. m.* Stockfisch$_m$; bacalhau fresco: Kabeljau$_m$
bacana *adj. (Brasil)* cool, prima
bacanal *s. m.* Orgie$_f$
bacharelato *s. m.* [Studienabschluss nach dreijährigem Universitätsstudium]
bacia *s. f.* 1. ANATOMIA Becken$_{nt}$; 2. (recipiente) Schüssel$_f$
bacilo *s. m.* BIOLOGIA Bazillus$_m$
bacio *s. m.* Nachttopf$_m$
baço I *s. m.* ANATOMIA Milz$_f$; II *adj.* trübe, matt
bacoco *adj. (coloq.)* blöd, albern
bacorada *s. f. (na linguagem)* Zote$_f$
bactéria *s. f.* BIOLOGIA Bakterie$_f$

bactericida I *s. m.* 1. BIOLOGIA keimtötende(s) Mittel$_{nt}$; 2. MEDICINA Bakterizid$_{nt}$; II *adj.* 1. BIOLOGIA keimtötend; 2. MEDICINA bakterizid
bacteriologia *s. f.* BIOLOGIA Bakteriologie$_f$
badalada *s. f.* Glockenschlag$_m$
badalado *adj.* stadtbekannt
badalar I *v. tr. (contar)* ausplaudern; II *v. intr.* 1. (relógio) schlagen; (sino) läuten; 2. *(falar)* schwätzen
badalhoco *adj. (depr.)* schweinisch, schmutzig
badalo *s. m.* Klöppel$_m$, Glockenschwengel$_m$
badejo *s. m.* ZOOLOGIA Dorsch$_m$
Baden-Vurtemberga *s. f.* Baden-Württemberg$_{nt}$
bafejar I *v. tr.* 1. anhauchen; 2. (sorte, destino) begünstigen; II *v. intr.* hauchen
bafejo *s. m.* 1. Hauch$_m$; 2. (de sorte, destino) Gunst$_f$
bafo *s. m.* Hauch$_m$
baforada *s. f.* 1. (de vento) Windstoß$_m$; 2. (de fumo) Rauchwolke$_f$
baga *s. f.* BOTÂNICA Beere$_f$
bagaceira *s. f.* Schnaps$_m$, Branntwein$_m$
bagaço *s. m.* Tresterschnaps$_m$, Tresterbranntwein$_m$

bagageira s. f. Kofferraum_m_
bagageiro s. m. Gepäckträger_m_
bagagem s. f. 1. Gepäck_nt_; 2. (conhecimentos) Kenntnisse_pl_, Allgemeinbildung_f_
bagatela s. f. Bagatelle_f_, Kleinigkeit_f_
bago s. m. BOTÂNICA Beere_f_
baguete s. f. Baguette_nt_
bagulho s. m. BOTÂNICA Traubenkern_m_
bagunça s. f. Radau_m_, Krach_m_
baía s. f. GEOGRAFIA Bai_f_, Bucht_f_
bailado s. m. Ballett_nt_
bailar v. intr. tanzen
bailarico s. m. Tanz_m_, Tanzabend_m_
bailarino s. m. Tänzer_m_
baile s. m. Ball_m_, Tanz_m_
bainha s. f. 1. (da roupa) Saum_m_; 2. (da espada) Scheide_f_
baioneta s. f. Bajonett_nt_
bairrismo s. m. Lokalpatriotismus_m_
bairrista s. m. e f. Lokalpatriot, -in_m, f_
bairro s. m. Stadtviertel_nt_
baixa s. f. 1. (da cidade) Stadtzentrum_nt_; 2. (de preços, produção, salários) Rückgang_m_, Sinken_nt_; (na Bolsa) Baisse_f_; 3. (por doença) Krankschreibung_f_; **meter baixa:** sich krankmelden; 4. (hospital) Einlieferung_f_; 5. MILITAR (licença) Entlassung_f_; (em combate) Verlust_m_; 6. (numa lista) Streichung_f_; **dar baixa de alguma coisa:** etwas streichen
Baixa-Áustria s. f. Niederösterreich_nt_
baixar I v. tr. 1. (os preços, produção) senken, herabsetzen; 2. (a voz) senken; (o som) herabsetzen; (o rádio) leiser stellen; 3. (diminuir) verringern; II v. intr. 1. (preços) sinken, fallen; 2. (temperatura) sinken; 3. (avião) niedergehen; III v. refl. 1. (curvar-se) sich bücken; 2. (humilhar-se) sich erniedrigen
Baixa Saxónia s. f. Niedersachsen_nt_
baixel s. m. NÁUTICA Boot_nt_

baixo I s. m. MÚSICA Bass_m_; II adj. 1. (pessoa) klein; (monte) niedrig; 2. (preço) niedrig; 3. (voz) leise; 4. (som) tief; 5. (desprezível) platt, gemein; III adv. 1. leise; **falar baixo:** leise sprechen; 2. (lugar) **em baixo:** unten; **por/em/de baixo de:** unter [+ac./dat.]; **para baixo:** hinunter, herunter; 3. (abatido) niedergeschlagen; **estar em baixo:** niedergeschlagen sein
baixo-alemão s. m. Niederdeutsch_nt_, Plattdeutsch_nt_
baixo-astral I s. m. (Brasil) Niedergeschlagenheit_f_; II adj. niedergeschlagen, deprimiert
baixo-relevo s. m. (arte) Basrelief_nt_
bajulação s. f. Schmeichelei_f_, Lobhudelei_f_
bajular v. tr. umschmeicheln, lobhudeln [+dat.]
bala s. f. 1. (de arma) Kugel_f_; 2. (Brasil) (rebuçado) Bonbon_nt_
balada s. f. MÚSICA, LITERATURA Ballade_f_
balança s. f. 1. Waage_f_; 2. ECONOMIA Bilanz_f_
Balança s. f. (zodíaco) Waage_f_
balançar v. intr. 1. (oscilar) schwanken, schaukeln; 2. (hesitar) schwanken, zögern
balancé s. m. Schaukel_f_
balancete s. m. ECONOMIA Zwischenbilanz_f_
balanço s. m. 1. ECONOMIA Bilanz_f_; 2. (movimento) Schaukeln_nt_, Schlingern_nt_
balão s. m. 1. Ballon_m_, Luftballon_m_; 2. QUÍMICA **balão de ensaio:** Kolben_m_
balaústre s. m. ARQUITECTURA Geländersäule_f_, Baluster_m_
balbuciar v. tr. e intr. stammeln, stottern
balbúrdia s. f. (coloq.) Zoff_m_
balcão s. m. 1. (de loja, café) Theke_f_; 2. (no teatro) Rang_m_; 3. (do banco) Bankfiliale_f_; 4. ARQUITECTURA Balkon_m_
balda s. f. (coloq.) Chaos_nt_, Durcheinander_nt_; **à balda:** nachlässig

baldar I v. tr. vereiteln, zunichte machen; II v. refl. 1. (jogo de cartas) abwerfen; 2. (coloq.) (escapar a) sich drücken; baldar-se às aulas: blaumachen

balde s. m. Eimer_m; balde do lixo: Mülleimer_m

baldroca s. f. Schwindel_m; fazer trocas e baldrocas: schwindeln

baleia s. f. ZOOLOGIA Wal_m, Walfisch_m

balir v. intr. blöken

balística s. f. Ballistik_f

baliza s. f. 1. DESPORTO Tor_nt; 2. NÁUTICA Boje_f

ballet s. m. Ballet_nt

balnear adj. Bade...; época balnear: Badesaison_f; estância balnear: Kurort_m

balneário s. m. (em piscina) Umkleidekabine_f

balofo adj. 1. (pessoa) aufgeblasen; 2. (vazio) leer

baloiçar v. intr. schaukeln

baloiço s. m. Schaukel_f

bálsamo s. m. Balsam_m

báltico adj. baltisch; Mar Báltico: Ostsee_f

baluarte s. m. Bollwerk_nt

bambolear v. intr. schaukeln; (ao andar) schwanken, wanken

bamboleio s. m. Schaukeln_nt; (ao andar) Schwanken_nt, Wanken_nt

bambu s. m. BOTÂNICA Bambus_m

banal adj. banal, alltäglich

banalidade s. f. Banalität_f

banalizar v. tr. banalisieren

banana I s. f. 1. BOTÂNICA Banane_f; 2. (Brasil) (manguito) Stinkefinger_m; II s. m. (pessoa) Schwächling_m

bananeira s. f. BOTÂNICA Bananenstaude_f

banca s. f. 1. ECONOMIA Bankwesen_nt; 2. (jogo) Bank_f; 3. (de jornais) Stand_m, Kiosk_m; 4. (de advogado) Büro_nt; 5. (de cozinha) Spülbecken_nt

bancada s. f. 1. (no estádio) Tribüne_f; 2. POLÍTICA Fraktion_f

bancário adj. Bank...; crédito bancário: Bankkredit_m

bancarrota s. f. Bankrott_m

banco s. m. 1. ECONOMIA Bank_f; 2. (assento) Bank_f; 3. (em automóvel) Sitz_m; 4. GEOLOGIA Schicht_f; 5. INFORMÁTICA banco de dados: Datenbank_f

banda s. f. 1. MÚSICA Kapelle_f; banda sonora: Filmmusik_f; 2. (lado) Seite_f; (margem) Ufer_nt; 3. (faixa) Band_nt, Schärpe_f

bandalheira s. f. Lumperei_f

bandeira s. f. 1. Flagge_f, Fahne_f; 2. (de janela) Oberlicht_nt

bandeja s. f. Tablett_nt

bandido s. m. Bandit_m

bando s. m. 1. (aves) Schwarm_m; 2. (pessoas) Schar_f, Trupp_m

bandolim s. m. MÚSICA Mandoline_f

bandulho s. m. (coloq.) Wanst_m

bangalô s. m. Bungalow_m

banha s. f. 1. Schmalz_nt; 2. pl. (coloq.) banhas: Fettpolster_pl

banhar I v. tr. 1. baden; 2. (rio) vorbeifließen an [+dat.]; II v. refl. baden [em, in +dat.]

banheira s. f. Badewanne_f

banheiro s. m. 1. (pessoa) Bademeister_m; 2. (Brasil) (quarto-de-banho) Badezimmer_nt

banhista s. m. e f. Badegast_m

banho s. m. Bad_nt; banho de sol: Sonnenbad_nt

banho-maria s. m. Wasserbad_nt

banhos s. m. pl. 1. (termas) Thermalbad_nt, Heilbad_nt; 2. (casamento) Aufgebot_nt

banir v. tr. verbannen

banjo s. m. MÚSICA Banjo_nt

banqueiro s. m. Bankier_m

banquete s. m. Bankett_nt, Festessen_nt

banzado adj. verblüfft, erstaunt

banzé s. m. (coloq.) Lärm_m, Radau_m

banzo adj. 1. (Brasil) traurig, niedergeschlagen; 2. überrascht

baptismo *s. m.* RELIGIÃO Taufe$_f$
baptismo *s. m.* Taufe$_f$, Kindstaufe$_f$
baptizar *v. tr.* taufen
baque *s. m.* (ruído) Rumsen$_{nt}$
bar *s. m.* 1. (de diversão) Bar$_f$; 2. (de escola) Cafeteria$_f$
barafunda *s. f.* Wirrwarr$_m$, Durcheinander$_{nt}$
barafustar *v. intr.* zappeln [com, mit +dat.]
baralhar *v. tr.* 1. verwirren, durcheinanderbringen; 2. (cartas) mischen
baralho *s. m.* Kartenspiel$_{nt}$
barão *s. m.* Baron$_m$
barata *s. f.* ZOOLOGIA Küchenschabe$_f$
barato *adj.* billig, preiswert
barba *s. f.* Bart$_m$; fazer a barba: sich rasieren
barbante *s. m.* (Brasil) Bindfaden$_m$
barbaridade *s. f.* 1. (crueldade) Grausamkeit$_f$; 2. (disparate) Unsinn$_m$, Quatsch$_m$
barbárie *s. f.* Barbarei$_f$
bárbaro I *s. m.* Barbar$_m$; II *adj.* 1. (dos bárbaros) barbarisch; 2. (desumano) unmenschlich
barbatana *s. f.* Flosse$_f$
barbear I *v. tr.* rasieren; máquina de barbear: Rasierapparat$_m$; II *v. refl.* sich rasieren
barbearia *s. f.* Herrensalon$_m$
barbeiro *s. m.* Herrenfrisör$_m$
barbo *s. m.* ZOOLOGIA Barbe$_f$
barbudo *adj.* bärtig
barca *s. f.* Barke$_f$, Kahn$_m$
barcaça *s. f.* große Barke$_f$, große(r) Kahn$_m$
barco *s. m.* Boot$_{nt}$; (navio) Schiff$_{nt}$
baril *adj.* (coloq.) cool, geil
barítono *s. m.* MÚSICA Bariton$_m$
barómetro *s. m.* Barometer$_{nt}$
baronesa *s. f.* Baronin$_f$
barqueiro *s. m.* Ruderer$_m$
barquilho *s. m.* Waffel$_f$, Biskuitrolle$_f$

barra *s. f.* 1. (de aço, ferro) Stab$_m$, Stange$_f$; 2. (de ouro) Barren$_m$; 3. (do porto) Hafeneinfahrt$_f$, Mole$_f$; 4. DESPORTO barra fixa: Reck$_{nt}$; barras paralelas: Barren$_m$; (salto em altura) Latte$_f$; 5. MÚSICA Taktstrich$_m$; 6. DIREITO barra do tribunal: Zeugenstand$_m$; 7. (tipografia) Schrägstrich$_m$
barraca *s. f.* 1. (de madeira, chapa) Baracke$_f$; 2. (de feira) Bude$_f$; 3. (tenda) Zelt$_{nt}$; 4. (de praia) (Art) Strandkorb$_m$ ❖ (coloq.) fazer barraca: Blödsinn machen
barracão *s. m.* Schuppen$_m$
barragem *s. f.* Staudamm$_m$
barranco *s. m.* 1. (quebrada) Schlucht$_f$; 2. (precipício) Abgrund$_m$
barrar *v. tr.* 1. (a passagem) versperren; 2. (o pão) schmieren, bestreichen
barreira *s. f.* 1. (cancela) Sperre$_f$, Schranke$_f$; 2. DESPORTO Hürde$_f$; 3. (obstáculo) Hindernis$_{nt}$
barrela *s. f.* Lauge$_f$
barrete *s. m.* Mütze$_f$; (pop.) enfiar um barrete: sich den Schuh anziehen
barricada *s. f.* Barrikade$_f$
barriga *s. f.* ANATOMIA Bauch$_m$; barriga da perna: Wade$_f$
barrigudo I *s. m.* Fettwanst$_m$; II *adj.* dickbäuchig, fett
barril *s. m.* Fass$_{nt}$
barro *s. m.* Lehm$_m$; (de oleiro) Ton$_m$, Tonerde$_f$
barroco I *s. m.* Barock$_{nt}$; II *adj.* barock
barrote *s. m.* Sparren$_m$, Querholz$_{nt}$
barulheira *s. f.* Radau$_m$, Krach$_m$
barulhento *adj.* laut, lärmend
barulho *s. m.* 1. (constante) Geräusch$_{nt}$; (momentâneo) Krach$_m$, Lärm$_m$; fazer barulho: lärmen; 2. (briga) Streit$_m$
basalto *s. m.* Basalt$_m$
base *s. f.* 1. (suporte) Basis$_f$, Fundament$_{nt}$; 2. (princípio) Grundlage$_f$; 3. INFORMÁTICA

base de dados: Datenbank*f*; 4. ARQUITECTURA *(de uma coluna)* Fuß*m*; 5. QUÍMICA Base*f*; 6. *(cosmético)* Make-up Unterlage*f*

baseado *adj.* wohlbegründet

basear I *v. tr.* gründen; basieren [em, auf +dat.]; II *v. refl.* basieren, beruhen [em, auf +dat.]

basebol *s. m.* DESPORTO Baseball*nt*

básico *adj.* 1. *(fundamental)* grundlegend, Grund...; 2. QUÍMICA basisch

basílica *s. f.* Basilika*f*

basquetebol *s. m.* DESPORTO Basketball*nt*

basta *interj.* Schluss jetzt!, basta!

bastante I *adj.* genügend; II *adv.* 1. *(suficientemente)* genug; 2. *(muito)* ziemlich (viel)

bastão *s. m.* Stab*m*

bastar *v. intr.* genügen, ausreichen

bastardo *adj.* unehelich

bastidores *s. m. pl.* Kulissen*pl*

bata *s. f.* Kittel*m*

batalha *s. f.* Schlacht*f*

batalhão *s. m.* MILITAR Bataillon*nt*

batalhar *v. intr.* kämpfen, sich eine Schlacht liefern

batata *s. f.* BOTÂNICA Kartoffel*f*; **batatas fritas:** Pommes*pl* frites

batata-doce *s. f.* BOTÂNICA Batate*f*, Süßkartoffel*f*

bate-boca *s. m.* *(Brasil)* Wortwechsel*m*

batedeira *s. f.* Schneebesen*m*; **batedeira eléctrica:** Rührgerät*nt*

batel *s. m.* Kahn*m*, Boot*nt*

batente *s. m.* Türklopfer*m*

bate-papo *s. m.* *(Brasil) (coloq.)* Schwätzchen*nt*

bater I *v. tr.* 1. schlagen; **bater palmas:** Beifall klatschen; 2. CULINÁRIA *(a massa)* rühren; *(as claras)* schlagen; 3. *(ferro)* hämmern; 4. *(vencer)* schlagen; 5. *(um recorde)* brechen; II *v. intr.* 1. klopfen; **bater à porta:** an die Tür klopfen; **bater à máquina:** tippen; 2. *(dar pancada)* schlagen, prügeln; 3. *(ir de encontro a)* stoßen [contra, gegen +ac.], prallen [em, an +ac.; em, auf +ac.]; *(automóvel)* zusammenstoßen [em, mit +dat.]; 4. *(coração)* schlagen [por, für +ac.]; 5. *(sol)* scheinen [em, auf +ac.]; 6. *(porta)* klappern, schlagen ❖ *(Brasil)* **bater um papo:** ein Schwätzchen halten; *(Brasil)* **bater uma chapa:** ein Foto machen

bateria *s. f.* 1. Batterie*f*; 2. MÚSICA Schlagzeug*nt*

batida *s. f.* 1. *(ritmo)* Beat*m*; 2. *(Brasil) (rusga)* Durchsuchung*f*

batido I *s. m.* Mixgetränk*nt*; II *adj.* 1. *(rua)* ausgefahren; *(caminho)* ausgetreten; 2. *(roupa)* abgetragen; 3. *(expressão)* abgedroschen; 4. *(assunto)* altbekannt

batina *s. f.* Sutane*f*

batismo *s. m.* *(Brasil)* → baptismo

batizado *s. m.* *(Brasil)* → baptizado

batizar *v. tr.* *(Brasil)* → baptizar

baton *s. m.* Lippenstift*m*

batoque *s. m.* Zapfen*m*, Spund*m*

batota *s. f.* Falschspiel*nt*, Mogelei*f*; **fazer batota:** mogeln

batoteiro *s. m.* Falschspieler*m*, Mogler*m*

batráquio *s. m.* ZOOLOGIA Lurch*m*

batuque *s. m.* MÚSICA Trommel*f*

batuta *s. f.* MÚSICA Taktstock*m*

baú *s. m.* Truhe*f*

baunilha *s. f.* Vanille*f*

bávaro I *s. m.* Bayer*m*; II *adj.* bayrisch

Baviera *s. f.* Bayern*nt*

bazar *s. m.* Basar*m*

bazófia *s. f.* *(coloq.)* Angeberei*f*

beata *s. f.* 1. RELIGIÃO Laienschwester*f*; 2. *(pej.)* Betschwester*f*; 3. *(coloq.) (ponta de cigarro)* Kippe*f*

bêbado *s. m.* → bêbedo

bebé *s. m.* Baby*nt*, Säugling*m*

bebedeira s. f. Rausch$_m$; apanhar uma bebedeira: sich einen Rausch antrinken
bêbedo I s. m. 1. (alcoólatra) Trinker$_m$; 2. (borracho) Betrunkene$_{m. e f.}$; (coloq.) Besoffene$_{m. e f.}$; II adj. betrunken; (coloq.) besoffen
beber v. tr. 1. (pessoas) trinken; 2. (animais) saufen
bebericar v. tr. nippen an [+dat.]
bebes s. m. pl. comes e bebes: Essen und Trinken
bebida s. f. Getränk$_{nt}$; bebidas alcoólicas: Spirituosen$_{pl}$
bebível adj. trinkbar
bechamel s. m. CULINÁRIA Béchamelsoße$_f$
beco s. m. Gasse$_f$; beco sem saída: Sackgasse$_f$
bedelho s. m. (de porta) Riegel$_m$
bege I s. m. Beige$_{nt}$; II adj. beige
begónia s. f. BOTÂNICA Begonie$_f$
beicinho s. m. Schnute$_f$, Schnütchen$_{nt}$
beiço s. m. (pessoa) Lippe$_f$; (animal) Lefze$_f$ ❖ lamber os beiços: es kaum abwarten können
beiçudo adj. dicklippig
beija-flor s. m. ZOOLOGIA Kolibri$_m$
beijar v. tr. küssen
beijinhos s. m. pl. (cumprimentos) Küsschen$_{pl}$; (em carta) herzliche Grüße
beijo s. m. Kuss$_m$
beijoca s. f. (coloq.) Schmatz$_m$
beira s. f. 1. (de copo, mesa, chapéu) Rand$_m$; beira do passeio: Bordstein$_m$; à beira de: (nahe) bei [+dat.]; 2. (de rio, mar) Ufer$_{nt}$
beiral s. m. Dachrinne$_f$
beira-mar s. f. Küste$_f$; à beira-mar: am Strand, an der Küste
belas-artes s. f. pl. bildende Kunst$_f$
beldade s. f. Schönheit$_f$
beleza s. f. Schönheit$_f$; é uma beleza!: herrlich!
belga I s. m. e f. Belgier, -in$_{m., f.}$; II adj. belgisch

Bélgica s. f. Belgien$_{nt}$
beliche s. m. 1. (camas) Doppelbett$_{nt}$, Stockbett$_{nt}$; 2. NÁUTICA Koje$_f$
bélico adj. MILITAR kriegerisch, Kriegs...
beligerância s. f. MILITAR Kriegszustand$_m$
beligerante adj. kriegführend
beliscar I v. tr. kneifen, zwicken; II v. refl. sich kneifen
belo adj. schön, wunderschön
beltrano s. m. Herr$_m$ Soundso
bem I s. m. 1. ECONOMIA Gut$_{nt}$; 2. (moral) Gute$_{nt}$; 3. (bem-estar) Wohl$_{nt}$; 4. (benefício) Nutzen$_m$, Vorteil$_m$; 5. pl. bens: Besitz$_m$, Vermögen$_{nt}$ ❖ (pessoa) meu bem: mein Schatz; II adv. 1. gut; sentir-se bem: sich wohl fühlen; 2. (correctamente) gut, richtig; muito bem!: sehr gut!; 3. (com saúde) gut; tudo bem?: wie geht's? ❖ bem!: also!; está bem!: (na) gut!; ainda bem!: glücklicherweise, Gott sei Dank!; ainda bem que...: gut, dass...; bem como: sowie; se bem que: obgleich, obwohl
bem-aventurado adj. glücklich, glückselig
bem-comportado adj. artig, brav
bem-dizer v. tr. loben
bem-educado adj. gut erzogen
bem-encarado adj. nett, sympathisch
bem-estar s. m. Wohlbefinden$_{nt}$
bem-falante adj. beredt, eloquent
bem-humorado adj. gut gelaunt
bem-intencionado adj. wohlmeinend, gut gemeint
bem-mandado adj. gehorsam
bem-me-quer s. m. BOTÂNICA Vergissmeinnicht$_{nt}$
bemol s. m. MÚSICA Erniedrigungszeichen$_{nt}$
bem-parecido adj. gut aussehend, hübsch
bem-posto adj. gut gekleidet
bem-querer I s. m. Zuneigung$_f$; II v. tr. mögen, schätzen
bem-vindo adj. e interj. willkommen

bem-visto *adj.* beliebt; *(estimado)* geschätzt
bênção *s. f.* Segen_m_
bendito *adj.* gesegnet
beneficência *s. f.* Wohltätigkeit_f_
beneficiar I *v. tr.* 1. *(favorecer)* begünstigen; 2. *(melhorar)* veredeln; II *v. intr.* begünstigt werden [de, von +dat.], Nutzen ziehen [de, aus +dat.]
beneficiário *s. m.* Nutznießer_m_
benefício *s. m.* 1. *(acto de beneficiar)* Wohltat_f_; 2. *(lucro)* Nutzen_m_, Vorteil_m_
benéfico *adj.* 1. *(que faz bem)* wohltätig; 2. *(com vantagens)* vorteilhaft
benemérito I *s. m.* Wohltäter_m_; II *adj.* verdienstvoll
benevolência *s. f.* Wohlwollen_nt_
benevolente *adj.* gütig, wohlwollend
benfeitor *s. m.* Wohltäter_m_
bengala *s. f.* Spazierstock_m_
bengaleiro *s. m.* 1. *(para roupa)* Garderobe_f_; 2. *(para guarda-chuvas)* Schirmständer_m_
benigno *adj.* MEDICINA gutartig
benjamim *s. m.* Nesthäkchen_nt_
benzer I *v. tr.* segnen, weihen; II *v. refl.* sich bekreuzigen
benzina *s. f.* Waschbenzin_nt_
berbequim *s. m.* Bohrer_m_; berbequim de percussão: Schlagbohrer_m_
berbigão *s. m.* ZOOLOGIA Herzmuschel_f_
berço *s. m.* Wiege_f_
beringela *s. f.* BOTÂNICA Aubergine_f_
Berlim *s. f.* Berlin_nt_
berlinde *s. m.* 1. *(esfera)* Murmel_f_; 2. *(jogo)* Murmelspiel_nt_
berlinense I *s. m. e f.* Berliner, -in_m., f._; II *adj.* Berliner
berloque *s. m.* 1. *(de pulseira)* Anhänger_m_; 2. *(insignificância)* Kleinigkeit_f_
berma *s. f.* Seitenstreifen_m_, Randstreifen_m_
Berna *s. f.* Bern_nt_

berrante *adj.* *(cor)* grell, schreiend
berrar *v. intr.* schreien, brüllen; berrar com alguém: jemanden anschreien
berregar *v. intr.* 1. *(pessoa)* brüllen; 2. *(ovelha)* blöken
berreiro *s. m.* Gebrüll_nt_, Geschrei_nt_
berro *s. m.* Schrei_m_
besouro *s. m.* ZOOLOGIA Käfer_m_
besta I *s. f.* Biest_nt_; II *adj.* *(pej.)* dumm
besteira *s. f.* *(Brasil) (coloq.)* Dummheit_f_; dizer besteiras: dummes Zeug reden
bestial *adj.* *(coloq.)* toll, prima
besugo *s. m.* ZOOLOGIA Brasse_f_
besuntado *adj.* schmierig; *(de óleo)* ölig
besuntar *v. tr.* einschmieren, beschmieren
betão *s. m.* Beton_m_
beterraba *s. f.* BOTÂNICA Rote Beete_f_
betonar *v. tr.* betonieren
betoneira *s. f.* Betonmischmaschine_f_
bétula *s. f.* BOTÂNICA Birke_f_
betumar *v. tr.* 1. *(vidro)* kitten; 2. ENGENHARIA bituminieren
betume *s. m.* 1. *(para vidro)* Kitt_m_; 2. QUÍMICA Bitumen_nt_
betuminoso *adj.* teerhaltig
bexiga *s. f.* 1. ANATOMIA Blase_f_, Harnblase_f_; 2. *pl.* MEDICINA bexigas: Pocken_pl._; bexigas loucas: Windpocken_pl._
bezerra *s. f.* ZOOLOGIA Kuhkalb_nt_
bezerro *s. m.* 1. ZOOLOGIA Bullenkalb_nt_; 2. *(pele)* Kalbsleder_nt_
bibe *s. m.* Spielkittel_m_, Spielschürze_f_
bibelô *s. m.* Nippes_pl._
biberão *s. m.* Saugflasche_f_, Fläschchen_nt_
Bíblia *s. f.* Bibel_f_
bíblico *adj.* biblisch
bibliografia *s. f.* Bibliographie_f_
bibliográfico *adj.* bibliographisch
bibliomania *s. f.* Bücherfimmel_m_
bibliómano *s. m.* Büchernarr_m_

biblioteca s. f. Bibliothek_f_, Bücherei_f_
bibliotecário s. m. Bibliothekar_m_
bica s. f. 1. *(tubo)* Wasserrohr_nt_; 2. *(Regionalismo)* Espresso_m_
bicada s. f. Schnabelhieb_m_
bicarbonato s. m. QUÍMICA Bikarbonat_nt_
bicéfalo adj. doppelköpfig
bíceps s. m. ANATOMIA Bizeps_m_
bicha s. f. 1. ZOOLOGIA Kriechtier_nt_; *(serpente)* Schlange_f_; 2. *(fila)* Schlange_f_; **fazer bicha:** Schlange stehen; 3. *(pej.)* Schwule_m_
bicha-cadela s. f. ZOOLOGIA Ohrwurm_m_
bichanar v. intr. flüstern
bichano s. m. Kätzchen_nt_
bicharada s. f. Getier_nt_, Ungeziefer_nt_
bicharoco s. m. Biest_nt_
bicho s. m. 1. ZOOLOGIA (kleines) Tier_nt_; 2. *(verme)* Wurm_m_
bicho-da-seda s. m. ZOOLOGIA Seidenraupe_f_
bicicleta s. f. Fahrrad_nt_
bico s. m. 1. (de pássaro) Schnabel_m_; 2. *(ponta)* Spitze_f_; 3. (de chaleira) Ausguss_m_; (de gás) Gasbrenner_m_
bico-de-obra s. m. knifflige Sache_f_
bicolor adj. zweifarbig
bicudo adj. 1. spitz; *(fig.)* **caso bicudo:** heikle Lage_f_; 2. *(Brasil)* (pessoa) mürrisch
bidão s. m. Kanister_m_
bidé s. m. Bidet_nt_
bienal adj. zweijährig
bife s. m. CULINÁRIA Beefsteak_nt_
bifurcação s. f. Gabelung_f_, Abzweigung_f_
bifurcar v. intr. abzweigen
bigamia s. f. Bigamie_f_
bígamo s. m. Bigamist_m_
bigode s. m. Schnurrbart_m_
bigorna s. f. ANATOMIA Amboss_m_
bijutaria s. f. Schmuck_m_, Modeschmuck_m_
bilateral adj. bilateral

bilha s. f. Tonkrug_m_
bilhão s. m. *(Brasil)* Milliarde_f_
bilhar s. m. Billard_nt_
bilhete s. m. 1. (teatro, cinema) Karte_f_ [para, für +ac.]; (espectáculo, festa) Eintrittskarte_f_ [para, für +ac.]; (de lotaria) Los; 2. (de autocarro, comboio) Fahrkarte_f_; (de avião) Ticket_nt_; **bilhete de ida e volta:** Rückfahrkarte_f_; 3. *(recado)* Zettel_m_. ❖ **bilhete de identidade:** Personalausweis_m_
bilheteira s. f. 1. (teatro, cinema) Kasse_f_; 2. (caminhos de ferro) Fahrkartenschalter_m_
bilhete-postal s. m. Postkarte_f_
bilheteria s. f. *(Brasil)* → bilheteira
bilião s. m. Billion_f_
bilingue adj. zweisprachig
bílis s. f. MEDICINA Galle_f_
bilro s. m. Klöppel_m_
bimbo s. m. *(coloq.)* Trottel_m_, Depp_m_
binário adj. binär
binóculo s. m. Fernglas_nt_; (de teatro, ópera) Opernglas_nt_
binómio s. m. MATEMÁTICA Binom_nt_
biodegradável adj. biologisch abbaubar
biografia s. f. Biographie_f_
biográfico adj. biographisch
biógrafo s. m. Biograph_m_
biologia s. f. Biologie_f_
biológico adj. biologisch
biólogo s. m. Biologe_m_
biombo s. m. spanische Wand_f_
biopsia s. f. MEDICINA Biopsie_f_
bioquímica s. f. Biochemie_f_
biosfera s. f. Biosphäre_f_
bípede I s. m. Zweibeiner_m_, Zweifüßler_m_; II adj. zweibeinig
biqueira s. f. (do sapato) Spitze_f_
biqueiro s. m. *(coloq.)* Fußtritt_m_
biquíni s. m. Bikini_m_
birra s. f. Starrsinn_m_; **fazer birra:** vor Wut toben

biruta I s. f. Windhose_f; II adj. (Brasil) närrisch

bis I adv. zweimal; II interj. Zugabe!

bisavô s. m. Urgroßvater_m; os bisavós: die Urgroßeltern

bisbilhotar v. intr. 1. (falar) klatschen; 2. (observar) herumschnüffeln

bisbilhoteiro s. m. 1. (que fala) Klatschbase_f; 2. (que intriga) Intrigant_m; 3. (que observa) Schnüffler_m

bisbilhotice s. f. 1. (falatório) Klatsch_m, Tratsch_m; 2. (observação) Schnüffelei_f

biscate s. m. Gelegenheitsarbeit_f

biscoito s. m. CULINÁRIA Keks_m

bisnaga s. f. 1. (de pomada) Tube_f; 2. (Brasil) (pão) lange(s) Weißbrot_nt

bisneto s. m. Urenkel_m

bisonte s. m. ZOOLOGIA Bison_m

bispado s. m. Bistum_nt

bispo s. m. 1. RELIGIÃO Bischof_m; 2. (xadrez) Läufer_m

bissexto I s. m. Schalttag_m; II adj. Schalt...; ano bissexto: Schaltjahr_nt

bissexual adj. bisexuell

bisteca s. f. (Brasil) Schnitzel_nt

bisturi s. m. Seziermesser_nt, Skalpell_nt

bit s. m. INFORMÁTICA Bit_nt

bitola s. f. 1. (medida-padrão) Maßstab_m; 2. (norma) Norm_f; 3. (caminhos-de-ferro) Spurweite_f

bituca s. f. (Brasil) Zigarettenstummel_m

bizarro adj. bizarr

blasfemar v. intr. lästern

blasfémia s. f. RELIGIÃO Blasphemie_f, Gotteslästerung_f

blazer s. m. Blazer_m, Jacke_f

blefe s. m. (Brasil) Bluff_m

blindado I s. m. MILITAR Panzer_m; II adj. Panzer..., gepanzert

blindagem s. f. Panzerung_f, Panzer_m

blindar v. tr. panzern

bloco s. m. Block_m; em bloco: alle zusammen

bloquear v. tr. absperren, blockieren

bloqueio s. m. 1. (obstrução) Sperrung_f [a, +gen.], Blockade_f [a, +gen.]; 2. MILITAR Blockade_f [a, +gen.]

blusa s. f. Bluse_f

blusão s. m. Blouson_m, Jacke_f

boa adj. → bom

boas-entradas s. f. pl. Neujahrsglückwunsch_m; boas-entradas!: guten Rutsch (ins neue Jahr)!

boas-festas s. f. pl. Festwünsche_pl, Weihnachtswünsche_pl; boas-festas!: Frohes Fest!

boas-vindas s. f. pl. Willkommen_nt; dar (as) boas-vindas a alguém: jemanden Willkommen heißen

boato s. m. Gerücht_nt

boa-vida s. f. ruhige(s)/(lockere) Leben_nt; andar na boa-vida: es sich gut gehen lassen

bobagem s. f. (Brasil) Dummheit_f, Albernheit_f

bobear v. intr. (Brasil) Dummheiten machen, herumalbern

bobina s. f. 1. ELECTRICIDADE Spule_f; 2. (de filme) Rolle_f

bobo I s. m. (Brasil) Narr_m, Dummkopf_m; II adj. (Brasil) dumm, albern

boca s. f. 1. ANATOMIA Mund_m; 2. (abertura) Öffnung_f; 3. (foz) Mündung_f

bocado s. m. 1. (pedaço) Bissen_m, Happen_m; um bocado: ein bisschen; 2. (temporal) Weile_f; há bocado: vor einer Weile

bocal s. m. 1. (de frasco) Öffnung_f; 2. MECÂNICA Düse_f; 3. MÚSICA Mundstück_nt

boçal adj. 1. (estúpido) dumm; 2. (grosseiro) grob

bocejar v. intr. gähnen

bocejo s. m. Gähnen_nt

bochecha s. f. Wange_f, Backe_f

bochechar *v. intr.* den Mund ausspülen [com, mit +*dat.*]
bochechudo *adj.* pausbackig
bocó *adj.* (Brasil) (coloq.) schwachsinnig
boda *s. f.* Hochzeitsfest$_{nt}$; bodas de prata/de ouro: silberne/goldene Hochzeit$_f$
bode *s. m.* ZOOLOGIA Ziegenbock$_m$; bode expiatório: Sündenbock$_m$
bodega *s. f.* 1. *(taberna)* (schlechtes) Wirtshaus$_{nt}$, (schlechte) Wirtschaft$_f$; 2. *(porcaria)* Schmutz$_m$, Dreck$_m$
boémia *s. f.* Boheme$_f$
bofar *v. tr.* auswerfen
bofes *s. m. pl.* (coloq.) Lunge$_f$
bofetada *s. f.* Ohrfeige$_f$
boi *s. m.* ZOOLOGIA Ochse$_m$, Rind$_{nt}$
bóia *s. f.* 1. NÁUTICA Boje$_f$; 2. *(Brasil)* *(comida)* Essen$_{nt}$
boião *s. m.* Einmachtopf$_m$
boiar *v. intr.* (pessoa, barco) treiben
boicotar *v. tr.* boykottieren
boicote *s. m.* Boykott$_m$
boina *s. f.* Baskenmütze$_f$
bojo *s. m.* 1. *(saliência)* Ausbuchtung$_f$; 2. *(de garrafa)* Bauch$_m$
bola[1] [ɔ] *s. f.* *(para brincar)* Ball$_m$; *(esfera)* Kugel$_f$; bola de sabão: Seifenblase$_f$
bola[2] [o] *s. f.* CULINÁRIA bola de carne: [Art Brot mit eingebackenem gekochtem Schinken oder Schinkenspeck]
bolacha *s. f.* CULINÁRIA Keks$_m$
bolar *v. tr.* (Brasil) (coloq.) (um plano) entwerfen
bolbo *s. m.* BOTÂNICA Knolle$_f$, Blumenzwiebel$_f$
bolchevismo *s. m.* Bolschewismus$_m$
bolchevista I *s. m. e f.* Bolschewist, -in$_{m, f}$; II *adj.* bolschewistisch
boleia *s. f.* Mitfahrgelegenheit$_f$; ir de boleia: per Anhalter fahren
bolero *s. m.* MÚSICA Bolero$_m$

boletim *s. m.* 1. *(do totoloto)* Schein$_m$; 2. *(comunicado)* Mitteilung$_f$; 3. *(relatório)* Bericht$_m$; boletim meteorológico: Wetterbericht$_m$; 4. *(impresso)* Vordruck$_m$, Formular$_{nt}$
bolha *s. f.* Blase$_f$
boliche *s. m.* (Brasil) → bowling
Bolívia *s. f.* Bolivien$_{nt}$
boliviano I *s. m.* Bolivianer$_m$; II *adj.* bolivianisch
bolo *s. m.* CULINÁRIA Kuchen$_m$
bolor *s. m.* Schimmel$_m$
bolo-rei *s. m.* CULINÁRIA [Weihnachtsgebäck aus Hefeteig mit Rosinen, Nüssen und kandierten Früchten]
bolorento *adj.* schimmelig
bolota *s. f.* BOTÂNICA Eichel$_f$
bolsa *s. f.* 1. ECONOMIA Börse$_f$; 2. *(carteira)* Handtasche$_f$; 3. *(de estudos)* Stipendium$_{nt}$
bolseiro *s. m.* Stipendiat$_m$
bolsista *s. m. e f.* 1. ECONOMIA Börsenspekulant, -in$_{m, f}$, Börsianer, -in$_{m, f}$; 2. *(Brasil)* → bolseiro
bolso *s. m.* Tasche$_f$
bom *adj.* 1. gut; bom dia!: guten Morgen; boa tarde!: guten Tag; que bom!: herrlich!; 2. *(tempo)* schön; 3. *(com saúde)* gesund; está bom?: wie geht's Ihnen?; 4. *(coloq.)* (fisicamente) gut aussehend
bomba *s. f.* 1. *(máquina)* Pumpe$_f$; bomba de gasolina: Tankstelle$_f$; bomba de incêndio: Feuerspritze$_f$; 2. *(explosivo)* Bombe$_f$
bombardeamento *s. m.* Bombardement$_{nt}$; bombardeamento aéreo: Luftangriff$_m$
bombardear *v. tr.* bombardieren
bombardeiro *s. m.* Bombenflugzeug$_{nt}$, Bomber$_m$
bombástico *adj.* bombastisch
bombazina *s. f.* Kord$_m$
bombear *v. tr.* (líquido) auspumpen
bombeiro *s. m.* Feuerwehrmann$_m$; bombeiros: Feuerwehr$_f$

bombista I *s. m. e f.* Bombenwerfer, -in_{m. f.}; II *adj.* Bomben...
bombo *s. m.* MÚSICA (große) Trommel_{f}
bombom *s. m.* Praline_{f}
bombordo *s. m.* NÁUTICA Backbord_{nt}
bom-tom *s. m.* gute(r) Ton_{m}; (não) é de bom-tom: das schickt/gehört sich (nicht)
Bona *f.* Bonn_{nt}
bonacheirão *adj.* gutmütig
bonança *s. f.* 1. NÁUTICA günstige(r) Wind_{m}; 2. *(sossego)* Ruhe_{f}
bondade *s. f.* Güte_{f}
bonde *s. m. (Brasil)* Straßenbahn_{f}
bondoso *adj.* gütig, gutmütig
boné *s. m.* Mütze_{f}, Schirmmütze_{f}
boneca *s. f.* Puppe_{f}
boneco *s. m.* 1. Puppe_{f}; 2. *pl.* bonecos: *(coloq.) (desenhos animados)* Trickfilm_{m}
bonificação *s. f.* Vergünstigung_{f}, Prämie_{f}
bonifrate *s. m. (fig.)* Hampelmann_{m}
bonina *s. f.* BOTÂNICA Gänseblümchen_{nt}
bonito *adj.* schön, hübsch; *(irón.)* bonito!: das ist ja heiter!
bonsai *s. m. inv.* BOTÂNICA Bonsai_{m}
bons-dias *s. m. pl.* dar os bons-dias a alguém: jemandem guten Morgen sagen
bónus *s. m. inv.* 1. *(prémio)* Bonus_{m}, Prämie_{f}; 2. *(desconto)* Ermäßigung_{f}
bonzo *s. m.* Bonze_{m}
boquiaberto *adj.* verdutzt, baff
boquilha *s. f.* 1. *(de cigarro)* Zigarettenspitze_{f}; *(de charuto)* Zigarrenspitze_{f}; 2. MÚSICA Mundstück_{nt}
borboleta *s. f.* ZOOLOGIA Schmetterling_{m}
borbotão *s. m.* Strahl_{m}
borbotar *v. intr.* sprudeln, herausspritzen
borbulha *s. f.* 1. MEDICINA Pickel_{m}; 2. *(de mosquito)* Mückenstich_{m}; 3. *(em líquidos)* Blase_{f}
borbulhar *v. intr.* sprudeln, brodeln
borda *s. f.* 1. *(beira)* Rand_{m}, Kante_{f}; 2. *(bainha)* Saum_{m}; 3. *(margem)* Ufer_{nt}

bordadeira *s. f.* 1. *(pessoa)* Stickerin_{f}; 2. *(máquina)* Stickmaschine_{f}
bordado *s. m.* Stickerei_{f}, Stickarbeit_{f}
bordão *s. m.* Wanderstab_{m}
bordar *v. tr.* sticken
bordejar *v. intr.* NÁUTICA lavieren
bordel *s. m.* Bordell_{nt}
bordo *s. m.* NÁUTICA, AERONÁUTICA Bord_{m}; a bordo: an Bord
bordoada *s. f.* Schlägerei_{f}
borla *s. f.* 1. *(tufo)* Quaste_{f}, Troddel_{f}; 2. *(barrete)* Doktorhut_{m}; 3. *(coloq.) (grátis)* de borla: umsonst
borra *s. f.* Satz_{m}, Bodensatz_{m}
borracha *s. f.* Gummi_{m}; *(para apagar)* Radiergummi_{m}
borrachão *s. m. (coloq.)* Säufer_{m}
borracheira *s. f. (coloq.)* Rausch_{f}
borracho I *s. m.* 1. *(coloq.) (bêbedo)* Besoffene_{m}; 2. *(pessoa atraente)* gut aussehende(r) Mann_{m}/Frau_{f}; II *adj. (coloq.)* besoffen
borrada *s. f. (coloq.)* Mist_{m}; fazer borrada: Mist bauen
borralheira *s. f.* Aschkasten_{m}
borralho *s. m.* heiße Asche_{f}, Glut_{f}
borrão *s. m.* 1. *(de tinta)* Klecks_{m}; 2. *(rascunho)* Konzept_{nt}; 3. *(esboço)* Entwurf_{m}
borrar I *v. tr. (manchar)* beklecksen; II *v. refl.* 1. *(coloq.) (sujar-se)* sich schmutzig/dreckig machen; 2. *(coloq.) (defecar)* sich in die Hosen machen
borrasca *s. f.* 1. METEOROLOGIA Schlechtwetterfront_{f}; 2. *(tempestade)* Unwetter_{nt}
borrego *s. m.* ZOOLOGIA Lamm_{nt}
borrifador *s. m. (da roupa)* Wäschesprenger_{m}
borrifar I *v. tr.* (be)sprengen; II *v. refl.* abschalten; *(coloq.)* estar a borrifar-se para alguém: jemandem die kalte Schulter zeigen
Bósnia *s. f.* Bosnien_{nt}

Bósnia-Erzegovina s. f. Bosnien-Herzegowina_{nt.}
bósnio I s. m. Bosnier_{m.}; II adj. bosnisch
bosque s. m. Wald_{m.}, Gehölz_{nt.}
bossa s. f. 1. (do camelo) Höcker_{m.}; 2. MEDICINA Beule_{f.}, Schwellung_{f.}
bosta s. f. Kuhfladen_{m.}, Kuhmist_{m.}
bota s. f. Stiefel_{m.}; (coloq.) bater a bota: abkratzen
bota-de-elástico s. m. e f. (depr.) Ewiggestrige_{m. e f.}
bota-fora s. m. NÁUTICA Stapellauf_{m.}
botânica s. f. Botanik_{f.}
botânico I s. m. Botaniker_{m.}; II adj. botanisch
botão s. m. 1. (da roupa) Knopf_{m.}; 2. (de máquina) Knopf_{m.}; (da campainha) Klingelknopf_{m.}; 3. BOTÂNICA Knospe_{f.}
botar v. tr. 1. (pop.) (pôr) legen, setzen, stellen; botar fora: wegwerfen; 2. (pop.) (roupa, sapatos) anziehen
bote s. m. NÁUTICA Boot_{nt.}
botequim s. m. Wirtschaft_{f.}, Wirtshaus_{nt.}
boticário s. m. Apotheker_{m.}
botifarra s. f. Arbeitsstiefel_{m.}, klobige(r) Stiefel_{m.}
botija s. f. 1. (de gás) Gasflasche_{f.}; 2. (de água) Wärmflasche_{f.}
botim s. m. Stiefelette_{f.}
bouça s. f. Gestrüpp_{nt.}
bouquet s. m. Bukett_{nt.}
boutique s. f. Boutique_{f.}
bovino adj. Ochsen..., Rind(er)...; gado bovino: Rinder_{pl.}
boxe s. m. DESPORTO Boxen_{nt.}
boxeador s. m. (Brasil) Boxer_{m.}
boxear v. intr. (Brasil) boxen
boxer s. m. ZOOLOGIA Boxer_{m.}
braçada s. f. 1. (quantidade) Armvoll_{m.}; 2. DESPORTO Zug_{m.}

braçadeira s. f. 1. Armbinde_{f.}; 2. MECÂNICA Schelle_{f.}
bracejar v. intr. die Arme schlenkern
bracelete s. f. Armband_{nt.}, Armreifen_{m.}
braço s. m. 1. ANATOMIA Arm_{m.}; de braço dado: Arm in Arm; de braços cruzados: mit verschränkten Armen; 2. (da cadeira) Armlehne_{f.}; 3. (ramo) Ast_{m.}; 4. (mão-de-obra) Arbeitskraft_{f.}
bradar v. intr. schreien, brüllen; de bradar aos céus: schreit zum Himmel!
braguilha s. f. Hosenschlitz_{m.}
bramido s. m. Gebrüll_{nt.}
bramir v. intr. brüllen
branca s. f. (cabelo) weiße(s) Haar_{nt.}
branco I s. m. Weiß_{nt.}; II adj. 1. (cor) weiß; 2. (vazio) em branco: (página) leer; (cheque) blanko; 3. (pálido) blass
brancura s. f. Weiße_{f.}
brande s. m. Weinbrand_{m.}, Branntwein_{m.}
Brandemburgo s. m. Brandenburg_{nt.}
brandir I v. tr. schwingen, schwenken; II v. intr. schwanken
brando adj. 1. (mole) sanft, weich; 2. (fraco) schwach; 3. (tempo) mild
brandura s. f. 1. (doçura) Sanftheit_{f.}; 2. (suavidade) Weichheit_{f.}
branquear v. tr. 1. (tornar branco) weißen; 2. (caiar) tünchen
brânquia s. f. ZOOLOGIA Kieme_{f.}
brasa s. f. 1. Glut_{f.}; em brasa: glühend; 2. (coloq.) (mulher) geile Frau_{f.}
brasão s. m. HISTÓRIA Wappen_{nt.}
braseiro s. m. Kohlenbecken_{nt.}
brasil s. m. BOTÂNICA Brasilholz_{nt.}
Brasil s. m. Brasilien_{nt.}
brasileirismo s. m. brasilianische(r) Ausdruck_{m.}
brasileiro I s. m. Brasilianer_{m.}; II adj. brasilianisch
bravata s. f. Prahlerei_{f.}
bravatear v. intr. prahlen, aufschneiden

bravio I *s. m.* Ödland$_{nt}$; II *adj.* 1. (terreno) unbebaut; 2. (animal) wild; 3. (clima) rau, unwirtlich
bravo I *adj.* 1. (pessoa) tapfer; (intrépido) ungestüm; 2. (animal) wild; II *interj.* bravo!
bravura *s. f.* Tapferkeit$_f$, Mut$_m$
breca *s. f.* MEDICINA Muskelkrampf$_m$
brecar *v. intr.* (Brasil) bremsen
brecha *s. f.* Bresche$_f$, Lücke$_f$
brega *adj.* (Brasil) ordinär
brejeiro *adj.* flegelhaft
brejo *s. m.* 1. (bravio) Ödland$_{nt}$; 2. (pântano) Sumpfland$_{nt}$
Bremen *s. f.* Bremen$_{nt}$
breque *s. m.* (Brasil) Bremse$_f$
breu *s. m.* Teer$_m$, Pech$_{nt}$; escuro como breu: pechschwarz
breve *adj.* kurz; até breve: bis bald; em breve: demnächst
brevemente *adv.* bald, demnächst
brevete *s. m.* AERONÁUTICA Flugschein$_m$
brevidade *s. f.* Kürze$_f$
bricabraque *s. m.* Antiquitäten$_{pl}$
bricolage *s. m.* Heimwerken$_{nt}$, Basteln$_{nt}$
brida *s. f.* Zügel$_m$; a toda a brida: blitzschnell
briga *s. f.* Streit$_m$
brigada *s. f.* 1. (policia) Streife$_f$; brigada de trânsito: Verkehrspolizei$_f$; 2. MILITAR Brigade$_f$
brigadeiro *s. m.* MILITAR Brigadegeneral$_m$
brigão *s. m.* Raufbold$_m$
brigar *v. intr.* 1. (ter brigas) streiten [por, um +ac.]; 2. (lutar) raufen
brigue *s. m.* NÁUTICA Brigg$_f$
brilhante *adj.* 1. (cintilante) glänzend; 2. (muito bom) brillant
brilhantina *s. f.* Haarpomade$_f$
brilhar *v. intr.* 1. (metais) glänzen; 2. (luz) schimmern; 3. (olhos) funkeln; 4. (sol) scheinen

brilho *s. m.* 1. (de metais, olhos) Glanz$_m$; 2. (da luz) Schimmer$_m$; 3. (do sol) Scheinen$_{nt}$
brim *s. m.* Segeltuch$_{nt}$
brincadeira *s. f.* 1. (gracejo) Spaß$_m$, Scherz$_m$; 2. (crianças) Spiel$_{nt}$
brincalhão I *s. m.* Spaßvogel$_m$; II *adj.* lustig
brincar *v. intr.* 1. (crianças) spielen; 2. (gracejar) scherzen, (einen) Spaß machen
brinco *s. m.* Ohrring$_m$
brincos-de-princesa *s. m. pl.* BOTÂNICA Fuchsien$_{pl}$
brindar I *v. tr.* beschenken [com, mit +dat.]; II *v. intr.* (com copos) anstoßen; brindar a alguém/alguma coisa: auf jemanden/etwas trinken
brinde *s. m.* 1. Trinkspruch$_m$, Toast$_m$; 2. (oferta) Geschenk$_{nt}$
brinquedo *s. m.* Spielzeug$_{nt}$
brio *s. m.* Ehrgefühl$_{nt}$; (coloq.) Schneid$_m$
brisa *s. f.* Brise$_f$
brita *s. f.* Kies$_m$, Schotter$_m$
britânico I *s. m.* Brite$_m$; II *adj.* britisch
broa *s. f.* Maisbrot$_{nt}$
broca *s. f.* Bohrer$_m$
brocado *s. m.* Brokat$_m$
brocar *v. tr.* bohren
broche *s. m.* Brosche$_f$
brochura *s. f.* 1. (folheto) Broschüre$_f$; 2. (de livros) Broschur$_f$
brócolis *s. m. pl.* (Brasil) → brócolos
brócolos *s. m. pl.* BOTÂNICA Brokkoli$_{pl}$
bronca *s. f.* (coloq.) Stunk$_m$; dar bronca: Stunk machen
bronco *adj.* grob, ungebildet
broncopneumonia *s. f.* MEDICINA Lungenentzündung$_f$
bronquial *adj.* bronchial
brônquio *s. m.* ANATOMIA Bronchie$_f$
bronquite *s. f.* MEDICINA Bronchitis$_f$
bronze *s. m.* 1. Bronze$_f$; de bronze: bronzen; 2. (coloq.) (bronzeado) Sonnenbräune$_f$

bronzeado adj. braungebrannt, sonnengebräunt

bronzear-se v. refl. sich sonnen

brotar I v. tr. hervorbringen; II v. intr. 1. (planta) knospen; (árvore) ausschlagen; 2. (água) (hervor)quellen [de, aus +dat.]

broxa s. f. (dicker) Pinsel$_m$, Anstreicherpinsel$_m$

bruaca s. f. (Brasil) (coloq.) Hexe$_f$

bruços s. m. pl. DESPORTO Brustschwimmen$_{nt}$; de bruços: auf dem Bauch

bruma s. f. Nebel$_m$

brunideira s. f. Büglerin$_f$

brunir v. tr. 1. (a roupa) bügeln; 2. (polir) polieren

brusco adj. 1. (movimento) brüsk; 2. (pessoa) barsch, schroff; 3. (súbito) plötzlich, jäh

brutal adj. 1. (grosseiro) brutal, roh; 2. (violento) gewalttätig

brutalidade s. f. Brutalität$_f$, Gewalttätigkeit$_f$

brutalizar v. tr. verrohen

brutalmente adv. brutal

brutamontes s. m. inv. Flegel$_m$, Rohling$_m$

bruto adj. 1. (pessoa) rücksichtslos; 2. (material) roh; (por trabalhar) unbearbeitet; (por polir) ungeschliffen; 3. ECONOMIA brutto

bruxa s. f. Hexe$_f$

bruxaria s. f. Hexerei$_f$; fazer bruxaria: hexen

Bruxelas s. f. Brüssel$_{nt}$

bruxo s. m. Hexenmeister$_m$, Zauberer$_m$

BSE s. f. [abrev. de Bovine Spongiform Encephalopathy] BSE

bucha s. f. 1. (coloq.) (comida) Happen$_m$; 2. (de fixação) Dübel$_m$

bucho s. m. (coloq.) Bauch$_m$; (pej.) Wanst$_m$

buço s. m. Flaum$_m$

bucólico adj. 1. ländlich; 2. LITERATURA bukolisch

budismo s. m. Buddhismus$_m$

budista I s. m. e f. Buddhist, -in$_{m, f}$; II adj. buddhistisch

bueiro s. m. 1. (cano) Abflussrohr$_{nt}$; 2. (na rua) Gully$_m$

bufa s. f. (pop.) Furz$_m$

búfalo s. m. ZOOLOGIA Büffel$_m$

bufar v. intr. 1. (soprar) pusten; 2. (de raiva) schnauben; 3. (coloq.) (denunciar) petzen

bufê s. m. (Brasil) → bufete

bufete s. m. Büfett$_{nt}$

bufo s. m. 1. (sopro) Blasen$_{nt}$; 2. (coloq.) (da polícia) Spitzel$_m$

bugalho s. m. BOTÂNICA Gallapfel$_m$

bugiar v. intr. (coloq.) spazieren gehen, eine Runde drehen

bugiganga s. f. Krimskrams$_m$, Plunder$_m$

bulbo s. m. BOTÂNICA Blumenzwiebel$_f$

buldogue s. m. ZOOLOGIA Bulldogge$_f$

bule s. m. Teekanne$_f$

Bulgária s. f. Bulgarien$_{nt}$

búlgaro I s. m. Bulgare$_m$; II adj. bulgarisch

bulha s. f. Streit$_m$

bulício s. m. 1. (aperto) Gedränge$_{nt}$; 2. (desassossego) Unruhe$_f$

buliçoso adj. unruhig, laut

bulimia s. f. MEDICINA Bulimie$_f$

bulir I v. tr. berühren; II v. intr. sich rühren, sich regen

bum interj. boing!, bums!

bumerangue s. m. Bumerang$_m$

bunda s. f. (Brasil) (coloq.) Hintern$_m$, Hinterteil$_{nt}$

buquê s. m. (Brasil) Bukett$_{nt}$

buraco s. m. Loch$_{nt}$

burburinho s. m. Gemurmel$_{nt}$

burguês I s. m. Bürger$_m$; (pej.) Spießer$_m$; II adj. bürgerlich; (pej.) spießig

burguesia s. f. Bürgertum$_{nt}$

buril s. m. (para gravar) Radiernadel$_f$, Grabstichel$_m$

burla s. f. Betrug$_m$

burlão s. m. Betrüger$_m$

burlar v. tr. betrügen, prellen
burocracia s. f. Bürokratie_f.
burocrata s. m. e f. Bürokrat, -in_{m., f.}
burocrático adj. bürokratisch
burrice s. f. Dummheit_f.
burro I s. m. 1. ZOOLOGIA Esel_m.; 2. (pej.) (pessoa) Idiot_m.; II adj. dumm, doof
busca s. f. 1. (de uma coisa) Suche_f.; 2. (num quarto, casa) Durchsuchung_f.
busca-pólos s. m. ELECTRICIDADE Phasenprüfer_m.
buscar v. tr. 1. (coisa) suchen; 2. (espaço, quarto) durchsuchen
busílis s. m. inv. (fig.) Haken_m.
bússola s. f. Kompass_m.
busto s. m. 1. (escultura, peito) Büste_f.; 2. (pintura) Brustbild_nt.
bute s. m. (coloq.) Stiefel_m.; ir a butes: zu Fuß gehen
buzina s. f. Hupe_f.
buzinar v. intr. hupen
byte s. m. INFORMÁTICA Byte_nt.

C

C, c s. m. C, c_{nt.}
cá adv. hier; para cá: hierher; de cá: von hier; anda cá!: komm (hier) her!
cabaça s. f. BOTÂNICA Flaschenkürbis_m.
cabal adj. 1. (completo) vollständig; 2. richtig
cabana s. f. Hütte_f.
cabaré s. m. Nachtclub_m.
cabaz s. m. Henkelkorb_m.
cabeça s. f. 1. ANATOMIA, ENGENHARIA Kopf_m.; 2. Stück_{nt.}; cabeça de gado: Stück Vieh; 3. (de um objecto) obere(r) Teil_m.; (de um prego) Kopf_m.
cabeçada s. f. 1. (pancada) Kopfstoß_m.; 2. DESPORTO Kopfball_m.
cabeça-de-alho-chocho s. m. e f. Dummkopf_m.
cabeça-de-casal s. m. e f. Familienoberhaupt_nt.
cabeçalho s. m. Überschrift_f.; (do jornal) Titelzeile_f.
cabeça-no-ar s. m. e f. Luftikus_m.
cabeça-rapada s. m. e f. Skinhead_m.
cabecear v. intr. 1. (com sono) einnicken; 2. (barco) stampfen
cabeceira s. f. 1. (da cama) Kopfende_{nt.}; 2. (almofada) Kopfkissen_nt.
cabecilha s. m. e f. (de um partido) Parteiführer, -in_{m., f.}; (de um bando) Anführer, -in_{m., f.}
cabeço s. m. Hügel_m.
cabeçudo adj. dickköpfig, eigensinnig
cabedal s. m. 1. (couro) (feines) Leder_{nt.}; 2. (coloq.) (de pessoa) Körperbau_m.
cabeleira s. f. 1. (cabelo) Haare_{pl.}; 2. (artificial) Perücke_f., Toupet_nt.
cabeleireiro s. m. Friseur_m.
cabelo s. m. ANATOMIA Haar_nt.
cabeludo adj. behaart
caber v. intr. 1. (objecto, pessoa) (hinein)passen [em, in +ac.], Platz haben [em, in +ac.]; 2. (título) zustehen [+dat.]; (tarefa) caber a alguém: jemandes Aufgabe sein

cabide s. m. 1. Kleiderhaken_m_; 2. *(cruzeta)* Kleiderbügel_m_.
cabidela s. f. CULINÁRIA Geflügelklein_nt_.
cabimento s. m. Angemessenheit_f_; ter cabimento: möglich/denkbar sein
cabine s. f. Kabine_f_; cabine telefónica: Telefonzelle_f_.
cabisbaixo adj. niedergeschlagen, geknickt
cabo s. m. 1. *(extremidade)* Ende_nt_; *(de vassoura)* Stiel_m_; *(de faca)* Griff_m_; 2. GEOGRAFIA Kap_nt_; 3. ELECTRICIDADE Kabel_nt_; 4. *(cabo, fio)* Seil_nt_, Tau_nt_. ❖ ao cabo de: nach [+*dat*.]; am Ende [+*gen*.]; levar alguma coisa a cabo: etwas durchführen; *(coloq.)* dar cabo de alguma coisa: etwas kaputt machen
cabotagem s. f. Küstenschifffahrt_f_.
Cabo Verde s. m. Kapverdische Inseln_pl_.
cabo-verdiano I s. m. Kapverdier_m_; II adj. kapverdisch
cabra s. f. ZOOLOGIA Ziege_f_.
cabra-cega s. f. *(jogo)* Blindekuh_f_.
cabresto s. m. Halfter_nt_.
cabriolé s. m. Kabriolett_nt_.
cabrito s. m. ZOOLOGIA Zicklein_nt_.
cábula I s. f. *(nota)* Spickzettel_m_; II s. m. e f. Schwänzer, -in_m, f_; *(preguiçoso)* Faulpelz_m_; III adj. faul, nachlässig
caça I s. f. 1. *(actividade)* Jagd_f_; 2. *(animais)* Wild_nt_; II s. m. AERONÁUTICA Jagdflugzeug_nt_, Jäger_m_.
caçadeira s. f. Jagdflinte_f_.
caçador s. m. Jäger_m_; caçador furtivo: Wilderer_m_.
caçar v. tr. 1. (em terra) jagen; (peixes, aves) fangen; 2. *(apanhar)* erwischen
cacaracá s. m. Kikeriki_nt_; de cacaracá: läppisch
cacarejar v. intr. gackern
cacarejo s. m. Gackern_nt_, Gegacker_nt_.

caçarola s. f. Kasserolle_f_.
cacatua s. f. ZOOLOGIA Kakadu_m_.
cacau s. m. Kakao_m_.
cacaueiro s. m. BOTÂNICA Kakaobaum_m_.
cacetada s. f. Schlag_m_.
cacete I s. m. 1. *(pau)* Knüppel_m_; *(da polícia)* Gummiknüppel_m_; 2. (pão) Stangenweißbrot_nt_; II adj. *(Brasil)* lästig, unangenehm
cachaça s. f. *(Brasil)* Zuckerrohrschnaps_m_.
cachaço s. m. ANATOMIA Nacken_m_.
cachalote s. m. ZOOLOGIA Pottwal_m_.
cachamorra s. f. Knüppel_m_.
cachecol s. m. Schal_m_.
cachimbo s. m. Pfeife_f_.
cachimónia s. f. 1. *(coloq.) (cabeça)* Schädel_m_; 2. *(coloq.) (juízo)* Grips_m_.
cacho s. m. 1. (de uvas) Traube_f_; (de bananas) Bund_nt_; 2. (de cabelo) Locke_f_; 3. *(Brasil) (coloq.)* Flirt_m_.
cachoeira s. f. Wasserfall_m_.
cachola s. f. *(coloq.)* Schädel_m_, Rübe_f_.
cachopo s. m. Bursche_m_.
cachorro s. m. Welpe_m_.
cacifo s. m. (na estação) Schließfach_nt_; (para roupa) Spind_m_.
cacimba s. f. 1. *(nevoeiro)* dichte(r) Nebel_m_; 2. (chuva) Sprühregen_m_.
cacique s. m. Dorftyrann_m_.
caco s. m. 1. (de louça) Scherbe_f_; 2. *(coloq.) (cabeça)* Birne_f_.
caçoada s. f. Spöttelei_f_.
caçoar v. intr. spotten; caçoar de: verspotten [+*ac*.]
cacofonia s. f. Missklang_m_.
caçoila s. f. (flacher) Kochtopf_m_.
cacto s. m. BOTÂNICA Kaktus_m_.
caçula s. m. e f. *(Brasil)* Nesthäkchen_nt_.
cada pron. indef. jede(r, s); cada um/ qual: (ein) jeder; cada vez: jedes Mal; cada vez mais: immer mehr; um de cada vez: einer nach dem anderen

cadafalso *s. m.* Schafott*ₙₜ*
cadastrado *adj.* vorbestraft
cadastrar *v. tr.* ins Grundbuch eintragen
cadastro *s. m.* 1. *(policial)* Strafregister*ₙₜ*; 2. *(de prédios)* Kataster*ₘ*, Grundbuch*ₙₜ*
cadáver *s. m. (de pessoa)* Leiche*f*; *(de animal)* Kadaver*ₘ*
cadavérico *adj.* leichenblass, totenblass
cadeado *s. m.* Vorhängeschloss*ₙₜ*
cadeia *s. f.* 1. *(corrente)* Kette*f*; reacção em cadeia: Kettenreaktion*f*; 2. *(prisão)* Gefängnis*ₙₜ*
cadeira *s. f.* 1. *(móvel)* Stuhl*ₘ*; cadeira de baloiço: Schaukelstuhl*ₘ*; cadeira de rodas: Rollstuhl*ₘ*; cadeira teleférica: Sessellift*ₘ*; 2. *(da universidade)* Fach*ₙₜ*
cadeirão *s. m.* Sessel*ₘ*, Armsessel*ₘ*
cadeirinha *s. f.* Sänfte*f*
cadela *s. f.* Hündin*f*
cadência *s. f.* 1. Rhythmus*ₘ*; 2. *(movimento compassado)* Takt*ₘ*; 3. MÚSICA Kadenz*f*
cadenciado *adj.* rhythmisch
cadente *adj.* fallend
caderneta *s. f.* 1. *(bloco, caderno)* Notizbuch*ₙₜ*, Heft*ₙₜ*; 2. *(registo bancário)* caderneta de poupança: Sparbuch*ₙₜ*
caderno *s. m.* Heft*ₙₜ*
cadete *s. m.* MILITAR Kadett*ₘ*
cadilhos *s. m. pl.* 1. *(franja)* Fransen*pl*; 2. *(cuidados)* Sorgen*pl*
caducar *v. intr.* 1. *(documento)* ungültig werden; 2. *(prazo)* ablaufen; 3. *(império)* verfallen
caducidade *s. f.* 1. *(documento)* Gültigkeit*f*; 2. *(decadência)* Verfall*ₘ*
caduco *adj.* 1. *(passaporte)* abgelaufen; 2. *(senil)* gebrechlich, altersschwach; 3. BOTÂNICA die jedes Jahr abfallen; árvore de folha caduca: Laubbaum
café *s. m.* 1. *(produto, bebida)* Kaffee*ₘ*; *(Brasil)* café da manhã: Frühstück*ₙₜ*; café em grão: Bohnenkaffee*ₘ*; café instantâneo: löslicher Kaffee; 2. *(local)* Café*ₙₜ*
cafeeiro *s. m.* BOTÂNICA Kaffeepflanze*f*
cafeína *s. f.* Koffein*ₙₜ*; sem cafeína: koffeinfrei
cafeteira *s. f.* Kaffeekanne*f*
cafezal *s. m.* Kaffeeplantage*f*
cafua *s. f.* Hütte*f*, Baracke*f*
cafuné *s. m. (Brasil)* Liebkosung*f*
cagaço *s. m. (pop.)* Schiss*ₘ*, Angst*f*
cágado *s. m.* ZOOLOGIA Wasserschildkröte*f*
caga-lume *s. m. (pop.)* Glühwürmchen*ₙₜ*
cagão *s. m. (pop.)* Schisser*ₘ*, Angsthase*ₘ*
cagar I *v. tr. (pop.)* bescheißen; II *v. intr. (pop.)* scheißen
caguinchas *s. m. e f. inv.* Feigling*ₘ*, Angsthase*ₘ*
caiadela *s. f.* Kalkanstrich*ₘ*
caiaque *s. m.* kleine(s) Segelboot*ₙₜ*; *(a remos)* Ruderboot*ₙₜ*
caiar *v. tr.* kalken, weißen
cãibra *s. f.* MEDICINA Krampf*ₘ*, Muskelkrampf*ₘ*
caída *s. f.* Fall*ₘ*
caído *adj.* 1. *(pendurado)* hängend; 2. *(abatido)* niedergeschlagen; 3. *(coloq.) (apaixonado)* verknallt [por, in +ac.], verliebt [por, in +ac.]
cair *v. intr.* 1. *(pessoa)* fallen, hinfallen, stürzen; 2. *(cabelo)* ausfallen; *(folhas)* abfallen; 3. *(nível, preços)* sinken, fallen; 4. *(raio)* einschlagen ✜ cair em si: sich *[dat.]* über etwas klar werden; ao cair da noite: bei Einbruch der Nacht
cais *s. m. inv.* 1. NÁUTICA Kai*ₘ*; 2. *(caminhos-de-ferro)* Bahnsteig*ₘ*
caixa I *s. f.* 1. *(pequena)* Schachtel*f*; *(grande)* Kasten*ₘ*, Kiste*f*; caixa acústica: Lautsprecherbox; caixa do correio: Briefkasten*ₘ*; *(Brasil)* caixa postal: Postfach*ₙₜ*; 2. *(numa loja)* Kasse*f*; caixa de previdência:

caixa-forte

Krankenkasse_f; (veículo) **caixa de velocidades**: Schaltgetriebe_nt; II s. m. e f. Kassierer, -in_{m, f}; III s. m. **caixa automático**: Geldautomat_m.

caixa-forte s. f. Tresor_m, Safe_m.

caixão s. m. Sarg_m.

caixeiro s. m. Verkäufer_m.

caixilho s. m. (quadro, porta, janela) Rahmen_m.

caixote s. m. Kiste_f; (para transporte) Versandkiste_f; **caixote do lixo**: Mülleimer_m.

cajadada s. f. Stockschlag_m.

cajado s. m. 1. (de pastor) Hirtenstab_m; 2. (amparo) Stütze_f.

caju s. m. BOTÂNICA Cashewnuss_f.

cal s. f. Kalk_m.

calabouço s. m. Kerker_m.

calada loc. adv. **pela calada**: heimlich

calado I s. m. NÁUTICA Tiefgang_m; II adj. still, schweigsam; (discreto) verschwiegen; **estar calado**: schweigen

calafetar v. tr. abdichten, kalfatern

calafrio s. m. 1. MEDICINA Schüttelfrost_m; **tenho calafrios**: mich fröstelt; 2. (de susto) Schauder_m.

calamidade s. f. Not_f; (desastre) Katastrophe_f; (desgraça) Unheil_nt.

calamitoso adj. katastrophal, entsetzlich

calão s. m. Slang_m, Jargon_m.

calar I v. tr. 1. (facto) verschweigen; 2. (pessoa) zum Schweigen bringen; II v. intr. schweigen, verstummen; III v. refl. schweigen, verstummen; **cala-te!**: halt den Mund!

calçada s. f. 1. (rua) steile Gasse_f; 2. (Brasil) (passeio) Bürgersteig_m.

calçadeira s. f. Schuhanzieher_m.

calçado s. m. Schuhwerk_nt.

calcanhar s. m. Ferse_f.

calcar v. tr. treten auf [+ac.]

calçar v. tr. 1. (luvas, meias, sapatos) anziehen; 2. (rua) pflastern

calcário I s. m. Kalkstein_m; II adj. kalkhaltig, Kalk...

calças s. f. pl. Hose_f; **calças de ganga**: Jeans_pl.

calcetar v. tr. pflastern

calcificação s. f. MEDICINA Verkalkung_f.

calcificar v. intr. verkalken

calcinação s. f. QUÍMICA Kalzination_f.

calcinar v. tr. 1. (queimar) verbrennen; 2. QUÍMICA kalzinieren

calcinhas s. f. pl. Unterhose_f.

cálcio s. m. QUÍMICA Kalzium_nt.

calço s. m. Keil_m.

calções s. m. pl. Shorts_pl, kurze Hose_f; **calções de banho**: Badehose_f.

calcorrear v. intr. (coloq.) zu Fuß gehen; (caminhar muito) wandern

calculadamente adv. absichtlich

calculadora s. f. Rechner_m; **calculadora de bolso**: Taschenrechner_m.

calcular I v. tr. 1. MATEMÁTICA berechnen; (aproximadamente) schätzen; 2. (imaginar) schätzen, glauben; II v. intr. rechnen

calculável adj. berechenbar

calculista adj. (depr.) berechnend

cálculo s. m. 1. MATEMÁTICA Berechnung_f; (aproximado) Schätzung_f; 2. MEDICINA Stein_m.

calda s. f. 1. (xarope) Sirup_m; 2. (do ferro) Erhitzen_nt.

caldas s. f. pl. Thermalbad_nt.

caldear v. tr. 1. (cal) löschen; 2. (ligar metais) schweißen; 3. (tornar rubro) zum Glühen bringen

caldeira s. f. 1. (recipiente) Kessel_m; 2. (de máquina a vapor) Dampfkessel_m.

caldeirão s. m. große(r) Kessel_m.

caldeirinha s. f. Weihwasserkessel_m.

caldo s. m. CULINÁRIA Brühe_f.

caldo-verde s. m. CULINÁRIA Kohlsuppe_f.

calefação s. f. (Brasil) → calefacção
calefacção s. f. Erhitzung_f, Erwärmung_f
caleira s. f. Dachrinne_f
calejado adj. 1. (fig.) schwielig; 2. (fig.) erfahren
calendário s. m. Kalender_m
calha s. f. 1. (para líquidos) Rinne_f; 2. (caminhos-de-ferro) Schiene_f
calhamaço s. m. Schwarte_f
calhambeque s. m. alte Karre_f
calhar v. impess. passen; (projecto) klappen; **quando calhar**: bei Gelegenheit; **se calhar**: vielleicht
calhau s. m. Felsen_m, Felsbrocken_m
calibragem s. f. Kalibrieren_nt
calibrar v. tr. 1. (balança) kalibrieren; 2. (medir) ausmessen; 3. (rodas) auswuchten
calibre s. m. 1. (arma, tubo) Kaliber_nt; 2. (qualidade) Kaliber_nt, Art_f
cálice s. m. 1. (copo) Stielglas_nt; 2. RELIGIÃO, BOTÂNICA Kelch_m
calidez s. f. Hitze_f
cálido adj. 1. (quente) heiß; 2. (fogoso) feurig
caligrafia s. f. Handschrift_f
calinada s. f. Unsinn_m, Blödsinn_m
calista s. m. e f. Fußpfleger, -in_{m, f}
calma s. f. 1. (sossego) Ruhe_f, Stille_f; 2. (de espírito) Gelassenheit_f; **calma!**: beruhige dich!
calmante I s. m. FARMÁCIA Beruhigungsmittel_nt; II adj. beruhigend
calmaria s. f. (no mar) Windstille_f, Flaute_f
calmo adj. (sossegado) ruhig, still; (descontraído) gelassen
calo s. m. 1. (na pele) Schwiele_f, Hornhaut_f; 2. MEDICINA Hühnerauge_nt
caloiro s. m. Neuling_m; (universidade) Studienanfänger_m
calor s. m. 1. (de um corpo) Wärme_f; 2. (clima) Hitze_f; **está calor**: es ist heiß; **tenho calor**: mir ist warm/heiß; 3. (ardor) Eifer_m

caloria s. f. Kalorie_f
caloroso adj. 1. (recepção) warm, herzlich; 2. (enérgico) lebhaft
calosidade s. f. → calo
caloso adj. schwielig
caloteiro s. m. Betrüger_m, Zechpreller_m
caluda interj. Ruhe!
calúnia s. f. Verleumdung_f
caluniar v. tr. verleumden
calunioso adj. verleumderisch
calvário s. m. Qual_f, Leid_nt
calvície s. f. Kahlköpfigkeit_f
calvo adj. kahl, kahlköpfig; **ser calvo**: eine Glatze haben
cama s. f. Bett_nt; **cama de casal**: Doppelbett_nt; **cama de solteiro**: Einzelbett_nt
camada s. f. Schicht_f; **camada de ozono**: Ozonschicht_f; **camadas sociais**: soziale Schichten
camaleão s. m. ZOOLOGIA Chamäleon_nt
câmara s. f. 1. (quarto, instituição) Kammer_f; **câmara municipal**: Rathaus_nt; 2. (aparelho) Kamera_f; **câmara lenta**: Zeitlupe_f
camarada s. m. e f. Kamerad, -in_{m, f}; (de partido) Gen oss|e, -in_{m, f}
camaradagem s. f. Kameradschaft_f
câmara-de-ar s. f. Schlauch_m
camarão s. m. ZOOLOGIA Krabbe_f
camarário adj. städtisch, kommunal
camarim s. m. Ankleidezimmer_nt; (teatro) Garderobe_f
camarote s. m. 1. (teatro) Loge_f; 2. NÁUTICA Kajüte_f, Kabine_f
cambada s. f. 1. (quantidade) Haufen_m, Menge_f; 2. (pessoas) Gesindel_nt
cambalacho s. m. Betrug_m
cambalear v. intr. schwanken, taumeln
cambalhota s. f. Purzelbaum_m; **dar uma cambalhota**: einen Purzelbaum schlagen
cambial adj. ECONOMIA Wechsel..., Devisen...

cambiar v. tr. (dinheiro) wechseln

câmbio s. m. 1. (de dinheiro) Geldwechsel$_m$; 2. ECONOMIA (cotação) Wechselkurs$_m$.

cambraia s. f. Batist$_m$.

camélia s. f. BOTÂNICA Kamelie$_f$.

camelo s. m. Kamel$_{nt}$.

camião s. m. Lastwagen$_m$, Lastkraftwagen$_m$ (Lkw$_m$).

caminhada s. f. lange(r) Fußmarsch$_m$.

caminhão s. m. (Brasil) → camião

caminhar v. intr. (pessoa) laufen, (zu Fuß) gehen; (animal) laufen, gehen

caminheta s. f. (Brasil) → camioneta

caminho s. m. 1. Weg$_m$; ir a caminho: unterwegs sein; pelo/no caminho: unterwegs; 2. (distância) Strecke$_f$ ❖ de caminho: bald

caminho-de-ferro s. m. Eisenbahn$_f$.

caminhonete s. f. (Brasil) → camioneta

camioneta s. f. 1. (de passageiros) Überlandbus$_m$, Bus$_m$; 2. (de carga) Lastwagen$_m$, Lastkraftwagen$_m$.

camionista s. m. e f. Lastwagenfahrer, -in$_{m, f}$, Lkw-Fahrer, -in$_{m, f}$.

camisa s. f. Hemd$_{nt}$, Oberhemd$_{nt}$; camisa de dormir: Nachthemd$_{nt}$.

camisa-de-vénus s. f. inv. (coloq.) Pariser$_m$.

camiseta s. f. (Brasil) T-Shirt$_{nt}$.

camisinha s. f. (Brasil) (coloq.) Pariser$_m$.

camisola s. f. 1. (de lã, algodão) Pullover$_m$; camisola interior: Unterhemd$_{nt}$; 2. (Brasil) (para dormir) Nachthemd$_{nt}$

camomila s. f. BOTÂNICA Kamille$_f$.

campa s. f. 1. (sepultura) Grab$_{nt}$; 2. (pedra) Grabstein$_m$.

campainha s. f. 1. (de casa) Klingel$_f$; tocar à campainha: klingeln; 2. (sino) Glocke$_f$; 3. BOTÂNICA Glockenblume$_f$.

campal adj. Feld...

campana s. f. kleine Glocke$_f$.

campanário s. m. Glockenturm$_m$.

campanha s. f. Kampagne$_f$; campanha eleitoral: Wahlkampf$_m$.

campânula s. f. Glocke$_f$.

campeão s. m. DESPORTO Meister$_m$.

campeonato s. m. Meisterschaft$_f$.

campestre adj. ländlich, Land...

campina s. f. Ebene$_f$.

campino s. m. Stierhirte$_m$.

campismo s. m. Camping$_{nt}$; fazer campismo: campen

campista s. m. e f. Camper, -in$_{m, f}$.

campo s. m. 1. (terreno) Feld$_{nt}$; (de cultivo) Acker$_m$; 2. (de trabalho) Gebiet$_{nt}$; 3. (aldeia) Land$_{nt}$; 4. DESPORTO Platz$_m$; campo de jogos: Sportplatz$_m$; 5. (acampamento) Lager$_{nt}$; campo de refugiados: Flüchtlingslager$_{nt}$.

camponês s. m. Bauer$_m$.

camuflagem s. f. Tarnung$_f$.

camuflar v. tr. tarnen

camurça s. f. (pele) Wildleder$_{nt}$.

cana s. f. BOTÂNICA Schilf$_{nt}$, Rohr$_{nt}$.

Canadá s. m. Kanada$_.$

cana-de-açúcar s. f. Zuckerrohr$_{nt}$.

canadense s. m. e f. (Brasil) → canadiano

canadiano I s. m. Kanadier$_m$; II adj. kanadisch

canal s. m. 1. Kanal$_m$; 2. (do mar) Meerenge$_f$; 3. (de televisão) Sender$_m$, Kanal$_m$.

canalha I s. m. (patife) Lump$_m$, Aas$_{nt}$; II s. f. (crianças) Rasselbande$_f$.

canalização s. f. Kanalisation$_f$; (de água) Wasserleitung$_f$; (de gás) Gasleitung$_f$.

canalizador s. m. Klempner$_m$.

canalizar v. tr. 1. (abrir canais) kanalisieren; 2. (encaminhar) gezielt lenken, kanalisieren

canapé s. m. Sofa$_{nt}$.

canário s. m. ZOOLOGIA Kanarienvogel$_m$.

canasta s. f. Canasta_nt.
canastra s. f. (großer) Tragkorb_m.
canavial s. m. Ried_nt, Röhricht_nt.
canção s. f. Lied_nt.
cancela s. f. 1. (de jardim) Gartentür_f; 2. (caminhos-de-ferro) Schranke_f.
cancelamento s. f. 1. (encomenda, matrícula) Annullierung_f; 2. (conta) Sperrung_f.
cancelar v. tr. 1. (encomenda, matrícula) rückgängig machen, für ungültig erklären; (matrícula) anullieren; 2. (conta) sperren
câncer s. m. 1. (Brasil) MEDICINA Krebs_m; 2. (Brasil) (zodiaco) Krebs_m.
canceroso adj. krebsartig, Krebs...; MEDICINA kanzerös
cancro s. m. MEDICINA Krebs_m.
candeeiro s. m. Lampe_f; candeeiro de pé: Stehlampe_f.
candeia s. f. Öllampe_f.
candelabro s. m. (de mesa) Armleuchter_m; (de tecto) Kronleuchter_m.
Candelária s. m. RELIGIÃO Lichtmess_f.
candente adj. weißglühend
candidatar-se v. refl. (a um cargo) kandidieren [a, für +ac.]; (a emprego, bolsa) sich bewerben [a, um +ac.]
candidato s. m. (a um cargo) Kandidat_m; (a emprego, bolsa) Bewerber_m.
candidatura s. f. (a um cargo) Kandidatur_f; (a emprego, bolsa) Bewerbung_f.
cândido adj. 1. (alvo) weiß; 2. (puro) rein; 3. (ingénuo) naiv, arglos
candonga s. f. 1. (contrabando) Schmuggel_m; 2. (mercado negro) Schwarzmarkt_m.
candura s. f. 1. (alvura) Weiße_f; 2. (pureza) Reinheit_f; 3. (ingenuidade) Arglosigkeit_f; 4. (inocência) Unschuld_f.
caneca s. f. (de cerveja) Krug_m; (de leite) Kännchen_nt.
canela s. f. 1. CULINÁRIA Zimt_m; 2. ANATOMIA Schienbein_nt.

canelado adj. gerippt
caneleira s. f. DESPORTO Schienbeinschützer_m.
caneta s. f. Stift_m; (esferográfica) Kugelschreiber_m, (coloq.) Kuli_m; caneta de feltro: Filzstift_m; caneta de tinta permanente: Füllfederhalter_m, (coloq.) Füller_m.
cânfora s. f. Kampfer_m.
cangaceiro s. m. (Brasil) Bandit_m.
cangalhas s. f. pl. 1. (dos animais) Packsattel_m; 2. (coloq.) (óculos) Brille_f.
cangalheiro s. m. Beerdigungsunternehmer_m.
canguru s. m. ZOOLOGIA Känguruh_nt.
canhão s. m. 1. MILITAR Kanone_f, Geschütz_nt; 2. (de fechadura) Zylinder_m; 3. (de bota) Schaft_m.
canhoto I s. m. Linkshänder_m; II adj. linkshändig
canibal s. m. e f. Menschenfresser, -in_m, f; Kannibal|e, -in_m, f.
canibalismo s. m. Kannibalismus_m.
caniche s. m. ZOOLOGIA Pudel_m.
canil s. m. Hundezwinger_m.
canino I s. m. (dente) Eckzahn_m; II adj. Hunde...; fome canina: Wolfshunger_m.
canivete s. m. Taschenmesser_nt.
canja s. f. CULINÁRIA Hühnersuppe_f (mit Reis); isto é canja!: das ist kinderleicht!
cano s. m. 1. (tubo) Rohr_nt, Röhre_f; 2. (de arma) Lauf_m; 3. (de bota) Schaft_m.
canoa s. f. Kanu_nt.
cânone s. m. Kanon_m.
canónico adj. kanonisch
canonização s. f. RELIGIÃO Heiligsprechung_f, Kanonisierung_f.
canonizar v. tr. RELIGIÃO heiligsprechen, kanonisieren
canoro adj. harmonisch, wohlklingend; ave canora: Singvogel_m.
cansaço s. m. Müdigkeit_f, Erschöpfung_f.

cansado *adj.* müde, erschöpft

cansar I *v. tr.* 1. *(fatigar)* ermüden, anstrengen; 2. *(enfastiar)* langweilen; II *v. refl.* müde werden, ermüden

cansativo *adj.* ermüdend, anstrengend

canseira *s. f.* Anstrengung,f., Stress,m.

cantão *s. m.* Kanton,m.

cantar I *v. tr. e intr.* (pessoa, pássaro) singen; (galo) krähen

cântaro *s. m.* Tonkrug,m.; **chove a cântaros**: es regnet in Strömen

cantarolar *v. tr. e intr.* trällern

canteiro *s. m.* (de flores) Beet,nt.

cântico *s. m.* RELIGIÃO Lobgesang,m.

cantil *s. m.* Feldflasche,f.

cantina *s. f.* Kantine,f.; (na universidade) Mensa,f.

canto *s. m.* 1. (da sala) Ecke,f.; 2. (da mesa) Kante,f.; 3. *(ângulo)* Winkel,m.; 4. (vocal) Gesang,m.; (do galo) Krähen,nt.; 5. DESPORTO Eckball,m.

cantoneira *s. m.* (armário) Eckschrank,m.; (prateleira) Eckbord,nt.

cantor *s. m.* Sänger,m.

canudo *s. m.* (kurzes) Rohr,nt.

cão *s. m.* ZOOLOGIA Hund,m.

caos *s. m. inv.* Chaos,nt.

caótico *adj.* chaotisch

capa *s. f.* 1. *(vestuário)* Umhang,m.; 2. (de livro) Buchdeckel,m.; (de revista) Titelblatt,nt.; 3. *(pasta)* Mappe,f.

capacete *s. m.* Helm,m.; (para motociclistas) Sturzhelm,m.; MILITAR **capacete azul**: Blauhelm,m.

capachinho *s. m.* Perücke,f.

capacho *s. m.* Fußmatte,f.

capacidade *s. f.* 1. (de uma pessoa) Fähigkeit,f. [para, zu +dat.]; 2. (de um recipiente) Fassungsvermögen,nt.; 3. (de uma máquina) Leistung,f., Leistungsfähigkeit,f.; 4. MATEMÁTICA Rauminhalt,m.; 5. INFORMÁTICA Kapazität,f.

capacitar I *v. tr.* 1. *(tornar capaz)* befähigen [para, zu +dat.]; 2. *(persuadir)* überzeugen; II *v. refl.* sich überzeugen [de, von +dat.]

capanga *s. m. (Brasil)* Leibwächter,m.

capar *v. tr.* (animal) kastrieren

capataz *s. m.* Vorarbeiter,m.

capaz *adj.* fähig [de, zu +dat.]

capela *s. f. (igreja)* Kapelle,f.

capelão *s. m.* Kaplan,m.

capeta *s. m. (Brasil)* Teufel,m.

capicua *s. f.* symmetrische Zahl,f.

capilar *adj.* 1. (do cabelo) Haar...; 2. (fino) haarfein

capim *s. m. (Brasil)* Rasen,m.

capital I *s. f.* (de um país) Hauptstadt,f.; II *s. m.* ECONOMIA Kapital,nt.; III *adj.* wesentlich, Haupt...; **pena capital**: Todesstrafe,f.

capitalismo *s. m.* Kapitalismus,m.

capitalista *s. m. e f.* Kapitalist, -in,m. f.

capitalizar *v. tr.* ECONOMIA kapitalisieren

capitania *s. f.* NÁUTICA Hafenbehörde,f.

capitão *s. m.* 1. MILITAR Hauptmann,m.; 2. DESPORTO Mannschaftskapitän,m.; 3. NÁUTICA Kapitän,m.

capitel *s. m.* ARQUITECTURA Kapitell,nt.

capitulação *s. f.* MILITAR Kapitulation,f.

capitular *v. intr.* MILITAR kapitulieren, sich ergeben

capítulo *s. m.* 1. (de livro) Kapitel,nt.; (de contrato) Abschnitt,m.; 2. RELIGIÃO Kapitel,nt.

capô *s. m.* Motorhaube,f.

capoeira *s. f.* 1. Hühnerkäfig,m.; 2. *(Brasil)* (dança) Capoeira,f.

capota *s. f.* (do carro) Verdeck,nt.

capotar *v. intr.* sich überschlagen, umkippen

capote *s. m.* (bodenlanger) Regenmantel,m.; MILITAR Militärmantel,m.

caprichar *v. intr.* 1. *(ter capricho)* launisch sein; 2. *(esmerar-se)* sich Mühe geben [em, zu +inf.]

capricho s. m. 1. (vontade súbita) Laune f.; 2. (obstinação) Eigensinn m.
caprichoso adj. 1. (inconstante) launisch; 2. (obstinado) eigensinnig
cápsula s. f. 1. FARMÁCIA Kapsel f.; 2. (de garrafa) Kronkorken m.
captar v. tr. 1. (programa) bekommen, empfangen; 2. (água da nascente) entnehmen; 3. (alguma coisa) erschleichen; (alguém) (für sich) gewinnen
captura s. f. Fang m., Festnahme f.
capturar v. tr. festnehmen
capuchinho s. m. Kapuzenumhang m.
capuz s. m. Kapuze f.
caqui s. m. 1. (tecido) Khaki m.; 2. (cor) Khaki nt.; 3. (Brasil) BOTÂNICA Khakifrucht f.
cara I s. f. 1. ANATOMIA Gesicht nt.; cara a cara: von Angesicht zu Angesicht; é a tua cara (chapada): er/sie ist dein Ebenbild; 2. (expressão) Miene f.; 3. (aspecto) Aussehen nt.; 4. (da moeda) Kopf m.; II s. m. (Brasil) Kerl m.
carabina s. f. Karabiner m.
caraças interj. (coloq.) verdammt!
caracol s. m. 1. ZOOLOGIA Schnecke f.; 2. (de cabelo) Locke f.
carácter s. m. 1. PSICOLOGIA Charakter m.; 2. (tipografia) Buchstabe m.; 3. (índole) Art f.; 4. pl. (tipografia) caracteres: Schrift f.; caracteres de imprensa: Druckschrift f.
característica s. f. Kennzeichen nt., Charakteristik f.
característico adj. charakteristisch, kennzeichnend
caracterização s. f. Charakterisierung f.
caracterizar v. tr. 1. (descrever) charakterisieren; 2. TEATRO schminken
Caraíbas s. f. pl. Karibik f.
caramba interj. (coloq.) (espanto) Donnerwetter!; (desagrado) verdammt!
caramelo s. m. 1. (açúcar) Karamel m.; 2. (rebuçado) Karamelbonbon nt.

cara-metade s. f. (coloq.) a minha cara-metade: meine bessere Hälfte f.
caramujo s. m. ZOOLOGIA Seeschnecke f.
caranguejo s. m. ZOOLOGIA Krebs m.
carapaça s. f. Panzer m.
carapau s. m. ZOOLOGIA Stichling m.
carapinha s. f. krause(s) Haar nt.
carapuça s. f. Zipfelmütze f.; (fig.) enfiar a carapuça: die Kritik schlucken
caravana s. f. 1. (campismo) Wohnwagen m.; 2. (grupo) Karawane f.
caravela s. f. Karavelle f.
carbonato s. m. QUÍMICA Karbonat nt.
carbonizado adj. verkohlt
carbonizar v. tr. verkohlen
carbono s. m. QUÍMICA Kohlenstoff m.
carburador s. m. Vergaser m.
carcaça s. f. 1. (armação) Gestänge nt., Gerippe nt.; 2. (pão) Brötchen nt.
carcela s. f. Hosenschlitz m.
cárcere s. m. Kerker m., Gefängnis nt.
carcereiro s. m. Gefängniswärter m.
carcinoma s. m. MEDICINA Karzinom nt.
carcoma s. m. ZOOLOGIA Holzwurm m.
carcomer v. tr. zernagen, zerfressen
carcomido adj. wurmstichig
cardápio s. m. 1. (Brasil) (ementa) Speisekarte f.; 2. (Brasil) (pratos) Menü nt.
cardar v. tr. (lã) kämmen
cardeal I s. m. RELIGIÃO Kardinal m.; II adj. Haupt...; pontos cardeais: Himmelsrichtungen pl.
cardíaco I s. m. MEDICINA Herzkranke m. e f.; II adj. MEDICINA Herz...
cardinal adj. wesentlich, Haupt...; MATEMÁTICA numeral cardinal: Grundzahl f., Kardinalzahl f.
cardiologista s. m. e f. Herzspezialist, -in m. f., Kardiologe, -in m. f.
cardo s. m. BOTÂNICA Distel f.
cardume s. m. Schwarm m.

careca I s. f. Glatze_f_; II s. m. (pessoa) Glatzkopf_m_; III adj. kahlköpfig

carecer v. intr. nicht haben [de, +ac.]; carecemos de...: es fehlt uns an... [+dat.]

careiro adj. teuer

carência s. f. Fehlen_nt_ [de, +gen.]; (alimentos) Mangel_m_ [de, an +dat.]

careta I s. f. Grimasse_f_; fazer caretas: Grimassen schneiden; II adj. (Brasil) überholt

carga s. f. 1. (carregamento) Last_f_; carga de água: Regenguss_m_; 2. (fardo) Last_f_; 3. ECONOMIA Fracht_f_; 4. ELECTRICIDADE Ladung_f_

cargo s. m. 1. (função) Amt_nt_; (emprego) Stellung_f_; 2. (obrigação) Pflicht_f_; 3. (responsabilidade) Verantwortung_f_; deixar alguma coisa a cargo de alguém: jemandem etwas überlassen

cargueiro I s. m. NÁUTICA Frachtdampfer_m_, Frachter_m_; II adj. Fracht..., Last...

cariar v. intr. (dente) von Karies befallen werden

caricato adj. lächerlich; grotesk

caricatura s. f. Karikatur_f_

caricaturar v. tr. karikieren

carícia s. f. Liebkosung_f_

caridade s. f. 1. (amor ao próximo) Nächstenliebe_f_; 2. (generosidade) Barmherzigkeit_f_, Wohltätigkeit_f_

caridoso adj. wohltätig, barmherzig

cárie s. f. MEDICINA Karies_f_

caril s. m. CULINÁRIA Curry_nt_

carimbar v. tr. stempeln, abstempeln

carimbo s. m. Stempel_m_

carinho s. m. 1. (sentimento) Zuneigung_f_ [por, für +a.]; 2. (acto) Liebkosung_f_

carinhoso adj. liebevoll [com, zu +dat.], zärtlich [com, zu +dat.]

carioca I s. m. e f. (pessoa) Einwohner, -in_m, f_ von Rio de Janeiro; II s. m. (bebida) carioca de café: schwache(r) Kaffee_m_; III adj. aus Rio de Janeiro

carisma s. m. Charisma_nt_

cariz s. m. 1. (de pessoa) Aussehen_nt_; 2. METEOROLOGIA Wetterlage_f_

carmesim s. m. Karmesin_nt_, Karmin_nt_

carmim s. m. → carmesim

carnal adj. fleischlich, sinnlich

carnaval s. m. Karneval_m_, Fasching_m_

carne s. f. Fleisch_m_

carneiro s. m. ZOOLOGIA Hammel_m_

carniceiro s. m. 1. Schlachter_m_, Metzger_m_; 2. (pej.) (sanguinário) Schlächter_m_

carnificina s. f. Gemetzel_nt_, Blutbad_nt_

carnívoro adj. fleischfressend

carnudo adj. fleischig

caro adj. 1. teuer; 2. (querido) lieb

carocha s. f. ZOOLOGIA Hirschkäfer_m_

caroço s. m. Kern_m_, Stein_m_

carola I s. m. e f. (pessoa) Fanatiker, -in_m, f_; II s. f. (coloq.) (cabeça) Birne_f_; III adj. fanatisch

carolice s. f. Frömmelei_f_

carona I s. f. (Brasil) Mitfahrgelegenheit_f_; andar de carona: per Anhalter fahren, trampen; II s. m. e f. (Brasil) Schwarzfahrer, -in_m, f_

carótida s. f. ANATOMIA Halsschlagader_f_

carpa s. f. ZOOLOGIA Karpfen_m_

carpete s. m. Teppich_m_

carpintaria s. f. Tischlerei_f_, Schreinerei_f_

carpinteiro s. m. Tischler_m_, Schreiner_m_

carpo s. m. 1. ANATOMIA Handwurzel_f_; 2. BOTÂNICA Frucht_f_

carquilha s. f. Falte_f_

carraça s. f. ZOOLOGIA Zecke_f_

carrada s. f. Fuhre_f_; carradas de: Mengen (von)

carrancudo adj. (pessoa) mürrisch, verdrießlich

carrapato s. m. 1. BOTÂNICA Rizinus_m_; 2. ZOOLOGIA Zecke_f_

carrapito s. m. (no cabelo) Haarknoten_m_, Dutt_m_

carrascão I s. m. (vinho) Rachenputzer_m; II adj. (vinho) herb, sauer
carrasco s. m. 1. (verdugo) Henker_m; 2. (pessoa cruel) Unmensch_m
carraspana s. f. (coloq.) Rausch_m, Schwips_m
carregado adj. 1. (automóvel, pessoa) beladen; muito carregado: überladen; 2. ELECTRICIDADE geladen; 3. (céu) bewölkt; 4. (cor) kräftig; 5. (sotaque) stark
carregador s. m. 1. (na estação) Gepäckträger_m; 2. ELECTRICIDADE Ladegerät_nt
carregamento s. m. 1. (carga) Ladung_f; 2. (embarque) Einladen_nt, Verladen_nt; 3. (de arma) Laden_nt
carregar I v. tr. 1. (navio, camião) beladen; (mercadoria) einladen, einladen; 2. ELECTRICIDADE, INFORMÁTICA laden; 3. (arma) laden; II v. intr. 1. (premir) carregar em: drücken [auf +ac.]; 2. (transportar) carregar com alguma coisa: etwas tragen
carreira s. f. 1. (profissão) Laufbahn_f; (com êxito) Karriere_f; 2. DESPORTO Lauf_m, Rennen_nt; 3. (fila) Reihe_f; 4. (transportes) Linie_f; (percurso) Strecke_f
carreiro s. m. 1. Fußweg_m; 2. (de formigas) Ameisenstraße_f
carriça s. f. ZOOLOGIA Zaunkönig_m
carril s. m. Schiene_f
carrinha s. f. Kombi_m, Kombiwagen_m; (para transportes) Lieferwagen_m
carrinho s. m. kleine(r) Wagen_m, Wägelchen_nt
carripana s. f. (coloq.) (alte) Kiste_f
carro s. m. Wagen_m, Auto_nt; carro de aluguer: Mietwagen_m
carroça s. f. Leiterwagen_m
carroçaria s. f. Karosserie_f
carro-patrulha s. m. Streifenwagen_m
carrossel s. m. Karussell_nt
carruagem s. f. Wagen_m, Waggon_m

carta s. f. 1. (correspondência) Brief_m; carta registada: Einschreiben_nt; 2. (do baralho) Spielkarte_f; 3. (documento oficial) Urkunde_f; carta de condução: Führerschein_m
cartão s. m. 1. (papelão) Pappe_f, Karton_m; 2. (de instituição) Karte_f; cartão de beneficiário: Krankenversichertenkarte_f; cartão de contribuinte: Steuerzahlerausweis_m; cartão de crédito: Kreditkarte_f; cartão de estudante: Studentenausweis_m
cartão-de-visita s. m. Visitenkarte_f
cartão-postal s. m. (Brasil) Postkarte_f
cartaz s. m. Plakat_nt
carteira s. f. 1. (para dinheiro) Brieftasche_f; (de senhora) Handtasche_f; 2. (escrivaninha) Schulbank_f; 3. (Brasil) (documento) carteira de identidade: Personalausweis_m; carteira de motorista: Führerschein_m
carteirista s. m. e f. Taschendieb, -in_m, f
carteiro s. m. Briefträger_m
cartel s. m. ECONOMIA Kartell_nt
cartilagem s. f. ANATOMIA Knorpel_m
cartilha s. f. Fibel_f
cartografia s. f. Kartographie_f
cartola s. f. (chapéu) Zylinder_m
cartolina s. f. feine(r) Karton_m, Zeichenkarton_m
cartomante s. m. e f. Kartenleger, -in_m, f
cartório s. m. 1. (de notário) Notariat_nt; 2. (arquivo) Archiv_nt
cartucho s. m. 1. (saco de papel) Tüte_f; 2. (de arma) Patrone_f
caruma s. f. (trockene) Nadeln_pl, (trockene) Piniennadeln_pl
caruncho s. f. Holzwurm_m
carvalho s. m. BOTÂNICA Eiche_f
carvão s. m. Kohle_f
casa s. f. 1. Haus_nt; (andar) Wohnung_f; casa arrendada: Mietwohnung_f; em casa: zu Hause; para casa: nach Hause; 2. (estabelecimento) Firma_f; 3. (do botão) Knopfloch_nt; 4. (xadrez) Feld_nt

casaca s. f. Frack_m.
casacão s. m. (dicke) Jacke_f.
casaco s. m. Jacke_f; (para homem) Jackett_nt; casaco de malha: Strickjacke_f
casa-de-banho s. f. (em casa) Badezimmer_nt; (em lugar público) Toiletten_pl.
casado adj. verheiratet
casadoiro adj. heiratsfähig
casal s. m. 1. (de pessoas) Paar_nt; (casado) Ehepaar_nt; (de animais) Pärchen_nt; 2. (povoado) Weiler_m
casamenteiro s. m. Heiratsvermittler_m; (pej.) Kuppler_m.
casamento s. m. 1. (união) Ehe_f; 2. (cerimónia) Trauung_f; casamento civil/religioso: standesamtliche/kirchliche Trauung; 3. (boda) Hochzeit_f.
casar I v. tr. trauen; II v. intr. heiraten; casar pela Igreja: kirchlich heiraten; III v. refl. sich verheiraten [com, mit +dat.]
casarão s. m. große(s) Haus_nt
casca s. f. 1. (de árvore, queijo) Rinde_f; 2. (de ovo, fruta, batata) Schale_f.
cascalho s. m. 1. (pedras) Kies_m; 2. (coloq.) (moedas) Kies_m.
cascar v. tr. (coloq.) (bater) durchprügeln
cascata s. f. Wasserfall_m.
cascavel s. f. ZOOLOGIA Klapperschlange_f.
casco s. m. 1. NÁUTICA Rumpf_m; 2. ZOOLOGIA Huf_m; 3. (de vinho) Weinfaß_nt.
casebre s. m. elende Hütte_f.
caseiro I s. m. Pächter_m; II adj. 1. (pessoa) häuslich; 2. (objecto, alimento) hausgemacht
caserna s. f. Kaserne_f.
casimira s. f. Kaschmir_m.
casino s. m. Kasino_nt.
casmurro adj. dickköpfig, eigensinnig
caso I s. m. (acontecimento) Fall_m, Angelegenheit_f; caso contrário: sonst, anderenfalls; em todo o caso: jedenfalls, auf jeden Fall; em último caso: notfalls; II cj. [+conj.] falls
casota s. f. (de cão) Hundehütte_f.
caspa s. f. Schuppen_pl.
casquilho s. m. (de lâmpada) Gewinde_f
cassar v. tr. aufheben
cassete s. f. Kassette_f; cassete de vídeo: Videokassette_f
cassetete s. m. Schlagstock_m.
casta s. f. 1. (raça) Rasse_f; 2. (classe social, religiosa) Kaste_f.
castanha s. f. 1. BOTÂNICA Esskastanie_f; 2. (assada) Marone_f
castanho I s. m. 1. (madeira) Kastanienholz_nt; 2. (cor) Braun_m; II adj. braun
castanholas s. f. pl. MÚSICA Kastagnetten_pl.
castelhano I s. m. Kastilier_m; II adj. kastilisch
castelo s. m. Schloss_nt; (fortaleza) Burg_f.
castiçal s. m. Kerzenleuchter_m.
castiço adj. 1. (animal) reinrassig; 2. (puro) authentisch, ursprünglich; 3. (engraçado) niedlich
castidade s. f. Keuschheit_f.
castigar v. tr. bestrafen [por, für +ac.]
castigo s. m. 1. (pena) Strafe_f [por, für +ac.]; 2. (acto) Bestrafung_f.
casto adj. keusch
castor s. m. ZOOLOGIA Biber_m.
castração s. f. Kastration_f.
castrar v. tr. kastrieren
castro s. m. HISTÓRIA vorrömische Siedlung_f.
casual adj. zufällig, Zufalls...
casualidade s. f. Zufall_m.
casulo s. m. 1. (insectos) Kokon_m; 2. BOTÂNICA Samenkapsel_f.
cata s. f. Suche_f; andar à cata de alguma coisa: auf der Suche nach etwas sein
cataclismo s. m. 1. GEOLOGIA Kataklysmus_m; 2. (social) Umsturz_m.

catacumba s. f. Katakombe_f_
catalisador s. m. Katalysator_m_
catalisar v. tr. QUÍMICA katalysieren
catálise s. f. QUÍMICA Katalyse_f_
catalogar v. tr. katalogisieren
catálogo s. m. Katalog_m_
cataplasma s. f. MEDICINA Kataplasma_nt_, Breiumschlag_m_
catapulta s. f. Katapult_nt_
catar v. tr. (pulgas, piolhos) suchen; *(coloq.)* knacken
catarata s. f. 1. Wasserfall_m_; 2. MEDICINA graue(r) Star_m_
catarro s. m. MEDICINA Katarrh_m_, Katarr_m_
catástrofe s. f. Katastrophe_f_
catastrófico adj. katastrophal
cata-vento s. m. Wetterfahne_f_
catecismo s. m. RELIGIÃO Katechismus_m_
cátedra s. f. Lehrstuhl_m_, Professur_f_
catedral s. f. Dom_m_, Kathedrale_f_
categoria s. f. 1. *(grupo, qualidade)* Kategorie_f_; **de categoria**: erstklassig; 2. *(social)* Rang_m_, Stellung_f_
categórico adj. kategorisch
catequese s. f. RELIGIÃO Katechese_f_
catequista s. m. e f. RELIGIÃO Katechet, -in_m, f_
cateto s. m. MATEMÁTICA Kathete_f_
catita adj. fein, elegant
cativante adj. fesselnd; *(sorriso)* bezaubernd
cativar v. tr. 1. *(prender)* gefangen nehmen; 2. *(facto, acontecimento)* fesseln; *(com simpatia)* bezaubern
cativeiro s. m. Gefangenschaft_f_
cativo I s. m. Gefangene_m. e f._; II adj. gefangen
cato s. m. *(Brasil)* Kaktus_m_
catolicismo s. m. RELIGIÃO Katholizismus_m_
católico I s. m. Katholik_m_; II adj. katholisch

catorze num. card. vierzehn
catraia s. f. 1. *(barco)* Einer_m_; 2. *(coloq.) (rapariga)* kleine(s) Mädchen_nt_
catraio s. m. *(coloq.)* Knirps_m_
catrapus interj. boing!, plumps!
caução s. f. 1. *(valor)* Kaution_f_; 2. *(garantia)* Bürgschaft_f_
cauda s. f. 1. *(de animal)* Schwanz_m_; 2. *(de vestido)* Schleppe_f_; 3. *(de cometa)* Schweif_m_; 4. *(de avião)* Heck_nt_
caudal s. m. 1. *(torrente)* Wasserflut_f_; 2. *(volume)* Wassermenge_f_
caule s. m. BOTÂNICA Stängel_m_
causa s. f. 1. *(motivo)* Grund_m_ [de, für +ac.], Ursache_f_ [de, für +ac.]; **por causa de**: wegen [+gen./ dat.]; 2. DIREITO Rechtssache_f_; *(processo)* Prozess_m_
causador I s. m. Urheber_m_; *(de danos)* Verursacher_m_; II adj. verursachend
causal adj. 1. ursächlich; 2. GRAMÁTICA kausal
causar v. tr. verursachen; *(admiração)* hervorrufen; *(danos)* anrichten
cáustico I s. m. Ätzmittel_nt_; II adj. ätzend
cautela s. f. 1. *(precaução)* Vorsicht_f_; 2. *(lotaria)* Los_nt_; 3. *(de penhor)* Pfandschein_m_
cauteleiro s. m. Losverkäufer_m_
cauteloso adj. vorsichtig
cauto adj. vorsichtig
cava s. f. 1. *(vinha)* Weinkeller_m_; 2. *(para mangas)* Armausschnitt_m_
cavaca s. f. 1. CULINÁRIA Plätzchen_nt_; 2. *(de madeira)* Scheit_nt_
cavaco s. m. *(de madeira)* Splitter_m_, Holzspan_m_
cavado adj. hohl
cavala s. f. ZOOLOGIA Makrele_f_
cavalariça s. f. Pferdestall_m_
cavaleiro s. m. Reiter_m_
cavalete s. m. 1. *(armação)* Gestell_nt_; 2. *(de pintor)* Staffelei_f_

cavalgada *s. f.* 1. (em grupo) Reitertrupp*m*; 2. (passeio a cavalo) Ausritt*m*.
cavalgar *v. intr.* reiten
cavalheiresco *adj.* 1. galant; 2. (nobre) vornehm
cavalheirismo *s. f.* Galanterie*f*.
cavalheiro *s. m.* Kavalier*m*.
cavalitas *loc. adv.* às cavalitas: huckepack
cavalo *s. m.* 1. ZOOLOGIA Pferd*nt*; cavalo de montar: Reitpferd*nt*; a cavalo: zu Pferd; (fig.) rittlings; 2. (xadrez) Springer*m*.
cavalo-marinho *s. m.* 1. (hipopótamo) Flusspferd*m*; 2. (peixe) Seepferdchen*nt*.
cavalo-vapor *s. m.* FÍSICA Pferdestärke*f*.
cavaqueira *s. f.* Schwatz*m*, Plauderei*nt*.
cavaquinho *s. m.* MÚSICA [kleine viersaitige Gitarre]
cavar *v. tr.* 1. (abrir a terra) graben; 2. (tirar da terra) ausgraben
cave *s. f.* Keller*m*.
caveira *s. m.* Totenkopf*m*.
caverna *s. f.* Höhle*f*.
caviar *s. m.* CULINÁRIA Kaviar*m*.
cavidade *s. f.* Hohlraum*m*.
cavilha *s. f.* Bolzen*m*, Zapfen*m*.
cavo *adj.* 1. (oco) hohl; 2. (fundo) tief
caxemira *s. f.* Kaschmir*m*.
Cazaquistão *s. m.* Kasachstan*nt*.
CD *s. m.* [abrev. de disco compacto] CD*f* [abrev. de compact disc]
CD-ROM *s. m.* INFORMÁTICA CD-ROM*f*.
CE [abrev. de Comunidade Europeia] EG*f* [abrev. de Europäische Gemeinschaft]
cear *v. intr.* zu Abend essen
cebola *s. f.* BOTÂNICA Zwiebel*f*.
cebolada *s. f.* CULINÁRIA Zwiebelsoße*f*.
cebolinha *s. f.* Silberzwiebel*f*.
ceder I *v. tr.* überlassen; (direitos) abtreten, übertragen; II *v. intr.* 1. (dobrar-se, transigir) nachgeben; 2. (diminuir) nachlassen
cedilha *s. f.* Cedille*f*.
cedo *adv.* früh; (antes do tempo) zu früh
cedro *s. m.* BOTÂNICA Zeder*f*.
cédula *s. f.* Schein*m*, Bescheinigung*f*; cédula pessoal: Ausweis*m*.
cefaleia *s. f.* MEDICINA Kopfschmerzen*pl*.
cefálico *adj.* MEDICINA Kopf...
cegar I *v. tr.* blenden; II *v. intr.* erblinden
cegas *loc. adv.* às cegas: blindlings
cego I *s. m.* 1. Blinde*m. e f.*; 2. ANATOMIA Blinddarm*m*; II *adj.* blind
cegonha *s. f.* ZOOLOGIA Storch*m*.
cegueira *s. f.* Blindheit*f*.
ceia *s. f.* Abendessen*nt*; (mais tarde) nächtliche(r) Imbiss*m*.
ceifa *s. f.* AGRICULTURA Getreideernte*f*.
ceifar *v. tr. e intr.* AGRICULTURA ernten
ceifeira *s. f.* (máquina) Mähmaschine*f*.
cela *s. f.* Zelle*f*.
celebérrimo *superl. de célebre*
celebração *s. f.* Feier*f*, Fest*nt*.
celebrar I *v. tr.* 1. (festejar) feiern; 2. (realizar) abhalten, veranstalten; 3. RELIGIÃO (a missa) lesen; II *v. refl.* stattfinden
célebre *adj.* berühmt [por, für +ac.]
celebridade *s. f.* 1. (fama) Ruhm*m*; 2. (pessoa) Berühmtheit*f*.
celeiro *s. m.* Getreidespeicher*m*.
celeste *adj.* himmlisch, Himmels...
celestial *adj.* → celeste
celeuma *s. f.* Lärm*m*, Krach*m*.
celibatário I *s. m.* Junggeselle*m*; II *adj.* ledig, unverheiratet
celibato *s. f.* Zölibat*m*.
célula *s. f.* BIOLOGIA, POLÍTICA Zelle*f*.
celular I *s. m.* (Brasil) Handy*nt*; II *adj.* zellular, Zell...
celulite *s. f.* MEDICINA Zellulitis*f*.
celulóide *s. f.* QUÍMICA Zelluloid*nt*.
celulose *s. f.* BIOLOGIA Zellulose*f*.
cem *num. card.* hundert
cemitério *s. m.* Friedhof*m*.
cena *s. f.* 1. (situação, parte de uma peça) Szene*f*; 2. (palco) Bühne*f*.

cenário s. m. 1. TEATRO Bühnenbild$_{nt}$; 2. *(panorama)* Szenerie$_f$

cénico adj. szenisch

cenografia s. f. Bühnenbildgestaltung$_f$

cenoura s. f. BOTÂNICA Karotte$_f$, Möhre$_f$

censo s. m. Volkszählung$_f$; censo eleitoral: Wählerliste$_f$

censura s. f. 1. *(de textos)* Zensur$_f$; 2. *(repreensão)* Tadel$_m$

censurar v. tr. 1. *(textos)* zensieren; 2. *(reprender)* tadeln

censurável adj. tadelnswert

centavo s. m. *(moeda)* Centavo$_m$

centeio s. m. Roggen$_m$

centena s. f. Hundert$_{nt}$; às centenas: zu Hunderten

centenário I s. m. Hundertjahrfeier$_f$; II adj. hundertjährig

centesimal adj. zentesimal

centésimo I s. m. Hundertstel$_{nt}$; II num. ord. hundertste(r, s)

centígrado adj. grau centígrado: Celsiusgrad$_{nt}$

centímetro s. m. Zentimeter$_m$

cento s. m. Hundert$_{nt}$

centopeia s. f. ZOOLOGIA Tausendfüßler$_m$

central I s. f. Zentrale$_f$; TELECOMUNICAÇÕES Amt$_{nt}$; central eléctrica: Kraftwerk$_{nt}$; II adj. 1. zentral; rua central: Hauptstraße$_f$; 2. *(importante)* wesentlich

centralização s. f. Zentralisierung$_f$

centralizar v. tr. zentralisieren

centrar v. tr. zentrieren

centrifugador s. m. Zentrifuge$_f$

centrifugar v. tr. zentrifugieren; *(roupa)* schleudern

centro s. m. 1. Zentrum$_{nt}$, Mittelpunkt$_m$; centro da cidade: Stadtmitte$_f$, Stadtzentrum$_{nt}$; 2. *(instituição)* Zentrum$_{nt}$; centro comercial: Einkaufszentrum$_{nt}$; 3. POLÍTICA Zentrum$_{nt}$, Mitte$_f$

cepa s. f. Rebstock$_m$

cepo s. m. 1. *(pedaço de madeira)* Holzklotz$_m$; 2. *(de árvore)* Baumstumpf$_m$

cepticismo s. m. Skepsis$_f$

céptico I s. m. Skeptiker$_m$; II adj. skeptisch

ceptro s. m. Zepter$_{nt}$

cera s. f. 1. *(velas, depilação)* Wachs$_{nt}$; 2. *(do ouvido)* Ohrenschmalz$_{nt}$

cerâmica s. f. Keramik$_f$

cerâmico adj. keramisch

cerca I s. m. 1. *(construção)* Zaun$_m$; 2. *(para animais)* Gehege$_{nt}$; II loc. adv. cerca de: *(aproximadamente)* etwa, zirka; *(perto de)* nahe bei [+dat.], in der Nähe von [+dat.]

cercanias s. f. pl. Umgebung$_f$

cercar v. tr. 1. *(com cerca)* einzäunen; 2. *(uma cidade)* einschließen; *(polícia)* absperren, abriegeln; 3. *(rodear)* umgeben [com, mit +dat.]

cerco s. m. 1. *(acto)* Umzingelung$_m$; 2. MILITAR Belagerung$_f$; 3. *(bloqueio)* Absperrung$_m$

cerda s. f. Borste$_f$

cerdo s. m. ZOOLOGIA Schwein$_{nt}$

cereal s. m. 1. Getreideart$_f$; 2. pl. cereais: Getreide$_{nt}$

cerealífero adj. Getreide...; *(que produz cereais)* Getreide produzierend

cerebral adj. Gehirn...

cérebro s. m. 1. ANATOMIA Gehirn$_{nt}$; 2. *(inteligência)* Verstand$_m$

cereja s. f. BOTÂNICA Kirsche$_f$

cerejeira s. f. BOTÂNICA Kirschbaum$_m$

cerimónia s. f. 1. *(celebração)* Zeremonie$_f$, Feier$_f$; 2. *(etiqueta)* Förmlichkeit$_f$; sem cerimónias: ungezwungen

cerimonial I s. m. 1. *(ritual)* Zeremoniell$_{nt}$; 2. *(regras)* Etikette$_f$; II adj. feierlich, förmlich

cerimonioso adj. förmlich; *(pessoa)* steif

cerne s. m. 1. (árvore) Kernholz$_{nt}$; 2. (parte central) Kern$_m$; o cerne da questão: der Kern der Frage

ceroulas s. f. pl. (ant.) lange Unterhose$_f$

cerrado adj. 1. (nevoeiro) dicht; 2. (noite) dunkel, tief; 3. (olhos) geschlossen; 4. (pronúncia) schwer verständlich, undeutlich

cerrar v. tr. 1. (fechar) schließen; 2. (cercar) einschließen; (com cerca) einzäunen

certame s. m. Wettbewerb$_m$

certeiro adj. 1. (pessoa) sicher, treffsicher; 2. (exacto) zutreffend

certeza s. f. Gewissheit$_f$, Sicherheit$_f$; com/de certeza: sicher; ter a certeza (de que...): sicher sein (, dass...)

certidão s. f. (amtliche) Bescheinigung$_f$; (escola, universidade) Zeugnis$_{nt}$; certidão de nascimento: Geburtsurkunde$_f$

certificação s. f. Beglaubigung$_f$

certificado s. m. Bescheinigung$_f$; (comprovativo) Nachweis$_m$; (atestado) Attest$_{nt}$; certificado de habilitações: Zeugnis$_{nt}$

certificar I v. tr. 1. (curso) bescheinigen; 2. (cópia) beglaubigen; II v. refl. sich vergewissern [de, +gen.]

certo adj. 1. (sem dúvida) sicher; ao certo: genau; 2. (determinado) bestimmt, gewiss; certo dia: eines Tages; 3. (exacto) richtig; está certo!: in Ordnung!

cerveja s. f. Bier$_{nt}$; cerveja de pressão: Bier vom Fass

cervejaria s. f. 1. (fábrica) Brauerei$_f$; 2. (bar) Bierlokal$_{nt}$; (coloq.) Kneipe$_f$

cervical adj. Nacken...

cerzideira s. f. Kunststopferin$_f$

cerzir v. tr. kunststopfen

cesariana s. f. MEDICINA Kaiserschnitt$_m$

cessar I v. tr. 1. (parar) stoppen; (suspender) unterbrechen; 2. (deixar de fazer) aufgeben; II v. intr. (acabar, desistir) aufhören; sem cessar: unaufhörlich

cesta s. f. Korb$_m$; (com asas) Henkelkorb$_m$

cetim s. m. Satin$_m$

céu s. m. Himmel$_m$

céu-da-boca s. m. ANATOMIA Gaumen$_m$

cevada s. f. Gerste$_f$

chá s. m. (planta, bebida) Tee$_m$

chacal s. m. ZOOLOGIA Schakal$_m$

chacina s. f. Gemetzel$_{nt}$, Blutbad$_{nt}$

chacinar v. tr. 1. (animais) schlachten; 2. (pessoas) niedermetzeln

chacota s. f. Spott$_m$, Hohn$_m$

chafariz s. m. Brunnen$_m$

chafurdar v. intr. sich im Schlamm wälzen

chaga s. f. 1. (ferida) (offene) Wunde$_f$; 2. BOTÂNICA Kapuzinerkresse$_f$

chalaça s. f. Scherz$_m$, Witz$_m$

chalado adj. 1. (amalucado) leicht verrückt; 2. (pouco interessante) langweilig

chalé s. m. Landhaus$_{nt}$, Chalet$_{nt}$

chaleira s. f. Wasserkessel$_m$, Wasserkocher$_m$

chalota s. f. BOTÂNICA Schalotte$_f$

chalupa I s. f. NÁUTICA Schaluppe$_f$; II adj. verrückt, durchgedreht

chama s. f. Flamme$_f$; estar em chamas: brennen

chamada s. f. 1. (telefónica) Anruf$_m$; chamada interurbana: Ferngespräch$_{nt}$; 2. (na escola) Aufruf$_m$; 3. (apelo) Appell$_m$; chamada de atenção: Verweis$_m$; 4. MILITAR Einberufung$_f$

chamamento s. m. Ruf$_m$

chamar I v. tr. rufen; chamar nomes a alguém: jemanden beschimpfen; II v. refl. heißen

chamariz s. m. 1. (coisa, ave) Lockvogel$_m$; 2. (instrumento) Lockpfeife$_f$

chamego s. m. (Brasil) Liebkosung$_f$

chaminé s. f. 1. (conduta) Schornstein$_m$; (de fábrica) Schlot$_m$; 2. (na sala) Kamin$_m$

champanhe *s. m.* Champagner*m*; *(espumante)* Sekt*m*

champô *s. m.* Shampoo*nt*

chamuscado *adj.* versengt

chamuscar *v. tr.* ansengen, versengen

chanca *s. f.* Holzschuh*m*

chanceler *s. m. e f.* POLÍTICA Kanzler, -in*m, f*

chantagem *s. f.* Erpressung*f*; fazer chantagem com alguém: jemanden erpressen

chantilly *s. m.* CULINÁRIA Schlagsahne*f*

chão I *s. m.* Boden*m*; (em casa) Fußboden*m*; *(solo)* Erdboden*m*; II *adj.* eben, flach

chapa *s. f.* Platte*f*; chapa ondulada: Wellblech*nt*; chapa de matrícula: Nummernschild*nt*

chapada *s. f.* Ohrfeige*f*

chapado *adj. (coloq.)* ganz genau; cara chapada: Ebenbild*nt*

chapelaria *s. f.* Hutgeschäft*nt*

chapeleira *s. f.* Hutschachtel*f*

chapéu *s. m.* Hut*m*; pôr/tirar o chapéu: den Hut aufsetzen/abnehmen

chapéu-de-chuva *s. m.* Regenschirm*m*

chapinhar *v. intr.* 1. (água) plätschern; 2. (pessoa) planschen

charada *s. f.* Silbenrätsel*nt*

charco *s. m.* Tümpel*m*; *(lodaçal)* Sumpf*m*

charlatão *s. m.* Scharlatan*m*, Quacksalber*m*

charme *s. m.* Charme*m*

charmoso *adj.* charmant

charneca *s. f.* Heide*f*

charneira *s. f.* Scharnier*nt*

charro *s. m. (coloq.)* Joint*m*

charrua *s. f.* AGRICULTURA Pflug*m*

charter *s. m.* Charterflugzeug*nt*

charuto *s. m.* 1. Zigarre*f*; 2. NÁUTICA Paddelboot*nt*

chassi *s. m.* (automóvel) Fahrgestell*nt*

chateado *adj. (coloq.)* sauer [com, auf +*ac.*]

chatear *v. tr.* 1. *(coloq.) (irritar)* verärgern; 2. *(coloq.) (maçar)* langweilen; 3. *(coloq.) (importunar)* nerven

chatice *s. f. (coloq.)* Ärger*m*; que chatice!: so ein Mist!

chato I *s. m. (coloq.)* Filzlaus*f*; II *adj.* 1. *(plano)* flach, platt; 2. *(maçador)* langweilig, öde; 3. *(sem originalidade)* fad

chavão *s. m.* 1. *(estribilho)* Klischee*nt*; 2. (pessoa) Kapazität*f*; 3. (para bolos) Kuchenform*f*

chave *s. f.* Schlüssel*m*; chave de fendas: Schraubenzieher*m*; chave de ignição: Zündschlüssel*m*

chave-inglesa *s. f.* Engländer*m*

chaveiro *s. m.* Schlüsselring*m*, Schlüsselanhänger*m*

chávena *s. f.* Tasse*f*

chaveta *s. f.* (sinal ortográfico) geschweifte Klammer*f*

chavo *s. m. (coloq.)* Heller*m*

checo I *s. m.* Tscheche*m*; II *adj.* tschechisch

Checoslováquia *s. f.* Tschechoslowakei*f*

chefe *s. m. e f.* Chef, -in*m, f*; Vorgesetzte*m, e f*

chefia *s. f.* Führung*f*

chefiar *v. tr.* (grupo, departamento) führen, leiten; (comissão) vorstehen [+*dat.*]

chega *interj.* genug!, das reicht!

chegada *s. f.* Ankunft*f*; [a, in +*dat.*]

chegado *adj.* nahe [a, an/bei +*dat.*]

chegar I *v. tr.* herbringen, hergeben; II *v. intr.* 1. ankommen [a, in +*dat.*]; 2. *(ser suficiente)* ausreichen [para, für +*ac.*]; chega e sobra!: mehr als genug!; 3. *(atingir)* reichen [a, +*dat.*]; chegar a fazer alguma coisa: dazu kommen, etwas zu tun; III *v. refl.* sich nähern [a, +*dat.*]

cheia *s. f.* Hochwasser*nt*

cheio *adj.* 1. (recipiente) voll; 2. (com comida) satt; estar cheio de alguma coisa/alguém:

etwas/jemanden satt haben; ❖ em cheio: völlig; acertar em cheio: ins Schwarze treffen

cheirar I v. tr. 1. riechen; (animais) wittern; 2. (fig.) hineinriechen in [+ac.]; II v. intr. riechen [a, nach +dat.]; (agradável) duften [a, nach +dat.]; cheirar mal: stinken

cheiro s. m. Geruch_m_ [a, nach +dat.]; (agradável) Duft_m_ [a, nach +dat.]

cheiroso adj. wohlriechend, duftend

cheque s. m. Scheck_m_; passar um cheque: einen Scheck ausstellen

cheta s. f. (coloq.) → chavo

chiar v. intr. (porta, pneus) quietschen

chicana s. f. Kniff_m_

chichi s. m. (coloq.) Pipi_nt_; fazer chichi: Pipi machen

chiclete® s. m. Kaugummi_m_

chicória s. f. 1. (de café) Zichorie_f_; 2. (brava) Endivie_f_

chicotada s. f. Peitschenhieb_m_

chicote s. m. Peitsche_f_

chifre s. m. Horn_nt_; chifres: Geweih_nt_

Chile s. m. Chile_nt_

chilique s. m. (coloq.) Ohnmacht_f_

chilrear v. intr. zwitschern

chimpanzé s. m. ZOOLOGIA Schimpanse_m_

China s. f. China_nt_

chinela s. f. Hausschuh_m_, Pantoffel_m_

chinelo s. m. Hausschuh_m_

chinês I s. m. Chinese_m_; II adj. chinesisch

chinesice s. f. 1. (objecto) Plunder_m_; 2. (ideia) ausgefallene Idee_f_

chinfrim s. m. (coloq.) Krach_m_, Radau_m_

chinó s. m. Perücke_f_

chip s. m. INFORMÁTICA Chip_m_

Chipre s. m. Zypern_nt_

chique adj. schick

chiqueiro s. m. Schweinestall_m_

chispa s. f. Funke_m_

chispar v. intr. funkeln, blitzen

chispe s. m. Schweinefuß_m_

chita s. f. (tecido) (bedruckter) Kattun_m_

choça s. f. 1. (casa) Hütte_f_; 2. (coloq.) (prisão) Knast_m_

chocalhar I v. tr. schütteln; II v. intr. (chocalho) läuten

chocalho s. m. Kuhglocke_f_

chocante adj. schockierend

chocar I v. tr. 1. (ovos) ausbrüten; 2. (uma pessoa) schockieren; II v. intr. zusammenprallen [com, mit +dat.]

chocho I s. m. (coloq.) Schmatz_m_; II adj. 1. (seco) trocken; 2. (chato) fad

choco I s. m. ZOOLOGIA Tintenfisch_m_; II adj. 1. (ovo) bebrütet; 2. (cerveja, água) abgestanden; água choca: Jauche_f_; 3. (coloq.) (pessoa) langweilig

chocolate s. m. Schokolade_f_

chofre s. m. unerwartete(r) Stoß_m_; de chofre: plötzlich, unerwartet

choldra s. f. (coloq.) Mischmasch_m_

chope s. m. (Brasil) Fassbier_nt_, Bier_nt_ vom Fass

choque s. m. 1. (colisão) Zusammenstoß_m_, Zusammenprall_m_; 2. (comoção) Schock_m_; 3. ELECTRICIDADE Schlag_m_

choradeira s. f. Geweine_nt_, Gejammer_nt_

choramingar v. intr. quengeln

chorão s. m. 1. BOTÂNICA Trauerweide_f_; 2. Jammerlappen_m_

chorar I v. tr. 1. beweinen; 2. (arrepender-se de) bereuen; II v. intr. weinen [por, wegen +gen./dat.]

choro s. m. Weinen_nt_

chorrilho s. m. Reihe_f_, Serie_f_

chorudo adj. 1. (coloq.) (gordo) dick; 2. (coloq.) (rendoso) einträglich

choupal s. m. Pappelhain_m_

choupana s. f. Hütte_f_, Strohhütte_f_

choupo s. m. BOTÂNICA Pappel_f_

chouriço *s. m.* CULINÁRIA geräucherte*,* Wurst
chover *v. impess.* regnen
chucha *s. f. (coloq.) (chupeta)* Lutscher*ₘ*
chuchar *v. tr. e intr. (chupar)* lutschen
chuço *s. m.* 1. *(pau)* Spieß*ₘ*; 2. *(coloq.) (guarda-chuva)* Regenschirm*ₘ*
chucrute *s. m.* CULINÁRIA Sauerkraut*ₙₜ*
chui *s. m. (coloq.) (polícia)* Bulle*ₘ*
chulipa *s. f.* Eisenbahnschwelle*f*
chulo *s. m. (cal.)* Zuhälter*ₘ*
chumbar I *v. tr.* 1. *(um dente)* plombieren; 2. *(metal)* löten; 3. *(coloq.) (um aluno)* durchfallen lassen; II *v. intr. (coloq.) (na escola)* sitzenbleiben; *(na universidade)* durchfallen
chumbo *s. m.* 1. *(metal)* Blei*ₙₜ*; sem chumbo: bleifrei; 2. *(de dente)* Plombe*f*; 3. *(para caça)* Schrot*ₘ*; 4. *(coloq.)* (escola, universidade) Durchfallen*ₙₜ*
chupa-chupa *s. m.* Lutscher*ₘ*, Lolli*ₘ*
chupar *v. tr.* 1. *(esponja)* aufsaugen; 2. *(um rebuçado)* lutschen
chupeta *s. f.* Schnuller*ₘ*
churrasco *s. m.* 1. gegrillte(s) Fleisch*ₙₜ*; 2. *(em espeto)* Spießbraten*ₘ*
churrasqueira *s. f.* Grillrestaurant*ₙₜ*
chutar *v. tr. (bola)* schießen, kicken
chuva *s. f.* Regen*ₘ*
chuveiro *s. m.* Dusche*f*
chuviscar *v. impess.* nieseln
chuvisco *s. m.* Nieselregen*ₘ*
chuvoso *adj.* regnerisch
cianeto *s. m.* QUÍMICA Zyanid*ₙₜ*
ciática *s. f.* MEDICINA Ischias*f*
ciático *adj.* ischiadisch; nervo ciático: Ischiasnerv*ₘ*
ciberespaço *s. m.* Cyberspace*ₘ*
cicatriz *s. f.* Narbe*f*
cicatrizar *v. intr.* vernarben
cicerone *s. m. e f.* Fremdenführer, -in*ₘ, f*

cíclico *adj.* zyklisch
ciclismo *s. m.* Radsport*ₘ*
ciclista *s. m. e f.* Radfahrer, -in*ₘ, f*; DESPORTO Radsportler, -in*ₘ, f*
ciclo *s. m. (sucessão)* Zyklus*ₘ*, Kreislauf*ₘ*
ciclomotor *s. m.* Mofa*ₙₜ*
ciclone *s. m.* METEOROLOGIA Zyklon*ₘ*, Wirbelsturm*ₘ*
cidadania *s. f.* Staatsbürgerschaft*f*
cidadão *s. m. (no Estado)* Staatsbürger*ₘ*; *(na cidade)* Bürger*ₘ*
cidade *s. f.* Stadt*f*; cidade geminada: Partnerstadt*f*
cidadela *s. f.* Zitadelle*f*
cidreira *s. f.* BOTÂNICA Melisse*f*
cieiro *s. m.* aufgesprungene Haut*f*, Riss*ₘ*
ciência *s. f.* Wissenschaft*f*; ciências naturais/da natureza: Naturwissenschaften*pl*; ciências socias: Sozialwissenschaften*pl*
ciente *adj.* gelehrt; estar ciente de: wissen [+ac.]
científico *adj.* wissenschaftlich
cientista *s. m. e f.* Wissenschaftler, -in*ₘ, f*
cifra *s. f.* 1. *(algarismo)* Ziffer*f*; 2. *(código)* Chiffre*f*
cifrão *s. m.* Escudozeichen*ₙₜ*
cigano *s. m.* Zigeuner*ₘ*
cigarra *s. f.* ZOOLOGIA Zikade*f*
cigarreira *s. f.* Zigarettenetui*ₙₜ*
cigarrilha *s. f.* Zigarillo*ₘ*
cigarro *s. m.* Zigarette*f*
cilada *s. f.* Hinterhalt*ₘ*, Falle*f*
cilindrada *s. f.* Hubraum*ₘ*
cilíndrico *adj.* zylindrisch
cilindro *s. m.* 1. *(corpo, do motor)* Zylinder*ₘ*; 2. *(para laminar)* Walze*f*
cima *s. f.* Gipfel*ₘ*; em cima: oben; de cima: von oben; para cima: nach oben, hinauf; em cima de: auf [+ac./dat.]; por cima de: über [+ac./dat.], oberhalb [+gen.]; ainda por cima: außerdem

cimeira s. f. POLÍTICA Gipfeltreffen$_{nt}$, Gipfelkonferenz$_f$

cimentar v. tr. zementieren

cimento s. m. Zement$_m$

cimo s. m. (de monte) Gipfel$_m$; (de torre) Spitze$_f$

cinco num. card. fünf

cinema s. m. 1. (sala) Kino$_{nt}$; 2. (arte) Film$_m$

cinematografia s. f. 1. (arte) Filmkunst$_f$; 2. (indústria) Filmindustrie$_f$

cinematográfico adj. kinematographisch, filmisch

cingir I v. tr. 1. (cercar) umgeben [de, mit +dat.]; 2. (assunto) beschränken [a, auf +ac.]; II v. refl. sich beschränken [a, auf +ac.]

cínico adj. zynisch

cinismo s. m. Zynismus$_m$

cinquenta num. card. fünfzig

cinquentenário s. m. fünfzigste(r) Jahrestag$_m$

cinta s. f. 1. (de pano) Band$_{nt}$; (de couro) Gurt$_m$; 2. (cintura) Bund$_m$

cintado adj. (vestido) tailliert

cintilar v. intr. funkeln, glitzern

cinto s. m. 1. (das calças) Gürtel$_m$; 2. (cinta) Gurt$_m$; cinto de segurança: Sicherheitsgurt$_m$

cintura s. f. Taille$_f$

cinturão s. m. (karaté) Gürtel$_m$

cinza I s. f. Asche$_f$; II adj. (cinzento) grau, aschgrau

cinzeiro s. m. Aschenbecher$_m$

cinzel s. m. Meißel$_m$

cinzento I s. m. Grau$_{nt}$; II adj. grau

cio s. m. (animais de caça) Brunst$_f$; (cadelas) Läufigkeit$_f$; (aves) Balz$_f$

cipó s. m. BOTÂNICA Liane$_f$

cipreste s. m. BOTÂNICA Zypresse$_f$

circo s. m. Zirkus$_m$

circuito s. m. 1. (linha) Grenzlinie$_f$, Begrenzung$_f$; 2. (volta) Rundfahrt$_f$; 3. DESPORTO Strecke$_f$; 4. ELECTRICIDADE Stromkreis$_m$

circulação s. f. 1. Kreislauf$_m$; circulação sanguínea: Blutkreislauf$_m$; 2. (trânsito) Verkehr$_m$; 3. (de produtos, moeda) Umlauf$_m$; circulação monetária: Geldumlauf$_m$; em circulação: im Umlauf

circular I s. f. 1. (carta) Rundschreiben$_{nt}$; 2. (Brasil) (rotunda) Kreisverkehr$_m$; II adj. kreisförmig; III v. intr. 1. (sangue, ar) zirkulieren; (dinheiro) in Umlauf sein; 2. (transportes) verkehren [entre, zwischen +dat.]

circulatório adj. ANATOMIA Kreislauf...

círculo s. m. Kreis$_m$; círculo de amigos: Freundeskreis$_m$

circum-navegação s. f. Umschiffung$_f$

circuncisão s. f. Beschneidung$_f$

circundante adj. umgebend

circunferência s. f. 1. (periferia) Umkreis$_m$; 2. MATEMÁTICA Kreisumfang$_m$

circunflexo adj. bogenförmig; acento circunflexo: Zirkumflex$_m$

circunscrever I v. tr. begrenzen; II v. refl. sich beschränken [a, auf +ac.]

circunscrição s. f. Begrenzung$_f$

circunspecção s. f. Umsicht$_f$

circunstância s. f. Umstand$_m$

circunvalação s. f. (estrada) Umgehungsstraße$_f$

círio s. m. große Wachskerze$_f$

cirrose s. f. MEDICINA Zirrhose$_f$

cirurgia s. f. MEDICINA Chirurgie$_f$

cirurgião s. m. Chirurg$_m$

cirúrgico adj. chirurgisch

cisão s. f. Spaltung$_f$

cisma I s. m. Spaltung$_f$; II s. f. (ideia fixa) Grübelei$_f$

cismar v. intr. grübeln [com, über +ac.]

cisne s. m. ZOOLOGIA Schwan$_m$

cisterna s. f. Zisterne$_f$, Wassertank$_m$

cistite s. f. MEDICINA Blasenentzündung$_f$

citação s. f. 1. (de um texto) Zitat$_{nt}$; 2. DIREITO Vorladung$_f$

citadino *adj.* städtisch
citar *v. tr.* 1. *(de um texto)* zitieren; 2. DIREITO vorladen
cítara *s. f.* MÚSICA Zither*f*
citrato *s. m.* QUÍMICA Zitrat*nt*
citrino *s. m.* Zitrusfrucht*m*
ciúme *s. m.* Eifersucht*f*; **ter ciúmes**: eifersüchtig sein [de, auf +ac.]
ciumento *adj.* eifersüchtig
cívico *adj.* bürgerlich, Bürger...
civil I *s. m. e f.* Zivilist, -in*m., f.*; II *adj.* 1. *(dos cidadãos)* bürgerlich; 2. *(não militar)* zivil
civilização *s. f.* Zivilisation*f*
civilizado *adj.* zivilisiert; *(cortês)* höflich
civismo *s. m.* Bürgersinn*m*
clã *s. m.* Clan*m*
clamar *v. intr.* 1. *(gritar)* schreien; 2. *(queixar-se)* (laut) klagen
clamor *s. m.* 1. *(gritos)* Geschrei*nt*; 2. *(queixa)* Klage*f*
clandestinidade *s. f.* 1. *(secretismo)* Heimlichkeit*f*; 2. POLÍTICA Untergrund*m*
clandestino *adj.* 1. *(secreto)* heimlich; 2. illegal; **passageiro clandestino**: blinder Passagier*m*
claque *s. f.* Anhänger*pl*; DESPORTO Fans*pl*
clara *s. f.* Eiweiß*nt*
clarabóia *s. f.* Oberlicht*nt*, Dachfenster*nt*
clarão *s. m.* Leuchten*nt*
clarear *v. intr.* 1. *(céu)* aufklaren; 2. *(enigma)* sich aufklären
clareira *s. f.* Lichtung*f*
clareza *s. f.* Klarheit*f*; *(na linguagem)* Deutlichkeit*f*; **com clareza**: klar, deutlich
claridade *s. f.* Helligkeit*f*
clarim *s. m.* MÚSICA Bügelhorn*nt*
clarinete *s. m.* MÚSICA Klarinette*f*
clarividência *s. f.* Hellsichtigkeit*f*, Weitsicht*f*
claro I *adj.* klar; *(luz, cor)* hell; *(nítido)* deutlich; **é claro!**: selbstverständlich!; II *interj.* natürlich!, klar!

classe *s. f.* 1. *(grupo)* Klasse*f*; **classe social**: Gesellschaftsschicht*f*; 2. *(aula)* Unterricht*m*; 3. *(categoria)* Klasse*f*; **de primeira classe**: erstklassig
classicismo *s. m.* 1. *(arte, literatura)* Klassik*f*; 2. ARQUITECTURA Klassizismus*m*
clássico *adj.* klassisch
classificação *s. f.* 1. *(ordenação)* Klassifizierung*f*, Einordnung*f*; *(por nível)* Einstufung*f*; 2. DESPORTO Punktzahl*f*; 3. *(na universidade)* Bewertung*f*
classificado *adj.* klassifiziert
classificados *s. m. pl.* Kleinanzeigen*pl*
classificar I *v. tr.* klassifizieren, einteilen; II *v. refl.* sich auszeichnen [como, als +nom.]; DESPORTO sich klassifizieren [para, für +ac.]
cláusula *s. f.* Klausel*f*
clausura *s. f.* Klausur*f*
clave *s. f.* MÚSICA Schlüssel*m*
clavícula *s. f.* ANATOMIA Schlüsselbein*nt*
clemência *s. f.* Milde*f*, Nachsicht*f*
clemente *adj.* mild, nachsichtig
cleptomania *s. f.* Kleptomanie*f*
cleptomaníaco *s. m.* Kleptomane*m*
clerical *adj.* klerikal
clero *s. m.* Klerus*m*
cliché *s. m.* Klischee*nt*
clichê *s. m.* *(Brasil)* → cliché
cliente *s. m. e f.* 1. *(de loja)* Kund|e, -in*m., f.*; 2. *(de médico)* Patient, -in*m., f.*; 3. *(de advogado)* Klient, -in*m., f.*
clientela *s. f.* Kundschaft*f*
clima *s. m.* Klima*nt*
climatérico *adj.* klimatisch
clímax *s. m.* Höhepunkt*m*
clínica *s. f.* 1. *(local)* Klinik*f*; 2. *(prática)* Klinik*f*; **clínica geral**: Allgemeinmedizin*f*
clipe *s. m.* 1. *(para papel)* Büroklammer*f*; 2. *(de música)* Videoclip*m*
clister *s. m.* MEDICINA Klistier*nt*, Einlauf*m*

clonagem s. f. BIOLOGIA Klonen_{nt}, Klonierung_{f}
clonar v. tr. BIOLOGIA klonen
cloreto s. m. QUÍMICA Chlorkalk_{m}
cloro s. m. QUÍMICA Chlor_{nt}
clorofila s. f. BOTÂNICA Chlorophyll_{nt}
clorofórmio s. m. QUÍMICA Chloroform_{nt}
clube s. m. Klub_{m}, Verein_{m}; clube de vídeo: Videothek_{f}
coabitar v. intr. zusammenleben, zusammen wohnen
coação s. f. *(Brasil)* → coacção
coacção s. f. Zwang_{m}; DIREITO Nötigung_{f}
coadjuvar v. tr. unterstützen, helfen [+dat.]
coador s. m. Sieb_{nt}
coagir v. tr. zwingen; DIREITO nötigen
coagulação s. f. (leite, sangue) Gerinnung_{f}
coagular v. intr. (leite, sangue) gerinnen
coágulo s. m. Gerinnsel_{nt}
coar v. tr. (líquido) filtern, durchseihen
co-arrendar v. tr. gemeinsam mieten
co-autor s. m. (livro) Mitverfasser_{m}
coaxar v. intr. quaken
coaxo s. m. Quaken_{nt}
cobaia s. f. 1. ZOOLOGIA Meerschweinchen_{nt}; 2. (para experiências) Versuchstier_{nt}
cobalto s. m. QUÍMICA Kobalt_{nt}
cobarde I s. m. e f. Feigling_{m}; II adj. feige
cobardia s. f. Feigheit_{f}
coberta s. f. 1. (de cama) Decke_{f}, Steppdecke_{f}; 2. NÁUTICA Deck_{nt}
coberto I p. p. de **cobrir**; II s. m. (alpendre) Schutzdach_{nt}
cobertor s. m. Bettdecke_{f}
cobertura s. f. 1. (cobertor) Decke_{f}; 2. (tecto) Dach_{nt}; 3. ECONOMIA, MILITAR Deckung_{f}; 4. CULINÁRIA Glasur_{f}
cobiça s. f. Begierde_{f}; (avidez) Gier_{f}
cobiçar v. tr. begehren
cobra s. f. ZOOLOGIA Kobra_{f}
cobrador s. m. Kassierer_{m}; (no comboio) Schaffner_{m}

cobrança s. f. 1. (acto) Kassieren_{nt}; à cobrança: per Nachnahme; 2. (quantia) Einnahmen_{pl}
cobrar v. tr. 1. (força) wiedererlangen; 2. (dinheiro) kassieren; (impostos) erheben
cobre s. m. Kupfer_{nt}
cobrir I v. tr. 1. (objecto) bedecken [com, mit +dat.]; (pessoa) zudecken [com, mit +dat.]; 2. (os custos) decken; 3. (abranger) umfassen; II v. refl. sich zudecken
cobro s. m. Ende_{nt}
coca s. f. BOTÂNICA Kokastrauch_{m}, Koka_{f}
coça s. f. (coloq.) Prügelei_{f}; apanhar/levar uma coça: Prügel bekommen
coçado adj. abgetragen, verschlissen
cocaína s. f. Kokain_{nt}
cocar v. intr. lauern
coçar v. tr. kratzen
cóccix s. m. ANATOMIA Steißbein_{nt}
cócegas s. f. pl. Kitzel_{m}; fazer cócegas: kitzeln; ter cócegas: kitzlig sein
coche s. m. Kutsche_{f}
cocheiro s. m. Kutscher_{m}
cochichar v. intr. flüstern, tuscheln
cochicho s. m. Geflüster_{nt}, Getuschel_{nt}
cochilar v. intr. (Brasil) schlummern
cocktail s. m. Cocktail_{m}
coco s. m. BOTÂNICA Kokosnuss_{f}
cócoras loc. adv. estar de cócoras: hocken, kauern; pôr-se de cócoras: sich niederhocken
cocorocó s. m. Kikeriki_{nt}
côdea s. f. Kruste_{f}, Rinde_{f}
codificar v. tr. kodieren
código s. m. 1. (para identificar) Kode_{m}; código de barras: Strichkode_{m}; código postal: Postleitzahl_{f}; 2. (regulamento) Regelwerk_{nt}; código da estrada: Straßenverkehrsordnung_{f}; DIREITO código penal: Strafgesetzbuch_{nt}
codorniz s. f. ZOOLOGIA Wachtel_{f}

coeducação *s. f.* Unterricht~m~ in gemischten Klassen, Koedukation~f~
coeficiente *s. m.* MATEMÁTICA Koeffizient~m~
coelheira *s. f.* Kaninchenstall~m~
coelho *s. m.* ZOOLOGIA Kaninchen~nt~
coentro *s. m.* BOTÂNICA Koriander~m~
coerção *s. f.* Zwang~m~, Druck~m~; DIREITO Nötigung~f~
coercivo *adj.* Zwangs...
coerência *s. f.* Kohärenz~f~, Zusammenhang~m~
coerente *adj.* kohärent, zusammenhängend
coesão *s. f.* FÍSICA Zusammenhalt~m~, Kohäsion~f~
coexistência *s. f.* Koexistenz~f~
coexistir *v. intr.* gleichzeitig existieren, koexistieren
cofre *s. m.* Safe~m~, Geldschrank~m~; cofre de aluguer: Schließfach~nt~
cogitação *s. f.* Nachdenken~nt~
cogitar *v. intr.* nachdenken [sobre, über +ac.]
cognição *s. f.* Wahrnehmung~f~, Erkenntnis~f~
cognitivo *adj.* kognitiv
cognome *s. m.* Beiname~m~
cogumelo *s. m.* BOTÂNICA Pilz~m~
coice *s. m.* Fußtritt~m~
coincidência *s. f.* 1. (de acontecimentos) Zusammenfallen~nt~; 2. (acaso) Zufall~m~
coincidir *v. intr.* (acontecimentos) zusammenfallen, gleichzeitig stattfinden
coisa *s. f.* Ding~nt~, Sache~f~; alguma coisa: etwas; outra coisa: etwas anderes; a mesma coisa: dasselbe
coiso *s. m.* (coloq.) Dingsda~nt~
coitado I *s. m.* (coloq.) Ärmste~m. e f.~; coitado!: der Ärmste!; II *adj.* arm, unglücklich
coito *s. m.* Beischlaf~m~, Koitus~m~
cola I *s. f.* Klebstoff~m~; cola branca: Leim~m~; II *s. m. e f.* (coloq.) Klette~f~
colaboração *s. f.* Zusammenarbeit~f~ [com, mit +dat.]; Mitwirkung~f~ [em, an +dat.]

colaborador *s. m.* Mitarbeiter~m~
colaborar *v. intr.* 1. zusammenarbeiten [com, mit +dat.]; 2. mitarbeiten [em, an +dat.]
colagem *s. f.* Leimen~nt~, Kleben~nt~
colapso *s. m.* 1. MEDICINA Kollaps~m~; 2. (queda repentina) Zusammenbruch~m~
colar I *s. m.* Halskette~f~; II *v. tr.* kleben
colarinho *s. m.* Hemdkragen~m~
colcha *s. f.* Tagesdecke~f~
colchão *s. m.* Matratze~f~
colcheia *s. f.* MÚSICA Achtel~nt~, Achtelnote~f~
colchete *s. m.* 1. (da roupa) Haken~m~; colchetes: Haken und Ösen; 2. (tipografia) eckige Klammer~f~
coldre *s. m.* Pistolenhalfter~m~
coleção *s. f.* (Brasil) → colecção
colecção *s. f.* 1. (arte) Sammlung~f~; 2. (moda) Kollektion~f~
coleccionador *s. m.* Sammler~m~
coleccionar *v. tr.* sammeln
colecta *s. f.* 1. (peditório) Sammlung~f~; 2. (imposto) Abgabe~f~
colectânea *s. f.* Anthologie~f~, Sammelband~m~
colectar I *v. tr.* 1. (tributar) besteuern; 2. (reunir) einsammeln; II *v. refl.* sich beim Finanzamt registrieren lassen
colectividade *s. f.* Gemeinschaft~f~
colectivismo *s. m.* POLÍTICA Kollektivismus~m~
colectivo I *s. m.* Kollektiv~nt~; II *adj.* gemeinsam
colector *s. m.* ELECTRICIDADE Kollektor~m~
colega *s. m. e f.* (de trabalho) Kolleg|e, -in~m. f.~; (de curso) Kommiliton|e, -in~m. f.~
colégio *s. m.* Privatschule~f~; colégio interno: Internat~nt~
coleira *s. f.* Halsband~nt~
cólera *s. f.* 1. Wut~f~, Zorn~m~; 2. MEDICINA Cholera~f~

colesterol s. m. BIOLOGIA Cholesterin_nt_.
colete s. m. Weste_f_; colete de salvação: Schwimmweste_f_.
colete-de-forças s. m. Zwangsjacke_f_.
colheita s. f. AGRICULTURA Ernte_f_.
colher¹ [e] v. tr. 1. (fruta) ernten; (flores) pflücken; 2. (informações) sammeln
colher² [ε] s. f. Löffel_m_; colher de sopa: Esslöffel_m_.
colibri s. m. ZOOLOGIA Kolibri_m_.
cólica s. f. MEDICINA Kolik_f_.
colidir v. intr. zusammenstoßen [com, mit +dat.], stoßen [com, gegen +ac.]
coligação s. f. 1. Zusammenschluss_m_; 2. POLÍTICA Koalition_f_.
colina s. f. Hügel_m_.
colisão s. f. Kollision_f_, Zusammenstoß_m_.
coliseu s. m. Stadthalle_f_, Konzerthalle_f_.
collants s. m. pl. Strumpfhose_f_.
colmeia s. f. Bienenkorb_m_.
colo s. m. 1. (regaço) Schoß_m_; ao colo: auf dem Schoß/ Arm; 2. (pescoço) Hals_m_.
colocação s. f. 1. (emprego) Stelle_f_, Anstellung_f_; 2. (acto de colocar) Aufstellung_f_.
colocar v. tr. 1. (pôr) setzen, stellen, legen; colocar uma questão a alguém: jemandem eine Frage stellen; 2. (produtos) auslegen
cólon s. m. ANATOMIA Dickdarm_m_.
colónia s. f. Kolonie_f_; colónia de férias: Ferienlager_nt_.
colonial adj. kolonial, Kolonial...; época colonial: Kolonialzeit_f_.
colonização s. f. Kolonisierung_f_.
colonizar v. tr. kolonisieren
colono s. m. Siedler_m_.
coloquial adj. umgangssprachlich
colóquio s. m. 1. (conversa) Gespräch_nt_; 2. (palestra) Kolloquium_nt_.
coloração s. f. Färbung_f_.
colorau s. m. Paprikapulver_nt_.
colorido adj. farbig, bunt
colorir v. tr. färben; (pintar) anmalen
colossal adj. riesig, kolossal
colosso s. m. Koloss_m_.
coluna s. f. 1. ARQUITECTURA Säule_f_; 2. ANATOMIA coluna vertebral: Wirbelsäule_f_; 3. (tipografia) Spalte_f_; 4. (de som) Lautsprecherbox_f_; 5. MILITAR Kolonne_f_.
com prep. 1. (companhia) mit [+dat.]; com os amigos: mit den Freunden; 2. (circunstância) bei [+dat.]; com mau tempo: bei schlechtem Wetter; 3. (meio) durch [+ac.]; com a reforma: durch die Reform
coma I s. m. MEDICINA Koma_nt_.
comadre s. f. Taufpatin_f_ des Sohnes/der Tochter
comandante s. m. 1. MILITAR Kommandant_m_; 2. AERONÁUTICA Flugkapitän_m_; 3. NÁUTICA Kapitän_m_.
comandar v. tr. 1. MILITAR kommandieren; 2. (uma máquina, um navio) steuern
comandita s. f. ECONOMIA Kommanditgesellschaft_f_.
comando s. m. 1. MILITAR Kommando_nt_; 2. INFORMÁTICA Befehl_m_; 3. ENGENHARIA Steuerung_f_; comando à distância: Fernbedienung_f_.
comarca s. f. Verwaltungsbezirk_m_.
combate s. m. 1. MILITAR Kampf_m_, Gefecht_nt_; 2. (fig.) Bekämpfung_f_, Kampf_m_ [a, gegen +ac.]
combatente s. m. e f. MILITAR Kämpfer, -in_m, f_.
combater I v. tr. bekämpfen; II v. intr. kämpfen
combinação s. f. 1. (ligação) Kombination_f_; 2. (acordo) Abmachung_f_; 3. (roupa) Unterrock_m_.
combinar I v. tr. 1. (ligar) kombinieren; 2. (acordar) abmachen; II v. intr. (cores) passen

comboio *s. m.* 1. Zug_m_, Bahn_f_; comboio de mercadorias: Güterzug_m_; comboio rápido: Schnellzug_m_; comboio suburbano: Nahverkehrszug_m_; 2. (de navios, carros) Konvoi_m_.

combustão *s. f.* Verbrennung_f_

combustível I *s. m.* Brennstoff_m_; II *adj.* brennbar

começar I *v. tr.* anfangen, beginnen; II *v. intr.* anfangen [a, zu +inf.], beginnen [a, zu +inf.]

começo *s. m.* Anfang_m_ [de, +gen.], Beginn_m_ [de, +gen.]

comédia *s. f.* Komödie_f_

comediante *s. m. e f.* Komödiant, -in_m, f_

comedido *adj.* 1. (moderado) gemäßigt; 2. (modesto) bescheiden

comedir I *v. tr.* kontrollieren; II *v. refl.* sich mäßigen

comemoração *s. f.* Gedenken_nt_, (cerimónia) Gedächtnisfeier_f_

comemorar *v. tr.* gedenken [+gen.]; (festejar) feiern; feierlich begehen

comemorativo *adj.* Gedenk...; placa comemorativa: Gedenktafel_f_

comemorável *adj.* denkwürdig

comentar *v. tr.* 1. (criticar) kommentieren; 2. (explicar) erläutern

comentário *s. m.* 1. (crítica) Kommentar_m_; (oral) Bemerkung_f_; 2. (explicação) Erläuterung_f_

comer I *v. tr.* (pessoa) essen; (animal) fressen; II *v. intr.* (pessoa) essen, speisen; (animal) fressen; dar de comer: füttern

comercial *adj.* Handels..., Geschäfts...; centro comercial: Einkaufszentrum_nt_

comercializar *v. tr.* vermarkten, kommerzialisieren

comerciante *s. m. e f.* Kauf|mann, -frau_m, f_, Händler, -in_m, f_

comércio *s. m.* 1. Handel_m_; comércio externo: Außenhandel_m_; comércio interno: Binnenhandel_m_; 2. (lojas) Geschäfte_pl_

comestíveis *s. m. pl.* Esswaren_pl_, Lebensmittel_nt_

comestível *adj.* essbar

cometa *s. m.* ASTRONOMIA Komet_m_

cometer *v. tr.* 1. (um crime, um erro) begehen; 2. MILITAR angreifen

cometida *s. f.* MILITAR Angriff_m_

comezaina *s. f.* (coloq.) Gelage_nt_

comichão *s. f.* Juckreiz_m_; fazer comichão: jucken

comício *s. m.* Versammlung_f_

cómico I *s. m.* Komiker_m_; II *adj.* komisch, witzig

comida *s. f.* Essen_nt_, Nahrung_f_; comida biológica: Biokost_f_

comigo *pron. pess.* mit mir; bei mir

comilão I *s. m.* (coloq.) Vielfraß_m_; II *adj.* gefräßig

cominho *s. m.* BOTÂNICA Kümmel_m_

comiseração *s. f.* Mitleid_nt_, Erbarmen_nt_

comiserar I *v. tr.* Mitleid erregen bei [+dat.], erbarmen; II *v. refl.* sich erbarmen

comissão *s. f.* 1. (comité) Ausschuss_m_, Kommision_f_; 2. ECONOMIA Provision_f_

comissariado *s. m.* Kommissariat_nt_

comissário *s. m.* Kommissar_m_; AERONÁUTICA comissário de bordo: Steward_m_

comité *s. m.* Ausschuss_m_, Komitee_nt_; comité empresarial: Betriebsrat_m_

comitente *s. m.* ECONOMIA Auftraggeber_m_

comitiva *s. f.* Gefolge_nt_

como I *cj.* 1. (comparação) wie; tão alto como: so groß wie; assim como: sowie; 2. (causal) da, weil; 3. (na qualidade de) als; ela trabalha como gerente: sie arbeitet als Geschäftsführerin; II *adv.* (modo) wie; como é que funciona?: wie geht das?; como se [+conj.]: als ob; III *pron. interr.* wie; como?: wie (bitte)?; como assim?: wieso?

comoção s. f. 1. (sentimental) Rührung f; 2. (abalo) Erschütterung f.
cómoda s. f. Kommode f.
comodidade s. f. 1. (de móveis) Bequemlichkeit f; 2. (na vida) Annehmlichkeit f.
comodismo s. m. Bequemlichkeit f; (pej.) Behäbigkeit f.
comodista adj. (pej.) bequem, behäbig
cómodo adj. bequem
comovente adj. rührend, ergreifend
comover I v. tr. rühren, ergreifen; II v. refl. gerührt sein
compactar v. tr. INFORMÁTICA komprimieren
compacto adj. 1. (maciço) kompakt; 2. (denso) dicht
compadecer I v. tr. 1. (ter compaixão) bemitleiden; 2. (suportar) ertragen; II v. refl. compadecer-se de: Mitleid haben mit [+dat.]
compadre s. m. Taufpate m des Sohnes/der Tochter
compadrio s. m. Vetternwirtschaft f.
compaixão s. f. Mitleid nt. [por, mit +dat.], Erbarmen nt.
companheirismo s. m. Kameradschaftlichkeit f.
companheiro s. m. 1. (camarada) Kamerad m; 2. (relação amorosa) Partner m, Lebensgefährte m
companhia s. f. 1. Gesellschaft f; 2. ECONOMIA Gesellschaft f; companhia de seguros: Versicherungsgesellschaft f; 3. MILITAR Kompanie f
comparação s. f. Vergleich m; em comparação com: im Vergleich zu [+dat.]
comparar v. tr. vergleichen [com, mit +dat.]
comparativo I s. m. GRAMÁTICA Komparativ m; II adj. vergleichend
comparável adj. vergleichbar [a, mit +dat.]
comparecer v. intr. erscheinen [a, bei/zu +dat.]
comparência s. f. Erscheinen nt.
comparsa s. m. e f. 1. (teatro) Statist, -in m. f.; 2. (filme) Komparse, -in m. f.
comparticipação s. f. 1. Teilnahme f, Beteiligung f; 2. (do Estado) Zuschuss m
comparticipar v. intr. (Estado) unterstützen
compartilhar I v. tr. teilen [com, mit +dat.]; II v. intr. teilnehmen [de, an +dat.]
compartimento s. m. 1. (de casa) Raum m; 2. (do comboio) Abteil nt.
compassado adj. MÚSICA taktmäßig, im Takt
compasso s. m. 1. (instrumento) Zirkel m; 2. MÚSICA Takt m; 3. RELIGIÃO Osterbesuch m
compatibilidade s. f. 1. Vereinbarkeit f; 2. INFORMÁTICA Kompatibilität f
compatível adj. 1. vereinbar [com, mit +dat.]; 2. INFORMÁTICA kompatibel
compatriota s. m. e f. Landsmann m
compelir v. tr. zwingen, nötigen
compêndio s. m. Kompendium nt., Abriss m
compenetrado adj. 1. (convicto) überzeugt; 2. (concentrado) vertieft [em, in +ac.]
compensação s. f. 1. (indemnização) Entschädigung f; 2. (equilíbrio) Ausgleich m
compensar v. tr. 1. (indemnizar) entschädigen; 2. (equilibrar) ausgleichen, kompensieren
competência s. f. 1. (de um funcionário) Zuständigkeit f [para, für +ac.], Befugnis f [para, zu +dat.]; 2. (capacidade) Kompetenz f [para, zu +dat.]
competente adj. 1. (funcionário) zuständig [para, für +ac.], befugt; 2. (capaz) kompetent
competição s. f. 1. (concurso) Wettbewerb m; 2. DESPORTO Wettkampf m
competir v. intr. 1. (concorrer) wetteifern [com, mit +dat.]; ECONOMIA konkurrieren [com, mit +dat.]; 2. competir a alguém: in jemandes Zuständigkeitsbereich fallen; compete-nos a nós: wir sind dafür zuständig

competitividade s. f. Konkurrenzfähigkeit$_f$
competitivo adj. konkurrenzfähig
compilação s. f. Zusammenstellung$_f$, Kompilation$_f$
compilar v. tr. zusammenstellen, kompilieren
complacente adj. zuvorkommend
compleição s. f. (física) Konstitution$_f$; (psicológica) Gemüt$_{nt}$
complementar adj. ergänzend, Ergänzungs...
complemento s. m. 1. (remate) Ergänzung$_f$; 2. LINGUÍSTICA Objekt$_{nt}$
completamente adv. völlig, ganz
completar v. tr. 1. (um exercício) ergänzen; 2. (um trabalho) vervollständigen, vollenden; 3. (os estudos) abschließen
completo adj. 1. (trabalho, colecção) vollständig; 2. (comboio, hotel) besetzt, ausgebucht
complexado adj. voller Komplexe
complexidade s. f. Komplexität$_f$
complexo I s. m. Komplex$_m$; ter complexos: Komplexe haben; II adj. 1. (complicado) kompliziert; 2. (confuso) komplex
complicação s. f. Schwierigkeit$_f$, Komplikation$_f$
complicado adj. kompliziert
complicar v. tr. komplizieren
componente I s. m. e f. 1. (geral) Bestandteil$_m$; 2. QUÍMICA Komponente$_f$; II adj. Teil...
compor I v. tr. 1. (juntar) zusammensetzen, zusammenstellen; 2. MÚSICA komponieren; 3. (um texto) verfassen; 4. (consertar) reparieren; II v. intr. MÚSICA komponieren; III v. refl. 1. (postura) sich fassen; 2. (ser composto) bestehen [de, aus +dat.]
comporta s. f. Schleuse$_f$
comportamento s. m. Benehmen$_{nt}$, Verhalten$_{nt}$
comportar I v. tr. fassen; II v. refl. sich verhalten [como, wie]; comportar-se bem/mal: sich gut/schlecht benehmen
composição s. f. 1. (acto de compor) Zusammensetzung$_f$; 2. (redacção) Aufsatz$_m$; 3. (estrutura) Aufbau$_m$; 4. MÚSICA Komposition$_f$
compositor s. m. 1. MÚSICA Komponist$_m$; 2. (tipografia) Setzer$_m$
composto I p. p. de compor; II s. m. QUÍMICA Verbindung$_f$; III adj. 1. (ordenado) ordentlich; 2. GRAMÁTICA zusammengesetzt
compostura s. f. Haltung$_f$, Betragen$_{nt}$
compota s. f. Marmelade$_f$
compra s. f. Kauf$_m$, Einkauf$_m$; compra e venda: An- und Verkauf; fazer compras: einkaufen
comprador s. m. Käufer$_m$
comprar v. tr. kaufen; comprar a prestações: auf Raten kaufen
comprazer I v. intr. 1. (consentir) einwilligen; 2. (transigir) nachgeben; II v. refl. Vergnügen finden [com, an +dat.], sich gefallen [de, in +dat.]
compreender v. tr. 1. (entender) verstehen, begreifen; 2. (incluir) einschließen; 3. (abranger) umfassen
compreensão s. f. Verständnis$_{nt}$
compreensível adj. verständlich
compreensivo adj. verständnisvoll
compressa s. f. MEDICINA Umschlag$_m$, Kompresse$_f$
compressão s. f. 1. (redução) Zusammenpressen$_{nt}$; ENGENHARIA Kompression$_f$; 2. (opressão) Druck$_m$
compressor s. m. Kompressor$_m$
comprido adj. lang
comprimento s. m. Länge$_f$
comprimido I s. m. FARMÁCIA Tablette$_f$; II adj. zusammengepresst; ar comprimido: Druckluft$_f$

comprimir v. tr. zusammenpressen, zusammendrücken

comprometedor adj. verdächtig, kompromittierend

comprometer I v. tr. bloßstellen; (coloq.) blamieren; II v. refl. sich verpflichten [a, zu +dat.]

comprometido adj. 1. verlobt; 2. (embaraçado) verlegen

compromisso s. m. 1. (acordo) Kompromiss,m; DIREITO Vergleich,m; 2. (encontro) Verabredung,f; 3. (obrigação) Verpflichtung,f; **sem compromisso:** unverbindlich

comprovação s. f. 1. (prova) Nachweis,m; 2. (confirmação) Bestätigung,f

comprovar v. tr. 1. (provar) nachweisen, belegen; 2. (confirmar) bestätigen

comprovativo adj. belegend, beweisend; DIREITO beweiskräftig

compulsão s. f. Zwang,m, Nötigung,f

compulsivo adj. zwingend

computador s. m. Computer,m; **computador portátil:** Laptop,m

comum adj. 1. (conjunto) gemeinsam; 2. (geral) allgemein; 3. (usual) gewöhnlich

comuna s. f. Gemeinde,f

comungar v. intr. RELIGIÃO die Kommunion empfangen

comunhão s. f. 1. RELIGIÃO Kommunion,f, Abendmahl,nt; 2. DIREITO **comunhão de bens:** Gütergemeinschaft,f

comunicação s. f. 1. (acto de comunicar) Kommunikation,f; 2. (participação) Mitteilung,f; 3. (ligação) Verbindung,f

comunicado s. m. Bekanntmachung,f, Kommuniqué,nt

comunicar I v. tr. mitteilen, verkünden; II v. intr. kommunizieren [com, mit +dat.], in Verbindung stehen [com, mit +dat.]

comunicativo adj. 1. kommunikativ; 2. (afável) gesellig

comunidade s. f. Gemeinschaft,f; RELIGIÃO Gemeinde,f; **Comunidade Europeia:** Europäische Gemeinschaft

comunismo s. m. Kommunismus,m

comunista I s. m. e f. Kommunist, -in,m. f; II adj. kommunistisch

comutador s. m. ELECTRICIDADE Schalter,m, Umschalter,m

comutar v. tr. 1. (permutar) umtauschen; 2. DIREITO (a pena) mildern

côncavo adj. konkav, hohl

conceber v. tr. 1. (entender) begreifen; 2. (imaginar) sich vorstellen; 3. (um plano) entwerfen

concebível adj. denkbar, vorstellbar

conceder v. tr. 1. (um direito) zugestehen; 2. (autorizar) erlauben

conceito s. m. 1. (ideia) Begriff,m; 2. (opinião) Meinung,f

conceituado adj. angesehen

concelho s. m. Landkreis,m

concentração s. f. 1. (mental) Konzentration,f; 2. (de pessoas) Ansammlung,f

concentrado I s. m. Konzentrat,nt; II adj. 1. (num local) konzentriert; 2. (mentalmente) vertieft [em, in +ac.]

concentrar I v. tr. (reunir) konzentrieren; II v. refl. 1. (pessoas) sich sammeln; 2. (mentalmente) sich konzentrieren [em, auf +ac.]

concepção s. f. 1. BIOLOGIA Empfängnis,f; 2. (percepção) Auffassung,f; 3. (compreensão) Begreifen,nt; 4. (de um plano) Entwurf,m

concertar v. tr. 1. (reparar) reparieren; 2. (combinar) vereinbaren; 3. (um plano) ausarbeiten

concertina s. f. MÚSICA Ziehharmonika,f

concerto s. m. MÚSICA Konzert,nt

concessão s. f. 1. ECONOMIA Konzession,f; 2. (de uma hipótese) Zugeständnis,nt; 3. (permissão) Erlaubnis,nt

concessionário *s. m.* ECONOMIA Vertragshändler_m, Fachhändler_m.
concha *s. f.* 1. ZOOLOGIA Muschel_f; (do caracol) Schneckenhaus_nt; 2. (da sopa) Kelle_f
conciliar *v. tr.* 1. (inimigos) versöhnen; 2. (interesses) in Einklang bringen
conciliável *adj.* vereinbar
concílio *s. m.* RELIGIÃO Konzil_nt.
conciso *adj.* kurz, knapp
concludente *adj.* 1. (decisivo) entscheidend; 2. (final) endgültig; 3. (convincente) überzeugend
concluir *v. tr.* 1. (acabar) beenden; 2. (um contrato) abschließen; 3. (deduzir) folgern [de, aus +dat.]
conclusão *s. f.* 1. (de trabalho) Vollendung_f; 2. (de contrato) Abschluss_m; 3. (dedução) Schlussfolgerung_f
concomitante *adj.* 1. (que acompanha) begleitend; 2. (que age em conjunto) mitwirkend
concordância *s. f.* 1. (harmonia) Übereinstimmung_f; 2. GRAMÁTICA Kongruenz_f
concordar I *v. tr.* in Einklang bringen; II *v. intr.* zustimmen, übereinstimmen
concorrência *s. f.* 1. ECONOMIA Konkurrenz_f; fora de concorrência: nicht konkurrenzfähig; 2. (afluência) Zulauf_m
concorrente *s. m. e f.* 1. ECONOMIA Konkurrent, -in_{m., f.}; 2. (em concurso) Bewerber, -in_{m., f.}; 3. (em concurso televisivo) Teilnehmer, -in_{m., f.}
concorrer *v. intr.* 1. ECONOMIA konkurrieren [com, mit +dat.]; 2. (afluir) zusammenlaufen; 3. (candidatar-se) sich bewerben [a, um + ac.]
concorrido *adj.* stark besucht
concretização *s. f.* Verwirklichung_f
concretizar *v. tr.* verwirklichen
concreto I *s. m.* (Brasil) Beton_m; II *adj.* konkret; nada de concreto: nichts Bestimmtes

concubina *s. f.* Konkubine_f
concurso *s. m.* 1. (competição) Wettbewerb_m; (de hipismo, dança) Turnier_nt; 2. ECONOMIA Ausschreibung_f; 3. (jogo) Quiz_nt.
condado *s. m.* (território) Grafschaft_f
condão *s. m.* Gabe_f, Vorrecht_nt.
conde *s. m.* Graf_m
condecoração *s. f.* Orden_m, Auszeichnung_f
condecorar *v. tr.* einen Orden verleihen [+dat.]
condenação *s. f.* Verurteilung_f
condenado I *s. m.* Verurteilte_{m. e f}; II *adj.* DIREITO verurteilt [a, zu +dat.]
condenar *v. tr.* 1. (censurar) verurteilen; 2. RELIGIÃO verdammen
condenável *adj.* verwerflich
condensação *s. f.* Kondensation_f, Verdichtung_f
condensado *adj.* 1. (ideias, texto) zusammengefasst; 2. (amontoado) zusammengedrängt
condensador *s. m.* 1. ELECTRICIDADE, FÍSICA Kondensator_m; 2. (óptica) Kondensor_m
condensar *v. tr.* 1. FÍSICA (gás, vapor) kondensieren; 2. (resumir, sintetizar) zusammenfassen
condescendência *s. f.* 1. (transigência) Nachgiebigkeit_f; 2. (complacência) Zustimmung_f
condescendente *adj.* nachgiebig
condescender *v. intr.* 1. (transigir) nachgeben; (pej.) sich herablassen; 2. (consentir) einwilligen
condição *s. f.* 1. (circunstância) Bedingung_f; nestas condições: unter diesen Bedingungen/Umständen; 2. (estado) Zustand_m; estar em condições: in Ordnung sein; 3. (social) Stand_m
condicional I *s. m.* GRAMÁTICA Konditional_m; II *adj.* konditional, bedingt

condicionar v. tr. bedingen
condimentar v. tr. würzen
condimento s. m. Gewürz_{nt.}
condizer v. intr. 1. (roupa) passen [com, zu +dat.]; 2. (concordar) übereinstimmen [com, mit +dat.]
condoer-se v. refl. condoer-se de: Mitleid haben mit [+dat.]
condolência s. f. Beileid_{nt.}; apresentar as condolências a alguém: jemandem sein Beileid aussprechen
condomínio s. m. Hausgemeinschaft_{f.}; condomínio fechado: abgeschlossene, bewachte Wohnanlage_{f.}
condor s. m. ZOOLOGIA Kondor_{m.}
condução s. f. 1. (direcção) Führung_{f.}; 2. (de automóvel) Steuern_{nt.}, Lenken_{nt.}; 3. (Brasil) (transporte) Verkehrsmittel_{nt.}
conduta s. f. 1. (cano) Leitung_{f.}; conduta de lixo: Müllschlucker_{m.}; 2. (moral) Betragen_{nt.}
conduto s. m. 1. (cano) Röhre_{f.}, Leitung_{f.}; 2. (canal) Kanal_{m.}; 3. (coloq.) (alimento) Brotbeilage_{f.}
condutor I s. m. 1. (de automóvel) Fahrer_{m.}; (de comboio) Zugführer_{m.}; 2. FÍSICA Leiter_{m.}; II adj. leitend
conduzir v. tr. 1. (encaminhar) leiten, führen; 2. (um automóvel) fahren; 3. (uma máquina) lenken
cone s. m. 1. (geometria) Kegel_{m.}; 2. (de gelado) Tüte_{f.}
cónego s. m. RELIGIÃO Domherr_{m.}
confecção s. f. 1. (vestuário) Konfektion_{f.}; 2. (fabrico) Herstellung_{f.}
confeccionar v. tr. anfertigen, herstellen
confederação s. f. POLÍTICA Bund_{m.}; confederação helvética: Schweizerische Eidgenossenschaft_{f.}
confeitaria s. f. Konditorei_{f.}
confeito s. m. Konfekt_{nt.}

conferência s. f. 1. POLÍTICA Konferenz_{f.}, Besprechung_{f.}; 2. (discurso) Vortrag_{m.}
conferenciar v. intr. sich besprechen [com, mit +dat.], beratschlagen [com, mit +dat.]
conferencista s. m. e f. Vortragende_{m. e f.}, Referent, -in_{m. f.}
conferir I v. tr. 1. (controlar) prüfen; 2. (direitos) verleihen; II v. intr. stimmen
confessar I v. tr. (a culpa, um erro) gestehen, bekennen; II v. refl. beichten
confessionário s. m. Beichtstuhl_{m.}
confiança s. f. Vertrauen_{nt.}; de confiança: zuverlässig, vertrauenswürdig
confiante adj. voller Vertrauen; estar confiante em: Vetrauen haben zu [+dat.]
confiar I v. tr. anvertrauen; confiar alguma coisa a alguém: jemandem etwas anvertrauen; II v. intr. vertrauen; confiar em alguém: jemandem/auf jemanden vertrauen
confidência s. f. vertrauliche Mitteilung_{f.}
confidencial adj. vertraulich
confidente s. m. e f. Vertraute_{m. e f.}
configuração s. f. Form_{f.}, Gestalt_{f.}
configurar v. tr. 1. formen, gestalten; 2. INFORMÁTICA konfigurieren
confinante adj. angrenzend
confinar I v. tr. begrenzen; II v. intr. angrenzen, grenzen [com, an +ac.]
confins s. m. pl. (fronteiras, limites) Grenzen_{pl.}
confirmação s. f. 1. (certificação) Bestätigung_{f.}; 2. RELIGIÃO (católica) Firmung_{f.}; (protestante) Konfirmation_{f.}
confirmar v. tr. bestätigen
confiscar v. tr. beschlagnahmen, konfiszieren
confissão s. f. 1. (de culpa) Geständnis_{nt.}; 2. RELIGIÃO Beichte_{f.}
conflito s. m. Konflikt_{m.}

conflituoso *adj.* konfliktgeladen, brisant

conformar-se *v. refl.* sich abfinden [com, mit +*dat.*]

conforme I *adj.* 1. *(idêntico)* übereinstimmend; 2. *(correspondente)* angenessen; (é) conforme!: je nachdem!; II *prep.* gemäß [+*dat.*], entsprechend [+*dat.*]; III *cj.* wie, je nachdem

conformidade *s. f.* Übereinstimmung*f*; em conformidade com: gemäß [+*dat.*]

confortar *v. tr.* 1. *(consolar)* trösten; 2. *(animar)* aufmuntern

confortável *adj.* bequem, gemütlich

conforto *s. m.* 1. *(comodidade)* Komfort*m*, Bequemlichkeit*f*; 2. *(consolo)* Trost*m*

confraria *s. f.* Bruderschaft*f*

confraternização *s. f.* Verbrüderung*f*

confraternizar *v. intr.* ein brüderliches Verhältnis haben [com, zu +*dat.*]

confrontação *s. f.* 1. *(conflito, choque)* Konfrontation*f*; 2. *(acareação)* Gegenüberstellung*f*

confrontar I *v. tr.* konfrontieren, gegenüberstellen; II *v. refl.* gegenüberstehen [com, +*dat.*]

confronto *s. f.* Gegenüberstellung*f*

confundir *v. tr.* 1. verwechseln [com, mit +*dat.*]; 2. *(tornar confuso)* durcheinanderbringen; 3. *(uma pessoa)* verwirren

confusão *s. f.* Verwirrung*f*, Durcheinander*nt*

confuso *adj.* verwirrt, konfus

congelado *adj.* 1. *(comida)* tiefgekühlt, gefroren; 2. *(muito frio)* eisig, eiskalt

congelador *s. m.* Gefrierfach*nt*

congelar I *v. tr.* 1. *(comida)* tiefkühlen, einfrieren; 2. *(o crédito)* sperren; II *v. intr.* einfrieren

congénere *adj.* artverwandt

congénito *adj.* angeboren

congestão *s. f.* MEDICINA Blutandrang*m*

congestionado *adj.* 1. *(trânsito)* stockend; 2. *(de raiva)* hochrot

congestionamento *s. m.* *(do trânsito)* Verkehrsstockung*f*, Stau*m*

congestionar I *v. tr.* MEDICINA Blutandrang verursachen in [+*dat.*]; 2. *(trânsito)* behindern; II *v. refl.* 1. *(sangue)* sich stauen; 2. *(trânsito)* stocken

congratulação *s. f.* Glückwunsch*m*

congratular I *v. tr.* beglückwünschen; II *v. refl.* sich freuen [com, über +*ac.*]

congregação *s. f.* 1. RELIGIÃO Kongregation*f*; 2. *(ajuntamento)* Versammlung*f*

congresso *s. m.* Kongress*m*

congro *s. m.* ZOOLOGIA Meeraal*m*

congruência *s. f.* Kongruenz*f*

congruente *adj.* kongruent

conhaque *s. m.* Cognac®*m*, Kognak*m*

conhecer *v. tr.* 1. *(ter conhecimento)* kennen; 2. *(travar conhecimento)* kennen lernen; 3. *(orientar-se em)* sich auskennen in [+*dat.*]

conhecido I *s. m.* Bekannte*m. e f.*; II *adj.* bekannt

conhecimento *s. m.* 1. *(saber)* Kenntnis*f*; 2. *(pessoa)* Bekanntschaft*f*; ter conhecimentos: Beziehungen haben

conivência *s. f.* Mitschuld*f*

conivente *adj.* mitschuldig [em, an +*dat.*]

conjectura *s. f.* Mutmaßung*f*

conjecturar *v. tr.* mutmaßen, vermuten

conjugação *s. f.* Verbindung*f*

conjugal *adj.* ehelich, Ehe...

conjugar *v. tr.* 1. GRAMÁTICA konjugieren; 2. *(ligar)* verbinden; 3. *(unir)* vereinigen

cônjuge *s. m.* *(marido)* Gatte*m*; *(mulher)* Gattin*f*; os cônjuges: die Eheleute

conjunção *s. f.* 1. *(ligação)* Verbindung*f*; *(união)* Vereinigung*f*; 2. GRAMÁTICA Konjunktion*f*

conjuntamente *adv.* zusammen, gemeinsam

conjuntivite s. f. MEDICINA Bindehautentzündung,f.
conjuntivo s. m. GRAMÁTICA Konjunktiv,m.
conjunto I s. m. 1. *(totalidade)* Ganze,nt; 2. *(de roupa, toalhas)* Garnitur,f; 3. *(de ferramentas)* Satz,m; 4. MÚSICA Band,f; II adj. gemeinsam ❖ em conjunto com: zusammen mit [+dat.]
conjuntura s. f. ECONOMIA Konjunktur,f.
connosco pron. pess. mit uns, bei uns
conquanto cj. 1. *(ainda que)* obgleich; 2. *(embora)* obwohl
conquista s. f. 1. *(acção)* Eroberung,f; 2. *(objecto)* Errungenschaft,f.
conquistador s. m. *(de terras, corações)* Eroberer,m.
conquistar v. tr. 1. *(terras, corações)* erobern; 2. *(alcançar)* erringen
consagração s. f. 1. *(glorificação)* Weihe,f; 2. *(dedicação)* Aufopferung,f; 3. RELIGIÃO *(na missa)* Wandlung,f.
consagrado adj. anerkannt
consagrar v. tr. 1. RELIGIÃO weihen, heiligen; 2. *(dedicar)* widmen
consciência s. f. 1. *(moral)* Gewissen,nt; com consciência: gewissenhaft; 2. *(conhecimento)* Bewusstsein,nt.
consciencioso adj. gewissenhaft
consciente I s. m. PSICOLOGIA Bewusstsein,nt; II adj. bewusst
consecutivamente adv. nacheinander, unaufhörlich; e assim consecutivamente: und so weiter
consecutivo adj. aufeinanderfolgend; dois dias consecutivos: zwei Tage hintereinander
conseguinte adj. folgend; por conseguinte: folglich
conseguir I v. tr. 1. *(obter)* erlangen, erreichen; 2. *(alcançar)* können, gelingen [+inf., zu +inf.]; II v. intr. *(coloq.)* *(alcançar os objectivos)* schaffen

conselheiro s. m. Ratgeber,m, Berater,m.
conselho s. m. 1. *(recomendação)* Rat,m, Ratschlag,m; 2. *(assembleia)* Rat,m; Conselho Europeu: Europarat,m.
consenso s. m. 1. *(consentimento)* Einwilligung,f; 2. *(acordo)* Konsens,m.
consentimento s. m. Zustimmung,f, Einwilligung,f
consentir v. tr. 1. *(permitir)* gestatten, zulassen; 2. *(tolerar)* dulden
consequência s. f. Folge,f, Konsequenz,f; em consequência de: infolge [+gen.]
consequente adj. folgerichtig, konsequent
consequentemente adv. folglich, infolgedessen
consertar v. tr. reparieren, ausbessern; *(remendar)* flicken
conserto s. m. Reparatur,f; *(remendo)* Flicken,nt.
conserva s. f. Konserve,f.
conservação s. f. *(de documentos, alimentos)* Konservierung,f.
conservador I s. m. 1. *(do registo civil)* Standesbeamte,m; 2. POLÍTICA Konservative,m. e f; II adj. konservativ
conservadorismo s. m. Konservatismus,m.
conservante s. m. Konservierungsmittel,nt.
conservar I v. tr. 1. *(alimentos, documentos)* konservieren; 2. *(manter)* erhalten; 3. *(guardar)* aufbewahren; II v. refl. *(alimento)* sich halten
Conservatória s. f. Conservatória do Registo Civil: Standesamt,nt; Conservatória do Registo Predial: Katasteramt,nt.
conservatório s. m. Konservatorium,nt.
consideração s. f. 1. Erwägung,f; ter/tomar alguma coisa em consideração: etwas berücksichtigen; 2. *(respeito)* Rücksicht,f, Achtung,f; com toda a consideração: hochachtungsvoll

considerado *adj.* hochgeschätzt, angesehen

considerar I *v. tr.* 1. *(ter em consideração)* berücksichtigen; 2. *(tomar como)* betrachten als, halten für [+ac.]; 3. *(ponderar)* erwägen; 4. *(ter consideração por)* achten; II *v. refl.* sich halten für [+ac.]

considerável *adj.* beträchtlich, ansehnlich

consignação *s. f.* 1. *(entrega)* Hinterlegung*f*; 2. ECONOMIA Konsignation*f*

consignar *v. tr.* 1. *(entregar)* übergeben; 2. ECONOMIA konsignieren; 3. *(dinheiro)* anweisen

consignatário *s. m.* 1. *(destinatário)* Empfänger*m*; 2. *(credor)* Verwahrer*m*

consigo *pron. pess.* 1. *(reflexo)* mit sich, bei sich; consigo próprio mit sich selbst; 2. *(com você)* mit Ihnen, bei Ihnen

consistência *s. f.* 1. *(firmeza)* Konsistenz*f*; 2. *(duração)* Beständigkeit*f*

consistente *adj.* 1. *(firme)* fest, konsistent; 2. *(constante)* beständig

consistir *v. intr.* bestehen [em, aus +dat.]

consoada *s. f.* 1. (ceia) Festessen*nt* an Heiligabend; 2. *(presente)* Weihnachtsgeschenk*nt*

consoante I *s. f.* GRAMÁTICA Konsonant*m*; II *prep.* 1. *(segundo)* gemäß [+dat.]; 2. *(conforme)* je nach [+dat.]

consola *s. f.* Konsole*f*

consolação *s. f.* Trost*m*

consolado *adj.* zufrieden gestellt

consolar I *v. tr.* trösten; II *v. refl.* sich trösten [com, mit +dat.]

consolidação *s. f.* 1. *(fortificação)* Festigung*f*; 2. *(de amizade)* Stärkung*f*; 3. ECONOMIA Konsolidierung*f*

consolidar I *v. tr.* 1. *(fortificar)* festigen; 2. *(uma amizade)* stärken; 3. ECONOMIA konsolidieren; II *v. refl.* sich festigen

consolo *s. m.* Trost*m*

consonância *s. f.* 1. *(harmonia)* Einklang*m*, Harmonie*f*; 2. *(rima)* Endreim*m*

consonante *adj.* konsonant, gleichklingend

consórcio *s. m.* ECONOMIA Konsortium*nt*

consorte *s. m. e f.* Gatt|e, -in*m,f*

conspícuo *adj.* 1. *(notável)* bemerkenswert; 2. *(sério)* ernsthaft

conspiração *s. f.* Verschwörung*f*, Konspiration*f*

conspirador *s. m.* Verschwörer*m*

conspirar *v. intr.* sich verschwören [contra, gegen +ac.]

conspurcação *s. f.* Beschmutzung*f*

conspurcar *v. tr.* 1. *(roupa)* fleckig/schmutzig machen; 2. *(reputação)* beschmutzen

constância *s. f.* Beständigkeit*f*, Beharrlichkeit*f*

constante I *s. f.* MATEMÁTICA Konstante*f*; II *adj.* beständig, konstant

constar *v. intr.* 1. *(dizer-se)* verlauten; 2. *(estar escrito)* geschrieben stehen

constatar *v. tr.* feststellen

constelação *s. f.* ASTRONOMIA Konstellation*f*, Sternbild*nt*

consternado *adj.* bestürzt

consternar *v. tr.* bestürzen, tief betrüben

constipação *s. f.* MEDICINA Erkältung*f*, Schnupfen*m*

constipado *adj.* erkältet

constipar-se *v. refl.* sich erkälten

constitucional *adj.* verfassungsgemäß, Verfassungs-.

constitucionalidade *s. f.* Verfassungsmäßigkeit*f*

constitucionalismo *s. m.* verfassungsgemäße Regierungsform*f*

constituição *s. f.* 1. *(fundação)* Gründung*f*; 2. *(de uma comissão)* Einrichtung*f*; 3. *(formação)* Aufbau*m*; 4. POLÍTICA Verfassung*f*; 5. *(compleição)* Konstitution*f*

constituinte *adj.* konstituierend
constituir *v. tr.* 1. *(estabelecer)* gründen; 2. *(formar)* bilden; 3. *(ser)* darstellen
constitutivo *adj.* konstitutiv, grundlegend
constranger *v. tr.* 1. *(obrigar)* zwingen [a, zu +*dat.*], nötigen [a, zu +*dat.*]; 2. *(acanhar)* verlegen machen
constrangido *adj.* verlegen
constrangimento *s. m.* 1. *(obrigação)* Zwang$_m$; sem constrangimento: ungezwungen; 2. *(acanhamento)* Verlegenheit$_f$
construção *s. f.* 1. *(prédio)* Bau$_m$; 2. *(sector)* Bauwesen$_{nt}$; 3. *(estrutura)* Aufbau$_m$
construir *v. tr.* 1. *(casa)* bauen; *(edificar)* errichten; 2. *(frases)* bilden; 3. *(formar, organizar)* aufbauen
construtivo *adj.* konstruktiv
construtor *s. m.* Bauunternehmer$_m$
construtora *s. f.* *(empresa)* Bauunternehmen$_{nt}$
cônsul *s. m.* Konsul$_m$
consulado *s. m.* Konsulat$_{nt}$
consulesa *s. f.* Konsulin$_f$
consulta *s. f.* 1. *(inquérito)* Anfrage$_f$ [a, bei +*dat.*]; 2. *(no médico)* Arztbesuch$_m$
consultar *v. tr.* 1. *(inquirir)* befragen; 2. *(pedir conselho)* um Rat fragen; consultar um médico: zum Arzt gehen; 3. *(um livro, dicionário)* nachschlagen in [+*dat.*]
consultor *s. m.* Berater$_m$
consultório *s. m.* Praxis$_f$
consumação *s. f.* Vollendung$_f$
consumado *adj.* vollendet; facto consumado: vollendete Tatsache
consumar *v. tr.* 1. *(completar)* vollenden; 2. *(um acto)* vollbringen; 3. *(um crime)* begehen; 4. *(um casamento)* vollziehen
consumição *s. f.* Verdruss$_m$, Besorgnis$_f$
consumido *adj.* 1. *(aflito)* besorgt; 2. *(pelo fogo)* vernichtet

consumidor *s. m.* Verbraucher$_m$
consumir *v. tr.* 1. *(um bem)* verbrauchen; *(comer, beber)* verzehren; 2. *(afligir)* ärgern
consumismo *s. m.* (übertriebenes) Konsumverhalten$_{nt}$
consumo *s. m.* 1. ECONOMIA Konsum$_m$, Verbrauch$_m$; 2. *(de comida, bebida)* Verzehr$_m$; consumo obrigatório: Mindestverzehr$_m$
conta *s. f.* 1. *(bancária)* Konto$_{nt}$; conta corrente: Girokonto$_{nt}$; 2. *(cálculo, factura)* Rechnung$_f$; fazer uma conta: rechnen; 3. *(encargo)*; por conta de: auf Kosten von [+*dat.*]; por conta própria: auf eigene Rechnung ❖ dar conta de alguma coisa: etwas merken/bemerken; fazer de conta que: so tun, als ob [+*conj.*]
contabilidade *s. f.* Buchhaltung$_f$, Buchführung$_f$
contabilista *s. m. e f.* Buchhalter, -in$_{m. f.}$
contactar *v. tr.* Kontakt aufnehmen mit [+*dat.*], sich in Verbindung setzen mit [+*dat.*]
contacto *s. m.* 1. *(ligação)* Verbindung$_f$, Kontakt$_m$; 2. *(com a pele)* Berührung$_f$
contador *s. m.* 1. *(da água)* Wasseruhr$_f$; *(da luz)* Stromzähler$_m$; 2. *(funcionário)* Rechnungsprüfer$_m$; 3. *(Brasil) (contabilista)* Buchhalter$_m$; 4. *(de histórias)* Erzähler$_m$
contagem *s. f.* Zählung$_f$
contagiar *v. tr.* anstecken [com, mit +*dat.*]
contágio *s. m.* Ansteckung$_f$
contagioso *adj.* ansteckend
conta-gotas *s. m. inv.* Tropfenzähler$_m$
contaminação *s. f.* 1. *(contágio)* Ansteckung$_f$; 2. *(poluição)* Verschmutzung$_f$, Verseuchung$_f$
contaminar *v. tr.* 1. *(contagiar)* anstecken; 2. *(poluir)* verschmutzen, verseuchen
contanto *loc. cj.* contanto que: sofern
conta-quilómetros *s. m. inv.* Kilometerzähler$_m$

contar I v. tr. 1. (uma história) erzählen; 2. (números) zählen; II v. intr. 1. (números) zählen; 2. (calcular) rechnen; 3. (tencionar) contar fazer alguma coisa: beabsichtigen, etwas zu tun

conta-rotações s. m. inv. Drehzahlmesser_m

contatar v. tr. (Brasil) → contactar

contato s. m. (Brasil) → contacto

contemplação s. f. 1. (observação) Betrachtung_f; 2. RELIGIÃO Kontemplation_f

contemplar I. v. tr. 1. (observar) betrachten, anschauen; 2. (um pedido) berücksichtigen; II v. refl. sich betrachten

contemporâneo I s. m. Zeitgenosse_m; II adj. zeitgenössisch

contenção s. f. Mäßigung_f

contencioso I s. m. DIREITO Strafgericht_nt; II adj. DIREITO Streit...

contenda s. f. Streit_m, Zank_m

contentamento s. m. Zufriedenheit_f, Freude_f

contentar I v. tr. befriedigen, zufrieden stellen; II v. refl. sich zufrieden geben [com, mit +dat.]

contente adj. zufrieden [com, mit +dat.], froh [com, über +ac.]

contentor s. m. Container_m

conter I v. tr. 1. (abranger) enthalten; 2. (o riso) unterdrücken; (coloq.) verkneifen; II v. refl. sich beherrschen

conterrâneo s. m. Landsmann_m

contestação s. f. Widerspruch_m

contestar I v. tr. bestreiten; (sentença) anfechten; II v. intr. widersprechen, Einspruch erheben

contestável adj. fragwürdig; (sentença) anfechtbar

conteúdo s. m. Inhalt_m; (teor) Gehalt_m

contexto s. m. Zusammenhang_m, Kontext_m

contigo pron. pess. mit dir, bei dir

contiguidade s. f. Angrenzen_nt

contíguo adj. angrenzend, benachbart

continência s. f. 1. (moderação) Mäßigung_f; 2. (sexual) Enthaltsamkeit_f; 3. MILITAR Ehrenbezeigung_f

continental adj. kontinental

continente I s. m. Kontinent_m; II adj. 1. (sexual) enthaltsam; 2. (moderado) gemäßigt

contingência s. f. Möglichkeit_f

contingente I s. m. 1. MILITAR Kontingent_nt; 2. (quota) Quote_f; II adj. möglich

continuação s. f. Fortsetzung_f, Weiterführung_f

continuar I v. tr. fortsetzen; II v. intr. (não parar) fortfahren [a, zu +dat.], weitermachen [a, mit +dat.]

continuidade s. f. Kontinuität_f, Fortdauer_f; ter continuidade: Bestand haben

contínuo I s. m. (da escola) Bürogehilfe_m, Schulgehilfe_m; II adj. 1. (seguido) ununterbrochen; acto contínuo: unverzüglich; 2. (repetido) fortgesetzt

conto s. m. (história) Erzählung_f; (de fadas) Märchen_nt

contorção s. f. Verrenkung_f

contorcer I v. tr. verrenken; (cara) verzerren; II v. refl. sich winden

contorcionista s. m. e f. Schlangenmensch_m

contornar v. tr. 1. (uma rotunda) herumgehen um [+ac.], herumfahren um [+ac.]; 2. (um assunto, uma situação) umgehen

contorno s. m. 1. (de um objecto) Kontur_f, Umriss_m; 2. (de um corpo) Rundung_f; 3. (desvio) Umweg_m

contra I s. m. Nachteil_m; II prep. 1. (em oposição) gegen [+ac.]; 2. (face a) gegenüber [+dat.]; III adv. dagegen

contra-atacar v. intr. einen Gegenangriff starten

contra-ataque s. m. Gegenangriff_m.

contrabaixo s. m. 1. MÚSICA (instrumento) Kontrabass_m; 2. (pessoa) Kontrabassist_m.

contrabalançar v. tr. aufwiegen, ausgleichen

contrabandista s. m. e f. Schmuggler_m.

contrabando s. m. 1. (actividade) Schmuggel_m; fazer contrabando (de alguma coisa): (etwas) schmuggeln; 2. (mercadoria) Schmuggelware_f.

contracção s. f. 1. (união) Zusammenziehung_f; 2. GRAMÁTICA, MEDICINA Kontraktion_f.

contracepção s. f. MEDICINA Empfängnisverhütung_f.

contraceptivo s. m. Verhütungsmittel_nt.

contradição s. f. Widerspruch_m.

contraditório adj. widersprüchlich

contradizer I v. tr. 1. (uma pessoa) widersprechen [+dat.]; 2. (um facto) bestreiten; II v. refl. sich widersprechen

contraente I s. m. e f. Vertragspartner, -in_m, f; II adj. vertragsschließend

contrafação s. f. (Brasil) → contrafacção

contrafacção s. f. 1. (de dinheiro) Fälschung_f; 2. (imitação) Nachahmung_f.

contrafeito adj. 1. (forçado) gezwungen; 2. (constrangido) beengt

contraído adj. zusammengezogen; (músculos) kontrahiert

contra-indicação s. f. MEDICINA Gegenanzeige_f, Kontraindikation_f.

contrair I v. tr. 1. (unir) zusammenziehen; 2. GRAMÁTICA, MEDICINA kontrahieren; 3. (uma dívida) machen; 4. (matrimónio) schließen [com, mit +dat.]; 5. (uma doença) bekommen; 6. (um hábito) annehmen; II v. refl. sich zusammenziehen

contralto s. m. MÚSICA Altstimme_f, Alt_m.

contramão s. f. ir na contramão: entgegen der Fahrtrichtung fahren

contramarcha s. f. Rückmarsch_m.

contramedida s. f. Gegenmaßnahme_f.

contramestre s. m. NÁUTICA Obermaat_m.

contra-ordem s. f. Gegenbefehl_m.

contrapartida s. f. 1. (peça) Gegenstück_nt; 2. (compensação) Ausgleich_m; em contrapartida: dafür

contrapeso s. m. Gegengewicht_nt.

contraplacado s. m. Sperrholz_nt; (para móveis) Furnier_nt.

contraponto s. m. MÚSICA Kontrapunkt_m.

contrapor v. tr. gegenüberstellen, entgegenstellen

contraproducente adj. kontraproduktiv, unangebracht

contraproposta s. f. Gegenvorschlag_m.

contraprova s. f. 1. DIREITO Gegenbeweis_m; 2. (verificação) Gegenprobe_f; 3. (de texto) zweite Korrektur_f.

contrariado adj. widerstrebend, widerwillig

contrariamente adv. im Gegensatz [a, zu +dat.]

contrariar v. tr. 1. (ir contra) sich entgegenstellen [+dat.]; 2. (um plano) durchkreuzen

contrariedade s. f. Widrigkeit_f, Unannehmlichkeit_f.

contrário I s. m. Gegenteil_nt; ao contrário de: im Gegensatz zu [+dat.]; pelo contrário: im Gegenteil; II adj. gegensätzlich, entgegengesetzt; caso contrário: andernfalls

contra-senha s. f. MILITAR Losungswort_nt.

contra-senso s. m. 1. (contradição) Widersinn_m; 2. (disparate) Unsinn_m.

contrastar I v. tr. (ouro, prata) den Feingehalt bestimmen von [+dat.]; II v. intr. abstechen, sich abheben [com, von +dat.]

contraste s. m. 1. (oposição) Gegensatz_m, Kontrast_m; 2. (de metais) Bestimmung_f des Feingehalts; 3. (marca nos metais) Stempel_m.

contratação s. f. Einstellung f.
contratar v. tr. (pessoal) einstellen; (músicos, grupo de teatro) engagieren
contratempo s. m. 1. (impedimento) Zwischenfall m; 2. MÚSICA Taktverschiebung f.
contrato s. m. Vertrag m.
contratual adj. vertraglich
contravenção s. f. Zuwiderhandlung f, Verstoß m.
contraveneno s. m. FARMÁCIA Gegengift nt.
contraventor I s. m. Zuwiderhandelnde m. e f.; II adj. straffällig
contravir v. tr. verstoßen gegen [+ac.], übertreten
contribuição s. f. 1. (para uma obra comum) Beitrag m [para, zu +dat.]; 2. (imposto) Steuer f; contribuição autárquica: Gemeindesteuer f.
contribuinte s. m. e f. Steuerzahler, -in m. f.
contribuir v. intr. beitragen [para, zu +dat.]
contributo s. m. Beitrag m.
contrição s. f. RELIGIÃO Reue f.
controlador s. m. Kontrolleur m; controlador de voo: Fluglotse m.
controlar I v. tr. 1. (fiscalizar) kontrollieren; 2. (a situação, os sentimentos) beherrschen; 3. (uma máquina, um aparelho) bedienen; II v. refl. sich beherrschen
controle s. m. → controlo
controlo s. m. 1. (fiscalização) Kontrolle f, Überprüfung f; 2. (de situação, sentimentos) Kontrolle f [de, über +ac.]; 3. (electrónico) Steuerung f; controlo à distância: Fernbedienung f.
controvérsia s. f. Kontroverse f, Auseinandersetzung f.
controverso adj. strittig, Streit...
contudo cj. jedoch, dennoch
contumácia s. f. 1. (teimosia) Eigensinn m; 2. DIREITO Nichterscheinen nt. (vor Gericht), Kontumaz f.

contumaz adj. eigensinnig, halsstarrig
contundente adj. 1. (coisa) Schlag...; 2. (prova) schlagkräftig
contundir v. tr. quetschen
conturbado adj. aufgeregt, verwirrt
conturbar v. tr. 1. (perturbar) beunruhigen; 2. (amotinar) aufwiegeln
contusão s. f. MEDICINA Quetschung f, Prellung f.
convalescença s. f. MEDICINA Genesung f.
convalescente s. m. e f. Genesende m. e f.
convalescer v. intr. genesen
convenção s. f. 1. (acordo) Konvention f, Abkommen nt.; 2. (formalidades) Konvention f.
convencer I v. tr. 1. (fazer crer) überzeugen [de, von +dat.]; 2. (persuadir) überreden [de, zu +dat.]; II v. refl. sich überzeugen [de, von +dat.]
convencido adj. 1. (convicto) überzeugt [de, von +dat.]; 2. (coloq.) (imodesto) eingebildet
convencional adj. 1. (de convenção) konventionell; 2. (admitido geralmente) üblich
convencionalismo s. m. Konventionen pl.
convencionar v. tr. festsetzen, vereinbaren
conveniência s. f. 1. (de palavras) Angemessenheit f; 2. (utilidade) Zweckmäßigkeit f; casamento de conveniência: Vernunftehe f.
conveniente adj. 1. (preciso, decente) angemessen; 2. (vantajoso) vorteilhaft; 3. (útil) nützlich, zweckmäßig
convénio s. m. Abkommen nt.
convento s. m. Kloster nt.
conventual adj. klösterlich, Kloster...
convergência s. f. 1. MATEMÁTICA Konvergenz f; 2. (semelhança) Übereinstimmung f.
convergente adj. 1. (igual) übereinstimmend; 2. MATEMÁTICA konvergent

convergir v. intr. 1. (raios, pessoas) zusammenlaufen; 2. (para um fim) abzielen auf [+ac.]; 3. MATEMÁTICA konvergieren

conversa s. f. Unterhaltung$_f$; (diálogo) Gespräch$_{nt}$; **conversa fiada:** Geschwätz$_{nt}$; **meter conversa com alguém:** ein Gespräch mit jemandem beginnen

conversação s. f. Konversation$_f$, Gespräch$_{nt}$

conversador adj. geschwätzig

conversão s. f. 1. (transformação) Umwandlung$_f$; 2. RELIGIÃO Bekehrung$_f$

conversar v. intr. sich unterhalten

converter I v. tr. 1. (transformar) umwandeln [em, in +ac.]; 2. RELIGIÃO bekehren; II v. refl. RELIGIÃO sich bekehren

convés s. m. inv. NÁUTICA Deck$_{nt}$

convexo adj. konvex, gewölbt

convicção s. f. Überzeugung$_f$

convicto adj. überzeugt [de, von +dat.]

convidado I s. m. Gast$_m$; II adj. geladen [para, zu +dat.]

convidar v. tr. 1. (para festa) einladen [para, zu +dat.]; 2. (solicitar) auffordern; **convidar a sair:** zum Gehen auffordern

convidativo adj. einladend

convincente adj. 1. (pessoa) überzeugend; 2. (prova) triftig

convir v. intr. 1. (ser vantajoso, ficar bem) angebracht sein; 2. (servir) passen, zusagen; 3. (concordar) einwilligen [em, in +ac.]

convite s. m. 1. (para festa) Einladung$_f$ [para, zu +dat.]; 2. (solicitação) Aufforderung$_f$ [para, zu +dat.]

convivência s. f. Zusammenleben$_{nt}$

conviver v. intr. zusammenleben [com, mit +dat.]

convívio s. m. 1. (convivência) Zusammenleben$_{nt}$ [com, mit +dat.]; 2. (reunião) geselliges Beisammensein$_{nt}$, kleines Fest$_{nt}$

convocação s. f. Aufforderung$_f$

convocar v. tr. 1. (uma reunião) einberufen; 2. DIREITO vorladen

convocatória s. f. 1. MILITAR Einberufungsschreiben$_{nt}$; 2. (para greve) Aufruf$_m$

convosco pron. pess. 1. (com vocês) mit euch, bei euch; 2. (com os senhores) mit Ihnen, bei Ihnen

convulsão s. f. 1. MEDICINA Zuckung$_f$, Krampf$_m$; 2. POLÍTICA Unruhe$_f$

convulsionar v. tr. 1. MEDICINA Krämpfe verursachen; 2. (agitar) aufwiegeln

convulso adj. 1. MEDICINA zuckend; **tosse convulsa:** Keuchhusten$_m$; 2. (agitado) aufgewühlt

cooperação s. f. 1. (trabalho conjunto) Zusammenarbeit$_f$; 2. POLÍTICA, ECONOMIA Kooperation$_f$

cooperar v. intr. 1. (trabalhar em conjunto) zusammenarbeiten; 2. POLÍTICA, ECONOMIA kooperieren

cooperativa s. f. Genossenschaft$_f$

cooperativo adj. 1. (pessoa) kooperativ; 2. (que colabora) mitwirkend; 3. (instituição) genossenschaftlich

coordenação s. f. Koordinierung$_f$

coordenadas s. f. pl. MATEMÁTICA, GEOGRAFIA Koordinaten$_{pl}$

coordenar v. tr. anordnen, koordinieren

copa s. f. 1. (de árvore) Krone$_f$; 2. (da casa) Anrichte$_f$; 3. (Brasil) DESPORTO Pokal$_m$; 4. pl. **copas:** (cartas) Herz$_{nt}$

cópia s. f. 1. (de texto) Kopie$_f$, Abschrift$_f$; (de fotografia) Abzug$_m$; 2. (imitação) Nachahmung$_f$

copiar v. tr. 1. (documento, disquete) kopieren; (texto) abschreiben; 2. (imitar) nachahmen

copioso adj. 1. (abundante) reichlich; 2. (extenso) umfangreich

copo s. m. (de vidro) Glas$_{nt}$; (de plástico) Becher$_m$; (coloq.) **estar com os copos:** besoffen sein

copo-d'água *s. m.* kalte(s) Bufett*nt.*; *(de casamento)* Hochzeitsempfang*m.*
co-proprietário *s. m.* Miteigentümer*m.*
cópula *s. f.* 1. *(ligação)* Verbindung*f.*; 2. *(acasalamento)* Begattung*f.*
copular *v. intr.* sich begatten, sich paaren
coque *s. m.* 1. QUÍMICA Koks*m.*; 2. *(na cabeça)* Klaps*m.*
coqueiro *s. m.* BOTÂNICA Kokospalme*f.*
coqueluche *s. f.* MEDICINA Keuchhusten*m.*
coquetel *s. m. (Brasil)* Cocktail*m.*
cor¹ [o] *s. f.* Farbe*f.*
cor² [ɔ] *loc. adv.* de cor (e salteado): (inund) auswendig
coração *s. m.* ANATOMIA Herz*nt.*
corado *adj.* 1. *(vermelho)* rot; 2. *(de vergonha)* schamrot
coradoiro *s. m.* Bleiche*f.*
coragem *s. f.* Mut*m.*
corajoso *adj.* mutig
coral I *s. m.* 1. ZOOLOGIA Koralle*f.*; 2. MÚSICA Choral*m.*; II *adj.* Chor...; canto coral: Chorgesang*m.*
corante *s. m.* Farbstoff*m.*
corar I *v. tr.* (roupa) bleichen; II *v. intr.* erröten, rot werden
corça *s. f.* ZOOLOGIA Ricke*f.*, Hirschkuh*f.*
corço *s. m.* ZOOLOGIA Reh*nt.*
corcova *s. f.* Buckel*m.*
corcovar *v. tr.* krümmen, beugen
corcunda I *s. f.* ANATOMIA Buckel*m.*; II *s. m. e f.* Bucklige*m. e f.*; III *adj.* bucklig
corda *s. f.* 1. *(para prender)* Seil*nt.*, Schnur*f.*; 2. MÚSICA Saite*f.*; 3. dar corda ao relógio: die Uhr aufziehen; 4. *(da roupa)* Leine*f.*
cordame *s. m.* NÁUTICA Takelwerk*nt.*
cordão *s. m.* 1. Schnur*f.*, Faden*m.*; cordão umbilical: Nabelschnur*f.*; 2. *(de polícias)* Absperrung*f.*
cordeiro *s. m.* ZOOLOGIA Lamm*nt.*
cordel *s. m.* Kordel*f.*, Schnur*f.*

cor-de-laranja I *s. m.* Orange*nt.*; II *adj.* orange, orangefarben
cor-de-rosa I *s. m.* Rosa*nt.*; II *adj.* rosa
cordial *adj.* herzlich
cordialidade *s. f.* Herzlichkeit*f.*
cordilheira *s. f.* Gebirgskette*f.*
Coreia *s. f.* Korea*nt.*
coreografia *s. f.* Choreografie*f.*
coreógrafo *s. m.* Choreograf*m.*
coreto *s. m.* Musikpavillon*m.*
coriscar *v. intr.* wetterleuchten
corista *s. m. e f.* Chorsänger, -in*m., f.*
corja *s. f.* (depr.) Pack*nt.*, Gesindel*nt.*
córnea *s. f.* ANATOMIA Hornhaut*f.*
corneta *s. f.* MÚSICA Horn*nt.*
cornetim *s. m.* MÚSICA Kornett*nt.*
cornija *s. f.* ARQUITECTURA Mauervorsprung*m.*
corno *s. m.* ZOOLOGIA Horn*nt.*; cornos: Geweih*nt.*
cornucópia *s. f.* Füllhorn*nt.*
cornudo *adj.* gehörnt
coro *s. m.* MÚSICA Chor*m.*
coroa *s. f.* 1. *(jóia, de dente)* Krone*f.*; 2. *(de flores)* Kranz*m.*; 3. *(de moeda)* Zahl*f.*
coroação *s. f.* Krönung*f.*
coroado *adj.* gekrönt
coroar *v. tr.* krönen
corografia *s. f.* Länderkunde*f.*
corolário *s. m.* Folgesatz*m.*
coronel *s. m.* MILITAR Oberst*m.*
coronha *s. f.* Gewehrkolben*m.*
corpanzil *s. m.* Hüne*m.*
corpo *s. m.* 1. Körper*m.*; RELIGIÃO corpo de Deus: Fronleichnam*m.*; corpo docente: Lehekörper; tomar corpo: Gestgalt annehmen; 2. *(cadáver)* Leiche*f.*; 3. MILITAR Korps*nt.*
corporação *s. f.* Körperschaft*f.*, Verband*m.*
corporal I *s. m.* RELIGIÃO Kelchtuch*nt.*; II *adj.* körperlich
corporativismo *s. m.* Körperschaftswesen*nt.*, Korporativismus*m.*

corporativo *adj.* korporativ
corpóreo *adj.* körperlich
corpulência *s. f.* Beleibtheit$_f$, Korpulenz$_f$
corpulento *adj.* beleibt, korpulent
corpúsculo *s. m.* FÍSICA Kleinteil$_{nt}$, Korpuskel$_{nt}$
correcção *s. f.* 1. (de teste, erro) Korrektur$_f$; 2. (de uma pessoa) Zurechtweisung$_f$; 3. (no comportamento) Anstand$_m$
correctivo I *s. m.* Strafe$_f$; II *adj.* richtigstellend
correcto *adj.* 1. (certo) richtig, korrekt; 2. (exacto) genau
corrector *s. m.* Korrekturflüssigkeit$_f$
corrediço *adj.* glatt
corredor *s. m.* 1. Läufer$_m$, Jogger$_m$; 2. (de automóveis) Rennfahrer$_m$; 3. (passagem) Korridor$_m$, Flur$_m$
corregedor *s. m.* DIREITO Gerichtspräsident$_m$
córrego *s. m.* Hohlweg$_m$
correia *s. f.* Riemen$_m$
correio *s. m.* 1. (correspondência, edifício) Post$_f$; **estação dos correios**: Postamt$_{nt}$; **correio aéreo**: Luftpost$_f$; **correio electrónico**: E-Mail$_f$; 2. (carteiro) Briefträger$_m$
correlação *s. f.* Korrelation$_f$
correligionário *s. m.* 1. RELIGIÃO Glaubensgenosse$_m$; 2. (partido) Parteigenosse$_m$
corrente I *s. f.* 1. ELECTRICIDADE Strom$_m$; 2. (metálica) Kette$_f$; 3. (da água) Strömung$_f$; **corrente de ar**: Durchzug$_m$; II *adj.* 1. (mês, ano) laufend; 2. (água) fließend; 3. (usual) üblich, gebräuchlich
correntemente *adv.* üblicherweise
correnteza *s. f.* 1. (de casas) Reihe$_f$; 2. (Brasil) (de ar) Luftzug$_m$; 3. (de rio) Strömung$_f$
correr I *v. tr.* 1. laufen; 2. (o risco) eingehen; II *v. intr.* 1. rennen, laufen; 2. (processo) verlaufen, ablaufen; 3. (água) fließen
correria *s. f.* Gerenne$_{nt}$

correspondência *s. f.* 1. (troca de cartas) Korrespondenz$_f$, Briefwechsel$_m$; 2. (correio) Post$_f$; **receber correspondência**: Post bekommen; 3. (caminhos-de-ferro) Anschluss$_m$; 4. (correlação) Entsprechung$_f$; 5. (de sentimentos) Erwiderung$_f$
correspondente I *s. m. e f.* Korrespondent, -in$_{m, f}$, Berichterstatter, -in$_{m, f}$; II *adj.* entsprechend
corresponder I *v. intr.* 1. (estar de acordo) entsprechen [a, +dat.]; 2. (sentimentos) erwidern; II *v. refl.* im Briefwechsel stehen [com, mit +dat.]
corretor *s. m.* ECONOMIA Makler$_m$
corrida *s. f.* 1. DESPORTO Rennen$_{nt}$, Lauf$_m$; **corrida de touros**: Stierkampf$_m$; 2. (competição) Wettlauf$_m$ [a, um +ac.]
corrido *adj.* (expulso) hinausgeworfen
corrigir I *v. tr.* 1. (um teste) korrigieren; 2. (um erro) berichtigen; II *v. refl.* sich bessern
corrigível *adj.* verbesserungsfähig
corrimão *s. m.* Geländer$_{nt}$
corrimento *s. m.* MEDICINA Ausfluss$_m$, Absonderung$_f$
corriqueiro *adj.* alltäglich, unbedeutend
corroboração *s. f.* Bekräftigung$_f$, Bestärkung$_f$
corroborar *v. tr.* bekräftigen, bestärken
corroer *v. tr.* zerfressen, zernagen
corromper I *v. tr.* 1. (carne, sociedade) verderben; 2. (subornar) bestechen; II *v. refl.* verkommen, verderben
corrosão *s. f.* Korrosion$_f$
corrosivo *adj.* korrosiv; **agente corrosivo**: Ätzmittel$_{nt}$
corrupção *s. f.* Korruption$_f$, Bestechung$_f$
corrupto *adj.* korrupt, bestechlich
corsário *s. m.* Seeräuber$_m$
cortadela *s. f.* Schnitt$_m$
cortador *s. m.* Schneidemaschine$_f$; **cortador de relva**: Rasenmäher$_m$

corta-mato s. m. Querfeldeinrennen$_{nt.}$
cortante adj. 1. (objecto) scharf; 2. (fig.) bitter, schneidend
cortar I v. tr. 1. (papel, cabelo) schneiden; (de um pedaço) abschneiden; (uma árvore) fällen; **cortar ao meio:** durchschneiden; 2. (gás, água) absperren; 3. (de uma lista) streichen; II v. refl. sich schneiden
corte[1] [ɔ] s. m. 1. (num dedo) Schnitt$_{m.}$; **corte de árvores:** Fällen$_{nt.}$; 2. (de cabelo) Haarschnitt; 3. (de relações) Abbruch$_{m.}$
corte[2] [o] s. f. Hof$_{m.}$
cortejar v. tr. den Hof machen [+dat.]
cortejo s. m. Festzug$_{m.}$; **cortejo fúnebre:** Leichenzug$_{m.}$
cortês adj. höflich
cortesia s. f. Höflichkeit$_{f.}$
córtex s. m. 1. BOTÂNICA Rinde$_{f.}$; 2. ANATOMIA Kortex$_{m.}$
cortiça s. f. Kork$_{m.}$
corticite s. f. Presskork$_{m.}$
cortiço s. m. 1. (de abelhas) Bienenkorb$_{m.}$; 2. (Brasil) (bloco de habitação) Kasten$_{m.}$
cortina s. f. Gardine$_{f.}$, Vorhang$_{m.}$
cortinado s. m. Gardinen$_{pl.}$
coruja s. f. ZOOLOGIA Eule$_{f.}$
corujão s. m. ZOOLOGIA Uhu$_{m.}$
coruscar v. intr. blitzen
corveta s. f. NÁUTICA Korvette$_{f.}$
corvo s. m. ZOOLOGIA Rabe$_{m.}$
cós s. m. inv. Bund$_{m.}$
coscuvilhar v. intr. (coloq.) klatschen
coscuvilheiro s. m. (coloq.) Klatschbase$_{f.}$
coscuvilhice s. f. (coloq.) Klatsch$_{m.}$
co-seno s. m. MATEMÁTICA Kosinus$_{m.}$
coser v. tr. e intr. nähen [a, an +ac.]
cosmética s. f. Kosmetik$_{f.}$
cosmético I s. m. Schönheitspflegemittel$_{nt.}$, Kosmetikum$_{nt.}$; II adj. kosmetisch
cósmico adj. kosmisch
cosmologia s. f. ASTRONOMIA Kosmologie$_{f.}$
cosmopolita adj. weltbürgerlich, kosmopolitisch
cosmorama s. m. Guckkasten$_{m.}$
cosmos s. m. inv. Weltall$_{nt.}$, Kosmos$_{m.}$
costa s. f. 1. GEOGRAFIA Küste$_{f.}$; 2. pl. **costas:** ANATOMIA Rücken$_{m.}$; 3. (da cadeira) Lehne$_{f.}$
costear v. intr. die Küste entlang fahren
costeiro adj. Küsten...
costela s. f. ANATOMIA Rippe$_{f.}$
costeleta s. f. Kotelett$_{nt.}$
costumar v. intr. **costumar fazer alguma coisa:** pflegen etwas zu tun
costume s. m. Sitte$_{f.}$, Brauch$_{m.}$; (hábito) Angewohnheit$_{f.}$; **é costume:** es ist üblich
costumeiro adj. üblich
costura s. f. 1. (actividade) Nähen$_{nt.}$; 2. (de roupa, soldadura) Naht$_{f.}$
costurar v. intr. nähen
costureiro s. m. Schneider$_{m.}$, Näherin$_{f.}$
cota s. f. 1. (porção) Quote$_{f.}$, Anteil$_{m.}$; 2. (quantia) Beitrag$_{m.}$
cotação s. f. ECONOMIA Kurs$_{m.}$
cotão s. m. Staubflocke$_{f.}$
cotar v. tr. ECONOMIA notieren [em, mit +dat.]
cotejar v. tr. vergleichen
cotejo s. m. Vergleich$_{m.}$
cotovelada s. f. Stoß$_{m.}$ (mit dem Ellbogen)
cotovelo s. m. ANATOMIA Ellbogen$_{m.}$
cotovia s. f. ZOOLOGIA Lerche$_{f.}$
couraça s. f. Panzer$_{m.}$
couro s. m. 1. (de animal) Tierhaut$_{f.}$; 2. (trabalhado) Leder$_{nt.}$; 3. (pop.) (de pessoa) Haut$_{f.}$; **couro cabeludo:** Kopfhaut$_{f.}$
coutada s. f. Gehege$_{nt.}$
couve s. f. BOTÂNICA Kohl$_{m.}$; **couve lombarda:** Weißkohl$_{m.}$; **couve roxa:** Rotkohl$_{m.}$
couve-de-bruxelas s. f. inv. BOTÂNICA Rosenkohl$_{m.}$
couve-flor s. f. BOTÂNICA Blumenkohl$_{m.}$

cova s. f. 1. (na terra) Grube_f_; 2. (sepultura) Grab_nt_; 3. (caverna) Höhle_f_
covarde s. m. e f. Feigling_m_
covardia s. f. Feigheit_f_
coveiro s. m. Totengräber_m_
covil s. m. (de animais) Bau_m_
covinha s. f. Grübchen_nt_
coxa s. f. 1. ANATOMIA Oberschenkel_m_; 2. CULINÁRIA Keule_f_
coxear v. intr. hinken
coxia s. f. 1. (passagem) Durchgang_m_; 2. NÁUTICA Laufsteg_m_
coxo adj. lahm
cozedura s. f. 1. (de batatas) Kochen_nt_; 2. (de pão) Backen_nt_
cozer v. tr. 1. (batatas) kochen; 2. (pão) backen
cozido I s. m. portugiesisches Fleischgericht; II adj. 1. (batatas) gekocht; batatas cozidas: Salzkartoffeln_pl_; 2. (pão) gebacken
cozinha s. f. Küche_f_
cozinhado s. m. Gericht_nt_
cozinhar v. tr. e intr. kochen
cozinheiro s. m. Koch_m_
CP [abrev. de Caminhos-de-ferro Portugueses] Portugiesische Eisenbahngesellschaft
crachá s. m. Button_m_
crânio s. m. ANATOMIA Schädel_m_
crápula s. m. Lump_m_
craque s. m. Crack_m_
crasso adj. 1. (grande) krass; 2. (grosso) dick; 3. (grosseiro) grob; erro crasso: grober Fehler
cratera s. f. Krater_m_
crava s. m. e f. (coloq.) Schnorrer, -in_m, f_
cravar v. tr. 1. (pregar) nageln; 2. (pedras preciosas) einfassen; 3. (coloq.) (pedir) schnorren
cravinho s. m. BOTÂNICA Gewürznelke_f_
cravo s. m. 1. BOTÂNICA Nelke_f_; 2. MEDICINA Warze_f_; 3. MÚSICA Cembalo_nt_

cravo-da-índia s. m. BOTÂNICA Gewürznelke_f_
creche s. f. Kinderkrippe_f_
credenciais s. f. pl. Ernennungsurkunde_f_
credibilidade s. f. Glaubwürdigkeit_f_
creditar v. tr. gutschreiben
crédito s. m. 1. ECONOMIA Guthaben_nt_; 2. (de conta) Haben_nt_; débito e crédito: das Soll und das Haben; 3. (empréstimo) Kredit_m_; 4. (confiança) Vertrauen_nt_
credível adj. glaubwürdig, glaubhaft
credo I s. m. RELIGIÃO Glaubensbekenntnis_nt_; II interj. schrecklich!, pfui!
credor s. m. Gläubige_m, f_
credulidade s. f. Leichtgläubigkeit_f_
crédulo adj. leichtgläubig
cremação s. f. Einäscherung_f_
cremalheira s. f. MECÂNICA Zahnstange_f_
cremar v. tr. einäschern
crematório s. m. Krematorium_nt_
creme s. m. 1. (cosmética) Creme_f_; 2. CULINÁRIA (sopa) Cremesuppe_f_; (sobremesa) Creme_f_; (Brasil) creme de leite: Sahne_f_
cremoso adj. cremig
crença s. f. Glaube_m_ [em, an +ac.]
crendice s. f. (depr.) Aberglaube_m_
crente I s. m. e f. Gläubige_m e f_; II adj. gläubig
crepe s. m. 1. CULINÁRIA Krepp_f_; 2. (tecido) Krepp_m_
crepitação s. f. Knistern_nt_
crepitar v. intr. knistern
crepuscular adj. dämmerig, Dämmer...
crepúsculo s. m. Dämmerung_f_
crer I v. intr. glauben [em, an +ac.]; creio que sim/não: ich glaube ja/nein; II v. refl. sich halten für [+ac.]
crescente I s. m. ASTRONOMIA zunehmende(r) Mond_m_; II adj. wachsend, zunehmend; quarto crescente: Halbmond_m_

crescer v. tr. 1. (em tamanho) wachsen; 2. (pessoa) aufwachsen; 3. (em quantidade) zunehmen

crescido adj. (pessoa) groß, erwachsen

crescimento s. m. 1. (em tamanho) Wachstum$_{nt}$; 2. (em quantidade) Zunahme$_f$

crespo adj. 1. (cabelo) kraus; 2. (mar) bewegt; 3. (superfície) rau

cretino s. m. Kretin$_m$, Schwachkopf$_m$

cria s. f. Junge$_{nt}$; **crias**: Wurf$_m$

criação s. f. 1. (invenção) Schaffung$_f$; 2. (do mundo) Schöpfung$_f$; 3. (de crianças) Erziehung$_f$; 4. (de animais) Zucht$_f$

criado I s. m. Diener$_m$; II adj. erzogen

criado-mudo s. m. (Brasil) Nachttisch$_m$

criador I s. m. (de animais) Züchter$_m$; II adj. schöpferisch

Criador s. m. Schöpfer$_m$

criança s. f. Kind$_{nt}$; **criança de colo**: Säugling$_m$

criançada s. f. Kinderschar$_f$

criancice s. f. (depr.) Kinderei$_f$

criar v. tr. 1. (produzir) erzeugen; 2. (inventar) schaffen; 3. (crianças) erziehen; 4. (animais) züchten

criativo adj. kreativ

criatura s. f. Geschöpf$_{nt}$, Kreatur$_f$

crime s. m. Verbrechen$_{nt}$; **cometer um crime**: ein Verbrechen begehen

criminal adj. kriminell

criminalidade s. f. Kriminalität$_f$

criminologia s. f. DIREITO Kriminologie$_f$

criminoso I s. m. Verbrecher$_m$; II adj. strafbar

crina s. f. Mähne$_f$

crioulo I s. m. Kreole$_m$; II adj. kreolisch

cripta s. f. Krypta$_f$

críquete s. m. DESPORTO Kricket$_{nt}$

crisálida s. f. ZOOLOGIA Puppe$_f$

crisântemo s. m. BOTÂNICA Chrysanteme$_f$

crise s. f. Krise$_f$; **crise de nervos**: Nervenzusammenbruch$_m$

crisma s. m. RELIGIÃO Firmung$_f$

crismar v. tr. RELIGIÃO firmen

crispar I v. tr. kräuseln; II v. refl. zusammenzucken

crista s. f. Kamm$_m$

cristal s. m. Kristall$_{nt}$; **de cristal**: kristallen

cristaleira s. f. Gläserschrank$_m$

cristalino I s. m. ANATOMIA Linse$_f$; II adj. kristallklar

cristalizado adj. (fruta) kandiert

cristandade s. f. Christenheit$_f$

cristão I s. m. Christ$_m$; II adj. christlich

cristianismo s. m. Christentum$_{nt}$

cristianização s. f. Christianisierung$_f$

Cristo s. m. Christus$_m$

critério s. m. Kriterium$_{nt}$; **deixar alguma coisa ao critério de alguém**: jemandem die Entscheidung über etwas überlassen

criterioso adj. vernünftig, verständnisvoll

crítica s. f. Kritik$_f$

criticar v. tr. kritisieren

crítico I s. m. Kritiker$_m$; II adj. kritisch

crivar v. tr. durchlöchern

crível adj. glaubhaft

Croácia s. f. Kroatien$_{nt}$

croata I s. m. Kroate$_m$; II adj. kroatisch

croché s. m. Häkelarbeit$_f$

crocodilo s. m. ZOOLOGIA Krokodil$_{nt}$

croissant s. m. Croissant$_{nt}$

cromado adj. verchromt

crómio s. m. QUÍMICA Chrom$_m$

cromossoma s. m. BIOLOGIA Chromosom$_{nt}$

crónica s. f. Chronik$_f$

crónico adj. chronisch

cronista s. m. e f. Chronist, -in$_{m, f}$

cronologia s. f. Chronologie$_f$

cronológico adj. chronologisch

cronometrar v. tr. stoppen, die Zeit nehmen

cronómetro *s. m.* Stoppuhr*f.*
croquete *s. m.* CULINÁRIA Krokette*f.*
crosta *s. f.* Kruste*f.*; crosta terrestre: Erdkruste*f.*
cru *adj.* 1. (material) naturbelassen; roh; (alimento) ungekocht, roh; 2. (rude) rau
crucial *adj.* (decisivo) entscheidend
crucificação *s. f.* Kreuzigung*f.*
crucificar *v. tr.* kreuzigen
crucifixo *s. m.* Kruzifix*nt.*
cruciforme *adj.* kreuzförmig
cruel *adj.* grausam, unmenschlich
crueldade *s. f.* Grausamkeit*f.*
crustáceo *s. m.* ZOOLOGIA Schalentier*nt.*
cruz *s. f.* Kreuz*nt.*
cruzada *s. f.* Kreuzzug*m.*
cruzado *adj.* (braços) verschränkt; (pernas) übereinandergeschlagen; palavras cruzadas: Kreuzworträtsel*nt.*
cruzamento *s. m.* Kreuzung*f.*
cruzar I *v. tr.* (rua) überkreuzen; cruzar os braços: die Arme verschränken; cruzar as pernas: die Beine übereinanderschlagen; II *v. refl.* begegnen [com, +dat.]
cruzeiro *s. m.* Kreuzfahrt*f.*
cruzes *interj.* Gott bewahre!
cruzeta *s. f.* Kleiderbügel*m.*
cu *s. m.* (vulg.) Arsch*m.*
cúbico *adj.* kubisch; metro cúbico: Kubikmeter*m.*
cubículo *s. m.* Kämmerchen*nt.*
cúbito *s. m.* ANATOMIA Elle*f.*
cubo *s. m.* MATEMÁTICA Würfel*m.*
cuco *s. m.* Kuckuck*m.*
cuecas *s. m. pl.* Slip*m.*, Unterhose*f.*
cueiro *s. m.* Windel*f.*
cuidado I *s. m.* 1. (preocupação) Sorge*f.*; 2. (precaução) Sorgfalt*f.*; 3. (cautela) Vorsicht*f.*; 4. (responsabilidade) ao cuidado de: bei [+dat.]; deixar alguma coisa ao cuidado de alguém: jemandem etwas überlassen; II *interj.* Vorsicht!
cuidadoso *adj.* 1. (precavido) vorsichtig [com, mit +dat.]; 2. (aplicado) sorgfältig [com, bei +dat.]
cuidar I *v. intr.* 1. (tratar) sorgen [de, für +ac.], sich kümmern [de, um +ac.]; 2. (pensar) denken; II *v. refl.* 1. (fisicamente) sich pflegen; 2. (zelar-se) auf sich aufpassen
cujo *pron. rel.* dessen, deren
culatra *s. f.* Gewehrkolben*m.*
culinária *s. f.* Kochkunst*f.*
culinário *adj.* kulinarisch
culminação *s. f.* ASTRONOMIA Höhepunkt*m.*, Kulmination*f.*
culminância *s. f.* Höhepunkt*m.*
culminante *adj.* überragend; ponto culminante: Gipfel*m.*; momento culminante: entscheidender Augenblick
culminar *v. intr.* gipfeln [em, in +dat.], den Höhepunkt erreichen
culpa *s. f.* Schuld*f.*; ter (a) culpa de: schuld sein an [+dat.]; por culpa de: wegen [+gen.]
culpado I *s. m.* Schuldige*m. e f.*; II *adj.* schuldig [de, an +dat.]
culpar I *v. tr.* beschuldigen [de/por, +gen.]; II *v. refl.* die Schuld auf sich nehmen [por, für +ac.]
cultivar I *v. tr.* 1. (a terra) bestellen, bebauen; (legumes) anbauen, anpflanzen; 2. (uma amizade) pflegen; II *v. refl.* sich bilden
cultivo *s. m.* 1. AGRICULTURA (da terra) Bestellen*nt.*; 2. (de legumes) Anbau*m.*; 3. (de uma amizade) Pflege*f.*
culto I *s. f.* Kult*m.*; II *adj.* gebildet
cultura *s. f.* 1. (de um povo) Kultur*f.*; 2. (de uma pessoa) Bildung*f.*; cultura geral: Allgemeinbildung*f.*; 3. (da terra) Bestellen*nt.*
cultural *adj.* kulturell, Kultur...
culturismo *s. m.* Bodybuilding*nt.*
cume *s. m.* 1. (de um monte) Gipfel*m.*, Spitze*f.*; 2. (auge) Höhepunkt*m.*

cumeeira s. f. First_m.

cúmplice I s. m. e f. Komplíz|e, -in_{m., f.}; II adj. mitschuldig [em, an +dat.]

cumplicidade s. f. Komplizenschaft_f, Mitschuld_f

cumpridor adj. zuverlässig

cumprimentar I v. tr. 1. (saudar) grüßen, begrüßen; 2. (felicitar) beglückwünschen; II v. intr. grüßen

cumprimento s. m. 1. (de ordem, lei) Befolgung_f; 2. (de tarefa) Ausführung_f; 3. (saudação) Gruß_m; 4. (felicitação) Glückwunsch_m

cumprir I v. tr. 1. (uma ordem, lei) befolgen; 2. (uma tarefa) ausführen, erledigen; 3. (uma promessa) erfüllen; 4. (a palavra) halten; 5. (um prazo) einhalten; II v. intr. pflichtbewusst sein

cúmulo s. m. Gipfel_m; isso é o cúmulo!: das ist die Höhe!; o cúmulo da estupidez: der Gipfel der Dummheit

cunha s. f. 1. (objecto) Keil_m; 2. (relações) Beziehungen_pl

cunhado s. m. Schwager_m

cunhagem s. f. Prägung_f

cunhar v. tr. prägen

cunho s. m. 1. (carimbo) Prägestempel_m; 2. (marca) Prägung_f; 3. (carácter) Gepräge_nt

cupão s. m. Kupon_m

cúpula s. f. 1. ARQUITECTURA Kuppel_f; 2. (de partido) Spitze_f

cura s. f. Kur_f; cura de desintoxicação: Entziehungskur_f

curado adj. 1. (pessoa, doença) geheilt; 2. (queijo) abgelagert; 3. (carne) gedörrt

curandeiro s. m. Kurpfuscher_m, Wunderheiler_m

curar I v. tr. MEDICINA (pessoa) heilen; (ferida) behandeln; II v. refl. gesund werden; genesen

curativo s. m. Pflaster_nt

curável adj. heilbar

cúria s. f. Kurie_f

curiosidade s. f. 1. (sentimento) Neugierde_f; 2. (raridade) Kuriosität_f; 3. (turismo) Sehenswürdigkeit_f

curioso adj. 1. (indiscreto) neugierig; 2. (estranho) kurios, merkwürdig

curral s. m. Pferch_m

currículo s. m. 1. (profissional) Laufbahn_f; (por escrito) Lebenslauf_m; 2. (programa escolar) Curriculum_nt

curriculum s. m. → currículo

cursar v. tr. (Brasil) (disciplina) studieren; (universidade) besuchen; (curso) absolvieren

cursivo adj. kursiv

curso s. m. 1. (andamento) Lauf_m, Gang_m; 2. (aulas) Kurs_m, Lehrgang_m; curso de formação: Fortbildungskurs_m; 3. (na universidade) Studium_nt

cursor s. m. INFORMÁTICA Cursor_m

curtição s. f. (coloq.) Spaß_m

curtir I v. tr. 1. (couro) gerben; 2. (coloq.) (música, pessoa) abfahren auf [+ac.], stehen auf [+ac.]; II v. intr. (coloq.) (divertir-se) sich bombig/tierisch amüsieren

curto adj. 1. (tamanho) kurz, knapp; 2. (duração) kurz; 3. (inteligência) beschränkt

curto-circuito s. m. ELECTRICIDADE Kurzschluss_m

curtume s. m. Gerbstoff_m

curva s. f. Kurve_f

curvado adj. krumm

curvar I v. tr. krümmen, biegen; II v. refl. 1. (inclinar-se) sich bücken; 2. (submeter-se) sich beugen [a, +dat.]

curvatura s. f. Krümmung_f

curvo adj. krumm, gebogen

cuspe s. m. Spucke_f

cuspido *adj. (expelido)* ser cuspido: hinausgeschleudert werden
cuspir I *v. tr.* 1. spucken; 2. *(expelir)* hinausschleudern, hinauswerfen; II *v. intr.* (aus)spucken
cuspo *s. m.* Spucke$_f$
custar I *v. tr.* kosten; II *v. intr.* schwerfallen; isso não custa (nada): das ist (ganz) leicht; custa a crer: das ist kaum zu glauben
custas *s. f. pl.* DIREITO Kosten$_{pl.}$; à(s) custas(s) de: zu Lasten von [+dat.]; (financeiramente) auf Kosten von [+dat.]
custear *v. tr.* die Kosten tragen von [+dat.], finanzieren
custo *s. m.* 1. *(preço)* Preis$_m$; custos: Kosten$_{pl.}$; 2. *(esforço)* Mühe$_f$; a todo o custo: unbedingt
custódia *s. f.* 1. *(de prisioneiros)* Aufsicht$_f$, Bewachung$_f$; 2. *(de crianças)* Sorgerecht$_{nt.}$
custódio *adj.* Schutz...
custoso *adj.* 1. *(caro)* kostspielig; 2. *(difícil)* mühsam, schwierig
cutâneo *adj.* Haut...; erupção cutânea: Hautausschlag$_m$
cutelo *s. m.* Hackmesser$_{nt.}$
cútis *s. f. inv.* Haut$_f$
CV [*abrev. de* **cavalo-vapor**] PS [*abrev. de* Pferdestärke]

D

D, d *s. m.* D, d$_{nt.}$
D. [*abrev. de* **Dona**] Fr. [*abrev. de* Frau]
da *contr. da prep.* de + *art. def.* a
dacolá *adv.* dorther, von dort
dactilografar *v. tr.* mit der Maschine schreiben; *(coloq.)* tippen
dactilografia *s. f.* Maschinenschreiben$_{nt.}$
dactilógrafo *s. m.* Maschinenschreiber$_m$
dádiva *s. f.* Gabe$_f$; *(presente)* Geschenk$_{nt.}$
dado I *s. m.* 1. *(de jogo)* Würfel$_m$; lançar os dados: würfeln; 2. *(facto)* Tatsache$_f$; 3. *(base)* Tatbestand$_m$, Sachverhalt$_m$; 4. MATEMÁTICA meßbare Größe$_f$; 5. *pl.* dados: INFORMÁTICA Daten$_{pl.}$; II *adj.* 1. *(concedido)* gegeben; 2. *(dedicado)* ergeben [a, +dat.]; 3. *(sociável)* freundlich; 4. *(propenso)* ser dado a alguma coisa: zu etwas neigen; III *cj.* dado que...: da...
dador *s. m.* Spender$_m$
daí *adv.* 1. *(lugar)* von da, von dort; 2. *(por isso)* daher, daraus
dalém *adv.* von dort, von da
dali *adv.* von da, von dort
dália *s. f.* BOTÂNICA Dahlie$_f$
dálmata *s. m.* ZOOLOGIA Dalmatiner$_m$
daltónico *adj.* farbenblind
daltonismo *s. m.* Farbenblindheit$_f$
dama *s. f.* 1. Dame$_f$; 2. *(de cartas, damas)* Dame$_f$; 3. *pl.* damas: *(jogo)* Damespiel$_{nt.}$
damasco *s. m.* 1. BOTÂNICA Aprikose$_f$; 2. *(tecido)* Damast$_m$
danação *s. f.* Verdammung$_f$
danado *adj.* 1. *(condenado)* verdammt; 2. *(furioso)* wütend; 3. *(malandro)* verrufen
dança *s. f.* Tanz$_m$
dançar *v. tr.* tanzen

dançarino s. m. Tänzer_m_
danificação s. f. 1. *(acção de danificar)* Beschädigung_f_; 2. *(estrago)* Schaden_m_
danificar v. tr. beschädigen
daninho adj. schädlich; **ervas daninhas:** Unkraut_nt_
dano s. m. 1. *(prejuízo)* Schaden_m_; 2. *(perda)* Verlust_m_
dantes adv. früher
Danúbio s. m. Donau_f_
daquele contr. da prep. de + pron. dem. aquele
daquém adv. von dieser Seite, von hier
daqui adv. von hier; **daqui a pouco/nada:** gleich/sofort; **daqui a um mês:** in einem Monat; **daqui em diante:** von jetzt an
daquilo contr. da prep. de + pron. dem. inv. aquilo
dar I v. tr. 1. geben; *(oferecer)* schenken; *(entregar)* überreichen; 2. *(conceder)* erteilen, gewähren; 3. *(soma)* ergeben; 4. *(produzir)* geben, erzeugen; II v. intr. 1. *(ser possível)* möglich sein; *(coloq.)* klappen; 2. *(ser suficiente)* reichen; 3. bemerken; **não dar por nada:** nichts merken; 4. *(encontrar)* dar com: finden; 5. *(janela, caminho)* führen [para, zu +dat.]; 6. *(na televisão)* kommen; III v. refl. 1. *(plantas)* wachsen; 2. *(acontecer)* sich ereignen; 3. *(com alguém)* verkehren ❖ **dar à luz:** entbinden; **dar nas vistas:** auffallen
dardo s. m. 1. DESPORTO Speer_m_; 2. *(jogo)* Wurfpfeil_m_
darwinismo s. m. Darwinismus_m_
data s. f. 1. Datum_nt_; 2. *(grande quantidade)* **uma data de:** eine große Menge
datar I v. tr. datieren; II v. intr. datieren [de, aus/von +dat.]
dativo s. m. GRAMÁTICA Dativ_m_
d.C. [abrev. de **depois de Cristo**] n. Chr. [abrev. de nach Christus]

de prep. 1. *(proveniência, origem)* aus [+dat.], von [+dat.]; **ela é de Inglaterra:** sie kommt aus England; **recebi uma carta da Maria:** ich habe einen Brief von Maria bekommen; 2. *(material)* aus [+dat.]; **uma cadeira de madeira:** ein Stuhl aus Holz; 3. *(posse)* von [+dat.]; 4. *(temporal)* von [+dat.]; **de... a...:** von... bis...; **de hoje a oito (dias):** heute in einer Woche; 5. *(modo)* mit [+dat.]; **de carro:** mit dem Auto; **estar de pé:** stehen; 6. *(causa)* vor [+dat.]; **de medo:** vor Angst; 7. *(distância, contagem)* von [+dat.]; **de zero a vinte:** von null bis zwanzig; 8. *(comparação)* **mais de vinte:** mehr als zwanzig
deambular v. intr. herumstreifen
debaixo adv. unten; **debaixo de:** unter [+ac./dat.]
debalde adv. vergeblich; umsonst
debandada s. f. Flucht_f_
debate s. m. Debatte_f_
debater I v. tr. debattieren, erörtern; II v. refl. sich sträuben [com, gegen +ac.]
debelar v. tr. *(uma crise)* überwinden
debicar v. tr. e intr. 1. *(pássaro)* picken [em, an +dat.]; 2. *(comer)* naschen [em, von +dat.]
débil adj. 1. *(corpo)* schwach, schwächlich; 2. *(mente)* schwachsinnig, geistesschwach
debilidade s. f. Schwäche_f_; **debilidade mental:** Schwachsinnigkeit_f_, Geistesschwäche_f_
debilitar I v. tr. schwächen; II v. refl. schwach werden
debitar v. tr. im Soll buchen
débito s. m. Soll_nt_; *(dívida)* Schuld_f_; **débito e crédito:** Soll und Haben
debochar v. intr. *(Brasil)* **debochar de:** spotten über [+ac.]
deboche s. m. *(Brasil)* Spott_m_

debruar *v. tr.* einfassen

debruçar I *v. tr.* beugen; II *v. refl.* 1. (na janela) sich hinauslehnen [em, aus +*dat.*]; 2. (assunto) sich befassen [sobre, mit +*dat.*]

debrum *s. m.* Borte $_f$.

debulhadora *s. f.* AGRICULTURA Mähdrescher $_m$.

debulhar *v. tr.* AGRICULTURA dreschen

debuxar *v. tr.* entwerfen; (quadro) skizzieren

debuxo *s. m.* Entwurf $_m$.; (quadro) Skizze $_f$.

década *s. f.* Jahrzehnt $_{nt}$.

decadência *s. f.* Dekadenz $_f$; (época) Niedergang $_m$; (costumes) Verfall $_m$; estar em decadência: verfallen

decadente *adj.* dekadent

decágono *s. m.* Zehneck $_{nt}$.

decair *v. intr.* nachlassen

decalcar *v. tr.* durchpausen, abpausen

decalque *s. m.* Pausen $_{nt}$, Durchpausen $_{nt}$.

decano *s. m.* Dekan $_m$.

decantar *v. tr.* klären

decapagem *s. f.* Beize $_f$.

decapar *v. tr.* dekapieren, abbeizen

decapitação *s. f.* Enthauptung $_f$.

decapitar *v. tr.* enthaupten

decatlo *s. m.* DESPORTO Zehnkampf $_m$.

decenal *adj.* zehnjährig

decência *s. f.* 1. (decoro) Anstand $_m$; 2. (asseio) Sauberkeit $_f$, Reinlichkeit $_f$.

decénio *s. m.* Jahrzehnt $_{nt}$.

decente *adj.* 1. (decoroso) anständig; 2. (asseado) sauber, reinlich

decepar *v. tr.* verstümmeln

decepção *s. f.* Enttäuschung $_f$.

decepcionado *adj.* enttäuscht [com, von +*dat.*]

decepcionar *v. tr.* enttäuschen

decerto *adv.* gewiss, sicherlich

decididamente *adv.* entschieden

decidido *adj.* 1. (resolvido) entschlossen [a, zu +*dat.*]; 2. (resoluto) entschieden

decidir I *v. tr.* beschließen; II *v. intr.* entscheiden [entre, zwischen +*dat.*]; III *v. refl.* sich entschließen, sich entscheiden [a, zu +*dat.*; por, für +*ac.*]

decifrar *v. tr.* (letra) entziffern; (código) dechiffrieren

decilitro *s. m.* Deziliter $_m$.

décima *s. f.* Zehntel $_{nt}$.

decimal *adj.* dezimal

decímetro *s. m.* Dezimeter $_m$.

décimo I *s. m.* Zehntel $_{nt}$.; II *num. ord.* zehnte(r, s)

decisão *s. f.* 1. (escolha) Entscheidung $_f$. [entre, zwischen +*dat.*]; 2. (resolução) Entschluss $_m$; (do tribunal) Beschluss $_m$; tomar uma decisão: einen Entschluss fassen

decisivo *adj.* entscheidend, ausschlaggebend

declamação *s. f.* Deklamation $_f$.

declamar *v. tr. e intr.* deklamieren

declaração *s. f.* 1. (acção, documento) Erklärung $_f$; 2. (afirmação, depoimento) Aussage $_f$.

declaradamente *adv.* offensichtlich

declarado *adj.* offenkundig, deutlich

declarar I *v. tr.* 1. (anunciar) erklären; 2. (rendimentos) angeben; (na alfândega) verzollen; II *v. refl.* 1. (manifestar-se) sich aussprechen [contra, gegen +*ac.*; a favor de, für +*ac.*]; declarar culpado: sich schuldig bekennen; 2. (a alguém) eine Liebeserklärung machen [a, +*dat.*]

declinação *s. f.* 1. (inclinação) Neigung $_f$; 2. GRAMÁTICA, ASTRONOMIA Deklination $_f$.

declinar I *v. tr.* 1. (recusar) zurückweisen; 2. GRAMÁTICA deklinieren; II *v. intr.* (decair) sinken, nachlassen

declínio *s. m.* Niedergang $_m$, Verfall $_m$.

declive s. m. Gefälle*nt.*; em declive: abschüssig

decolagem s. f. (Brasil) AERONÁUTICA Abheben*nt*, Start*m*

decolar v. intr. (Brasil) AERONÁUTICA abheben, starten

decompor I v. tr. QUÍMICA zerlegen; II v. refl. zerfallen; (cadáver) verwesen

decomposição s. f. Zerfall*m*; (cadáver) Verwesung*f*; QUÍMICA Zerlegung*m*

decoração s. f. 1. (actividade) Dekoration*f*; 2. (equipamento, móveis) Einrichtung*f*

decorador s. m. Dekorateur*m*; decorador de interiores: Raumausstatter*m*

decorar v. tr. 1. (ornamentar) dekorieren, schmücken; 2. (casa) einrichten; 3. (matéria) auswendig lernen

decorativo adj. dekorativ

decoro s. m. Anstand*m*, Schicklichkeit*f*

decoroso adj. anständig, schicklich

decorrer v. intr. 1. (realizar-se) stattfinden; 2. (acontecimentos) ablaufen, verlaufen; 3. (tempo) vergehen

decotado adj. ausgeschnitten, dekolletiert

decote s. m. Ausschnitt*m*, Dekolletee*nt*

decrépito adj. gebrechlich, altersschwach

decrepitude s. f. Gebrechlichkeit*f*, Altersschwäche*f*

decrescente adj. abnehmend, fallend

decrescer v. intr. abnehmen, fallen

decréscimo s. m. Abnahme*f*, Rückgang*m*

decretar v. tr. anordnen, verfügen

decreto s. m. Verordnung*f*, Erlass*m*

decreto-lei s. m. Gesetzesverordnung*f*

decurso s. m. 1. (acontecimentos) Ablauf*m*, Verlauf*m*; 2. (tempo) Lauf*m*; no decurso da semana: im Lauf der Woche

dedada s. f. Fingerabdruck*m*

dedal s. m. Fingerhut*m*

dedaleira s. f. BOTÂNICA Fingerhut*m*

dedicação s. f. 1. (devoção) Hingabe*f*; 2. (trabalho) Fleiß*m*

dedicado adj. (trabalho) fleißig

dedicar I v. tr. widmen [a, +*dat.*]; II v. refl. sich widmen [a, +*dat.*]

dedicatória s. f. Widmung*f* [a, für +*ac.*]

dedo s. m. ANATOMIA Finger*m*; dedo do pé: Zehe*f*, Zeh*m*

dedução s. f. 1. (quantia) Abzug*m*; 2. (ilação) Folgerung*f*, Schlussfolgerung*f*; 3. FILOSOFIA Deduktion*f*

dedutivo adj. deduktiv

deduzir v. tr. 1. (quantia) abrechnen [de, von +*dat.*]; 2. (inferir) folgern, ableiten [de, aus +*dat.*]

defecação s. f. Stuhlgang*m*

defecar v. intr. Stuhlgang haben

defeito s. m. 1. (moral) Fehler*m*; (físico) Gebrechen*nt*; 2. (em produto) Fehler*m*, Defekt*m*

defeituoso adj. (produto) fehlerhaft, mangelhaft

defender I v. tr. 1. DIREITO verteidigen [de/contra, gegen +*ac.*]; 2. (ideia, tese) vetreten, verfechten; 3. (proteger) schützen [contra, vor +*dat.*]; II v. refl. sich verteidigen [de, gegen +*ac.*]

defensável adj. (ideia) vertretbar

defensiva s. f. Defensive*f*

defensor s. m. Verteidiger*m*; (de ideia) Verfechter*m*

deferência s. f. Ehrerbietung*f*

deferido adj. bewilligt

deferimento s. m. Bewilligung*f*

deferir v. tr. bewilligen

defesa I s. f. 1. DIREITO, MILITAR Verteidigung*f* [contra, gegen +*ac.*]; 2. (protecção) Schutz*m* [contra, vor +*dat.*]; 3. DESPORTO Abwehr*f*; II s. m. DESPORTO Verteidiger*m*

défice s. m. Defizit*nt*

deficiência s. f. MEDICINA Behinderung*f*,

deficiente I *s. m. e f.* MEDICINA Behinderte*m. e f.*; II *adj.* behindert
défice *s. m.* Defizit*nt.*
deficitário *adj.* defizitär
definhado *adj.* abgezehrt, mager
definhar *v. intr.* abmagern
definição *s. f.* Definition*f.*
definido *adj.* bestimmt
definir I *v. tr.* 1. definieren; 2. *(delimitar)* abgrenzen; 3. *(determinar)* bestimmen, festlegen; II *v. refl.* sich entscheiden
definitivamente *adv.* endgültig
definitivo *adj.* endgültig, definitiv
deflação *s. f.* ECONOMIA Deflation*f.*
deflagração *s. f.* 1. (incêndio) Ausbreitung*f.*, Auflodern*nt.*; 2. (guerra) Ausbruch*m.*
deflagrar *v. intr.* 1. (incêndio) sich ausbreiten, auflodern; 2. (guerra) ausbrechen
deformação *s. f.* 1. Verformung*f.*; *(desfiguração)* Entstellung*f.*; 2. MEDICINA Missbildung*f.*
deformar *v. tr.* verformen; (imagem) verzerren; *(desfigurar)* entstellen
defraudação *s. f.* Betrug*m.*; (dinheiro) Unterschlagung*f.*
defraudar *v. tr.* 1. (pessoa) betrügen; 2. (bens) unterschlagen
defrontar-se *v. refl.* gegenübertreten [com, +dat.]
defronte *adv.* 1. *(em frente)* gegenüber [de, von +dat.]; 2. *(diante)* davor; **defronte de:** vor [+dat.]
defumado *adj.* geräuchert
defumar *v. tr.* räuchern
defunto I *s. m.* Verstorbene*m. e f.*; II *adj.* verstorben
degelar *v. tr. e intr.* auftauen
degelo *s. m.* Tauwetter*nt.*
degeneração *s. f.* Degeneration*f.*, Verfall*m.*

degenerar *v. intr.* degenerieren; **degenerar em:** ausarten in [+ac.], sich entwickeln zu [+dat.]
deglutir *v. tr.* schlucken, verschlucken
degolar *v. tr.* köpfen, die Kehle durchschneiden [+dat.]
degradação *s. f.* 1. (moral) Erniedrigung*f.*, Demütigung*f.*; 2. (local) Verfall*m.*; 3. *(destituição)* Degradierung*f.*; 4. GEOLOGIA Verwitterung*f.*
degradado *adj.* 1. *(destituído)* degradiert; 2. (local) heruntergekommen, verkommen
degradante *adj.* erniedrigend, demütigend
degradar *v. tr.* 1. (moralmente) erniedrigen, demütigen; 2. (local) verkommen lassen; 3. *(destituir)* degradieren [a, zu +dat.]
degrau *s. m.* Stufe*f.*
degredar *v. tr.* verbannen
degredo *s. m.* Verbannung*f.*, Exil*nt.*
degustar *v. tr.* (comida) abschmecken; (vinho) probieren
deidade *s. f.* Gottheit*f.*
deificação *s. f.* Vergöttlichung*f.*
deificar *v. tr.* vergöttlichen
deísmo *s. m.* Deismus*m.*
deitado *adj.* liegend; **estar deitado:** liegen
deitar I *v. tr.* 1. *(atirar)* werfen; **deitar fora:** wegwerfen; **deitar abaixo:** hinunterwerfen; (edifício) abreißen; 2. *(colocar na horizontal)* legen, hinlegen; 3. (líquido) gießen [em/para, in +ac.]; 4. *(expelir)* ausstoßen; (cheiro) ausströmen; II *v. refl.* sich hinlegen; (à noite) ins Bett gehen
deixa *s. f.* TEATRO Stichwort*nt.*
deixar I *v. tr.* 1. *(permitir)* lassen, zulassen; 2. *(abandonar)* verlassen; 3. (um objecto) (liegen) lassen; 4. *(desistir de)* aufgeben, aufhören mit [+dat.]; 5. *(causar)* machen, bewirken; **deixar alguém triste:** jemanden traurig machen; 6. *(soltar)* loslassen;

deixar cair alguma coisa: etwas fallen lassen; II *v. intr.* **deixar de:** aufhören zu; III *v. refl.* **deixar-se de alguma coisa:** mit etwas aufhören

dela *contr. da prep. de + pron. pess.* ela

delação *s. f.* Anzeige*f*; *(denúncia)* Denunziation*f*

delatar *v. tr.* anzeigen; *(denunciar)* denunzieren

delator *s. m.* Denunziant*m*

dele *contr. da prep. de + pron. pess.* ele

delegação *s. f.* Abordnung*f*, Delegation*f*

delegacia *s. f.* 1. *(cargo)* Amt*nt*; 2. *(Brasil)* *(policia)* Polizeiwache*f*

delegado *s. m.* 1. *(representante)* Beauftragte*m, e f*, Delegierte*m, e f*; 2. *(Brasil)* *(da policia)* Polizeikommissar*m*

delegar *v. tr.* delegieren [em, an +*ac.*]; **delegar alguma coisa em alguém:** jemanden mit etwas beauftragen

deleitar I *v. tr.* ergötzen; II *v. refl.* sich ergötzen [com, an +*dat.*]

deleite *s. f.* Wonne*f*, Vergnügen*nt*

delgado *adj.* schlank, dünn

deliberação *s. f.* *(decisão)* Entscheidung*f*; *(resolução)* Beschluss*m*

deliberadamente *adv.* absichtlich

deliberar I *v. tr.* beschließen; II *v. intr.* beratschlagen [sobre, über +*ac.*]; *(reflectir)* nachdenken [sobre, über +*ac.*]

delicadeza *s. f.* Zartheit*f*; *(pessoa)* Feinfühligkeit*f*, Fingerspitzengefühl*nt*

delicado *adj.* 1. *(suave)* zart, fein; 2. *(pessoa)* feinfühlig; 3. *(situação)* heikel; 4. *(roupa)* empfindlich; 5. MEDICINA *(operação)* schwierig

delícia *s. f.* Wonne*f*, Entzücken*nt*; *(comida)* **ser uma delícia:** köstlich sein

deliciar I *v. tr.* entzücken [com, mit +*dat.*]; II *v. refl.* sich ergötzen [com, an +*dat.*]

delicioso *adj.* entzückend; *(comida)* köstlich

delimitação *s. f.* Abgrenzung*f*, Begrenzung*f*

delimitar *v. tr.* abgrenzen, begrenzen

delinear *v. tr.* 1. *(desenho)* entwerfen, skizzieren; 2. *(ideia)* umreißen, in groben Zügen darstellen

delinquência *s. f.* 1. *(na sociedade)* Kriminalität*f*; 2. *(delito)* Verbrechen*nt*

delinquente *s. m. e f.* Verbrecher*m*

delirante *adj.* wahnsinnig

delirar *v. intr.* 1. MEDICINA delirieren; 2. *(falando)* Unsinn reden; 3. *(imaginando)* phantasieren

delírio *s. m.* 1. MEDICINA Delirium*nt*; **delírio febril:** Fieberwahn*m*; 2. *(fig.)* Begeisterung*f*

delito *s. m.* DIREITO Straftat*f*, Delikt*nt*; **cometer um delito:** eine Straftat begehen

delonga *s. f.* 1. *(demora)* Verzögerung*f*; 2. *(adiamento)* Aufschub*m*

delta *s. m.* Delta*nt*

demagogia *s. f.* Demagogie*f*

demagógico *adj.* demagogisch

demagogo *s. m.* Demagoge*m*

demais I *adv.* zu viel; por demais: unerträglich; *(coloq.)* **ele é demais!:** er ist spitze!; **os demais:** die übrigen, die anderen

demanda *s. f.* 1. DIREITO Klage*f*; 2. ECONOMIA Nachfrage*f*

demandante *s. m. e f.* DIREITO Kläger*m*

demandar *v. tr.* 1. DIREITO verklagen; 2. *(exigir)* fordern, verlangen

demão *s. f.* Anstrich*m*; **dar uma demão:** einmal überstreichen

demarcação *s. f.* Abgrenzung*f*

demarcar *v. tr.* abgrenzen

demasia *s. f.* Übermaß*nt*; **em demasia:** übermäßig

demasiadamente *adv.* zu

demasiado I *adj.* zu viel, übermäßig; II *adv.* zu viel

demência *s. f.* 1. MEDICINA Schwachsinn*m*; 2. Wahnsinn*m*.

demente *adj.* 1. MEDICINA schwachsinnig, geistesgestört; 2. verrückt

demissão *s. f.* 1. *(do próprio)* Kündigung*f*; *(político)* Rücktritt*m*; 2. *(ser demitido)* Entlassung*f*, Kündigung*f*

demitir I *v. tr.* *(empregados)* entlassen, kündigen; *(governo)* absetzen; II *v. refl.* *(empregado)* kündigen; *(político)* zurücktreten

democracia *s. f.* Demokratie*f*

democrata *s. m. e f.* Demokrat*m*

democrático *adj.* demokratisch

democratização *s. f.* Demokratisierung*f*

demografia *s. f.* Demographie*f*

demográfico *adj.* demographisch

demolhar *v. tr.* CULINÁRIA wässern

demolição *s. f.* *(de construção)* Abbruch*m*, Abriss*m*

demolir *v. tr.* *(uma construção)* abreißen

demoníaco *adj.* dämonisch, teuflisch

Demónio *s. m.* Teufel*m*

demonstração *s. f.* 1. *(comprovação)* Beweis*m*; 2. *(exposição)* Darlegung*f*

demonstrar *v. tr.* 1. *(comprovar)* beweisen, nachweisen; 2. *(facto)* darlegen; 3. *(sentimentos)* zeigen

demonstrativo *adj.* demonstrativ

demora *s. f.* Verzögerung*f*, Verspätung*f*; sem demora: unverzüglich

demorado *adj.* zeitraubend

demorar I *v. intr.* 1. *(acontecimento)* lange dauern; 2. *(pessoa)* sich aufhalten; demorar a fazer alguma coisa: etwas hinauszögern; II *v. refl.* 1. *(permanecer)* aufgehalten werden [em, an/in *+dat.*]; *(actividade)* sich länger aufhalten [com, bei/mit *+dat.*]; 2. *(atrasar-se)* sich verspäten

demover *v. tr.* abbringen, abraten [de, von *+dat.*]

denegar *v. tr.* verweigern

denegrir *v. tr.* beschmutzen

denominação *s. f.* Bezeichnung*f*

denominado *adj.* sogenannt

denominador *s. m.* MATEMÁTICA Nenner*m*

denominar I *v. tr.* nennen, benennen; II *v. refl.* heißen

denotação *s. f.* Bezeichnung*f*; LINGUÍSTICA Denotation*f*

denotar *v. tr.* zeigen

densidade *s. f.* Dichte*f*

denso *adj.* 1. *(compacto)* dicht; 2. *(espesso)* dick

dentada *s. f.* Biss*m*; dar uma dentada em alguma coisa: in etwas hineinbeißen

dentado *adj.* gezähnt

dentadura *s. f.* Gebiss*nt*.

dental *adj.* LINGUÍSTICA Zahn..., dental

dentar *v. intr.* zahnen

dentário *adj.* Zahn...; clínica dentária: Zahnklinik*f*.

dente *s. m.* 1. ANATOMIA Zahn*m*; 2. *(de garfo, pente)* Zacke*f*; 3. *(de alho)* Zehe*f*

dentição *s. f.* Zahnen*nt*.

dentífrico I *s. m.* Zahnpasta*f*, Zahncreme*f*; II *adj.* Zahn...

dentista *s. m. e f.* Zahnarzt*m*.

dentro *adv.* 1. *(local)* innen, drinnen; de/para dentro: von/nach innen; 2. *(temporal)* in [*+dat.*]; dentro de dois dias: in zwei Tagen; dentro de pouco tempo: in Kürze, bald

denúncia *s. f.* Anzeige*f*; *(secreta)* Denunziation*f*.

denunciante *s. m. e f.* Denunziant*m*.

denunciar *v. tr.* anzeigen; *(em segredo)* denunzieren [a, bei *+dat.*]

deparar *v. intr.* deparar com: stoßen auf [*+ac.*]

departamento *s. m.* *(empresa)* Abteilung*f*; *(universidade)* Fachbereich*m*.

depenado *adj.* (ave, pessoa) gerupft
depenar *v. tr.* (ave, pessoa) rupfen
dependência *s. f.* 1. Abhängigkeit$_f$ [de, von +*dat.*]; 2. ARQUITECTURA Nebengebäude$_{nt}$; 3. ECONOMIA Zweigstelle$_f$
dependente *adj.* abhängig [de, von +*dat.*]
depender *v. intr.* abhängen [de, von +*dat.*]; (isso) depende!: das kommt darauf an!
depenicar *v. tr.* naschen
depilação *s. f.* Enthaarung$_f$
depilar *v. tr.* enthaaren
depilatório I *s. m.* Enthaarungsmittel$_{nt}$; II *adj.* Enthaarungs...
deplorar *v. tr.* beklagen, (zutiefst) bedauern
deplorável *adj.* beklagenswert, bedauernswert
depoimento *s. m.* Aussage$_f$
depois I *adv.* (depois disso) danach; (em seguida) dann; (mais tarde) später, nachher; II *prep.* nach [+*dat.*]
depor I *v. tr.* 1. (armas) niederlegen; 2. (pessoa, governo) absetzen; II *v. intr.* DIREITO aussagen
deportação *s. f.* Deportation$_f$
deportar *v. tr.* deportieren
depositar *v. tr.* 1. (dinheiro) einzahlen [em, auf +*ac.*]; 2. (mercadoria) einlagern
depósito *s. m.* 1. (dinheiro) Einlage$_f$; 2. (de água) Speicher$_m$; (de gasolina) Tank$_m$; 3. (de garrafa) Pfand$_{nt}$; (Suíça) Depot$_{nt}$; 4. (armazém) Lager$_{nt}$
depravação *s. f.* Verdorbenheit$_f$
depravado *adj.* (moralisch) verdorben
depravar *v. tr.* (moralisch) verderben
depreciação *s. f.* 1. (desvalorização) Abwertung$_f$; 2. (menosprezo) Verachtung$_f$, Geringschätzung$_f$
depreciar *v. tr.* 1. (desvalorizar) abwerten; 2. (menosprezar) verachten, geringschätzen

depreciativo *adj.* geringschätzig, verächtlich
depreender *v. tr.* folgern, entnehmen [de, +*dat.*]; daí depreende-se que...: daraus geht hervor, dass...
depressa *adv.* schnell, rasch
depressão *s. f.* 1. ECONOMIA, PSICOLOGIA Depression$_f$; 2. METEOROLOGIA Tief$_{nt}$; 3. GEOGRAFIA Senke$_f$
depressivo *adj.* depressiv
deprimente *adj.* deprimierend
deprimido *adj.* deprimiert
deprimir *v. tr.* deprimieren
depuração *s. f.* Klärung$_f$, Aufbereitung$_f$
depurar *v. tr.* klären, aufbereiten
deputação *s. f.* Abordnung$_f$
deputado *s. m.* Abgeordnete$_{m. e f.}$
deputar *v. tr.* abordnen
deriva *loc. prep.* à deriva: richtungslos; andar à deriva: treiben
derivação *s. f.* 1. GRAMÁTICA, MATEMÁTICA Ableitung$_f$; 2. (proveniência) Abstammung$_f$
derivada *s. f.* MATEMÁTICA Differenzialquotient$_m$
derivado *s. m.* 1. (produto) Nebenprodukt$_{nt}$; 2. QUÍMICA, LINGUÍSTICA Derivat$_{nt}$
derivar I *v. tr.* 1. (rio) umleiten; 2. LINGUÍSTICA ableiten; II *v. intr.* seinen Ursprung haben, hervorgehen [de, aus +*dat.*]
dermatologia *s. f.* MEDICINA Dermatologie$_f$
dermatologista *s. m. e f.* MEDICINA Hautarzt$_m$, Dermatologe$_m$
derradeiro *adj.* letzte(r, s)
derramamento *s. m.* Vergießen$_{nt}$, Verschütten$_{nt}$
derramar *v. tr.* 1. (sangue, lágrimas) vergießen; 2. (entornar) verschütten
derrame *s. m.* MEDICINA Erguss$_m$
derrapagem *s. f.* Schleudern$_{nt}$

derrapar v. intr. schleudern
derreado adj. erschöpft
derreter I v. tr. schmelzen; (gordura) auslassen; II v. intr. schmelzen; III v. refl. 1. schmelzen; 2. (fig.) zerschmelzen
derribar v. tr. niederreißen; (casa) abreißen
derrocada s. f. 1. (casa) Einsturz_m_; 2. (ruína) Zusammenbruch_m_.
derrogação s. f. DIREITO Teilaufhebung_f_
derrogar v. tr. DIREITO teilweise aufheben
derrota s. f. Niederlage_f_.
derrotado adj. geschlagen
derrotar v. tr. 1. (luta, discussão) besiegen; 2. DESPORTO schlagen
derrubar v. tr. 1. (objecto) umstoßen, umwerfen; 2. (governo) stürzen
desabafar v. intr. sich aussprechen [com, bei +dat.], sich anvertrauen [com, +dat.]
desabafo s. m. vertrauensvolle(s) Gespräch_nt_.
desabamento s. m. Einsturz_m_; desabamento de terras: Erdrutsch_m_
desabar v. intr. 1. (terra) abrutschen; 2. (telhado, muro) einstürzen, einfallen
desabitado adj. unbewohnt
desabituado adj. entwöhnt; já estou desabituado: ich bin nicht mehr daran gewöhnt
desabituar I v. tr. entwöhnen; desabituar alguém de alguma coisa: jemandem etwas abgewöhnen; II v. refl. sich abgewöhnen [de, +ac.]
desabotoar v. tr. aufknöpfen
desabrido adj. 1. (rude) grob, barsch; 2. (tempestuoso) rau
desabrigado adj. (local) offen, ungeschützt
desabrochar v. intr. aufblühen
desacatar v. tr. missachten
desacato s. m. Missachtung_f_ [a, +gen.]
desacompanhado adj. allein, ohne Begleitung

desaconchego s. m. Ungemütlichkeit_f_.
desaconselhar v. tr. abraten [de, von +dat.]
desaconselhável adj. nicht ratsam, nicht empfehlenswert
desacordo s. m. 1. Uneinigkeit_f_; 2. (divergência) Unstimmigkeit_f_
desacreditar v. tr. in Verruf bringen, diskreditieren
desactivar v. tr. 1. (central nuclear) stilllegen; 2. (bomba) entschärfen
desactualizado adj. 1. (pessoa) nicht auf dem Laufenden; 2. (documento) abgelaufen; 3. (conhecimentos) überholt
desadaptado adj. nicht gewöhnt [de, an +ac.]
desadaptar-se v. refl. nicht (mehr) gewöhnt sein [de, an +ac.]
desafectação s. f. Ungezwungenheit_f_
desafectado adj. ungezwungen
desafeiçoado adj. abgeneigt [de, +dat.]
desafeiçoar-se v. refl. Abstand nehmen [de, von +dat.]
desafiar v. tr. herausfordern [para, zu +dat.]
desafinado adj. (instrumento) verstimmt
desafinar v. intr. 1. (cantando) falsch singen; (tocando) falsch spielen; 2. (instrumento) verstimmt sein
desafio s. m. 1. (provocação) Herausforderung_f_; 2. DESPORTO Wettkampf_m_.
desafogado adj. 1. (dinheiro) abgesichert; 2. (despreocupado) sorglos
desaforado adj. unverschämt, frech
desaforo s. m. Unverschämtheit_f_, Frechheit_f_
desafortunado adj. unglücklich
desagasalhado adj. leicht bekleidet
desagradar v. intr. missfallen
desagradável adj. 1. (situação) unangenehm; 2. (pessoa) unfreundlich
desagrado s. m. Missfallen_nt_.

desagravar v. tr. 1. entschärfen, mildern; 2. DIREITO aufheben

desagravo s. m. 1. (de situação) Entschärfung f; 2. DIREITO (de sentença) Aufhebung f.

desagregação s. f. Zerfall m, Auflösung f

desagregar I v. tr. auflösen; (substância) zersetzen; II v. refl. zerfallen

desaguar I v. tr. entwässern, trockenlegen; II v. intr. münden [em, in +ac.]

desaire s. m. Schicksalsschlag m, Unglück nt.

desajeitado adj. ungeschickt, unbeholfen

desajuizado adj. unvernünftig

desajustado adj. verwirrt, durcheinander

desajuste s. m. 1. Missverhältnis nt, Diskrepanz f [entre, zwischen +dat.]; 2. (máquina) Verstellung f, Fehleinstellung f

desalento s. m. Mutlosigkeit f

desalgemar v. tr. die Fesseln lösen [+dat.], befreien

desalinhado adj. unordentlich

desalinhar v. tr. durcheinander bringen

desalmado adj. herzlos, unmenschlich

desalojado adj. obdachlos

desalojar v. tr. kündigen, vertreiben

desamarrar v. tr. losmachen, losbinden

desamolgar v. tr. ausbeulen

desamor s. m. Lieblosigkeit f

desamparado adj. 1. (indefeso) hilflos; (desprotegido) schutzlos; 2. (abandonado) verlassen

desamparar v. tr. verlassen, im Stich lassen

desamparo s. m. 1. (falta de defesas) Hilflosigkeit f; (falta de protecção) Schutzlosigkeit f; 2. (abandono) Verlassenheit f

desancar v. tr. (coloq.) verdreschen

desancorar v. intr. NÁUTICA die Anker lichten

desanexar v. tr. abtrennen

desanimado adj. mutlos, niedergeschlagen

desanimar I v. tr. entmutigen; II v. intr. den Mut verlieren

desânimo s. m. Mutlosigkeit f, Niedergeschlagenheit f

desanuviado adj. 1. (céu) wolkenlos; 2. (pessoa) sorglos, erleichtert

desanuviar v. intr. 1. (céu) sich aufklären, aufklaren; 2. (pessoa) entspannen, abschalten

desaparafusar v. tr. aufschrauben, losschrauben

desaparecer v. intr. verschwinden [de, aus/von +dat.]

desaparecido I s. m. Vermisste m. e f; Verschwundene m. e f; II adj. vermisst; dado como desaparecido: als vermisst gemeldet

desaparecimento s. m. Verschwinden nt.

desapegado adj. gleichgültig

desapegar-se v. refl. das Interesse verlieren [de, an +dat.]

desapego s. m. Gleichgültigkeit f

desapercebido adj. unvorbereitet

desapertar v. tr. 1. (casaco, calças) aufknöpfen; (sapatos, calças) aufmachen; 2. (parafuso) aufschrauben; 3. (soltar, alargar) lockern; 4. (desprender) losmachen

desapontado adj. enttäuscht [com, von +dat.]

desapontar v. tr. enttäuschen

desaprender v. tr. verlernen

desapropriação s. f. Enteignung f

desapropriar v. tr. enteignen; desapropriar alguém de alguma coisa: jemandem etwas wegnehmen

desaprovar v. tr. 1. missbilligen; 2. (censurar) kritisieren

desaproveitado adj. ungenutzt

desaproveitamento s. m. Vergeudung f

desaproveitar v. tr. 1. nicht nutzen, ungenutzt lassen; 2. (desperdiçar) vergeuden

desarborizar v. tr. abholzen

desarmado adj. unbewaffnet

desarmamento s. m. MILITAR Abrüstung_f_

desarmar I v. tr. 1. (tropas, pessoas) entwaffnen; 2. (máquina) auseinander nehmen; (tenda) abbauen; II v. intr. MILITAR abrüsten

desarranjado adj. unordentlich

desarranjar v. tr. in Unordnung bringen

desarranjo s. m. Unordnung_f_, Durcheinander_nt_

desarregaçar v. tr. herunterkrempeln

desarrolhar v. tr. entkorken

desarrumação s. f. Chaos_nt_, Unordnung_f_

desarrumado adj. 1. (quarto) unaufgeräumt; 2. (pessoa) unorganisiert, unordentlich

desarrumar v. tr. in Unordnung bringen

desarticular v. tr. 1. (desmontar) auseinander nehmen; 2. (membro) ausrenken

desassossegado adj. unruhig

desassossegar v. tr. beunruhigen

desassossego s. m. Unruhe_f_

desastrado adj. ungeschickt, tolpatschig

desastre s. m. Unglück_nt_, Katastrophe_f_; desastre ambiental: Umweltkatastrophe_f_; desastre de automóvel: Autounfall_m_

desastroso adj. katastrophal; (funesto) unheilvoll, verhängnisvoll

desatacar v. tr. aufschnüren, aufbinden

desatar I v. tr. 1. (molho) aufbinden; 2. (nó) aufknoten; II v. intr. desatar a fazer alguma coisa: plötzlich anfangen, etwas zu tun

desatarraxar v. tr. abschrauben, herausschrauben

desatento adj. unaufmerksam

desatinado adj. 1. unbesonnen; 2. (coloq.) (zangado) sauer

desatinar v. intr. 1. (falando) Unsinn reden; 2. (perder o tino) den Verstand verlieren; 3. (coloq.) (descontrolar-se) die Geduld verlieren

desatino s. m. 1. Unverstand_m_; 2. (disparate) Unsinn_m_

desativar v. tr. (Brasil) → desactivar

desatolar v. tr. aus dem Schlamm ziehen

desatracar I v. tr. (navio) losmachen; II v. intr. (navio) die Taue lösen

desatravancar v. tr. freimachen

desatrelar v. tr. 1. (atrelado) loskoppeln; 2. (cavalo) ausspannen

desatualizado adj. (Brasil) → desactualizado

desavença s. f. Zwist_m_, Streit_m_

desavergonhado adj. unverschämt, schamlos

desavindo adj. zerstritten [com, mit +dat.]

desbancar v. tr. 1. (vencer) besiegen; 2. (exceder) übertreffen

desbaratar v. tr. 1. (bens) verschleudern, vergeuden; 2. (derrotar) schlagen

desbarato s. m. Vergeudung_f_, Misswirtschaft_f_

desbastar v. tr. 1. (madeira) abhobeln; 2. (mato) lichten; (cabelo) ausdünnen

desbaste s. m. 1. (madeira) Abhobeln_nt_; 2. (mato) Ausholzung_f_; (cabelo) Ausdünnen_nt_

desbloquear v. tr. die Blockade aufheben

desbotado adj. (cor) matt, blass; (roupa) ausgeblichen

desbotar v. intr. (cor) verblassen; (roupa) ausbleichen

desbravar v. tr. 1. (terras) urbar machen; 2. (animais) zähmen; (cavalo) bändigen

descabido adj. unpassend, unangebracht

descafeinado I s. m. koffeinfreie(r)/entkoffeinierte(r) Kaffee_m_; II adj. entkoffeiniert, koffeinfrei

descaída *s. f.* Lapsus*ₘ*

descair I *v. intr.* *(superfície)* abfallen; II *v. refl.* *(coloq.)* sich verplappern

descalabro *s. m.* 1. *(ruína)* Zusammenbruch*ₘ*; 2. *(prejuízo)* Schaden*ₘ*

descalçar I *v. tr.* ausziehen; II *v. refl.* sich die Schuhe ausziehen

descalcificação *s. f.* MEDICINA Kalkmangel*ₘ*

descalço *adj.* barfuß

descambar *v. intr.* schief stehen, zur Seite kippen; **descambar em**: ausarten in [*+ac.*]

descampado *s. m.* offene(s) Feld*ₙₜ*

descansado *adj.* *(vida)* geruhsam; *(pessoa)* beruhigt; **dormir descansado**: ruhig schlafen

descansar I *v. tr.* 1. *(tranquilizar)* beruhigen; 2. *(o corpo)* ausruhen; II *v. intr.* sich ausruhen; *(nas férias)* sich erholen

descanso *s. m.* 1. *(sossego)* Ruhe*f*; 2. *(repouso)* Ausruhen*ₙₜ*; *(em férias)* Erholung*f*; 3. *(apoio)* Stütze*f*; *(do telefone)* Gabel*f*; *(da bicicleta)* Ständer*ₘ*; 4. *(folga)* Pause*f*

descapotável *adj.* aufklappbar, zurückklappbar

descaracterizar *v. tr.* 1. seiner Charakteristiken berauben; 2. *(pej.)* verschandeln

descaradamente *adv.* unverschämt

descarado *adj.* 1. *(pessoa)* unverschämt, frech; 2. *(mentira)* offenkundig

descaramento *s. m.* Unverschämtheit*f*, Frechheit*f*

descarga *s. f.* 1. ELECTRICIDADE Entladung*f*; 2. *(de camião)* Entladen*ₙₜ*; 3. *(de água)* Ablassen*ₙₜ*

descargo *s. m.* Entlastung*f*

descaroçar *v. tr.* entkernen

descarregamento *s. m.* Entladen*ₙₜ*; *(navio)* Löschen*ₙₜ*

descarregar *v. tr.* 1. *(mercadoria, camião)* ausladen, entladen; *(navio)* löschen; 2. *(arma, pilha)* entladen; 3. *(sentimentos)* abreagieren, auslassen [*em, +dat.*]

descarrilamento *s. m.* Entgleisung*f*

descarrilar *v. intr.* entgleisen

descartar-se *v. refl.* sich entledigen [*de, +gen.*], loswerden [*de, +ac.*]

descartável *adj.* *(fraldas, seringa)* Wegwerf...; *(embalagem)* Einweg...

descasar *v. intr.* *(Brasil)* sich scheiden lassen

descascador *s. m.* Schälmesser*ₙₜ*

descascar I *v. tr.* *(fruta, batatas)* schälen; *(ervilhas)* enthülsen; II *v. intr.* *(pele)* sich schälen

descendência *s. f.* 1. *(filhos)* Nachkommenschaft*f*; 2. *(filiação)* Abstammung*f*

descendente I *s. m. e f.* Nachkomme*ₘ*; **descendentes**: Nachwuchs*ₘ*; II *adj.* 1. *(decrescente)* fallend; 2. *(proveniente)* abstammend [*de, von +dat.*]

descender *v. intr.* abstammen [*de, von +dat.*]

descentralização *s. f.* Dezentralisierung*f*

descentralizar *v. tr.* dezentralisieren

descer I *v. tr.* 1. *(a pé)* hinuntergehen; *(de carro)* hinunterfahren; *(monte)* hinuntersteigen; 2. *(persiana)* herunterlassen; 3. *(preço)* senken, herabsetzen [*em, um +ac.*]; **para**, auf +*ac.*]; II *v. intr.* 1. *(preço, temperatura, pressão)* sinken, fallen [*em, um +ac.*]; **para**, auf +*ac.*]; 2. *(rua, terreno)* abfallen; 3. *(da bicicleta, do cavalo)* absteigen [*de, von +dat.*]; *(do autocarro)* aussteigen [*de, aus +dat.*]

descida *s. f.* 1. *(acto)* Abstieg*ₘ*; 2. *(na rua)* Gefälle*ₙₜ*; 3. *(chão inclinado)* Rampe*f*; 4. *(monte)* Abfahrt*f*; 5. *(preços, temperatura)* Sinken*ₙₜ*, Rückgang*ₘ*

desclassificado *adj.* DESPORTO (von der Teilnahme) ausgeschlossen; **ficar desclassificado**: ausscheiden

desclassificar *v. tr.* DESPORTO (von der Teilnahme) ausschließen; *(coloq.)* ausschalten

descoberta s. f. Entdeckung*f*

descoberto I p. p. de descobrir; II adj. *(destapado)* unbedeckt; *(conta)* **a descoberto:** nicht gedeckt

descobridor s. m. Entdecker*m*.

Descobrimentos s. m. pl. HISTÓRIA Epoche*f* der Entdeckungen

descobrir I v. tr. 1. *(encontrar)* entdecken; 2. *(destapar, denunciar)* aufdecken; II v. refl. sich aufdecken

descodificador s. m. INFORMÁTICA Decoder*m*.

descodificar v. tr. decodieren, dekodieren

descolagem s. f. AERONÁUTICA Abheben*nt*, Start*m*.

descolar I v. tr. ablösen [de, von +dat.]; II v. intr. 1. (autocolante) sich ablösen; 2. AERONÁUTICA abheben, starten

descoloração s. f. Bleichen*nt*

descolorar v. tr. bleichen

descomedido adj. maßlos

descompassado adj. aus dem Takt geraten, unregelmässig

descompor v. tr. 1. *(desarranjar)* durcheinander bringen; 2. *(censurar)* ausschimpfen

descomposto I p. p. de descompor; II adj. unordentlich

descompostura s. f. 1. Ungeschicklichkeit*f*; 2. *(repriminda)* Zurechtweisung*f*

descompressão s. f. FÍSICA Dekompression*f*, Druckabfall*m*

descomprimir v. intr. entspannen

descomunal adj. 1. *(extraordinário)* außergewöhnlich; 2. *(colossal)* kolossal, ungeheuerlich

desconcentrar I v. tr. ablenken, aus dem Konzept bringen; II v. refl. sich ablenken lassen, aus dem Konzept kommen

desconcertado adj. 1. *(embaraçado)* verlegen; 2. *(perturbado)* verwirrt

desconcertante adj. verwirrend

desconcertar v. tr. 1. *(confundir)* verwirren, durcheinander bringen; 2. *(transtornar)* verblüffen

desconexão s. f. Zusammenhanglosigkeit*f*

desconexo adj. zusammenhanglos

desconfiado adj. misstrauisch, argwöhnisch

desconfiança s. f. Misstrauen*nt*, Argwohn*m*.

desconfiar v. intr. *(duvidar)* zweifeln [de, an +dat.]; *(suspeitar)* misstrauen [de, +dat.]; 2. *(supor)* vermuten, ahnen

desconforme adj. 1. *(desproporcional)* unverhältnismäßig; 2. *(desigual)* ungleich

desconfortável adj. unbequem

desconforto s. m. mangelnde(r) Komfort*m*

descongelar v. tr. e intr. auftauen

descongestionamento s. m. 1. *(trânsito)* Entlastung*f*; 2. MEDICINA Entstauung*f*

descongestionar v. tr. 1. *(trânsito)* entlasten; 2. *(rua)* freimachen; 3. MEDICINA entstauen

desconhecer v. tr. *(não saber)* nicht wissen; *(não conhecer)* nicht kennen

desconhecido I s. m. Unbekannte*m. e f.*; II adj. unbekannt

desconhecimento s. m. Unkenntnis*f*; *(ignorância)* Unwissenheit*f*

desconjuntar v. tr. 1. *(articulação)* verrenken; 2. *(desmanchar)* auseinander nehmen, zerlegen; II v. refl. auseinander gehen

desconsertado adj. entzwei, kaputt

desconsertar v. tr. entzwei machen, kaputtmachen

desconsideração s. f. Rücksichtslosigkeit*f*; *(desprezo)* Missachtung*f*

desconsiderar v. tr. 1. *(não considerar)* missachten; 2. *(tratar sem respeito)* unhöflich behandeln

desconsolado adj. 1. (triste) trostlos; 2. (desgostoso) betrübt; 3. (sem consolação) untröstlich

desconsolo s. m. Trostlosigkeit$_f$; (desgosto) Betrübnis$_f$

descontar v. tr. abziehen, abrechnen [de, von +dat.]; ECONOMIA diskontieren

descontentamento s. m. Unzufriedenheit$_f$

descontente adj. unzufrieden [com, mit +dat.]

descontinuidade s. f. Diskontinuität$_f$; Zusammenhanglosigkeit$_f$

descontínuo adj. unterbrochen

desconto s. m. 1. (dedução) Ermäßigung$_f$, Rabatt$_m$; 2. ECONOMIA Diskont$_m$

descontracção s. f. Entspannung$_f$

descontraído adj. locker, entspannt

descontrair I v. tr. entspannen; II v. refl. sich entspannen

descontrolado adj. unbeherrscht; (sentimento) zügellos

descontrolar I v. tr. die Kontrolle verlieren über [+ac.]; II v. refl. die Fassung verlieren, außer sich geraten

descontrolo s. m. Mangel$_m$ an Kontrolle

desconversar v. intr. das Thema wechseln

descoordenação s. f. Mangel$_m$ an Koordinierung/Koordination

descoordenar v. tr. die Koordination durcheinander bringen von [+dat.]

descoroar v. tr. absetzen

descortês adj. unhöflich

descortesia s. f. Unhöflichkeit$_f$

descortinar v. tr. (fig.) entdecken

descoser I v. tr. auftrennen; II v. refl. 1. (costura) aufgehen; 2. (revelar segredo) sich verplappern

descosido adj. aufgetrennt

descrédito s. m. Misskredit$_m$

descrença s. f. Ungläubigkeit$_f$

descrente I s. m. e f. Ungläubige$_{m. e f.}$; II adj. ungläubig

descrever v. tr. (objecto, pessoa) beschreiben; (acontecimento) schildern

descrição s. f. (de objecto, pessoa) Beschreibung$_f$; (de acontecimento) Schilderung$_f$

descritivo adj. beschreibend

descrito p. p. de descrever

descuidado adj. 1. (acto, pessoa) fahrlässig; 2. (aspecto) nachlässig

descuidar I v. tr. vernachlässigen; II v. refl. 1. (tarefas) vernachlässigen [de, +ac.]; 2. (ser desleixado) nachlässig sein [de, in +dat.]

descuido s. m. 1. (desleixo) Nachlässigkeit$_f$; 2. (lapso) Versehen$_{nt}$

desculpa s. f. 1. Entschuldigung$_f$; 2. (pretexto) Ausrede$_f$, Vorwand$_m$

desculpar I v. tr. entschuldigen; desculpe!: Entschuldigung!; II v. refl. sich entschuldigen [por, für +ac.]

desculpável adj. entschuldbar

descurar v. tr. vernachlässigen

desde prep. 1. (temporal) seit [+dat.]; desde então: seitdem; desde logo: sogleich; 2. (local) von [+dat.]; desde...até...: von...bis/nach...

desdém s. m. Verachtung$_f$

desdenhar v. tr. verachten

desdenhoso adj. verächtlich

desdentado adj. zahnlos

desdita s. f. Missgeschick$_{nt}$; (desgraça) Unglück$_{nt}$

desdito p. p. de desdizer

desdizer v. tr. abstreiten, bestreiten

desdobrar v. tr. entfalten, auseinander falten

desdobrável I s. m. Faltblatt$_m$; II adj. aufklappbar, Klapp...

deseducar v. tr. verziehen

desejado *adj.* gewünscht, erwünscht
desejar *v. tr.* wünschen; (ardentemente) begehren
desejável *adj.* wünschenswert
desejo *s. m.* Wunsch_m_ [de, nach +dat.]; (ardente) Begehren_nt_ [de, nach +dat.]
desejoso *adj.* begierig [de, nach +dat.]
deselegância *s. f.* Plumpheit_f_
deselegante *adj.* nicht elegant, plump
desemaranhar *v. tr.* entwirren
desembaciador *s. m.* (automóvel) Heckscheibenheizung_f_
desembaciar *v. tr.* abwischen, frei wischen
desembalar *v. tr.* auspacken
desembaraçado *adj.* ungezwungen; *(ágil)* flink
desembaraçar I *v. tr.* 1. (cabelo) entwirren; 2. *(livrar)* befreien [de, von +dat.]; II *v. refl.* sich entledigen [de, +gen.], sich befreien [de, von +dat.]
desembaraço *s. m.* 1. Ungezwungenheit_f_; 2. *(facilidade, agilidade)* Geschick_nt_
desembarcar I *v. tr.* ausladen; (navio) löschen; II *v. intr.* (do comboio, avião) aussteigen; (do navio) an Land gehen
desembargador *s. m.* Richter_m_ am Landgericht
desembargar *v. tr.* freigeben, das Embargo aufheben für [+ac.]
desembargo *s. m.* Freigabe_f_
desembarque *s. m.* 1. (de passageiros) Aussteigen_nt_; (do navio) Ausschiffung_f_; 2. (de mercadoria) Löschung_f_
desembocadura *s. f.* Mündung_f_
desembocar *v. intr.* münden [em, in +ac.]
desembolsar *v. tr.* ausgeben
desembraiar *v. tr.* (carro) auskuppeln
desembrear *v. tr.* (Brasil) → desembraiar
desembrulhar *v. tr.* auswickeln
desembuchar *v. intr.* (coloq.) sich aussprechen; desembucha!: nun sag's schon!
desempacotar *v. tr.* auspacken
desempatar I *v. tr.* entscheiden; II *v. intr.* DESPORTO den entscheidenden Treffer erzielen
desempate *s. m.* 1. *(decisão)* Entscheidung_f_; 2. DESPORTO entscheidende(r) Treffer_m_
desempenar *v. tr.* gerade biegen
desempenhar *v. tr.* 1. (tarefa) ausführen; 2. (função) ausüben; 3. (papel) spielen; 4. (dever) erfüllen; 5. (penhor) einlösen
desempenho *s. m.* 1. (tarefa) Ausführung_f_; 2. (função) Ausübung_f_; 3. (dever) Erfüllung_f_; 4. (penhor) Einlösung_f_
desemperrar *v. tr.* lockern
desempestar *v. tr.* (gründlich) desinfizieren
desempossar *v. tr.* enteignen
desempregado I *s. m.* Arbeitslose_m. e f.;_ II *adj.* arbeitslos
desempregar I *v. tr.* entlassen; II *v. refl.* seine Stelle aufgeben, kündigen
desemprego *s. m.* Arbeitslosigkeit_f_
desencadear I *v. tr.* 1. losketten; 2. *(provocar)* entfesseln, auslösen; II *v. refl.* ausbrechen
desencadernado *adj.* ungebunden
desencadernar *v. tr.* den Einband entfernen von [+dat.]
desencaixar *v. tr.* 1. *(tirar)* herausnehmen; 2. *(desmanchar)* auseinander nehmen
desencaixilhar *v. tr.* aus dem Rahmen nehmen
desencaixotar *v. tr.* auspacken
desencalhar I *v. tr.* NÁUTICA flottmachen; II *v. intr.* NÁUTICA wieder flott werden
desencaminhador *s. m.* schlechte(r) Ratgeber_m_
desencaminhar *v. tr.* 1. irreführen, vom Weg abbringen; 2. *(fig.)* verleiten
desencantamento *s. m.* Ernüchterung_f_; *(desilusão)* Enttäuschung_f_

desencantar v. tr. 1. *(desenfeitiçar)* entzaubern; 2. *(desiludir)* ernüchtern; 3. *(objecto)* auftreiben

desencaracolar v. intr. glätten

desencontrar-se v. refl. sich verfehlen

desencontro s. m. nicht zustande gekommene(s) Treffen,,

desencorajar v. tr. entmutigen

desencostar I v. tr. abrücken, wegstellen [de, von +dat.]; II v. refl. sich aufrichten

desencravar v. tr. *(máquina)* wieder in Gang bringen

desenfeitar v. tr. den Schmuck abnehmen, abschmücken

desenfeitiçar v. tr. entzaubern

desenferrujar v. tr. entrosten, den Rost entfernen von [+dat.]

desenfreado adj. 1. *(pessoa)* ungestüm; *(descomedido)* maßlos; 2. *(sentimentos)* stürmisch

desenganado adj. nüchtern, ohne Illusionen

desenganar v. tr. *(tirar do engano)* ernüchtern; *(desiludir)* enttäuschen

desengano s. m. Ernüchterung,.; *(desilusão)* Enttäuschung,

desengatar v. tr. *(vagão)* abkoppeln

desengate s. m. *(vagão)* Abkuppelung,

desengonçado adj. 1. *(objecto)* wackelig, locker; 2. *(pessoa)* ungelenk

desengonçar v. tr. 1. *(porta)* aushängen; 2. *(membro)* ausrenken

desengordurar v. tr. entfetten, von Fettflecken säubern

desenhador s. m. Zeichner,,.; *(de moda, móveis)* Designer,,,

desenhar I v. tr. zeichnen; II v. refl. sich abzeichnen

desenho s. m. Zeichnung,; desenho geométrico: Planzeichnen,,

desenjoar v. intr. die Übelkeit vertreiben

desenlace s. m. Ausgang,,,

desenquadrado adj. rahmenlos

desenrascado adj. findig, geschickt

desenrascar I v. tr. zur Seite stehen [+dat.]; *(coloq.)* aus der Patsche helfen [+dat.]; II v. refl. 1. *(ser desenrascado)* gewandt sein [em, in +dat.]; 2. *(sair de apuros)* Schwierigkeiten überwinden

desenrolar I v. tr. aufrollen; II v. refl. *(acontecimento)* ablaufen

desenrugar v. tr. glätten, glatt machen

desentalar v. tr. losmachen

desentender-se v. refl. sich streiten [com, mit +dat.]

desentendido adj. fazer-se desentendido: sich dumm stellen

desentendimento s. m. 1. *(mal-entendido)* Missverständnis,,; 2. *(discussão)* Auseinandersetzung,

desenterrado adj. ausgegraben

desenterrar v. tr. ausgraben

desentorpecer v. tr. lockern

desentortar v. tr. gerade biegen

desentranhar v. tr. ausnehmen

desentupir v. tr. *(nariz)* frei machen; *(cano)* reinigen

desenvencilhar I v. tr. entwirren; II v. refl. sich losmachen [de, von +dat.]

desenvolto adj. 1. *(desembaraçado)* ungezwungen, locker; 2. *(ágil, ligeiro)* gewandt, flink

desenvoltura s. f. 1. *(desembaraço)* Ungezwungenheit,, Zwanglosigkeit,; 2. *(agilidade, ligeireza)* Gewandtheit,

desenvolver I v. tr. 1. entwickeln; *(capacidades)* ausbilden; *(actividade)* entfalten; 2. *(expor)* darlegen; II v. refl. sich entwickeln

desenvolvido adj. entwickelt

desenvolvimento s. m. 1. Entwicklung,; *(progresso)* Fortschritt,,; 2. *(aumento)* Wachstum,,

desenxabido adj. fad(e)
desequilibrado adj. unausgeglichen
desequilibrar I v. tr. aus dem Gleichgewicht bringen; II v. refl. das Gleichgewicht verlieren
desequilíbrio s. m. Ungleichgewicht$_{nt}$; (entre coisas diferentes) Unausgeglichenheit$_f$
deserção s. f. Fahnenflucht$_f$, Desertion$_f$
deserdar v. tr. enterben
desertar v. intr. desertieren, zum Feind überlaufen
deserto I s. m. Wüste$_f$; II adj. 1. (desabitado) unbewohnt; (zona) unbesiedelt; 2. (rua) menschenleer
desertor s. m. Fahnenflüchtige$_{m.\,e\,f.}$, Deserteur$_m$
desesperado adj. verzweifelt
desesperante adj. hoffnungslos, aussichtslos
desesperar I v. tr. zur Verzweiflung bringen; II v. intr. verzweifeln
desespero s. m. Verzweiflung$_f$
desfalcar v. tr. 1. (defraudar) unterschlagen; 2. (diminuir) vermindern
desfalecer v. intr. 1. (perder as forças) schwach werden; 2. (desmaiar) in Ohnmacht fallen
desfalque s. m. Unterschlagung$_f$
desfavorável adj. ungünstig [a/para, für +ac.]
desfavorecer v. tr. benachteiligen
desfavorecido adj. benachteiligt
desfazer I v. tr. 1. (desmanchar) zerlegen; (um nó) lösen, aufmachen; (um acordo) lösen; **desfazer as malas**: auspacken; 2. (destruir) zerstören; 3. (dissolver) auflösen [em, in +dat.]; II v. refl. 1. (casa) verfallen; 2. (costura, nó) aufgehen; 3. (dissolver-se) sich auflösen; 4. (vender) **desfazer-se de alguma coisa**: etwas verkaufen
desfechar I v. tr. (um tiro) abgeben; II v. intr. (arma) losgehen
desfecho s. m. Ausgang$_m$, Ende$_{nt}$
desfeita s. f. Beleidigung$_f$
desfeito I p. p. de **desfazer**; II adj. 1. (destruído) zerstört; 2. (dissolvido) aufgelöst
desfiar I v. tr. 1. (tecido) auftrennen; 2. (bacalhau, frango) zerlegen; II v. refl. ausfransen
desfiguração s. f. 1. (forma) Verformung$_f$; (feições) Entstellung$_f$; 2. (de factos) Verfälschung$_f$
desfigurado adj. 1. (verdade, feições) entstellt; 2. (feio) verunstaltet
desfigurar v. tr. 1. (forma) verformen; (feições) entstellen; 2. (factos) verfälschen
desfilada s. f. Folge$_f$, Serie$_f$; **à desfilada**: im Galopp, (fig.) stürmisch
desfiladeiro s. m. 1. Pass$_m$; 2. (fig.) Engpass$_m$
desfilar v. intr. vorbeiziehen; MILITAR vorbeimarschieren
desfile s. m. (festa) Umzug$_m$; (tropas) Vorbeimarschieren$_{nt}$
desflorar v. tr. 1. Blümen abpflücken aus [+dat.]; 2. (fig.) entjungfern
desflorestamento s. m. Kahlschlag$_m$
desflorestar v. tr. kahl schlagen
desfocado adj. unscharf
desfocar v. tr. unscharf einstellen
desfolhar v. tr. (milho) die Blätter entfernen von [+dat.]; (flor) die Blütenblätter abzupfen von [+dat.]
desforra s. f. Rache$_f$
desforrar-se v. refl. sich rächen [de, für +ac.]
desfraldar v. tr. (bandeira, vela) hissen
desfrutar v. tr. Nutzen ziehen aus [+dat.]; **desfrutar de**: genießen
desfrute s. m. (gozo) Genuss$_m$; 2. (usufruto) Nutznießung$_f$
desgarrada s. f. Wettgesang$_m$
desgarrar I v. tr. irreleiten; NÁUTICA vom Kurs abbringen; II v. refl. sich verirren

desgastado *adj.* 1. (material) abgenutzt; (roupa) abgetragen; 2. (pessoa) ausgelaugt

desgastar I *v. tr.* 1. (material) abnutzen; (roupa) abtragen; (sapatos) ablaufen; 2. (pessoa) stark beanspruchen; II *v. refl.* 1. (material) sich abnutzen; 2. (pessoa) sich abarbeiten

desgaste *s. m.* 1. (de material) Verschleiß_m_; Abnutzung_f_; 2. (de máquina, pessoa) Beanspruchung_f_

desgostar I *v. tr.* 1. (causar desgosto) missfallen [+dat.]; 2. (arreliar) verärgern; II *v. intr.* desgostar de: nicht mögen

desgosto *s. m.* 1. (desagrado) Missfallen_nt_; 2. (pesar) Kummer_m_

desgovernado *adj.* 1. (pessoa) verschwenderisch; 2. (automóvel) außer Kontrolle geraten

desgoverno *s. m.* Misswirtschaft_f_, Verschwendung_f_

desgraça *s. f.* 1. (infortúnio) Pech_nt_; por desgraça: unglücklicherweise; 2. (miséria) Elend_nt_

desgraçado I *s. m.* Pechvogel_m_; II *adj.* 1. (infeliz) unglücklich; 2. (mal sucedido) vom Pech verfolgt

desgraçar I *v. tr.* 1. ins Unglück stürzen; 2. (arruinar) ruinieren; II *v. refl.* sich ins Unglück stürzen

desgravar *v. tr.* (uma cassete) löschen

desiderato *s. m.* 1. (desejo) Wunsch_m_; 2. (objectivo) Ziel_nt_

desidratação *s. f.* Wasserentzug_m_; MEDICINA Dehydration_f_

desidratado *adj.* trocken; MEDICINA dehydriert

desidratar *v. tr.* Wasser entziehen [+dat.]; (campo) entwässern

design *s. m.* Design_nt_

designação *s. f.* 1. (indicação) Bezeichnung_f_; 2. (nomeação) Ernennung_f_; 3. (denominação) Benennung_f_

designadamente *adv.* insbesondere

designar *v. tr.* 1. (indicar) bezeichnen; 2. (nomear) ernennen; 3. (determinar) bestimmen; 4. (significar) bedeuten

designativo *adj.* bezeichnend [de, für +ac.]

desígnio *s. m.* 1. (propósito) Zweck_m_, Ziel_nt_; (intenção) Absicht_f_; 2. (plano) Plan_m_

desigual *adj.* 1. ungleich; 2. (superfície) uneben; 3. (variável) unbeständig

desigualdade *s. f.* 1. Ungleichheit_f_; 2. (de superfície) Unebenheit_f_

desiludido *adj.* enttäuscht [com, von +dat.]

desiludir I *v. tr.* enttäuschen; II *v. refl.* enttäuscht sein [com, von +dat.]

desilusão *s. f.* Enttäuschung_f_

desimpedido *adj.* frei

desimpedir *v. tr.* frei machen

desinchar *v. intr.* MEDICINA abschwellen

desinência *s. f.* GRAMÁTICA Endung_f_

desinfeção *s. f.* (Brasil) → desinfecção

desinfecção *s. f.* Desinfektion_f_

desinfectante I *s. m.* Desinfektionsmittel_nt_; II *adj.* desinfizierend

desinfectar *v. tr.* desinfizieren

desinfestação *s. f.* Ungezieferverntichtung_f_

desinfestar *v. tr.* von Ungeziefer befreien, ausräuchern

desinfetante *s. m.* (Brasil) → desinfectante

desinfetar *v. tr.* (Brasil) → desinfectar

desinibido *adj.* leidenschaftlich, enthemmt

desinibir *v. tr.* die Hemmungen nehmen [+dat.]

desinquietação *s. f.* Unruhe_f_; (excitação) Aufregung_f_

desinquietar *v. tr.* beunruhigen

desinquieto *adj.* unruhig

desintegração *s. f.* FÍSICA Zerfall_m_

desintegrar I *v. tr.* auflösen; (pedra) zertrümmern; (átomo) spalten; II *v. refl.* FÍSICA zerfallen

desinteressado *adj.* 1. *(não interesseiro)* uneigennützig, selbstlos; 2. *(não interessado)* uninteressiert

desinteressante *adj.* uninteressant

desinteressar-se *v. refl.* das Interesse verlieren [de, an +dat.]

desinteresse *s. m.* 1. *(indiferença)* Gleichgültigkeit*f* [por, gegenüber +dat.]; 2. *(altruísmo)* Uneigennützigkeit*f*, Selbstlosigkeit*f*

desintoxicação *s. f.* Entgiftung*f*; (toxicodependentes) Entzug*m*

desintoxicar *v. tr.* entgiften; (toxicodependentes) entwöhnen

desistência *s. f.* 1. (cargo) Rücktritt*m*; 2. (curso) Aufgabe*f*, Beendigung*f*; 3. *(renúncia)* Verzicht*m*

desistir *v. intr.* 1. aufgeben [de, +ac.]; 2. (cargo) zurücktreten [de, von +dat.]; 3. *(renunciar)* verzichten [de, auf +ac.]

deslavado *adj.* ausgewaschen, verwaschen

desleal *adj.* 1. *(infiel)* untreu; 2. *(falso)* unredlich, unfair

deslealdade *s. f.* 1. *(infidelidade)* Treulosigkeit*f*, Untreue*f*; 2. (acto) unfaire(s) Verhalten*nt*

desleixado *adj.* nachlässig, fahrlässig

desleixar-se *v. refl.* 1. sich nicht kümmern [com, um +ac.]; 2. nachlässig werden

desleixo *s. m.* Nachlässigkeit*f*, Fahrlässigkeit*f*

desligado *adj.* 1. (aparelho) abgeschaltet; 2. (pessoa) nicht interessiert [de, an +dat.]

desligar *v. tr.* (aparelho) abschalten; (luz) ausschalten; (telefone) auflegen

deslindar *v. tr.* klarstellen, klären

deslizar *v. intr.* gleiten [por, über +ac.]

deslize *s. m.* 1. Rutsch*m*; 2. *(fig.)* Lapsus*m*, Versehen*nt*

deslocação *s. f.* 1. *(viagem)* Fahrt*f*, Reise*f*; 2. (de ar, água) Verdrängung*f*; 3. MEDICINA Verrenkung*f*

deslocado *adj.* 1. (sítio) weit entfernt; 2. (pessoa, crítica) deplaziert; 3. (membro) verrenkt

deslocar I *v. tr.* 1. (objecto) an einen anderen Platz stellen; 2. (osso) ausrenken; (membro) verrenken; II *v. refl.* 1. *(movimentar-se)* sich bewegen; 2. *(viajar)* fahren

deslumbrado *adj.* hingerissen, begeistert [com, von +dat.]

deslumbramento *s. m.* 1. *(ofuscação)* Blendung*f*; 2. *(fascinação)* Begeisterung*f*

deslumbrante *adj.* 1. (luz) grell; (sol) blendend; 2. *(fascinante)* fantastisch, atemberaubend

deslumbrar *v. tr.* 1. *(ofuscar)* blenden; 2. *(fascinar)* begeistern

desmagnetizar *v. tr.* entmagnetisieren

desmaiado *adj.* 1. ohnmächtig; 2. (cor) matt, blass; 3. *(desbotado)* farblos

desmaiar *v. intr.* in Ohnmacht fallen

desmaio *s. m.* Ohnmacht*f*

desmamar *v. tr.* abstillen

desmancha-prazeres *s. m. e f. inv.* Spielverderber*m*

desmanchar I *v. tr.* 1. (nó) aufmachen; 2. (namoro, noivado) beenden; 3. (máquina) auseinander nehmen; II *v. refl.* 1. (máquina) kaputtgehen; 2. (penteado) aufgehen ❖ **desmanchar-se a rir**: sich totlachen

desmantelamento *s. m.* 1. ENGENHARIA Abbau*m*, Demontage*f*; 2. (de um grupo) Aufdeckung*f*

desmantelar *v. tr.* 1. ENGENHARIA abbauen, demontieren; 2. NÁUTICA abtakeln; 3. (grupo) aufdecken

desmarcar *v. tr.* (encontro, consulta) absagen

desmascarar *v. tr.* entlarven
desmazelado *adj.* nachlässig; *(coloq.)* schludrig
desmazelar-se *v. refl.* nachlässig werden; *(coloq.)* schludern
desmazelo *s. m.* Nachlässigkeit$_f$; *(coloq.)* Schludrigkeit$_f$
desmedido *adj. (excessivo)* übermäßig; *(imenso)* ungeheuer
desmembramento *s. m.* 1. *(desagregação)* Zergliederung$_f$ [em, in +ac.]; 2. *(separação)* Abspaltung$_f$; *(divisão)* Teilung$_f$
desmembrar I *v. tr.* 1. *(corpo)* zerstückeln; 2. *(separar)* abtrennen; II *v. refl.* sich auflösen; *(dividir-se)* sich teilen [em, in +ac.]
desmentir *v. tr.* abstreiten; POLÍTICA dementieren
desmerecedor *adj.* unwürdig [de, +gen.]
desmerecimento *s. m.* Unwürdigkeit$_f$
desmesurado *adj.* 1. *(enorme)* riesig; 2. *(excessivo)* exzessiv, maßlos
desmilitarização *s. f.* Entmilitarisierung$_f$
desmilitarizar *v. tr.* entmilitarisieren
desmiolado *adj. (coloq.)* hirnverbrannt
desmobilização *s. f.* MILITAR Demobilisierung$_f$
desmobilizar *v. tr.* MILITAR demobilisieren
desmontagem *s. f.* 1. *(máquina)* Auseinanderbauen$_{nt}$, Demontage$_f$; *(peça)* Ausbau$_m$; 2. *(tenda)* Abbau$_m$
desmontar I *v. tr.* 1. *(máquina)* auseinander bauen, demontieren; *(peça)* ausbauen, abmontieren; 2. *(tenda)* abbauen; II *v. intr.* absteigen [de, von +dat.]
desmontável *adj. (máquina)* zerlegbar; *(peça)* abnehmbar
desmoralização *s. f.* Demoralisierung$_f$
desmoralizado *adj.* mutlos, niedergeschlagen
desmoralizar *v. tr.* entmutigen, demoralisieren

desmoronamento *s. m.* 1. *(de casa)* Zusammenbruch$_m$, Einsturz$_m$; *(de ruínas)* Verfall$_m$; 2. *(de terra)* Erdrutsch$_m$
desmoronar-se *v. refl.* *(casa)* einfallen, einstürzen; *(ruínas)* verfallen; 2. *(terra)* abrutschen
desnatado *adj.* entrahmt
desnatar *v. tr.* entrahmen
desnaturado *adj.* unmenschlich
desnecessariamente *adv.* unnötigerweise
desnecessário *adj.* unnötig; *(supérfluo)* überflüssig
desnível *s. m.* 1. *(em estrada)* Unebenheit$_f$; *(em terreno)* Höhenunterschied$_m$; 2. *(social)* Gefälle$_{nt}$
desnivelado *adj.* 1. *(terreno)* uneben; 2. *(inclinado)* schräg
desnivelar *v. tr.* 1. *(terreno)* uneben machen; 2. *(distinguir)* unterscheiden
desnorteado *adj.* 1. *(sem rumo)* ziellos; 2. *(maluco)* verrückt
desnuclearizado *adj.* atomwaffenfrei
desnutrição *s. f.* Unterernährung$_f$
desnutrido *adj.* unterernährt
desobedecer *v. intr.* nicht gehorchen, sich widersetzen [a, +dat.]
desobediência *s. f.* Ungehorsam$_m$ [a, gegenüber +dat.]
desobediente *adj.* 1. ungehorsam; *(coloq.)* frech; 2. *(insubmisso)* rebellisch
desobrigação *s. f.* Entbindung$_f$, Befreiung$_f$
desobrigar *v. tr.* entbinden, befreien [de, von +dat.]
desobstrução *s. f.* 1. MEDICINA Abschwellen$_{nt}$, der Schleimhäute; 2. *(de estrada)* Räumung$_f$
desobstruir *v. tr.* 1. MEDICINA freimachen; 2. *(estrada)* räumen
desocupação *s. f.* 1. MILITAR Abzug$_m$; 2. *(de casa)* Räumung$_f$

desocupado adj. 1. (desempregado) arbeitslos, erwerbslos; 2. (casa) unbewohnt; (casa-de-banho) frei

desocupar v. tr. (casa) räumen; (casa-de-banho) frei machen

desodorante s. m. (Brasil) → desodorizante

desodorizante s. m. Deodorant_nt.

desolação s. f. 1. (tristeza) Untröstlichkeit_f; 2. (devastação) Verwüstung_f

desolado adj. 1. (pessoa) untröstlich; 2. (lugar) verwüstet; (solitário) trostlos

desolar v. tr. 1. (pessoa) erschüttern; 2. (terra) verwüsten

desonestidade s. f. Unehrlichkeit_f.

desonesto adj. unehrlich

desonra s. f. 1. Ehrverlust_m, Schmach_f; 2. (vergonha) Schande_f

desonrado adj. (comportamento) unehrenhaft; (pessoa) ehrlos

desonrar v. tr. 1. entehren; 2. (desacreditar) degradieren

desopilação s. f. Erleichterung_f; (de dores) Linderung_f

desopilar I v. tr. (dor) lindern; II v. intr. Erleichterung verschaffen; (dores) Linderung verschaffen

desoras loc. adv. a desoras: zur Unzeit

desordeiro I s. m. Unruhestifter_m; II adj. aufrührerisch

desordem s. f. 1. Unordnung_f; (confusão) Durcheinander_nt; 2. POLÍTICA Unruhe_f, Tumult_m

desordenado adj. unordentlich; (coisas) durcheinander, ungeordnet

desordenar v. tr. in Unordnung bringen

desorganização s. f. Desorganisation_f, Chaos_nt

desorganizado adj. 1. (pessoa) unorganisiert, chaotisch; 2. (trabalho) unübersichtlich, verworren

desorganizar v. tr. in Unordnung bringen, durcheinander bringen

desorientação s. f. Orientierungslosigkeit_f

desorientado adj. orientierungslos

desorientar I v. tr. 1. (desnortear) irreführen; 2. (desconcertar) verwirren; II v. refl. die Richtung verlieren

desova s. f. (acto) Laichen_nt; (época) Laichzeit_f

desovar v. intr. ZOOLOGIA laichen

despachado adj. flink, (coloq.) fix; estar despachado: fertig sein

despachar I v. tr. 1. (uma pessoa, encomenda) abfertigen; 2. (trabalho) erledigen; II v. refl. sich beeilen

despacho s. m. 1. (encomendas, mercadoria) Abfertigung_f; 2. (do governo) Resolution_f

despassarado adj. (coloq.) verträumt

despautério s. m. Unsinn_m.

despedaçar v. tr. 1. zerbrechen, zertrümmern; 2. (fig.) (coração) zerreißen

despedida s. f. Abschied_m; (acto oficial) Verabschiedung_f

despedimento s. m. (de pessoal) Entlassung_f

despedir I v. tr. entlassen; II v. refl. 1. sich verabschieden [de, von +dat.]; 2. (emprego) kündigen

despeitado adj. empört, verärgert

despeitar v. tr. empören, verärgern

despeito s. m. Empörung_f, Verärgerung_f; a despeito de: trotz [+gen.]

despejar v. tr. 1. (líquido) gießen [em/para, in +ac.]; 2. (recipiente) ausschütten; (garrafa) leeren; 3. (inquilinos) hinaussetzen

despejo s. m. (desocupação) Räumung_f

despencar v. intr. stürzen [de, von +dat.]

despender v. tr. (dinheiro) ausgeben; (tempo, energia) aufwenden, verwenden; (esforços) einsetzen

despenhadeiro s. m. Abhang_m, Steilhang_m.
despenhar-se v. refl. AERONÁUTICA abstürzen
despensa s. f. Speisekammer_f
despenteado adj. ungekämmt, zerzaust
despentear v. tr. zerzausen
despercebido adj. unbeachtet
desperdiçar v. tr. 1. verschwenden, vergeuden; 2. (oportunidade) verpassen
desperdício s. m. 1. Verschwendung_f, Vergeudung_f; 2. pl. desperdícios: Abfall_m
despertador s. m. Wecker_m
despertar I v. tr. 1. (uma pessoa) wecken; 2. (sentimentos) erwecken; II v. intr. 1. (acordar) aufwachen; 2. (animar) munter werden
desperto adj. 1. (acordado) wach; 2. (animado) munter
despesa s. f. 1. Ausgabe_f; 2. pl. despesas: Kosten_pl, Unkosten_pl
despido adj. 1. (pessoa) nackt; 2. (árvore, sala) kahl
despir I v. tr. ausziehen; II v. refl. sich ausziehen
despistado adj. (pessoa) zerstreut
despistar I v. tr. 1. (do caminho) irreführen; 2. (desorientar) ablenken, irreführen; II v. refl. von der Fahrbahn abkommen
despiste s. m. (automóvel) Abkommen_nt von der Fahrbahn
desplante s. m. Kühnheit_f, Dreistigkeit_f
despojar v. tr. 1. (pessoa) ausrauben; (privar) berauben [de, +gen.]; 2. (objecto) rauben
despojo s. m. 1. (expoliação) Ausrauben_nt, Plünderung_f; 2. (presa de guerra) Kriegsbeute_f
despontar v. intr. 1. zum Vorschein kommen; (dia) anbrechen; 2. BOTÂNICA keimen
desportista s. m. e f. Sportler, -in_m, f

desportivismo s. m. Fairness_f
desportivo adj. sportlich
desporto s. m. Sport_m; praticar desporto: Sport treiben
desposar v. tr. heiraten
déspota s. m. e f. Despot_m
despótico adj. despotisch
despotismo s. m. Despotismus_m
despovoado adj. menschenleer, unbewohnt
despovoamento s. m. Entvölkerung_f
despovoar v. tr. entvölkern
desprazer s. m. Ärger_m, Unzufriedenheit_f
desprender v. tr. lösen, losmachen; (desatar) losbinden
despreocupação s. f. Sorglosigkeit_f, Unbekümmertheit_f
despreocupado adj. sorglos, unbekümmert
desprestigiar v. tr. (pessoa) herabwürdigen; (trabalho) nicht würdigen, schlecht machen
despretensioso adj. anspruchslos, bescheiden
desprevenido adj. unvorbereitet
desprezado adj. verachtet
desprezar v. tr. verachten, gering schätzen
desprezível adj. verwerflich, schändlich
desprezo s. m. Verachtung_f, Geringschätzung_f
desprivilegiado adj. benachteiligt
desprivilegiar v. tr. benachteiligen
despromoção s. f. Herabstufung_f
despromover v. tr. herabstufen [a, auf +ac.]
despronunciar v. tr. DIREITO die Anklage zurückziehen gegen [+ac.]
desproporção s. f. Missverhältnis_nt
desproporcional adj. unverhältnismäßig [a, zu +dat.]

despropositadamente adv. grundlos, zu Unrecht

despropositado adj. ungelegen

despropósito s. m. Unsinn$_m$.

desprotegido adj. schutzlos; (abandonado) verlassen

desprover v. tr. nicht versorgen [de, mit +dat.]

desprovido adj. frei [de, von +dat.]; (pessoa) unversorgt; desprovido de recursos: mittellos

desqualificação s. f. DESPORTO Disqualifikation$_f$

desqualificado adj. DESPORTO disqualifiziert

desqualificar v. tr. DESPORTO disqualifizieren

desratizar v. tr. die Mäuse und Ratten ausrotten in [+dat.]

desregrado adj. (pessoa) chaotisch, planlos; (vida) ungeregelt

desrespeitar v. tr. 1. (lei) missachten; 2. (pessoa) unhöflich behandeln

desrespeito s. m. Rücksichtslosigkeit$_f$, Unhöflichkeit$_f$ [por, gegenüber +dat.]

dessa contr. da prep. de + pron. dem. essa

desse contr. da prep. de + pron. dem. esse

desta contr. da prep. de + pron. dem. esta

destacado adj. 1. (evidente) deutlich; 2. (saliente) herausragend; 3. (solto) einzeln, zusammenhanglos

destacamento s. m. MILITAR Sondereinheit$_f$

destacar I v. tr. 1. (fazer sobressair) hervorheben; (sublinhar) unterstreichen; 2. (papel) abtrennen [de, von +dat.]; 3. MILITAR abkommandieren; II v. refl. hervortreten, sich auszeichnen [por, durch +ac.]

destacável I adj. (papel) abtrennbar; (peça, rádio) herausnehmbar; II s. m. abtrennbare(s) Blatt$_{nt}$.

destapado adj. (recipiente) offen; (pessoa) nicht zugedeckt

destapar v. tr. 1. (tacho) öffnen, den Deckel abnehmen von [+dat.]; 2. (pessoa) abdecken

destaque s. m. de destaque: hochgestellt; em destaque: sichtbar; (sublinhar) unterstreichen

deste contr. da prep. de + pron. dem. este

destemido adj. furchtlos, kühn

desterrar v. tr. verbannen [de, aus +dat.]

desterro s. m. Verbannung$_f$

destilação s. f. QUÍMICA Destillation$_f$

destilar v. tr. QUÍMICA destillieren

destilaria s. f. Spiritusbrennerei$_f$, Destillieranlage$_f$

destinar I v. tr. bestimmen; (fixar) festlegen; II v. refl. bestimmt sein [a, für +ac.]

destinatário s. m. GRAMÁTICA Empfänger$_m$

destino s. m. 1. (sina) Schicksal$_{nt}$, Los$_{nt}$; 2. (local) Bestimmungsort$_m$; (de viagem) Ziel$_{nt}$; 3. (finalidade) Bestimmung$_f$;

destituição s. f. Absetzung$_f$; (demissão) Entlassung$_f$

destituir v. tr. absetzen; entlassen; destituir alguém de um cargo: jemanden seines Amtes entheben

destoar v. intr. 1. MÚSICA falsch klingen; 2. (não condizer) nicht passen [de, zu +dat.]

destrambelhado adj. wirr, verrückt

destrancar v. tr. entriegeln

destravado adj. 1. (automóvel) mit gelöster Bremse; (porta) offen; 2. (pessoa) zügellos

destravar v. tr. (carro) die Bremse lösen/loslassen; (porta) entriegeln

destreinado adj. aus der Übung; DESPORTO untrainiert

destreza s. f. Geschicklichkeit$_f$

destro adj. 1. (ágil) gewandt, geschickt; 2. (não canhoto) rechtshändig

destroçar v. tr. 1. (em troços) zertrümmern; 2. (fig.) (o coração) zerreißen; 3. (destruir) zerstören; 4. (derrotar) schlagen

destroço s. m. 1. (destruição) Zerstörung$_f$; 2. (derrota) Vernichtung$_f$; 3. (estrago) Schaden$_m$; 4. pl. destroços: Trümmer$_{pl.}$

destronar v. tr. absetzen, entthronen

destruição s. f. 1. Zerstörung$_f$; 2. (aniquilação) Vernichtung$_f$; 3. (devastação) Verwüstung$_f$

destruído adj. 1. zerstört; 2. (aniquilado) vernichtet; 3. (devastado) verwüstet

destruidor I s. m. Zerstörer$_m$; II adj. zerstörend

destruir v. tr. 1. zerstören; 2. (aniquilar) vernichten; 3. (devastar) verwüsten

destrutivo adj. zerstörerisch, destruktiv

desumano adj. unmenschlich, grausam

desunião s. f. 1. (desacordo) Uneinigkeit$_f$; 2. (separação) Trennung$_f$

desunir v. tr. 1. (separar) trennen; 2. (causar discórdia) entzweien

desuso s. m. cair em desuso: aus dem Gebrauch kommen

desvairado adj. verrückt; (olhar) wirr

desvalorização s. f. Abwertung$_f$, Entwertung$_f$; desvalorização monetária: Geldentwertung$_f$

desvalorizar I v. tr. abwerten, entwerten; II v. intr. an Wert verlieren

desvanecer v. intr. nachlassen, erlöschen

desvantagem s. f. Nachteil$_m$

desvantajoso adj. nachteilig [para, für +ac.]

desvão s. m. 1. (recanto) Schlupfwinkel$_m$; 2. (sótão) Dachboden$_m$

desvario s. m. Wahnsinn$_m$

desvelo s. m. Sorgfalt$_f$

desvendar v. tr. (mistério) aufdecken

desventura s. f. Missgeschick$_{nt}$, Unglück$_{nt}$

desviado adj. (afastado) abgelegen

desviar I v. tr. 1. (assunto, caminho) abbringen [de, von +dat.]; (pensamentos) ablenken [de, von +dat.]; desviar o olhar: die Augen abwenden; 2. (dinheiro) unterschlagen; 3. (trânsito) umleiten; II v. refl. (caminho) abweichen [de, von +dat.]; (assunto) abschweifen [de, von +dat.]

desvio s. m. 1. (de direcção) Ablenkung$_f$; 2. (de caminho) Abweichen$_{nt}$; (de assunto) Abschweifen$_{nt}$; 3. (na estrada) Umweg$_m$; (por obras) Umleitung$_f$; 4. (de dinheiro) Unterschlagung$_f$

detalhadamente adv. im Detail, detailliert

detalhado adj. detailliert, genau

detalhe s. m. Detail$_{nt}$, Einzelheit$_f$

detectar v. tr. festellen, erkennen

detective s. m. e f. Detektiv$_m$

detector s. m. Detektor$_m$

detenção s. f. DIREITO Festnahme$_f$, Verhaftung$_f$

detentor s. m. Inhaber$_m$ [de, von +dat.]

deter v. tr. 1. (fazer parar) anhalten; 2. (prender) festnehmen, verhaften; 3. (o poder) besitzen; 4. (suspender) unterbrechen

detergente s. m. Putzmittel$_{nt}$

deterioração s. f. 1. (de produto) Verderben$_{nt}$; 2. (de situação) Verschlechterung$_f$

deteriorar I v. tr. 1. (produto) verderben; 2. (uma situação) verschlimmern; II v. refl. (produto) verderben; (situação, saúde) sich verschlechtern

determinação s. f. 1. (resolução, firmeza) Entschlossenheit$_f$, Bestimmtheit$_f$; 2. (acção de determinar) Bestimmung$_f$

determinado adj. 1. (decidido) entschlossen [a, zu +dat.]; 2. (certo) bestimmt, gewiss

determinante adj. entscheidend

determinar v. tr. 1. (fixar) bestimmen, festsetzen; 2. (um valor) ermitteln

detestar v. tr. verabscheuen; (odiar) hassen

detestável adj. abscheulich, ekelhaft

detetive s. m. e f. (Brasil) → detective

detido I p. p. de deter; II adj. 1. (no trânsito) stecken geblieben; 2. (preso) verhaftet, festgenommen

detonação s. f. Detonation$_f$, Knall$_m$

detonador s. m. Sprengstoffzünder$_m$, Zündkapsel$_f$

detonar v. intr. detonieren, explodieren

detrás I adv. hinten; por detrás: dahinter; II loc. prep. detrás de: hinter [+ac./dat.]

detrimento s. m. Nachteil$_m$, Schaden$_m$

detritos s. m. pl. GEOLOGIA Gesteinsschutt$_m$, Detritus$_m$

deturpação s. f. Entstellung$_f$, Verfälschung$_f$

deturpar v. tr. entstellen, verfälschen

deus s. m. Gott$_m$; por amor de Deus!: um Gottes willen!; Deus queira!: hoffentlich!

devagar adv. langsam

devaneio s. m. 1. (quimera) Hirngespinst$_{nt}$; 2. (sonho) Traum$_m$, Wunschtraum$_m$

devassa s. f. DIREITO Untersuchung$_f$

devassidão s. f. Zügellosigkeit$_f$, Ausschweifung$_f$

devasso adj. zügellos, ausschweifend

devastação s. f. Verwüstung$_f$

devastado adj. verwüstet

devastar v. tr. verwüsten

devedor s. m. Schuldner$_m$

dever I s. m. Pflicht$_f$; deveres (de casa): die Hausaufgaben; II v. tr. 1. (dinheiro, respeito) schulden; 2. (favor) verdanken; III v. intr. 1. (obrigação moral) sollen; 2. (probabilidade) müssen, können

deveras adv. wirklich

devidamente adv. 1. (convenientemente) richtig, angemessen; 2. (conforme o dever) vorschriftsmäßig

devido adj. 1. (adequado) angemessen, richtig; 2. (quantia) ausstehend ❖ devido a: wegen [+gen.]

devoção s. f. 1. RELIGIÃO Frömmigkeit$_f$; 2. (dedicação) Ergebenheit$_f$, Hingabe$_f$

devolução s. f. Rückgabe$_f$; (restituição) Rückerstattung$_f$

devolver v. tr. 1. (entregar) zurückgeben; (enviar) zurückschicken, zurücksenden; 2. (restituir) rückerstatten

devorar v. tr. verschlingen

devotado adj. ergeben [a, +dat.]

devotar v. tr. widmen [a, +dat.]

devoto I s. m. Gläubige$_{m. e f.}$; II adj. RELIGIÃO fromm, gläubig

dextrina s. f. QUÍMICA Dextrin$_{nt}$

dez num. card. zehn

dezanove num. card. neunzehn

dezasseis num. card. sechzehn

dezassete num. card. siebzehn

Dezembro s. m. Dezember$_m$

dezena s. f. MATEMÁTICA Zehner$_m$

dezoito num. card. achtzehn

dia s. m. Tag$_m$; de dia: tagsüber; dia após dia: Tag für Tag; um dia: eines Tages

dia-a-dia s. m. Alltag$_m$

diabetes s. m. e f. inv. MEDICINA Diabetes$_m$, Zuckerkrankheit$_f$

diabético I s. m. Diabetiker$_m$, Zuckerkranke$_{m. e f.}$; II adj. diabetisch, zuckerkrank

diabo s. m. Teufel$_m$

diabólico adj. teuflisch, diabolisch

diabrete s. m. 1. (criança) Teufelchen$_{nt}$; 2. (cartas) schwarze(r) Peter$_m$

diabrura s. f. böse(r) Streich$_m$

diáfano adj. durchsichtig

diafragma s. m. 1. ANATOMIA Zwerchfell$_{nt}$; 2. FOTOGRAFIA Blende$_f$; 3. (contraceptivo) Diaphragma$_{nt}$

diagnosticar v. tr. MEDICINA diagnostizieren

diagnóstico s. m. MEDICINA Diagnose_f_

diagonal I s. f. GEOMETRIA Diagonale_f_; II adj. diagonal

diagrama s. m. Diagramm_nt_, Schaubild_nt_

dialéctica s. f. FILOSOFIA Dialektik_f_

dialecto s. m. Dialekt_m_

dialética s. f. (Brasil) → dialéctica

dialeto s. m. (Brasil) → dialecto

diálise s. f. QUÍMICA, MEDICINA Dialyse_f_

dialogar v. intr. ein Gespräch führen, miteinander sprechen [sobre, über +ac.]

diálogo s. m. Dialog_m_, Gespräch_nt_ [com, mit +dat.; sobre, über +ac.]

diamante s. m. Diamant_m_

diametral adj. diametral

diâmetro s. m. MATEMÁTICA Durchmesser_m_

diante adv. vorne; de hoje em diante: von heute an; e assim por diante: und so weiter; diante de: (local) vor [+ac./dat.]; (perante) angesichts [+gen.]

dianteira s. f. 1. (de objecto) Vorderseite_f_; 2. (vanguarda) Spitze_f_

dianteiro adj. Vorder..., vordere(r, s)

diapasão s. m. 1. MÚSICA (instrumento) Stimmgabel_f_; 2. (som) Kammerton_m_

diapositivo s. m. FOTOGRAFIA Dia_nt_

diária s. f. (de hotel) Tagespreis_m_

diário I s. m. 1. (livro) Tagebuch_nt_; 2. (jornal) Tageszeitung_f_; II adj. täglich

diarreia s. f. MEDICINA Durchfall_m_, Diarrhö_f_

dica s. f. (coloq.) Tipp_m_

dicção s. f. Ausdrucksweise_f_, Sprechweise_f_

dicionário s. m. Wörterbuch_nt_

didáctica s. f. Didaktik_f_

didáctico adj. didaktisch

didática s. f. (Brasil) → didáctica

didático adj. (Brasil) → didáctico

dieta s. f. Ernährung_f_, Ernährungsweise_f_; MEDICINA Diät_f_

dietética s. f. Diätetik_f_, Ernährungswissenschaft_f_

dietético adj. diätetisch

difamação s. f. Verleumdung_f_

difamador s. m. Verleumder_m_

difamar v. tr. diffamieren, in Verruf bringen

difamatório adj. verleumderisch

diferença s. f. 1. Unterschied_m_ [entre, zwischen +dat.]; 2. (excesso) Differenz_f_

diferencial I s. m. MATEMÁTICA, MECÂNICA Differenzial_nt_; II adj. Differenzial...

diferenciar I v. tr. unterscheiden, differenzieren [entre, zwischen +dat.]; II v. refl. sich unterscheiden [por, durch +ac.]

diferente I adj. verschieden; (distinto) unterschiedlich; II adv. anders [de, als]

diferir I v. tr. aufschieben, verschieben; II v. intr. sich unterscheiden [de, von +dat.]; (opiniões) auseinander gehen

difícil adj. 1. schwierig, schwer; 2. (improvável) schwerlich, kaum

dificílimo superl. de difícil

dificilmente adv. 1. mit Mühe, kaum; 2. (improbabilidade) selten, kaum

dificuldade s. f. Schwierigkeit_f_; com dificuldade: mit Mühe

dificultar I v. tr. erschweren; II v. refl. schwierig werden

difteria s. f. MEDICINA Diphtherie_f_

difundir v. tr. 1. (notícias) verbreiten; 2. (rádio) senden

difusão s. f. 1. (rádio) Sendung_f_; 2. (divulgação) Verbreitung_f_; 3. FÍSICA Diffusion_f_

difuso adj. diffus

difusor s. m. FÍSICA Diffusor_m_

digerir v. tr. verdauen

digerível adj. verdaulich

digestão s. f. Verdauung*f*
digestivo I s. m. 1. (vinho) Digestif*m*; 2. MEDICINA verdauungsförderne(s) Mittel*nt*; II adj. Verdauungs...; MEDICINA verdauungsfördernd
digital adj. 1. Finger...; impressão digital: Fingerabdruck*m*; 2. (aparelho) digital, Digital...
digitar v. tr. (telefone) wählen; (computador) tippen
dígito s. m. Ziffer*f*
dignar-se v. refl. geruhen, sich herablassen [a, zu +inf.]
dignidade s. f. Würde*f*
dignificar v. tr. mit Würden ausstatten; dignificar alguém: jemandem Würde verleihen
digno adj. 1. (merecedor) würdig [de, +gen.]; 2. (apropriado) passend, angemessen
digressão s. f. 1. (grupo musical) Tournee*f*; 2. (tema) Abschweifung*f*
dilação s. f. Verzögerung*f*, Aufschub*m*
dilacerante adj. 1. (espectáculo) herzzerreißend; 2. (pungente) stechend
dilacerar v. tr. zerreißen, zerfetzen
dilatação s. f. Dehnung*f*, Ausdehnung*f*
dilatado adj. ausgedehnt
dilatar v. intr. 1. (volume) ausdehnen, dehnen; 2. (prolongar) verlängern
dilema s. m. Dilemma*nt*
diletante I s. m. e f. Amateur*m*; II adj. Amateur...
diligência s. f. 1. (no trabalho) Eifer*m*; (esmero) Sorgfalt*f*; fazer diligências: ermitteln; 2. (carruagem) Postkutsche*f*
diligente adj. fleißig, eifrig
diluente s. m. Lösungsmittel*nt*
diluir v. tr. 1. (substância) auflösen [em, in +dat.]; 2. (líquido) verdünnen, verwässern
dilúvio s. m. Sintflut*f*

dimensão s. f. 1. (extensão) Ausdehnung*f*, Dimension*f*; 2. (tamanho) Ausmaß*nt*, Größe*f*
dimensional adj. dimensional
diminuição s. f. (de quantidade, qualidade) Verringerung*f*, Abnahme*f*; (de tamanho) Verkleinerung*f*
diminuir I v. tr. 1. (quantidade, qualidade) vermindern, verringern [em, um +ac.; para, auf +ac.]; (tamanho) verkleinern [em, um +ac.; para, auf +ac.]; 2. (despesas) kürzen; 3. (preços) herabsetzen [em, um +ac.; para, auf +ac.]; II v. intr. abnehmen [em, um +ac.]
diminutivo I s. m. GRAMÁTICA Diminutiv*nt*; II adj. verkleinernd
diminuto adj. winzig
Dinamarca s. f. Dänemark*nt*
dinamarquês I s. m. Däne*m*; II adj. dänisch
dinâmica s. f. FÍSICA Dynamik*f*
dinâmico adj. dynamisch
dinamismo s. m. Elan*m*, Schwung*m*
dinamite s. f. Dynamit*nt*
dinamizar v. tr. in Schwung bringen, vorantreiben
dínamo s. m. FÍSICA Dynamo*m*
dinastia s. f. Dynastie*f*
dinheiro s. m. Geld*nt*; pagar a dinheiro: bar bezahlen
dinossauro s. m. ZOOLOGIA Dinosaurier*m*
diocese s. f. RELIGIÃO Diözese*f*
dioptria s. f. FÍSICA Dioptrie*f*
dióspiro s. m. BOTÂNICA Khakifrucht*f*
diploma s. m. Diplom*nt*
diplomacia s. f. Diplomatie*f*
diplomado adj. mit akademischem Grad, diplomiert
diplomata s. m. e f. Diplomat*m*
diplomático adj. diplomatisch
dique s. m. Deich*m*

direção s. f. (Brasil) → direcção
direcção s. f. 1. (directores) Leitung$_f$, Direktion$_f$; Führung$_f$; 2. (sentido) Richtung$_f$; 3. (endereço) Anschrift$_f$, Adresse$_f$; 4. ENGENHARIA Lenkung$_f$, Steuerung$_f$
directa s. f. (coloq.) fazer uma directa: (die Nacht) durchmachen
directamente adv. direkt
directiva s. f. Richtlinie$_f$
directivo adj. leitend
directo I adj. direkt; (contacto) unmittelbar; comboio directo: durchgehender Zug; II adv. direkt
director s. m. Direktor$_m$
directoria s. f. Vorstand$_m$, Präsidium$_{nt}$
directório s. m. Direktorium$_{nt}$
directriz s. f. 1. MATEMÁTICA Leitlinie$_f$; 2. (directiva) Richtlinie$_f$
direita s. f. 1. rechte Seite$_f$; à direita: rechts; 2. POLÍTICA Rechte$_f$
direito I s. m. 1. Recht$_{nt}$ [a, auf +ac.]; 2. DIREITO Rechtswissenschaft$_f$, Jura; 3. (taxas) pl. Abgaben$_{pl}$, Gebühren$_{pl}$; II adj. 1. (lado) rechte(r, s); 2. (linha recta) gerade; (na vertical) senkrecht; a direito: geradeaus; 3. (pessoa) ehrlich
diretamente adv. (Brasil) → directamente
diretiva s. f. (Brasil) → directiva
diretivo adj. (Brasil) → directivo
direto adj. (Brasil) → directo
diretor s. m. (Brasil) → director
diretoria s. f. (Brasil) → directoria
diretriz s. f. (Brasil) → directriz
dirigente s. m. e f. Leiter$_m$; (de partido, sindicato) Führer$_m$
dirigir I v. tr. 1. (negócio) leiten; (partido, sindicato) führen; 2. (atenção, olhar) richten [para, auf +ac.]; (pergunta) richten [a, an +ac.]; 3. (veículo) lenken, steuern; II v. intr. (Brasil) Auto fahren; III v. refl. 1. (a alguém) sich wenden [a, an +ac.]; 2. (ir em direcção) sich begeben [para, nach +dat.; a, zu +dat.]; 3. (virar-se) sich richten [para, nach +dat.]
dirigível I s. m. AERONÁUTICA Luftschiff$_{nt}$, Zeppelin$_m$; II adj. lenkbar
discar v. tr. (Brasil) TELECOMUNICAÇÕES wählen
discernimento s. m. 1. (capacidade) Unterscheidungsvermögen$_{nt}$; 2. (juízo) Überlegung$_f$
discernir v. tr. unterscheiden [entre, zwischen +dat.]
disciplina s. f. 1. (ordem) Disziplin$_f$; 2. (área do saber) Fachgebiet$_{nt}$; (em escola, universidade) Fach$_{nt}$
disciplinado adj. diszipliniert
disciplinar adj. disziplinarisch
discípulo s. m. 1. (aluno) Schüler$_m$; 2. RELIGIÃO Jünger$_m$
disco s. m. 1. (geral) Scheibe$_f$; 2. MÚSICA Schallplatte$_f$; 3. DESPORTO Diskus$_m$; 4. INFORMÁTICA Platte$_f$; disco duro: Festplatte$_f$
disco jockey s. m. e f. Diskjockey$_m$
discordar v. intr. anderer Meinung sein [de, als], nicht übereinstimmen [de, mit +dat.]
discórdia s. f. Zwietracht$_f$, Streit$_m$
discorrer v. intr. 1. durchlaufen; 2. (fig.) nachdenken [sobre, über +ac.]
discoteca s. f. 1. Diskothek$_f$; (coloq.) Disko$_f$; 2. (loja de discos) Plattengeschäft$_{nt}$
discrepância s. f. Diskrepanz$_f$ [entre, zwischen +dat.]
discretamente adv. diskret
discreto adj. 1. diskret; (reservado) zurückhaltend, verschwiegen; 2. (vestido) unauffällig
discrição s. f. Diskretion$_f$; (reserva) Verschwiegenheit$_f$, Zurückhaltung$_f$ ❖ à discrição: nach Belieben
discriminação s. f. 1. (de sexo, raça) Diskriminierung$_f$ [contra, +gen.]; 2. (distinção) Unterscheidung$_f$ [entre, zwischen +dat.]

discriminar v. tr. 1. (sexo, raça) diskriminieren [por, wegen +gen.]; 2. (distinguir) unterscheiden [entre, zwischen +dat.]; 3. (produtos) einzeln aufführen

discursar v. intr. eine Rede halten [sobre, über +ac.]

discurso s. m. Rede$_f$

discussão s. f. 1. (amigável) Diskussion$_f$ [sobre, über +ac.]; 2. (conflito) Auseinandersetzung$_f$

discutido adj. umstritten

discutir I v. tr. (falar sobre) diskutieren; (problema) besprechen, durchsprechen; II v. intr. sich streiten [por causa de, wegen +gen.]

discutível adj. fraglich

disenteria s. f. MEDICINA Ruhr$_f$

disfarçado adj. 1. (mascarado) verkleidet [de, als]; 2. (oculto) verborgen

disfarçar I v. tr. 1. verbergen, verschleiern; 2. (voz) verstellen; II v. intr. sich verstellen; III v. refl. sich verkleiden [de, als]

disfarce s. m. 1. (carnaval) Verkleidung$_f$; 2. (dissimulação) Verstellung$_f$

disforme adj. plump, unförmig

dislexia s. f. Legasthenie$_f$

disléxico adj. legasthenisch

díspar adj. ungleich

disparar I v. tr. 1. (arma) abdrücken; (tiro) abgeben; 2. FOTOGRAFIA den Auslöser betätigen [+gen.]; II v. intr. 1. schießen [contra/sobre, auf +ac.]; 2. FOTOGRAFIA (flash) blitzen

disparatado adj. sinnlos, absurd

disparatar v. intr. 1. (falando) Unsinn reden; 2. (agindo) unüberlegt handeln

disparate s. m. Blödsinn$_m$, Quatsch$_m$

disparidade s. f. Ungleichheit$_f$

disparo s. m. Schuss$_m$

dispendioso adj. kostspielig

dispensa s. f. Freistellung$_f$, Befreiung$_f$ [de, von +dat.]

dispensado adj. freigestellt [de, von +dat.]

dispensar v. tr. 1. befreien, entbinden [de, von +dat.]; 2. (prescindir) verzichten auf [+ac.]; 3. (ajuda) leisten

dispersão s. f. Zerstreuung$_f$

dispersar I v. tr. zerstreuen; (tropas) versprengen; II v. intr. sich zerstreuen

disperso adj. zerstreut; (tropas) versprengt

disponibilidade s. f. Verfügbarkeit$_f$; disponibilidades: Vorräte$_{pl.}$; disponibilidades financeiras: verfügbare$_{pl.}$ Geldmittel

disponível adj. 1. (produto) erhältlich; (dinheiro) verfügbar; 2. (pessoa) frei

dispor I s. m. Verfügung$_f$; II v. tr. aufstellen, anordnen; (ordenar) ordnen; III v. intr. dispor de: verfügen über [+ac.]; IV v. refl. 1. sich bereit machen [a +inf., zu +inf.]; 2. (decidir-se a) sich entschließen [a +inf., zu +inf.]

disposição s. f. 1. Verfassung$_f$, Stimmung$_f$; 2. (prescrição) Vorschrift$_f$; 3. (objectos, móveis) Anordnung$_f$, Aufstellung$_f$

dispositivo s. m. Vorrichtung$_f$

disposto I p. p. de dispor; II adj. 1. bereit [a +inf., zu +inf.]; 2. gelaunt, aufgelegt; estar bem disposto: gut gelaunt sein

disputa s. f. 1. Disput$_m$, Auseinandersetzung$_f$; 2. DESPORTO Wettkampf$_m$

disputar v. tr. 1. (lutar por) kämpfen um [+ac.]; 2. DESPORTO austragen

disquete s. f. INFORMÁTICA Diskette$_f$

dissabor s. m. Verdruss$_m$, Unannehmlichkeit$_f$

dissecação s. f. ANATOMIA Sektion$_f$, Sezieren$_{nt.}$

dissecar v. tr. ANATOMIA sezieren

disseminação s. f. Ausbreitung$_f$, Verbreitung$_f$

disseminar v. tr. ausbreiten, verbreiten
dissertação s. f. 1. (trabalho) wissenschaftliche Abhandlung*f*; 2. (discurso) Vortrag*m*
dissertar v. intr. (oralmente) sprechen [sobre, über +ac.]; (por escrito) schreiben [sobre, über +ac.]
dissidência s. f. Spaltung*f*, Abspaltung*f*
dissidente I s. m. e f. Dissident*m*; II adj. andersdenkend [de, als]; RELIGIÃO andersgläubig [de, als]
dissílabo s. m. GRAMÁTICA zweisilbige(s) Wort*nt*
dissimulado adj. (acto) hinterhältig
dissimular I v. tr. verheimlichen; II v. intr. sich verstellen
dissipação s. f. 1. (dispersão) Zerstreuung*f*; 2. (desvanecimento) Auflösung*f*
dissipar I v. tr. 1. (dispersar) zerstreuen; 2. (desvanecer) auflösen; II v. refl. (nevoeiro) sich auflösen
disso contr. da prep. de + pron. dem. inv. isso
dissociação s. f. Trennung*f*
dissociar v. tr. trennen [de, von +dat.]
dissociável adj. trennbar, abtrennbar [de, von +dat.]
dissolução s. f. Auflösung*f*
dissolúvel adj. QUÍMICA löslich [em, in +dat.]
dissolvente s. m. QUÍMICA Lösemittel*nt*
dissolver I v. tr. auflösen [em, in +dat.]; II v. refl. sich auflösen [em, in +dat.]
dissonância s. f. MÚSICA Missklang*m*, Dissonanz*f*
dissonante adj. MÚSICA dissonant, missklingend
dissuadir v. tr. abraten [de, von +dat.]
dissuasão s. f. Abraten*nt*
dissuasivo adj. Überredungs...
distância s. f. 1. Distanz*f*, Entfernung*f* [de, von +dat.; entre, zwischen +dat.]; 2. Abstand*m* [de, von/zu +dat.; entre, zwischen +dat.]

distanciar I v. tr. entfernen [de, von +dat.]; II v. refl. 1. (do local) sich entfernen [de, von +dat.]; 2. (de ideia, pessoa) abrücken, sich distanzieren [de, von +dat.]
distante adj. 1. (local) entfernt [de, von +dat.], abgelegen; 2. (temporal) weit zurückliegend
distar v. intr. entfernt sein [de, von +dat.]
distender v. tr. 1. (dilatar) dehnen, ausdehnen; 2. (estirar) spannen; 3. MEDICINA zerren
distensão s. f. 1. (dilatação) Dehnung*f*, Ausdehnung*f*; 2. (estiramento) Spannen*nt*; 3. MEDICINA Zerrung*f*
distensível adj. dehnbar
distinção s. f. 1. (diferenciação) Unterscheidung*f* [entre, zwischen +dat.]; 2. (classificação) Auszeichnung*f*
distinguir I v. tr. 1. (diferenciar) unterscheiden [entre, zwischen +dat.]; 2. (objecto) wahrnehmen, erkennen; (som) hören; 3. (por mérito) auszeichnen; II v. refl. herausragen [de, aus +dat.]
distinguível adj. 1. (diferenciável) unterscheidbar; 2. (perceptível) wahrnehmbar
distintivo s. m. (da polícia) Dienstmarke*f*
distinto adj. 1. (diferente) verschieden, unterschiedlich; 2. (nítido) deutlich, klar; 3. (educado) distinguiert
disto contr. da prep. de + pron. dem. inv. isto
distorção s. f. Verzerrung*f*
distorcer v. tr. 1. (som, imagem) verzerren; 2. (história) verfälschen
distorcido adj. (som, imagem) verzerrt
distração s. f. (Brasil) → distracção
distracção s. f. Zerstreuung*f*, Ablenkung*f*
distraidamente adv. aus Versehen
distraído adj. zerstreut
distrair I v. tr. 1. (desconcentrar) ablenken; 2. (entreter) zerstreuen, unterhalten;

distribuição

II *v. refl. (desconcentrar-se)* sich ablenken [com, mit +dat.]; *(entreter-se)* sich unterhalten [com, mit +dat.]

distribuição *s. f.* 1. (de panfletos, prendas) Verteilung*_f_* [por, in +dat.]; (de jornais, correio) Zustellung*_f_*; 2. (do tempo) Einteilung*_f_*; 3. (dos móveis) Anordnung*_f_*; 4. ECONOMIA Vertrieb*_m_*; 5. (de água, gás) Versorgung*_f_*

distribuidor *s. m.* 1. ECONOMIA Vertreter*_m_*; 2. CINEMA Filmverleiher*_m_*; 3. MECÂNICA Verteiler*_m_*

distribuir *v. tr.* 1. (panfletos, prendas) verteilen, austeilen [por, in +dat.]; (jornais, correio) austragen; 2. (tempo) einteilen; 3. ECONOMIA (produtos) vertreiben

distrital *adj.* Bezirks...

distrito *s. m.* Bezirk*_m_*

distúrbio *s. m.* 1. Unruhe*_f_*; 2. MEDICINA Störung*_f_*

ditado *s. m.* 1. (exercício) Diktat*_nt_*; 2. *(provérbio)* Sprichwort*_nt_*

ditador *s. m.* Diktator*_m_*

ditadura *s. f.* Diktatur*_f_*

ditame *s. f.* Regel*_f_*, Gebot*_nt_*

ditar *v. tr.* diktieren

ditatorial *adj.* diktatorisch

dito I *s. m.* Ausspruch*_m_*; II *p. p. de* dizer; III *adj.* besagt, genannt

ditongo *s. m.* GRAMÁTICA Diphthong*_m_*

diurno *adj.* Tages...

diva *s. f.* Diva*_f_*

divã *s. m.* Diwan*_m_*

divagação *s. f.* Umherstreifen*_nt_*

divagar *v. intr.* 1. (falando, pensando) abschweifen; 2. (andando) umherwandern, umherstreifen

divergência *s. f.* 1. *(desvio)* Abweichung*_f_* [de, von +dat.]; 2. (opinião) Meinungsverschiedenheit*_f_*

divergente *adj.* 1. (rumo) abweichend [de, von +dat.]; 2. (opiniões) auseinander gehend, abweichend

divergir *v. intr.* 1. *(desviar-se)* abweichen [de, von +dat.]; 2. (opiniões) auseinander gehen; 3. MATEMÁTICA divergieren

diversão *s. f.* 1. *(entretenimento)* Unterhaltung*_f_*, Zeitvertreib*_m_*; 2. *(desvio)* Ablenkung*_f_*

diversidade *s. f.* Vielfalt*_f_*

diversificar I *v. tr.* verschiedenartig gestalten; II *v. intr.* anders sein, sich unterscheiden

diverso *adj.* unterschiedlich, verschieden

divertido *adj.* lustig

divertimento *s. m.* Unterhaltung*_f_*, Vergnügen*_nt_*

divertir I *v. tr.* amüsieren, unterhalten; II *v. refl.* sich amüsieren [com, über +ac.], sich vergnügen [com, mit +dat.]

dívida *s. f.* Schuld*_f_*

dividendo *s. m.* 1. ECONOMIA Dividende*_f_*; 2. MATEMÁTICA Dividend*_m_*

dividir *v. tr.* 1. (bolo) teilen [em, in +ac.]; (tarefas, despesas) einteilen [em, in +ac.], aufteilen [em, in +ac.; por, auf +ac.]; 2. MATEMÁTICA dividieren [por, durch +ac.]

divinal *adj.* → divino

divindade *s. f.* 1. (entidade) Gottheit*_f_*; 2. (característica) Göttlichkeit*_f_*

divino *adj.* 1. göttlich; 2. *(fig.)* göttlich, himmlisch

divisa *s. f.* 1. *(lema)* Devise*_f_*; 2. MILITAR Abzeichen*_nt_*; 3. ECONOMIA Devise*_f_*

divisão *s. f.* 1. (de bolo) Teilung*_f_* [em, in +ac.]; (de tarefas, despesas) Einteilung*_f_* [em, in +ac.], Aufteilung*_f_* [em, in +ac.; por, auf +ac.]; 2. (da casa) Zimmer*_nt_*, Raum*_m_*; 3. MATEMÁTICA, MILITAR Division*_f_*

divisibilidade *s. f.* Teilbarkeit*_f_*

divisível *adj.* teilbar [por, durch +ac.]

divisor *s. m.* MATEMÁTICA Divisor*_m_*

divisória *s. f.* 1. (linha) Trennungslinie*_f_*, Grenzlinie*_f_*; 2. (parede) Trennwand*_f_*, Zwischenwand*_f_*

divorciado adj. geschieden

divorciar-se v. refl. sich scheiden lassen [de, von +dat.]

divórcio s. m. Scheidung,f

divulgação s. f. (notícia, boato) Verbreitung,f

divulgar v. tr. (notícia, boato) verbreiten

dizer I v. tr. sagen; II v. intr. 1. (falar) sagen, sprechen; quer dizer: das heißt; 2. (condizer) passen [com, zu +dat.]; III v. refl. sich darstellen als

dizimar v. tr. (fig.) dezimieren

do contr. da prep. de + art. def. o

dó s. m. 1. (compaixão) Mitleid,nt, Erbarmen,nt; 2. MÚSICA C,nt

doação s. f. Spende,f [a, an +ac.]

doador s. m. Spender,m; (Suíça) Donator,m

doar v. tr. spenden [a, an +ac.]

dobra s. f. 1. (em papel) Knick,m, Kniff,m; (em tecido) Falte,f; 2. (das calças) Bügelfalte,f

dobradiça s. f. 1. (de porta) Scharnier,nt; 2. (assento) Klappsitz,m

dobrado adj. 1. (duplicado) doppelt; 2. (papel, tecido) gefaltet; 3. (filme) synchronisiert

dobragem s. f. (de filme) Synchronisation,f

dobrar I v. tr. 1. (papel, tecido) falten; 2. (duplicar) verdoppeln; a dobrar: doppelt; 3. (curvar) biegen, krümmen; 4. CINEMA (filme) synchronisieren; II v. intr. sich verdoppeln; III v. refl. sich beugen

dobro s. m. Doppelte,nt

doca s. f. NÁUTICA Dock,nt

doçaria s. f. Süßwaren,pl

doce I s. m. Süßigkeit,f; (sobremesa) Süßspeise,f; II adj. süß

docência s. f. Dozentur,f

docente I s. m. e f. Dozent,m; II adj. Lehr...; corpo docente: Lehrkörper,m

dócil adj. 1. (submisso) fügsam; 2. (flexível) geschmeidig

documentação s. f. 1. (acção) Dokumentation,f; 2. (documentos) Papiere,pl; (de trabalho) Unterlagen,pl

documental adj. dokumentarisch

documentar v. tr. dokumentieren, urkundlich belegen

documentário s. m. Dokumentarfilm,m

documentável adj. belegbar

documento s. m. Dokument,nt, Urkunde,f; documentos: Ausweispapiere,pl

doçura s. f. 1. Süße,f; 2. (fig.) Sanftmut,f

doença s. f. MEDICINA Krankheit,f

doente I s. m. e f. Kranke,m e f; II adj. MEDICINA krank

doentio adj. (depr.) krankhaft

doer v. intr. schmerzen, wehtun

dogma s. m. Dogma,nt

dogmático adj. dogmatisch

doido I s. m. Verrückte,m e f; II adj. verrückt [por, nach +dat.]

dói-dói s. m. (infant.) Wehwehchen,nt

dois num. card. zwei; a dois: zu zweit; dois a dois: paarweise; os dois: die beiden, beide

dólar s. m. Dollar,m

dolência s. f. Schmerz,m

dolente adj. schmerzerfüllt

dólmen s. m. HISTÓRIA Dolmen,m

dolo s. m. DIREITO Betrug,m, Täuschung,f

doloroso adj. schmerzhaft

dom s. m. 1. (dádiva) Gabe,f; 2. (talento) Talent,nt; 3. (título) Dom

domador s. m. Dompteur,m

domar v. tr. zähmen, bändigen

domesticar v. tr. zähmen

doméstico adj. häuslich, Haus...

domicílio s. m. (morada) Wohnsitz,m; (sede) Hauptsitz,m

dominante adj. herrschend, dominant

dominar I v. tr. 1. (língua, pessoa) beherrschen; 2. (país) herrschen über [+ac.]; II v. intr. 1. (rei, povo) herrschen; 2. (preponderar) dominieren, vorherrschen

domingo s. m. Sonntag_m_.
domingueiro adj. sonntäglich, Sonntags...
dominical adj. sonntäglich, Sonntags...
domínio s. m. 1. (poder) Herrschaft_f_; 2. (âmbito) Bereich_m_; 3. (território) Gebiet_nt_.
dominó s. m. 1. (jogo) Domino_nt_; 2. (traje) Domino_m_.
dona s. f. Frau_f_; dona de casa: Hausfrau_f_; a dona Maria: Frau Maria
donatário s. m. Empfänger_m_.
donativo s. m. Schenkung_f_.
donde contr. da prep. de + pron. interr. onde
doninha s. f. ZOOLOGIA Wiesel_nt_.
dono s. m. e f. Besitzer_m_; (de uma casa) Eigentümer_m_.
donzela s. f. 1. (mulher solteira) ledige Frau_f_; 2. (virgem) Jungfrau_f_.
dopar I v. tr. DESPORTO dopen; II v. refl. DESPORTO sich dopen
dor s. f. 1. Schmerz_m_; dor(es) de cabeça: Kopfweh_nt_, Kopfschmerzen_pl_; 2. (fig.) Leid_nt_.
doravante adv. von jetzt an, von nun an
dorido adj. schmerzend
dormente adj. 1. (perna) eingeschlafen; 2. (água) stehend
dormida s. f. (em hotel) Übernachtung_f_.
dorminhoco s. m. Schlafmütze_f_.
dormir v. intr. schlafen
dormitar v. intr. dösen
dormitório s. m. Schlafzimmer_nt_.
dorna s. f. Bottich_m_.
dorsal adj. Rücken...
dorso s. m. ANATOMIA Rücken_m_.
dosagem s. f. Dosierung_f_.
dose s. f. 1. MEDICINA, FARMÁCIA Dosis_f_; 2. CULINÁRIA Portion_f_.
dosear v. tr. dosieren

dotado adj. 1. (talentoso) begabt; 2. (equipado) ausgestattet [de, mit +dat.]
dotar v. tr. ausstatten [de, mit +dat.]
dote s. m. 1. (de casamento) Mitgift_f_; 2. (talento) Begabung_f_, Gabe_f_.
dourado adj. 1. (cor) golden; 2. (coberto com ouro) vergoldet
dourar v. tr. vergolden
douto adj. gelehrt
doutor s. m. Doktor_m_.
doutorado adj. promoviert
doutoramento s. m. Doktorarbeit_f_, Promotion_f_.
doutorar-se v. refl. seinen Doktor machen, promovieren
doutrina s. f. Doktrin_f_.
doutrinal adj. doktrinär
doze num. card. zwölf
Dr. s. m. [abrev. de Doutor] Dr. [Doktor]
Dr.ª s. f. [abrev. de Doutora] Dr. [Frau Doktor]
draga s. f. Nassbagger_m_.
dragão s. m. Drachen_m_.
dragar v. tr. ausbaggern
drageia s. f. FARMÁCIA Dragee_nt_.
drama s. m. Drama_nt_.
dramático adj. dramatisch
dramatizar v. tr. dramatisieren
dramaturgo s. m. Dramatiker_m_.
drasticamente adv. drastisch
drástico adj. drastisch
drenagem s. f. 1. (de terreno) Entwässerung_f_; 2. MEDICINA Drainage_f_.
drenar v. tr. 1. (terreno) entwässern; 2. MEDICINA drainieren
Dresda s. f. Dresden_nt_.
driblar v. tr. DESPORTO dribbeln
drinque s. m. (Brasil) Drink_m_.
drive s. f. INFORMÁTICA Laufwerk_m_.
droga s. f. 1. (substância) Droge_f_; 2. (pej.) (que não presta) Mist_m_.

drogado I s. m. Drogenabhängiger_{m. e f.}, Junkie_{m. e f.}; II adj. 1. unter Drogen stehend; (coloq.) high; 2. (toxicodependente) drogenabhängig

drogar I v. tr. Drogen verabreichen [+dat.]; II v. refl. Drogen nehmen

drogaria s. f. Drogerie_f.

droguista s. m. e f. Drogist_m.

dromedário s. m. ZOOLOGIA Dromedar_{nt.}

duas num. card. → dois

dúbio adj. unsicher, zweifelhaft

dublar v. tr. CINEMA (Brasil) → dobrar

dublê s. m. e f. CINEMA, TELEVISÃO (Brasil) → duplo

ducado s. m. Herzogtum_m.

ducha s. f. (Brasil) → duche

duche s. m. Dusche_f.; tomar um duche: duschen

dúctil adj. dehnbar

duelo s. m. Duell_{nt.}

duende s. m. Kobold_m.

dueto s. m. MÚSICA Duett_{nt.}

dulcíssimo superl. de doce

dum contr. da prep. de + art. indef. um

duma contr. da prep. de + art. indef. uma

duna s. f. Düne_f.

duo s. m. MÚSICA Duo_{nt.}

duodeno s. m. ANATOMIA Zwölffingerdarm_m.

dupla s. f. MÚSICA Duo_{nt.}

dúplex s. m. Maisonette_f.

duplicação s. f. Verdoppelung_f.

duplicado I s. m. Duplikat_{nt.}; II adj. doppelt, zweifach

duplicar I v. tr. verdoppeln; II v. intr. sich verdoppeln

duplo I s. m. CINEMA, TELEVISÃO Stuntman_m.; II adj. doppelt, zweifach

duque s. m. Herzog_m.

durabilidade s. f. Haltbarkeit_f.

duração s. f. Dauer_f.

duradouro adj. dauerhaft, haltbar

durante prep. während [+gen.]; durante uma hora/semana: eine Stunde/Woche lang

durar v. intr. 1. (prolongar-se) dauern, andauern; 2. (conservar-se) sich halten

dureza s. f. Härte_f.

duro adj. 1. hart; 2. (severo) streng [com, zu +dat.]

dúvida s. f. Zweifel_m.

duvidar v. intr. zweifeln [de, an +dat.], bezweifeln [de, +ac.]

duvidoso adj. 1. zweifelhaft, fraglich; 2. (suspeito) verdächtig

duzentos num. card. zweihundert

dúzia s. f. Dutzend_{nt.}

E

E, e s. m. E, e_{nt.}
e cj. und
é pres. de ser
ébano s. m. Ebenholz_{nt.}
ebonite s. f. Ebonit_{nt.}, Hartgummi_{m.}
ébrio adj. 1. (de álcool) betrunken [de, von +dat.]; 2. (perturbado) trunken [de, vor +dat.].
ebulição s. f. FÍSICA Kochen_{nt.}, Sieden_{nt.}; estar em ebulição: kochen, sieden
ECG s. m. MEDICINA [abrev. de electrocardiograma] EKG_{nt.} [abrev. de Elektrokardiogramm]
eclesiástico adj. kirchlich, Kirchen...
eclipsar I v. tr. 1. ASTRONOMIA verfinstern; 2. (esconder) verstecken; II v. refl. 1. ASTRONOMIA sich verfinstern; 2. (desaparecer) verschwinden
eclipse s. m. ASTRONOMIA Finsternis_{f.}, Verfinsterung_{f.}
eclodir v. intr. ausbrechen
eclosão s. f. Ausbruch_{m.}
eco s. m. 1. (repetição) Echo_{nt.}, Widerhall_{m.}; 2. (ressonância) Anklang_{m.}
ecoar v. intr. hallen, widerhallen
ecocentro s. m. Wertstoffsammelstelle_{f.}
ecografia s. f. MEDICINA Ultraschallbild_{nt.}
ecologia s. f. Ökologie_{f.}, Umweltschutz_{m.}
ecológico adj. ökologisch
economia s. f. 1. (ciência) Wirtschaft_{f.}, Ökonomie_{f.}; 2. (poupança) Sparsamkeit_{f.}; 3. pl. economias: Ersparnisse_{pl.}
economicamente adv. wirtschaftlich
económico adj. 1. (de economia) ökonomisch, wirtschaftlich; 2. (automóvel, pessoa) sparsam; 3. (barato) billig, preiswert
economista s. m. e f. Volkswirtschaftler_{m.}, Wirtschaftswissenschaftler_{m.}, Ökonom_{m.}
economizar I v. tr. sparen, einsparen; II v. intr. sparen
ecossistema s. m. Ökosystem_{nt.}
ecrã s. m. TELEVISÃO Bildschirm_{m.}; CINEMA Leinwand_{f.}
écran s. m. → ecrã
eczema s. m. MEDICINA Ekzem_{nt.}, Hautausschlag_{m.}
éden s. m. Eden_{nt.}, Paradies_{nt.}
edição s. f. 1. (acção de editar) Herausgabe_{f.}; 2. INFORMÁTICA Edition_{f.}; 3. (impressão) Ausgabe_{f.}; 4. (conjunto de exemplares) Auflage_{f.}
edicto s. m. Erlass_{m.}
edificação s. f. Erbauung_{f.}, Errichtung_{f.}
edificante adj. erbaulich
edificar v. tr. 1. (edifício) errichten, erbauen; 2. (elevar) erbauen
edifício s. m. Gebäude_{nt.}, Bau_{m.}
édipo s. m. PSICOLOGIA complexo de édipo: Ödipuskomplex_{m.}
edital s. m. öffentliche Bekanntmachung_{f.}, Anschlag_{m.}
editar v. tr. 1. herausgeben, verlegen; 2. INFORMÁTICA editieren
édito s. m. (Brasil) Erlass_{m.}
editor s. m. 1. Verleger_{m.}, Herausgeber_{m.}; 2. INFORMÁTICA Editor_{m.}
editora s. f. (empresa) Verlag_{m.}; editora discográfica: Schallplattenfirma_{f.}, Label_{nt.}
editorial I s. m. JORNALISMO Leitartikel_{m.}; II s. f. Verlag_{m.}; III adj. Verlags...
edredão s. m. Federbett_{nt.}, Steppdecke_{f.}
edredom s. m. (Brasil) → edredão

educação s. f. 1. Erziehung_f_; encarregado de educação: Erziehungsberechtigte; 2. *(boas maneiras)* Benehmen_nt_; 3. *(instrução)* Ausbildung_f_; *(formação)* Bildung_f_
educacional adj. Erziehungs..., Bildungs...
educado adj. höflich; ser bem/mal educado: gut/schlecht erzogen sein
educador s. m. Erzieher_m_; educadora de infância: Kindergärtnerin_f_
educando s. m. Zögling_m_; *(aluno)* Schüler_m_
educar v. tr. 1. *(pessoa)* erziehen; 2. *(animal)* dressieren
educativo adj. 1. erzieherisch; 2. *(formação)* Bildungs...; *(instrutivo)* Lehr...; sistema educativo: Bildungssystem_nt_
efectivação s. f. Durchführung_f_
efectivamente adv. tatsächlich, in der Tat
efectivo I s. m. MILITAR Truppenstärke_f_; II adj. 1. *(real)* wirklich, tatsächlich; 2. *(funcionário)* fest angestellt
efectuar v. tr. ausführen, durchführen
efeito s. m. 1. *(consequência, influência)* Wirkung_f_ [em/sobre, auf +ac.], Effekt_m_ [em/sobre, auf +ac.]; efeito de estufa: Treibhauseffekt_m_; fazer efeito: wirken; para todos os efeitos: für alle Fälle; 2. *(realização)* Durchführung_f_; *(plano)* ficar sem efeito: hinfällig werden ❖ com efeito: tatsächlich
efémero adj. kurzlebig, vorübergehend
efeminado adj. feminin; *(pej.)* weibisch
efervescência s. f. Aufwallen_nt_, Brodeln_nt_; estar em efervescência: sprudeln
efervescente adj. brodelnd, schäumend
eferverscer v. intr. brodeln, aufwallen
efetivação s. f. *(Brasil)* → efectivação
efetivamente adv. *(Brasil)* → efectivamente
efetivar v. tr. *(Brasil)* → efectivar
efetivo adj. *(Brasil)* → efectivo
efetuar v. tr. *(Brasil)* → efectuar
eficácia s. f. Wirksamkeit_f_, Wirkung_f_
eficaz adj. wirksam, wirkungsvoll

eficiência s. f. *(de pessoa)* Tüchtigkeit_f_; *(de máquina)* Leistungsfähigkeit_f_
eficiente adj. *(pessoa)* tüchtig; *(máquina)* leistungsfähig, leistungsstark
efígie s. f. Bildnis_nt_
egípcio I s. m. Ägypter_m_; II adj. ägyptisch
Egipto s. m. Ägypten_nt_
Egito s. m. *(Brasil)* → Egipto
ego s. m. Ich_nt_
egocêntrico adj. egozentrisch
egoísmo s. m. Egoismus_m_
egoísta I s. m. e f. Egoist_m_; II adj. egoistisch
égua s. f. ZOOLOGIA Stute_f_
eh interj. he!, hei!
ei interj. hei!
eia interj. los!, auf!
eira s. f. Tenne_f_; sem eira nem beira: arm wie eine Kirchenmaus
eis adv. *(singular)* hier ist; *(plural)* hier sind; eis-me (aqui): da bin ich
eito loc. adv. a eito: nacheinander, hintereinander
eixo s. m. Achse_f_; MECÂNICA Welle_f_; entrar nos eixos: Vernunft annehmen
ejaculação s. f. 1. *(de líquido)* Strahl_m_; 2. *(de sémen)* Ejakulation_f_, Samenerguss_m_
ejacular I v. tr. *(líquido)* ausspritzen, spritzen; II v. intr. *(sémen)* ejakulieren
ejectar-se v. refl. AERONÁUTICA sich mit dem Schleudersitz retten
ejetar-se v. refl. *(Brasil)* → ejectar-se
ela pron. pess. f. sie; com ela: mit ihr
elaboração s. f. Ausarbeitung_f_, Erstellung_f_
elaborar v. tr. ausarbeiten, erstellen
elas pron. pess. f. pl. sie; com elas: mit ihnen
elasticidade s. f. Elastizität_f_, Dehnbarkeit_f_
elástico I s. m. Gummiband_nt_; II adj. elastisch, dehnbar

Elba s. m. Elbe*f*
ele pron. pess. m. er; **com ele:** mit ihm; **para ele:** für ihn
electrão s. m. FÍSICA Elektron*nt.*
electricidade s. f. Elektrizität*f.*
electricista s. m. e f. Elektriker*m.*
eléctrico I s. m. Straßenbahn*f*; II adj. 1. ELECTRICIDADE elektrisch, Elektro...; 2. *(coloq.)* (pessoa) aufgeregt
electrificar v. tr. elektrifizieren
electrocardiograma s. m. MEDICINA Elektrokardiogramm*nt.*
electrochoque s. m. Elektroschock*m.*
electrocussão s. f. tödliche(r) Stromschlag*m.*
electrocutado adj. durch einen Stromschlag getötet
electrocutar v. tr. durch Stromschlag töten; (na cadeira eléctrica) auf dem elektrischen Stuhl hinrichten
eléctrodo s. m. FÍSICA Elektrode*f*
electrodoméstico s. m. Haushaltsgerät*nt.*, Elektrogerät*nt.*
electroencefalograma s. m. MEDICINA Elektroenzephalogramm*nt.*
electroíman s. m. FÍSICA Elektromagnet*m.*
electrólise s. f. QUÍMICA Elektrolyse*f*
electrólito s. m. QUÍMICA Elektrolyt*m.*
electromagnético adj. elektromagnetisch
electrómetro s. m. Elektrometer*nt.*
electromotor s. m. Elektromotor*m.*
electrónica s. f. Elektronik*f.*
electrónico adj. elektronisch
electroscópio s. m. FÍSICA Elektroskop*nt.*
electrotecnia s. f. Elektrotechnik*f.*
electrotécnico adj. elektrotechnisch; engenheiro electrotécnico: Elektroingenieur*m.*
electroterapia s. f. MEDICINA Elektrotherapie*f.*
elefante s. m. ZOOLOGIA Elefant*m.*

elegância s. f. 1. (de movimentos, modos) Eleganz*f*; 2. *(magreza)* Schlankheit*f.*
elegante adj. 1. (nos movimentos, modos) elegant; 2. *(magro)* schlank
eleger v. tr. wählen
eleição s. f. 1. Wahl*f*; 2. pl. eleições: POLÍTICA Wahlen*pl.*; eleições legislativas: Parlamentswahlen*pl*
eleito I p. p. irreg. de eleger; II adj. auserwählt [para, für +ac.]; POLÍTICA gewählt [para, zu +dat.]
eleitor f. s. m. POLÍTICA Wähler*m.*, Wahlberechtigte*m. e f.*
eleitorado s. m. POLÍTICA Wählerschaft*f.*
eleitoral adj. POLÍTICA Wahl...; campanha eleitoral: Wahlkampf*m.*
elementar adj. elementar, grundlegend
elemento s. m. 1. *(parte)* Element*nt.*, Bestandteil*m.*; (de um grupo) Mitglied*nt.*; 2. QUÍMICA Element*nt.*
elenco s. m. CINEMA, TEATRO, TELEVISÃO Besetzung*f*
eles pron. pess. m. pl. sie; com eles: mit ihnen
eletroímã s. m. ELECTRICIDADE, FÍSICA *(Brasil)* Elektromagnet*m.*
elétron s. m. FÍSICA *(Brasil)* Elektron*nt.*
elevado adj. 1. hoch; 2. *(sublime)* gehoben
elevador s. m. Aufzug*m.*, Fahrstuhl*m.*
elevar v. tr. erheben [a, zu +dat.]
eliminação s. f. Beseitigung*f*, Entfernung*f*
eliminar v. tr. *(excluir)* beseitigen, entfernen; (concorrência) ausschalten; (possibilidade) ausschließen
eliminatória s. f. DESPORTO Ausscheidungskampf*m.*
eliminatório adj. Ausscheidungs...
elipse s. f. GRAMÁTICA, MATEMÁTICA Ellipse*f*
elite s. f. Elite*f.*
elitista adj. elitär
elixir s. m. 1. FARMÁCIA Elixier*nt.*, Heiltrank*m.*; 2. (mágico) Zaubertrank*m.*

elmo s. m. Helm_m._

elo s. m. 1. (de corrente) Kettenglied_nt_; 2. (de ligação) Bindeglied_nt_ [entre, zwischen +dat.]

elocução s. f. Ausdrucksweise_f_, Sprechweise_f_

elogiar v. tr. loben, rühmen

elogio s. m. Lob_nt_

eloquência s. f. Beredsamkeit_f_

eloquente adj. beredt, redegewandt

elóquio s. m. Rede_f_

elucidar v. tr. 1. (pessoa) aufklären [sobre, über +ac.]; 2. (questão) erklären, erläutern

elucidativo adj. erläuternd, erklärend

em prep. 1. (local) (dentro de) in [+dat.]; (sobre) auf [+dat.]; (perto de) an [+dat.]; em casa: zu Hause; em Portugal: in Portugal; em baixo: unten; em cima: oben; 2. (movimento) (para dentro) in [+ac.]; (sobre) auf [+ac.]; 3. (temporal) in [+dat.]; em dois dias: in zwei Tagen; em Julho: im Juli; 4. (modo) em alemão: auf Deutsch; em silêncio: schweigend

emagrecer I v. tr. abnehmen; II v. intr. abmagern, abnehmen

emagrecimento s. m. Abmagern_nt_, Abnehmen_nt_

e-mail s. m. E-mail_f_

emanar v. intr. (luz, calor) ausstrahlen [de, von +dat.]; (odor) ausströmen [de, aus +dat.]

emancipação s. f. Emanzipation_f_

emancipado adj. emanzipiert

emancipar I v. tr. emanzipieren; (libertar) befreien; II v. refl. sich emanzipieren [de, von +dat.]

emaranhado I s. m. Verwicklung_f_; II adj. verwickelt, verwirrt

emaranhar I v. tr. verwickeln, verwirren; II v. refl. sich verwickeln, sich verwirren

embaciado adj. beschlagen

embaciar I v. tr. trüben; (com bafo) anhauchen; II v. intr. beschlagen, anlaufen

embainhar v. tr. 1. (saia) umsäumen, säumen; 2. (espada) in die Scheide stecken

embaixada s. f. Botschaft_f_

embaixador s. m. Botschafter_m_

embaixatriz s. f. Botschafterin_f_

embalado adj. 1. (empacotado) verpackt; 2. (com balanço) ir embalado: Schwung haben

embalagem s. f. Verpackung_f_

embalar v. tr. 1. (empacotar) verpacken, einpacken; 2. (criança) wiegen

embalo s. m. Wiegen_nt_

embalsamado adj. einbalsamiert

embalsamar v. tr. einbalsamieren

embaraçado adj. 1. (constrangido) verlegen, gehemmt; 2. (emaranhado) verwirrt

embaraçar I v. tr. 1. (constrangir) in Verlegenheit bringen, verlegen machen; 2. (emaranhar) verwirren; 3. (obstruir) behindern, hemmen; II v. refl. verlegen sein

embaraço s. m. 1. (constrangimento) Verlegenheit_f_; 2. (obstáculo) Hindernis_nt_, Hemmnis_nt_

embaraçoso adj. peinlich, unangenehm

embarcação s. f. (barco) Boot_nt_; (navio) Schiff_nt_

embarcar I v. tr. AERONÁUTICA, NÁUTICA verladen, einladen; II v. intr. 1. AERONÁUTICA, NÁUTICA an Bord gehen; 2. (no comboio) einsteigen

embargar v. tr. ein Embargo verhängen gegen [+ac.]; embargar uma obra: den Bau stoppen

embargo s. m. Embargo_nt_

embarque s. m. NÁUTICA Einschiffung_f_; AERONÁUTICA Einchecken_nt_; sala de embarque: Abflughalle_f_

embarrar v. intr. stoßen [em, an +ac.]

embasbacado adj. erstaunt, verblüfft; ficar embasbacado: staunen

embasbacar v. tr. verblüffen

embate *s. m.* Aufprall*ₘ*, Zusammenstoß*ₘ*
embater *v. intr.* prallen [em, gegen +ac.], stoßen [em, gegen +ac.]
embebedar I *v. tr.* betrunken machen; II *v. intr.* berauschen, betrunken machen; III *v. refl.* sich betrinken
embeber I *v. tr.* tränken [em, mit +dat.], tauchen [em, in +ac.]; II *v. refl. (fig.)* sich vertiefen [em, in +ac.]
embelezar *v. tr.* verschönern
embevecer I *v. tr.* entzücken, begeistern; II *v. refl.* in Verzückung geraten
embevecido *adj.* entzückt, begeistert
embirrar *v. intr. (teimar)* halsstarrig sein; *(coloq.)* bocken
emblema *s. m.* Emblem*ₙₜ*, Wahrzeichen*ₙₜ*
emblemático *adj.* sinnbildlich
embocadura *s. f.* 1. *(de instrumento)* Mundstück*ₙₜ*; 2. *(de rio)* Mündung*f*
embolia *s. f.* MEDICINA Embolie*f*
êmbolo *s. m.* MECÂNICA Kolben*ₘ*
embolsar *v. tr.* verdienen
embora I *adv.* weg, fort; **ir(-se) embora**: weggehen, fortgehen; **mandar alguém embora**: jemanden wegschicken; II *cj.* [+conj.] obwohl, zwar; **vamos passear, embora esteja frio**: wir gehen spazieren, obwohl es kalt ist; III *interj.* immerhin!
emboscada *s. f.* Hinterhalt*ₘ*
embraiagem *s. f.* MECÂNICA Kupplung*f*
embraiar *v. intr.* MECÂNICA kuppeln
embrandecer *v. tr.* besänftigen
embreagem *s. f. (Brasil)* → embraiagem
embrear *v. intr. (Brasil)* → embraiar
embrenhado *adj.* vertieft [em, in +ac.]
embrenhar-se *v. refl.* sich vertiefen [em, in +ac.]
embriagado *adj.* 1. betrunken; 2. *(extasiado)* berauscht, begeistert [com, von +dat.]

embriagar I *v. tr.* 1. betrunken machen; 2. *(extasiar)* begeistern; II *v. refl.* sich betrinken
embriaguez *s. f.* 1. Betrunkenheit*f*, Rausch*ₘ*; 2. *(fig.) (êxtase)* Rausch*ₘ*
embrião *s. m.* BIOLOGIA Embryo*ₘ*
embrionário *adj.* BIOLOGIA embryonisch, embryonal
embrulhada *s. f. (coloq.)* Durcheinander*ₙₜ*
embrulhado *adj.* eingewickelt, eingepackt [em, in +ac.]
embrulhar *v. tr.* 1. einwickeln, einpacken [em, in +ac.]; 2. *(coloq.) (pessoa)* einwickeln
embrulho *s. m.* Päckchen*ₙₜ*; *(pacote)* Paket*ₙₜ*
embruxar *v. tr.* verhexen
embuchar I *v. tr.* 1. *(coloq.) (comida)* hinunterschlingen; 2. *(Brasil) (engravidar)* schwängern; II *v. intr. (Brasil)* schwanger werden
embuste *s. m.* 1. *(ardil)* Trick*ₘ*; 2. *(mentira)* Schwindelei*f*, Lüge*f*
embusteiro *s. m.* Schwindler*ₘ*, Lügner*ₘ*
embutido *adj.* eingebaut [em, in +ac.]; **armário embutido**: Einbauschrank*ₘ*
embutir *v. tr.* 1. *(madeira)* einlegen; 2. *(um armário)* einbauen
emenda *s. f.* 1. *(correcção)* Abänderung*f*; *(melhoramento)* Verbesserung*f*, Besserung*f*; 2. *(de lei)* Nachtragsgesetz*ₙₜ*; 3. *(remendo)* Flicken*ₘ*
emendar I *v. tr.* 1. korrigieren, verbessern; 2. *(lei)* abändern; II *v. refl.* sich verbessern
ementa *s. f.* Speisekarte*f*
emergência *s. f.* 1. Notfall*ₘ*; **em caso de emergência**: im Notfall; **estado de emergência**: Notstand; 2. *(surgimento)* Auftauchen*ₙₜ*
emergir *v. intr.* 1. hervortreten, in Erscheinung treten; 2. *(água)* auftauchen [de, aus +dat.]

emersão *s. f.* Auftauchen*nt.*
emerso *adj.* schwimmend, treibend
emigração *s. f.* Auswanderung*f.*, Emigration*f.* [de, aus +*dat.*; para, nach +*dat.*]
emigrante *s. m. e f.* Auswanderer|er, -in*m. f.*, Emigrant, -in*m. f.*
emigrar *v. intr.* auswandern, emigrieren [de, aus +*dat.*; para, nach +*dat.*]
eminência *s. f.* 1. (*título*) Eminenz*f.*; 2. (*saliência*) Vorsprung*m.*; (*de terreno*) Anhöhe*f.*
eminente *adj.* 1. (*elevado*) hoch gelegen; 2. (*superior*) herausragend, hervorragend
emissão *s. f.* 1. (*de gases*) Emission*f.*, Ausstoß*m.*; 2. (*de cheque, documento*) Ausstellung*f.*; 3. (*de notas, selos*) Ausgabe*f.*; 4. RÁDIO, TELEVISÃO Sendung*f.*
emissora *s. f.* Sender*m.*; **emissora de rádio:** Rundfunkstation*f.*; **emissora de televisão:** Fernsehstation*f.*
emitir *v. tr.* 1. (*gases*) ausstoßen; 2. (*cheque, documento*) ausstellen; 3. (*notas, selos*) ausgeben; 4. RÁDIO senden, übertragen; 5. (*som*) ausstoßen, von sich geben; (*luz*) ausstrahlen
emoção *s. f.* Emotion*f.*
emocional *adj.* emotional, Gefühls...
emocionante *adj.* 1. (*excitante*) aufregend; 2. (*comovente*) ergreifend, rührend
emocionar I *v. tr.* ergreifen, rühren; II *v. refl.* gerührt sein [com, über +*ac.*]
emoldurar *v. tr.* einrahmen
emolumento *s. m.* 1. (*taxa*) Gebühr*f.*; 2. (*lucro*) Gewinn*m.*
emotividade *s. f.* Emotivität*f.*, Erregbarkeit*f.*
emotivo *adj.* gefühlvoll, gefühlsbetont
empacotado *adj.* verpackt
empacotar *v. tr.* verpacken, einpacken
empada *s. f.* CULINÁRIA gefüllte Teigpastete*f.*
empadão *s. m.* CULINÁRIA (*de carne*) Kartoffel-Hackfleisch-Auflauf*m.*; (*de peixe*) Kartoffel-Fisch-Auflauf*m.*

empalhar *v. tr.* (*animal*) ausstopfen
empalidecer *v. intr.* erblassen, erbleichen
empanar *v. intr.* (*carro*) eine Panne haben, liegen bleiben
empancar *v. intr.* 1. (*trânsito*) stocken; (*carro*) stecken bleiben; 2. (*ao ler, falar*) stocken
empanturrar I *v. tr.* vollstopfen; II *v. refl.* sich vollstopfen [com, mit +*dat.*], überfressen [com, mit +*dat.*]
empastado *adj.* (*tinta*) eingetrocknet
empatado *adj.* DESPORTO, POLÍTICA unentschieden
empatar I *v. tr.* 1. (*pessoa*) hinhalten; 2. (*tempo*) verlieren [em, mit +*dat.*]; (*dinheiro*) hineinstecken [em, in +*ac.*]; II *v. intr.* DESPORTO (*jogo*) unentschieden enden; (*equipas*) unentschieden spielen
empate *s. m.* DESPORTO Unentschieden*nt.*; POLÍTICA Stimmengleichheit*f.*
empecilho *s. m.* Hindernis*nt.*
empedrado *s. m.* Pflaster*nt.*, Straßenpflaster*nt.*
empedrar *v. tr.* pflastern
empenagem *s. f.* AERONÁUTICA Leitwerk*nt.*
empenar *v. intr.* sich verziehen
empenhado *adj.* 1. (*penhorado*) verpfändet; 2. (*endividado*) verschuldet; 3. (*esforçado*) bemüht; **estar empenhado em alguma coisa:** sich um etwas bemühen
empenhamento *s. m.* → empenho
empenhar I *v. tr.* verpfänden; II *v. refl.* 1. (*endividar-se*) sich verschulden; 2. (*esforçar-se*) sich einsetzen, sich bemühen
empenho *s. m.* (*esforço*) Einsatz*m.*; (*afinco*) Eifer*m.*, Streben*nt.*
emperrar *v. intr.* stocken
empestar *v. tr.* verpesten
empilhador *s. m.* Gabelstapler*m.*
empilhar *v. tr.* aufhäufen, stapeln

empinado *adj.* aufgerichtet, (aufrecht) stehend; **com o nariz empinado**: hochnäsig

empinar I *v. tr. (coloq.)* pauken, büffeln; II *v. refl. (cavalo)* sich aufbäumen

empiricamente *adv.* empirisch

empírico *adj.* empirisch

empirismo *s. m.* 1. *(prática)* Empirie *f.*; 2. FILOSOFIA Empirismus *m.*

emplastro *s. m.* MEDICINA Pflaster *nt.*

empobrecer I *v. tr.* verarmen lassen, arm machen; II *v. intr.* verarmen, arm werden

empobrecimento *s. m.* Verarmung *f.*

empolado *adj.* 1. *(pele)* geschwollen; 2. *(discurso)* schwülstig

empolar *v. intr.* (pele) Blasen bilden

empoleirado *adj.* (oben) auf [em, +dat.]; **estar empoleirado no muro**: auf der Mauer stehen

empoleirar-se *v. refl.* sich stellen [em, auf +ac.]

empolgado *adj.* begeistert

empolgante *adj.* spannend, packend

empolgar I *v. tr.* packen, an sich reißen; II *v. refl.* sich begeistern

empório *s. m. (comercial)* Handelsplatz *m.*; *(cultural)* kulturelle(s) Zentrum *nt.*, Hochburg *f.*

empreendedor I *s. m.* Unternehmer *m.*; II *adj.* unternehmerisch

empreender *v. tr.* in Angriff nehmen, beginnen

empreendimento *s. m.* ECONOMIA Unternehmen *nt.*

empregado I *s. m. (de empresa)* Angestellte *m. e f.*; *(do Estado)* Beamte *m.*; *(de loja)* Verkäufer *m.*; *(de café, restaurante)* Kellner *m.*; **empregado de escritório**: Büroangestellte *m.*; II *adj.* angestellt [em, bei +dat.]

empregar I *v. tr.* 1. *(pessoal)* einstellen, beschäftigen; 2. *(utilizar)* gebrauchen, verwenden; *(força)* aufwenden; *(método)* anwenden; 3. *(dinheiro)* anlegen [em, in +ac.], ausgeben [em, für +ac.]; II *v. refl.* eine Stelle finden

emprego *s. m.* 1. *(trabalho)* Stelle *f.*, Anstellung *f.*; *(coloq.)* Job *m.*; 2. *(utilização)* Verwendung *f.*; *(uso)* Gebrauch *m.*, Benutzung *f.*; *(da força)* Aufwendung *f.*; *(de método)* Einsatz *m.*; 3. *(de dinheiro)* Anlage *f.*, Verwendung *f.*

empregue I *p. p. de* empregar; II *adj.* **ser empregue**: *(conhecimentos)* zum Einsatz kommen; *(dinheiro)* Verwendung finden, verwendet werden; *(técnica, método)* Anwendung finden, angewendet werden

empreitada *s. f.* Akkordarbeit *f.*

empreiteiro *s. m.* Bauunternehmer *m.*

empresa *s. f.* ECONOMIA Unternehmen *nt.*, Betrieb *m.*

empresário *s. m.* ECONOMIA Unternehmer *m.*

emprestado *adj.* geliehen, geborgt; **pedir alguma coisa emprestada a alguém**: etwas von jemandem leihen, bei jemandem etwas ausleihen

emprestar *v. tr.* verleihen; **emprestar alguma coisa a alguém**: jemandem etwas leihen

empréstimo *s. m.* 1. *(financeiro)* Darlehen *nt.*; 2. *(de objecto)* Verleihung *f.*, Verleihen *nt.*

emproado *adj. (pessoa)* hochmütig; *(discurso)* hochtrabend

emproar-se *v. refl.* hochmütig werden

empunhar *v. tr.* ergreifen

empurrão *s. m.* Stoß *m.*; *(coloq.)* Schubs *m.*; **aos empurrões**: drängelnd, schubsend

empurrar *v. tr. (pessoa, objecto)* stoßen; *(coloq.)* schubsen; *(porta)* drücken

emudecer I *v. tr.* zum Schweigen bringen, verstummen lassen; II *v. intr.* verstummen

emulação *s. f.* Wetteifer *m.*

emulsão s. f. Emulsion_f_

EN s. f. [abrev. de **estrada nacional**] Bundesstraße_f_

ena interj. hei!

enaltecedor adj. lobend, preisend

enaltecer v. tr. loben, preisen

enamorado adj. verliebt [de, in +ac.]

enamorar-se v. refl. sich verlieben [de, in +ac.]

encabeçar v. tr. 1. (grupo) anführen; 2. (folha) oben stehen auf [+dat.]

encabulado adj. verlegen

encabular v. tr. in Verlegenheit bringen

encadeamento s. m. Verknüpfung_f_, Verkettung_f_

encadear v. tr. (miteinander) verknüpfen, verketten

encadernação s. f. 1. (acção de encadernar) Binden_nt_, Buchbinden_nt_; 2. (capa) Einband_m_

encadernado adj. gebunden

encadernar v. tr. binden, einbinden

encafifado adj. (Brasil) in Gedanken vertieft, nachdenklich

encafuar v. tr. einsperren

encaixar I v. tr. (peça) einfügen, einpassen; II v. intr. passen

encaixe s. m. 1. (acção de encaixar) Einfügen_nt_, Einpassung_f_; 2. (ranhura) Falz_m_, Nut_f_

encaixilhar v. tr. (quadro) einrahmen; (janela, porta) mit Rahmen versehen

encaixotado adj. (in Kisten) verpackt

encaixotar v. tr. (in Kisten) verpacken

encalço s. m. Verfolgung_f_

encalhado adj. 1. NÁUTICA gestrandet, aufgelaufen; 2. (coloq.) (solteiro) solo

encalhar v. intr. NÁUTICA auflaufen, stranden

encaminhado adj. bem/mal encaminhado: gut/schlecht geplant

encaminhar I v. tr. 1. (processo) leiten, lenken; (pessoa) führen, anleiten; 2. (no bom caminho) auf den richtigen Weg bringen; II v. refl. sich auf den Weg machen [para, nach +dat.], sich begeben [para, nach +dat.]

encanado adj. (água) in Leitungen, Leitungs...

encanador s. m. (Brasil) Klempner_m_, Installateur_m_

encanamento s. m. (Brasil) Rohr_nt_, Leitung_f_; **encanamento de água**: Wasserleitung_f_

encandear v. tr. blenden

encantado adj. 1. (enfeitiçado) verzaubert; 2. (entusiasmado) entzückt, begeistert; **estar encantado com alguém/alguma coisa**: von jemandem/etwas angetan sein

encantador adj. bezaubernd, entzückend

encantamento s. m. Verzauberung_f_

encantar v. tr. 1. (por magia) verzaubern; 2. (entusiasmar) begeistern, entzücken

encanto s. m. 1. (feitiço) Zauber_m_; 2. (pessoa) liebenswürdige(r) Mensch_m_; (coloq.) Schatz_m_; 3. (coisa) Schmuckstück_nt_

encapar v. tr. (livro) einschlagen

encapelado adj. aufgewühlt, wild

encaracolado adj. lockig, gelockt

encaracolar-se v. refl. (cabelo) sich locken

encarar v. tr. 1. (pessoa) ins Gesicht sehen, ansehen; 2. (problema) ins Auge sehen

encarcerar v. tr. inhaftieren, einsperren

encardido adj. schmutzig

encarecer I v. tr. verteuern; II v. intr. teurer werden

encarecidamente adj. eindringlich, mit Nachdruck; **pedir alguma coisa encarecidamente**: inständig um etwas bitten

encarecimento s. m. Verteuerung_f_

encargo *s. m.* 1. *(incumbência)* Auftrag*ₘ*; *(obrigação)* Verpflichtung*f*, Pflicht*f*; 2. *(financeiro)* Belastung*f*

encarnado *adj.* rot

encarnar *v. tr.* verkörpern

encarquilhado *adj.* (pele, cara) runzlig; (fruta) verschrumpelt, schrumplig

encarquilhar *v. intr.* (pele, cara) runzlig werden; (fruta) verschrumpeln

encarrapitar-se *v. refl.* sich stellen [em, auf +ac.]

encarregado I *s. m.* Beauftragte*ₘ. ₑ f.*; II *adj.* beauftragt [de, mit +dat.]; *(incumbido)* zuständig [de, für +ac.]

encarregar I *v. tr.* beauftragen; encarregar alguém de alguma coisa: jemanden mit etwas beauftragen; II *v. refl.* encarregar-se de: übernehmen; encarregar-se de fazer alguma coisa: sich zu etwas verpflichten

encarreirar I *v. tr.* (encaminhar) in die Wege leiten; (no bom caminho) auf den richtigen Weg bringen; II *v. intr.* den richtigen Weg nehmen, gut verlaufen

encarrilar *v. tr. e intr.* → encarreirar

encasquetar *v. tr.* (coloq.) eintrichtern

encastelar *v. tr.* (fig.) aufeinander türmen, aufeinander stapeln

encastrado *adj.* eingebaut, Einbau...; móveis encastrados: Einbaumöbel*pl.*

encastrar *v. tr.* einbauen

encavacado *adj.* gehemmt, befangen

encavalitar-se *v. refl.* sich stellen [em, auf +ac.]

encefálico *adj.* Gehirn...

encefalite *s. f.* MEDICINA Gehirnentzündung*f*

encefalograma *s. m.* MEDICINA Enzephalogramm*nt.*

encenação *s. f.* Inszenierung*f*

encenador *s. m.* Regisseur*ₘ*

encenar *v. tr.* inszenieren

encerado *adj.* gebohnert, gewachst

enceradora *s. f.* Bohnermaschine*f*

encerar *v. tr.* wachsen, bohnern

encerrado *adj.* 1. (audiência, assunto) abgeschlossen; (reunião) beendet; 2. *(fechado)* geschlossen

encerramento *s. m.* 1. (reunião, audiência) Abschluss*ₘ*, Ende*nt.*; 2. *(fecho)* Schließen*nt.*; (de estabelecimento) Ladenschluss*ₘ*

encerrar *v. tr.* 1. (reunião, audiência) abschließen, beenden; 2. *(fechar)* schließen; 3. *(conter)* einschließen, enthalten

encestar *v. intr.* DESPORTO einen Korb werfen

encetar *v. tr.* 1. (pão) anschneiden; (pacote) anbrechen; 2. *(iniciar)* beginnen, anfangen

encharcado *adj.* durchnässt; *(coloq.)* patschnass, klitschnass

encharcar I *v. tr.* durchnässen; II *v. refl.* durchnässt werden; *(coloq.)* patschnass werden

enchente *s. f.* Flut*f* [de, von +dat.]

encher I *v. tr.* 1. (recipiente, sala) füllen [de, mit +dat.]; 2. (pneu) aufpumpen; encher o depósito: tanken; II *v. intr.* 1. (maré) steigen; 2. (comida) sättigen, satt machen; III *v. refl.* 1. (de comida) satt werden; 2. *(cansar-se)* genug bekommen [de, von +dat.]; 3. (recipiente, sala) sich füllen [de, mit +dat.]

enchido *s. m.* CULINÁRIA Wurst*f*

enchimento *s. m.* Füllung*f*

enchumaço *s. m.* Futter*nt.*; (nos ombros) Schulterpolster*nt.*

enciclopédia *s. f.* Enzyklopädie*f*

enclausurado *adj.* eingesperrt

enclausurar *v. tr.* einsperren

encoberto I *p. p. de* encobrir; II *adj.* 1. (céu) bedeckt, bewölkt; 2. *(oculto)* verborgen

encobrir *v. tr.* 1. *(ocultar)* verbergen, verstecken; 2. (pessoa) decken

encolher I v. tr. (pernas) einziehen; **encolher os ombros**: mit den Achseln zucken; II v. intr. schrumpfen; (roupa) einlaufen; III v. refl. verzagen

encolhido adj. zusammengekauert

encomenda s. f. Auftrag_m; (pedido) Bestellung_f; **encomenda postal**: Postpaket_nt; **de/por encomenda**: auf Bestellung

encomendar v. tr. bestellen

encontrão s. m. Stoß_m, Zusammenstoß_m; **dar um encontrão a alguém/alguma coisa**: jemanden stoßen/gegen etwas stoßen

encontrar I v. tr. 1. (achar) finden; 2. (pessoa) treffen; (inesperadamente) begegnen [+dat.]; II v. refl. (achar-se) sich befinden; 2. (ter encontro) sich treffen [com, mit +dat.]

encontro s. m. 1. Treffen_nt, Verabredung_f; (casual) Begegnung_f; **marcar um encontro com alguém**: sich mit jemandem verabreden; **ir ao encontro de alguém/alguma coisa**: jemandem/etwas entgegengehen; 2. (reunião) Treffen_nt; (congresso) Tagung_f

encorajar v. tr. ermutigen [a, zu +dat.], ermuntern [a, zu +dat.]

encornar v. tr. (vulg.) pauken, büffeln

encorpado adj. 1. (pessoa) beleibt; 2. (vinho) stark

encorrilhado adj. knitterig, verknittert

encorrilhar v. tr. e intr. verknittern

encosta s. f. Abhang_m, Hang_m

encostado adj. 1. (pessoa, coisa) **estar encostado a alguém**: sich an jemanden anlehnen; **estar encostado a alguma coisa**: an etwas lehnen; 2. (porta, janela) angelehnt

encostar I v. tr. 1. (um objecto) lehnen [a, an +ac.]; 2. (a cabeça) lehnen [a, an +ac.], legen [a, auf +ac.]; 3. (o carro) zur Seite fahren; 4. (a porta) anlehnen; II v. intr. (carro) an die Seite fahren; III v. refl. (apoiar-se) sich anlehnen [a, an +ac.], sich lehnen [a, an +ac.]; (reclinar-se) sich zurücklehnen

encosto s. m. (da cadeira) Lehne_f; **encosto de braços**: Armlehne_f; **encosto de cabeça**: Kopfstütze_f

encovado adj. (olhos) tief liegend; (face) eingefallen

encravado adj. 1. (pelo, unha) eingewachsen; 2. (máquina) verklemmt; 3. (em apuros) in Schwierigkeiten

encravar v. intr. 1. (pelo, unha) einwachsen; 2. (máquina) klemmen

encrenca s. f. Unannehmlichkeit_f, Schwierigkeit_f

encrencado adj. 1. (situação) verfahren; 2. (pessoa) in Schwierigkeiten

encrencar I v. tr. 1. (uma pessoa) in Schwierigkeiten bringen; 2. (uma situação) verkomplizieren; II v. intr. (situação) kompliziert werden

encrespado adj. 1. (cabelo) kraus, gekräuselt; 2. (mar) schäumend, aufgewühlt

encrespar-se v. refl. 1. (cabelo) sich kräuseln; 2. (mar) schäumen, aufgewühlt sein

encruado adj. nicht gar, halb gar

encruzilhada s. f. Kreuzweg_m

encurralado adj. umzingelt

encurralar v. tr. (o gado) einpferchen; (uma pessoa) umzingeln

encurtar v. tr. verkürzen, kürzen

endémico adj. MEDICINA endemisch

endereçar v. tr. adressieren [a, an +ac.]

endereço s. m. Anschrift_f, Adresse_f; **endereço de e-mail**: E-Mail Adresse_f

endeusar v. tr. vergöttern

endiabrado adj. (travesso) ausgelassen

endinheirado adj. begütert, reich

endireita s. m. e f. Quacksalber_m

endireitar I v. tr. 1. (objecto) aufrichten, aufrecht (hin)stellen; (dobrando) gerade

endívia s. f. BOTÂNICA Chicorée_f_, Schikoree_f_.

endividado adj. verschuldet

endividar-se v. refl. sich verschulden

endoidecer I v. tr. in den Wahnsinn treiben, verrückt machen; II v. intr. verrückt werden

endossado adj. (cheque) indossiert

endossante s. m. e f. Indossant_m_, Indossent_m_.

endossar v. tr. indossieren

endosso s. m. Indossament_nt_, Indosso_nt_.

endurecer I v. tr. verhärten, hart machen; II v. intr. hart werden

endurecimento s. m. Verhärtung_f_

energia s. f. FÍSICA Energie_f_; energia eléctrica: elektrische Energie_f_; energia nuclear: Kernenergie_f_; energia solar: Sonnenenergie_f_; 2. (vigor) Energie_f_, Tatkraft_f_

enérgico adj. energisch, tatkräftig

enervante adj. nervtötend, nervig

enervar I v. tr. auf die Nerven fallen, nerven; II v. refl. nervös werden

enevoado adj. neblig

enfado s. m. Langeweile_f_

enfadonho adj. langweilig

enfardar v. intr. (coloq.) Prügel kriegen

enfarinhado adj. bemehlt, mit Mehl bestäubt

enfartado adj. satt; (coloq.) voll

enfartar I v. tr. satt machen, sättigen [com, mit +dat.]; II v. refl. sich satt essen [com, an +dat.]

enfarte s. m. MEDICINA Infarkt_m_.

ênfase s. m. Emphase_f_; (realce) Nachdruck_m_; dar ênfase a alguma coisa: Nachdruck auf etwas legen

enfastiado adj. überdrüssig

enfático adj. emphatisch, nachdrücklich

enfatizar v. tr. betonen

enfeitar I v. tr. schmücken, verzieren; II v. refl. sich schmücken

enfeite s. m. Schmuck_m_, Verzierung_f_

enfeitiçado adj. 1. verzaubert, verhext; 2. (fig.) (encantado) verzaubert, entzückt

enfeitiçar v. tr. 1. (com feitiço) verzaubern, verhexen; 2. (fig.) (encantar) bezaubern, entzücken

enfermagem s. f. Krankenpflege_f_

enfermaria s. f. Krankenstation_f_

enfermeiro s. m. Krankenpfleger_m_.

enfermidade s. f. Krankheit_f_

enfermo adj. krank

enferrujado adj. 1. verrostet, rostig; 2. (fig.) (sem exercício) eingerostet

enferrujar v. intr. 1. rosten, verrosten; 2. (fig.) (pessoa) rosten, einrosten

enfiada s. f. Reihe_f_; de enfiada: hintereinander

enfiado adj. (coloq.) estar enfiado em: stecken in [+dat.]; estar sempre enfiado em casa: immer zu Hause hocken

enfiar I v. tr. 1. (meter) hineinstecken, hineinschieben; (fio) einfädeln; 2. (pôr) stecken [em, in +ac.]; 3. (vestir, calçar) überstreifen, überziehen; II v. refl. hineingehen [por, in +ac.]

enfim adv. endlich, schließlich; até que enfim!: endlich!; enfim!: na ja!

enforcado I s. m. Gehängte_m. e f._, Gehenkte_m. e f._; II adj. gehängt, gehenkt

enforcar I v. tr. hängen; II v. refl. sich erhängen

enfraquecer I v. tr. schwächen; II v. intr. 1. (pessoa) schwach werden; 2. (diminuir) sich abschwächen

enfraquecimento s. m. Schwächung_f_

enfrascar v. tr. e intr. (coloq.) saufen

enfrentar v. tr. (situação) sich stellen [+dat.], angehen; (pessoa) gegenübertreten [+dat.]

enfurecer I v. tr. wütend machen; (coloq.) auf die Palme bringen; II v. refl. 1. (pessoa) wütend werden, in Rage kommen; 2. (mar, vento) tosen

enfurecido adj. 1. (pessoa) wütend; 2. (mar, vento) tosend

Eng.º [abrev. de engenheiro] Ing. [abrev. de Ingenieur]

engalfinhar-se v. refl. sich raufen [com, mit +dat.]

enganado adj. estar enganado: sich irren, sich täuschen

enganador adj. 1. (traiçoeiro) betrügerisch; 2. (ilusório) täuschend, irreführend

enganar I v. tr. 1. (iludir) täuschen; (induzir em erro) irreführen; 2. (trair) betrügen; II v. refl. sich irren, sich täuschen; (no caminho) sich verlaufen

enganchar v. tr. einhaken

engano s. m. 1. Irrtum_m_; por engano: irrtümlich, aus Versehen; 2. (traição) Betrug_m_; 3. (ilusão) Täuschung_f_

enganoso adj. irreführend, trügerisch

engarrafado adj. 1. (vinho) (in Flaschen) abgefüllt; 2. (trânsito) lahm gelegt

engarrafamento s. m. 1. (de bebidas) Abfüllung_f_; 2. (do trânsito) Verkehrsstau_m_

engarrafar v. tr. (bebidas) abfüllen, in Flaschen füllen

engasgado adj. estar engasgado: (com comida, bebida) sich verschluckt haben; (sem fala) sprachlos sein

engasgar-se v. refl. sich verschlucken

engastar v. tr. (pedra preciosa) einfassen

engatar v. tr. 1. (peça) einrasten lassen; (enganchar) einhaken; 2. (velocidade) einlegen; engatar o carro: den Gang eingelegt lassen; 3. (pop.) (uma pessoa) anmachen

engate s. m. (do carro) Kupplung_f_ ❖ andar no engate: auf Männerfang/Brautschau sein

engelhado adj. (tecido, papel) zerknittert; (pele) runzlig

engelhar v. tr. (papel, tecido) zerknittern; (pele) runzlig machen

engendrar v. tr. überlegen; (coloq.) aushecken; engendrar alguma coisa: sich [+dat.] etwas ausdenken

engenharia s. f. Ingenieurwissenschaft_f_, Ingenieurwesen_nt_; engenharia de ambiente: Umwelttechnik_f_

engenheiro s. m. Ingenieur_m_; engenheiro agrónomo: Agraringenieur_m_; engenheiro civil: Bauingenieur_m_

engenho s. m. 1. (máquina) Maschine_f_; 2. (fig.) (talento) Ideenreichtum_m_, Talent_nt_

engenhoca s. f. (coloq.) Apparat_m_, Maschinchen_nt_

engenhocas s. m. e f. inv. (coloq.) Tüftler_m_

engenhoso adj. erfinderisch

engessado adj. eingegipst; ter um braço engessado: einen Gipsarm haben

engessar v. tr. eingipsen

englobar v. tr. 1. (abranger) umfassen; 2. (incluir) einbeziehen [em, in +ac.], einschließen [em, +ac.]

engodo s. m. Köder_m_

engolir v. tr. schlucken; (palavras) verschlucken

engomar v. tr. (passar a ferro) bügeln; (Suíça) glätten; (com goma) stärken

engonço s. m. Scharnier_nt_

engonhar v. intr. auf der Stelle treten, nicht voran kommen

engordar I v. tr. 1. (pessoa) dick machen; 2. (animal) mästen; II v. intr. zunehmen, dick werden

engordurar v. tr. fettig machen

engraçado *adj.* 1. *(divertido)* drollig, lustig; 2. *(com piada)* witzig; 3. *(coloq.) (giro)* niedlich, süß

engraçar *v. intr.* engraçar com alguém: jemanden nett finden; engraçar com alguma coisa: etwas gut finden

engrandecer *v. tr. (enobrecer)* adeln

engravatado *adj.* Schlips tragend

engravidar I *v. tr.* schwängern; II *v. intr.* schwanger werden

engraxadela *s. f.* 1. (com graxa) Einfetten$_{nt}$, Eincremen$_{nt}$; 2. *(coloq.) (bajulação)* Schmeichelei$_f$, Schöntuerei$_f$

engraxador *s. m.* 1. (de sapatos) Schuhputzer$_m$; 2. *(coloq.) (bajulador)* Schmeichler$_m$

engraxar *v. tr.* 1. (sapatos) putzen; (couro) eincremen; 2. *(coloq.)* (uma pessoa) schmeicheln, schöntun [+*dat.*]

engraxate *s. m. e f. (Brasil)* → engraxador

engrenagem *s. f.* MECÂNICA Getriebe$_{nt}$

engrenar *v. tr.* 1. MECÂNICA verzahnen; 2. (em assunto, conversa) einhaken [em, in +*ac.*]

engrossar *v. intr.* 1. (líquido) eindicken; 2. *(Brasil) (coloq.)* (conversa) hitzig werden; (pessoa) sich ärgern

enguia *s. f.* ZOOLOGIA Aal$_m$

enguiçar I *v. tr. (Brasil)* kaputtmachen, zerstören; II *v. intr. (Brasil)* kaputtgehen

enguiço *s. m.* 1. (mau agouro) schlechte(s) Zeichen$_{nt}$; 2. *(Brasil)* (avaria no carro) Panne$_f$; (em máquina) Schaden$_m$

enigma *s. m.* Rätsel$_{nt}$

enigmático *adj.* rätselhaft

enjaulado *adj.* in einen Käfig gesperrt

enjaular *v. tr.* in einen Käfig sperren

enjeitar *v. tr.* 1. *(rejeitar)* zurückweisen, ablehnen; 2. (uma criança) aussetzen

enjoado *adj.* 1. estou enjoado: mir ist übel; (no mar) ich bin seekrank; 2. *(enfastiado)* angeödet

enjoar I *v. tr.* 1. Übelkeit verursachen; isso enjoa-me: davon wird mir übel; 2. *(enfastiar)* abstoßen, anekeln; II *v. intr.* übel werden [+*dat.*]; (no mar) seekrank werden

enjoativo *adj.* widerwärtig, ekelhaft

enjoo *s. m.* Übelkeit$_f$, Brechreiz$_m$; (no mar) Seekrankheit$_f$

enlaçar *v. tr.* 1. *(atar)* binden, festbinden; 2. *(unir)* verbinden, verknüpfen

enlace *s. m.* Verbindung$_f$

enlameado *adj.* schlammig

enlatado I *s. m.* Konserve$_f$; II *adj.* (comida) Konserven...

enlatar *v. tr.* eindosen

enlevar I *v. tr.* entzücken, hinreißen; II *v. refl.* in Verzückung geraten

enlevo *s. m.* Verzückung$_f$, Entzücken$_{nt}$

enlouquecer I *v. tr.* verrückt machen, um den Verstand bringen; II *v. intr.* verrückt werden, den Verstand verlieren

enobrecer *v. tr.* (pessoa) adeln; (discurso) bereichern, verschönern

enojado *adj.* angeekelt, angewidert [com, von +*dat.*]

enojar *v. tr.* ekeln, anwidern

enologia *s. f.* Weinkunde$_f$, Önologie$_f$

enorme *adj.* riesig, enorm

enormidade *s. f.* 1. (tamanho) Größe$_f$; 2. *(disparate)* Ungeheuerlichkeit$_f$

enquadramento *s. m. (adaptação)* Anpassung$_f$ [em, an +*ac.*], Einfügen$_{nt}$ [em, in +*ac.*]

enquadrar I *v. tr.* einfügen [em, in +*ac.*]; enquadrar alguma coisa num contexto: etwas in einen Kontext stellen; II *v. refl.* (em situação) sich anpassen [em, an +*ac.*]; (em grupo) sich einfügen [em, in +*ac.*]

enquanto *cj.* 1. (temporal) während; enquanto isso: währenddessen, inzwischen; por enquanto: fürs erste, vorläufig; 2. *(ao passo que)* enquanto (que): wohingegen; 3. *(na qualidade de)* als; enquanto director: als Direktor

enraivecer I *v. tr.* wütend machen; II *v. refl.* wütend werden

enraizado *adj.* verwurzelt

enraizar *v. intr.* Wurzeln schlagen

enrascada *s. f.* Unannehmlichkeit*f*; meter-se numa enrascada: in Schwierigkeiten kommen

enrascado *adj.* betrogen; *(coloq.)* reingelegt

enrascar I *v. tr. (coloq.)* reinlegen; II *v. refl.* reinfallen

enredo *s. m.* 1. (de livro, filme) Handlung*f*; 2. *(intriga)* Intrige*f*

enregelar *v. intr.* gefrieren

enriçado *adj.* wirr, durcheinander

enriçar I *v. tr.* zerzausen, durcheinander bringen; II *v. refl.* sich verwirren

enrijecer I *v. tr.* härten; II *v. intr.* hart werden

enriquecer I *v. tr.* 1. reich machen; 2. *(fig.) (enobrecer)* bereichern; II *v. intr.* reich werden

enriquecimento *s. m.* 1. Reichtum*m*; 2. *(fig.) (enobrecimento)* Bereicherung*f*

enrodilhar *v. tr.* verwickeln, verwirren

enrolamento *s. m.* ENGENHARIA Wickelung*f*

enrolar I *v. tr.* 1. (tapete, papel) aufrollen, zusammenrollen; 2. (fio) wickeln, aufwickeln; 3. *(fig.)* (uma pessoa) einwickeln; II *v. refl.* sich zusammenrollen

enroscar I *v. tr.* wickeln, zusammenrollen; II *v. refl.* sich winden

enrouquecer *v. intr.* heiser werden

enrubescer *v. intr.* erröten

enrugado *adj.* kraus

enrugar I *v. tr.* kräuseln; II *v. refl.* runzlig werden

ensaboadela *s. f.* 1. Einseifen*nt*; 2. *(coloq.) (repriminenda)* Abreibung*f*

ensaiar *v. tr.* 1. (peça, música) proben; *(preparar)* einstudieren; 2. *(examinar)* testen, prüfen

ensaio *s. m.* 1. (de peça, música) Probe*f*; 2. (automóvel) Test*m*; 3. LITERATURA Essay*m*

ensaísta *s. m. e f.* Essayist*m*

ensanguentado *adj.* (pessoa, ferida) blutend; (chão, roupa) blutig, blutbefleckt

ensanguentar *v. tr.* mit Blut beflecken

enseada *s. f.* GEOGRAFIA (kleine) Bucht*f*

ensejo *s. m.* (günstige) Gelegenheit*f*

ensinadela *s. f.* Lehre*f*

ensinado *adj.* 1. (animal) dressiert; 2. (pessoa) gebildet

ensinamento *s. m.* Lehre*f*

ensinar *v. tr.* 1. (uma pessoa) unterrichten; (uma disciplina) unterrichten, lehren; **ensinar alguma coisa a alguém:** jemandem etwas beibringen; 2. (um animal) abrichten, dressieren

ensino *s. m.* 1. *(instrução)* Unterricht*m*; 2. (sistema) Bildungswesen*nt*; **ensino básico:** Unterstufe; **ensino secundário:** Sekundarschulwesen; **ensino superior:** Hochschulwesen

ensopado I *s. m.* CULINÁRIA Eintopf*m*; II *adj.* durchnässt

ensopar *v. tr.* 1. *(embeber)* eintunken; 2. *(encharcar)* durchnässen

ensurdecedor *adj.* betäubend, ohrenbetäubend

ensurdecer I *v. tr.* taub machen; II *v. intr.* taub werden

entalado *adj.* 1. *(preso)* eingeklemmt; 2. *(engasgado)* **estar entalado:** sich verschluckt haben; **ficar entalado:** sich verschlucken

entalar I *v. tr.* einklemmen; II *v. refl.* sich verschlucken

entalhar *v. tr.* schnitzen

entalhe *s. m.* Kerbe*f*

então I *adv.* 1. *(nessa altura)* dann, da; *(naquele tempo)* damals; **até então:** bis dahin; **desde então:** seitdem; 2. *(nesse* *caso)* dann; II *interj.* also; *(coloq.)* então, tudo bem?: na, wie geht's?

entardecer I *s. m.* Abend$_m$, Spätnachmittag$_m$; **ao entardecer**: in der Abenddämmerung; II *v. intr.* Abend werden

ente *s. m.* Wesen$_{nt.}$

enteado *s. m.* Stiefsohn$_m$

entediar *v. tr.* langweilen, anöden

entendedor *s. m.* Kenner$_m$

entender I *s. m.* Meinung$_f$; **no meu entender**: meiner Meinung nach; II *v. tr.* 1. *(compreender)* verstehen, begreifen; 2. *(achar)* denken, meinen; III *v. intr.* 1. *(perceber)* verstehen; 2. *(conhecer)* sich auskennen [de, mit +dat.], verstehen [de, von +dat.]; IV *v. refl.* sich verstehen [com, mit +dat.]

entendido I *s. m.* Sachverständige$_{m. e f.}$, Fachmann$_m$; II *adj.* verstanden

entendimento *s. m.* 1. *(inteligência)* Verstand$_m$, Auffassungsgabe$_f$; 2. *(compreensão)* Verständnis$_{nt.}$

enternecer *v. tr.* rühren

enternecimento *s. m.* Rührung$_f$

enterrado *adj.* begraben

enterrar I *v. tr.* begraben; *(sepultar)* beerdigen; II *v. refl.* sich vergraben [em, in +dat.]

enterro *s. m.* 1. (acto) Vergraben$_{nt.}$; 2. *(funeral)* Begräbnis$_{nt.}$, Beerdigung$_f$

entidade *s. f.* 1. *(ser)* Wesen$_{nt.}$; 2. *(corporação)* Körperschaft$_f$

entoação *s. f.* 1. *(sonora)* Tonfall$_m$, Intonation$_f$; 2. *(ênfase)* Betonung$_f$; **dar entoação a alguma coisa**: etwas betonen

entoar *v. tr.* anstimmen

entomologia *s. f.* ZOOLOGIA Insektenkunde$_f$, Entomologie$_f$

entontecer *v. tr.* schwindlig machen

entornar *v. tr.* 1. *(vazar)* ausgießen, ausschütten; *(por descuido)* vergießen, verschütten; 2. *(um recipiente)* umstoßen

entorpecente *s. m. (Brasil)* Rauschgift$_{nt.}$

entorpecer I *v. tr.* lähmen; II *v. intr.* lahm werden

entorpecido *adj.* gelähmt

entorpecimento *s. m.* 1. *(acção de entorpecer)* Lähmung$_f$; 2. *(falta de sensibilidade)* Unempfindlichkeit$_f$

entorse *s. f.* MEDICINA Sehnenzerrung$_f$

entortar I *v. tr.* *(dobrando)* verbiegen, biegen; *(torcendo)* verdrehen; II *v. refl.* sich krümmen

entrada *s. f.* 1. *(acção de entrar)* Eintritt$_m$; (num país) Einreise$_f$; **entrada em vigor**: In-Kraft-treten$_{nt.}$; 2. (local) Eingang$_m$; (para carros) Zufahrt$_f$; 3. (em sítio público) Zutritt$_m$; (preço) Eintritt$_m$; 4. (de dinheiro, mercadoria) Eingang$_m$; 5. (pagamento inicial) Anzahlung$_f$; 6. CULINÁRIA Vorspeise$_f$; 7. *pl.* **entradas**: (no cabelo) Geheimratsecken$_{pl.}$; 8. *pl.* **entradas**: (ano novo) Rutsch$_m$; **boas entradas!**: guten Rutsch!

entrançado I *s. m.* Geflecht$_{nt.}$; II *adj.* geflochten

entrançar *v. tr.* flechten

entranhado *adj.* (sujidade) festsitzend; (cheiro) penetrant; (sentimento) innig

entranhar-se *v. refl.* eindringen [em, in +ac.], sich festsetzen [em, in +ac.]

entranhas *s. f. pl.* 1. *(interior)* Innerste$_{nt.}$; 2. *(vísceras)* Eingeweide$_{pl.}$, Innereien$_{pl.}$

entrar *v. intr.* 1. *(ir para dentro)* hineingehen, eintreten; *(vir para dentro)* hereinkommen; (num país) einreisen; (automóvel) hineinfahren; **entre!**: herein!; **entrar em vigor**: in Kraft treten; 2. (numa associação) eintreten; 3. (mercadoria, dinheiro) eingehen; 4. (líquido) eindringen; **deixar entrar água**: durchlässig sein; 5. (num jogo, filme) mitspielen

entravar *v. tr.* hemmen

entrave *s. m.* Hemmnis$_{nt.}$, Hindernis$_{nt.}$

entre *prep.* (dois) zwischen [*+ac./dat.*]; (vários) unter [*+ac./dat.*], bei [*+dat.*]; entre outras coisas: unter anderem

entreaberto I *p. p. de* entreabrir; II *adj.* halb geöffnet; (porta, janela) angelehnt

entreabrir *v. tr.* halb öffnen

entrecortado *adj.* unregelmäßig

entrecortar I *v. tr.* unterbrechen; II *v. refl.* sich schneiden

entrecosto *s. m.* Rippchen$_{nt}$

entrecruzar-se *v. refl.* sich kreuzen

entrega *s. f.* 1. (objecto) Übergabe$_f$; (mercadoria) Lieferung$_f$; (prémio) Verleihung$_f$; fazer a entrega de alguma coisa: etwas liefern; 2. (dedicação) Engagement$_{nt}$, Hingabe$_f$; 3. (rendição) Übergabe$_f$

entregar I *v. tr.* 1. (objecto) abgeben; (mercadoria) abliefern, ausliefern; (prémio) verleihen; 2. (denunciar) anzeigen [a, bei *+dat.*]; II *v. refl.* 1. (a uma pessoa) sich hingeben [a, *+dat.*]; (a uma causa) sich widmen [a, *+dat.*]; 2. (render-se) sich ergeben; (à polícia) sich stellen

entregue I *p. p. irreg. de* entregar; II *adj.* übergeben, ausgehändigt; estar entregue a alguém: jemandem ausgeliefert sein; estar entregue a si próprio: sich selbst überlassen sein

entrelaçar *v. tr.* (miteinander) verflechten, ineinander schlingen

entrelinha *s. f.* Zeilenabstand$_m$; *(fig.)* ler nas entrelinhas: zwischen den Zeilen lesen

entremear *v. tr.* einfügen, einschieben

entremeio *s. m.* Zwischenraum$_m$

entrementes *adv.* unterdessen, inzwischen

entreolhar-se *v. refl.* sich ansehen

entreposto *s. m.* Lagerhalle$_f$

entretanto I *s. m.* Zwischenzeit$_f$; no entretanto: in der Zwischenzeit; II *adv.* inzwischen, unterdessen

entretenimento *s. m.* Unterhaltung$_f$, Zeitvertreib$_m$

entreter I *v. tr.* unterhalten; II *v. refl.* sich beschäftigen [com, mit *+dat.*], sich die Zeit vertreiben [com, mit *+dat.*]

entretido *adj.* beschäftigt [com, mit *+dat.*]

entrevado *adj.* gelähmt

entrevista *s. f.* Interview$_{nt}$; (para emprego) Vorstellungsgespräch$_{nt}$

entrevistador *s. m.* Interviewer$_m$

entrevistar *v. tr.* interviewen

entristecer I *v. tr.* betrüben, traurig machen; II *v. intr.* traurig werden

entroncado *adj.* mit breitem Oberkörper, kräftig

entroncamento *s. m.* Knotenpunkt$_m$

Entrudo *s. m.* Karneval$_m$, Fastnacht$_f$

entulhar *v. tr.* 1. (encher de entulho) mit Schutt füllen; 2. (amontoar) aufhäufen, anhäufen

entulho *s. m.* 1. (lixo) Abfall$_m$; 2. (de construção) Schutt$_m$

entupido *adj.* verstopft

entupimento *s. m.* Verstopfung$_f$

entupir *v. tr. e intr.* verstopfen

entusiasmado *adj.* begeistert [com, von *+dat.*]

entusiasmar I *v. tr.* begeistern; II *v. refl.* sich begeistern [com, für *+ac.*]

entusiasmo *s. m.* Begeisterung$_f$ [por, für *+ac.*], Enthusiasmus$_m$

entusiasta *s. m. e f.* Enthusiast$_m$, Begeisterte$_{m.\,e\,f.}$

entusiástico *adj.* enthusiastisch, begeistert

enumeração *s. f.* Aufzählung$_f$

enumerar *v. tr.* aufzählen

enunciado *s. m.* (de teste) Prüfungsbogen$_m$, Aufgabenblatt$_{nt}$

enunciar *v. tr.* 1. (declarar) behaupten; 2. (exprimir) aussprechen, ausdrücken

envelhecer I v. tr. alt machen; II v. intr. altern, alt werden
envelhecimento s. m. (pessoa) Altern_{nt}, Älterwerden_{nt}; (método) Veralten_{nt}.
envelope s. m. Briefumschlag_m.
envenenado adj. vergiftet; morrer envenenado: vergiftet werden
envenenamento s. m. Vergiftung_f.
envenenar I v. tr. vergiften; II v. refl. sich vergiften
enveredar v. intr. enveredar por: (carreira profissional) einschlagen; (religião) annehmen
envergadura s. f. 1. (de pessoa) Körperbau_m; (capacidade) Fähigkeit_f; 2. (de acontecimento) Tragweite_f.
envergonhado adj. verschämt; (embaraçado) verlegen; (tímido) schüchtern
envergonhar I v. tr. beschämen, in Verlegenheit bringen; II v. refl. sich schämen; envergonhar-se de alguém/alguma coisa: sich vor jemandem/für etwas schämen
envernizar v. tr. lackieren
enviado s. m. 1. POLÍTICA Gesandte_{m. e f}; 2. JORNALISMO Auslandskorrespondent_m.
enviar v. tr. (carta, mercadoria) senden, schicken; (pessoa) entsenden
envidraçado adj. verglast
envidraçar v. tr. (uma sala) verglasen
enviesado adj. schräg, schief
enviesar v. tr. schräg hinstellen
envio s. m. (de carta) Sendung_f; (de mercadoria) Versand_m.
enviuvar v. intr. verwitwen
envolto adj. eingewickelt [em, in +ac.]
envolvente adj. (livro, filme) packend, mitreißend
envolver I v. tr. 1. (embrulhar) einwickeln [em, in +ac.]; 2. (comprometer) verwickeln [em, in +ac.]; II v. refl. 1. (numa situação) sich verstricken [em, in +ac.]; 2. (com uma pessoa) sich einlassen [com, mit +dat.]
envolvido adj. verwickelt, verstrickt; estar envolvido num crime: in ein Verbrechen verwickelt sein
envolvimento s. m. (num crime) Verwickelung_f, [em, in +ac.], Verstrickung_f, [em, in +ac.]; (num projecto) Mitarbeit_f, [em, an/in +dat.]
enxada s. f. Hacke_f.
enxaguar v. tr. abspülen
enxame s. m. Schwarm_m.
enxaqueca s. f. MEDICINA Migräne_f.
enxergar v. tr. 1. (avistar) erblicken; 2. (notar) bemerken
enxertar v. tr. pfropfen
enxerto s. m. Pfropfreis_m. ❖ (pop.) um enxerto de porrada: eine Tracht Prügel
enxofre s. m. QUÍMICA Schwefel_m.
enxotar v. tr. verscheuchen, verjagen
enxoval s. m. (de noiva) Brautausstattung_f; (de bebé) Erstausstattung_f.
enxovalhar v. tr. verschmutzen, schmutzig machen
enxugar I v. tr. trocknen; (loiça) abtrocknen; II v. intr. trocknen
enxurrada s. f. (de água) Sturzbach_m.
enxuto I p. p. irreg. de enxugar; II adj. trocken
eólico adj. Wind...; energia eólica: Windenergie_f.
epicentro s. m. GEOGRAFIA Epizentrum_{nt.}
épico I s. m. Epiker_m; II adj. episch
epidemia s. f. MEDICINA Epidemie_f, Seuche_f.
epidémico adj. epidemisch, seuchenartig
epiderme s. f. Epidermis_f, Oberhaut_f.
epígrafe s. f. Inschrift_f.
epigrafia s. f. Inschriftenkunde_f, Epigraphik_f.

epilepsia s. f. MEDICINA Epilepsie f.
epiléptico I s. m. Epileptiker m.; II adj. epileptisch
epílogo s. m. Epilog m., Nachwort nt.
episcopado s. m. RELIGIÃO Episkopat nt.
episcopal adj. bischöflich, Bischofs...
episódio s. m. Episode f.; (de uma série) Folge f., Teil m.
epíteto s. m. 1. LINGUÍSTICA Epitheton nt.; 2. (alcunha) Beiname m.
época s. f. Epoche f., Zeitalter nt.; naquela época: damals
epopeia s. f. LITERATURA Epos nt., Heldengedicht nt.
equação s. f. MATEMÁTICA Gleichung f.
equador s. m. GEOGRAFIA Äquator m.
Equador s. m. Ecuador nt.
equatorial adj. äquatorial
equiângulo adj. MATEMÁTICA gleichwinklig
equidade s. f. Gleichheit f.
equidistante adj. gleich weit entfernt
equilátero adj. GEOMETRIA gleichseitig
equilibrado adj. 1. (em equilíbrio) ausgewogen; 2. (razoável) ausgeglichen
equilibrar I v. tr. 1. (pôr em equilíbrio) ins Gleichgewicht bringen; (manter em equilíbrio) im Gleichgewicht halten; 2. (igualar) ausgleichen; II v. refl. sich ausgleichen
equilíbrio s. m. Gleichgewicht nt.; manter/perder o equilíbrio: das Gleichgewicht halten/verlieren
equilibrista s. m. e f. Seiltänzer, -in m., f.
equinócio s. m. Tagundnachtgleiche f., Äquinoktium nt.
equipa s. f. (desportiva) Mannschaft f.; (de trabalho) Team nt.
equipamento s. m. 1. (apetrechos) Ausstattung f., Ausrüstung f.; 2. (de jogador) Trikot nt.
equipar I v. tr. (avião, fábrica) ausrüsten [com, mit +dat.]; (cozinha) ausstatten [com, mit +dat.]; II v. refl. (jogador) sich umziehen, das Trikot anziehen

equiparação s. f. Gleichsetzung f., Gleichstellung f.
equiparar I v. tr. gleichstellen [a, +dat.], gleichsetzen [a, +dat.]; II v. refl. equiparar-se a: ebenbürtig sein [+dat.]
equiparável adj. vergleichbar [a, mit +dat.]
equipe s. f. → equipa
equitação s. f. Reitsport m., Reiten nt.; praticar equitação: reiten
equitativo adj. gerecht
equivalência s. f. Gleichwertigkeit f., Äquivalenz f.; (de curso) Anerkennung f.
equivalente I s. m. Gegenwert m., Äquivalent nt.; II adj. 1. (em valor) gleichwertig [a, mit +dat.], äquivalent; (em significado) gleichbedeutend [a, mit +dat.]; 2. (correspondente) entsprechend [a, +dat.]
equivaler v. intr. 1. (em valor) gleichwertig sein [a, mit +dat.]; (em significado) gleichbedeutend sein [a, mit +dat.]; 2. (corresponder) entsprechen [a, +dat.], gleichkommen [a, +dat.]
equivocado adj. estar equivocado: sich irren
equivocar-se v. refl. sich irren
equívoco I s. m. 1. (mal-entendido) Missverständnis nt.; 2. (engano) Irrtum m.; (erro) Fehler m.; II adj. 1. (ambíguo) doppeldeutig; 2. (duvidoso) zweifelhaft
era I pret. imp. de ser; II s. f. Zeitalter nt., Ära f.
erário s. m. Staatskasse f., Staatsschatz m.
ereção s. f. (Brasil) → erecção
erecção s. f. 1. ANATOMIA Erektion f.; 2. (monumento) Errichtung f.
erecto adj. (pessoa) stehend; (órgão) erigiert, steif
eremita s. m. e f. Einsiedler, -in m., f., Eremit, -in m., f.
ereto adj. (Brasil) → erecto
ergonomia s. f. Ergonomie f.

ergonómico *adj.* ergonomisch
erguer I *v. tr.* 1. *(levantar)* hochheben; 2. *(monumento)* errichten; II *v. refl.* sich erheben
erguido *adj.* aufgerichtet, stehend
eriçado *adj.* gesträubt
eriçar I *v. tr.* sträuben; II *v. refl.* sich sträuben
erigir *v. tr.* erbauen, errichten
ermida *s. f.* Kapelle $_f$
ermo I *s. m.* Einöde $_f$; II *adj.* abgelegen
erosão *s. f.* Erosion $_f$
erótico *adj.* erotisch
erotismo *s. m.* Erotik $_f$
erradicar *v. tr.* ausrotten, ausmerzen
errado *adj. (resposta, caminho)* falsch; *(pessoa)* estar errado: sich irren
errante *adj.* umherziehend
errar I *v. tr. (caminho)* verfehlen; *(pergunta)* falsch beantworten; II *v. intr.* 1. *(enganar-se)* sich irren; 2. *(vaguear)* umherirren
errata *s. f.* Druckfehlerverzeichnis $_{nt}$
erro *s. m.* Fehler $_m$; *(engano)* Irrtum $_m$; cometer um erro: einen Fehler machen
erróneo *adj.* falsch
erudição *s. f.* Gelehrtheit $_f$
erudito I *s. m.* Gelehrte $_{m. e f}$; II *adj.* gelehrt, gebildet
erupção *s. f.* 1. GEOLOGIA Ausbruch $_m$, Eruption $_f$; 2. MEDICINA erupção cutânea: Hautausschlag $_m$
eruptivo *adj.* GEOLOGIA eruptiv, durch Eruption entstanden
erva *s. f.* 1. BOTÂNICA Gras $_{nt}$; ervas aromáticas: Kräuter $_{pl}$; ervas daninhas: Unkraut $_{nt}$; 2. *(coloq.) (droga)* Gras $_{nt}$
erva-doce *s. f.* BOTÂNICA Anis $_m$
ervanário *s. m.* Heilkräuterhandlung $_f$
ervilha *s. f.* BOTÂNICA Erbse $_f$
esbaforido *adj.* atemlos, außer Atem
esbanjar *v. tr.* verschleudern, verschwenden
esbarrar I *v. intr.* stoßen, prallen [contra, gegen +ac.; em, an +ac.]; II *v. refl.* 1. *(ir de encontro a)* sich stoßen [em/contra, an +dat.]; 2. *(encontrar casualmente)* stoßen [com, auf +ac.]
esbater-se *v. refl.* verblassen, ausgewaschen werden
esbelto *adj.* schlank
esboçar *v. tr.* 1. *(desenho, plano)* skizzieren, entwerfen; 2. *(sorriso)* andeuten
esboço *s. m.* Skizze $_f$, Entwurf $_m$
esbofetear *v. tr.* ohrfeigen
esborrachado *adj.* zerquetscht
esborrachar I *v. tr.* zerquetschen, zerdrücken; II *v. refl.* hinstürzen
esbranquiçado *adj.* weißlich
esbugalhado *adj.* olhos esbugalhados: hervorstehende Augen $_{pl}$, Glotzaugen $_{pl}$
esbugalhar *v. tr. (os olhos)* aufreißen
esburacado *adj.* (rua) voller Schlaglöcher; *(parede)* zerlöchert, löcherig
esburacar *v. tr.* 1. *(uma rua)* zu Schlaglöchern führen in [+dat.]; 2. *(perfurar)* durchlöchern
escabeche *s. m.* 1. CULINÁRIA Marinade $_f$; de escabeche: mariniert; 2. *(coloq.) (barulho)* Krach $_m$
escabroso *adj.* 1. *(áspero)* rau; 2. *(acidentado)* holprig, uneben; *(íngreme)* steil; 3. *(melindroso)* heikel
escachar *v. tr.* *(as pernas, os braços)* spreizen
escada *s. f.* Treppe $_f$
escadaria *s. f.* Treppenhaus $_{nt}$
escadote *s. m.* Leiter $_f$
escafandro *s. m.* Taucheranzug $_m$
escala *s. f.* 1. *(de mapa, planta)* Maßstab $_m$; 2. *(de instrumento)* Skala $_f$; 3. AERONÁUTICA Zwischenlandung $_f$; 4. MÚSICA Tonleiter $_f$
❖ em grande escala: in großem Umfang
escalada *s. f.* Bergsteigen $_{nt}$; *(subida)* Aufstieg $_m$

escalão s. m. 1. *(nível)* Stufe_f_; 2. *(profissional)* Dienstgrad_m_; MILITAR Rang_m_

escalar I v. tr. *(montanha)* besteigen, steigen auf [+ac.]; *(muro)* klettern auf [+ac.]; II v. intr. eskalieren

escaldado adj. 1. *(queimado)* verbrüht; 2. *(imune)* abgehärtet, hartgesotten

escaldante adj. glühend heiß

escaldão s. m. Sonnenbrand_m_

escaldar I v. tr. 1. *(queimar)* verbrühen; 2. *(para tirar a pele)* abbrühen; II v. refl. 1. *(queimar-se)* sich verbrühen; 2. *(prejudicar-se)* Schaden davontragen

escaleno adj. GEOMETRIA ungleichseitig

escalfado adj. *(ovo)* pochiert; *(mal cozido)* weich gekocht

escalfar v. tr. *(ovo)* pochieren; *(cozer mal)* weich kochen

escalonamento s. m. Abstufung_f_, Staffelung_f_

escalonar v. tr. abstufen, staffeln

escalope s. m. CULINÁRIA Schnitzel_nt_

escama s. f. Schuppe_f_

escamado adj. *(peixe)* abgeschuppt

escamar I v. tr. *(peixe)* schuppen, abschuppen; II v. intr. *(pele)* sich schuppen

escamoso adj. schuppig

escamotear v. tr. 1. *(fazer desaparecer)* verschwinden lassen; 2. *(roubar)* stehlen

escancarado adj. weit offen, weit geöffnet

escancarar v. tr. 1. *(porta)* weit öffnen, aufsperren; 2. *(mostrar)* präsentieren, zur Schau stellen

escandalizado adj. empört; *(ofendido)* schockiert, entsetzt

escandalizar I v. tr. empören; *(ofender)* schockieren; II v. refl. sich empören [com, über +ac.]

escândalo s. m. Skandal_m_

escandaloso adj. skandalös, Aufsehen erregend

Escandinávia s. f. Skandinavien_nt_

escandinavo I s. m. Skandinavier_m_; II adj. skandinavisch

escangalhar I v. tr. 1. *(coloq.) (estragar)* kaputtmachen, vermasseln; 2. *(coloq.) (desmontar)* zerlegen; II v. refl. auseinander gehen

escantilhão s. m. 1. *(medida-padrão)* Eichmaß_nt_; 2. *(de letras)* Buchstabenschablone_f_

escanzelado adj. *(coloq.)* klapperdürr, nur Haut und Knochen

escapadela s. f. 1. *(fuga)* Entwischen_nt_, Entkommen_nt_; 2. *(amorosa)* Seitensprung_m_

escapamento s. m. *(Brasil)* Auspuff_m_

escapar v. intr. 1. *(fugir)* fliehen [a, vor +dat.; de, aus +dat.], entkommen [de, aus +dat.]; 2. *(passar despercebido)* entgehen; deixar escapar alguma coisa: sich etwas entgehen lassen

escaparate s. m. Glasschrank_m_, Vitrine_f_

escapatória s. f. *(coloq.)* Ausweg_m_

escape s. m. Auspuff_m_

escapulário s. m. RELIGIÃO Skapulier_nt_

escapulir-se v. refl. entwischen

escara s. f. MEDICINA Schorf_m_

escarafunchar v. tr. 1. *(esgravatar)* scharren in [+dat.]; *(revolver)* aufwühlen; 2. *(fig.) (investigar)* schnüffeln in [+dat.]

escaravelho s. m. ZOOLOGIA Käfer_m_

escarcéu s. m. 1. *(onda)* Sturzwelle_f_; 2. *(fig.) (alarido)* Geschrei_nt_, Gezeter_nt_

escarlate I s. m. Scharlachrot_nt_; II adj. scharlachrot

escarlatina s. f. MEDICINA Scharlach_m_

escárnio s. m. Spott_m_, Hohn_m_

escarpa s. f. *(declive, ladeira)* Abhang_m_; *(ribanceira)* Böschung_f_

escarpado *adj.* abschüssig, steil

escarrapachado *adj.* 1. (pernas) gespreizt; 2. (coloq.) (evidente) glasklar

escarrapachar *v. tr.* (as pernas) spreizen

escarrar *v. tr. e intr.* spucken

escarro *s. m.* Ausgespuckte$_{nt.}$

escassear *v. intr.* (tempo, material) knapp werden, knapp sein

escassez *s. f.* Knappheit$_f$, Mangel$_m$ [de, an +dat.]

escasso *adj.* (tempo, material) knapp; (vegetação) spärlich

escavação *s. f.* 1. (arqueologia) Ausgrabung$_f$; 2. (construção) Aushebung$_f$

escavadora *s. f.* Bagger$_m$

escavar *v. tr.* 1. (buraco) graben, ausheben; 2. (ruínas) ausgraben

esclarecedor *adj.* klärend; (que explica) erklärend

esclarecer *v. tr.* 1. (problema, situação) klären; (engano, mistério) aufklären; 2. (explicar) erklären

esclarecido *adj.* 1. (situação) geklärt, klar; 2. (pessoa) aufgeklärt; **estar/ficar esclarecido**: keine Fragen mehr haben

esclarecimento *s. m.* 1. (problema, situação) Klärung$_f$; (engano, mistério) Aufklärung$_f$; 2. (explicação) Erklärung$_f$; 3. (informação) Auskunft$_f$ [sobre, über +ac.]

esclerose *s. f.* MEDICINA Sklerose$_f$

escoadouro *s. m.* Abflussrohr$_{nt.}$, Abwasserrohr$_{nt.}$

escoamento *s. m.* 1. (águas) Abfluss$_m$; 2. (mercadoria) Absatz$_m$

escoar *v. tr.* 1. (líquido) abfließen lassen; 2. (mercadoria) absetzen

escocês I *s. m.* Schotte$_m$; II *adj.* schottisch

Escócia *s. f.* Schottland$_{nt.}$

escol *s. m.* Auslese$_f$, Spitzenklasse$_f$; (da sociedade) Elite$_f$

escola *s. f.* Schule$_f$; **escola primária**: Grundschule$_f$; **escola secundária**: Oberstufe$_f$, Gymnasium$_{nt.}$; **escola superior**: Hochschule$_f$

escolar *adj.* schulisch, Schul...

escolaridade *s. f.* Schulzeit$_f$, Schulausbildung$_f$; **escolaridade obrigatória**: Schulpflicht$_f$

escolástica *s. f.* FILOSOFIA Scholastik$_f$

escolástico I *s. m.* Scholastiker$_m$; II *adj.* scholastisch

escolha *s. f.* Wahl$_f$; (selecção) Auswahl$_f$; **à escolha**: (je) nach Wunsch

escolher *v. tr.* 1. (eleger) wählen; (seleccionar) auswählen, aussuchen; 2. (arroz, feijão) verlesen

escolhido I *s. m.* Auserwählte$_{m. e f.}$; II *adj.* auserlesen, ausgewählt

escolho *s. m.* Klippe$_f$

escolta *s. f.* 1. MILITAR Eskorte$_f$; 2. (acompanhamento) Geleit$_{nt.}$

escoltar *v. tr.* 1. MILITAR eskortieren; 2. (acompanhar) geleiten

escombros *s. m. pl.* Trümmer$_{pl.}$

esconde-esconde *s. m.* Versteckspiel$_{nt.}$

esconder I *v. tr.* 1. (objecto, pessoa, sentimento) verstecken [de, vor +dat.]; 2. (tapar) verbergen, verdecken; 3. (segredo, notícia) verheimlichen; II *v. refl.* sich verstecken [de, vor +dat.]

esconderijo *s. m.* Versteck$_{nt.}$

escondidas *s. f. pl.* Versteckspiel$_{nt.}$; **fazer alguma coisa às escondidas**: etwas heimlich tun

escondido *adj.* versteckt; (oculto) verborgen

esconjurar *v. tr.* 1. (exorcizar) austreiben; 2. (amaldiçoar) verfluchen

esconjuro *s. m.* 1. (exorcismo) Austreibung$_f$; 2. (maldição) Verfluchung$_f$

escopo s. m. (objectivo) Ziel$_{nt.}$; (propósito) Zweck$_m$; (intenção) Absicht$_f$
escopro s. m. Meißel$_m$
escora s. f. 1. (apoio) Stütze$_f$; 2. (Brasil) (cilada) Hinterhalt$_m$
escorbuto s. m. MEDICINA Skorbut$_m$
escória s. f. 1. GEOLOGIA Schlacke$_f$; 2. (pej.) Abschaum$_m$, Gesindel$_m$
escoriação s. f. MEDICINA Schürfung$_f$
escorpião s. m. ZOOLOGIA Skorpion$_m$
escorraçar v. tr. verjagen, hinauswerfen
escorregadela s. f. 1. (ao andar) Ausrutscher$_m$; 2. (ao falar) Ausrutscher$_m$; Fauxpas$_m$
escorregadio adj. glatt, rutschig
escorregão s. m. Rutsche$_f$, Rutschbahn$_f$
escorregar v. intr. ausrutschen, rutschen
escorrer I v. tr. (líquido) ablaufen lassen; (louça) abtropfen lassen; v. intr. (vazar) ablaufen, abfließen; (por filtro, fenda) durchlaufen; (pingar) abtropfen
escoteiro s. m. Pfadfinder$_m$
escotilha s. f. NÁUTICA Luke$_f$
escotilhão s. m. NÁUTICA kleine Luke$_f$
escova s. f. Bürste$_f$; escova de dentes: Zahnbürste$_f$
escovadela s. f. dar uma escovadela a alguma coisa: etwas abbürsten
escovar v. tr. (um objecto) bürsten, abbürsten; (cabelo) bürsten; (dentes) putzen; (cavalo) striegeln
escovilhão s. m. Flaschenbürste$_f$
escravatura s. f. 1. (tráfico) Sklavenhandel$_m$; 2. (escravidão) Sklaverei$_f$
escravidão s. f. Sklaverei$_f$
escravizar v. tr. versklaven
escravo I s. m. Sklave$_m$; II adj. sklavisch
escrever v. tr. schreiben; escrever à máquina: Maschine schreiben, (coloq.) tippen
escrevinhar v. tr. kritzeln

escrita s. f. 1. (letra) Schrift$_f$; 2. ECONOMIA Buchführung$_f$
escrito I p. p. de escrever; II adj. geschrieben; por escrito: schriftlich
escritor s. m. Schriftsteller$_m$
escritório s. m. Büro$_{nt}$; (de advogado) Kanzlei$_f$; (em casa) Arbeitszimmer$_{nt}$
escritura s. f. DIREITO Grundbucheintragung$_f$
escrituração s. f. ECONOMIA Buchführung$_f$
escriturário s. m. Schreibkraft$_f$
escrivaninha s. f. Schreibtisch$_m$
escrivão s. m. Protokollführer$_m$; (Suíça) Gerichtsschreiber$_m$
escrúpulo s. m. 1. (cuidado) Sorgfalt$_f$; com escrúpulo: sorgfältig; 2. pl. escrúpulos: Skrupel$_{pl}$, Bedenken$_{pl}$; sem escrúpulos: skrupellos
escrupuloso adj. gewissenhaft, sorgfältig
escrutínio s. m. Stimmenauszählung$_f$
escudo s. m. 1. (arma) Schild$_m$, Schutzschild$_m$; 2. (moeda) Escudo$_m$
esculpir v. tr. (pedra) meißeln; (madeira) schnitzen
escultor s. m. (pedra) Bildhauer$_m$; (madeira) Holzschnitzer$_m$
escultura s. f. 1. (arte) Bildhauerei$_f$; 2. (obra) Skulptur$_f$, Plastik$_f$
escultural adj. (fig.) bildschön, bildhübsch
escumadeira s. f. Schaumlöffel$_m$
escumalha s. f. 1. (de metal) Hochofenschlacke$_f$; 2. (fig., pej.) Abschaum$_m$
escumar v. intr. schäumen
escuna s. f. NÁUTICA Schoner$_m$
escuras loc. adv. às escuras: im Dunkeln; (fig.) blindlings
escurecer I v. tr. 1. verdunkeln; 2. (obscurecer) trüben; II v. intr. dunkel werden
escuridão s. f. Dunkelheit$_f$; (trevas) Finsternis$_f$
escuro adj. 1. (local, cor) dunkel; (sombrio) finster; 2. (obscuro) trüb, undurchsichtig; negócios escuros: krumme Geschäfte

escusadamente *adv. (desnecessariamente)* unnötigerweise; *(em vão)* umsonst

escusado *adj.* unnütz, unnötig

escusar I *v. intr.* escusar de...: nicht zu... brauchen; escusas de vir: du brauchst nicht zu kommen

escuta *s. f.* Anhören_{nt}; estar à escuta: lauschen, horchen; (telefone) estar sob escuta: abgehört werden

escutar I *v. tr.* 1. *(ouvir)* hören, anhören; (com atenção) zuhören [+dat.]; 2. *(estar à escuta de)* belauschen; (conversa telefónica) abhören; II *v. intr.* 1. *(ouvir com atenção)* zuhören; 2. *(estar à escuta)* horchen, lauschen

escuteiro *s. m.* Pfadfinder_m.

esdrúxulo *adj.* LINGUÍSTICA auf der drittletzten Silbe betont

esfacelar *v. tr.* *(rasgar)* zerfetzen; *(cortar)* zerstückeln

esfalfado *adj.* erschöpft

esfalfar I *v. tr.* überanstrengen, erschöpfen; II *v. refl.* 1. *(estafar-se)* sich abhetzen; 2. (com trabalho) sich überarbeiten

esfaquear *v. tr.* niederstechen

esfarelado *adj.* (muro, parede) bröckelig; (madeira) morsch

esfarelar *v. tr. e intr.* zerbröckeln

esfarrapado *adj.* 1. (pessoa) zerlumpt; 2. (tecido) zerrissen, zerfetzt; 3. (desculpa) faul

esfera *s. f.* 1. Kugel_f; 2. *(área)* Sphäre_f, Bereich_m.

esférico I *s. m.* DESPORTO Ball_m; II *adj.* kugelförmig, kugelig

esferográfica *s. f.* Kugelschreiber_m.

esfiapar *v. intr.* ausfransen

esfinge *s. f.* Sphinx_f

esfoladela *s. f.* Schramme_f; *(arranhão)* Kratzer_m.

esfolar I *v. tr.* 1. *(ferir)* aufkratzen, zerkratzen; 2. (um animal) häuten; 3. (uma pessoa) schröpfen; II *v. intr.* (pelo sol) sich schälen; (por arranhão) abgehen, sich lösen

esfomeado *adj.* ausgehungert

esforçado *adj.* bemüht

esforçar-se *v. refl.* sich bemühen, sich anstrengen

esforço *s. m.* Anstrengung_f, Mühe_f; fazer um esforço: sich Mühe geben

esfrangalhar *v. tr.* zerfetzen, zerreißen

esfregão *s. m.* Scheuerschwämmchen_{nt}, Topfkratzer_m; esfregão de arame: Stahlschwamm_m.

esfregar I *v. tr.* 1. *(para limpar)* abreiben; (chão) scheuern, schrubben; 2. *(friccionar)* reiben; esfregar as mãos/os olhos: sich die Hände/Augen reiben; II *v. refl.* sich reiben [em, an +dat.]

esfregona *s. f.* Wischmopp_m.

esfriar *v. intr.* 1. *(arrefecer)* abkühlen; 2. *(esmorecer)* sich abkühlen

esfumar-se *v. refl.* 1. (névoa) sich auflösen; 2. (sentimento) vergehen

esgaçar *v. tr.* (tecido) zerreißen; (carne) zerstückeln, zerfetzen

esganado *adj.* 1. *(ávido)* gierig; 2. *(avarento)* geizig

esganar *v. tr.* 1. *(estrangular)* erdrosseln, erwürgen; 2. *(sufocar)* ersticken

esganiçado *adj.* (voz) schrill

esgazeado *adj.* *(coloq.)* irrsinnig

esgotado *adj.* 1. (bilhetes) ausverkauft; 2. (pessoa) erschöpft; *(coloq.)* hundemüde

esgotamento *s. m.* 1. MEDICINA Zusammenbruch_m; esgotamento nervoso: Nervenzusammenbruch_m; 2. *(exaustão)* Erschöpfung_f.

esgotante *adj.* aufreibend, ermüdend

esgotar I *v. tr.* 1. (recursos) verbrauchen; 2. (pessoa, tema, paciência) erschöpfen; II *v. intr.* (mercadoria) ausgehen; III *v. refl.* (forças, energia, paciência) zu Ende gehen, sich erschöpfen

esgoto *s. m.* Abfluss$_m$, Ausguss$_m$

esgravatar *v. tr.* (o solo) scharren in [+dat.]; (revolver) aufwühlen

esgrima *s. f.* Fechten$_{nt}$

esgrimir *v. intr.* fechten

esgrimista *s. m e f.* Fechter, -in$_{m, f.}$

esgrouviado *adj.* (coloq.) irrsinnig, irre

esguedelhado *adj.* zerzaust

esguedelhar *v. tr.* zerzausen

esgueirar-se *v. refl.* sich davonschleichen, sich davonmachen

esguelha *loc. adv.* de esguelha: schief, schräg; olhar para alguém de esguelha: jemanden schief ansehen

esguichar I *v. tr.* verspritzen; II *v. intr.* herausspritzen

esguicho *s. m.* 1. (jacto) Strahl$_m$; 2. (instrumento) Spritze$_f$

esguio *adj.* hager

eslavo I *s. m.* Slawe$_m$; II *adj.* slawisch

Eslavónia *s. f.* Slawonien$_{nt}$

eslovaco I *s. m.* Slowake$_m$; II *adj.* slowakisch

Eslováquia *s. f.* Slowakei$_f$

Eslovénia *s. f.* Slowenien$_{nt}$

esloveno I *s. m.* Slowene$_m$; II *adj.* slowenisch

esmaecer *v. intr.* 1. (empalidecer) erbleichen, blass werden; 2. (esmorecer) sich abkühlen

esmagado *adj.* zerquetscht

esmagador *adj.* (maioria) überwältigend

esmagar *v. tr.* zerquetschen, zerdrücken; (desfazer) zermalmen

esmaltar *v. tr.* emaillieren

esmalte *s. m.* 1. (para metal) Email$_{nt}$; (para porcelana) Glasur$_f$; 2. (dos dentes) Zahnschmelz$_m$; 3. *(Brasil)* (de unhas) Nagellack$_m$

esmerado *adj.* 1. (pessoa) sorgfältig, gewissenhaft; 2. (trabalho) tadellos

esmeralda *s. f.* Smaragd$_m$

esmerar-se *v. refl.* sich Mühe geben; (no trabalho) gewissenhaft arbeiten

esmerilhão *s. m.* ZOOLOGIA Merlin$_m$

esmero *s. m.* Sorgfalt$_f$, Gewissenhaftigkeit$_f$; com esmero: gewissenhaft, genau

esmigalhar *v. tr.* zerkrümeln, zerbröseln

esmiuçar *v. tr.* 1. (um objecto) zerkleinern; 2. (examinar) eingehend untersuchen, durchleuchten

esmo *loc. adv.* a esmo: aufs Geratewohl

esmola *s. f.* Almosen$_{nt}$; pedir esmola: betteln

esmorecer *v. intr.* 1. (relação, sentimento) sich abkühlen; 2. (cor) blass werden, ausbleichen; (luz) schwächer werden

esmurraçar *v. tr.* schlagen

esmurrado *adj.* zerkratzt

esmurrar *v. tr.* 1. (arranhar) kratzen; 2. (esmurraçar) schlagen

esnobar *v. tr.* *(Brasil)* von oben herab behandeln, links liegen lassen

esnobe *adj.* *(Brasil)* (depr.) snobistisch

esnobismo *s. m.* *(Brasil)* (depr.) Snobismus$_m$

esófago *s. m.* Speiseröhre$_f$

esotérico *adj.* esoterisch

esoterismo *s. m.* Esoterik$_f$

espaçadamente *adv.* hin und wieder, gelegentlich

espaçado *adj.* 1. (temporal) gelegentlich; a intervalos espaçados: in regelmäßigen Abständen; 2. (local) auseinander liegend

espacial *adj.* Raum...; nave espacial: Raumschiff$_{nt}$

espaço *s. m.* 1. *(extensão)* Raum$_m$; *(lugar)* Platz$_m$; espaço verde: Grünanlage$_f$; 2. *(distância)* Lücke$_f$; 3. ASTRONOMIA Weltall$_{nt}$; 4. *(tipografia)* Leerzeichen$_{nt.}$

espaçoso *adj.* geräumig, weiträumig

espada *s. f.* 1. Degen$_m$, Schwert$_{nt}$; *(fig.)* colocar alguém entre a espada e a parede: jemanden in die Enge treiben; 2. *pl.* **espadas**: *(naipe de cartas)* Pik$_{nt.}$

espadachim *s. m.* Haudegen$_m$, Raufbold$_m$

espadana *s. f.* BOTÂNICA Schwertlilie$_f$

espadarte *s. m.* ZOOLOGIA Schwertfisch$_m$.

espadim *s. m.* Uniformdegen$_m$

espádua *s. f.* Schulter$_f$.

espairecer *v. intr.* 1. *(distrair-se)* sich zerstreuen; *(divertir-se)* sich amüsieren; 2. *(passear)* spazieren gehen

espaldar *s. m.* Rückenlehne$_f$.

espalhafato *s. m.* 1. *(barulho)* Lärm$_m$, Krach$_m$; *(gritaria)* Geschrei$_{nt}$; 2. *(confusão)* Durcheinander$_{nt.}$; 3. *(ostentação)* Aufwand$_m$

espalhafatoso *adj.* 1. *(pej.) (espampanante)* großspurig, angeberisch; 2. *(exagerado)* übertrieben

espalhar I *v. tr.* 1. *(polvilhar)* streuen, verstreuen; 2. *(notícia, boato, pânico)* verbreiten; 3. *(pomada)* verteilen; II *v. refl.* 1. *(notícia, doença)* sich ausbreiten; 2. *(estatelar-se)* hinfallen

espalmado *adj.* platt

espalmar *v. tr.* platt machen, flach drücken

espampanante *adj.* 1. *(pessoa)* großspurig; 2. *(vistoso)* auffallend

espanador *s. m.* Staubwedel$_m$.

espancar *v. tr.* verprügeln, prügeln

Espanha *s. f.* Spanien$_{nt.}$

espanhol I *s. m.* Spanier$_m$; II *adj.* spanisch

espanholada *s. f.* MÚSICA spanische Musik$_f$

espantado *adj.* erstaunt [com, über +ac.], verwundert [com, über +ac.]

espantalho *s. m.* Vogelscheuche$_f$

espantar I *v. tr.* 1. *(admirar)* erstaunen, wundern; 2. *(afugentar)* verscheuchen, vertreiben; II *v. refl.* sich wundern [com, über +ac.]

espanto *s. m.* Erstaunen$_{nt}$, Verwunderung$_f$.

espantoso *adj.* erstaunlich; *(estupendo)* fabelhaft; *(coloq.)* super

esparadrapo *s. m. (Brasil)* Pflaster$_{nt.}$

espargir *v. tr.* versprengen

espargo *s. m.* Spargel$_m$.

esparguete *s. m.* CULINÁRIA Spaghetti$_{pl}$, Spagetti$_{pl.}$

esparregado *s. m.* CULINÁRIA Gemüsecreme$_f$,

esparrela *s. f.* 1. *(armadilha)* Schlinge$_f$; 2. *(cilada)* Falle$_f$; cair na esparrela: reinfallen

esparso *adj.* 1. *(espalhado)* verstreut; 2. *(solto)* locker

espartilho *s. m.* Korsett$_{nt.}$

espasmo *s. m.* MEDICINA Krampf$_m$.

espatifar I *v. tr.* zerschlagen, zertrümmern; II *v. refl.* stürzen

espátula *s. f.* Spachtel$_m$.

espavorir *v. tr.* erschrecken

especado *adj.* steif, unbeweglich; ficar especado: dastehen/dasitzen und schauen

especial *adj. (data, livro, amigo)* besondere(r, s), speziell; *(autorização, edição, comissão)* Sonder...; em especial: besonders, insbesondere

especialidade *s. f.* 1. CULINÁRIA Spezialität$_f$; 2. *(ramo de actividade)* Fachgebiet$_{nt}$, Spezialgebiet$_{nt.}$

especialista *s. m. e f.* Spezialist$_m$ [em, für +ac.]; *(profissional)* Fachmann$_m$ [em, für +ac.]; MEDICINA Facharzt$_m$ [em, für +ac.]

especialização s. f. Spezialisierung, [em, auf +ac.]

especializado adj. spezialisiert; trabalhador especializado: Facharbeiter_m.

especializar-se v. refl. sich spezialisieren [em, auf +ac.]

especialmente adv. 1. (de propósito) extra, speziell; 2. (principalmente) insbesondere, besonders

especiaria s. f. Gewürz_nt.

espécie s. f. 1. (tipo) Art, Sorte,; 2. BIOLOGIA Art, Gattung,

especificação s. f. Spezifizierung,

especificado adj. einzeln dargelegt, einzeln aufgeführt

especificar v. tr. einzeln darlegen, spezifizieren

específico adj. spezifisch

espécime s. m. 1. (modelo, padrão) Muster_nt.; 2. (amostra) Probe,; 3. (exemplar) Exemplar_nt.

espectacular adj. 1. spektakulär, Aufsehen erregend; 2. (coloq.) (excelente) geil

espectáculo s. m. 1. (de teatro, música) Veranstaltung,; 2. (coloq.) (escândalo) Spektakel_nt, Szene,; 3. (coloq.) (espectacular) geile Sache,

espectador s. m. Zuschauer_m.

espectro s. m. 1. (fantasma) Gespenst_nt, Geist_m; 2. FÍSICA Spektrum_nt.

especulação s. f. ECONOMIA Spekulation,

especulador s. m. Spekulant_m.

especular v. intr. 1. ECONOMIA spekulieren; 2. (meditar) nachsinnen [sobre, über +ac.]

especulativo adj. spekulativ; (teórico) theoretisch

espéculo s. m. MEDICINA Spekulum_nt.

espelhar v. tr. spiegeln, widerspiegeln

espelho s. m. Spiegel_m; espelho retrovisor: Rückspiegel_m.

espelunca s. f. Spelunke,

espera s. f. Warten_nt; (esperar por) estar à espera de alguém/alguma coisa: auf jemanden/etwas warten; (contar com) estar à espera de alguma coisa: etwas erwarten; estar à espera de bebé: ein Kind erwarten

esperado adj. erwartet

esperança s. f. Hoffnung,

esperançoso adj. hoffnungsvoll

esperanto s. m. Esperanto_nt.

esperar I v. tr. 1. (aguardar) warten auf [+ac.]; 2. (contar com) erwarten; II v. intr. 1. (aguardar) warten [por, auf +ac.]; fazer alguém esperar: jemanden warten lassen; espera aí!: warte mal!; 2. (ter esperança) hoffen [por, auf +ac.]

esperma s. m. BIOLOGIA Sperma_nt, Samen_m.

espermatozóide s. m. BIOLOGIA Spermium_nt, Samenzelle,

espernear v. intr. strampeln

espertalhão s. m. Schlauberger_m, Schlaumeier_m.

esperteza s. f. Schlauheit, Klugheit,

esperto adj. schlau, klug

espesso adj. 1. (líquido) dick, dickflüssig; 2. (tecido, livro, parede) dick

espessura s. f. 1. (de líquido) Dickflüssigkeit,; 2. (de material) Dichte,

espetacular adj. (Brasil) → espectacular

espetáculo s. m. (Brasil) → espectáculo

espetada s. f. CULINÁRIA Grillspieß_m.

espetadela s. f. Stich_m.

espetar I v. tr. 1. (alfinete) durchstechen; 2. CULINÁRIA aufspießen; II v. refl. 1. (picar-se) sich stechen; 2. (coloq.) (ter um acidente) einen schweren Unfall haben; 3. (coloq.) (num exame) durchfallen

espeto s. m. Spieß_m, Bratspieß_m.

espevitado adj. 1. (vivo) munter, keck; 2. (atrevido) vorlaut

espezinhar v. tr. 1. *(calcar)* mit Füßen treten; 2. *(humilhar)* demütigen, erniedrigen

espia s. f. NÁUTICA Schlepptau$_{nt.}$

espião s. m. POLÍTICA Spion$_m$; (da polícia) Spitzel$_m$

espiar v. tr. ausspionieren

espicaçar v. tr. 1. *(picar)* stechen; 2. *(instigar)* anstacheln

espiga s. f. (de milho) Kolben$_m$

espigado adj. *(coloq.)* (cabelo) gespalten

espigar v. intr. 1. BOTÂNICA Ähren ansetzen; 2. *(coloq.)* (cabelo) sich spalten

espinafre s. m. BOTÂNICA Spinat$_m$

espinal adj. Rückgrat...; ANATOMIA espinal medula: Rückenmark$_{nt.}$

espingarda s. f. Gewehr$_{nt.}$

espinha s. f. 1. (do peixe) Gräte$_f$; 2. ANATOMIA espinha dorsal: Rückgrat$_{nt.}$; 3. *(borbulha)* Pickel$_m$

espinho s. m. 1. (de planta) Dorn$_m$, Stachel$_m$; 2. (de animal) Stachel$_m$

espinhoso adj. BOTÂNICA stachelig, dornig

espionagem s. f. Spionage$_f$

espionar I v. tr. ausspionieren; II v. intr. spionieren

espiral I s. f. Spirale$_f$; II adj. spiralförmig, Spiral...

espírita I s. m. e f. Spiritist$_m$; II adj. spiritistisch

espiritismo s. m. Spiritismus$_m$

espírito s. m. 1. Geist$_m$; o Espírito Santo: der Heilige Geist; 2. *(sensibilidade)* Sinn$_m$, Geist$_m$; espírito de equipa: Teamgeist$_m$

espiritual adj. 1. *(intelectual)* geistig; 2. *(religioso)* geistlich

espiritualidade s. f. Geistigkeit$_f$, Spiritualität$_f$

espirituoso adj. 1. (pessoa) geistreich; 2. (bebida) alkoholisch

espirrar v. intr. niesen

espirro s. m. Niesen$_{nt.}$

esplanada s. f. (na rua) Straßencafé$_{nt.}$; (num jardim) Gartenlokal$_{nt.}$

esplêndido adj. glänzend, herrlich

esplendor s. m. Glanz$_m$, Pracht$_f$

esplendoroso adj. → esplêndido

espoleta s. f. Zünder$_m$

espoliação s. f. 1. *(expropriação)* Enteignung$_f$; 2. *(pilhagem)* Plünderung$_f$

espoliar v. tr. 1. *(expropriar)* enteignen; 2. *(pilhar)* plündern

espólio s. m. 1. *(herança)* Nachlass$_m$; 2. (de guerra) Kriegsbeute$_f$

esponja s. f. 1. *(material)* Schwamm$_m$; 2. *(pop.)* (pessoa) Säufer$_m$

esponjoso adj. schwammartig

esponsais s. m. pl. Verlobung$_f$

espontaneamente adv. spontan

espontaneidade s. f. Spontaneität$_f$

espontâneo adj. spontan

espontar I v. tr. die Spitzen schneiden von [+dat.]; II v. intr. (astro) aufgehen; (dia) anbrechen; (planta) sprießen

espora s. f. Sporn$_m$

esporádico adj. sporadisch, gelegentlich

esporão s. m. ZOOLOGIA Sporn$_m$

esporte s. m. *(Brasil)* Sport$_m$

esportista s. m. e f. *(Brasil)* Sportler, -in$_{m., f.}$

esportivo adj. *(Brasil)* sportlich

esposo s. m. Gatte$_m$, Gemahl$_m$

espreguiçar-se v. refl. sich recken

espreita s. f. Beobachtung$_f$; estar à espreita: auf der Lauer liegen; pôr-se à espreita: sich auf die Lauer legen

espreitadela s. f. *(coloq.)* dar uma espreitadela em alguma coisa: einen Blick auf etwas werfen

espreitar v. tr. heimlich beobachten, ausspionieren

espremedor s. m. Saftpresse$_f$, Entsafter$_m$

espremer v. tr. 1. (com espremedor) auspressen; 2. (esponja) ausdrücken; (borbulha) ausquetschen; 3. *(coloq.)* (uma pessoa) ausquetschen

espuma s. f. (de sabão, cerveja) Schaum*m*; (de ondas) Gischt*f*; **espuma de borracha:** Schaumstoff*m*.

espumadeira s. f. Schaumlöffel*m*.

espumante s. m. Sekt*m*, Schaumwein*m*.

espumar v. intr. schäumen

espumoso adj. schaumig

esquadra s. f. 1. (da polícia) Wache*f*; 2. MILITAR Trupp*m*; 3. NÁUTICA Flotte*f*, Geschwader*nt*.

esquadrão s. m. MILITAR Schwadron*f*.

esquadria s. f. rechte(r) Winkel*m*.

esquadro s. m. Winkelmaß*nt*.

esquálido adj. 1. (sujo) schmutzig; 2. (descorado) blass

esquartejar v. tr. vierteilen; (dilacerar) zerreißen, zerfetzen; (retalhar) zerschneiden; (um cadáver) zerstückeln

esquecer I v. tr. 1. (não lembrar) vergessen; (desaprender) verlernen; 2. (negligenciar) versäumen; II v. refl. **esquecer-se de:** vergessen

esquecido adj. vergesslich

esquecimento s. m. Vergessenheit*f*; **cair no esquecimento:** in Vergessenheit geraten

esquelético adj. (pessoa) klapperdürr, spindeldürr

esqueleto s. m. 1. ANATOMIA Skelett*nt*; 2. (armação) Gerüst*nt*, Gerippe*nt*.

esquema s. m. Schema*nt*.

esquemático adj. schematisch

esquematizar v. tr. schematisieren

esquentado adj. hitzig

esquentador s. m. (de água) Durchlauferhitzer*m*, Warmwasserboiler*m*.

esquentar I v. tr. erwärmen, erhitzen; II v. refl. (pessoa) aufbrausen, sich erregen

esquerda s. f. 1. Linke*f*; **virar à esquerda:** links abbiegen; 2. POLÍTICA Linke*f*

esquerdista s. m. e f. POLÍTICA Linke*m. e f.*

esquerdo adj. linke(r, s)

esqui s. m. DESPORTO Ski*m*; **fazer esqui:** Ski laufen

esquiador s. m. DESPORTO Skiläufer*m*.

esquiar v. intr. Ski laufen, Ski fahren

esquilo s. m. ZOOLOGIA Eichhörnchen*nt*.

esquimó I s. m. e f. Eskimo*m*; II adj. eskimoisch

esquina s. f. Ecke*f*; **na esquina:** an der Ecke; **ao virar da esquina:** um die Ecke

esquisito adj. 1. (estranho) eigenartig, komisch; 2. (exigente) wählerisch; 3. (extravagante) ausgefallen

esquivar-se v. refl. sich drücken [a/de, vor +dat.]

esquivo adj. 1. (pessoa) scheu, ungesellig; (resposta) ausweichend; 2. (olhar) scheu

esquizofrenia s. f. MEDICINA Schizophrenie*f*

esquizofrénico I s. m. MEDICINA Schizophrene*m. e f.*; II adj. schizophren

esse pron. dem. m. dieser, diese, dieses, der (da), die (da), das (da); **essa agora!:** nein, so was!; **ainda mais essa!:** auch das noch!

essência s. f. 1. (ser, perfume) Essenz*f*; 2. (de uma coisa) Kern*m*, Wesentliche*nt*.

essencial I s. m. Hauptsache*f*, Wesentliche*nt*; II adj. wesentlich, grundlegend

essencialmente adv. im Wesentlichen, vor allem

estabelecer I v. tr. 1. (fundar) gründen; 2. (horário, prazo, regras) festlegen; (recorde, teoria) aufstellen; (lei) erlassen; 3. (ligação, relação) herstellen [entre, zwischen +dat.], (contacto) aufnehmen; II *v. refl. (fixar residência)* sich niederlassen

estabelecimento *s. m.* 1. *(fundação)* Gründung*_f*; 2. *(das regras, do prazo)* Festlegung*_f*; 3. *(instituição)* Einrichtung*_f*; *(comercial)* Geschäft*_nt*

estabilidade *s. f.* (financeira, emocional) Stabilität*_f*; (do tempo) Beständigkeit*_f*

estabilizador *s. m.* AERONÁUTICA Flosse*_f*

estabilizar I *v. tr.* stabilisieren; II *v. intr.* sich stabilisieren

estábulo *s. m.* Stall*_m*

estaca *s. f.* 1. *(pau)* Pfahl*_m*, Pflock*_m*; 2. *(coloq.)* (pessoa) Bohnenstange*_f*

estação *s. f.* 1. (de caminhos-de-ferro) Bahnhof*_m*; (de camionetas) Haltestelle*_f*; **estação de serviço**: *(oficina)* Autowerkstatt*_f*; *(bomba de gasolina)* Tankstelle*_f*; 2. (do ano) Jahreszeit*_f*; 3. (de rádio, televisão) Sender*_m*; 4. *(centro)* Station*_f*; **estação espacial**: Raumstation*_f*

estacar *v. intr.* anhalten

estacionado *adj.* 1. (automóvel) parkend; 2. (situação) stagnierend, gleich bleibend

estacionamento *s. m.* 1. *(acção de estacionar)* Parken*_nt*; **estacionamento proibido**: Parken verboten!; 2. (lugar) Parkplatz*_m*

estacionar I *v. tr.* (o automóvel) parken; II *v. intr.* 1. (com o automóvel) parken; **não estacionar!**: Einfahrt freihalten!; 2. (situação) stagnieren

estacionário *adj.* gleich bleibend, unverändert

estadia *s. f.* Aufenthalt*_m*

estádio *s. m.* 1. DESPORTO Stadion*_nt*; 2. *(fase)* Stadium*_nt*

estadista *s. m. e f.* Staatsmann*_m*, bedeutende(r) Politiker*_m*

estado *s. m.* 1. *(condição)* Zustand*_m*; **estado civil**: Familienstand*_m*; **estado de emergência**: Notstand*_m*; **estado de espírito**: Geisteszustand*_m*; 2. POLÍTICA Staat*_m*; (de Federação) Bundesstaat*_m*

estado-membro *s. m.* (União Europeia) Mitgliedsstaat*_m*

estadual *adj.* bundesstaatlich

estafa *s. f.* Hetze*_f*

estafado *adj.* erschöpft, zerschlagen

estafar I *v. tr.* erschöpfen, überanstrengen; II *v. refl.* sich abhetzen

estafermo *s. m. (depr.)* Arschloch*_nt*, Saukerl*_m*

estafeta I *s. m. e f.* 1. (de entrega ao domicílio) Bote*_m*; 2. DESPORTO Staffelläufer*_m*; II *s. f.* DESPORTO Staffellauf*_m*

estagiar *v. intr.* ein Praktikum machen [em, bei *+dat.*]; (professor) das Referendariat machen [em, in *+dat.*]

estagiário *s. m.* Praktikant*_m*; (professor) Referendar*_m*

estágio *s. m.* 1. *(aprendizagem)* Praktikum*_nt*, praktische Ausbildung*_f*; (de professor) Referendariat*_nt*; 2. *(fase)* Stadium*_nt*, Phase*_f*

estagnado *adj.* 1. (água) stehend; 2. (progresso, economia) stagnierend; (processo) stockend

estagnar *v. intr.* 1. (água) sich stauen; 2. (progresso, economia) stagnieren; (processo) stocken

estalactite *s. f.* GEOLOGIA Stalaktit*_m*

estalada *s. f. (coloq.) (bofetada)* Ohrfeige*_f*

estaladiço *adj.* knusprig

estalado *adj.* gesprungen

estalagem *s. f.* Hotel*_nt*

estalagmite *s. f.* GEOLOGIA Stalagmit*_m*

estalar I *v. tr.* **estalar os dedos**: mit den Fingern schnalzen; II *v. intr.* 1. (fender) springen, Risse bekommen; 2. *(dar estalos)* knallen; (lenha) knistern; 3. (guerra) ausbrechen

estaleiro s. m. (de construção) Baustelle_f_; NÁUTICA Werft_f_

estalido s. m. Knallen_nt_; Knall_m_; (com a boca, os dedos) Schnalzer_m_; (da lenha) Geknister_nt_

estalinismo s. m. POLÍTICA Stalinismus_m_

estalo s. m. 1. (som) Krachen_nt_, Knacken_nt_; 2. (coloq.) (bofetada) Ohrfeige_f_

estampa s. f. Bild_nt_, Druck_m_

estampado I s. m. bedruckte(r) Stoff_m_; II adj. 1. (tecido) bedruckt; 2. (evidente) offensichtlich

estampagem s. f. Druck_m_

estampar v. tr. drucken; (em relevo) prägen

estamparia s. f. Druckerei_f_

estancar I v. tr. 1. (o sangue) stillen; (a água) stauen; 2. (vedar) abdichten; II v. intr. (sangue) nicht mehr fließen

estância s. f. 1. (local) Aufenthaltsort_m_; 2. LITERATURA Stanze_f_

estanco adj. → estanque

estandardização s. f. Standardisierung_f_, Normung_f_

estandardizar v. tr. standardisieren, normen

estandarte s. m. Fahne_f_, Flagge_f_

estande s. m. (Brasil) Stand_m_

estanho s. m. Zinn_nt_; papel de estanho: Silberpapier_nt_

estanque adj. dicht, wasserdicht

estante s. f. Regal_nt_

estapafúrdio adj. 1. (coloq.) (disparatado) chaotisch; 2. (coloq.) (excêntrico) verschroben, schrullig

estar v. intr. 1. (encontrar-se) sein, sich befinden; 2. (presença) anwesend sein; (coloq.) da sein; ela não está: sie ist nicht da; 3. (modo) estar doente/contente: krank/froh sein; estar sentado: sitzen; estar de pé: stehen; estar deitado: liegen; estar com fome/sede: Hunger/Durst haben; 4. (Brasil) (acção contínua) estar fazendo alguma coisa: gerade dabei sein, etwas zu tun; 5. (ao telefone) está/estou?: hallo!

estardalhaço s. m. (coloq.) Radau_m_, Heidenlärm_m_

estarrecer v. intr. erschrecken

estatal adj. staatlich, Staats...

estatelado adj. langgestreckt

estatelar-se v. refl. zu Boden stürzen, der Länge nach hinfallen

estática s. f. Statik_f_

estático adj. 1. FÍSICA statisch; 2. (imóvel) unbeweglich

estatística s. f. Statistik_f_

estatístico adj. statistisch

estátua s. f. Statue_f_, Standbild_nt_

estatuária s. f. Bildhauerei_f_, Plastik_f_

estatueta s. f. Statuette_f_

estatuir v. tr. festsetzen, bestimmen

estatura s. f. Statur_f_, Körpergröße_f_

estatuto s. m. 1. (lei) Statut_nt_, Verordnung_f_; (de associação) Satzung_f_; 2. (condição, categoria) Status_m_

estável adj. (situação, economia, saúde) stabil; (relação) fest; (tempo) beständig

este¹ [ɛ] s. m. GEOGRAFIA Osten_m_

este² [e] pron. dem. m. dieser, diese, dieses, der (hier), die (hier), das (hier); esta senhora: die Frau hier; esta noite: heute Nacht

esteio s. m. Stütze_f_

esteira s. f. 1. (tapete) Matte_f_; 2. (vestígio) Spur_f_; (caminho) Weg_m_

estendal s. m. Wäscheleine_f_; (de pé) Wäscheständer_m_

estender I v. tr. 1. (mapa, toalha) ausbreiten; 2. (pernas, braços) strecken, ausstrecken; (a mão) reichen; 3. (a massa) ausrollen; 4. (um prazo) verlängern; 5. (a roupa) aufhängen; II v. refl. 1. (deitar-se) sich strecken, sich

estenografar ausstrecken; 2. (paisagem) sich erstrecken; 3. (temporal) sich ausdehnen, sich erstrecken

estenografar v. tr. stenografieren

estenografia s. f. Kurzschrift$_f$, Stenografie$_f$

estenógrafo s. m. Stenograf$_m$

estepe s. f. Steppe$_f$

esterco s. m. 1. (estrume) Dünger$_m$, Dung$_m$; 2. (excremento) Mist$_m$

estereofonia s. f. Stereofonie$_f$

estereofónico adj. Stereo..., stereofon

estereoscópio s. m. Stereoskop$_{nt}$

estereótipo s. m. Stereotyp$_{nt}$

estéril adj. 1. (pessoa, animal) steril, unfruchtbar; (solo) unfruchtbar; 2. (infrutífero) fruchtlos

esterilidade s. f. (de pessoa, animal) Unfruchtbarkeit$_f$, Sterilität$_f$; (de solo) Unfruchtbarkeit$_f$

esterilização s. f. Sterilisierung$_f$

esterilizado adj. steril, keimfrei

esterilizar v. tr. (pessoa, animal, objecto) sterilisieren

esterlino adj. libra esterlina: Pfund$_{nt}$ Sterling

esterno s. m. ANATOMIA Brustbein$_{nt}$

esterqueira s. f. Misthaufen$_m$

estética s. f. Ästhetik$_f$

esteticista s. m. e f. Kosmetiker, -in$_{m., f.}$

estético adj. ästhetisch

estetoscópio s. m. Stethoskop$_{nt}$, Hörrohr$_{nt}$

estibordo s. m. NÁUTICA Steuerbord$_{nt}$

esticão s. m. Ruck$_m$

esticar I v. tr. 1. (material) auseinander ziehen; (alongar) dehnen; (elástico, corda) spannen; 2. (pescoço) recken; (braços, pernas) strecken, ausstrecken; 3. (um prazo) strecken; II v. refl. sich strecken, sich ausstrecken

estigma s. m. BOTÂNICA, ZOOLOGIA Stigma$_{nt}$

estigmatizar v. tr. stigmatisieren

estilhaçar I v. tr. zersplittern; II v. intr. zerspringen

estilhaço s. m. Splitter$_m$

estilismo s. m. (moda) Styling$_{nt}$

estilista s. m. e f. (moda) Stylist, -in$_{m., f.}$

estilístico adj. stilistisch

estilizar v. tr. stilisieren

estilo s. m. Stil$_m$; estilo de vida: Lebensstil$_m$

estima s. f. Hochschätzung$_f$; (consideração) Achtung$_f$; ter estima por alguém: jemanden schätzen

estimação s. f. 1. (estimativa) Schätzung$_f$; 2. (estima) Hochschätzung$_f$

estimado adj. geschätzt, geachtet; estimado cliente: sehr geehrter Kunde

estimar v. tr. 1. (ter estima por) schätzen; (ter consideração por) achten; 2. (calcular) schätzen [em, auf +ac.]

estimativa s. f. Schätzung$_f$

estimativo adj. geschätzt, Schätz...; valor estimativo: Schätzwert$_m$; (afectivo) Liebhaberwert$_m$

estimulador I s. m. MEDICINA estimulador cardíaco: Herzschrittmacher$_m$; II adj. anregend

estimulante I s. m. FARMÁCIA Stimulans$_{nt}$, Anregungsmittel$_{nt}$; II adj. stimulierend, anregend

estimular v. tr. 1. (uma pessoa) ermuntern [a, zu +dat.]; (incitar) anspornen [a, zu +dat.]; 2. (a circulação, o coração) stimulieren; (a fantasia) anregen; 3. (a economia) Anreize schaffen für [+ac.]; (o progresso) Antrieb geben [+dat.]

estímulo s. m. (incentivo) Ansporn$_m$; ECONOMIA Anreiz$_m$

Estio s. m. Sommer$_m$

estipular v. tr. festsetzen, festlegen
estirador s. m. Reißbrett_{nt.}
estirão s. m. weite(r) Weg_{m.}
estirar v. tr. dehnen, ausdehnen
estirpe s. f. 1. BOTÂNICA Wurzelwerk_{nt.}; 2. (linhagem) Abstammung_{f.}, Herkunft_{f.}
estivador s. m. NÁUTICA Stauer_{m.}
estivagem s. f. NÁUTICA Stauen_{nt.}
estival adj. sommerlich, Sommer...
estocada s. f. 1. (com espada) Degenstich_{m.}, Degenstoß_{m.}; 2. (pancada) Stoß_{m.}, Schlag_{m.}
estofador s. m. Polsterer_{m.}
estofar v. tr. (móveis) polstern
estofo s. m. 1. (para móveis) Polster_{nt.}; 2. (fig.) (de pessoa) Talent_{nt.}, Voraussetzung_{f.}; ele não tem estofo para isso: er hat nicht das Zeug dazu
estoicismo s. m. Stoizismus_{m.}, Gleichmut_{m.}
estóico I s. m. Stoiker_{m.}; II adj. stoisch, gelassen
estoirar v. intr. → estourar
estoiro s. m. → estouro
estojo s. m. (de óculos) Etui_{nt.}; (de lápis, canetas) Federmäppchen_{nt.}; estojo de costura: Nähkästchen_{nt.}; estojo de primeiros socorros: Erste-Hilfe-Kasten_{m.}
estola s. f. Stola_{f.}
estomacal adj. Magen...
estômago s. m. Magen_{m.}
estomatologia s. f. MEDICINA Stomatologie_{f.}
Estónia s. f. Estland_{nt.}
estónio I s. m. Este_{m.}; II adj. estnisch
estonteante adj. (fig.) betäubend
estontear v. tr. betäuben
estoque s. m. (Brasil) Lagerbestand_{m.}, Vorrat_{m.}
estore s. m. Rollo_{nt.}, Jalousie_{f.}
estorninho s. m. ZOOLOGIA Star_{m.}

estorvar v. tr. 1. (incomodar) stören; 2. (dificultar) behindern; (impedir) verhindern
estorvo s. m. 1. (incómodo) Störung_{f.}; 2. (obstáculo) Hindernis_{nt.}
estourar I v. tr. 1. (rebentar) platzen lassen; 2. (coloq.) (dinheiro) vergeuden; II v. intr. 1. (pneu, balão) platzen; (bomba) explodieren; 2. (escândalo) auffliegen
estouro s. m. 1. (estrondo) Knall_{m.}, Krach_{m.}; 2. (coloq.) (acidente) Unfall_{m.}
estouvado adj. leichtfertig, leichtsinnig
estrábico adj. MEDICINA schielend
estrabismo s. m. MEDICINA Schielen_{nt.}
estraçalhar v. tr. zerstückeln
estrada s. f. 1. (rua) Straße_{f.}; (fora da cidade) Landstraße_{f.}; estrada nacional: Nationalstraße_{f.}; 2. (fig.) (caminho) Weg_{m.}
estrado s. m. 1. (palanque) Podest_{nt.}; 2. (de cama) Bettrost_{m.}
estragado adj. (comida) verdorben; (máquina) kaputt
estragar I v. tr. 1. (máquina) kaputtmachen; 2. (o apetite) verderben; (a saúde, os planos) zerstören; (reputação) ruinieren; 3. (com mimos) verwöhnen, verziehen; II v. refl. (comida) verderben
estrago s. m. Schaden_{m.}, Zerstörung_{f.}
estrambólico adj. (coloq.) skurril, komisch
estrangeirado adj. fremd, fremdländisch
estrangeiro I s. m. 1. (pessoa) Ausländer_{m.}; 2. (local) Ausland_{nt.}; II adj. ausländisch
estrangulado adj. stranguliert
estrangulador s. m. (automobilismo) Choke_{m.}
estrangulamento s. m. Erdrosselung_{f.}, Strangulation_{f.}
estrangular v. tr. erdrosseln, erwürgen
estranhar I v. tr. 1. seltsam finden; 2. (o clima, um ambiente) nicht gewöhnt sein an [+ac.]; 3. (admirar-se com) sich wundern über [+ac.]; II v. refl. sich wundern

estranheza s. f. 1. (qualidade de estranho) Fremdartigkeit_f_; 2. (admiração) Verwunderung_f_, Erstaunen_nt._

estranho I s. m. Fremde_m. e f._; II adj. 1. (desconhecido) fremd; 2. (invulgar) seltsam, sonderbar; (esquisito) komisch

estranja I s. m. e f. (coloq.) Ausländer_m._; II s. f. (coloq.) Ausland_nt._; III adj. (coloq.) ausländisch

estratagema s. m. List_f_; (subterfúgio) Ablenkungsmanöver_nt._

estratégia s. f. Strategie_f_

estratégico adj. strategisch

estratificação s. f. GEOLOGIA Schichtenbildung_f_, Stratifikation_f_

estratificar v. tr. 1. (material) schichten; 2. GEOLOGIA stratifizieren

estrato s. m. 1. GEOLOGIA Schicht_f_, Lage_f_; 2. (social) Gesellschaftsschicht_f_

estratosfera s. f. GEOGRAFIA Stratosphäre_f_

estrear I v. tr. 1. (roupa) zum ersten Mal tragen; 2. (filme, peça) uraufführen; II v. intr. (filme, peça) Premiere haben; III v. refl. zum ersten Mal auftreten [como, als +nom.], debütieren

estrebaria s. f. Pferdestall_m_

estrebuchar v. intr. zappeln

estreia s. f. 1. (de filme, peça) Premiere_f_, Uraufführung_f_; 2. (de actor) Debüt_nt._; erste(r) Auftritt_m_

estreitamento s. m. (de relação) Vertiefung_f_, Intensivierung_f_

estreitar v. tr. (uma relação) vertiefen, intensivieren

estreiteza s. f. 1. (de espaço) Enge_f_; 2. (de mentalidade) Beschränktheit_f_

estreito I s. m. GEOGRAFIA Meerenge_f_; II adj. 1. (rua) eng; (objecto, caminho) schmal; 2. (relação) eng, innig

estrela s. f. 1. ASTRONOMIA Stern_m_; estrela polar: Polarstern_m_; 2. (pessoa) Star_m_

estrela-cadente s. f. ASTRONOMIA Sternschnuppe_f_

estrelado adj. 1. (céu) mit Sternen bedeckt; 2. (ovo) ovo estrelado: Spiegelei_nt._

estrela-do-mar s. f. Seestern_m._

estrelar v. tr. (um ovo) braten

estremadura s. f. Grenze_f_, Grenzgebiet_nt._

estremecer v. intr. 1. (edifício) beben; (parede) zittern; 2. (pessoa) schaudern

estremunhado adj. schlaftrunken

estressado adj. (Brasil) gestresst

estressante adj. (Brasil) stressig, anstrengend

estresse s. m. (Brasil) Stress_m._

estria s. f. Rinne_f_

estribeira s. f. (coloq.) Fassung_f_; perder as estribeiras: die Fassung verlieren

estribo s. m. 1. (de carruagem) Trittbrett_nt._; 2. (do cavalo) Steigbügel_m_

estricnina s. f. QUÍMICA Strychnin_nt._

estridente adj. schrill

estritamente adv. strikt; estritamente proibido: streng verboten

estrito adj. 1. (restrito) eingeschränkt; 2. (rigoroso) streng, strikt

estrofe s. f. LITERATURA Strophe_f_

estroina I s. m. e f. (coloq.) Luftikus_m_, Hallodri_m_; II adj. (coloq.) leichtsinnig, leichtfertig

estroinice s. f. (coloq.) Leichtsinn_m._, Leichtfertigkeit_f_

estroncar v. tr. (fechadura, porta) aufbrechen

estrondo s. m. Knall_m_, Krach_m._

estrondoso adj. 1. (ruidoso) krachend; (aplauso) tosend; 2. (coloq.) (espectacular) Aufsehen erregend

estropiar v. tr. (pessoa, ideia) verstümmeln

estrugido s. m. CULINÁRIA Zwiebelschwitze_f_

estrumar v. tr. AGRICULTURA düngen

estrume s. m. AGRICULTURA Dünger_m_, Dung_m_.
estrutura s. f. 1. Struktur_f_; *(organização)* Aufbau_m_; 2. LITERATURA Gliederung_f_, Struktur_f_.
estrutural adj. strukturell, Struktur...
estruturar v. tr. strukturieren, anordnen; (texto) gliedern
estuário s. m. GEOGRAFIA trichterförmige Flussmündung_f_, Ästuar_nt_.
estucador s. m. Stuckateur_m_.
estucar v. tr. mit Stuck verkleiden
estudante s. m. e f. (escola) Schüler, -in_m, f_; (universidade) Student_m_.
estudantil adj. (da escola) Schüler...; (universitário) Studenten..., studentisch; **movimento estudantil**: Studentenbewegung_f_
estudar I v. tr. 1. (matéria escolar) lernen; CINEMA, TEATRO (um papel) einstudieren; 2. (um caso) untersuchen, prüfen; 3. (medicina, direito, línguas) studieren; II v. intr. (na escola) zur Schule gehen; (na universidade) studieren
estúdio s. m. 1. (de rádio, televisão) Studio_nt_; 2. (atelier) Atelier_nt_, Studio_nt_.
estudioso adj. fleißig
estudo s. m. 1. (científico) Studie_f_, Untersuchung_f_; 2. pl. **estudos**: (escola) Schulbildung_f_; (universidade) Studium_nt_.
estufa s. f. Treibhaus_nt_, Gewächshaus_nt_.
estufado I s. m. CULINÁRIA Schmorbraten_m_; II adj. geschmort, gedünstet
estufar v. tr. CULINÁRIA dünsten
Estugarda s. f. Stuttgart_nt_.
estupefação s. f. (Brasil) → estupefacção
estupefacção s. f. Verblüffung_f_.
estupefaciente s. m. Rauschgift_nt_.
estupefacto adj. verblüfft
estupefato adj. (Brasil) → estupefacto
estupendo adj. fabelhaft, toll
estupidez s. f. 1. (burrice) Dummheit_f_, Beschränktheit_f_; 2. (parvoice) Frechheit_f_.

estúpido I s. m. Dummkopf_m_, Idiot_m_; II adj. 1. (burro) dumm, beschränkt; 2. (parvo) frech
estupor s. m. 1. MEDICINA Lähmung_f_; 2. (pop., pej.) (pessoa) Blödmann_m_, Depp_m_.
estuporar v. tr. (coloq.) kaputtmachen
estupro s. m. Vergewaltigung_f_.
estuque s. m. Stuck_m_.
esturjão s. m. Stör_m_.
esturricado adj. angebrannt
esturricar v. intr. anbrennen
esturro s. m. Angebrannte_nt_; (fig.) **cheira-me a esturro**: das ist mir nicht ganz geheuer
esvaecer v. intr. 1. (esmorecer) sich abschwächen; 2. (dissipar-se) vergehen, verfliegen
esvaído adj. schwach, kraftlos
esvair-se v. refl. vergehen, verfliegen; **esvair-se em sangue**: verbluten
esvanecer v. intr. → esvaecer
esvaziar I v. tr. leeren, ausleeren; II v. refl. sich leeren, sich entleeren
esverdeado adj. grünlich
esvoaçar v. intr. flattern
etapa s. f. 1. (dum caminho) Etappe_f_, Abschnitt_m_; 2. (fase) Zeitabschnitt_m_; **por etapas**: in Etappen; 3. DESPORTO Etappe_f_, Streckenabschnitt_m_.
ETAR s. f. [abrev. de estação de tratamento de águas residuais] Kläranlage_f_
etc. [abrev. de et cetera] etc. [abrev. de et cetera]
éter s. m. Äther_m_.
etéreo adj. ätherisch
eternidade s. f. Ewigkeit_f_.
eternizar v. tr. verewigen
eterno adj. ewig
ética s. f. Ethik_f_.
ético adj. ethisch

etílico *adj.* Äthyl...; álcool etílico: Äthylalkohol*m.*
étimo *s. m.* LINGUÍSTICA Etymon*nt*, Stammwort*nt.*
etimologia *s. f.* LINGUÍSTICA Etymologie*f.*
etimológico *adj.* LINGUÍSTICA etymologisch
etíope I *s. m. e f.* Äthiopier, Athiopierin*m., f.*; II *adj.* äthiopisch
Etiópia *s. f.* Äthiopien*nt.*
etiqueta *s. f.* 1. (em roupa, mercadoria) Etikett*nt.*; (com preço) Preisschild*nt.*; 2. (protocolo) Etikette*f.*
etiquetagem *s. f.* Etikettierung*f.*
etiquetar *v. tr.* etikettieren
etnia *s. f.* Ethnie*f.*, Volksstamm*m.*
étnico *adj.* ethnisch
etnologia *s. f.* Ethnologie*f.*, Völkerkunde*f.*
etnológico *adj.* ethnologisch, völkerkundlich
eu I *s. m.* Ich*nt.*; II *pron. pess.* ich
EUA *s. m. pl.* [abrev. de Estados Unidos da América] USA*pl.*
eucalipto *s. m.* BOTÂNICA Eukalyptus*m.*
eucaristia *s. f.* RELIGIÃO Eucharistie*f.*
eucarístico *adj.* RELIGIÃO eucharistisch
eufemismo *s. m.* LINGUÍSTICA Euphemismus*m.*
eufonia *s. f.* Wohlklang*m.*, Euphonie*f.*
eufónico *adj.* wohlklingend, euphonisch
euforia *s. f.* Euphorie*f.*
eufórico *adj.* euphorisch
eunuco *s. m.* Eunuch*m.*
euro *s. m.* Euro*m.*
euroasiático *adj.* eurasisch
eurocheque *s. m.* Euroscheck*m.*
eurodeputado *s. m.* Europaabgeordnete*m. e f.*
Europa *s. f.* Europa*nt.*; Europa Central: Mitteleuropa*nt.*; Europa de Leste: Osteuropa*nt.*
europeu I *s. m.* Europäer*m.*; II *adj.* europäisch

eurovisão *s. f.* Eurovision*f.*
eutanásia *s. f.* Euthanasie*f.*
evacuação *s. f.* 1. (de sala, região) Räumung*f.*, Evakuierung*f.*; 2. (de tropas) Rückzug*m.*; 3. BIOLOGIA Stuhlgang*m.*
evacuar I *v. tr.* 1. (sala, região) räumen, evakuieren; 2. (tropas) zurückziehen; II *v. intr.* BIOLOGIA Stuhlgang haben
evadir-se *v. refl.* fliehen [de, aus +dat.]
Evangelho *s. m.* RELIGIÃO Evangelium*nt.*
evangélico *adj.* evangelisch, protestantisch
evangelista *s. m. e f.* Protestant, -in*m., f.*
evangelizar *v. tr.* evangelisieren
evaporação *s. f.* Verdunstung*f.*, Verdampfung*f.*
evaporar I *v. tr.* verdunsten lassen, verdampfen lassen; II *v. refl.* 1. (água) verdunsten, verdampfen; 2. (cheiro) verfliegen; 3. (coloq.) (desaparecer) verduften
evasão *s. f.* Flucht*f.* [de, aus +dat.]; (de prisioneiros) Ausbruch*m.* [de, aus +dat.]; evasão fiscal: Steuerhinterziehung*f.*
evasiva *s. f.* 1. (subterfúgio) Ausflucht*f.*, Ausrede*f.*; 2. (escapatória) Ausweg*m.*
evasivo *adj.* (resposta) ausweichend; (pessoa) schwer fassbar
evento *s. m.* Ereignis*nt.*, Begebenheit*f.*
eventual *adj.* 1. (possível) eventuell, möglich; 2. (casual) zufällig; 3. (ocasional) gelegentlich
eventualidade *s. f.* 1. (possibilidade) Möglichkeit*f.*; na eventualidade de: falls; 2. (casualidade) Zufall*m.*
eventualmente *adv.* 1. (possivelmente) eventuell, möglicherweise; (em caso afirmativo) gegebenenfalls; 2. (casualmente) zufällig
evidência *s. f.* Offenkundigkeit*f.*, Offensichtlichkeit*f.*; render-se às evidências: sich den Tatsachen beugen

evidenciar v. tr. (mostrar) zeigen; (salientar) hervorheben

evidente adj. offensichtlich, offenkundig

evidentemente adv. offensichtlich, offenbar

evitar v. tr. 1. (pessoa, local) meiden; 2. (erro, acidente) vermeiden

evitável adj. vermeidbar

evocação s. f. 1. (de espíritos) Beschwörung$_f$, Anrufung$_f$; 2. (de lembranças) Erinnerung$_f$

evocar v. tr. 1. (espírito) beschwören, anrufen; 2. (lembrança) sich erinnern an [+ac.], ins Gedächtnis zurückrufen

evolução s. f. Evolution$_f$; (desenvolvimento) Entwicklung$_f$; (de doença) Verlauf$_m$

evoluir v. intr. sich entwickeln; (doença) verlaufen

evolutivo adj. Entwicklungs..., Evolutions...

Exª [abrev. de Excelência] Exzellenz$_f$

exacerbar I v. tr. 1. (irritar) wütend machen; 2. (agravar) verschlimmern; II v. refl. 1. (exaltar-se) wütend werden; 2. (agravar-se) sich verschärfen, sich verschlimmern

exactamente adv. genau, exakt

exactidão s. f. 1. (precisão) Genauigkeit$_f$, Exaktheit$_f$; 2. (de uma conta) Richtigkeit$_f$, Exaktheit$_f$

exacto adj. 1. (correcto) exakt, richtig; exacto!: genau!; 2. (preciso) genau, exakt

exagerado I s. m. Wichtigtuer$_m$, Angeber$_m$; II adj. übertrieben

exagerar v. tr. e intr. übertreiben

exagero s. m. Übertreibung$_f$

exalar v. tr. (cheiro) ausströmen; (vapor) ausstoßen

exaltação s. f. 1. (excitação) Aufregung$_f$; 2. (irritação) Erregung$_f$; 3. (glorificação) Verherrlichung$_f$, Lobpreisung$_f$

exaltado adj. 1. (excitado) aufgeregt, überspannt; 2. (irritado) erhitzt, erregt

exaltar I v. tr. 1. (excitar) aufregen; 2. (irritar) erregen; 3. (glorificar) loben, rühmen; (em excesso) verherrlichen; II v. refl. sich ereifern, sich aufregen

exame s. m. 1. (prova) Prüfung$_f$; exame de admissão: Aufnahmeprüfung$_f$; exame final: Abschlussprüfung$_f$; (do liceu) Abitur$_{nt}$; 2. MEDICINA Untersuchung$_f$ (paciente) fazer um exame: sich untersuchen lassen

examinador s. m. Prüfer$_m$

examinando s. m. Prüfling$_m$

examinar v. tr. 1. (uma pessoa) prüfen; 2. (um doente) untersuchen; 3. (uma máquina) überprüfen; 4. (observar) mustern, genau beobachten; (uma situação) prüfen, abchecken

exasperar I v. tr. erbosen, zur Verzweiflung bringen; II v. refl. sich aufregen, wütend werden

exatamente adv. (Brasil) → exactamente

exatidão s. f. (Brasil) → exactidão

exato adj. (Brasil) → exacto

exaurir v. tr. 1. (esgotar) erschöpfen, aufbrauchen; 2. (esvaziar) leeren

exaustão s. f. Erschöpfung$_f$; trabalhar até à exaustão: bis zum Umfallen arbeiten

exaustivo adj. 1. (fatigante) aufreibend, anstrengend; 2. (estudo, leitura) gründlich

exausto I p. p. de exaurir; II adj. erschöpft

exaustor s. m. Dunstabzugshaube$_f$

exceção s. f. (Brasil) → excepção

excedente I s. m. Überschuss$_m$; II adj. überschüssig, überzählig

exceder I v. tr. 1. (ultrapassar) übersteigen; 2. (superar) übertreffen [em, an +dat.]; II v. refl. 1. (superar-se) sich selbst übertreffen; 2. (descomedir-se) zu weit gehen, übertreiben

excelência s. f. Exzellenz_f_; (rei) Vossa/Sua Excelência: Eure/Seine Majestät; (em carta) Vossa Excelência: Seine/Ihre Exzellenz ✣ **por excelência**: schlechthin

excelente adj. 1. (qualidade, comportamento, actuação) ausgezeichnet, hervorragend; 2. (pessoa) wunderbar; 3. (nota) sehr gut

Excelentíssimo adj. (em carta) Excelentíssimo Senhor: sehr geehrter Herr; Excelentíssimos Senhores: sehr geehrte Damen und Herren

excelso adj. hochrangig

excentricidade s. f. Überspanntheit_f_, Exzentrizität_f_

excêntrico adj. exzentrisch, extravagant

excepção s. f. Ausnahme_f_; com excepção de: mit Ausnahme von [+dat.], außer [+dat.]

excepcional adj. (raro, notável) außergewöhnlich, einzigartig

excepcionalmente adv. ausnahmsweise

excepto prep. außer [+dat.]; vieram todos excepto ele: es kamen alle außer ihm

exceptuar v. tr. ausnehmen [de, von +dat.]

excerto s. m. Auszug_m_ [de, aus +dat.]

excessivamente adv. übermäßig, maßlos

excessividade s. f. Übermäßigkeit_f_, Maßlosigkeit_f_

excessivo adj. übermäßig, exzessiv

excesso s. m. 1. (imoderação) Übermaß_nt_, Exzess_m_; **excesso de velocidade**: Geschwindigkeitsüberschreitung_f_; 2. (excedente) Überschuss_m_

exceto prep. (Brasil) → excepto

excetuar v. tr. (Brasil) → exceptuar

excitação s. f. 1. (agitação) Aufregung_f_; 2. (sexual) Erregung_f_

excitado adj. 1. (agitado) aufgeregt, aufgelöst; 2. (sexualmente) erregt

excitante I s. m. Anregungsmittel_nt_, Stimulans_nt_; II adj. 1. (estimulante) aufregend; 2. (sexualmente) erregend

excitar I v. tr. 1. (agitar) aufregen, nervös machen; 2. (sexualmente) erregen; II v. refl. (sexualmente) erregt werden

exclamação s. f. Ausruf_m_

exclamar v. tr. ausrufen, rufen

exclamativo adj. Ausrufe...; frase exclamativa: Ausrufesatz_m_

excluir v. tr. ausschließen [de, aus/von +dat.]

exclusão s. f. Ausschluss_m_; **exclusão social**: gesellschaftliche Ausgrenzung

exclusivamente adv. ausschließlich

exclusive adv. ausschließlich

exclusividade s. f. Ausschließlichkeit_f_

exclusivo I s. m. (de direitos) Alleinrecht_nt_; (nas vendas) Alleinverkauf_m_; II adj. exklusiv

excomungar v. tr. RELIGIÃO exkommunizieren

excomunhão s. f. RELIGIÃO Exkommunikation_f_

excremento s. m. BIOLOGIA Exkrement_nt_

excrescência s. f. MEDICINA Wucherung_f_

excursão s. f. 1. (fig.) (viagem) Ausflug_m_; 2. (divagação) Exkurs_m_

execrar v. tr. verabscheuen

execrável adj. abscheulich, widerlich

execução s. f. 1. (de tarefa, ordem) Ausführung_f_; (de pena) Vollstreckung_f_; 2. (realização) Durchführung_f_; 3. (de uma pessoa) Hinrichtung_f_

executar v. tr. 1. (tarefa, ordem) ausführen; (uma pena) vollstrecken; 2. (realizar) durchführen; 3. (uma pessoa) hinrichten; 4. MÚSICA spielen

executável adj. 1. (tarefa, ordem) ausführbar; 2. (exequível) durchführbar

executivo I s. m. Führungskraft_f_, leitende Angestellte_m. e f_; II adj. ausübend, ausführend; **poder executivo**: Exekutive_f_

executor s. m. Ausführende_m. e f_

exemplar I *s. m.* 1. *(unidade)* Exemplar*nt*; 2. *(modelo)* Muster*nt*; II *adj.* vorbildlich, musterhaft

exemplificar *v. tr.* veranschaulichen, an Beispielen erklären

exemplo *s. m.* 1. *(facto, frase)* Beispiel*nt*; **por exemplo:** zum Beispiel; 2. *(modelo)* Vorbild*nt*

exéquias *s. f. pl.* Trauerfeier*f*, Exequien*pl*

exequível *adj.* durchführbar, ausführbar

exercer *v. tr.* (actividade, poder, influência) ausüben [sobre, auf +*ac.*]; **exercer medicina/advocacia:** als Arzt/Anwalt tätig sein

exercício *s. m.* 1. *(acção de exercitar)* Übung*f*; *(na escola)* Aufgabe*f*, Übung*f*; **exercício físico:** sportliche Aktivität*f*; 2. *(acção de exercer)* Ausübung*f*

exercitar *v. tr.* üben

exército *s. m.* Heer*nt*, Armee*f*

exibição *s. f.* (de filme) Vorführung*f*; (de peça) Aufführung*f*; (filme) **estar em exibição:** laufen

exibicionismo *s. m.* Exhibitionismus*m*

exibicionista I *s. m. e f.* Exhibitionist, -in*m, f*; II *adj.* exhibitionistisch

exibido *adj. (Brasil)* eingebildet

exibir I *v. tr.* 1. *(mostrar)* zeigen; *(os documentos)* vorzeigen, vorlegen; 2. *(um filme)* zeigen; *(uma peça)* aufführen; II *v. refl.* (na atitude) sich aufspielen, sich wichtig machen; (falando) angeben

exigência *s. f.* 1. *(reclamação)* Forderung*f*, Anspruch*m*; 2. *(requisito)* Anforderung*f*; *(necessidade)* Erfordernis*nt*

exigente *adj.* anspruchsvoll

exigir *v. tr.* 1. *(reclamar)* fordern, verlangen; 2. *(requerer)* erfordern, verlangen

exíguo *adj.* 1. *(escasso)* geringfügig, gering; 2. *(diminuto)* winzig

exilado I *s. m.* politische(r) Flüchtling*m*; II *adj.* exiliert; **estar exilado:** im Exil leben

exilar I *v. tr.* exilieren, ins Exil schicken; II *v. refl.* ins Exil gehen

exílio *s. m.* Exil*nt*

exímio *adj.* hervorragend, ausgezeichnet

existência *s. f.* 1. *(vida)* Existenz*f*, Dasein*nt*; 2. *(de coisas)* Vorhandensein*nt*

existencial *adj.* existenziell

existente *adj.* bestehend, vorhanden

existir *v. intr.* 1. *(viver)* existieren, leben; 2. *(haver)* vorhanden sein

êxito *s. m.* Erfolg*m*

ex-líbris *s. m. inv.* Exlibris*nt*

Exmo. [*abrev. de* Excelentíssimo] sehr geehrter

êxodo *s. m.* Exodus*m*

exoneração *s. f.* Absetzung*f*; (de cargo) Amtsenthebung*f*

exonerar *v. tr.* 1. *(de cargo)* absetzen; 2. *(de obrigação)* befreien [de, von +*dat.*]

exorar *v. tr.* erflehen

exorbitância *s. f.* 1. *(excesso)* Übermaß*nt*; 2. *(exagero)* Übertreibung*f*

exorbitante *adj.* 1. *(excessivo)* übermäßig; (preço) überhöht; 2. *(exagerado)* übertrieben

exorcismar *v. tr.* (um espírito) austreiben, exorzieren

exorcismo *s. m.* Teufelsaustreibung*f*, Exorzismus*m*

exorcista *s. m. e f.* Geisterbeschwörer, -in*m, f*, Exorzist, -in*m, f*

exorcizar *v. tr.* → exorcismar

exórdio *s. m.* Exordium*nt*, Einleitung*f*

exortação *s. f.* Ermahnung*f* [a, zu +*dat.*]

exortar *v. tr.* ermahnen [a, zu +*dat.*], mahnen [a, zu +*dat.*]

exótico *adj.* exotisch

expandir I *v. tr.* expandieren; *(conhecimentos)* erweitern; *(poder)* ausdehnen; II *v. refl.* sich ausdehnen

expansão *s. f.* 1. *(alargamento)* Ausdehnung,*f*, Vergrößerung,*f*; 2. ECONOMIA, POLÍTICA Expansion,*f*; **expansão económica:** wirtschaftliches Wachstum

expansionismo *s. m.* Expansionsdrang,*m*

expansivo *adj.* (pessoa) gesellig, offen

expatriado *s. m.* Ausgebürgerte,*m. e f.*

expatriar *v. tr.* ausbürgern, des Landes verweisen

expectativa *s. f.* Erwartung,*f*; **ficar na expectativa:** abwarten

expectoração *s. f.* MEDICINA Auswurf,*m*

expectorante I *s. m.* FARMÁCIA schleimlösende(s) Mittel,*nt*; II *adj.* schleimlösend

expectorar *v. tr. e intr.* aushusten, expektorieren

expedição *s. f.* 1. (viagem) Expedition,*f*; 2. (envio) Versand,*m*; (despacho) Abfertigung,*f*

expediente *s. m.* 1. (de escritório) Geschäftsverkehr,*m*; (despacho) Bearbeitung,*f*; **horas de expediente:** Dienstzeit,*f*; 2. (desembaraço) Ungezwungenheit,*f*

expedir *v. tr.* 1. (mercadoria) versenden; (telegrama) aufgeben; 2. (despachar) abfertigen

expedito *adj.* 1. (rápido) flink, schnell; 2. (desembaraçado) ungezwungen, gewandt

expelir *v. tr.* ausstoßen

experiência *s. f.* 1. (prática) Erfahrung,*f*; **experiência profissional:** Berufserfahrung,*f*; **por experiência (própria):** aus (eigener) Erfahrung; 2. (ensaio) Experiment,*nt*, Versuch,*m*

experiente *adj.* erfahren

experimentado *adj.* erfahren [em, in +dat.]

experimental *adj.* experimentell, Versuchs...

experimentar *v. tr.* 1. (comida) probieren, versuchen; 2. (roupa) anprobieren; 3. (droga, actividade) ausprobieren, testen; 4. (submeter à experiência) versuchen; 5. (pôr à prova) erproben; 6. (passar por) erfahren

expiração *s. f.* 1. (respiração) Ausatmung,*f*; 2. (de um prazo) Ablauf,*m*

expirar *v. intr.* 1. (respiração) ausatmen; 2. (prazo) ablaufen

explanação *s. f.* (explicação) Erklärung,*f*; (exposição) Darstellung,*f*

explanar *v. tr.* (explicar) erklären, erläutern; (expor) darstellen

explicação *s. f.* 1. (esclarecimento) Erklärung,*f*, Erläuterung,*f*; 2. (lição particular) Nachhilfestunde,*f*

explicadamente *adv.* eingehend

explicador *s. m.* Nachhilfelehrer,*m*

explicar I *v. tr.* 1. (esclarecer) erklären, erläutern; **explicar alguma coisa a alguém:** jemandem etwas erklären; 2. (expor) darlegen, schildern; II *v. refl.* sich verständlich machen

explicativo *adj.* erklärend, erläuternd

explícito *adj.* ausdrücklich, explizit

explodir *v. intr.* explodieren

exploração *s. f.* 1. (de riquezas naturais) Nutzung,*f*; **exploração agrícola:** landwirtschaftlicher Betrieb; 2. (de terreno, região) Erforschung,*f*, Erkundung,*f*; 3. (de pessoa) Ausbeutung,*f*

explorador *s. m.* 1. (investigador) Forscher,*m*; 2. (de pessoas) Ausbeuter,*m*

explorar *v. tr.* 1. (riquezas naturais) nutzen; (mina) abbauen, ausbeuten; 2. (terreno, região) erforschen, erkunden; 3. (negócio) betreiben; 4. (pessoa) ausbeuten

explosão *s. f.* 1. (de bomba) Explosion,*f*; 2. (de sentimentos) Ausbruch,*m*

explosivo I *s. m.* Sprengstoff,*m*; II *adj.* 1. (material) explosiv; 2. (pessoa) temperamentvoll

expoente *s. m.* Exponent,*m*

expor I *v. tr.* 1. (em exposição) ausstellen; (numa montra) auslegen; (um cartaz) aushängen; 2. expor alguém ao ridículo/ao perigo: jemanden der Lächerlichkeit/der Gefahr aussetzen; 3. *(descrever)* darstellen; *(explicar)* darlegen; II *v. refl.* 1. (em público) sich zeigen; 2. *(arriscar)* sich einem Risiko aussetzen

exportação *s. f.* Export*m*, Ausfuhr*f*

exportador *s. m.* Exporteur*m*

exportadora *s. f.* (empresa) Exportfirma*f*

exportar *v. tr.* exportieren, ausführen

exposição *s. f.* 1. (de arte) Ausstellung*f*; *(feira)* Messe*f*; estar em exposição: ausgestellt sein; 2. *(descrição)* Darstellung*f*; *(explicação)* Darlegung*f*; 3. *(exibição)* Aussetzen*nt*; 4. FOTOGRAFIA Belichtung*f*

expositor *s. m.* Aussteller*m*

exposto I *p. p. irreg. de* expor; II *s. m.* Dargelegte*nt*; o acima exposto: das oben genannte; III *adj.* 1. (na exposição) ausgestellt; (na montra) ausgelegt; (cartaz) ausgehängt; 2. *(pessoa)* gefährdet; estar exposto ao perigo: einer Gefahr ausgesetzt sein

expressamente *adv.* ausdrücklich

expressão *s. f.* Ausdruck*m*; expressão idiomática: Redewendung*f*

expressar *v. tr.* → exprimir

expressionismo *s. m.* ARTES PLÁSTICAS, LITERATURA Expressionismus*m*

expressividade *s. f.* Expressivität*f*, Ausdrucksstärke*f*

expressivo *adj.* ausdrucksvoll

expresso I *p. p. irreg. de* exprimir; II *s. m.* (comboio) Schnellzug*m*, Eilzug*m*; III *adj.* 1. *(explícito)* ausdrücklich; 2. *(rápido)* Express..., Eil...; correio expresso: Eilsendung*f*

exprimir I *v. tr.* ausdrücken, äußern; II *v. refl.* sich ausdrücken

expropriação *s. f.* Enteignung*f*

expropriar *v. tr.* enteignen

expugnar *v. tr.* 1. *(conquistar, tomar)* erobern; 2. *(vencer)* besiegen

expulsão *s. f.* 1. (do país) Ausweisung*f*, Abschiebung*f*; 2. (da região) Vertreibung*f*; (da comunidade) Ausstoßen*nt*; 3. (da escola) Verweis*m*; 4. (de espírito) Austreibung*f*

expulsar *v. tr.* 1. (do país) ausweisen, abschieben [de, aus +*dat.*]; 2. (da região) vertreiben [de, aus +*dat.*]; (da comunidade) ausstoßen [de, aus +*dat.*]; (da festa, de casa) hinauswerfen [de, aus +*dat.*]; (da escola, de sítio público) verweisen [de, von +*dat.*]; 4. (um espírito) austreiben [de, +*dat.*]

expulso *p. p. irreg. de* expulsar

êxtase *s. m.* Ekstase*f*, Verzückung*f*

extasiado *adj.* → extático

extasiar *v. tr.* verzücken, begeistern

extático *adj.* verzückt, hingerissen

extensão *s. f.* 1. *(dimensão)* Ausdehnung*f*, Fläche*f*; 2. *(alcance)* Ausmaß*nt*, Umfang*m*; 3. ELECTRICIDADE Verlängerungsschnur*f*; 4. TELECOMUNICAÇÕES Durchwahl*f*

extensivamente *adv.* ausführlich

extensível *adj.* 1. (material) dehnbar; 2. (antena) ausziehbar

extensivo *adj.* übertragbar; ser extensivo a: übertragbar sein auf [+*ac.*]

extenso *adj.* 1. *(tamanho)* weit, ausgedehnt; 2. *(texto, discurso)* lang; 3. *(vasto)* umfangreich ❖ por extenso: in Worten

extenuação *s. f.* 1. *(enfraquecimento)* Entkräftung*f*; 2. *(exaustão)* Erschöpfung*f*

extenuado *adj.* 1. *(debilitado)* schwach, entkräftet; 2. *(esgotado)* erschöpft

extenuante *adj.* aufreibend, anstrengend

extenuar *v. tr.* 1. *(debilitar)* schwächen, entkräften; 2. *(esgotar)* erschöpfen

exterior I *s. m.* 1. *(parte de fora, aspecto)* Äußere*nt*; 2. *(estrangeiro)* Ausland*nt*; II *adj.* Außen..., äußere(r, s)

exteriorização *s. f.* Äußerung*f*

exteriorizar v. tr. äußern, zeigen
exteriormente adv. äußerlich
exterminação s. m. → extermínio
exterminar v. tr. (povo) ausrotten; (inimigo, insectos, parasitas) vernichten
extermínio s. m. (de povo) Ausrottung$_f$; (do inimigo, de insectos, parasitas) Vernichtung$_f$
externato s. m. Externat$_{nt}$
externo adj. Außen..., äußerlich; FARMÁCIA para uso externo: zur äußerlichen Anwendung
extinção s. f. 1. (de fogo) Löschen$_{nt}$; 2. (de espécie) Aussterben$_{nt}$; em vias de extinção: vom Aussterben bedroht; 3. (de povo) Ausrottung$_f$
extinguir I v. tr. 1. (fogo) löschen; 2. (povo) auslöschen, ausrotten; II v. refl. 1. (fogo) erlöschen; 2. (espécie, povo) aussterben
extinto adj. 1. (fogo, vulcão) erloschen; 2. (espécie) ausgestorben; 3. (povo) ausgelöscht, ausgerottet
extintor s. m. Feuerlöscher$_m$
extirpar v. tr. ausrotten
extorquir v. tr. erpressen
extorsão s. f. Erpressung$_f$
extra I s. m. Extra$_{nt}$; (quantia) Zulage$_f$, Sonderzahlung$_f$; II adj. inv. (coloq.) extra, zusätzlich; horas extra: Überstunden$_{pl}$
extracção s. f. (Brasil) → extracção
extracção s. f. 1. (da lotaria) Ziehung$_f$; 2. (de dente) Ziehen$_{nt}$; 3. (de minério, petróleo) Förderung$_f$, Gewinnung$_f$
extraconjugal adj. außerehelich
extracto s. m. 1. (bancário) Auszug$_m$; 2. (substância) Extrakt$_{nt}$
extra-curricular adj. nicht im Lehrplan enthalten
extradição s. f. DIREITO Auslieferung$_f$
extraditar v. tr. DIREITO ausliefern
extrair v. tr. 1. (dente) ziehen; (raiz) herausziehen; 2. (minério, petróleo) fördern

extrajudicial adj. außergerichtlich
extraordinariamente adv. außerordentlich
extraordinário adj. außergewöhnlich, außerordentlich; (reunião, despesa) außerplanmäßig; horas extraordinárias: Überstunden$_{pl}$
extraterrestre s. m. e f. Außerirdische$_{m, e f}$
extrato s. m. (Brasil) → extracto
extravagância s. f. Extravaganz$_f$
extravagante adj. extravagant, ausgefallen
extravasar v. intr. ausfließen, auslaufen
extraviar I v. tr. 1. (carta) abfangen; (dinheiro) unterschlagen; 2. (desencaminhar) fehlleiten; II v. refl. 1. (objecto) verloren gehen; 2. (fig.) (pessoa) auf Abwege geraten
extravio s. m. 1. (de carta) Abfangen$_{nt}$; (de dinheiro) Unterschlagung$_f$; 2. (perda) Verlust$_m$
extremamente adv. äußerst, extrem
extrema-unção s. f. RELIGIÃO Letzte Ölung$_f$
extremidade s. f. Ende$_{nt}$; (pontiaguda) Spitze$_f$
extremismo s. m. Extremismus$_m$
extremista I s. m. e f. Radikale$_{m\ e\ f}$, Extremist, -in$_{m, f}$; II adj. extremistisch
extremo I s. m. Extrem$_{nt}$; levar alguma coisa ao extremo: etwas auf die Spitze treiben; II adj. 1. extrem, äußerst; 2. (no espaço) entfernteste(r, s); o Extremo Oriente: der Ferne Osten
extremoso adj. zärtlich
extrínseco adj. äußerlich
extrovertido adj. extrovertiert
exuberância s. f. Üppigkeit$_f$
exuberante adj. üppig
exultar v. intr. sich freuen, jubeln
exumação s. f. Exhumierung$_f$
exumar v. tr. exhumieren
eyeliner s. m. Eyeliner$_m$

F

F, f *s. m.* F, f*nt.*
fá *s. m.* MÚSICA F*nt.*, f*nt.*
fã *s. m. e f.* Fan*m.*
fábrica *s. f.* Fabrik*f.*
fabricação *s. f.* Herstellung*f.*, Fabrikation*f.*
fabricante *s. m. e f.* Hersteller, -in*m., f.*
fabricar *v. tr.* herstellen, erzeugen
fabrico *s. m.* Herstellung*f.*; fabrico próprio: eigene Herstellung
fabril *adj.* Fabrik...; (produção) fabrikmäßig; indústria fabril: Großindustrie*f.*
fábula *s. f.* Fabel*f.*
fabuloso *adj.* fabelhaft
faca *s. f.* Messer*nt.*
facada *s. f.* Messerstich*m.*
façanha *s. f.* Heldentat*f.*
facção *s. f.* POLÍTICA Fraktion*f.*
faccioso *adj.* 1. POLÍTICA Fraktions...; 2. *(parcial)* parteiisch
face *s. f.* (rosto) Gesicht*nt.*; (bochecha) Wange*f.*; face a face: von Angesicht zu Angesicht; à/em face de: angesichts [+gen.]
faceta *s. f.* Facette*f.*; mostrar a sua verdadeira faceta: sein wahres Gesicht zeigen
fachada *s. f.* (de edifício, pessoa) Fassade*f.*
facho *s. m.* Fackel*f.*
facial *adj.* Gesichts...; creme facial: Gesichtscreme*f.*
fácil *adj.* leicht [de +inf., zu +inf.]; *(simples)* einfach [de +inf., zu +inf.]; isso é fácil de dizer: das ist leicht gesagt
facilidade *s. f.* 1. Leichtigkeit*f.*; 2. *pl.* facilidades: Erleichterungen*pl.*; facilidades de pagamento: Zahlungserleichterungen*pl.*

facílimo *superl. de* fácil
facilitar I *v. tr.* 1. *(tornar fácil)* erleichtern; 2. *(pôr à disposição)* zur Verfügung stellen, bereitstellen; II *v. intr.* leichtsinnig sein
facilmente *adv.* leicht, mühelos
factício *adj.* künstlich, falsch
facto *s. m.* Tatsache*f.*, Fakt*nt.*; de facto: tatsächlich; facto consumado: vollendete Tatsache
factor *s. m.* Faktor*m.*; factor de protecção solar: Lichtschutzfaktor*m.*
factual *adj.* tatsächlich
factura *s. f.* Rechnung*f.*
facturar *v. tr.* 1. *(mercadoria)* in Rechnung stellen; 2. *(dinheiro)* erwirtschaften
faculdade *s. f.* 1. *(capacidade)* Fähigkeit*f.* [de, zu +dat.]; faculdades mentais: geistige Fähigkeiten; 2. (de uma universidade) Fakultät*f.*
facultar *v. tr.* 1. *(possibilitar)* ermöglichen; 2. *(pôr à disposição)* zur Verfügung stellen, bereithalten
facultativo *adj.* fakultativ
fada *s. f.* Fee*f.*
fadiga *s. f.* 1. *(cansaço)* Müdigkeit*f.*; 2. *(trabalho árduo)* Strapaze*f.*
fadista *s. m. e f.* Fadosänger, -in*m., f.*
fado *s. m.* 1. *(destino)* Schicksal*nt.*; 2. MÚSICA Fado*m.*
fagote *s. m.* MÚSICA Fagott*nt.*
fagulha *s. f.* Funke*m.*
faia *s. f.* BOTÂNICA Buche*f.*
faial *s. m.* Buchenwald*m.*
faina *s. f.* 1. NÁUTICA Arbeit*f.* an Bord; 2. *(trabalho)* Arbeit*f.*

faisão s. m. ZOOLOGIA Fasan_m._
faísca s. f. Funke_m._; fazer faísca: Funken sprühen
faiscar v. intr. 1. (metal, fogo) Funken sprühen; 2. (cintilar) blitzen, funkeln
faixa s. f. 1. (tecido) Band_nt._; (cinto) Gürtel_m._; (tira) Streifen_m._; 2. (estrada) Spur_f._; faixa de rodagem: Fahrbahn_f._
fala s. f. Sprache_f._; perder a/ficar sem fala: sprachlos sein
falacioso adj. 1. (enganador) trügerisch, irreführend; 2. (palrador) geschwätzig
falado adj. besprochen; muito falado: sehr bekannt
falador I s. m. Quasselstrippe_f._, Plappermaul_nt._; II adj. schwatzhaft, geschwätzig
falange s. f. ANATOMIA Fingerglied_nt._
falar I s. m. Sprechen_nt._; II v. tr. (uma língua) sprechen; III v. intr. sprechen [com, mit +dat.; a, zu +dat.; de/em, von +dat.; sobre, über +ac.], reden [com, mit +dat.; a, zu +dat.; de/em, von +dat.; sobre, über +ac.]; (conversar) sich unterhalten; IV v. refl. miteinander sprechen
falatório s. m. Geschwätz_nt._
falaz adj. trügerisch, irreführend
falcão s. m. ZOOLOGIA Falke_m._
falcatrua s. f. 1. (fraude) Betrug_m._; fazer uma falcatrua: betrügen; 2. (ardil) List_f._, Trick_m._
falecer v. intr. verscheiden, versterben
falecido I s. m. Verstorbene_m. e f._, Verschiedene_m. e f._; II adj. verstorben
falecimento s. m. Verscheiden_nt._, Versterben_nt._
falência s. f. Konkurs_m._, Bankrott_m._; ir à falência: Konkurs machen, Bankrott gehen
falésia s. f. Steilküste_f._
falha s. f. 1. (erro, defeito) Fehler_m._; (de máquina) Versagen_nt._, Defekt_m._; 2. (lacuna) Lücke_f._; falha de memória: Gedächtnislücke_f._

falhado adj. 1. (tentativa, plano) gescheitert; 2. (pessoa) erfolglos
falhar v. intr. 1. (não acertar) verfehlen; 2. (motor) versagen, aussetzen; 3. (na vida, plano) scheitern
falido adj. bankrott, zahlungsunfähig
falir v. intr. ECONOMIA Konkurs machen
falível adj. fehlbar
falsamente adv. fälschlicherweise
falsário s. m. Fälscher_m._
falsete s. m. MÚSICA Falsett_nt._
falsidade s. f. Falschheit_f._
falsificação s. f. Fälschung_f._
falsificador s. m. Fälscher_m._
falsificar v. tr. fälschen
falso adj. (dinheiro, amigo, nome) falsch; juramento falso: Meineid_m._
falta s. f. 1. (escassez) Mangel_m._ [de, an +dat.]; fazer falta (a alguém): (jemandem) fehlen; há falta de: es mangelt an [+dat.]; 2. (erro) Fehler_m._; 3. DESPORTO Foul_nt._
faltar v. intr. 1. (fazer falta) fehlen, mangeln an [+dat.]; 2. (não comparecer) fehlen; 3. (não cumprir) nicht halten
fama s. f. 1. (celebridade) Ruhm_m._; 2. (reputação) Ruf_m._; ter má fama: einen schlechten Ruf haben; ter fama de: bekannt sein für [+ac.]
família s. f. Familie_f._; pessoa de família: Verwandte_m. e f._
familiar I s. m. e f. Verwandte_m. e f._, Familienangehörige_m. e f._; II adj. 1. (da família) Familien...; agregado familiar: Familienangehörige_pl._; 2. (conhecido) geläufig, vertraut; 3. (caseiro) familiär
familiaridade s. f. (confiança) Vertrautheit_f._; (à-vontade) Ungezwungenheit_f._
familiarizado adj. vertraut; estar familiarizado com alguma coisa: mit etwas vertraut sein

familiarizar I *v. tr.* vertraut machen [com, mit +*dat.*], gewöhnen [com, an +*ac.*]; II *v. refl.* sich vertraut machen [com, mit +*dat.*], sich anfreunden [com, mit +*dat.*]; familiarizar-se com o trabalho: sich einarbeiten

faminto *adj.* 1. hungrig [de, nach +*dat.*]; 2. *(fig.) (ávido)* begierig [de, nach +*dat.*]

famoso *adj.* berühmt [por, für +*ac.*]

fanar *v. tr. (coloq.)* klauen

fanático I *s. m.* Fanatiker_m; II *adj.* fanatisch

fanatismo *s. m.* Fanatismus_m

fandango *s. m.* MÚSICA Fandango_m

faneca *s. f.* ZOOLOGIA Aalmutter_f

fanfarra *s. f.* Fanfare_f

fanfarrão *s. m.* Großmaul_nt

fanhoso *adj. (som)* genäselt

fanico *s. m.* Ohnmacht_f

fantasia *s. f.* 1. *(imaginação)* Phantasie_f, Fantasie_f; 2. *(traje)* Karnevalskostüm_nt

fantasiar I *v. tr.* ausdenken, erfinden; II *v. intr.* fantasieren; III *v. refl.* sich verkleiden [de, als +*nom.*]

fantasioso *adj.* fantasievoll

fantasma *s. m.* 1. *(espírito)* Gespenst_nt, Phantom_nt; 2. *(ilusão)* Trugbild_nt

fantasmagórico *adj.* erfunden, unwirklich

fantástico *adj.* fantastisch

fantochada *s. f.* 1. (com fantoches) Marionettentheater_nt; 2. *(palhaçada)* Unsinn_m

fantoche *s. m.* (boneco, pessoa) Marionette_f

faqueiro *s. m.* Besteckkasten_m

faquir *s. m.* Fakir_m

faraó *s. m.* Pharao_m

farda *s. f.* Uniform_f

fardado *adj.* uniformiert

fardar-se *v. refl.* (sich) die Uniform anziehen

fardo *s. m.* 1. (de palha) Bündel_nt; (de tecido) Ballen_m; 2. *(sobrecarga)* Last_f

farejar *v. tr. e intr.* wittern

farelo *s. m.* 1. (de farinha) Kleie_f; 2. (de madeira) Sägemehl_nt

farináceo I *s. m.* Mehlprodukt_nt; II *adj.* mehlhaltig, Mehl...

faringe *s. f.* ANATOMIA Rachen_m, Schlund_m

faringite *s. f.* MEDICINA Rachenentzündung_f

farinha *s. f.* Mehl_nt

farinha-de-pau *s. f.* Tapioka_f

farinheira *s. f.* CULINÁRIA Mehlwurst_f

farinhento *adj.* weich, matschig

farmacêutico I *s. m.* Apotheker_m; II *adj.* pharmazeutisch; indústria farmacêutica: Pharmaindustrie_f

farmácia *s. f.* 1. (loja) Apotheke_f; 2. (ciência) Pharmazie_f

farmacologia *s. f.* Arzneikunde_f, Pharmakologie_f

farnel *s. m.* Reiseproviant_m

faro *s. m.* 1. (dos animais) Witterung_f; 2. *(fig.)* (das pessoas) Spürsinn_m

faroeste *s. m.* Western_m

farofa *s. f.* CULINÁRIA Maniokmehl_nt

farol *s. m.* 1. (torre) Leuchtturm_m; 2. (de automóvel) Scheinwerfer_m; farol de nevoeiro: Nebelscheinwerfer_m

farolete *s. m. (Brasil)* → farolim

farolim *s. m.* Licht_nt; farolim traseiro: Schlußlicht_nt

farpa *s. f.* 1. (de madeira) Splitter_m; 2. (para touros) Speer_m

farpado *adj.* stachelig; arame farpado: Stacheldraht_m

farpela *s. f.* Aufzug_m

farra *s. f.* Vergnügen_nt, Gaudi_f; andar na farra: sich amüsieren; *(coloq.)* einen draufmachen

farrapo *s. m.* (tecido) Lumpen_m, Fetzen_m

farrusco *adj.* rußig

farsa *s. f.* Posse_f, Farce_f

farta *loc. adv.* à farta: in Hülle und Fülle

fartar-se v. refl. satt werden; fartar-se de alguém/alguma coisa: jemanden/etwas satt haben; fartar-se de rir: sich totlachen

farto adj. 1. (pessoa) satt; estar farto de alguém/alguma coisa: jemanden/etwas satt haben; 2. (refeição) üppig

fartura s. f. 1. (abundância) Überfluss_m_; com fartura: im Überfluss; 2. (doce) fritierte(s) Spritzgebäck_nt._

fascículo s. m. (de revista) Heft_nt._

fascinado adj. hingerissen [com, von +dat.], fasziniert [com, von +dat.]

fascinante adj. faszinierend

fascinar v. tr. faszinieren

fascínio s. m. Reiz_m_, Faszination_f_

fascismo s. m. Faschismus_m._

fascista I s. m. e f. Faschist, -in_m, f._; II adj. faschistisch

fase s. f. Phase_f_; fase de construção: Bauabschnitt_m_

fasquia s. f. Latte_f._

fastidioso adj. (aborrecido) langweilig; (incomodativo) lästig

fastio s. m. 1. (tédio) Langeweile_f_; 2. (falta de apetite) Appetitlosigkeit_f_

fatal adj. 1. (mortal) tödlich; 2. (inevitável) unabwendbar, unausweichlich

fatalidade s. f. 1. (marcado pelo destino) Verhängnis_nt_; 2. (desgraça) Unglück_nt._

fatalismo s. m. Fatalismus_m._

fatalista s. m. e f. Fatalist, -in_m, f._

fatalmente adv. fatal

fatia s. f. (pão) Scheibe_f_; cortar alguma coisa às fatias: etwas in Scheiben schneiden; 2. (parcela) Teil_m_, Stück_nt._

fatídico adj. verhängnisvoll

fatigante adj. beschwerlich, ermüden

fatiota s. f. Aufzug_m_, Kluft_f._

fato s. m. Anzug_m_; fato de banho: Badeanzug_m_; fato de treino: Trainingsanzug_m_, Joggingsanzug_m._

fato-macaco s. m. Monteuranzug_m_, Overall_m._

fator s. m. (Brasil) → factor

fátuo adj. 1. (fugaz) flüchtig; 2. (pretencioso) eingebildet

fatura s. f. (Brasil) → factura

faturar v. tr. (Brasil) → facturar

faúlha s. f. Funke_m._

fauna s. f. Fauna_f_, Tierwelt_f_

fausto I s. m. Prunk_m_, Pracht_f_; II adj. glückbringend, günstig

fava s. f. BOTÂNICA Saubohne_f_, ❖ vai à fava!: geh zum Kuckuck!

favela s. f. (Brasil) Favela_f_, Slum_m_

favo s. m. Bienenwabe_f_

favor s. m. Gefallen_m_; por favor!: bitte!; fazer um favor a alguém: jemandem einen Gefallen tun

favorável adj. (situação, vento) günstig [a, für +ac.]

favorecer v. tr. begünstigen; esta cor favorece-te: diese Farbe steht dir gut

favoritismo s. m. Vetternwirtschaft_f_

favorito I s. m. Favorit_m_; II adj. Lieblings...; livro favorito: Lieblingsbuch_nt._

fax s. m. Fax_nt_; mandar um fax: faxen; mandar alguma coisa por fax: etwas faxen

faxina s. f. Faschine_f_; MILITAR estar de faxina: Stubendienst haben

fazenda s. f. 1. (pano) grobe(r) Stoff_m_; casaco de fazenda: Stoffjacke_f_; 2. (finanças) Steuerbehörde_f_; fazenda pública: Finanzwesen_nt_; 3. (quinta) Landgut_nt_, Farm_f_

fazendeiro s. m. (Brasil) Farmer_m_, Gutsbesitzer_m_

fazer I v. tr. 1. (executar, produzir) machen, tun; (uma pergunta) stellen; fazer efeito: wirken; 2. (actividade) machen; fazer desporto: Sport treiben; 3. (obrigar) zwingen; 4. (provocar) lassen, bewirken; II v. intr. 1. (profissão) arbeiten, machen; 2. fazer bem: gut tun; III *v. impess.* METEOROLOGIA sein; faz frio: es ist kalt; IV *v. refl.* 1. *(tornar-se)* werden; 2. *(fingir)* sich stellen; fazer-se de surdo: sich taub stellen ❖ fazer anos: Geburtstag haben

fé *s. f. (crença)* Glaube$_m$; *(convicção)* Überzeugung$_f$; *(confiança)* Vertrauen$_{nt}$; ter fé em: glauben an [+ac.]; *(coloq.)* dar fé de alguma coisa: etwas merken

fealdade *s. f.* Hässlichkeit$_f$

febra *s. f. (carne)* magere(s) Fleisch$_{nt}$

febre *s. f.* Fieber$_{nt}$; estar com/ter febre: Fieber haben

febril *adj.* 1. fiebrig; 2. *(exaltado)* fieberhaft

fechado *adj.* 1. *(loja, porta, torneira)* geschlossen; *(coloq.)* zu; fechado à chave: abgeschlossen; 2. *(curva)* scharf, eng; 3. *(pessoa)* verschlossen

fechadura *s. f.* Schloss$_{nt}$; fechadura de segurança: Sicherheitsschloss$_{nt}$

fechar I *v. tr.* 1. (janela, porta, loja) schließen, zumachen; fechar à chave: abschließen; 2. (gás, água) abdrehen, abstellen; 3. (negócio) abschließen; II *v. intr.* (fábrica, loja) schließen; III *v. refl.* sich verschließen

fecho *s. m.* 1. (roupa) Verschluss$_m$; fecho-éclair: Reißverschluss$_m$; 2. (porta) Türriegel$_m$

fécula *s. f.* Stärke$_f$

fecundação *s. f.* Befruchtung$_f$

fecundar *v. tr.* befruchten

fecundidade *s. f.* Fruchtbarkeit$_f$

fecundo *adj.* fruchtbar

fedelho *s. m.* Rotznase$_f$, Grünschnabel$_m$

feder *v. intr.* stinken

federação *s. f.* Bund$_m$; POLÍTICA Föderation$_f$, Staatenbund$_m$

federal *adj.* POLÍTICA Bundes...

federalismo *s. m.* POLÍTICA Föderalismus$_m$

fedor *s. m.* Gestank$_m$

fedorento *adj.* stinkend

feições *s. f. pl.* Gesichtszüge$_{pl}$

feijão *s. m.* BOTÂNICA Bohne$_f$; feijão verde: grüne Bohne

feijoada *s. f.* CULINÁRIA Bohnengericht$_{nt}$

feio *adj.* 1. (pessoa, objecto) hässlich; 2. (situação) unangenehm; 3. (atitude) abscheulich; 4. (tempo) schlecht

feira *s. f.* 1. (mercado) Markt$_m$; feira da ladra: Flohmarkt$_m$, Trödelmarkt$_m$; 2. (de divertimento) Jahrmarkt$_m$, Fest$_{nt}$; 3. (exposição) Messe$_f$

feirante *s. m. e f.* Markt|verkäufer, -frau$_{m., f.}$

feita *s. f.* desta feita: diesmal

feitiçaria *s. f.* Zauberei$_f$, Hexerei$_f$

feiticeiro *s. m.* Zauberer$_m$

feitiço *s. m.* 1. (coisa mágica) Zauber$_m$, Zauberei$_f$; 2. (de adoração) Fetisch$_m$

feitio *s. m.* 1. (forma) Form$_f$, Gestalt$_f$; (roupa) Schnitt$_m$; 2. (temperamento) Charakter$_m$, Gemüt$_{nt}$; ter mau feitio: jähzornig sein

feito I *p. p. de* fazer; II *s. m.* Tat$_f$; feito heróico: Heldentat$_f$; III *adj.* (pronto) fertig; (acabado) vollendet; (coloq.) estou feito!: ich bin aufgeschmissen!

feixe *s. m.* Bündel$_{nt}$, Bund$_{nt}$; feixe de luz: Lichtbündel$_{nt}$

fel *s. m.* Galle$_f$

felicidade *s. f.* Glück$_{nt}$; muitas felicidades!: alles Gute!, herzlichen Glückwunsch!

felicíssimo *superl. de* feliz

felicitação *s. f.* Glückwunsch$_m$

felicitar *v. tr.* beglückwünschen [por, zu +dat.], gratulieren [por, zu +dat.]

felino *adj.* katzenartig

Felinos *s. m. pl.* ZOOLOGIA Familie$_f$ der Katzen

feliz *adj.* glücklich, froh

felizardo *s. m.* Glückspilz$_m$

felizmente adv. glücklicherweise
felpo s. m. Frottee m. e nt.
felpudo adj. samtig, flauschig
feltro s. m. Filz m.
fêmea s. f. 1. ZOOLOGIA Weibchen nt.; 2. MECÂNICA Schraubenmutter f.
feminidade s. f. Weiblichkeit f.
feminino I s. m. GRAMÁTICA Femininum nt.; II adj. weiblich, feminin
feminismo s. m. Feminismus m.
feminista I s. m. e f. Feminist, -in m., f.; II adj. feministisch
fêmur s. m. ANATOMIA Schenkelknochen m.
fenda s. f. Riss m.; (na louça) Sprung m.; (na terra) Spalte f.
fenecer v. intr. 1. (murchar) verwelken; 2. (morrer) sterben; 3. (terminar) enden
feno s. m. Heu nt.
fenomenal adj. (fig.) phänomenal
fenómeno s. m. Phänomen nt., Erscheinung f.
fera s. f. Raubtier nt.
feracidade s. f. Fruchtbarkeit f.
féretro s. m. Sarg m.
feriado s. m. Feiertag m.; feriado nacional: Nationalfeiertag m.; feriado religioso: kirchlicher Feiertag
férias s. f. pl. Ferien pl., Urlaub m.
ferida s. f. Wunde f.
ferido I s. m. Verletzte m. e f., Verwundete m. e f.; II adj. verletzt, verwundet
ferimento s. m. Verletzung f., Verwundung f.
ferir I v. tr. 1. verletzen, verwunden; 2. (ofender) verletzen, kränken; II v. refl. sich verletzen
fermentação s. f. Gärung f.
fermentar v. intr. gären
fermento s. m. Gärstoff m.; (de padeiro) Hefe f.; fermento em pó: Backpulver nt.
ferocidade s. f. Wildheit f.

feroz adj. (animal) wild; (pessoa) grausam; (sentimento) stark, unbändig
ferradela s. f. (de cão) Biss m.; (de insecto) Stich m.
ferrado adj. (Brasil) (coloq.) aufgeschmissen
ferradura s. f. Hufeisen nt.
ferragem s. f. Beschläge pl.
ferramenta s. f. 1. (utensílio) Werkzeug nt.; 2. (conjunto) Werkzeuge pl.
ferrão s. m. (de insecto) Stachel m.
ferrar I v. tr. 1. (cão) beißen; (insecto) stechen; 2. (pôr ferradura) beschlagen; II v. intr. (cão) beißen; (insecto) stechen
ferreiro s. m. Schmied m.
ferrenho adj. (adepto) fanatisch
férreo adj. Eisen..., eisern; via férrea: Eisenbahn f.
ferrinhos s. m. pl. MÚSICA Triangel m.
ferro s. m. 1. (metal) Eisen nt.; de ferro: eisern, Eisen...; 2. (de engomar) Bügeleisen nt.; passar a ferro: bügeln
ferroada s. f. Stich m.
ferrolho s. m. Riegel m.
ferro-velho s. m. 1. (material) Schrott m.; 2. (pessoa) Schrotthändler m.
ferrovia s. f. Eisenbahn f.
ferroviário adj. Eisenbahn...
ferrugem s. f. Rost m.; criar/ganhar ferrugem: verrosten
ferrugento adj. rostig, verrostet
ferruginoso adj. eisenhaltig
fértil adj. (pessoa) fruchtbar; (solo) ergiebig, fruchtbar
fertilidade s. f. Fruchtbarkeit f.
fertilizante s. m. AGRICULTURA Dünger m., Düngemittel nt.
fertilizar v. tr. 1. (o solo) düngen; 2. (fecundar) befruchten
fervedor s. m. Henkeltopf m.
fervente adj. (água) kochend, siedend

ferver I *v. tr.* kochen; *(água)* zum Kochen bringen; II *v. intr.* 1. *(líquido)* kochen, sieden; *(borbulhar)* sprudeln; 2. *(objecto)* glühen; **estar a ferver:** heiß sein

fervilhar *v. intr.* 1. *(líquido)* kochen, köcheln; 2. *(abundar)* wimmeln [de, von +dat.]

fervor *s. m.* 1. *(ardor)* Hitze*f*, Glut*f*; 2. *(paixão)* Leidenschaft*f*, Inbrunst*f*; 3. *(diligência)* Eifer*m*, Ungestüm*nt*

fervoroso *adj.* 1. *(apaixonado)* leidenschaftlich, inbrünstig; 2. *(diligente)* eifrig

fervura *s. f.* Sieden*nt*, Kochen*nt*; **levantar fervura:** zu kochen beginnen

festa *s. f.* 1. *(celebração)* Fest*nt*; *(coloq.)* Fete*f*, Party*f*; 2. *(carícia)* Liebkosung*f*; **fazer festas a alguém:** jemanden streicheln

festança *s. f.* große(s) Fest*nt*

festejar *v. tr.* feiern

festejo *s. m.* Feier*f*

festim *s. m.* Familienfest*f*

festival *s. m.* Festspiele*pl*, Festival*nt*

festividade *s. f.* Festlichkeit*f*, Feierlichkeit*f*; **festividade religiosa:** Kirchenfest*nt*

festivo *adj.* festlich, feierlich

fetiche *s. m.* Fetisch*m*

fétido *adj.* stinkend

feto *s. m.* 1. BIOLOGIA Fetus*m*, Fötus*m*; 2. BOTÂNICA Farn*m*

feudal *adj.* HISTÓRIA feudal

feudalismo *s. m.* HISTÓRIA Feudalismus*m*

feudo *s. m.* HISTÓRIA Lehen*nt*

fêvera *s. f.* magere(s) Fleisch*nt*

Fevereiro *s. m.* Februar*m*

fezes *s. f. pl.* Kot*m*, Exkremente*pl*

fiação *s. f.* Spinnen*nt*

fiado *adv.* **comprar fiado:** auf Kredit kaufen; **vender fiado:** anschreiben

fiador *s. m.* Bürge*m*

fiambre *s. m.* Kochschinken*m*, gekochte(r) Schinken*m*

fiança *s. f.* 1. *(do fiador)* Bürgschaft*f*; 2. *(caução)* Kaution*f*; **sob fiança:** gegen Kaution

fiapo *s. m.* Fädchen*nt*

fiar I *v. tr.* 1. *(confiar)* anvertrauen; 2. *(vender fiado)* anschreiben; II *v. refl.* sich verlassen [em, auf +ac.]

fiasco *s. m.* Fiasko*nt*, Misserfolg*m*

fiável *adj.* zuverlässig, vertrauenswürdig

fibra *s. f.* 1. Faser*f*; **fibra sintética:** Kunstfaser*f*; **fibras vegetais:** Ballaststoffe*pl*; 2. *(personalidade)* Kraft*f*

fibroma *s. m.* MEDICINA Fibrom*nt*

fibroso *adj.* faserig

ficar I *v. intr.* 1. *(permanecer)* bleiben; **ficar para trás:** zurückbleiben; **ficar parado:** stehen bleiben; **ficar por fazer:** noch zu tun sein; 2. *(sobrar)* übrig bleiben; 3. *(estar situado)* sein [em, an/in +dat.], sich befinden [em, an/in +dat.], liegen [em, an/in +dat.]; 4. *(tornar-se)* werden; **ficar contente:** zufrieden sein; **ficar surdo:** taub werden; 5. **ficar com:** *(guardar)* behalten; *(fazer companhia)* bleiben bei [+dat.]; 6. *(roupa, cor)* **ficar bem a alguém:** jemandem gut stehen; II *v. refl. (não reagir)* ruhig bleiben

ficção *s. f.* Fiktion*f*; **ficção científica:** Sciencefiction*f*

ficha *s. f.* 1. *(peça)* Marke*f*; *(de jogo)* Chip*m*; *(de bengaleiro)* Garderobenmarke*f*; 2. ELECTRICIDADE Stecker*m*; 3. *(de arquivo)* Karteikarte*f*; 4. *(de exercícios)* Aufgabenblatt*nt*

fichário *s. m. (Brasil)* → **ficheiro**

ficheiro *s. m.* 1. *(armário)* Karteikasten*m*; 2. INFORMÁTICA Datei*f*

fictício *adj.* fiktiv

fidalgo *s. m.* 1. HISTÓRIA Edelmann*m*; 2. *(coloq., pej.) (snobe)* Snob*m*, Vornehmtuer*m*

fidalguia *s. f.* Edelmut*m*

fidedigno *adj.* glaubwürdig, zuverlässig

fidelidade s. f. 1. (lealdade) Treue, [a, zu +dat.]; 2. (exactidão) Genauigkeit,
fidelíssimo superl. de fiel
fiduciário adj. ECONOMIA Geld..., Währungs...; circulação fiduciária: Geldumlauf,
fiéis s. m. pl. Gläubige,
fiel adj. 1. (pessoa) treu [a, +dat.]; 2. (descrição) genau
figa s. f. [Amulett in Faustform] fazer figas: die Daumen drücken
figadeira s. f. (coloq.) Leberentzündung,
fígado s. m. ANATOMIA Leber,
figo s. m. BOTÂNICA Feige,; figo seco: getrocknete Feige
figueira s. f. Feigenbaum,
figura s. f. 1. (aparência) Figur,; 2. (ilustração) Abbildung,; 3. LINGUÍSTICA figura de estilo: Stilfigur,
figurado adj. bildlich; em sentido figurado: im übertragenen Sinn
figurante s. m. e f. CINEMA, TEATRO Statist, -in,
figurar v. intr. vorkommen [em, in +dat.]
figurativo adj. bildlich
figurino s. m. 1. (desenho) Modellzeichnung,; 2. (revista) Modezeitschrift,
fila s. f. Reihe,; em fila: in einer Reihe; fazer fila: Schlange stehen; fila indiana: Gänsemarsch,
filamento s. m. 1. (fio) Faden,; 2. (fibra) Faser,
filantropia s. f. Menschenliebe,
filantrópico adj. menschenfreundlich
filantropo s. m. Menschenfreund,
filão s. m. Ader,, Flöz,
filarmónica s. f. Philharmonie,
filarmónico adj. philharmonisch
filatelia s. f. Briefmarkenkunde,, Philatelie,
filé s. m. (Brasil) CULINÁRIA Filet,

fileira s. f. Reihe,; em fileira: in einer Reihe
filete s. m. CULINÁRIA Filet,; filete de peixe: Fischfilet,
filharada s. f. Kinderschar,
filho s. m. Sohn,; filhos: Kinder,
filhó s. f. CULINÁRIA kleine(r) Pfannkuchen,
filhote s. m. ZOOLOGIA Junge,
filiação s. f. 1. Eltern,; 2. (num partido) Mitgliedschaft, [em, in +dat.]
filial s. f. Zweigstelle,, Filiale,
filiar-se v. refl. eintreten [em, in +ac.]
Filipinas s. f. pl. Philippinen,
filmagem s. f. 1. (acto de filmar) Filmaufnahme,, Filmen,; 2. (conversão em película) Verfilmung,
filmar v. tr. filmen
filme s. m. Film,
filologia s. f. Philologie,
filológico adj. philologisch
filólogo s. m. Philologe,
filosofal adj. philosophisch
filosofar v. intr. philosophieren
filosofia s. f. Philosophie,
filosófico adj. philosophisch
filósofo s. m. Philosoph,
filtrar v. tr. filtern, filtrieren
filtro s. m. Filter,
fim s. m. 1. (final) Ende,, Schluss,; por fim: endlich, schließlich; no fim de Agosto: Ende August; 2. (objectivo) Ziel,; (propósito) Zweck,; a fim de fazer alguma coisa: um etwas zu tun
fim-de-semana s. m. Wochenende,; no fim-de-semana: am Wochenende; bom fim-de-semana!: schönes Wochenende!
finado I s. m. Verstorbene, e f.; II adj. verstorben
final I s. m. Ende,, Schluss,; final feliz: Happyend,; II s. f. DESPORTO Endspiel,, Finale,; III adj. 1. (último) End..., Schluss...; 2. (definitivo) endgültig

finalidade s. f. (propósito) Zweck_m; (intenção) Absicht_f.
finalista s. m. e f. Student, -in_{m., f.} des letzten Studienjahres
finalizar v. tr. beenden
finalmente I adv. 1. (por fim) endlich, schließlich; finalmente!: endlich!; 2. (por último) zuletzt, schließlich
finanças s. f. pl. Finanzen_pl.
financeiro I s. m. ECONOMIA Finanzier_m; II adj. finanziell
financiamento s. m. Finanzierung_f.
financiar v. tr. finanzieren
finca-pé s. m. Aufstemmen_{nt}; fazer finca-pé: nicht nachgeben
fincar v. tr. (os olhos) heften [em, auf +ac.]; (as unhas) bohren [em, in +ac.]
findar I v. tr. beenden; II v. intr. enden, zu Ende gehen; (prazo) ablaufen
findo adj. beendet; (prazo) abgelaufen
fineza s. f. 1. (magreza) Feinheit_f, Dünne_f; 2. (nos modos) Feinheit_f
fingido adj. (pessoa) falsch; (sentimento) geheuchelt
fingimento s. m. Verstellung_f, Heuchelei_f.
fingir I v. tr. (doença) vortäuschen; (sentimentos) heucheln; II v. intr. sich verstellen, heucheln; III v. refl. fingir-se burro: sich dumm stellen
finito adj. MATEMÁTICA endlich
finlandês I s. m. Finne_m; II adj. finnisch
Finlândia s. f. Finnland_{nt.}
fino I s. m. (Regionalismo) Glas_{nt.} Bier; II adj. 1. (delgado) fein, zart; (magro) dünn; 2. (distinto) fein; (educado) höflich; 3. (esperto) schlau, gerissen; 4. (voz) zart
finório adj. schlau, listig
finta s. f. DESPORTO Finte_f.
fintar v. tr. 1. DESPORTO sich einer Finte bedienen; 2. (enganar) täuschen

fio s. m. 1. (têxtil) Faden_m, Garn_{nt}; (fig.) fio condutor: roter Faden; a fio: ununterbrochen; horas a fio: stundenlang; 2. ELECTRICIDADE, TELECOMUNICAÇÕES Leitung_f; 3. (metálico) Draht_m
fio-de-prumo s. m. Schnurlot_{nt.}
fiorde s. m. Fjord_m.
firma s. f. Firma_f.
firmamento s. m. Firmament_{nt.}
firmar v. tr. 1. (contrato) unterzeichnen; 2. (amizade) festigen, intensivieren
firme adj. 1. (pessoa) standfest, unerschütterlich; 2. (objecto) robust, solide; 3. (decisão) fest
firmeza s. f. 1. (de pessoa) Entschlossenheit_f, Standhaftigkeit_f; 2. (de objecto) Festigkeit_f
fiscal I s. m. e f. 1. (de alfândega) Zollbeamt|e, -in_{m., f.}; 2. (de impostos) Steuerprüfer, -in_{m., f.}; II adj. 1. (de impostos) Steuer...; 2. (de fiscalização) Aufsichts...; conselho fiscal: Aufsichtsrat_m
fiscalização s. f. Aufsicht_f, Kontrolle_f
fiscalizar v. tr. beaufsichtigen, prüfen
fisco s. m. ECONOMIA Fiskus_m; fugir ao fisco: Steuern hinterziehen
fisga s. f. Zwille_f.
fisgada s. f. (dor) Stich_m
física s. f. Physik_f; física nuclear: Kernphysik_f.
fisicamente adv. körperlich
físico I s. m. 1. (pessoa) Physiker_m; 2. (constituição) Statur_f, Körperbau_m; (aspecto) Aussehen_{nt}; II adj. 1. physikalisch; 2. (corporal) physisch, körperlich; educação física: Sportunterricht_m
fisiologia s. f. Physiologie_f.
fisiológico adj. physiologisch
fisionomia s. f. Physiognomie_f.
fisioterapeuta s. m. e f. Krankengymnast, -in_{m., f.}, Physiotherapeut, -in_{m., f.}

fisioterapia s. f. Physiotherapie,
fissão s. f. Spaltung,; fissão nuclear: Kernspaltung,
fissura s. f. Spalt,, Riss,,
fístula s. f. MEDICINA Fistel,
fita s. f. 1. (tecido) Band,,; (papel) Streifen,,; (cassete) Tonband,,; fita adesiva: Klebeband,,; fita métrica: Maßband,,; 2. (filme) Film,, Streifen,,; 3. (fingimento) Heuchelei,; fazer fitas: Theater machen
fita-cola s. f. Tesafilm,®
fitar v. tr. anstarren, den Blick heften auf [+ac.]
fito s. m. Absicht,, Ziel,,
fitologia s. f. Pflanzenkunde,
fivela s. f. Schnalle,
fixação s. f. 1. (com parafusos) Befestigung,; 2. (obsessão) Fixierung, (por, auf +ac.)
fixador s. m. 1. (de cabelo) Haarspray,,; 2. FOTOGRAFIA Fixierbad,,
fixamente adv. beharrlich; olhar fixamente para alguém/alguma coisa: jemanden/etwas fixieren
fixar I v. tr. 1. (prender) festmachen, befestigen; 2. (preço) festlegen; (prazo) festsetzen; 3. (memorizar) sich merken; 4. (fitar) fixieren; II v. refl. sich niederlassen
fixe adj. (coloq.) cool
fixo adj. 1. (salário, morada, namorado) fest; (objecto) unbeweglich, fest; preço fixo: Festpreis,,; 2. (olhar) starr; 3. (ideia) fix
flácido adj. schlaff
flagelar v. tr. auspeitschen; RELIGIÃO geißeln
flagelo s. m. Geißel,
flagrante I s. m. frische Tat,; apanhar alguém em flagrante: jemanden auf frischer Tat ertappen; II adj. flagrant, offenkundig
flamejante adj. lodernd
flamejar v. intr. aufflammen, auflodern
flamengo I s. m. Flame,,; II adj. flämisch
flamingo s. m. ZOOLOGIA Flamingo,,

flan s. m. CULINÁRIA Pudding,, mit Karamell
flanar v. intr. flanieren
flanco s. m. Flanke,
Flandres s. f. Flandern,,
flanela s. f. Flanell,,
flanquear v. tr. flankieren
flash s. m. 1. FOTOGRAFIA Blitzlicht,,; 2. (coloq.) (ideia repentina) Geistesblitz,,
flatulência s. f. Blähung,
flauta s. f. MÚSICA Flöte,
flautim s. m. MÚSICA Pikkoloflöte,
flautista s. m. e f. Flötist, -in,, ,
flébil adj. weinerlich
flebite s. f. MEDICINA Venenentzündung,
flecha s. f. Pfeil,,; os preços subiram em flecha: die Preise stiegen blitzschnell
flectir v. tr. beugen
flertar v. intr. (Brasil) flirten
flerte s. m. (Brasil) Flirt,,
flexão s. f. 1. (dos joelhos) Beugen,,; 2. GRAMÁTICA Flexion,; 3. DESPORTO Liegestütze,
flexibilidade s. f. 1. (material) Biegsamkeit,, Elastizität,; 2. (de política, personalidade) Flexibilität,, Anpassungsfähigkeit,
flexibilizar v. tr. flexibilisieren
flexível adj. 1. (material) biegsam, elastisch; (corpo) gelenkig; horário flexível: Gleitzeit,; 2. (pessoa) flexibel, anpassungsfähig
flipado adj. (coloq.) ausgeflippt, flippig
flipar v. intr. (coloq.) ausflippen
floco s. m. (neve) Flocke,; flocos de aveia: Haferflocken,,; flocos de cereais: Cornflakes,,
flor s. f. 1. BOTÂNICA Blume,; (florescência) Blüte,; estar em flor: blühen; 2. (superfície) Oberfläche,; 3. (auge) Blüte,, Höhepunkt,,; estar na flor da idade: in der Blüte seiner Jahre stehen
flora s. f. Flora,, Pflanzenwelt,
floreado adj. (tecido) geblümt
floreados s. m. pl. Ausschmückungen,,

floreira s. f. Blumenvase_f_
florescência s. f. Blüte_f_
florescente adj. blühend
florescer v. intr. blühen, florieren
floresta s. f. Wald_m_; floresta virgem: Urwald_m_
florestal adj. Wald..., Forst...
floricultor s. m. Blumenzüchter_m_
floricultura s. f. Blumenzucht_f_
florido adj. 1. (árvore) blühend; 2. (jardim) blumenreich
florim s. m. Gulden_m_
florir v. intr. aufblühen, blühen
florista I s. m. e f. Blumenhändler, -in_m., f._, Florist, -in_m., f._; II s. f. (loja) Blumenladen_m_
fluência s. f. Flüssigkeit_f_
fluente adj. fließend
fluentemente adv. fließend; falar uma língua fluentemente: eine Sprache fließend sprechen
fluidez s. f. Flüssigkeit_f_
fluido I s. m. Flüssigkeit_f_; II adj. flüssig
fluir v. intr. (líquido, palavras) fließen
fluminense I s. m. e f. Einwohner, -in_m., f._ von Rio de Janeiro; II adj. aus Rio de Janeiro
flúor s. m. QUÍMICA Fluor_nt_
fluorescente adj. fluoreszierend; lâmpada fluorescente: Leuchtstofflampe_f_; verde fluorescente: leuchtendes Grün
flutuação s. f. Schwanken_nt_
flutuador s. m. (pesca, hidroavião) Schwimmer_m_
flutuante adj. schwimmend, treibend; (no ar) schwebend
flutuar v. intr. 1. (barco) treiben, schwimmen; 2. (variar) fluktuieren, schwanken; 3. (ao vento) flattern; (no ar) schweben
fluvial adj. Fluss...; águas fluviais: Flusswasser_nt_; porto fluvial: Binnenhafen_m_
fluxo s. m. Fluss_m_

FMI s. m. [abrev. de Fundo Monetário Internacional] IWF_m._ [abrev. de Internationaler Währungsfond]
fobia s. f. Phobie_f_ [de, vor +dat.]
foca s. f. ZOOLOGIA Seehund_m_, Robbe_f_
focagem s. f. FOTOGRAFIA Einstellung_f_
focalizar v. tr. → focar
focar v. tr. 1. FOTOGRAFIA einstellen; focar bem: scharf stellen; 2. (um assunto) sich konzentrieren auf [+ac.], beleuchten
foçar v. tr. (mit der Schnauze) aufwühlen
focinho s. m. Schnauze_f_, Maul_nt_
foco s. m. 1. (de luz) Lichtquelle_f_; 2. (centro) Brennpunkt_m_, Mittelpunkt_m_; (de doença, terramoto) Herd_m_; pôr em foco: hervorheben
foder v. tr. e intr. (vulg.) ficken, bumsen
fofo adj. 1. (material) weich, flauschig; 2. (pessoa) süß; 3. (massa) locker
fofoca s. f. (Brasil) (pop.) Klatscherei_f_, Tratscherei_f_
fofocar v. intr. (Brasil) (pop.) klatschen, tratschen
fofoqueiro s. m. (Brasil) Klatschbase_f_
fogão s. m. Herd_m_; (de campismo) Gaskocher_m_; fogão a gás: Gasherd_m_
fogareiro s. m. Holzkohlegrill_m_
fogo s. m. 1. Feuer_nt_; (incêndio) Brand_m_; fogo posto: Brandstiftung_f_; pegar fogo a alguma coisa: etwas in Brand setzen; apagar o fogo: das Feuer löschen; 2. MILITAR Feuer_nt_
fogo-de-artifício s. m. Feuerwerk_nt_
fogo-fátuo s. m. Irrlicht_nt_
fogosidade s. f. Heftigkeit_f_
fogoso adj. feurig, heftig
fogueira s. f. Feuer_nt_; fazer uma fogueira: ein Feuer machen
foguetão s. m. AERONÁUTICA Rakete_f_
foguete s. m. Feuerwerksrakete_f_; deitar foguetes: Raketen abbrennen
foice s. f. Sichel_f_

folar *s. m.* 1. CULINÁRIA Osterkuchen*m.*; 2. (prenda) Ostergeschenk*nt.*

folclore *s. m.* Folklore*f.*

folclórico *adj.* Folklore..., folkloristisch; **grupo folclórico:** Folkegruppe*f*

fole *s. m.* Blasebalg*m.*

fôlego *s. m.* Atem*m.*; **tomar fôlego:** Luft holen; **perder o fôlego:** außer Atem kommen

foleiro *adj.* (coloq.) (ambiente, comentário) mies; (objecto) scheußlich

folga *s. f.* 1. (de trabalho) Ruhepause*f*; **estar de folga:** frei haben; 2. MECÂNICA Spiel*nt.*, Spielraum*m.*

folgado *adj.* 1. (roupa) weit; 2. (vida) locker; 3. *(Brasil)* (pessoa) frech, dreist

folgar *v. intr.* 1. (descansar) ausruhen, entspannen; (do trabalho) frei haben; 2. (divertir-se) sich amüsieren; 3. (alegrar-se) sich freuen

folgazão *s. m.* Lebenskünstler*m.*

folha *s. f.* 1. (de papel) Blatt*nt.*, Bogen*m.*; 2. BOTÂNICA Blatt*nt.*; 3. (de metal) Folie*f*; 4. INFORMÁTICA **folha de cálculo:** Tabellenkalkulationsprogramm*nt.*

folhado *adj.* blattartig; CULINÁRIA **massa folhada:** Blätterteig*m.*

folhagem *s. f.* Laub*nt.*

folheado *s. m.* Furnier*nt.*

folhear *v. tr.* durchblättern, blättern in [+dat.]

folhetim *s. m.* Feuilleton*nt.*

folheto *s. m.* (panfleto) Flugblatt*nt.*; (brochura) Broschüre*f*; **folheto informativo:** Faltblatt*nt.*; (de medicamentos) Packungsbeilage*f*

folho *s. m.* Rüsche*f*

folia *s. f.* Rummel*m.*, lärmende(s) Vergnügen*nt.*

folião *s. m.* Hansdampf*m.*

fome *s. f.* Hunger*m.*; **ter fome:** hungrig sein, Hunger haben; **passar fome:** Hunger leiden; **matar a fome:** den Hunger stillen

fomentar *v. tr.* fördern; (a economia) ankurbeln

fomento *s. m.* Förderung*f*; (da economia) Ankurbelung*f*

fonema *s. m.* LINGUÍSTICA Phonem*nt.*

fonética *s. f.* Phonetik*f*, Lautlehre*f*

fonético *adj.* phonetisch, lautlich

fonologia *s. f.* LINGUÍSTICA Phonologie*f*

fontanário *s. m.* Wasserstelle*f*, öffentliche(r) Brunnen*m.*

fonte *s. f.* 1. (chafariz) Brunnen*m.*; 2. (nascente, origem) Quelle*f*; **fonte de rendimento:** Einkommensquelle*f*

fora I *adv.* 1. außen, draußen; **de fora:** von außen; **ir lá para fora:** hinausgehen; **deitar fora:** wegwerfen; 2. (no estrangeiro) lá fora: im Ausland; **de fora:** aus dem Ausland; **estar (para) fora:** verreist sein; 3. DESPORTO aus; **II** *prep.* 1. (no exterior, longe) **fora de:** außerhalb [+gen.]; **fora de serviço:** außer Betrieb; **fora de moda:** altmodisch; 2. (excepto) außer [+dat.]; 3. (além de) abgesehen von [+dat.]; **fora!:** raus!

fora-de-jogo *s. m.* DESPORTO Abseits*nt.*

foragido I *s. m.* Flüchtling*m.*; **II** *adj.* geflohen, geflüchtet

forasteiro I *s. m.* Fremde*m.*; (estrangeiro) Ausländer*m.*; **II** *adj.* fremd; (estrangeiro) ausländisch

forca *s. f.* Galgen*m.*

força *s. f.* Kraft*f*, Stärke*f*; (violência) Gewalt*f*; **usar a força:** Gewalt anwenden; MILITAR **força aérea:** Luftwaffe*f*; MILITAR **forças armadas:** Streitkräfte*pl*

forcado *s. m.* 1. AGRICULTURA Heugabel*f*; 2. (de touros) Stiertreiber*m.*

forçado *adj.* 1. (obrigado) gezwungen; 2. (artificial) gekünstelt, künstlich

forçar v. tr. 1. *(obrigar)* zwingen; 2. *(porta)* aufbrechen; *(mala)* zudrücken; 3. *(a vista)* überanstrengen

forçosamente adv. notwendigerweise

forja s. f. 1. (actividade) Schmieden nt.; 2. (forno) Schmiedeofen m.

forjado adj. geschmiedet; ferro forjado: Schmiedeeisen nt.

forjador s. m. 1. *(de metal)* Schmied m.; 2. *(inventor)* Urheber m.

forjar v. tr. 1. (metal) schmieden; 2. *(inventar)* aushecken, erfinden

forma[1] [ɔ] s. f. 1. *(formato)* Form f., Gestalt f.; 2. *(maneira)* Art f.; desta forma: auf diese Art (und Weise); de forma alguma: keinesfalls; de outra forma: andernfalls, sonst; de qualquer forma: auf jeden Fall; 3. *(física)* Form f.; estar em forma: fit sein

forma[2] [o] s. f. *(de bolos)* Form f.; *(de sapatos)* Leisten m.

formação s. f. 1. *(educação)* Ausbildung f.; formação profissional: Berufsausbildung f.; 2. *(da personalidade)* Entwicklung f., Bildung f.; 3. *(surgimento)* Entstehung f.

formado adj. 1. *(constituído)* zusammengesetzt [por, aus +dat.]; 2. graduiert; ela é formada em Direito: sie hat Jura studiert

formador s. m. Ausbilder m.

formal adj. 1. *(relativo à forma)* formal, Form...; 2. *(linguagem)* förmlich; *(acontecimento, roupa)* offiziell

formalidade s. f. Formalität f.; *(etiqueta)* Förmlichkeit f.

formalizar v. tr. formalisieren

formalmente adv. förmlich

formando s. m. Auszubildende m. e f.; *(coloq.)* Azubi m. e f.

formar I v. tr. 1. *(dar forma)* formen, gestalten; *(frase, equipa)* bilden; *(personalidade)* formen; *(sociedade, empresa)* gründen; 2. *(educar)* ausbilden; II v. intr. MILITAR antreten; III v. refl. 1. *(surgir)* entstehen; *(pó)* sich bilden; 2. *(na universidade)* studieren

formatar v. tr. INFORMÁTICA formatieren

formato s. m. Format nt.

formatura s. f. 1. *(universidade)* Studienabschluss m.; 2. MILITAR Aufstellung f.

formidável adj. großartig, vortrefflich

formiga s. f. ZOOLOGIA Ameise f.

formigar v. intr. kribbeln

formigueiro s. m. 1. *(formigas)* Ameisenhaufen m.; 2. *(pessoas)* Menschenmenge f.; 3. *(no corpo)* Juckreiz m.

formoso adj. 1. *(paisagem)* schön, lieblich; 2. *(pessoa)* bildhübsch, wunderschön

formosura s. f. Schönheit f.

fórmula s. f. MATEMÁTICA, DESPORTO Formel f.; fórmula sanguínea: Blutbild nt.

formular v. tr. formulieren

formulário s. m. Formular nt.; preencher um formulário: ein Formular ausfüllen

fornada s. f. Ofenladung f.

fornalha s. f. Backofen m.

fornecedor s. m. Lieferant m.

fornecer v. tr. 1. *(mercadoria)* liefern; 2. *(abastecer)* versorgen; *(loja)* beliefern

fornecimento s. m. *(entrega)* Lieferung f.; *(abastecimento)* Versorgung f.

fornicar I v. tr. *(vulg.)* bumsen; II v. intr. *(vulg.)* (herum)huren

forno s. m. Ofen m.; *(para alimentos)* Backofen m.; forno microondas: Mikrowellenherd m.

foro s. m. 1. *(jurisdição)* Recht nt.; foro civil: Zivilrecht nt.; foro íntimo: Gewissen nt.; 2. *(tribunal)* Gerichtshof m.

forquilha s. f. Heugabel f.

forrado adj. 1. *(roupa)* gefüttert; *(móvel)* gepolstert; 2. *(parede)* tapeziert; *(de madeira)* holzverkleidet

forrar v. tr. 1. *(roupa)* füttern; *(móvel)* polstern; 2. *(cobrir)* überziehen [de, mit +dat.];

forreta

3. (parede com papel) tapezieren; (com madeira, tecido) verkleiden [de, mit +dat.]

forreta I s. m. e f. Geizhals$_m$; II adj. geizig

forro s. m. 1. (roupa) Futter$_{nt}$; 2. (sofá) Bezug$_m$; 3. (de madeira) Verkleidung$_f$

fortalecer v. tr. stärken, kräftigen

fortalecimento s. m. Stärkung$_f$

fortaleza s. f. Festung$_f$

forte I s. m. 1. MILITAR Fort$_{nt}$, Festung$_f$; 2. (aptidão) Stärke$_f$; II adj. 1. (pessoa, vento) stark, kräftig; (café) stark; 2. (sólido) robust, stabil

fortemente adv. stark, kräftig

fortificar v. tr. 1. (fortalecer) stärken; 2. MILITAR befestigen

fortuito adj. zufällig

fortuna s. f. 1. (riqueza) Vermögen$_{nt}$; 2. (destino) Schicksal$_{nt}$, Los$_{nt}$

fórum s. m. Forum$_{nt}$

fosco adj. (cor, luz) matt; vidro fosco: Milchglas$_{nt}$

fosfato s. m. QUÍMICA Phosphat$_{nt}$

fosforescência s. f. Phosphoreszenz$_f$

fosfórico adj. Phosphor...

fósforo s. m. 1. QUÍMICA Phosphor$_m$; 2. (lume) Streichholz$_{nt}$

fossa s. f. 1. (cova) Grube$_f$; 2. ANATOMIA Höhle$_f$; 3. (Brasil) (coloq.) (depressão) Depression$_f$

fóssil s. m. Fossil$_{nt}$

fossilizar v. intr. GEOLOGIA fossilisieren

fosso s. m. Graben$_m$

foto s. f. (Brasil) Foto$_{nt}$

fotocópia s. f. Fotokopie$_f$

fotocopiadora s. f. Fotokopierer$_m$

fotoeléctrico adj. fotoelektrisch

fotogénico adj. fotogen

fotografar v. tr. fotografieren

fotografia s. f. Fotografie$_f$, Foto$_{nt}$

fotográfico adj. fotografisch

fotógrafo s. m. Fotograf$_m$

fotossíntese s. f. BOTÂNICA Fotosynthese$_f$

foz s. f. Flussmündung$_f$

fracassar v. intr. (plano) scheitern, misslingen; (pessoa) scheitern

fracasso s. m. Misserfolg$_m$, Scheitern$_{nt}$

fracção s. f. Bruchstück$_{nt}$, Teil$_{nt}$; MATEMÁTICA Bruch$_m$

fraccionário adj. MATEMÁTICA Bruch...; numeral fraccionário: Bruchzahl$_f$, Bruch$_m$

fraco adj. 1. (sem força) schwach; 2. (sem qualidade) billig

fractura s. f. MEDICINA Bruch$_m$, Knochenbruch$_m$; fractura craniana: Schädelbruch$_m$

fracturar v. tr. MEDICINA brechen

frade s. m. Mönch$_m$

fraga s. f. Felsen$_m$

fragata s. f. 1. NÁUTICA Fregatte$_f$; 2. ZOOLOGIA Fregattvogel$_m$

frágil adj. 1. (objecto) zerbrechlich; (quebradiço) brüchig; 2. (pessoa) gebrechlich; 3. (saúde) schwach, anfällig

fragilidade s. f. Zerbrechlichkeit$_f$; (fraqueza) Schwäche$_f$

fragmentação s. f. Zerstückelung$_f$

fragmentar I v. tr. zerstückeln; (vidro) zerschlagen; II v. refl. zerbrechen, in Stücke fallen

fragmento s. m. Bruchstück$_{nt}$, Fragment$_{nt}$

fragor s. m. Getöse$_{nt}$, Knall$_m$

fragrância s. f. Wohlgeruch$_m$, Duft$_m$

fralda s. f. 1. (de bebé) Windel$_f$; 2. (da camisa) Hemdzipfel$_m$

framboesa s. f. BOTÂNICA Himbeere$_f$

França s. f. Frankreich$_{nt}$

francamente adv. offen gesagt; francamente!: also ehrlich!

francês I s. m. Franzose$_m$; II adj. französisch

francesismo s. m. Gallizismus$_m$

franchising s. m. ECONOMIA Franchising$_{nt}$

franco I s. m. (moeda) Franken$_m$; II adj. 1. (sincero) aufrichtig, ehrlich; 2. (isento de imposto) steuerfrei; (direito alfandegário) zollfrei

franco-alemão *adj.* deutsch-französisch
francófilo *adj.* frankophil
Francoforte *s. m.* Frankfurt*nt.*
frangalho *s. m.* Lumpen*m*, Fetzen*m*
frango *s. m.* Hähnchen*nt*, Hühnchen*nt*; frango assado: Brathähnchen*nt*
franja *s. f.* 1. (de tecido) Franse*f*; 2. (de cabelo) Pony*m*
franqueza *s. f.* Offenheit*f*, Aufrichtigkeit*f*
franquia *s. f.* Porto*nt*
franquiar *v. tr.* frankieren
franzino *adj.* mager, klapperig
franzir *v. tr.* fälteln, kräuseln; franzir as sobrancelhas: die Augenbrauen zusammenziehen
fraque *s. m.* Frack*m*
fraquejar *v. intr.* verzagen, den Mut verlieren
fraqueza *s. f.* Schwäche*f*
fraquinho *s. m.* Schwäche*f*; ter um fraquinho por alguém: eine Schwäche für jemanden haben
frasco *s. m.* Fläschchen*nt*; (de mostarda, conserva, compota) Glas*nt*
frase *s. f.* Satz*m*; frase feita: Redensart*f*
fraternal *adj.* brüderlich
fraternidade *s. f.* Brüderlichkeit*f*
fraternizar *v. intr.* sich verbrüdern [com, mit +dat.]
fratricídio *s. m.* Brudermord*m*
fraudar *v. tr.* betrügen
fraude *s. f.* Betrug*m*, Täuschung*f*; cometer uma fraude: betrügen
fraudulento *adj.* betrügerisch
freada *s. f.* (Brasil) Bremsung*f*, Bremsen*nt*
frear *v. tr. e intr.* (Brasil) bremsen, abbremsen
freguês *s. m.* Kunde*m*
freguesia *s. f.* 1. (clientela) Kundschaft*f*; 2. (de concelho) Gemeinde*f*; 3. (Regionalismo) (aldeia) Dorf*nt*
frei *s. m.* Bruder*m*

freima *s. f.* 1. (impaciência) Ungeduld*f*; 2. (pressa) Eile*f*
freio *s. m.* 1. (de veículo) Bremse*f*; 2. (do cavalo) Trense*f*; 3. (fig.) (travão) Bremse*f*, Zügel*m*
freira *s. f.* Nonne*f*
freixo *s. m.* BOTÂNICA Esche*f*
fremente *adj.* brausend, tosend
frenesi *s. m.* Raserei*f*
frenético *adj.* rasend, frenetisch
frente *s. f.* 1. (lado frontal) Vorderseite*f*; (de prédio) Front*f*; frente a frente: von Angesicht zu Angesicht; estar de frente (para): etwas vor sich haben; para a frente: vorwärts; à frente de: vor [+dat.], gegenüber [+dat.]; sempre em frente: immer geradeaus; 2. (dianteira) Spitze*f*; ir/estar à frente: an der Spitze liegen; (corrida, jogo) führen; 3. MILITAR Front*f*
frequência *s. f.* 1. (repetição) Häufigkeit*f*; com que frequência?: wie oft?; 2. (acção de frequentar) Besuch*m*; 3. (teste) Klausur*f*; 4. (de rádio) Frequenz*f*
frequentado *adj.* (local) belebt; ser bem frequentado: gut besucht sein; ser muito frequentado: großen Zulauf haben
frequentador *s. m.* regelmäßige(r) Besucher*m*
frequentar *v. tr.* 1. (escola, aula) besuchen; 2. (café) regelmäßig besuchen
frequente *adj.* häufig
frequentemente *adv.* oft, häufig
fresca *loc. adv.* à fresca: (roupa) leicht bekleidet; (sombra) im Schatten
fresco I *s. m.* 1. (ar) Brise*f*; 2. (pintura) Fresko*nt*; II *adj.* 1. (recente) frisch; pintado de fresco: frisch gestrichen; 2. (temperatura) kühl, frisch; (bebida) eisgekühlt; 3. (tecido) leicht, dünn
frescura *s. f.* 1. (temperatura) Kühle*f*, Frische*f*; 2. (pop.) Frechheit*f*

fresta s. f. (de porta, janela) Spalt_m; (no telhado) Dachluke_f.
fretar v. tr. (camião) mieten; (navio, avião) chartern
frete s. m. 1. ECONOMIA Fracht_f; 2. (coloq.) (maçada) Belästigung_f; **fazer um frete**: etwas unwillig machen
fricativa s. f. LINGUÍSTICA Reibelaut_m.
fricção s. f. Reibung_f.
friccionar v. tr. reiben
frieira s. f. MEDICINA Frostbeule_f.
frieza s. f. Kälte_f, Hartherzigkeit_f.
frigideira s. f. Bratpfanne_f, Pfanne_f.
frigidez s. f. Kälte_f.
frigidíssimo superl. de frio
frígido adj. eisig
frigorífico I s. m. Kühlschrank_m; II adj. Kühl...
frincha s. f. Spalt_m, Ritze_f.
frio I s. m. Kälte_f; **apanhar frio**: sich erkälten; **tenho frio**: mir ist kalt; II adj. (temperatura, pessoa) kalt, frostig
friorento adj. kälteempfindlich, verfroren
frisado adj. (cabelo) gekräuselt
frisar v. tr. 1. (cabelo) kräuseln; 2. (salientar) betonen, hervorheben
friso s. m. ARQUITECTURA Fries_m.
fritadeira s. f. Fritteuse_f.
fritar v. tr. (in Öl) braten; (na fritadeira) frittieren
frito I p.p. de fritar; II adj. 1. (alimento) gebraten; **batatas fritas**: Pommes frites_pl; 2. (coloq.) (pessoa) aufgeschmissen
fritura s. f. Braten_nt.
frivolidade s. f. Leichtfertigkeit_f, Leichtsinn_m.
frívolo adj. leichtfertig, leichtsinnig
fronha s. f. Kopfkissenbezug_m.
frontal I s. m. (de porta) Türaufsatz_m; II adj. 1. (de frente) frontal; 2. (pessoa) direkt
frontalidade s. f. Direktheit_f.
frontão s. m. ARQUITECTURA Giebel_m, Frontispiz_nt.
frontaria s. f. ARQUITECTURA Fassade_f.
fronte s. f. ANATOMIA Stirn_f.
fronteira s. f. Grenze_f [com, zu +dat.]; **fazer fronteira com**: grenzen an [+ac.]
fronteiriço adj. 1. (país) angrenzend; 2. (guarda) Grenz...
fronteiro adj. gegenüberliegend
frontispício s. m. 1. (de livro) Titelblatt_nt; 2. ARQUITECTURA Fassade_f.
frota s. f. Flotte_f.
frouxidão s. f. Schlaffheit_f.
frouxo adj. 1. (músculo) schlaff; (corda) locker; 2. (fraco) schwach
fruição s. f. Genuss_m.
fruir v. tr. genießen
frustração s. f. Enttäuschung_f, Frustration_f.
frustrado adj. 1. (pessoa) frustriert, enttäuscht; 2. (tentativa) vereitelt, erfolglos
frustrante adj. frustrierend
frustrar v. tr. frustrieren, enttäuschen; (tentativa) vereiteln
fruta s. f. Obst_nt; **fruta cristalizada**: kandierte Früchte_pl; **fruta seca**: Dörrobst_nt.
fruticultura s. f. Obstanbau_m.
frutífero adj. ergiebig, fruchtbar
fruto s. m. 1. BOTÂNICA Frucht_f; **frutos secos**: Trockenfrüchte; 2. (resultado) Ergebnis_nt; 3. (lucro) Ertrag_m, Gewinn_m.
frutuoso adj. fruchtbar; (negócio) einträglich
fuça s. f. (coloq.) Schnauze_f.
fufa I s. f. (pop.) Lesbe_f; II adj. (pop.) lesbisch
fuga s. f. 1. (evasão) Flucht_f; 2. (de gás) Ausströmen_nt; **houve uma fuga de gás**: es ist Gas ausgeströmt; 3. (em recipiente) Leck_nt; 4. MÚSICA Fuge_f.
fugacidade s. f. Flüchtigkeit_f.

fugaz *adj.* flüchtig
fugida *s. f.* Abstecher*ₘ*; **de fugida:** nebenbei
fugidio *adj.* flüchtig
fugir *v. intr.* fliehen; (prisioneiro) ausbrechen
fugitivo *s. m.* Ausbrecher*ₘ*
fuinha *s. f.* ZOOLOGIA Steinmarder*ₘ*
fulano *s. m.* Herr*ₘ* X, Frau*f* X, Herr*ₘ* Soundso, Frau*f* Soundso; **fulano e sicrano:** Hinz und Kunz
fulcral *adj.* entscheidend
fulcro *s. m.* 1. *(ponto crucial)* Drehpunkt*ₘ*; 2. *(ponto de apoio)* Stütze*f*
fulgente *adj.* leuchtend, strahlend
fulgor *s. m.* Glanz*ₘ*, Strahlen*nt*
fulgurante *adj.* funkelnd, glänzend
fuligem *s. f.* Ruß*ₘ*
fulminante *adj.* (olhar) blitzartig; (palavras) vernichtend
fulminar *v. tr.* (olhar, palavras) vernichten
fulo *adj.* (coloq.) fuchsteufelswild, wütend
fumaça *s. f.* Rauchwolke*f*
fumador *s. m.* Raucher*ₘ*
fumante *s. m. e f.* (Brasil) → fumador
fumar *v. tr. e intr.* rauchen
fumarada *s. f.* Qualm*ₘ*
fumegar *v. intr.* (vapor) dampfen; (fumo) qualmen
fumeiro *s. m.* Räucherkammer*f*
fumo *s. m.* 1. Rauch*ₘ*, Qualm*ₘ*; **deitar fumo:** qualmen; 2. *(vapores)* Dampf*ₘ*; **deitar fumo:** dampfen
função *s. f.* 1. *(papel)* Funktion*f*; 2. *(trabalho)* Aufgabe*f*; *(cargo)* Amt*nt*
funcho *s. m.* BOTÂNICA Fenchel*ₘ*
funcional *adj.* funktionell, funktional
funcionalismo *s. m.* **funcionalismo público:** Beamtenschaft*f*
funcionamento *s. m.* 1. (sistema, empresa) Funktionieren*nt*; 2. (máquina) Betrieb*ₘ*; (motor) Laufen*nt*; **pôr alguma coisa em funcionamento:** etwas in Betrieb setzen
funcionar *v. intr.* funktionieren, MECÂNICA laufen
funcionário *s. m.* (de empresa) Angestellte*f*; POLÍTICA Funktionär*ₘ*; **funcionário público:** Beamte*ₘ*
fundação *s. f.* 1. *(acção de fundar)* Gründung*f*; 2. *(instituição)* Stiftung*f*
fundador I *s. m.* Gründer*ₘ*; II *adj.* Gründungs...
fundamental *adj.* 1. *(básico)* grundlegend, fundamental; 2. *(essencial)* Haupt...
fundamentalmente *adv.* vor allem
fundamentar I *v. tr.* 1. *(justificar)* begründen; 2. *(basear)* stützen [em, auf +*ac.*]; II *v. refl.* sich stützen [em, auf +*ac.*]
fundamento *s. m.* 1. *(motivo)* Grund*ₘ*, Ursache*f*; **sem fundamento:** grundlos; 2. *(princípio)* Grundlage*f*, Fundament*nt*; 3. *(justificação)* Begründung*f*
fundão *s. m.* Strudel*ₘ*
fundar *v. tr.* (empresa) gründen; (prémio) stiften
fundiário *adj.* agrarisch, landwirtschaftlich
fundição *s. f.* 1. *(actividade)* Gießen*nt*; 2. *(fábrica)* Gießerei*f*
fundir I *v. tr.* 1. *(vidro)* schmelzen; (metal) gießen; (minério) verhütten; 2. *(unir)* verschmelzen, zusammenschließen; (empresas) fusionieren; II *v. intr.* (lâmpada, fusível) durchbrennen
fundo I *s. m.* 1. *(do mar)* Grund*ₘ*, Boden*ₘ*; **no fundo:** im Grunde (genommen); **ir ao fundo:** sinken; *(fig.)* zu Grunde gehen; **a fundo:** gründlich; 2. *(do palco, quadro)* Hintergrund*ₘ*; 3. *(da rua)* Ende*nt*; **é ali ao fundo:** es ist dort hinten; 4. *pl.* **fundos:** ECONOMIA Mittel*pl*, Gelder*pl*; II *adj.* tief

fúnebre adj. 1. Toten...; cortejo fúnebre: Leichenzug_m; 2. (triste) traurig, düster
funeral s. m. Beerdigung_f, Begräbnis_nt
funerário adj. Begräbnis..., Beerdigungs...; agência funerária: Beerdigungsinstitut_nt
funesto adj. unheilvoll, verhängnisvoll
fungar v. intr. schnauben, schnaufen
fungo s. m. BOTÂNICA Schwamm_m
funil s. m. Trichter_m
furacão s. m. METEOROLOGIA Orkan_m
furado adj. (recipiente) löcherig; (pneu) platt; (orelha) durchstochen
furador s. m. Locher_m
furar v. tr. ein Loch bohren in [+ac.]; (perfurar) durchbohren; (orelha) durchstechen; (papel) lochen
furgão s. m. Gepäckwagen_m
furgoneta s. f. Lieferwagen_m
fúria s. f. Wut_f, Zorn_m
furibundo adj. tobend, rasend vor Wut
furioso adj. wütend, zornig
furna s. f. Grotte_f, Höhle_f
furo s. m. 1. Loch_nt; (no pneu) Plattfuß_m; ter um furo: einen Platten haben; 2. (no horário) Freistunde_f
furor s. m. 1. (ira) Wut_f, Zorn_m; 2. (entusiasmo) Begeisterung_f
furtar I v. tr. stehlen; furtar alguma coisa a alguém: jemandem etwas stehlen; II v. refl. ausweichen [a, +dat.]
furtivo adj. heimlich; (olhar) verstohlen; caçador furtivo: Wilderer_m
furto s. m. Diebstahl_m
furúnculo s. m. MEDICINA Furunkel_m
fusa s. f. MÚSICA Zweiunddreißigstelnote_f

fusão s. f. 1. (metal) Schmelzen_nt; (minério) Verhüttung_f; 2. FÍSICA Fusion_f; 3. (união) Verschmelzung_f, Zusammenschluss_m; (empresas) Fusionierung_f, Fusion_f
fusco adj. dunkel
fuselagem s. f. AERONÁUTICA Rumpf_m
fusível I s. m. ELECTRICIDADE Sicherung_f; II adj. schmelzbar
fuso s. m. Spindel_f; fuso horário: Zeitzone_f
fustigar v. tr. peitschen, auspeitschen
futebol s. m. Fußball_m
futebolista s. m. e f. Fußballer, -in_m, f, Fußballspieler, -in_m, f
fútil adj. belanglos, nichtig
futilidade s. f. Belanglosigkeit_f, Nichtigkeit_f
futre s. m. Nichtsnutz_m, Taugenichts_m
futrica loc. adv. à futrica: keine Studententracht tragen
futricar v. intr. (Brasil) belästigen
futurista adj. futuristisch
futuro I s. m. 1. Zukunft_f; no futuro: in der Zukunft; 2. GRAMÁTICA Futur_nt; II adj. künftig, zukünftig
fuxico s. m. (Brasil) Klatscherei_f
fuxiqueiro s. m. (Brasil) Klatschbase_f
fuzil s. m. (Brasil) Karabiner_m, Gewehr_nt
fuzilamento s. m. (standrechtliche) Erschießung_f
fuzilar v. tr. (standrechtlich) erschießen
fuzileiro s. m. Infanterist_m; fuzileiro naval: Marineinfanterist_m
fuzuê s. m. (Brasil) Chaos_nt, Durcheinander_nt

G

G, g *s. m.* G, g*nt.*
gabar I *v. tr.* loben, rühmen; II *v. refl.* prahlen [de, mit +*dat.*]
gabardine *s. f.* Regenmantel*m.*
gabarola *s. m. e f. (coloq.)* Aufschneider, -in*m., f.*, Angeber, -in*m., f.*
gabarolice *s. f.* Angeberei*f*, Prahlerei*f*
gabinete *s. m.* 1. *(escritório)* Büro*nt.*; 2. POLÍTICA Kabinett*nt.*
gabiru *s. m. (Brasil) (coloq.)* Schurke*m.*
gado *s. m.* Vieh*nt.*; **gado bovino:** Rinder*pl.*
gafanhoto *s. m.* ZOOLOGIA Heuschrecke*f*
gafe *s. f.* Lapsus*m.*, Fauxpas*m.*
gago I *s. m.* Stotterer*m.*; II *adj.* stotternd
gaguejar *v. intr.* stottern
gaguez *s. f.* Stottern*nt.*
gaiato I *s. m.* Lausbub*m.*, Bengel*m.*; II *adj.* lausbubenhaft, frech
gaifona *s. f. (coloq.)* Grimasse*f*, Fratze*f*
gaio I *s. m.* ZOOLOGIA Eichelhäher*m.*; II *adj.* lustig, fröhlich
gaiola *s. f.* Käfig*m.*
gaita *s. f.* Rohrflöte*f*
gaita-de-beiços *s. f.* MÚSICA Mundharmonika*f*
gaita-de-foles *s. f.* MÚSICA Dudelsack*m.*
gaivão *s. m.* ZOOLOGIA Mauersegler*m.*
gaivota *s. f.* 1. ZOOLOGIA Möwe*f*; 2. *(barco)* Tretboot*nt.*
gajo *s. m. (coloq.)* Typ*m.*
gala *s. f.* Gala*f*, Galaabend*m.*
galã *s. m.* Galan*m.*
galáctico *adj.* galaktisch
galaico *adj.* galicisch
galantaria *s. f.* Liebenswürdigkeit*f*, Aufmerksamkeit*f*
galante *adj.* galant, aufmerksam
galanteio *s. m.* Hofieren*nt.*
galão *s. m.* 1. *(Regionalismo)* (bebida) Milchkaffee*m.* im Glas; 2. MILITAR Tresse*f*, Litze*f*
galardão *s. m.* Auszeichnung*f*
galardoar *v. tr.* auszeichnen
galarim *s. m.* Höhepunkt*m.*
galáxia *s. f.* ASTRONOMIA Galaxie*f*
galdério *s. m.* Faulenzer*m.*, Faulpelz*m.*
galé *s. f.* NÁUTICA Galeere*f*
galeão *s. m.* NÁUTICA Galeone*f*
galego I *s. m.* Galicier*m.*; II *adj.* galicisch
galera *s. f.* 1. NÁUTICA Galeere*f*; 2. *(Brasil) (coloq.) (pessoas)* Leute*pl.*
galeria *s. f.* 1. Galerie*f*; 2. *(subterrânea)* Stollen*m.*
galgar *v. tr.* springen über [+*ac.*]
galgo *s. m.* ZOOLOGIA Windhund*m.*
galhardete *s. m.* Wimpel*m.*
galheta *s. f. (vinagre)* Essigfläschchen*nt.*; *(azeite)* Ölfläschchen*nt.*
galheteiro *s. m.* Menage*f*, Essig- und Ölständer*m.*
galho *s. m. (de árvore)* Zweig*m.*
galhofa *s. f. (brincadeira)* Spaß*m.*; **estar na galhofa:** Spaß machen
Gália *s. f.* HISTÓRIA Gallien*nt.*
galicismo *s. m.* LINGUÍSTICA Gallizismus*m.*
galinha *s. f.* ZOOLOGIA Henne*f*; **galinha choca:** Bruthenne*f*
galinheiro *s. m.* Hühnerstall*m.*
Galiza *s. f.* Galicien*nt.*
galo *s. m.* 1. ZOOLOGIA Hahn*m.*; 2. *(coloq.) (na cabeça)* Beule*f*
galocha *s. f.* Gummistiefel*m.*

galopante *adj.* galoppierend

galopar *v. intr.* galoppieren

galope *s. m.* Galopp_m_; **a galope**: im Galopp

galpão *s. m. (Brasil)* Schuppen_m_

galrear *v. intr.* (criança) brabbeln

gama *s. f.* (de produtos) Palette_f_; (de automóvel) Serie_f_; (de cores) Skala_f_

gamado *adj. (Brasil) (coloq.)* verknallt [em, in +ac.]

gamão *s. m.* Backgammon_nt_, Puffspiel_nt_

gamar *v. tr. (coloq.)* stibitzen

gamba *s. f.* Garnele_f_

gambá *s. m. (Brasil)* ZOOLOGIA Beuteltier_nt_

gâmbia *s. f. (coloq.)* Hachse_f_, Haxe_f_

gambozinos *s. m. pl. (coloq.)* **ir à caça de gambozinos**: abhauen

gamela *s. f.* Schüssel_f_

gana *s. f.* (desejo) Verlangen_nt_

ganância *s. f.* 1. (avidez) Habgier_f_; 2. (usura) Wucher_m_

ganancioso *adj.* habgierig

gancho *s. m.* Haken_m_; (de cabelo) Haarklemme_f_

gang *s. m.* Gang_f_

ganga *s. f.* Drillich_m_, Jeansstoff_m_

gânglio *s. m.* ANATOMIA Ganglion_nt_

gangrena *s. f.* MEDICINA Brand_m_, Gangrän_f_

ganha-pão *s. m.* Broterwerb_m_

ganhar *v. tr. e intr.* 1. gewinnen; 2. (salário) verdienen; 3. (adquirir) erwerben ❖ **ganhar juízo**: Vernunft annehmen

ganho I *p. p. de* ganhar; II *s. m.* 1. (lucro) Gewinn_m_; 2. (proveito) Nutzen_m_

ganir *v. intr.* (baixo) winseln; (alto) jaulen

ganso *s. m.* (espécie, fêmea) Gans_f_; (macho) Gänserich_m_

garagem *s. f.* 1. Garage_f_; **lugar de garagem**: Garagenplatz_m_; 2. (oficina) Autowerkstatt_f_

garanhão *s. m.* 1. (cavalo) Zuchthengst_m_; 2. (fig.) (homem) Weiberheld_m_

garantia *s. f.* 1. (segurança) Garantie_f_, Sicherheit_f_; 2. (de aparelho) Garantie_f_; 3. (abonação) Bürgschaft_f_

garantir *v. tr.* 1. (assegurar) garantieren, gewährleisten; 2. (abonar) bürgen für [+ac.]

garbo *s. m.* Anmut_f_, Eleganz_f_

garça *s. f.* ZOOLOGIA Reiher_m_

garço *adj.* blaugrün

garçon *s. m. (Brasil)* Kellner_m_

gardénia *s. f.* BOTÂNICA Gardenie_f_

gare *s. f.* Bahnsteig_m_

garfada *s. f.* Gabel_f_

garfo *s. m.* Gabel_f_

gargalhada *s. f.* Gelächter_nt_; **rir às gargalhadas**: schallend lachen

gargalo *s. m.* Flaschenhals_m_

garganta *s. f.* 1. ANATOMIA Kehle_f_; **dores de garganta**: Halsweh_nt_; 2. GEOGRAFIA Pass_m_

gargantilha *s. f.* Halsband_nt_

gargarejar *v. intr.* gurgeln

gargarejo *s. m.* 1. (acção) Gurgeln_nt_; 2. (líquido) Gurgelmittel_nt_

gárgula *s. f.* ARQUITECTURA Wasserspeier_m_

garimpeiro *s. m.* Diamantensucher_m_

garino *s. m.* 1. (coloq.) Typ_m_; 2. coloq.) (namorado) Liebste_m. e f._

garnisé *s. m.* ZOOLOGIA Zwerghuhn_nt_

garoa *s. f. (Brasil)* Sprühregen_m_, Nieselregen_m_

garotice *s. f.* Lausbubenstreich_m_

garoto *s. m.* 1. Junge_m_; 2. (Regionalismo) (kleine) Tasse_f_ Milchkaffee

garra *s. f.* Kralle_f_, Klaue_f_; (fig.) **ter garra**: hartnäckig sein

garrafa *s. f.* Flasche_f_

garrafão *s. m.* Fünfliterflasche_f_; (de verga) Korbflasche_f_

garrafa-termo *s. f. inv.* Thermosflasche_f_

garrafeira *s. f.* 1. (cave) Weinkeller_m_; (armário) Flaschenschrank_m_; 2. (loja) Weinhandlung_f_

garrido adj. (cor) schreiend, grell; (vestido) kunterbunt, grell
garrote s. m. 1. (de madeira) Balken_m; 2. MEDICINA Dreieckabbindtuch_nt.
garupa s. f. (do cavalo) Kruppe_f
gás s. m. 1. Gas_nt; 2. pl. gases: Blähungen_pl
gaseificação s. f. Gasbildung_f, Umwandlung_f in Gas
gaseificado adj. (bebida) mit Kohlensäure versetzt
gaseificar v. tr. QUÍMICA vergasen, in Gas umwandeln
gasganete s. m. (coloq.) (garganta) Kehle_f; (pescoço) Hals_m
gasoduto s. m. Gasfernleitung_f
gasóleo s. m. Diesel_m
gasolina s. f. Benzin_nt; meter gasolina: tanken
gasómetro s. m. Gasbehälter_m, Gaskessel_m
gasosa s. f. Zitronenlimonade_f
gasoso adj. gasförmig
gastar I v. tr. 1. (dinheiro) ausgeben [em, für +ac.]; 2. (tempo) verbringen [com, mit +dat.]; 3. (energia, gasolina) verbrauchen [em, für +ac.]; 4. (roupa) abtragen; (sapatos) durchlaufen; (aparelho) abnutzen; 5. (o stock) verbrauchen; II v. refl. (dinheiro) verbraucht werden; (objecto) sich abnutzen
gasto I p. p. de gastar; II adj. 1. (stock) verbraucht; 2. (objecto, piso) abgenutzt; (roupa) abgetragen; (sapatos) durchgelaufen; (pneu) abgefahren; III s. m. 1. (consumo) Verbrauch_m; 2. pl. gastos: Ausgaben_pl, Unkosten_pl
gástrico adj. Magen...
gastrite s. f. MEDICINA Magenschleimhautentzündung_f, Gastritis_f
gastronomia s. f. Gastronomie_f
gastronómico adj. gastronomisch
gastrónomo s. m. Gastronom_m
gata-borralheira s. f. Hausmütterchen_nt
gatafunhar v. intr. kritzeln
gatafunho s. m. Gekritzel_nt
gata s. f. Katze_f; ❖ andar de gatas: auf allen vieren kriechen, krabbeln
gatilho s. m. Abzug_m
gatinhar v. intr. kriechen, krabbeln
gato s. m. (espécie) Katze_f; (macho) Kater_m
gatuno s. m. Gauner_m, Dieb_m
gaulês I s. m. HISTÓRIA Gallier_m; II adj. HISTÓRIA gallisch
gávea s. f. 1. NÁUTICA (plataforma) Mastkorb_m; 2. NÁUTICA (vela) Marssegel_nt
gaveta s. f. Schublade_f, Schubfach_nt
gavião s. m. ZOOLOGIA Sperber_m
gaze s. f. Gaze_f
gazela s. f. ZOOLOGIA Gazelle_f
gazeta s. f. 1. JORNALISMO Zeitung_f; 2. (coloq.) (à escola) Schuleschwänzen_nt
gazua s. f. Dietrich_m
geada s. f. Frost_m; (sobre plantas) Reif_m
gear v. intr. frieren; (orvalho) reifen
gel s. m. Gel_nt
geladeira s. f. (Brasil) Kühlschrank_m
gelado I s. m. Eis_nt; II adj. eisig, eiskalt
gelar v. intr. gefrieren, frieren
gelataria s. f. Eisdiele_f
gelatina s. f. 1. (ingrediente) Gelatine_f; 2. (doce) Götterspeise_f
gelatinoso adj. gallertartig
geleia s. f. (de fruta) Gelee_m. e nt; (de carne) Sülze_f, Gallert_m
gélido adj. eisig
gelo s. m. Eis_nt; METEOROLOGIA Frost_m
gema s. f. 1. (do ovo) Eigelb_nt, Eidotter_m; 2. (âmago) Kern_m ❖ de gema: waschecht
gemada s. f. Eierpunsch_m
gémeo I s. m. Zwilling_m; II adj. Zwillings...
gemer v. intr. stöhnen, ächzen [de, vor +dat.]

gemido *s. m.* Stöhnen*nt.*, Ächzen*nt.*
geminado *adj.* casa geminada: Doppelhaus*nt.*; cidade geminada: Partnerstadt*f.*
geminar *v. tr.* verdoppeln
gene *s. m.* BIOLOGIA Gen*nt.*
genealogia *s. f.* Genealogie*f.*
genealógico *adj.* genealogisch; árvore genealógica: Stammbaum*m.*
genebra *s. f.* Gin*m.*
Genebra *s. f.* Genf*nt.*
genebrês *adj.* Genfer
general *s. m.* MILITAR General*m.*
generalidade *s. f.* Allgemeinheit*f.*; na generalidade: im Allgemeinen
generalização *s. f.* Verallgemeinerung*f.*
generalizado *adj.* 1. *(geral)* verallgemeinert; 2. *(vulgarizado)* weit verbreitet
generalizar I *v. tr.* 1. *(tornar geral)* verallgemeinern; 2. *(vulgarizar)* verbreiten; II *v. intr.* verallgemeinern
genericamente *adv.* im Allgemeinen
genérico *adj.* 1. *(do género)* Gattungs...; 2. *(geral)* allgemein
género *s. m.* 1. Art*f.*, Sorte*f.*; 2. LITERATURA, BIOLOGIA Gattung*f.*; 3. GRAMÁTICA Genus*nt.*, Geschlecht*nt.*; 4. *pl.* géneros: Waren*pl.*; géneros alimentícios: Lebensmittel*pl.*, Nahrungsmittel*pl.*
generosidade *s. f.* Großzügigkeit*f.*
generoso *adj.* großzügig
génese *s. f.* Entstehung*f.*, Genese*f.*
genética *s. f.* Genetik*f.*
genético *adj.* genetisch
gengibre *s. m.* BOTÂNICA Ingwer*m.*
gengiva *s. f.* Zahnfleisch*nt.*
gengivite *s. f.* MEDICINA Zahnfleischentzündung*f.*
genial *adj.* genial
genica *s. f.* *(coloq.)* Power*f.*
génio *s. m.* 1. *(pessoa)* Genie*nt.*; 2. *(temperamento)* Charakter*m.*, Gemüt*nt.*; ter bom/mau génio: gutmütig/jähzornig sein
genital *adj.* Geschlechts..., genital
genitivo *s. m.* GRAMÁTICA Genitiv*m.*
genocídio *s. m.* Völkermord*m.*
genro *s. m.* Schwiegersohn*m.*
gente *s. f.* 1. *(pessoas)* Leute*pl.*; 2. *(coloq.)* *(nós)* wir; *(impessoal)* man
gentil *adj.* freundlich, liebenswürdig
gentileza *s. f.* Freundlichkeit*f.*, Liebenswürdigkeit*f.*
gentinha *s. f.* *(depr.)* Pöbel*m.*
genuinidade *s. f.* Echtheit*f.*, Ursprünglichkeit*f.*
genuíno *adj.* 1. *(pele, sentimento)* echt; 2. *(pessoa)* ehrlich
geocêntrico *adj.* ASTRONOMIA geozentrisch
geodinâmica *s. f.* GEOLOGIA Geodynamik*f.*
geofísica *s. f.* Geophysik*f.*
geografia *s. f.* Erdkunde*f.*, Geografie*f.*
geográfico *adj.* geografisch
geógrafo *s. m.* Geograf*m.*
geologia *s. f.* Geologie*f.*
geológico *adj.* geologisch
geólogo *s. m.* Geologe*m.*
geometria *s. f.* Geometrie*f.*
geométrico *adj.* geometrisch
geração *s. f.* 1. *(pessoas)* Generation*f.*; 2. *(acção de gerar)* Zeugung*f.*
gerador *s. m.* ELECTRICIDADE, INFORMÁTICA Generator*m.*
geral I *s. m.* Allgemeine*nt.*; no geral: im Allgemeinen; II *adj.* allgemein, generell
geralmente *adv.* im Allgemeinen, meistens
gerar I *v. tr.* 1. *(um ser)* zeugen; 2. *(energia)* erzeugen; II *v. refl.* entstehen
gerência *s. f.* Geschäftsführung*f.*
gerente *s. m. e f.* *(empresa)* Geschäftsführer, -in*m., f.*; *(banco)* Filialleiter, -in*m., f.*
geringonça *s. f.* *(objecto)* Ramsch*m.*
gerir *v. tr.* 1. *(empresa)* leiten; 2. *(dinheiro, casa)* verwalten

germânico *adj.* deutsch; HISTÓRIA germanisch

germanismo *s. m.* LINGUÍSTICA Germanismus$_m$

germano *adj.* HISTÓRIA germanisch

germe *s. m.* Keim$_m$

gérmen *s. m.* Keim$_m$

germinação *s. f.* 1. BOTÂNICA Keimen$_{nt}$, Keimung$_f$; 2. *(formação)* Entstehung$_f$

germinar *v. intr.* 1. BOTÂNICA keimen, sprießen; 2. *(formar-se)* entstehen, aufkeimen

gerúndio *s. m.* GRAMÁTICA Gerundium$_{nt}$

gesso *s. m.* 1. Gips$_m$; 2. *(estátua)* Gipsfigur$_f$, Gipsstatue$_f$

gestação *s. f. (humanos)* Schwangerschaft$_f$; *(animais)* Tragezeit$_f$

gestão *s. f.* 1. *(de empresa)* Management$_{nt}$, Leitung$_f$; 2. *(de dinheiro)* Verwaltung$_f$

gesticular *v. intr.* gestikulieren

gesto *s. f.* Geste$_f$

gestor *s. m. (gerente)* Geschäftsführer$_m$

Gibraltar *s. m.* Gibraltar$_{nt}$

giesta *s. f.* BOTÂNICA Ginster$_m$

gigabyte *s. m.* INFORMÁTICA Gigabyte$_{nt}$

gigante I *s. m. e f.* Ries|e, -in$_{m,f}$; II *adj.* riesig

gigantesco *adj.* gigantisch, riesig

gilete *s. f.* Rasierapparat$_m$, Rasierer$_m$

gim *s. m.* Gin$_m$; gim tónico: Gin Tonic$_{nt}$

ginásio *s. m.* 1. DESPORTO Turnhalle$_f$; 2. *(Brasil)* *(escola)* Gymnasium$_{nt}$

ginasta *s. m. e f.* Turner, -in$_{m,f}$

ginástica *s. f.* Gymnastik$_f$; fazer ginástica: turnen

ginástico *adj.* gymnastisch, Turn...

gincana *s. f.* Sportfest$_{nt}$

ginecologia *s. f.* Gynäkologie$_f$

ginecológico *adj.* gynäkologisch

ginecologista *s. m. e f.* Frauen|arzt, -ärztin$_{m,f}$, Gynäkolog|e, -in$_{m,f}$

ginja *s. f.* Sauerkirsche$_f$, Schattenmorelle$_f$

ginjeira *s. f.* Sauerkirschbaum$_m$

ginjinha *s. f.* Sauerkirschlikör$_m$

gira-discos *s. m. inv.* Plattenspieler$_m$

girafa *s. f.* ZOOLOGIA Giraffe$_f$

girar *v. intr.* sich drehen, kreisen [em volta de, um +ac.]

girassol *s. m.* BOTÂNICA Sonnenblume$_f$

giratório *adj.* drehbar, Dreh...

gíria *s. f.* Jargon$_m$

girino *s. m.* ZOOLOGIA Kaulquappe$_f$

giro *adj. (coloq.)* toll, super; *(criança)* niedlich

giz *s. m.* Kreide$_f$

glacial *adj.* eisig, Eis...

glaciar *s. m.* Gletscher$_m$

gladíolo *s. m.* BOTÂNICA Gladiole$_f$

glândula *s. f.* ANATOMIA Drüse$_f$

glandular *adj.* ANATOMIA Drüsen...

glicerina *s. f.* QUÍMICA Glyzerin$_{nt}$

glicose *s. f.* Glucose$_f$

global *adj.* global, Gesamt...; *(custos)* pauschal

globalização *s. f.* Globalisierung$_f$

globalmente *adv.* insgesamt, im Ganzen

globo *s. m.* Globus$_m$; globo terrestre: Erdkugel$_f$

glóbulo *s. m.* Kügelchen$_{nt}$; glóbulo sanguíneo: Blutkörperchen$_{nt}$

glória *s. f.* Glanz$_m$, Ruhm$_m$

glorificar *v. tr.* preisen, rühmen

glorioso *adj.* glorreich, glorios; *(famoso)* ruhmreich

glossário *s. m.* Glossar$_{nt}$

glote *s. f.* ANATOMIA Stimmritze$_f$, Glottis$_f$

glucose *s. f.* Glucose$_f$

glutão I *s. m.* Vielfraß$_m$; II *adj.* gefräßig

gnomo *s. m.* Gnom$_m$

GNR *s. f.* [*abrev. de* Guarda Nacional Republicana] (in ländlichen Regionen tätige) Schutzpolizei

godé *s. m. (para tintas)* Töpfchen$_{nt}$ zum Farbenmischen

goela s. f. ANATOMIA Schlund_m_; (garganta) Kehle_f_.
goiaba s. f. BOTÂNICA Guajave_f_.
goiabada s. f. Guajavenbrot_nt_.
gol s. m. (Brasil) → golo
gola s. f. Kragen_m_; gola alta: Rollkragen_m_.
golada s. f. (coloq.) (großer) Schluck_m_.
gole s. m. Schluck_m_.
goleiro s. m. (Brasil) DESPORTO Torwart_m_.
golfada s. f. (de água) Strahl_m_; (de vapor) Wolke_f_.
golfe s. m. DESPORTO Golf_nt_.
golfinho s. m. ZOOLOGIA Delfin_m_.
golfo s. m. Golf_m_, Meerbusen_m_.
golo s. m. DESPORTO Tor_nt_; (Áustria, Suíça) Goal_nt_; marcar/sofrer um golo: ein Tor schießen/kassieren
golpe s. m. 1. (pancada) Schlag_m_, Hieb_m_; golpe de Estado: Staatsstreich_m_; 2. (corte) Stich_m_.
golpear v. tr. (objecto) zerstechen; (pessoa) erstechen
goma s. f. 1. (substância, doce) Gummi_nt_; 2. (Brasil) (pastilha elástica) Kaugummi_nt_; 3. (para roupa) Stärke_f_.
gomo s. m. (de laranja) Schnitz_m_.
gôndola s. f. Gondel_f_.
gondoleiro s. m. Gondoliere_m_.
gongo s. m. Gong_m_.
gonzo s. m. Türangel_f_.
gorar I v. tr. vereiteln, zum Scheitern bringen; II v. intr. (plano) scheitern
goraz s. m. ZOOLOGIA Brasse_f_.
gordo adj. (pessoa) dick; (carne) fett
gorducho adj. rundlich, mollig
gordura s. f. 1. CULINÁRIA, ANATOMIA Fett_nt_; 2. (pessoa) Beleibtheit_f_; (obesidade) Fettleibigkeit_f_; 3. (graxa) Schmieröl_nt_, Schmierfett_nt_.
gorduroso adj. (pele) fettig; (comida) fett; (oleoso) ölig
gorgorejar v. intr. gluckern

gorila s. m. Gorilla_m_.
gorjear v. intr. zwitschern
gorjeio s. m. Zwitschern_nt_, Triller_m_.
gorjeta s. f. Trinkgeld_nt_.
gorro s. m. Mütze_f_.
gostar v. intr. gostar de: mögen; (comida) schmecken; (pessoa) mögen, gefallen, gern haben; gostar muito de alguma coisa: etwas lieben; gostar de fazer alguma coisa: etwas gerne tun
gosto s. m. Geschmack_m_ [a, nach +dat.]; Gefallen_nt_; Freude_f_; Lust_f_; com muito gosto: sehr gern; isso é uma questão de gosto!: das ist Geschmacksache!
gostoso adj. 1. (comida) schmackhaft, lecker; 2. (agradável) angenehm
gota s. f. 1. Tropfen_m_; 2. MEDICINA (doença) Gicht_f_.
goteira s. f. Dachrinne_f_.
gotejar v. intr. tropfen; (devagar) tröpfeln
gótico I s. m. ARQUITECTURA Gotik_f_; II adj. gotisch
goto s. m. Schlund_m_; cair no goto: gefallen_fig._
governado adj. sparsam
governador s. m. Gouverneur_m_.
governamental adj. Regierungs...
governanta s. f. Haushälterin_f_.
governante s. m. e f. Machthaber, -in_m. f._; Regierende_m. e f._
governar I v. tr. 1. POLÍTICA regieren; 2. (automóvel) lenken; (uma casa) führen; II v. refl. (sparsam) wirtschaften, haushalten
governo s. m. 1. POLÍTICA Regierung_f_; 2. (automóvel) Lenken_nt_; governo da casa: Haushaltsführung_f_.
gozar I v. tr. (desfrutar) genießen; II v. intr. 1. (divertir-se) sich amüsieren; 2. (zombar) spotten [com, über +ac.]
gozo s. m. 1. (desfrute) Genuss_m_; (prazer) Vergnügen_nt_, Spaß_m_; 2. (zombaria) Spott_m_,

Stichelei*f*; **gozar alguém:** sich über jemanden lustig machen

Grã-Bretanha *s. f.* Großbritannien*nt*.

graça *s. f.* 1. *(graciosidade)* Grazie*f*, Anmut*f*; 2. *(piada)* Witz*m*; **ter graça:** witzig sein; 3. *(favor)* Gefallen*m*; *(mercê)* Gunst*f*, Gnade*f*; **graças a:** dank [+dat./gen.]; **de graça:** umsonst, kostenlos

gracejar *v. intr.* scherzen, Späße machen

gracejo *s. m.* Scherz*m*, Spaß*m*.

graciosidade *s. f.* Grazie*f*, Anmut*f*

gracioso *adj.* graziös, anmutig

gradação *s. f.* Abstufung*f*

grade *s. f.* 1. *(de metal, madeira)* Gitter*nt*; 2. *(para bebidas)* Kiste*f*; 3. AGRICULTURA Egge*f*

gradeamento *s. m.* Gitter*pl*

grado *s. m.* Wille*m*; **de bom grado:** gerne

graduação *s. f.* 1. *(divisão em graus)* Gradeinteilung*f*; 2. *(óptica)* Anpassung*f*; 3. MILITAR Rang*m*

graduado *adj.* Stufen..., Grad...

gradual *adj.* allmählich

gradualmente *adv.* allmählich, nach und nach

graduar I *v. tr.* 1. *(dividir em graus)* graduieren; 2. MILITAR einen Rang verleihen [+dat.]; II *v. refl.* einen akademischen Grad erwerben

graffiti *s. m.* Graffiti*nt*.

grafia *s. f.* Schreibung*f*, Schreibweise*f*

gráfica *s. f.* *(oficina)* Druckerei*f*

gráfico I *s. m.* Grafik*f*; II *adj.* 1. *(relativo à gráfica)* grafisch; 2. *(relativo à grafia)* Schrift...

grã-fino *s. m.* (Brasil) (depr.) schicke(r) Mann*m*.

grafite *s. f.* Graphit*m*, Grafit*m*.

grafologia *s. f.* Grafologie*f*.

grafólogo *s. m.* Grafologe*m*.

grafonola *s. f.* Grammofon*nt*.

grainha *s. f.* Kern*m*.

gralha *s. f.* 1. ZOOLOGIA Krähe*f*; 2. *(de tipografia)* Druckfehler*m*; 3. *(fig.)* *(pessoa)* Klatschbase*f*

grama I *s. m.* *(peso)* Gramm*nt*; II *s. f.* BOTÂNICA Quecke*f*

gramar *v. tr.* 1. *(coloq.)* *(pessoa, coisa)* ausstehen; *(situação)* durchstehen; 2. *(coloq.)* *(gostar de)* stehen auf [+ac.], toll finden

gramática *s. f.* Grammatik*f*.

gramatical *adj.* grammatisch, grammatikalisch

gramático I *s. m.* Grammatiker*m*; II *adj.* grammatisch

gramofone *s. m.* Grammofon*nt*.

grampo *s. m.* Klammer*f*.

granada *s. f.* 1. MILITAR Granate*f*; 2. *(mineral)* Granat*m*

granadeiro *s. m.* MILITAR Grenadier*m*.

grande *adj.* groß; **grande cidade:** Großstadt*f*; **um grande compositor:** ein großer Komponist

grandemente *adv.* sehr, außerordentlich

grandeza *s. f.* 1. *(tamanho)* Größe*f*; 2. *(importância)* Bedeutung*f*, Größe*f*

grandiosidade *s. f.* Großartigkeit*f*, Pracht*f*.

grandioso *adj.* großartig, grandios

granel *s. m.* 1. *(para cereais)* Speicher*m*; 2. *(tipografia)* Fahne*f* ❖ *(sem embalagem)* **a granel:** lose

granítico *adj.* Granit...

granito *s. m.* Granit*m*.

granizar *v. intr.* hageln

granizo *s. m.* Hagel*m*.

granja *s. f.* 1. *(quinta)* Bauernhof*m*; 2. *(celeiro)* Scheune*f*

granulado I *s. m.* Granulat*nt*; II *adj.* körnig

grânulo *s. m.* Körnchen*nt*; *(de superfície)* Unebenheit*f*

grão *s. m.* 1. Korn*nt*; *(de café)* Bohne*f*; 2. *(da fruta)* Kern*m*.

grão-de-bico *s. m.* BOTÂNICA Kichererbse*f*.

grasnar v. intr. (pato, ganso) schnattern; (corvo, gralha) krächzen; (sapo) quaken

gratidão s. f. Dankbarkeit, [por, für +ac.]

gratificação s. f. (no trabalho) Vergütung, [por, für +ac.]; (recompensa) Belohnung, [por, für +ac.]; (alvíssaras) Finderlohn, [por, für +ac.]

gratificante adj. lohnend

gratificar v. tr. (com dinheiro) vergüten [por, +ac.]; (recompensar) belohnen [por, für +ac.]

gratinado I s. m. CULINÁRIA Gratin, ; II adj. CULINÁRIA überbacken, gratiniert

gratinar v. tr. CULINÁRIA überbacken, gratinieren

grátis adv. gratis, umsonst

grato adj. dankbar [por, für +ac.]

gratuito adj. (trabalho) unentgeltlich; (entrada) frei; (comida, viagem) kostenlos

grau s. m. 1. MATEMÁTICA, FÍSICA Grad, ; 2. (nível) Stufe, Grad, ; 3. MILITAR Rang,

graúdo adj. (coisa) groß; (pessoa) erwachsen

gravação s. f. 1. (em cassete) Aufnahme, ; 2. (no metal) Gravierung, ; (na madeira) Einschnitzen, ; (na pedra) Einmeißeln,

gravador s. m. Kassettenrecorder,

gravar v. tr. 1. (em cassete) aufnehmen [em, auf +ac.]; INFORMÁTICA speichern [em, auf +dat.]; 2. (no metal) eingravieren [em, in +ac.]; (na madeira) einschnitzen [em, in +ac.]; (na pedra) einmeißeln [em, in +ac.]

gravata s. f. Krawatte, Schlips,

grave adj. 1. (assunto) ernst; (situação) ernst, kritisch; (doença) schwer; 2. (som, voz) tief

gravemente adv. schwer, ernst

graveto s. m. Stück, Holz; (fino) Holzspan,

grávida I s. f. Schwangere, ; II adj. (mulher) schwanger; (animal) trächtig

gravidade s. f. 1. (de assunto, situação) Ernst, ; (de doença) Schwere, ; 2. FÍSICA Schwerkraft,

gravidez s. f. Schwangerschaft,

gravilha s. f. Kies,

gravitação s. f. FÍSICA Gravitation, Anziehungskraft,

gravitar v. intr. FÍSICA gravitieren

gravura s. f. Abbildung, Illustration,

graxa s. f. (para couro) Lederfett, ; (para sapatos) Schuhcreme, ; (fig.) dar graxa a alguém: jemandem Honig um den Bart schmieren

Grécia s. f. Griechenland,

gregário adj. Herden...

grego I s. m. Grieche, ; II adj. griechisch

gregoriano adj. gregorianisch

grei s. f. 1. (rebanho) Herde, ; 2. (povo) Volk,

grelar v. intr. keimen

grelha s. f. 1. Grill, Rost, ; 2. (de automóvel) Kühlergrill,

grelhado adj. gegrillt

grelhador s. m. (elétrico) Grill,

grelhar v. tr. CULINÁRIA grillen

grelo s. m. 1. (rebento) Spross, ; 2. (legume) Steckrübenblätter, pl.

grémio s. m. Innung, ; (comissão) Gremium,

grés s. m. GEOLOGIA Sandstein,

greta s. f. (no solo) Spalte, ; (na pele) Riss,

gretar v. intr. aufreißen, rissig werden

greve s. f. Streik, ; fazer greve: streiken

grevista s. m. e f. Streikende, m. e f.

grilhão s. m. Fußfessel,

grilo s. m. ZOOLOGIA Grille,

grinalda s. f. Girlande,

gringo s. m. (Brasil) (depr.) Ausländer,

gripado adj. 1. (pessoa) grippekrank; estar gripado: Grippe haben; 2. (motor) mit festgefressenen Teilen

gripar v. intr. 1. (pessoa) an Grippe erkranken, Grippe bekommen; 2. (motor) festgefressene Teile haben

gripe s. f. MEDICINA Grippe,

grisalho adj. gräulich; (cabelo) grau

gritar I *v. tr.* rufen, schreien; II *v. intr.* schreien [por, nach +*dat.*; um +*ac.*]; gritar com alguém: jemanden anschreien

gritaria *s. f.* Geschrei*nt.*

grito *s. m.* Schrei*m.*, Ruf*m.*; aos gritos: schreiend

grogue I *s. m.* Grog*m.*; II *adj.* 1. *(bêbedo)* betrunken; 2. *(coloq.) (esgotado)* groggy

Gronelândia *s. f.* Grönland*nt.*

grosa *s. f.* 1. *(doze dúzias)* Gros*nt.*; 2. (lima) Raspel*f.*

groselha *s. f.* 1. BOTÂNICA Johannisbeere*f.*; 2. (sumo) Johannisbeersaft*m.*

grossaria *s. f.* 1. (acto) Unhöflichkeit*f.*, Plumpheit*f.*; 2. (dito) vulgäre Äußerung*f.*; (palavra) Schimpfwort*nt.*

grosseirão I *s. m.* Flegel*m.*, Rüpel*m.*; II *adj.* ungeschliffen, rüpelhaft

grosseiro *adj.* 1. (pessoa) grob, ungesittet; (modos) plump, ungehobelt; 2. *(ordinário)* ordinär; 3. (objecto) schlecht verarbeitet

grosseria *s. f.* → grossaria

grossista *s. m.* Grossist*m.*

grosso I *s. m.* Hauptteil*m.*; II *adj.* 1. (objecto) dick; (líquido) dickflüssig; 2. (voz) tief; 3. *(grosseiro)* grob; 4. *(coloq.) (embriagado)* blau

grossura *s. f.* Dicke*f.*, Stärke*f.*

grotesco *adj.* grotesk

grua *s. f.* Kran*m.*

grudar *v. tr.* (Brasil) leimen, zusammenleimen

grude *s. m.* Leim*m.*

grumo *s. m.* Klümpchen*nt.*, Klumpen*m.*

grumoso *adj.* klumpig

grunhido *s. m.* Grunzen*nt.*

grunhir *v. intr.* 1. (porco) grunzen; 2. *(resmungar)* murren, schimpfen

grupo *s. m.* Gruppe*f.*; (de música) Band*f.*; grupo de amigos: Freundeskreis*m.*; *(coloq.)* Clique*f.*

gruta *s. f.* Grotte*f.*

guache *s. m.* Gouache*f.*, Guasch*f.*

guarda I *s. m. e f.* Wächter, -in*m., f.*, Aufseher, -in*m., f.*; II *s. f.* 1. (pessoas) Wache*f.*, Aufsicht*f.*; 2. *(protecção)* Schutz*m.*

guarda-chuva *s. m.* Regenschirm*m.*

guarda-costas *s. m. e f. inv.* Leibwächter, -in*m., f.*

guarda-fatos *s. m. inv.* Kleiderschrank*m.*

guarda-florestal *s. m. e f.* Förster, -in*m., f.*

guarda-fogo *s. m.* Feuerschutz*m.*; (para chaminé) Kamingitter*nt.*

guarda-jóias *s. m. inv.* Schmuckkästchen*nt.*

guarda-lama *s. m.* (bicicleta) Schutzblech*nt.*; (automóvel) Kotflügel*m.*

guarda-louça *s. m.* Geschirrschrank*m.*

guardanapo *s. m.* Serviette*f.*

guarda-nocturno *s. m.* Nachtwächter*m.*

guardar *v. tr.* 1. *(conservar)* aufbewahren, aufheben; 2. *(proteger)* beschützen; 3. *(vigiar)* beaufsichtigen, bewachen; 4. *(arrumar)* abstellen

guarda-redes *s. m. e f. inv.* DESPORTO Tor|wart, -frau*m., f.*

guarda-roupa *s. m.* Kleiderschrank*m.*

guarda-sol *s. m.* Sonnenschirm*m.*

guarda-vento *s. m.* Windschutz*m.*

guarda-vestidos *s. m. inv.* Kleiderschrank*m.*

guardião *s. m.* Leibwächter*m.*

guarida *s. f.* Zuflucht*f.*, Schutz*m.*

guarita *s. f.* Wachturm*m.*

guarnecer *v. tr.* 1. *(equipar)* ausrüsten [de, mit +*dat.*]; 2. *(enfeitar)* schmücken, dekorieren [de, mit +*dat.*]; 3. (comida) garnieren [de, mit +*dat.*]

guarnição *s. f.* 1. *(equipamento)* Ausrüstung*f.*; 2. *(enfeite)* Schmuck*m.*, Verzierung*f.*; (de vestido) Borte*f.*, Besatz*m.*; 3. CULINÁRIA Beilage*f.*

Guatemala s. f. Guatemala_nt.
gude s. m. (Brasil) (jogo) Murmelspiel_nt.
guedelha s. f. Mähne_f
guedelhudo adj. langhaarig
guelra s. f. Kieme_f
guerra s. f. Krieg_m; estar em guerra com: Krieg führen mit [+dat.]
guerreiro s. m. Krieger_m
guerrilha s. f. Guerilla_f, Guerillakrieg_m
guerrilheiro s. m. Guerrillakämpfer_m
gueto s. m. Ghetto_nt, Getto_nt
guia I s. m. e f. (turismo) Fremdenführer, -in_{m., f.}; II s. m. (livro) Leitfaden_m; (roteiro) Reiseführer_m; III s. f. ECONOMIA (documento) Begleitschein_m, Lieferschein_m
guiador s. m. (de automóvel) Lenkrad_nt; (de bicicleta) Lenkstange_f
guião s. m. CINEMA Drehbuch_nt.
guiar I v. tr. 1. (pessoa) führen, leiten; 2. (automóvel) fahren, lenken; II v. refl. sich richten [por, nach +dat.]
guiché s. m. Schalter_m
guilhotina s. f. 1. (para decapitar) Guillotine_f; 2. (para papel) Schneidemaschine_f; (para charutos) Zigarrenabschneider_m
guinada s. f. 1. NÁUTICA Kursabweichung_f; 2. (com automóvel) Ausweichmanöver_m
guinar v. intr. zur Seite springen, ausweichen [para, nach +dat.]
guinchar v. intr. kreischen

guincho s. m. Kreischen_nt, Aufschrei_m
guindaste s. m. Kran_m
Guiné s. f. Guinea_nt.
Guiné-Bissau s. f. Guinea Bissau_nt.
guineense I s. m. e f. Guineer, -in_{m., f.}; II adj. guineisch
guisado I s. m. CULINÁRIA Ragout_nt; II adj. geschmort
guisar v. tr. CULINÁRIA schmoren
guita s. f. 1. (cordel) Bindfaden_m; 2. (coloq.) (dinheiro) Kohle_f
guitarra s. f. MÚSICA saitige Gitarre_f
guitarrada s. f. MÚSICA Gitarrenkonzert_nt.
guitarrista s. m. e f. Gitarrist, -in_{m., f.}
guizo s. m. Schelle_f
gula s. f. Gefräßigkeit_f, Völlerei_f
gulodice s. f. 1. (de pessoa) Essgier_f, Gefräßigkeit_f; 2. (comida) Leckerbissen_m, Leckerei_f
guloseima s. f. Leckerei_f, Leckerbissen_m
guloso I s. m. Schlemmer_m, Leckermaul_m; II adj. 1. (comilão) gefräßig, verfressen; 2. (que gosta de guloseimas) Schlemmer...
gume s. m. Schneide_f
guri s. m. (Brasil) Kind_nt.
gusa s. f. Gusseisen_nt.
gustação s. f. Kosten_nt, Probieren_nt.
gustativo adj. Geschmacks...
gutural adj. guttural, Kehl...

H

H, h *s. m.* H, h$_{nt.}$
há *pres. de* haver
hã *interj.* was?
hábil *adj.* 1. *(capaz)* fähig; 2. *(manualmente)* geschickt, tüchtig
habilidade *s. f.* 1. *(capacidade)* Fähigkeit$_f$ [para, zu +dat.]; *(talento)* Begabung$_f$ [para, für +ac.]; 2. *(manual)* Geschicklichkeit$_f$
habilidoso *adj.* geschickt
habilitação *s. f.* 1. Befähigung$_f$ [para, zu +dat.]; 2. *pl.* habilitações: Qualifikationen$_{pl.}$
habilitar I *v. tr.* 1. *(tornar apto)* befähigen [para, zu +dat.]; 2. *(dar direito a)* berechtigen [a, zu +dat.]; II *v. refl.* habilitar-se a: gewinnen können
habitação *s. f.* 1. *(casa)* Wohnung$_f$; 2. *(residência)* Wohnsitz$_m$
habitacional *adj.* Wohnungs...
habitado *adj.* bewohnt
habitante *s. m. e f.* (casa) Bewohner, -in$_{m, f}$; (país, cidade) Einwohner, -in$_{m, f}$
habitar I *v. tr.* bewohnen; II *v. intr.* wohnen [em, in +dat.]
habitat *s. m.* BIOLOGIA Habitat$_{nt.}$
habitável *adj.* bewohnbar
hábito *s. m.* 1. Gewohnheit$_f$; *(costume)* Sitte$_f$; mau hábito: Unsitte$_f$; 2. RELIGIÃO Ordenstracht$_f$
habituado *adj.* gewohnt [a, an +ac.]
habitual *adj.* gewöhnlich, gewohnt
habituar I *v. tr.* gewöhnen [a, an +ac.]; II *v. refl.* sich gewöhnen [a, an +ac.]
hálito *s. m.* Hauch$_m$; mau hálito: Mundgeruch$_m$

hall *s. m.* Eingangshalle$_f$
halo *s. m.* ASTRONOMIA Hof$_m$
halogéneo I *s. m.* QUÍMICA Halogen$_{nt.}$; II *adj.* QUÍMICA halogen
haltere *s. m.* Hantel$_f$
halterofilista *s. m. e f.* Gewichtheber, -in$_{m, f}$
Hamburgo *s. m.* Hamburg$_{nt.}$
hamburguer *s. m.* CULINÁRIA Hamburger$_m$
hangar *s. m.* Schuppen$_m$; AERONÁUTICA Hangar$_m$
hansa *s. f.* HISTÓRIA Hanse$_f$
hanseático *adj.* hanseatisch, Hanse...; Liga Hanseática: Hanse$_f$
harém *s. m.* Harem$_m$
harmonia *s. f.* 1. Harmonie$_f$, Übereinstimmung$_f$; 2. *(entre pessoas)* Eintracht$_f$; 3. MÚSICA Harmonie(-lehre)$_f$
harmónica *s. f.* MÚSICA Harmonika$_f$; *(gaita-de-beiços)* Mundharmonika$_f$
harmónio *s. m.* MÚSICA Harmonium$_{nt.}$
harmonioso *adj.* harmonisch
harmonizar *v. tr.* 1. *(conciliar)* in Einklang bringen [com, mit +dat.], harmonisieren; 2. MÚSICA harmonisieren
harpa *s. f.* MÚSICA Harfe$_f$
hasta *s. f.* 1. *(lança)* Speer$_m$, Lanze$_f$; 2. *(leilão)* Versteigerung$_f$; hasta pública: die öffentliche Versteigerung
haste *s. f.* 1. *(bandeira)* Fahnenstange$_f$; 2. BOTÂNICA Stängel$_m$; 3. *(óculos)* Bügel$_m$
hastear *v. tr.* *(bandeira)* hissen
haurir *v. tr.* 1. *(água, ar)* schöpfen; 2. *(esgotar)* erschöpfen
Havai *s. m.* Hawaii$_{nt.}$

haver I *s. m.* 1. Habe$_f$; 2. *pl.* haveres: Vermögen$_{nt}$; II *v. tr.* 1. *(existir)* (vorhanden) sein; há: es gibt; 2. *(acontecer)* geschehen, sich ereignen; 3. (altura específica) vor [+*dat.*]; (duração) seit [+*dat.*]; há pouco (tempo): vor/seit kurzem; III *v. intr.* (futuro) haver de: werden; *(dever)* sollen; IV *v. impess.* há que: man muss; V *v. aux.* haben, sein

haxixe *s. m.* Haschisch$_{nt}$

hebraico I *s. m.* Hebräisch$_{nt}$; II *adj.* hebräisch

hebreu I *s. m.* Israeli$_{m,\ e\ f}$; II *adj.* hebräisch

hectare *s. m.* Hektar$_m$

hediondo *adj.* scheußlich

hegemonia *s. f.* Hegemonie$_f$, Vorherrschaft$_f$

hélice *s. f.* AERONÁUTICA Propeller$_m$; NÁUTICA Schraube$_f$

helicóptero *s. m.* Hubschrauber$_m$

hélio *s. m.* QUÍMICA Helium$_{nt}$

heliocêntrico *adj.* ASTRONOMIA heliozentrisch

helvécio I *s. m.* Schweizer$_m$; II *adj.* schweizerisch

helvético *adj.* helvetisch, schweizerisch

hem *interj.* (Brasil) was?

hematologia *s. f.* MEDICINA Hämatologie$_f$

hematoma *s. m.* MEDICINA Bluterguss$_m$, Hämatom$_{nt}$

hematose *s. f.* BIOLOGIA Blutbildung$_f$

hemisfério *s. m.* GEOGRAFIA Erdhalbkugel$_f$

hemodiálise *s. f.* MEDICINA Hämodialyse$_f$, Blutwäsche$_f$

hemofilia *s. f.* MEDICINA Hämophilie$_f$, Bluterkrankheit$_f$

hemofílico *s. m.* Bluter$_m$

hemorragia *s. f.* MEDICINA (starke) Blutung$_f$

hemorróidas *s. f. pl.* MEDICINA Hämorrhoiden$_{pl}$, Hämorriden$_{pl}$

hepatite *s. f.* MEDICINA Hepatitis$_f$, Leberentzündung$_f$

hera *s. f.* BOTÂNICA Efeu$_m$

herança *s. f.* Erbschaft$_f$, Erbe$_{nt}$; deixar alguma coisa em herança: etwas hinterlassen

herbáceo *adj.* krautartig

herbanário *s. m.* Heilkräuterhandlung$_f$

herbicida *s. m.* Unkrautvernichtungsmittel$_{nt}$

herbívoro I *s. m.* Pflanzenfresser$_m$; II *adj.* pflanzenfressend

hércules *s. m.* Herkules$_m$

herdade *s. f.* Landgut$_{nt}$

herdar *v. tr.* erben [de, von +*dat.*]

herdeiro *s. m.* Erbe$_m$

hereditariedade *s. f.* Erblichkeit$_f$

hereditário *adj.* erblich, vererbbar

herege I *s. m. e f.* Ketzer$_m$; II *adj.* ketzerisch

heresia *s. f.* Ketzerei$_f$

hermafrodita I *s. m. e f.* Zwitter$_m$; II *adj.* zwittrig

hermenêutica *s. f.* Hermeneutik$_f$

hermético *adj.* hermetisch; (saco) luftdicht

hérnia *s. f.* MEDICINA Eingeweidebruch$_m$

herói *s. m.* Held$_m$

heróico *adj.* heldenhaft, heldenmütig

heroína *s. f.* Heroin$_{nt}$

heroísmo *s. m.* Heldenmut$_m$

herpes *s. m. e f.* MEDICINA Herpes$_m$

hertz *s. m.* FÍSICA Hertz$_{nt}$

hesitação *s. f.* Zögern$_{nt}$, Zaudern$_{nt}$

hesitante *adj.* zögernd, zaudernd

hesitar *v. intr.* zögern, zaudern

Hesse *s. m.* Hessen$_{nt}$

heterogeneidade *s. f.* Verschiedenartigkeit$_f$, Heterogenität$_f$

heterogéneo *adj.* verschiedenartig, heterogen

heterossexual I *s. m. e f.* Heterosexuelle$_{m,\ e\ f}$; II *adj.* heterosexuell

hexagonal *adj.* sechseckig
hexágono *s. m.* Sechseck$_{nt.}$
hiato *s. m.* GRAMÁTICA Hiatus$_m$
hibernação *s. f.* Winterschlaf$_m$
hibernar *v. intr.* Winterschlaf halten
híbrido I *s. m.* BIOLOGIA, GRAMÁTICA Hybride$_{m. e f.}$; II *adj.* BIOLOGIA, GRAMÁTICA hybrid
hidra *s. f.* ZOOLOGIA Hydra$_f$
hidratação *s. f.* QUÍMICA Hydration$_f$, Hydratation$_f$
hidratante *adj.* Feuchtigkeit spendend
hidratar *v. tr.* hydratisieren
hidrato *s. m.* QUÍMICA Hydrat$_{nt.}$
hidráulica *s. f.* Hydraulik$_f$
hidrelétrica *s. f.* *(Brasil)* Wasserkraftwerk$_{nt.}$
hidrelétrico *adj.* *(Brasil)* → hidroeléctrico
hidroavião *s. m.* AERONÁUTICA Wasserflugzeug$_{nt.}$
hidrocultura *s. f.* Hydrokultur$_f$
hidrodinâmica *s. f.* FÍSICA Hydrodynamik$_f$
hidroeléctrico *adj.* hydroelektrisch, Wasserkraft...
hidrofobia *s. f.* MEDICINA Wasserphobie$_f$
hidrogénio *s. m.* QUÍMICA Wasserstoff$_m$
hidrografia *s. f.* Hydrographie$_f$, Gewässerkunde$_f$
hidrográfico *adj.* hydrographisch; **mapa hidrográfico**: Gewässerkarte$_f$
hidrólise *s. f.* QUÍMICA Hydrolyse$_f$
hidrologia *s. f.* GEOGRAFIA Hydrologie$_f$
hidroplano *s. m.* AERONÁUTICA Wasserflugzeug$_{nt.}$
hidrosfera *s. f.* GEOLOGIA Hydrosphäre$_f$
hidrotecnia *s. f.* Hydrotechnik$_f$
hidroterapia *s. f.* MEDICINA Hydrotherapie$_f$
hiena *s. f.* ZOOLOGIA Hyäne$_f$
hierarquia *s. f.* Hierarchie$_f$
hierárquico *adj.* hierarchisch
hierarquizar *v. tr.* hierarchisieren
hieroglífico *adj.* hieroglyphisch
hieróglifo *s. m.* Hieroglyphe$_f$

hífen *s. m.* Bindestrich$_m$
higiene *s. f.* Hygiene$_f$
higiénico *adj.* hygienisch; **papel higiénico**: Toilettenpapier$_{nt.}$; **penso higiénico**: Damenbinde$_f$
hilariante *adj.* erheiternd
hindu I *s. m. e f.* Hindu$_{m. e f.}$; II *adj.* hinduistisch
hino *s. m.* Hymne$_f$
hipérbole *s. f.* LITERATURA, MATEMÁTICA Hyperbel$_f$
hipermercado *s. m.* Verbrauchermarkt$_m$
hipersensibilidade *s. f.* Überempfindlichkeit$_f$
hipersensível *adj.* überempfindlich
hipertensão *s. f.* MEDICINA Bluthochdruck$_m$
hipertrofia *s. f.* MEDICINA, BIOLOGIA Hypertrophie$_f$
hípico *adj.* Pferde...; **centro hípico**: Reitclub$_m$; **concurso hípico**: Springreiten$_{nt.}$
hipismo *s. m.* DESPORTO Reitsport$_m$
hipnose *s. f.* Hypnose$_f$
hipnotismo *s. m.* Hypnotismus$_m$
hipnotizado *adj.* hypnotisiert
hipnotizador *s. m.* Hypnotiseur$_m$
hipnotizar *v. tr.* hypnotisieren
hipocondria *s. f.* MEDICINA Hypochondrie$_f$
hipocondríaco I *s. m.* Hypochonder$_m$; II *adj.* hypochondrisch, schwermütig
hipocrisia *s. f.* Heuchelei$_f$, Scheinheiligkeit$_f$
hipócrita I *s. m. e f.* Heuchler, -in$_{m., f.}$; II *adj.* heuchlerisch, scheinheilig
hipódromo *s. m.* Pferderennbahn$_f$
hipopótamo *s. m.* ZOOLOGIA Flusspferd$_{nt.}$, Nilpferd$_{nt.}$
hipoteca *s. f.* Hypothek$_f$
hipotecado *adj.* mit einer Hypothek belastet
hipotecar *v. tr.* eine Hypothek aufnehmen auf [+ac.]

hipotecário *adj.* hypothekarisch
hipotensão *s. f.* MEDICINA niedrige(r) Blutdruck*m*; Hypotonie*f*.
hipotenusa *s. f.* MATEMÁTICA Hypotenuse*f*
hipótese *s. f.* 1. *(suposição)* Annahme*f*; na hipótese de: falls; 2. *(oportunidade)* Chance*f*; 3. *(teoria)* Hypothese*f*
hipotético *adj.* hypothetisch
hirto *adj.* steif, starr
hispânico *adj.* spanisch; HISTÓRIA hispanisch
histeria *s. f.* Hysterie*f*
histérico *adj.* hysterisch
histerismo *s. m.* Hysterie*f*
histologia *s. f.* MEDICINA Histologie*f*
história *s. f.* Geschichte*f*; história contemporânea: Zeitgeschichte*f*; história da arte: Kunstgeschichte*f*; deixa-te de histórias!: erzähl keine Geschichten!
historiador *s. m.* Historiker*m*
histórico *adj.* historisch, geschichtlich
hobby *s. m.* Hobby*nt*
hoje *adv.* heute; hoje em dia: heutzutage
Holanda *s. f.* Holland*nt*
holandês I *s. m.* Holländer*m*; II *adj.* holländisch
holocausto *s. m.* Holocaust*m*
holofote *s. m.* Flutlichtstrahler*m*
homem *s. m.* 1. *(indivíduo)* Mann*m*; 2. *(ser humano)* Mensch*m*
homenagear *v. tr.* ehren
homenagem *s. f.* Ehrung*f*
homenzarrão *s. m.* Riese*m*
homenzinho *s. m.* Knirps*m*, Männlein*nt*
homicida I *s. m. e f.* Mörder*m*; II *adj.* mörderisch
homicídio *s. m.* Tötung*f*; *(planeado)* Mord*m*
homilia *s. f.* RELIGIÃO Homilie*f*
homófono *adj.* LINGUÍSTICA homophon, gleichlautend
homogeneidade *s. f.* Homogenität*f*
homogeneizar *v. tr.* homogenisieren

homogéneo *adj.* homogen
homógrafo *adj.* LINGUÍSTICA homograph
homologação *s. f.* (offizielle) Anerkennung*f*; *(carro)* Betriebserlaubnis*f*
homologar *v. tr.* (offiziell) anerkennen
homologia *s. f.* Entsprechung*f*
homólogo I *s. m.* Amtskollege*m*; II *adj.* ähnlich, vergleichbar
homónimo *adj.* LINGUÍSTICA homonym
homossexual I *s. m. e f.* Homosexuelle*m. e f*; II *adj.* homosexuell
homossexualidade *s. f.* Homosexualität*f*
Honduras *s. f. pl.* Honduras*nt*.
honestamente *adv.* ehrlich
honestidade *s. f.* Ehrlichkeit*f*
honesto *adj.* ehrlich
honorário *adj.* Ehren...; sócio honorário: Ehrenmitglied*nt*
honorários *s. m. pl.* Honorar*nt*
honorífico *adj.* ehrenvoll, Ehren...
honra *s. f.* Ehre*f*; em honra de: zu Ehren von [+*dat.*]; palavra de honra: Ehrenwort*nt*
honradez *s. f.* 1. *(honestidade)* Ehrlichkeit*f*; 2. *(carácter)* Anständigkeit*f*, Redlichkeit*f*
honrado *adj.* 1. *(com honra)* ehrenhaft; 2. *(decente)* anständig
honrar *v. tr.* ehren [com, mit +*dat.*]
honroso *adj.* ehrenvoll, ehrenhaft
hóquei *s. m.* Hockey*nt*
hora *s. f.* 1. *(60 minutos)* Stunde*f*; horas extraordinárias: Überstunden*pl*; meia hora: halbe Stunde; 2. *(momento)* Uhrzeit*f*; a horas: rechtzeitig; a qualquer hora: irgendwann; hora de ponta: Hauptverkehrszeit*f*; à hora do almoço/jantar: in der Mittagszeit/zur Abendbrotzeit; fazer horas: die Zeit totschlagen
horário I *s. m.* Zeitplan*m*; *(da escola)* Stundenplan*m*; *(de transportes)* Fahrplan*m*; horário de abertura: Öffnungszeiten*pl*; horário de expediente: Bürozeiten*pl*; II *adj.* stündlich; sinal horário: Zeitzeichen*nt*

horda s. f. Horde_f_
horizontal I s. f. Waagerechte_f_, Horizontale_f_; II adj. waagerecht, horizontal
horizonte s. m. Horizont_m_
hormona s. f. Hormon_nt_
hormonal adj. hormonal, hormonell
horóscopo s. m. Horoskop_nt_
horrendo adj. entsetzlich, schrecklich
horripilante adj. haarsträubend, grauenhaft
horrível adj. schrecklich, grausam
horror s. m. 1. Entsetzen_nt_, Grausen_nt_; que horror!: wie entsetzlich!; 2. _(aversão, medo)_ Horror_m_
horrorizar v. tr. entsetzen
horroroso adj. entsetzlich, grauenvoll
horta s. f. Gemüsegarten_m_
hortaliça s. f. Gemüse_nt_
hortelã s. f. BOTÂNICA Minze_f_
hortelã-pimenta s. f. BOTÂNICA Pfefferminze_f_
hortênsia s. f. BOTÂNICA Hortensie_f_
horticultura s. f. Gartenbau_m_
horto s. m. Gartencenter_nt_
hosana s. m. 1. RELIGIÃO Hosianna_nt_; 2. _(louvor)_ Lobgesang_m_
hospedado adj. estar hospedado em: untergebracht sein in/bei [+dat.]
hospedar I v. tr. beherbergen, aufnehmen; II v. refl. absteigen, unterkommen [em, in +dat.]
hospedaria s. f. Gasthaus_nt_
hóspede s. m. e f. Gast_m_
hospedeira s. f. AERONÁUTICA Stewardess_f_
hospício s. m. psychiatrische Klinik_f_
hospital s. m. Krankenhaus_nt_
hospitalar adj. Krankenhaus...
hospitaleiro adj. gastfreundlich
hospitalidade s. f. Gastfreundschaft_f_
hospitalizado adj. estar hospitalizado: im Krankenhaus liegen
hospitalizar v. tr. ins Krankenhaus einliefern
hoste s. m. Schar_f_
hóstia s. f. Hostie_f_
hostil adj. feindlich; _(atitude)_ feindselig [a, gegenüber +dat.]
hostilidade s. f. Feindseligkeit_f_
hostilizar v. tr. anfeinden
hotel s. m. Hotel_nt_
hotelaria s. f. Hotelgewerbe_nt_, Gaststättengewerbe_nt_
hoteleiro adj. Hotel...; indústria hoteleira: Hotelgewerbe_nt_
hulha s. f. Steinkohle_f_
hum interj. hm!
humanamente adv. menschlich
humanidade s. f. 1. _(género humano)_ Menschheit_f_; 2. _(bondade)_ Humanität_f_, Menschlichkeit_f_; 3. pl. humanidades: Geisteswissenschaften_pl_
Humanismo s. m. Humanismus_m_
humanitário adj. humanitär
humanizar I v. tr. menschlich machen; II v. refl. menschlicher werden
humano I adj. menschlich; II s. m. pl. os humanos: die Menschen
humedecer I v. tr. anfeuchten, befeuchten; II v. intr. feucht werden
humidade s. f. Feuchtigkeit_f_
húmido adj. feucht
humildade s. f. 1. _(modéstia)_ Bescheidenheit_f_; 2. _(submissão)_ Demut_f_
humilde adj. 1. _(modesto)_ bescheiden; _(pobre)_ einfach, arm; 2. _(submisso)_ demütig
humilhação s. f. Demütigung_f_, Erniedrigung_f_
humilhante adj. demütigend, erniedrigend
humilhar I v. tr. demütigen, erniedrigen; II v. refl. sich erniedrigen

humor *s. m.* 1. Humor*m*; ter sentido de humor: Sinn für Humor haben; 2. *(disposição)* Laune*f*.

humorado *adj.* estar bem/mal humorado: gut/schlecht gelaunt sein

humorista *s. m. e f.* Komiker, -in*m., f.*

humorístico *adj.* humoristisch

humos *s. m. inv.* Humus*m*.

húngaro I *s. m.* Ungar, -in*m., f.*; II *adj.* ungarisch

Hungria *s. f.* Ungarn*nt.*

hurra *interj.* hurra!

I

I, i *s. m.* I, i*nt.*
iambo *s. m.* Jambus*m*.
ião *s. m.* FÍSICA Ion*nt.*
iate *s. m.* NÁUTICA Jacht*f*.
ibérico *adj.* iberisch
içar *v. tr.* hissen, aufziehen
icebergue *s. m.* Eisberg*m*.
ícone *s. m.* 1. RELIGIÃO Ikone*f*; 2. INFORMÁTICA Icon*nt.*, Symbol*nt.*
iconografia *s. f.* Ikonographie*f*.
ictericia *s. f.* MEDICINA Gelbsucht*f*.
ictiologia *s. f.* Fischkunde*f*.
ida *s. f.* Hinweg*m*; (viagem) Hinfahrt*f*; à ida: auf dem Hinweg; ida e volta: Hin- und Rückfahrt
idade *s. f.* Alter*nt.*; Idade Média: Mittelalter*nt.*; de idade: alt; que idade tens?: wie alt bist du?; de meia idade: mittleren Alters; da mesma idade: gleich alt; a terceira idade: das Rentenalter
ideal I *s. m.* Ideal*nt.*; II *adj.* 1. *(exemplar)* ideal; 2. *(imaginário)* ideell, geistig
idealismo *s. m.* Idealismus*m*.
idealista I *s. m. e f.* Idealist, -in*m., f.*; II *adj.* idealistisch
idealizar *v. tr.* idealisieren

ideia *s. f.* Idee*f*, Gedanke*m*; não faço ideia: ich habe keine Ahnung; mudar de ideias: seine Meinung ändern
idem *adv.* derselbe, dieselbe, dasselbe
idêntico *adj.* identisch
identidade *s. f.* 1. *(pessoa)* Identität*f*; 2. *(igualdade)* Gleichheit*f*.
identificar I *v. tr.* 1. *(pessoa)* identifizieren; 2. *(problema, doença)* feststellen; II *v. refl.* 1. *(apresentar identificação)* sich ausweisen; 2. *(empatia)* sich identifizieren [com, mit +dat.]
ideologia *s. f.* Ideologie*f*.
ideológico *adj.* ideologisch
idílico *adj.* idyllisch
idioma *s. m.* Sprache*f*.
idiomático *adj.* idiomatisch
idiota I *s. m. e f.* Idiot, -in*m., f.*; II *adj.* idiotisch
idiotice *s. f.* Idiotie*f*, Blödsinn*m*.
idolatrar *v. tr.* vergöttern, anbeten
ídolo *s. m.* (pessoa) Idol*nt.*
idoneidade *s. f.* Eignung*f*, Tauglichkeit*f*.
idóneo *adj.* geeignet; *(capaz)* fähig
idoso *adj.* alt, betagt
iene *s. m.* Yen*m*.

ignição *s. f.* Zündung,
ignóbil *adj.* niedrig, gemein
ignorância *s. f.* Unwissenheit,
ignorante I *s. m. e f.* Ignorant, -in,m., f.; II *adj.* ignorant, unwissend
ignorar *v. tr.* 1. *(não saber)* nicht wissen; 2. *(não prestar atenção)* ignorieren
igreja *s. f.* Kirche,
igual *adj.* gleich; *(proporcional)* gleichmäßig; **ser igual a alguém/alguma coisa:** genau wie jemand/etwas sein; **sem igual:** ohnegleichen
igualar *v. tr.* gleichstellen, gleichsetzen [a, mit +dat.]
igualdade *s. f.* Gleichheit,; **igualdade de direitos:** Gleichberechtigung,
igualmente *adv.* ebenfalls, ebenso; *(como resposta)* gleichfalls
igualzinho *adj. (coloq.)* haargenau gleich
iguana *s. f.* Leguan,m
iguaria *s. f.* Leckerbissen,m, Leckerei,
ilação *s. f.* Folgerung,, Schlussfolgerung,
ilegal *adj.* illegal, gesetzwidrig
ilegalidade *s. f.* Illegalität,, Gesetzwidrigkeit,
ilegítimo *adj.* 1. *(acto)* unrechtmäßig, illegitim; 2. *(filho)* unehelich
ilegível *adj.* unleserlich
ileso *adj.* unverletzt
iletrado *adj.* ungebildet
ilha *s. f.* Insel,
ilhéu *s. m.* 1. Inselbewohner,m; 2. *(ilhota)* kleine Insel,
ilhó *s. m.* Öse,
ilhota *s. f.* kleine Insel,
ilibar *v. tr.* für unschuldig erklären
ilícito *adj.* unerlaubt, unzulässig
ilimitado *adj.* unbegrenzt, unbeschränkt
ilíquido *adj.* brutto
ilógico *adj.* unlogisch

iludir I *v. tr.* täuschen; II *v. refl.* sich täuschen; **iludir-se com alguém/alguma coisa:** sich in jemanden/bei etwas täuschen
iluminação *s. f.* Beleuchtung,
iluminado *adj.* 1. *(rua)* beleuchtet; 2. *(espírito)* erleuchtet
iluminar *v. tr.* 1. *(com luz)* beleuchten; 2. *(fig.) (esclarecer)* aufklären
Iluminismo *s. m.* Aufklärung,
ilusão *s. f.* 1. *(erro)* Täuschung,; 2. *(aparência)* Illusion,
ilusionismo *s. m.* Zauberei,
ilusionista *s. m. e f.* Zauberkünstler, -in,m., f.
ilusório *adj.* trügerisch, illusorisch
ilustração *s. f.* Abbildung,, Illustration,
ilustrado *adj.* illustriert
ilustrar *v. tr. (livro)* illustrieren
ilustre *adj.* berühmt, bekannt
imã *s. m. (Brasil)* Magnet,m
imaculado *adj.* makellos
imagem *s. f.* 1. *(figura, retrato)* Bild,nt, Bildnis,nt; 2. *(reprodução)* Abbild,nt; 3. *(de pessoa)* Image,nt
imaginação *s. f.* Einbildung,, Vorstellungskraft,
imaginar I *v. tr.* 1. *(conceber)* sich vorstellen; *(inventar)* sich einbilden; 2. *(supor)* vermuten, annehmen; II *v. refl.* 1. *(a si próprio)* sich vorstellen; 2. *(julgar-se)* sich halten für [+ac.]
imaginário I *s. m.* Vorstellung,; II *adj.* 1. *(na imaginação)* imaginär; 2. *(ficticio)* erfunden
imaginativo *adj.* einfallsreich, fantasievoll
íman *s. m.* Magnet,m
imanente *adj.* innewohnend, immanent
imaturidade *s. f.* Unreife,
imaturo *adj.* unreif
imbatível *adj.* unschlagbar
imbecil I *s. m. e f.* Schwachkopf,m; II *adj.* schwachsinnig, blöd
imberbe *adj.* bartlos

imbróglio *s. m.* Wirrwarr_m_, Durcheinander_nt._

imediações *s. f. pl.* nas imediações: in der Nähe, in der Umgebung

imediatamente *adv.* sofort, prompt; imediatamente a seguir: gleich danach

imediato *adj.* unverzüglich, umgehend; de imediato: sofort

imemorável *adj.* sehr weit zurückliegend

imensidão *s. f.* Unermesslichkeit_f_, Unendlichkeit_f_

imenso *adj.* unermesslich, immens

imensurável *adj.* unmessbar

imerecido *adj.* unverdient

imergir *v. intr.* untertauchen

imérito *adj.* unverdient

imersão *s. f.* Untertauchen_nt._

imerso *adj.* tauchend, untergetaucht

imigração *s. f.* Einwanderung_f_, Immigration_f_

imigrante *s. m. e f.* Einwander|er, -in_m, f_, Immigrant, -in_m, f_

imigrar *v. intr.* einwandern, immigrieren

iminência *s. f.* nahe(s) Bevorstehen_nt._

iminente *adj.* (perigo, crise) drohend; estar iminente: kurz bevorstehen

imiscível *adj.* nicht mischbar, unmischbar

imiscuir-se *v. refl.* sich einmischen [in +ac., em]

imitação *s. f.* 1. (acção de imitar) Nachahmung_f_; 2. (cópia) Imitat_nt._, Imitation_f_

imitador *s. m.* Imitator_m._

imitar *v. tr.* 1. (pessoa, animal) nachahmen, nachmachen; 2. (jóia, quadro) fälschen

imitável *adj.* nachahmenswert

imobiliária *s. f.* Immobilienagentur_f_, Immobilienbüro_nt._; *(Áustria)* Realkanzlei_f_

imobilidade *s. f.* Unbeweglichkeit_f_

imobilizado *adj.* estar imobilizado: sich nicht bewegen können

imobilizar *v. tr.* 1. (paralisar) lähmen; 2. (processo) zum Erliegen bringen; (dinheiro) festlegen

imoderado *adj.* unmäßig, maßlos

imodéstia *s. f.* Unbescheidenheit_f_

imodesto *adj.* unbescheiden

imódico *adj.* übermäßig

imoral *adj.* unmoralisch

imoralidade *s. f.* Unsittlichkeit_f_, Sittenlosigkeit_f_

imortal I *s. m. e f.* Unsterbliche_m, e f_; II *adj.* unsterblich

imortalidade *s. f.* Unsterblichkeit_f_

imóveis *s. m. pl.* Immobilien_pl._

imóvel *adj.* unbeweglich

impaciente *adj.* ungeduldig

impacto *s. m.* 1. (choque) Aufprall_m_; 2. (efeito) Wirkung_f_ [em, auf +ac.]

impagável *adj.* unbezahlbar

impalpável *adj.* nicht fühlbar

ímpar *adj.* 1. (número) ungerade; 2. (único) einzigartig

imparável *adj.* (processo) unaufhaltsam; (pessoa) nicht zu bremsen

imparcial *adj.* unparteiisch

imparcialidade *s. f.* Unparteilichkeit_f_

impasse *s. m.* Klemme_f_, Sackgasse_f_; estar num impasse: in der Klemme sitzen

impassível *adj.* 1. (indiferente) gleichmütig; 2. (insensível) gefühllos

impávido *adj.* unerschrocken

impecável *adj.* 1. (trabalho, objecto) tadellos, einwandfrei; 2. (pessoa) korrekt

impedido *adj.* 1. (telefone) besetzt; 2. (rua) gesperrt

impedimento *s. m.* Hindernis_nt._

impedir *v. tr.* 1. (deter) hindern, abhalten; 2. (evitar) verhindern; 3. (obstruir) aufhalten, behindern; (a passagem) versperren

impeditivo *adj.* hinderlich

impelir v. tr. 1. (empurrar) stoßen, schieben; 2. (incitar) veranlassen, antreiben
impenetrável adj. 1. (floresta) undurchdringlich; 2. (pessoa) verschlossen
impensado adj. unbedacht, unüberlegt
impensável adj. undenkbar
imperador s. m. Kaiser$_m$
imperar v. intr. herrschen
imperativo I s. m. GRAMÁTICA Imperativ$_m$, Befehlsform$_f$; II adj. 1. (urgente) zwingend notwendig; 2. (que ordena) befehlerisch, befehlend
imperatriz s. f. Kaiserin$_f$
imperceptível adj. unmerkbar, unmerklich; (som) nicht wahrnehmbar
imperdoável adj. unverzeihlich
imperecível adj. unvergänglich
imperfeição s. f. 1. (falta de perfeição) Unvollkommenheit$_f$; 2. (defeito) Mangel$_m$
imperfeito I s. m. GRAMÁTICA Imperfekt$_{nt}$; II adj. unvollkommen
imperial I s. f. Glas$_{nt}$ Bier; II adj. 1. (relativo a imperador) kaiserlich, Kaiser...; 2. (relativo a império) Reichs...
imperialismo s. m. Imperialismus$_m$
imperialista I s. m. e f. Imperialist, -in$_{m., f.}$; II adj. imperialistisch
império s. m. Reich$_{nt}$, Imperium$_{nt}$
impermeabilidade s. f. Undurchlässigkeit$_f$
impermeável I s. m. Regenmantel$_m$; II adj. undurchlässig, wasserdicht
impertinente adj. 1. (pessoa) frech, unverschämt; 2. (comentário) ungehörig, unpassend
imperturbável adj. unerschütterlich
impessoal adj. unpersönlich
ímpeto s. m. Schwung$_m$
impetuoso adj. stürmisch
impiedade s. f. Herzlosigkeit$_f$
impiedoso adj. hartherzig, herzlos
impingir v. tr. aufdrängen, aufzwingen
ímpio adj. erbarmungslos, unbarmherzig
implacável adj. 1. (rigoroso) unerbittlich; 2. (que não perdoa) unversöhnlich
implantação s. f. 1. (de sistema) Einführung$_f$; 2. MEDICINA Implantation$_f$
implantar I v. tr. 1. (um sistema) einführen; 2. MEDICINA einpflanzen, implantieren; II v. refl. sich einbürgern
implante s. m. MEDICINA Implantation$_f$
implicar I v. tr. 1. (envolver) verwickeln [em, in +ac.]; 2. (conter) beinhalten, implizieren; (consequências) zur Folge haben, mit sich bringen; II v. intr. es abgesehen haben [com, auf +ac.]
implicitamente adv. indirekt
implícito adj. 1. (contido) inbegriffen, mit einbegriffen; 2. (subentendido) unausgesprochen, implizit
implorar v. tr. anflehen, flehen
impoluto adj. makellos
imponderado adj. unbedacht, unüberlegt
imponência s. f. Großartigkeit$_f$
imponente adj. großartig, imposant
impopular adj. unpopulär
impopularidade s. f. Unpopularität$_f$
impor I v. tr. 1. (vontade, opinião) durchsetzen; (impingir) aufzwingen; **impor respeito:** Respekt einflößen; 2. (condições) auferlegen, stellen; (regras) aufstellen; II v. refl. sich durchsetzen
importação s. f. Import$_m$, Einfuhr$_f$
importador s. m. Importeur$_m$
importância s. f. 1. Wichtigkeit$_f$, Bedeutung$_f$; 2. (quantia) Betrag$_m$
importante I s. m. o importante: das Wichtigste, die Hauptsache; II adj. wichtig, bedeutend
importar I v. tr. ECONOMIA einführen, importieren; II v. intr. 1. wichtig sein, von Bedeutung sein; 2. (quantia) **importar em:** sich belaufen auf [+ac.], betragen; III v. refl. Wert legen [com, auf +ac.],

Bedeutung beimessen [com, +dat.]; não me importo: es macht mir nichts aus

importunar *v. tr.* belästigen

importuno *v. tr.* belästigen

importuno *adj.* ungelegen, unangebracht

imposição *s. f.* 1. *(obrigação)* Auflage,; *(contrato)* Vertragspflicht,; 2. *(insígnia)* Verleihung,

impossibilidade *s. f.* Unmöglichkeit,

impossibilitado *adj.* impossibilitado de: unfähig zu; impossibilitado de trabalhar: arbeitsunfähig

impossibilitar *v. tr.* unmöglich machen, verhindern

impossível *adj.* unmöglich

imposto I *p. p. de* impor; II *s. m.* Steuer,

impostor *s. m.* Betrüger,, Schwindler,

impotável *adj.* nicht trinkbar

impotência *s. f.* 1. *(incapacidade)* Machtlosigkeit,; 2. MEDICINA Impotenz,

impotente *adj.* 1. *(incapaz)* machtlos; 2. MEDICINA impotent

impraticável *adj.* unausführbar, undurchführbar

imprecisão *s. f.* Ungenauigkeit,

impreciso *adj.* ungenau

impregnado *adj.* 1. *(líquido)* getränkt, vollgesaugt [de, mit +dat.]; 2. *(cheiro)* erfüllt [de, von +dat.]

impregnar *v. tr.* 1. *(líquido)* tränken [de, mit +dat.]; 2. *(cheiro)* erfüllen [de, mit +dat.]

imprensa *s. f.* Presse,

imprescindível *adj.* unentbehrlich, unbedingt erforderlich

imprescritível *adj.* DIREITO unverjährbar

impressão *s. f.* 1. *(tipografia)* Druck,; 2. *(marca)* Abdruck,; impressão digital: Fingerabdruck,; 3. *(sensação)* Eindruck,; 4. *(estranheza)* Ekel,, Abscheu,

impressionado *adj.* 1. (positivamente) beeindruckt [com, von +dat.]; 2. (negativamente) erschüttert, entsetzt [com, über +ac.]

impressionante *adj.* beeindruckend, eindrucksvoll

impressionar I *v. tr.* 1. (positivamente) beeindrucken, Eindruck machen auf [+ac.]; 2. (negativamente) erschüttern, entsetzen; II *v. refl.* erschüttert sein, entsetzt sein [com, über +ac.]

impressionável *adj.* leicht zu beeindrucken

impressionismo *s. m.* Impressionismus,

impresso I *p. p. irreg. de* imprimir; II *s. m.* Formular,; III *adj.* gedruckt

impressora *s. f.* Drucker,

impreterível *adj.* unaufschiebbar

impreterivelmente *adv.* unverzüglich, ohne Aufschub

imprevidência *s. f.* Unvorsichtigkeit,, Leichtsinn,

imprevidente *adj.* unvorsichtig, leichtsinnig; sorglos

imprevisível *adj.* 1. *(acontecimento)* unvorhersehbar; *(consequência)* unabsehbar; 2. *(pessoa)* unberechenbar

imprevisto I *s. m.* unvorhersehbare(s) Ereignis,; II *adj.* unerwartet, unvorhergesehen

imprimir *v. tr.* drucken; INFORMÁTICA ausdrucken

improbabilidade *s. f.* Unwahrscheinlichkeit,

improcedente *adj.* 1. *(sem fundamento)* grundlos; 2. *(que não se justifica)* unangemessen

improdutivo *adj.* 1. *(trabalho)* unproduktiv, unergiebig; 2. *(solo)* unfruchtbar

impróprio *adj.* *(medida)* ungeeignet; *(atitude, assunto)* unpassend; *(ocasião)* ungünstig

improrrogável *adj.* *(prazo)* nicht verlängerbar

improvável *adj.* unwahrscheinlich

improvisar *v. tr. e intr.* improvisieren
improviso *s. m.* Improvisation*f*; de improviso: aus dem Stegreif
imprudente *adj.* unvorsichtig
impudor *s. m.* Schamlosigkeit*f*
impugnação *s. f.* 1. (de teoria) Bestreiten*nt*, scharfe Kritik*f*; 2. DIREITO Anfechtung*f*
impugnar *v. tr.* 1. (teoria) angreifen, bestreiten; 2. (sentença) anfechten
impulsão *s. f.* FÍSICA Auftrieb*m*
impulsionador *s. m.* Initiator*m*, treibende Kraft*f*
impulsionar *v. tr.* antreiben, vorantreiben
impulsivo *adj.* impulsiv
impulso *s. m.* 1. (ímpeto) Schwung*m*; 2. (estímulo) Antrieb*m*, Impuls*m*; 3. TELECOMUNICAÇÕES Einheit*f*
impune *adj.* ungestraft, straffrei
impureza *s. f.* 1. (estado) Unreinheit*f*; 2. (ar, água) Verunreinigung*f*, Verschmutzung*f*
impuro *adj.* 1. (espírito) unrein; 2. (ar, água) verunreinigt, verschmutzt
imputar *v. tr.* (responsabilidade, trabalho) aufbürden [a, +dat.]; (culpa) zuschreiben, anlasten [a, +dat.]
imundície *s. f.* Schmutz*m*, Dreck*m*
imundo *adj.* schmutzig, dreckig
imune *adj.* 1. MEDICINA, DIREITO immun [a, gegen +ac.]; 2. (fig.) (invulnerável) unempfänglich, immun [a, gegen +ac.]
imunidade *s. f.* MEDICINA, DIREITO Immunität*f*
imutável *adj.* unveränderbar
inabalável *adj.* unerschütterlich, fest
inábil *adj.* 1. (incapaz) unfähig, untauglich; 2. (sem habilidade) ungeschickt
inabilidade *s. f.* 1. (inaptidão) Unfähigkeit*f*, Untauglichkeit*f*; 2. (falta de habilidade) Ungeschicktheit*f*
inabitado *adj.* unbewohnt
inabitável *adj.* unbewohnbar
inacabado *adj.* unvollendet, unfertig

inaceitável *adj.* unannehmbar, inakzeptabel
inacessível *adj.* 1. (local) unerreichbar; 2. (preço) unerschwinglich; 3. (pessoa) unzugänglich
inacreditável *adj.* unglaublich
inactividade *s. f.* Untätigkeit*f*; (inércia) Trägheit*f*
inactivo *adj.* 1. (indolente) untätig; 2. (funcionário) außer Dienst
inadequado *adj.* ungeeignet, unpassend [a, für +ac.]
inadiável *adj.* unaufschiebbar
inadmissível *adj.* unzulässig; (inaceitável) unannehmbar
inadvertência *s. f.* 1. (negligência) Fahrlässigkeit*f*; 2. (descuido) Versehen*nt*
inadvertido *adj.* 1. (pessoa) nachlässig, fahrlässig; 2. (acto) unüberlegt
inalação *s. f.* Einatmen*nt*; (de medicamento) Inhalation*f*
inalador *s. m.* Inhalationsapparat*m*, Inhalator*m*
inalar *v. tr.* einatmen; (medicamento) inhalieren
inalcançável *adj.* unerreichbar
inalterado *adj.* unverändert
inalterável *adj.* (situação) unveränderlich; (decisão) unwiderruflich
inanimado *adj.* leblos
inaplicável *adj.* unanwendbar [a, auf +ac.]
inaptidão *s. f.* Unfähigkeit*f*, Untauglichkeit*f* [para, für +ac.]
inapto *adj.* unfähig, untauglich [para, für +ac.]
inatingível *adj.* 1. (inalcançável) unerreichbar; 2. (incompreensível) unbegreiflich, unverständlich
inatividade *s. f.* (Brasil) → inactividade
inativo *adj.* (Brasil) → inactivo
inato *adj.* angeboren

inaudito *adj.* unerhört

inaudível *adj.* unhörbar

inauguração *s. f.* (de loja, auto-estrada) Einweihung*f*, Eröffnung*f*; (de monumento) Enthüllung*m*.

inaugural *adj.* Einweihungs..., Eröffnungs...

inaugurar I *v. tr.* (loja, auto-estrada) einweihen, eröffnen; (monumento) enthüllen; II *v. intr.* eröffnen

incalculável *adj.* (custos) unermesslich; (prejuízo) unbezifferbar

incandescência *s. f.* Weißglut*f*

incandescente *adj.* weiß glühend

incansável *adj.* unermüdlich

incapacidade *s. f.* Unfähigkeit*f* [para, zu +dat.]

incapacitado *adj.* unfähig; incapacitado de trabalhar: arbeitsunfähig

incapacitar *v. tr.* unfähig machen

incapaz *adj.* unfähig [de, zu +dat.]

incauto *adj.* unvorsichtig, unbedacht

incendiar I *v. tr.* in Brand setzen, in Brand stecken; II *v. refl.* in Brand geraten, sich entzünden

incendiário *s. m.* Brandstifter*m*.

incêndio *s. m.* Brand*m*.

incenso *s. m.* Weihrauch*m*.

incentivar *v. tr.* ermuntern, ermutigen

incentivo *s. m.* Anreiz*m*, Lockmittel*nt*.

incerteza *s. f.* Ungewissheit*f*, Unsicherheit*f*

incerto *adj.* 1. (pessoa, negócio) unsicher; 2. (número) unbestimmt; 3. (tempo) wechselhaft; 4. *(duvidoso)* ungewiss

incessante *adj.* unaufhörlich, ununterbrochen

incesto *s. m.* Inzest*m*.

incestuoso *adj.* inzestuös

inchaço *s. m.* Schwellung*f*

inchado *adj.* 1. geschwollen; 2. *(fig.)* (pessoa) aufgeblasen

inchar *v. intr.* schwellen, anschwellen

incidência *s. f.* Einfall*m*.

incidente *s. m.* Zwischenfall*m*, Vorfall*m*.

incidir *v. intr.* 1. (luz) einfallen [em, in +ac.]; 2. (suspeita) fallen [sobre, auf +ac.]

incineração *s. f.* (de cadáver) Einäscherung*f*, Feuerbestattung*f*; (de lixo) Verbrennung*f*

incineradora *s. f.* Müllverbrennungsanlage*f*,

incinerar *v. tr.* (cadáver) einäschern; (lixo) verbrennen

incisão *s. f.* Einschnitt*m*, Schnitt*m*.

incisivo *s. m.* (dente) Schneidezahn*m*.

incitar *v. tr.* anstacheln, anstiften [a, zu +dat.]; (à revolta) aufhetzen [a, zu +dat.]

incivilizado *adj.* unzivilisiert

inclemência *s. f.* Härte*f*, Strenge*f*

inclemente *adj.* (pessoa) unbarmherzig, hart; (clima) rau

inclinação *s. f.* 1. (de superfície) Neigung*f*; 2. *(tendência)* Hang*m*. [para, zu +dat.]

inclinado *adj.* (superfície) geneigt; (pessoa) gebückt, gebeugt; (objecto) schief, schräg

inclinar I *v. tr.* neigen, beugen; II *v. refl.* sich beugen, sich bücken

incluído *adj.* inbegriffen, eingeschlossen

incluindo *adv.* einschließlich

incluir I *v. tr.* 1. *(inserir)* einbeziehen [em, in +ac.]; (em lista) aufnehmen [em, in +ac.]; (em anexo) beilegen; 2. *(abranger)* umfassen, einschließen; II *v. refl.* sich zählen [em, zu +dat.]

inclusão *s. f.* Einschluss*m*; (em lista) Aufnahme*f*.

inclusivamente *adv.* einschließlich

inclusive *adv.* einschließlich

incoerência *s. f.* Zusammenhanglosigkeit*f*, Inkohärenz*f*

incoerente *adj.* zusammenhanglos, unzusammenhängend

incógnita *s. f.* 1. *(mistério)* Rätsel$_{nt}$; 2. MATEMÁTICA unbekannte Größe$_f$.

incógnito I *s. m.* Inkognito$_{nt}$; II *adj.* unbekannt

incolor *adj.* farblos

incólume *adj.* (pessoa) unverletzt; (objecto) heil, unversehrt

incomensurável *adj.* unermesslich, maßlos

incomodado *adj.* verärgert [com, über +*ac.*]

incomodar I *v. tr.* belästigen, stören; II *v. refl.* sich aufregen, sich ärgern [com, über +*ac.*]

incomodativo *adj.* lästig

incómodo I *s. m.* Ärgernis$_{nt}$; II *adj.* 1. *(desconfortável)* unbequem; 2. (assunto) unangenehm

incomparável *adj.* unvergleichbar, nicht zu vergleichen [a, mit +*dat.*]

incompatibilidade *s. f.* Unvereinbarkeit$_f$ [com, mit +*dat.*]

incompatível *adj.* unvereinbar [com, mit +*dat.*]; INFORMÁTICA, DIREITO inkompatibel [com, mit +*dat.*]

incompetência *s. f.* Unfähigkeit$_f$

incompetente *adj.* unfähig, inkompetent

incompleto *adj.* unvollständig; *(inacabado)* unvollendet

incomportável *adj.* unerträglich

incompreendido *adj.* unverstanden

incompreensível *adj.* unverständlich, unbegreiflich

incomunicabilidade *s. f.* DIREITO Einzelhaft$_f$

incomunicável *adj.* unerreichbar

inconcebível *adj.* undenkbar, unvorstellbar

inconciliável *adj.* unvereinbar

incondicional *adj.* bedingungslos, uneingeschränkt

inconfidência *s. f.* Verrat$_m$.

inconfundível *adj.* unverwechselbar, unverkennbar

inconsciência *s. f.* 1. MEDICINA Bewusstlosigkeit$_f$; 2. *(irresponsabilidade)* Verantwortungslosigkeit$_f$, Leichtsinn$_m$.

inconsciente I *s. m.* PSICOLOGIA Unterbewusstsein$_{nt}$; II *adj.* 1. MEDICINA bewusstlos, ohnmächtig; 2. *(irresponsável)* verantwortungslos

inconsequente *adj.* inkonsequent

inconsistente *adj.* 1. (material) nicht fest; 2. (teoria) haltlos, schwach

inconsolável *adj.* untröstlich

inconstância *s. f.* 1. METEOROLOGIA Unbeständigkeit$_f$; 2. (psicológica) Wechselhaftigkeit$_f$; Wankelmut$_m$.

inconstante *adj.* 1. *(instável)* unbeständig; 2. (psicologicamente) wechselhaft, unstet

inconstitucional *adj.* verfassungswidrig

inconstitucionalidade *s. f.* Verfassungswidrigkeit$_f$

incontável *adj.* unzählbar

incontestável *adj.* unbestreitbar, nicht zu leugnen

incontinência *s. f.* 1. MEDICINA Inkontinenz$_f$; 2. (sexual) Unenthaltsamkeit$_f$, Unkeuschheit$_f$

incontinente *adj.* 1. MEDICINA inkontinent; 2. (sexualmente) unenthaltsam, unkeusch

incontroverso *adj.* unbestreitbar

inconveniência *s. f.* Unannehmlichkeit$_f$

inconveniente I *s. m.* 1. *(desvantagem)* Nachteil$_m$; 2. *(transtorno)* Unannehmlichkeit$_f$; II *adj.* (comentário, atitude) ungebührlich, unschicklich; (pessoa) taktlos; (momento) unpassend

incorporar *v. tr.* 1. *(integrar)* eingliedern, einbinden [em, in +*ac.*]; (uma empresa) aufkaufen; 2. (um papel) verkörpern

incorpóreo *adj.* nicht körperlich

incorreção s. f. (Brasil) → incorrecção
incorrecção s. f. 1. (erro) Fehler_m; 2. (imprecisão) Ungenauigkeit_f
incorrecto adj. 1. (errado) unrichtig; 2. (impreciso) ungenau; 3. (comportamento) unhöflich
incorrer v. intr. (estar sujeito a) incorrer em alguma coisa: sich etwas zuziehen
incorreto adj. (Brasil) → incorrecto
incorrigível adj. unverbesserlich
incorruptível adj. (pessoa) unbestechlich
incrédulo I s. m. 1. (sem fé) Ungläubige_{m. e f.}; 2. (céptico) Skeptiker_m; II adj. 1. (sem fé) ungläubig; 2. (céptico) skeptisch
incrementar v. tr. steigern, erhöhen; (a economia) ankurbeln
incremento s. m. 1. (crescimento, aumento) Steigerung_f, Erhöhung_f; 2. (desenvolvimento) Entwicklung_f
incriminar v. tr. beschuldigen
incrível adj. unglaublich
incubação s. f. 1. (acção de incubar) Brüten_{nt}; (espaço de tempo) Brutzeit_f; 2. MEDICINA Inkubationszeit_f
incubadora s. f. Brutkasten_m
incubar v. tr. (vírus) in sich tragen, infiziert sein mit [+dat.]
inculto adj. 1. (pessoa) ungebildet; 2. (terreno) unbebaut, unbestellt
incumbência s. f. Zuständigkeit_f; (encargo) Auftrag_m
incumbido adj. estar incumbido de alguma coisa: für etwas zuständig sein
incumbir v. tr. beauftragen; incumbir alguém de alguma coisa: jemanden mit etwas beauftragen
incurável adj. unheilbar
incúria s. f. Nachlässigkeit_f
incursão s. f. Einfall_m [em, in +dat.]
incutir v. tr. beibringen [em, +dat.], erziehen zu [em, +ac.]

indagar v. tr. erforschen, ermitteln
indecência s. f. Unanständigkeit_f, Unschicklichkeit_f
indecente adj. 1. (pessoa) anstößig, unschicklich; 2. (acto, comentário) unverschämt; 3. (anedota) unanständig
indecifrável adj. unentzifferbar
indecisão s. f. Unentschlossenheit_f, Unschlüssigkeit_f
indeciso adj. unentschlossen, unschlüssig
indecoroso adj. unanständig, unschicklich
indeferido adj. abgelehnt
indeferimento s. m. Ablehnung_f
indeferir v. tr. ablehnen
indefeso adj. wehrlos
indefinidamente adv. auf unbestimmte Zeit
indefinido adj. GRAMÁTICA unbestimmt
indelével adj. unvergänglich
indelicadeza s. f. Unhöflichkeit_f, Taktlosigkeit_f
indelicado adj. unhöflich, taktlos [com, zu +dat.]
indemnização s. f. Entschädigung_f
indemnizar v. tr. entschädigen [por, für +ac.]
indenização s. f. (Brasil) → indemnização
indenizar v. tr. (Brasil) → indemnizar
independência s. f. 1. (país, pessoa) Unabhängigkeit_f; 2. (trabalhador) Selbstständigkeit_f
independente adj. 1. (livre) unabhängig; 2. (trabalhador) selbstständig
indescritível adj. unbeschreiblich
indesculpável adj. unverzeihlich, unentschuldbar
indesejável adj. unerwünscht
indestrutível adj. unzerstörbar
indeterminado adj. unbestimmt
indevidamente adv. 1. (impropriamente) unsachgemäß; 2. (injustamente) zu Unrecht

indevido *adj.* 1. *(impróprio)* unvorschriftsmäßig, unsachgemäß; 2. *(imerecido)* unverdient

Índia *s. f.* Indien*nt.*

indiano I *s. m.* Inder*m*; II *adj.* indisch

indicação *s. f.* 1. *(instrução)* Hinweis*m*; 2. *(indício)* Anzeichen*nt* [de, für +ac.]; 3. *(informação)* Angabe*f*

indicado *adj.* passend, geeignet [para, für +ac.]

indicador I *s. m.* 1. *(ponteiro)* Zeiger*m*; 2. (dedo) Zeigefinger*m*; II *adj.* indicador de: Hinweis...

indicar *v. tr.* 1. *(referir)* nennen, angeben; 2. *(sugerir)* empfehlen; 3. *(dar indícios de)* hinweisen auf [+ac.], zeigen; 4. INFORMÁTICA anzeigen

indicativo *s. m.* 1. GRAMÁTICA Indikativ*m*; 2. TELECOMUNICAÇÕES Vorwahl*f*

índice *s. m.* 1. (de livro) Inhaltsverzeichnis*nt*; (termos usados) Register*nt*, Index*m*; 2. MATEMÁTICA Wurzelexponent*m*

indício *s. m.* Anzeichen*nt*, Indiz*nt.* [de, für +ac.]

indiferença *s. f.* Gleichgültigkeit*f*

indiferente *adj.* gleichgültig; é-me indiferente: das ist mir gleich

indígena I *s. m. e f.* Eingeborene*m. e f*, Ureinwohner, -in*m., f*; II *adj.* eingeboren, einheimisch

indigência *s. f.* Not*f*, Bedürftigkeit*f*

indigente *adj.* bedürftig, arm

indigestão *s. f.* Verdauungsstörung*f*

indigesto *adj.* schwer verdaulich

indigitar *v. tr.* 1. *(nomear)* ernennen; 2. *(propor)* vorschlagen

indignação *s. f.* Entrüstung*f*, Empörung*f*

indignado *adj.* entrüstet, empört [com, über +ac.]

indignar I *v. tr.* empören; II *v. refl.* sich entrüsten, sich empören [com, über +ac.]

indignidade *s. f.* Unwürdigkeit*f*

indigno *adj.* unwürdig [de, +gen.]

índigo *s. m.* Indigo*m*

índio *s. m.* Indianer*m*; (América Central, do Sul) Indio*m*

indirecta *s. f. (coloq.)* Anspielung*f* [a, auf +ac.]

indirectamente *adv.* indirekt

indirecto *adj.* indirekt

indireta *s. f. (Brasil)* → indirecta

indiretamente *adv. (Brasil)* → indirectamente

indireto *adj. (Brasil)* → indirecto

indisciplina *s. f.* Disziplinlosigkeit*f*, Ungehorsam*m*

indisciplinado *adj.* undiszipliniert; *(rebelde)* ungehorsam

indiscreto *adj.* indiskret, taktlos

indiscrição *s. f.* Indiskretion*f*, Taktlosigkeit*f*

indiscriminadamente *adv.* ohne Unterschied, in gleicher Weise

indiscriminado *adj.* undifferenziert

indiscutível *adj.* unbestreitbar, indiskutabel

indispensável I *s. m.* o indispensável: das Allernötigste; II *adj.* unentbehrlich, unerlässlich

indisponível *adj.* 1. (mercadoria) nicht lieferbar; 2. (pessoa) verhindert

indispor *v. tr.* 1. *(aborrecer)* verstimmen; 2. (de saúde) nicht vertragen

indisposição *s. f.* Unpässlichkeit*f*, Unwohlsein*nt*

indisposto I *p. p. de* indispor; II *adj.* unpässlich, unwohl

indisputável *adj.* unbestreitbar, unbestritten

indissociável *adj.* untrennbar

indissolúvel *adj.* unauflöslich

indistinto *adj.* undeutlich, unklar

individual *adj.* 1. *(particular)* individuell; 2. *(separado)* Einzel..., einzeln

individualidade *s. f.* Individualität$_f$, Persönlichkeit$_f$

individualismo *s. m.* Individualismus$_m$

individualista I *s. m. e f.* Individualist, -in$_{m, f}$; II *adj.* individualistisch

individualmente *adv.* individuell

indivíduo *s. m.* 1. *(ser humano)* Individuum$_{nt}$, einzelne(r) Mensch$_m$; 2. *(coloq.) (sujeito)* Kerl$_m$

indivisível *adj.* unteilbar

índole *s. f. (carácter)* Charakter$_m$, Wesen$_{nt}$; de boa/má índole: gutartig/bösartig

indolência *s. f.* Trägheit$_f$

indolente *adj.* 1. *(preguiçoso)* träge; 2. *(apático)* teilnahmslos

indolor *adj.* schmerzlos

indomável *adj.* 1. (animal) unzähmbar; 2. (pessoa) unbezwingbar

Indonésia *s. f.* Indonesien$_{nt}$

indonésio I *s. m.* Indonesier$_m$; II *adj.* indonesisch

indubitável *adj.* unzweifelhaft

indubitavelmente *adv.* zweifellos

indução *s. f.* 1. *(persuasão)* Verleitung$_f$, Anstiftung$_f$; 2. ELECTRICIDADE, FILOSOFIA Induktion$_f$

indulgência *s. f.* 1. Nachsicht$_f$; 2. RELIGIÃO Ablass$_m$

indulgente *adj.* nachsichtig

indultar *v. tr.* DIREITO begnadigen

indulto *s. m.* 1. DIREITO Begnadigung$_f$; 2. RELIGIÃO Ablass$_m$

indumentária *s. f.* Kleidung$_f$

indústria *s. f.* Industrie$_f$; *(ofício)* Gewerbe$_{nt}$

industrial I *s. m. e f.* Industrielle$_{m. e f}$; II *adj.* industriell, Industrie...

industrialização *s. f.* Industrialisierung$_f$

industrializar *v. tr.* industrialisieren

indutivo *adj.* induktiv

induzir *v. tr.* 1. verleiten [a +inf., zu +inf./dat.]; 2. *(deduzir)* folgern

inebriar *v. tr.* berauschen

inédito *adj.* 1. (música, livro) unveröffentlicht; 2. (acontecimento) nie da gewesen

inefável *adj.* unaussprechlich, unsagbar

ineficácia *s. f.* Unwirksamkeit$_f$, Wirkungslosigkeit$_f$

ineficaz *adj.* unwirksam, wirkungslos

inegável *adj.* unleugbar, unbestreitbar

inenarrável *adj.* unbeschreiblich

inequívoco *adj.* eindeutig, unmissverständlich

inércia *s. f.* Trägheit$_f$

inerente *adj.* innewohnend, inhärent [a, +dat.]

inerte *adj. (sem movimento)* regungslos; *(sem actividade)* träge

inesgotável *adj.* unerschöpflich

inesperado *adj.* unerwartet

inesquecível *adj.* unvergesslich

inestético *adj.* unästhetisch

inestimável *adj.* unschätzbar

inevitável *adj.* unvermeidlich, unvermeidbar

inexequível *adj.* unrealisierbar, nicht praktikabel

inexistência *s. f.* Nichtvorhandensein$_{nt}$ [de, von +dat.]

inexistente *adj.* nicht vorhanden

inexorável *adj.* unerbittlich

inexperiência *s. f.* Unerfahrenheit$_f$

inexperiente *adj.* unerfahren

inexplicável *adj.* unerklärlich

inexpressivo *adj.* ausdruckslos

infalível *adj.* unfehlbar; *(coloq.)* todsicher

infame *adj.* gemein, niederträchtig

infâmia *s. f.* 1. *(vergonha)* Schande$_f$; 2. *(vileza)* Niederträcht$_f$; 3. *(calúnia)* Verleumdung$_f$

infância *s. f.* Kindheit$_f$

infantaria *s. f.* MILITAR Infanterie_f_
infantário *s. m.* Kindertagesstätte_f_, Kinderkrippe_f_
infante *s. m.* Infant_m_
infantil *adj.* 1. Kinder...; **parque infantil:** Kinderspielplatz_m_; 2. (atitude, mentalidade) kindisch, infantil
infantilidade *s. f.* Kindlichkeit_f_, Infantilität_f_
infecção *s. f.* 1. (de ferida) Entzündung_f_; 2. (contágio) Infektion_f_, Ansteckung_f_
infeccionar I *v. tr.* eine Entzündung verursachen; II *v. intr.* sich entzünden
infeccioso *adj.* ansteckend, infektiös
infectado *adj.* (pessoa) infiziert; (ferida) entzündet
infectar I *v. tr.* anstecken, infizieren; II *v. intr.* sich entzünden
infecundo *adj.* unfruchtbar
infelicidade *s. f.* Unglück_nt_
infeliz I *s. m. e f.* Unglückliche_m. e f_; II *adj.* unglücklich
infelizmente *adv.* leider, unglücklicherweise
inferior *adj.* 1. (nível, temperatura) niedriger, tiefer; (qualidade) minderwertig; (quantidade) geringer; 2. (espaço, hierarquia) untere(r, s)
inferioridade *s. f.* Unterlegenheit_f_
inferiorizar *v. tr.* (pessoa) erniedrigen; (trabalho) herabwürdigen
inferir *v. tr.* folgern [de, aus +dat.], schließen [de, aus +dat.]
infernal *adj.* höllisch; **um barulho infernal:** ein Höllenlärm
infernizar *v. tr.* quälen; **infernizar a vida a alguém:** jemandem das Leben zur Hölle machen
inferno *s. m.* Hölle_f_
infértil *adj.* unfruchtbar
infertilidade *s. f.* Unfruchtbarkeit_f_
infestar *v. tr.* verpesten, verseuchen

infetado *adj.* (Brasil) → infectado
infetar *v. tr. e intr.* (Brasil) → infectar
infidelidade *s. f.* Untreue_f_
infiel I *s. m. e f.* RELIGIÃO Ungläubige_m. e f_; II *adj.* untreu [a, +dat.]
infiltração *s. f.* 1. (de líquido, gás) Eindringen_nt_; 2. (de pessoa) Einschleusung_f_
infiltrar-se *v. refl.* 1. (líquido, gás, cheiro) eindringen [em, in +ac.]; 2. (pessoa) sich einschleusen [em, in +ac.]
ínfimo *adj.* unterste(r, s), niedrigste(r, s)
infindável *adj.* endlos, unendlich
infinidade *s. f.* Unendlichkeit_f_; **uma infinidade de coisas:** eine Unmenge von Sachen
infinitamente *adv.* 1. (sem fim) unendlich; 2. (extraordinariamente) außerordentlich
infinitivo *s. m.* GRAMÁTICA Infinitiv_m_
infinito I *s. m.* Unendliche_nt_; II *adj.* unendlich, endlos
inflação *s. f.* ECONOMIA Inflation_f_
inflamação *s. f.* MEDICINA Entzündung_f_
inflamado *adj.* MEDICINA entzündet
inflamar *v. intr.* MEDICINA sich entzünden
inflamatório *adj.* MEDICINA entzündlich
inflamável *adj.* leicht entzündbar, leicht brennbar
inflar *v. tr.* aufblasen
inflexível *adj.* 1. (material) unbiegsam; 2. (pessoa) unflexibel, unnachgiebig
infligir *v. tr.* (castigo) auferlegen [a, +dat.]; (dor) zufügen [a, +dat.]
influência *s. f.* Einfluss_m_
influenciar *v. tr.* beeinflussen
influenciável *adj.* beeinflussbar
influente *adj.* einflussreich
influir *v. intr.* influir em/ sobre: beeinflussen, Einfluss haben auf [+ac.]
influxo *s. m.* Zufluss_m_, Zustrom_m_
informação *s. f.* 1. Auskunft_f_, Information_f_ [sobre, über +ac.]; 2. *pl.* **informações:** TELECOMUNICAÇÕES Auskunft_f_

informado *adj.* informiert; estar informado: Bescheid wissen

informar I *v. tr.* informieren [de/sobre, über +ac.]; II *v. refl.* sich erkundigen [sobre, nach +dat.], sich informieren [sobre, über +ac.]

informática *s. f.* Informatik$_f$

informático I *s. m.* Informatiker$_m$; II *adj.* Informatik...

informativo *adj.* informativ

infortúnio *s. m.* Unglück$_{nt}$

infração *s. f. (Brasil)* → infracção

infracção *s. f.* (lei, regra) Verstoß$_m$; (contrato) Bruch$_m$

infractor *s. m.* Zuwiderhandelnde$_{m.\ e\ f.}$

infra-estrutura *s. f.* Infrastruktur$_f$

infrator *s. m. (Brasil)* → infractor

infravermelho *adj.* infrarot

infringir *v. tr.* verstoßen gegen [+ac.]

infrutífero *adj.* vergeblich, erfolglos

infundado *adj.* unbegründet

infundir *v. tr.* (respeito) einflößen

infusão *s. f.* 1. (com água a ferver) Aufguss$_m$; 2. (bebida) Kräutertee$_m$

ingenuidade *s. f.* Naivität$_f$

ingénuo *adj.* naiv

ingerência *s. f.* Einmischung$_f$

ingerir *v. tr.* (alimento) zu sich nehmen; (medicamento) einnehmen

ingestão *s. f.* (de alimento) Essen$_{nt}$; (de medicamento) Einnahme$_f$

Inglaterra *s. f.* England$_{nt}$

inglês I *s. m.* Engländer$_m$; II *adj.* englisch

inglório *adj.* unrühmlich, ruhmlos

ingratidão *s. f.* Undankbarkeit$_f$

ingrato *adj.* undankbar

ingrediente *s. m.* Zutat$_f$

íngreme *adj.* steil, abschüssig

ingressar *v. intr.* (em organização) eintreten [em, in +ac.], beitreten [em, +dat.]

ingresso *s. m.* (acção de ingressar) Eintritt$_m$ [em, in +ac.]; (em organização) Beitritt$_m$ [em, zu +dat.]; (na escola) Einschulung$_f$

inibição *s. f.* PSICOLOGIA Hemmung$_f$

inibido *adj.* gehemmt

inibir *v. tr.* 1. *(impedir)* verhindern; 2. *(embaraçar)* hemmen

inibitivo *adj.* hemmend

iniciação *s. f.* 1. (em actividade) Einführung$_f$ [em, in +ac.]; 2. (nível de conhecimentos) Grundstufe$_f$

inicial I *s. f.* Anfangsbuchstabe$_m$; II *adj.* anfänglich, Anfangs...

inicialmente *adv.* zu Beginn, anfangs

iniciar I *v. tr.* 1. anfangen, beginnen; INFORMÁTICA starten; 2. (actividade) einweisen, einarbeiten [em, in +ac.]; II *v. refl.* sich vertraut machen [em, mit +dat.], sich einarbeiten [em, in +ac.]

iniciativa *s. f.* Initiative$_f$; tomar a iniciativa: die Initiative ergreifen

início *s. m.* Beginn$_m$, Anfang$_m$

inigualável *adj.* unvergleichlich

inimaginável *adj.* unvorstellbar

inimigo I *s. m.* Feind$_m$; II *adj.* feindlich

inimitável *adj.* unnachahmlich

inimizade *s. f.* Feindschaft$_f$

ininteligível *adj.* unverständlich

ininterruptamente *adv.* ununterbrochen

ininterrupto *adj.* ununterbrochen

injeção *s. f. (Brasil)* → injecção

injecção *s. f.* 1. MEDICINA Spritze$_f$; 2. ENGENHARIA Injektion$_f$; 3. *(coloq.)* (conversa) (ewiges) Gerede$_{nt}$

injectar I *v. tr.* spritzen, injizieren; II *v. refl.* sich spritzen

injetar *v. tr. e refl. (Brasil)* → injectar

injúria *s. f.* Beleidigung$_f$

injuriar *v. tr.* beleidigen

injurioso *adj.* beleidigend

injustiça *s. f.* Ungerechtigkeit*f*; cometer uma injustiça: ungerecht handeln
injustificado *adj.* ungerechtfertigt
injusto *adj.* ungerecht
in loco *loc. adv.* vor Ort
inocência *s. f.* 1. *(sem culpa)* Unschuld*f*; 2. *(ingenuidade)* Naivität*f*
inocente *adj.* 1. *(sem culpa)* unschuldig; 2. *(ingénuo)* naiv
inócuo *adj.* unschädlich, harmlos
inodoro *adj.* geruchlos
inofensivo *adj.* harmlos
inoportuno *adj.* unangebracht; (temporal) ungelegen
inorgânico *adj.* anorganisch
inóspito *adj.* 1. *(povo, país)* ungastlich; 2. *(clima)* unwirtlich, rau
inovação *s. f.* Neuerung*f*, Innovation*f*
inovador *adj.* innovativ
inovar *v. tr.* Neuerungen einführen in [+dat.], erneuern
inoxidável *adj.* nicht rostend, rostfrei
inqualificável *adj.* unaussprechlich, unglaublich; *(vergonhoso)* unverschämt
inquebrável *adj.* unzerbrechlich
inquérito *s. m.* Umfrage*f*; DIREITO Verhör*nt*
inquestionável *adj.* unbestritten, unbestreitbar
inquietação *s. f.* Unruhe*f*; *(excitação)* Aufregung*f*
inquietante *adj.* beunruhigend
inquietar I *v. tr.* beunruhigen; II *v. refl.* beunruhigt sein
inquieto *adj.* unruhig
inquilino *s. m.* Mieter*m*
inquirir *v. tr.* untersuchen
insaciável *adj.* unersättlich; *(fome)* unstillbar
insano *adj.* verrückt, wahnsinnig
insatisfação *s. f.* Unzufriedenheit*f*

insatisfatório *adj.* unbefriedigend
insatisfeito *adj.* unzufrieden [com, mit +dat.]
inscrever I *v. tr.* 1. *(em curso, escola)* anmelden; 2. *(numa lista)* eintragen; II *v. refl.* *(em curso, escola)* sich anmelden [em, für +ac.]; *(na universidade)* sich einschreiben [em, für +ac.]
inscrição *s. f.* 1. *(epígrafe)* Inschrift*f*; 2. *(em curso, escola)* Anmeldung*f* [em, für +ac.]; *(na universidade)* Einschreibung*f* [em, für +ac.]; 3. *(numa lista)* Eintragung*f*
inscrito I *p. p. de* inscrever; II *adj.* angemeldet [em, für +ac.]; *(na universidade)* eingeschrieben [em, für +ac.]
insecticida *s. m.* Insektizid*nt*, Insektenbekämpfungsmittel*nt*
insecto *s. m.* ZOOLOGIA Insekt*nt*
insegurança *s. f.* Unsicherheit*f*
inseguro *adj.* unsicher
inseminação *s. f.* Befruchtung*f*; *(animal)* Besamung*f*
inseminar *v. tr.* befruchten; *(animal)* besamen
insensatez *s. f.* 1. *(característica)* Unvernunft*f*; 2. *(acção)* Unsinn*m*
insensato *adj.* unvernünftig
insensibilidade *s. f.* *(sentimental)* Gefühllosigkeit*f*; *(física)* Unempfindlichkeit*f*
insensível *adj.* gefühllos; ser insensível a alguma coisa: unempfindlich gegen etwas sein
inseparável *adj.* untrennbar, unzertrennlich
inserção *s. f.* Einfügen*nt* [em, in +ac.]; *(de disquete)* Einlegen*nt* [em, in +ac.]; *(de moeda)* Einwurf*m* [em, in +ac.]
inserir I *v. tr.* einfügen [em, in +ac.]; *(disquete)* einlegen [em, in +ac.]; *(moeda)* einwerfen [em, in +ac.]; II *v. refl.* *(introduzir-se)* sich eingliedern, sich einfügen

inseticida s. m. (Brasil) → insecticida
inseto s. m. (Brasil) Insekt_nt._
insígnia s. f. Abzeichen_nt_
insignificância s. f. 1. Bedeutungslosigkeit_f_, Unwichtigkeit_f_; 2. (ninharia) Kleinigkeit_f_
insignificante adj. unbedeutend, bedeutungslos; (sem importância) unwichtig
insinuação s. f. Anspielung_f_, Andeutung_f_
insinuante adj. (atitude) einschmeichelnd; (roupa) verführerisch
insinuar I v. tr. andeuten, anspielen auf [+ac.]; II v. refl. sich einschmeicheln
insípido adj. 1. (comida) geschmacklos, fade; 2. (monótono) langweilig, fade
insistência s. f. Beharrlichkeit_f_, Hartnäckigkeit_f_
insistente adj. 1. (pessoa) beharrlich; (obstinado) hartnäckig; 2. (pedido) nachdrücklich
insistir v. tr. 1. (pressionar) drängen [em, auf +ac.]; 2. (fazer questão) bestehen [em, auf +dat.]
insociável adj. ungesellig, menschenscheu
insofismável adj. unleugbar
insolação s. f. MEDICINA Sonnenstich_m_, Insolation_f_
insolência s. f. Frechheit_f_, Unverschämtheit_f_
insolente adj. frech, ausfallend
insólito adj. ungewöhnlich; (extraordinário) außergewöhnlich
insolúvel adj. unlöslich
insónia s. f. Schlaflosigkeit_f_
insosso adj. 1. (sem sal) salzlos; (com pouco sal) fade; 2. (coloq., pej.) (pessoa) fade, langweilig
inspeção s. f. (Brasil) → inspecção
inspecção s. f. 1. (vistoria) Inspektion_f_; (fiscalização) Aufsicht_f_, Kontrolle_f_; 2. (exame) Prüfung_f_, Untersuchung_f_; 3. MILITAR Musterung_f_; 4. (vigilância) Überwachung_f_
inspeccionar v. tr. 1. (vistoriar) inspizieren; (fiscalizar) kontrollieren; 2. (examinar) prüfen, untersuchen; 3. MILITAR mustern; 4. (vigiar) überwachen
inspecionar v. tr. (Brasil) → inspeccionar
inspector s. m. (da policia) Inspektor_m._; (fiscal) Aufsichtsbeamte_m_
inspetor s. m. (Brasil) → inspector
inspiração s. f. 1. (respiração) Einatmung_f_; 2. (espiritualmente) Inspiration_f_, Eingebung_f_
inspirar I v. tr. 1. (espiritualmente) inspirieren; 2. (confiança) einflößen; II v. intr. einatmen; III v. refl. sich inspirieren lassen [em, von +dat.]
instabilidade s. f. 1. PSICOLOGIA Labilität_f_; 2. ECONOMIA, POLÍTICA Instabilität_f_
instalação s. f. 1. (de máquina) Aufbau_m_, Montage_f_; INFORMÁTICA Installierung_f_, Installation_f_; 2. (de aparelhos) Anlage_f_; instalação eléctrica: elektrische Leitungen; 3. pl. **instalações**: Einrichtungen_pl_, Anlagen_pl_
instalar I v. tr. (máquina) aufstellen, montieren; INFORMÁTICA installieren; (gás, água, luz) legen; II v. refl. (numa cidade) sich niederlassen; (bactéria) sich einnisten
instância s. f. DIREITO Instanz_f_
instantâneo I s. m. FOTOGRAFIA Schnappschuss_m_; II adj. 1. (imediato) sofortig; 2. (repentino) plötzlich; 3. (pudim, mousse) instant
instante I s. m. Augenblick_m_; II adj. 1. (pertinaz) inständig; 2. (urgente) dringend
instar I v. tr. inständig/eindringlich bitten um [+ac.]; II v. intr. **instar com alguém**: jemanden inständig bitten
instauração s. f. (de sistema) Errichtung_f_; (de política) Einführung_f_

instaurar v. tr. 1. (sistema) errichten; (política) einführen; 2. DIREITO (processo) einleiten

instável adj. 1. ECONOMIA, POLÍTICA instabil, labil; 2. (pessoa) launisch; 3. (tempo) wechselhaft, unbeständig

instigar v. tr. 1. (greve, revolta) anzetteln; 2. (estimular) anstiften

instintivo adj. instinktiv

instinto s. m. Instinkt$_m$, Trieb$_m$.

instituição s. f. Einrichtung$_f$, Institution$_f$; instituição bancária: Geldinstitut$_{nt}$

instituir v. tr. 1. (fundar) einführen; 2. (fixar) festsetzen, festlegen

instituto s. m. Institut$_{nt}$; instituto de línguas: Sprachinstitut$_{nt}$; Instituto Superior Técnico: Technische Hochschule$_f$

instrução s. f. 1. (educação) Ausbildung$_f$; (ensino) Lehre$_f$, Unterricht$_m$; instrução primária: Grundschulunterricht$_m$; 2. (saber) Bildung$_f$; 3. MILITAR Ausbildung$_f$, Drill$_m$; 4. pl. **instruções**: Anweisungen$_{pl}$; (de funcionamento) Anleitung$_f$

instruído adj. gebildet

instruir v. tr. (educar) ausbilden; (ensinar) lehren, unterrichten

instrumental adj. MÚSICA instrumental

instrumentista s. m. e f. Instrumentalist$_m$

instrumento s. m. 1. MÚSICA Instrument$_{nt}$, Musikinstrument$_{nt}$; 2. (ferramenta) Werkzeug$_{nt}$; (aparelho) Gerät$_{nt}$, Instrument$_{nt}$; 3. (meio) Mittel$_{nt}$, Instrument$_{nt}$

instrutivo adj. instruktiv, lehrreich

instrutor s. m. DESPORTO Trainer$_m$; MILITAR Ausbilder$_m$; (de condução) Fahrlehrer$_m$

insubmissão s. f. (desobediência) Ungehorsam$_m$; (rebeldia) Aufsässigkeit$_f$

insubmisso adj. (desobediente) ungehorsam; (rebelde) rebellisch, aufrührerisch

insubordinado adj. aufsässig

insubornável adj. unbestechlich

insubstituível adj. unersetzlich, unersetzbar

insucesso s. m. Misserfolg$_m$.

insuficiência s. f. Unzulänglichkeit$_f$; Schwäche$_f$

insuficiente adj. ungenügend, unzureichend; (nota) mangelhaft

insuflar v. tr. aufblasen

insuflável adj. aufblasbar

insular adj. insular, Insel...

insulina s. f. BIOLOGIA Insulin$_{nt}$

insultar v. tr. beschimpfen; (ofender) beleidigen

insulto s. m. Beschimpfung$_f$; (ofensa) Beleidigung$_f$

insuperável adj. 1. (dificuldade) unüberwindbar; 2. (qualidade) unübertrefflich

insuportável adj. unerträglich

insurgir-se v. refl. sich erheben [contra, gegen +ac.]

insurrecto adj. ungezogen, aufsässig

insurreição s. f. Aufstand$_m$

insurreto adj. (Brasil) → insurrecto

insuspeito adj. unverdächtig

insustentável adj. unhaltbar

intacto adj. unberührt, intakt

intangível adj. unerreichbar

intato adj. (Brasil) → intacto

íntegra loc. adv. na íntegra: vollkommen, vollständig

integração s. f. Integration$_f$ [em, in +ac.]

integral adj. 1. (completo) vollständig, ganz; 2. CULINÁRIA Vollkorn...; pão integral: Vollkornbrot$_{nt}$

integrante adj. integrierend; ser parte integrante de alguma coisa: Bestandteil von etwas sein

integrar I v. tr. integrieren, eingliedern [em, in +ac.]; II v. refl. sich integrieren [em, in +ac.]

integridade s. f. (física) Unversehrtheit$_f$; (moral) Rechtschaffenheit$_f$, Integrität$_f$

íntegro *adj.* (pessoa) integer, rechtschaffen

inteiramente *adv.* völlig

inteirar I *v. tr.* in Kenntnis setzen, informieren; II *v. refl.* erfahren [de, von +dat.]

inteiriço *adj.* aus einem Stück gefertigt

inteiro *adj.* 1. (não partido) ganz; 2. (completo) vollständig

intelecto *s. m.* Verstand_m_, Intellekt_m_.

intelectual I *s. m. e f.* Intelektuelle_m. e f.;_ II *adj.* intellektuell

inteligência *s. f.* Intelligenz_f_.

inteligente *adj.* intelligent

inteligível *adj.* verständlich; (som) deutlich hörbar

intempérie *s. f.* METEOROLOGIA Unwetter_nt._

intempestivo *adj.* 1. (impulsivo) impulsiv; 2. (inesperado) unerwartet; (súbito) plötzlich

intenção *s. f.* Absicht_f_; **com segundas intenções:** mit Hintergedanken

intencionado *adj.* **bem intencionado:** wohlgemeint; **mal intencionado:** bösartig

intencional *adj.* absichtlich, vorsätzlich

intendência *s. f.* Verwaltung_f._

intendente *s. m. e f.* Leiter_m._

intensidade *s. f.* Stärke_f_, Intensität_f_.

intensificar I *v. tr.* verstärken, intensivieren; II *v. refl.* (calor, trânsito) zunehmen, stärker werden; (tensão) steigen; (contacto) intensiver werden

intensivo *adj.* intensiv

intenso *adj.* 1. (dor, cheiro) stark, intensiv; (luz) hell; 2. (comércio, tráfego) lebhaft

intento *s. m.* Absicht_f._

interação *s. f.* (Brasil) → interacção

interacção *s. f.* Interaktion_f_, [entre, zwischen +dat.]

interactivo *adj.* interaktiv

interativo *adj.* (Brasil) → interactivo

intercalar *v. tr.* einfügen, einschieben [com, in +ac.]

intercâmbio *s. m.* Austausch_m._

interceder *v. tr.* sich einsetzen [por, für +ac.]

interceptar *v. tr.* (carta) abfangen; (chamada) abhören; (conversa, emissão) unterbrechen

intercidades *s. m. inv.* Intercityzug_m._

intercomunicador *s. m.* Lautsprecheranlage_f_; (na campainha) Sprechanlage_f_.

intercontinental *adj.* interkontinental

interdição *s. f.* Verbot_nt._

interdisciplinar *adj.* interdisziplinär

interditar *v. tr.* untersagen [a, +dat.], verbieten [a, +dat.]

interdito *adj.* verboten

interessado I *s. m.* Interessent_m_; II *adj.* interessiert; **ser interessado:** wissbegierig sein, aufgeschlossen sein

interessante *adj.* interessant

interessar I *v. tr.* interessieren; II *v. refl.* sich interessieren [por, für +ac.]

interesse *s. m.* 1. Interesse_nt_; 2. (egoísta) Nutzen_m._

interesseiro *adj.* eigennützig, berechnend

interface *s. f.* INFORMÁTICA Schnittstelle_f._

interferência *s. f.* (ruído) Störung_f_, Interferenz_f._

interferir *v. intr.* 1. (ter interferência) Einfluss haben [em, auf +ac.], beeinflussen [em, +ac.]; 2. (intrometer-se) sich einmischen [em, in +ac.]

interino *adj.* POLÍTICA Interims...

interior I *s. m.* 1. (parte de dentro) Innere_nt_; (lado de dentro) Innenseite_f_; 2. (país) Inland_nt_; (centro) Landesinnere_nt_; II *adj.* inner, Innen...

interiorizar *v. tr.* verinnerlichen

interjeição *s. f.* GRAMÁTICA Interjektion_f._

interligado adj. zusammenhängend
interlocutor s. m. Gesprächspartner_m.
intermediário I s. m. Vermittler_m; ECONOMIA Zwischenhändler_m; II adj. vermittelnd
intermédio I s. m. por intermédio de alguém: durch jemandes Vermittlung; II adj. mittlere(r, s)
interminável adj. endlos, unendlich
intermitente adj. mit Unterbrechungen; (luz) blinkend
internacional adj. international
internado adj. eingeliefert; estar internado: im Krankenhaus liegen
internamento s. m. (hospital) Einlieferung_f [em, in +ac.]; (hospício) Einweisung_f [em, in +ac.]
internar v. tr. (colégio) schicken [em, auf +ac.]; (hospital) einliefern [em, in +ac.]; (hospício) einweisen [em, in +ac.]
internato s. m. Internat_nt.
Internet s. f. INFORMÁTICA Internet_nt.
interno adj. 1. (interior) innere(r, s); 2. (aluno) intern; 3. (comércio) Binnen...
interpelação s. f. Interpellation_f, (parlamentarische) Anfrage_f
interpelar v. tr. 1. (dirigir-se a) sich wenden an [+ac.]; 2. (interromper) unterbrechen; 3. POLÍTICA interpellieren
interpor v. tr. DIREITO (recurso) einlegen
interposto p. p. de interpor
interpretação s. f. 1. (de texto, situação) Deutung_f, Interpretation_f; 2. (de papel) Darstellung_f; (de música) Interpretation_f; 3. (de línguas) Dolmetschen_nt
interpretar v. tr. 1. (texto, situação) deuten, interpretieren [como, als +ac.]; 2. (papel) darstellen; (música) interpretieren; 3. (língua) dolmetschen
intérprete s. m. e f. 1. (línguas) Dolmetscher_m; 2. (de papel) Darsteller_m; (de música) Interpret_m.

interregno s. m. Unterbrechung_f
interrogação s. f. 1. (pergunta) Frage_f; 2. (interrogatório) Vernehmung_f, Verhör_f
interrogar v. tr. befragen; (testemunhas) vernehmen, verhören
interrogatório s. m. Verhör_nt, Vernehmung_f
interromper v. tr. 1. (processo) unterbrechen; (definitivamente) abbrechen; 2. (pessoa) unterbrechen
interrupção s. f. Unterbrechung_f; (definitiva) Abbruch_m.
interruptor s. m. ELECTRICIDADE Schalter_m.
interseção s. f. (Brasil) → intersecção
intersecção s. f. MATEMÁTICA Schnittpunkt_m.
intersectar v. tr. MATEMÁTICA den Schnittpunkt bestimmen von [+dat.]
intersetar v. tr. (Brasil) → intersectar
interurbano adj. TELECOMUNICAÇÕES serviço interurbano: Inlandsverbindungen_pl; chamada interurbana: Ferngespräch_nt.
intervalo s. m. 1. (de tempo) Zeitspanne_f, Zeitraum_m; 2. (pausa) Pause_f, Unterbrechung_f; 3. (distância) Abstand_m, Zwischenraum_m
intervenção s. f. 1. (interferência) Eingreifen_nt; 2. MEDICINA Eingriff_m, Operation_f; 3. MILITAR Intervention_f.
interveniente s. m. e f. 1. (participante) Teilnehmer_m; 2. (intermediário) Vermittler_m
intervir v. intr. 1. (conversa, debate) teilnehmen [em, an +dat.]; 2. (agir) eingreifen, intervenieren; (polícia) einschreiten
intestinal adj. Darm...
intestino s. m. ANATOMIA Darm_m.
intimação s. f. Aufforderung_f; DIREITO Vorladung_f
intimamente adv. im Vertrauen; estar intimamente relacionado com alguma coisa: mit etwas eng verbunden sein
intimar v. tr. auffordern; DIREITO vorladen
intimidade s. f. Intimität_f

intimidar I v. tr. einschüchtern; II v. refl. sich einschüchtern lassen [com, von +dat.]

íntimo I s. m. Innerste$_{nt}$; II adj. 1. (vida, assunto) privat, intim; 2. (amigo) eng

intitular I v. tr. betiteln; II v. refl. den Titel tragen

intolerância s. f. Intoleranz$_f$

intolerante adj. intolerant

intolerável adj. 1. (inadmissível) untragbar; 2. (insuportável) unerträglich

intoxicação s. f. Vergiftung$_f$

intoxicar I v. tr. vergiften; II v. refl. sich vergiften

intraduzível adj. unübersetzbar

intragável adj. 1. (comida) ungenießbar; 2. (insuportável) unerträglich

intramuscular adj. intramuskulär

intranquilo s. f. unruhig

intransigência s. f. Unnachgiebigkeit$_f$

intransigente adj. unnachgiebig

intransitável adj. unpassierbar; (de carro) nicht befahrbar

intransitivo adj. GRAMÁTICA intransitiv

intransmissível adj. unübertragbar

intransponível adj. unüberwindbar

intratável adj. unfreundlich, mürrisch

intravenoso adj. intravenös

intriga s. f. Intrige$_f$

intrigado adj. neugierig

intrigante adj. 1. (com intrigas) intrigant; 2. (assunto) interessant, spannend

intrigar I v. tr. neugierig machen; II v. intr. intrigieren

intriguista s. m. Intrigant$_m$

intrínseco adj. 1. (interior) innerlich; 2. (inerente) innewohnend, eigen; 3. (essencial) wesentlich

introdução s. f. 1. (de sistema) Einführung$_f$; (de disquete) Einlegen$_{nt}$; (de moeda) Einwurf$_m$; 2. (de texto, discurso) Einleitung$_f$

introduzir I v. tr. 1. (sistema) einführen [em, in +ac.]; (mão, chave) hineinstecken [em, in +ac.]; (disquete) einlegen [em, in +ac.]; (moeda) einwerfen [em, in +ac.]; 2. (tema) einführen in [+ac.]; II v. refl. eindringen [em, in +ac.]

intrometer-se v. refl. sich einmischen [em, in +ac.]

intrometido adj. zudringlich, aufdringlich

intromissão s. f. Einmischung$_f$

introspeção s. f. (Brasil) → introspecção

introspecção s. f. PSICOLOGIA Selbstbeobachtung$_f$

introvertido adj. introvertiert, verschlossen

intrujão s. m. Schwindler$_m$, Gauner$_m$

intrujar v. tr. anschwindeln, reinlegen

intrujice s. f. Betrügerei$_f$, Gaunerei$_f$

intruso s. m. Eindringling$_m$

intuição s. f. Intuition$_f$

intuitivo adj. intuitiv

intuito s. m. 1. (intenção) Absicht$_f$; 2. (propósito) Zweck$_m$

inultrapassável adj. unüberwindbar

inúmero adj. unzählig

inundação s. f. Überschwemmung$_f$

inundado adj. 1. (água) überschwemmt, überflutet; 2. (cheio) überschwemmt

inundar v. tr. 1. (água) überschwemmen, überfluten; 2. (encher) überfluten

inusitado adj. ungewöhnlich

inútil adj. 1. (pessoa) unnütz; 2. (objecto) unnütz, unbrauchbar; 3. (acção) zwecklos, nutzlos; (tentativa) vergeblich

inutilizado adj. estar inutilizado: (objecto) zerstört sein, kaputt sein; (bilhete) entwertet sein; (pessoa) arbeitsunfähig sein

inutilizar v. tr. (objecto) zerstören; (bilhete) entwerten; (cartão) beschädigen

invadir v. tr. 1. (casa) eindringen in [+ac.]; MILITAR einfallen in [+ac.], einmarschieren in [+ac.]; 2. (água) überfluten, überschwemmen; 3. (sentimento) überkommen

invalidar v. tr. für ungültig erklären

invalidez s. f. MEDICINA Invalidität*f*.

inválido I s. m. Invalide*m. e f.*; II adj. 1. (pessoa) invalide, arbeitsunfähig; 2. (documento) ungültig

invariável I s. f. MATEMÁTICA Konstante*f*; II adj. unveränderlich

invasão s. f. (de casa) Eindringen*nt*; MILITAR Einfall*m* [de, in +dat.], Invasion*f*.

invasor s. m. MILITAR Invasor*m*, Eroberer*m*.

inveja s. f. Neid*m*; ter inveja de alguém: auf jemanden neidisch sein

invejar v. tr. (pessoa) beneiden; (objecto) neidisch sein auf [+ac.]; invejar alguma coisa a alguém: jemanden um etwas beneiden

invejável adj. beneidenswert

invejoso I s. m. Neider*m*; II adj. neidisch

invenção s. f. Erfindung*f*.

invencível adj. 1. (inimigo) unbesiegbar; 2. (obstáculo) unüberwindbar

inventar v. tr. erfinden

inventariação s. f. Inventur*f*.

inventariar v. tr. Inventur machen von [+dat.]

inventário s. m. 1. (rol) Inventar*nt*, Bestandsverzeichnis*nt*; 2. (inventariação) Inventur*f*

inventivo adj. erfinderisch

invento s. m. Erfindung*f*.

inventor s. m. Erfinder*m*.

Inverno s. m. Winter*m*.

inverosímil adj. 1. (improvável) unwahrscheinlich; 2. (inacreditável) unglaubwürdig

inverossímil adj. (Brasil) → inverosímil

inversão s. f. Umkehrung*f*; GRAMÁTICA Umstellung*f*.

inverso I s. m. Gegenteil*nt*; II adj. 1. (ordem) umgekehrt; 2. (oposto) entgegengesetzt

invertebrado adj. ZOOLOGIA wirbellos

inverter v. tr. umkehren, umdrehen; GRAMÁTICA umstellen

invertido adj. umgekehrt

invés loc. adv. ao invés de: statt, anstatt

investida s. f. MILITAR Angriff*m*, Überfall*m* [sobre, auf +ac.]

investidor s. m. Investor*m*.

investigação s. f. Erforschung*f*, Untersuchung*f*; investigação científica: Forschung*f*; investigação policial: polizeiliche Ermittlung*f*.

investigador s. m. Forscher*m*; investigador científico: Wissenschaftler*m*.

investigar v. tr. untersuchen, erforschen; (polícia) ermitteln

investimento s. m. Investition*f*.

investir I v. tr. 1. (dinheiro) anlegen, investieren [em, in +ac.]; 2. (tempo) investieren [em, in +ac.], aufwenden [em, für +ac.]; II v. intr. angreifen, überfallen [contra, +ac.]

inveterado adj. leidenschaftlich

inviável adj. undurchführbar, nicht praktikabel

invicto adj. unbesiegt

inviolável adj. (código) unverletzbar, unantastbar

invisível adj. unsichtbar

invisual I s. m. e f. Blinde*m. e f.*; II adj. blind

invocar v. tr. (razão) anführen, vorbringen

invólucro s. m. Hülle*f*.

involuntário adj. unabsichtlich, unbeabsichtigt; (homicídio) fahrlässig

invulgar adj. ungewöhnlich, außergewöhnlich

iodo s. m. QUÍMICA Jod*nt*.

ioga s. m. Yoga*nt*.

iogurte s. m. Joghurt*m*, Jogurt*m*.

ípsilon s. m. Ypsilon*nt*.

ir I v. intr. 1. gehen; (com transporte) fahren; (partir) abfahren; **ir a pé**: zu Fuß gehen; **ir embora**: weggehen; **já vou!**: ich komme schon!; 2. (dirigir-se) sich begeben (a, zu +dat.], gehen (a, zu +dat.]; 3. (estar, passar) laufen, gehen; **como vais?**: wie geht es dir?; II v. refl. **ir-se** (embora): weggehen, gehen

ira s. f. Zorn_m_, Wut_f._

Irã s. m. (Brasil) Iran_m._

irado adj. zornig, wütend

iraniano I s. m. Iraner_m_; II adj. iranisch

Irão s. m. Iran_m._

Iraque s. m. Irak_m._

iraquiano I s. m. Iraker_m_; II adj. irakisch

irascível adj. reizbar, jähzornig

IRC s. m. [abrev. de Imposto sobre o Rendimento de Pessoas Colectivas] Körperschaftssteuer_f._

íris s. f. Iris_f_

Irlanda s. f. Irland_nt._

irlandês I s. m. Ire_m_; II adj. irisch

irmã s. f. Schwester_f._

irmão s. m. Bruder_m_; **irmão gémeo**: Zwillingsbruder_m_; **irmãos**: Geschwister_pl._

ironia s. f. Ironie_f._

ironicamente adv. ironisch

irónico adj. ironisch

irra interj. zum Donnerwetter!

irracional adj. irrational, unvernünftig

irracionalidade s. f. Irrationalität_f_, Unvernunft_f_

irradiação s. f. Ausstrahlung_f._

irradiar v. tr. ausstrahlen

irreal adj. irreal, unwirklich

irreconciliável adj. unversöhnlich

irreconhecível adj. unerkennbar, nicht wieder zu erkennen

irrecuperável adj. unwiederbringbar

irrecusável adj. nicht zurückzuweisen, nicht ablehnbar

irredutível adj. (pessoa) unbeugsam, kompromisslos

irreflectido adj. unüberlegt, unbedacht

irrefletido adj. (Brasil) → irreflectido

irrefutável adj. unumstößlich, unwiderlegbar

irregular adj. 1. unregelmäßig; 2. (superfície) uneben

irregularidade s. f. 1. Unregelmäßigkeit_f_; 2. (de superfície) Unebenheit_f_; 3. (falha, diferença) Unstimmigkeit_f_

irrelevante adj. unerheblich, irrelevant

irremediável adj. 1. (situação) nicht wieder gutzumachen; 2. (pessoa) unverbesserlich

irremissível adj. unverzeihlich, unentschuldbar

irreparável adj. 1. (estrago) unersetzlich; 2. (situação, erro) nicht wieder gutzumachen

irrepreensível adj. einwandfrei, tadellos

irrequieto adj. unruhig

irresoluto adj. unentschlossen, unschlüssig

irrespirável adj. stickig

irresponsabilidade s. f. Unverantwortlichkeit_f_

irresponsável adj. unverantwortlich, verantwortungslos

irreverência s. f. Respektlosigkeit_f_

irreverente adj. respektlos

irrevogável adj. unwiderruflich, endgültig

irrigação s. f. (de terreno, jardim) Bewässerung_f._

irrigar v. tr. (terreno, jardim) bewässern

irrisório adj. lächerlich

irritabilidade s. f. Reizbarkeit_f_

irritação s. f. 1. (sentimento) Verärgerung_f_, Aufregung_f_; 2. (da pele) Reizung_f_, Ausschlag_m._

irritadiço adj. reizbar

irritado *adj.* 1. (pessoa) verärgert; 2. (pele) gereizt

irritante *adj.* ärgerlich

irritar I *v. tr.* 1. (pessoa) verärgern, reizen; 2. (pele) reizen; II *v. refl.* ärgerlich werden, sich aufregen

irromper *v. intr.* (gewaltsam) eindringen [em, in +ac.; por, durch +ac.]

IRS *s. m.* [*abrev. de* Imposto sobre o Rendimento de Pessoas Singulares] Einkommensteuer_f_

isca *s. f.* → isco

isco *s. m.* Köder_m_; morder o isco: anbeißen

isenção *s. f.* Befreiung_f_

isento *adj.* frei; isento de impostos/taxas: steuerfrei/gebührenfrei

Islã *s. m. (Brasil)* Islam_m_

islâmico *adj.* islamisch

islamismo *s. m.* Islam_m_

islandês I *s. m.* Isländer_m_; II *adj.* isländisch

Islândia *s. f.* Island_nt_

Islão *s. m.* Islam_m_

isolado *adj.* 1. (lugar) abgelegen; (pessoa) isoliert [de, von +dat.]; 2. ELECTRICIDADE isoliert

isolamento *s. m.* 1. (separação) Absonderung_f_, Isolierung_f_; 2. ELECTRICIDADE Isolierung_f_, Isolation_f_

isolar I *v. tr.* 1. (separar) absondern, isolieren; 2. ELECTRICIDADE isolieren; II *v. refl.* sich absondern, sich isolieren [de, von +dat.]

isósceles *adj.* GEOMETRIA gleichschenklig

isqueiro *s. m.* Feuerzeug_nt_

Israel *s. m.* Israel_nt_

israelense *s. m. e f. (Brasil)* → israelita

israelita I *s. m. e f.* Israeli_m. e f_; II *adj.* israelisch

isso *pron. dem. inv.* 1. (objecto) das (da), dies (da); 2. (assunto) das; isso mesmo!: ganz genau!; por isso: deshalb

istmo *s. m.* Landenge_f_, Isthmus_m_

isto *pron. dem. inv.* 1. (objecto) das (hier), dies (hier); o que é isto?: was ist das hier?; 2. (assunto) das; isto é: das heißt; com isto: hiermit, damit

Itália *s. f.* Italien_nt_

italiano I *s. m.* Italiener_m_; II *adj.* italienisch

itálico I *s. m.* Kursivschrift_f_; II *adj.* kursiv

item *s. m.* (em lista, tabela) Posten_m_, Position_f_

itinerário *s. m.* Route_f_, Strecke_f_

Iugoslávia *s. f. (Brasil)* Jugoslawien_nt_

iugoslavo I *s. m. (Brasil)* Jugoslawe_m_; II *adj. (Brasil)* jugoslawisch

IVA *s. m.* [*abrev. de* Imposto sobre o Valor Acrescentado] MwSt. [*abrev. de* Mehrwertsteuer]

J

J, j *s. m.* J, j*nt.*
já I *adv.* *(antecipadamente, anteriormente)* schon, bereits; já estiveste em Inglaterra?: warst du schon (einmal) in England?; já não: nicht mehr; 2. *(agora)* jetzt; desde já: von nun an; 3. *(dentro de pouco tempo)* gleich; até já!: bis gleich!; vou já!: ich komme schon!; 4. *(imediatamente)* sofort, sogleich ❖ já que: da
jacaré *s. m.* ZOOLOGIA Kaiman*m.*
jacente *adj.* liegend
jacinto *s. m.* BOTÂNICA Hyazinthe*f.*
jactância *s. f.* Prahlerei*f.*, Aufschneiderei*f.*
jacto *s. m.* 1. (de água) Strahl*m.*; 2. AERONÁUTICA Düsenflugzeug*nt.*
jade *s. m.* Jade*m.*
jamais *adv.* 1. *(nunca)* nie, niemals; 2. *(alguma vez)* je, jemals
janeiras *s. f. pl.* Neujahrslieder*pl.*
Janeiro *s. m.* Januar*m.*
janela *s. f.* Fenster*nt.*
jangada *s. f.* Floß*nt.*
janota *adj.* flott, schick
janta *s. f.* *(Regionalismo)* Abendbrot*nt.*
jantar I *s. m.* Abendessen*nt.*, Abendbrot*nt.*; II *v. tr. e intr.* zu Abend essen
jantarada *s. f.* Gelage*nt.*
jante *s. f.* Felge*f.*
Japão *s. m.* Japan*nt.*
japoneira *s. f.* BOTÂNICA Kamelie*f.*
japonês I *s. m.* Japaner*m.*; II *adj.* japanisch
jaqueta *s. f.* Jacke*f.*, Jackett*nt.*
jararaca *s. f.* *(Brasil) (coloq.)* Zicke*f.*
jarda *s. f.* Yard*nt.*

jardim *s. m.* Garten*m.*; (público) Park*m.*, Grünanlage*f.*; jardim zoológico: zoologischer Garten
jardim-escola *s. m.* Kindergarten*m.*
jardinagem *s. f.* Gartenbau*m.*
jardinar *v. intr.* gärtnern
jardineiras *s. f. pl.* Latzhose*f.*
jardineiro *s. m.* Gärtner*m.*
jarra *s. f.* 1. (para flores) Vase*f.*, Blumenvase*f.*; 2. (para água) Krug*f.*
jarrão *s. m.* große Schmuckvase*f.*
jarro *s. m.* 1. (para água) Krug*m.*; 2. BOTÂNICA Aronstab*m.*
jasmim *s. m.* BOTÂNICA Jasmin*m.*
jaula *s. f.* Käfig*m.*
javali *s. m.* ZOOLOGIA Wildschwein*nt.*, Bache*f.*
javardice *s. f.* Schmutz*m.*, Dreck*m.*
javardo *s. m.* *(coloq.)* Schmutzfink*m.*, Schwein*nt.*
jazer *v. intr.* liegen; (cemitério) ruhen, begraben sein
jazida *s. f.* 1. (cemitério) (letzte) Ruhestätte*f.*; 2. (minério) Lagerstätte*f.*
jazigo *s. m.* 1. *(sepultura)* Grab*nt.*, Grabstätte*f.*; 2. (minério) Lagerstätte*f.*
jeitinho *s. m.* 1. *(aptidão)* Geschick*nt.*; 2. *(cuidado)* Sorgfalt*f.*, Genauigkeit*f.*
jeito *s. m.* 1. Geschick*nt.*, Talent*nt.* [para, für +ac.]; 2. *(maneira)* Art*f.*, Weise*f.*; 3. *(arranjo)* Handgriff*m.*
jeitoso *adj.* 1. *(habilidoso)* geschickt, gewandt; 2. (casa, sala) groß, geräumig; (sofá) bequem; (apetrecho) handlich; 3. (aparência) hübsch

jejuar *v. intr.* fasten
jejum *s. m.* Fasten$_{nt.}$
jerico *s. m.* ZOOLOGIA Esel$_m$
jeropiga *s. f.* Likör$_m$
jesuíta I *s. m.* Jesuit$_m$; II *adj.* jesuitisch
Jesus *interj.* herrje!
jibóia *s. f.* ZOOLOGIA Boa$_f$
joalharia *s. f.* Schmuckgeschäft$_{nt.}$, Juwelierladen$_m$
joalheiro *s. m.* Juwelier$_m$
joalheria *s. f.* (Brasil) → joalharia
joanete *s. m.* Überbein$_{nt.}$
joaninha *s. f.* ZOOLOGIA Marienkäfer$_m$
joão-ninguém *s. m.* Niemand$_m$
joão-pestana *s. m.* Sandmännchen$_{nt.}$
jocosidade *s. f.* Heiterkeit$_f$, Fröhlichkeit$_f$
jocoso *adj.* fröhlich, lustig
joelheira *s. f.* DESPORTO Knieschützer$_m$
joelho *s. m.* Knie$_{nt.}$; estar de joelhos: knien; pôr-se de joelhos: sich hinknien
jogada *s. f.* DESPORTO Spielzug$_m$; (xadrez) Zug$_m$; (cartas) Ausspiel$_{nt.}$
jogador *s. m.* Spieler$_m$
jogar I *v. tr.* 1. (jogo) spielen; (cartas) ausspielen; 2. (arriscar) aufs Spiel setzen, riskieren; 3. (Brasil) (atirar) werfen; jogar fora: wegwerfen; II *v. intr.* spielen; (na bolsa) spekulieren
jogging *s. m.* DESPORTO Jogging$_{nt.}$; fazer jogging: joggen
jogo *s. m.* 1. Spiel$_{nt.}$; jogo de azar: Glücksspiel$_{nt.}$; jogo da bolsa: Börsenspekulation$_f$; 2. (conjunto) Satz$_m$; (de lençóis, toalhas) Garnitur$_f$
jóia *s. f.* 1. Schmuckstück$_{nt.}$, Juwel$_{nt.}$; 2. *pl.* jóias: Schmuck$_m$; 3. (coloq.) (pessoa) Schatz$_m$
joio *s. m.* BOTÂNICA Lolch$_m$
jóquei *s. m.* DESPORTO Jockei$_m$, Jockey$_m$
Jordânia *s. f.* Jordanien$_{nt.}$

jornada *s. f.* 1. (dia) Tag$_m$; (de trabalho) Arbeitstag$_m$; 2. DESPORTO Sportfest$_{nt.}$; 3. (viagem) Tagesreise$_f$
jornal *s. m.* Zeitung$_f$
jornaleiro *s. m.* 1. (trabalhador) Tagelöhner$_m$; 2. (Brasil) (ardina) Zeitungsverkäufer$_m$
jornalismo *s. m.* Journalismus$_m$, Pressewesen$_{nt.}$
jornalista *s. m. e f.* Journalist, -in$_{m.f.}$
jornalístico *adj.* journalistisch
jorrar *v. intr.* heraussprudeln
jorro *s. m.* (dicker) Strahl$_m$
jovem I *s. m. e f.* Jugendliche$_{m.\,e\,f.}$; II *adj.* jung
jovial *adj.* heiter, fröhlich
jovialidade *s. f.* Fröhlichkeit$_f$, Heiterkeit$_f$
juba *s. f.* Mähne$_f$
jubilado *adj.* (professor) emeritiert
jubilar-se *v. refl.* (professor) emeritiert werden
jubileu *s. m.* Jubiläum$_{nt.}$
júbilo *s. m.* Jubel$_m$, Freude$_f$
jubiloso *adj.* jubelnd, voller Freude
judaico *adj.* jüdisch
judaísmo *s. m.* Judentum$_{nt.}$
judas *s. m.* Verräter$_m$
judeu I *s. m.* Jude$_m$; II *adj.* jüdisch
judia *s. f.* Jüdin$_f$
judiação *s. f.* (Brasil) → judiaria
judiar *v. intr.* (coloq.) sich lustig machen [de, über +ac.]
judiaria *s. f.* (coloq.) Schabernack$_m$
judicial *adj.* 1. (de tribunal) gerichtlich, Gerichts...; 2. (de direito) Justiz...
judiciária *s. f.* (coloq.) Kripo$_f$
judiciário *adj.* Gerichts..., gerichtlich, richterlich
judicioso *adj.* (sensato) vernünftig, verständig
judo *s. m.* DESPORTO Judo$_{nt.}$
judô *s. m.* (Brasil) → judo

Jugoslávia s. f. Jugoslawien_nt.
jugoslavo I s. m. Jugoslawe_m.; II adj. jugoslawisch
juiz s. m. DIREITO Richter_m.
juízo s. m. 1. Vernunft_f, Verstand_m.; ter juízo: vernünftig sein; **ganhar juízo**: Vernunft annehmen; 2. (sentença) Urteil_nt.; (parecer) Gutachten_nt.
julgamento s. m. 1. DIREITO (audiência) Gerichtsverhandlung_f; 2. (acção de julgar) Verurteilung_f
julgar I v. tr. 1. (sentenciar) urteilen über [+ac.]; DIREITO verurteilen; 2. (avaliar) beurteilen; 3. (considerar) halten für [+ac.]; II v. intr. (crer) glauben; meinen; III v. refl. sich halten für [+ac.]
Julho s. m. Juli_m.
jumento s. m. Esel_m.
junção s. f. 1. (acção de juntar) Verbindung_f; 2. (ponto) Verbindungsstelle_f
junco s. m. BOTÂNICA Binse_f
Junho s. m. Juni_m.
júnior I s. m. Junior_m.; II adj. junior
junta s. f. 1. (corporação) Rat_m.; 2. (comissão) Ausschuss_m.; 3. (ligação) Fuge_f; 4. (de bois) Gespann_nt.
juntamente adv. zusammen [com, mit +dat.]
juntar I v. tr. 1. (unir) verbinden [a, mit +dat.]; 2. (reunir) versammeln; 3. (acrescentar) hinzufügen; 4. (acumular) anhäufen; (dinheiro) sparen; II v. refl. 1. (unir-se) sich zusammenschließen [a, mit +dat.], sich vereinigen [a, mit +dat.]; 2. (reunir-se) sich versammeln; 3. (casal) zusammenziehen [com, mit +dat.]
junto I adj. 1. (um com o outro) miteinander; (um ao pé do outro) beieinander; **juntos**: zusammen; 2. (em anexo) beiliegend; II adv. 1. (ao lado) daneben; 2. (de uma vez) zusammen; **junto a/de**: neben [+ac./dat.], bei [+dat.]
jura s. f. Schwur_m.
jurado s. m. DIREITO Geschworene_m. e f.
juramento s. m. Eid_m.
jurar v. tr. e intr. schwören
júri s. m. (em prova) Prüfungsausschuss_m.; (em concurso) Jury_f; DIREITO Geschworene_pl.
jurídico adj. juristisch, Rechts...
jurisdição s. f. 1. (aplicação das leis) Rechtsprechung_f; 2. (território) Gerichtsbezirk_m.; 3. (competência) Befugnis_f
jurisprudência s. f. DIREITO Rechtswissenschaft_f
jurista s. m. e f. DIREITO Jurist_m.
juro s. m. ECONOMIA Zins_m.; **sem juros**: zinslos
jus s. m. Recht_nt.; **fazer jus a alguma coisa**: etwas gerecht werden
justamente adv. 1. (precisamente) gerade; genau; 2. (com justiça) mit/zu Recht
justapor v. tr. nebeneinander stellen, nebeneinander legen
justaposição s. f. Nebeneinanderstellung_f
justiça s. f. 1. Gerechtigkeit_f; **fazer justiça**: Gerechtigkeit üben; 2. DIREITO Justiz_f
justificação s. f. Rechtfertigung_f; Begründung_f
justificadamente adv. mit/zu Recht
justificar I v. tr. rechtfertigen; (fundamentar) begründen; II v. refl. sich rechtfertigen
justificativo adj. rechtfertigend, Rechtfertigungs...; (comprovativo) Beweis...
justo adj. 1. gerecht; (imparcial) unparteiisch; 2. (apertado) knapp, eng
juta s. f. BOTÂNICA Jute_f
juvenil adj. jugendlich, Jugend...
juventude s. f. Jugend_f

K

K, k s. m. K, k$_{nt.}$
kamikaze s. m. MILITAR Kamikaze$_m$.
karaoke s. m. MÚSICA Karaoke$_{nt.}$
karaté s. m. DESPORTO Karate$_{nt.}$
karateca s. m. e f. Karateka$_m$.
kart s. m. Gokart$_m$.
karting s. m. Gokartfahren$_{nt.}$
kartódromo s. m. Gokart-Rennbahn$_f$.
KB [abrev. de **quilobyte**] KB [abrev. de Kilobyte]
Kcal [abrev. de **quilocaloria**] Kcal [abrev. de Kilokalorie]
ketchup s. m. Ketschup$_{nt.}$
kg [abrev. de **quilograma**] kg [abrev. de Kilogramm]
kickboxer s. m. e f. DESPORTO Kickboxer, -in$_{m., f.}$
kickboxing s. m. DESPORTO Kickboxen$_{nt.}$
kimono s. m. Kimono$_m$.
kispo® s. m. Regenjacke$_f$.
kit s. m. 1. (conjunto) Satz$_m$; kit de ferramentas: Werkzeugsatz$_m$; kit de primeiros-socorros: Verbandkasten$_m$; 2. (de montagem) Baukasten$_m$.
kitchenette s. f. Kochnische$_f$, Kitchenette$_f$
kiwi s. m. BOTÂNICA Kiwi$_f$.
km [abrev. de **quilómetro**] km [abrev. de Kilometer]
km/h [abrev. de **quilómetros por hora**] km/h [abrev. de Stundenkilometer]
know-how s. m. Know-how$_{nt.}$
K. O. [abrev. de **knock-out**] k. o. [abrev. de knock-out]
kosher adj. RELIGIÃO koscher
kúmmel s. m. Kümmel$_m$, Kümmelbranntwein$_m$.
kV [abrev. de **quilovolt**] kV [abrev. de Kilovolt]
kW [abrev. de **quilowatt**] kW [abrev. de Kilowatt]

L

L, l *s. m.* L, l*nt.*

lá I *adv.* 1. *(naquele lugar)* da, dort; para lá: dahin, dorthin; lá fora: draußen; 2. *(ênfase)* sei lá!: was weiß ich!; anda lá!: komm schon!; 3. *(aproximadamente)* ungefähr; lá para as 2 horas: gegen 2 Uhr; 4. *(temporal)* até lá: bis dann; II *s. m.* MÚSICA A, a*nt.*

lã *s. f.* Wolle*f*; de lã: wollen, Woll...

labareda *s. f.* Flamme*f*

lábia *s. f.* 1. *(pop.) (palavreado)* Mundwerk*nt*; 2. *(pop.) (astúcia)* Gerissenheit*f*

lábio *s. m.* Lippe*f*

labirinto *s. m.* Labyrinth*nt*; (jardim) Irrgarten*m*

laborar *v. intr.* arbeiten

laboratório *s. m.* Laboratorium*nt*, Labor*nt*

laborioso *adj.* 1. (trabalho) mühselig, mühsam; 2. (pessoa) fleißig

labrego I *s. m.* Bauer*m*; II *adj.* bäurisch

labuta *s. f.* (harte) Arbeit*f*

labutar *v. intr.* hart arbeiten

laca *s. f.* 1. *(verniz)* Lack*m*; 2. (para cabelo) Haarspray*nt*

lacado *adj.* lackiert

lacaio *s. m.* Lakai*m*

lacar *v. tr.* lackieren

laçarote *s. m.* große Schleife*f*

laço *s. m.* 1. *(nó)* Schleife*f*, Schlinge*f*; 2. (para o pescoço) Fliege*f*; 3. *(vínculo)* Band*nt*

lacónico *adj.* lakonisch; (linguagem, estilo) knapp; (pessoa) wortkarg

lacrar *v. tr.* versiegeln

lacrau *s. m.* ZOOLOGIA Skorpion*m*

lacre *s. m.* Siegellack*m*

lacrimal *adj.* Tränen...

lacrimejar *v. intr.* Tränen vergießen

lacrimogéneo *adj.* Tränen erregend

lactação *s. f.* (animal) Säugen*nt*; (pessoa) Stillen*nt*

lácteo *adj.* milchig, Milch...; ASTRONOMIA Via Láctea: Milchstraße*f*

lacticínio *s. m.* Milchprodukt*nt*

lactose *s. f.* QUÍMICA Milchzucker*m*, Laktose*f*

lacuna *s. f.* Lücke*f*

ladainha *s. f.* Litanei*f*

ladear *v. tr.* sich seitlich befinden von [+dat.]

ladeira *s. f.* Abhang*m*; *(encosta)* Berghang*m*

ladeiro *adj.* (prato) flach

ladino *adj.* gerissen, pfiffig

lado *s. m.* Seite*f*; ao lado de: neben [+dat.], bei [+dat.]; de lado: von der Seite; por um lado..., por outro lado...: einerseits..., andererseits...; pôr de lado: beiseite legen

ladrão *s. m.* Dieb*m*, Räuber*m*

ladrar *v. intr.* bellen

ladrilhar *v. tr.* (chão) mit Fliesen belegen, fliesen; (rua) pflastern

ladrilho *s. m.* Backsteinfliese*f*

ladroagem *s. f.* Raub*m*, Diebstahl*m*

lagar *s. m.* (de azeitonas) Ölpresse*f*; (de uvas) Kelter*f*

lagarta *s. f.* 1. ZOOLOGIA Raupe*f*; 2. MECÂNICA Raupenkette*f*, Raupe*f*

lagartixa *s. f.* ZOOLOGIA Mauereidechse*f*

lagarto *s. m.* ZOOLOGIA Eidechse*f*

lago *s. m.* See*m*; (de jardim) Teich*m*

lagoa *s. f.* Lagune*f*

lagosta *s. f.* ZOOLOGIA Languste*f*

lagostim s. m. ZOOLOGIA Garnele f.
lágrima s. f. Träne f.
lagrimejar v. intr. Tränen vergießen
laia s. f. (maneira) Art f.; à laia de: nach Art
laico s. m. Laie m.
laje s. f. Steinplatte f.; (de construção) Betonplatte f.
lajeado s. m. 1. (pavimento) Plattenbelag m.; 2. (superfície) Steinfußboden m.
lama s. f. Schlamm m., Matsch m.
lamaçal s. m. Morast m.
lamacento adj. schlammig, morastig
lambada s. f. 1. (bofetada) Ohrfeige f.; 2. MÚSICA Lambada f.
lambão I s. m. (coloq.) Schleckermaul nt., Naschkatze f.; II adj. (coloq.) naschhaft
lambareiro I s. m. Leckermaul nt.; II adj. naschhaft
lambarice s. f. 1. (guloseima) Süßigkeit f.; 2. (gulodice) Leckerei f.
lambe-botas s. m. e f. inv. (coloq., depr.) Stiefellecker m., Schleimer m.
lamber I v. tr. lecken, ablecken; II v. refl. sich die Lippen lecken
lambidela s. f. Lecken nt.
lambiscar v. tr. (coloq.) naschen, knabbern
lambisgóia s. f. (depr.) Klatschbase f.
lambreta® s. f. Motorroller m.
lambril s. m. Wandverkleidung f.
lambuzar v. tr. Fettflecken machen in [+ac.]
lamecha adj. (coloq., depr.) (pessoa) gefühlsduselig; (filme) rührselig
lamela s. f. Lamelle f.
lamentar I v. tr. beklagen; (ter pena) bedauern; II v. refl. sich beklagen, jammern [de, über +ac.]
lamentável adj. bedauernswert; (lastimável) beklagenswert
lamento s. m. Klagen nt., Wehklagen nt.

lâmina s. f. 1. (cortante) Klinge f.; lâmina de barbear: Rasierklinge f.; 2. (de metal) Folie f.; 3. (de estore) Lamelle f.; 4. (de microscópio) Objektträger m.
laminado adj. (metal) gewalzt
laminar v. tr. (metal) auswalzen, walzen
lâmpada s. f. Lampe f.; (eléctrica) Glühbirne f.
lamparina s. f. Lämpchen nt.; (de azeite) Öllämpchen nt.
lampeiro adj. dreist, keck
lampejar v. intr. 1. (luz) aufblitzen, funkeln; 2. (fogo) Funken sprühen
lampião s. m. (de casa) Laterne f.; (de rua) Straßenlaterne f.
lampreia s. f. ZOOLOGIA Neunauge nt.
lamúria s. f. Jammer m., Wehklage f.
lamuriar-se v. refl. jammern, wehklagen
lança s. f. Lanze f.
lançamento s. m. 1. (de objecto) Werfen nt.; 2. DESPORTO Einwurf m.; 3. (de foguetão) Abschuss m.; 4. (de produto) Einführung f.; (de disco, filme) Vorstellung f.; 5. (de bomba) Abwurf m.
lançar I v. tr. 1. (um objecto) werfen, schleudern; 2. DESPORTO (bola) einwerfen; 3. (um foguetão) abschießen; 4. (um produto) auf den Markt bringen; (um imposto) einführen; 5. INFORMÁTICA (dados) eingeben; II v. refl. sich stürzen [para, in +ac.]
lanceta s. f. Lanzette f.
lancetar v. tr. mit der Lanzette operieren
lancha s. f. Motorboot nt.
lanchar I v. tr. nachmittags essen, zwischendurch essen; II v. intr. einen Imbiss einnehmen
lanche s. m. Nachmittagskaffee m.; (refeição rápida) Imbiss m.
lancheira s. f. Frischhaltedose f., Frühstücksdose f.

lanchonete s. f. (Brasil) Schnellimbiss$_m$, Imbissstand$_m$

lancinante adj. stechend

lanço s. m. 1. (impulso) Anlauf$_m$; 2. (em leilão) Gebot$_{nt}$; 3. (de estrada) Abschnitt$_m$; (de casas) Reihe$_f$; lanço de escadas: Treppenstufen$_{pl}$

languidez s. f. 1. (moleza) Schlaffheit$_f$; 2. (definhamento) Siechtum$_{nt}$

lânguido adj. 1. (mole) schlaff; 2. (debilitado) schwach, geschwächt

lanifício s. m. 1. Wollprodukt$_{nt}$; 2. pl. lanifícios: Wollindustrie$_f$

lanterna s. f. 1. Laterne$_f$; (de pilhas) Taschenlampe$_f$

lapa s. f. 1. (de rochedo) Felsenhöhle$_f$; 2. ZOOLOGIA Napfschnecke$_f$

lapada s. f. (coloq.) Ohrfeige$_f$

lapela s. f. (de casaco) Aufschlag$_m$, Revers$_{nt}$; (de fraque) Spiegel$_m$

lapidar I v. tr. 1. (pedras preciosas) schleifen; 2. (aperfeiçoar) ausfeilen, den letzten Schliff geben; II adj. lapidar

lápide s. f. Steintafel$_f$; (comemorativa) Gedenktafel$_f$; (tumular) Grabstein$_m$

lápis s. m. inv. Bleistift$_m$; lápis dos olhos: Kajalstift$_m$

lapiseira s. f. Drehbleistift$_m$

lapónio I s. m. Lappländer$_m$, Lappe$_m$; II adj. lappländisch, lappisch

lapso s. m. (descuido) Versehen$_{nt}$; (erro) Irrtum$_m$, Fehler$_m$

lar s. m. Heim$_{nt}$, Zuhause$_{nt}$; lar de terceira idade: Altersheim$_{nt}$

laranja I s. f. BOTÂNICA Apfelsine$_f$, Orange$_f$; II adj. inv. orange

laranjada s. f. Orangenlimonade$_f$

laranjeira s. f. BOTÂNICA Apfelsinenbaum$_m$, Orangenbaum$_m$

larápio s. m. Gauner$_m$, Langfinger$_m$

lareira s. f. Kamin$_m$

larga s. f. à larga: reichlich, großzügig

largada s. f. AERONÁUTICA Abflug$_m$; NÁUTICA Ablegen$_{nt}$; (em corrida) Start$_m$

largamente adv. ausgiebig

largar I v. tr. 1. (soltar) loslassen; 2. (deixar escapar) ablassen; II v. intr. AERONÁUTICA abfliegen; NÁUTICA auslaufen

largo I s. m. 1. (praça) (kleiner) Platz$_m$; 2. NÁUTICA hohe See$_f$; II adj. 1. (espaço) breit; (extenso) weit; 2. (tempo) lang; 3. (roupa) groß, weit

largura s. f. Breite$_f$; (extensão) Weite$_f$; ter um metro de largura: einen Meter breit sein

laringe s. f. ANATOMIA Kehlkopf$_m$

laringite s. f. MEDICINA Kehlkopfentzündung$_f$

larva s. f. ZOOLOGIA Larve$_f$

lasanha s. f. CULINÁRIA Lasagne$_f$

lasca s. f. (de louça, madeira) Splitter$_m$; (de madeira, metal) Span$_m$

lascado adj. (madeira) gesplittert; (louça) gesprungen, zersprungen

lascar v. intr. (madeira) splittern; (louça) zerspringen

lascivo adj. lüstern, lasziv

laser s. m. Laser$_m$

lástima s. f. Jammer$_m$

lastimar I v. tr. bedauern; II v. refl. klagen [de, über +ac.], jammern [de, wegen +gen.]

lastimável adj. beklagenswert; (lamentável) bedauernswert

lastimoso adj. klagend; (voz) kläglich, jämmerlich

lastro s. m. Ballast$_m$

lata s. f. 1. (material) Weißblech$_{nt}$; 2. (recipiente) Blechdose$_f$, Blechbüchse$_f$; (maior) Kanister$_m$; 3. (coloq.) (atrevimento) Dreistigkeit$_f$

latão s. m. Messing$_{nt}$

latejar v. intr. (sangue) klopfen, hämmern

latente *adj.* latent
lateral *adj.* seitlich, Seiten...
látex *s. m.* Latex$_m$
latido *s. m.* Gebell$_{nt}$
latifundiário *s. m.* Großgrundbesitzer$_m$
latifúndio *s. m.* Großgrundbesitz$_m$
latim *s. m.* Latein$_{nt}$
latino I *s. m.* Latino$_m$; II *adj.* lateinisch, Latein...
latino-americano *adj.* lateinamerikanisch
latir *v. intr.* bellen, kläffen
latitude *s. f.* GEOGRAFIA Breite$_f$
lato *adj.* (*extenso*) ausgedehnt; (*abrangente*) umfassend; **em sentido lato**: im weiteren Sinne
latrina *s. f.* Latrine$_f$
latrocínio *s. m.* Raubüberfall$_m$
laudo *s. m.* (*Brasil*) DIREITO Schiedsspruch$_m$
lauto *adj.* 1. (*abundante*) üppig; 2. (*sumptuoso*) prächtig
lava *s. f.* Lava$_f$
lavabo *s. m.* Toilette$_f$
lavadeira *s. f.* Wäscherin$_f$, Waschfrau$_f$
lavadela *s. f.* (*roupa, cabelo*) kurze Wäsche$_f$; (*chão, mesa*) Darüberwischen$_{nt}$
lavado *adj.* (*roupa*) gewaschen; (*louça*) gespült; **lavado em lágrimas**: tränenüberströmt
lavadora *s. f.* (*Brasil*) Waschmaschine$_f$
lavagante *s. m.* ZOOLOGIA Hummer$_m$
lavagem *s. f.* 1. Waschen$_{nt}$; (*de louça*) Spülen$_{nt}$, Abwaschen$_{nt}$; 2. (*para porcos*) Schweinefutter$_{nt}$
lava-louça *s. m.* Spüle$_f$
lavanda *s. f.* Lavendel$_m$
lavandaria *s. f.* (a seco) Wäscherei$_f$, Reinigung$_f$
lavar I *v. tr.* waschen; (a louça) abwaschen, spülen; (os dentes) putzen; II *v. refl.* sich waschen
lavatório *s. m.* Waschbecken$_{nt}$

lavável *adj.* waschbar, waschecht
lavoura *s. f.* AGRICULTURA Ackerbau$_m$
lavrador *s. m.* 1. (*camponês*) Bauer$_m$, Landwirt$_m$; 2. (*proprietário*) Landbesitzer$_m$
lavrar *v. tr.* 1. (a terra) bestellen, bebauen; (com charrua) pflügen; 2. (um documento) abfassen
laxante I *s. m.* FARMÁCIA Abführmittel$_{nt}$; II *adj.* abführend
laxativo *adj.* abführend
lazer *s. m.* (*descanso*) Erholung$_f$; (*ócio*) Muße$_f$; **horas de lazer**: Freizeit$_f$
Lda. [*abrev. de* limitada] beschränkt
leal *adj.* treu [com, +*dat.*], loyal [com, gegenüber +*dat.*]
lealdade *s. f.* Treue$_f$ [para com, zu +*dat.*], Loyalität$_f$
leão *s. m.* ZOOLOGIA Löwe$_m$
Leão *s. m.* (*zodíaco*) Löwe$_m$
lebre *s. f.* ZOOLOGIA (espécie, macho) Hase$_m$; (fêmea) Häsin$_f$
leccionar *v. tr. e intr.* unterrichten
lecionar *v. tr. e intr.* (*Brasil*) → leccionar
lectivo *adj.* Schul...; (universidade) Lehr...; **ano lectivo**: Schuljahr$_{nt}$, (universidade) Studienjahr$_{nt}$
legação *s. f.* POLÍTICA Gesandtschaft$_f$
legado *s. m.* Vermächtnis$_{nt}$; DIREITO Legat$_{nt}$
legal *adj.* 1. (*relativo a lei*) gesetzlich; 2. (*permitido por lei*) legal, rechtmäßig; 3. (*Brasil*) (*coloq.*) in Ordnung, nett
legalidade *s. f.* Legalität$_f$, Gesetzmäßigkeit$_f$
legalização *s. f.* Legalisierung$_f$
legalizar *v. tr.* legalisieren
legalmente *adv.* gesetzmäßig, gesetzlich
legar *v. tr.* vermachen, vererben
legatário *s. m.* Erbe$_m$; DIREITO Legatar$_m$
legenda *s. f.* 1. (*inscrição*) Inschrift$_f$; 2. (de figura) Bildunterschrift$_f$; (de mapa) Zeichenerklärung$_f$; 3. (de filme) Untertitel$_m$
legião *s. f.* Legion$_f$

legionário s. m. Legionär_m._
legislação s. f. Gesetzgebung_f._
legislador s. m. Gesetzgeber_m._
legislar I v. tr. gesetzlich festlegen; II v. intr. Gesetze erlassen
legislativo adj. gesetzgebend
legislatura s. f. Legislaturperiode_f._
legitimidade s. f. Legitimität_f._, Rechtmäßigkeit_f._
legítimo adj. 1. (acto) rechtmäßig, legitim; em legítima defesa: in Notwehr; 2. (filho) ehelich
legível adj. leserlich
légua s. f. (spanische) Meile_f._
legume s. m. Gemüse_nt._
leguminosas s. f. pl. BOTÂNICA Hülsenfrüchte_pl._
leguminoso adj. Hülsen...
lei s. f. Gesetz_nt._
leigo I s. m. Laie_m._; II adj. 1. (ignorante) laienhaft, unwissend; 2. (sem ordens sacras) Laien..., weltlich
leilão s. m. Versteigerung_f._, Auktion_f._
leiloar v. tr. versteigern
leiloeiro s. m. Auktionator_m._, Versteigerer_m._
leitão s. m. ZOOLOGIA Spanferkel_nt._
leitaria s. f. Milch- und Käsegeschäft_nt._
leite s. m. Milch_f._
leiteira s. f. (Brasil) Henkeltopf_m._
leiteria s. f. (Brasil) Milch- und Käsegeschäft_m._
leitor s. m. 1. Leser_m._; 2. (professor) Lektor_m._
leitura s. f. 1. (de texto) Lesen_nt._, Lektüre_f._; 2. (da electricidade, água) Ablesen_nt._
lema s. m. 1. (divisa) Motto_nt._, Devise_f._; 2. (no dicionário) Lemma_nt._
lembrança s. f. 1. (memória) Erinnerung_f._; 2. (prenda de alguém) Andenken_nt._; (de viagem) Souvenir_nt._
lembrar I v. tr. erinnern; II v. intr. einfallen; III v. refl. sich erinnern [**de**, an +ac.]; (para o futuro) sich etwas merken
leme s. m. AERONÁUTICA, NÁUTICA Ruder_nt._
lenço s. m. Taschentuch_nt._; (do pescoço) Halstuch_nt._; (da cabeça) Kopftuch_nt._
lençol s. m. 1. (de cama) Betttuch_nt._, Laken_nt._; 2. (superfície) lençol de água: große Pfütze_f._
lenda s. f. Legende_f._, Sage_f._
lendário adj. sagenhaft, legendär
lêndea s. f. Nisse_f._
lengalenga s. f. (coloq.) Litanei_f._
lenha s. f. Brennholz_nt._
lenhador s. m. (que abate as árvores) Holzfäller_m._; (que corta a lenha) Holzhacker_m._
lentamente adv. langsam
lente s. f. Linse_f._; (dos óculos) Glas_nt._; (objectiva) Objektiv_nt._; lente de aumento: Lupe_f._; lentes de contacto: Kontaktlinsen_pl._
lentejoula s. f. Paillette_f._
lenticular adj. linsenförmig
lentidão s. f. Langsamkeit_f._; (de movimentos) Trägheit_f._
lentilha s. f. BOTÂNICA Linse_f._
lento adj. langsam; (nos movimentos) träge; (intelectualmente) schwerfällig
leoa s. f. ZOOLOGIA Löwin_f._
leonino adj. löwenartig, Löwen...
leopardo s. m. Leopard_m._
lepra s. f. MEDICINA Lepra_f._
leproso adj. MEDICINA leprös
leque s. m. 1. Fächer_m._; 2. (de produtos) Palette_f._
ler v. tr. e intr. lesen; (em voz alta) vorlesen
lerdo adj. (depr.) schwerfällig, plump
léria s. f. leere(s) Geschwätz_nt._; isso são lérias!: das ist Quatsch!
lero-lero s. m. (Brasil) (coloq.) Geschwätz_nt._
lesão s. f. 1. (dano) Schaden_m._; 2. MEDICINA Verletzung_f._
lesar v. tr. schädigen

lésbica I *s. f.* Lesbe*f*; II *adj.* lesbisch
lesionado *adj.* MEDICINA verletzt
lesionar-se *v. refl.* MEDICINA sich verletzen
lesma *s. f.* 1. ZOOLOGIA Nacktschnecke*f*; 2. *(pej.)* (pessoa) Lahmarsch*m*
leste *s. m.* Osten*m*
letal *adj.* tödlich
letargia *s. f.* Lethargie*f*
letárgico *adj.* lethargisch
letivo *adj. (Brasil)* → lectivo
letra *s. f.* 1. (do alfabeto) Buchstabe*m*; à letra: wörtlich; 2. *(escrita)* Schrift*f*; (de pessoa) Handschrift*f*; 3. (de música) Text*m*; 4. ECONOMIA letra de câmbio: Wechsel*m*; 5. *pl.* letras: Geisteswissenschaften*pl*
letrado *s. m.* Gelehrte*m. e f.*
letreiro *s. m.* Schild*nt*, Aufschrift*f*
letria *s. f.* CULINÁRIA *(coloq.)* Fadennudeln*pl*
léu *loc. adv.* ao léu: bloß, nackt
leucemia *s. f.* MEDICINA Leukämie*f*
leucócito *s. m.* Leukozyt*m*, weiße(s) Blutkörperchen*nt*
levantado *adj.* estar levantado: auf sein, aufgestanden sein
levantamento *s. m.* 1. *(acção de levantar)* Hochheben*nt*; 2. *(motim)* Aufstand*m*; 3. (de dinheiro) Abhebung*f*; 4. (de embargo, bloqueio) Aufhebung*f*
levantar I *v. tr.* 1. hochheben, heben; (do chão) aufheben; (o auscultador) abheben; 2. (a voz) erheben; 3. (a moral) stärken; II *v. intr.* (avião) abheben; III *v. refl.* 1. (da cama, do chão) aufstehen; 2. (vento) aufkommen
levar I *v. tr.* 1. (hin)bringen; (consigo) mitnehmen; 2. (bofetada, injecção) bekommen; 3. (tempo) brauchen; 4. (a vida) führen; II *v. intr.* *(conduzir)* levar a: führen zu [+*dat.*] ❖ levar alguma coisa a sério: etwas ernst nehmen; levar alguma coisa a cabo: etwas durchführen
leve *adj.* leicht

levedar *v. intr.* (massa) aufgehen
levedura *s. f.* Hefe*f*, Gärstoff*m*
leveza *s. f.* Leichtigkeit*f*
leviandade *s. f.* Leichtsinn*m*, Leichtfertigkeit*f*
leviano *adj.* leichtsinnig, leichtfertig
levitação *s. f.* Levitation*f*
levitar I *v. tr.* schweben lassen, zum Schweben bringen; II *v. intr.* (in der Luft) schweben
lexical *adj.* lexikalisch
léxico *s. m.* Wortschatz*m*, Vokabular*nt*
lexicografia *s. f.* Lexikografie*f*
lexicógrafo *s. m.* Lexikograf*m*
lexicologia *s. f.* Lexikologie*f*
lezíria *s. f.* Reisfeld*nt*
lha *contr. do pron. pess.* lhe + *pron. pess. ou dem.* a
lhe *pron. pess. (a ele)* ihm; *(a ela)* ihr; *(a si)* Ihnen
lhes *pron. pess. pl.* ihnen, Ihnen
lho *contr. do pron. pess.* lhe + *pron. pess. ou dem.* o
libanês I *s. m.* Libanese*m*; II *adj.* libanesisch
Líbano *s. m.* Libanon*m*
libelo *s. m.* DIREITO Anklageschrift*f*
libélula *s. f.* ZOOLOGIA Libelle*f*
liberação *s. f.* Befreiung*f* [de, von *dat.*]
liberal I *s. m. e f.* POLÍTICA Liberale*m. e f.*; II *adj.* 1. (pessoa) liberal; 2. (profissão) freiberuflich
liberalidade *s. f.* Großzügigkeit*f*; (educação, mentalidade) Toleranz*f*
liberalismo *s. m.* POLÍTICA Liberalismus*m*
liberalização *s. f.* Liberalisierung*f*; (de drogas) Freigabe*f*
liberalizar *v. tr.* liberalisieren; (as drogas) freigeben
liberar *v. tr.* befreien, entbinden [de, von +*dat.*]

liberdade s. f. Freiheit$_f$; **tomar a liberdade de fazer alguma coisa**: sich erlauben, etwas zu tun

Libéria s. f. Liberia$_{nt.}$

liberiano I s. m. Liberianer$_m$; II adj. liberianisch

libertação s. f. 1. (da prisão) Entlassung$_f$; (de dificuldade) Befreiung$_f$; 2. (de calor, energia) Abgabe$_f$

libertar I v. tr. 1. (da prisão) entlassen [de, aus +dat.]; (de dificuldade) befreien [de, aus +dat.]; 2. (calor, energia) abgeben; II v. refl. sich befreien [de, von +dat.]

libertinagem s. f. Zügellosigkeit$_f$, Liederlichkeit$_f$

libertino adj. zügellos, ausschweifend

liberto I p. p. irreg. de libertar; II adj. entlassen; befreit

Líbia s. f. Libyen$_{nt.}$

libidinoso adj. lüstern, wollüstig

libido s. f. Trieb$_m$; PSICOLOGIA Libido$_f$

líbio I s. m. Libyer$_m$; II adj. libysch

libra s. f. Pfund$_{nt.}$

libreto s. m. MÚSICA Libretto$_{nt.}$, Textbuch$_{nt.}$

lição s. f. 1. (aula) Unterricht$_m$; 2. (unidade temática) Lektion$_f$; 3. (ensinadela) Lehre$_f$, Lektion$_f$

liceal adj. Gymnasial...

licença s. f. 1. Erlaubnis$_f$; **com licença!**: (wenn) Sie gestatten!; **dar licença para fazer alguma coisa**: etwas erlauben; 2. (para construção) Genehmigung$_f$; (para negócio) Lizenz$_f$; 3. (no trabalho) Urlaub$_m$; **licença de parto**: Mutterschaftsurlaub$_m$

licenciado I s. m. Hochschulabsolvent$_m$; II adj. 1. (obra) genehmigt, bewilligt; 2. (pessoa) graduiert

licenciar-se v. refl. Examen machen, das Studium beenden

licenciatura s. f. Hochschulstudium$_{nt.}$

liceu s. m. Gymnasium$_{nt.}$

licitação s. f. Gebot$_{nt.}$

licitar v. tr. versteigern

lícito adj. 1. (legal) gesetzlich zulässig, erlaubt; 2. (legítimo) legitim, rechtmäßig

licor s. m. Likör$_m$

lida s. f. Arbeit$_f$

lidar v. intr. **lidar com**: umgehen mit [+dat.]

líder s. m. e f. Führer, -in$_{m., f.}$

liderança s. f. Führung$_f$

liderar v. tr. führen

lido p. p. de ler

liga s. f. 1. (aliança) Bund$_m$; 2. (de meias) Strumpfband$_{nt.}$; 3. QUÍMICA Legierung$_f$

ligação s. f. 1. ELECTRICIDADE Anschluss$_m$; 2. (de transportes) Anschluss$_m$; 3. TELECOMUNICAÇÕES Verbindung$_f$; 4. (entre pessoas) Bindung$_f$; 5. (entre acontecimentos) Verbindung$_f$

ligado adj. 1. (luz, aparelho) eingeschaltet; (coloq.) an; 2. (com ligadura) verbunden

ligadura s. f. MEDICINA Binde$_f$, Verband$_m$

ligamento s. m. ANATOMIA Band$_{nt.}$

ligar I v. tr. 1. verbinden [a, mit +dat.]; 2. (atar) binden [a, an +ac.]; 3. (um aparelho, a luz) anschalten, einschalten; 4. (à corrente, à Internet) anschließen [a, an +ac.]; 5. (com ligadura) verbinden; II v. intr. (coloq.) (telefonar) anrufen [a, +ac.]

ligeireza s. f. Behändigkeit$_f$, Schnelligkeit$_f$

ligeiro I adj. 1. (leve) leicht; 2. (desembaraçado) schnell, flink; II adv. schnell

lignite s. f. GEOLOGIA Braunkohle$_f$

lilás I s. m. inv. 1. (cor) Lila$_{nt.}$; 2. BOTÂNICA Flieder$_m$; II adj. inv. lila

liliputiano I s. m. Liliputaner$_m$; II adj. liliputanisch

lima s. f. BOTÂNICA Limone$_f$, Limette$_f$

limalha s. f. Metallspäne$_{pl.}$

limão s. m. BOTÂNICA Zitrone$_f$

limar v. tr. feilen

limbo s. m. RELIGIÃO Limbus$_m$, Vorhölle$_f$

limiar *s. m.* Schwelle*f*
limitação *s. f.* Begrenzung*f*, Beschränkung*f*
limitado *adj.* beschränkt, begrenzt
limitar I *v. tr.* (despesas) beschränken; (a liberdade) einschränken; (o tempo) begrenzen; II *v. refl.* sich beschränken [a, auf +ac.]
limite *s. m.* Grenze*f*; limite de velocidade: Tempolimit*nt*; passar dos limites: zu weit gehen
limítrofe *adj.* angrenzend, Grenz...
limo *s. m.* 1. BOTÂNICA Grünalge*f*; 2. (lodo) Schlamm*m*
limoeiro *s. m.* BOTÂNICA Zitronenbaum*m*
limonada *s. f.* Limonade*f*
limpa-chaminés *s. m. e f. inv.* Schornsteinfeger, -in*m., f.*
limpadela *s. f.* dar uma limpadela a alguma coisa: etwas abwischen
limpa-neve *s. m.* Schneepflug*m*
limpa-pára-brisas *s. m. inv.* Scheibenwischer*m*
limpar I *v. tr.* reinigen; (casa, chão) putzen; (louça) abtrocknen; (pó, lágrimas) abwischen; II *v. intr.* (tempo) (sich) aufheitern
limpeza *s. f.* 1. (estado) Sauberkeit*f*; 2. (processo) Putzen*nt*, Reinigung*f*
limpidez *s. f.* Klarheit*f*; (transparência) Durchsichtigkeit*f*
límpido *adj.* klar; (transparente) durchsichtig
limpo I *p. p. irreg. de* limpar; II *adj.* 1. sauber; rein; 2. (céu) wolkenlos, klar
limusine *s. f.* Limousine*f*
lince *s. m.* ZOOLOGIA Luchs*m*
linchamento *s. m.* Lynchjustiz*f*
linchar *v. tr.* lynchen
lindeza *s. f.* Schönheit*f*
lindo *adj.* wunderschön, herrlich
linear *adj.* 1. (relativo a linhas) Linien...; 2. MATEMÁTICA, FÍSICA linear

linfa *s. f.* Lymphe*f*
linfático *adj.* lymphatisch, Lymph...
lingerie *s. f.* Unterwäsche*f*
lingote *s. m.* Barren*m*
língua *s. f.* 1. Sprache*f*; língua estrangeira: Fremdsprache*f*; língua materna: Muttersprache*f*; 2. ANATOMIA Zunge*f*
linguado *s. m.* ZOOLOGIA Seezunge*f*
linguagem *s. f.* Sprache*f*
linguarudo *s. m.* (depr.) Klatschbase*f*, Tratschweib*nt*
lingueta *s. f.* 1. (de balança) Zünglein*nt*; 2. (de sapato) Lasche*f*, Zunge*f*
linguiça *s. f.* dünne Wurst*f*
linguista *s. m. e f.* Linguist, -in*m., f.*, Sprachwissenschaftler, -in*m., f.*
lingüista *s. m. e f.* (Brasil) → linguista
linguística *s. f.* Linguistik*f*, Sprachwissenschaft*f*
lingüística *s. f.* (Brasil) → linguística
linguístico *adj.* (relativo à língua) sprachlich; (relativo à linguística) sprachwissenschaftlich, linguistisch
lingüístico *adj.* (Brasil) → linguístico
linha *s. f.* 1. Linie*f*; em linha recta: geradewegs; 2. (fila) Reihe*f*; 3. (de texto) Zeile*f*; 4. (de coser) Faden*m*, Garn*nt*; 5. TELECOMUNICAÇÕES Leitung*f*; 6. (de comboio) Strecke*f*
linhaça *s. f.* 1. (semente) Leinsamen*m*; 2. (óleo) Leinöl*nt*
linhagem *s. f.* Abstammung*f*, Herkunft*f*
linho *s. m.* 1. BOTÂNICA Flachs*m*; 2. (tecido) Leinen*nt*
liofilização *s. f.* Gefriertrocknung*f*
liquefacção *s. f.* Verflüssigung*f*
liquefazer I *v. tr.* verflüssigen; II *v. refl.* sich verflüssigen, flüssig werden
liquefeito I *p. p. de* liquefazer; II *adj.* flüssig
líquen *s. m.* BOTÂNICA, MEDICINA Flechte*f*

liquidação s. f. 1. (de dívida) Abzahlung $_f$; (de conta bancária) Auflösung $_f$; 2. (em loja) Ausverkauf $_m$; 3. (extermínio) Liquidierung $_f$.

liquidar v. tr. 1. (dívida) liquidieren; (conta bancária) auflösen; 2. (contas) begleichen; 3. (matar) liquidieren

liquidez s. f. 1. (de líquido) Flüssigkeit $_f$; 2. ECONOMIA Liquidität $_f$

liquidificar I v. tr. verflüssigen; II v. intr. sich verflüssigen, flüssig werden

líquido I s. m. Flüssigkeit $_f$; II adj. 1. (estado) flüssig; 2. ECONOMIA liquid, Netto...

lira s. f. 1. MÚSICA Leier $_f$; 2. (moeda) Lira $_f$

lírica s. f. LITERATURA Lyrik $_f$

lírico I s. m. Lyriker $_m$; II adj. lyrisch

lírio s. m. BOTÂNICA Lilie $_f$

lirismo s. m. Lyrik $_f$

lis s. f. Lilie $_f$

Lisboa s. f. Lissabon $_{nt}$

lisboeta I s. m. e f. Lissabonner, -in $_{m, f}$; II adj. aus Lissabon, Lissabonner

liso adj. 1. (superfície) glatt, eben; 2. (cabelo) glatt; 3. (folha) unliniert; 4. (coloq.) (sem dinheiro) pleite, blank

lisonja s. f. Schmeichelei $_f$

lisonjear v. tr. schmeicheln [+dat.]

lisonjeiro adj. schmeichelhaft, schmeichelnd

lista s. f. 1. (rol) Liste $_f$, Verzeichnis $_{nt}$; lista telefónica: Telefonbuch $_{nt}$; 2. (ementa) Speisekarte $_f$; lista dos vinhos: Weinkarte $_f$

listado adj. gestreift

listagem s. f. Auflistung $_f$, Liste $_f$

listra s. f. Streifen $_m$

listrado adj. gestreift

lisura s. f. Glätte $_f$

liteira s. f. Sänfte $_f$

literal adj. wörtlich; (fig.) buchstäblich

literalmente adv. wörtlich; (fig.) buchstäblich

literário adj. literarisch

literato s. m. Literat $_m$, Schriftsteller $_m$

literatura s. f. Literatur $_f$

litigante s. m. e f. DIREITO Prozessteilnehmer, -in $_{m, f}$, Prozessführende $_{m. e f.}$

litigar v. tr. DIREITO prozessieren um [+ac.], einen Prozess führen um [+ac.]

litígio s. m. DIREITO Prozess $_m$

litigioso adj. DIREITO strittig, Streit...

litografia s. f. Lithographie $_f$

litoral I s. m. Küstengebiet $_{nt}$, Küste $_f$; II adj. Küsten...

litosfera s. f. GEOLOGIA Lithosphäre $_f$

litro s. m. Liter $_m$

Lituânia s. f. Litauen $_{nt}$

lituano I s. m. Litauer $_m$; II adj. litauisch

liturgia s. f. Liturgie $_f$

litúrgico adj. liturgisch

lividez s. f. Blässe $_f$

lívido adj. blass, bleich

livrança s. f. ECONOMIA Schuldschein $_m$

livrar I v. tr. 1. befreien [de, von +dat.]; (salvar) retten [de, aus +dat.]; 2. (preservar) bewahren [de, vor +dat.]; Deus me livre!: Gott bewahre!; II v. refl. sich befreien [de, von +dat.]; livrar-se de alguém/alguma coisa: jemanden/etwas loswerden

livraria s. f. Buchhandlung $_f$

livre I s. m. DESPORTO Freistoß $_m$; II adj. frei; ao ar livre: im Freien

livre-câmbio s. m. Freihandel $_m$

livreiro s. m. Buchhändler $_m$

livremente adv. frei

livrete s. m. (de automóvel) Fahrzeugschein $_m$

livro s. m. Buch $_{nt}$; livro de bolso: Taschenbuch $_{nt}$; livro de reclamações: Beschwerdebuch $_{nt}$; livro de cheques: Scheckheft $_{nt}$

lixa s. f. Sandpapier $_{nt}$; (Brasil) lixa de unhas: Nagelfeile $_f$

lixar I v. tr. 1. (com lixa) schmirgeln, abschmirgeln; 2. (coloq.) (prejudicar) linken, verarschen; II v. refl. (coloq.) vai-te lixar!: geh zum Teufel!

lixeira s. f. Müllplatz_m, Mülldeponie_f.
lixeiro s. m. Müllwerker_m; *(coloq.)* Müllmann_m.
lixívia s. f. 1. Waschlauge_f; 2. QUÍMICA Lauge_f.
lixo s. m. Müll_m, Abfall_m.
ló s. m. NÁUTICA Luv_f.
lobisomem s. m. Werwolf_m.
lobo s. m. ZOOLOGIA Wolf_m.
lobo-marinho s. m. ZOOLOGIA Seehund_m.
lóbulo s. m. 1. ANATOMIA (do fígado) Lappen_m; 2. BOTÂNICA Läppchen_nt.
locação s. f. Vermietung_f.
local I s. m. Ort_m, Stelle_f; II adj. lokal, örtlich
localidade s. f. Ortschaft_f, Ort_m.
localização s. f. 1. (acção de localizar) Lokalisierung_f; 2. (local) Standort_m.
localizado adj. estar bem/mal localizado: gut/schlecht gelegen sein
localizar v. tr. lokalisieren, ausfindig machen
loção s. f. Lotion_f.
locatário s. m. Mieter_m.
locomoção s. f. Fortbewegung_f.
locomotiva s. f. Lokomotive_f.
locomotor adj. treibend, antreibend
locutor s. m. Sprecher_m.
lodaçal s. m. Morast_m, schlammige(s) Gelände_nt.
lodo s. m. Schlamm_m, Matsch_m.
logaritmo s. m. MATEMÁTICA Logarithmus_m.
lógica s. f. Logik_f.
lógico adj. logisch
logística s. f. Logistik_f.
logístico adj. logistisch
logo I adv. 1. (em seguida) gleich, sofort; logo a seguir: gleich darauf; 2. (mais tarde) nachher, später; 3. (justamente) logo agora: ausgerechnet jetzt; II cj. also, folglich; logo que [+conj.]: sobald

logotipo s. m. Emblem_nt; (de empresa) Firmenzeichen_nt.
lograr I v. tr. 1. (alcançar) erreichen; (obter) erringen; 2. (enganar) betrügen; II v. intr. gelingen
logro s. m. Betrug_m.
loiça s. f. → louça
loiro s. m. → louro
loisa s. f. → lousa
loja s. f. Laden_m, Geschäft_nt.
lojista s. m. e f. Ladenbesitzer, -in_m, f, Geschäftsinhaber, -in_m, f.
lomba s. f. (na estrada) Anhöhe_f; (de monte) Bergrücken_m.
lombada s. f. (de livro) Buchrücken_m.
lombar adj. Lenden...
lombinho s. m. CULINÁRIA Lendenstück_nt, Lende_f.
lombo s. m. 1. (de animal) Rücken_m; 2. CULINÁRIA Lende_f.
lombriga s. f. ZOOLOGIA Regenwurm_m.
lona s. f. Segeltuch_nt.
Londres s. f. London_nt.
londrino I s. m. Londoner_m; II adj. Londoner, aus London
longe adv. weit, weit entfernt; longe de: weit entfernt von [+dat.]; ao longe: in der Ferne; de longe: von weitem; *(fig.)* mit Abstand
longevidade s. f. Langlebigkeit_f.
longevo adj. alt, betagt
longínquo adj. fern, entfernt
longitude s. f. GEOGRAFIA Länge_f.
longitudinal adj. Längen..., Längs...
longo adj. lang, weit; (trabalho) langwierig; (temporal) ao longo de: entlang [+ac.], während [+dat.]
lontra s. f. ZOOLOGIA Otter_m.
lorde s. m. Lord_m.
lorpa I s. m. e f. *(depr.)* Depp_m, Tölpel_m; II adj. *(depr.)* tölpelhaft, blöd

losango s. m. Raute f.
lota s. f. Fischauktion f.
lotação s. f. Kapazität f., Anzahl f. der Plätze
lotado adj. (cinema, teatro) ausverkauft
lotaria s. f. Lotterie f.
lote s. m. 1. (de terreno) Parzelle f.; 2. (de mercadoria) Posten m.; 3. (de café) Sorte f.
lotear v. tr. (um terreno) parzellieren
loteria s. f. (Brasil) → lotaria
loto s. m. Lotto nt.
louça s. f. 1. (de cozinha) Geschirr nt.; louça de barro: Steingut nt.; 2. (de casa-de-banho) Sanitärkeramik f.
louco I s. m. Verrückte m. e f.; (demente) Irrsinnige m. e f.; II adj. 1. verrückt [por, nach +dat.]; (demente) irrsinnig; 2. (sucesso) wahnsinnig
loucura s. f. Verrücktheit f., Wahnsinn m.; (demência) Irrsinn m.
louro I s. m. 1. BOTÂNICA Lorbeer m.; 2. Blonde m. e f.; II adj. blond
lousa s. f. 1. (material) Schiefer m.; 2. (pedra tumular) Grabstein m.
louva-a-deus s. m. inv. ZOOLOGIA Gottesanbeterin f.
louvar v. tr. loben, preisen
louvável adj. lobenswert
louvor s. m. Lob nt.
lua s. f. Mond m.
lua-de-mel s. f. Flitterwochen pl.
luar s. m. Mondschein m.
lubrificação s. f. Schmierung f.
lubrificante I s. m. Schmiermittel nt., Schmiere f.; II adj. Schmier...
lubrificar v. tr. schmieren, einschmieren
lucidez s. f. PSICOLOGIA Klarheit f. des Verstandes
lúcido adj. PSICOLOGIA bei klarem Verstand
lúcio s. m. ZOOLOGIA Hecht m.
lucrar I v. tr. einbringen; II v. intr. profitieren [com, von +dat.], Nutzen ziehen [com, aus +dat.]

lucrativo adj. 1. (financeiramente) einträglich, Gewinn bringend; 2. (vantajoso) vorteilhaft
lucro s. m. 1. (financeiro) Gewinn m., Profit m.; 2. (proveito) Nutzen m.
ludibriar v. tr. beschwindeln; (enganar) betrügen
lúdico adj. Spiel..., spielerisch
lufada s. f. Windstoß m.
lufa-lufa s. f. Hetzerei f., Hetze f.
lugar s. m. 1. (sítio) Platz m., Ort m.; 2. (ordenação) Stelle f.; em primeiro lugar: an erster Stelle, erstens; 3. (emprego, situação) Stelle f.
lugarejo s. m. Kaff nt.
lúgubre adj. düster, finster
lula s. f. ZOOLOGIA Tintenfisch m.
lumbago s. m. Hexenschuss m.
lume s. m. Feuer nt.
luminosidade s. f. 1. (claridade) Helligkeit f.; 2. (intensidade da luz) Leuchtkraft f.
luminoso adj. 1. (sala) hell; 2. (que ilumina) leuchtend; 3. (referente a luz) Licht...
lunar adj. Mond...
lunático I s. m. Geistesgestörte m. e f., Wahnsinnige m. e f.; II adj. geistesgestört, wahnsinnig
luneta s. f. 1. Brille f.; 2. pl. lunetas: Kneifer m.
lupa s. f. Lupe f.
lúpulo s. m. BOTÂNICA Hopfen m.
lúpus s. m. inv. MEDICINA Lupus m.
lusco-fusco s. m. Abenddämmerung f.
lusitano I s. m. Portugiese m.; II adj. portugiesisch, lusitanisch
luso adj. portugiesisch, lusitanisch
lustre s. m. 1. (brilho) Glanz m.; 2. (candelabro) Kronleuchter m.
lustro s. m. → lustre
lustroso adj. glänzend
luta s. f. Kampf m. [por, für +ac.; contra, gegen +ac.]; DESPORTO luta livre: Freistilringen nt.

lutador *s. m.* Kämpfer_m.
lutar *v. intr.* kämpfen [por, um +ac.; contra, gegen +ac.]
luterano I *s. m.* Lutheraner_m.; II *adj.* lutherisch, lutheranisch
luto *s. m.* Trauer_f.; estar de luto por alguém: um jemanden trauern
luva *s. f.* Handschuh_m.
luxação *s. f.* MEDICINA Verrenkung_f.
Luxemburgo *s. m.* Luxemburg_{nt}.

luxemburguês I *s. m.* Luxemburger_m.; II *adj.* luxemburgisch
luxo *s. m.* Luxus_m.
luxuoso *adj.* luxuriös
luxúria *s. f.* Wollust_f., Lüsternheit_f.
luz *s. f.* Licht_{nt}.; *(electricidade)* Strom_m. ❖ dar à luz: gebären
luzidio *adj.* glänzend, strahlend
luzir *v. intr.* leuchten, strahlen
lycra® *s. f.* Lycra_{nt}.

M

M, m *s. m.* M, m_{nt}.
maca *s. f.* Tragbahre_f.
maçã *s. f.* BOTÂNICA Apfel_m.; maçã do rosto: Backenknochen_m.
macabro *adj.* makaber
macacada *s. f.* Blödsinn_m., Unsinn_m.
macacão *s. m.* Overall_m.
macaco *s. m.* 1. ZOOLOGIA Affe_m.; 2. (para automóvel) Wagenheber_m.
maçada *s. f.* Plackerei_f., Schufterei_f.
macadame *s. m.* Makadam_m.
maçador *adj.* nervig, langweilig
macaense I *s. m. e f.* Einwohner, -in_{m., f.} von Macau; II *adj.* aus Macau
macambúzio *adj.* traurig, niedergeschlagen
maçaneta *s. f.* (de porta) Klinke_f.; (redonda) Knauf_m.
maçante *adj.* (Brasil) nervig, langweilig
mação *s. m.* Freimaurer_m.
maçapão *s. m.* CULINÁRIA Marzipan_{nt}.
macaquice *s. f.* Faxen_{pl}., Quatsch_m.

maçar *v. tr.* 1. *(importunar)* belästigen; *(coloq.)* nerven; 2. *(aborrecer)* langweilen
maçarico *s. m.* Schweißbrenner_m.
macarrão *s. m.* CULINÁRIA Makkaroni_{pl}.
Macau *s. m.* Macau_{nt}.
Macedónia *s. f.* Mazedonien_{nt}., Makedonien_{nt}.
macete *s. m.* (Brasil) Kniff_m., Trick_m.
machadada *s. f.* Beilhieb_m., Axthieb_m.
machado *s. m.* Axt_f., Beil_{nt}.
machista I *s. m.* Macho_m.; II *adj.* Macho..., chauvinistisch
macho I *s. m.* 1. ZOOLOGIA Männchen_{nt}.; 2. (animal cruzado) Maulesel_m.; II *adj.* männlich
machucar I *v. tr.* 1. *(ferir)* verwunden; 2. *(Brasil) (magoar)* verletzen; II *v. refl.* 1. *(ferir-se)* sich verletzen; 2. *(Brasil) (magoar-se)* verletzt sein
maciço I *s. m.* (montanhas) Massiv_{nt}.; II *adj.* massiv
macieira *s. f.* BOTÂNICA Apfelbaum_m.

macilento *adj.* bleich; (rosto) eingefallen
macio *adj.* weich; (voz) sanft
maço *s. m.* 1. (de cigarros) Schachtel$_f$, Päckchen$_{nt.}$; 2. (de notas, folhas) Bündel$_{nt.}$; 3. (martelo) Holzhammer$_m$.
maçom *s. m.* Freimaurer$_m$.
maconha *s. f.* (Brasil) (coloq.) Hasch$_{nt.}$
maçónico *adj.* Freimaurer...
má-criação *s. f.* 1. (falta de educação) schlechte Erziehung$_f$; 2. (acto) Ungezogenheit$_f$, Frechheit$_f$
maçudo *adj.* (texto, livro) langweilig, zäh
macumba *s. f.* (Brasil) Hexerei$_f$, Zauberei$_f$
macumbeiro *s. m.* (Brasil) Zauberer$_m$
madeira *s. f.* Holz$_{nt.}$
Madeira *s. f.* Madeira$_{nt.}$
madeirense I *s. m. e f.* Einwohner, -in$_{m., f.}$ von Madeira; II *adj.* aus Madeira
madeixa *s. f.* Strähne$_f$, Haarsträhne$_f$
má-disposição *s. f.* 1. (humor) schlechte Laune$_f$; 2. (saúde) Unwohlsein$_{nt.}$
madrasta *s. f.* Stiefmutter$_f$
madre *s. f.* RELIGIÃO Mutter$_f$
madrepérola *s. f.* Perlmutt$_{nt.}$
madressilva *s. f.* BOTÂNICA Geißblatt$_{nt.}$
madre-superiora *s. f.* RELIGIÃO Oberin$_f$
madrinha *s. f.* (de baptismo) Patin$_f$; (de casamento) Trauzeugin$_f$
madrugada *s. f.* Tagesanbruch$_m$; de madrugada: frühmorgens
madrugador *s. m.* Frühaufsteher$_m$.
madrugar *v. intr.* früh aufstehen
madureza *s. f.* Reife$_f$
maduro *adj.* 1. (fruta, pessoa) reif; 2. (plano) ausgereift
mãe *s. f.* Mutter$_f$; (como tratamento) Mutti$_f$
maestro *s. m.* MÚSICA Dirigent$_m$
mafarrico *s. m.* (pop.) Teufel$_m$
má-fé *s. f.* böse(r) Wille$_m$, böse Absicht$_f$

máfia *s. f.* Mafia$_f$
mafioso *s. m.* Mafioso$_m$.
magala *s. m.* (coloq.) (soldado) Soldat$_m$; (recruta) Rekrut$_m$.
magazine *s. m.* (Brasil) Zeitschrift$_f$
magenta *s. f.* Purpurrot$_{nt.}$
magia *s. f.* Magie$_f$
magicar I *v. tr.* (plano) nachdenken über [+ac.]; II *v. intr.* grübeln
mágico I *s. m.* Magier$_m$, Zauberer$_m$; II *adj.* magisch, Zauber...
magistério *s. m.* 1. (profissão) Lehrberuf$_m$; 2. (professorado) Lehrerschaft$_f$, Lehrer$_{pl.}$
magistrado *s. m.* Richter$_m$.
magistratura *s. f.* 1. (estatuto) Richteramt$_m$; 2. (duração) Amtszeit$_f$
magnânimo *adj.* großzügig
magnésio *s. m.* QUÍMICA Magnesium$_{nt.}$
magnético *adj.* magnetisch, Magnet...
magnetismo *s. m.* 1. FÍSICA Magnetismus$_m$; 2. (fig.) (atracção) Anziehungskraft$_f$
magnificência *s. f.* Herrlichkeit$_f$, Pracht$_f$
magnífico *adj.* herrlich, großartig
magnitude *s. f.* 1. (grandeza) Größe$_f$; 2. (importância) Bedeutung$_f$
magno *adj.* groß; (importante) bedeutend
magnólia *s. f.* BOTÂNICA Magnolie$_f$.
mago *s. m.* Magier$_m$; os Reis Magos: die Heiligen Drei Könige
mágoa *s. f.* Kummer$_m$, Leid$_{nt.}$
magoado *adj.* verletzt
magoar I *v. tr.* verletzen; II *v. refl.* 1. sich verletzen; 2. (ofender-se) verletzt sein
magote *s. m.* Menge$_f$; um magote de gente: ein Haufen Leute
magrelo *s. m.* (Brasil) → magricela
magreza *s. f.* Magerkeit$_f$
magricela *s. m. e f.* Skelett$_{nt.}$
magro *adj.* (pessoa) dünn, mager; (carne) mager; (queijo, iogurte) fettarm

magusto s. m. Braten$_{nt.}$ der Maronen
Maio s. m. Mai$_m$
maiô s. m. (Brasil) Badeanzug$_m$
maionese s. f. Mayonnaise$_f$, Majonäse$_f$
maior adj. 1. comp. de grande, (tamanho) größer; (altura) höher; maior de idade: volljährig; 2. superl. de grande, o/a maior: (tamanho) der/die/das größte, am größten; (altura) der/die/das höchste, am höchsten; a maior parte das vezes: meistens; a maior parte das das pessoas: die meisten Leute
maioral s. m. e f. Oberhaupt$_{nt.}$
maioria s. f. Mehrheit$_f$
maioridade s. f. Volljährigkeit$_f$
maioritariamente adv. mehrheitlich
mais I s. m. MATEMÁTICA Pluszeichen$_{nt.}$; (resto) o mais: der Rest; II adv. 1. mehr; mais ou menos: mehr oder weniger; que mais?: was noch?; a mais: übrig; de mais: zu viel; 2. (de preferência) lieber; III cj. und
mais-valia s. f. Mehrwert$_m$
maiúscula s. f. Großbuchstabe$_m$
maiúsculo adj. großgeschrieben
majestade s. f. Majestät$_f$
majestoso adj. majestätisch, würdevoll
major s. m. MILITAR Major$_m$
mal I s. m. Übel$_{nt.}$; (moral) Böse$_{nt.}$; II adj. 1. (incorrecto) falsch; 2. (situação) schlimm; III adv. 1. (situação) schlimm; (saúde) schlecht; ela está mal: es geht ihr schlecht; fazer mal a alguém: jemandem schaden; 2. (incorrectamente) falsch; 3. (quase não) kaum; mal posso esperar! ich kann es kaum erwarten!
mala s. f. 1. Koffer$_m$; 2. (carteira) Handtasche$_f$; 3. (do automóvel) Kofferraum$_m$
malabarismo s. m. Jonglieren$_{nt.}$
malabarista s. m. e f. Jongleur, -in$_{m, f.}$
mal-afortunado adj. unglücklich, vom Pech verfolgt

mal-agradecido adj. undankbar
malagueta s. f. BOTÂNICA rote(r) Pfeffer$_m$
mal-ajambrado adj. 1. (pessoa) schlecht angezogen; 2. (objecto) schlecht verarbeitet
malandrice s. f. 1. (vigarice) Gaunerei$_f$; 2. (vadiagem) Faulenzerei$_f$
malandro I s. m. 1. freche(r) Kerl$_m$, Schlingel$_m$; 2. (vigarista) Gauner$_m$, Halunke$_m$; II adj. frech
malária s. f. MEDICINA Malaria$_f$
Malásia s. f. Malaysia$_{nt}$
malcheiroso adj. übel riechend, stinkend
malcomportado adj. ungezogen
malcriadice s. f. Ungezogenheit$_f$
malcriado I s. m. Flegel$_m$, Lümmel$_m$; II adj. unerzogen; (grosseiro) ungezogen
maldade s. f. Bosheit$_f$, Gemeinheit$_f$
maldição s. f. Fluch$_m$, Verwünschung$_f$
maldisposto adj. (humor) schlecht gelaunt; (saúde) estou maldisposto: mir ist übel/schlecht
maldito I p. p. de maldizer; II adj. verflucht, verdammt
maldizer v. tr. verfluchen, verdammen
maldoso adj. bösartig, gehässig
maleabilidade s. f. Geschmeidigkeit$_f$; (flexibilidade) Biegsamkeit$_f$
maleável adj. geschmeidig; (flexível) biegsam
maledicência s. f. Verleumdung$_f$
mal-educado adj. unerzogen; (grosseiro) ungezogen
malefício s. m. Schaden$_m$
maléfico adj. schädlich, negativ
mal-encarado adj. grimmig, missmutig
mal-entendido s. m. Missverständnis$_{nt.}$
mal-estar s. m. 1. (físico) Unwohlsein$_{nt.}$; 2. (moral) Unbehagen$_{nt.}$
malévolo adj. (mal-intencionado) böswillig; (maldoso) boshaft, gemein

malfadado *adj.* unselig, unglücklich
malformação *s. f.* Missbildung*f.*
malga *s. f.* Suppentasse*f.*
malha I *s. f.* Masche*f.*; **malhas:** Strickwaren*pl.*
malhado *adj.* (animal) gefleckt
malhar I *v. tr.* schlagen; (cereais) dreschen; II *v. intr.* (coloq.) (cair) hinfliegen
mal-humorado *adj.* schlecht gelaunt
malícia *s. f.* Bosheit*f.*, Boshaftigkeit*f.*
malicioso *adj.* boshaft
maligno *adj.* MEDICINA bösartig
má-língua I *s. f.* üble Nachrede*f.*; II *s. m. e f.* (pessoa) Lästermaul*nt.*, Läster|er, -in*m. f.*
mal-intencionado *adj.* (pessoa) übel gesinnt; (acto) böswillig
maljeitoso *adj.* 1. (pessoa) ungeschickt, unbeholfen; 2. (objecto) unförmig, plump
malmequer *s. m.* BOTÂNICA Ringelblume*f.*
malograr *v. tr.* vereiteln, durchkreuzen
malogro *s. m.* Fehlschlag*m.*, Misserfolg*m.*
malote *s. m.* Kosmetikkoffer*m.*
malta *s. f.* (coloq.) Bande*f.*, Truppe*f.*
malte *s. m.* Malz*nt.*
maltrapilho *s. m.* schlecht gekleidete(r) Mensch*m.*, Vogelscheuche*f.*
maltratar *v. tr.* misshandeln
maluco I *s. m.* Verrückte*m. e f.*, Spinner*m.*; II *adj.* verrückt
maluquice *s. f.* 1. (acto, ideia) Unsinn*m.*, Blödsinn*m.*; 2. (estado) Verrücktheit*f.*
malva *s. f.* BOTÂNICA Malve*f.*
malvadez *s. f.* Bosheit*f.*, Boshaftigkeit*f.*
malvado I *s. m.* Bösewicht*m.*, Übeltäter*m.*; II *adj.* böse, boshaft
mama *s. f.* 1. Brust*f.*; 2. *pl.* **mamas:** Busen*m.*
mamã *s. f.* Mama*f.*, Mutti*f.*
mamadeira *s. f.* (Brasil) Fläschchen*nt.*
mamãe *s. f.* (Brasil) → mamã
mamar *v. tr.* (an der Brust) saugen; **dar de mamar a:** stillen

mamarracho *s. m.* (mal feito) Pfusch*m.*; (de mau gosto) Scheußlichkeit*f.*
mamífero *s. m.* ZOOLOGIA Säugetier*nt.*
mamilo *s. m.* Brustwarze*f.*
mamografia *s. f.* Mammographie*f.*
mamute *s. m.* ZOOLOGIA Mammut*nt.*
manada *s. f.* Herde*f.*
manápula *s. f.* Pranke*f.*
mancada *s. f.* (Brasil) Fauxpas*m.*
mancar *v. intr.* hinken, humpeln
mancebo *s. m.* junge(r) Mann*m.*
mancha *s. f.* 1. (nódoa) Fleck*m.*; 2. (fig.) (mácula) Makel*m.*
manchado *adj.* fleckig, voller Flecken
manchar *v. tr.* beflecken, schmutzig machen
manchete *s. f.* JORNALISMO Schlagzeile*f.*
manco I *s. m.* Einbeinige*m. e f.*; (pej.) Krüppel*m.*; II *adj.* einbeinig; (coxo) hinkend
manda-chuva *s. m. e f.* Boss*m.*
mandado *s. m.* DIREITO Befehl*m.*; II *adj.* **bem mandado:** gehorsam, brav
mandamento *s. m.* RELIGIÃO Gebot*nt.*
mandão I *s. m.* Despot*m.*, herrische(r) Mensch*m.*; II *adj.* herrschsüchtig, herrisch
mandar I *v. tr.* 1. (ordenar) befehlen; 2. (enviar) senden; 3. (encomendar) beauftragen; **mandar vir alguma coisa:** etwas bestellen; II *v. intr.* befehlen
mandatário *s. m.* Beauftragte*m. e f.*, Mandatar*m.*
mandato *s. m.* POLÍTICA Mandat*nt.*
mandíbula *s. f.* Unterkiefer*m.*
mandioca *s. f.* BOTÂNICA Maniok*m.*
mando *s. m.* Befehl*m.*; **a mando de:** auf Befehl von [+dat.]
mandrião I *s. m.* Faulenzer*m.*; II *adj.* faul
mandriar *v. intr.* faulenzen, gammeln
maneira *s. f.* 1. Art*f.*, Weise*f.*; **à maneira de:** nach Art [+gen.]; (coloq.) **à maneira:** ordentlich; **de maneira nenhuma:** keines-

falls; **de qualquer maneira**: irgendwie; **de tal maneira que...**: so, dass...; 2. *pl.* **maneiras**: Manieren*pl*, Benehmen*nt.*
maneirinho *adj.* *(coloq.)* handlich
maneiro *adj.* 1. (ferramenta) handlich; 2. (trabalho) leicht
manejar *v. tr.* (instrumento) handhaben; (máquina) bedienen
manejo *s. m.* (de instrumento) Handhabung*f*; (de máquina) Bedienung*f*
manequim I *s. m. e f.* (pessoa) Mannequin*nt*; II *s. m.* (de montra) Schaufensterpuppe*f*
maneta *adj.* einarmig
manga *s. f.* 1. (roupa) Ärmel*m*; 2. BOTÂNICA Mango*f*
mangação *s. f.* Spott*m*, Spötterei*f*
mangar *v. intr.* spotten über [+ac.]
mangueira *s. f.* Schlauch*m*
manha *s. f.* Verschlagenheit*f*; **ter manha**: gerissen sein
manhã *s. f.* Morgen*m*, Vormittag*m*; **de manhã**: morgens, vormittags
manhãzinha *s. f.* Morgenfrühe; **de manhãzinha**: frühmorgens
manhoso *adj.* gerissen, verschlagen
mania *s. f.* 1. fixe Idee*f*, Manie*f*; 2. MEDICINA Wahn*m*
maníaco I *s. m.* Wahnsinnige*m, e f*; II *adj.* 1. (excêntrico) verrückt; 2. MEDICINA wahnsinnig, manisch
manicómio *s. m.* Irrenanstalt*f*
manicura *s. f.* Maniküre*f*
manif *s. f. (coloq.)* Demo*f*
manifestação *s. f.* 1. Demonstration*f*, Kundgebung*f*; 2. (de sentimentos) Äußerung*f*, Ausdruck*m*
manifestante *s. m. e f.* Demonstrant, -in*m, f*
manifestar I *v. tr.* 1. (opinião) äußern, zum Ausdruck bringen; 2. (sentimentos) zeigen; II *v. refl.* 1. (pessoa) demonstrieren; 2. (sintomas) sich zeigen; (doença) auftreten
manifesto I *s. m.* Manifest*nt*; II *adj.* offenbar, offenkundig
manilha *s. f.* (no braço) Armreif*m*; (no tornozelo) Fußreif*m*
manipulação *s. f.* Manipulation*f*
manipulador *adj.* manipulierend
manipular *v. tr.* manipulieren
manípulo *s. m.* Griff*m*; (das mudanças) Schaltknüppel*m*
manivela *s. f.* Kurbel*f*
manjar *s. m.* (comida) Speise*f*; (iguaria) Leckerbissen*m*
manjedoura *s. f.* Futtertrog*m*
manjerico *s. m.* Basilikum*nt*
mano *s. m. (coloq.)* Bruder*m*, Schwester*f*
manobra *s. f.* Manöver*nt*; (comboio) Rangieren*nt*
manobrar *v. tr.* steuern, manövrieren
manómetro *s. m.* FÍSICA Manometer*nt*
manquejar *v. intr.* hinken, humpeln
mansão *s. f.* Villa*f*
mansarda *s. f.* Mansarde*f*
mansinho *loc. adv.* **de mansinho**: ganz leise, ganz sacht
manso *adj.* 1. (animal) zahm; 2. (mar) still
manta *s. f.* Decke*f*
manteiga *s. f.* Butter*f*
manteigueira *s. f.* Butterdose*f*
manter I *v. tr.* 1. (conservar) beibehalten; (costume) erhalten; 2. (a direcção) einhalten; (distância, equilíbrio) halten; II *v. refl.* 1. (situação) gleich bleiben; 2. (pessoa) sich ernähren
mantilha *s. f.* Mantille*f*
mantimentos *s. m. pl.* Lebensmittel*pl*
manto *s. m.* Umhang*m*
manual I *s. m.* Handbuch*nt*; II *adj.* manuell, Hand...

manualmente *adv.* manuell, von Hand
manufactura *s. f.* Herstellung*f*, Fertigung*f*
manufacturar *v. tr.* herstellen
manuscrito I *s. m.* Manuskript*nt*, Handschrift*f*; II *adj.* handschriftlich, handgeschrieben
manusear *v. tr.* handhaben; (livro) blättern in [+dat.]
manutenção *s. f.* 1. *(conservação)* Aufrechterhaltung*f*; 2. *(administração)* Verwaltung*f*; 3. *(sustento)* Unterhalt*m*; 4. (de carro, máquina) Wartung*f*
mão *s. f.* 1. ANATOMIA Hand*f*; à mão: von Hand; *(perto)* zur Hand; de mãos dadas: Hand in Hand; em segunda mão: aus zweiter Hand; 2. (de pintura) Schicht*f*; 3. (na estrada) na sua mão: in Fahrtrichtung
mão-cheia *s. f.* Hand*f* voll
mão-de-obra *s. f.* Arbeitskraft*f*
mãos-largas *adj.* freigebig, großzügig
mapa *s. m.* (de país) Karte*f*, Landkarte*f*; (de cidade) Stadtplan*m*
mapa-múndi *s. m.* Weltkarte*f*
maple *s. m.* Sessel*m*, Klubsessel*m*
maqueta *s. f.* Modell*nt*
maquiagem *s. f.* → maquilhagem
maquiar *v. tr. e refl.* → maquilhar
maquiavélico *adj.* machiavellistisch
maquilhagem *s. f.* Make-up*nt*
maquilhar I *v. tr.* schminken; II *v. refl.* sich schminken
máquina *s. f.* Maschine*f*; à máquina: maschinell; máquina fotográfica: Fotoapparat*m*; máquina de barbear: Rasierapparat*m*; máquina de escrever: Schreibmaschine*f*
maquinar *v. tr.* anstiften, anzetteln
maquinaria *s. f.* Maschinenpark*m*
maquineta *s. f.* Apparat*m*, Vorrichtung*f*

maquinista *s. m. e f.* 1. *(comboio)* Lokführer, -in*m. f.*; 2. *(máquinas)* Maschinist, -in*m. f.*
mar *s. m.* 1. Meer*nt*, See*f*; 2. *(fig.)* Menge*f*, Masse*f*; um mar de gente: eine Menschenmasse
maracujá *s. m.* BOTÂNICA Maracuja*f*
maratona *s. f.* DESPORTO Marathon*m*, Marathonlauf*m*
maravilha *s. f.* Wunder*nt*
maravilhado *adj.* verwundert [com, über +ac.]
maravilhar *v. tr.* in Verwunderung versetzen
maravilhoso *adj.* wunderbar, wundervoll
marca *s. f.* 1. Zeichen*nt*, Kennzeichen*nt*; 2. Marke*f*; marca registada: eingetragenes Warenzeichen
marcação *s. f.* 1. *(sinalização)* Markierung*f*; 2. *(reserva)* Platzreservierung*f*; 3. (de data, consulta, prazo) Festlegung*f*
marcador *s. m.* 1. (caneta) Textmarker*m*; 2. DESPORTO (quadro) Anzeigetafel*f*
marcante *adj.* markant, hervorstechend
marcar *v. tr.* 1. *(assinalar)* markieren; 2. (no telefone) wählen; 3. *(lugar)* belegen; *(reservar)* reservieren; 4. (data, consulta, prazo) festlegen; 5. DESPORTO (golo) schießen
marcenaria *s. f.* Schreinerei*f*, Tischlerei*f*
marceneiro *s. m.* Schreiner*m*, Tischler*m*
marcha *s. f.* 1. MILITAR, MÚSICA Marsch*m*; marcha nupcial: Hochzeitsmarsch*m*; 2. *(fig.)* *(andamento)* Gang*m*; pôr/estar em marcha: in Gang bringen/sein
marcha-atrás *s. f. inv.* Rückwärtsgang*m*
marchar I *v. intr.* marschieren; MILITAR marchar!: marsch!
marchetado I *s. m.* Einlegearbeit*f*; II *adj.* Einlege...
marcial *adj.* kriegerisch, Kriegs...
marciano I *s. m.* Marsmensch*m*; II *adj.* Mars...

marco *s. m.* 1. (em terreno) Grenzstein$_m$; 2. (moeda) Mark$_f$; 3. (de correio) Briefkasten$_m$.

Março *s. m.* März$_m$.

maré *s. f.* Gezeiten$_{pl}$; maré cheia: Flut$_f$; maré vaza: Ebbe$_f$.

marechal *s. m.* Marschall$_m$.

marégrafo *s. m.* Mareograph$_m$, Flutmesser$_m$.

maremoto *s. m.* Seebeben$_{nt}$.

maresia *s. f.* fauliger(r) Meeresgeruch$_m$.

marfim *s. m.* Elfenbein$_{nt}$.

margarida *s. f.* BOTÂNICA (grande) Margerite$_f$; (pequena) Gänseblümchen$_{nt}$.

margarina *s. f.* Margarine$_f$.

margem *s. f.* 1. (de rio) Ufer$_{nt}$; 2. (de página) Rand$_m$; 3. ECONOMIA (diferença) Spanne$_f$; 4. (facilidade) Spielraum$_m$. ❖ à margem de: am Rand [+gen.]

marginal I *s. f.* Küstenstraße$_{m f}$; II *s. m. e f.* Außenseiter, -in$_{m. f}$, sozial Benachteiligte$_{m. e f}$.

marginalidade *s. f.* Marginalität$_f$, soziale(s) Abseits$_{nt}$.

marginalizar *v. tr.* an den Rand der Gesellschaft drängen

marginar *v. tr.* (à mão) einen Rand ziehen auf [+dat.]; (com computador) den Rand einstellen bei [+dat.]

maricas I *s. m. inv.* (cal.) Schwule$_m$; II *adj. inv.* (cal.) schwul

marido *s. m.* Mann$_m$, Ehemann$_m$.

marijuana *s. f.* Marihuana$_{nt}$.

marinada *s. f.* CULINÁRIA Marinade$_f$.

marinar *v. tr.* CULINÁRIA marinieren

marinha *s. f.* Marine$_f$, Flotte$_f$.

marinheiro *s. m.* Seemann$_m$, Matrose$_m$.

marinho *adj.* Meer..., See...

marionete *s. f.* Marionette$_f$.

mariposa *s. f.* 1. ZOOLOGIA Schmetterling$_m$; 2. DESPORTO Schmetterlingsstil$_m$.

marisco *s. m.* ZOOLOGIA Meeresfrucht$_f$.

marital *adj.* ehelich, Ehe...

marítimo *adj.* 1. (relativo ao mar) See...; 2. (relativo à navegação) seefahrend, Seefahrer...

marketing *s. m.* Marketing$_{nt}$.

marmanjo *s. m.* 1. (rapaz) Riese$_m$; (coloq.) Schrank$_m$; 2. (patife) Halunke$_m$.

marmelada *s. f.* Quittenbrot$_m$.

marmelo *s. m.* BOTÂNICA Quitte$_f$.

marmita *s. f.* Blechtopf$_m$.

mármore *s. m.* Marmor$_m$.

marmota *s. f.* ZOOLOGIA Murmeltier$_{nt}$.

marosca *s. f.* Kniff$_m$.

maroto I *s. m.* Lausbub$_m$, Lümmel$_m$; II *adj.* pfiffig

marquês *s. m.* Marquis$_m$, Markgraf$_m$.

marquise *s. f.* Glasveranda$_f$.

marrão *s. m.* (coloq.) Streber$_m$.

marrar *v. tr. e intr.* (coloq.) pauken

Marrocos *s. m.* Marokko$_m$.

marrom I *s. m.* Braun$_{nt}$; II *adj.* braun

marroquino I *s. m.* Marokkaner, -in$_{m. f}$; II *adj.* marokkanisch

marsupial *s. m.* ZOOLOGIA Beuteltier$_{nt}$.

marta *s. f.* ZOOLOGIA Marder$_m$.

Marte *s. m.* ASTRONOMIA Mars$_m$.

martelada *s. f.* Hammerschlag$_m$.

martelar *v. intr.* hämmern [em, auf +ac.]

martelo *s. m.* Hammer$_m$.

mártir *s. m. e f.* Märtyrer, -in$_{m. f}$

martírio *s. m.* 1. (do mártir) Martyrium$_{nt}$; 2. (padecimento) Qual$_f$

martirizar I *v. tr.* martern, quälen; II *v. refl.* sich quälen [com, mit +dat.]

marujo *s. m.* Seemann$_m$, Matrose$_m$.

marxismo *s. m.* POLÍTICA Marxismus$_m$.

marxista *s. m. e f.* Marxist, -in$_{m. f}$

mas I *cj.* aber; mas sim: sondern; não só... mas também: nicht nur..., sondern auch; II *s. m.* Schwierigkeit$_f$, Haken$_m$.

mascar v. tr. kauen
máscara s. f. Maske$_f$
mascarado adj. 1. (com máscara) maskiert; 2. (fantasiado) verkleidet [de, als +nom.]
mascarar I v. tr. 1. (pôr máscara em) maskieren; 2. (disfarçar) verstecken; II v. refl. 1. (pôr máscara) sich maskieren; 2. (fantasiar-se) sich verkleiden [de, als +nom.]
mascarilha s. f. Larve$_f$
mascate s. m. e f. (Brasil) Straßenverkäufer, -in$_{m,f}$
mascavado adj. (açúcar) braun
mascote s. f. Maskottchen$_{nt}$
masculinidade s. f. Männlichkeit$_f$
masculino adj. männlich
másculo adj. männlich
masmorra s. f. Kerker$_m$, Verlies$_{nt}$
masoquismo s. m. Masochismus$_m$
masoquista adj. masochistisch
massa s. f. 1. CULINÁRIA (de bolos) Teig$_m$; (macarrão) Nudeln$_{pl}$; 2. (de betume) Mörtel$_m$; 3. (quantidade) Masse$_f$; em massa: massenhaft
massacrar v. tr. niedermetzeln, massakrieren
massacre s. m. Massaker$_{nt}$
massagem s. f. Massage$_f$
massagista s. m. e f. Masseur, -in$_{m,f}$
massajar v. tr. massieren
massudo adj. (bolo, pão) teigig
mastigar v. tr. kauen
mastodonte s. m. Mastodon$_{nt}$
mastro s. m. Mast$_m$
masturbar-se v. refl. masturbieren
mata s. f. Wald$_m$, Waldgebiet$_{nt}$
mata-borrão s. m. Löschpapier$_{nt}$
matadouro s. m. Schlachthof$_m$
matagal s. m. Gestrüpp$_{nt}$, Dickicht$_{nt}$
mata-moscas s. m. inv. 1. (produto) Insektengift$_{nt}$, Insektenspray$_{nt}$; 2. (objecto) Fliegenklatsche$_f$

matança s. f. 1. (de animal) Schlachten$_{nt}$, Töten$_{nt}$; 2. (de pessoas) Massenmord$_m$
matar I v. tr. 1. (pessoa) töten, umbringen; (gado) schlachten; 2. (fig.) (fome, sede) stillen; (tempo) totschlagen; II v. refl. sich umbringen
mata-ratos s. m. inv. Rattengift$_{nt}$
mate I s. m. 1. (xeque-mate) Matt$_{nt}$; 2. (chá) Matetee$_m$; II adj. matt
matemática s. f. Mathematik$_f$
matemático I s. m. Mathematiker$_m$; II adj. mathematisch
matéria s. f. 1. (substância material) Materie$_f$; 2. (assunto) Thema$_{nt}$, Materie$_f$; 3. (da escola) Stoff$_m$
material I s. m. Material$_{nt}$; II adj. materiell
materialismo s. m. Materialismus$_m$
materialista I s. m. e f. Materialist, -in$_{m,f}$; II adj. materialistisch
materializar v. tr. verwirklichen
matéria-prima s. f. Rohstoff$_m$
maternal adj. mütterlich
maternidade s. f. 1. (qualidade de mãe) Mutterschaft$_f$; 2. (estabelecimento) Entbindungsklinik$_f$
materno adj. mütterlich, Mutter...
matilha s. f. Meute$_f$
matinal adj. morgendlich
matiné s. f. Nachmittagsvorstellung$_f$
matiz s. m. 1. (combinação de cores) Farbgebung$_f$; 2. (gradação) Nuance$_f$, Abstufung$_f$
mato s. m. Dickicht$_{nt}$, Gestrüpp$_{nt}$
matraca s. f. 1. (instrumento) Knarre$_f$, Klapper$_f$; 2. (coloq.) (boca) Klappe$_f$
matraquilhos s. m. pl. Tischfußballspiel$_{nt}$
matreiro adj. listig, geschickt
matriarca s. f. Matriarchin$_f$
matrícula s. f. 1. (em escola, curso) Anmeldung$_f$; (em universidade) Einschreibung$_f$, Immatrikulation$_f$; 2. (de automóvel) Kennzeichen$_{nt}$

matricular I v. tr. (em escola) anmelden [em, in +dat.]; (em universidade) einschreiben [em, an +dat.]; II v. refl. (em escola) sich anmelden [em, an +dat.]; (em universidade) sich einschreiben [em, an +dat.]
matrimonial adj. ehelich, Ehe...
matrimónio s. m. Ehe $_f$
matriz I s. f. 1. (molde) Matrize $_f$; 2. MATEMÁTICA Matrix $_f$; 3. ANATOMIA Gebärmutter $_f$; II adj. 1. (principal) Haupt...; Igreja matriz: Hauptkirche $_f$; 2. (origem) Stamm...
matrona s. f. Matrone $_f$
matulão s. m. Grobian $_m$
maturidade s. f. Reife $_f$
matutar v. intr. grübeln [em, über +ac./dat.], nachgrübeln [em, über +ac.]
matutino adj. Morgen...
mau adj. 1. (situação) schlimm, übel; (tempo, ambiente) schlecht; 2. (qualidade) schlecht, minderwertig; 3. (índole) böse, gemein
mau-olhado s. m. böse(r) Blick $_m$
mausoléu s. m. Mausoleum $_{nt}$
maus-tratos s. m. pl. Misshandlungen $_m$
maxila s. f. → maxilar
maxilar I s. m. Kiefer $_m$; II adj. Kiefer...
máxima s. f. Maxime $_f$, Grundsatz $_m$
máximo I s. m. 1. Maximum $_{nt}$; no máximo: höchstens, maximal; 2. pl. máximos: (faróis) Fernlicht $_{nt}$; II adj. größte(r, s), höchste(r, s)
mazela s. f. 1. (ferida) Wunde $_f$; 2. (mácula) Makel $_m$
me pron. pess. (objecto directo, reflexo) mich; (objecto indirecto) mir
meada s. f. (de fio) Knäuel $_{nt}$
meado s. m. Mitte $_f$; em meados de Março: Mitte März
mealheiro s. m. Sparbüchse $_f$
mecânica s. f. Mechanik $_f$
mecânico I s. m. Mechaniker $_m$; II adj. mechanisch

mecanismo s. m. Mechanismus $_m$
mecanizar v. tr. mechanisieren
mecha s. f. 1. (pavio) Docht $_m$; 2. (rastilho) Zündschnur $_f$; 3. (de cabelo) Strähne $_f$
Mecklemburgo-Pomerânia s. m. Mecklenburg-Vorpommern $_{nt}$
meda s. f. Garbe $_f$
medalha s. f. Medaille $_f$
medalhão s. m. Medaillon $_{nt}$
média I s. f. 1. (valor médio) Mittelwert $_m$, Durchschnitt $_m$; em média: durchschnittlich; 2. (Brasil) (meia-de-leite) Milchkaffee $_m$; II s. m. pl. Medien $_{pl}$
mediação s. f. Vermittlung $_f$
mediador s. m. Vermittler $_m$
mediano adj. 1. (regular) mittelmäßig; 2. (tamanho) mittlerer Größe
mediante prep. 1. (através de) mittels [+gen.], durch [+ac.]; 2. (em troca de) gegen [+ac.]
mediar v. tr. vermitteln
mediato adj. mittelbar
medicação s. f. Medikation $_f$
medicamento s. m. Medikament $_{nt}$, Arzneimittel $_{nt}$
medicamentoso adj. heilkräftig, Heil...
medição s. f. Messung $_f$
medicar v. tr. medikamentös behandeln
medicina s. f. Medizin $_f$
medicinal adj. medizinisch
médico I s. m. Arzt $_m$; II adj. ärztlich
medida s. f. 1. Maß $_{nt}$; à medida: nach Maß; 2. (decisão) Maßnahme $_f$
medidor s. m. Messgerät $_{nt}$
medieval adj. mittelalterlich
médio I adj. 1. (no meio) mittlere(r, s), Mittel...; 2. (meio-termo) durchschnittlich, Durchschnitts...; II s. m. pl. (faróis) Abblendlicht $_{nt}$
medíocre adj. mittelmäßig
medir I v. tr. messen, abmessen, ausmessen; II v. refl. sich messen [com, mit +dat.]

meditar v. intr. nachdenken [sobre, über +ac.]
Mediterrâneo s. m. Mittelmeer_nt.
mediterrânico adj. Mittelmeer..., mediterran
médium s. m. e f. Medium_nt.
medo s. m. Angst_f [de, vor +dat.]
medonho adj. furchtbar, schrecklich
medrar v. intr. wachsen, gedeihen
medricas I s. m. e f. inv. Angsthase_m.; II adj. inv. zaghaft, ängstlich
medroso adj. furchtsam, ängstlich
medula s. f. ANATOMIA Knochenmark_nt.
medusa s. f. ZOOLOGIA Qualle_f.
megabyte s. m. INFORMÁTICA Megabyte_nt.
megafone s. m. Megaphon_nt., Megafon_nt.
megalítico adj. megalithisch, Megalith...
megalomania s. f. Größenwahn_m.
megalómano s. m. Größenwahnsinnige_m. e f.
megera s. f. Furie_f.
meia I s. f. Strumpf_m.; (curta) Socke_f.; II num. card. (Brasil) sechs ❖ fazer alguma coisa a meias: halbe-halbe machen
meia-calça s. f. Strumpfhose_f.
meia-de-leite s. f. Milchkaffee_m.
meia-final s. f. DESPORTO Halbfinale_nt.
meia-idade s. f. mittlere(s) Alter_nt.
meia-lua s. f. Halbmond_m.
meia-luz s. f. Dämmerlicht_nt.
meia-noite s. f. Mitternacht_f.
meigo adj. zärtlich, liebevoll
meiguice s. f. 1. Zärtlichkeit_f.; 2. pl. meiguices: Liebkosungen_pl
meio I s. m. 1. (centro) Mitte_f.; no meio de: mitten in [+dat.]; pelo meio: mittendurch; 2. (metade) Hälfte_f.; 3. (instrumento, método) Mittel_nt.; meio de transporte: Verkehrsmittel_nt.; meios de comunicação: Massenmedien_pl.; 4. (social) Milieu_nt.; 5. (habitat) natürliche(r) Lebensraum_m.; 6. pl. meios: Mittel_pl.; II adj. halb; um e meio: einenhalb; meia hora: eine halbe Stunde; III adv. halb; estar meio a dormir: halb schlafen
meio-ambiente s. m. Umwelt_f.
meio-bilhete s. m. Kinderfahrkarte_f.
meio-dia s. m. Mittag_m.
meio-irmão s. m. Halbbruder_m.
meio-termo s. m. Mittelweg_m.
mel s. m. Honig_m.
melaço s. m. Melasse_f.
melado adj. (pegajoso) klebrig
melancia s. f. BOTÂNICA Wassermelone_f.
melancolia s. f. Melancholie_f.
melancólico adj. melancholisch; estar melancólico: Trübsinn blasen
melão s. m. BOTÂNICA Melone_f., Honigmelone_f.
meleca s. f. (Brasil) Schmutz_m., Dreck_m.
melga s. f. Stechmücke_f.
melhor I adj. 1. comp. de bom, besser; 2. superl. de bom, o/a melhor: der/die/das beste, am besten; II adv. comp. de bem, besser; III s. m. o melhor: das Beste
melhorado adj. verbessert
melhoramento s. m. Verbesserung_f.
melhorar I v. tr. verbessern; II v. intr. 1. (aperfeiçoar-se) sich bessern, sich verbessern; 2. MEDICINA gesund werden; 3. (tempo, situação) besser werden
melhoras s. f. pl. Besserung_f.; (estimo) as melhoras!: gute Besserung!
melhoria s. f. Besserung_f., Verbesserung_f.
melindrado adj. beleidigt, eingeschnappt
melindrar I v. tr. beleidigen; II v. refl. beleidigt sein
melindroso adj. 1. (pessoa) empfindlich, zimperlich; 2. (situação) schwierig, heikel

meloa *s. f.* BOTÂNICA Galiamelone_f_
melodia *s. f.* Melodie_f_
melodioso *adj.* melodisch
melodrama *s. m.* Melodrama_nt_
melodramático *adj.* melodramatisch
melro *s. m.* ZOOLOGIA Amsel_f_
membrana *s. f.* Membran_f_, Häutchen_nt_
membro *s. m.* 1. ANATOMIA Glied_nt_; 2. *(de organização, grupo)* Mitglied_nt_; 3. *pl.* membros: Gliedmaßen_pl_
memorando *s. m.* Memorandum_nt_, Denkschrift_f_
memorável *adj.* denkwürdig
memória *s. f.* 1. *(de pessoa)* Gedächtnis_nt_; *(lembrança)* Erinnerung_f_; 2. INFORMÁTICA Speicher_m_
memorizar *v. tr.* auswendig lernen
menção *s. f.* Erwähnung_f_
mencionar *v. tr.* erwähnen
mendicidade *s. f.* Bettelei_f_
mendigar I *v. tr.* erbetteln, betteln um [+ac.]; II *v. intr.* betteln
mendigo *s. m.* Bettler_m_
menina *s. f.* *(criança)* Mädchen_nt_; *(jovem)* junge Frau_f_
menina-do-olho *s. f.* ANATOMIA Pupille_f_
meningite *s. f.* MEDICINA Hirnhautentzündung_f_, Meningitis_f_
meninice *s. f.* 1. *(infância)* Kindheit_f_; 2. *(infantilidade)* kindliche(s) Verhalten_nt_
menino *s. m.* Junge_m_
menisco *s. m.* ANATOMIA Meniskus_m_
Meno *s. m.* Main_m_
menopausa *s. f.* Wechseljahre_pl_
menor I *s. m. e f.* Minderjährige_m. e f._; II *adj.* 1. *comp. de* pequeno, *(tamanho)* kleiner; *(quantidade)* geringer; menor de idade: minderjährig; 2. *superl. de* pequeno, o/a menor: *(tamanho)* der/die/das kleinste, am kleinsten; *(quantidade)* der/die/das geringste, am geringsten

menoridade *s. f.* Minderjährigkeit_f_
menos I *s. m.* MATEMÁTICA Minuszeichen_nt_; ❖ menos: das Wenigste; ao/pelo menos: zumindest, wenigstens; II *adv.* 1. *(comparativo)* weniger; [(do)que, als +*nom.*]; 2. *(superlativo)* am wenigsten; 3. MATEMÁTICA minus; 4. *(horas)* vor; quatro menos dez: zehn vor vier; III *prep. (excepto)* außer [+*dat.*]; a menos que [+*conj.*]: es sei denn, dass
menosprezar *v. tr.* 1. *(subestimar)* gering schätzen; 2. *(desprezar)* verachten
menosprezo *s. m.* 1. *(subestimação)* Geringschätzung_f_; 2. *(desprezo)* Verachtung_f_
mensageiro I *s. m.* Bote_m_, Kurier_m_; II *adj.* Boten...
mensagem *s. f.* Botschaft_f_; *(recado)* Nachricht_f_
mensal *adj.* monatlich, Monats...
mensalidade *s. f.* monatliche Zahlung_f_
mensalmente *adv.* monatlich
menstruação *s. f.* Menstruation_f_
mensurável *adj.* messbar
menta *s. f.* Pfefferminze_f_
mental *adj.* geistig, mental
mentalidade *s. f.* Mentalität_f_
mentalmente *adv.* geistig, mental
mente *s. f. (espírito)* Geist_m_; *(intelecto)* Verstand_m_
mentecapto *adj.* schwachsinnig, blöd
mentir *v. intr.* lügen; mentir a alguém: jemanden belügen
mentira *s. f.* Lüge_f_
mentiroso I *s. m.* Lügner_m_; II *adj.* verlogen
mentol *s. m.* Menthol_nt_
mentor *s. m.* Mentor_m_
menu *s. m.* CULINÁRIA, INFORMÁTICA Menü_nt_
meramente *adv.* nur, lediglich
mercado *s. m.* Markt_m_
mercador *s. m.* Händler_m_
mercadoria *s. f.* Ware_f_

mercante *adj.* Handels...
mercantil *adj.* → mercante
mercantilismo *s. m.* ECONOMIA Merkantilismus_m_.
mercê *s. f.* estar à mercê de alguém: jemandem ausgeliefert sein; mercê de: dank [+gen.]
mercearia *s. f.* Lebensmittelgeschäft_nt_.
merceeiro *s. m.* Lebensmittelhändler_m_.
mercenário *s. m.* MILITAR Söldner_m_.
mercúrio *s. m.* QUÍMICA Quecksilber_nt_.
Mercúrio *s. m.* ASTRONOMIA Merkur_m_.
mercurocromo *s. m.* FARMÁCIA Jodtinktur_f_.
merda *s. f.* (vulg.) Scheiße_f_.
merecedor *adj.* würdig
merecer *v. tr.* verdienen
merecidamente *adv.* verdientermaßen, zu Recht
merecido *adj.* gerecht, verdient
merecimento *s. m.* Verdienst_nt_.
merenda *s. f.* Imbiss_m_.
merendar I *v. tr.* essen; II *v. intr.* einen Imbiss einnehmen
merengue *s. m.* CULINÁRIA Meringe_f_, Meringue_f_.
meretriz *s. f.* Dirne_f_.
mergulhador *s. m.* Taucher_m_.
mergulhar I *v. tr.* untertauchen, eintauchen; II *v. intr.* tauchen, untertauchen
mergulho *s. m.* Tauchen_nt_.
meridiano *s. m.* GEOGRAFIA Meridian_m_.
meridional *adj.* südlich, Süd...
meritíssimo *adj.* Euer Ehren
mérito *s. m.* 1. (merecimento) Verdienst_nt_; 2. (valor) Wert_m_.
meritório *adj.* lobenswert
mero *adj.* bloß, rein
mês *s. m.* Monat_m_; por mês: monatlich
mesa *s. f.* Tisch_m_; pôr/levantar a mesa: den Tisch decken/abdecken
mesada *s. f.* (monatliches) Taschengeld_nt_.
mesa-de-cabeceira *s. f.* Nachttisch_m_.

mescla *s. f.* Mischung_f_.
mesclado *adj.* gemischt, vermischt
meseta *s. f.* GEOGRAFIA Hochebene_f_, Plateau_nt_.
mesma *s. f.* ficar/estar na mesma: unverändert sein, gleich bleiben
mesmo I *adj.* 1. (idêntico) gleich; é a mesma coisa: das ist das gleiche; 2. (após pron.) selbst; eu mesmo: ich selbst; II *pron. dem.* o mesmo/a mesma: derselbe, dieselbe, dasselbe; III *adv.* eben, gerade, sogar, selbst; por isso mesmo: gerade deswegen; agora mesmo: eben; mesmo assim: trotzdem; mesmo que: selbst wenn; isso mesmo!: genau das ist es!
mesquinhez *s. f.* 1. Kleinlichkeit_f_; 2. (avareza) Knauserei_f_, Geiz_m_.
mesquinho *adj.* 1. kleinlich; 2. (avaro) geizig, knauserig
mesquita *s. f.* Moschee_f_.
Messias *s. m. inv.* Messias_m_.
mester *s. m.* Beruf_m_, Arbeit_f_.
mestiço I *s. m.* Mischling_m_; II *adj.* Mischlings...
mestre *s. m.* Meister_m_; de mestre: meisterhaft
mestre-de-obras *s. m.* Polier_m_.
mestria *s. f.* fundierte(s) Wissen_nt_, Können_nt_.
mesuradamente *adv.* maßvoll
mesurado *adj.* 1. (comedido) gemäßigt, maßvoll; 2. (prudente) umsichtig
meta *s. f.* Ziel_nt_.
metabolismo *s. m.* BIOLOGIA Stoffwechsel_m_.
metade *s. f.* Hälfte_f_.
metafísica *s. f.* Metaphysik_f_.
metafísico *adj.* metaphysisch
metáfora *s. f.* GRAMÁTICA Metapher_f_.
metafórico *adj.* metaphorisch
metal *s. m.* Metall_nt_.

metálico *adj.* metallisch, Metall...
metalizado *adj.* metallic
metalurgia *s. f.* Metallurgie_f_
metalúrgico *adj.* Metall..., metallurgisch
metamorfose *s. f.* Metamorphose_f_
metediço *adj.* (depr.) aufdringlich
meteorito *s. m.* Meteorstein_m_, Meteorit_m_
meteoro *s. m.* Meteor_m_, Sternschnuppe_f_
meteorologia *s. f.* Meteorologie_f_
meteorológico *adj.* meteorologisch, Wetter...
meteorologista *s. m. e f.* Meteorologe_m_
meter I *v. tr.* 1. *(introduzir)* stecken [em, in +ac.]; (numa caixa) hineinlegen [em, in +ac.]; 2. *(envolver)* beteiligen [em, an +dat.]; *(pej.)* verwickeln [em, in +ac.]; II *v. refl.* 1. *(intrometer-se)* sich einmischen [em, in +ac.]; meter-se com alguém: jemanden provozieren; 2. *(envolver-se)* sich einlassen [em, auf +ac.]
meticuloso *adj.* gewissenhaft
metido *adj.* 1. *(envolvido)* verwickelt [em, in +ac.]; 2. *(intrometido)* aufdringlich
metodicamente *adv.* methodisch
metódico *adj.* methodisch
metodista *s. m. e f.* RELIGIÃO Methodist, -in_m,f_
método *s. m.* Methode_f_
metodologia *s. f.* Methodologie_f_, Methodik_f_
metralhadora *s. f.* Maschinengewehr_nt_
métrica *s. f.* Metrik_f_, Verslehre_f_
métrico *adj.* metrisch
metro *s. m.* 1. *(unidade de medida)* Meter_m_; 2. *(metropolitano)* U-Bahn_f_; metro de superfície: Straßenbahn_f_
metrô *s. m.* *(Brasil)* U-Bahn_f_
metrópole *s. f.* Metropole_f_
metropolitano *s. m.* Untergrundbahn_f_
meu *pron. poss.* mein, meine; um amigo meu: ein Freund von mir

mexer I *v. tr.* 1. *(cabeça, braço)* bewegen; 2. *(massa)* rühren; *(bebida)* umrühren; II *v. intr.* mexer em alguma coisa: etwas anfassen; III *v. refl.* sich bewegen
mexerico *s. m.* Klatsch_m_, Tratsch_m_
mexeriqueiro *s. m.* Klatschmaul_nt_, Tratsche_f_
México *s. m.* Mexiko_nt_
mexido *adj.* 1. *(pessoa)* rührig, engagiert; 2. *(objectos)* benutzt
mexilhão *s. m.* ZOOLOGIA Miesmuschel_f_
mezinha *s. f.* Hausmittel_nt_
mi *s. m.* MÚSICA E_nt_, e
miar *v. intr.* miauen
micose *s. f.* MEDICINA Mykose_f_, Pilzkrankheit_f_
micróbio *s. m.* BIOLOGIA Mikrobe_f_
microclima *s. m.* METEOROLOGIA Mikroklima_nt_
microcomputador *s. m.* INFORMÁTICA Mikrocomputer_m_
microfone *s. m.* Mikrophon_nt_
microondas *s. m. inv.* Mikrowelle_f_, Mikrowellenherd_m_
microrganismo *s. m.* BIOLOGIA Mikroorganismus_m_
microscópico *adj.* mikroskopisch
microscópio *s. m.* Mikroskop_nt_
mictório *s. m.* Pissoir_nt_
mídia *s. m. pl. (Brasil)* Medien_pl_
migalha *s. f.* Krümel_m_
migar *v. tr.* zerkrümeln, zerbröckeln
migração *s. f.* 1. Auswanderung_f_, Migration_f_; 2. ZOOLOGIA Migration_f_
migrar *v. intr.* auswandern
migratório *adj.* Wander...; ave migratória: Zugvogel_m_
mijar I *v. intr. (pop.)* pinkeln, pissen; II *v. refl. (pop.)* sich nass pinkeln
mijo *s. m. (pop.)* Pisse_f_
mil *num. card.* tausend
milagre *s. m.* Wunder_nt_

milagroso *adj.* 1. (pessoa) wundertätig; (medicamento) Wunder wirkend; 2. (acontecimento) wundersam

Milão *s. f.* Mailand$_{nt.}$

milavo *s. m.* Tausendstel$_{nt.}$

milenar *adj.* tausendjährig

milenário *s. m.* Tausendjahrfeier$_f$

milénio *s. m.* Jahrtausend$_{nt.}$

milésimo *num. ord.* tausendste(r, s)

milha *s. f.* Meile$_f$

milhão *s. m.* Million$_f$

milhar *s. m.* Tausend$_{nt.}$

milho *s. m.* Mais$_m$

milícia *s. f.* Miliz$_f$, Truppe$_f$

miligrama *s. m.* Milligramm$_{nt.}$

mililitro *s. m.* Milliliter$_m$

milímetro *s. m.* Millimeter$_m$

milionário I *s. m.* Millionär$_m$; II *adj.* steinreich

militante *s. m. e f.* POLÍTICA Parteimitglied$_{nt.}$

militar I *s. m.* Militär$_m$; (soldado) Soldat$_m$; II *adj.* militärisch, Militär...

militarização *s. f.* Militarisierung$_f$

mim *pron. pess.* mich, mir

mimado *adj.* verwöhnt; (em excesso) verzogen, verhätschelt

mimalho *adj.* anschmiegsam

mimar *v. tr.* verwöhnen; (em excesso) verziehen, verhätscheln

mimetismo *s. m.* ZOOLOGIA Mimese$_f$, Mimikry$_f$

mímica *s. f.* Mimik$_f$

mímico *adj.* mimisch

mimo *s. m.* Liebkosung$_f$, Zärtlichkeit$_f$

mimosa *s. f.* BOTÂNICA Mimose$_f$

mimoso *adj.* 1. (delicado) zart; 2. (meigo) zärtlich

mina *s. f.* 1. Bergwerk$_{nt.}$, Mine$_f$; 2. MILITAR Mine$_f$

minar *v. tr.* 1. MILITAR verminen, Minen legen in [+dat.]; 2. (projecto) untergraben, zu Fall bringen

minarete *s. m.* Minarett$_{nt.}$

mindinho *s. m.* (coloq.) kleine(r) Finger$_m$

mineiro I *s. m.* Bergmann$_m$, Bergarbeiter$_m$; II *adj.* bergmännisch, Bergbau...

mineral I *s. m.* Mineral$_{nt.}$; II *adj.* mineralisch, Mineral...

mineralogia *s. f.* Mineralogie$_f$

minério *s. m.* Erz$_{nt.}$

mingar *v. intr.* (coloq.) eingehen, einlaufen

mingau *s. m.* (Brasil) CULINÁRIA Brei$_m$

míngua *s. f.* 1. (escassez) Mangel$_m$; 2. (carência) Not$_f$

minguante I *s. m.* abnehmender Mond$_m$; II *adj.* quarto minguante: abnehmender Mond

minguar *v. intr.* 1. (escassear) knapp sein; (faltar) mangeln an [+dat.], fehlen an [+dat.]; 2. (diminuir) abnehmen

minha *pron. poss.* mein, meine; uma amiga minha: eine Freundin von mir

minhoca *s. f.* ZOOLOGIA Regenwurm$_m$

miniatura *s. f.* Miniatur$_f$

minigolfe *s. m.* DESPORTO Minigolf$_{nt.}$

mínima *s. f.* METEOROLOGIA Tiefsttemperatur$_f$

minimizar *v. tr.* 1. (reduzir) reduzieren, senken; 2. (depreciar) herunterspielen

mínimo I *s. m.* 1. Minimum$_{nt.}$, Mindeste$_{nt.}$; no mínimo: zumindest, wenigstens; 2. *pl.* mínimos: (faróis) Standlicht$_{nt.}$; II *adj.* kleinste(r, s), geringste(r, s)

mini-saia *s. f.* Minirock$_m$

ministerial *adj.* ministeriell, Ministerial...

ministério *s. m.* Ministerium$_{nt.}$

ministrar *v. tr.* 1. (medicamento) verabreichen, geben; 2. (aula) erteilen, geben

ministro *s. m.* Minister$_m$

minorar *v. tr.* 1. (diminuir) mindern, vermindern; 2. (atenuar) lindern

minoria *s. f.* Minderheit$_f$

minúcia *s. f.* Genauigkeit$_f$, Gewissenhaftigkeit$_f$

minuciosidade s. f. → minúcia
minucioso adj. 1. (pessoa) gewissenhaft, sorgfältig; 2. (estudo, trabalho) ausführlich, minuziös
minúscula s. f. kleine(r) Buchstabe_m_
minúsculo adj. winzig, sehr klein
minuta s. f. Entwurf_m_, Skizze_f_
minuto s. m. Minute_f_
miolo s. m. 1. (de pão) Brotinnere_nt_, Krume_f_; 2. (de fruta) Fruchtfleisch_nt_; (de noz) Kern_m_; 3. pl. miolos: (coloq.) Grips_m_
miolos s. m.
míope adj. kurzsichtig
miopia s. f. Kurzsichtigkeit_f_
miosótis s. m. inv. BOTÂNICA Vergissmeinnicht_nt_
mira s. f. 1. (de arma) Visier_nt_; 2. (intenção) Absicht_f_; (objectivo) Ziel_nt_
mirabolante adj. auffallend, Aufsehen erregend
miradouro s. m. Aussichtspunkt_m_
miragem s. f. Fata Morgana_f_
mirar v. tr. ansehen, beobachten
mirra s. f. BOTÂNICA Myrrhe_f_
mirrar v. intr. verdorren, vertrocknen
misantropia s. f. Menschenfeindlichkeit_f_, Misanthropie_f_
misantropo s. m. Menschenfeind_m_, Misanthrop_m_
miscelânea s. f. Miszellen_pl_, Miszellaneen_pl_
miscível adj. mischbar
miserável I s. m. e f. (pobre) Bedürftige_m, e f_; (desgraçado) Unglückliche_m, e f_, Pechvogel_m_; II adj. (pessoa) armselig; (estado, situação) jämmerlich, erbärmlich
miséria s. f. Elend_nt_, Not_f_
misericórdia s. f. 1. (comiseração) Barmherzigkeit_f_; 2. (compaixão) Erbarmen_nt_
misericordioso adj. barmherzig
mísero adj. lumpig, schäbig

missa s. f. Messe_f_, Gottesdienst_m_
missanga s. f. Glasperle_f_
missão s. f. RELIGIÃO, POLÍTICA Mission_f_
míssil s. m. MILITAR Rakete_f_
missionário s. m. Missionar_m_
mistela s. f. (coloq.) Mischmasch_m_
mistério s. m. 1. Rätsel_nt_; 2. RELIGIÃO Mysterium_nt_
misterioso adj. geheimnisvoll, rätselhaft
mística s. f. Mystik_f_
misticismo s. m. Mystizismus_m_
místico adj. mystisch
mistificar v. tr. sich lustig machen über [+ac.]; (burlar) hereinlegen
misto I s. m. Gemisch_nt_; II adj. gemischt
mistura s. f. Mischung_f_
misturada s. f. Mischmasch_m_
misturado adj. gemischt, vermischt
misturar I v. tr. 1. mischen; 2. (confundir) verwechseln, durcheinander werfen; II v. refl. sich mischen
mítico adj. mythisch
mitigar v. tr. lindern
mito s. m. Mythos_m_
mitologia s. f. Mythologie_f_
mitológico adj. mythologisch
miudagem s. f. Kids_pl_, Kinderschar_f_
miudeza s. f. Kleinheit_f_, Winzigkeit_f_
miudinho adj. kleinlich; (minucioso) sorgfältig, genau
miúdo I s. m. 1. Kleine_m e f_; os miúdos: die Kids; 2. pl. miúdos: CULINÁRIA Geflügelklein_nt_; II adj. klein
mixaria s. f. (Brasil) Lappalie_f_, Kleinigkeit_f_
mixórdia s. f. (coloq.) Mischmasch_m_
mixuruca adj. (Brasil) billig, schlecht
mo contr. do pron. pess. me + pron. dem. o
mó s. f. (de moinho) Mühlstein_m_; (para afiar) Schleifstein_m_
moagem s. f. Mahlen_nt_
mobilado adj. möbliert
mobilar v. tr. möblieren, einrichten

mobília s. f. Möbel_pl., Mobiliar_nt.
mobiliar v. tr. (Brasil) → mobilar
mobiliário I s. m. Mobiliar_nt., Einrichtung_f.; II adj. Möbel...
mobilidade s. f. Beweglichkeit_f.
mobilizar v. tr. mobilisieren
moca s. f. (instrumento) Keule_f.
mocado adj. (coloq.) (com drogas) high
moçambicano I s. m. Mosambikaner_m.; II adj. mosambikanisch
Moçambique s. m. Mosambik_nt.
moção s. f. POLÍTICA Antrag_m.
mochila s. f. Rucksack_m.
mocho s. m. ZOOLOGIA Kauz_m.
mocidade s. f. Jugend_f.
moço I s. m. (criança) Junge_m., Mädchen_nt.; (jovem) Jugendliche_m. e f.; II adj. jung
moda s. f. 1. Mode_f.; estar na moda: in Mode sein; 2. (maneira) Art_f.; à moda da casa: nach Art des Hauses
modal adj. modal
modalidade s. f. 1. (aspecto) Form_f., Art_f. (und Weise); 2. DESPORTO Sportart_f.
modelo I s. m. (padrão) Modell_nt., Muster_nt.; II s. m. e f. (pessoa) Modell_nt.
modem s. m. INFORMÁTICA Modem_nt.
moderação s. f. Mäßigung_f.
moderadamente adv. maßvoll
moderado adj. 1. (pessoa, partido) gemäßigt; (velocidade) mäßig; (preço) moderat; 2. (vento, clima) mild
moderar v. tr. (velocidade, gastos) herabsetzen, verringern; (atitudes) mäßigen, zurückhalten
modernice s. f. (depr.) Modeerscheinung_f.
modernidade s. f. Modernität_f.
modernizar v. tr. modernisieren
moderno adj. 1. modern; 2. (época) neuzeitlich; História Moderna: Geschichte der Neuzeit
modestamente adv. bescheiden
modéstia s. f. Bescheidenheit_f.
modesto adj. bescheiden
módico adj. (preço) mäßig, gering
modificação s. f. Veränderung_f., Änderung_f.
modificar I v. tr. verändern, abändern; (lei) modifizieren; II v. refl. sich verändern
modista s. f. Schneiderin_f.
modo s. m. 1. Art_f., Weise_f.; deste modo: auf diese Weise; de modo algum: keineswegs; de modo que: so dass; 2. pl. modos: Manieren_pl.
módulo s. m. 1. Modul_m.; 2. AERONÁUTICA Raumkapsel_f.
moeda s. f. 1. (objecto) Münze_f.; 2. ECONOMIA (de um país) Währung_f.; moeda única: Gemeinschaftswährung_f.
moela s. f. Geflügelmagen_m.
moer v. tr. mahlen
mofento adj. muffig
mofo s. m. Muff_m.; cheirar a mofo: muffig riechen
mogno s. m. 1. (madeira) Mahagoni_nt.; 2. (árvore) Mahagonibaum_m.
moído adj. 1. (café, milho) gemahlen; 2. (pessoa) abgespannt, totmüde
moinho s. m. Mühle_f.
moiro I s. m. e adj. → mouro
moita s. f. Dickicht_nt., Gebüsch_nt.
mola s. f. 1. (peça elástica) Feder_f.; 2. (da roupa) Wäscheklammer_f.; 3. (no vestuário) Druckknopf_m.
molar s. m. (dente) Backenzahn_m.
moldar v. tr. 1. (uma peça) modellieren, formen; (metal) gießen; 2. (personalidade) formen
molde s. m. (peças) Form_f.; (metal) Gussform_f.; (vestuário) Schnittmuster_nt.
moldura s. f. Rahmen_m.
mole adj. 1. weich; 2. (sem energia) schlaff, träge
molécula s. f. QUÍMICA Molekül_nt.
molecular adj. QUÍMICA molekular

moleirinha s. f. (pop.) Schädel_m.
moleiro s. m. Müller_m.
molengão I s. m. (coloq.) Schlaffi_m; II adj. schlaff, träge
moleque s. m. 1. (Brasil) (rapaz) Junge_m; 2. (Brasil) (de rua) Straßenkind_nt.
molestar v. tr. 1. (incomodar) belästigen, stören; 2. (maltratar) quälen
moléstia s. f. Krankheit_f, Unwohlsein_nt.
molete s. m. (Regionalismo) Brötchen_nt.
moleza s. f. 1. Weichheit_f; 2. (falta de energia) Schlaffheit_f, Trägheit_f
molhado adj. nass
molhar I v. tr. nass machen; (humedecer) anfeuchten; (mergulhar) einweichen; II v. refl. nass werden
molhe s. m. Mole_f
molho¹ [o] s. m. CULINÁRIA Soße_f
molho² [ɔ] s. m. (de chaves, salsa) Bund_nt.; (de palha, papéis) Bündel_nt.
moliço s. m. Seetang_m.
molusco s. m. ZOOLOGIA Weichtier_nt.
momentaneamente adv. momentan, im Augenblick
momentâneo adj. momentan, augenblicklich; (passageiro) vorübergehend
momento s. m. Augenblick_m., Moment_m.
Mónaco s. m. Monaco_nt.
monarca s. m. e f. Monarch_m.
monarquia s. f. Monarchie_f
monárquico adj. monarchisch
monástico adj. 1. (do mosteiro) klösterlich; 2. (dos monges) Mönchs..., mönchisch
monção s. f. METEOROLOGIA Monsun_m.
mondar v. tr. Unkraut jäten in [+dat.], von Unkraut säubern
monetário adj. Währungs...
monge s. m. Mönch_m.
Mongólia s. f. Mongolei_f
mongolismo s. m. MEDICINA Mongolismus_m.
mongolóide adj. MEDICINA mongoloid

monitor s. m. 1. INFORMÁTICA Monitor_m; 2. (escola) Kursleiter_m.
mono s. m. (coloq., depr.) Griesgram_m.
monocromático adj. einfarbig, monochrom
monofásico adj. ELECTRICIDADE einphasig
monogamia s. f. Monogamie_f
monógamo adj. monogam
monografia s. f. Monografie_f
monograma s. m. Monogramm_nt.
monólogo s. m. Monolog_m.
monopólio s. m. Monopol_nt.
monopolizar v. tr. ECONOMIA monopolisieren
monossilábico adj. einsilbig
monossílabo s. m. einsilbige(s) Wort_nt.
monoteísmo s. m. Monotheismus_m.
monoteísta I s. m. e f. Monotheist, -in_m., f.; II adj. monotheistisch
monotonia s. f. Monotonie_f, Eintönigkeit_f
monótono adj. monoton, eintönig
monóxido s. m. QUÍMICA Monoxyd_nt.
monstro s. m. Ungeheuer_nt., Monster_nt.
monstruosidade s. f. 1. (descomunal) Ungeheuer_nt., Monstrum_nt.; 2. (abominável) Ungeheuerlichkeit_f
monstruoso adj. 1. (descomunal) monströs; (enorme) riesig; 2. (abominável) scheußlich, abscheulich
monta-cargas s. m. inv. Lastenaufzug_m.
montagem s. f. 1. (de máquinas) Montage_f, Zusammensetzung_f; 2. CINEMA, FOTOGRAFIA Montage_f
montanha s. f. Gebirge_nt.
montanhismo s. m. Bergsteigen_nt.
montanhista s. m. e f. Bergsteiger, -in_m., f.
montanhoso adj. bergig, gebirgig
montante s. m. Gesamtbetrag_m., Summe_f
montar I v. tr. 1. (máquina) montieren; (tenda) aufstellen; 2. (subir para) steigen auf [+ac.];

(um cavalo) reiten; 3. (loja, empresa) eröffnen; II v. intr. reiten

monte s. m. 1. Berg_m; 2. (pilha) Haufen_m; (coloq.) montes de gente: Menschenmassen_pl; aos montes: in Massen

montês adj. wild

montra s. f. Schaufenster_nt

monumental adj. monumental; (grandioso) großartig

monumento s. m. Denkmal_nt

morada s. f. 1. (casa) Wohnung_f; 2. (endereço) Anschrift_f

moradia s. f. Einfamilienhaus_nt

morador s. m. (da casa) Bewohner_m; (da rua) Anwohner_m

moral I s. f. Moral_f; II adj. moralisch

moralidade s. f. Sittlichkeit_f

moralista s. m. e f. Moralist, -in_{m. f}; II adj. moralistisch

morango s. m. BOTÂNICA Erdbeere_f

morar v. intr. wohnen [em, in +dat.]

morbidez s. f. Kränklichkeit_f, Schwäche_f

mórbido adj. kränklich, morbid

morcão s. m. (coloq., depr.) Flasche_f, Versager_m

morcego s. m. ZOOLOGIA Fledermaus_f

morcela s. f. CULINÁRIA Blutwurst_f

mordaça s. f. Knebel_m

mordaz adj. bissig; (crítica) scharf

mordente s. m. Beize_f

morder v. tr. beißen; (insecto) stechen

mordidela s. f. Biss_m

mordiscar v. tr. knabbern

mordomo s. m. Hausverwalter_m, Gutsverwalter_m

moreia s. f. GEOLOGIA Moräne_f

moreno I s. m. Dunkelhaarige_{m. e f}; II adj. 1. (cabelo) dunkelhaarig; 2. (pele) dunkelhäutig; (bronzeado) braun gebrannt

morfina s. f. Morphium_nt

morfologia s. f. Morphologie_f

morfológico adj. morphologisch

morgue s. f. Leichenhalle_f, Leichenschauhaus_nt

moribundo adj. im Sterben liegend

mormacento adj. (tempo) feuchtwarm

morno adj. lauwarm

moroso adj. 1. (demorado) langwierig; 2. (lento) langsam

morrer v. intr. sterben [de, an +dat.]

morrinha s. f. (Regionalismo) Sprühregen_m

morrinhar v. intr. (Regionalismo) nieseln

morro s. m. Hügel_m

morsa s. f. ZOOLOGIA Walross_nt

mortadela s. f. CULINÁRIA Mortadella_f

mortal I s. m. Sterbliche_{m. e f}; II adj. 1. (que mata) tödlich, Tod...; 2. (que morre) sterblich

mortalha s. f. 1. (cadáver) Leichentuch_nt; 2. (tabaco) Zigarettenpapier_nt

mortalidade s. f. Sterblichkeit_f

mortalmente adv. tödlich

morte s. f. Tod_m

morteiro s. m. MILITAR Mörser_m

mortiço adj. (luz) erlöschend

mortífero adj. tödlich, todbringend

morto I p. p. irreg. de matar; II s. m. Tote_{m. e f}; (defunto) Verstorbene_{m. e f}; III adj. 1. tot; 2. (cor) matt, gedämpft; 3. (exausto) totmüde, erschöpft ❖ estar morto por fazer alguma coisa: darauf brennen, etwas zu tun

mosaico s. m. Mosaik_nt

mosca s. f. ZOOLOGIA Fliege_f

mosca-morta s. m. e f. (coloq., depr.) Faulpelz_m

moscardo s. m. ZOOLOGIA Bremse_f

Moscou s. m. (Brasil) Moskau_nt

moscovita I s. m. e f. Moskauer, -in_{m. f}; II adj. moskauisch

Moscovo s. m. Moskau_nt

mosquetão s. m. Verschluss_m

mosqueteiro s. m. Musketier_m._
mosquiteiro s. m. Moskitonetz_nt._
mosquito s. m. ZOOLOGIA Stechmücke_f_; (em países tropicais) Moskito_m._
mossa s. f. Beule_f_
mostarda s. f. Senf_m._
mosteiro s. m. Mönchskloster_nt._
mosto s. m. Most_m._, Traubenmost_m._
mostra s. f. (amostra) Muster_nt_; (exibição) Vorführung_f_; estar à mostra: sichtbar sein; ter alguma coisa à mostra: etwas vorzeigen
mostrador s. m. (de relógio) Zifferblatt_nt._
mostrar I v. tr. zeigen, vorzeigen; II v. refl. sich zeigen
mostrengo s. m. (depr.) Ungetüm_nt_, Scheusal_nt_
mostruário s. m. Schaukasten_m._
mota s. f. (coloq.) Maschine_f_
motard s. m. e f. → motociclista
mote s. m. Motto_nt._
motel s. m. Motel_nt._
motim s. m. Meuterei_f_, Aufstand_m._
motivação s. f. Motivation_f_ [para, zu +dat.]
motivar v. tr. motivieren [para, zu +dat.]
motivo s. m. (razão) Grund_m_, Anlass_m_; (de crime) Motiv_nt_; por esse motivo: aus diesem Grund; por motivo de doença: wegen Krankheit
moto s. m. Antrieb_m_; de moto próprio: aus eigenem Antrieb
motocicleta s. f. Motorrad_nt._
motociclismo s. m. Motorradsport_m._
motociclista s. m. e f. Motorradfahrer, -in_m. f_
motociclo s. m. Motorrad_nt._
motocross s. m. DESPORTO Motocross_nt._
motoneta s. f. (Brasil) Motorroller_m._
motoqueiro s. m. (coloq.) → motociclista
motor s. m. Motor_m._
motoreta s. f. Motorroller_m._
motorista s. m. e f. (autocarro) Busfahrer, -in_m. f._; (camião) Kraftfahrer, -in_m. f._; (particular) Chauffeur, -in_m. f._

motorizada s. f. Mofa_nt._
mouco I s. m. Taube_m. e f._; II adj. taub
mouro I s. m. Maure_m._; II adj. maurisch
movediço adj. beweglich; areias movediças: Treibsand_m_
móvel I s. m. 1. Möbelstück_nt_; 2. pl. móveis: Möbel_pl_; II adj. beweglich
mover I v. tr. bewegen; II v. refl. sich bewegen
movimentado adj. (rua, lugar) belebt; (trânsito) lebhaft
movimentar I v. tr. 1. (mover) bewegen; 2. (dinheiro) umsetzen; II v. refl. sich bewegen
movimento s. m. 1. Bewegung_f_; 2. (trânsito) Verkehr_m_; 3. ECONOMIA Umsatz_m._
muamba s. f. 1. (Brasil) (coloq.) (contrabando) Schmuggel_m_; 2. (Brasil) (coloq.) (objectos roubados) Hehlerei_f_
muco s. m. Schleim_m._
mucosa s. f. Schleimhaut_f_
mucoso adj. schleimig
muçulmano I s. m. Moslem_m_, Muslim_m_; II adj. moslemisch, muslimisch
mudança s. f. 1. Änderung_f_; (transformação) Veränderung_f_; 2. (troca) Wechsel_m_; mudança de casa: Umzug_m_; 3. (de velocidades) Gangschaltung_f_
mudar I v. tr. 1. (alterar) ändern; (transformar) verändern; 2. (trocar) wechseln; II v. intr. 1. (alterar-se) sich ändern; (transformar-se) sich verändern; 2. (trocar) mudar de: wechseln; mudar de casa: umziehen; mudar de roupa: sich umziehen; III v. refl. 1. (casa) umziehen [para, nach +dat.]; 2. (roupa) sich umziehen
mudez s. f. Stummheit_f_
mudo s. m. Stumme_m. e f._
muesli s. m. Müsli_nt._
mugido s. m. Muhen_nt._
mugir v. intr. muhen
muito I adj. viel; muito tempo: lange Zeit; II adv. viel, sehr; III pron. indef. viel

mula s. f. ZOOLOGIA Maultier_{nt.}
mulato s. m. Mulatte_{m.}
muleta s. f. Krücke_{f.}; andar de muletas: an Krücken gehen
mulher s. f. Frau_{f.}; (esposa) Ehefrau_{f.}
mulherengo I s. m. Frauenheld_{m.}, Schürzenjäger_{m.}; II adj. ser mulherengo: hinter den Frauen her sein
mulherio s. m. (coloq.) Frauen_{pl.}
mulher-polícia s. f. Polizistin_{f.}
multa s. f. Geldstrafe_{f.}, Bußgeld_{nt.}
multar v. tr. mit einer Geldstrafe belegen
multicolor adj. bunt, vielfarbig
multicultural adj. multikulturell
multidão s. f. Menge_{f.}, Menschenmenge_{f.}
multimédia I s. f. Multimediawelt_{f.}; II adj. Multimedia..., multimedial
multinacional I s. f. ECONOMIA multinationale(r) Konzern_{m.}; (coloq.) Multi_{m.}; II adj. multinational
multiplicação s. f. 1. MATEMÁTICA Multiplikation_{f.}; 2. (reprodução) Vermehrung_{f.}
multiplicador I s. m. MATEMÁTICA Multiplikator_{m.}; II adj. Multiplikations...
multiplicar I v. tr. 1. MATEMÁTICA multiplizieren [por, mit +dat.]; 2. (reproduzir) vermehren; II v. refl. sich vermehren
múltiplo adj. vielfach
múmia s. f. Mumie_{f.}
mundano adj. weltlich
mundial I s. m. DESPORTO Weltmeisterschaft_{f.}; II adj. Welt..., weltweit
mundialmente adv. weitverbreitet; mundialmente conhecido: weltbekannt
mundo s. m. Welt_{f.}; (Brasil) todo o mundo: alle
mungir v. tr. melken
munição s. f. Munition_{f.}
municipal adj. Stadt..., Gemeinde...; câmara municipal: Rathaus_{nt.}
munícipe s. m. e f. Bürger, -in_{m., f.}

município s. m. 1. (zona) Stadtbezirk_{m.}, Gemeindebezirk_{m.}; 2. (comunidade) Gemeinde_{f.}
munir v. tr. versorgen [de, mit +dat.]
muque s. m. (Brasil) (coloq.) Muskelkraft_{f.}
muquete s. m. (Brasil) → murro
muralha s. f. Mauer_{f.}, Stadtmauer_{f.}
murar v. tr. eine Mauer bauen um [+ac.]
murchar v. intr. 1. (flor) verwelken; 2. (fig.) (pessoa) abschlaffen, ermüden
murcho adj. 1. (flor) welk, verwelkt; 2. (fig.) (pessoa) schlaff
murmurar I v. tr. murmeln; II v. intr. (pessoa) murmeln; (vento) säuseln; (folhagem) rauschen; (água) plätschern
murmúrio s. m. (pessoa) Murmeln_{nt.}; (vento) Säuseln_{nt.}; (folhagem) Rauschen_{nt.}; (água) Plätschern_{nt.}
muro s. m. Mauer_{f.}
murro s. m. Faustschlag_{m.}
musa s. f. Muse_{f.}
musculação s. f. Bodybuilding_{nt.}
muscular adj. Muskel...
músculo s. m. Muskel_{m.}
musculoso adj. muskulös
museologia s. f. Museumskunde_{f.}
museu s. m. Museum_{nt.}
musgo s. m. BOTÂNICA Moos_{nt.}
música s. f. 1. Musik_{f.}; 2. (canção) Lied_{nt.}, Song_{m.}
musical I s. m. Musical_{nt.}; II adj. musikalisch, Musik...
músico s. m. Musiker_{m.}
mutação s. f. Mutation_{f.}
mutável adj. veränderlich
mutilação s. f. Verstümmelung_{f.}
mutilado I s. m. Krüppel_{m.}; II adj. verstümmelt
mutilar v. tr. verstümmeln
mutreta s. f. (Brasil) (coloq.) Geschwätz_{nt.}
mutuamente adv. gegenseitig
mútuo adj. gegenseitig

N

N, n *s. m.* N, n*nt.*
nº [*abrev. de* **número**] Nr. [*abrev. de* Nummer]
na *contr. da prep.* em + *art. def. ou pron. dem.* a
nã *adv. (coloq.)* nee
nabiça *s. f.* Rübenblatt*nt.*
nação *s. f.* Nation*f.*
nacional *adj.* 1. POLÍTICA national, National...; 2. ECONOMIA Inlands..., inländisch
nacionalidade *s. f.* Nationalität*f.*, Staatsangehörigkeit*f.*
nacionalismo *s. m.* Nationalismus*m.*
nacionalista I *s. m. e f.* Nationalist, -in*m., f.*; II *adj.* nationalistisch
nacionalização *s. f.* ECONOMIA Verstaatlichung*f.*
nacionalizar-se *v. refl.* die Staatsbürgerschaft annehmen
nacional-socialismo *s. m.* POLÍTICA Nationalsozialismus*m.*
naco *s. m.* (großes) Stück*nt.*
nada I *s. m.* Nichts*nt.*; II *pron. indef. inv.* nichts; nada de novo: nichts Neues; de nada: nichts zu danken; III *adv.* nichts
nadador *s. m.* Schwimmer*m.*
nadador-salvador *s. m.* Rettungsschwimmer*m.*
nadar *v. intr.* schwimmen
nádega *s. f.* 1. Hinterbacke*f.*; 2. *pl.* nádegas: Gesäß*nt.*
nado I *loc. adv.* a nado: schwimmend; II *adj.* geboren
nado-morto *adj.* tot geboren
nafta *s. f.* QUÍMICA Naphta*nt.*

naftalina *s. f.* 1. QUÍMICA Naphtalin*nt.*; 2. (contra traça) Mottenpulver*nt.*
náilon *s. m. (Brasil)* Nylon®*nt.*
naipe *s. m.* (cartas) Farbe*f.*
nalgum *contr. da prep.* em + *pron. indef.* algum
namoradeiro *adj.* kokett
namorado *s. m.* Freund*m.*
namorar I *v. tr. (cobiçar)* haben wollen; II *v. intr.* namorar com: eine Beziehung haben mit [+*dat.*]; *(coloq.)* gehen mit [+*dat.*]
namorico *s. m.* Flirt*m.*
namoriscar *v. intr.* flirten [com, mit +*dat.*]
namoro *s. m.* Beziehung*f.*
nanar *v. intr. (infant.)* pennen, knacken
nanquim *s. m.* 1. (tinta) chinesische Tusche*f.*; 2. (tecido) Baumwollstoff*m.*
não I *s. m.* Nein*nt.*; II *adv.* 1. (resposta) nein; não é?: oder?, nicht wahr?; 2. (em negativa) nicht; não só..., mas também...: nicht nur..., sondern auch...
não-condutor *adj.* FÍSICA nicht leitend
não-fumador *s. m.* Nichtraucher*m.*
não-fumante *s. m. e f. (Brasil)* → não-fumador
não-poluente *adj.* umweltfreundlich
Nápoles *s. f.* Neapel*nt.*
naquele *contr. da prep.* em + *pron. dem.* aquele
naquilo *contr. da prep.* em + *pron. dem. inv.* aquilo
narcisismo *s. m.* Narzissmus*m.*
narcisista *adj.* narzisstisch
narciso *s. m.* BOTÂNICA Narzisse*f.*
narcose *s. f.* MEDICINA Narkose*f.*

narcótico I s. m. Betäubungsmittel_nt, Narkotikum_nt; II adj. betäubend, narkotisch
narcotraficante s. m. e f. Drogenhändler, -in_m, f.
narcotráfico s. m. Drogenhandel_m
narigudo adj. mit einer großen Nase
narina s. f. Nasenloch_nt
nariz s. m. Nase_f
narração s. f. Erzählung_f
narrador s. m. Erzähler_m
narrar v. tr. erzählen
narrativa s. f. Prosa_f
narrativo adj. erzählend
nasal adj. 1. ANATOMIA Nasen...; fossas nasais: Nasenhöhlen_pl; 2. LINGUÍSTICA nasal, Nasal...
nasalar v. tr. nasalieren
nascença s. f. Geburt_f; de nascença: von Geburt an
nascente I s. f. Quelle_f; II s. m. Osten_m
nascer I s. m. nascer do sol: Sonnenaufgang_m; II v. intr. 1. geboren werden; (ave) schlüpfen; 2. (dia) anbrechen; (sol) aufgehen; 3. (rio) entspringen; 4. (planta) sprießen; 5. (aparecer) entstehen
nascido adj. geboren
nascimento s. m. 1. Geburt_f; 2. (origem) Ursprung_m; 3. (aparecimento) Entstehung_f
nassa s. f. (coloq.) Rausch_m
nata s. f. Sahne_f, Rahm_m
natação s. f. Schwimmen_nt
natal adj. 1. (país) Heimat...; 2. (relativo a nascimento) Geburts...
Natal s. m. Weihnachten_nt
natalício adj. Weihnachts...
natalidade s. f. Geburtenrate_f, Geburtenzahl_f
natalino adj. (Brasil) → natalício
natividade s. f. Geburt_f
nativo s. m. Einheimische_m e f.
nato adj. geboren

natural I s. m. e f. Einheimische_m. e f; II adj. 1. (não artificial) natürlich; 2. (normal) natürlich, normal; 3. (nascido) natural de: gebürtig aus [+dat.]; 4. (à temperatura ambiente) nicht gekühlt
naturalidade s. f. 1. (normalidade) Natürlichkeit_f; 2. (local de nascimento) Geburtsort_m
naturalismo s. m. Naturalismus_m
naturalização s. f. Einbürgerung_f
naturalizar-se v. refl. die Staatsbürgerschaft annehmen
naturalmente adv. natürlich, selbstverständlich
natureza s. f. Natur_f
natureza-morta s. f. Stilleben_nt
nau s. f. (großes) Segelschiff_nt
naufragar v. intr. Schiffbruch erleiden
naufrágio s. m. Schiffbruch_m
náufrago s. m. Schiffbrüchige_m e f
náusea s. f. Brechreiz_m, Übelkeit_f
nauseabundo adj. ekelhaft, Übelkeit erregend
náutica s. f. Nautik_f, Schifffahrtskunde_f
náutico adj. nautisch; clube náutico: Segelclub_m
naval adj. 1. (de barcos) Schiffs...; 2. (marítimo) See...
navalha s. f. Messer_nt, Klappmesser_nt; navalha de barba: Rasiermesser_nt
navalhada s. f. Messerstich_m
nave s. f. ARQUITECTURA, NÁUTICA Schiff_nt
navegação s. f. NÁUTICA Schifffahrt_f
navegador s. m. Seefahrer_m
navegar v. intr. 1. NÁUTICA zur See fahren, Schiff fahren; 2. AERONÁUTICA fliegen; 3. (na Internet) surfen
navegável adj. 1. NÁUTICA schiffbar; 2. AERONÁUTICA durchfliegbar
navio s. m. Schiff_nt
nazi I s. m. e f. Nazi_m; II adj. nazistisch, Nazi...

nazismo s. m. POLÍTICA Nazismus_m.; (época) Nazizeit_f.
nazista s. m. e f. (Brasil) → nazi
N.B. [abrev. de Note Bem] Hinweis_m.
neblina s. f. Nebel_m.
nebulosa s. f. ASTRONOMIA Nebelfleck_m., Nebel_m.
nebulosidade s. f. (neblina) Dunst_m.; (com nuvens) Bewölkung_f.
nebuloso adj. 1. METEOROLOGIA nebelig; (em altitude) diesig; 2. (confuso) unklar, undeutlich
necessariamente adv. zwangsläufig; não necessariamente: nicht unbedingt
necessário I s. m. o necessário: das Notwendige; II adj. (preciso) notwendig, nötig; (exigido) erforderlich
necessidade s. f. 1. Notwendigkeit_f.; ECONOMIA Bedarf_m.; de primeira necessidade: lebenswichtig; 2. (falta) Bedürfnis_nt.; 3. (pobreza) Not_f.
necessitado adj. bedürftig
necessitar I v. tr. brauchen, benötigen; II v. intr. necessitar de: brauchen
necrologia s. f. Todesanzeigen_pl.
necrópole s. f. Nekropolis_f.
néctar s. m. Nektar_m.
nectarina s. f. Nektarine_f.
neerlandês I s. m. Niederländer_m.; II adj. niederländisch
nefando adj. abscheulich, schändlich
nefasto adj. unheilvoll, Unheil bringend
nega s. f. 1. (recusa) Absage_f.; 2. (negação) Verneinung_f.; 3. (acad.) (nota) miese Note_f.
negação s. f. Verneinung_f.
negar I v. tr. verweigern; negar alguma coisa a alguém: jemandem etwas abschlagen; II v. intr. verneinen; III v. refl. sich weigern [a, zu +inf.]
negativa s. f. 1. GRAMÁTICA Verneinung_f., Negation_f.; 2. (acad.) (nota) schlechte Note_f.

negativo I s. m. FOTOGRAFIA Negativ_nt.; II adj. 1. (não positivo) negativ; 2. (resposta) abschlägig, ablehnend; 3. (inferior a zero) minus
negligência s. f. Nachlässigkeit_f.; DIREITO Fahrlässigkeit_f.
negligenciar v. tr. vernachlässigen
negligente adj. nachlässig; DIREITO fahrlässig
negociação s. f. Verhandlung_f.
negociante s. m. e f. Händler, -in_m. f., Kaufmann, -frau_m. f.
negociar I v. tr. verhandeln über [+ac.], aushandeln; II v. intr. Handel treiben, handeln [em, mit +dat.]
negociata s. f. dunkle(s) Geschäft_nt.
negociável adj. verhandelbar, auszuhandeln
negócio s. m. 1. Geschäft_nt.; 2. (Brasil) (coisa) Sache_f.; (assunto) Angelegenheit_f.
negro I s. m. Schwarze_m. e f.; II adj. schwarz
nele contr. da prep. em + pron. pess. ele
nem I adv. (auch) nicht; nem sequer: nicht einmal; nem sempre: nicht immer; II cj. nem que [+conj.]: selbst wenn; nem..., nem...: weder..., noch...
nenê s. m. e f. (Brasil) Baby_nt.
neném s. m. e f. (Brasil) → nenê
nenhum pron. indef. keine(r, s); de modo nenhum: keinesfalls; em lugar nenhum: nirgendwo, nirgends
nenhures adv. nirgendwo, nirgends
nenúfar s. m. BOTÂNICA Seerose_f.
neolítico I s. m. HISTÓRIA Neolithikum_nt., Jungsteinzeit_f.; II adj. neolithisch
neologia s. f. GRAMÁTICA Neologie_f.
neologismo s. m. GRAMÁTICA Neologismus_m.
néon s. m. Neon_nt.
neozelandês I s. m. Neuseeländer_m.; II adj. neuseeländisch
népias adv. (coloq.) nichts, nix

nepotismo s. m. Vetternwirtschaft_f_, Nepotismus_m_.

Neptuno s. m. ASTRONOMIA Neptun_m_.

Nereida s. f. MITOLOGIA Nereide_f_, Meernymphe_f_.

nervo s. m. 1. ANATOMIA, BIOLOGIA Nerv_m_; fazer nervos a alguém: jemandem auf die Nerven gehen; 2. (de carne) Sehne_f_.

nervosismo s. m. Nervosität_f_.

nervoso adj. nervös

nervura s. f. 1. BOTÂNICA Blattader_f_, Nerv_m_; 2. ZOOLOGIA Nerv_m_, Ader_f_.

nêspera s. f. BOTÂNICA Mispel_f_.

nesse contr. da prep. em + pron. dem. esse

neste contr. da prep. em + pron. dem. este

neto s. m. 1. Enkel_m_; 2. pl. netos: Enkelkinder_pl_

neura s. f. (coloq.) schlechte Laune_f_, Genervtheit_f_

neurologia s. f. Neurologie_f_

neurologista s. m. e f. Neurologe, -in_m., f._

neurónio s. m. Neuron_nt_.

neurose s. f. MEDICINA Neurose_f_.

neurótico I s. m. MEDICINA Neurotiker_m_; II adj. neurotisch

neutral adj. neutral; (imparcial) unparteiisch

neutralidade s. f. Neutralität_f_

neutralizar v. tr. neutralisieren

neutrão s. m. FÍSICA Neutron_nt_.

neutro adj. neutral, unparteiisch

nêutron s. m. (Brasil) → neutrão

nevada s. f. Schneefall_m_.

nevão s. m. Schneetreiben_nt_, Schneegestöber_nt_.

nevar v. intr. schneien; está a nevar: es schneit

nevasca s. f. Schneesturm_m_.

neve s. f. Schnee_m_.

névoa s. f. Nebel_m_.

nevoeiro s. m. (dichter) Nebel_m_.

nevralgia s. f. MEDICINA Neuralgie_f_

nevrite s. f. MEDICINA Nervenentzündung_f_.

nexo s. m. Zusammenhang_m_, Verbindung_f_.

nicho s. m. Nische_f_.

nicles adv. (coloq.) überhaupt nichts

nicotina s. f. Nikotin_nt_.

Nigéria s. f. Nigeria_nt_.

Nilo s. m. Nil_m_.

nimbo s. m. METEOROLOGIA Nimbostratus_m_.

nímio adj. übertrieben

ninfa s. f. Nymphe_f_.

ninguém pron. indef. inv. niemand, keiner

ninhada s. f. (cães, gatos) Wurf_m_; (pássaros) Brut_f_.

ninharia s. f. Kleinigkeit_f_, Lappalie_f_

ninho s. m. Nest_nt_.

nipónico adj. japanisch

níquel s. m. QUÍMICA Nickel_nt_.

niquento adj. (depr.) etepetete, kleinlich

nisso contr. da prep. em + pron. dem. inv. isso

nisto contr. da prep. em + pron. dem. inv. isto

nitidamente adv. deutlich, klar

nitidez s. f. 1. (de imagem, fotografia) Schärfe_f_; 2. (clareza) Deutlichkeit_f_, Klarheit_f_

nítido adj. 1. (imagem, fotografia) scharf; 2. (claro) deutlich, klar

nitrato s. m. QUÍMICA Nitrat_nt_

nitrogénio s. m. QUÍMICA Stickstoff_m_

nível s. m. 1. (grau) Stufe_f_; (situação) Niveau_nt_, Ebene_f_; nível de vida: Lebensstandard_m_; 2. (de líquido) Pegel_m_; 3. (instrumento) Wasserwaage_f_; 4. (classe) Niveau_nt_

nivelar v. tr. 1. (estrada) planieren; 2. (diferenças) aufheben, nivellieren

níveo adj. schneeweiß

no contr. da prep. em + art. def. ou pron. dem. o

nó s. m. 1. (fio, gravata) Knoten_m_; 2. (dedos) Knöchel_m_; 3. (madeira) Knorren_m_. ❖ dar o nó: heiraten

nobilíssimo superl. de nobre

nobilitar v. tr. adeln

nobre I *s. m. e f.* Adlige_{m. e f.}; II *adj.* 1. *(da nobreza)* adlig; 2. *(acto, sentimento, metal)* edel

nobreza *s. f.* Adel_{m}

noção *s. f.* 1. *(ideia)* Vorstellung_{f}, Ahnung_{f}; 2. *(conceito)* Begriff_{m}; 3. *(conhecimento básico)* Grundkenntnisse_{pl.}

nocivo *adj.* schädlich

nocturno *adj.* nächtlich, Nacht...; curso nocturno: Abendkurs_{m}

nódoa *s. f.* 1. Fleck_{m}; nódoa negra: blauer Fleck; 2. *(mácula)* Makel_{m}

nódulo *s. m.* Knötchen_{nt}; MEDICINA Knoten_{m}

nogueira *s. f.* BOTÂNICA Nussbaum_{m}

nóia *s. f. (coloq.)* Wahnsinn_{m}, Verrücktheit_{f}

noitada *s. f.* schlaflose Nacht_{f}

noite *s. f.* Nacht_{f}; *(fim do dia)* Abend_{m}; à noite: abends

noitinha *s. f.* Spätnachmittag_{m}, frühe(r) Abend_{m}; à noitinha: gegen Abend

noivado *s. m. (compromisso)* Verlobung_{f}; *(espaço de tempo)* Verlobungszeit_{f}

noivo *s. m.* 1. Bräutigam_{m}; 2. *pl.* noivos: Brautpaar_{nt}

nojento *adj.* ekelhaft, eklig

nojo *s. m.* 1. Ekel_{m} [de, vor +dat.]; ter nojo de alguém/alguma coisa: sich vor jemandem/etwas ekeln; 2. *(luto)* Trauer_{f}

nómada I *s. m. e f.* Nomad|e, -in_{m., f.}; II *adj.* nomadisch, Nomaden...

nome *s. m.* Name_{m}; nome de família: Familienname_{m}; nome próprio: Eigenname_{m}; chamar nomes a alguém: jemanden beschimpfen

nomeação *s. f.* Ernennung_{f} [para, zu +dat.]

nomeadamente *adv.* vor allem, hauptsächlich

nomear *v. tr.* ernennen [para, zu +dat.]

nomenclatura *s. f.* Nomenklatur_{f}

nominal *adj.* 1. *(referente a nome)* Namen(s)..., namentlich; 2. *(só o nome)* nominell

nominativo *s. m.* GRAMÁTICA Nominativ_{m}

nonagenário I *s. m.* Neunzigjährige_{m. e f.}; II *adj.* neunzigjährig

nonagésimo *num. ord.* neunzigste(r, s)

nono *num. ord.* neunte(r, s)

nora *s. f.* 1. Schwiegertochter_{f}; 2. *(de água)* Schöpfrad_{nt}

nordeste *s. m.* Nordosten_{m}; a nordeste de: nordöstlich von [+dat.]

nórdico I *s. m.* Nordländer_{m}; II *adj.* nordisch

norma *s. f.* Norm_{f}; por norma: normalerweise

normal I *s. m.* Übliche_{nt}; II *adj.* normal; *(habitual)* üblich

normalidade *s. f.* Normalität_{f}

normalização *s. f.* Normalisierung_{f}

normalizar *v. tr.* normalisieren

normalmente *adv.* normalerweise

normativo *adj.* normativ

noroeste *s. m.* Nordwesten_{m}; a noroeste de: nordwestlich von [+dat.]

nortada *s. f.* (kalter) Nordwind_{m}

norte *s. m.* Norden_{m}; a norte de: nördlich von [+dat.]; Norte de África: Nordafrika_{nt}

norte-americano I *s. m.* Nordamerikaner_{m}; II *adj.* nordamerikanisch

nortenho I *s. m.* Nordportugiese_{m}; II *adj.* nordportugiesisch

nortista I *s. m. e f. (Brasil)* Nordbrasilianer, -in_{m., f.}; II *adj. (Brasil)* nordbrasilianisch

Noruega *s. f.* Norwegen_{nt}

norueguês I *s. m.* Norweger_{m}; II *adj.* norwegisch

nos *pron. pess.* uns; telefone-nos!: rufen Sie uns an!

nós *pron. pess. (sujeito)* wir; *(objecto, após prep.)* uns

nosso *pron. poss.* unser; um amigo nosso: ein Freund von uns

nostalgia *s. f.* Nostalgie_{f}

nostálgico *adj.* sehnsüchtig

nota s. f. 1. (apontamento) Notiz_f_; 2. (observação) Anmerkung_f_; (reparo) Vermerk_m_; 3. (de escola, de música) Note_f_; 4. (dinheiro) Schein_m_

notabilizar I v. tr. berühmt machen; II v. refl. berühmt werden

notar v. tr. merken, bemerken

notariado s. m. Notariat_nt_

notarial adj. notariell

notário s. m. Notar_m_

notável adj. bemerkenswert, beachtlich

notícia s. f. Nachricht_f_

noticiar v. tr. mitteilen

noticiário s. m. Nachrichtensendung_f_, Nachrichten_pl_

notificação s. f. Benachrichtigung_f_

notificar v. tr. informieren, benachrichtigen

notoriedade s. f. Berühmtheit_f_

notório adj. 1. (conhecido) allgemein/öffentlich bekannt; 2. (evidente) offenkundig

noturno adj. (Brasil) → nocturno

noutro contr. da prep. em + pron. dem. outro

nova s. f. (notícia) Nachricht_f_; (novidade) Neuigkeit_f_

Nova Iorque s. f. New York_nt_

nova-iorquino I s. m. New Yorker_m_; II adj. New Yorker

novamente adv. von neuem, erneut

novato s. m. Neuling_m_

Nova Zelândia s. f. Neuseeland_nt_

nove num. card. neun

novecentos num. card. neunhundert

novela s. f. 1. LITERATURA Roman_m_; 2. (de televisão) Seifenoper_f_

novelista s. m. e f. Romanautor, -in_m, f_

novelo s. m. Knäuel_nt_

Novembro s. m. November_m_

novena s. f. RELIGIÃO Novene_f_

noventa num. card. neunzig

noviciado s. m. RELIGIÃO Noviziat_nt_

noviço s. m. RELIGIÃO Novize_m_

novidade s. f. 1. (coisa nova) Neuheit_f_; 2. (notícia) Neuigkeit_f_

novilho s. m. Jungstier_m_

novo adj. 1. (objecto, situação) neu; de novo: nochmals, noch einmal; nada de novo: nichts Neues; 2. (pessoa, animal) jung

novo-rico I s. m. Neureiche_m, e f_; II adj. neureich

noz s. f. BOTÂNICA Nuss_f_, Walnuss_f_

noz-moscada s. f. BOTÂNICA Muskatnuss_f_

nu I s. m. (pintura) Akt_m_; II adj. nackt

nuance s. f. Nuance_f_

nublado adj. bewölkt, bedeckt

nublar v. tr. 1. bewölken; 2. (fig.) betrüben

nuca s. f. Nacken_m_, Genick_nt_

nuclear adj. Kern..., nuklear

núcleo s. m. Kern_m_

nudez s. f. Nacktheit_f_

nudismo s. m. Nudismus_m_, Freikörperkultur_f_

nudista s. m. e f. Nudist, -in_m, f_, FKK-Anhänger, -in_m, f_

nulidade s. f. 1. (falta de validade) Ungültigkeit_f_; 2. (coisa vã) Nichtigkeit_f_; 3. (pessoa) Null_f_

nulo adj. 1. (nenhum) kein; 2. (insignificante) nichtig; 3. (inútil) unnütz; 4. (inválido) ungültig

num contr. da prep. em + art. indef. m. um

numeração s. f. Nummerierung_f_

numerado adj. nummeriert

numerador s. m. MATEMÁTICA Zähler_m_

numeral s. m. Zahl_f_; numeral cardinal: Grundzahl_f_; numeral ordinal: Ordinalzahl_f_

numerar v. tr. nummerieren

numérico adj. numerisch, zahlenmäßig

número s. m. 1. MATEMÁTICA Zahl_f_; (cifra) Nummer_f_; número de telefone: Telefonnummer_f_; 2. GRAMÁTICA Numerus_m_; 3. (tamanho) Größe_f_

numeroso adj. zahlreich

numismática *s. f.* Numismatik*f*
nunca *adv.* nie, niemals; nunca mais: nie wieder; quase nunca: fast nie
núncio *s. m.* Nuntius*m*
nupcial *adj.* Hochzeits...
núpcias *s. f. pl.* Hochzeit*f*
Nuremberga *s. f.* Nürnberg*nt*
nutrição *s. f.* Ernährung*f*
nutricionismo *s. m.* Ernährungswissenschaft*f*
nutricionista *s. m. e f.* Ernährungswissenschaftler, -in*m, f*
nutrido *adj.* wohlgenährt
nutriente *s. m.* Nährstoff*m*
nutrir *v. tr.* 1. *(alimentar)* ernähren; 2. *(sentimento)* nähren
nutritivo *adj.* 1. *(que nutre)* nahrhaft; 2. *(respeitante à nutrição)* Ernährungs...
nuvem *s. f.* Wolke*f*
nylon *s. m.* Nylon®*nt*

O

0, o *s. m.* O, o*nt*
o I *art. def. m.* der, die, das; II *pron. pess. m.* (ele) ihn, sie, es; (você) Sie; eu conheço-o: ich kenne ihn/Sie
oásis *s. m. inv.* Oase*f*
obcecado *adj.* verrückt [por, nach +*dat.*]
obedecer *v. intr.* 1. (a pessoa) gehorchen [a, +*dat.*]; 2. (a regras) befolgen [a, +*ac.*]
obediência *s. f.* Gehorsam*m* [a, gegenüber +*dat.*]
obediente *adj.* gehorsam
obelisco *s. m.* ARQUITECTURA Obelisk*m*
obesidade *s. f.* Fettleibigkeit*f*
obeso *adj.* fettleibig
óbito *s. m.* Sterbefall*m*; certidão de óbito: Totenschein*m*
obituário *s. m.* Sterberegister*nt*
objeção *s. f. (Brasil)* → objecção
objecção *s. f.* Einwand*m*
objectar *v. tr.* einwenden
objectiva *s. f.* FOTOGRAFIA Objektiv*nt*
objectividade *s. f.* Sachlichkeit*f*, Objektivität*f*
objectivo I *s. m.* Ziel*nt*, Zweck*m*; II *adj.* objektiv, sachlich
objecto *s. m.* 1. Gegenstand*m*, Objekt*nt*; 2. GRAMÁTICA Objekt*nt*
objetar *v. tr. (Brasil)* → objectar
objetiva *s. f. (Brasil)* → objectiva
objetividade *s. f. (Brasil)* → objectividade
objetivo *s. m. e adj. (Brasil)* → objectivo
objeto *s. m. (Brasil)* → objecto
oblíqua *s. f.* MATEMÁTICA schräge Linie*f*
oblíquo *adj.* schräg, schief
obliterador *s. m.* (de bilhetes) Entwerter*m*
obliterar *v. tr.* (um bilhete) entwerten; (um selo) abstempeln
oboé *s. m.* MÚSICA Oboe*f*
obra *s. f.* 1. (artística) Werk*nt*; obra de arte: Kunstwerk*nt*; 2. (construção) Bauwerk*nt*; 3. *(feito)* Tat*f*, Werk*nt*; 4. *(bom resultado)* Leistung*f*; 5. *pl.* **obras**: Umbau*m*; (na es-

obra-prima s. f. Meisterwerk*nt.*

obrar v. intr. Stuhlgang haben

obrigação s. f. Pflicht*f*, Verpflichtung*f*; ter obrigação de fazer alguma coisa: verpflichtet sein, etwas zu tun

obrigado I *adj.* verpflichtet, gezwungen; II *interj.* danke [por, für +*ac.*]; muito obrigado!: vielen Dank!

obrigar v. tr. 1. *(forçar)* zwingen, verpflichten; 2. *(implicar)* beinhalten, mit sich bringen

obrigatoriamente *adv.* gezwungenermaßen

obrigatório *adj.* verpflichtend, obligatorisch

obs. [*abrev. de* observações] Bemerkungen*pl.*

obscenidade s. f. Obszönität*f*, Unanständigkeit*f*

obsceno *adj.* obszön, unanständig

obscurantismo s. m. Obskurantismus*m.*

obscurecer v. tr. *(factos)* verschleiern, verbergen; *(entendimento)* verwirren

obscuro *adj.* unklar, unverständlich

obséquio s. m. Gefälligkeit*f*; por obséquio: bitte

observação s. f. 1. *(de pessoa, local)* Beobachtung*f*; 2. *(comentário)* Bemerkung*f*; *(nota)* Anmerkung*f*

observador I s. m. Beobachter*m.*; II *adj.* beobachtend

observância s. f. Befolgung*f*, Beachtung*f*

observar v. tr. 1. *(pessoa, local)* beobachten; 2. *(notar)* bemerken, anmerken; 3. *(regras, leis)* befolgen, beachten

observatório s. m. Observatorium*nt.*; observatório astronómico: Sternwarte*f*

obsessão s. f. 1. Besessenheit*f*, fixe Idee*f*, *(coloq.)* Fimmel*m.*; 2. PSICOLOGIA Zwangsvorstellung*f*

obsessivo *adj.* Zwangs...; PSICOLOGIA obsessiv

obsoleto *adj.* überholt; *(vocábulo)* veraltet

obstáculo s. m. Hindernis*nt.*

obstante I *adj.* hinderlich; II *loc. cj.* 1. *(apesar de)* trotz [+*gen./dat.*]; 2. *(apesar disso)* trotzdem, dennoch

obstar v. intr. obstar a: verhindern

obstetra s. m. e f. Geburtshelfer, -in*m., f.*

obstetrícia s. f. Geburtshilfe*f*

obstinação s. f. Hartnäckigkeit*f*, Halsstarrigkeit*f*

obstinado *adj.* hartnäckig, halsstarrig

obstipação s. f. MEDICINA Stuhlverstopfung*f*

obstrução s. f. 1. *(do caminho)* Versperrung*f*, Blockierung*f*; 2. MEDICINA Verstopfung*f*

obstruir v. tr. 1. *(o caminho)* versperren, blockieren; 2. MEDICINA verstopfen

obtenção s. f. Erlangung*f*; *(de informação)* Erhalt*m.*; *(de diploma)* Erwerb*m.*; *(de recorde)* Erzielen*nt.*

obter v. tr. erlangen; *(informação, nota)* erhalten, bekommen; *(resultados, recorde)* erzielen; *(lucros)* erwirtschaften; *(diploma)* erwerben

obturador s. m. Verschluss*m.*; FOTOGRAFIA Blende*f*

obturar v. tr. 1. *(fechar)* verschließen; 2. *(um dente)* plombieren, füllen

obtuso *adj.* 1. *(ângulo, objecto)* stumpf; 2. *(pessoa)* begriffsstutzig

obviamente *adv.* offenkundig, offensichtlich

óbvio *adj.* offensichtlich, klar

ocarina s. f. MÚSICA Okarina*f*

ocasião s. f. Gelegenheit*f*

ocasional *adj.* 1. *(casual)* zufällig; 2. *(às vezes)* gelegentlich

ocasionalmente *adv.* gelegentlich

ocasionar v. tr. verursachen, bewirken

oceânico *adj.* ozeanisch, Ozean...

oceano *s. m.* Ozean*m.*
oceanografia *s. f.* Meereskunde*f.*
oceanógrafo *s. m.* Meereskundler*m.*
ocidental *adj.* westlich, West...
ocidente *s. m.* Westen*m.*
ócio *s. m.* Muße*f.*
ociosidade *s. f.* Müßiggang*m.*
ocioso *adj.* 1. (pessoa) untätig; 2. (vida) müßig
oclusão *s. f.* Verschluss*m.*
oco *adj.* hohl
ocorrência *s. f.* (acontecimento) Ereignis*nt.*; (incidente) Vorfall*m.*
ocorrer *v. intr.* 1. (acontecer) vorkommen, sich ereignen; 2. (ideia) einfallen
ocre *s. m.* Ocker*m.*
octana *s. f.* QUÍMICA Oktan*nt.*
octogenário I *s. m.* Achtzigjährige*m. e f.*; II *adj.* achtzigjährig
octogonal *adj.* achteckig, oktogonal
ocular I *s. f.* Okular*nt.*; II *adj.* Augen...
oculista *s. m. e f.* 1. Optiker, -in*m., f.*; 2. (Brasil) (oftalmologista) Augen|arzt, -ärztin*m., f.*
óculo *s. m.* Fernglas*nt.*
óculos *s. m. pl.* Brille*f.*
ocultar *v. tr.* 1. (esconder) verbergen; 2. (uma notícia) verheimlichen, verschweigen
ocultismo *s. m.* Okkultismus*m.*
oculto *adj.* 1. (escondido) verborgen; 2. (secreto) geheim; 3. (sobrenatural) übersinnlich
ocupação *s. f.* 1. Beschäftigung*f.*; 2. MILITAR Besetzung*f.*, Okkupation*f.*
ocupado *adj.* 1. (pessoa) beschäftigt [com, mit +dat.]; 2. (lugar, telefone) besetzt; 3. (casa) bewohnt; 4. MILITAR besetzt
ocupante *s. m. e f.* Insass|e, -in*m., f.*
ocupar I *v. tr.* 1. (um lugar) einnehmen; MILITAR besetzen; 2. (uma pessoa) beschäftigen [com, mit +dat.]; 3. (uma casa) bewohnen; 4. (o tempo) ausfüllen; II *v. refl.* sich beschäftigen [de/com, mit +dat.]

ode *s. f.* LITERATURA Ode*f.*
odiar *v. tr.* hassen
odiento *adj.* hasserfüllt
ódio *s. m.* Hass*m.* [por, auf +ac.]
odioso *adj.* verhasst
odisseia *s. f.* Irrfahrt*f.*, Odyssee*f.*
odontologia *s. f.* Zahnmedizin*f.*
odontólogo *s. m.* Zahnarzt*m.*
odor *s. m.* Geruch*m.*; (agradável) Duft*m.*
oeste *s. m.* Westen*m.*; a oeste de: westlich von [+dat.]
ofegante *adj.* keuchend
ofegar *v. intr.* keuchen
ofender I *v. tr.* beleidigen; II *v. refl.* ofender-se com alguma coisa: etwas übel nehmen
ofendido *adj.* beleidigt [com, wegen +gen./dat.]; (coloq.) eingeschnappt [com, wegen +gen./dat.]
ofensa *s. f.* Beleidigung*f.*
ofensiva *s. f.* Offensive*f.*, Angriff*m.*
ofensivo *adj.* 1. (que ofende) beleidigend, anstößig; 2. (que ataca) Angriffs...
ofensor *s. m.* Beleidiger*m.*
oferecer I *v. tr.* 1. (prenda) schenken; 2. (apresentar) anbieten; oferecer resistência: Widerstand leisten; II *v. refl.* sich anbieten
oferenda *s. f.* Gabe*f.*, Geschenk*nt.*
oferta *s. f.* 1. (dádiva) Gabe*f.*; (doação) Spende*f.*; 2. (prenda) Geschenk*nt.*; 3. ECONOMIA Angebot*nt.*
ofertório *s. m.* RELIGIÃO Kollekte*f.*
oficial I *s. m. e f.* 1. MILITAR Offizier*m.*; 2. DIREITO oficial de justiça: Gerichtsschreiber, -in*m., f.*; II *adj.* offiziell
oficializar *v. tr.* amtlich bestätigen
oficialmente *adv.* offiziell
oficina *s. f.* Werkstatt*f.*, Reparaturwerkstatt*f.*

ofício *s. m.* 1. *(arte)* Handwerk$_{nt.}$; 2. *(cargo)* Amt$_{nt.}$; 3. DIREITO *(carta)* amtliche(s) Schreiben$_{nt.}$

oficioso *adj.* halbamtlich

oftalmologia *s. f.* Augenheilkunde$_f$

oftalmologista *s. m. e f.* Augen|arzt, -ärztin$_{m., f.}$

ofuscante *adj.* blendend

ofuscar *v. tr.* (a verdade) verschleiern; (o raciocínio) trüben; (sol) ofuscar a vista: blenden

ogiva *s. f.* 1. ARQUITECTURA Spitzbogen$_m$; 2. MILITAR Sprengkopf$_m$

oi *interj.* *(Brasil)* hallo!

oiro *s. m.* Gold$_{nt.}$

oitava *s. f.* MÚSICA Oktave$_f$

oitavo I *s. m.* Achtel$_{nt.}$; II *num. ord.* achte(r, s)

oitenta *num. card.* achtzig

oito *num. card.* acht

oitocentos *num. card.* achthundert

olá *interj.* hallo!

olaria *s. f.* Töpferei$_f$

oleado *s. m.* Wachstuch$_{nt.}$

oleandro *s. m.* BOTÂNICA Oleander$_m$

olear *v. tr.* ölen

oleiro *s. m.* Töpfer$_m$

óleo *s. m.* Öl$_{nt.}$

oleoduto *s. m.* Pipeline$_f$

oleoso *adj.* ölig; *(gorduroso)* fettig

olfacto *s. m.* Geruchssinn$_m$

olfato *s. m.* *(Brasil)* → olfacto

olhadela *s. f.* (kurzer) Blick$_m$

olhar I *s. m.* Blick$_m$; II *v. tr.* anschauen, ansehen; III *v. intr.* schauen, blicken; *(coloq.)* gucken; olhar por alguém: auf jemanden aufpassen

olheiras *s. f. pl.* Augenringe$_{pl.}$

olho *s. m.* 1. ANATOMIA Auge$_{nt.}$; a olho: nach Gefühl; a olho nu: mit bloßem Auge; não pregar olho: kein Auge zutun; 2. (de agulha) Öhr$_{nt.}$

olho-de-boi *s. m.* 1. (na porta) Spion$_m$; 2. BOTÂNICA Ochsenauge$_{nt.}$

oligarquia *s. f.* Oligarchie$_f$

oligárquico *adj.* oligarchisch

olimpíadas *s. f. pl.* Olympiade$_f$

olímpico *adj.* DESPORTO olympisch

olival *s. m.* Olivenhain$_m$, Olivenpflanzung$_f$

oliveira *s. f.* BOTÂNICA Olivenbaum$_m$

olmo *s. m.* BOTÂNICA Ulme$_f$

ombrear *v. intr.* wetteifern [com, mit +dat.]

ombreira *s. f.* 1. (da porta) Türpfosten$_m$; 2. (de vestuário) Schulterpartie$_f$

ombro *s. m.* Schulter$_f$

omelete *s. f.* CULINÁRIA Omelett$_{nt.}$

omissão *s. f.* 1. (de palavra) Auslassung$_f$; (da verdade) Leugnung$_{nt.}$; 2. *(lacuna)* Lücke$_f$

omisso *adj.* 1. (lei) lückenhaft; 2. (pessoa) nachlässig

omitir *v. tr.* (uma palavra) auslassen, weglassen; (a verdade) leugnen

omnipotente *adj.* allmächtig

omnipresente *adj.* allgegenwärtig

omnisciente *adj.* allwissend

omoplata *s. f.* Schulterblatt$_{nt.}$

OMS [*abrev. de* Organização Mundial de Saúde] WHO$_f$ [Weltgesundheitsorganisation]

onça *s. f.* ZOOLOGIA Luchs$_m$; amigo da onça: der falsche Freund

oncologia *s. f.* Onkologie$_f$

oncologista *s. m. e f.* Onkolog|e, -in$_{m., f.}$

onda *s. f.* Welle$_f$; *(vaga)* Woge$_f$

onde *adv.* wo; de onde: woher; para onde: wohin

ondulação *s. f.* 1. (água) Wellenbewegung$_f$; 2. (natural no cabelo) Locken$_{pl.}$; 3. *(permanente)* Dauerwelle$_{pl.}$

ondulado *adj.* 1. (superfície) gewellt; 2. (cabelo) wellig

ondulante *adj.* auf- und absteigend, Wellen...

ondular I *v. tr.* ondulieren; **ondular o cabelo:** sich eine Dauerwelle machen lassen; II *v. intr.* wogen

ônibus *s. m. (Brasil)* Bus$_m$

onipotente *adj. (Brasil)* allmächtig

onipresente *adj. (Brasil)* allgegenwärtig

onisciente *adj. (Brasil)* allwissend

onomástica *s. f.* Namenkunde$_f$, Onomastik$_f$

onomatopaico *adj.* LINGUÍSTICA onomatopoetisch, lautmalend

onomatopeia *s. f.* LINGUÍSTICA Onomatopöie$_f$, Lautmalerei$_f$

ontem *adv.* gestern

ontologia *s. f.* Ontologie$_f$

O.N.U. *s. f.* [abrev. de **Organização das Nações Unidas**] UNO$_f$ [Organisation der Vereinten Nationen]

ónus *s. m. inv.* Gebühr$_f$

onze *num. card.* elf

opacidade *s. f.* Undurchsichtigkeit$_f$

opaco *adj.* undurchsichtig, lichtundurchlässig

opção *s. f.* Wahl$_f$

ópera *s. f.* 1. *(espectáculo)* Oper$_f$; 2. *(edifício)* Opernhaus$_{nt}$

operação *s. f.* Operation$_f$

operacional *adj.* betriebsbereit

operador *s. m. (de câmara)* Kameramann$_m$; *(de rádio)* Funker$_m$

operar *v. tr.* MEDICINA operieren

operariado *s. m.* Arbeiterschaft$_f$

operário *s. m.* Arbeiter$_m$

operatório *adj.* Operations..., operativ

opereta *s. f.* MÚSICA Operette$_f$

opilação *s. f.* MEDICINA Verstopfung$_f$

opinar *v. intr.* sich äußern, Stellung nehmen [*sobre*, zu +*dat.*]

opinião *s. f.* Meinung$_f$, Ansicht$_f$; **na minha opinião:** meiner Ansicht nach

ópio *s. m.* Opium$_{nt}$

opíparo *adj.* opulent, üppig

oponente I *s. m. e f.* Gegner, -in$_{m., f.}$; II *adj.* gegnerisch, Gegen...

opor I *v. tr.* 1. *(contrapor)* entgegensetzen [*a*, +*dat.*]; 2. *(objectar)* einwenden [*a*, gegen +*ac.*]; II *v. refl.* 1. *(ser contrário)* dagegen sein; 2. *(resistir)* sich widersetzen [*a*, +*dat.*]

oportunamente *adv.* 1. *(a tempo)* rechtzeitig; 2. *(na ocasião própria)* bei passender Gelegenheit

oportunidade *s. f.* Gelegenheit$_f$; *(ocasião favorável)* Chance$_f$

oportunismo *s. m.* Opportunismus$_m$

oportunista I *s. m. e f.* Opportunist, -in$_{m., f.}$; II *adj.* opportunistisch

oportuno *adj.* 1. *(apropriado)* passend, angebracht; 2. *(a tempo)* rechtzeitig

oposição *s. f.* 1. Gegensatz$_m$; **em oposição a:** im Gegensatz zu [+*dat.*]; 2. *(resistência)* Widerstand$_m$; 3. POLÍTICA Opposition$_f$

opositor *s. m.* Gegner$_m$

oposto I *p. p. de* opor; II *s. m.* Gegensatz$_m$, Gegenteil$_{nt}$; III *adj.* 1. *(contrário)* entgegengesetzt, gegensätzlich; 2. *(em frente)* gegenüberliegend

opressão *s. f.* Unterdrückung$_f$

opressivo *adj.* unterdrückend

opressor *s. m.* Unterdrücker$_m$

oprimido *adj.* unterdrückt

oprimir *v. tr.* unterdrücken

optar *v. intr.* 1. *(decidir-se)* sich entscheiden [*por*, für +*ac.*]; 2. *(escolher)* wählen [*entre*, zwischen +*dat.*]

óptica *s. f.* 1. FÍSICA Optik$_f$; 2. *(perspectiva)* Blickpunkt$_m$

óptico *adj.* optisch

optimismo *s. m.* Optimismus$_m$

optimista I *s. m. e f.* Optimist, -in*m., f.*; II *adj.* optimistisch, zuversichtlich

optimizar *v. tr.* optimieren

óptimo *adj., superl. de* bom, optimal, *(excelente)* vortrefflich, ausgezeichnet

opulência *s. f.* Üppigkeit*f*, Opulenz*f*

opulento *adj.* üppig, opulent

ora I *adv.* nun, jetzt; ora bem: nun (gut), also; II *cj.* aber, jedoch; III *interj.* ora bolas!: ach!, oh je!; *(de nada)* ora essa!: nichts zu danken!

oração *s. f.* 1. RELIGIÃO Gebet*nt*; 2. GRAMÁTICA Satz*m*

oráculo *s. m.* Orakel*nt*

orador *s. m.* Redner*m*

oral I *s. m.* mündliche Prüfung*f*; II *adj.* mündlich

oralidade *s. f.* Mündlichkeit*f*

orangotango *s. m.* ZOOLOGIA Orang-Utan*m*

orar *v. intr.* beten

oratória *s. f.* Redekunst*f*, Rhetorik*f*

oratório *s. m.* (capela) Hauskapelle*f*; (altar) Hausaltar*m*

órbita *s. f.* 1. ASTRONOMIA Umlaufbahn*f*; 2. ANATOMIA Augenhöhle*f*

orçamental *adj.* Haushalts...

orçamento *s. m.* 1. Kostenvoranschlag*m*; 2. POLÍTICA Haushalt*m*

orçar I *v. tr.* veranschlagen [em, auf +ac.]; II *v. intr.* orçar em: veranschlagt sein auf [+ac.]

ordeiro *adj.* ordnungsliebend

ordem *s. f.* 1. (comando) Befehl*m*, Anweisung*f*; por ordem de: in jemandes Auftrag; 2. (sequência) Reihenfolge*f*; por ordem: der Reihe nach; 3. (regra) Ordnung*f*, Anordnung*f*; 4. RELIGIÃO Orden*m* ✧ estar na ordem do dia: an der Tagesordnung sein

ordenação *s. f.* 1. (ordem) Anordnung*f*; 2. RELIGIÃO Priesterweihe*f*, Ordination*f*

ordenada *s. f.* GEOMETRIA Ordinate*f*

ordenadamente *adv.* 1. (por ordem) ordnungsgemäß; 2. (de modo ordenado) ordentlich

ordenado I *s. m.* Gehalt*nt*; II *adj.* geordnet

ordenar I *v. tr.* 1. (pôr por ordem) ordnen; 2. (mandar) befehlen, anordnen; II *v. refl.* RELIGIÃO die Priesterweihe empfangen

ordenha *s. f.* 1. (local) Melkstation*f*; 2. (acto de ordenhar) Melken*nt*

ordenhar *v. tr.* melken

ordinal I *s. m.* Ordnungszahl*f*, Ordinalzahl*f*; II *adj.* Ordnungs...

ordinário *adj.* 1. (habitual) üblich, gewöhnlich; 2. (pej.) (grosseiro) ordinär, vulgär

orégano *s. m.* (Brasil) → orégão

orégão *s. m.* 1. BOTÂNICA Origanum*nt*; 2. (condimento) Oregano*m*

orelha *s. f.* Ohr*nt*

orelhão *s. m.* (Brasil) offene Telefonkabine*f*

orelheira *s. f.* Schweineohr*nt*

orfanato *s. m.* Waisenhaus*nt*

órfão I *s. m.* Waise*m, e f.*; II *adj.* verwaist

orfeão *s. m.* MÚSICA Gesangverein*m*

orgânico *adj.* organisch

organismo *s. m.* 1. BIOLOGIA Organismus*m*; 2. (instituição) Einrichtung*f*

organista *s. m. e f.* MÚSICA Organist, -in*m., f.*

organização *s. f.* 1. (associação) Organisation*f*, Einrichtung*f*; 2. (de um evento) Organisierung*f*

organizado *adj.* 1. (pessoa) ordentlich; 2. (em ordem) geordnet

organizador *s. m.* Veranstalter*m*, Organisator*m*

organizar *v. tr.* 1. (um evento) veranstalten, organisieren; 2. (a vida) gestalten

órgão *s. m.* 1. BIOLOGIA, ANATOMIA Organ*nt*; 2. MÚSICA Orgel*f*

orgasmo *s. m.* Orgasmus*m*

orgia *s. f.* Orgie*f.*
orgulhar I *v. tr.* stolz machen; II *v. refl.* stolz sein [de, auf +ac.]
orgulho *s. m.* Stolz*m.* [de/em, auf +ac.]
orgulhoso *adj.* stolz [de, auf +ac.]
orientação *s. f.* 1. *(no espaço)* Orientierung*f.*; 2. *(direcção)* Orientierung*f.*, Anleitung*f.*
orientador *s. m. (guia)* Leiter*m.*; *(na escola)* Tutor*m.*; *(conselheiro)* Berater*m.*
oriental *adj.* 1. *(de leste)* östlich, Ost...; 2. *(do extremo oriente)* orientalisch
orientar I *v. tr.* 1. *(no espaço)* Orientierungshilfe geben; 2. *(guiar)* anleiten; *(aconselhar)* beraten; II *v. refl.* sich orientieren [por, an +dat.]
oriente *s. m.* 1. *(ponto cardeal)* Osten*m.*; 2. *(países)* Orient*m.*
orifício *s. m.* Öffnung*f.*, (kleines) Loch*nt.*
origem *s. f.* 1. *(proveniência)* Herkunft*f.*; 2. *(causa)* Ursache*f.*; 3. *(princípio)* Ursprung*m.*
original I *s. m.* Original*nt.*; II *adj.* 1. *(primeiro)* original, ursprünglich; 2. *(novo)* originell
originalidade *s. f.* 1. *(de documento)* Echtheit*f.*; 2. *(singularidade)* Originalität*f.*
originar I *v. tr.* verursachen; *(provocar)* hervorrufen; II *v. refl.* entstehen
originário *adj.* (objecto, palavra) stammend [de, aus +dat.]; (pessoa) gebürtig [de, aus +dat.]
oriundo *adj.* (pessoa) gebürtig [de, aus +dat.]; (objecto) stammend [de, aus +dat.]
orla *s. f.* Rand*m.*, (em vestuário) Saum*m.*
ornamentar *v. tr.* verzieren
ornamento *s. m.* Ornament*nt.*, Verzierung*f.*
ornitologia *s. f.* Ornithologie*f.*, Vogelkunde*f.*
ornitologista *s. m. e f.* Ornitholog|e, -in*m., f.*, Vogelkundler, -in*m., f.*
orografia *s. f.* GEOGRAFIA Orographie*f.*

orquestra *s. f.* Orchester*nt.*
orquestração *s. f.* MÚSICA Orchestrierung*f.*, Orchestration*f.*
orquestrar *v. tr.* orchestrieren
orquídea *s. f.* Orchidee*f.*
ortodoxo *adj.* orthodox
ortografia *s. f.* Rechtschreibung*f.*, Orthographie*f.*, Orthografie*f.*
ortográfico *adj.* orthographisch, orthografisch
ortopedia *s. f.* Orthopädie*f.*
ortopédico *adj.* orthopädisch
ortopedista *s. m. e f.* Orthopäd|e, -in*m., f.*
orvalhar *v. impess.* tauen
orvalho *s. m.* Tau*m.*
os I *art. def. m. pl.* die; II *pron. pess. m. pl.* (eles) sie; (vocês) Sie, euch
oscilação *s. f.* (movimento) Schwingung*f.*; (de preços) Schwankung*f.*
oscilar *v. intr.* (movimento, preços) schwanken; (pêndulo) schwingen
oscular *v. tr.* küssen
ósculo *s. m.* Kuss*m.*
osga *s. f.* ZOOLOGIA Gecko*m.*
ossada *s. f.* Skelett*nt.*, Knochengerüst*nt.*
ossatura *s. f.* Gerippe*nt.*
ósseo *adj.* knöchern, Knochen...
osso *s. m.* Knochen*m.*
ossudo *adj.* knochig
ostensivo *adj.* offensichtlich
ostentação *s. f.* Zurschaustellen*nt.*
ostentar *v. tr.* zur Schau stellen
ostra *s. f.* ZOOLOGIA Auster*f.*
ostracismo *s. m.* Verbannung*f.*
OTAN *s. f.* [abrev. de Organização do Tratado do Atlântico Norte] NATO*f.*
otário *s. m. (pop., depr.)* Trottel*m.*
ótica *s. f. (Brasil)* → óptica
ótico *adj. (Brasil)* → óptico
otimismo *s. m. (Brasil)* → optimismo

otimista s. e adj. m. e f. (Brasil) → optimista
otimizar v. tr. (Brasil) → optimizar
ótimo adj. (Brasil) → óptimo
otite s. f. MEDICINA Ohrenentzündung$_f$
otorrinolaringologista s. m. e f. Hals--Nasen-Ohren-|Arzt, -Ärztin$_{m., f.}$
ou cj. oder; ou... ou...: entweder... oder...; ou seja: das heißt, beziehungsweise
ourado adj. schwindelig
ouriço s. m. BOTÂNICA stachelige Hülse$_f$
ouriço-cacheiro s. m. ZOOLOGIA Igel$_m$
ouriço-do-mar s. m. ZOOLOGIA Seeigel$_m$
ourives s. m. e f. inv. (fabricante) Goldschmied, -in$_{m., f.}$; (vendedor) Juwelier, -in$_{m., f.}$
ourivesaria s. f. 1. (loja) Juweliergeschäft$_{nt.}$; 2. (arte) Goldschmiedekunst$_f$
ouro s. m. 1. Gold$_{nt.}$; de ouro: golden; 2. pl. ouros: (naipe de cartas) Karo$_{nt.}$
ousadia s. f. 1. (audácia) Wagemut$_m$, Kühnheit$_f$; 2. (atrevimento) Dreistigkeit$_f$
ousado adj. 1. (audaz) wagemutig, kühn; 2. (arriscado) gewagt; 3. (atrevido) dreist
ousar v. tr. wagen
outeiro s. m. Hügel$_m$
outonal adj. herbstlich, Herbst...
Outono s. m. Herbst$_m$
outorga s. f. Bewilligung$_f$
outorgante s. m. e f. (de contrato) Vertragspartner, -in$_{m., f.}$
outorgar v. tr. bewilligen
outrem pron. indef. inv. jemand anders
outro I pron. indef. andere(r, s); o/um outro: der andere/ein anderer; um com o outro: miteinander; II adj. 1. (distinto) andere(r, s); de outro modo: sonst, andernfalls; 2. (temporal) (no) outro dia: neulich, kürzlich; 3. (adicional) weitere(r, s), noch ein; outra vez: noch einmal
outrora adv. früher
Outubro s. m. Oktober$_m$
ouvido s. m. 1. ANATOMIA Ohr$_{nt.}$; 2. (sentido) Gehör$_{nt.}$
ouvinte s. m. e f. Zuhörer, -in$_{m., f.}$; (de rádio) Hörer, -in$_{m., f.}$
ouvir v. tr. hören; (com atenção) anhören, zuhören; ouve lá!: hör mal!
ova s. f. ZOOLOGIA Fischrogen$_m$
ovação s. f. Beifall$_m$, Ovation$_f$
oval adj. oval
ovar v. intr. (peixe) laichen
ovário s. m. 1. ANATOMIA Eierstock$_m$; 2. BOTÂNICA Fruchtknoten$_m$
oveiro s. m. Eierbecher$_m$
ovelha s. f. ZOOLOGIA Schaf$_{nt.}$
overdose s. f. Überdosis$_f$
ovino adj. gado ovino: Schafe$_{pl.}$
ovíparo adj. Eier legend
OVNI s. m. [abrev. de Objecto Voador Não Identificado] UFO$_{nt.}$ [abrev. de unbekanntes Flugobjekt]
ovo s. m. Ei$_{nt.}$
óvulo s. m. ANATOMIA Eizelle$_f$, Ei$_{nt.}$
oxalá interj. hoffentlich!
oxidação s. f. 1. QUÍMICA Oxydation$_f$; 2. (de metal) Rostbildung$_f$
oxidar I v. tr. QUÍMICA oxydieren, oxidieren; II v. intr. 1. (metal) rosten; 2. (fruta) braun werden
óxido s. m. QUÍMICA Oxyd$_{nt.}$, Oxid$_{nt.}$
oxigenar v. tr. QUÍMICA mit Sauerstoff versetzen
oxigénio s. m. QUÍMICA Sauerstoff$_m$

P

P, p s. m. P, p_{nt.}
p. [abrev. de página] S. [abrev. de Seite]
pá I s. f. Schaufel_f; pá do lixo: Kehrblech_{nt.}; II interj. (coloq.) Mann!, Mensch!
pacatamente adv. gemächlich, ruhig
pacatez s. f. (de pessoa) Gelassenheit_f; (de lugar) Ruhe_f
pacato adj. (pessoa) gemächlich, gelassen; (lugar) still, ruhig
pachorra s. f. 1. (paciência) Geduld_f; 2. (lentidão) Trägheit_f
pachorrento adj. träge, behäbig
paciência s. f. Geduld_f, Ausdauer_f
paciente I s. m. e f. Patient, -in_{m. e f.}; II adj. geduldig [com, mit +dat.]
pacientemente adv. geduldig
pacificar v. tr. beruhigen, besänftigen
pacífico adj. 1. (pessoa) friedfertig, friedlich; 2. (lugar) ruhig
pacifista I s. m. e f. Pazifist, -in_{m. e f.}; II adj. pazifistisch
paço s. m. Palast_{m.}; (palácio real) Königspalast_{m.}
pacote s. m. Paket_{nt.}; (de leite, bolachas) Packung_f
pacóvio I s. m. (depr.) Idiot_{m.}; II adj. (depr.) dämlich
pacto s. m. Pakt_{m.}, Vertrag_{m.}
pactuar v. intr. einen Pakt schließen, paktieren [com, mit +dat.]
padaria s. f. Bäckerei_f
padecer v. intr. leiden [de, an +dat.; com, unter +dat.]
padeiro s. m. Bäcker_{m.}
padrão s. m. 1. Muster_{nt.}, Vorlage_f; 2. (fig.) (de pensamento) Schablone_f
padrasto s. m. Stiefvater_{m.}
padre s. m. Pater_{m.}
padre-nosso s. m. RELIGIÃO Vaterunser_{nt.}
padrinho s. m. (de baptismo) Taufpate_{m.}; (de casamento) Trauzeuge_{m.}
padroeiro s. m. Schutzheilige_{m. e f.}
paga s. f. 1. (de vingança) Vergeltung_f; 2. (remuneração) Lohn_{m.}
pagador s. m. Zahler_{m.}
pagamento s. m. Zahlung_f, Bezahlung_f
paganismo s. m. Heidentum_{nt.}
pagão I s. m. Heide_{m.}; II adj. heidnisch
pagar v. tr. 1. zahlen, bezahlen; 2. (um acto) heimzahlen
pagável adj. zahlbar
página s. f. Seite_f
paginar v. tr. paginieren, mit Seitenzahlen versehen
pago I p. p. de pagar; II adj. bezahlt; estamos pagos: wir sind quitt
pai s. m. 1. Vater_{m.}; (tratamento) Vati_{m.}; Pai Natal: Weihnachtsmann_{m.}; 2. pl. pais: Eltern_{pl.}
painço s. m. BOTÂNICA Hirse_f
painel s. m. Tafel_f; ELECTRICIDADE Schalttafel_f
pai-nosso s. m. RELIGIÃO Vaterunser_{nt.}
paio s. m. Rollschinken_{m.}
paiol s. m. 1. MILITAR Pulverkammer_f; 2. (Brasil) (armazém) Warenlager_{nt.}; (de mantimentos) Vorratsraum_{m.}
pairar v. intr. schweben [sobre, über +dat.]
país s. m. Land_{nt.}
paisagem s. f. Landschaft_f

paisagista s. m. e f. (arquitecto) Landschaftsgärtner, -in_{m., f.}; (pintor) Landschaftsmaler, -in_{m., f.}
paisagístico adj. Landschafts...
paisana loc. adv. à paisana: in Zivil
Países Baixos s. m. pl. Niederlande_{pl.}
paixão s. f. Leidenschaft_f [por, für +ac.]
paixoneta s. f. Liebelei_f, Schwärmerei_f
pajem I s. m. HISTÓRIA Page_m, Edelknabe_m; II s. f. RELIGIÃO Ministrantin_f
pala s. f. 1. (de boné) Schirm_m; 2. (de sapato, carteira) Lasche_f; 3. (para pneus) Spritzschutz_m
palacete s. m. Schlösschen_{nt.}
palácio s. m. Palast_m, Schloss_{nt.}
paladar s. m. 1. (gosto) Geschmack_m [a, nach +dat.]; 2. (sentido) Geschmackssinn_m
palanque s. m. Tribüne_f
Palatinado s. m. Pfalz_f
palato s. m. ANATOMIA Gaumen_m
palavra s. f. 1. Wort_{nt.}; palavra de honra: Ehrenwort_{nt.}; cumprir a sua palavra: sein Wort halten; 2. (doutrina) Lehre_f
palavra-chave s. f. Schlüsselwort_{nt.}
palavrão s. m. 1. Schimpfwort_{nt.}; 2. (palavra difícil) Zungenbrecher_m
palavreado s. m. Geschwätz_{nt.}, Gerede_{nt.}
palco s. m. Bühne_f
paleio s. m. Geschwätz_{nt.}
paleolítico adj. altsteinzeitlich, paläolithisch
Paleolítico s. m. Altsteinzeit_f, Paläolithikum_{nt.}
palerma I s. m. e f. Trottel_m; II adj. dämlich, trottelig
palermice s. f. Doofheit_f
Palestina s. f. Palästina_{nt.}
palestino I s. m. Palästinenser_m; II adj. palästinensisch
palestra s. f. Vortrag_m
paleta s. f. (pintura) Palette_f

paletó s. m. (Brasil) Jackett_{nt.}
palha s. f. (conjunto) Stroh_{nt.}; (individual) Strohhalm_m
palhaçada s. f. Unsinn_m, Albernheit_f
palhaço s. m. Clown_m
palheiro s. m. Heuschober_m, Scheune_f
palheta s. f. 1. (instrumento de sopro) Blatt_{nt.}; (instrumento de cordas) Plektron_{nt.}; 2. (de roda) Schaufel_f
palhinha s. f. Strohhalm_m
palhota s. f. Strohhütte_f
paliativo s. m. FARMÁCIA Schmerzmittel_{nt.}
palidez s. f. Blässe_f
pálido adj. blass, bleich
palitar v. tr. stochern; palitar os dentes: die Zähne mit einem Zahnstocher säubern
paliteiro s. m. Zahnstocherbehälter_m
palito s. m. 1. Zahnstocher_m; 2. (coloq.) (pessoa magra) Strich_m
palma s. f. 1. BOTÂNICA Palme_f; 2. ANATOMIA palma da mão: Handfläche_f; 3. pl. palmas: Beifall_m; bater palmas: Beifall klatschen
palmada s. f. Klaps_m
palmatória s. f. Rohrstock_m
palmeira s. f. BOTÂNICA Palme_f
palmilha s. f. Einlegesohle_f
palmípede s. m. ZOOLOGIA Schwimmvogel_m
palmo s. m. Handbreit_f
PALOP s. m. pl. [abrev. de Países Africanos de Língua Oficial Portuguesa] Afrikanische_{pl.} Staaten mit Amtssprache Portugiesisch
palpar v. tr. abtasten, abfühlen
palpável adj. fühlbar, greifbar
pálpebra s. f. Lid_{nt.}
palpitação s. f. Herzklopfen_{nt.}
palpitante adj. (coração) klopfend
palpitar v. intr. 1. (coração) klopfen, schlagen; 2. (pressentir) spüren, ahnen
palpite s. m. 1. (pressentimento) Vorgefühl_{nt.}; (intuição) Ahnung_f; 2. (no jogo) Tipp_m

palrador s. m. Schwätzer_m.
palrar v. intr. schwatzen; (bebé) plappern
paludismo s. m. MEDICINA Malaria_f.
pamonha s. m. e f. (Brasil) (depr.) träge, faul
panado I s. m. CULINÁRIA panierte(s) Schnitzel_nt; II adj. CULINÁRIA paniert
Panamá s. m. Panama_nt.
panar v. tr. CULINÁRIA panieren
panca s. f. (coloq.) Macke_f.
pança s. f. 1. (de animal) Pansen_m; 2. (pop.) (de pessoa) Bauch_m, Wanst_m.
pancada s. f. (golpe) Schlag_m; (choque) Stoß_m; andar à pancada com alguém: sich mit jemandem prügeln
pancadaria s. f. Schlägerei_f.
pâncreas s. m. inv. ANATOMIA Bauchspeicheldrüse_f.
pançudo adj. dick
panda s. m. ZOOLOGIA Panda_m.
pândega s. f. Gaudi_f, Heidenspaß_m.
pândego adj. lustig, witzig
pandeireta s. f. MÚSICA (kleines) Tamburin_nt, Schellentrommel_f.
pandeiro s. m. MÚSICA Tamburin_nt.
pandemónio s. m. Chaos_nt.
panela s. f. 1. (de cozinha) Kochtopf_m; 2. (de automóvel) Auspufftopf_m.
paneleiro I s. m. (pop., pej.) Schwule_m; II adj. (pop., pej.) schwul
panfleto s. m. Flugblatt_nt; POLÍTICA Pamphlet_nt.
pânico s. m. Panik_f.
pano s. m. 1. (tecido) Stoff_m; 2. (trapo) Lappen_m; 3. TEATRO Vorhang_m.
panóplia s. f. Rüstung_f.
panorama s. m. Panorama_nt.
panorâmico adj. Panorama...; vista panorâmica: Rundblick_m.
panqueca s. f. CULINÁRIA Pfannkuchen_m.
pantanal s. m. Sumpfgebiet_nt.
pântano s. m. Moor_nt, Sumpf_m.
pantanoso adj. sumpfig
pantera s. f. ZOOLOGIA Panther_m, Panter_m.
pantufa s. f. Hausschuh_m.
pão s. m. Brot_nt; pão integral: Vollkornbrot_nt.
pão-de-ló s. m. CULINÁRIA Biskuit_m.
pão-duro I s. m. e f. (Brasil) (coloq.) Geizkragen_m; II adj. knauserig
pãozinho s. m. Brötchen_nt.
papa s. f. CULINÁRIA Brei_m.
Papa s. m. RELIGIÃO Papst_m.
papá s. m. Papa_m.
papado s. m. Papsttum_nt.
papa-formigas s. m. inv. ZOOLOGIA Ameisenbär_m.
papagaio s. m. 1. ZOOLOGIA Papagei_m; 2. (de papel) Drachen_m.
papaguear I v. tr. nachplappern; II v. intr. labern
papai s. m. (Brasil) Papa_m.
papaia s. f. BOTÂNICA Papaya_f.
papal adj. päpstlich, Papst...
papar v. tr. e intr. (infant.) essen
paparoca s. f. (coloq.) Essen_nt.
papeira s. f. MEDICINA Kropf_m.
papel s. m. 1. Papier_nt; papel autocolante: selbstklebende Folie; papel higiénico: Toilettenpapier; papel reciclado: Umweltschutz papier; 2. TEATRO, CINEMA Rolle_f; desempenhar um papel: eine Rolle spielen
papelada s. f. Papiere_pl, Papierkram_m.
papelão s. m. Pappe_f.
papelaria s. f. Schreibwarengeschäft_nt.
papeleira s. f. Sekretär_m.
papelote s. m. Lockenwickler_m.
papelucho s. m. (coloq.) Wisch_m.
papiro s. m. Papyrus_m.
papo s. m. 1. (de ave) Kropf_m; 2. (saliência) Beule_f; 3. (Brasil) (conversa) Schwatz_m.
papoila s. f. BOTÂNICA Mohn_m.
papo-seco s. m. (Regionalismo) Brötchen_nt.

papudo *adj.* geschwollen

paquete *s. m.* 1. NÁUTICA Passagierschiff$_{nt}$; 2. (pessoa) Laufbursche$_m$.

paquistanês I *s. m.* Pakistani$_m$; II *adj.* pakistanisch

Paquistão *s. m.* Pakistan$_{nt}$.

par I *s. m.* 1. Paar$_{nt}$; aos pares: paarweise; um par de sapatos: ein Paar Schuhe; 2. (de dança) Partner$_m$; II *adj.* (número) gerade ❖ estar a par de alguma coisa: über etwas im Bilde sein

para *prep.* 1. (direcção) nach [+dat.], an [+ac.], auf [+ac.]; para baixo: hinunter; para cima: hinauf; para dentro: hinein; para fora: hinaus; para casa: nach Hause; para o campo/a cidade: auf das Land/in die Stadt; 2. (finalidade) zu [+dat.]; (em proveito de) für [+ac.]; para quê?: wozu?, wofür?; para isso: dazu, dafür; 3. (a fim de) um… zu…; para que: damit; 4. (temporal) für [+ac.]; para sempre: für immer; 5. (sentimento, atitude) para com: gegenüber [+dat.]

parabéns *s. m. pl.* Glückwunsch$_m$; dar (os) parabéns a alguém por alguma coisa: jemanden zu etwas beglückwünschen; (muitos) parabéns!: herzlichen Glückwunsch!

parábola *s. f.* Parabel$_f$.

parabólica *s. f.* Parabolantenne$_f$.

pára-brisas *s. m. inv.* Windschutzscheibe$_f$.

pára-choques *s. m. inv.* Stoßstange$_f$.

parada *s. f.* 1. MILITAR Parade$_f$; 2. *(Brasil)* (de ônibus) Haltestelle$_f$.

paradeiro *s. m.* Aufenthaltsort$_m$.

paradigma *s. m.* Paradigma$_{nt}$.

paradisíaco *adj.* paradiesisch, himmlisch

parado *adj.* 1. (pessoa) estar parado: stehen; ficar parado: stehen bleiben; 2. (actividade) eingestellt

paradoxal *adj.* paradox, widersinnig

paradoxo *s. m.* Paradox$_{nt}$, Widerspruch$_m$.

parafina *s. f.* Paraffin$_{nt}$.

parafrasear *v. tr.* (falando) frei wiedergeben; (escrevendo) umschreiben

parafuso *s. m.* Schraube$_f$.

paragem *s. f.* 1. (acção de parar) Halten$_{nt}$, Anhalten$_{nt}$; 2. (de autocarro) Haltestelle$_f$.

parágrafo *s. m.* 1. (de texto) Absatz$_m$, Abschnitt$_m$; 2. (de artigo, lei) Paragraph$_m$.

Paraguai *s. m.* Paraguay$_{nt}$.

paraíso *s. m.* Paradies$_{nt}$.

pára-lamas *s. m. inv.* Kotflügel$_m$.

paralela *s. f.* 1. MATEMÁTICA Parallele$_f$; 2. *pl.* paralelas: DESPORTO Barren$_m$.

paralelamente *adv.* gleichzeitig

paralelepípedo *s. m.* 1. GEOMETRIA Parallelflach$_{nt}$; 2. (de pavimento) Pflasterstein$_m$.

paralelo I *s. m.* (coloq.) (de pavimento) Pflasterstein$_m$; II *adj.* 1. (linha, rua) parallel [a, zu +dat.]; 2. (actividade) gleichzeitig

paralisação *s. f.* 1. (de processo, actividade) Behinderung$_f$; 2. (dos músculos) Lähmung$_f$.

paralisado *adj.* 1. (pessoa, membros) gelähmt; 2. (processo) lahm gelegt

paralisar I *v. tr.* 1. (os músculos) lähmen; 2. (um processo) behindern; (o trânsito) lahm legen; II *v. intr.* (actividade, processo) stocken

paralisia *s. f.* MEDICINA Lähmung$_f$.

paralítico I *s. m.* MEDICINA Paralytiker$_m$; II *adj.* MEDICINA gelähmt

paramédico *s. m.* Sanitäter$_m$.

parâmetro *s. m.* Parameter$_m$.

paramilitar *adj.* paramilitärisch

paranóia *s. f.* Paranoia$_f$.

paranóico I *s. m.* Paranoiker$_m$; II *adj.* paranoisch

parapeito *s. m.* Fensterbank$_f$.

parapente *s. m.* DESPORTO Gleitschirmfliegen$_{nt}$, Paragliding$_{nt}$.

paraplegia *s. f.* MEDICINA Querschnittslähmung$_f$.

paraplégico I s. m. MEDICINA Querschnittsgelähmte_{m. e f.}; II adj. querschnittsgelähmt

pára-quedas s. m. inv. Fallschirm_{m}

pára-quedismo s. m. DESPORTO Fallschirmspringen_{nt.}

pára-quedista s. m. e f. Fallschirmspringer, -in_{m. f.}

parar I v. tr. 1. (o trânsito) anhalten, stoppen; 2. (uma máquina) abstellen; II v. intr. stehen bleiben; (carro) halten; (barulho) aufhören; **sem parar:** ununterbrochen; **parar de fazer alguma coisa:** mit etwas aufhören

pára-raios s. m. inv. Blitzableiter_{m}

parasita s. m. 1. BIOLOGIA Parasit_{m}; 2. (pej.) (pessoa) Schmarotzer_{m}

pára-sol s. m. Sonnenschirm_{m}

pára-vento s. m. Windschutz_{m}

parcamente adv. spärlich, einfach

parceiro s. m. Partner_{m}; (em brincadeira) Mitspieler_{m}

parcela s. f. 1. (de terreno) Parzelle_{f}; 2. (dos lucros) Anteil_{m}

parcelamento s. m. (de terras) Aufteilung_{f}

parceria s. f. Partnerschaft_{f}; ECONOMIA Konsortium_{nt}

parcial adj. 1. (em parte) partiell, Teil...; 2. (pessoa) parteiisch

parcialidade s. f. Parteilichkeit_{f}

parcialmente adv. teilweise, partiell

parco adj. (escasso) knapp, spärlich; (refeição) karg

parcómetro s. m. Parkscheinautomat_{m}

pardacento adj. dunkelgrau

pardal s. m. ZOOLOGIA Spatz_{m}

pardieiro s. m. baufällige(s) Haus_{nt}

pardo adj. grau, dunkelgrau

parecença s. f. Ähnlichkeit_{f}

parecer I s. m. 1. (opinião) Meinung_{f}, Ansicht_{f}; 2. (escrito) Gutachten_{nt}; II v. tr. aussehen wie, ähneln; III v. intr. 1. aussehen, wirken; **ela parece triste:** sie wirkt traurig; 2. scheinen; **parece-me que...:** es scheint mir, dass...; IV v. refl. sich ähneln

parecido adj. ähnlich; **bem parecido:** gut aussehend; **ser parecido com alguém/alguma coisa:** jemandem/etwas ähnlich sein

paredão s. m. Felswand_{f}

parede s. f. Wand_{f}

parelha s. f. Gespann_{nt}

parente I s. m. e f. Verwandte_{m. e f.}; II adj. verwandt [de, mit +dat.]

parentesco s. m. Verwandtschaft_{f}

parêntese s. m. Klammer_{f}

pargo s. m. ZOOLOGIA Meerbrasse_{f}

paridade s. f. (igualdade) Gleichheit_{f}; (semelhança) Ähnlichkeit_{f}

parir I v. tr. werfen; II v. intr. werfen

Paris s. f. Paris_{nt}

parisiense I s. m. e f. Pariser, -in_{m. f.}; II adj. Pariser

parlamentar I s. m. e f. Abgeordnete_{m. e f.}; II adj. parlamentarisch

parlamento s. m. Parlament_{nt}

parmesão adj. **queijo parmesão:** Parmesankäse_{m}

pároco s. m. Pfarrer_{m}

paródia s. f. Parodie_{f}

parolice s. f. Geschmacklosigkeit_{f}

parolo I s. m. (depr.) Vogelscheuche_{f}; II adj. (depr.) kitschig, geschmacklos

parónimo s. m. GRAMÁTICA stammverwandte(s) Wort_{nt}

paróquia s. f. 1. (zona) Pfarrei_{f}; 2. (comunidade) Gemeinde_{f}

paroquial adj. Gemeinde..., Pfarr...

paroquiano I s. m. Gemeindemitglied_{nt}; II adj. Gemeinde...

parque s. m. Park_{m}; **parque de campismo:** Campingplatz_{m}; **parque de estacionamento:** Parkplatz_{m}

parquet *s. m.* Parkett_{nt.}
parquímetro *s. m.* Parkuhr_{f.}
parra *s. f.* Weinblatt_{nt.}
parte *s. f.* 1. Teil_{m.}; *(quota-parte)* Anteil_{m.}; em parte: zum Teil, teilweise; em grande parte: größtenteils; tomar parte em: teilnehmen an [+dat.]; 2. *(local)* Ort_{m.}; *(região)* Gegend_{f.}; em qualquer parte: irgendwo; em parte nenhuma: nirgendwo; em toda a parte: überall; 3. *(lado)* Seite_{f.}; pela minha parte: meinerseits; à parte: extra, gesondert
parteira *s. f.* Hebamme_{f.}
participação *s. f.* 1. *(comunicação)* Mitteilung_{f.}; *(à polícia)* Anzeige_{f.}; 2. *(tomar parte em)* Teilnahme_{f.}, Beteiligung_{f.} [em, an +dat.]
participante *s. m. e f.* Teilnehmer, -in_{m. f.} [em, an +dat.]; *(colaborador)* Beteiligte_{m. e f.}
participar I *v. tr.* mitteilen; *(à polícia)* anzeigen; II *v. intr.* teilnehmen [em, an +dat.]; *(coloq.)* mitmachen [em/de, bei +dat.]
particípio *s. m.* GRAMÁTICA Partizip_{nt.}
partícula *s. f.* 1. *(fragmento)* Stückchen_{nt.}, Teilchen_{nt.}; 2. GRAMÁTICA Partikel_{f.}
particular I *s. m. e f.* Privatperson_{f.}; II *adj.* 1. *(pessoal)* persönlich; 2. *(privado)* privat; 3. *(especial)* besondere(r, s); em particular: besonders; 4. *(peculiar)* eigentümlich
particularidade *s. f.* Eigenheit_{f.}, Eigentümlichkeit_{f.}; *(especialidade)* Besonderheit_{f.}
particularmente *adv.* besonders, insbesondere
partida *s. f.* 1. *(viagem)* Abreise_{f.}; *(de comboio)* Abfahrt_{f.}; DESPORTO Start_{m.}; 2. *(de xadrez, futebol)* Spiel_{nt.}; 3. *(brincadeira)* Streich_{m.} ❖ à partida: von vornherein
partidário I *s. m.* Anhänger_{m.}; II *adj.* Partei...
partido I *s. m.* 1. POLÍTICA Partei_{f.}; 2. Nutzen_{m.}; tirar partido de alguma coisa: Nutzen aus etwas ziehen; II *adj.* zerbrochen
partilha *s. f.* Teilung_{f.}; *(de herança)* Erbteilung_{f.}
partilhar I *v. tr.* teilen [com, mit +dat.]; II *v. intr.* teilen [de, +ac.]
partir I *v. tr.* 1. zerbrechen; *(uma perna)* brechen; 2. *(dividir)* teilen; II *v. intr.* 1. *(quebrar-se)* zerbrechen; 2. *(de viagem)* abreisen; *(comboio, automóvel)* abfahren ❖ a partir de...: ab
partitura *s. f.* MÚSICA Partitur_{f.}
parto *s. m.* 1. *(mulher)* Entbindung_{f.}, Geburt_{f.}; 2. *(animal)* Werfen_{nt.}
parturiente I *s. f.* Gebärende_{f.}; II *adj.* gebärend
parvo I *s. m.* Dummkopf_{m.}, Blödmann_{m.}; II *adj.* blöd, doof
parvoíce *s. f.* Blödsinn_{m.}, Quatsch_{m.}
parvónia *s. f.* *(coloq.)* Ende_{nt.} der Welt
pascácio *adj.* *(coloq., depr.)* beschränkt
pascal *adj.* österlich, Oster...
Páscoa *s. f.* Ostern_{nt.}
pasmaceira *s. f.* Faulenzerei_{f.}
pasmado *adj.* verblüfft [com, über +ac.]
pasmar *v. tr.* verblüffen
pasmo *s. m.* Verblüffung_{f.}, Staunen_{nt.}
paspalhão *s. m.* Trottel_{m.}, Depp_{m.}
passa *s. f.* Rosine_{f.}
passada *s. f.* Schritt_{m.}
passadeira *s. f.* 1. *(tapete)* Läufer_{m.}; 2. *(para peões)* Zebrastreifen_{m.}
passado I *s. m.* Vergangenheit_{f.}; II *adj.* 1. *(temporal)* vergangen, letzte(r, s); na semana passada: in der letzten Woche; 2. CULINÁRIA bem passado: durchgebraten; 3. *(coloq.)* *(tolo)* verrückt, durchgedreht
passador *s. m.* 1. *(coador)* Sieb_{nt.}; 2. *(coloq.)* *(de droga)* Dealer_{m.}
passageiro I *s. m.* *(de autocarro, comboio)* Fahrgast_{m.}; *(de avião)* Passagier_{m.}; *(de automóvel)* Insasse_{m.}; II *adj.* vorübergehend

passagem *s. f.* 1. Durchreise*f*; estar de passagem: auf der Durchreise sein; 2. Durchgang*m*, Passage*f*; passagem de nível: Bahnübergang*m*; passagem subterrânea: Unterführung*f*; 3. *(travessia)* Überqueren*nt*; *(de barco)* Überfahrt*f*; 4. *(bilhete)* Ticket*nt*; 5. (em livro) Passage*f*, Abschnitt*m*.

passaporte *s. m.* Pass*m*, Reisepass*m*.

passar I *v. tr.* 1. *(atravessar)* überqueren; 2. *(exceder)* überschreiten; 3. *(chegar um objecto)* reichen [a, +dat.]; 4. *(uma chamada)* durchstellen; 5. (um cheque, recibo) ausstellen; 6. (tempo, férias) verbringen; 7. *(sofrer)* leiden; *(coloq.)* durchmachen; passar fome: Hunger leiden; II *v. intr.* 1. (perto) vorbeigehen; 2. vorübergehen; isso passa!: das geht vorbei!; 3. (tempo) vergehen; 4. *(ser aprovado)* bestehen; passar num exame: eine Prüfung bestehen; 5. *(trespassar)* durchgehen [por, durch +ac.]; (líquido, frio) durchdringen; 6. (saúde) gehen; como tem passado?: wie geht es Ihnen?; 7. *(tornar-se)* werden; passar a ser: werden; 8. *(transitar)* gehen; (escola) passar de ano: versetzt werden; III *v. refl.* 1. *(acontecer)* passieren; 2. *(coloq.) (enfurecer-se)* ausrasten

passarela *s. f.* Laufsteg*m*.

pássaro *s. m.* Vogel*m*.

passatempo *s. m.* Zeitvertreib*m*.

passe *s. m.* 1. (cartão) Passierschein*m*; (transportes públicos) Monatskarte*f*; 2. DESPORTO Pass*m*.

passear *v. intr.* (a pé) spazieren gehen; (de carro) spazieren fahren

passeata *s. f.* 1. *(pequeno passeio)* Bummel*m*; 2. *(Brasil) (marcha colectiva)* Protestmarsch*m*.

passeio *s. m.* 1. (a pé) Spaziergang*m*; (de carro) Spazierfahrt*f*; 2. *(excursão)* Ausflug*m*; 3. (para peões) Bürgersteig*m*, Gehweg*m*.

passe-partout *s. m.* Wechselrahmen*m*.

passe-vite *s. m.* CULINÁRIA (para carne) Fleischwolf*m*; (para batata, legumes) Passiersieb*nt*.

passional *adj.* leidenschaftlich

passiva *s. f.* GRAMÁTICA Passiv*nt*.

passível *adj.* empfindsam

passividade *s. f.* Passivität*f*

passivo I *s. m.* ECONOMIA Passiva*pl*; II *adj.* passiv

passo *s. m.* Schritt*m*; passo a passo: Schritt für Schritt

pasta *s. f.* 1. Paste*f*; pasta dentífrica: Zahnpasta*f*; 2. (para documentos) Mappe*f*, Ordner*m*; 3. (de ministro) Geschäftsbereich*m*

pastagem *s. f.* Weide*f*.

pastar I *v. tr.* fressen; II *v. intr.* 1. (animal) weiden, grasen; 2. *(coloq.)* (preguiçar) faulenzen

pastel I *s. m.* CULINÁRIA Pastete*f*; *(bolo)* Kuchen*m*; II *adj. inv.* (cor) Pastell...

pastelão *s. m.* CULINÁRIA gefüllte Teigpastete*f*

pastelaria *s. f.* Konditorei*f*

pasteleiro *s. m.* Konditor*m*.

pasteurizado *adj.* pasteurisiert

pastilha *s. f.* 1. (para chupar) Pastille*f*, Lutschtablette*f*; pastilha elástica: Kaugummi*m*; 2. INFORMÁTICA Chip*m*.

pasto *s. m.* Viehfutter*nt*

pastor *s. m.* 1. Schäfer*m*.; 2. RELIGIÃO Pastor*m*

pastoril *adj.* Schäfer..., Hirten...

pastoso *adj.* klebrig

pata *s. f.* Fuß*m*; (de cão) Pfote*f*; (de gato) Tatze*f*; (de ave) Klaue*f*

patada *s. f.* Fußtritt*m*

patamar *s. m.* Treppenabsatz*m*.

patavina *s. f.* *(coloq.)* nichts

patê *s. m.* CULINÁRIA Paste*f*

patego s. m. (coloq., depr.) Dussel$_m$, Depp$_m$
patela s. f. 1. (jogo) Wurfspiel$_{nt}$; 2. (disco) Wurfscheibe$_f$
patente I s. f. 1. ECONOMIA Patent$_{nt}$; 2. MILITAR Rang$_m$; II adj. offensichtlich
patentear v. tr. 1. (um invento) patentieren; 2. (mostrar) zeigen
paternal adj. väterlich
paternidade s. f. Vaterschaft$_f$
paterno adj. väterlich, Vater...
pateta I s. m. e f. Dummkopf$_m$; II adj. dumm, dusselig
patetice s. f. Dummheit$_f$
patético adj. ergreifend, mitreißend
patifaria s. f. Gemeinheit$_f$
patife s. m. Schuft$_m$, Schurke$_m$
patilhas s. f. pl. (barba) Koteletten$_{pl}$
patim s. m. Rollschuh$_m$; (de gelo) Schlittschuh$_m$
patinador s. m. Rollschuhläufer$_m$; (no gelo) Schlittschuhläufer$_m$
patinagem s. f. Rollschuhlaufen$_{nt}$; (no gelo) Schlittschuhlaufen$_{nt}$; patinagem artística: Eiskunstlauf$_m$
patinar v. intr. 1. Rollschuh laufen; (no gelo) Schlittschuh laufen; 2. (derrapar) ausrutschen
patinete s. m. (Brasil) Skateboard$_{nt}$
patinhar I v. tr. Fußspuren hinterlassen auf [+dat.]; II v. intr. planschen
pátio s. m. Hof$_m$; pátio interior: Innenhof$_m$
pato s. m. ZOOLOGIA (espécie, fêmea) Ente$_f$; (macho) Enterich$_m$
patogénico adj. krankheitserregend
patologia s. f. Pathologie$_f$
patológico adj. krankhaft, pathologisch
patranha s. f. faustdicke Lüge$_f$
patrão s. m. Arbeitgeber$_m$
pátria s. f. 1. (terra natal) Heimat$_f$; 2. (mãe-pátria) Vaterland$_{nt}$; (de colónias) Mutterland$_{nt}$
patriarca s. m. Patriarch$_m$
património s. m. Erbe$_{nt}$; património do Estado: Staatseigentum$_{nt}$
patriota s. m. e f. Patriot, -in$_{m, f}$
patriótico adj. patriotisch
patriotismo s. m. Patriotismus$_m$, Vaterlandsliebe$_f$
patrocinador s. m. Sponsor$_m$
patrocinar v. tr. 1. (promover) fördern, unterstützen; 2. (com fundos) sponsern
patrocínio s. m. Schirmherrschaft$_f$, Sponsoring$_{nt}$
patronal adj. Arbeitgeber...
patronato s. m. Arbeitgeberschaft$_f$
patrono s. m. Schutzpatron$_m$
patrulha s. f. Polizeistreife$_f$; MILITAR Patrouille$_f$
patrulhar I v. tr. Streife fahren in [+dat.]; II v. intr. patrouillieren, Streife fahren
patuscada s. f. Essen$_{nt}$
patusco adj. lustig
pau s. m. 1. Stock$_m$, Stab$_m$; 2. pl. paus: (naipe de cartas) Kreuz$_{nt}$ ✤ (coloq.) pôr-se a pau: auf der Hut sein
pau-brasil s. m. Palisander$_m$
paulada s. f. Schlag$_m$ mit einem Stock
paulista I s. m. e f. Einwohner, -in$_{m, f}$ von São Paulo; II adj. aus São Paulo
pau-mandado s. m. (depr.) Kriecher$_m$
paupérrimo superl. de pobre
pau-preto s. m. Palisander$_m$
pausa s. f. Pause$_f$
pausadamente adv. bedächtig, ruhig
pausado adj. bedächtig, ruhig
pau-santo s. m. Palisander$_m$
pauta s. f. 1. MÚSICA Notenlinien$_{pl}$; 2. (lista) Liste$_f$
pautado adj. 1. (folha) liniert; 2. (metódico) methodisch; (regulado) planmäßig; 3. (moderado) maßvoll

pautar *v. tr.* (tarifa) festsetzen
pavão *s. m.* ZOOLOGIA Pfau*m*
pavilhão *s. m.* Pavillon*m*; (de desporto, exposições) Halle*f*
pavimentar *v. tr.* (rua) pflastern; (casa) Fußboden legen in [+*dat.*]
pavimento *s. m.* (da rua) Pflaster*nt*; (de casa) Fußbodenbelag*m*
pavio *s. m.* Docht*m*
pavonear I *v. tr.* sich brüsten mit [+*dat.*]; II *v. refl.* sich aufspielen
pavor *s. m.* Entsetzen*nt*, Grauen*nt* (de, vor +*dat.*)
pavoroso *adj.* entsetzlich, grauenhaft
paz *s. f.* 1. Friede*m*; fazer as pazes com alguém: Frieden mit jemandem schließen; 2. *(sossego)* Ruhe*f*
PC *s. m.* [*abrev. de* personal computer] PC*m*
pé *s. m.* 1. Fuß*m*; ao pé de: bei [+*dat.*], neben [+*dat.*]; estar em pé: stehen; 2. BOTÂNICA Stiel*m*, Stängel*m*; 3. (de mobília) Bein*nt*
peão *s. m.* 1. Fußgänger*m*; 2. (xadrês) Bauer*m*
peça *s. f.* 1. Stück*nt*; peça de roupa: Kleidungsstück*nt*; peça de teatro: Theaterstück*nt*; 2. ENGENHARIA Teil*nt*
pecado *s. m.* Sünde*f*
pecador I *s. m.* Sünder*m*; II *adj.* sündig
pecaminoso *adj.* sündhaft, sündig
pecar *v. intr.* sündigen
pechincha *s. f.* (*coloq.*) Schnäppchen*nt*
pecuária *s. f.* Viehzucht*f*
peculiar *adj.* eigen, besondere(r, s)
peculiaridade *s. f.* Eigentümlichkeit*f*, Besonderheit*f*
pecuniário *adj.* finanziell
pedaço *s. m.* 1. *(parte)* Stück*nt*; um pedaço de papel/pão: ein Papierfetzen/ein Stück Brot; 2. (de tempo) Weile*f*

pedágio *s. m.* (*Brasil*) Autobahngebühr*f*
pedagogia *s. f.* Pädagogik*f*
pedagógico *adj.* pädagogisch, erzieherisch
pedagogo *s. m.* Pädagoge*m*
pedal *s. m.* Pedal*nt*
pedalar *v. intr.* radeln, Rad fahren
pedante I *s. m. e f.* Pedant, -in*m, f*; II *adj.* 1. pedantisch; 2. *(vaidoso)* eingebildet
pé-de-cabra *s. m.* Brechstange*f*
pé-de-galo *s. m.* Hopfen*m*
pé-de-meia *s. m.* Rücklage*f*, Geldreserve*f*
pederneira *s. f.* Feuerstein*m*
pedestal *s. m.* Sockel*m*
pedestre *s. m. e f.* Fußgänger, -in*m, f*
pé-de-vento *s. m.* Windstoß*m*
pediatra *s. m. e f.* Kinder|arzt, -ärztin*m, f*
pediatria *s. f.* Kinderheilkunde*f*, Pädiatrie*f*
pediátrico *adj.* pädiatrisch
pedicura *s. f.* 1. (pessoa) Fußpflegerin*f*, Pediküre*f*; 2. (tratamento) Pediküre*f*
pedido *s. m.* 1. (informal) Bitte*f*; *(requerimento)* Antrag*m*; pedido de casamento: Heiratsantrag*m*; 2. *(encomenda)* Bestellung*f*
pedinchão *s. m.* (depr.) Schnorrer*m*
pedinchar *v. tr. e intr.* (depr.) betteln, schnorren
pedinte *s. m. e f.* Bettler, -in*m, f*
pedir I *v. tr.* 1. bitten um [+*ac.*]; pedir alguma coisa a alguém: jemanden um etwas bitten; (informação) einholen; 2. *(encomendar)* bestellen; II *v. intr.* betteln
pé-direito *s. m.* lichte Höhe*f*
peditório *s. m.* (öffentliche) Sammlung*f*; (na igreja) Kollekte*f*

pedra *s. f.* 1. Stein*m*; pedra preciosa: Edelstein*m*; 2. (de granizo) Hagelkorn*nt*; (de açúcar) Stück*nt*; (de sal) Korn*nt*

pedrada s. f. 1. (com pedra) Steinwurf*m*; 2. (coloq.) (com droga) Trip*m*.
pedra-pomes s. f. inv. Bimsstein*m*.
pedregoso adj. steinig
pedregulho s. m. Felsblock*m*.
pedreira s. f. Steinbruch*m*.
pedreiro s. m. Maurer*m*.
pedúnculo s. m. BOTÂNICA Stiel*m*.
pega¹ [e] s. f. 1. (em mala) Griff*m*; (em tacho) Henkel*m*; 2. (de tecido) Topflappen*m*; 3. (tauromaquia) Bändigung*f* des Stieres
pega² [e] s. f. 1. ZOOLOGIA Elster*f*; 2. (vulg.) (prostituta) Hure*f*, Nutte*f*.
pegada s. f. Fußspur*f*.
pegado adj. 1. (ao lado) angrenzend, Nachbar...; a casa pegada: das Nebenhaus; 2. (colado) angeklebt
pegajoso adj. klebrig
pegar I v. tr. 1. (doença) anstecken; pegar fogo a alguma coisa: etwas in Brand setzen; 2. (Brasil) (o ônibus) nehmen, fahren mit [+dat.]; II v. intr. 1. (segurar) pegar em: nehmen, anfassen; 2. (colar) kleben; CULINÁRIA anbrennen; 3. (carro) anspringen; 4. (hábito, moda) sich ausbreiten; pegar fogo: Feuer fangen; III v. refl. 1. (doença, riso) ansteckend sein; 2. (coloq.) (pessoas) sich streiten
peidar-se v. refl. (vulg.) furzen
peido s. m. (vulg.) Furz*m*.
peitilho s. m. Latz*m*.
peito s. m. ANATOMIA Brust*f*; (seio) Busen*m*.
peitoral s. m. ANATOMIA Brustmuskel*m*.
peitoril s. m. Fenstersims*m*.
peixada s. f. CULINÁRIA Fischgericht*nt*.
peixaria s. f. Fischgeschäft*nt*.
peixe s. m. ZOOLOGIA Fisch*m*.
peixe-aranha s. m. ZOOLOGIA Spinnenfisch*m*.
peixe-espada s. m. ZOOLOGIA Schwertfisch*m*.

peixeiro s. m. Fischhändler*m*.
peixe-serra s. m. ZOOLOGIA Sägefisch*m*.
pejo s. m. Scham*f*.
pejorar v. tr. herabsetzen, schlecht machen
pejorativo adj. verächtlich, abwertend
pela contr. da prep. por + art. def. a
pelada s. f. (Brasil) Fußballspiel*nt*.
pelado adj. 1. (fruta, batata) geschält; (tomate) abgezogen; 2. (Brasil) (nu) nackt
pelagem s. f. Behaarung*f*.
pelar I v. tr. 1. (animal) häuten; 2. (descascar) schälen; II v. refl. versessen sein, verrückt sein [por, nach +dat.]
pele s. f. 1. (de pessoa) Haut*f*; pele de galinha: Gänsehaut*f*; (de animal) Fell*nt*; 2. (casca) Schale*f*; 3. (agasalho) Pelz*m*; 4. (couro) Leder*nt*.
peleja s. f. Streit*m*, Streitigkeit*f*
pelicano s. m. ZOOLOGIA Pelikan*m*.
película s. f. CINEMA, FOTOGRAFIA Film*m*.
pelintra adj. ärmlich, schäbig
pelo contr. da prep. por + art. def. o
pêlo s. m. (de pessoa) Haar*nt*; em pêlo: splitternackt; (de animal) Fell*nt*.
pelota s. f. (Brasil) Ball*m*.
pelotão s. m. MILITAR Zug*m*.
pelourinho s. m. Pranger*m*, Schandpfahl*m*.
pelouro s. m. städtische(s) Amt*nt*.
peluche s. m. Plüsch*m*.
peludo adj. haarig, behaart
pelugem s. f. Behaarung*f*.
pena s. f. 1. (de ave) Feder*f*; 2. (pesar) Leid*nt*; eu tenho pena dele: er tut mir Leid; que pena!: (wie) schade!; (isso) vale a pena: das lohnt sich; 3. DIREITO Strafe*f*.
penal adj. DIREITO Straf...
penalidade s. f. 1. DESPORTO Freistoß*m*; 2. DIREITO Strafbestimmungen*pl*.
penalizar v. tr. strafen, bestrafen; DESPORTO verwarnen

pênalti *s. m. (Brasil)* → penalty
penalty *s. m.* DESPORTO Elfmeter_m_, Strafstoß_m_.
penar *v. intr.* leiden
penca *s. f.* 1. BOTÂNICA [Art Weißkohl]; 2. *(pop.)* (nariz) Zinken_m_.
pendão *s. m.* Banner_nt_, Flagge_f_
pendente *adj.* 1. hängend; 2. *(fig.)* (assunto) offen; (trabalho) unerledigt; (processo) schwebend
pender *v. intr.* 1. (estar pendurado) hängen [de, an +dat.]; 2. (estar inclinado) sich neigen [para, nach +dat.]
pêndulo *s. m.* Pendel_nt_.
pendurado *adj.* hängend; estar pendurado: hängen [em, an +dat.]
pendurar *v. tr.* hängen, aufhängen [em, an +dat.]
penedo *s. m.* Fels_m_, Felsen_m_.
peneira *s. f.* 1. Sieb_nt_; 2. (coloq.) (afectação) Hochnäsigkeit_f_.
peneirento *adj.* (coloq.) eingebildet
penetra *s. m. e f.* (coloq.) Eindringling_m_; ungebetene(r) Gast_m_.
penetração *s. f.* Eindringen_nt_.
penetrante *adj.* (cheiro) penetrant; (frio) beißend, schneidend; (olhar) durchbohrend
penetrar I *v. tr.* dringen in [+ac.], durchdringen; II *v. intr.* eindringen [em, in +ac.]
penha *s. f.* Fels_m_, Felsen_m_.
penhasco *s. m.* große(r) Felsen_m_, Felsblock_m_.
penhor *s. m.* Pfand_nt_.
penhora *s. f.* DIREITO Pfändung_f_.
penhorado *adj.* gepfändet
penhorar *v. tr.* (Estado, banco) pfänden; (indivíduo) verpfänden
penhorista *s. m. e f.* Pfandleiher, -in_m., f._
penicilina *s. f.* MEDICINA Penizillin_nt_.

penico *s. m.* Nachttopf_m_.
península *s. f.* Halbinsel_f_.
peninsular I *s. m. e f.* Bewohner, -in_m., f._ der Halbinsel; II *adj.* Halbinsel...
pénis *s. m. inv.* ANATOMIA Penis_m_
penitência *s. f.* RELIGIÃO Buße_f_, Sühne_f_
penitenciária *s. f.* Haftanstalt_f_, Strafanstalt_f_.
penitenciário *s. m.* Gefangene_m. e f._, Häftling_m_.
penitente *s. m. e f.* RELIGIÃO Beichtende_m. e f._
penoso *adj.* 1. (assunto) peinlich; 2. (trabalho) mühsam, strapaziös
pensado *adj.* überlegt
pensador *s. m.* Denker_m_.
pensamento *s. m.* 1. (ideia) Gedanke_m_; 2. (acto de pensar) Denken_nt_, Nachdenken_nt_
pensão *s. f.* Pension_f_
pensar I *v. tr.* denken; II *v. intr.* 1. (raciocinar) denken [em, an +ac.]; 2. (ponderar) nachdenken, überlegen [em/sobre, +ac.]; 3. (tencionar) planen, vorhaben
pensativo *adj.* nachdenklich
pensionista *s. m. e f.* Pensionär, -in_m., f._
penso *s. m.* Verband_m_; penso rápido: Schnellverband_m_; penso higiénico: Damenbinde_f_
pentagonal *adj.* GEOMETRIA fünfeckig
pentágono *s. m.* GEOMETRIA Fünfeck_nt_.
pente *s. m.* Kamm_m_.
penteadela *s. f.* Kämmen_nt_.
penteado I *s. m.* Frisur_f_; II *adj.* gekämmt
penteador *s. m.* Frisierumhang_m_.
pentear I *v. tr.* kämmen; (fazer um penteado) frisieren; II *v. refl.* sich kämmen
Pentecostes *s. m. inv.* RELIGIÃO Pfingsten_nt_.
penugem *s. f.* Flaum_m_
penúltimo *adj.* vorletzte(r, s)
penumbra *s. f.* Halbschatten_m_; (meia-luz) Halbdunkel_nt_.

penúria s. f. Not*f*, Elend*nt*.

pepino s. m. Gurke*f*

pepita s. f. (de ouro) Klumpen*m*; (de chocolate) Stückchen*nt*.

pequenada s. f. Kinder*pl*.

pequenez s. f. Kleinheit*f*, geringe Größe*f*

pequenino I s. m. Kleine*m. e f.*; II adj. winzig

pequenitates s. m. e f. inv. (coloq.) Knirps*m*

pequeno I s. m. Kleine*m. e f.*; II adj. (em tamanho) klein; (em quantidade) gering

pequeno-almoço s. m. Frühstück*nt*; tomar o pequeno-almoço: frühstücken

pequerrucho I s. m. Kleines*nt*, Kleine*m. e f.*; II adj. klein

Pequim s. f. Peking*nt*.

pêra s. f. 1. BOTÂNICA Birne*f*; 2. (barba) Spitzbart*m*.

peralta s. m. e f. Schickimicki-Typ*m*, Modepuppe*f*

perambular v. intr. umherstreifen, bummeln

perante prep. 1. (em vista de) angesichts [+gen.]; 2. (na presença de) vor [+dat.]; (pessoa) in Gegenwart [+gen.]

pé-rapado adj. (Brasil) (coloq.) arm

perca s. f. ZOOLOGIA Barsch*m*.

percalço s. m. Unannehmlichkeit*f*

perceba s. f. ZOOLOGIA Entenmuschel*f*

perceber v. tr. e intr. 1. (entender) verstehen, begreifen; 2. (aperceber-se de) wahrnehmen, bemerken

percentagem s. f. Prozentsatz*m*.

percepção s. f. Wahrnehmung*f*

perceptível adj. wahrnehmbar

perceptivo adj. wahrnehmungsfähig, aufnahmefähig

percevejo s. m. ZOOLOGIA Wanze*f*.

percorrer v. tr. (a pé) gehen durch [+ac.], durchlaufen; (com transporte) fahren durch [+ac.], durchfahren

percurso s. m. 1. (trajecto) Strecke*f*; 2. (de um rio) Lauf*m*.

percussão s. f. MÚSICA Schlagzeug*nt*.

perda s. f. Verlust*m*.; perda de tempo: Zeitverschwendung*f*

perdão s. m. Verzeihung*f*; (pecados) Vergebung*f*

perder I v. tr. 1. verlieren; 2. (transporte, oportunidade) verpassen, versäumen; II v. intr. verlieren; III v. refl. 1. (no caminho) sich verirren, sich verlaufen; (com automóvel) sich verfahren; 2. (objecto, costume) verloren gehen

perdição s. f. Verderben*nt*, Untergang*m*.

perdidamente adv. ohne Sinn und Verstand, wie toll

perdido adj. verloren; (no caminho) verirrt

perdidos s. m. pl. perdidos e achados: Fundsachen*pl*.

perdigão s. m. ZOOLOGIA Rebhuhnmännchen*nt*.

perdigoto s. m. (coloq.) Spucketropfen*m*.

perdigueiro s. m. ZOOLOGIA Hühnerhund*m*., Vorstehhund*m*.

perdiz s. f. ZOOLOGIA Rebhuhn*nt*.

perdoar I v. tr. 1. (um acto) verzeihen, entschuldigen; (os pecados) vergeben; 2. (um castigo) erlassen; II v. intr. verzeihen

perdoável adj. verzeihlich, entschuldbar

perdurar v. intr. andauern, anhalten

perecer v. intr. (cultura) untergehen; (costume) verloren gehen

perecível adj. vergänglich; (alimento) verderblich

peregrinação s. f. Wallfahrt*f*, Pilgerfahrt*f*, [a, nach +dat.]; fazer uma peregrinação: pilgern

peregrino s. m. Pilger*m*., Wallfahrer*m*.

pereira s. f. BOTÂNICA Birnbaum*m*.

peremptório adj. endgültig

perene adj. 1. (duradouro) beständig, fortdauernd; 2. (constante) dauernd, ständig

perfazer *v. tr.* (uma quantia) betragen, machen

perfeição *s. f.* Vollkommenheit$_f$, Perfektion$_f$; na perfeição: perfekt

perfeitamente *adv.* 1. *(com perfeição)* perfekt; perfeitamente!: genau!; 2. *(completamente)* ganz, völlig

perfeito I *p. p. de* perfazer; II *s. m.* GRAMÁTICA Perfekt$_{nt}$; III *adj.* perfekt, vollkommen

perfídia *s. f.* 1. *(traição)* Verrat$_m$; 2. *(deslealdade)* Treulosigkeit$_f$

pérfido *adj.* 1. *(traidor)* verräterisch; 2. *(desleal)* treulos

perfil *s. m.* 1. Profil$_{nt}$; de perfil: im Profil; 2. *(psicológico)* Charakter$_m$

perfilhar *v. tr.* (uma criança) adoptieren, an Kindes Statt annehmen

performance *s. f.* Leistung$_f$

perfumado *adj.* 1. *(que exala perfume)* duftend, wohlriechend; 2. *(que tem perfume)* parfümiert

perfumar I *v. tr.* parfümieren; II *v. refl.* sich parfümieren

perfumaria *s. f.* Parfümerie$_f$

perfume *s. m.* 1. (substância) Parfüm$_{nt}$; 2. *(aroma)* Duft$_m$

perfuradora *s. f.* Bohrmaschine$_f$

perfurar *v. tr.* durchbohren, ein Loch bohren in [+ac.]

perfuratriz *s. f. (Brasil)* → perfuradora

pergaminho *s. m.* Pergament$_{nt}$

pergunta *s. f.* Frage$_f$; fazer uma pergunta (a alguém): (jemandem) eine Frage stellen

perguntar I *v. tr.* fragen; perguntar alguma coisa a alguém: jemanden etwas fragen; II *v. intr.* fragen [por, nach +dat.]; III *v. refl.* sich fragen

perícia *s. f.* 1. *(destreza)* Geschicklichkeit$_f$; 2. (conhecimento) Sachverstand$_m$; 3. *(Brasil)* (exame) technische Überprüfung$_f$

pericial *adj.* sachverständig, fachmännisch

periclitante *adj.* gefährdet

periferia *s. f.* Peripherie$_f$; *(da cidade)* Stadtrand$_m$

periférico I *s. m.* INFORMÁTICA Peripherie-Gerät$_{nt}$; II *adj.* peripher, Rand...

perífrase *s. f.* Umschreibung$_f$; GRAMÁTICA Periphrase$_f$

perifrástico *adj.* umschreibend; GRAMÁTICA periphrastisch

perigo *s. m.* Gefahr$_f$

perigoso *adj.* gefährlich

perímetro *s. m.* Umfang$_m$

periodicamente *adv.* regelmäßig

periodicidade *s. f.* Regelmäßigkeit$_f$; (jornal) regelmäßige(s) Erscheinen$_{nt}$

periódico I *s. m.* (jornal) Zeitung$_f$; (revista) Zeitschrift$_f$; II *adj.* periodisch, regelmäßig

período *s. m.* 1. *(espaço de tempo)* Zeitraum$_m$, Periode$_f$; *(época)* Zeit$_f$; 2. (escolar) Schultrimester$_{nt}$; 3. *(menstruação)* Periode$_f$, Regel$_f$

peripécia *s. f.* Zwischenfall$_m$

periquito *s. m.* ZOOLOGIA Wellensittich$_m$

peritagem *s. f.* ENGENHARIA technische Überprüfung$_f$

perito *s. m.* 1. (profissional) Sachverständige$_{m. e f.}$, Fachmann$_m$; 2. *(versado)* Experte$_m$

perjúrio *s. m.* DIREITO Meineid$_m$

permanecer *v. intr.* bleiben

permanência *s. f.* Verweilen$_{nt}$, Aufenthalt$_m$

permanente I *s. f.* Dauerwelle$_f$; II *adj.* *(constante)* dauernd, permanent; (residência) ständig

permanentemente *adv.* ständig, ununterbrochen

permeabilidade *s. f.* Durchlässigkeit$_f$

permear *v. intr.* dazwischen liegen, in der Mitte liegen

permeável *adj.* durchlässig
permeio *loc. adv.* de permeio: dazwischen, in der Mitte
permissão *s. f.* Erlaubnis*f.*
permissível *adj.* erlaubt
permissivo *adj.* nachgiebig, tolerant
permitido *adj.* erlaubt, gestattet
permitir *v. tr.* erlauben, gestatten; *(consentir)* zulassen; *(autorizar)* genehmigen
permuta *s. f.* Tausch*m.*
permutar *v. tr.* tauschen
perna *s. f.* 1. (de pessoa, mesa) Bein*nt.*; 2. (de porco, vitela) Keule*f.*
pernalta *s. f.* ZOOLOGIA Stelzvogel*m.*, Schreitvogel*m.*
pernalto *adj.* langbeinig
perneta I *s. m. e f.* Einbeinige*m. e f.*; II *adj.* einbeinig
pernicioso *adj.* schädlich
pernil *s. m.* 1. (de animal) Keule*f.*; 2. CULINÁRIA geräucherte(r) Schinken*m.*
pernilongo I *s. m.* 1. (ave) Schnepfe*f.*; 2. *(Brasil)* (mosquito) Stechmücke*f.*; II *adj.* langbeinig
perno *s. m.* Bolzen*m.*
pernoitar *v. intr.* übernachten [em, in +dat.]
pêro *s. m.* BOTÂNICA (maçã) kleiner, länglicher Apfel; (pêra) kleine Birne*f.*
pérola *s. f.* Perle*f.*
perónio *s. m.* Wadenbein*nt.*
perpassar I *v. tr.* durchziehen, ziehen [por, durch +ac.]; II *v. intr.* vorbeigehen, vorübergehen [por, an +dat.]
perpendicular I *s. f.* Senkrechte*f.*; II *adj.* senkrecht [a, zu +dat.]
perpetração *s. f.* (de crime) Begehen*nt.*, Verüben*nt.*
perpetrador *s. m.* (de crime) Täter*m.*
perpetrar *v. tr.* (um crime) begehen, verüben
perpetuar *v. tr.* verewigen
perpétuo *adj.* 1. ewig; 2. (prisão) lebenslänglich
perplexidade *s. f.* Bestürzung*f.*, Verwirrung*f.*
perplexo *adj.* perplex, verwirrt
perro *adj.* (porta) klemmend; **estar perro:** klemmen
persa I *s. m. e f.* Perser, -in*m., f.*; II *adj.* persisch
perscrutador *adj.* forschend; (olhar) durchdringend
perscrutar *v. tr.* erforschen, untersuchen
perseguição *s. f.* Verfolgung*f.*
perseguidor *s. m.* Verfolger*m.*
perseguir *v. tr.* verfolgen
perseverança *s. f.* Beharrlichkeit*f.*, Ausdauer*f.*
perseverante *adj.* beharrlich
Pérsia *s. f.* Persien*nt.*
persiana *s. f.* Jalousie*f.*, Rollladen*m.*
pérsico *adj.* persisch
persistência *s. f.* Ausdauer*f.*, Beharrlichkeit*f.*
persistente *adj.* 1. *(obstinado)* beharrlich, hartnäckig; 2. *(constante)* anhaltend
persistir *v. intr.* 1. *(perdurar)* andauern, anhalten; 2. *(insistir)* persistir em: bestehen auf [+dat.], beharren auf [+dat.]
personagem *s. m. e f.* 1. (de livro, filme, teatro) Figur*f.*, Gestalt*f.*; 2. *(personalidade)* Persönlichkeit*f.*
personalidade *s. f.* Persönlichkeit*f.*
personalizado *adj.* individuell
personificação *s. f.* Personifizierung*f.*, Verkörperung*f.*
personificar *v. tr.* personifizieren, verkörpern
perspectiva *s. f.* 1. (arte) Perspektive*f.*; 2. (ponto de vista) Blickwinkel*m.*, Perspektive*f.*
perspicácia *s. f.* Scharfsinn*m.*
perspicaz *adj.* scharfsinnig

perspiração s. f. Hautausdünstung$_f$.
perspirar v. intr. leicht schwitzen
persuadir v. tr. überreden [a, zu +dat.]
persuasão s. f. 1. (acto de persuadir) Überredung$_f$; 2. (convicção) Überzeugung$_f$.
persuasivo adj. überzeugend
pertença s. f. Eigentum$_{nt}$.
pertencente adj. 1. (próprio) gehörend [a, +dat.]; 2. (parte) zugehörig [a, zu +dat.]
pertencer v. intr. gehören [a, +dat.]
pertinácia s. f. Halsstarrigkeit$_f$, Hartnäckigkeit$_f$.
pertinaz adj. halsstarrig, hartnäckig
pertinência s. f. Angemessenheit$_f$; (relevância) Bedeutung$_f$, Relevanz$_f$.
pertinente adj. 1. (apropriado) passend, angemessen; 2. (relevante) relevant
perto I adv. in der Nähe, nah; II loc. prep. perto de: (espacial) in der Nähe von [+dat.], bei [+dat.]; (aproximadamente) ungefähr, etwa; de perto: aus der Nähe
perturbação s. f. 1. (da ordem) Störung$_f$; 2. (mental) Verwirrung$_f$.
perturbado adj. (transtornado) verwirrt; (comovido) bestürzt
perturbador I s. m. Unruhestifter$_m$; II adj. 1. (barulho) störend; 2. (notícia, acontecimento) beunruhigend
perturbar I v. tr. 1. (incomodar) stören; 2. (transtornar) verwirren; (comover) bestürzen; II v. refl. unruhig werden [com, durch +ac.]
peru s. m. ZOOLOGIA Puter$_m$, Truthahn$_m$.
Peru s. m. Peru$_{nt}$.
peruca s. f. Perücke$_f$.
perversão s. f. 1. (acto) Pervertierung$_f$; 2. (depravação) Verdorbenheit$_f$.
perversidade s. f. Perversität$_f$.
perverso adj. 1. (malvado) bösartig, böse; 2. (gosto, conselho) abartig

perverter v. tr. 1. (depravar) verderben; 2. (sentido) verdrehen, entstellen; 3. (corromper) pervertieren
pesadelo s. m. Alptraum$_m$, Albtraum$_m$.
pesado adj. schwer
pêsames s. m. pl. Beileid$_{nt}$; dar os pêsames a alguém: jemandem sein Beileid aussprechen
pesar I s. m. 1. (mágoa) Kummer$_m$; 2. (arrependimento) Bedauern$_{nt}$; II v. tr. 1. (objecto, pessoa) wiegen; 2. (consequências) abwägen; III v. intr. 1. (ser pesado) schwer sein; 2. (influir) Gewicht haben [em, in +dat.]; 3. (recair) lasten [sobre, auf +dat.]
pesaroso adj. 1. (desgostoso) betrübt, traurig; 2. (arrependido) reuig
pesca s. f. Fischfang$_m$; pesca à linha: Angeln$_{nt}$.
pescada s. f. ZOOLOGIA Seehecht$_m$.
pescado s. m. Fisch$_m$.
pescador s. m. Fischer$_m$; (à linha) Angler$_m$.
pescar v. tr. (peixe) fischen, fangen; (à linha) angeln
pescaria s. f. 1. (pesca) Fischfang$_m$; 2. (peixes) Menge$_f$. Fisch; 3. (excursão) Ausfahren$_{nt}$.
pescoço s. m. Hals$_m$.
peseta s. f. Pesete$_f$.
peso s. m. 1. Gewicht$_{nt}$; peso morto: Ballast$_m$; 2. (importância) Bedeutung$_f$. ❖ em peso: ohne Ausnahme
pespegar v. tr. versetzen
pespontar v. tr. steppen
pesponto s. m. Steppstich$_m$.
pesqueiro adj. Fischer...
pesquisa s. f. 1. (investigação) Nachforschung$_f$, Untersuchung$_f$; 2. (científica) Forschung$_f$.
pesquisar v. tr. (investigar) erforschen; (examinar) untersuchen
pêssego s. m. BOTÂNICA Pfirsich$_m$.
pessegueiro s. m. BOTÂNICA Pfirsichbaum$_m$.

pessimismo s. m. Pessimismus m.
pessimista I s. m. e f. Pessimist, -in m, f; II adj. pessimistisch
péssimo superl. de mau
pessoa s. f. Person f; (ser humano) Mensch m; as pessoas: die Leute; em pessoa: persönlich; (coloq.) uma pessoa: man
pessoal I s. m. Personal nt; II adj. persönlich
pessoalmente adv. persönlich
pestana s. f. Wimper f
pestanejar v. intr. zwinkern, blinzeln
peste s. f. MEDICINA Pest f
pesticida s. m. Schädlingsbekämpfungsmittel nt, Pestizid nt.
pestilência s. f. 1. (peste) Pest f; 2. (epidemia) Seuche f
pestilento adj. (cheiro) pestartig, übel; (ambiente) verpestet
peta s. f. (coloq.) Flunkerei f, Schwindelei f
pétala s. f. BOTÂNICA Blütenblatt nt.
petição s. f. 1. (pedido) Bitte f; 2. (documento) Petition f, Gesuch nt.
peticionário s. m. DIREITO Kläger m.
petiscar I v. tr. knabbern; II v. intr. naschen, knabbern
petisco s. m. Häppchen nt; (saboroso) Leckerbissen m, Leckerei f
petiz s. m. Knirps m.
petrificação s. f. Versteinerung f
petrificado adj. 1. (em pedra) versteinert; 2. (paralisado) versteinert, erstarrt
petrificar v. intr. 1. (em pedra) versteinern; 2. (paralisar) wie versteinert sein, erstarren
petroleiro s. m. NÁUTICA Tanker m.
petróleo s. m. 1. (bruto) Erdöl nt; 2. (para candeeiro) Petroleum nt.
petrolífero adj. 1. (com petróleo) ölhaltig, erdölhaltig; 2. (referente a petróleo) Erdöl...

petrologia s. f. GEOLOGIA Petrologie f.
petulância s. f. Unverschämtheit f, Frechheit f
petulante adj. unverschämt, frech
peúga s. f. Socke f
pevide s. f. Kern m.
p. ex. [abrev. de por exemplo] z. B. [abrev. de zum Beispiel]
pez s. m. 1. (piche) Pech nt; 2. (resina) Harz nt.
pezinho s. m. com pezinhos de lã: heimlich, im Verborgenen
p. f. [abrev. de por favor] b. [abrev. de bitte]
pfennig s. m. Pfennig m.
pH s. m. pH-Wert m.
pia s. f. (da cozinha) Spüle f; (da roupa) [Art Waschtisch aus Stein mit Waschbrett]; pia baptismal: Taufbecken nt.
piada s. f. Witz m; ter piada: witzig sein
piadético adj. witzig
piamente adv. fromm
pianinho adv. (coloq.) ganz leise
pianista s. m. e f. Klavierspieler, -in m, f, Pianist, -in m, f.
piano s. m. MÚSICA Klavier nt; piano de cauda: Flügel m.
pianola s. f. MÚSICA Pianola nt.
pião s. m. 1. (brinquedo) Kreisel m; 2. (coloq.) (movimento) Drehung f.
piar v. intr. piepsen, piepen
pica s. f. 1. (coloq.) (de cigarro) Kippe f; 2. (coloq.) (injecção) Spritze f.
picada s. f. Stich m.
picadeiro s. m. Reithalle f.
picadela s. f. → picada
picado I adj. 1. (com pico) zertochen; 2. (carne, cebola) gehackt; 3. (mar) aufgewühlt; II s. m. CULINÁRIA Gehackte(s) nt.
picante adj. 1. (comida) scharf, pikant; 2. (fig.) (anedota) schlüpfrig
pica-pau s. m. ZOOLOGIA Specht m.

picar I v. tr. 1. (agulha, insecto) stechen; (pássaro) picken; 2. (carne, cebola) hacken; 3. (uma senha, um cartão) lochen; 4. (espicaçar) anstacheln; II v. intr. 1. (espinho) stechen; (camisola) kratzen; 2. (pimenta) scharf sein, brennen; III v. refl. (ferir-se) sich stechen

picareta s. f. Pickel$_m$, Spitzhacke$_f$

pichaím s. m. (Brasil) (coloq.) krause(s) Haar$_{nt.}$

piche s. m. Pech$_{nt.}$

pichelaria s. f. Klempnerei$_f$

picheleiro s. m. Klempner$_m$, Installateur$_m$

pico s. m. 1. (espinho) Dorn$_m$; (de metal) Stachel$_m$; 2. (cume) Spitze$_f$, Gipfel$_m$

picolé s. m. (Brasil) Eis$_{nt.}$

picotado s. m. Perforation$_f$

picuinhas adj. inv. pingelig, etepetete

piedade s. f. 1. (devoção) Frömmigkeit$_f$; 2. (compaixão) Erbarmen$_{nt.}$, Mitleid$_{nt.}$ [de, mit +dat.]

piedoso adj. 1. (devoto) fromm; 2. (compassivo) mitleidig

piegas adj. inv. (pessoa) sentimental; (filme) schnulzig

pieguice s. f. (coloq.) Gefühlsduselei$_f$

piela s. f. (coloq.) Rausch$_m$, Schwips$_m$

pifar v. intr. (coloq.) kaputtgehen

pífaro s. m. MÚSICA Pikkoloflöte$_f$

pífio adj. gemein, fies

pigmentação s. f. Pigmentierung$_f$

pigmento s. m. Pigment$_{nt.}$

pijama s. m. Schlafanzug$_m$

pila s. f. (pop.) Pimmel$_m$

pilantra s. m. e f. (Brasil) (coloq.) Gauner$_m$, Schlitzohr$_{nt.}$

pilar s. m. ARQUITECTURA Pfeiler$_m$

pileque s. m. (Brasil) (coloq.) Rausch$_m$

pilha s. f. 1. FÍSICA Batterie$_f$; 2. (lanterna) Taschenlampe$_f$; 3. (monte) Haufen$_m$; (de livros) Stoß$_m$, Stapel$_m$

pilhagem s. f. Plünderung$_f$

pilhar v. tr. plündern

piloso adj. haarig, behaart

pilotagem s. f. AERONÁUTICA, NÁUTICA Steuern$_{nt.}$, Steuerung$_f$

pilotar v. tr. AERONÁUTICA, NÁUTICA steuern

piloto s. m. e f. (automobilismo) Fahrer, -in$_{m.,f}$; AERONÁUTICA Pilot, -in$_{m.,f}$, Flugzeugführer, -in$_{m.,f}$; NÁUTICA Steuermann$_m$

pílula s. f. Pille$_f$

pimba adj. 1. populär; 2. (pej.) kitschig; pimba!: klatsch!, patsch!

pimenta s. f. Pfeffer$_m$

pimenta-malagueta s. f. (Brasil) → piri-piri

pimentão s. m. (Brasil) → pimento

pimenteira s. f. Pfefferstreuer$_m$

pimento s. m. Paprika$_m$, Paprikaschote$_f$

pimpampum s. m. Abzählreim$_m$, Abzählvers$_m$

pimpão adj. großspurig

pimpolho s. m. 1. BOTÂNICA Schößling$_m$; 2. (rapaz) Knirps$_m$

pináculo s. m. (de monte) Gipfel$_m$; (de edifício) First$_m$

pinça s. f. 1. Pinzette$_f$; 2. MEDICINA Klammer$_f$, Klemme$_f$

pincel s. m. Pinsel$_m$; pincel da barba: Rasierpinsel$_m$

pincelada s. f. Pinselstrich$_m$

pincelar v. tr. anstreichen, streichen

pinchar v. intr. hüpfen, springen

pincho s. m. Sprung$_m$

pinga s. f. 1. (gota) Tropfen$_m$; (fig.) às pingas: tröpfchenweise; 2. (coloq.) (vinho) Wein$_m$; 3. (Brasil) (cachaça) Zuckerrohrschnaps$_m$

pingar I v. tr. tropfen; II v. intr. 1. (líquido, torneira) tropfen; 2. (chuva) tröpfeln

pingente s. m. Anhänger$_m$

pingo *s. m.* 1. Tropfen_m_; 2. *(Regionalismo)* (bebida) Kaffee_m_ mit wenig Milch
pingue *adj.* CULINÁRIA Schweineschmalz_nt._
pingue-pongue *s. m.* DESPORTO Tischtennis_nt._, Pingpong_nt._
pinguim *s. m.* ZOOLOGIA Pinguin_m._
pinha *s. f.* BOTÂNICA Kiefernzapfen_m_, Pinienzapfen_m._
pinhal *s. m.* Kiefernwald_m_, Pinienwald_m._
pinhão *s. m.* Pinienkern_m._
pinheiro *s. m.* BOTÂNICA Kiefer_f_; pinheiro de Natal: Weißtanne_f._
pinho *s. m.* Kiefernholz_nt_, Pinienholz_nt._
pino *s. m.* 1. (prego) Stift_m_; (perno) Bolzen_m_; 2. (ginástica) Handstand_m._ ❖ no pino do Verão/Inverno: im Hochsommer/im tiefsten Winter
pinote *s. m.* 1. *(salto)* Satz_m_; 2. *(coice)* Hufschlag_m._
pinta *s. f.* 1. (de tinta, líquido) Spritzer_m_; às pintas: getupft; 2. *(coloq.)* Aussehen_nt_; ter (muita) pinta: gut aussehen
pintadela *s. f.* Anstrich_m._
pintado *adj.* 1. (quadro) gemalt; 2. (parede) gestrichen
pintainho *s. m.* ZOOLOGIA Küken_nt._
pintalgar *v. tr.* tüpfeln, sprenkeln
pintar I *v. tr.* 1. (um quadro) malen; (uma casa, porta) streichen; (o carro, as unhas) lackieren; 2. (com lápis, caneta) anmalen, bemalen; 3. *(maquilhar)* schminken; 4. (o cabelo) färben; II *v. refl.* sich schminken
pintassilgo *s. m.* ZOOLOGIA Stieglitz_m_, Distelfink_m._
pintinha *s. f.* Spritzer_m_; às pintinhas: getupft, getüpfelt
pinto *s. m.* ZOOLOGIA Küken_nt._
pintor *s. m.* Maler_m_; (de casas) Anstreicher_m._
pintura *s. f.* 1. (arte) Malerei_f_; 2. *(quadro)* Gemälde_nt_, Bild_nt_; 3. (de objecto, casa) Anstrich_m_; (de automóvel) Lackierung_f_; 4. *(maquilhagem)* Make-up_nt._

pio I *s. m.* Pieps_m_; II *adj.* fromm
piolhento *adj.* verlaust
piolho *s. m.* Laus_f._
pioneiro *s. m.* Pionier_m._ [em, +gen.]
ponés *s. m.* Heftzwecke_f_, Reißnagel_m._
pior I *adj.* 1. *comp. de* mau, schlechter, schlimmer; 2. *superl. de* mau, schlechteste(r, s), schlimmste(r, s); II *adv.*, *comp. de* mal, schlechter, schlimmer; III *s. m.* o pior: das Schlimmste
piora *s. f.* Verschlimmerung_f_, Verschlechterung_f._
piorar I *v. tr.* verschlimmern, verschlechtern; II *v. intr.* schlechter werden
pipa *s. f.* Fass_nt._
pipo *s. m.* Fässchen_nt._
pipoca *s. f.* Popcorn_nt._
pique *loc. adv.* a pique: senkrecht
piquenique *s. m.* Picknick_nt_
pirado *adj. (coloq.)* durchgedreht, bescheuert
pirâmide *s. f.* Pyramide_f._
piranha *s. f.* ZOOLOGIA Piranha_m._
pirar I *v. intr. (coloq.)* durchdrehen; II *v. refl. (coloq.)* abhauen, sich aus dem Staub machen
pirata *s. m. e f.* Pirat, -in_m, f._
pirataria *s. f.* Piraterie_f._
pires *s. m. inv.* Untertasse_f._
pírex *s. m.* 1. (material) Pyrex_nt_; 2. (recipiente) Pyrexschale_f._
pirilampo *s. m.* Glühwürmchen_nt._
Pirinéus *s. m. pl.* Pyrenäen_pl._
piripiri *s. m.* 1. rote(r) Pfeffer_m_; 2. (molho) Tabascosoße_f_
piropo *s. m.* Kompliment_nt._
piroso *adj. (coloq.)* kitschig, geschmacklos
pirotecnia *s. f.* Pyrotechnik_f_, Feuerwerkerei_f_
pirotécnico I *s. m.* Pyrotechniker_m_, Feuerwerker_m_; II *adj.* pyrotechnisch

pirralho *s. m.* Schlingel_m.

pirueta *s. f.* Pirouette_f.

pirulito *s. m. (Brasil)* Lutscher_m.

pisada *s. f. (pegada)* Fußstapfen_m; *(rasto)* Spur_f.

pisadela *s. f.* leichte(r) Tritt_m.

pisadura *s. f.* blaue(r) Fleck_m.

pisa-papéis *s. m. inv.* Briefbeschwerer_m.

pisar *v. tr.* treten

pisca *s. m. (coloq.)* Blinker_m.

pisca-pisca *s. m. (coloq.)* Blinker_m.

piscar I *v. tr.* (o olho) blinzeln, zwinkern; II *v. intr.* blinken

piscatório *adj.* 1. (de pescadores) Fischer...; 2. (de pesca) Fischerei...

piscicultor *s. m.* Fischzüchter_m.

piscicultura *s. f.* Fischzucht_f.

piscina *s. f.* Schwimmbad_nt.

pisco *s. m.* ZOOLOGIA Dompfaff_m.

piso *s. m.* 1. *(andar)* Stock_m, Stockwerk_nt; 2. *(chão)* Boden_m; (de estrada) Pflaster_nt.

pista *s. f.* 1. (faixa de rodagem) Fahrbahn_f; (de avião) Rollbahn_f; (de corridas) Rennbahn_f; 2. *(rasto)* Fährte_f, Spur_f; 3. (para adivinhar) Tipp_m.

pistácio *s. m.* Pistazie_f.

pistão *s. m.* MECÂNICA Kolben_m.

pistola *s. f.* Pistole_f.

pistolão *s. m. (Brasil) (cunha)* Beziehungen_pl.

pistom *s. m. (Brasil)* → pistão

pitada *s. f.* Prise_f.

pitéu *s. m. (coloq.)* Leckerbissen_m.

pitoresco *adj.* pittoresk, malerisch

pitosga I *s. m. e f. (coloq.)* Kurzsichtige_m. e f.; II *adj. (coloq.)* kurzsichtig

pivete *s. m.* 1. *(coloq.) (criança)* Schlingel_m, Racker_m; 2. *(coloq.) (mau cheiro)* Gestank_m.

PJ *s. f.* [abrev. de **polícia judiciária**] Kripo_f. [abrev. de Kriminalpolizei]

placa *s. f.* 1. (de betão) Platte_f; 2. (de sinalização) Schild_nt; **placa de matrícula:** Nummernschild_nt.

placard *s. m.* Plakatwand_f.

placenta *s. f.* ANATOMIA Plazenta_f.

plácido *adj.* ruhig, gelassen

plagiar *v. tr.* plagiieren, abschreiben

plagiário *s. m.* Plagiator_m.

plaina *s. f.* Hobel_m.

planador *s. m.* Segelflugzeug_nt.

planalto *s. m.* GEOGRAFIA Hochebene_f.

planar *v. intr.* segeln, im Gleitflug fliegen

planeamento *s. m.* Planung_f.

planear *v. tr.* planen

planejamento *s. m. (Brasil)* → planeamento

planejar *v. tr. (Brasil)* → planear

planeta *s. m.* Planet_m.

planetário I *s. m.* Planetarium_nt; II *adj.* Planeten...

planície *s. f.* Ebene_f.

planificação *s. f.* Planung_f.

planificar *v. tr.* planen

plano I *s. m.* 1. *(projecto)* Plan_m; 2. *(fig.) (nível)* Ebene_f; II *adj.* flach, eben

planta *s. f.* 1. BOTÂNICA Pflanze_f; 2. ARQUITECTURA (de casa) Grundriss_m; (de cidade) Stadtplan_m.

plantação *s. f.* 1. (acção de plantar) Pflanzung_f; 2. (terreno) Plantage_f.

plantador *s. m.* Pflanzer_m.

plantão *s. m.* **estar de plantão:** Wache stehen, auf Wache sein

plantar I *v. tr.* pflanzen; (terreno) bepflanzen; II *v. refl.* sich hinstellen

plasma *s. m.* Plasma_nt.

plástica *s. f.* plastische Chirurgie_f.

plasticidade *s. f.* Formbarkeit_f, Plastizität_f.

plasticina *s. f.* Plastilin_nt, Knetmasse_f.

plástico I *s. m.* Kunststoff_m, Plastik_nt; II *adj.* Plastik...

plastificar v. tr. (in Plastik) einschweißen
plataforma s. f. (na estação) Bahnsteig_m.; (de eléctrico) Plattform_f.
plátano s. m. BOTÂNICA Platane_f.
plateia s. f. Parkett_nt.
platina s. f. Platin_nt.
platinado s. m. MECÂNICA Unterbrecher_m.
platónico adj. platonisch
plausível adj. 1. (credível) plausibel, glaubhaft; 2. (provável) wahrscheinlich
plebe s. f. Pöbel_m.
plebeu I s. m. HISTÓRIA Plebejer_m.; II adj. HISTÓRIA plebejisch
plebiscito s. m. Volksbefragung_f., Plebiszit_nt.
plenamente adv. völlig
plenário I s. m. Plenum_nt.; II adj. vollständig
plenipotência s. f. Vollmacht_f.
plenipotenciário I s. m. Bevollmächtigte_m. e f.; II adj. bevollmächtigt
plenitude s. f. 1. (abundância) Fülle_f.; 2. (perfeição) Vollkommenheit_f.
pleno adj. 1. (cheio) voll; (completo) vollständig; 2. (perfeito) vollkommen
pleonasmo s. m. LINGUÍSTICA Pleonasmus_m.
plinto s. m. 1. ARQUITECTURA Plinthe_f.; 2. DESPORTO Kasten_m.
plissado s. m. Plissee_nt.; II adj. plissiert
plissar v. tr. plissieren
pluma s. f. Feder_f.
plumagem s. f. Gefieder_nt.
plural s. m. Plural_m., Mehrzahl_f.
pluralidade s. f. Vielfältigkeit_f.
pluralismo s. m. POLÍTICA Pluralismus_m.
Plutão s. m. ASTRONOMIA Pluto_m.
pluvial adj. Regen...
pluvioso adj. regnerisch
pneu s. m. 1. Reifen_m.; 2. pl. pneus: Bereifung_f.

pneumático I s. m. Reifen_m.; II adj. MECÂNICA pneumatisch
pneumonia s. f. MEDICINA Lungenentzündung_f.
pó s. m. 1. (sujidade) Staub_m.; 2. (produto) Pulver_nt.; 3. (cosmético) Puder_m.
pobre I s. m. e f. Arme_m. e f.; II adj. (pessoa) arm; (casa) armselig
pobreza s. f. Armut_f., Not_f.
poça s. f. Pfütze_f.
poção s. f. FARMÁCIA Arzneitropfen_pl.
pocilga s. f. Schweinestall_m.
poço s. m. Brunnen_m.
poda s. f. Beschneiden_nt.
podar v. tr. beschneiden, stutzen
pó-de-arroz s. m. Gesichtspuder_m.
poder I s. m. 1. (autoridade) Macht_f.; (domínio) Gewalt_f.; plenos poderes: Vollmacht_f.; 2. (capacidade) Vermögen_nt.; poder de compra: Kaufkraft_f.; II v. intr. 1. (capacidade, possibilidade) können; 2. (permissão) dürfen; 3. (suposição) können, mögen; pode ser: mag sein, kann sein; 4. (peso) poder com: tragen können
poderoso adj. mächtig
pódio s. m. DESPORTO Siegerpodest_nt.
podre adj. 1. (alimento) faul, verfault; 2. (moralmente) verdorben ❖ (coloq.) podre de rico: stinkreich
podridão s. f. 1. (putrefacção) Fäulnis_f.; 2. (moral) Verdorbenheit_f.
poeira s. f. Staub_m.
poeirada s. f. Staubwolke_f.
poeirento adj. staubig, verstaubt
poema s. m. Gedicht_nt.
poente I s. m. Westen_m.; II adj. untergehend
poesia s. f. Dichtung_f., Poesie_f.
poeta s. m. Dichter_m.
poética s. f. Poetik_f., Dichtkunst_f.
poético adj. poetisch, dichterisch
poetisa s. f. Dichterin_f.

poio *s. m. (coloq.)* Scheiße*f*

pois I *cj.* denn; II *adv.* also; *(consentimento)* ah ja, natürlich; pois bem!: also gut!; pois é!: stimmt!, ja klar!; *(Brasil)* pois não?: was darf es sein?

poiso *s. m.* Aufenthaltsort*m*

polaco I *s. m.* Pole*m*; II *adj.* polnisch

polainas *s. f. pl.* Leggings*pl*, Leggings*pl*

polar *adj.* polar, Polar...

polarização *s. f.* FÍSICA Polarisierung*f*, Polarisation*f*

poldro *s. m.* ZOOLOGIA Fohlen*nt*

polegada *s. f.* Zoll*m*

polegar *s. m.* Daumen*m*

poleiro *s. m.* Sitzstange*f*

polémica *s. f.* Polemik*f*

polémico *adj.* strittig

pólen *s. m.* BOTÂNICA Pollen*m*

polícia I *s. f. (instituição)* Polizei*f*; II *s. m. e f. (pessoa)* Polizist, -in*m,f*

policial I *s. m. e f. (Brasil)* Polizist, -in*m,f*; II *adj.* polizeilich, Polizei...

policiamento *s. m.* Polizeiaufsicht*f*

policlínica *s. f.* Poliklinik*f*

policromático *adj.* vielfarbig

polido *adj.* 1. *(superfície)* poliert, glänzend; 2. *(comportamento)* höflich, fein

poliedro *s. m.* MATEMÁTICA Polyeder*nt*, Vielflächner*m*

poliéster *s. m.* Polyester*m*

poligamia *s. f.* Polygamie*f*

polígamo *s. m.* Polygamist*m*

poliglota I *s. m. e f.* Polyglotte*m e f*; II *adj.* mehrsprachig, polyglott

polígono *s. m.* GEOMETRIA Polygon*nt*, Vieleck*nt*

polimento *s. m.* 1. *(de superfície)* Polieren*nt*, Schliff*m*; 2. *(cortesia)* Höflichkeit*f*

Polinésia *s. f.* Polynesien*nt*

polinizar *v. tr.* BOTÂNICA bestäuben

poliomielite *s. f.* MEDICINA Kinderlähmung*f*, Poliomyelitis*f*

polir *v. tr.* 1. *(dar lustre)* polieren; 2. *(alisar)* glätten

polissilábico *adj.* mehrsilbig

polissílabo *s. m.* LINGUÍSTICA mehrsilbige(s) Wort*nt*

politécnico *adj.* polytechnisch; Instituto Politécnico: Polytechnikum*nt*

politeísmo *s. m.* Polytheismus*m*, Vielgötterei*f*

política *s. f.* Politik*f*

político I *s. m.* Politiker*m*; II *adj.* politisch

politiquice *s. f. (depr.)* Stammtischpolitik*f*

polivalente *adj.* 1. *(pessoa)* vielseitig; 2. *(sala)* Mehrzweck...

pólo *s. m.* 1. FÍSICA, GEOGRAFIA Pol*m*; 2. DESPORTO Polo*nt*; 3. *(camisola)* Polohemd*nt*

Polónia *s. f.* Polen*nt*

polpa *s. f. (de fruta)* Fruchtfleisch*nt*; *(de raiz)* Mark*nt*

poltrona *s. f.* Sessel*m*

poluente *adj.* umweltschädlich

poluição *s. f.* Verschmutzung*f*

poluído *adj.* verschmutzt, verseucht

poluir *v. tr.* verschmutzen, verseuchen

polvilhar *v. tr.* bestreuen [com, mit +*dat.*]

polvo *s. m.* ZOOLOGIA Krake*m*

pólvora *s. f.* Schießpulver*nt*

polvorosa *s. f.* Hetze*f*; estar em polvorosa: hetzen

pomada *s. f.* FARMÁCIA Salbe*f*

pomar *s. m.* Obstgarten*m*

pomba *s. f.* ZOOLOGIA Taube*f*

pombal *s. m.* Taubenschlag*m*

pombo *s. m.* ZOOLOGIA *(espécie)* Taube*f*; *(macho)* Tauber*m*, Täuberich*m*

pombo-correio *s. m.* Brieftaube*f*

pompa *s. f.* Pomp*m*, Prunk*m*, Pracht*f*

pompom *s. m.* Pompon*m*

pomposo *adj.* pompös, prunkvoll

ponche *s. m.* Punsch*m*

poncheira *s. f.* Punschkaraffe*f*

ponderação *s. f.* 1. *(reflexão)* Überlegung*f*; 2. *(avaliação)* Abwägen*nt.*
ponderado *adj.* überlegt
ponderar I *v. tr.* abwägen, prüfen; II *v. intr.* nachdenken [sobre, über +*ac.*]
pónei *s. m.* ZOOLOGIA Pony*nt.*
ponta *s. f.* 1. (bicuda) Spitze*f*; 2. *(extremidade)* Ende*nt*; ponta de cigarro: Zigarettenstummel*m*; *(fig.)* de ponta a ponta: von einem Ende zum anderen
pontada *s. f.* Stich*m*, stechende(r) Schmerz*m*
pontal *s. m.* GEOGRAFIA Landzunge*f*
pontão *s. m.* kleine Brücke*f*, Steg*m*
pontapé *s. m.* 1. Fußtritt*m*; dar um pontapé a alguém: jemandem einen Fußtritt versetzen; 2. DESPORTO Schuss*m*; pontapé de saída: Anstoß*m*
pontaria *s. f.* Zielen*nt*; fazer pontaria: zielen
ponte *s. f.* 1. ARQUITECTURA Brücke*f*; 2. (entre feriados) Brückentag*m*
pontear *v. tr.* (meias) stopfen
ponteiro *s. m.* Zeiger*m*; ponteiro do relógio: Uhrzeiger*m*
pontiagudo *adj.* spitz
pontífice *s. m.* RELIGIÃO Bischof*m*
ponto *s. m.* 1. Punkt*m*; ponto de vista: Standpunkt*m*; às duas horas em ponto: um Punkt zwei Uhr; 2. *(ponto final)* Schlusspunkt*m*; ponto de exclamação: Ausrufezeichen*nt*; ponto de interrogação: Fragezeichen*nt*; 3. (costura) Stich*m*; 4. *(Brasil)* (de ônibus) Haltestelle*f*; (de táxi) Taxistand*m*
ponto-morto *s. m.* Leerlauf*m*
pontuação *s. f.* 1. LINGUÍSTICA Zeichensetzung*f*; 2. DESPORTO Bewertung*f*
pontual *adj.* 1. (pessoa) pünktlich; 2. (situação) punktuell; **caso pontual**: Einzelfall*m*
pontualidade *s. f.* Pünktlichkeit*f*
pontuar *v. tr.* (frase, texto) mit Satzzeichen versehen
popa *s. f.* NÁUTICA Heck*nt.*

população *s. f.* Bevölkerung*f*
populacional *adj.* Bevölkerungs...
popular *adj.* 1. *(do povo)* Volks...; 2. *(estimado)* populär, beliebt
popularidade *s. f.* Popularität*f*, Beliebtheit*f*
populoso *adj.* dicht bevölkert
póquer *s. m.* Poker*nt.*
por *prep.* 1. (local) durch [+*ac.*]; pelo bosque: durch den Wald; (viagem) über [+*ac.*]; passamos por Braga: wir fahren über Braga; por fora: (von) außen; por dentro: (von) innen; 2. (temporal) um [+*ac.*], gegen [+*ac.*]; pelas 2 horas: gegen 2 Uhr; *(durante)* für [+*ac.*]; por três anos: für drei Jahre; por enquanto: vorläufig; 3. (preço) für [+*ac.*]; comprei-o por 5 euros: ich habe es für 5 Euro gekauft; 4. (distribuição) pro; por pessoa: pro Person; 5. (motivo) wegen [+*gen./dat.*], aus [+*dat.*]; por necessidade/doença: aus Not/wegen Krankheit; 6. (modo) per; por correio: per Post; por escrito: schriftlich ❖ por isso: deshalb
pôr I *v. tr.* 1. *(colocar)* stellen, legen; *(inserir)* hineintun; (som) pôr mais alto/ baixo: lauter/leiser stellen; 2. (óculos, chapéu) aufsetzen; 3. (a mesa) decken; 4. (um problema, dúvida) darlegen; II *v. refl.* 1. (posição) sich stellen; pôr-se de pé: aufstehen; 2. (acção) pôr-se a fazer alguma coisa: mit etwas beginnen; 3. (sol) untergehen
porão *s. m.* 1. (cave) Kellergeschoss*nt.*; 2. NÁUTICA Laderaum*m*
porca *s. f.* 1. ZOOLOGIA Sau*f*; 2. (para parafuso) Mutter*f*
porcalhão I *s. m.* (depr.) Dreckschwein*m*, Schmutzfink*m*; II *adj.* (depr.) dreckig, schweinisch
porção *s. f.* 1. (parte) Portion*f*; 2. (grande quantidade) Haufen*m*
porcaria *s. f.* 1. (sujidade) Dreck*m*, Schweinerei*f*; 2. (insignificância) Dreck*m*

porcelana s. f. Porzellan_nt_
porcentagem s. f. (Brasil) Prozentsatz_m_
porco I s. m. ZOOLOGIA Schwein_nt_; II adj. (depr.) dreckig
porco-espinho s. m. ZOOLOGIA Stachelschwein_nt_
pôr-do-sol s. m. Sonnenuntergang_m_
porém cj. jedoch
pormenor s. m. Einzelheit_f_, Detail_nt_; em pormenor: im Einzelnen
pormenorizado adj. detailliert
pornografia s. f. Pornographie_f_, Pornografie_f_
pornográfico adj. pornographisch, pornografisch
poro s. m. Pore_f_
poroso adj. porös
porquanto cj. da
porque I cj. weil, da; II adv. warum
porquê I s. m. Grund_m_; II adv. warum
porquinho-da-índia s. m. ZOOLOGIA Meerschweinchen_nt_
porra interj. (vulg.) verdammt (nochmal)!
porrada s. f. 1. (pop.) (sova) Prügel_pl_, Dresche_f_; 2. (pop.) (grande quantidade) Masse_f_
porre s. m. (Brasil) (coloq.) Rausch_m_; estar de porre: einen sitzen haben
porreiro adj. (coloq.) cool, stark
porreta adj. (Brasil) → porreiro
porta s. f. Tür_f_
porta-aviões s. m. inv. Flugzeugträger_m_
porta-bagagem s. m. (automóvel) Kofferraum_m_; (bicicleta) Gepäckträger_m_
portada s. f. (de janela) Fensterladen_m_
portador s. m. (de documento) Inhaber_m_
porta-estandarte s. m. e f. Fahnenträger, -in_m., f._
portagem s. f. 1. (em auto-estrada) Autobahngebühr_f_; (em ponte) Transitgebühr_f_; (Áustria) Mautgebühr_f_; 2. (local) Zahlstelle_f_; (Áustria) Maut_f_
portal s. m. Portal_nt_

porta-lápis s. m. inv. Federmäppchen_nt_
portaló s. m. NÁUTICA Gangway_f_
porta-luvas s. m. inv. Handschuhfach_nt_
porta-malas s. m. inv. (Brasil) → porta-bagagem
porta-moedas s. m. inv. Portmonee_nt_, Geldbeutel_m_
portanto cj. 1. (então) also, folglich; 2. (por isso) deshalb, deswegen
portão s. m. Tor_nt_, Pforte_f_
portaria s. f. 1. (de edifício) Eingangshalle_f_; 2. (do governo) Ministerialerlass_m_
portar-se v. refl. sich benehmen, sich betragen
portátil adj. tragbar
porta-voz s. m. e f. Sprecher, -in_m., f._ [de, +gen.]
porte s. m. 1. (frete) Fracht_f_; 2. (taxa) Porto_nt_; 3. (envergadura) Größe_f_; (de pessoa) Körperbau_m_
porteiro s. m. (de edifício, hotel) Portier_m_; (de empresa) Pförtner_m_; (de bar, discoteca) Türsteher_m_; (Brasil) porteiro eletrônico: Videoüberwachung_f_
pórtico s. m. ARQUITECTURA Säulengang_m_
porto s. m. 1. (de navios) Hafen_m_; 2. (vinho do Porto) Portwein_m_
Porto s. m. Porto_nt_
portuário adj. Hafen...
portuense I s. m. e f. Portuenser, -in_m., f._; II adj. aus Porto
Portugal s. m. Portugal_nt_
português I s. m. Portugiese_m_; II adj. portugiesisch
porventura adv. 1. (por acaso) zufällig; 2. (talvez, possivelmente) etwa, vielleicht
posar v. intr. posieren [para, für +ac.]
pós-data s. f. Nachdatierung_f_
pose s. f. Pose_f_
pós-graduação s. f. Postgraduierung_f_
pós-guerra s. m. Nachkriegszeit_f_

posição s. f. 1. Position*f*, Stellung*f*; 2. (opinião) Einstellung*f*

posicionar v. tr. positionieren, in eine bestimmte Stellung bringen

positivismo s. m. FILOSOFIA Positivismus*m*

positivo I s. m. FOTOGRAFIA Positiv*nt*; II adj. positiv

pós-moderno adj. postmodern

posologia s. f. FARMÁCIA Dosierung*f*

possante adj. 1. (poderoso) mächtig; 2. (forte) kräftig

posse s. f. 1. Besitz*m*; tomar posse dum cargo: ein Amt antreten; 2. pl. **posses**: Vermögen*nt*

possessivo adj. 1. besitzergreifend, possessiv; 2. GRAMÁTICA possessiv

possesso adj. besessen [por, von +dat.]

possibilidade s. f. 1. (que é possível) Möglichkeit*f*; 2. (oportunidade) Gelegenheit*f*

possibilitar v. tr. ermöglichen

possível I s. m. **o possível**: das Mögliche; **fazer os possíveis**: sein Möglichstes tun; II adj. möglich

possivelmente adv. möglicherweise

possuído adj. besessen [por, von +dat.]

possuidor s. m. Besitzer*m*, Inhaber*m*

possuir v. tr. besitzen

posta s. f. Stück*nt*; (fatia) Scheibe*f*

postal I s. m. Postkarte*f*; II adj. Post..., postalisch; **encomenda postal**: Postpaket*nt*

posta-restante s. f. postlagernde(r) Brief*m*

poste s. m. 1. ELECTRICIDADE, TELECOMUNICAÇÕES Mast*m*; 2. (da baliza) Pfosten*m*

poster s. m. Poster*nt*

posteridade s. f. Nachwelt*f*

posterior adj. 1. (tempo) nachfolgend, später; 2. (espaço) hintere(r, s)

posteriormente adv. nachher, nachträglich

postiço adj. künstlich, falsch

postigo s. m. Luke*f*, Fensterchen*nt*

posto I p. p. de pôr; II s. m. 1. (emprego) Stelle*f*; **posto de trabalho**: Arbeitsplatz*m*; **posto da polícia**: Polizeiwache*f*; **posto de gasolina**: Tankstelle*f*; 2. MILITAR Posten*m*; III adj. (sol) untergegangen

postulado s. m. Postulat*nt*

póstumo adj. nachgelassen, postum

postura s. f. 1. (de figura) Körperhaltung*f*, Stellung*f*; 2. (comportamento) Haltung*f*, Verhalten*nt*; 3. (opinião) Einstellung*f*

potássio s. m. QUÍMICA Kalium*nt*

potável adj. trinkbar; **água potável**: Trinkwasser*nt*

pote s. m. Gefäß*nt*, Topf*m*; (bacio) Nachttopf*m*

potência s. f. 1. POLÍTICA Macht*f*; 2. BIOLOGIA, MATEMÁTICA Potenz*f*; 3. (de som) Lautstärke*f*; 4. (de motor) Leistung*f*

potencial I s. m. Potenzial*nt*; II adj. möglich, potenziell

potencialidade s. f. ENGENHARIA Leistungsfähigkeit*f*

potenciar v. tr. MATEMÁTICA zur Potenz erheben, potenzieren

potente adj. 1. (forte) mächtig; (som) laut; 2. (motor) leistungsfähig, stark; 3. BIOLOGIA potent

potro s. m. ZOOLOGIA Fohlen*nt*

pouca-vergonha s. f. (coloq.) Schande*f*

pouco I s. m. Wenige*nt*, Bisschen*nt*; **um pouco de**: ein bisschen; II adj. wenig; **há pouco (tempo)**: vor kurzem; III adv. e pron. indef. wenig ❖ **fazer pouco de alguém**: jemanden hänseln

poucochinho I s. m. (coloq.) kleine(s) Bisschen*nt*, Klacks*m*; II adv. (coloq.) fast nichts

poupa s. f. 1. (no cabelo) Schwanz*m*; 2. (de penas) Federbusch*m*; 3. ZOOLOGIA Wiedehopf*m*

poupado adj. sparsam

poupança s. f. 1. Sparen$_{nt.}$ [de, von +dat.]; 2. pl. poupanças: Ersparnisse$_{pl.}$

poupar I v. tr. 1. (dinheiro, energia) sparen; 2. (máquina, roupa) schonen; 3. (coisa desagradável) ersparen; II v. intr. sparen

pouquinho I s. m. Bisschen$_{nt}$; II adv. (sehr) wenig, ein bisschen

pouquíssimo adj. kaum etwas, sehr wenig

pousada s. f. Hotel$_{nt}$; pousada da juventude: Jugendherberge$_f$

pousar I v. tr. legen [em, auf +ac.]; (pôr) stellen [em, auf +ac.]; (o auscultador) auflegen; II v. intr. (avião) aufsetzen; (ave) landen

pousio s. m. 1. AGRICULTURA (terreno) Brachland$_{nt.}$; 2. AGRICULTURA (processo) Brache$_f$

pouso s. m. Aufenthaltsort$_m$

povo s. m. Volk$_{nt.}$

povoação s. f. Ort$_m$, Ortschaft$_f$

povoado I s. m. Ortschaft$_f$; II adj. bevölkert

povoar v. tr. bevölkern, besiedeln

praça s. f. 1. (largo) Platz$_m$; praça de táxis: Taxistand$_m$; praça de touros: Stierkampfarena$_f$; 2. (mercado) Markt$_m$

praceta s. f. kleine(r) Platz$_m$

pradaria s. f. Prärie$_f$

prado s. m. Wiese$_f$

praga s. f. 1. (peste) Plage$_f$; 2. (maldição) Fluch$_m$; rogar pragas a alguém: jemanden verfluchen

pragmático adj. pragmatisch

praguejar v. intr. fluchen [contra, über +ac.]

praia s. f. Strand$_m$

prancha s. f. 1. (tábua) Brett$_{nt}$; prancha de surf: Surfbrett$_{nt}$; 2. (na piscina) Sprungbrett$_{nt}$

prancheta s. f. Latte$_f$

pranto s. m. 1. (choro) Weinen$_{nt}$; 2. (queixume) Klage$_f$

prata s. f. Silber$_{nt.}$; de prata: silbern

pratada s. f. Teller$_m$

prateado adj. silberfarben, silbern

prateleira s. f. (na parede) Bord$_{nt.}$; (em estante) Regalbrett$_{nt.}$

prática s. f. Praxis$_f$; pôr em prática: (um plano) in die Tat umsetzen, durchführen; (um método) praktizieren; (conhecimentos) anwenden

praticamente adv. praktisch

praticante I s. m. e f. (de actividade) Tätige$_{m, e f.}$, Ausübende$_{m, e f.}$; (de desporto) Aktive$_{m, e f.}$; II adj. (de actividade) praktizierend, ausübend; (de desporto) aktiv

praticar I v. tr. 1. (uma actividade) ausüben; (desporto) treiben; 2. (exercitar) üben; II v. intr. üben

praticável adj. machbar; (plano) durchführbar

prático I s. m. Praktiker$_m$; II adj. praktisch

prato s. m. 1. Teller$_m$; prato ladeiro: flacher Teller; prato de sopa: Suppenteller$_m$; 2. Gang$_m$; prato de carne: Fleischgang$_m$; 3. Gericht$_{nt.}$; um prato típico: ein typisches Gericht; 4. pl. pratos: MÚSICA Becken$_{nt.}$

praxar v. tr. (coloq.) den Initiationsriten unterziehen

praxe s. f. Brauch$_m$; ser da praxe: üblich sein

prazenteiro adj. angenehm

prazer s. m. Vergnügen$_{nt.}$, Freude$_f$; com muito prazer!: sehr gern!; muito prazer!: angenehm!

prazo s. m. Frist$_f$; a curto/longo prazo: kurzfristig/langfristig

pré-aviso s. m. Vorwarnung$_f$

precário adj. prekär, ungewiss

preçário s. m. Preisliste$_f$

precaução s. f. 1. (medida de prevenção) Vorsichtsmaßnahme$_f$; 2. (cautela) Vorsicht$_f$; por precaução: vorsichtshalber

precaver I v. tr. warnen [de, vor +dat.]; II v. refl. sich schützen [de, vor +dat.; contra, gegen +ac.]

precavido adj. 1. (prevenido) vorgewarnt, gewarnt; 2. (prudente) vorsichtig

prece s. f. Gebet_{nt.}

precedência s. f. Vorrang_{m.}

precedente I s. m. Präzedenzfall_{m.}; II adj. vorhergehend

preceder v. tr. 1. (no espaço) gehen vor [+dat.], vorangehen [+dat.]; 2. (no tempo) kommen vor [+dat.]

preceito s. m. Vorschrift_{f.}, Regel_{f.}; a preceito: vorschriftsmäßig

preciosidade s. f. Kostbarkeit_{f.}

preciosismo s. m. (depr.) Affektiertheit_{f.}, Geziertheit_{f.}

precioso adj. kostbar, wertvoll

precipício s. m. Abgrund_{m.}

precipitação s. f. 1. (pressa) Überstürzung_{f.}, Hast_{f.}; 2. METEOROLOGIA Niederschlag_{m.}

precipitadamente adv. überstürzt

precipitado adj. 1. (acto) überstürzt, unüberlegt; 2. (pessoa) hastig, vorschnell

precipitar I v. tr. überstürzen; II v. refl. 1. (cair) stürzen; (avião) abstürzen; 2. (agir irreflectidamente) überstürzt handeln; 3. (acontecimentos) sich überstürzen

precisamente adv. genau

precisão s. f. Genauigkeit_{f.}, Präzision_{f.}

precisar I v. tr. genau angeben, präzisieren; II v. intr. precisar de: (necessitar) brauchen, benötigen; (ter de) müssen

preciso adj. 1. (necessário) nötig, notwendig; 2. (exacto) genau; (claro) deutlich

preço s. m. Preis_{m.}

precoce adj. 1. (criança) frühreif; 2. (decisão) verfrüht

preconceito s. m. Vorurteil_{nt.} [contra, gegen +ac.]

preconizar v. tr. 1. (louvar) anpreisen, rühmen; 2. (recomendar) empfehlen

pré-cozinhado s. m. Fertiggericht_{nt.}

precursor s. m. Wegbereiter_{m.}, Pionier_{m.}

predador s. m. ZOOLOGIA Raubtier_{nt.}

pré-datado adj. vordatiert

predecessor s. m. Vorgänger_{m.}

predestinado adj. 1. (futuro) vorherbestimmt; 2. (pessoa) geschaffen [para, für +ac.]

predestinar v. tr. vorherbestimmen, prädestinieren

predicado s. m. GRAMÁTICA Prädikat_{nt.}

predição s. f. Vorhersage_{f.}

predicativo adj. GRAMÁTICA prädikativ

predileção s. f. (Brasil) → predilecção

predilecção s. f. Vorliebe_{f.}

predilecto I s. m. Liebling_{m.}; II adj. bevorzugt, Lieblings...

predileto s. m. e adj. (Brasil) → predilecto

prédio s. m. Gebäude_{nt.}; (de habitação) Wohnblock_{m.}

predispor-se v. refl. sich einstellen [a, auf +ac.]

predisposição s. f. Neigung_{f.}, Veranlagung_{f.} [para, zu +dat.]

predisposto adj. vorbereitet, gefasst [a, auf +ac.]

predizer v. tr. voraussagen, vorhersagen

predominante adj. vorherrschend, überwiegend

predominantemente adv. vorrangig

predominar v. intr. vorherrschen, überwiegen

predomínio s. m. Vorherrschaft_{f.}; (preponderância) Übergewicht_{nt.}

preencher v. tr. 1. (um impresso, um espaço) ausfüllen; 2. (uma vaga, um cargo) besetzen; 3. (um requisito) erfüllen; 4. (o tempo) füllen

preenchimento *s. m.* 1. (de impresso) Ausfüllen*nt.*; 2. (de vaga) Besetzung*f.*
preestabelecer *v. tr.* vorher festsetzen, im Voraus bestimmen
preestabelecido *adj.* im Voraus festgesetzt
preexistência *s. f.* vorherige(s) Vorhandensein*nt.*
preexistente *adj.* vorher bestehend
pré-fabricado *adj.* vorgefertigt
prefácio *s. m.* Vorwort*nt.*
prefeito *s. m.* (Brasil) Bürgermeister*m.*
prefeitura *s. f.* (Brasil) Stadtverwaltung*f.*
preferência *s. f.* 1. (predilecção) Vorliebe*f.*; 2. (primazia) Vorzug*m.*; de preferência: vorzugsweise; (coloq.) am liebsten
preferido *adj.* Lieblings..., bevorzugt
preferir *v. tr.* vorziehen, lieber mögen
preferível *adj.* vorzuziehen, besser
prefixo *s. m.* 1. GRAMÁTICA Präfix*nt.*; 2. (Brasil) TELECOMUNICAÇÕES Vorwahl*f.*
prega *s. f.* Falte*f.*
pregador¹ *s. m.* (Brasil) Klammer*f.*
pregador² [ɛ] *s. m.* Prediger*m.*
pregão *s. m.* öffentliche(r) Ausruf*m.*
pregar¹ *v. tr.* 1. (prego) einschlagen; (tábua) annageln; 2. (botão) annähen ❖ pregar um susto a alguém: jemandem einen Schreck einjagen
pregar² [ɛ] *v. tr. e intr.* predigen
prego *s. m.* 1. Nagel*m.*; 2. CULINÁRIA Beefsteak*nt.*
preguiça *s. f.* Faulheit*f.*, Trägheit*f.*
preguiçar *v. intr.* faulenzen
preguiçoso I *s. m.* Faulpelz*m.*, Faulenzer*m.*; II *adj.* faul
pré-história *s. f.* Vorgeschichte*f.*, Prähistorie*f.*
pré-histórico *adj.* vorgeschichtlich, prähistorisch
preia-mar *s. f.* Flut*f.*

prejudicado I *s. m.* Geschädigte*m. e f.*; II *adj.* 1. (pessoa) geschädigt; 2. (saúde) ruiniert; (ambiente) belastet
prejudicar I *v. tr.* 1. (uma pessoa) schaden [+dat.], schädigen; 2. (o ambiente) belasten; 3. (o trabalho) beeinträchtigen; II *v. refl.* sich schaden [com, mit +dat.]
prejudicial *adj.* schädlich [a/para, für +ac.]
prejuízo *s. m.* 1. (dano) Schaden*m.*; 2. (perda) Verlust*m.*
preliminar *adj.* einleitend
prelúdio *s. m.* 1. MÚSICA Präludium*nt.*; 2. MÚSICA Einstimmen*nt.*
prematuro *adj.* 1. Früh...; bebé prematuro: Frühgeburt; 2. (decisão) frühzeitig, verfrüht
premeditadamente *adv.* vorsätzlich
premeditado *adj.* vorsätzlich
premeditar *v. tr.* vorher überlegen; (crime) vorsätzlich planen
premente *adj.* dringend, drängend
premiado I *s. m.* Preisträger*m.*; (lotaria, loto) Gewinner*m.*; II *adj.* (pessoa) preisgekrönt
premiar *v. tr.* 1. mit einem Preis auszeichnen, prämieren; 2. (recompensar) belohnen [com, mit +dat.]
prémio *s. m.* 1. (de concurso) Preis*m.*; 2. (da lotaria) Gewinn*m.*; 3. (de seguro) Prämie*f.*; 4. (recompensa) Belohnung*f.*
premir *v. tr.* drücken
premissa *s. f.* Voraussetzung*f.*, Prämisse*f.*
premonitório *adj.* vorwarnend
premunição *s. f.* Vorahnung*f.*, Vorgefühl*nt.*
prenda *s. f.* Geschenk*nt.*
prendado *adj.* fähig
prendedor *s. m.* (Brasil) (da roupa) Wäscheklammer*f.*
prender I *v. tr.* 1. (fixar) befestigen; 2. (atar) festbinden; 3. (um ladrão) festnehmen; 4. (fig.) (cativar) fesseln; II *v. refl.* (compromisso) sich binden [a, an +ac.]
prenhe *adj.* ZOOLOGIA trächtig
prensa *s. f.* Presse*f.*

prensado *adj.* gepresst
prensar *v. tr.* pressen
prenúncio *s. m.* Anzeichen*nt.*
preocupação *s. f.* Sorge*f.*, Besorgnis*f.*
preocupado *adj.* besorgt
preocupante *adj.* Besorgnis erregend
preocupar I *v. tr.* beunruhigen; II *v. refl.* sich Sorgen machen [com, um +ac.]
pré-pagamento *s. m.* Vorauskasse*f.*
preparação *s. f.* Vorbereitung*f.*; (de comida) Zubereitung*f.*
preparado I *s. m.* Präparat*nt.*; II *adj.* vorbereitet [para, auf +ac.]
preparar I *v. tr.* vorbereiten [para, für +ac.]; (comida) zubereiten; II *v. refl.* sich vorbereiten [para, auf +ac.]
preparativos *s. m. pl.* Vorbereitungen*pl.* [para, für +ac.]
preparatório *adj.* vorbereitend, Vorbereitungs...
preparo *s. m.* Vorbereitung*f.*
preponderância *s. f.* Übergewicht*nt.*; (predomínio) Vorherrschaft*f.*
preponderante *adj.* überwiegend, vorwiegend
preposição *s. f.* GRAMÁTICA Präposition*f.*
prepotência *s. f.* Übermacht*f.*
prepotente *adj.* übermächtig
prerrogativa *s. f.* Vorrecht*nt.*, Privileg*nt.*
presa *s. f.* Beute*f.*
presbitério *s. m.* Pfarrhaus*nt.*
presbítero *s. m.* Priester*m.*
prescindir *v. intr.* prescindir de: verzichten auf [+ac.]
prescindível *adj.* entbehrlich
prescrever *v. tr.* 1. (regra) vorschreiben; 2. (um prazo) festlegen; 3. (um medicamento) verschreiben
prescrição *s. f.* 1. (disposição, regra) Vorschrift*f.*; 2. DIREITO Verjährung*f.*
prescrito *p. p. de* prescrever

presença *s. f.* Anwesenheit*f.*, Gegenwart*f.*; na presença de alguém: in jemandes Gegenwart
presenciar *v. tr.* 1. (assistir a) beiwohnen [+dat.], erleben; 2. (ver) sehen
presente I *s. m.* 1. (temporal) Gegenwart*f.*; GRAMÁTICA Präsens*nt.*; 2. (prenda) Geschenk*nt.*; II *adj.* 1. (actual) gegenwärtig; 2. (pessoa) anwesend
presentear *v. tr.* beschenken; presentear alguém com alguma coisa: jemandem etwas schenken
presépio *s. m.* Weihnachtskrippe*f.*
preservação *s. f.* 1. (conservação) Erhaltung*f.*; 2. (protecção) Schutz*m.*
preservar *v. tr.* 1. (conservar) erhalten; 2. (proteger) schützen [de, vor +dat.]
preservativo *s. m.* Präservativ*nt.*, Kondom*nt.*
presidência *s. f.* 1. POLÍTICA Präsidentschaft*f.*; 2. (de associação, empresa) Vorsitz*m.*
presidencial *adj.* 1. POLÍTICA Präsidenten..., präsidial; 2. (associação, empresa) Vorstands...
presidente *s. m. e f.* 1. POLÍTICA Präsident, -in*m., f.*; presidente da câmara: Bürgermeister, -in*m., f.*; 2. (de associação, empresa) Vorsitzende *m. e f.*
presidiário *s. m.* Häftling*m.*
presídio *s. m.* Strafanstalt*f.*, Gefängnis*nt.*
presidir *v. intr.* leiten, den Vorsitz führen [a, bei +dat.]
presilha *s. f.* 1. (para prender) Schlinge*f.*; 2. (de calças) Schlaufe*f.*
preso I *s. m.* Gefangene*m. e f.*, Häftling*m.*; II *adj.* 1. (na cadeia) inhaftiert; (numa sala) eingesperrt; 2. (fixo) fest
pressa *s. f.* Eile*f.*; estar com/ter pressa: es eilig haben
presságio *s. m.* Vorzeichen*nt.*, Omen*nt.*
pressão *s. f.* Druck*m.*

pressentimento s. m. Gefühl$_{nt.}$, Vorahnung$_f$

pressentir v. tr. 1. voraussahen; 2. (sentir) fühlen

pressionar v. tr. 1. (um botão) drücken; 2. (uma pessoa) unter Druck setzen

pressupor v. tr. 1. (partir do princípio) voraussetzen; 2. (supor) annehmen, vermuten

pressuposto I p. p. de pressupor; II s. m. 1. (princípio) Voraussetzung$_f$; 2. (suposição) Vermutung$_f$; III adj. vorausgesetzt

prestação s. f. 1. (parte do pagamento) Rate$_f$; 2. (de serviço, ajuda) Leistung$_f$

prestar I v. tr. (ajuda, serviço) leisten; II v. intr. taugen [para, zu +dat.]; não prestar: nichts taugen

prestável adj. hilfsbereit

prestes adj. inv. estar prestes a fazer alguma coisa: im Begriff sein, etwas zu tun

prestígio s. m. Ansehen$_{nt.}$, Prestige$_{nt.}$

prestigioso adj. 1. (respeitado) angesehen; 2. (influente) einflussreich

préstimo s. m. (utilidade) Brauchbarkeit$_f$; (valor) Wert$_m$

presumido adj. eingebildet

presumir v. tr. annehmen, vermuten

presumível adj. vermutlich

presunção s. f. 1. (suposição) Annahme$_f$; 2. (arrogância) Einbildung$_f$

presunçoso adj. eingebildet

presunto s. m. 1. (defumado) rohe(r) Schinken$_m$; 2. (Brasil) (fiambre) gekochte(r) Schinken$_m$

pretendente s. m. e f. 1. (ao trono) Thronanwärter, -in$_{m., f.}$; 2. (amoroso) Bewerber, -in$_{m., f.}$

pretender v. tr. 1. (tencionar) beabsichtigen, vorhaben; 2. (desejar) wünschen

pretendido adj. 1. (desejado) gewünscht, erhofft; 2. (tencionado) beabsichtigt

pretensão s. f. 1. (exigência) Anspruch$_m$, Forderung$_f$; 2. (intenção) Absicht$_f$

pretensioso adj. anspruchsvoll

pretenso adj. angeblich, vermeintlich

pretérito s. m. GRAMÁTICA Präteritum$_{nt.}$

pretexto s. m. Vorwand$_m$, Ausrede$_f$

preto I s. m. 1. (cor) Schwarz$_{nt.}$; 2. (pej.) (pessoa) Schwarze$_{m. e f.}$; II adj. schwarz

prevalecer v. intr. 1. (manter-se) erhalten bleiben; 2. (predominar) überwiegen; 3. (levar vantagem) siegen [sobre, über +ac.]

prevaricação s. f. Pflichtverletzung$_f$

prevaricador s. m. pflichtvergessene(r) Mensch$_m$

prevaricar v. intr. seine Pflicht verletzen, gegen seine Pflicht handeln

prevenção s. f. 1. (precaução) Verhütung$_f$, Vorbeugung$_f$; 2. (cautela) Vorsicht$_f$

prevenido adj. gewarnt

prevenir I v. tr. 1. (evitar) verhüten; (uma doença) vorbeugen; 2. (uma pessoa) warnen [de, vor +dat.]; II v. refl. sich vorsehen [contra, vor +dat.]

preventivo adj. vorbeugend, präventiv

prever v. tr. voraussehen

previamente adv. vorher, zuvor

previdência s. f. Vorsorge$_f$

prévio adj. vorherig(r, s), vorige(r, s)

previsão s. f. Voraussicht$_f$, Vorhersage$_f$; previsão do tempo: Wettervorhersage$_f$

previsível adj. (acontecimento) vorhersehbar; (pessoa) (leicht) durchschaubar

previsto I p. p. de prever; II adj. vorhergesehen, erwartet

prezado adj. verehrt; (querido) lieb

prezar v. tr. hoch schätzen

prima s. f. Kusine$_f$

primar v. intr. sich auszeichnen [por, durch +ac.]

primário adj. 1. (primeiro) ursprünglich; 2. (principal) hauptsächlich; 3. (primitivo) primitiv

Primavera s. f. Frühling_m.
primaveril adj. Frühlings...
primazia s. f. (de nível) Überlegenheit_f; (de qualidade) Erstklassigkeit_f
primeira s. f. 1. (classe) erste Klasse_f; de primeira: erstklassig; 2. (velocidade) erste(r) Gang_m. ❖ à primeira: auf Anhieb
primeiramente adv. zuerst, zunächst
primeiranista s. m. e f. Studienanfänger, -in_m, f.
primeiro I num. ord. erste(r, s); em primeiro lugar: an erster Stelle; II adj. erst; III s. m. Erste_m. e f.; IV adv. zuerst
primeiro-ministro s. m. Premierminister_m, Ministerpräsident_m
primeiros-socorros s. m. pl. erste Hilfe_f
primitivo adj. primitiv; (original) ursprünglich
primo s. m. Cousin_m, Vetter_m
primogénito I s. m. Erstgeborene_m. e f.; II adj. erstgeboren
primor s. m. 1. (beleza) Schönheit_f; 2. (perfeição) Vollkommenheit_f
primordial adj. ursprünglich
primórdio s. m. (origem) Ursprung_m; (princípio) Anfang_m
primoroso adj. ausgezeichnet, hervorragend
princesa s. f. Prinzessin_f
principado s. m. Fürstentum_nt.
principal I s. m. Hauptsache_f; II adj. hauptsächlich, Haupt...
principalmente adv. hauptsächlich, vor allem
príncipe s. m. 1. (filho do rei) Prinz_m; 2. (de principado) Fürst_m
principesco adj. fürstlich
principiante s. m. e f. Anfänger, -in_m, f.
principiar v. tr. e intr. anfangen, beginnen

princípio s. m. 1. (início) Anfang_m, Beginn_m; a princípio: anfangs; 2. (moral) Prinzip_nt; em princípio: im Prinzip
prior s. m. Prior_m
prioridade s. f. 1. Vorrang_m; 2. (na estrada) Vorfahrt_f
prioritário adj. vorrangig
prisão s. f. 1. (captura) Verhaftung_f; 2. (clausura) Haft_f; 3. (cadeia) Gefängnis_nt
prisca s. f. (Brasil) (coloq.) Kippe_f
prisioneiro s. m. Gefangene_m. e f.
prisma s. m. 1. GEOMETRIA Prisma_nt; 2. (perspectiva) Blickwinkel_m
privação s. f. Entbehrung_f, Einschränkung_f
privacidade s. f. Privatsphäre_f
privada s. f. (Brasil) Toilette_f
privado adj. (pessoal) persönlich; (privativo) privat; privado de: beraubt [+gen.]
privar I v. tr. entziehen; II v. refl. verzichten [de, auf +ac.]
privativo adj. privat
privatização s. f. ECONOMIA Privatisierung_f
privatizar v. tr. ECONOMIA privatisieren
privilegiado I s. m. Privilegierte_m. e f.; II adj. privilegiert
privilegiar v. tr. privilegieren
privilégio s. m. Vorrecht_nt, Privileg_nt
pró I s. m. Pro_nt; os prós e os contras: das Pro und Kontra; II adv. pro
proa s. f. NÁUTICA Bug_m
probabilidade s. f. Wahrscheinlichkeit_f
probatório adj. Beweis...
problema s. m. Problem_nt; MATEMÁTICA Aufgabe_f
problemático adj. problematisch
proceder v. intr. 1. (agir) handeln, vorgehen; 2. (comportar-se) sich verhalten
procedimento s. m. (maneira de agir) Vorgehen_nt; (comportamento) Verhalten_nt
processador s. m. INFORMÁTICA Prozessor_m

processamento s. m. Verarbeitung$_f$; processamento de dados: Datenverarbeitung$_f$

processar I v. tr. 1. DIREITO verklagen; 2. (informação, dados) verarbeiten; II v. refl. verlaufen

processo s. m. DIREITO Prozess$_m$

procissão s. f. Prozession$_f$

proclamação s. f. Verkündigung$_f$, Proklamation$_f$

proclamar v. tr. verkünden, proklamieren

procriação s. f. Fortpflanzung$_f$

procriar v. intr. sich fortpflanzen

procura s. f. 1. (busca) Suche$_f$; 2. ECONOMIA Nachfrage$_f$

procuração s. f. Vollmacht$_f$

procurador s. m. Bevollmächtigte$_{m. e f.}$; procurador da República: Staatsanwalt$_m$

procurador-geral s. m. Oberstaatsanwalt$_m$

procuradoria s. f. Staatsanwaltschaft$_f$

procurar v. tr. 1. (andar à procura) suchen; 2. (tentar) versuchen; 3. (ir visitar) aufsuchen

prodígio s. m. Wunder$_{nt}$

produção s. f. Herstellung$_f$, Produktion$_f$; (de energia, leite) Erzeugung$_f$

produtividade s. f. Produktivität$_f$

produtivo adj. 1. (negócio) rentabel; 2. (experiência) nützlich

produto s. m. 1. ECONOMIA Erzeugnis$_{nt}$; 2. Produkt$_{nt}$; produto de limpeza: Putzmittel$_{nt}$; 3. (resultado) Ergebnis$_{nt}$

produtor s. m. 1. (fabricante) Hersteller$_m$; 2. AGRICULTURA Erzeuger$_m$; 3. CINEMA Produzent$_m$

produzir I v. tr. herstellen, produzieren; (energia, leite) erzeugen; II v. refl. (pessoa) sich herausputzen

proeminência s. f. Erhebung$_f$, Anhöhe$_f$

proeminente adj. 1. (saliente) vorspringend; 2. (pessoa) prominent

proeza s. f. Heldentat$_f$

profanar v. tr. entweihen, schänden

profano adj. profan, weltlich

profecia s. f. Prophezeiung$_f$

proferir v. tr. 1. (palavra) aussprechen; (discurso) halten; 2. (sentença) verkünden

professar v. tr. sich bekennen zu [+dat.]

professor s. m. (de escola) Lehrer$_m$; (universitário) Dozent$_m$

profeta s. m. Prophet$_m$

profético adj. prophetisch

profetisa s. f. Prophetin$_f$

profetizar v. tr. prophezeien

proficiência s. f. Tüchtigkeit$_f$, Kompetenz$_f$

proficiente adj. tüchtig, kompetent

profícuo adj. nützlich

profilaxia s. f. MEDICINA Vorbeugung$_f$, Prophylaxe$_f$

profissão s. f. 1. Beruf$_m$; 2. RELIGIÃO Bekenntnis$_{nt}$

profissional I s. m. e f. Profi$_m$; II adj. 1. (actividade, formação) beruflich, Berufs...; 2. professionell; actor profissional: professioneller Schauspieler

profundamente adv. tief

profundidade s. f. Tiefe$_f$

profundo adj. tief; (conversa) tiefsinnig

progenitor s. m. Vater$_m$, Erzeuger$_m$

prognóstico s. m. 1. Vorhersage$_f$; 2. MEDICINA Prognose$_f$

programa s. m. 1. (de diversão, de televisão, informático) Programm$_{nt}$; 2. (da escola) Lehrplan$_m$

programação s. f. 1. (planeamento) Programm$_{nt}$; 2. INFORMÁTICA Programmierung$_f$

programador s. m. INFORMÁTICA Programmierer$_m$

programar v. tr. 1. (planear) planen; 2. (máquina) programmieren
progredir v. intr. (pessoa) vorankommen; (situação) sich weiterentwickeln
progressão s. f. Fortschreiten$_{nt.}$, Progression$_f$
progressivo adj. fortschreitend, allmählich
progresso s. m. Fortschritt$_m$
proibição s. f. Verbot$_{nt.}$
proibido adj. verboten
proibir v. tr. verbieten
proibitivo adj. Verbots...
projeção s. f. (Brasil) → projecção
projecção s. f. 1. (de filme) Projektion$_f$; 2. (eleitoral) Hochrechnung$_f$
projectar v. tr. 1. (arremessar) schleudern; 2. (filme) projizieren, zeigen; 3. (planear) planen
projéctil s. m. Geschoss$_{nt.}$
projecto s. m. 1. (esboço) Entwurf$_m$, Plan$_m$; 2. (de trabalho) Projekt$_{nt.}$
projector s. m. (de luz) Scheinwerfer$_m$; (de diapositivos) Diaprojektor$_m$
projetar v. tr. (Brasil) → projectar
projétil s. m. (Brasil) → projéctil
projeto s. m. (Brasil) → projecto
projetor s. m. (Brasil) → projector
prol loc. prep. em prol de: zugunsten von [+dat.]
prole s. f. Nachkommenschaft$_f$
proletariado s. m. Proletariat$_{nt.}$
proletário I s. m. Proletarier$_m$; II adj. proletarisch
proliferação s. f. Verbreitung$_f$, Ausbreitung$_f$
proliferar v. intr. sich ausbreiten, sich verbreiten
prolixo adj. weitschweifig
prólogo s. m. Vorwort$_{nt.}$
prolongado adj. lang, langanhaltend
prolongamento s. m. DESPORTO Verlängerung$_f$

prolongar I v. tr. 1. (prazo) verlängern; 2. (discurso, visita) ausdehnen; II v. refl. 1. (estender-se) sich ausdehnen; 2. (durar) dauern
promessa s. f. Versprechen$_{nt.}$
prometedor adj. viel versprechend
prometer I v. tr. versprechen; II v. intr. viel versprechend sein
prometido I s. m. Versprochene$_{nt.}$; II adj. versprochen
promiscuidade s. f. Promiskuität$_f$
promíscuo adj. promiskuitiv
promissor adj. viel versprechend
promoção s. f. 1. (fomento) Förderung$_f$; 2. (de produto) Sonderangebot$_{nt.}$; 3. (profissional) Beförderung$_f$ [a, zu +dat.]
promotor s. m. (de evento) Veranstalter$_m$; (de produto) Salespromotor$_m$
promover v. tr. 1. (fomentar) fördern; 2. (um produto) werben für [+ac.]; 3. (profissão) befördern [a, zu +dat.]
promulgação s. f. (de lei) Erlassung$_f$, Verkündung$_f$
promulgar v. tr. (lei) erlassen, verkünden
pronome s. m. GRAMÁTICA Pronomen$_{nt.}$, Fürwort$_{nt.}$
prontamente adv. sofort, unverzüglich
prontidão s. f. Bereitschaft$_f$
prontificar-se v. refl. sich bereit erklären [a +inf., zu +inf.]
pronto I adj. (despachado) fertig; (preparado) bereit [para, für +ac.]; (resposta) prompt; pronto!: also
pronto-a-comer s. m. Schnellimbiss$_m$
pronto-a-vestir s. m. Prêt-à-porter$_{nt.}$
pronto-socorro s. m. Rettungswagen$_m$
pronúncia s. f. Aussprache$_f$
pronunciar I v. tr. 1. aussprechen; 2. (sentença) verkünden; II v. refl. sich äußern [acerca de, zu +dat.]
propagação s. f. Verbreitung$_f$, Ausbreitung$_f$

propaganda s. f. (publicitária) Werbung*f.*, Reklame*f.*; (política) Propaganda*f* [a favor de, für +ac.; contra, gegen +ac.]

propagandista s. m. e f. Propagandist, -in*m., f.*

propagar I v. tr. verbreiten, ausbreiten; II v. refl. sich verbreiten, sich ausbreiten

propedêutica s. f. Propädeutik*f.*

propensão s. f. Neigung*f.*, Hang*m* [para, zu +dat.]

propenso adj. propenso a: geneigt zu [+inf.]

propiciar v. tr. begünstigen; (possibilidade) ermöglichen

propício adj. günstig

propina s. f. 1. (de escola) Schulgeld*nt.*; (de universidade) Studiengebühr*f.*; 2. (Brasil) (gorjeta) Trinkgeld*nt.*

proponente s. m. e f. POLÍTICA Antragsteller, -in*m., f.*

propor I v. tr. vorschlagen; II v. refl. sich vornehmen

proporção s. f. 1. Verhältnis*nt.*; 2. pl. proporções: (dimensões) Proportionen*pl.*; (de projecto, acontecimento) Ausmaß*nt*

proporcionado adj. proportioniert

proporcional adj. proportional [a, zu +dat.]

proporcionalidade s. f. Verhältnismäßigkeit*f.*, Proportionalität*f.*

proporcionar v. tr. 1. (possibilitar) ermöglichen; 2. (oferecer) bieten

proposição s. f. GRAMÁTICA Satz*m.*

propositado adj. absichtlich; (crime) vorsätzlich

propósito s. m. 1. (intenção) Absicht*f.*; de propósito: absichtlich; 2. (finalidade) Zweck*m.* ❖ vir a propósito: angebracht sein

proposta s. f. 1. (sugestão) Vorschlag*m.*; 2. (oferta) Angebot*nt.*

proposto p. p. de propor

propriamente adv. 1. (exactamente) genau; 2. (no sentido próprio) eigentlich

propriedade s. f. 1. (posse) Eigentum*nt.*; 2. (terra) Grundbesitz*m.*; 3. (característica) Eigenschaft*f.*

proprietário s. m. Eigentümer*m.*, Besitzer*m.*

próprio adj. 1. (apropriado) geeignet [para, für +ac.]; 2. (mesmo) selbst; por si próprio: von selbst; 3. (posse) eigen; o meu próprio filho: mein eigener Sohn; 4. (característico) charakteristisch [de, für +ac.]

propulsão s. f. ENGENHARIA Antrieb*m.*; propulsão a jacto: Düsenantrieb*m.*

propulsar v. tr. ENGENHARIA antreiben

prorrogação s. f. (adiamento) Vertagung*f.*; (prazo, contrato) Verlängerung*f.*

prorrogar v. tr. (adiar) vertagen, aufschieben; (prazo, contrato) verlängern

prorrogável adj. 1. (prazo, contrato) verlängerbar; 2. (adiável) aufschiebbar, vertagbar

prosa s. f. 1. LITERATURA Prosa*f.*; 2. (Brasil) (conversa) Schwatz*m.*

prosaico adj. 1. LITERATURA prosaisch, Prosa...; 2. (quotidiano) alltäglich

proscrever v. tr. verbieten

proscrito p. p. de proscrever

prosear v. intr. (Brasil) schwatzen, plaudern

prospecção s. f. (Brasil) → prospecção

prospecção s. f. 1. (pesquisa) Forschung*f.*; 2. GEOLOGIA Erkundung*f.*

prospecto s. m. Prospekt*m.*

prosperar v. intr. gedeihen

prosperidade s. f. 1. (florescimento) Gedeihen*nt.*; 2. (riqueza) Wohlstand*m.*

próspero adj. 1. (florescente) erfolgreich; 2. (favorável, propício) günstig

prosseguimento s. m. Fortsetzung*f.*

prosseguir I v. tr. fortsetzen; II v. intr. fortfahren [com, mit +dat.]
próstata s. f. ANATOMIA Prostata_f_
prostituição s. f. Prostitution_f_
prostituir-se v. refl. sich prostituieren
prostituta s. f. Prostituierte_m. e f._
prostrar-se v. refl. sich niederbeugen
protagonista s. m. e f. Hauptperson_f_; CINEMA, TELEVISÃO Hauptdarsteller, -in_m. f._
proteção s. f. (Brasil) → protecção
protecção s. f. Schutz_m_
protector I s. m. Beschützer_m_; protector solar: Sonnenschutzmittel; II adj. Schutz...
proteger v. tr. schützen, beschützen [de, vor +dat.]
protegido I s. m. Protegé_m_; II adj. geschützt [de, vor +dat.]
proteína s. f. Protein_nt_
protelação s. f. Aufschieben_nt_, Vertagung_f_
protelar v. tr. aufschieben, vertagen
prótese s. f. LINGUÍSTICA, MEDICINA Prothese_f_
protestante I s. m. e f. Protestant, -in_m. f._; II adj. protestantisch
protestantismo s. m. Protestantismus_m_
protestar v. intr. protestieren [contra, gegen +ac.]
protesto s. m. Protest_m_ [contra, gegen +ac.]
protetor s. m. e adj. (Brasil) → protector
protocolar adj. protokollarisch
protocolo s. m. Protokoll_nt_
protótipo s. m. Prototyp_m_
protuberância s. f. 1. (parte saliente) Vorsprung_m_; 2. ANATOMIA Auswuchs_m_
protuberante adj. vorstehend, hervortretend
prova s. f. 1. (comprovação) Beweis_m_; 2. Probe_f_; (de roupa) Anprobe_f_; (de vinhos) Weinprobe_f_; 3. (exame) Prüfung_f_; 4. DESPORTO Wettkampf_m_. ❖ à prova de bala: kugelsicher; à prova de água: wasserdicht
provação s. f. 1. (prova) Probe_f_; 2. (período de tempo) Probezeit_f_
provado adj. bewiesen, erwiesen
provador s. m. CULINÁRIA Koster_m_; (de vinho) Weinprüfer_m_
provar v. tr. 1. (comprovar) beweisen; 2. (experimentar) ausprobieren; (roupa) anprobieren; (comida, vinho) kosten, probieren
provável adj. wahrscheinlich
provavelmente adv. wahrscheinlich
provedor s. m. Versorger_m_
proveito s. m. Nutzen_m_; em proveito de: zugunsten von [+dat.]; sem proveito: nutzlos
proveitoso adj. 1. (útil) nützlich; 2. (vantajoso) vorteilhaft
proveniência s. f. Herkunft_f_; (origem) Ursprung_m_
proveniente adj. stammend [de, aus +dat.]; proveniente do Porto: aus Porto
prover v. tr. versorgen [de, mit +dat.]
proverbial adj. sprichwörtlich
provérbio s. m. Sprichwort_nt_
proveta s. f. Reagenzglas_nt_
providência s. f. Vorsorge_f_; (medida) Vorkehrung_f_
providenciar v. tr. besorgen, sorgen für [+ac.]
providente adj. 1. (que toma providências) vorsorgend; 2. (cuidadoso) vorsichtig
provido I p. p. de provir; II adj. versorgt [de, mit +dat.]
província s. f. Provinz_f_
provinciano I s. m. Provinzler_m_; II adj. provinziell
provir v. intr. kommen, stammen [de, aus +dat.]
provisões s. f. pl. Proviant_m_

provisório *adj.* provisorisch; (temporal) vorläufig
provocação *s. f.* Provokation*f*, Herausforderung*f*
provocante *adj.* aufreizend, verführerisch
provocar *v. tr.* 1. *(desafiar)* provozieren; 2. *(causar)* hervorrufen, verursachen; 3. *(seduzir)* verführen
provocatório *adj.* provozierend, provokativ
próxima *s. f.* (vez) nächste(s) Mal*nt.*
proximidade *s. f.* Nähe*f*
próximo I *s. m.* Nächste*m*, Mitmensch*m*; II *adj.* 1. nah [de, bei +*dat.*]; 2. *(seguinte)* nächste(r, s); III *adv.* nah, in der Nähe
prudência *s. f.* Vorsicht*f*
prudente *adj.* vorsichtig
prumo *s. m.* Lot*nt.*; a prumo: senkrecht
prurido *s. m.* MEDICINA Juckreiz*m*
Prússia *s. f.* Preußen*nt.*
prussiano I *s. m.* Preuße*m*; II *adj.* preußisch
P.S. [*abrev. de* post-scriptum] PS [*abrev. de* Postskriptum]
pseudónimo I *s. m.* Pseudonym*nt.*; II *adj.* pseudonym
psicanálise *s. f.* Psychoanalyse*f*
psicanalista *s. m. e f.* Psychoanalytiker, -in*m., f.*
psicologia *s. f.* Psychologie*f*
psicológico *adj.* psychologisch
psicólogo *s. m.* Psychologe*m*
psicopata *s. m. e f.* Psychopath, -in*m., f.*
psicose *s. f.* Psychose*f*, Geisteskrankheit*f*
psiquiatra *s. m. e f.* Psychiater, -in*m., f.*
psiquiatria *s. f.* Psychiatrie*f*
psiquiátrico *adj.* psychiatrisch
psíquico *adj.* psychisch, seelisch
psiu *interj.* pst!
PSP *s. f.* [*abrev. de* Polícia de Segurança Pública] Schutzpolizei*f*
pub *s. m.* Pub*m*, Kneipe*f*

puberdade *s. f.* Pubertät*f*
publicação *s. f.* Veröffentlichung*f*; (de livro) Herausgabe*f*
publicar *v. tr.* veröffentlichen, publizieren; (um livro) herausgeben
publicidade *s. f.* Werbung*f*
publicitar *v. tr.* werben für [+*ac.*]
publicitário I *s. m.* Werbefachmann*m*; II *adj.* Werbe...
público I *s. m.* 1. Öffentlichkeit*f*; em público: öffentlich; 2. (de espectáculo) Publikum*nt.*; II *adj.* öffentlich
púcaro *s. m.* Krug*m*
pudico *adj.* schamhaft
pudim *s. m.* CULINÁRIA Pudding*m*
pudor *s. m.* Scham*f*, Schamgefühl*nt*
puericultura *s. f.* Kinderkrankenpflege*f*
pueril *adj.* kindlich, Kindes...; kindisch
puerilidade *s. f.* 1. (carácter) Kindlichkeit*f*; 2. (acto) Kinderei*f*
pugilismo *s. m.* DESPORTO Boxen*nt.*, Boxsport*m*
pugilista *s. m. e f.* Boxer, -in*m., f.*
pujança *s. f.* Kraft*f*, Stärke*f*
pujante *adj.* kräftig, stark; *(poderoso)* mächtig
pular *v. intr.* hüpfen, springen
pulga *s. f.* ZOOLOGIA Floh*m*
pulha *s. m.* (depr.) Lump*m*, Schuft*m*
pulmão *s. m.* ANATOMIA Lunge*f*
pulmonar *adj.* Lungen...
pulo *s. m.* Sprung*m*, Satz*m*
pulôver *s. m.* Pullover*m* (mit V-Ausschnitt)
púlpito *s. m.* Kanzel*f*
pulsação *s. f.* Pulsschlag*m*
pulsar *v. intr.* (artéria) pulsieren; (coração) schlagen
pulseira *s. f.* Armband*nt*
pulso *s. m.* 1. ANATOMIA Handgelenk*nt.*; 2. MEDICINA Puls*m*
pulular *v. intr.* 1. *(abundar, agitar-se)* wimmeln; 2. *(germinar)* wuchern

pulverizador s. m. Zerstäuber$_m$.
pulverizar v. tr. 1. (líquidos) zerstäuben; 2. (fazer em pó) pulverisieren, zermahlen
pum interj. boing!, peng!
puma s. m. ZOOLOGIA Puma$_m$.
pumba interj. klatsch!
punção s. f. MEDICINA Punktion$_f$.
pungente adj. (dor) stechend
punhado s. m. Hand$_f$ voll
punhal s. m. Dolch$_m$.
punhalada s. f. Dolchstoß$_m$.
punho s. m. 1. ANATOMIA Faust$_f$; 2. (de camisa) Manschette$_f$
punição s. f. Bestrafung$_f$, Strafe$_f$
punir v. tr. strafen, bestrafen
punível adj. strafbar
punk s. m. e f. Punker, -in$_{m,f}$.
pupila s. f. ANATOMIA Pupille$_f$
puramente adv. nur, lediglich
puré s. m. CULINÁRIA Püree$_{nt}$; puré de batata: Kartoffelbrei$_m$; puré de maçã: Apfelmus$_{nt}$.
pureza s. f. Reinheit$_f$.
purgante I s. m. FARMÁCIA Abführmittel$_{nt}$; II adj. abführend
Purgatório s. m. RELIGIÃO Fegefeuer$_{nt}$.
purificação s. f. 1. (limpeza) Reinigung$_f$; 2. RELIGIÃO Purifikation$_f$
purificador s. m. Reinigungsgerät$_{nt}$.
purificante adj. Reinigungs...
purificar v. tr. 1. (limpar) reinigen; 2. (carácter) läutern; RELIGIÃO purifizieren
puritano I s. m. Puritaner$_m$; II adj. puritanisch

puro adj. rein, pur; (ar) sauber
púrpura s. f. Purpur$_m$.
purulento adj. eitrig
pus s. m. inv. Eiter$_m$.
pusilânime adj. zaghaft, schüchtern
pústula s. f. MEDICINA Pustel$_f$, Eiterbläschen$_{nt}$.
puta s. f. (vulg.) Nutte$_f$
puto s. m. 1. (coloq.) (miúdo) Junge$_m$, Bengel$_m$; 2. (Brasil) (vulg.) Schwule$_m$.
putrefação s. f. (Brasil) → putrefacção
putrefacção s. f. (de cadáver) Verwesung$_f$; (de alimentos) Verfaulen$_{nt}$.
putrefacto adj. (cadáver) verwest; (alimento) verfault
putrefato adj. (Brasil) → putrefacto
pútrido adj. → putrefacto
puxa interj. (Brasil) (coloq.) na so was!, Donnerwetter!
puxado adj. 1. (difícil) schwierig; 2. (caro) teuer
puxador s. m. (de porta) Klinke$_f$; (de armário, gaveta) Griff$_m$; (redondo) Knopf$_m$.
puxão s. m. Ruck$_m$.
puxar I v. tr. ziehen; (com força) zerren, reißen; II v. intr. 1. ziehen [por, an +dat.]; (com força) zerren [por, an +dat.]; 2. (esforçar) puxar por: anstrengen; 3. (Brasil) (a um familiar) kommen [a, auf +ac.]
puxa-saco s. m. e f. (Brasil) (coloq.) Stiefellecker$_m$.
puxo s. m. Dutt$_m$, Knoten$_m$.
puzzle s. m. Puzzle$_{nt}$.

Q

Q, q *s. m.* Q, q$_{nt.}$

QI *s. m.* [*abrev. de* quociente de inteligência] IQ$_m$ [*abk. von* Intelligenzquotient]

quadra *s. f.* 1. LITERATURA Vierzeiler$_m$; 2. *(época)* Zeit$_f$; quadra natalícia: Weihnachtszeit$_f$; 3. *(Brasil) (quarteirão)* Häuserblock$_m$

quadrado I *s. m.* GEOMETRIA Quadrat$_{nt.}$; aos quadrados: kariert; II *adj.* 1. (sala, objecto) quadratisch; 2. GEOMETRIA Quadrat...

quadragésimo *num. ord.* vierzigste(r, s)

quadrangular *adj.* viereckig

quadrante *s. m.* Quadrant$_m$

quadriculado *adj.* kariert

quadril *s. m.* Hüfte$_f$

quadrilha *s. f.* Räuberbande$_f$, Diebesbande$_f$

quadrinho *s. m. (Brasil)* história em quadrinhos: Comic$_m$

quadro *s. m.* 1. (pintura) Bild$_{nt.}$, Gemälde$_{nt.}$; 2. (tabela) Tabelle$_f$; 3. (painel) Tafel$_f$; quadro eléctrico: Schalttafel$_f$; 4. (na escola) Tafel$_f$; 5. (em empresa) Belegschaft$_f$; 6. MILITAR Kader$_m$

quadrúpede I *s. m.* ZOOLOGIA Vierbeiner$_m$; II *adj.* vierbeinig

quadruplicar I *v. tr.* vervierfachen; II *v. intr.* sich vervierfachen

quádruplo I *s. m.* Vierfache$_{nt.}$; II *adj.* vierfach

qual I *pron. interr.* welcher, welche, welches; II *pron. rel.* a/o qual: der, die, das; cada qual: jeder; III *cj.* (so) wie

qualidade *s. f.* 1. (de produto) Qualität$_f$; de primeira qualidade: erstklassig; 2. *(característica)* Eigenschaft$_f$; *(natureza)* Beschaffenheit$_f$

qualificação *s. f.* Qualifikation$_f$

qualificado *adj.* 1. (trabalho) qualifiziert; trabalhador qualificado: Facharbeiter$_m$; 2. DESPORTO qualifiziert

qualificar *v. tr.* qualificar de: bezeichnen als [*+ac.*]

qualitativo *adj.* qualitativ

qualquer *pron. indef.* irgendein, irgendeine; qualquer pessoa: irgendwer; qualquer coisa: irgendetwas; qualquer um: jeder; em qualquer parte: irgendwo; de qualquer forma: irgendwie; em qualquer altura: irgendwann; quaisquer: irgendwelche

quando I *adv.* wann; II *cj. (temporal) (no momento em que)* als; *(sempre que)* wenn; quando fui a Inglaterra: als ich nach England fuhr; de vez em quando: ab und zu
❖ quando muito: höchstens

quantia *s. f.* Betrag$_m$, Summe$_f$

quantidade *s. f.* Menge$_f$, Quantität$_f$; *(número)* Anzahl$_f$

quantitativo *adj.* quantitativ

quanto I *adj. e pron. interr.* wie viel; quanto tempo?: wie lange?; quantas vezes?: wie oft?; II *pron. rel.* alles, was; tudo quanto: alles, was; tanto quanto sei: so viel ich weiß; III *adv.* wie (sehr); não é tão barato quanto eu pensava: es ist nicht so billig wie ich dachte; quanto antes: so bald wie possível; quanto mais ... tanto mais ...: je mehr ... desto ...

quão *adv.* wie

quarenta *num. card.* vierzig

quarentão I *s. m.* Vierzigjährige$_{m.\,e\,f.}$; II *adj.* vierzigjährig

quarentena *s. f.* Quarantäne$_f$; estar de quarentena: unter Quarantäne stehen

Quaresma *s. f.* RELIGIÃO Fastenzeit$_f$

quarta-feira *s. f.* Mittwoch$_m$; Quarta-feira de Cinzas: Aschermittwoch$_m$

quarteirão *s. m.* (de casas) Häuserblock$_m$

quartel *s. m.* MILITAR Kaserne$_f$

quartel-general *s. m.* MILITAR Hauptquartier$_{nt.}$

quarteto *s. m.* MÚSICA Quartett$_{nt.}$

quartilho *s. m.* halbe(r) Liter$_m$

quarto I *s. m.* 1. (de dormir) Zimmer$_{nt.}$; 2. (quarta parte) Viertel$_{nt.}$; um quarto de hora: eine Viertelstunde; II *num. ord.* vierte(r, s)

quartzo *s. m.* MINERALOGIA Quarz$_m$

quase *adv.* fast, beinahe; quase nunca: fast nie

quatro *num. card.* vier

quatrocentos *num. card.* vierhundert

que I *pron. rel.* der, die, das, was; II *pron. interr.* 1. (o quê) was; o que (é que) disseste?: was hast du gesagt?; 2. (que tipo de) was für ein, was für eine, was für; que queijo é esse?: was für ein Käse ist das?; 3. (qual) welcher, welche, welches; III *cj.* 1. (subordinada, consecutiva) dass; espero que ela possa vir: ich hoffe, dass sie kommen kann; 2. (em comparação) als; tu és mais velho (do) que eu: du bist älter als ich; 3. (porque) weil; IV *adv.* wie; que pena!: wie schade!

quê *pron. interr.* (o) quê?: was?; com quê?: womit?; para quê?: wofür?, wozu? ❖ não tem de quê: nichts zu danken

quebra *s. f.* (ruptura) Bruch$_m$; (interrupção) Unterbrechung$_f$

quebra-cabeças *s. m. inv.* Denkaufgabe$_f$

quebradiço *adj.* zerbrechlich

quebrado *adj.* 1. (partido) zerbrochen; 2. (Brasil) (carro, máquina, telefone) defekt

quebra-gelo *s. m.* Eisbrecher$_m$

quebra-luz *s. m.* Lampenschirm$_m$

quebra-nozes *s. m. inv.* Nussknacker$_m$

quebrar I *v. tr.* 1. (partir) durchbrechen, zerbrechen; 2. (interromper) abbrechen, unterbrechen; II *v. intr.* 1. (partir-se) durchbrechen, zerbrechen; 2. (Brasil) (carro, máquina) kaputtgehen

queda *s. f.* 1. (acção de cair) Fall$_m$, Sturz$_m$; (de avião) Absturz$_m$; queda d'água: Wasserfall$_m$; queda de cabelo: Haarausfall$_m$; 2. (jeito) Neigung$_f$, Vorliebe$_f$; 3. (declínio) Verfall$_m$

quedar-se *v. refl.* stillstehen; (parar) stehen bleiben

quedes *s. m. inv.* (Brasil) (de lona) Leinenschuh$_m$; (de desporto) Turnschuh$_m$

queijada *s. f.* Käsekuchen$_m$

queijaria *s. f.* Käserei$_f$

queijo *s. m.* Käse$_m$; queijo fundido: Schmelzkäse$_m$

queima *s. f.* Verbrennung$_f$; Queima das Fitas: [großes Fest am Ende des Studienjahres]

queimada *s. f.* Waldbrand$_m$

queimadela *s. f.* Verbrennung$_f$

queimado *adj.* verbrannt

queimadura *s. f.* Brandwunde$_f$, Verbrennung$_f$

queimar I *v. tr.* (com fogo, cigarro) verbrennen; (com líquido) verbrühen; II *v. intr.* (sol, fogo, objecto) brennen; III *v. refl.* sich verbrennen

queima-roupa *s. f.* à queima-roupa: aus nächster Nähe

queixa *s. f.* Klage$_f$, Beschwerde$_f$; DIREITO Anklage$_f$

queixar-se *v. refl.* sich beschweren [a, bei +dat.; de, über +ac.], sich beklagen [a, bei +dat.; de, über +ac.]

queixo *s. m.* Kinn$_{nt.}$

queixoso *s. m.* DIREITO Kläger$_m$

queixume s. m. (lamentação) Jammern_{nt.}; (gemido) Stöhnen_{nt.}

quelha s. f. 1. (ruela) Gasse_{f.}; 2. (calha) Rinne_{f.}

quem I pron. interr. wer; II pron. rel. der, die, das; a rapariga com quem eu estudei: das Mädchen, mit dem ich studiert habe; III pron. indef. (alguém) jemand, man; (aquele que) derjenige, der, wer; há quem diga que...: man sagt, dass...

Quénia s. m. Kenia_{nt.}

quentão s. m. (Brasil) Ingwerschnaps_{m.}

quente adj. warm; muito quente: heiß

quentura s. f. Wärme_{f.}

queque I s. m. CULINÁRIA [Art Muffin]; II adj. (pej.) schickimicki

quer cj. quer..., quer...: sowohl... als auch...; quer os pais, quer os filhos: sowohl die Eltern als auch die Kinder; ob... oder...; quer ele goste, quer não: ob er es mag oder nicht; quem/o que/onde quer que seja: wer/was/wo es auch sein mag

querela s. f. Querele_{f.}, Streit_{m.}

querer I v. tr. 1. (ter vontade) wollen, mögen; por/sem querer: absichtlich/aus Versehen; 2. (pedido) mögen; eu queria: ich möchte; 3. (convite) wollen, mögen; queres ir ao cinema?: möchtest du ins Kino gehen?; II v. intr. querer bem/mal a alguém: jemandem Gutes/Schlechtes wollen; querer dizer: bedeuten

querido I s. m. Schatz_{m.}, Liebste_{m. e f.}; II adj. lieb

quermesse s. f. Kirmes_{f.}

querosene s. m. 1. (iluminação) Lampenöl_{nt.}; 2. (avião) Kerosin_{nt.}

questão s. f. 1. (pergunta) Frage_{f.}; 2. (assunto) Angelegenheit_{f.}; (problema) Problem_{nt.}; 3. (contenda) Streitfrage_{f.} ❖ fazer questão de alguma coisa: auf etwas bestehen

questionar I v. tr. 1. (perguntar a) fragen; 2. (pôr em questão) bestreiten, infrage stellen; II v. refl. sich fragen

questionário s. m. Fragebogen_{m.}

questionável adj. fraglich, zweifelhaft

questiúncula s. f. Wortwechsel_{m.}

quiçá adv. vielleicht

quieto adj. 1. (sossegado) ruhig, still; 2. (imóvel) bewegungslos

quietude s. f. Ruhe_{f.}, Stille_{f.}

quilate s. m. Karat_{nt.}

quilha s. f. NÁUTICA Kiel_{m.}

quilo s. m. Kilo_{nt.}

quilobyte s. m. INFORMÁTICA Kilobyte_{nt.}

quilograma s. m. Kilogramm_{nt.}

quilolitro s. m. Kiloliter_{m.}

quilometragem s. f. Kilometerstand_{m.}

quilómetro s. m. Kilometer_{m.}; quilómetros à hora: Stundenkilometer_{m.}, Kilometer pro Stunde

quilovátio s. m. → quilowatt

quilovátio-hora s. m. FÍSICA Kilowattstunde_{f.}

quilowatt s. m. FÍSICA Kilowatt_{nt.}

quimera s. f. Hirngespinst_{nt.}

química s. f. Chemie_{f.}

químico I s. m. Chemiker_{m.}; II adj. chemisch

quimioterapia s. f. MEDICINA Chemotherapie_{f.}

quimo s. m. BIOLOGIA Speisebrei_{m.}

quimono s. m. Kimono_{m.}

quina s. f. (canto) Ecke_{f.}

quinhão s. m. Anteil_{m.}

quinhentos num. card. fünfhundert

quinina s. f. QUÍMICA Chinin_{nt.}

quinquagésimo num. ord. fünfzigste(r, s)

quinquilharias s. f. pl. Trödel_{m.}, Krimskrams_{m.}

quinta s. f. Landgut_{nt.}

quinta-feira s. f. Donnerstag_{m.}

quintal s. m. (jardim) Garten_{m.}; (horta) Gemüsegarten_{m.}

quinteto s. m. MÚSICA Quintett_{nt.}

quinto I s. m. Fünftel$_{nt.}$; II num. ord. fünfte(r, s)
quíntuplo I s. m. Fünffache$_{nt.}$; II adj. fünffach
quinze num. card. fünfzehn
quinzena s. f. zwei Wochen$_{pl.}$, vierzehn Tage$_{pl.}$
quinzenal adj. vierzehntägig
quinzenalmente adv. alle vierzehn Tage, vierzehntägig
quiosque s. m. Kiosk$_m$.
quiproquó s. m. Missverständnis$_{nt.}$
quiromante s. m. e f. Handleser, -in$_{m, f.}$
quisto s. m. MEDICINA Zyste$_f$.
quitanda s. f. (Brasil) Verkaufsstand$_m$, Marktstand$_m$
quitandeiro s. m. (Brasil) Marktverkäufer$_m$; (que vende legumes) Gemüsehändler$_m$.
quitar v. tr. (uma dívida) erlassen
quite adj. estar quite: quitt sein
quociente s. m. MATEMÁTICA Quotient$_m$.
quota s. f. Quote$_f$.
quota-parte s. f. Anteil$_m$.
quotidiano I s. m. Alltag$_m$; II adj. alltäglich

R

R, r s. m. R, r$_{nt.}$
R. [abrev. de rua] Str. [abrev. de Straße]
rã s. f. ZOOLOGIA Frosch$_m$.
rabanada s. f. 1. CULINÁRIA arme(r) Ritter$_m$; 2. (de vento) Bö$_f$, Böe$_f$.
rabanete s. m. BOTÂNICA Radieschen$_{nt.}$
rábano s. m. BOTÂNICA Rettich$_m$.
rabear v. intr. 1. (peixe) die Flossen bewegen; (cão) mit dem Schwanz wedeln; 2. (fig.) (pessoa) unruhig sein
rabecada s. f. (coloq.) Anschiss$_m$; levar uma rabecada: einen Anschiss kriegen
rabelo s. m. (barco) Douroschiff$_{nt.}$
rabi s. m. RELIGIÃO Rabbi$_m$.
rabicho s. m. Zopf$_m$, Rattenschwänzchen$_{nt.}$
rabino s. m. Rabbiner$_m$.
rabiote s. m. (coloq.) Po$_m$, Hintern$_m$.
rabiscar v. tr. e intr. kritzeln
rabisco s. m. Gekritzel$_{nt.}$, Kritzelei$_f$.
rabo s. m. 1. (de animal) Schwanz$_m$; 2. (de pessoa) Gesäß$_{nt.}$, Hintern$_m$
rabo-de-cavalo s. m. (penteado) Pferdeschwanz$_m$
rabugento adj. schlecht gelaunt, mürrisch
rabugice s. f. Kratzbürstigkeit$_f$, schlechte Laune$_f$
rabujar v. intr. nörgeln; (criança) quengeln
rábula s. f. Nebenrolle$_f$.
raça s. f. Rasse$_f$.
ração s. f. Ration$_f$.
racha s. f. 1. (em muro) Riss$_m$; 2. (na roupa) Schlitz$_m$.
rachadela s. f. Riss$_m$.
rachado adj. (muro) rissig; (cabeça) aufgeschlagen
rachar v. tr. 1. (a cabeça) aufschlagen; 2. (lenha) hacken; 3. (Brasil) (despesas) umlegen ❖ frio de rachar: eisige Kälte$_f$.

racial adj. rassisch, Rassen...
raciocinar v. intr. nachdenken [sobre, über +ac.], überlegen
raciocínio s. m. 1. (dedução) Schlussfolgerung$_f$; 2. (capacidade) Urteilsvermögen$_{nt}$; 3. (ponderação) Nachdenken$_{nt}$ [sobre, über +ac.]
racional adj. rational
racionalidade s. f. Rationalität$_f$
racionalizar v. tr. rationalisieren
racionalmente adv. vernünftig
racionar v. tr. rationieren
racismo s. m. Rassismus$_m$
racista I s. m. e f. Rassist, -in$_{m,f}$; II adj. rassistisch
radar s. m. Radar$_{m/nt}$
radiação s. f. FÍSICA Strahlung$_f$
radiador s. m. 1. (de aquecimento) Heizkörper$_m$; 2. (de automóvel) Kühler$_m$
radiante adj. strahlend
radicado adj. ansässig [em, in +dat.], wohnhaft [em, in +dat.]
radical I s. m. 1. GRAMÁTICA Stamm$_m$; 2. MATEMÁTICA Wurzelzeichen$_{nt}$; II adj. 1. (mudança) grundlegend; (limpeza) gründlich; 2. (extremista) radikal
radicar-se v. refl. sich niederlassen [em, in +dat.]
rádio I s. m. 1. (aparelho) Radio$_{nt}$; 2. ANATOMIA Speiche$_f$; 3. QUÍMICA Radium$_{nt}$; II s. f. Rundfunk$_m$
radioactividade s. f. Radioaktivität$_f$
radioactivo adj. radioaktiv
radioatividade s. f. (Brasil) → radioactividade
radioativo adj. (Brasil) → radioactivo
rádio-despertador s. m. Radiowecker$_m$
radiodifusão s. f. Rundfunk$_m$, Rundfunkwesen$_{nt}$
radiofónico adj. Rundfunk..., Radio...
radiografar v. tr. röntgen

radiografia s. f. Röntgenaufnahme$_f$; (paciente) tirar uma radiografia: sich röntgen lassen
radiogravador s. m. Radiorekorder$_m$
radiologia s. f. Röntgenologie$_f$
radiologista s. m. e f. Röntgenologe, -in$_{m,f}$, Radiologe, -in$_{m,f}$
radioscopia s. f. Durchleuchtung$_f$
radioso adj. strahlend
radiotelefonia s. f. Sprechfunk$_m$
radiotelegrafar v. tr. funken
radiotelegrafista s. m. e f. Funker, -in$_{m,f}$
radioterapia s. f. Strahlenbehandlung$_f$, Strahlentherapie$_f$
rafeiro s. m. (coloq.) Köter$_m$
ráfia s. f. Bast$_m$
râguebi s. m. DESPORTO Rugby$_{nt}$
raia s. f. 1. ZOOLOGIA Rochen$_m$; 2. (traço) Strich$_m$, Linie$_f$; 3. (limite) Grenze$_f$
raiado adj. gestreift; (olho) blutunterlaufen
raiar v. intr. 1. (sol) strahlen; 2. (dia) anbrechen
rainha s. f. 1. (monarca) Königin$_f$; 2. (de xadrez) Dame$_f$
raio s. m. 1. FÍSICA (de sol, luz) Strahl$_m$; raios X: Röntgenstrahlen$_{pl}$; 2. (relâmpago) Blitz$_m$; 3. (de roda) Speiche$_f$; 4. (de circunferência) Radius$_m$; 5. (área) Umkreis$_m$; num raio de 6 km: im Umkreis von 6 km
raiva s. f. 1. MEDICINA Tollwut$_f$; 2. (fúria) Wut$_f$
raivoso adj. 1. MEDICINA tollwütig; 2. (furioso) wütend
raiz s. f. 1. Wurzel$_f$; lançar raízes: Wurzeln schlagen; 2. (de palavra) Stamm$_m$; 3. (origem) Ursprung$_m$
rajá s. m. Radscha$_m$
rajada s. f. Bö$_f$, Windstoß$_m$
ralado adj. 1. (comida) gerieben, geraspelt; 2. (fig.) (pessoa) deprimiert [com, wegen +gen./dat.], down
ralador s. m. Reibe$_f$, Raspel$_f$

ralar I v. tr. 1. (comida) reiben, raspeln; 2. (uma pessoa) bedrücken, quälen; II v. refl. (preocupar-se) sich Sorgen machen [com, um +ac.]

ralé s. f. (depr.) Gesocks$_{nt}$, Pack$_{nt}$.

ralhar v. intr. schimpfen; ralhar com alguém: mit jemandem schimpfen

rali s. m. Rallye$_f$.

ralo s. m. (de lavatório, banheira) Abfluss$_m$; (de regador) Brause$_f$.

ramada s. f. 1. (para sombra) Laube$_f$; 2. (coloq.) (bebedeira) Rausch$_m$.

ramadão s. m. RELIGIÃO Ramadan$_m$.

ramal s. m. 1. (caminho-de-ferro) Nebenstrecke$_f$; (estrada) Nebenstraße$_f$; 2. (Brasil) TELECOMUNICAÇÕES Nebenanschluss$_m$.

ramalhar v. intr. rauschen

ramalhete s. m. Strauß$_m$.

rameira s. f. Hure$_f$, Nutte$_f$.

ramerrão s. m. 1. (ruído) eintönige(s) Geräusch$_{nt}$; 2. (rotina) Routine$_f$.

ramificação s. f. (de estrada) Verzweigung$_f$.

ramificar-se v. refl. sich verzweigen

ramo s. m. 1. (de árvore) Zweig$_m$; (grosso) Ast$_m$; 2. (de flores) Strauß$_m$; 3. (área) Gebiet$_{nt}$; ramo de actividade: Gewerbe$_{nt}$, Branche$_f$.

rampa s. f. Rampe$_f$; (de garagem) Auffahrt$_f$.

rancho s. m. 1. (de dança) rancho folclórico: Folkloregruppe$_f$; 2. CULINÁRIA [Nudelgericht mit Kichererbsen und Fleisch]; 3. (herdade) Ranch$_f$.

ranço s. m. (sabor) ranzige(r) Geschmack$_m$; (cheiro) ranzige(r) Geruch$_m$.

rancor s. m. Groll$_m$; guardar rancor: nachtragend sein

rancoroso adj. nachtragend

rançoso adj. ranzig

ranger I v. tr. ranger os dentes: mit den Zähnen knirschen; II v. intr. (porta, madeira) knarren

rangido s. m. (de madeira) Knarren$_{nt}$; (de dentes) Knirschen$_{nt}$.

rango s. m. 1. (Brasil) (petisco) Häppchen$_{nt}$; 2. (Brasil) (jantarada) Gelage$_{nt}$.

ranho s. m. Rotz$_m$.

ranhoso adj. rotzig

ranhura s. f. (fenda) Spalt$_m$, Ritze$_f$; (para moedas) Schlitz$_m$.

rap s. m. MÚSICA Rap$_m$.

rapado adj. (cabeça) kahl geschoren; (cabelo) kurz geschoren

rapagão s. m. stämmige(r) Bursche$_m$, kräftige(r) junge(r) Mann$_m$.

rapar v. tr. 1. (raspar) abkratzen, abschaben; 2. (o cabelo) scheren; (a barba) abrasieren

rapariga s. f. (criança) Mädchen$_{nt}$; (adolescente) Jugendliche$_f$, junge Frau$_f$.

rapaz s. m. (criança) Junge$_m$; (adolescente) Jugendliche$_m$, junge(r) Mann$_m$.

rapaziada s. f. (rapazes) Jungen$_{pl}$; (adolescentes) Jugendliche$_{pl}$.

rapé s. m. Schnupftabak$_m$.

rapidamente adv. schnell, rasch

rapidez s. f. Schnelligkeit$_f$.

rápido adj. e adv. schnell

raposa s. f. ZOOLOGIA (espécie, macho) Fuchs$_m$; (fêmea) Füchsin$_f$.

rapsódia s. f. Rhapsodie$_f$.

raptar v. tr. entführen

rapto s. m. Entführung$_f$.

raptor s. m. Entführer$_m$.

raquete s. f. Schläger$_m$.

raquítico adj. 1. MEDICINA rachitisch; 2. (franzino) schmächtig

raquitismo s. m. MEDICINA Rachitis$_f$.

raramente adv. selten

rarear v. intr. 1. (frequência) selten werden; 2. (quantidade) weniger werden; (cabelo) sich lichten

rarefazer v. tr. verdünnen

rarefeito I *p. p. de* rarefazer; II *adj.* dünn
raridade *s. f.* 1. *(objecto)* Rarität$_f$; 2. *(frequência)* Seltenheit$_f$
raro *adj.* 1. *(acontecimento)* selten; 2. *(objecto)* rar
rasante *adj.* *(tiro, voo)* rasant
rasca *adj. (coloq.) (de má qualidade)* miserabel; *(de mau gosto)* ekelhaft, grauenhaft
rascunho *s. m.* *(de texto)* Entwurf$_m$, Konzept$_{nt}$; *(de desenho)* Skizze$_f$
rasgado *adj.* *(tecido, roupa, papel)* zerrissen
rasgão *s. m.* Riss$_m$
rasgar I *v. tr.* 1. *(papel, tecido)* durchreißen; *(em pedaços, por acidente)* zerreißen; 2. *(uma parede)* durchbrechen; II *v. refl.* *(papel, tecido)* zerreißen
raso *adj. (plano)* eben; *(chato)* platt; *(baixo)* niedrig; *(prato)* flach; *(ângulo)* gestreckt; *(soldado)* gemein
raspa *s. f.* Geriebene$_{nt}$, Raspel$_{pl}$; raspa de limão: abgeriebene Zitronenschale
raspador *s. m.* Schaber$_m$
raspanço *s. m. (coloq.)* Standpauke$_f$, Anpfiff$_m$
raspão *s. m.* Schramme$_f$, Kratzer$_m$; de raspão: dicht an [+*dat.*]
raspar I *v. tr.* 1. *(uma superfície)* abschaben; *(tinta, cola)* abkratzen; 2. *(arranhar)* schrammen; 3. *(ralar)* reiben, raspeln; II *v. intr.* streifen [em, +*ac.*]; III *v. refl. (coloq.)* ausreißen, abhauen
rasteira *s. f.* 1. *(com a perna)* Beinstellen$_{nt}$; passar uma rasteira a alguém: jemandem ein Bein stellen; 2. *(armadilha)* Falle$_f$; *(em pergunta)* Fangfrage$_f$
rasteiro *adj.* kriechend; planta rasteira: Kriechpflanze$_f$
rastejante I *s. m.* Kriechtier$_{nt}$; II *adj.* Kriech...
rastejar *v. intr.* kriechen
rastilho *s. m.* Zündschnur$_f$

rasto *s. m.* Spur$_f$; *(de navio)* Kielwasser$_{nt}$
rastrear *v. tr.* 1. *(percurso, processo)* zurückverfolgen, erforschen; 2. *(uma doença)* diagnostizieren
rastreio *s. m.* 1. *(de percurso, processo)* Zurückverfolgung$_f$, Erforschung$_f$; *(de pistas)* Spurensuche$_f$; 2. *(de doença)* Diagnose$_f$
rastro *s. m.* → rasto
rasurar *v. tr.* *(documento)* korrigieren; *(palavra)* durchstreichen
ratar *v. tr.* annagen, anfressen
ratazana *s. f.* ZOOLOGIA Ratte$_f$
ratificar *v. tr.* ratifizieren
rato *s. m.* ZOOLOGIA, INFORMÁTICA Maus$_f$
ratoeira *s. f.* 1. *(para ratos)* Mausefalle$_f$; 2. *(fig.) (cilada)* Falle$_f$
ravina *s. f.* Schlucht$_f$
razão *s. f.* 1. *(em discussão)* Recht$_{nt}$; ter/não ter razão: Recht/Unrecht haben; 2. *(motivo)* Grund$_m$; 3. *(entendimento)* Verstand$_m$; *(sensatez)* Vernunft$_f$
razoável *adj.* 1. *(preço)* angemessen; *(proposta, qualidade)* annehmbar; 2. *(esforço, quantidade)* ziemlich; 3. *(sensato)* vernünftig
razoavelmente *adv.* ziemlich gut
r/c [*abrev. de* rés-do-chão] EG [*abrev. de* Erdgeschoss]
RDA *s. f.* [*abrev. de* República Democrática Alemã] DDR$_f$ [*abrev. de* Deutsche Demokratische Republik]
ré I *s. f.* 1. *f. de* réu, Angeklagte$_f$; 2. NÁUTICA Heck$_{nt}$; 3. *(Brasil) (no automóvel)* Rückwärtsgang$_m$; II *s. m.* MÚSICA D$_{nt}$
reabastecer I *v. tr.* 1. *(avião)* auftanken; 2. *(estabelecimento)* beliefern [em, mit +*dat.*]; *(tropas)* mit Nachschub versorgen [de, an +*dat.*]; II *v. refl.* sich neu eindecken [de, mit +*dat.*]
reabastecimento *s. m.* 1. *(de avião)* Auftanken$_{nt}$; 2. *(das tropas)* Nachschub$_m$

reaberto *p. p. de* reabrir
reabertura *s. f.* Wiedereröffnung_f_
reabilitação *s. f.* (de pessoa) Rehabilitation_f_, Rehabilitierung_f_
reabilitar *v. tr.* (uma pessoa) rehabilitieren
reabrir *v. tr. e intr.* wieder eröffnen
reação *s. f. (Brasil)* → reacção
reacção *s. f.* Reaktion_f_ [a, auf +ac.]
reaccionário I *s. m.* Reaktionär_m_; II *adj.* reaktionär
reacionário *s. m. (Brasil)* → reaccionário
reactivar *v. tr.* (máquina) wieder in Gang bringen; (fábrica) wieder in Betrieb nehmen
reactor *s. m.* 1. (nuclear) Reaktor_m_; 2. AERONÁUTICA Triebwerk_nt_
readaptação *s. f.* Wiederanpassung_f_ [a, an +ac.]
readaptar-se *v. refl.* sich wieder anpassen [a, an +ac.]
readmitir *v. tr.* (em empresa) wieder einstellen
reafirmar *v. tr.* nochmals versichern, bekräftigen
reagente *s. m.* QUÍMICA Reagens_nt_
reagir *v. intr.* reagieren [a, auf +ac.]
reajuste *s. m.* Angleichung_f_, Anpassung_f_
real *adj.* 1. (da realeza) königlich, Königs...; 2. (verdadeiro) wirklich, tatsächlich; (autêntico) echt
realçar I *v. tr.* hervorheben, betonen; II *v. refl.* sich hervorheben, hervorstechen
realce *s. m.* Betonung_f_
realejo *s. m.* Leierkasten_m_, Drehorgel_f_
realeza *s. f.* Königswürde_f_
realidade *s. f.* Wirklichkeit_f_, Realität_f_; na realidade: in Wirklichkeit
realismo *s. m.* Realismus_m_
realista I *s. m. e f.* Realist, -in_m, f_; II *adj.* realistisch

realização *s. f.* 1. (de tarefa, trabalho) Ausführung_f_, Durchführung_f_; (de projecto) Verwirklichung_f_; realização pessoal: Selbstverwirklichung_f_; 2. (de um sonho) Erfüllung_f_; 3. CINEMA Regie_f_
realizador *s. m.* CINEMA Regisseur_m_
realizar I *v. tr.* 1. (tarefa, trabalho) ausführen; (projecto) verwirklichen; 2. (um sonho) erfüllen; 3. (concerto, exposição) veranstalten; 4. CINEMA Regie führen bei [+dat.]; II *v. refl.* 1. (evento) stattfinden; 2. (projecto) durchgeführt werden; 3. (pessoa) sich selbst verwirklichen
realmente *adv.* 1. (verdadeiramente) wirklich; 2. (de facto) tatsächlich, in der Tat
reanimação *s. f.* MEDICINA Wiederbelebung_f_
reanimar *v. tr.* MEDICINA wieder beleben
reaparecer *v. intr.* (doença) wieder ausbrechen; (pessoa) wieder erscheinen, wieder auftauchen
reaparecimento *s. m.* Wiedererscheinen_nt_
reaproveitamento *s. m.* Wiederverwertung_f_
reaproveitar *v. tr.* wieder verwerten
rearmamento *s. m.* MILITAR Wiederbewaffnung_f_, Nachrüstung_f_
reatar *v. tr.* (relação) wieder aufnehmen; (amizade, namoro) wieder aufleben lassen, fortführen
reativar *v. tr. (Brasil)* → reactivar
reator *s. m. (Brasil)* → reactor
reaver *v. tr.* zurückbekommen, zurückerhalten
reavivar I *v. tr.* (a memória) auffrischen; II *v. refl.* (interesse, costumes) wieder aufleben
rebaixa *s. f.* Preissenkung_f_, Preisnachlass_m_
rebaixar I *v. tr.* 1. (preço) senken, herabsetzen; 2. (fig.) (uma pessoa) herabwürdigen,

erniedrigen; II *v. refl.* sich herabwürdigen

rebanho *s. m.* Herde_f_

rebate *s. m.* Alarm_m_

rebater *v. tr.* 1. (golpe) abwehren; 2. (argumento) widerlegen; (acusação) zurückweisen; 3. (assento) umklappen

rebatível *adj.* umklappbar

rebelar-se *v. refl.* rebellieren [**contra**, gegen +*ac.*]

rebelde I *s. m. e f.* Rebell, -in_m., f_; II *adj.* 1. (população, tropas) aufständisch; 2. (pessoa) aufsässig, rebellisch

rebeldia *s. f.* Aufsässigkeit_f_, Widerspenstigkeit_f_

rebelião *s. f.* Aufstand_m_, Rebellion_f_

rebentar I *v. tr.* (fechadura, porta) aufbrechen; II *v. intr.* 1. (balão, veia, cano) platzen; 2. (corda, elástico) reißen; 3. (bomba) explodieren; 4. (guerra) ausbrechen

rebento *s. m.* 1. BOTÂNICA Trieb_m_; rebento de soja: Sojasprosse_f_; 2. (filho) Sprößling_m_

rebite *s. m.* Niete_f_

rebocador *s. m.* NÁUTICA Schlepper_m_

rebocar *v. tr.* 1. (automóvel) abschleppen; (navio) schleppen; 2. (parede) verputzen

reboco *s. m.* Putz_m_

rebolar-se *v. refl.* sich wälzen

reboque *s. m.* 1. (método) Abschleppen_nt_; 2. (veículo) Abschleppwagen_m_; 3. (atrelado) Anhänger_m_

rebordo *s. m.* Rand_m_

rebotalho *s. m.* Ramsch_m_

rebuçado *s. m.* Bonbon_m_

rebuliço *s. m.* 1. (de pessoas) Getümmel_nt_; 2. (desordem) Wirrwarr_m_, Unordnung_f_

rebuscado *adj.* (estilo) gekünstelt, gesucht

recado *s. m.* Nachricht_f_; dar/deixar um recado a alguém: jemandem eine Nachricht ausrichten/hinterlassen

recaída *s. f.* Rückfall_m_

recair *v. intr.* 1. (culpa, responsabilidade) fallen [**sobre**, auf +*ac.*]; 2. (doente) einen Rückfall bekommen

recalcamento *s. m.* PSICOLOGIA Verdrängung_f_

recalcar *v. tr.* PSICOLOGIA verdrängen

recambiar *v. tr.* zurückschicken

recanto *s. m.* Winkel_m_, Ecke_f_

recapitulação *s. f.* Wiederholung_f_

recapitular *v. tr.* 1. (a matéria) wiederholen; 2. (os factos) zusammenfassen, rekapitulieren

recarga *s. f.* (de caneta) Patrone_f_

recarregar *v. tr.* (pilha, bateria) aufladen

recarregável *adj.* (pilha) aufladbar

recatado *adj.* 1. (reservado) zurückhaltend; 2. (pudico) züchtig, sittsam

recauchutagem *s. f.* (de pneu) Runderneuerung_f_

recauchutar *v. tr.* (pneu) runderneuern

recear I *v. tr.* fürchten, befürchten; II *v. intr.* sich sorgen [**por**, um +*ac.*]

receber I *v. tr.* 1. erhalten, bekommen; 2. (convidados) empfangen; (hóspedes) aufnehmen; II *v. intr.* 1. (ordenado) Lohn erhalten; 2. (convidados) Besucher empfangen

recebimento *s. m.* (Brasil) → recepção

receio *s. m.* Misstrauen_nt_; (temor) Befürchtung_f_

receita *s. f.* 1. CULINÁRIA Rezept_nt_; 2. MEDICINA Rezept_nt_; 3. ECONOMIA (lucro) Ertrag_m_; 4. *pl.* receitas: Einnahmen_pl_

receitar *v. tr.* (medicamento) verordnen, verschreiben

recém-casado *adj.* frisch verheiratet

recém-chegado I *s. m.* Neuankömmling_m_; II *adj.* neu angekommen [**a**, in +*dat.*]

recém-falecido *adj.* kürzlich verstorben

recém-licenciado *s. m.* Hochschulabgänger*m.*
recém-nascido I *s. m.* Neugeborene*nt.*; II *adj.* neugeboren
recenseamento *s. m.* 1. *(contagem)* Zählung*f.*; recenseamento da população: Volkszählung*f.*; recenseamento eleitoral: Erstellung des Wählerverzeichnisses; 2. *(inscrição)* Registrierung*f.*
recensear I *v. tr.* zählen; recensear a população: eine Volkszählung durchführen; II *v. refl.* sich im Wählerverzeichnis eintragen
recente *adj.* neu
recentemente *adv.* kürzlich, vor kurzem
receoso *adj.* ängstlich, furchtsam
recepção *s. f.* 1. *(de carta)* Empfang*m.*; 2. *(de hotel)* Rezeption*f.*; *(de escritório)* Anmeldung*f.*; 3. *(de pessoas)* Aufnahme*f.*, Empfang*m.*
recepcionista *s. m. e f.* Empfangs|chef, -dame*m.,f.*
receptáculo *s. m.* 1. *(recipiente)* Behälter*m.*, Gefäß*nt.*; 2. BOTÂNICA Blütenboden*m.*
receptividade *s. f.* 1. *(a opiniões)* Aufgeschlossenheit*f.*; 2. *(de espectáculo)* Anklang*m.*
receptivo *adj.* empfänglich [a, für +*ac.*], aufnahmebereit
receptor *s. m.* *(aparelho)* Empfangsgerät*nt.*, Receiver*m.*
recessão *s. f.* ECONOMIA Rezession*f.*
recheado *adj.* 1. CULINÁRIA gefüllt [com, mit +*dat.*]; 2. *(fig.)* *(repleto)* voll [de, mit +*dat.*], gespickt [de, mit +*dat.*]
rechear *v. tr.* 1. CULINÁRIA füllen [com, mit +*dat.*]; 2. *(fig.)* *(encher)* spicken [de, mit +*dat.*]
recheio *s. m.* 1. CULINÁRIA Füllung*f.*, Farce*f.*; 2. *(da casa)* Hausrat*m.*
rechonchudo *adj.* pausbäckig, pummelig

recibo *s. m.* Quittung*f.*, Beleg*m.*; passar um recibo: eine Quittung ausstellen
reciclagem *s. f.* 1. ECOLOGIA Recycling*nt.*; 2. *(formação)* Fortbildung*f.*
reciclar *v. tr.* recyceln
reciclável *adj.* recycelbar
recife *s. m.* Riff*nt.*
recinto *s. m.* 1. *(espaço)* Gelände*nt.*; 2. *(de exposições)* Ausstellungsgebäude*nt.*; *(de desportos)* Halle*f.*
recipiente *s. m.* Gefäß*nt.*, Behälter*m.*
reciprocidade *s. f.* Gegenseitigkeit*f.*, Wechselseitigkeit*f.*
recíproco *adj.* gegenseitig, wechselseitig
recital *s. m.* 1. *(de música)* Solokonzert*nt.*; recital de piano: Klavierabend*m.*; 2. *(de poesia)* Dichterlesung*f.*
recitar *v. tr.* rezitieren, vortragen
reclamação *s. f.* 1. *(queixa)* Beschwerde*f.*; *(em restaurante)* Reklamation*f.*; 2. *(reivindicação)* Rückforderung*f.*; 3. *(protesto)* Einspruch*m.*
reclamar I *v. tr.* *(queixar-se de)* beanstanden, reklamieren; II *v. intr.* 1. *(protestar)* Einspruch erheben [contra, gegen +*ac.*]; 2. *(em restaurante, hotel)* sich beschweren [de, über +*ac.*]
reclame *s. m.* Reklame*f.*, Werbung*f.*
reclamo *s. m.* → reclame
reclinar-se *v. refl.* sich zurücklehnen
recluso *s. m.* Häftling*m.*, Gefangene*m. e f.*
recobrar *v. tr.* wiederbekommen, zurückbekommen
recolha *s. f.* 1. *(de assinaturas, donativos)* Sammeln*nt.*; *(de informação)* Einholen*nt.*; recolha de dados: Datenerfassung*f.*; 2. *(de lixo)* Müllabfuhr*f.*
recolher I *v. tr.* 1. *(informações, opiniões)* einholen; *(dinheiro, assinaturas)* sammeln; *(dados)* erfassen; 2. *(colheita)* einbringen, einholen; 3. *(hospedar)* aufnehmen, unterbringen; II *v. refl.* sich zurückziehen

recolhido adj. (pessoa) zurückgezogen lebend; (lugar) abgelegen, abgeschieden; estar recolhido: ruhen, sich zur Ruhe begeben haben

recolhimento s. m. (espiritual) Andacht,

recomeçar v. tr. e intr. wieder anfangen

recomeço s. m. Wiederanfang,; (de actividade, conversa) Wiederaufnahme,

recomendação s. f. 1. (sugestão) Empfehlung,; por recomendação de: auf Empfehlung von [+dat.]; 2. pl. recomendações: (cumprimentos) Grüße,

recomendar v. tr. empfehlen

recomendável adj. empfehlenswert

recompensa s. f. Belohnung, [por, für +ac.]

recompensar v. tr. belohnen [por, für +ac.]

recompor-se v. refl. 1. (pessoa) sich erholen [de, von +dat.]; 2. (situação) sich beruhigen

recomposto p. p. de recompor

reconciliação s. f. Versöhnung,

reconciliar I v. tr. versöhnen, aussöhnen; II v. refl. sich versöhnen [com, mit +dat.]

recôndito adj. geheim, verborgen

reconduzir v. tr. zurückbringen, zurückführen

reconfortante adj. tröstlich, tröstend

reconfortar v. tr. trösten

reconforto s. m. Trost,

reconhecer v. tr. 1. (identificar) erkennen [por, an +dat.]; 2. (admitir) zugestehen; (erro) zugeben, einräumen; 3. (esforço, trabalho, pessoa) anerkennen

reconhecido adj. (grato) dankbar [por, für +ac.]

reconhecimento s. m. 1. (de esforço, trabalho) Anerkennung,; 2. (gratidão) Dankbarkeit, [por, für +ac.]; 3. (de um erro) Einsicht,; 4. MILITAR Aufklärung,

reconhecível adj. erkennbar [por, an +dat.]

reconquista s. f. MILITAR Rückeroberung,

reconquistar v. tr. 1. MILITAR zurückerobern; 2. (readquirir) zurückgewinnen, wiedererlangen

reconsiderar I v. tr. (uma decisão) überdenken; (um problema) nachdenken über [+ac.]; II v. intr. 1. (mudar de ideias) es sich anders überlegen; 2. (repensar) es sich noch einmal überlegen

reconstituição s. f. Rekonstruktion,

reconstituir v. tr. rekonstruieren; (cena) nachstellen

reconstrução s. f. (de cidade, monumento) Wiederaufbau,; (de casa) Sanierung,

reconstruir v. tr. (cidade, monumento) wieder aufbauen; (casa) sanieren

reconvalescença s. f. Genesung,

recordação s. f. 1. (memória) Erinnerung, [de, an +ac.]; 2. (de pessoa) Andenken,; (de lugar) Souvenir,, [de, von +dat.]

recordar I v. tr. (lembrar-se de) sich erinnern; recordar alguma coisa: sich an etwas erinnern; 2. (lembrar) erinnern; recordar alguma coisa a alguém: jemanden an etwas erinnern; II v. refl. sich erinnern [de, an +ac.]

recorde s. m. Rekord,; bater/estabelecer um recorde: einen Rekord brechen/aufstellen

recordista s. m. e f. Rekordhalter, -in,, ,, Rekordinhaber, -in,,

recorrer v. intr. 1. DIREITO Berufung einlegen [de, gegen +ac.; a, bei +dat.]; 2. (a métodos, meios) zurückgreifen [a, auf +ac.]

recortar I v. tr. ausschneiden; II v. refl. sich abzeichnen

recorte s. m. 1. (de jornal) Ausschnitt,; 2. (para enfeite) Ausschneidearbeit,

recostar-se v. refl. sich anlehnen

recreativo adj. Freizeit...

recreio s. m. 1. (diversão) Unterhaltung,; 2. (na escola) Pause,

recriar v. tr. neu erschaffen

recriminar v. tr. (acusar) beschuldigen; (condenar) verurteilen

recruta I s. f. (instrução) Rekrutenzeit$_f$; II s. m. e f. (pessoa) Rekrut, -in$_{m.,f.}$

recrutamento s. m. MILITAR Einberufung$_f$

recrutar v. tr. 1. MILITAR (instruir) ausbilden; (chamar) einberufen; 2. (pessoas, mão-de-obra) anwerben

recta s. f. 1. (linha) Gerade$_f$; 2. (estrada) gerade Strecke$_f$

rectangular adj. rechteckig

rectângulo I s. m. Rechteck$_{nt}$; II adj. rechtwinklig

rectidão s. f. Aufrichtigkeit$_f$, Rechtschaffenheit$_f$

rectificação s. f. (de erro) Berichtigung$_f$; (de afirmação) Richtigstellung$_f$

rectificar v. tr. (um erro) berichtigen; (uma afirmação) richtig stellen

recto I s. m. ANATOMIA Mastdarm$_m$; II adj. 1. (linha) gerade; 2. (parêntesis) eckig; ângulo recto: rechter Winkel; 3. (pessoa) aufrichtig, rechtschaffen

recuar v. intr. 1. (andando) zurückgehen; 2. (no tempo) sich zurückversetzen; 3. (hesitar) zurückweichen [perante, vor +dat.]

recuo s. m. 1. (retrocesso) Rückschritt$_m$; 2. (diminuição) Rückgang$_m$

recuperação s. f. 1. (de dinheiro) Wiederbeschaffung$_f$; (de prestígio) Wiedererlangung$_f$; 2. MEDICINA Genesung$_f$, Erholung$_f$

recuperador s. m. (de calor) Abhitzeverwerter$_m$

recuperar I v. tr. 1. (reaver) zurückbekommen; 2. (forças) zurückgewinnen, wieder erlangen; recuperar os sentidos: wieder zu sich kommen; 3. (tempo) nachholen; 4. INFORMÁTICA (ficheiro) wiederherstellen; II v. intr. sich erholen [de, von +dat.]

recurso s. m. 1. (acção de recorrer) Rückgriff$_m$ [a, auf +ac.], Ergreifen$_{nt}$; 2. (meio) Mittel$_{nt}$; 3. DIREITO Berufung$_f$; 4. (natural) Ressource$_f$; 5. pl. recursos: (finanzielle) Mittel$_{pl}$

recusa s. f. 1. (a proposta, convite) Ablehnung$_f$; (a pedido) Abweisung$_f$; 2. (negação) Weigerung$_f$

recusar I v. tr. (proposta, convite) ablehnen; (prenda) zurückweisen; (pedido) abschlagen, abweisen; II v. refl. sich weigern [a, zu +inf.]

redacção s. f. (Brasil) → redacção

redacção s. f. 1. (acção de redigir) Schreiben$_{nt}$, Verfassen$_{nt}$; 2. (composição) Aufsatz$_m$; 3. JORNALISMO Redaktion$_f$

redactor s. m. Redakteur$_m$

redator s. m. (Brasil) → redactor

rede s. f. 1. Netz$_{nt}$; rede de estradas: Straßennetz$_{nt}$; 2. (cadeia de lojas) Kette$_f$; 3. (para descansar) Hängematte$_f$

rédea s. f. Zügel$_m$

redemoinho s. m. (na água) Strudel$_m$; (de no cabelo) Wirbel$_m$

redenção s. f. RELIGIÃO Erlösung$_f$

redigir v. tr. verfassen, JORNALISMO redigieren

redimir I v. tr. RELIGIÃO erlösen; II v. refl. sich befreien

redobrado adj. verdoppelt

redobrar v. tr. verdoppeln

redoma s. f. Glasglocke$_f$

redondamente adv. ganz und gar, völlig

redondezas s. f. pl. Umgebung$_f$

redondo adj. rund

redor loc. adv. ao redor: ringsherum; em redor de...: um... herum

redução s. f. 1. (de quantidade) Verringerung$_f$ [em, um +ac.; para, auf +ac.]; (de tempo) Verkürzung$_f$ [em, um +ac.; para, auf +ac.]; (da qualidade) Verminderung$_f$; 2. (de salário, preço) Herabsetzung$_f$ [em, um +ac.; para, auf +ac.]; 3. (desconto) Ermäßigung$_f$

redundância s. f. Redundanz$_f$

redundante *adj.* überflüssig, redundant
reduzir *v. tr.* 1. *(em quantidade)* verringern [em, um +*ac.*]; **para**, auf +*ac.*]; *(em tamanho)* verkleinern [em, um +*ac.*; **para**, auf +*ac.*]; (a qualidade) vermindern; 2. *(preço, salário)* herabsetzen; *(custos, despesas)* einschränken; 3. *(a velocidade)* verringern
reedição *s. f.* Neuauflage*,* Neuausgabe*,*
reeditar *v. tr.* neu auflegen, neu herausgeben
reeleger *v. tr.* wieder wählen
reeleição *s. f.* Wiederwahl*,*
reeleito *p. p. de* reeleger
reembolsar *v. tr.* 1. *(restituir)* zurückzahlen, zurückerstatten; 2. *(reaver)* zurückerhalten, zurückbekommen
reembolso *s. m.* Rückerstattung*,*; **contra reembolso:** gegen Nachnahme
reencarnação *s. f.* Reinkarnation*,*
reencarnar *v. intr.* wieder geboren werden
reencontrar *v. tr.* wieder treffen
reencontro *s. m.* Wiedersehen*,nt.* [com, mit +*dat.*]; *(oficial)* erneute(s) Treffen*,nt.*
reescrever *v. tr.* neu schreiben
reescrito *p. p. de* reescrever
reestruturar *v. tr.* umstrukturieren, neu strukturieren; *(o governo)* umbilden
ref^a [*abrev. de* referência] Bezug
refastelar-se *v. refl.* sich rekeln, sich lümmeln
refazer I *v. tr.* 1. *(a vida)* neu ordnen, neu gestalten; 2. *(um trabalho)* neu machen, noch einmal machen; II *v. refl.* sich erholen [de, von +*dat.*]
refeição *s. f.* Mahlzeit*,*; **à refeição:** beim Essen
refeito *p. p. de* refazer
refeitório *s. m.* Speisesaal*,m.*
refém *s. m.* Geisel*,*

referência *s. f.* 1. *(indicação)* Hinweis*,m.*; *(alusão)* Anspielung*,*; **fazer referência a alguma coisa:** auf etwas anspielen; **com referência a:** unter Bezug auf [+*ac.*]; 2. *(em texto, livro)* Verweis*,m.* [para, auf +*ac.*]; 3. *(de produto)* Kennnummer*,*; 4. *pl.* **referências:** *(para emprego)* Referenzen*,pl.*
referendo *s. m.* Referendum*,nt.*, Volksabstimmung*,*
referente *adj.* **referente a:** bezüglich [+*gen.*], in Bezug auf [+*ac.*]
referido *adj.* besagt, erwähnt
referir I *v. tr.* erwähnen; II *v. refl.* 1. *(assunto, carta)* sich beziehen [a, auf +*ac.*]; 2. *(querer dizer)* meinen
refilão I *s. m.* Flegel*,m.*, Kratzbürste*,*; II *adj.* ruppig, flegelhaft
refilar *v. intr.* ruppig sein, bissig sein
refinado *adj.* raffiniert
refinaria *s. f.* Raffinerie*,*
reflectir I *v. tr.* 1. *(imagem)* spiegeln; *(luz)* reflektieren; 2. *(fig.) (revelar)* widerspiegeln; II *v. intr.* nachdenken [sobre, über +*ac.*]; III *v. refl.* 1. *(objecto, imagem)* sich spiegeln [em, in +*dat.*]; 2. *(repercutir-se)* sich widerspiegeln [em, in +*dat.*]
reflector *s. m.* Reflektor*,m.*
refletir *v. tr. (Brasil)* → reflectir
refletor *s. m. (Brasil)* → reflector
reflexão *s. f.* Überlegung*,* [sobre, zu +*dat.*]
reflexivo *adj.* GRAMÁTICA reflexiv
reflexo I *s. m.* 1. *(no espelho)* Spiegelung*,*; 2. *(fisiológico)* Reflex*,m.*; 3. *(luminoso)* Reflex*,m.*, Widerschein*,m.*; 4. *(fig.) (repercussão)* Widerspiegelung*,*; II *adj.* GRAMÁTICA reflexiv
refluxo *s. m.* Rückfluss*,m.*
refogado *s. m.* CULINÁRIA Zwiebelschwitze*,*
refogar *v. tr.* CULINÁRIA anbraten; *(carne)* schmoren

reforçar v. tr. 1. (uma construção) verstärken; 2. (vigilância) verschärfen; 3. (uma afirmação) bekräftigen

reforço s. m. 1. Verstärkung_f; 2. pl. MILITAR reforços: Verstärkung_f

reforma s. f. 1. (modificação) Reform_f; 2. (aposentadoria) Ruhestand_m

Reforma s. f. HISTÓRIA Reformation_f

reformado I s. m. Rentner_m; II adj. im Ruhestand, pensioniert

reformar I v. tr. 1. (reorganizar) umgestalten; 2. (um funcionário) in den Ruhestand versetzen, pensionieren; II v. refl. sich pensionieren lassen

reformatório s. m. Erziehungsheim_nt

refractário adj. feuerfest

refrão s. m. Refrain_m

refratário adj. (Brasil) → refractário

refreado adj. gezügelt

refrear I v. tr. zügeln; II v. refl. sich bremsen, sich zurückhalten

refrescante adj. erfrischend, frisch

refrescar v. tr. 1. (ar) abkühlen; (corpo) erfrischen; 2. (a memória) auffrischen; II v. refl. sich erfrischen, sich abkühlen

refresco s. m. Erfrischung_f

refrigeração s. f. Abkühlung_f, Kühlung_f

refrigerante I s. m. Erfrischungsgetränk_nt; II adj. erfrischend

refrigerar v. intr. abkühlen, kühlen

refugiado s. m. Flüchtling_m

refugiar-se v. refl. Zuflucht suchen [em, in +dat.]

refúgio s. m. 1. (fuga) Flucht_f [de, vor +dat.]; 2. (lugar) Zufluchtsort_m

refugo s. m. Ausschuss_m

refulgente adj. leuchtend, strahlend

refutar v. tr. (uma acusação) zurückweisen; (um argumento) widerlegen

rega s. f. Bewässerung_f

regaço s. m. Schoß_m; no regaço: auf dem Schoß

regador s. m. Gießkanne_f

regalado adj. zufrieden

regalar-se v. refl. sich ergötzen [com, an +dat.], Gefallen finden [com, an +dat.]; (com comida) sich gütlich tun [com, an +dat.]

regalia s. f. Vergünstigung_f, Vorrecht_nt

regalo s. m. 1. (prazer) Vergnügen_nt, Genuss_m; 2. (comodidade) Komfort_m

regar v. tr. (campo) bewässern; (jardim, flores) gießen; (rua) sprengen

regata s. f. Regatta_f

regatear I v. tr. aushandeln; II v. intr. feilschen, handeln

regateiro I s. m. Marktschreier_m; II adj. eitel

regato s. m. Rinnsal_nt

regência s. f. 1. GRAMÁTICA Rektion_f; 2. (na universidade) Fachbereichsleitung_f, Institutsleitung_f

regeneração s. f. Regeneration_f, Regenerierung_f

regenerar-se v. refl. sich regenerieren

regente s. m. e f. 1. (na universidade) Fachbereichsleiter, -in_{m. f.}, Institutsleiter, -in_{m. f.}; 2. (de orquestra) Dirigent, -in_{m. f.}

reger I v. tr. 1. (uma orquestra) dirigieren; 2. GRAMÁTICA regieren; 3. (na universidade) reger uma cadeira: einen Fachbereich leiten; II v. refl. sich richten [por, nach +dat.]

região s. f. 1. (de país, cidade, do mundo) Gegend_f; (administração) Region_f; 2. (do corpo) Region_f

regicídio s. m. Königsmord_m

regime s. m. 1. POLÍTICA Regime_nt; 2. (alimentar) Diät_f; 3. (método, sistema) System_nt

regimento s. m. MILITAR Regiment_nt

régio adj. königlich, Königs...

regional adj. regional

regionalismo s. m. POLÍTICA, LINGUÍSTICA Regionalismus_m

registado *adj.* registriert; (patente) geschützt; (carta) eingeschrieben; marca registada: eingetragenes Warenzeichen

registadora *s. f.* (máquina) Registriergerät$_{nt.}$

registar *v. tr.* 1. (oficialmente) eintragen; (patente) anmelden; 2. (dados) erfassen; (quantia) buchen; (totobola, totoloto) annehmen, registrieren; 4. (na memória) registrieren, speichern

registo *s. m.* 1. (documento) Register$_{nt.}$, Verzeichnis$_{nt.}$; 2. (repartição) registo civil: Standesamt$_{nt.}$; registo predial: Grundbuchamt$_{nt.}$

registradora *s. f.* (Brasil) → registadora

registrar *v. tr.* (Brasil) → registar

registro *s. m.* (Brasil) → registo

regozijar-se *v. refl.* sich freuen [com, über +ac.], jubeln [com, über +ac.]

regozijo *s. m.* Freude$_f$, Jubel$_m$

regra *s. f.* Regel$_f$; regra geral: in der Regel

regrado *adj.* (vida) geordnet

regressão *s. f.* 1. Rückgang$_m$; 2. (de doença) Rückfall$_m$

regressar *v. intr.* (vir) zurückkommen; (ir) zurückgehen; (com transporte) zurückfahren; regressar a casa: heimkehren

regressivo *adj.* rückschrittlich

regresso *s. m.* Rückkehr$_f$; (com transporte) Rückfahrt$_f$; regresso a casa: Heimkehr$_f$

régua *s. f.* Lineal$_{nt.}$

regueifa *s. f.* ringförmige(s) Brot$_{nt.}$

reguila *adj.* trotzig, widerspenstig

regulação *s. f.* (de temperatura, som) Regulierung$_f$; (de aparelho) Einstellung$_f$

regulador *s. m.* Regler$_m$

regulamentação *s. f.* 1. (regulamentos) Regelwerk$_{nt.}$; 2. (acção de regulamentar) Regelung$_f$

regulamentar I *v. tr.* (gesetzlich) regeln; II *adj.* vorschriftsmäßig

regulamento *s. m.* 1. Regelung$_f$, Vorschrift$_f$; 2. *pl.* regulamentos: Satzung$_f$

regular I *v. tr.* 1. (temperatura, som) regeln, regulieren; 2. (aparelho) einstellen; II *v. refl.* sich richten [por, nach +dat.]; III *adj.* 1. (ritmo, verbo) regelmäßig; 2. (médio) durchschnittlich; 3. (habitual) regulär; 4. (pontual) pünktlich

regularidade *s. f.* Regelmäßigkeit$_f$

regularização *s. f.* Regelung$_f$

regularizar I *v. tr.* regeln, in Ordnung bringen; II *v. refl.* sich regeln

regularmente *adv.* regelmäßig

regulável *adj.* verstellbar

rei *s. m.* König$_m$

reinação *s. f.* (coloq.) Spaß$_m$, Gaudi$_f$

reinado *s. m.* Herrschaft$_f$, Regierungszeit$_f$

reinar *v. intr.* 1. (rei) herrschen, regieren; 2. (haver) herrschen

reincidência *s. f.* DIREITO Rückfall$_m$

reincidente *adj.* DIREITO rückfällig

reincidir *v. intr.* DIREITO rückfällig werden

reineta *s. f.* (maçã) Renette$_f$

reino *s. m.* Königreich$_{nt.}$; Reino Unido: Vereinigtes Königreich

reintegrar I *v. tr.* wieder eingliedern; II *v. refl.* sich wieder eingliedern

reiterado *adj.* wiederholt

reiterar *v. tr.* 1. (repetir) wiederholen; 2. (confirmar) bestätigen

reitor *s. m.* Rektor$_m$

reitoria *s. f.* Rektorat$_{nt.}$

reivindicação *s. f.* (de direitos) Forderung$_f$

reivindicar *v. tr.* zurückfordern, Anspruch erheben auf [+ac.]; (direitos) fordern

rejeição *s. f.* 1. (de pessoa) Zurückweisung$_f$; 2. (de convite, proposta) Ablehnung$_f$; (de requerimento) Abweisung$_f$; 3. MEDICINA Abstoßen$_{nt.}$

rejeitar v. tr. 1. (uma pessoa) abweisen; 2. (convite, proposta) ablehnen; (ideia, plano) verwerfen; (requerimento) abweisen; 3. MEDICINA (órgão) abstoßen

rejuvenescer v. intr. (pessoa) sich verjüngen; (pele) wieder jung werden

rela s. f. 1. (para pássaros) Vogelfalle_f_; 2. ZOOLOGIA Laubfrosch_m_

relação s. f. 1. (entre pessoas) Beziehung_f_, Verhältnis_nt_; 2. (entre factos, acontecimentos) Zusammenhang_m_; em relação a isso...: in Bezug darauf...; 3. (lista) Aufstellung_f_, Verzeichnis_nt_; 4. pl. relações: (conhecimentos) Beziehungen_pl_; 5. pl. relações: (sexuais) Geschlechtsverkehr_m_ ❖ relações públicas: Public Relations_pl_

relacionado adj. estar relacionado com alguma coisa: sich auf etwas beziehen, in Beziehung zu etwas stehen

relacionamento s. m. Verhältnis_nt_

relacionar I v. tr. (factos, acontecimentos) in Beziehung setzen [com, zu +dat.]; II v. refl. 1. (pessoa) verkehren [com, mit +dat.]; 2. (facto) in Zusammenhang stehen [com, mit +dat.]

relâmpago s. m. Blitz_m_

relampejar v. impess. blitzen

relance s. m. de relance: kurz; olhar para alguém/alguma coisa de relance: einen raschen Blick auf jemanden/etwas werfen

relatar v. tr. berichten, schildern

relativamente adv. 1. (em proporção) relativ, verhältnismäßig; 2. (com referência) bezüglich [+gen.]

relatividade s. f. Relativität_f_

relativo adj. 1. (em proporção) relativ; 2. (referente) betreffend

relato s. m. Bericht_m_, Schilderung_f_; DESPORTO Spielbericht_m_

relatório s. m. Bericht_m_

relaxado adj. 1. (pessoa, músculo) entspannt; 2. (vida) locker; 3. (desleixado) nachlässig

relaxamento s. m. Entspannung_f_

relaxante I s. m. FARMÁCIA Relaxans_nt_; II adj. entspannend

relaxar I v. tr. lockern, entspannen; II v. intr. entspannen

relembrar v. tr. 1. (acontecimento) ins Gedächtnis zurückrufen, in Erinnerung bringen; 2. (pessoa) erinnern

relento s. m. ao relento: unter freiem Himmel

reler v. tr. noch einmal lesen

reles adj. inv. (depr.) (pessoa) ordinär; (filme, comida) mies; (restaurante) schäbig

relevância s. f. Bedeutung_f_

relevante adj. wichtig, bedeutend

relevar v. tr. vergeben, verzeihen

relevo s. m. Relief_nt_; pôr alguma coisa em relevo: etwas hervorheben

religião s. f. Religion_f_

religiosidade s. f. Religiosität_f_, Frömmigkeit_f_

religioso I s. m. Mönch_m_; II adj. religiös

relinchar v. intr. wiehern

relíquia s. f. Reliquie_f_

relógio s. m. Uhr_f_; relógio de ponto: Stechuhr_f_; relógio de pulso: Armbanduhr_f_

relógio-despertador s. m. Wecker_m_

relojoaria s. f. Uhrengeschäft_nt_

relojoeiro s. m. Uhrmacher_m_

relutância s. f. Widerwille_m_

relutante adj. widerwillig, widerstrebend

reluzente adj. glänzend

reluzir v. intr. (móvel, superfície) glänzen; (estrela) leuchten

relva s. f. Rasen_m_

relvado s. m. Rasen_m_

remador s. m. Ruderer_m_

remar v. intr. rudern

rematar I v. tr. 1. *(concluir)* beenden, abschließen; 2. *(costura)* vernähen; II v. intr. 1. *(concluir)* enden; 2. DESPORTO schießen

remate s. m. 1. *(conclusão)* Ende*nt.*, Abschluss*m.*; 2. *(ponto de costura)* letzte(r) Stich*m.*; *(borda)* Saum*m.*; 3. DESPORTO Torschuss*m.*

remedeio s. m. *(coloq.)* Mittel*nt.*, Ausweg*m.*

remediado adj. nicht unbemittelt

remediar I v. tr. *(uma situação)* in Ordnung bringen [com, durch +ac.]; *(um erro, problema)* beheben; II v. refl. 1. *(arranjar-se)* sich behelfen [com, mit +dat.]; 2. *(financeiramente)* zurechtkommen

remédio s. m. 1. *(medicamento)* Heilmittel*nt.*; 2. *(para situação)* Ausweg*m.*

remendão s. m. *(depr.)* Pfuscher*m.*, Stümper*m.*

remendar v. tr. *(pneu, roupa)* flicken, ausbessern

remendo s. m. Flicken*m.*

remessa s. f. *(envio)* Sendung*f.*; *(entrega)* Lieferung*f.*

remetente s. m. e f. Absender, -in*m., f.*

remeter I v. tr. senden, übersenden; II v. intr. verweisen [para, auf +ac.]

remexer v. tr. wühlen in [+dat.], kramen in [+dat.]

reminiscência s. f. Erinnerung*f.*

remissão s. f. 1. RELIGIÃO Vergebung*f.*; 2. Verweis*m.* [para, auf +ac.]

remo s. m. Ruder*nt.*

remoção s. f. *(eliminação)* Beseitigung*f.*; *(extracção)* Entfernung*f.*; remoção do lixo: Abfallbeseitigung*f.*

remodelação s. f. 1. *(de sistema)* Umgestaltung*f.*; 2. *(de edifício, casa)* Umbau*m.*

remodelar v. tr. *(sistema)* umgestalten; remodelar o governo: die Regierung umbilden; 2. *(edifício, casa)* umbauen

remoer v. tr. *(fig.)* wiederkäuen, herumreiten auf [+dat.]

remoinho s. m. *(na água)* Strudel*m.*; *(de ar, cabelo)* Wirbel*m.*

remontar v. intr. zurückgehen [a, auf +ac.]

remorsos s. m. pl. Gewissensbisse*pl.*

remoto adj. 1. *(no espaço)* weit entfernt, fern; 2. *(no tempo)* weit zurückliegend

remover v. tr. 1. *(eliminar)* beseitigen; *(retirar)* entfernen, wegräumen; 2. *(deslocar)* verschieben

removível adj. entfernbar

remuneração s. f. Vergütung*f.*, Bezahlung*f.*

remunerar v. tr. 1. *(o trabalho)* vergüten, bezahlen; 2. *(a pessoa)* bezahlen [por, für +ac.]

rena s. f. ZOOLOGIA Rentier*nt.*, Ren*nt.*

renal adj. Nieren...

Renânia s. f. Rheinland*nt.*; Renânia do Norte-Vestefália: Nordrhein-Westfalen*nt.*

Renânia-Palatinado s. f. Rheinland-Pfalz*nt.*

renano adj. 1. *(da Renânia)* rheinländisch; 2. *(do Reno)* rheinisch

Renascença s. f. HISTÓRIA Renaissance*f.*

renascer v. intr. *(fig.)* *(pessoa, interesse)* wieder aufleben

renascimento s. m. *(fig.)* Wiederaufleben*nt.*

Renascimento s. m. HISTÓRIA Renaissance*f.*

renda s. f. 1. *(em vestuário)* Spitze*f.*; 2. *(da casa)* Miete*f.*; 3. *(Brasil)* → rendimento

render I v. tr. 1. *(dinheiro)* einbringen; 2. *(máquina, motor)* leisten; 3. *(a guarda)* ablösen; II v. intr. 1. *(negócio)* Gewinn abwerfen; 2. *(tempo)* produktiv sein; III v. refl. sich ergeben, kapitulieren [a, vor +dat.]

rendição s. f. *(entrega)* Übergabe*f.*; *(capitulação)* Kapitulation*f.*

rendimento s. m. 1. *(financeiro)* Einkünfte*pl.*; *(nacional)* Einnahmen*pl.*; rendimento líquido: Nettoeinkommen*nt.*; 2. *(de máquina, motor)* Leistungsfähigkeit*f.*

renegado adj. abtrünnig

renegar v. tr. 1. (uma pessoa, as convicções) verleugnen; (o passado) leugnen; 2. RELIGIÃO abschwören

renhido adj. heftig

renitente adj. widerspenstig

Reno s. m. Rhein_m.

renomado adj. (Brasil) angesehen, renommiert

renome s. m. (guter) Ruf_m; (fama) Ruhm_m; **de renome:** angesehen

renovação s. f. 1. (de contrato) Erneuerung_f; (de documento) Verlängerung_f; 2. (de casa) Renovierung_f

renovar v. tr. 1. (contrato) erneuern; 2. (casa) renovieren

rentabilidade s. f. Wirtschaftlichkeit_f, Rentabilität_f

rentável adj. rentabel

rente I adj. sehr kurz; II adv. dicht an [+dat.]

renúncia s. f. Verzicht_m [a, auf +ac.]

renunciar v. intr. verzichten [a, auf +ac.]; (a um cargo) niederlegen

reocupação s. f. MILITAR Wiederbesetzung_f

reocupar v. tr. MILITAR wieder besetzen, wieder einnehmen

reorganização s. f. (de sistema) Umgestaltung_f; (de documentos) Neuordnung_f

reorganizar v. tr. (sistema, a vida) neu gestalten, umgestalten; (documentos) neu ordnen

reóstato s. m. ELECTRICIDADE Rheostat_m, Regelwiderstand_m

repa s. f. Pony_m

reparação s. f. 1. (de aparelho, automóvel) Reparatur_f; 2. (de erro) Wiedergutmachung_f

reparar I v. tr. 1. (aparelho, automóvel) reparieren; 2. (erro) wieder gutmachen; II v. intr. bemerken; **reparar em alguém/alguma coisa:** jemanden/etwas bemerken

reparo s. m. (comentário) Bemerkung_m; (crítica) Einwand_m

repartição s. f. Dienststelle_f, Amt_{nt}; repartição de Finanças: Finanzamt_{nt}

repartir v. tr. 1. (partilhar) teilen [com, mit +dat.]; 2. (dividir) aufteilen [em, in +ac.]; 3. (distribuir) verteilen [por, unter +dat.]

repatriar v. tr. in die Heimat zurückschicken; DIREITO, POLÍTICA repatriieren

repelente I s. m. Insektenschutzmittel_{nt}; II adj. abstoßend

repelir v. tr. 1. (um golpe) abwehren; 2. (uma pessoa) abstoßen, abweisen

repenicado adj. schrill

repensar I v. tr. überdenken; II v. intr. noch einmal nachdenken

repente s. m. (movimento) plötzliche Bewegung_f; (ideia) Einfall_m; **de repente:** plötzlich

repentinamente adv. plötzlich

repentino adj. plötzlich

repercussão s. f. 1. (de som) Widerhall_m; 2. (efeito) Auswirkung_f

repercutir I v. tr. (som) zurückwerfen; II v. refl. 1. (som) widerhallen; 2. (ter efeito) sich auswirken [em, auf +ac.]

repertório s. m. Repertoire_{nt}

repetente I s. m. e f. Wiederholer, -in_{m, f}; II adj. sitzen geblieben, durchgefallen

repetição s. f. Wiederholung_f

repetidamente adv. mehrmals, wiederholt

repetir I v. tr. wiederholen; II v. intr. (à refeição) nachnehmen; III v. refl. (pessoa, situação) sich wiederholen

repetitivo adj. mit vielen Wiederholungen

repicar v. intr. läuten

repique s. m. Glockenläuten_{nt}

repleto adj. voll [de, mit +dat.], überfüllt [de, mit +dat.]

réplica s. f. 1. (de avião) Nachbildung_f; 2. (de sismo) Nachbeben_{nt}; 3. (resposta) Erwiderung_f

replicar v. tr. e intr. entgegnen, erwidern
repolho s. m. BOTÂNICA Kohlkopf_m_, Kohl_m_
repor I v. tr. 1. *(voltar a pôr)* wieder hinstellen; 2. *(dinheiro)* zurückerstatten; II v. refl. sich erholen [de, von +dat.]
reportagem s. f. Reportage_f_, [sobre, über +ac.], Bericht_m_ [sobre, über +ac.]
reportar-se v. refl. sich beziehen [a, auf +ac.]
repórter s. m. e f. Reporter, -in_m., f._; repórter fotográfico: Bildreporter_m_
reposição s. f. Rückerstattung_f_
reposteiro s. m. Vorhang_m_
reposto p. p. de repor
repousado adj. ruhig, gelassen
repousar v. intr. 1. (pessoa) sich ausruhen; 2. CULINÁRIA (massa) ruhen
repouso s. m. Erholung_f_, Ruhe_f_
repreender v. tr. tadeln, zurechtweisen
repreensão s. f. Tadel_m_
repreensível adj. tadelnswert
repreensivo adj. vorwurfsvoll
represa s. f. Staudamm_m_, Stauwehr_nt_
represálias s. f. pl. Repressalien_pl_
representação s. f. 1. (de pessoa) Vertretung_f_, Stellvertretung_f_; 2. (teatral) Aufführung_f_
representante s. m. e f. (de pessoa) Vertreter, -in_m., f._, Stellvertreter, -in_m., f._; (de empresa) Repräsentant, -in_m., f._
representar v. tr. 1. (uma pessoa, empresa) vertreten; 2. *(reproduzir)* darstellen; 3. *(significar)* bedeuten; 4. (peça teatral) aufführen
representativo adj. repräsentativ [de, für +ac.]
repressão s. f. Unterdrückung_f_
repressivo adj. unterdrückend, repressiv
reprimenda s. f. Verweis_m_, Rüge_f_
reprimir I v. tr. (pessoas, sentimentos) unterdrücken; II v. refl. sich zurückhalten, sich beherrschen

reprodução s. f. 1. (de som, história) Wiedergabe_f_; (de imagem) Reproduktion_f_; (de estátua) Nachbildung_f_; 2. BIOLOGIA Fortpflanzung_f_
reproduzir I v. tr. 1. (som, uma história) wiedergeben; (imagem) reproduzieren; (objectos) abbilden; 2. *(multiplicar)* vermehren; II v. refl. 1. BIOLOGIA sich fortpflanzen; 2. *(multiplicar-se)* sich vermehren
reprovação s. f. 1. (de requerimento, lei) Ablehnung_f_; 2. (de atitude) Missbilligung_f_; 3. (em exame) Durchfallen_nt_
reprovado adj. 1. (pedido, requerimento) abgelehnt, abgewiesen; 2. (aluno) durchgefallen
reprovador adj. vorwurfsvoll, missbilligend
reprovar I v. tr. 1. (requerimento, lei) ablehnen; 2. (atitude) missbilligen, verurteilen; II v. intr. durchfallen
reprovável adj. tadelnswert, verwerflich
réptil s. m. ZOOLOGIA Reptil_nt_, Kriechtier_nt_
república s. f. 1. POLÍTICA Republik_f_; 2. *(Brasil) (residência universitária)* Studentenwohnheim_nt_
republicano I s. m. Republikaner_m_; II adj. republikanisch
repudiar v. tr. verwerfen, ablehnen
repúdio s. m. Ablehnung_f_
repugnância s. f. Abneigung_f_, Abscheu_m_
repugnante adj. widerlich, ekelhaft
repugnar v. intr. anekeln, anwidern
repulsa s. f. Ekel_m_, Abscheu_m_
repulsivo adj. abstoßend, widerlich
reputação s. f. Ruf_m_, Ansehen_nt_
reputado adj. angesehen
repuxar v. intr. (tecido, roupa) sich zusammenziehen
repuxo s. m. Wasserstrahl_m_; *(chafariz)* Fontäne_f_
requeijão s. m. Quark_m_; *(Áustria)* Topfen_m_

requentado *adj.* aufgewärmt
requentar *v. tr.* aufwärmen
requerente *s. m. e f.* Antragsteller, -in*f*
requerer *v. tr.* 1. (com requerimento) beantragen; 2. *(exigir)* erfordern; (tempo) beanspruchen
requerimento *s. m.* Antrag*m*
requintado *adj.* (pessoa) vornehm; (gosto, ambiente) erlesen
requinte *s. m.* Feinheit*f*, Erlesenheit*f*
requisição *s. f.* Antrag*m*, Antragsformular*nt*
requisitar *v. tr.* 1. *(solicitar)* anfordern; (material) beantragen; 2. (em biblioteca) ausleihen
requisito *s. m.* Anforderung*f*; preencher os requisitos: die Anforderungen erfüllen
rês *s. f.* Vieh*nt*
rescaldo *s. m.* 1. (de incêndio) Glut*f*; 2. (de acontecimento) unmittelbare Zeit*f* nach [+dat.]
rescindir *v. tr.* (contrato) aufheben, für ungültig erklären
rescisão *s. f.* (de contrato) Aufhebung*f*, Kündigung*f*
rés-do-chão *s. m. inv.* Erdgeschoss*nt*, Parterre*nt*
reserva *s. f.* 1. (de material, alimentos) Vorrat*m*, Reserve*f*; 2. (de mesa, quarto) Reservierung*f*; 3. *(restrição)* Vorbehalt*m*; sem reservas: ohne Vorbehalte; 4. reserva natural: Naturschutzgebiet*nt*; 5. *(discrição)* Zurückhaltung*f*
reservado *adj.* 1. (mesa, quarto, lugar) reserviert; 2. (pessoa) zurückhaltend; 3. (tarefa, decisão) vorbehalten
reservar *v. tr.* 1. (mesa, quarto) reservieren, bestellen; (viagem) buchen; (lugar) belegen; (bilhetes) vorbestellen; 2. (tarefa) zurückbehalten [para, für +ac.], aufheben [para, für +ac.]
reservatório *s. m.* Speicher*m*

resfriado I *s. m.* Erkältung*f*; II *adj.* erkältet
resgatar *v. tr.* 1. (hipoteca) abtragen; (dívida) begleichen; 2. (refém, prisioneiro) auslösen; (com dinheiro) freikaufen
resgate *s. m.* 1. (de hipoteca, dívida) Tilgung*f*; 2. (de refém, prisioneiro) Befreiung*f*; 3. (dinheiro) Lösegeld*nt*
resguardar-se *v. refl.* sich hüten [de, vor +dat.]
resguardo *s. m.* Schutz*m*
residência *s. f.* 1. *(morada)* Wohnsitz*m*; 2. *(moradia)* Wohnhaus*nt*; residência universitária: Studentenwohnheim*nt*
residencial *s. f.* Pension*f*
residente *adj.* wohnhaft [em, in +dat.]
residir *v. intr.* 1. (pessoa) wohnen; 2. (problema) bestehen [em, in +dat.]
residual *adj.* Abfall...
resíduo *s. m.* 1. QUÍMICA Rückstand*m*; 2. (lixo) Abfall*m*; resíduos industriais: Industrieabfälle*pl*; resíduos tóxicos: Giftmüll*m*, Sondermüll*m*
resignação *s. f.* Resignation*f*
resignado *adj.* resigniert [com, angesichts +gen.]
resignar-se *v. refl.* resignieren [com, angesichts +gen.], sich abfinden [com, mit +dat.]
resina *s. f.* Harz*nt*
resinoso *adj.* harzig
resistência *s. f.* 1. *(renitência)* Widerstand*m* [a, gegen +ac.]; 2. (física) Ausdauer*f*
resistente *adj.* (pessoa) zäh; (material, aparelho) haltbar, widerstandsfähig [a, gegen +ac.]
resistir *v. intr.* 1. *(opor-se)* sich widersetzen; 2. (a vontade, a tentação) widerstehen; resistir a alguma coisa: *(aguentar)* etwas aushalten; (a Inverno, doença) etwas überstehen
resma *s. f.* (de papel) fünfhundert Blatt

resmungão I *s. m.* Nörgler*m*; II *adj.* nörgelig

resmungar *v. intr.* nörgeln; resmungar com alguém: an jemandem herumnörgeln

resolução *s. f.* 1. (decisão) Entschluss*m*; 2. (de problema) Lösung*f*; 3. (de imagem) Auflösung*f*

resoluto *adj.* entschlossen, resolut

resolver I *v. tr.* 1. (problema, mistério) lösen; 2. (assunto) erledigen; 3. (decidir) beschließen; II *v. intr.* sich entscheiden; III *v. refl.* sich entschließen [a, zu +*inf.*]

respectivamente *adv.* beziehungsweise

respectivo *adj.* (em questão) betreffend; (correspondente) entsprechend

respeitado *adj.* angesehen, geachtet

respeitante *adj.* respeitante a alguém/alguma coisa: jemanden/etwas betreffend

respeitar I *v. tr.* 1. (uma pessoa) achten, respektieren; 2. (um prazo) einhalten; II *v. intr.* betreffen; no que respeita a...: was... betrifft...

respeitável *adj.* achtbar, ehrwürdig

respeito *s. m.* 1. Respekt*m* [por, vor +*dat.*]; 2. (por lei, regras) Beachtung*f*; 3. (referência) a respeito de: in Bezug auf [+*ac.*]; dizer respeito a alguém/alguma coisa: jemanden/etwas betreffen, jemanden angehen

respeitoso *adj.* respektvoll

respiração *s. f.* Atmung*f*, Atem*m*

respirar I *v. tr.* atmen; II *v. intr.* atmen; respirar fundo: tief einatmen; (fig.) aufatmen

respiratório *adj.* Atmungs...

respiro *s. m.* Lüftungsloch*nt.*

resplandecente *adj.* glänzend, strahlend

resplendor *s. m.* Glanz*m*

respondão I *s. m.* Frechdachs*m*; II *adj.* schnippisch, patzig

responder I *v. tr.* antworten; II *v. intr.* 1. (a pergunta, carta) beantworten; responder a alguém: jemandem antworten; 2. (responsabilizar-se) haften; responder por alguém/alguma coisa: für jemanden/etwas haften

responsabilidade *s. f.* Verantwortung*f*; DIREITO Haftung*f*

responsabilizar I *v. tr.* verantwortlich machen [por, für +*ac.*]; II *v. refl.* die Verantwortung übernehmen [por, für +*ac.*]; DIREITO haften [por, für +*ac.*]

responsável I *s. m. e f.* Verantwortliche*m. e f* [por, für +*ac.*]; II *adj.* verantwortlich [por, für +*ac.*]

resposta *s. f.* Antwort*f*; resposta afirmativa: Zusage*f*; resposta negativa: Absage*f*

ressabiado *adj.* (pessoa) beleidigt, verärgert [com, über +*ac.*]

ressaca *s. f.* (coloq.) Kater*m*; estar de ressaca: einen Kater haben

ressacar *v. intr.* (coloq.) sich auskurieren [de, von +*dat.*], seinen Kater loswerden

ressaibo *s. m.* 1. (com comida) Beigeschmack*m*; 2. (de acontecimento) Nachwirkungen*pl.*

ressaltar I *v. tr.* hervorheben, betonen; II *v. intr.* sich abheben [de, von +*dat.*], hervorstechen

ressalva *s. f.* Vorbehalt*m*

ressarcimento *s. m.* Wiedergutmachung*f*, Entschädigung*f*

ressarcir *v. tr.* entschädigen; ressarcir alguém de alguma coisa: jemanden für etwas entschädigen

ressecar *v. intr.* austrocknen

ressentido *adj.* beleidigt

ressentimento *s. m.* Groll*m*

ressentir-se *v. refl.* ressentir-se de alguma coisa: (melindrar-se) wegen etwas beleidigt sein; (sentir os efeitos) etwas spüren

ressequido *adj.* (planta) vertrocknet; (solo) ausgetrocknet
ressoar *v. intr.* widerhallen, hallen
ressonância *s. f.* Resonanz*f.*
ressonar *v. intr.* schnarchen
ressurgimento *s. m.* Wiederaufleben*nt.*
ressurreição *s. f.* Auferstehung*f.*
ressuscitar I *v. tr.* 1. (um morto) aufwecken; 2. (um sentimento) wiedererwecken; II *v. intr.* (morto) auferstehen
restabelecer I *v. tr.* wieder herstellen; II *v. refl.* sich erholen
restabelecimento *s. m.* 1. (da paz) Wiederherstellung*f.*; 2. MEDICINA Erholung*f.*
restante I *s. m.* Rest*m.*; os restantes: die verbleibenden Personen; II *adj.* 1. (que sobra) übrig geblieben; 2. (outro) übrig, restlich
restar *v. intr.* übrig bleiben
restauração *s. f.* (de monumento, edifício) Sanierung*f.*; (de móvel) Restaurierung*f.*
restaurante *s. m.* Restaurant*nt.*, Gaststätte*f.*
restaurar *v. tr.* (monumento, edifício) sanieren; (móvel) restaurieren
réstia *s. f.* 1. (de luz) Lichtstrahl*m.*; 2. (vislumbre) Schimmer*m.*
restituição *s. f.* (de bens) Rückgabe*f.*; (de dinheiro) Rückerstattung*f.*
restituir *v. tr.* (dinheiro) zurückerstatten; restituir alguma coisa a alguém: jemandem etwas zurückgeben
resto *s. m.* Rest*m.*; de resto: im Übrigen, ansonsten
restolho *s. m.* Stoppel*f.*
restrição *s. f.* Einschränkung*f.*, Beschränkung*f.*
restringir I *v. tr.* 1. (pessoa, assunto) einschränken, beschränken [a, auf +*ac.*]; 2. (liberdade, poder) begrenzen; II *v. refl.* sich beschränken [a, auf +*ac.*]
restritivo *adj.* einschränkend, restriktiv
restrito *adj.* begrenzt, beschränkt; em sentido restrito: im engeren Sinn
resultado *s. m.* (de acontecimento) Ergebnis*nt.*, Resultat*nt.*; (consequência) Folge*f.*
resultante *adj.* entstehend; resultante de: sich ergebend aus [+*dat.*]
resultar *v. intr.* 1. (dar resultado) Erfolg haben; (coloq.) klappen; 2. (ser resultado) sich ergeben [de, aus +*dat.*]; 3. (ter como resultado) führen [em, zu +*dat.*]
resumido *adj.* zusammengefasst
resumir I *v. tr.* 1. (texto, história, livro) zusammenfassen; 2. (reduzir) beschränken [a, auf +*ac.*]; II *v. refl.* sich beschränken [a, auf +*ac.*]
resumo *s. m.* Zusammenfassung*f.*; em resumo: kurz gesagt
resvalar *v. intr.* 1. (carro) schleudern; 2. (terra, neve) ausrutschen
resvés *adv.* sehr dicht, sehr nah
reta *s. f.* 1. (Brasil) (linha) Gerade*f.*; 2. (Brasil) (estrada) gerade Strecke*f.*
retaguarda *s. f.* 1. (de automóvel) Heck*nt.*; à/na retaguarda: hinten; 2. MILITAR Nachhut*f.*
retalhar *v. tr.* (cortando) zerschneiden; (rasgando) zerreißen
retalhista *s. m. e f.* Einzelhändler, -in*m., f.*
retalho *s. m.* Stoffrest*m.*; venda a retalho: Einzelhandel*m.*
retaliação *s. f.* Vergeltungsmaßnahme*f.*
retaliar *v. intr.* Vergeltungsmaßnahmen durchführen
retangular *adj.* (Brasil) rechteckig
retângulo *s. m.* (Brasil) Rechteck*nt.*
retardar *v. tr.* verzögern
retardatário *s. m.* Nachzügler*m.*, Zuspätkommende*m. e f.*
retarde *s. m.* (Brasil) Verzögerung*f.*
retenção *s. f.* (de dinheiro, informação) Zurückhalten*nt.*

reter v. tr. 1. (dinheiro, informação) zurückhalten; 2. (uma pessoa) festhalten; 3. (na memória) behalten
reticências s. f. pl. Auslassungspunkte_pl.
reticente adj. zurückhaltend
retidão s. f. (Brasil) → rectidão
retificação s. f. (Brasil) → rectificação
retificar v. tr. (Brasil) → rectificar
retina s. f. ANATOMIA Netzhaut_f
retirada s. f. MILITAR Rückzug_m.
retirado adj. (lugar) abgelegen; (pessoa) zurückgezogen
retirar I v. tr. 1. (uma queixa) zurückziehen; (um comentário) zurücknehmen; 2. (tirar) entfernen; II v. refl. 1. (da sala, festa) sich entfernen, gehen; 2. (da vida activa) sich zurückziehen
retiro s. m. 1. (lugar) Zufluchtsort_m.; 2. (isolamento) Zurückgezogenheit_f.
reto s. m. (Brasil) → recto
retocar v. tr. (quadro, pintura) ausbessern
retomar v. tr. 1. (actividade, conversações) wieder aufnehmen; 2. (lugar) wieder einnehmen
retoque s. m. Ausbesserung_f.
retorcer I v. tr. winden, drehen; II v. refl. sich winden
retórica s. f. Rhetorik_f
retornado s. m. Remigrant_m.; (das ex-colónias) Rückwanderer_m.
retornar v. intr. zurückkommen, zurückkehren; retornar a casa: heimkehren
retorno s. m. 1. (regresso) Rückkehr_f.; retorno a casa: Heimkehr_f.; 2. (devolução) Rückgabe_f.
retorquir v. tr. e intr. entgegnen, erwidern
retractar I v. tr. zurücknehmen; II v. refl. widerrufen
retraído adj. (pessoa) scheu, zurückhaltend
retrair I v. tr. (membro) zurückziehen; II v. refl. sich zurückhalten
retratar I v. tr. 1. (pintar, desenhar) porträtieren; 2. (descrever) beschreiben, darstellen; II v. refl. (Brasil) widerrufen
retrato s. m. Porträt_nt.
retrete s. f. Toilette_f.
retribuição s. f. 1. (de um favor) Erwiderung_f.; 2. (recompensa) Belohnung_f [por, für +ac.]
retribuir v. tr. 1. (visita) erwidern; 2. (recompensar) belohnen [com, mit +dat.]
retroactivo adj. rückwirkend
retroativo adj. (Brasil) → retroactivo
retroceder v. intr. zurückgehen
retrocesso s. m. Rückschritt_m.
retrógrado adj. rückschrittlich, reaktionär
retroprojector s. m. Tageslichtprojektor_m.
retroprojetor s. m. (Brasil) → retroprojector
retrosaria s. f. Kurzwarengeschäft_nt.
retrospectiva s. f. Rückblick_m.; em retrospectiva: rückblickend
retrospectivo adj. rückblickend, retrospektiv
retroversão s. f. Rückübersetzung_f.
retrovisor s. m. (espelho) Rückspiegel_m.
retumbante adj. dröhnend; (sucesso) durchschlagend
retumbar v. intr. dröhnen
réu s. m. Angeklagte_m. e f.
reumático I s. m. Rheumatiker_m.; II adj. rheumatisch
reumatismo s. m. MEDICINA Rheuma_nt.
reunião s. f. 1. (de negócios) Sitzung_f.; Besprechung_f.; 2. (assembleia) Versammlung_f.
reunificação s. f. Wiedervereinigung_f.
reunificar v. tr. wieder vereinigen
reunir v. tr. 1. (informações, dados) sammeln; 2. (pessoas) versammeln; 3. (qualidades, condições) verfügen über [+ac.]

revelação s. f. 1. (de segredo) Enthüllung $_f$, Aufdeckung $_f$; 2. FOTOGRAFIA Entwicklung $_f$

revelar I v. tr. 1. (segredo, escândalo) aufdecken, enthüllen; 2. FOTOGRAFIA entwickeln; II v. refl. 1. (pessoa) sich anvertrauen; 2. (sintoma) auftreten; 3. (ser) sich herausstellen

revelia loc. adv. DIREITO à revelia: in Abwesenheit

revenda s. f. Wiederverkauf $_m$

revendedor s. m. Wiederverkäufer $_m$

rever v. tr. 1. (tornar a ver) wieder sehen; 2. (para corrigir) durchsehen; (examinar) überprüfen; 3. (a matéria) wiederholen

reverberar v. intr. funkeln, glitzern

reverência s. f. Verehrung $_f$, Hochachtung $_f$

reverenciar v. tr. ehren, Hochachtung erweisen

reverendo s. m. Pfarrer $_m$

reversível adj. umkehrbar, reversibel

reverso s. m. Rückseite $_f$

reverter v. intr. zurückfallen [para, an +ac.]

revertério s. m. (Brasil) (coloq.) unangenehme Überraschung $_f$

revés s. m. Rückschlag $_m$; ao revés: umgekehrt; de revés: schief

revestimento s. m. (de objecto) Überzug $_m$; (de chão) Belag $_m$; (de parede) Verkleidung $_f$

revestir v. tr. (parede) verkleiden [de, mit +dat.]; (gaveta) auslegen [de, mit +dat.]; (material) überziehen [de, mit +dat.]

revezar-se v. refl. sich abwechseln [em, bei +dat.]

revirar v. tr. 1. (os olhos) verdrehen; 2. (casa) durchsuchen; (gaveta) durchwühlen

reviravolta s. f. (fig.) Umbruch $_m$, Wende $_f$

revisão s. f. 1. (de trabalho, documento) Überprüfung $_f$; (de texto) Bearbeitung $_f$; (de lei, contrato) Revision $_f$; 2. (de automóvel) Inspektion $_f$

revisar v. tr. (Brasil) → rever

revisor s. m. (em comboio) Schaffner $_m$; (em autocarro) Kontrolleur $_m$

revista s. f. 1. JORNALISMO Zeitschrift $_f$; 2. (busca) Durchsuchung $_f$; (inspecção) Überprüfung $_f$; 3. TEATRO Revue $_f$

revistar v. tr. durchsuchen

revisto p. p. de rever

revitalizar v. tr. wieder beleben

reviver v. tr. wieder erleben

revogação s. f. (de lei, sentença) Aufhebung $_f$

revogar v. tr. (uma lei, sentença, decisão) aufheben; (uma ordem) widerrufen

revogável adj. aufhebbar

revolta s. f. 1. (popular) Revolte $_f$; 2. (interior) Auflehnung $_f$

revoltado adj. empört [com, über +ac.], aufgebracht [com, über +ac.]

revoltante adj. empörend

revoltar I v. tr. empören, aufbringen; II v. refl. sich auflehnen [contra, gegen +ac.]

revolto adj. 1. (mar) aufgewühlt; 2. (cabelo) wirr, zerzaust

revolução s. f. Revolution $_f$

revolucionar v. tr. grundlegend umgestalten, revolutionieren

revolucionário I s. m. Revolutionär $_m$; II adj. revolutionär

revolver v. tr. 1. (a terra) aufwühlen; 2. (papéis, roupa) durchwühlen; 3. (livros) wälzen

revólver s. m. Revolver $_m$

reza s. f. Gebet $_{nt}$

rezar I v. tr. (uma oração) beten; II v. intr. beten [a, zu +dat.; por, für +ac.]

rezingar v. intr. (coloq.) meckern; (criança) quengeln

RFA s. f. [abrev. de República Federal da Alemanha] BRD $_f$ [abrev. de Bundesrepublik Deutschland]

ria s. f. Ria $_f$

riacho s. m. Bach$_m$.
ribaldaria s. f. (coloq.) Chaos$_{nt}$, Tohuwabohu$_{nt}$.
ribalta s. f. Rampenlicht$_{nt}$.
ribanceira s. f. Abhang$_m$; (costa) Steilküste$_f$.
ribeira s. f. 1. (ribeiro) Bach$_m$; 2. (margem) Flussufer$_{nt}$.
ribeirinho adj. Ufer...
ribeiro s. m. Bach$_m$.
ricaço I s. m. (coloq.) reiche(r) Protz$_m$; II adj. (coloq.) steinreich
rico I s. m. Reiche$_{m.\ e\ f}$; II adj. 1. (endinheirado, abundante) reich [em, an +dat.]; 2. (variado) reichhaltig; 3. (comida) köstlich, lecker
ricochete s. m. Abprall$_m$.
ridicularizar v. tr. lächerlich machen
ridículo I s. m. expor alguém/alguma coisa ao ridículo: jemanden/etwas der Lächerlichkeit preisgeben; II adj. lächerlich
rifa s. f. Verlosung$_f$.
rifar v. tr. verlosen
rigidez s. f. 1. (de material) Starrheit$_f$; 2. (severidade) Strenge$_f$.
rígido adj. 1. (material) starr; 2. (severo) streng
rigor s. m. 1. (exactidão) Genauigkeit$_f$; com rigor: genau; em rigor: streng genommen; 2. (de disciplina, regras) Strenge$_f$.
rigorosamente adv. 1. (exactamente) genau; 2. (em rigor) streng genommen
rigoroso adj. 1. (disciplina, regras) hart, streng; 2. (exacto) präzise, genau
rijo adj. 1. (material) hart; (carne) zäh; 2. (pessoa) kräftig, stark
rim s. m. ANATOMIA Niere$_f$.
rima s. f. Reim$_m$.
rimar v. intr. sich reimen [com, auf +ac.]
rímel s. m. Wimperntusche$_f$.
ringue s. m. (boxe) Ring$_m$.
rinoceronte s. m. ZOOLOGIA Nashorn$_{nt}$.
rio s. m. Fluss$_m$, Strom$_m$.

ripa s. f. Latte$_f$.
ripostar v. intr. schlagfertig antworten
riqueza s. f. 1. (material) Reichtum$_m$, Vermögen$_{nt}$; 2. (abundância) Fülle$_f$ [em, von +dat.]
rir I v. intr. lachen; II v. refl. lachen; **rir-se de alguém:** jemanden auslachen
risada s. f. Gelächter$_{nt}$.
risca s. f. 1. (em tecido) Streifen$_m$; **às riscas:** gestreift; 2. (no cabelo) Scheitel$_m$.
riscado adj. 1. (papel) bekritzelt; (palavra) durchgestrichen; 2. (disco) zerkratzt
riscar v. tr. 1. (um papel) Striche malen auf [+ac.]; (uma palavra, frase) durchstreichen; 2. (de uma lista, da memória) streichen
risco s. m. 1. (traço) Strich$_m$; 2. (perigo) Risiko$_{nt}$; **correr risco:** Risiko eingehen
riso s. m. Lachen$_{nt}$, Gelächter$_{nt}$.
risonho adj. 1. (pessoa, cara) heiter, fröhlich; 2. (futuro) verheißungsvoll
risota s. f. (coloq.) höhnische(s) Gelächter$_{nt}$.
rispidez s. f. Schroffheit$_f$, Unfreundlichkeit$_f$.
ríspido adj. (pessoa) rau, grob; (palavras) scharf; (comentário, reposta) schroff
ritmado adj. rhythmisch
rítmico adj. rhythmisch
ritmo s. m. Rhythmus$_m$; (de desenvolvimento) Tempo$_{nt}$.
rito s. m. Ritus$_m$, Ritual$_{nt}$.
ritual I s. m. Ritual$_{nt}$; II adj. rituell
rival s. m. e f. Rival|e, -in$_{m,\ f}$.
rivalidade s. f. Rivalität$_f$.
rivalizar v. intr. rivalisieren, wetteifern
rixa s. f. Schlägerei$_f$, Rauferei$_f$.
robalo s. m. ZOOLOGIA Seebarsch$_m$.
robe s. m. Morgenrock$_m$.
robô s. m. Roboter$_m$.
robustez s. f. Robustheit$_f$.

robusto adj. robust

roca s. f. Spinnrocken_m.

roça s. f. 1. (Brasil) AGRICULTURA Ackerbau_m; 2. (Brasil) (campo) Land_nt.

roçado adj. (roupa) abgetragen, abgewetzt

roçar I v. tr. 1. (tocar) streifen; 2. (roupa) abtragen; II v. refl. leicht berühren [em, +ac.]

rocha s. f. (geral) Gestein_nt; (rochedo) Fels_m, Felsen_m.

rochedo s. m. Felsen_m, Klippe_f.

rochoso adj. felsig

rock s. m. MÚSICA Rock_m, Rockmusik_f.

roda s. f. 1. (objecto) Rad_nt; roda dentada: Zahnrad_nt; 2. (círculo) Kreis_m; à/em roda: rundherum; (rotação) andar à roda: sich drehen; 3. (de saia) Weite_f.

rodada s. f. Runde_f; pagar uma rodada: eine Runde ausgeben

rodado adj. 1. (saia) weit; 2. (automóvel) eingefahren; 3. (coloq.) (pessoa) erfahren

rodagem s. f. (de automóvel) Einfahren_nt; fazer a rodagem: den Wagen einfahren

rodapé s. m. 1. (na parede) Fußleiste_f; 2. (de folha) nota de rodapé: Fußnote_f.

rodar I v. tr. 1. (um botão, a chave) drehen; (a cabeça) rollen; 2. (um filme) drehen; II v. intr. 1. (girar) sich drehen; 2. (objecto) kreisen, weitergereicht werden [por, an +ac.]

roda-viva s. f. Trubel_m, Hetze_f.

rodeado adj. umgeben [de, von +dat.]

rodear v. tr. umgeben [de, mit +dat.]

rodeios s. m. pl. Umweg_m; sem rodeios: ohne Umschweife

rodela s. f. Scheibe_f.

rodízio s. m. Möbelrolle_f.

rodopiar v. intr. im Kreis wirbeln, sich schnell drehen

rodopio s. m. 1. (movimento) Wirbeln_nt; 2. (azáfama) Hetze_f; andar num rodopio: sich abhetzen

rodovalho s. m. ZOOLOGIA Steinbutt_m.

rodovia s. f. (Brasil) Fahrbahn_f.

rodoviário adj. (de estrada) Straßen...; (de trânsito) Verkehrs...; (de transporte) Transport...

roedor s. m. ZOOLOGIA Nagetier_nt.

roer I v. tr. nagen, abnagen; II v. refl. roer-se de inveja: vor Neid vergehen

rogado adj. fazer-se rogado: sich zieren, sich bitten lassen

rogar v. tr. bitten; (suplicar) anflehen; rogar pragas a alguém: jemanden verfluchen

rojão s. m. CULINÁRIA Schweinefleisch_nt. in Würfeln

rol s. m. Liste_f, Verzeichnis_nt.

rola s. f. Turteltaube_f.

rolamento s. m. Lager_nt; rolamento de esferas: Kugellager_nt.

rolante adj. rollend, Roll...

rolar I v. tr. rollen; II v. intr. (bola, pedra) rollen; (lágrimas) laufen, kullern; III v. refl. rollen

roldana s. f. Flaschenzug_m.

roleta s. f. Roulett_nt.

rolha s. f. (de garrafa) Korken_m; (grande) Pfropfen_m.

roliço adj. rundlich

rolo s. m. 1. (de papel) Rolle_f; rolo da massa: Teigrolle_f; 2. FOTOGRAFIA Film_m; 3. (em máquina) Walze_f; 4. (de cabelo) Lockenwickler_m.

romã s. f. BOTÂNICA Granatapfel_m.

romance s. m. 1. LITERATURA Roman_m; 2. (amoroso) Romanze_f.

romancista s. m. e f. Romanautor, -in_m, f.

românico adj. romanisch

Romanos s. m. pl. Römer_pl.

romântico I s. m. Romantiker_m; II adj. romantisch

romantismo s. m. Romantik_f.

romantizar v. tr. romantisieren

romaria s. f. 1. (arraial) Volksfest_nt; 2. (peregrinação) Wallfahrt_f.

rombo I s. m. 1. (em recipiente) Loch_{nt}; (em navio) Leck_{nt}; 2. (desfalque) Unterschlagung_f; II adj. stumpf
romeiro s. m. Pilger_m
Roménia s. f. Rumänien_{nt}
romeno I s. m. Rumäne_m; II adj. rumänisch
rompante s. m. Ruck_m; de rompante: stürmisch
romper I s. m. romper do dia: Tagesanbruch_m; II v. tr. 1. (roupa) zerreißen; (corda) durchreißen; 2. (relações) abbrechen; (o silêncio, promessa) brechen; III v. intr. 1. (dia) anbrechen, beginnen; 2. (acabar) brechen; IV v. refl. (tecido) zerreißen; (corda) reißen
rompimento s. m. Bruch_m; (de relações) Abbruch_m
ronca s. f. (de nevoeiro) Nebelhorn_{nt}
roncar v. intr. 1. (ressonar) schnarchen; 2. (grunhir) grunzen; 3. (motor) brummen
ronda s. f. Runde_f
rondar v. tr. 1. (uma casa) Runden drehen um [+ac.]; 2. (aproximadamente) ungefähr betragen
ronrom s. m. Schnurren_{nt}
ronronar v. intr. schnurren
roqueiro s. m. (coloq.) Rocker_m
rosa I s. f. BOTÂNICA Rose_f; II adj. inv. rosa
rosácea s. f. ARQUITECTURA Rosette_f
rosado adj. rosig
rosa-dos-ventos s. f. inv. Windrose_f
rosário s. m. RELIGIÃO Rosenkranz_m
rosbife s. m. CULINÁRIA Roastbeef_{nt}
rosca s. f. (de parafuso, tampa) Gewinde_{nt}
roseira s. f. BOTÂNICA Rosenbusch_m, Rosenstrauch_m
rosmaninho s. m. BOTÂNICA Rosmarin_m
rosnar v. intr. knurren
rosquilha s. f. Kringel_m
rosto s. m. Gesicht_{nt}

rota s. f. 1. (de viagem) Route_f; 2. (de navio) Kurs_m; 3. (de astro) Umlaufbahn_f
rotação s. f. Umdrehung_f; ENGENHARIA Rotation_f
rotativo adj. 1. (giratório) Rotations..., Dreh...; 2. (tarefa) rotierend
roteiro s. m. (das ruas) Stadtplan_m; (das atracções turísticas) Reiseführer_m
rotina s. f. Routine_f
rotineiro adj. gewohnt, gewohnheitsmäßig
roto adj. (esburacado) durchlöchert, zerlumpt; (rasgado) zerrissen
rótula s. f. ANATOMIA Kniescheibe_f
rotular v. tr. 1. etikettieren, beschriften; 2. (pej.) abstempeln [de, als +ac.]
rótulo s. m. (em frasco) Etikett_{nt}, Schild_{nt}
rotunda s. f. Kreisverkehr_m
rotura s. f. Bruch_m; (de relações) Abbruch_m
roubalheira s. f. (coloq.) Wucher_m
roubar v. tr. e intr. rauben, stehlen; roubar alguém: jemanden berauben/bestehlen
roubo s. m. Raub_m, Diebstahl_m
rouco adj. heiser
roufenho adj. verzerrt
roulote s. f. Wohnwagen_m
roupa s. f. (para vestir) Kleidung_f; (para lavar, passar) Wäsche_f; roupa de cama: Bettwäsche_f; roupa interior: Unterwäsche_f; lavar a roupa: Wäsche waschen
roupão s. m. Morgenrock_m; (de banho) Bademantel_m
roupeiro s. m. Kleiderschrank_m
rouquidão s. f. Heiserkeit_f
rouxinol s. m. ZOOLOGIA Nachtigall_f
roxo I s. m. Violett_{nt}; II adj. violett, lila; (lábios) blau
r.s.f.f. [abrev. de responder se faz favor] u.A.w.g. [abrev. de um Antwort wird gebeten]

rua s. f. Straße$_f$; rua principal: Hauptstraße$_f$; rua sem saída: Sackgasse$_f$; rua!: raus!

rubéola s. f. MEDICINA Röteln$_{pl.}$

rubi s. m. Rubin$_m$

rublo s. m. Rubel$_m$

rubor s. m. Röte$_f$

ruborescer v. intr. erröten

rubrica s. f. 1. JORNALISMO Rubrik$_f$; 2. (assinatura) Namenszeichen$_{nt.}$

rubricar v. tr. abzeichnen

rubro adj. feuerrot, blutrot

ruço adj. 1. (cor) verblasst; (roupa) abgetragen; 2. (coloq.) (pessoa, cabelo) blond

rude adj. 1. (superfície) rau; 2. (pessoa, resposta) grob; (atitude, modos) plump

rudeza s. f. 1. (de superfície) Rauheit$_f$; 2. (nos modos) Grobheit$_f$, Plumpheit$_f$

rudimentar adj. 1. (equipamento, conhecimento) rudimentär; 2. (método) rückständig

rudimentos s. m. pl. Grundlagen$_{pl.}$, Grundbegriffe$_{pl.}$

ruela s. f. Gasse$_f$

rufar v. tr. schlagen; rufar tambor: trommeln

rufia s. m. Raufbold$_m$

ruga s. f. Falte$_f$

rugido s. m. Brüllen$_{nt.}$

rugir v. intr. brüllen

rugoso adj. faltig

ruibarbo s. m. BOTÂNICA Rhabarber$_m$

ruído s. m. Geräusch$_{nt.}$; (de pessoas) Lärm$_m$

ruidoso adj. 1. (aparelho) laut; 2. (multidão) lärmend; (festa) laut

ruim adj. 1. (qualidade) schlecht; 2. (pessoa) gemein; 3. (nocivo) schädlich

ruína s. f. 1. (por degradação) Verfall$_m$; 2. (arqueológica) Ruinen$_{pl.}$; 3. (fig.) (decadência) Ruin$_m$; estar na ruína: ruiniert sein

ruindade s. f. Bosheit$_f$, Gemeinheit$_f$

ruir v. intr. einstürzen, einfallen

ruivo I s. m. 1. (indivíduo) Rothaarige$_{m. e f.}$; 2. (peixe) Knurrhahn$_m$; II adj. rothaarig

rum s. m. Rum$_m$

rumar v. intr. 1. (navio) Kurs nehmen [para, auf +ac.]; 2. (pessoa) den Weg einschlagen [para, nach]

ruminante s. m. ZOOLOGIA Wiederkäuer$_m$

ruminar v. intr. 1. (animal) wiederkäuen; 2. (fig.) (matutar) nachgrübeln [sobre, über +ac.]

rumo s. m. 1. AERONÁUTICA, NÁUTICA Kurs$_m$; 2. (direcção) Richtung$_f$; sem rumo: ziellos; 3. (fig.) (de situação, da vida) Zielsetzung$_f$, Orientierung$_f$

rumor s. m. 1. (ruído) Getöse$_{nt.}$; (de vozes) Stimmengewirr$_{nt.}$; 2. (fig.) (boato) Gerücht$_{nt.}$

rumorejar v. intr. 1. (água, folhagem) rauschen; 2. (fig.) (pessoas) murmeln

ruptura s. f. Bruch$_m$; (de relações) Abbruch$_m$

rural adj. 1. (do campo) ländlich; 2. (agrícola) landwirtschaftlich

rusga s. f. Razzia$_f$

Rússia s. f. Russland$_{nt.}$

russo I s. m. Russe$_m$; II adj. russisch

rústico adj. 1. (casa, decoração) rustikal; 2. (pessoa) einfach, schlicht

S

S, s s. m. S, s nt.
S. [abrev. de São] St. [abrev. de Sankt]
S.A. [abrev. de Sociedade Anónima] AG [abrev. de Aktiengesellschaft]
sábado s. m. Samstag m., Sonnabend m.; aos sábados: samstags
sabão s. m. Kernseife f.; (sabonete) Seife f.
sabedoria s. f. Weisheit f.; (conhecimentos) Wissen nt.
saber I s. m. 1. (conhecimento) Wissen nt.; 2. (capacidade) Können nt.; II v. tr. 1. (ter conhecimento) wissen; sei lá!: was weiß ich!; 2. (capacidade) können; 3. (descobrir) erfahren; III v. intr. 1. (ter conhecimento) wissen [de, von +dat.]; 2. (ter sabor) schmecken [a, nach +dat.]
sabiamente adv. 1. (com sabedoria) klug; 2. (com prudência) umsichtig
sabichão s. m. Besserwisser m.
sabido adj. 1. (matéria) gelernt; 2. (pessoa) geschickt
sábio I s. m. Weise m e f.; II adj. weise
sabonete s. m. Seife f.
saboneteira s. f. (caixa) Seifenschale f.
sabor s. m. Geschmack m. [a, nach +dat.]
saborear v. tr. genießen
saboroso adj. schmackhaft, wohlschmeckend
sabotagem s. f. Sabotage f.
sabotar v. tr. sabotieren
sabre s. m. Säbel m.
sabugueiro s. m. BOTÂNICA Holunder m.
saca s. f. Tasche f.
sacada s. f. (varanda) Balkon m.; (marquise) Erker m.

sacado s. m. ECONOMIA Trassat m.
sacador s. m. ECONOMIA Trassant m.
sacana s. m. e f. (coloq.) Schuft m.
sacanagem s. f. (Brasil) (coloq.) Sauerei f.
sacanear v. tr. (Brasil) (coloq.) hereinlegen
sacar I v. tr. 1. (tirar) herausziehen; 2. (Brasil) (coloq.) (perceber) kapieren; II v. intr. sacar de: (tirar) herausholen; (uma arma) ziehen
sacarina s. f. Saccharin nt.
saca-rolhas s. m. inv. Korkenzieher m.
sacarose s. f. Rohrzucker m., Saccharose f.
sacerdócio s. m. Priesteramt nt.
sacerdote s. m. Priester m.
sachola s. f. kleine Hacke f.
saciar I v. tr. stillen; II v. refl. sich satt essen
saco s. m. (grande) Sack m.; (pequeno) Beutel m.; (de viagem) Tasche f.; saco de plástico: Plastiktüte f.; um saco de batatas: ein Sack Kartoffeln
saco-cama s. m. Schlafsack m.
sacramento s. m. RELIGIÃO Sakrament nt.
sacrificar I v. tr. opfern; II v. refl. sich opfern [por, für +ac.]
sacrifício s. m. Opfer nt.
sacrilégio s. m. Sakrileg nt.
sacrílego s. m. Frevler m.
sacristão s. m. RELIGIÃO Küster m.
sacristia s. f. RELIGIÃO Sakristei f.
sacro adj. RELIGIÃO heilig
sacudidela s. f. Stoß m.
sacudir v. tr. 1. (pessoa) schütteln; 2. (tapete) klopfen, ausklopfen; (roupa, pó) ausschütteln

sádico I *s. m.* Sadist*ₘ*; II *adj.* sadistisch
sadio *adj.* 1. (pessoa, actividade) gesund; 2. (experiência) heilsam
sadismo *s. m.* Sadismus*ₘ*
safa *interj.* Donnerwetter!, alle Achtung!
safadeza *s. f.* Gemeinheit*f*
safado *adj.* gemein
safanão *s. m.* 1. (puxão) Ruck*ₘ*; 2. (empurrão) Stoß*ₘ*, Schubs*ₘ*
safar I *v. tr.* 1. (uma pessoa) retten [de, aus/vor +dat.]; 2. (apagar) ausradieren; II *v. refl.* 1. (escapar) sich drücken [de, vor +dat.]; 2. (coloq.) fugir) abhauen
safari *s. m.* Saphari*f*
safira *s. f.* MINERALOGIA Saphir*ₘ*
safra *s. f.* (colheita) Ernte*f*; (tempo da colheita) Erntezeit*f*
saga *s. f.* Saga*f*
sagacidade *s. f.* (perspicácia) Scharfsinn*ₘ*; (inteligência) Klugheit*f*
sagaz *adj.* (perspicaz) scharfsinnig; (inteligente) klug
Sagitário *s. m.* (zodíaco) Schütze*ₘ*
sagrado *adj.* heilig
sagui *s. m.* ZOOLOGIA Seidenäffchen*nt*, Pinseläffchen*nt*
saia *s. f.* Rock*ₘ*
saída *s. f.* 1. (de sala, edifício) Ausgang*ₘ*; (de garagem, auto-estrada) Ausfahrt*f*; 2. (partida) Abfahrt*f*; 3. (de sociedade, partido) Austritt*ₘ*; 4. (resolução) Ausweg*ₘ*
saído *adj.* 1. (saliente) hervorstehend; 2. (atrevido) vorlaut
sair *v. intr.* 1. (ir) hinausgehen [de, aus +dat.]; (vir) herauskommen [de, aus +dat.]; (ir à rua) weggehen, ausgehen; (partir) abfahren; 2. (resultar) sair bem/mal: gut/schlecht ausgehen; 3. (parecença) ähneln [a, +dat.]
sal *s. m.* Salz*nt*
sala *s. f.* Raum*ₘ*, Zimmer*nt*; (na escola) Klassenzimmer*nt*
salada *s. f.* CULINÁRIA Salat*ₘ*
saladeira *s. f.* Salatschüssel*f*
salafrário *s. m.* (pop.) Schlitzohr*nt*, Halunke*ₘ*
salamandra *s. f.* 1. ZOOLOGIA Salamander*ₘ*; 2. (de aquecimento) Dauerbrenner*ₘ*
salame *s. m.* CULINÁRIA Salami*f*
salão *s. m.* Saal*ₘ*
salário *s. m.* Lohn*ₘ*
saldar *v. tr.* (uma dívida) begleichen, tilgen
saldo *s. m.* 1. Saldo*ₘ*; saldo positivo: Überschuss*ₘ*; saldo negativo: Defizit*nt*; 2. *pl.* saldos: Ausverkauf*ₘ*, Räumungsverkauf*ₘ*
saleiro *s. m.* Salzstreuer*ₘ*
salgadinhos *s. m. pl.* Snacks*pl*, Häppchen*pl*
salgados I *s. m. pl.* salzige/herzhafte Speisen*pl*; II *adj.* salzig
salgalhada *s. f.* (coloq.) Mischmasch*ₘ*, Durcheinander*nt*
salgar *v. tr.* salzen
salgueiro *s. m.* BOTÂNICA Weide*f*
saliência *s. f.* Vorsprung*ₘ*
salientar I *v. tr.* hervorheben; II *v. refl.* sich hervortun [por, durch +ac.]
saliente *adj.* vorspringend, hervorstehend
salina *s. f.* Saline*f*
salino *adj.* salzhaltig
salitre *s. m.* Salpeter*ₘ*
saliva *s. f.* Speichel*ₘ*
salivar *v. intr.* speicheln
salmão I *s. m.* ZOOLOGIA Lachs*ₘ*; II *adj.* lachsfarben
salmo *s. m.* RELIGIÃO Psalm*ₘ*
saloio I *s. m.* Bauer*ₘ*; II *adj.* bäuerlich
salpicado *adj.* besprizt [de, mit +dat.]
salpicão *s. m.* grobe Wurst*f*
salpicar *v. tr.* besprizen [de/com, mit +dat.]
salpico *s. m.* Spritzer*ₘ*

salsa s. f. BOTÂNICA Petersilie f.
salsada s. f. (coloq.) Mischmasch nt., Durcheinander nt.
salsicha s. f. Würstchen nt.
salsichão s. m. Wurst f.
salsicharia s. f. Wurstwarengeschäft nt.
saltão s. m. ZOOLOGIA Grashüpfer m.
saltar I v. tr. 1. (muro) springen über [+ac.]; 2. (página, palavra) überspringen; II v. intr. springen
salteador s. m. Straßenräuber m.
saltear v. tr. überspringen, auslassen
saltimbanco s. m. e f. Straßenkünstler, -in m., f.
saltitante adj. hüpfend, springend
saltitar v. intr. hüpfen, hopsen
salto s. m. 1. Sprung m.; 2. (tacão) Absatz m.
salutar adj. gesund
salva s. f. Silbertablett nt. ❖ **salva de palmas:** Beifallssturm m.
salvação s. f. 1. Rettung f.; 2. RELIGIÃO Erlösung f.
salvador s. m. Retter m.
salvaguarda s. f. 1. (protecção) Schutz m.; 2. (garantia) Garantie f.
salvaguardar v. tr. 1. (proteger) schützen, beschützen; 2. (garantir) garantieren
salvamento s. m. Rettung f.
salvar I v. tr. 1. retten [de, vor +dat.]; 2. RELIGIÃO erlösen; II v. refl. sich retten [de, vor +dat.]
salva-vidas s. m. inv. Rettungsboot nt.
salvo I p. p. irreg. de salvar; II adj. 1. gerettet; são e salvo: gesund und munter; estar a salvo: in Sicherheit sein; 2. RELIGIÃO erlöst; III prep. außer [+dat.]; salvo erro: Irrtum vorbehalten
salvo-conduto s. m. Passierschein m.
Salzburgo s. m. Salzburg nt.
samarra s. f. Kapuzenjacke f. mit Knebelknöpfen

samba s. m. MÚSICA Samba f.
sambar v. intr. MÚSICA Samba tanzen
sanatório s. m. Sanatorium nt.
sancionar v. tr. gutheißen, sanktionieren
sanções s. f. pl. Sanktionen pl.
sandália s. f. Sandale f.
sande s. f. → sanduíche
sanduíche s. f. Sandwich nt., belegte(s) Brötchen nt.
saneamento s. m. Kanalisation f.
sanear v. tr. sanieren
sanefa s. f. (tábua) Gardinenleiste f.; (tecido) Querbehang m.
sangrar v. intr. bluten
sangrento adj. grausam
sangue s. m. Blut nt.
sangue-frio s. m. Kaltblütigkeit f.; MEDICINA a sangue-frio: ohne Betäubung; (fig.) ter sangue-frio: kaltblütig sein
sanguessuga s. f. ZOOLOGIA Blutegel m.
sanguinário adj. 1. (pessoa) blutrünstig; 2. (acto) grausam
sanguíneo adj. Blut...
sanidade s. f. Gesundheit f.; sanidade mental: geistige Gesundheit
sanita s. f. Klosettbecken nt., Toilette f.
sanitário I s. m. Toilette f.; II adj. 1. (da saúde) Gesundheits...; 2. (da higiene) sanitär
santidade s. f. Heiligkeit f.
santo I s. m. Heilige m. e f.; II adj. heilig
santola s. f. ZOOLOGIA Seespinne f., Meerspinne f.
santuário s. m. Heiligtum nt.
são adj. gesund; são e salvo: gesund und munter
sapatada s. f. Klaps m.
sapataria s. f. Schuhgeschäft nt.
sapateado s. m. MÚSICA Stepptanz m., Stepp m.
sapateira s. f. 1. ZOOLOGIA Taschenkrebs m.; 2. (armário) Schuhschrank m.

sapateiro s. m. Schuhmacher_m_, Schuster_m_.
sapatilha s. f. Turnschuh_m_.
sapato s. m. Schuh_m_.
sapiência s. f. Weisheit_f_.
sapiente adj. weise
sapo s. m. ZOOLOGIA Kröte_f_.
saque s. m. 1. (pilhagem) Plünderung_f_; 2. (de cheque, letra de câmbio) Ausstellung_f_.
saquear v. tr. plündern
saraiva s. f. Hagel_m_.
saraivar v. impess. hageln
sarampo s. m. MEDICINA Masern_pl_.
sarapintar v. tr. tüpfeln, sprenkeln
sarar v. tr. e intr. heilen
sarau s. m. Abendgesellschaft_f_.
sarcasmo s. m. Sarkasmus_m_.
sarcástico adj. sarkastisch
sarda s. f. Sommersprosse_f_.
sardanisca s. f. ZOOLOGIA Echse_f_.
sardão s. m. ZOOLOGIA Eidechse_f_.
sardento adj. sommersprossig
sardinha s. f. ZOOLOGIA Sardine_f_.
sargaço s. m. BOTÂNICA Seetang_m_.
sargento s. m. MILITAR Unteroffizier_m_.
sarilho s. m. (coloq.) Probleme_pl_; **estar num sarilho**: in der Klemme sitzen
sarja s. f. Serge_f_.
sarjeta s. f. Gosse_f_.
sarna s. f. VETERINÁRIA Räude_f_; MEDICINA Krätze_f_.
sarrabisco s. m. Gekritzel_nt_.
sarrabulho s. m. Schweineblut_nt_.
Sarre s. m. Saarland_nt_.
sarro s. m. (nos dentes) Zahnstein_m_; (na língua) Belag_m_.
Satanás s. m. Satan_m_, Teufel_m_.
satânico adj. satanisch, teuflisch
satélite s. m. Satellit_m_.
sátira s. f. Satire_f_.
satírico adj. satirisch
satirizar v. tr. spötteln über [+ac.]
satisfação s. f. 1. (acção de satisfazer) Befriedigung_f_; 2. (contentamento) Zufriedenheit_f_; 3. (justificação) Rechenschaft_f_.
satisfatório adj. befriedigend, zufrieden stellend
satisfazer I v. tr. 1. (uma pessoa) befriedigen; 2. (requisito, necessidade) erfüllen; II v. intr. (ser suficiente) genügen
satisfeito I p. p. de satisfazer; II adj. 1. (contente) zufrieden [com, über +ac.]; 2. (com comida) satt
saturação s. f. 1. QUÍMICA Sättigung_f_, Saturierung_f_; 2. (fastio) Überdruss_m_.
saturar v. tr. 1. QUÍMICA sättigen; 2. (fartar) langweilen
Saturno s. m. ASTRONOMIA Saturn_m_.
saudação s. f. Begrüßung_f_, Gruß_m_.
saudade s. f. Sehnsucht_f_ [de, nach +dat.]; **saudades de casa**: Heimweh_nt_; **ter saudades de**: sich sehnen nach [+dat.]
saudar v. tr. grüßen, begrüßen
saudável adj. gesund
saudoso adj. sehnsuchtsvoll
sauna s. f. Sauna_f_.
sáurio s. m. ZOOLOGIA Saurier_m_.
savana s. f. Savanne_f_.
sável s. m. ZOOLOGIA Alse_f_.
saxofone s. m. MÚSICA Saxophon_nt_, Saxofon_nt_.
saxofonista s. m. e f. Saxophonist_m_, Saxofonist_m_.
Saxónia s. f. Sachsen_nt_.
Saxónia-Anhalt s. f. Sachsen-Anhalt_nt_.
saxónio I s. m. Sachse_m_; II adj. sächsisch
sazonal adj. Saison...
Schleswig-Holstein s. m. Schleswig-Holstein_nt_.
se I cj. 1. (condicional) wenn; (no caso de) falls; **como se** [+conj.]: als ob; **se for possível**:

wenn es möglich ist; 2. (interrogativo) ob; não sei se ele fica: ich weiß nicht, ob er bleibt; II *pron. refl.* sich; pentear-se: sich kämmen; III *pron. pess.* man; sabe-se que...: man weiß, dass...

sé *s. f.* Dom$_m$, Kathedrale$_f$.

seara *s. f.* Kornfeld$_{nt}$, Getreidefeld$_{nt}$.

sebe *s. f.* 1. (de arbustos) Hecke$_f$; 2. (cerca) Zaun$_m$.

sebenta *s. f.* Notizheft$_{nt}$.

sebento *adj.* schmierig, fettig

sebo *s. m.* Talg$_m$.

seboso *adj.* → sebento

seca *s. f.* Dürre$_f$, Trockenheit$_f$.

secador *s. m.* Trockner$_m$; secador de cabelo: Föhn$_m$.

secagem *s. f.* Trocknen$_{nt}$.

secante *s. f.* MATEMÁTICA Sekante$_f$.

seção *s. f. (Brasil)* → secção

secar I *v. tr.* (roupa, cabelo) trocknen; (a pele) abtrocknen; II *v. intr.* 1. (roupa, cabelo) trocknen; 2. (rio) austrocknen; 3. (planta) vertrocknen; III *v. refl.* sich abtrocknen

secção *s. f.* 1. (parte) Abschnitt$_m$; 2. (de empresa, loja) Abteilung$_f$; 3. MILITAR Zug$_m$.

seco *adj.* 1. (roupa, cabelo) trocken; (rio) ausgetrocknet; 2. (planta) vertrocknet, verdorrt; 3. (fig.) trocken, kalt, unfreundlich

secretaria *s. f.* Sekretariat$_{nt}$.

secretária *s. f.* 1. (pessoa) Sekretärin$_f$; 2. (mesa) Schreibtisch$_m$.

secretariado *s. m.* Sekretariat$_{nt}$.

secretário *s. m.* Sekretär$_m$.

secreto *adj.* geheim

sector *s. m.* Sektor$_m$.

secular *adj.* 1. hundertjährig; 2. RELIGIÃO weltlich

século *s. m.* Jahrhundert$_{nt}$.

secundário *adj.* zweitrangig, nebensächlich

secura *s. f.* 1. Trockenheit$_f$; 2. *(fig.)* Frostigkeit$_f$, Kälte$_f$.

seda *s. f.* Seide$_f$.

sedativo *s. m.* FARMÁCIA Schmerzmittel$_{nt}$.

sede[1] [e] *s. f.* Sitz$_m$.

sede[2] [e] *s. f.* Durst$_m$.

sedentário I *s. m.* Sesshafte$_{m\ e\ f}$; II *adj.* 1. (povo) sesshaft; 2. (pessoa, vida) bequem

sedento *adj.* gierig, erpicht [de, auf +ac.].

sediado *adj.* ansässig [em, in +dat.]

sedimentação *s. f.* GEOLOGIA Ablagerung$_f$, Sedimentation$_f$.

sedimento *s. m.* 1. BIOLOGIA, GEOLOGIA Sediment$_{nt}$; 2. QUÍMICA Bodensatz$_m$.

sedoso *adj.* seidig

sedução *s. f.* Verführung$_f$.

sedutor I *s. m.* Verführer$_m$; II *adj.* verführerisch

seduzir *v. tr.* verführen

segmento *s. m.* Segment$_{nt}$.

segredar *v. tr.* flüstern

segredo *s. m.* Geheimnis$_{nt}$.

segregação *s. f.* Absonderung$_f$; segregação racial: Rassentrennung$_f$.

segregar *v. tr.* 1. (separar) absondern; 2. (expelir) ausscheiden

seguida *s. f.* Folge$_f$; em seguida: danach; de seguida: ununterbrochen

seguidamente *adv.* 1. *(a seguir)* gleich darauf; 2. *(ininterruptamente)* ununterbrochen

seguido *adj.* 1. (consecutivo) aufeinander folgend; 2. (contínuo) ununterbrochen; 3. (posição) gefolgt [de, von +dat.]

seguimento *s. m.* Folge$_f$, Fortsetzung$_f$.

seguinte *adj.* folgende(r, s); *(próximo)* nächste(r, s)

seguir I *v. tr.* 1. (vir depois, observar) folgen; 2. (um conselho) befolgen; 3. (uma pista, um acontecimento) verfolgen; 4. (uma profissão) ausüben; II *v. intr.* (a pé) gehen [por, entlang +ac.]; (de carro) weiterfahren [por, +ac.];

III v. refl. folgen [a, +dat.] ❖ a seguir: danach

segunda-feira s. f. Montag_m.; à(s) segunda-feira(s): montags

segundo I s. m. Sekunde_f.; II num. ord. zweite(r, s); III prep. nach [+dat.], laut [+dat.]; segundo a lei: laut Gesetz; IV adv. zweitens

segurado I s. m. Versicherungsnehmer_m.; II adj. versichert

seguradora s. f. Versicherungsgesellschaft_f.

seguramente adv. sicher, bestimmt

segurança I s. m. e f. Wachmann_m.; II s. f. 1. Sicherheit_f.; em segurança: sicher; 2. (garantia) Gewähr_f.

segurar I v. tr. 1. festhalten; 2. (com seguro) versichern; II v. intr. segurar em: nehmen, halten; III v. refl. sich festhalten [a, an +dat.]

seguro I s. m. ECONOMIA Versicherung_f.; II adj. 1. (certo) sicher; 2. (de confiança) zuverlässig; 3. (fixo) fest

seio s. m. 1. Busen_m., Brust_f.; 2. (fig.) (centro) Schoß_m.

seis I s. m. Sechs_f.; II num. card. sechs

seiscentos num. card. sechshundert

seita s. f. Sekte_f.

seiva s. f. BOTÂNICA Saft_m.

seixo s. m. Kieselstein_m.

seja conj. de ser

sela s. f. Sattel_m.

selado adj. gestempelt, abgestempelt

selar v. tr. 1. (carimbar) stempeln, abstempeln; (uma carta) frankieren; 2. (um pacto) schließen; 3. (um cavalo) satteln

seleção s. f. (Brasil) → selecção

selecção s. f. 1. (escolha) Auswahl_f.; 2. DESPORTO selecção nacional: Nationalmannschaft_f.

seleccionado adj. 1. (pessoa) ausgewählt [para, für +ac.]; 2. (produto, ambiente) erlesen

seleccionador s. m. DESPORTO Trainer_m.

seleccionar v. tr. auswählen, aussuchen; (o lixo) sortieren

selecionado adj. (Brasil) → seleccionado

selecionador s. m. (Brasil) → seleccionador

selectivo adj. auswählend, selektiv

selecto adj. erlesen, auserlesen

seletivo adj. (Brasil) → selectivo

seleto adj. (Brasil) → selecto

selim s. m. Sattel_m.

selo s. m. 1. (de carta) Briefmarke_f.; 2. (lacre) Siegel_nt.; (carimbo) Stempel_m.

selva s. f. Urwald_m., Dschungel_m.

selvagem I s. m. e f. Wilde_m. e f.; II adj. wild

sem prep. ohne [+ac.]; sem fim: endlos; sem mais: ohne weiteres; sem que [+conj.]: ohne dass

sem-abrigo s. m. e f. inv. Obdachlose_m. e f.

semáforo s. m. Ampel_f.

semana s. f. Woche_f.; durante a semana: wochentags

semanada s. f. Taschengeld_nt.

semanal adj. wöchentlich, Wochen...

semanalmente adv. wöchentlich

semanário s. m. JORNALISMO Wochenzeitung_f.

semântica s. f. LINGUÍSTICA Semantik_f.

semântico adj. semantisch

semblante s. m. 1. (cara) Antlitz_nt.; 2. (aparência) Aussehen_nt.

semeador s. m. AGRICULTURA Sämaschine_f., Drillmaschine_f.

semear v. tr. 1. (um produto) säen; (a terra) besäen; 2. (fig.) (espalhar) verbreiten

semelhança s. f. Ähnlichkeit_f.

semelhante I *s. m.* Mitmensch$_m$; II *adj.* 1. *(parecido)* ähnlich [a, +*dat.*]; 2. *(tal)* so, solch

sémen *s. m.* BIOLOGIA Sperma$_{nt.}$

semente *s. f.* BOTÂNICA Samen$_m$.

semestral *adj.* halbjährig

semestre *s. m.* Halbjahr$_{nt.}$; (universidade) Semester$_{nt.}$

sem-fim *s. m.* Unmenge$_f$, [de, an/von +*dat.*]

semicírculo *s. m.* Halbkreis$_m$.

semifinal *s. f.* DESPORTO Halbfinale$_{nt.}$

semimorto *adj.* halb tot

seminário *s. m.* 1. RELIGIÃO Priesterseminar$_{nt.}$; 2. *(colóquio)* Seminar$_{nt.}$

seminarista *s. m.* RELIGIÃO Seminarist$_m$.

seminu *adj.* halb nackt

semita *s. m. e f.* Semit, -in$_{m., f.}$

sem-número *s. m.* Unzahl$_f$ [de, von +*dat.*]

sêmola *s. f.* Grieß$_m$.

sempre *adv. (a todo o momento)* immer; *(constantemente)* stets, ständig; **sempre que:** immer wenn

sem-vergonha I *s. m. e f.* unverschämte Person$_f$; II *adj.* unverschämt, frech

senado *s. m.* Senat$_m$.

senador *s. m.* Senator$_m$.

senão I *s. m.* Schwierigkeit$_f$, Haken$_m$; II *cj.* sonst; **despacha-te, senão não chegas a horas:** beeil dich, sonst kommst du nicht rechtzeitig; III *prep.* außer [+*dat.*]; **não veio ninguém senão ela:** außer ihr ist niemand gekommen

senha *s. f.* 1. *(bilhete)* Marke$_f$; *(de autocarro)* Fahrschein$_m$; 2. *(palavra)* Kennwort$_{nt.}$

senhor *s. m.* Herr$_m$; *(dono)* Eigentümer$_m$.

senhora *s. f.* Frau$_f$; *(patroa)* Herrin$_f$

senhoril *adj.* damenhaft; *(elegante)* elegant

senhorio *s. m.* Vermieter$_m$; Hauswirt$_m$.

senhorita *s. f. (Brasil)* Fräulein$_{nt.}$, junge Frau$_f$

senil *adj.* senil, altersschwach

senilidade *s. f.* Altersschwäche$_f$, Senilität$_f$

sénior *s. m.* DESPORTO Senior$_m$.

sensação *s. f.* 1. *(sentimento)* Empfindung$_f$; *(impressão)* Eindruck$_m$; 2. *(acontecimento)* Sensation$_f$

sensacional *adj.* sensationell, Aufsehen erregend

sensatez *s. f.* Vernunft$_f$

sensato *adj.* vernünftig

sensibilidade *s. f.* 1. *(física)* Empfindlichkeit$_f$; 2. *(sentimental)* Empfindsamkeit$_f$, Sensibilität$_f$

sensibilizar *v. tr.* sensibilisieren

sensitivo *adj.* 1. *(do sentido)* Sinnes...; 2. *(da sensação)* Gefühls...

sensível *adj.* 1. *(pessoa)* sensibel, feinfühlig; 2. *(pele)* empfindlich

senso *s. m.* Verstand$_m$, Vernunft$_f$; **bom senso:** gesunder Menschenverstand

sensorial *adj.* sensorisch, Sinnes...

sensual *adj.* sinnlich

sensualidade *s. f.* Sinnlichkeit$_f$

sentado *adj.* sitzend; **estar sentado:** sitzen; **ficar sentado:** sitzen bleiben

sentar I *v. tr.* setzen, hinsetzen; II *v. refl.* sich setzen

sentença *s. f.* DIREITO Urteil$_{nt.}$

sentenciar I *v. tr. (condenar)* verurteilen; II *v. intr.* urteilen [sobre, über +*ac.*]

sentencioso *adj.* schulmeisterlich

sentido I *s. m.* 1. *(significado, função sensorial)* Sinn$_m$; **sentido de humor:** Sinn für Humor; 2. *(direcção)* Richtung$_f$; 3. *(objectivo)* Zweck$_m$, Sinn$_m$; II *adj.* gekränkt [com, wegen +*gen./dat.*]

sentimental *adj.* gefühlvoll, sentimental

sentimentalismo *s. m.* Sentimentalität$_f$

sentimento *s. m.* 1. Gefühl$_{nt.}$, Empfindung$_f$; 2. *pl.* **sentimentos:** *(pêsames)* Beileid$_{nt.}$

sentinela s. f. Posten_m, Wache_f.
sentir I v. tr. 1. fühlen, empfinden; 2. (pressentir) spüren, fühlen; 3. (lamentar) bedauern; II v. refl. sich fühlen
separação s. f. Trennung_f.
separadamente adv. 1. (à parte) extra, getrennt; 2. (individualmente) einzeln
separado adj. getrennt
separador s. m. 1. (em caderno, ficheiro) Trennblatt_nt; 2. (de auto-estrada) Leitplanke_f.
separar I v. tr. trennen, abtrennen [de, von +dat.]; (o lixo) sortieren; II v. refl. sich trennen [de, von +dat.]
separável adj. trennbar
septuagenário I s. m. Siebzigjährige_m. e f.; II adj. siebzigjährig
septuagésimo num. ord. siebzigste(r, s)
sepulcro s. m. Grab_nt, Grabstätte_f.
sepultado adj. begraben
sepultura s. f. Grab_nt.
sequela s. f. Folge_f.
sequência s. f. Serie_f, Reihe_f.
sequer adv. wenigstens; nem sequer: nicht einmal
sequestrador s. m. Entführer_m.
sequestrar v. tr. entführen
sequestro s. m. Entführung_f.
ser I s. m. Wesen_nt; ser vivo: Lebewesen_nt; II v. intr. 1. sein; vir a ser: werden; isto é: das heißt; seja como for: wie dem auch sei; 2. (país) kommen [de, aus +dat.]; 3. (passiva) werden
serão s. m. Abend_m; ao serão: abends
serapilheira s. f. Sackleinen_nt.
sereia s. f. 1. (mitologia) Sirene_f; 2. (sirene) Sirene_f.
serenar I v. tr. beruhigen, besänftigen; II v. intr. sich beruhigen; (vento) sich legen
serenata s. f. MÚSICA Serenade_f.

serenidade s. f. Ruhe_f, Gelassenheit_f.
sereno adj. ruhig, gelassen
seriamente adv. ernstlich, ernsthaft
série s. f. 1. (sequência) Serie_f; 2. (grande quantidade) Reihe_f; 3. (de automóvel) Klasse_f; 4. (de televisão) Serie_f.
seriedade s. f. Ernst_m, Ernsthaftigkeit_f.
seringa s. f. Spritze_f.
sério adj. 1. ernst, ernsthaft; a sério: im Ernst; a sério?: wirklich?; 2. (honesto) seriös
sermão s. m. RELIGIÃO Predigt_f.
serôdio adj. spät, spät reifend
serpente s. f. ZOOLOGIA Schlange_f.
serpentina s. f. (de carnaval) Luftschlange_f.
serra s. f. 1. GEOGRAFIA Gebirge_nt; 2. (ferramenta) Säge_f.
serração s. f. Sägewerk_nt.
serrador s. m. Säger_m.
serradura s. f. Sägespäne_pl.
serragem s. f. (Brasil) Sägespäne_f.
serralharia s. f. (local, actividade) Schlosserei_f.
serralheiro s. m. Schlosser_m.
serrar v. tr. sägen
serrilha s. f. gezackte(r) Rand_m, Zackenrand_m.
serrim s. m. Sägespäne_pl.
serrote s. m. Fuchsschwanz_m.
sertã s. f. Bratpfanne_f.
servente s. m. e f. Handlanger, -in_m, f, Helfer, -in_m, f.
serviçal s. m. e f. Diener, -in_m, f.
serviço s. m. 1. Dienst_m; serviço militar: Wehrdienst_m; 2. (funcionamento) Betrieb_m; 3. (de restaurante) Bedienung_f; 4. (de louça) Service_nt.
servidão s. f. Leibeigenschaft_f.
servido adj. bedient
servidor s. m. INFORMÁTICA Anbieter_m, Server_m.

servil *adj.* unterwürfig

sérvio I *s. m.* Serbe*m.*; II *adj.* serbisch

servir I *v. tr.* 1. *(prestar serviço)* dienen; 2. *(à mesa, em restaurante)* bedienen; 3. *(comida)* servieren; II *v. intr.* 1. *(ter préstimo)* dienen [*de*, als +*nom.*], (gut) sein [*para*, zu +*dat.*]; 2. *(ser suficiente)* reichen; 3. *(roupa, calçado)* passen; III *v. refl.* 1. *(comida)* sich bedienen; 2. *(utilizar)* benutzen

servo *s. m.* Sklave*m.*, Leibeigene*m. e f.*

sésamo *s. m.* BOTÂNICA Sesam*m.*

sessão *s. f.* 1. *(reunião)* Sitzung*f.*; 2. *(de cinema)* Vorstellung*f.*

sessenta *num. card.* sechzig

sesta *s. f.* Mittagsschlaf*m.*

seta *s. f.* Pfeil*m.*

sete I *s. m.* Sieben*f.*; II *num. card.* sieben

setecentos *num. card.* siebenhundert

Setembro *s. m.* September*m.*

setenta *num. card.* siebzig

setentrional *adj.* nördlich

sétimo *num. ord.* siebte(r, s)

setor *s. m. (Brasil)* Sektor*m.*

seu *pron. poss.* 1. *(dele)* sein; *(dela)* ihr; o seu filho: sein/ihr Sohn; 2. *(você)* Ihr; isto é seu?: gehört das Ihnen?

severidade *s. f.* Strenge*f.*

severo *adj.* streng

sexagenário I *s. m.* Sechzigjährige*m. e f.*; II *adj.* sechzigjährig

sexagésimo *num. ord.* sechzigste(r, s)

sexo *s. m.* 1. Geschlecht*nt.*; sexo feminino/masculino: das weibliche/männliche Geschlecht; 2. *(relações sexuais)* Sex*m.*

sexologia *s. f.* Sexualwissenschaft*f.*

sexta-feira *s. f.* Freitag*m.*

sexto *num. ord.* sechste(r, s)

sexual *adj.* 1. geschlechtlich, Geschlechts...; 2. *(comportamento, vida)* sexuell, Sexual...

sexualidade *s. f.* Sexualität*f.*

sexy *adj.* sexy

short *s. m. (Brasil)* Shorts*pl.*, kurze Hose*f.*

si *pron. pess.* 1. *(ele, ela)* sich; por si: von selbst, von sich aus; 2. *(você)* Sie, Ihnen

siamês I *s. m.* Siamese*m.*; II *adj.* siamesisch

Sibéria *s. f.* Sibirien*nt.*

Sicília *s. f.* Sizilien*nt.*

siciliano I *s. m.* Sizilianer*m.*; II *adj.* sizilianisch

Sida *s. f.* MEDICINA [*abrev. de* síndrome da imunodeficiência adquirida] Aids*nt.*

siderado *adj.* verblüfft [*com*, über +*ac.*]

siderar *v. tr.* 1. *(aniquilar)* zerschmettern; 2. *(deixar perplexo)* verblüffen

siderurgia *s. f.* Eisenindustrie*f.*

sidra *s. f.* Apfelwein*m.*, Cidre*m.*

sifão *s. m.* Siphon*m.*

sífilis *s. f. inv.* MEDICINA Syphilis*f.*

sigilo *s. m.* Geheimnis*nt.*

sigla *s. f.* Monogramm*nt.*

signatário I *s. m.* Unterzeichner*m.*; II *adj.* unterzeichnend

significado *s. m.* Bedeutung*f.*

significar *v. tr.* bedeuten

significativo *adj.* bezeichnend

signo *s. m.* Zeichen*nt.*; *(do zodíaco)* Sternzeichen*nt.*

sílaba *s. f.* Silbe*f.*

silenciador *s. m.* ENGENHARIA Schalldämpfer*m.*

silenciar *v. tr.* zum Schweigen bringen

silêncio *s. m.* 1. *(sossego, calma)* Ruhe*f.*; 2. *(de pessoa)* Schweigen*nt.*

silencioso I *s. m. (Brasil)* Schalldämpfer*m.*; II *adj.* *(lugar)* ruhig; *(máquina)* geräuschlos; *(pessoa)* leise

silhueta *s. f.* Silhouette*f.*

silo *s. m.* Silo*nt.*

silo-auto *s. m.* Parkhaus*nt.*

silogismo s. m. FILOSOFIA Syllogismus_m.
silva s. f. BOTÂNICA Brombeerstrauch_m.
silvar v. intr. pfeifen
silvestre adj. wild
silvicultura s. f. Forstwirtschaft_f.
silvo s. m. Pfeifen_nt.
sim I s. m. Ja_nt.; II adv. ja; dizer que sim: ja sagen
simbiose s. f. Symbiose_f.
simbólico adj. symbolisch
simbolizar v. tr. symbolisieren
símbolo s. m. Symbol_nt. [de, für +ac.]
simetria s. f. Symmetrie_f.
simétrico adj. symmetrisch
similar adj. ähnlich
símio s. m. ZOOLOGIA Affe_m.
simpatia s. f. Sympathie_f.
simpático adj. sympathisch, nett
simpatizante s. m. e f. Anhänger, -in_m, f. [de, +gen.]
simpatizar v. intr. simpatizar com: (pessoa) sympathisch finden, nett finden; (causa) sympathisieren mit [+dat.]
simples adj. inv. 1. (não complicado) einfach; 2. (simplório) einfältig, beschränkt
simplesmente adv. nur, bloß
simplicidade s. f. 1. (facilidade) Einfachheit_f.; 2. (modéstia) Schlichtheit_f.
simplificar v. tr. vereinfachen
simplicíssimo superl. de simples
simplório I s. m. Einfaltspinsel_m.; II adj. einfältig, naiv
simulação s. f. 1. (dissimulação) Verstellung_f.; 2. (simulacro) Simulation_f.
simulacro s. m. Simulation_f.
simulador s. m. Simulator_m.
simular v. tr. e intr. simulieren
simultaneamente adv. gleichzeitig
simultâneo adj. gleichzeitig; (interpretação) simultan
sina s. f. Schicksal_nt.

sinagoga s. f. Synagoge_f.
sinal s. m. 1. (indício) Zeichen_nt. [de, für +ac.]; 2. (marca) Kennzeichen_nt., Merkmal_nt.; 3. (de advertência) Signal_nt.; sinal de aviso: Warnsignal_nt.; 4. (em dinheiro) Anzahlung_f.
sinaleiro s. m. Verkehrspolizist_m.
sinalização s. f. Beschilderung_f.
sinalizar v. tr. 1. (uma compra) anzahlen; 2. (uma rua) beschildern
sincelo s. m. Eiszapfen_m.
sinceridade s. f. Ehrlichkeit_f., Aufrichtigkeit_f.
sincero adj. ehrlich, aufrichtig
síncope s. f. Synkope_f.
sincronização s. f. Synchronisierung_f.
sincronizado adj. synchronisiert
sincronizar v. tr. synchronisieren
sindical adj. gewerkschaftlich, Gewerkschafts...
sindicalista I s. m. e f. Gewerkschafter, -in_m, f.; II adj. gewerkschaftlich, Gewerkschafts...
sindicato s. m. Gewerkschaft_f.
sineta s. f. Glöckchen_nt.
sinfonia s. f. Sinfonie_f.
sinfónico adj. sinfonisch
singelo adj. einfach, schlicht
singrar v. intr. gedeihen, prosperieren
singular adj. 1. (individual) einzeln; 2. (único) einzigartig; 3. (peculiar) eigenartig
singularidade s. f. Besonderheit_f., Eigentümlichkeit_f.
sinistrado I s. m. Verunglückte_m, e f.; II adj. (pessoa) verunglückt; (automóvel) beschädigt
sinistro I s. m. Unfall_m.; II adj. (pessoa) unheimlich; (figura) düster
sino s. m. Glocke_f.
sinónimo I s. m. Synonym_nt.; II adj. synonym [de, zu +dat.]

sintáctico *adj.* syntaktisch
sintático *adj. (Brasil)* → sintáctico
sintaxe *s. f.* LINGUÍSTICA Syntax,
síntese *s. f.* Zusammenfassung,
sintético *adj.* 1. *(resumido)* zusammengefasst; 2. *(artificial)* synthetisch, künstlich
sintetizar *v. tr.* zusammenfassen
sintoma *s. m.* 1. MEDICINA Symptom,; 2. *(indício)* Anzeichen,. [de, für +ac.]
sintomático *adj.* symptomatisch
sintonia *s. f.* 1. ELECTRICIDADE Abstimmung,; 2. *(acordo mútuo)* Übereinstimmung,
sintonização *s. f.* Feineinstellung,, Abstimmung,
sintonizar *v. tr.* abstimmen, einstellen
sinuoso *adj.* kurvig
sinusite *s. f.* MEDICINA Nebenhöhlenentzündung,
sirena *s. f. (Brasil)* → sirene
sirene *s. f.* Sirene,; *(de nevoeiro)* Nebelhorn,.
Síria *s. f.* Syrien,.
sírio I *s. m.* Syrer,,; II *adj.* syrisch
sismo *s. m.* Erdbeben,.
sismógrafo *s. m.* Seismograf,.
siso *s. m.* Verstand,,
sistema *s. m.* System,.
sistematicamente *adv.* 1. *(metodicamente)* systematisch; 2. *(frequentemente)* häufig
sistemático *adj.* 1. *(metódico)* systematisch; 2. *(frequente)* häufig, regelmäßig
sisudo *adj.* mürrisch
sítio *s. m.* 1. *(lugar)* Platz,,, Stelle,; 2. *(localização geográfica)* Lage,; 3. *(Brasil) (propriedade rural)* Landgut,.
sito *adj.* gelegen
situação *s. f.* Lage,, Situation,
situado *adj.* gelegen
situar I *v. tr.* 1. *(no espaço)* lokalisieren; 2. *(no tempo)* zeitlich einordnen; II *v. refl.* sich befinden, liegen
slogan *s. m.* Slogan,,

snack-bar *s. m.* Snackbar,, Imbissstube,
snifar *v. tr. (cal.)* sniffen, schnüffeln
snobe I *s. m. e f.* Snob,,; II *adj.* snobistisch
só I *adj.* 1. *(sozinho)* allein; 2. *(solitário)* einsam; II *adv.* 1. *(unicamente)* nur; não só..., mas também...: nicht nur..., sondern auch...; só que: es ist nur so, dass; 2. *(temporal)* erst; só agora: erst jetzt
soalheiro *adj.* sonnig
soalho *s. m.* Fußboden,,
soar *v. intr.* 1. *(som, voz)* ertönen, erklingen; 2. *(palavra)* klingen
sob *prep.* unter [+dat.]
soberania *s. f.* Souveränität,
soberano I *s. m.* Herrscher,,; II *adj.* souverän
soberbo *adj.* 1. *(magnífico)* herrlich; *(sumptuoso)* prächtig; 2. *(altivo)* hochmütig
sobra *s. f.* 1. Überfluss,,; 2. *pl.* sobras: Reste,,
sobranceiro *adj.* hochmütig, arrogant
sobrancelha *s. f.* Augenbraue,
sobrar *v. intr.* übrig bleiben
sobre *prep.* 1. *(em cima de)* auf [+ac./dat.]; *(acima de, por cima de)* über [+ac./dat.]; 2. *(acerca de)* über [+ac.]
sobreaviso *s. m.* Vorsicht,; estar de sobreaviso: auf der Hut sein
sobrecarga *s. f.* 1. *(de veículo)* Überladung,; 2. *(fig.) (para pessoa)* (zusätzliche) Belastung,
sobrecarregado *adj.* überlastet
sobrecarregar *v. tr.* 1. *(um veículo)* überladen; 2. *(fig.) (uma pessoa)* überlasten
sobre-humano *adj.* übermenschlich
sobreiro *s. m.* BOTÂNICA Korkeiche,
sobrelotado *adj.* überfüllt
sobremaneira *adv.* überaus, äußerst
sobremesa *s. f.* Nachtisch,,, Dessert,.
sobrenatural I *s. m.* Übernatürliche,,; II *adj.* übernatürlich

sobrenome s. m. Familienname_m, Nachname_m.

sobrepor I v. tr. (uma coisa) legen [a, auf +ac.]; (duas coisas) übereinander legen; II v. refl. sobrepor-se a alguma coisa: über etwas liegen; (em qualidade) etwas übertreffen

sobreposto p. p. de sobrepor

sobrepovoado adj. übervölkert, überbevölkert

sobrescrito s. m. Briefumschlag_m, Umschlag_m.

sobressair v. intr. (ficar saliente) hervorstehen, herausragen [de, aus +dat.]; 2. (dar nas vistas) sich abheben [de, von +dat.]

sobressaltar I v. tr. 1. (surpreender) überraschen; 2. (assustar) erschrecken; II v. refl. erschrecken

sobressalto s. m. Schreck_m.

sobresselente adj. Ersatz...; peça sobresselente: Ersatzteil_nt.

sobrestimar v. tr. überschätzen

sobretaxa s. f. Zuschlag_m; (dos correios) Nachporto_nt.

sobretudo I s. m. Mantel_m, Wintermantel_m; II adv. vor allem

sobrevir v. intr. folgen

sobrevivência s. f. Überleben_nt.

sobrevivente I s. m. e f. Überlebende_m. e f.; II adj. überlebend

sobreviver v. intr. überleben [a, +ac.]

sobrevoar v. tr. überfliegen

sobriedade s. f. 1. (moderação) Genügsamkeit_f; 2. (sem álcool) Nüchternheit_f.

sobrinha s. f. Nichte_f.

sobrinho s. m. Neffe_m.

sobrinho-neto s. m. Großneffe_m.

sóbrio adj. 1. (sem álcool) nüchtern; 2. (moderado) mäßig, genügsam

sobrolho s. m. Augenbraue_f.

soca s. f. Holzpantoffel_m, Clog_m.

socapa s. f. à socapa: verstohlen, heimlich

socar v. tr. 1. (dar socos) mit den Fäusten schlagen; 2. (Brasil) (a massa) kneten

social adj. gesellschaftlich, sozial

socialismo s. m. Sozialismus_m.

socialista I s. m. e f. Sozialist, -in_m. f.; II adj. sozialistisch

socialização s. f. Sozialisierung_f.

sociável adj. gesellig, umgänglich

sociedade s. f. Gesellschaft_f.

sócio s. m. (de empresa) Teilhaber_m; (nos negócios) Geschäftspartner_m; (de associação, clube) Mitglied_nt.

sociologia s. f. Soziologie_f.

sociológico adj. soziologisch

sociólogo s. m. Soziologe_m.

soco¹ [ɔ] s. m. Holzpantoffel_m, Clog_m.

soco² [o] s. m. Faustschlag_m.

socorrer v. tr. zu Hilfe kommen [+dat.]

socorro s. m. Hilfe_f; pedir socorro: um Hilfe rufen; primeiros socorros: erste Hilfe

soda s. f. 1. (bebida) Limonade_f; 2. QUÍMICA Soda_f; soda cáustica: Ätznatron_nt.

sódio s. m. QUÍMICA Natrium_nt.

sofá s. m. Sofa_nt, Couch_f.

sofá-cama s. m. Schlafcouch_f.

sofisticado adj. 1. (pessoa) herausgeputzt; 2. (técnica) ausgereift, hoch entwickelt

sôfrego adj. gierig

sofreguidão s. f. Gier_f.

sofrer I v. tr. leiden, erleiden; (suportar) ertragen; II v. intr. leiden [de, an +dat.; com, unter +dat.]

sofrimento s. m. Leiden_nt.

software s. m. INFORMÁTICA Software_f.

sogra s. f. Schwiegermutter_f.

sogro s. m. 1. Schwiegervater_m; 2. pl. sogros: Schwiegereltern_pl.

soja s. f. Soja_f.

sol s. m. ASTRONOMIA Sonne_f.

sola s. f. Sohle$_f$.
solar I s. m. Adelspalast$_m$; II adj. Sonnen...; **sistema solar:** Sonnensystem$_{nt}$.
solário s. m. Solarium$_{nt}$.
solavanco s. m. Stoß$_m$.
soldado s. m. Soldat$_m$.
soldador s. m. Schweißer$_m$.
soldadura s. f. 1. (acto) Schweißen$_{nt}$; 2. (parte soldada) Schweißnaht$_f$.
soldar v. tr. schweißen; (com metal) löten
soleira s. f. Türschwelle$_f$.
solene adj. 1. (formal) förmlich; 2. (festivo) feierlich
soletrar v. tr. buchstabieren
solfejo s. m. MÚSICA Solfeggieren$_{nt}$, Solmisieren$_{nt}$.
solha s. f. ZOOLOGIA Scholle$_f$.
solicitação s. f. (pedido) Bitte$_f$; (requerimento) Gesuch$_{nt}$.
solicitador s. m. DIREITO Rechtsbeistand$_m$.
solicitar v. tr. (pedir) bitten um [+ac.]; (exigir) verlangen; (oficialmente) beantragen
solícito adj. hilfsbereit
solidão s. f. Einsamkeit$_f$.
solidariedade s. f. Solidarität$_f$.
solidário adj. solidarisch [com, mit +dat.]
solidez s. f. 1. (resistência) Festigkeit$_f$; 2. (de negócio, empresa) Solidität$_f$.
solidificação s. f. FÍSICA Verfestigung$_f$.
solidificar v. intr. fest werden
sólido I s. m. FÍSICA feste(r) Körper$_m$; II adj. 1. (não líquido) fest; 2. (material, objecto) haltbar; (empresa) solide; (relação) fest
solista s. m. e f. MÚSICA Solist, -in$_{m, f}$.
solitário I s. m. Einzelgänger$_m$; II adj. einsam
solo s. m. 1. Boden$_m$; 2. MÚSICA Solo$_{nt}$.
solstício s. m. ASTRONOMIA Sonnenwende$_f$.
solta s. f. **à solta:** frei; **andar à solta:** frei herumlaufen

soltar I v. tr. 1. (largar) loslassen; 2. (libertar) befreien, freilassen; 3. (desatar) losmachen; 4. (um grito) ausstoßen; II v. refl. aufgehen, sich lösen
solteirão s. m. alte(r) Junggeselle$_m$.
solteiro I s. m. Alleinstehende$_{m, e f}$, Single$_m$; II adj. ledig, unverheiratet
solto I p. p. irreg. de soltar; II adj. 1. (pessoa) frei; 2. (parafuso, botão) locker; (cabelo) offen
soltura s. f. MEDICINA Durchfall$_m$.
solução s. f. Lösung$_f$.
soluçar v. intr. 1. (ter soluços) Schluckauf haben; 2. (chorando) schluchzen
solucionar v. tr. lösen
soluço s. m. Schluckauf$_m$; (choro) Schluchzer$_m$.
solúvel adj. löslich
solvência s. f. ECONOMIA Zahlungsfähigkeit$_f$, Solvenz$_f$.
solvente adj. ECONOMIA zahlungsfähig, solvent
som s. m. Ton$_m$, Laut$_m$; (de instrumento, música) Klang$_m$; FÍSICA Schall$_m$.
soma s. f. Summe$_f$.
somar v. tr. e intr. MATEMÁTICA addieren
sombra s. f. Schatten$_m$; **à sombra:** im Schatten
sombreado I s. m. Schattierung$_f$; II adj. schattig
sombrinha s. f. Sonnenschirm$_m$.
sombrio adj. 1. (à sombra) schattig; 2. (lúgubre) düster, finster
somente adv. nur, lediglich
somítico adj. geizig
sonambulismo s. m. Schlafwandeln$_{nt}$.
sonâmbulo I s. m. Schlafwandler$_m$; II adj. mondsüchtig
sonância s. f. Klang$_m$.
sonda s. f. 1. MEDICINA Sonde$_f$; 2. NÁUTICA Lot$_{nt}$.

sondagem s. f. (de opinião) Umfrage_f_
sondar v. tr. 1. MEDICINA sondieren; 2. NÁUTICA ausloten; 3. (fig.) (pesquisar) untersuchen
soneca s. f. Schläfchen_nt._
sonegar v. tr. 1. (informação, dados) zurückhalten; 2. (impostos) hinterziehen
soneto s. m. LITERATURA Sonett_nt._
sonhador I s. m. Träumer_m_; II adj. träumerisch
sonhar v. intr. träumen [com, von +dat.]
sonho s. m. Traum_m_; de sonho: traumhaft
sono s. m. 1. (dormida) Schlaf_m_; 2. (sonolência) Schläfrigkeit_f_
sonolência s. f. (antes do sono) Schläfrigkeit_f_; (depois do sono) Schlaftrunkenheit_f_
sonolento adj. (antes do sono) schläfrig; (depois do sono) schlaftrunken
sonoro adj. 1. (que tem som claro) volltönend, klangvoll; 2. (com som) Ton..., Schall...
sonso adj. 1. (dissimulado) listig, verschlagen; 2. (ingénuo) naiv
sopa s. f. Suppe_f_
sopapo s. m. Faustschlag_m_; (debaixo do queixo) Kinnhaken_m_
sopé s. m. Fuß_m_ des Berges
soprano s. m. e f. MÚSICA Sopran_m_, Sopransänger, -in_m, f_
soprar I v. tr. blasen; (velas) ausblasen; (balão) aufblasen; (pó) wegblasen; II v. intr. blasen
sopro s. m. Blasen_nt._; (hálito) Hauch_m_
soquete s. f. Socke_f_
sórdido adj. 1. (sujo) schmutzig; (repugnante) widerlich; 2. (vil) gemein
sorna s. f. (preguiça) Faulheit_f_; (moleza) Trägheit_f_
sornar v. intr. trödeln
soro s. m. MEDICINA Serum_nt._

sorrateiramente adv. heimlich, verstohlen
sorridente adj. lächelnd
sorrir v. intr. lächeln; sorrir para alguém: jemanden anlächeln
sorriso s. m. Lächeln_nt._
sorte s. f. 1. Glück_nt._; boa sorte!: viel Glück!; 2. (acaso) Zufall_m_; à sorte: aufs Geratewohl
sortear v. tr. verlosen
sorteio s. m. Verlosung_f_
sortido I s. m. Sortiment_nt._; II adj. gemischt
sortimento s. m. Sortiment_nt._
sorumbático adj. düster
sorver v. tr. schlürfen
sorvete s. m. Speiseeis_nt._
sorveteria s. f. Eisdiele_f_
sós loc. adv. a sós: allein
sósia s. m. e f. Doppelgänger, -in_m, f._
soslaio s. m. de soslaio: schief
sossegado adj. ruhig, still
sossegar I v. tr. beruhigen, besänftigen; II v. intr. sich beruhigen
sossego s. m. Ruhe_f_, Stille_f_
sostra s. m. e f. (depr.) Schlamp|er, -e_m, f._
sótão s. m. Dachboden_m_
sotaque s. m. Akzent_m_
sotavento s. m. NÁUTICA Lee_f_
soterrado adj. verschüttet
soterrar v. tr. vergraben
soturno adj. (pessoa) finster; (local) düster
soutien s. m. BH_m_, Büstenhalter_m_
souto s. m. Dickicht_nt._
sova s. f. Tracht_f_ Prügel
sovaco s. m. Achselhöhle_f_
sovar v. tr. verprügeln
soviético I s. m. Sowjetbürger_m_; II adj. sowjetisch
sovina I s. m. e f. Geizhals_m_; II adj. geizig
sozinho adj. allein
spray s. m. Spray_nt._
squash s. m. DESPORTO Squash_nt._

Sr. [abrev. de **Senhor**] Hr. [abrev. de Herr]

Sr.ª [abrev. de **Senhora**] Fr. [abrev. de Frau]

Sta. [abrev. de **Santa**] St. [abrev. de Sankt]

stand s. m. Messestand$_m$; stand de automóveis: Autohaus$_{nt}$

standard adj. inv. Standard...

standardizar v. tr. vereinheitlichen, standardisieren

status s. m. inv. Status$_m$

stereo adj. inv. Stereo..., stereo

stick s. m. DESPORTO Hockeyschläger$_m$

Sto. [abrev. de **Santo**] St. [abrev. de Sankt]

stock s. m. Vorrat$_m$, Lagerbestand$_m$

stop s. m. (coloq.) Stoppschild$_{nt}$

stress s. m. Stress$_m$

stressado adj. (coloq.) gestresst

stressante adj. (coloq.) stressig

stressar v. intr. (coloq.) in Stress kommen

sua pron. poss. 1. (dele) sein; (dela) ihr; 2. (você) Ihr

suado adj. verschwitzt

suar v. intr. schwitzen

suave adj. (material) weich; (cheiro, voz) sanft; (temperatura, tabaco) mild

suavidade s. f. (de material) Weichheit$_f$; (de voz, música, no olhar) Sanftheit$_f$; (nos gestos) Feinheit$_f$, Zartheit$_f$

suavizar v. tr. (a dor) mildern; (um conflito) entschärfen

subalimentado adj. unterernährt

subalterno I s. m. Untergebene$_{m.\,e\,f}$; II adj. untergeben

subalugar v. tr. untervermieten

subaquático adj. Unterwasser...

subarrendamento s. m. Untervermietung$_f$

subarrendar v. tr. untervermieten

subarrendatário s. m. Untermieter$_m$

subchefe s. m. e f. stellvertretende(r) Chef$_m$, stellvertretende Chefin$_f$

subconsciente I s. m. Unterbewusstsein$_{nt}$; II adj. unterbewusst

subdesenvolvido adj. unterentwickelt

súbdito s. m. Untertan$_m$

subdividir v. tr. unterteilen

subdivisão s. f. Unterteilung$_f$; (secção) Unterabteilung$_f$

subentender-se v. refl. sich von selbst verstehen

subentendido adj. unausgesprochen, implizit

subestimar v. tr. unterschätzen

subida s. f. 1. (para automóveis) Auffahrt$_f$; 2. (escalada) Aufstieg$_m$; 3. (de preços) Erhöhung$_f$, Steigerung$_f$; (de temperatura) Anstieg$_m$

subir I v. tr. 1. (um monte) hinaufsteigen; (uma escada, rua) hinaufgehen; 2. (preços, renda) erhöhen; II v. intr. 1. (maré) steigen; 2. (temperatura, preço) steigen [para, auf +ac.]; 3. (na vida) aufsteigen, Karriere machen

subitamente adv. plötzlich

súbito adj. 1. (movimento) rasch; 2. (acontecimento) plötzlich; de súbito: auf einmal

subjacente adj. 1. (terreno) tiefer liegend; 2. (problema) zugrunde liegend, zu Grunde liegend

subjectividade s. f. Subjektivität$_f$

subjectivo adj. subjektiv

subjetividade s. f. (Brasil) → subjectividade

subjetivo adj. (Brasil) → subjectivo

subjugar v. tr. unterwerfen

subjuntivo s. m. (Brasil) GRAMÁTICA Konjunktiv$_m$

sublevação s. f. Aufstand$_m$

sublevar-se v. refl. sich auflehnen, rebellieren

sublime adj. erhaben

sublinhar v. tr. 1. unterstreichen; 2. (realçar) hervorheben, unterstreichen
sublocar v. tr. untervermieten
sublocatário s. m. Untermieter $_m$
submarino I s. m. U-Boot $_{nt}$; II adj. Unterwasser...
submergir I v. tr. untertauchen, eintauchen; II v. intr. tauchen
submerso adj. untergetaucht
submeter I v. tr. 1. (subjugar) unterwerfen; 2. (sujeitar) unterziehen [a, +dat.]; II v. refl. sich unterwerfen [a, +dat.]
submissão s. f. Unterwürfigkeit $_f$
submisso adj. unterwürfig
subnutrição s. f. Unterernährung $_f$
subnutrido adj. unterernährt
subordinado I s. m. Untergebene $_{m.\,e\,f.}$; II adj. 1. (a um tema, conceito) untergeordnet [a, +dat.]; 2. (subalterno) untergeben
subordinar v. tr. unterordnen [a, +dat.]
subornar v. tr. bestechen
subornável adj. bestechlich
suborno s. m. Bestechung $_f$
subscrever I v. tr. 1. (um documento) unterzeichnen; 2. (uma ideia) teilen; 3. (acções) kaufen; (um livro) subskribieren; II v. refl. (em carta) verbleiben
subscrição s. f. Subskription $_f$
subscrito p. p. de subscrever
subscritor s. m. Subskribent $_m$
subsecção s. f. Unterabteilung $_f$
subsequente adj. nachfolgend, anschließend
subserviência s. f. Unterwürfigkeit $_f$
subserviente adj. unterwürfig
subsidiar v. tr. (finanziell) unterstützen
subsídio s. m. (finanzielle) Unterstützung $_f$; subsídio de desemprego: Arbeitslosengeld $_{nt}$
subsistência s. f. Lebensunterhalt $_m$

subsistir v. intr. 1. (existir) bestehen; 2. (persistir, conservar-se) fortbestehen
subsolo s. m. Untergrund $_m$
substância s. f. Substanz $_f$
substancial adj. 1. (essencial) wesentlich; 2. (alimentação) nahrhaft
substancialmente adv. im Wesentlichen
substantivar v. tr. GRAMÁTICA substantivieren
substantivo s. m. Substantiv $_{nt}$
substituição s. f. Ersetzung $_f$; (temporária) Vertretung $_f$, Stellvertretung $_f$
substituir v. tr. ersetzen [por, durch +ac.]; (em funções) ablösen; (temporariamente) vertreten
substituível adj. ersetzbar
substituto I s. m. Ersatz $_m$; (em funções) Vertreter $_m$; II adj. Ersatz...; (em funções) stellvertretend
substrato s. m. 1. (base) Grundlage $_f$; (essência) Essenz $_f$; 2. GEOLOGIA Unterschicht $_f$
subterfúgio s. m. 1. (evasiva) Ausflucht $_f$; 2. (pretexto) Vorwand $_m$
subterrâneo adj. unterirdisch
subtil adj. 1. (pessoa) unauffällig; (comentário) subtil; 2. (diferença) fein
subtileza s. f. (em pessoa) Raffiniertheit $_f$; (em comentário) Spitzfindigkeit $_f$
subtítulo s. m. Untertitel $_m$
subtração s. f. (Brasil) → subtracção
subtracção s. f. MATEMÁTICA Subtraktion $_f$
subtrair v. tr. MATEMÁTICA abziehen, subtrahieren
subtropical adj. subtropisch
suburbano I s. m. Vorstädter $_m$; II adj. Vorstadt...
subúrbio s. m. Vorstadt $_f$, Vorort $_m$
subvenção s. f. Zuschuss $_m$; (estatal) Subvention $_f$
subversão s. f. Umsturz $_m$
subversivo adj. umstürzlerisch

subverter v. tr. 1. (sistema político) umstürzen; 2. (princípios morais) untergraben
sucata s. f. Schrott$_m$.
sucateiro s. m. Schrotthändler$_m$.
sucção s. f. Sog$_m$.
sucedâneo s. m. Ersatzstoff$_m$, Surrogat$_{nt}$.
suceder I v. intr. 1. folgen [a, auf +ac.]; 2. (acontecer) sich ereignen, geschehen; II v. refl. (acontecimentos) aufeinander folgen
sucedido I s. m. Ereignis$_{nt}$; II adj. **ser bem sucedido:** erfolgreich sein; **ser mal sucedido:** keinen Erfolg haben
sucessão s. f. 1. (de acontecimentos) Reihe$_f$; 2. (num cargo) Nachfolge$_f$.
sucessivamente adv. nacheinander; **e assim sucessivamente:** und so weiter
sucessivo adj. aufeinander folgend
sucesso s. m. Erfolg$_m$.
sucessor s. m. Nachfolger$_m$.
sucinto adj. kurz, knapp
suco s. m. Saft$_m$; (Brasil) **suco de laranja:** Orangensaft$_m$.
suculento adj. saftig
sucumbir v. tr. 1. (ceder) nachgeben [a, +dat.]; 2. (ir abaixo) zusammenbrechen; 3. (morrer) sterben
sucursal s. f. (de banco) Zweigstelle$_f$, Filiale$_f$; (de empresa) Niederlassung$_f$.
sudeste s. m. Südosten$_m$.
sudoeste s. m. Südwesten$_m$.
Suécia s. f. Schweden$_{nt}$.
sueco I s. m. Schwede$_m$; II adj. schwedisch
sueste s. m. Südosten$_m$.
suéter s. m. (Brasil) Pullover$_m$.
suficiente adj. genügend, ausreichend
suficientemente adv. genug
sufixo s. m. GRAMÁTICA Suffix$_{nt}$.
suflê s. m. (Brasil) CULINÁRIA Soufflee$_{nt}$.
sufocante adj. (calor) drückend; (ar) stickig
sufocar v. tr. e intr. ersticken
sufoco s. m. Kummer$_m$.
sufrágio s. m. 1. (votação) Wahl$_f$; 2. (direito de voto) Wahlrecht$_{nt}$, Stimmrecht$_{nt}$.
sugar v. tr. saugen
sugerir v. tr. 1. (propor) vorschlagen; 2. (indicar) andeuten; (recomendar) empfehlen
sugestão s. f. 1. (proposta) Vorschlag$_m$; 2. (indicação) Andeutung$_f$; (recomendação) Empfehlung$_f$.
sugestivo adj. anregend
Suíça s. f. Schweiz$_f$.
suíças s. f. pl. (barba) Koteletten$_{pl}$.
suicida I s. m. e f. Selbstmörder, -in$_{m, f}$; II adj. selbstmörderisch, Selbstmord...
suicidar-se v. refl. Selbstmord begehen
suicídio s. m. Selbstmord$_m$.
suíço I s. m. Schweizer$_m$; II adj. schweizerisch, Schweizer
suíno I s. m. Schwein$_{nt}$; II adj. Schweine...
suite s. f. Suite$_f$.
sujar I v. tr. schmutzig machen; II v. refl. sich schmutzig machen
sujeira s. f. 1. (Brasil) (sujidade) Schmutz$_m$; 2. (Brasil) (coloq.) (acto) Sauerei$_f$.
sujeitar v. tr. unterwerfen [a, +dat.]
sujeito I s. m. 1. (coloq.) Kerl$_m$; 2. GRAMÁTICA Subjekt$_{nt}$; II adj. **estar sujeito a alguma coisa:** etwas unterworfen sein, etwas unterliegen
sujidade s. f. Schmutz$_m$, Dreck$_m$.
sujo adj. schmutzig, dreckig
sul s. m. Süden$_m$; **a sul de:** südlich von [+dat.]
sul-africano I s. m. Südafrikaner$_m$; II adj. südafrikanisch
sul-americano I s. m. Südamerikaner$_m$; II adj. südamerikanisch
sulco s. m. 1. (na terra) Furche$_f$; (para rega) Rinne$_f$; 2. (fenda) Rille$_f$.
sulfatar v. tr. AGRICULTURA (mit Kupfersulfat) spritzen

sulfúrico adj. QUÍMICA Schwefel...; ácido sulfúrico: Schwefelsäure $_f$
sulista I s. m. e f. (Brasil) Südbrasilianer, -in$_{m, f}$; II adj. (Brasil) südbrasilianisch
sultão s. m. Sultan$_m$
suma s. f. em suma: kurz, mit einem Wort
sumarento adj. saftig
sumariamente adv. zusammengefasst
sumário m. Zusammenfassung$_f$
sumiço s. m. (Brasil) Verschwinden$_{nt}$
sumidade s. f. Kapazität$_f$, herausragende Persönlichkeit$_f$
sumido adj. verschwunden
sumir v. intr. verschwinden
sumo I s. m. Saft$_m$; sumo de laranja: Orangensaft$_m$; II adj. höchste(r, s)
sumptuosidade s. f. Pracht$_f$, Luxus$_m$
sumptuoso adj. → suntuoso
sunga s. f. (Brasil) Badehose$_f$
suntuosidade s. f. (Brasil) → sumptuosidade
suntuoso adj. (Brasil) prächtig, prunkvoll
suor s. m. Schweiß$_m$
super adv. (colloq.) super, toll
superabundância s. f. Überfluss$_m$
superabundante adj. 1. (abundante) überreichlich, im Überfluss; 2. (supérfluo) überflüssig
superar I v. tr. 1. (dificuldade) überwinden; 2. (as expectativas) übertreffen; II v. refl. sich selbst übertreffen
superável adj. überwindbar
superficial adj. oberflächlich
superficialidade s. f. Oberflächlichkeit$_f$
superficialmente adv. oberflächlich
superfície s. f. Oberfläche$_f$
supérfluo adj. überflüssig
super-homem s. m. Übermensch$_m$
superintender v. tr. 1. (dirigir) leiten; 2. (fiscalizar) beaufsichtigen

superior I s. m. e f. Vorgesetzte$_{m, e f}$; II adj. (nível, temperatura) höher; (qualidade) besser
superioridade s. f. Überlegenheit$_f$
superlativo s. m. GRAMÁTICA Superlativ$_m$
superlotado adj. überfüllt
supermercado s. m. Supermarkt$_m$
superpotência s. f. POLÍTICA Großmacht$_f$
superpovoado adj. übervölkert, überbevölkert
supersónico I s. m. AERONÁUTICA Überschallflugzeug$_{nt}$; II adj. Überschall...
superstição s. f. Aberglaube$_m$
supersticioso adj. abergläubisch
superstrutura s. f. Überbau$_m$
supervisão s. f. Beaufsichtigung$_f$
supervisionar v. tr. beaufsichtigen
supimpa adj. (Brasil) (colloq.) prima, klasse
suplantar v. tr. verdrängen
suplementar adj. ergänzend, zusätzlich
suplemento s. m. 1. (acrescento) Ergänzung$_f$, Zusatz$_m$; 2. (taxa) Zuschlag$_m$; 3. (de jornal) Beilage$_f$
suplente I s. m. e f. DESPORTO Ersatzspieler, -in$_{m, f}$; II adj. Ersatz...
súplica s. f. Flehen$_{nt}$, inständige Bitte$_f$
suplicar v. tr. flehen um [+ac.]
suplício s. m. Qual$_f$, Tortur$_f$; (tortura) Folter$_f$
supor v. tr. annehmen, vermuten; suponho que sim/não: ich glaube schon/nicht
suportar v. tr. 1. (um peso) tragen; 2. (aguentar) ertragen, aushalten; (tolerar) dulden
suportável adj. erträglich
suporte s. m. Stütze$_f$, Träger$_m$
suposição s. f. Vermutung$_f$, Annahme$_f$
supositório s. m. FARMÁCIA Zäpfchen$_{nt}$
supostamente adv. angeblich
suposto I p. p. de supor; II adj. (alegado) angeblich; (hipotético) mutmaßlich
supra-sumo s. m. Höhepunkt$_m$

supraterrâneo adj. oberirdisch
supremacia s. f. Vorherrschaft f
supremo adj. höchste(r, s)
supressão s. f. 1. (de imposto) Abschaffung f; (de fronteira, postos de trabalho) Abbau m; 2. (omissão) Auslassung f
suprimir v. tr. 1. (imposto) abschaffen; (fronteira, postos de trabalho) abbauen; (dor) lindern; 2. (omitir) auslassen
suprir v. tr. (uma falha) ausgleichen; (as necessidades) erfüllen
supurar v. intr. eitern
surdez s. f. Taubheit f
surdina s. f. MÚSICA Dämpfer m; em surdina: leise
surdo I s. m. Taube m. e f.; II adj. taub
surdo-mudo I s. m. Taubstumme m. e f.; II adj. taubstumm
surfar v. intr. (coloq.) surfen
surfista s. m. e f. Surfer, -in m. f.
surgir v. intr. auftauchen, erscheinen
surpreendente adj. überraschend; (espantoso) erstaunlich
surpreender I v. tr. überraschen; II v. refl. überrascht sein [com, über +ac.]
surpreendido adj. überrascht [com, über +ac.]
surpresa s. f. Überraschung f
surpreso I p. p. irreg. de surpreender; II adj. überrascht
surra s. f. (coloq.) Dresche f
surrar v. tr. verprügeln, verdreschen
surripiar v. tr. (coloq.) stibitzen, klauen
surtir v. tr. bewirken; surtir efeito: Wirkung zeigen
surto s. m. MEDICINA Ausbruch m
susceptibilidade s. f. Empfänglichkeit f; (sensibilidade) Empfindlichkeit f; (para doenças) Anfälligkeit f
susceptibilizar v. tr. kränken, verletzen
susceptível adj. empfänglich [a, für +ac.]

suscetibilidade s. f. (Brasil) → susceptibilidade
suscetibilizar v. tr. (Brasil) → susceptibilizar
suscetível adj. (Brasil) → susceptível
suscitar v. tr. (curiosidade) erregen; (dúvidas) hervorrufen; (ódio) schüren
suspeita s. f. Verdacht m
suspeitar v. intr. suspeitar de: verdächtigen
suspeito I s. m. Verdächtige m. e f.; II adj. verdächtig
suspender v. tr. 1. (processo, reunião) abbrechen, unterbrechen; (actividade, pagamento) einstellen; 2. (funcionário, aluno) suspendieren
suspensão s. f. 1. (interrupção) Unterbrechung f, Abbruch m; (de actividade, pagamento) Einstellung f; 2. (como castigo) Suspendierung f
suspense s. m. Spannung f
suspenso I p. p. irreg. de suspender; II adj. 1. (no ar) schwebend; 2. (pendurado) hängend; 3. (funcionário, aluno) suspendiert
suspensórios s. m. pl. Hosenträger pl.
suspirar v. intr. seufzen
suspiro s. m. 1. (respiração) Seufzer m; 2. CULINÁRIA Meringe f
sussurrar I v. tr. flüstern; II v. intr. 1. (pessoa) flüstern; 2. (folhagem, vento) rauschen, säuseln
sussurro s. m. 1. (de pessoa) Flüstern nt; 2. (de folhagem, vento) Rauschen nt, Säuseln nt.
sustenido s. m. MÚSICA Kreuz nt
sustentação s. f. 1. (capacidade) Tragkraft f; 2. (sustentáculo) Stütze f
sustentáculo s. m. 1. (suporte) Stütze f, Träger m; 2. (fig.) (amparo) Stütze f
sustentar I v. tr. 1. (apoiar) stützen; 2. (financeiramente) unterhalten, ernähren;

II *v. refl.* 1. *(segurar-se)* sich halten; 2. *(financeiramente)* leben [com, von +dat.]
sustento *s. m.* Lebensunterhalt*m.*
suster I *v. tr.* 1. *(apoiar)* stützen, tragen; 2. (a respiração) anhalten; II *v. refl.* sich halten
susto *s. m.* Schreck*m*; apanhar um susto: einen Schreck bekommen; pregar um susto a alguém: jemandem einen Schreck einjagen
sutiã *s. m. (Brasil)* Büstenhalter*m*, BH*m.*
sutil *adj. (Brasil)* → subtil
sutileza *s. f. (Brasil)* → subtileza
sutura *s. f.* MEDICINA Naht*f*
suturar *v. tr.* MEDICINA nähen, vernähen

T

T, t *s. m.* T, t*nt*
tabacaria *s. f.* Tabakladen*m.*
tabaco *s. m.* Tabak*m*; *(cigarros)* Zigaretten*pl.*
tabagismo *s. m.* Tabakmissbrauch*m.*
tabaqueira *s. f.* Tabakfabrik*f*
tabefe *s. m. (coloq.)* Ohrfeige*f*
tabela *s. f.* 1. *(quadro)* Tabelle*f*; 2. *(lista)* Liste*f*; 3. *(horário)* Fahrplan*m*; à tabela: fahrplanmäßig; 4. *(no bilhar)* Bande*f*
tabelar I *v. tr.* (um artigo) den Preis festsetzen für [+ac.]; II *adj.* tabellarisch
taberna *s. f.* Kneipe*f*
tabernáculo *s. m.* RELIGIÃO Stiftshütte*f*
tabique *s. m.* Trennwand*f*, Zwischenwand*f*
tablete *s. f.* Tafel*f*
tablier *s. m.* Armaturenbrett*nt.*
tabu *s. m.* Tabu*nt.*
tábua *s. f.* Brett*nt.*
tabuada *s. f.* MATEMÁTICA Multiplikationstabelle*f*
tabulador *s. m.* Tabulator*m.*
tabuleiro *s. m.* 1. *(bandeja)* Tablett*nt*; 2. (de forno) Backblech*nt*; 3. (de xadrez, damas) Brett*nt*; 4. (de ponte) Fahrbahn*f*
tabuleta *s. f.* Schild*nt.*

TAC *s. m.* MEDICINA [*abrev. de* tomografia axial computorizada] Computertomografie*f*
taça *s. f.* 1. (de champanhe) Kelch*m*; (grande) Schüssel*f*; 2. DESPORTO Pokal*m.*
tacada *s. f.* (bilhar) Stoß*m.*
tacanho *adj. (depr.)* engstirnig, kleinkariert
tacão *s. m.* Absatz*m.*
tacha *s. f.* Tapeziernagel*m*; (de enfeite) Ziernagel*m.*
tachinha *s. f. (Brasil)* Heftzwecke*f*, Reißnagel*m.*
tacho *s. m.* Kochtopf*m.*
tácito *adj.* stillschweigend
taciturno *adj.* 1. *(calado)* schweigsam; 2. *(tristonho)* trübsinnig
taco *s. m.* 1. (de bilhar) Billardstock*m*; (de golfe, basebol) Schläger*m*; 2. (para pavimento) kleine(s) Holzbrett*nt*, Diele*f*; *(Áustria)* Parkette*f*
tacómetro *s. m.* Tachometer*m.*
tactear *v. tr.* befühlen, betasten
táctica *s. f.* Taktik*f*
táctico *adj.* taktisch
tacto *s. m.* 1. (sentido) Tastsinn*m*; 2. *(diplomacia)* Takt*m*, Taktgefühl*nt.*

tafetá *s. m.* Taft_{m.}
tagarela I *s. m. e f.* Schwätzer, -in_{m., f.}; II *adj.* geschwätzig, schwatzhaft
tagarelar *v. intr.* schwatzen
tailandês I *s. m.* Thailänder_{m.}; II *adj.* thailändisch
Tailândia *s. f.* Thailand_{nt.}
tailleur *s. m.* Kostüm_{nt.}
tainha *s. f.* ZOOLOGIA Meeräsche_{f.}
taipa *s. f.* Trennwand_{f.}
Taiwan *s. m.* Taiwan_{nt.}
Tajiquistão *s. m.* Tadschikistan_{nt.}
tal I *adj.* so; tais: solche; tal e qual: genau so; II *pron. indef.* o/a tal: derjenige/diejenige
tala *s. f.* MEDICINA Schiene_{f.}
tálamo *s. m.* BOTÂNICA Blütenboden_{m.}
talão *s. m.* Talon_{m.}; (da caixa) Kassenzettel_{m.}
talco *s. m.* Talk_{m.}
talento *s. m.* Talent_{nt.}, Begabung_{f.} [para, für +ac.]
talentoso *adj.* begabt, talentiert
talha *s. f.* Schnitzerei_{f.}
talhado *adj.* 1. (madeira) geschnitzt; 2. (fig.) (pessoa) geschaffen [para, für +ac.]; 3. (leite) geronnen
talhante *s. m. e f.* Metzger, -in_{m., f.}, Fleischer, -in_{m., f.}
talhar I *v. tr.* (madeira) schnitzen; II *v. intr.* (leite) gerinnen
talher *s. m.* Besteck_{nt.}
talho *s. m.* Metzgerei_{f.}, Fleischerei_{f.}
talismã *s. m.* Talisman_{m.}
talo *s. m.* BOTÂNICA Thallus_{m.}
talkshow *s. f.* Talkshow_{f.}
taluda *s. f.* (coloq.) große(s) Los_{nt.}
talude *s. m.* Böschung_{f.}
talvez *adv.* [+conj.] vielleicht
tamanco *s. m.* Holzschuh_{m.}
tamanho I *s. m.* Größe_{f.}; II *adj.* so ein, solch ein

tâmara *s. f.* BOTÂNICA Dattel_{f.}
também *adv.* auch, ebenfalls
tambor *s. m.* MÚSICA Trommel_{f.}
tamboril *s. m.* ZOOLOGIA Seeteufel_{m.}
tamborileiro *s. m.* Trommler_{m.}
tamborim *s. m.* MÚSICA Tamburin_{nt.}
tampa *s. f.* (de recipiente) Deckel_{m.}; (de caneta) Kappe_{f.}
tampão *s. m.* 1. (tampa) Deckel_{m.}; 2. (para ouvidos) Ohrstöpsel_{m.}; 3. (para menstruação) Tampon_{m.}; 4. (de automóvel) Radkappe_{f.}
tampo *s. m.* (da mesa) Platte_{f.}
tampouco *adv.* auch nicht
tandem *s. m.* Tandem_{nt.}
tanga *s. f.* 1. (de praia) Tanga_{m.}; 2. (coloq.) (troça) Verarschung_{f.}
tangente *s. f.* MATEMÁTICA Tangente_{f.}; (fig.) à tangente: um ein Haar
tanger *v. tr.* (instrumento) spielen; (cordas) zupfen
tangerina *s. f.* BOTÂNICA Mandarine_{f.}
tangível *adj.* greifbar, fühlbar
tango *s. m.* MÚSICA Tango_{m.}
tanque *s. m.* 1. (reservatório) Tank_{m.}; 2. (para lavar roupa) Wanne_{f.}; 3. MILITAR Panzer_{m.}
tanso I *s. m.* (coloq.) Einfaltspinsel_{m.}; II *adj.* (coloq.) naiv
tantã *adj.* (Brasil) (coloq.) verrückt
tanto I *pron. indef.* so viel; tantos: so viele; tanto faz: das ist egal; II *adj.* so viel; tantas vezes: so oft; III *adv.* 1. (modo) so, so sehr; (quantidade) so viel; tanto melhor: um so besser; 2. (temporal) so lange; IV *cj.* tanto... como...: sowohl... als auch...
tão *adv.* so
tão-pouco *adv.* auch nicht
tão-só *adv.* lediglich, nur
tapa *s. m.* (Brasil) Klaps_{m.}
tapado *adj.* 1. (tacho, pessoa) zugedeckt; (móvel) abgedeckt; (cara) bedeckt; 2. (fig., pej.) (ingénuo) geistig zurückgeblieben

tapar I v. tr. 1. (tacho, pessoa) zudecken [com, mit +dat.]; (móvel, copo) abdecken [com, mit +dat.]; (boca, olhos, ouvidos) zuhalten; 2. (fechar) verschließen; 3. (um buraco) zustopfen; II v. refl. sich zudecken
tapa-vento s. m. Windschutz_m.
tapear v. tr. (Brasil) betrügen, hereinlegen
tapeçaria s. f. Wandteppich_m.
tapete s. m. Teppich_m.
tapioca s. f. Tapioka_f.
tapume s. m. Zaun_m.
tara s. f. 1. (peso, embalagem) Tara_f; 2. (coloq.) (mania) Fimmel_m.
tarado I s. m. (coloq.) Besessene_m. e f., Verrückte_m. e f.; II adj. (coloq.) besessen, verrückt
taramelar v. intr. schwatzen
tarântula s. f. ZOOLOGIA Tarantel_f.
tardar v. intr. (acontecimento) sich verzögern, auf sich warten lassen; (pessoa) spät kommen; o mais tardar: spätestens
tarde I s. f. Nachmittag_m; à tarde: nachmittags; II adv. spät
tardinha s. f. Spätnachmittag_m, frühe(r) Abend_m.
tardio adj. spät
tarecos s. m. pl. Gerümpel_nt.
tarefa s. f. Aufgabe_f.
tareia s. f. Tracht Prügel_f.
tarifa s. f. Tarif_m.
tarifar v. tr. den Tarif festsetzen für [+ac.]
tarô s. m. Tarot_nt.
tarso s. m. ANATOMIA Spann_m.
tártaro s. m. 1. MEDICINA Zahnstein_m; 2. (de vinho) Weinstein_m.
tartaruga s. f. ZOOLOGIA Schildkröte_f.
tarte s. f. CULINÁRIA Torte_f.
tasca s. f. → tasco
tasco s. m. Kneipe_f.
tatear v. tr. (Brasil) → tactear
tática s. f. (Brasil) → táctica

tático adj. (Brasil) → táctico
tato s. m. (Brasil) → tacto
tatuador s. m. Tätowierer_m.
tatuagem s. f. Tätowierung_f.
tatuar v. tr. tätowieren
tauromaquia s. f. Stierkampfkunst_f.
taverna s. f. Kneipe_f.
taxa s. f. 1. (imposto) Gebühr_f; 2. (índice) Rate_f, Quote_f.
taxar v. tr. 1. (um produto) besteuern; 2. (um preço) festsetzen
taxativo adj. eindeutig, offensichtlich
táxi s. m. Taxi_nt.
taxímetro s. m. Taxameter_m./nt.
taxista s. m. e f. Taxifahrer, -in_m., f.
tchau interj. tschüss!
tcheco I s. m. (Brasil) Tscheche_m.; II adj. (Brasil) tschechisch
Tchecoslováquia s. f. (Brasil) Tschechoslowakei_f.
Tchetchénia s. f. Tschetschenien_nt.
te pron. pess. (acusativo) dich; (dativo) dir
tear s. m. Webstuhl_m.
teatral adj. Theater...
teatro s. m. Theater_nt.
tecelagem s. f. 1. (actividade) Weben_nt.; 2. (fábrica) Weberei_f.
tecelão s. m. Weber_m.
tecer v. tr. 1. (tecido) weben; 2. (teia) spinnen, weben
tecido s. m. Gewebe_nt, Stoff_m.
tecla s. f. Taste_f.
teclado s. m. MÚSICA, INFORMÁTICA Tastatur_f.
técnica s. f. Technik_f.
tecnicamente adv. technisch
técnico I s. m. Fachmann_m, Techniker_m.; II adj. technisch
tecnologia s. f. Technologie_f.
tecnológico adj. technologisch
tecto s. m. Decke_f.
tédio s. m. Langeweile_f, Überdruss_m.

tedioso *adj.* lästig, langweilig
teia *s. f. (de aranha)* Spinnennetz_{nt.}
teima *s. f.* Eigensinn_{m}, Starrsinn_{m.}
teimar *v. intr.* beharren, bestehen [em, auf +dat.]
teimosia *s. f.* Eigensinn_{m}, Starrsinnigkeit_{f.}
teimoso *adj.* eigensinnig, starrsinnig
tejadilho *s. m. (de automóvel)* Dach_{nt.}
Tejo *s. m.* Tejo_{m}, Tajo_{m.}
tel. [*abrev. de* **telefone**] Tel. [*abrev. de* Telefon(nummer)]
tela *s. f.* 1. *(de pintura)* Leinwand_{f}; 2. *(Brasil)* (de televisão) Bildschirm_{m.}; (de cinema) Leinwand_{f.}
telebanco *s. m.* Telebanking_{nt.}
telebip *s. m.* Piepser_{m.}
telecomandado *adj.* ferngesteuert
telecomando *s. m.* Fernsteuerung_{f}; (de televisão) Fernbedienung_{f.}
telecomunicações *s. f. pl.* 1. (sistema) Telekommunikation_{f}, Nachrichtentechnik_{f}; 2. (empresa) Fernmeldewesen_{nt.}
teledisco *s. m.* Videoclip_{m.}
telefax *s. m.* Telefax_{nt.}
teleférico *s. m.* Seilbahn_{f.}
telefonar *v. intr.* telefonieren, anrufen [a/para, +ac.]
telefone *s. m.* Telefon_{nt.}
telefonema *s. m.* Telefongespräch_{nt.}, Telefonat_{nt.}
telefónico *adj.* telefonisch
telefonista *s. m. e f.* Telefonist, -in_{m., f.}
telegrafar *v. tr.* telegrafieren
telégrafo *s. m.* Telegraf_{m.}
telegrama *s. m.* Telegramm_{nt.}
telejornal *s. m.* Tagesschau_{f}, Fernsehnachrichten_{pl}
telem. [*abrev. de* **telemóvel**] Handy
telemóvel *s. m.* Handy_{nt.}
telenovela *s. f.* Seifenoper_{f.}
teleobjectiva *s. f.* Teleobjektiv_{nt.}
telepatia *s. f.* Telepathie_{f.}
telepático *adj.* telepathisch
telescópico *adj.* teleskopisch
telescópio *s. m.* Teleskop_{nt.}, Fernrohr_{nt.}
telespectador *s. m.* Fernsehzuschauer_{m.}
telespetador *s. m. (Brasil)* → telespectador
televisão *s. f.* Fernsehen_{nt.}
televisivo *adj.* Fernseh...
televisor *s. m.* Fernsehapparat_{m}, Fernseher_{m.}
telex *s. m.* Telex_{nt.}
telha *s. f. (de telhado)* Dachziegel_{m.}
telhado *s. m.* Dach_{nt.}
telhador *s. m.* Dachdecker_{m.}
telheiro *s. m.* Schuppen_{m.}
tema *s. m.* Thema_{nt.}
temática *s. f.* Thematik_{f.}
temer I *v. tr.* fürchten, befürchten; II *v. intr.* fürchten [por, um +ac.]
temerário *adj.* 1. *(audaz)* tollkühn, verwegen; 2. *(imprudente)* unbesonnen
temeroso *adj.* 1. (situação) Furcht erregend; 2. (pessoa) furchtsam, ängstlich
temido *adj.* gefürchtet
temível *adj.* furchtbar, fürchterlich
temor *s. m.* Furcht_{f.}
têmpera *s. f. (de metal)* Härten_{nt.}
temperado *adj.* 1. (comida) gewürzt; 2. (clima) gemäßigt
temperamental *adj.* temperamentvoll
temperamento *s. m.* Temperament_{nt.}
temperar *v. tr.* 1. (a comida) würzen; (a salada) anmachen; 2. (metal) härten
temperatura *s. f.* Temperatur_{f.}
tempero *s. m.* CULINÁRIA Gewürz_{nt.}
tempestade *s. f.* Unwetter_{nt.}
tempestuoso *adj.* stürmisch
templo *s. m.* Tempel_{m.}

tempo *s. m.* 1. Zeit$_f$; tempos livres: Freizeit$_f$; ao mesmo tempo: gleichzeitig; há muito tempo: vor langer Zeit; 2. METEOROLOGIA Wetter$_{nt}$; 3. MÚSICA Tempo$_{nt}$; 4. DESPORTO Halbzeit$_f$

têmpora *s. f.* ANATOMIA Schläfe$_f$

temporada *s. f.* 1. *(espaço de tempo)* Zeit$_f$; 2. *(de espectáculos)* Saison$_f$, Spielzeit$_f$

temporal I *s. m.* METEOROLOGIA Unwetter$_{nt}$; II *adj.* zeitlich

temporão *adj.* frühreif

temporariamente *adv.* vorübergehend

temporário *adj.* vorübergehend, zeitweilig

tenacidade *s. f.* 1. (de material) Widerstandsfähigkeit$_f$; 2. *(obstinação)* Hartnäckigkeit$_f$

tenaz I *s. f.* 1. *(ferramenta)* Zange$_f$; 2. *(de caranguejo)* Schere$_f$; II *adj.* 1. *(material)* robust; 2. *(pessoa)* hartnäckig

tenção *s. f.* Absicht$_f$

tencionar *v. tr.* beabsichtigen

tenda *s. f.* Zelt$_{nt}$; (no mercado) Stand$_m$

tendão *s. m.* ANATOMIA Sehne$_f$

tendência *s. f.* Neigung$_f$, Tendenz$_f$ [para, zu +dat.]

tendencioso *adj.* tendenziös

tender *v. intr.* tendieren, neigen [para, zu +dat.]

tenebroso *adj.* dunkel, finster

tenente *s. m.* MILITAR Leutnant$_m$

ténia *s. f.* MEDICINA Bandwurm$_m$

ténis *s. m. inv.* 1. DESPORTO Tennis$_{nt}$; 2. *(calçado)* Tennisschuh$_m$

tenista *s. m. e f.* Tennisspieler, -in$_{m, f}$

tenor *s. m.* MÚSICA Tenor$_m$

tenro *adj.* zart, weich

tensão *s. f.* Spannung$_f$; tensão arterial: Blutdruck$_m$

tenso *adj.* gespannt, angespannt

tentação *s. f.* Versuchung$_f$

tentáculo *s. m.* ZOOLOGIA Tentakel$_{nt}$, Fangarm$_m$

tentador *adj.* verführerisch, verlockend

tentar *v. tr.* 1. *(experimentar)* versuchen, ausprobieren; 2. *(aliciar)* in Versuchung führen

tentativa *s. f.* Versuch$_m$

tentear *v. tr.* sondieren

tento *s. m.* 1. *(cautela)* Vorsicht$_f$, Behutsamkeit$_f$; 2. *(tino)* Verstand$_m$

ténue *adj.* (luz, voz) dünn, zart; (fronteira) verschwommen

teologia *s. f.* Theologie$_f$

teológico *adj.* theologisch

teólogo *s. m.* Theologe$_m$

teor *s. m.* 1. Inhalt$_m$; 2. QUÍMICA Gehalt$_m$

teorema *s. m.* Theorem$_{nt}$, Lehrsatz$_m$

teoria *s. f.* Theorie$_f$

teoricamente *adv.* theoretisch

teórico I *s. m.* Theoretiker$_m$; II *adj.* theoretisch

tépido *adj.* lauwarm

ter I *v. tr.* 1. (posse) haben; ter sede/dores: Durst/Schmerzen haben; 2. (idade, medidas) sein; quantos anos tens?: wie alt bist du?; 3. *(receber)* bekommen; ter um bebé: ein Kind bekommen; ter uma má nota: eine schlechte Note bekommen; 4. *(conversa, diálogo)* führen; 5. *(Brasil) (coloq.) (haver)* sein, geben; tem muita gente que...: es gibt viele Leute, die...; II *v. aux.* 1. (passado) haben, sein; 2. (obrigação) ter de/que: müssen; III *v. intr.* ir ter a: (caminho) führen nach [+dat.]; (pessoa) gehen zu [+dat.]

terapeuta *s. m. e f.* Therapeut, -in$_{m, f}$

terapêutica *s. f.* Therapeutik$_f$

terapêutico *adj.* therapeutisch

terapia *s. f.* Therapie$_f$

terça-feira *s. f.* Dienstag$_m$

terceiro I *s. m.* Dritte$_{m. e f.}$; II *num. ord.* dritte(r, s)

terceto *s. m.* MÚSICA Terzett$_{nt}$

terciário *adj.* tertiär
terço *s. m.* 1. *(terça parte)* Drittel*nt*; 2. RELIGIÃO Rosenkranz*m*.
terçolho *s. m.* MEDICINA Gerstenkorn*nt*.
terebintina *s. f.* Terpentin*nt*.
termal *adj.* Thermal...
termas *s. f. pl.* 1. (local) Thermalbad*nt*; 2. (águas) Thermalquelle*f*.
térmico *adj.* thermisch; saco térmico: Kühltasche*f*.
terminação *s. f.* 1. *(conclusão)* Beendigung*f*, Abschluss*m*; 2. GRAMÁTICA Endung*f*.
terminal I *s. m.* AERONÁUTICA, INFORMÁTICA, NÁUTICA Terminal*nt*; II *adj.* End...
terminantemente *adv.* ausdrücklich
terminar I *v. tr.* beenden; II *v. intr.* 1. enden; (barulho) aufhören; 2. (pessoa) fertig sein [com, mit +dat.]
término *s. m.* 1. *(paragem final)* Endstation*f*; 2. *(fim)* Ende*nt*.
terminologia *s. f.* Terminologie*f*.
termo *s. m.* 1. *(fim)* Ende*nt*; 2. *(vocábulo)* Wort*nt*; *(expressão)* Ausdruck*m*; termo técnico: Fachbegriff*m*.
termodinâmica *s. f.* Thermodynamik*f*.
termómetro *s. m.* Thermometer*nt*.
termos¹ [ɛ] *s. m. inv.* (garrafa) Thermosflasche*f*®.
termos² [e] *s. m. pl.* (modos) Verhalten, Benehmen*nt*.
termóstato *s. m.* Thermostat*m*, Temperaturregler*m*.
ternário *adj.* dreiteilig; MÚSICA compasso ternário: Dreiertakt*m*.
terninho *s. m. (Brasil)* Kostüm*nt*.
terno I *s. m. (Brasil) (fato)* Herrenanzug*m*; II *adj.* zart, zärtlich
ternura *s. f.* Zärtlichkeit*f*.
terra *s. f.* 1. (substância) Erde*f*; (solo) Boden*m*; 2. (localidade) Ort*m*; (região) Gebiet*nt*; (país) Land*nt*; 3. (contraste com mar) Land*nt*; em terra: an Land

Terra *s. f.* ASTRONOMIA Erde*f*
terraço *s. m.* Terrasse*f*.
terramoto *s. m.* Erdbeben*nt*.
terraplenagem *s. f.* Planierung*f*.
terraplenar *v. tr.* planieren
terremoto *s. m. (Brasil)* → terramoto
terreno I *s. m.* Gelände*nt*; (parcela) Grundstück*nt*; II *adj.* irdisch, weltlich
térreo *adj.* ebenerdig; *(Brasil)* andar térreo: Erdgeschoss*nt*.
terrestre *adj.* irdisch
terrina *s. f.* Terrine*f*.
terríola *s. f. (depr.)* Kaff*nt*.
territorial *adj.* territorial, Gebiets...
território *s. m.* Territorium*nt*, Gebiet*nt*.
terrível *adj.* schrecklich, furchtbar
terror *s. m.* Terror*m*.
terrorismo *s. m.* Terrorismus*m*.
terrorista I *s. m.* Terrorist, -in*m, f*; II *adj.* 1. terroristisch; 2. *(fig.)* (criança) wild
terroso *adj.* erdig
tertúlia *s. f.* Treffen*nt*; (de literatos) literarische(r) Zirkel*m*.
tese *s. f.* These*f*; (de doutoramento) Dissertation*f*, Doktorarbeit*f*.
teso *adj.* 1. (tecido, roupa) hart; (pessoa) steif, starr; 2. *(coloq.)* (sem dinheiro) pleite, abgebrannt
tesoura *s. f.* Schere*f*.
tesourada *s. f.* Schnitt*m* mit der Schere
tesouraria *s. f.* Kasse*f*.
tesoureiro *s. m.* (em associação) Schatzmeister*m*, Kassenwart*m*; (em repartição pública) Lohnbuchhalter*m*.
tesouro *s. m.* Schatz*m*.
testa *s. f.* Stirn*f*.
testamentário I *s. m.* Erbe*m*; II *adj.* testamentarisch
testamento *s. m.* Testament*nt*.
testar *v. tr.* testen, prüfen
teste *s. m.* Test*m*.

testemunha s. f. Zeug|e, -in$_{m.f.}$

testemunhar I v. tr. 1. *(presenciar)* dabei sein bei [+dat.]; 2. DIREITO bezeugen; II v. intr. aussagen [contra, gegen +ac.; a favor de, für +ac.]

testemunho s. m. 1. *(depoimento)* Zeugenaussage$_f$, Aussage$_f$; 2. *(prova)* Beweis$_m$ [de, für +ac.]

testículo s. m. ANATOMIA Hoden$_m$

testo s. m. Deckel$_m$

teta s. f. Zitze$_f$

tétano s. m. MEDICINA Wundstarrkrampf$_m$, Tetanus$_m$

tetina s. f. *(de biberão)* Sauger$_m$

teto s. m. *(Brasil)* → tecto

tetravô s. m. Ururgroßvater$_m$

tétrico adj. 1. *(lúgubre)* finster, düster; 2. *(horrível)* grausam

teu pron. poss. dein; (e); um amigo teu: ein Freund von dir; os teus: die Deinen

têxteis s. m. pl. Textilien$_{pl}$

têxtil adj. textil

texto s. m. Text$_m$

textual adj. 1. *(referente a texto)* Text...; 2. *(literal)* wörtlich

textualmente adv. wörtlich

textura s. f. Struktur$_f$

texugo s. m. ZOOLOGIA Dachs$_m$

tez s. f. Teint$_m$, Gesichtsfarbe$_f$

ti pron. pess. (acusativo) dich; (dativo) dir; de ti: von dir; para ti: für dich

tibetano I s. m. Tibeter$_m$; II adj. tibetisch

Tibete s. m. Tibet$_{nt}$

tíbia s. f. ANATOMIA Schienbein$_{nt}$

ticket s. m. *(da caixa)* Kassenzettel$_m$; *(de parque de estacionamento)* Parkschein$_m$; *(para esperar a vez)* Wartenummer$_f$

tido I p. p. de ter; II adj. *(considerado)* gehalten [como, für +ac.]

tifo s. m. MEDICINA Typhus$_m$

tifóide adj. MEDICINA typhös

tigela s. f. *(para sopa)* Suppentasse$_f$; *(para cereais)* Schale$_f$, Schälchen$_{nt}$; *(grande)* Schüssel$_f$

tigrado adj. getigert

tigre s. m. ZOOLOGIA Tiger$_m$

tijoleira s. f. Fliese$_f$

tijolo s. m. Ziegelstein$_m$, Backstein$_m$

til s. m. Tilde$_f$

tília s. f. BOTÂNICA Linde$_f$

tilintar v. intr. *(vidro)* klirren; *(moedas)* klimpern

timbrado adj. mit Namensaufdruck

timbre s. m. 1. *(de voz, instrumento)* Klang$_m$; 2. *(carimbo)* Stempel$_m$

time s. m. *(Brasil)* Mannschaft$_f$

timidez s. f. Schüchternheit$_f$

tímido adj. schüchtern

Timor s. m. Timor$_{nt}$

tímpano s. m. ANATOMIA Trommelfell$_{nt}$

tina s. f. Wanne$_f$

tingir I v. tr. färben; II v. intr. färben

tinha s. f. MEDICINA Räude$_f$

tinhoso adj. räudig

tinir v. intr. klirren

tino s. m. Vernunft$_f$

tinta s. f. *(para pintar, tingir)* Farbe$_f$; *(para escrever)* Tinte$_f$; *(para imprimir)* Druckfarbe$_f$

tinteiro s. m. INFORMÁTICA Druckerpatrone$_f$

tinto adj. vinho tinto: Rotwein$_m$

tintura s. f. Tinktur$_f$; tintura de iodo: Jodtinktur$_f$

tinturaria s. f. Färberei$_f$

tio s. m. Onkel$_m$

tio-avô s. m. Großonkel$_m$

típico adj. typisch [de, für +ac.]

tipo s. m. 1. *(género)* Typ$_m$, Art$_f$; 2. *(pop.)* *(indivíduo)* Typ$_m$

tipografia s. f. 1. *(actividade)* Drucken$_{nt}$, Druck$_m$; 2. *(estabelecimento)* Druckerei$_f$

tipóia s. f. *(Brasil)* Schlinge$_f$

tique s. m. Tick$_m$

tiquetaque *s. m.* Ticktack$_{nt.}$
tiquete *s. m. (Brasil)* → ticket
tiquinho *s. m. (Brasil) (coloq.)* klein bisschen
tira I *s. f.* 1. *(de papel)* Streifen$_m$; 2. *(fita)* Band$_{nt}$; II *s. m. (Brasil) (coloq.)* Bulle$_m$
tiracolo *s. m.* a tiracolo: über die Schulter gehängt
tiragem *s. f.* 1. (da chaminé) Zug$_m$; 2. (de jornal) Auflage$_f$; 3. (de correio) Leerung$_f$
tira-linhas *s. m. inv.* Reißfeder$_f$
tirania *s. f.* Tyrannei$_f$
tirânico *adj.* tyrannisch
tiranizar *v. tr.* tyrannisieren
tirano *s. m.* Tyrann$_m$
tira-nódoas *s. m. inv.* Fleckentferner$_m$
tira-olhos *s. m. inv.* ZOOLOGIA Libelle$_f$
tirar *v. tr.* 1. *(retirar)* abnehmen; (de estante) herausnehmen; *(eliminar)* entfernen; *(extrair, arrancar)* ziehen, herausziehen; 2. *(extorquir)* wegnehmen; (esperança) nehmen; 3. (chapéu, óculos) abnehmen; (roupa, sapatos) ausziehen; 4. (uma conclusão) ziehen [de, aus +dat.]; 5. (férias) nehmen
tiritar *v. intr.* (de frio) zittern [de, vor +dat.]
tiro *s. m.* Schuss$_m$
tiróide *s. f.* ANATOMIA Schilddrüse$_f$
tiroteio *s. m.* Schießerei$_f$, Schusswechsel$_m$
titica *s. f. (Brasil) (coloq.)* Kacke$_f$
titular *s. m. e f.* (de conta) Inhaber, -in$_{m., f.}$; (de prémio) Träger, -in$_{m., f.}$
título *s. m.* 1. (de texto, jornal) Überschrift$_f$, Titel$_m$; 2. (de pessoa) Titel$_m$; 3. (documento) Urkunde$_f$; ECONOMIA Wertpapier$_{nt}$
to *contr. do pron. pess.* te + *pron. dem.* o
toa *s. f.* à toa: aufs Geratewohl
toalete *s. m.* 1. *(Brasil)* (casa-de-banho) Toilette$_f$; 2. *(Brasil)* (roupa) Toilette$_f$
toalha *s. f.* Tuch$_{nt}$; toalha de banho: Badetuch$_{nt}$; toalha de mesa: Tischdecke$_f$

toalheiro *s. m.* Handtuchhalter$_m$
toalhita *s. f.* Kosmetiktuch$_{nt}$
toar *v. intr.* tönen
toca *s. f.* Bau$_m$
toca-discos *s. m. inv. (Brasil)* Plattenspieler$_m$
tocado *adj.* 1. (fruta) angefault; 2. *(coloq.)* (com álcool) beschwipst, angeheitert
toca-fitas *s. m. inv. (Brasil)* Kassettendeck$_{nt}$
tocante *adj.* rührend
tocar I *v. tr.* 1. anfassen, berühren; 2. (instrumento, música) spielen; 3. *(comover)* rühren; II *v. intr.* 1. tocar em: anfassen, berühren; 2. (telefone, despertador) klingeln; (sino) läuten; III *v. refl.* sich berühren
tocha *s. f.* Fackel$_f$
toco *s. m.* 1. (de árvore) Stumpf$_m$; 2. (de vassoura) Stiel$_m$
todavia *cj.* jedoch, dennoch
todo I *s. m.* Ganze$_{nt}$; ao todo: im Ganzen; II *adj.* 1. ganz; todo o dia: der ganze Tag; 2. *(cada)* jede(r, s); (plural) alle; todos os dias: jeden Tag; todas as vezes: jedes Mal; III *pron. indef.* todos: alle; IV *adv.* ganz, völlig
todo-o-terreno I *s. m.* Geländewagen$_m$; II *adj. inv.* geländegängig
todo-poderoso I *s. m.* Allmächtige$_m$; II *adj.* allmächtig
toga *s. f.* Talar$_m$
toiro *s. m.* → touro
tola *s. f. (coloq.)* Kopf$_m$, Schädel$_m$
toldar I *v. tr.* (céu) bedecken; (entendimento) trüben; II *v. refl.* (céu) sich bewölken, sich bedecken
toldo *s. m.* 1. (de loja, varanda) Markise$_f$; (de lona) Plane$_f$
toledo *s. m. (coloq.)* Leichtsinn$_m$
tolerância *s. f.* Toleranz$_f$
tolerante *adj.* tolerant

tolerar v. tr. 1. (admitir) tolerieren, dulden; 2. (suportar) ertragen

tolerável adj. erträglich

tolher v. tr. 1. (impedir) behindern; 2. (paralisar) lähmen

tolhido adj. gelähmt

tolice s. f. Dummheit$_f$

tolo I s. m. 1. (maluco) Verrückte$_{m.\ e\ f.}$; 2. (tonto) Dummkopf$_m$; II adj. 1. (maluco) verrückt; 2. (tonto) blöd, dumm

tom s. m. 1. Ton$_m$; 2. MÚSICA Tonart$_f$

toma s. f. 1. (extracção) Entnahme$_f$; 2. (de medicamento) Einnahme$_f$

tomada s. f. 1. (toma) Einnahme$_f$; tomada de posse: Amtsübernahme$_f$; 2. ELECTRICIDADE Steckdose$_f$; 3. MILITAR (ocupação) Einnahme$_f$

tomado adj. besessen [por, von +dat.]; tomado de susto: angsterfüllt

tomar v. tr. 1. (medicamento) einnehmen; (café, chá) trinken; tomar o pequeno-almoço: frühstücken; 2. (aceitar, receber) nehmen; tomar alguma coisa a seu cargo: etwas auf sich nehmen; 3. (uma medida) ergreifen; (uma decisão) treffen; 4. (considerar) tomar por: halten für [+ac.]

tomara interj. hoffentlich!

tomate s. m. BOTÂNICA Tomate$_f$

tombadilho s. m. NÁUTICA Oberdeck$_{nt}$

tombar I v. tr. umstoßen, umwerfen; II v. intr. 1. (cair) fallen, umfallen; 2. (recipiente) umkippen

tombo s. m. Fall$_m$, Sturz$_m$

tômbola s. f. Tombola$_f$

tomilho s. m. BOTÂNICA Thymian$_m$

tomo s. m. Band$_m$

tona s. f. à tona da água: auf der Wasseroberfläche

tonalidade s. f. 1. (de cor) Schattierung$_f$, Tönung$_f$; 2. MÚSICA Tonart$_f$

tonalizar v. tr. schattieren, abtönen

tonel s. m. Tonne$_f$

tonelada s. f. Tonne$_f$

tonelagem s. f. Tonnage$_f$

tónico I s. m. FARMÁCIA Stärkungsmittel$_{nt}$, Tonikum$_{nt}$

tonificar v. tr. stärken, kräftigen

toninha s. f. ZOOLOGIA Delfin$_m$

tonto I s. m. Dummkopf$_m$; II adj. 1. dumm, töricht; 2. (ourado) schwindlig; estou tonto: mir ist schwindlig

tontura s. f. Schwindel$_m$, Schwindelgefühl$_{nt}$

topar I v. tr. 1. (coloq.) (mentira, truque) durchschauen; 2. (coloq.) (perceber) kapieren; II v. intr. (coloq.) (perceber) kapieren

topete s. m. 1. (no cabelo) Toupet$_{nt}$; 2. (descaro) Frechheit$_f$

tópico I s. m. Punkt$_m$, Unterpunkt$_m$; II adj. FARMÁCIA äußerlich, topisch

topless s. m. (coloq.) oben ohne

topo s. m. Gipfel$_m$

topografia s. f. Topografie$_f$

topográfico adj. topografisch

toque s. m. 1. (com os dedos) Berührung$_f$; 2. (de campainha, telefone) Klingeln$_{nt}$; (de buzina) Hupsignal$_{nt}$; (de instrumento) Klang$_m$

Tóquio s. f. Tokio$_{nt}$

toranja s. f. BOTÂNICA Grapefruit$_f$, Pampelmuse$_f$

tórax s. m. ANATOMIA Brustkorb$_m$

torcer I v. tr. 1. (entortar) biegen, krümmen; torcer o nariz: die Nase rümpfen; 2. MEDICINA (um pé) verstauchen; (o pescoço) verrenken; 3. (fig.) (distorcer) verdrehen; II v. intr. DESPORTO anfeuern [por, +ac.]; III v. refl. (com dores) sich krümmen

torcicolo s. m. MEDICINA steife(r) Hals$_m$

torcida s. f. (Brasil) Fans$_{pl}$

torcido adj. krumm

tordo *s. m.* ZOOLOGIA Drossel$_f$
tormenta *s. f.* Unwetter$_{nt.}$
tormento *s. m.* (*martírio*) Qual$_f$; (*tortura*) Folter$_f$
tornado *s. m.* Wirbelsturm$_m$, Tornado$_m$
tornar I *v. tr.* (*virar*) umdrehen, umwenden; II *v. intr.* (*regressar*) zurückkehren; tornar a fazer alguma coisa: etwas wieder tun, etwas noch einmal tun; III *v. refl.* werden
torneado *adj.* (*letra*) gestochen; (*perna*) perfekt geformt
tornear *v. tr.* 1. (*no torno*) drechseln; 2. (*contornar*) umgeben
torneio *s. m.* DESPORTO Turnier$_{nt.}$
torneira *s. f.* Hahn$_m$
torneiro *s. m.* (*de madeira*) Drechsler$_m$; (*de metal*) Dreher$_m$
torniquete *s. m.* Drehkreuz$_{nt.}$
torno *s. m.* Drehbank$_f$ ❖ em torno de: um... herum
tornozelo *s. m.* ANATOMIA Knöchel$_m$
toro *s. m.* Baumstumpf$_m$
torpe *adj.* 1. (*membro*) steif; 2. (*vil*) gemein
torpedear *v. tr.* MILITAR torpedieren
torpedo *s. m.* MILITAR Torpedo$_m$
torpor *s. m.* MEDICINA Steife$_f$
torrada *s. f.* Toast$_m$
torradeira *s. f.* Toaster$_m$
torrão *s. m.* 1. (*de açúcar*) Stück$_{nt.}$; 2. (*de terra*) Klumpen$_m$
torrar *v. tr.* (*pão*) toasten, rösten; (*café*) rösten
torre *s. f.* Turm$_m$
torreão *s. m.* Festungsturm$_m$
torrencialmente *adv.* in Strömen
torrente *s. f.* 1. (*de água*) Sturzbach$_m$; 2. (*fig.*) (*quantidade*) Flut$_f$; torrente de palavras: Wortschwall$_m$
torresmo *s. m.* Griebe$_f$
tórrido *adj.* heiß
torta *s. f.* Torte$_f$

torto *adj.* 1. (*torcido*) krumm, schief; (*inclinado*) schräg; 2. (*resposta*) unverschämt
tortuoso *adj.* kurvenreich; (*fig.*) krumm
tortura *s. f.* 1. Folter$_f$; Tortur$_f$; 2. (*fig.*) Qual$_f$
torturar *v. tr.* 1. foltern; 2. (*fig.*) (*atormentar*) quälen
tosco *adj.* (*por trabalhar*) roh, unbearbeitet; (*por polir*) ungeschliffen
tosquia *s. f.* Schur$_f$
tosquiado *adj.* geschoren
tosquiar *v. tr.* scheren
tosse *s. f.* Husten$_m$
tossir *v. intr.* husten
tosta *s. f.* Zwieback$_m$; (*com queijo, compota*) Toast$_m$
tostado *adj.* 1. (*pão*) getoastet, geröstet; 2. (*pessoa*) braun gebrannt
tosta-mista *s. f.* [Toast mit Käse und gekochtem Schinken]
tostar I *v. tr.* rösten, toasten; II *v. intr.* (*ao sol*) sich bräunen
total I *s. m.* 1. (*conjunto*) Ganze$_{nt.}$; 2. (*de soma*) Gesamtsumme$_f$; (*quantia*) Gesamtbetrag$_m$; II *adj.* total
totalidade *s. f.* Gesamtheit$_f$; na totalidade: insgesamt
totalitário *adj.* totalitär
totalizar *v. tr.* (*quantia*) betragen
totalmente *adv.* total, völlig
totó *s. m.* (*coloq.*) (*no cabelo*) Zopf$_m$
touca *s. f.* Haube$_f$
toucinho *s. m.* Speck$_m$
toupeira *s. f.* ZOOLOGIA Maulwurf$_m$
tourada *s. f.* Stierkampf$_m$
toureiro *s. m.* Stierkämpfer$_m$
touro *s. m.* ZOOLOGIA Stier$_m$
tóxico I *s. m.* Giftstoff$_m$; II *adj.* giftig
toxicodependência *s. f.* Drogenabhängigkeit$_f$
toxicodependente I *s. m. e f.* Drogenabhängige$_{m.\ e\ f.}$; II *adj.* drogenabhängig
toxina *s. f.* Toxin$_{nt.}$

trabalhado adj. 1. (material) verarbeitet; 2. (solo) bestellt
trabalhador I s. m. Arbeiter$_m$; II adj. arbeitsam
trabalhar I v. tr. 1. (madeira, tecido) bearbeiten; 2. (a terra) bestellen; II v. intr. 1. (pessoa) arbeiten [em, bei/an/in +dat.; para, für +ac.]; 2. (funcionar) funktionieren, laufen
trabalheira s. f. (coloq.) Heidenarbeit$_f$, Plackerei$_f$
trabalho s. m. Arbeit$_f$
trabalhoso adj. mühselig, mühsam
traça s. f. ZOOLOGIA Motte$_f$
traçado s. m. 1. (planta) Riss$_m$; 2. (esboço) Entwurf$_m$
tração s. f. (Brasil) → tracção
traçar v. tr. 1. (esboçar) aufzeichnen, skizzieren; 2. (uma linha) ziehen; 3. (um plano) entwerfen; (o destino) bestimmen; 4. (casaco) zuhalten
tracção s. f. Zug$_m$; (téc.) Traktion$_f$
tracejado I s. m. gestrichelte Linie$_f$; II adj. gestrichelt
tracejar v. tr. stricheln
traço s. m. 1. (risco) Strich$_m$; 2. (travessão) Gedankenstrich$_m$; (hifen) Bindestrich$_m$; 3. (vestígio) Spur$_f$; 4. pl. traços: (fisionomia) Gesichtszüge$_{pl.}$
tractor s. m. Traktor$_m$
tradição s. f. Tradition$_f$
tradicional adj. traditionell
tradicionalista adj. traditionalistisch
tradicionalmente adv. traditionell
tradução s. f. Übersetzung$_f$
tradutor s. m. Übersetzer$_m$
traduzir I v. tr. übersetzen [para, in +ac.]; II v. refl. zum Ausdruck kommen [em, in +dat.]
traduzível adj. übersetzbar
tráfego s. m. Verkehr$_m$; (comércio) Handel$_m$
traficante s. m. e f. Händler, -in$_{m, f.}$

traficar v. tr. (droga, armas) handeln mit [+dat.]
tráfico s. m. Verkehr$_m$; (comércio) Handel$_m$
trafulha s. m. e f. Gauner, -in$_{m, f.}$
trafulhice s. f. Gaunerei$_f$, Schwindel$_m$
tragada s. f. (Brasil) → trago
tragar v. tr. schlucken
tragédia s. f. Tragödie$_f$
trágico adj. tragisch
trago s. m. Schluck$_m$; de um trago: in einem Zug
traição s. f. Verrat$_m$; (de namorado, cônjuge) Betrug$_m$
traiçoeiro adj. verräterisch; (falso) falsch, hinterlistig
traidor s. m. Verräter$_m$
trailer s. m. (Brasil) Wohnwagen$_m$
traineira s. f. Fischerboot$_{nt.}$
trair v. tr. (amigo, pátria) verraten; (confiança, amizade) brechen; (namorado, cônjuge) betrügen
trajar I v. tr. tragen; II v. refl. (estudante) die Studententracht anziehen
traje s. m. (de folclore) Tracht$_f$; (de estudante) Studententracht$_f$
trajecto s. m. 1. (caminho) Strecke$_f$; 2. (de viagem) Route$_f$, Strecke$_f$
trajectória s. f. (de bala) Geschossbahn$_f$; (de voo) Flugbahn$_f$
trajeto s. m. (Brasil) → trajecto
trajetória s. f. (Brasil) → trajectória
trajo s. m. → traje
tralha s. f. (coloq.) Krimskrams$_m$, Kram$_m$
trama s. f. 1. (tecido) Gewebe$_{nt.}$; 2. (conspiração) Komplott$_{nt.}$, Intrige$_f$
tramar v. tr. 1. (coloq.) (uma pessoa) linken; 2. (coloq.) (maquinar) anzetteln
trambique s. m. (Brasil) Betrug$_m$
trambolhão s. m. Sturz$_m$
trambolho s. m. 1. (coloq.) (objecto) Ungetüm$_{nt.}$; 2. (coloq.) (pessoa) Dickwanst$_m$

trâmite s. m. Weg_m.
tramóia s. f. 1. (trama) Machenschaft_f; 2. (manha) List_f, Kniff_m.
trampa s. f. (cal.) Mist_m.
trampolim s. m. (de piscina) Sprungbrett_nt; (em ginástica) Trampolin_nt.
tranca s. f. 1. (de porta) Türriegel_m; 2. (Brasil) (de carro) Verriegelung_f.
trança s. f. Zopf_m.
trancar v. tr. 1. (porta) verriegeln; 2. (pessoa) einsperren
tranquilamente adv. ruhig
tranquilidade s. f. 1. (sossego) Ruhe_f; 2. (silêncio) Stille_f
tranquilizar I v. tr. beruhigen; II v. refl. sich beruhigen
tranquilo adj. (sossegado) ruhig, friedlich; (descontraído) gelassen
transação s. f. (Brasil) → transacção
transacção s. f. (operação comercial) Transaktion_f; (negócio) Geschäft_nt.
transaccionar v. tr. handeln mit [+dat.]
transacionar v. tr. (Brasil) → transaccionar
transacto adj. vergangen
transatlântico I s. m. NÁUTICA Passagierdampfer_m; II adj. transatlantisch, überseeisch
transato adj. (Brasil) → transacto
transbordar v. intr. 1. (recipiente) überlaufen, überquellen; (rio) über die Ufer treten; 2. (líquido) überfließen; 3. (superabundar) überschäumen
transbordo s. m. (de comboio, avião) Umsteigen_nt.
transcendental adj. transzendent, transzendental
transcendente adj. 1. (transcendental) transzendent, transzendental; 2. (superior) überlegen

transcender v. tr. übersteigen, hinausgehen über [+ac.]
transcontinental adj. transkontinental
transcrever v. tr. 1. (copiar) abschreiben [de, aus/von +dat.]; 2. (reproduzir) umschreiben
transcrição s. f. 1. (cópia) Abschrift_f; 2. (reprodução) Transkription_f, Umschrift_f.
transe s. m. Trance_f.
transeunte I s. m. e f. Passant, -in_m., _f.; II adj. vorübergehend
transexual I s. m. e f. Transsexuelle_m e f; II adj. transsexuell
transferência s. f. 1. (de conhecimentos) Übertragung_f; 2. (de dinheiro) Überweisung_f; 3. (de lugar) Verlegung_f [para, nach +dat.]
transferidor s. m. Winkelmesser_m.
transferir I v. tr. 1. (conhecimentos) übertragen; 2. (dinheiro) überweisen; 3. (trabalhador) versetzen [para, nach +dat.]; II v. refl. (empresa) verlegt werden [para, nach +dat.]
transferível adj. übertragbar
transfiguração s. f. 1. (transformação) Verwandlung_f; 2. (desfiguração) Entstellung_f.
Transfiguração s. f. RELIGIÃO Verklärung_f
transfigurar v. tr. 1. (transformar) verwandeln; 2. (desfigurar) entstellen; 3. RELIGIÃO verklären
transformação s. f. 1. (modificação) Veränderung_f; 2. (mudança) Umwandlung_f, Verwandlung_f [em, in +ac.]
transformador s. m. ELECTRICIDADE Transformator_m.
transformar I v. tr. 1. (modificar) verändern; 2. (mudar) verwandeln, umwandeln [em, in +ac.]; II v. refl. sich verwandeln [em, in +ac.]
transfusão s. f. Umfüllung_f; transfusão de sangue: Bluttransfusion_f

transgredir v. tr. 1. (lei, regras) übertreten, verstoßen gegen [+ac.]; 2. (ultrapassar) überschreiten

transgressão s. f. (de lei, regras) Übertretung_f_

transgressor s. m. Zuwiderhandelnde_m. e f._; (de lei) Gesetzesbrecher_m._

transição s. f. Übergang_m._

transigência s. f. Nachgiebigkeit_f_

transigente adj. nachgiebig

transigir v. intr. nachgeben

transístor s. m. ELECTRICIDADE Transistor_m._

transitar v. intr. wechseln [para, +ac.]; (para a outra margem) übersetzen [para, zu +dat.]

transitável adj. (caminho) begehbar; (rua, estrada) befahrbar

transitivo adj. GRAMÁTICA transitiv

trânsito s. m. 1. (na estrada) Verkehr_m._; 2. (passagem) Durchfahrt_f_; 3. (de mercadorias) Transit_m_

transitório adj. vorübergehend

translação s. f. FÍSICA Translation_f_

translúcido adj. durchscheinend, lichtdurchlässig

transmissão s. f. 1. (transferência) Übertragung_f_; (de ideia, informação) Übermittlung_f_; (rádio, televisão) Sendung_f_; 2. (de doença) Ansteckung_f_

transmissível adj. übertragbar

transmissor s. m. Sender_m._

transmitir v. tr. 1. (transferir) übertragen; (ideia, mensagem) übermitteln; (rádio, televisão) senden; 2. (doença) anstecken

transparecer v. intr. zum Vorschein kommen; deixar transparecer alguma coisa: etwas erkennen lassen

transparência s. f. 1. (de material) Durchsichtigkeit_f_; 2. (fig.) (de pessoa, atitude) Transparenz_f_

transparente adj. 1. (material, roupa) durchsichtig; 2. (fig.) (pessoa, atitude) transparent

transpassar v. tr. (Brasil) → trespassar

transpasse s. m. (Brasil) → trespasse

transpiração s. f. Schweißabsonderung_f_

transpirar v. intr. schwitzen

transplantação s. f. 1. MEDICINA Transplantation_f_; 2. (de planta) Umpflanzung_f_, Verpflanzung_f_

transplantar v. tr. 1. MEDICINA transplantieren; 2. (planta) verpflanzen; 3. (transferir) übertragen

transplante s. m. MEDICINA Transplantation_f_

transponível adj. überwindbar

transpor v. tr. 1. (uma barreira) überspringen; 2. (exceder) überschreiten

transportador s. m. Transportband_nt._

transportadora s. f. (empresa) Transportunternehmen_nt._

transportar v. tr. 1. (mercadorias) transportieren, befördern; 2. (levar) bringen, befördern; 3. (transferir) übertragen [para, auf +ac.]

transportável adj. transportierbar; (doente) transportfähig; (portátil) tragbar

transporte s. m. 1. (acção de transportar) Transport_m._, Beförderung_f_; 2. (veículo) Transportmittel_nt._

transposto p. p. de transpor

transtornado adj. durcheinander, verstört

transtornar v. tr. 1. (uma pessoa) durcheinander bringen, verstören; 2. (os planos) durcheinander bringen, umwerfen

transtorno s. m. 1. (mental) Verwirrung_f_; 2. (nos planos) Störung_f_

transvazar v. intr. ausfließen

transversal I s. f. (rua) Querstraße_f_; II adj. quer

transviar v. tr. irreführen, fehlleiten

trapaça s. f. Betrug_m._

trapacear I v. tr. betrügen; II v. intr. schwindeln; (fazer batota) mogeln

trapaceiro *s. m.* Betrüger_m_
trapalhada *s. f.* 1. *(confusão)* Durcheinander_nt_; 2. *(situação)* Zwickmühle_f_
trapalhão *s. m.* Tolpatsch_m_
trapalhice *s. f.* Durcheinander_nt_
trapézio *s. m.* Trapez_nt_
trapezista *s. m. e f.* Trapezkünstler, -in_m., f._
trapo *s. m.* Lumpen_m_, Fetzen_m_
traque *s. m.* Furz_m_
traqueia *s. f.* ANATOMIA Luftröhre_f_
traquejo *s. m. (coloq.)* Erfahrung_f_
traquina I *s. m. e f.* Quirl_m_; II *adj.* ausgelassen, wild
traquinice *s. f.* Übermut_m_, Ausgelassenheit_f_
trás *prep.* de trás: von hinten; (olhar) para trás: nach hinten; (andar) rückwärts; por trás de: hinter [+ac./dat.]
traseira *s. f.* 1. hintere(r) Teil_m_; 2. *pl.* traseiras: (da casa) Hinterhof_m_
traseiro I *s. m. (coloq.)* Hintern_m_, Gesäß_nt_; II *adj.* hintere(r, s), Hinter...
trasladação *s. f.* Überführung_f_
trasladar *v. tr.* überführen
traste *s. m.* 1. *(coisa)* Gerümpel_nt_; 2. *(pej., pop.)* (pessoa) Fiesling_m_
tratado *s. m.* Pakt_m_, Vertrag_m_
tratador *s. m.* Tierpfleger_m_
tratamento *s. m.* 1. (de pessoa, doença) Behandlung_f_; 2. (em discurso) Anrede_f_; 3. (de material) Behandlung_f_ [com, mit +dat.]; 4. (de lixo, resíduos) Aufbereitung_f_
tratar I *v. tr.* 1. (uma pessoa, doença) behandeln; 2. (um tema) bearbeiten; 3. (em discurso) anreden; tratar alguém por tu: jemanden duzen; II *v. intr.* 1. *(cuidar)* sorgen [de, für +ac.]; 2. (livro, filme) handeln [de, von +dat.]; III *v. refl.* (livro, filme) sich handeln [de, um +ac.]
tratável *adj.* (pessoa) umgänglich, freundlich
trato *s. m.* 1. *(tratamento)* Behandlung_f_; 2. *(acordo)* Abmachung_f_, Vereinbarung_f_
trator *s. m. (Brasil)* → tractor
trauma *s. m.* PSICOLOGIA Trauma_nt_
traumático *adj.* traumatisch
traumatismo *s. m.* MEDICINA Trauma_nt_
traumatizado *adj.* traumatisiert [com, durch +ac.]
traumatizar *v. tr.* traumatisieren
trautear *v. tr. e intr.* trällern
travado *adj.* 1. (automóvel) mit angezogener Handbremse; 2. (porta) verriegelt; 3. (saia) eng
travagem *s. f.* Bremsen_nt_
travão *s. m.* Bremse_f_
travar I *v. tr.* 1. (automóvel) bremsen; 2. (um processo) hemmen; 3. (conversa) anknüpfen; (conhecimento, amizade) schließen; 4. (porta) verriegeln; II *v. intr.* bremsen
trave *s. f.* 1. *(viga)* Balken_m_; 2. (da baliza) Querlatte_f_
través *s. m.* de través: schräg, quer
travessa *s. f.* 1. (rua) Gasse_f_; 2. (para comida) Platte_f_; 3. (caminhos-de-ferro) Schwelle_f_
travessão *s. m.* 1. (de cabelo) Haarspange_f_; 2. (sinal gráfico) Gedankenstrich_m_
travesseiro *s. m.* Kopfkissen_nt_
travessia *s. f.* (por terra) Durchreise_f_; (por mar) Überfahrt_f_
travesso *adj.* ausgelassen, wild
travessura *s. f.* Übermut_m_, Ausgelassenheit_f_
travesti *s. m.* Transvestit_m_
travo *s. m.* Nachgeschmack_m_
trazer *v. tr.* 1. *(transportar)* bringen; (consigo) mitbringen, dabeihaben; 2. (roupa) tragen; 3. (consequências) mit sich bringen
trecho *s. m.* 1. MÚSICA Auszug_m_; 2. (de livro) Abschnitt_m_
tréguas *s. f. pl.* Waffenstillstand_m_

treinado *adj.* abgerichtet, dressiert
treinador *s. m.* DESPORTO Trainer*m.*
treinamento *s. m. (Brasil)* → treino
treinar I *v. tr.* 1. DESPORTO trainieren; 2. (animal) abrichten, dressieren; 3. MILITAR drillen; II *v. intr.* DESPORTO trainieren
treino *s. m.* 1. DESPORTO Training*nt.*; 2. *(exercício)* Übung*f.*
trejeito *s. m.* 1. *(careta)* Grimasse*f.*; 2. *(gesto)* Geste*f.*
trela *s. f.* (de cão) Hundeleine*f.*
trem *s. m.* 1. *(Brasil) (comboio)* Zug*m.*; 2. trem de cozinha: (tachos) Topfset*nt.*; (acessórios) Küchenutensilien*pl.*
trema *s. m.* GRAMÁTICA Trema*nt.*; (gramática alemã) Umlaut*m.*
tremelicar *v. intr.* 1. (pessoa) zittern; 2. (luz) flackern
tremeluzir *v. intr.* glitzern
tremendo *adj.* 1. *(terrível)* fürchterlich, schrecklich; 2. *(medonho)* ohrenbetäubend
tremer *v. intr.* 1. zittern; tremer de frio/medo: vor Kälte/Angst zittern; 2. (terra, edifício) beben; 3. (monitor, ecrã) flimmern
tremido *adj.* (letra) zittrig; (imagem) flimmernd; (fotografia) unscharf, verschwommen
tremoço *s. m.* Lupine*f.*
tremor *s. m.* 1. (de pessoa) Zittern*nt.*; 2. (de terra, edifício) Beben*nt.*; tremor de terra: Erdbeben*nt.*
trémulo *adj.* 1. (pessoa, mão) zitternd; 2. (voz) zitternd, bebend; 3. (luz) flackernd
tremura *s. f.* Zittern*nt.*
trenó *s. m.* Schlitten*m.*
trepa *s. f. (coloq.)* Tracht*f.* Prügel
trepadeira *s. f.* BOTÂNICA Kletterpflanze*f.*
trepar I *v. tr.* hinaufklettern; II *v. intr.* klettern [a, auf +ac.]
trepidação *s. f.* Erschütterung*f.*
trepidar *v. intr.* holpern
três I *s. m.* Drei*f.*; II *num. card.* drei
tresandar *v. intr.* stinken
tresloucado *adj.* verrückt, übergeschnappt
trespassar *v. tr.* (um estabelecimento) weiter verpachten, untervermieten
trespasse *s. m.* (de estabelecimento) Weiterverpachtung*f.*, Untervermietung*f.*
tresvariar *v. intr.* wirre Dinge reden
tresvario *s. m.* Irrsinn*m.*
treta *s. f.* 1. *(coloq.) (disparate)* Quatsch*m.*; 2. *(coloq.) (coisa)* Teil*nt.*
trevas *s. f. pl.* Finsternis*f.*
trevo *s. m.* BOTÂNICA Klee*m.*
treze I *s. m.* Dreizehn*f.*; II *num. card.* dreizehn
trezentos *num. card.* dreihundert
triagem *s. f.* Auslese*f.*
triangular *adj.* dreieckig
triângulo *s. m.* Dreieck*nt.*; (para sinalização) Warndreieck*nt.*
tribal *adj.* Stammes...
tribo *s. f.* Stamm*m.*
tribuna *s. f.* 1. *(palanque)* Tribüne*f.*; 2. (no teatro) oberste(r) Rang*m.*
tribunal *s. m.* Gericht*nt.*
tributar *v. tr.* besteuern
tributário *adj.* 1. *(sujeito a imposto)* steuerpflichtig; 2. *(relativo a imposto)* Steuer...
tributo *s. m.* 1. *(homenagem)* Tribut*m.*, Hochachtung*f.*; 2. *(imposto)* Steuer*f.*
triciclo *s. m.* Dreirad*nt.*
tricô *s. m.* Strickarbeit*f.*
tricolor *adj.* dreifarbig
tricotar *v. tr. e intr.* stricken
tridente *s. m.* Dreizack*m.*
trigémios *s. m. pl.* Drillinge*pl.*
trigésimo *num. ord.* dreißigste(r, s)
trigo *s. m.* Weizen*m.*
trigonometria *s. f.* Trigonometrie*f.*

trilha s. f. 1. (caminho) Pfad_m; 2. (rasto) Spur_f
trilhadela s. f. Quetschung_f
trilhão s. m. (Brasil) → trilião
trilhar I v. tr. 1. (um dedo) einklemmen; 2. (um caminho) planen; II v. refl. sich klemmen
trilho s. m. 1. (carril) Schiene_f; 2. (caminho) Pfad_m
trilião s. m. Trillion_f
trilingue adj. dreisprachig
trilo s. m. MÚSICA Triller_m
trilogia s. f. Trilogie_f
trimestral adj. vierteljährlich
trimestre s. m. Vierteljahr_nt, Quartal_nt
trinca s. f. Biss_m
trinca-espinhas s. m. e f. inv. (coloq.) Bohnenstange_f
trincar v. tr. beißen in [+ac.]
trincha s. f. 1. (pincel) breite(r) Pinsel_m, Streichbürste_f; 2. (para carne) Tranchiermesser_nt
trinchar v. tr. (carne) tranchieren
trincheira s. f. MILITAR Schützengraben_m
trinco s. m. Klinke_f
trindade s. f. RELIGIÃO Dreifaltigkeit_f
trineto s. m. Ururenkel_m
trinta num. card. dreißig
trintão s. m. Dreißigjährige_m. e f.
trio s. m. Trio_nt
tripa s. f. 1. Darm_m; 2. pl. CULINÁRIA tripas: Kaldaunen_pl; (Áustria, Suíça) Kutteln_pl
tripar v. intr. (coloq.) ausrasten, ausflippen
tripé s. m. Stativ_nt
tripeiro s. m. (coloq.) Portuenser_m
tripla s. f. (ficha) Dreifachstecker_m
triplicado adj. verdreifacht
triplicar I v. tr. verdreifachen; II v. intr. sich verdreifachen
triplo I s. m. Dreifache_nt; II adj. dreifach
tripulação s. f. Besatzung_f, Crew_f

tripulante s. m. e f. Besatzungsmitglied_nt
tripular v. tr. steuern
trisavô s. m. Ururgroßvater_m
triste adj. traurig
tristeza s. f. Traurigkeit_f
tristonho adj. 1. (pessoa) traurig, betrübt; 2. (lugar) finster
triturador s. m. Zerkleinerungsmaschine_f
triturar v. tr. (esmagar) zermalmen; (moer) zermahlen; (esfregar) zerreiben; (mastigar) zerkauen
triunfal adj. triumphal
triunfante adj. siegreich
triunfar v. intr. 1. (em batalha) siegen [sobre, über +ac.]; 2. (ideias) sich durchsetzen
triunfo s. m. Triumph_m, Sieg_m
trivial adj. trivial
trivialidade s. f. Trivialität_f, Plattheit_f
triz s. m. por um triz: um ein Haar
troar v. intr. donnern
troca s. f. Tausch_m
troça s. f. Spott_m
trocadilho s. m. Kalauer_m
trocado s. m. Kleingeld_nt
trocar v. tr. 1. (permutar) tauschen [por, gegen +ac.]; (uma compra) umtauschen; 2. (dinheiro, palavras, olhares) wechseln; 3. (experiências, ideias) austauschen; 4. (confundir) verwechseln [com, mit +dat.]
troçar v. intr. spotten [de, über +ac.]; troçar de alguém: jemanden verspotten/aufziehen
troca-tintas s. m. e f. inv. Gauner, -in_m. f.
trocista I s. m. e f. Spötter, -in_m. f.; II adj. spöttisch
troco s. m. 1. (de pagamento) Wechselgeld_nt; 2. (fig.) (resposta) Antwort_f, Reaktion_f; 3. pl. trocos: Kleingeld_nt
troço[1] [o] s. m. 1. (de couve) Strunk_m; 2. (de estrada) Strecke_f, Stück_nt

troço² [ɔ] *s. m. (Brasil) (coisa)* Ding$_{nt.}$; *(assunto)* Angelegenheit$_f$, Sache$_f$.

troféu *s. m.* Trophäe$_f$

troglodita *s. m. e f.* Höhlenbewohner, -in$_{m., f.}$

troleicarro *s. m.* Oberleitungsomnibus$_m$, Trolleybus$_m$

trolha *s. m.* (ungelernter) Bauarbeiter$_m$, Hilfsarbeiter$_m$ auf dem Bau

tromba *s. f.* 1. *(de elefante)* Rüssel$_m$; 2. *(coloq.) (de pessoa)* Visage$_f$; **estar de trombas:** ein Gesicht ziehen

trombada *s. f. (coloq.)* Zusammenstoß$_m$

trombone *s. m.* MÚSICA Posaune$_f$

trombose *s. f.* MEDICINA Thrombose$_f$

trombudo *adj. (coloq.)* brummig, mürrisch

trompa *s. f.* MÚSICA Horn$_{nt.}$, Waldhorn$_{nt.}$

trompete *s. m.* MÚSICA Trompete$_f$

trompetista *s. m. e f.* Trompeter, -in$_{m., f.}$

tronco *s. m.* 1. *(de árvore)* Stamm$_m$; 2. *(de pessoa)* Rumpf$_m$

trono *s. m.* Thron$_m$

tropa *s. f.* 1. *(de soldados)* Truppe$_f$; 2. *(coloq.) (serviço militar)* Wehrdienst$_m$

tropeção *s. m.* Stolpern$_{nt.}$

tropeçar *v. intr.* stolpern [em, über +ac.]

trôpego *adj. (pessoa)* schwerfällig; *(pernas)* schwer

tropel *s. m. (multidão)* Gewühl$_{nt.}$; *(barulho)* Getrappel$_{nt.}$

tropical *adj.* tropisch, Tropen...

trópico *s. m.* GEOGRAFIA Wendekreis$_m$; **os trópicos:** die Tropen

trote *s. m. (cavalo)* Trab$_m$; **ir a trote:** traben

trotinete *s. f.* Roller$_m$

trouxa I *s. f. (de roupa)* Bündel$_{nt.}$; II *s. m. (pej.)* Idiot$_m$, Dussel$_m$; III *adj. (pej.)* dusselig, dämlich

trovador *s. m.* LITERATURA Troubadour$_m$, Minnesänger$_m$

trovão *s. m.* Donner$_m$

trovejar *v. impess.* donnern

trovoada *s. f.* Gewitter$_{nt.}$

trucidar *v. tr.* 1. *(assassinar)* niedermetzeln; 2. *(mutilar)* verstümmeln

trufa *s. f.* Trüffel$_f$

truncar *v. tr.* 1. *(cortar)* abschneiden; 2. *(mutilar)* verstümmeln

trunfa *s. f.* 1. *(turbante)* Turban$_m$; 2. (cabelo) Mähne$_f$

trunfar *v. intr.* Trumpf spielen

trunfo *s. m.* Trumpf$_m$

truque *s. m.* Trick$_m$

truta *s. f.* ZOOLOGIA Forelle$_f$

t-shirt *s. f.* T-Shirt$_{nt.}$

tu *pron. pess.* du; **tratar alguém por tu:** jemanden duzen

tua *pron. poss., f. de teu,* deine; **uma amiga tua:** eine Freundin von dir

tuba *s. f.* MÚSICA Tuba$_f$

tubagem *s. f.* Rohrleitungen$_{pl.}$, Leitungsnetz$_{nt.}$

tubarão *s. m.* ZOOLOGIA Hai$_m$, Haifisch$_m$

tubérculo *s. m.* 1. BOTÂNICA Knolle$_f$; 2. MEDICINA Tuberkel$_m$

tuberculose *s. f.* MEDICINA Tuberkulose$_f$, Schwindsucht$_f$

tuberculoso *s. m.* MEDICINA Tuberkulosekranke$_{m. e f.}$, Schwindsüchtige$_{m. e f.}$

tubo *s. m.* Rohr$_{nt.}$

tudo *pron. indef. inv.* alles; **acima de tudo:** vor allem

tudo-nada *s. m. inv.* Quentchen$_{nt.}$, Bisschen$_{nt.}$

tufão *s. m.* Taifun$_m$, Wirbelsturm$_m$

tufo *s. m. (de cabelo)* Büschel$_m$

tugir *v. intr.* murmeln, flüstern

tule *s. m.* Tüll$_m$

túlipa *s. f.* BOTÂNICA Tulpe$_f$

tumba *s. f.* Grab$_{nt.}$

tumor *s. m.* MEDICINA Tumor$_m$, Geschwulst$_f$

tumular *adj.* Grab...

túmulo *s. m.* Grabmal$_{nt.}$

tumulto *s. m.* Tumult$_m$, Aufruhr$_m$

tumultuoso *adj.* stürmisch; (multidão) aufgewühlt
tuna *s. f.* 1. *(orquestra)* Kapelle$_f$; 2. (de estudantes) Studentenkapelle$_f$
túnel *s. m.* Tunnel$_m$
túnica *s. f.* (de senhora) Tunika$_f$, lange Damenbluse$_f$
Tunísia *s. f.* Tunesien$_{nt}$
turba *s. f.* Menschenmenge$_f$
turbante *s. m.* Turban$_m$
turbilhão *s. m.* (de vento) Wirbelwind$_m$; (de água) Strudel$_m$
turbina *s. f.* Turbine$_f$
turbocompressor *s. m.* Turbolader$_m$
turbulência *s. f.* 1. Aufruhr$_m$, Durcheinander$_{nt}$; 2. AERONÁUTICA Turbulenz$_f$
turbulento *adj.* (mar) stürmisch; (época) stürmisch, turbulent; (multidão) aufgebracht
turco I *s. m.* Türke$_m$; II *adj.* türkisch
turfa *s. f.* Torf$_m$
Turgóvia *s. f.* Thurgau$_m$
Turíngia *s. f.* Thüringen$_{nt}$
turismo *s. m.* Tourismus$_m$, Fremdenverkehr$_m$
turista *s. m. e f.* Tourist, -in$_{m, f}$

turístico *adj.* touristisch
turma *s. f.* 1. (de escola) Klasse$_f$; (de universidade) Gruppe$_f$; 2. *(Brasil)* (malta) Clique$_f$
turnê *s. f. (Brasil)* Tournee$_f$
turno *s. m.* Schicht$_f$
turquês *s. f.* Kneifzange$_f$
turquesa I *s. f.* Türkis$_m$; II *adj. inv.* türkis
Turquia *s. f.* Türkei$_f$
turra *s. f.* Stoß$_m$ mit dem Kopf
turrão I *s. m. (coloq.)* Dickkopf$_m$; II *(coloq.)* dickköpfig
turvar *v. tr.* trüben
turvo *adj.* trüb
tuta-e-meia *s. f. (coloq.)* Bagatelle$_f$, Kleinigkeit$_f$
tutano *s. m.* ANATOMIA Knochenmark$_{nt}$
tutela *s. f.* Vormundschaft$_f$
tutelar I *v. tr.* unter Vormundschaft stellen; II *adj.* Vormundschafts..., vormundschaftlich
tutor *s. m.* 1. DIREITO Vormund$_m$; 2. (em escola) Tutor$_m$
tutu *s. m.* 1. *(infant.)* (rabiote) Po$_m$; 2. *(Brasil)* CULINÁRIA Bohnenbrei$_m$; 3. *(Brasil) (coloq.)* (dinheiro) Knete$_f$

U

U, u *s. m.* U, u*nt.*
úbere *adj.* 1. *(fértil)* fruchtbar; 2. *(abundante)* üppig
ubérrimo *superl. de* úbere
Ucrânia *s. f.* Ukraine*f.*
ucraniano I *s. m.* Ukrainer*m.*; II *adj.* ukrainisch
UE *s. f.* [*abrev. de* União Europeia] EU*f.* [*abrev. de* Europäische Union]
ué *interj. (Brasil)* nanu!
ufa *interj.* uff!
ufanar-se *v. refl.* sich brüsten [de, mit +dat.]
Uganda *s. m.* Uganda*nt.*
uh *interj.* au, aua!
ui *interj.* (surpresa) ah, ach!; (dor) au, aua!
uísque *s. m.* → whisky
uivar *v. intr.* (lobo, vento) heulen; (cão) jaulen
uivo *s. m.* (do lobo) Geheul*nt.*; (do cão) Jaulen*nt.*
úlcera *s. f.* MEDICINA Geschwür*nt.*
ulmo *s. m.* BOTÂNICA Ulme*f.*
ulterior *adj.* 1. *(posterior)* später; 2. *(final)* letzte(r, s)
ultimamente *adv.* zuletzt, in letzter Zeit
ultimar *v. tr.* fertig stellen
ultimato *s. m.* Ultimatum*nt.*
último *adj.* letzte(r, s); **por último:** zuletzt
ultrajante *adj.* beleidigend
ultrajar *v. tr.* beleidigen, beschimpfen
ultraje *s. m.* Beleidigung*f.*, Beschimpfung*f.*
ultraleve *s. m.* Paraglider*m.*
ultramar *s. m.* Übersee*f.*
ultramarino *adj.* überseeisch, Übersee...
ultramoderno *adj.* hochmodern
ultrapassado *adj.* überholt, veraltet
ultrapassagem *s. f.* Überholen*nt.*
ultrapassar *v. tr.* 1. *(exceder)* hinausgehen über [+ac.], überschreiten; 2. (um automóvel) überholen
ultra-som *s. m.* 1. FÍSICA Ultraschall*m.*; 2. *(Brasil) (ecografia)* Ultraschallbild*nt.*
ultravioleta *adj.* ultraviolett; **raios ultravioleta:** UV-Strahlen*pl.*
ulular *v. intr.* 1. (lobo) heulen; (cão) jaulen; 2. *(fig.)* (pessoa) schreien, brüllen
um I *num. card.* ein; II *art. indef. m.* 1. ein, eine; 2. *(alguns)* einige; **uns anos/umas horas:** einige Jahre/Stunden; **uns poucos:** ein paar; III *pron. indef.* eine(r, s); **um ao outro:** einander; **um com o outro:** miteinander; **cada um:** jeder; IV *s. m.* Eins*f.*
umbigo *s. m.* ANATOMIA Nabel*m.*
umbilical *adj.* Nabel...
umbral *s. m.* Schwelle*f.*
umedecer I *v. tr. (Brasil)* anfeuchten, befeuchten; II *v. intr. (Brasil)* feucht werden
úmero *s. m.* ANATOMIA Oberarmbein*nt.*, Oberarmknochen*m.*
umidade *s. f. (Brasil)* Feuchtigkeit*f.*
úmido *adj. (Brasil)* feucht
unânime *adj.* einstimmig
unanimidade *s. f.* Einstimmigkeit*f.*
undécimo *s. m.* Elftel*nt.*
unguento *s. m.* Salbe*f.*
unha *s. f.* Nagel*m.*; (de animal) Kralle*f.*

unhas-de-fome s. m. e f. inv. Geizkragen_m, Geizhals_m
união s. f. 1. POLÍTICA Union_f; 2. (concórdia) Einigkeit_f; 3. (liga) Vereinigung_f
unicamente adv. 1. (só) nur, bloß; 2. (exclusivamente) ausschließlich
único adj. 1. (um só) einzig; 2. (sem igual) einzigartig
unicolor adj. einfarbig
unicórnio s. m. ZOOLOGIA Einhorn_nt
unidade s. f. 1. (uniformidade, padrão) Einheit_f; 2. (união) Einigkeit_f; 3. (peça) Stück_nt
unido adj. 1. (ligado) verbunden [a, mit +dat.]; 2. (pessoas) vereinigt, vereint
unificação s. f. Vereinigung_f
unificar I v. tr. vereinigen, vereinen; II v. refl. sich vereinigen
uniforme I s. m. Uniform_f; II adj. 1. (homogéneo) einheitlich; 2. (movimento) gleichmäßig
uniformizar v. tr. vereinheitlichen
unilateral adj. einseitig
unilingue adj. einsprachig
unir I v. tr. 1. (ligar) verbinden; (juntar) zusammenfügen; 2. (esforços) vereinigen; II v. refl. sich anschließen [a, +dat.]
unissexo adj. inv. für Frauen und Männer
uníssono I s. m. Einklang_m; II adj. 1. (canto, som) einstimmig; 2. (unânime) übereinstimmend
unitário adj. einheitlich, Einheits...
universal adj. (total) universal, Universal...; (geral) allgemein, universell
universalidade s. f. Universalität_f
universalismo s. m. FILOSOFIA Universalismus_m
universalizar v. tr. verallgemeinern
universalmente adv. 1. (geralmente) allgemein; 2. (no mundo) weltweit
universidade s. f. Universität_f

universitário I s. m. Student_m; II adj. Universitäts...
universo s. m. ASTRONOMIA Weltall_nt, Universum_nt
unívoco adj. eindeutig
untar v. tr. (forma) fetten, einfetten; (o corpo) eincremen
urânio s. m. QUÍMICA Uran_nt
Úrano s. m. ASTRONOMIA Uranus_m
urbanismo s. m. 1. (ordenamento) Stadtplanung_f; 2. (êxodo rural) Landflucht_f
urbanista s. m. e f. Stadtplaner, -in_m, f
urbanização s. f. 1. (ordenamento) Stadtplanung_f, Städtebau_m; 2. (casas) Wohnsiedlung_f
urbanizar v. tr. (cidade) umgestalten; (terrenos) bebauen, erschließen
urbano adj. städtisch, Stadt...
urbe s. f. Großstadt_f
uretra s. f. ANATOMIA Harnröhre_f
urgência s. f. 1. Dringlichkeit_f; 2. (em hospital) Notaufnahme_f
urgente adj. dringend
urgentemente adv. dringend
urgir v. intr. dringend sein; (tempo) drängen
úrico adj. Harn...
urina s. f. Urin_m, Harn_m
urinar v. intr. urinieren
urinário adj. Harn..., Urin...; aparelho urinário: Harnwege_pl
urinol s. m. Pissoir_nt
urna s. f. Urne_f; urna eleitoral: Wahlurne_f
urologista s. m. e f. Urologe, -in_m, f
urrar v. intr. brüllen
Ursa s. f. ASTRONOMIA Bär_m; Ursa Maior/Menor: großer/kleiner Bär
urso s. m. ZOOLOGIA Bär_m
urticária s. f. MEDICINA Nesselausschlag_m
urtiga s. f. BOTÂNICA Brennnessel_f
urubu s. m. ZOOLOGIA Geier_m
Uruguai s. m. Uruguay_nt

urze s. f. BOTÂNICA Heidekraut$_f$
usado adj. (utilizado) gebraucht; (gasto) abgenutzt
usar I v. tr. 1. (objecto, inteligência) benutzen, gebrauchen; 2. (linguagem, palavra) verwenden; 3. (roupa, óculos) tragen; II v. refl. 1. (palavra) gebraucht werden, benutzt werden; 2. (hábito) gebräuchlich sein; 3. (roupa) in Mode sein
Usbequistão s. m. Usbekistan$_{nt}$
usina s. f. (Brasil) Fabrik$_f$, Werk$_{nt}$
uso s. m. 1. (utilização) Gebrauch$_m$, Benutzung$_f$; (da força, inteligência) Anwendung$_f$; 2. (hábito) Brauch$_m$, Sitte$_f$
usual adj. 1. (habitual) üblich, gewöhnlich; 2. (usado geralmente) gebräuchlich
usuário s. m. Benutzer$_m$
usufruir v. intr. usufruir de: genießen
usufruto s. m. DIREITO Nutznießung$_f$
usufrutuário s. m. DIREITO Nutznießer$_m$
usura s. f. Wucher$_m$
usurário s. m. Wucherer$_m$
usurpação s. f. widerrechtliche Anmaßung$_f$

usurpador s. m. Usurpator$_m$
usurpar v. tr. 1. (poder, trono) widerrechtlich an sich reißen; 2. (direitos) sich anmaßen
utensílio s. m. Gerät$_{nt}$; (ferramenta) Werkzeug$_{nt}$
utente s. m. e f. Benutzer, -in$_{m., f.}$
uterino adj. Gebärmutter...
útero s. m. ANATOMIA Gebärmutter$_f$
útil adj. brauchbar, nützlich; dia útil: Werktag$_m$
utilidade s. f. Nützlichkeit$_f$
utilitário s. m. (automóvel) Nutzfahrzeug$_{nt}$, Gebrauchsfahrzeug$_{nt}$
utilização s. f. Benutzung$_f$, Gebrauch$_m$; (de meios) Verwendung$_f$
utilizar v. tr. benutzen, gebrauchen; (meios) verwenden
utopia s. f. Utopie$_f$
utópico adj. utopisch
uva s. f. Traube$_f$
úvula s. f. ANATOMIA Zäpfchen$_{nt}$
uvular I s. f. LINGUÍSTICA Uvular$_m$; II adj. uvular

V

V, v *s. m.* V, v*nt.*
v. [*abrev. de* ver]
v. [*abrev. de* ver] *s.* [*abrev. de* siehe]
vá *interj.* los!; vá lá!: (insistência) na los!; *(menos mal)* halb so schlimm!
vã *f. de* vão
vaca *s. f.* 1. ZOOLOGIA Kuh*f*; 2. CULINÁRIA Rind*nt*
vacaria *s. f.* Kuhstall*m*
vacilar *v. intr.* schwanken, wanken
vacina *s. f.* 1. (substância) Impfstoff*m*; 2. (processo) Impfung*f*
vacinação *s. f.* Impfung*f*
vacinado *adj.* MEDICINA geimpft
vacinar I *v. tr.* impfen [contra, gegen +*ac.*]; II *v. refl.* sich impfen lassen
vácuo *s. m.* Vakuum*nt*
vadiagem *s. f.* Herumtreiberei*f*
vadiar *v. intr.* streunen, sich herumtreiben
vadio I *s. m.* Herumtreiber*m*; II *adj.* 1. (pessoa) herumstreunend; 2. (cão) herrenlos
vaga *s. f.* 1. *(onda)* Welle*f*; 2. (para curso) freie(r) Platz*m*; (de emprego) freie Stelle*f*
vagabundear *v. intr.* vagabundieren, sich herumtreiben
vagabundo *s. m.* Landstreicher*m*, Penner*m*
vagão *s. m.* Waggon*m*, Wagon*m*
vagão-cama *s. m.* Schlafwagen*m*
vagão-restaurante *s. m.* Speisewagen*m*
vagar I *s. m.* 1. *(ociosidade)* Muße*f*; 2. *(tempo)* Zeit*f*; II *v. intr.* frei werden
vagaroso *adj.* langsam
vagem *s. f.* 1. *(casca)* Schote*f*, Hülse*f*; 2. *(feijão verde)* grüne Bohne*f*

vago *adj.* 1. (lugar, quarto) frei; (emprego) offen; 2. (tempo) frei; 3. *(incerto)* vage; (descrição) ungenau
vaguear *v. intr. (passear)* bummeln [por, durch +*ac.*]; (sem rumo) umherziehen, wandern [por, durch +*ac.*]
vaidade *s. f.* Eitelkeit*f*
vaidoso *adj.* eitel
vaivém *s. m.* 1. (movimento) Hin und Her*nt*; 2. AERONÁUTICA Raumfähre*f*
vala *s. f.* Graben*m*
vale *s. m.* 1. Gutschein*m*; vale de correio: Postanweisung*f*; 2. GEOGRAFIA Tal*nt*
valência *s. f.* QUÍMICA, LINGUÍSTICA Valenz*f*
valente *adj.* tapfer, mutig
valentia *s. f.* Tapferkeit*f*, Mut*m*
valer I *v. tr.* wert sein; II *v. intr.* 1. *(ser válido)* gelten, gültig sein; 2. *(ter valor, prestar)* taugen; 3. *(compensar)* sich lohnen; (não) vale a pena: es lohnt sich (nicht); 4. *(ajudar)* helfen ❖ a valer: tüchtig
valeriana *s. f.* BOTÂNICA Baldrian*m*
valeta *s. f.* Straßengraben*m*
valete *s. m.* (jogo de cartas) Bube*m*
valia *s. f.* Wert*m*
validade *s. f.* 1. (de documento) Gültigkeit*f*; 2. (de alimento) Haltbarkeit*f*
validar *v. tr.* gültig machen
válido *adj.* (documento) gültig
valioso *adj.* wertvoll, kostbar
valor *s. m.* 1. (moral, de pessoa, de objecto) Wert*m*; *(mérito)* Verdienst*nt*; dar valor a alguém/alguma coisa: jemandem schätzen/etwas Bedeutung beimessen; 2. (em exame) Punkt*m*; 3. *pl.* valores: ECONOMIA Effekten*pl*

valorização s. f. 1. (de moeda, imóveis) Wertermittlung$_f$; 2. (de pessoa) Weiterbildung$_f$

valorizar v. tr. 1. (moeda, imóveis) den Wert steigern von [+dat.]; 2. (pessoa, atitude) schätzen

valquíria s. f. Walküre$_f$

valsa s. f. Walzer$_m$

valsar v. intr. Walzer tanzen

válvula s. f. 1. MECÂNICA Ventil$_{nt}$; 2. ELECTRICIDADE Röhre$_{nt}$

vampiro s. m. Vampir$_m$

vandalismo s. m. Wandalismus$_m$, Zerstörungswut$_f$

vândalo I s. m. Wandale$_m$, Rowdy$_m$; II adj. wandalisch, rowdyhaft

vanglória s. f. 1. (bazófia) Prahlerei$_f$; 2. (vaidade) Eitelkeit$_f$

vangloriar-se v. refl. prahlen [de, mit +dat.]

vanguarda s. f. 1. (arte) Avantgarde$_f$; 2. (dianteira) Spitze$_f$

vanilina s. f. Vanillin$_f$

vantagem s. f. 1. Vorteil$_m$ [sobre, gegenüber +dat.]; 2. (proveito) Nutzen$_m$

vantajoso adj. vorteilhaft; (proveitoso) nützlich

vão I s. m. (de escadas) Hohlraum$_m$; (de janela, porta) Öffnung$_f$; II adj. (oco) hohl; (fútil) leer
❖ em vão: vergebens, umsonst

vapor s. m. Dampf$_m$, Dunst$_m$

vaporizador s. m. Zerstäuber$_m$

vaporizar v. tr. sprayen, zerstäuben

vaporoso adj. luftig, leicht

vaqueiro s. m. Kuhhirte$_m$

vara s. f. 1. (pau) Stab$_m$; (chibata) Rute$_f$; (estaca) Stange$_f$; 2. (de tribunal) Gerichtsbezirk$_m$

varal s. m. (de roupa) Wäscheleine$_f$

varanda s. f. Balkon$_m$

varandim s. m. schmale(r) Balkon$_m$

varão s. m. 1. (homem) Mann$_m$; 2. (para roupa) Stange$_f$

varejeira s. f. ZOOLOGIA Schmeißfliege$_f$

varejista s. m. e f. (Brasil) Einzelhändler, -in$_{m, f}$

varejo s. m. (Brasil) Einzelhandel$_m$

vareta s. f. (de guarda-chuva) Stock$_m$

variação s. f. 1. (mudança) Abwechslung$_f$; 2. (oscilação) Schwankung$_f$

variado adj. 1. (diverso) verschieden; 2. (diversificado) abwechslungsreich; 3. (múltiplo) vielfältig

variante s. f. Variante$_f$; (de curso) Fächerkombination$_f$

variar I v. tr. (alimentação) variieren; (tema, roupa) wechseln; II v. intr. 1. (mudar) abwechseln; 2. (ser diferente) sich unterscheiden, unterschiedlich sein; 3. (divergir) abweichen [de, von +dat.]

variável adj. 1. (mutável) veränderbar; 2. (humor) launisch

varicela s. f. MEDICINA Windpocken$_{pl}$

variedade s. f. 1. (diversidade) Vielfalt$_f$; (multiplicidade) Reichhaltigkeit$_f$; 2. BIOLOGIA Unterart$_f$; 3. pl. **variedades**: (espectáculo) Varietee$_{nt}$

varina s. f. ambulante Fischverkäuferin$_f$

varinha s. f. 1. (vara) kleine(r) Stab$_m$; 2. (de cozinha) Mixstab$_m$

varíola s. f. MEDICINA Pocken$_{pl}$

vários adj. 1. (numerosos) mehrere, einige; 2. (diversos) verschieden

variz s. f. MEDICINA Krampfader$_f$

varredor s. m. Straßenkehrer$_m$

varredora s. f. Kehrmaschine$_f$

varrer v. tr. kehren, fegen

varrido adj. 1. (chão) sauber, gefegt; 2. (pessoa) **doido varrido**: völlig verrückt, durchgeknallt

Varsóvia s. f. Warschau$_{nt}$

várzea s. f. Flussaue$_f$, fruchtbare Ebene$_f$

vascular adj. Gefäß...

vasculhar v. tr. stöbern in [+dat.]

vaselina s. f. Vaseline_f_
vasilha s. f. Gefäß_nt._
vasilhame s. m. Leergut_nt._
vaso s. m. 1. ANATOMIA Gefäß_nt._; vaso sanguíneo: Blutgefäß_nt._; 2. (de plantas) Blumentopf_m._
vassalo s. m. Lehnsmann_m_, Vasall_m._
vassoura s. f. Besen_m._
vastidão s. f. Weite_f_, Ausdehnung_f_
vasto adj. 1. (área) weit, ausgedehnt; 2. (conhecimentos) umfangreich
vátio s. m. ELECTRICIDADE Watt_nt._
vau s. m. Furt_f_
vaza s. f. (jogo de cartas) Stich_m_
vazão s. f. 1. (de mercadoria) Absatz_m_; 2. (de clientes) Bedienung_f_
vazar I v. tr. 1. (líquido) ausgießen; 2. (recipiente) ausleeren; II v. intr. (líquido) ausfließen
vazio I s. m. Leere_f_; II adj. leer
veado I s. m. ZOOLOGIA Hirsch_m_; II adj. (Brasil) (depr., vulg.) schwul
vector s. m. MATEMÁTICA Vektor_m._
vedação s. f. Absperrung_f_, Zaun_m_
vedado adj. 1. (terreno) eingezäunt; 2. (proibido) verboten
vedar I v. tr. 1. (terreno) einzäunen; 2. (passagem) sperren; 3. (proibir) verbieten; II v. intr. (torneira) schließen; (recipiente) dicht sein
vedeta s. f. Star_m._
vedete s. f. (Brasil) → vedeta
veemência s. f. 1. (insistência) Beharrlichkeit_f_; (convicção) Überzeugung_f_; 2. (intensidade) Heftigkeit_f_
veemente adj. 1. (insistente) nachdrücklich; 2. (intenso) heftig
vegetação s. f. Vegetation_f_
vegetal I s. m. 1. Pflanze_f_; 2. pl. vegetais: Gemüse_nt._; II adj. pflanzlich
vegetar v. intr. vegetieren
vegetariano I s. m. Vegetarier_m_; II adj. vegetarisch
vegetativo adj. vegetativ
veia s. f. 1. ANATOMIA Ader_f_, Vene_f_; 2. (talento) Ader_f_, Begabung_f_
veicular v. tr. weitergeben
veículo s. m. Fahrzeug_nt._; veículo ligeiro: Personenwagen_m_; veículo pesado: Lastkraftwagen_m._
veio s. m. 1. (eixo) Welle_f_; 2. (em madeira, pedra) Maserung_f_
vela s. f. 1. (de barco) Segel_nt._; (de moinho) Flügel_m_; 2. (de cera) Kerze_f_; 3. (de automóvel) Zündkerze_f_; 4. DESPORTO Segeln_nt._
velar v. tr. (um doente) wachen bei [+dat.]
veleidade s. f. Laune_f_
veleiro s. m. Segelschiff_nt._
velejador s. m. Segler_m._
velejar v. intr. segeln
velhaco s. m. Halunke_m_, Gauner_m._
velhice s. f. Alter_nt._
velho I s. m. Alte_m. e f._; II adj. alt
velhote I s. m. alte(r) Knabe_m_; II adj. alt
velocidade s. f. 1. Geschwindigkeit_f_; velocidade máxima: Höchstgeschwindigkeit_f_; a toda a velocidade: so schnell wie möglich; 2. (automóvel) Gang_m_; meter a primeira velocidade: den ersten Gang einlegen
velocímetro s. m. Tachometer_m._
velocípede s. m. Fahrrad_nt._
velódromo s. m. Radrennbahn_f_
velório s. m. Totenwache_f_
veloz adj. rasch, flink
veludo s. m. Samt_m._
vencedor s. m. Gewinner_m_; DESPORTO Sieger_m._
vencer I v. tr. 1. (adversário) besiegen; 2. (guerra, campeonato) gewinnen; II v. intr. gewinnen; DESPORTO siegen; III v. refl. (juros) fällig werden

vencido *adj.* 1. (pessoa) besiegt, geschlagen; 2. (juros) fällig

vencimento *s. m.* 1. (salário) Gehalt$_{nt.}$, Bezüge$_{pl.}$; 2. (de juros) Fälligkeit$_f$

venda *s. f.* 1. (de produtos) Verkauf$_m$; 2. (para os olhos) Augenbinde$_f$

vendar *v. tr.* verbinden

vendaval *s. m.* Sturm$_m$

vendedor *s. m.* Verkäufer$_m$

vender *v. tr.* verkaufen

vendido *adj.* verkauft

vendível *adj.* verkäuflich

veneno *s. m.* Gift$_{nt.}$

venenoso *adj.* giftig

veneração *s. f.* Verehrung$_f$

venerado *adj.* verehrt

venerar *v. tr.* verehren

venerável *adj.* ehrwürdig

venéreo *adj.* MEDICINA Geschlechts...

Veneza *s. f.* Venedig$_{nt.}$

Venezuela *s. f.* Venezuela$_{nt.}$

venezuelano I *s. m.* Venezolaner$_m$; II *adj.* venezolanisch

vénia *s. f.* Verbeugung$_f$

venoso *adj.* venös, Venen...

ventania *s. f.* starke(r) Wind$_m$

ventar *v. intr.* windig sein

ventas *s. f. pl. (coloq.)* Maul$_{nt.}$, Schnauze$_f$

ventilação *s. f.* Lüftung$_f$, Ventilation$_f$

ventilador *s. m.* Ventilator$_m$

ventilar *v. tr.* lüften

vento *s. m.* Wind$_m$

ventoinha *s. f.* Ventilator$_m$

ventosa *s. f.* Saugnapf$_m$

ventoso *adj.* windig

ventre *s. m.* 1. (barriga) Bauch$_m$; (abdómen) Unterleib$_m$; 2. (útero) Gebärmutter$_f$

ventrículo *s. m.* ANATOMIA Herzkammer$_f$

ventríloquo *s. m.* Bauchredner$_m$

ventura *s. f.* 1. (sorte) Glück$_{nt.}$; 2. (destino) Schicksal$_{nt.}$; 3. (acaso) Zufall$_m$

Vénus *s. m.* ASTRONOMIA Venus$_f$

ver I *s. m.* Ansicht$_f$; II *v. tr.* 1. (olhar para) sehen; (examinar) nachschauen; ver televisão: fernsehen; 2. (considerar) ansehen, betrachten; 3. (espreitar) durchsehen [por/através de, durch +ac.]; 4. (no dicionário) nachsehen, nachschlagen; III *v. intr.* 1. sehen; 2. (notar) merken, bemerken; IV *v. refl.* 1. (encontrar-se) sich befinden, sein; ver-se numa situação difícil: in einer schwierigen Lage sein; 2. (imaginar-se) sich [+dat.] vorstellen können ❖ ter a ver com alguém/alguma coisa: mit jemandem/etwas zu tun haben

veracidade *s. f.* Richtigkeit$_f$

Verão *s. m.* Sommer$_m$

verba *s. f.* (quantia) Betrag$_m$; (dinheiro) Geld$_{nt.}$

verbal *adj.* 1. (do verbo) Verbal..., verbal; 2. (oral) mündlich

verbalizar *v. tr.* verbalisieren

verbalmente *adv.* mündlich

verbo *s. m.* GRAMÁTICA Verb$_{nt.}$

verdade *s. f.* Wahrheit$_f$; na verdade: tatsächlich, in Wahrheit

verdadeiro *adj.* 1. (história) wahr; (afirmação) richtig; 2. (sentimento, nota) echt

verde I *s. m.* Grün$_{nt.}$; II *adj.* 1. (cor) grün; 2. (fruta) unreif; (vinho) spritzig

verdejante *adj.* (leicht) grün

verdete *s. m.* Grünspan$_m$

verdura *s. f.* 1. (cor) Grün$_{nt.}$; 2. (alimento) Gemüse$_{nt.}$

vereador *s. m.* Stadtrat$_m$

vereda *s. f.* Pfad$_m$

veredicto *s. m.* DIREITO Urteil$_{nt.}$, Urteilsspruch$_m$

verga *s. f.* (em mobiliário) Korbgeflecht$_{nt.}$, Rattan$_{nt.}$

vergar I *v. tr.* 1. (dobrar) biegen, krümmen; 2. (subjugar) unterwerfen; II *v. refl.* 1. (curvar-se) sich bücken; 2. (submeter-se) sich fügen [a, +dat.]

vergonha s. f. 1. (pejo) Scham_f_; 2. (desonra) Schande_f_; 3. (acanhamento) Verlegenheit_f_

vergonhoso adj. beschämend, schändlich

verídico adj. wahr, wirklich

verificação s. f. 1. (revisão) Überprüfung_f_; 2. (constatação) Feststellung_f_

verificar I v. tr. 1. (conferir, rever) nachprüfen, überprüfen; 2. (constatar) feststellen; II v. refl. sich herausstellen

verme s. m. Wurm_m_

vermelhidão s. f. Röte_f_

vermelho I s. m. Rot_nt_; II adj. rot

vermicida s. m. Wurmmittel_nt_

vernáculo I s. m. Landessprache_f_; II adj. 1. (nacional) einheimisch; 2. (puro) rein

verniz s. m. 1. (para madeira) Lack_m_; 2. (das unhas) Nagellack_m_

verosímil adj. 1. (provável) wahrscheinlich; 2. (credível) glaubwürdig

verossímil adj. (Brasil) → verosímil

verruga s. f. Warze_f_

verruma s. f. Holzbohrer_m_

versado adj. erfahren, versiert [em, in +dat.]

versão s. f. 1. (de texto, filme, música) Fassung_f_; 2. (modo de contar) Version_f_, Darstellung_f_

versar v. intr. handeln [sobre, von +dat.]

versátil adj. vielseitig

versatilidade s. f. Vielseitigkeit_f_

versículo s. m. RELIGIÃO Bibelspruch_m_, Bibelvers_m_

verso s. m. 1. LITERATURA Vers_m_; 2. (de folha) Rückseite_f_

vértebra s. f. ANATOMIA Wirbel_m_

vertebrado s. m. ZOOLOGIA Wirbeltier_nt_

vertebral adj. Wirbel...; coluna vertebral: Wirbelsäule_f_

vertente s. f. 1. (de encosta) Abhang_m_, Hang_m_; 2. (ponto de vista) Aspekt_m_

verter I v. tr. 1. (vazar) gießen [para, in +ac.]; 2. (por descuido) verschütten; II v. intr. 1. (líquido) ausfließen; 2. (recipiente) undicht sein

vertical I s. f. Senkrechte_f_, Vertikale_f_; II adj. senkrecht, vertikal

vértice s. m. MATEMÁTICA Scheitel_m_, Scheitelpunkt_m_

vertigem s. f. Schwindel_m_; eu tenho vertigens: mir ist schwindelig

vertiginoso adj. 1. (altura) schwindelig; 2. (velocidade) rasend, atemberaubend

vesgo adj. schielend

vesícula s. f. ANATOMIA Blase_f_

vespa s. f. ZOOLOGIA Wespe_f_

véspera s. f. (dia) Vortag_m_; (noite) Vorabend_m_

vespertino I s. m. JORNALISMO Abendzeitung_f_; II adj. Nachmittags...

vestiário s. m. Umkleideraum_m_

vestibular s. m. (Brasil) Aufnahmeprüfung_f_

vestíbulo s. m. Vorhalle_f_, Diele_f_; (do teatro) Foyer_nt_

vestido I s. m. Kleid_nt_; II adj. angezogen, bekleidet

vestígio s. m. Spur_f_

vestimenta s. f. Kleidung_f_

vestir I v. tr. (roupa) anziehen; (trazer vestido) tragen; II v. refl. sich anziehen

vestuário s. m. Kleidung_f_

vetar v. tr. POLÍTICA sein Veto einlegen gegen [+ac.]

veterano I s. m. Veteran_m_; II adj. (fig.) erfahren [em, in +dat.]

veterinária s. f. Tiermedizin_f_

veterinário I s. m. Tierarzt_m_; II adj. tierärztlich

veto s. m. POLÍTICA Einspruch_m_, Veto_nt_

véu s. m. Schleier_m_

V. Exª [abrev. de Vossa Excelência] sehr geehrte(r)

vexado adj. verschämt, verlegen

vexame s. m. 1. (vergonha) Schande f; 2. (escândalo) Skandal m.

vexar v. tr. in Verlegenheit bringen

vez s. f. Mal nt; uma vez: einmal; desta vez: diesmal; de vez: endgültig; às vezes: manchmal; de vez em quando: ab und zu; muitas vezes: oft; poucas vezes: selten; na maior parte das vezes: meistens; uma vez que: da; à vez: abwechselnd; em vez de: anstatt, statt

vezes adv. MATEMÁTICA mal

via s. f. 1. (estrada) Straße f; (caminho) Weg m; 2. (fig.) (meio) Mittel nt; (correio) por via aérea: per Luftpost; 3. ASTRONOMIA Via Láctea: Milchstraße f.

viabilidade s. f. 1. (exequibilidade) Durchführbarkeit f; 2. (possibilidade) Wahrscheinlichkeit f.

viação s. f. (trânsito) Straßenverkehr m; (rede rodoviária) Straßennetz nt.

viaduto s. m. Viadukt m, Brücke f.

via-férrea s. f. Eisenbahn f.

viagem s. f. Fahrt f; (de férias) Reise f; viagem de ida e volta: Hin- und Rückfahrt f.

viajado adj. weit gereist

viajante s. m. e f. Reisende m. e f.

viajar v. intr. reisen [para, nach +dat.; por, durch +ac.]

viatura s. f. Fahrzeug nt.

viável adj. 1. (exequível) machbar; 2. (possível) wahrscheinlich

víbora s. f. ZOOLOGIA Otter f.

vibração s. f. 1. (movimento) Schwingung f; 2. (som) Hall m.

vibrar v. intr. 1. (objecto) schwingen, vibrieren; (voz) beben; 2. (som) hallen

vice-presidente s. m. e f. Vizepräsident, -in m. f.

vice-versa adv. umgekehrt

viciado I s. m. Süchtige m. e f; II adj. süchtig [em, nach +dat.]

viciar-se v. refl. verfallen [em, +dat.], süchtig sein

vício s. m. (hábito) Laster nt; (de drogas, álcool) Sucht f.

vicissitude s. f. 1. (eventualidade) Zufall m; 2. (infortúnio) Missgeschick nt.

viçoso adj. 1. (vegetação) üppig; 2. (pessoa) schwungvoll, stürmisch

vida s. f. 1. (existência) Leben nt; 2. (vivacidade) Lebendigkeit f.

videira s. f. Weinstock m.

vidente s. m. e f. Hellseher, -in m. f.

vídeo s. m. 1. (técnica) Video nt; 2. (aparelho) Videogerät nt.

videocâmara s. f. (Brasil) Videokamera f.

videocassete s. m. 1. (Brasil) (cassete) Videokassete f; 2. (Brasil) (aparelho) Videorecorder m.

videoclip s. m. Videoclip m.

videoclube s. m. Videothek f.

vidraça s. f. Fensterscheibe f.

vidraceiro s. m. Glaser m.

vidrado adj. 1. (olhos) glasig; 2. (coloq.) (apaixonado) verrückt [em, nach +dat.]

vidrão s. m. Altglascontainer m.

vidrar v. tr. (cerâmica) glasieren

vidraria s. f. Glaserei f.

vidro s. m. 1. Glas nt; de vidro: gläsern; 2. (de janela, montra) Glasscheibe f, Fensterscheibe f.

viela s. f. Gasse f.

Viena s. f. Wien nt.

vienense I s. m. e f. Wiener, -in m. f; II adj. wienerisch, Wiener

viés s. m. de viés: schräg

Vietnã s. m. (Brasil) → Vietname

Vietname s. m. Vietnam nt.

viga s. f. (de madeira) Balken m; (de betão) Träger m.

vigarice s. f. Betrug m.

vigário s. m. RELIGIÃO Vikar m.

vigarista *s. m. e f.* Betrüger, -in*m., f.*
vigarizar *v. tr.* betrügen, beschwindeln
vigência *s. f.* Rechtskraft*f*, Gültigkeit*f*
vigente *adj.* rechtskräftig, gültig
vigésimo I *s. m.* Zwanzigstel*nt*; II *num. ord.* zwanzigste(r, s)
vigia I *s. f.* 1. *(acção de vigiar)* Wachestehen*nt*; **estar de vigia:** Wache halten; 2. *(de navio)* Bullauge*nt*; II *s. m. e f.* Wachhabende*m, e f*, Wachposten*m*
vigiar *v. tr.* bewachen; *(processo, trabalho)* beaufsichtigen, überwachen
vigilância *s. f.* Bewachung*f*; *(de trabalho)* Überwachung*f*; *(de exame)* Aufsicht*f*
vigilante I *s. m. e f.* Wächter, -in*m., f.*; II *adj.* wachsam
vigília *s. f.* 1. *(a um doente)* Nachtwache*f*; 2. *(insónia)* Schlaflosigkeit*f*
vigor *s. m.* Energie*f*; *(força)* Kraft*f*, Stärke*f*; **entrar em vigor:** in Kraft treten
vigorar *v. intr.* in Kraft sein
vigoroso *adj. (enérgico)* energisch; *(forte)* kräftig, stark
vil *adj.* 1. *(mau)* gemein; *(reles)* niederträchtig; 2. *(desprezível)* verwerflich
vila *s. f.* Kleinstadt*f*
vilão *s. m.* Schuft*m*
vileza *s. f.* Niedertracht*f*, Schäbigkeit*f*
vime *s. m.* Weidenrute*f*; **cesto de vime:** Weidenkorb*m*
vimeiro *s. m.* BOTÂNICA Weide*f*
vinagre *s. m.* Essig*m*
vincado *adj.* 1. *(papel)* gefaltet; *(tecido)* zerknittert; 2. *(fig.) (acentuado)* ausgesprochen
vincar *v. tr. (papel)* falten, knicken; *(tecido)* zerknittern
vinco *s. m. (em papel)* Knick*m*; *(nas calças)* Bügelfalte*f*
vincular *v. tr.* verbinden, verknüpfen [a, mit +*dat.*]

vinculativo *adj.* bindend, verbindlich
vínculo *s. m.* Bindung*f*, Verbindung*f*
vinda *s. f. (chegada)* Ankunft*f*; *(regresso)* Rückkehr*f*
vindima *s. f.* Weinlese*f*
vindimar *v. intr.* die Weinlese machen
vindo I *p. p. de* vir; II *adj.* kommend [de, aus +*dat.*]
vindouro *adj.* kommend, zukünftig
vingador *s. m.* Rächer*m*
vingança *s. f.* Rache*f*; [por, für +*ac.*]
vingar I *v. tr.* rächen; II *v. intr.* 1. *(plano, negócio)* gelingen; 2. *(planta)* gedeihen; III *v. refl.* sich rächen [por, für +*ac.*]
vingativo *adj.* rachsüchtig
vinha *s. f.* Weinberg*m*
vinhaça *s. f. (coloq.)* Wein*m*
vinheta *s. f.* Vignette*f*
vinho *s. m.* Wein*m*; **vinho tinto:** Rotwein*m*; **vinho branco:** Weißwein*m*; **vinho verde:** junger/grüner Wein
vinícola *adj.* Wein...
vinicultor *s. m.* Weinbauer*m*, Winzer*m*
vinicultura *s. f.* Weinbau*m*
vinte I *s. m.* Zwanzig*f*; II *num. card.* zwanzig
vintena *s. f.* zwanzig
viola *s. f.* MÚSICA Gitarre*f*
violação *s. f.* 1. *(de pessoa)* Vergewaltigung*f*; 2. *(de lei, regras)* Verstoß*m* [de, gegen +*ac.*]; 3. *(de privacidade)* Verletzung*f*
violador *s. m.* Vergewaltiger*m*
violão *s. m.* Gitarre*f*
violar *v. tr.* 1. *(pessoa)* vergewaltigen; 2. *(lei, regras)* verstoßen gegen [+*ac.*]; 3. *(privacidade)* verletzen
violência *s. f.* Gewalt*f*
violentamente *adv.* gewaltsam
violentar *v. tr.* 1. unter Druck setzen, nötigen; 2. *(Brasil) (sexualmente)* vergewaltigen

violento *adj.* 1. (pessoa) gewalttätig; 2. (morte) gewaltsam; 3. (pancada, tempestade) heftig

violeta I *s. f.* BOTÂNICA Veilchen$_{nt}$; II *adj. inv.* violett

violinista *s. m. e f.* Geiger, -in$_{m, f}$

violino *s. m.* MÚSICA Geige$_f$, Violine$_f$

violoncelista *s. m. e f.* Cellist, -in$_{m, f}$

violoncelo *s. m.* MÚSICA Cello$_{nt}$, Violoncello$_{nt}$

vir *v. intr.* 1. kommen; de onde vens?: woher kommst du?; vir também: mitkommen; mandar vir alguma coisa: etwas bestellen; 2. (chegar) ankommen

viragem *s. f.* 1. (transição) Wende$_f$; 2. (mudança de rumo) Wendung$_f$

vira-lata *s. m.* (Brasil) Köter$_m$

virar I *v. tr.* 1. drehen, umdrehen; virar a cabeça: den Kopf drehen; 2. (voltar) wenden, umwenden; virar a página: umblättern; 3. (um recipiente) umkippen; 4. (a esquina) biegen um [+ac.]; 5. (Brasil) (tornar-se) werden; II *v. intr.* (automóvel, pessoa) abbiegen; virar à direita/esquerda: rechts/links abbiegen; III *v. refl.* 1. (voltar-se) sich zuwenden; 2. (barco) kentern

virgem I *s. m. e f.* Jungfrau$_f$; II *adj.* 1. (pessoa) unschuldig, unberührt; 2. (cassete) unbespielt; (disquete) leer; 3. (azeite) kaltgepresst

virginal *adj.* jungfräulich

virgindade *s. f.* Jungfräulichkeit$_f$

vírgula *s. f.* Komma$_{nt}$

viril *adj.* männlich, Mannes...

virilha *s. f.* ANATOMIA Leiste$_f$

virilidade *s. f.* Männlichkeit$_f$

virose *s. f.* MEDICINA Virusinfektion$_f$

virtual *adj.* virtuell

virtualmente *adv.* möglicherweise

virtude *s. f.* Tugend$_f$; em virtude de: aufgrund von [+dat.], kraft [+gen.]

virtuoso *adj.* tugendhaft

vírus *s. m. inv.* MEDICINA, INFORMÁTICA Virus$_m$

visão *s. f.* 1. (vista) Sehvermögen$_{nt}$; 2. (alucinação) Vision$_f$, Erscheinung$_f$; 3. (ponto de vista) Sichtweise$_f$

visar *v. tr.* abzielen auf [+ac.], zum Ziel haben

vísceras *s. f. pl.* Eingeweide$_{pl}$

visco *s. m.* Mistel$_f$

visconde *s. m.* Vicomte$_m$

viscose *s. f.* Viskose$_f$

viscoso *adj.* klebrig

viseira *s. f.* Visier$_{nt}$

visibilidade *s. f.* Sicht$_f$, Sichtverhältnisse$_{pl}$

visionário *s. m.* Traumtänzer$_m$, Fantast$_m$

visita *s. f.* 1. (a pessoa) Besuch$_m$; 2. (a museu, cidade) Besichtigung$_f$; visita guiada: Führung$_f$

visitante *s. m. e f.* Besucher, -in$_{m, f}$

visitar *v. tr.* 1. (pessoa) besuchen; 2. (museu, cidade) besichtigen

visível *adj.* sichtbar

visivelmente *adv.* sichtlich

vislumbrar *v. tr.* erahnen

vislumbre *s. m.* Schimmer$_m$

visor *s. m.* FOTOGRAFIA Sucher$_m$; (em máquina, telemóvel) Display$_{nt}$

vista *s. f.* 1. (visão) Sehvermögen$_{nt}$; (olho) Auge$_{nt}$; dar nas vistas: ins Auge springen; 2. (panorama) Blick$_m$, Aussicht$_f$

visto I *s. m.* Visum$_{nt}$; II *p. p. de* ver; III *adj.* 1. (conhecido) bekannt; 2. (pessoa) angesehen; ser bem/mal visto: gut/schlecht angesehen sein; IV *cj.* visto que: da ❖ pelos vistos: anscheinend

vistoria *s. f.* Überprüfung$_f$, Kontrolle$_f$

vistoriar *v. tr.* überprüfen, kontrollieren

vistoso *adj.* auffallend, auffällig

visual I *s. m.* Aussehen$_{nt}$; II *adj.* Seh..., Sicht...

visualizar *v. tr.* sich [+dat.] ein Bild machen von [+dat.], sich [+dat.] vorstellen

vital *adj.* lebenswichtig, vital
vitalício *adj.* lebenslänglich
vitalidade *s. f.* Vitalität$_f$, Lebenskraft$_f$
vitamina *s. f.* 1. (substância) Vitamin$_{nt.}$; 2. (Brasil) (batido) Mixgetränk$_{nt.}$
vitaminado *adj.* vitaminreich
vitela *s. f.* CULINÁRIA Kalbfleisch$_{nt.}$
vitelo *s. m.* ZOOLOGIA Kalb$_{nt.}$
viticultor *s. m.* Weinbauer$_m$, Winzer$_m$
viticultura *s. f.* Weinanbau$_m$
vítima *s. f.* Opfer$_{nt.}$
vitimar *v. tr.* Todesopfer fordern
vitória *s. f.* Sieg$_m$ [sobre, über +ac.]
vitorioso *adj.* siegreich
vitral *s. m.* (ornamentales) Kirchenfenster$_{nt.}$
vítreo *adj.* gläsern
vitrina *s. f.* Vitrine$_f$, Glasschrank$_m$
vitrine *s. f.* (Brasil) (montra) Schaufenster$_{nt.}$
viúva I *s. f.* Witwe$_f$; II *adj.* verwitwet
viuvez *s. f.* (de mulher) Witwenstand$_m$; (de homem) Witwerstand$_m$
viúvo I *s. m.* Witwer$_m$; II *adj.* verwitwet
viva I *s. m.* Hochruf$_m$; II *interj.* 1. (bravo) hoch!; 2. (olá) hallo!
vivacidade *s. f.* Lebendigkeit$_f$
vivaço *adj.* lebhaft, lebendig
vivamente *adv.* (aconselhar) nachdrücklich; (aplaudir) stürmisch
viveiro *s. m.* 1. (de peixes) Fischteich$_m$; (de marisco) Zuchtbecken$_{nt.}$; 2. (de plantas) Gärtnerei$_f$
vivência *s. f.* Erlebnis$_{nt.}$
vivenciar *v. tr.* erleben
vivenda *s. f.* Einfamilienhaus$_{nt.}$
viver I *v. tr.* 1. (uma experiência) erleben; 2. (a vida) leben; II *v. intr.* 1. leben [de, von +dat.]; 2. (morar) wohnen
víveres *s. m. pl.* Lebensmittel$_{pl.}$
vivido *adj.* erfahren
vívido *adj.* 1. (com vivacidade) lebhaft; 2. (fulgurante) feurig

vivo I *s. m.* os vivos: die Lebenden; II *adj.* 1. (ser) lebend; 2. (com vivacidade) lebhaft; 3. (cor) strahlend
vizinhança *s. f.* Nachbarschaft$_f$
vizinho I *s. m.* Nachbar$_m$; II *adj.* (casa) benachbart; (cidade, país) Nachbar...
voador *adj.* fliegend
voar *v. intr.* fliegen
vocabulário *s. m.* Wortschatz$_m$, Vokabular$_m$
vocábulo *s. m.* Vokabel$_f$
vocação *s. f.* Berufung$_f$; (talento) Talent$_{nt.}$
vocacionado *adj.* berufen [para, zu +dat.]
vocal *adj.* Stimm...
vocalista *s. m. e f.* Sänger, -in$_{m, f.}$
você *pron. pess.* 1. (formal) Sie; **tratar alguém por você**: jemanden siezen; 2. (Brasil) (tu) du; 3. *pl.* **vocês**: ihr; (formal) Sie
vociferar I *v. tr.* schreien, brüllen; II *v. intr.* (wütend) schreien, (wütend) brüllen
vodka *s. f.* Wodka$_m$
voga *s. f.* Beliebtheit$_f$; **estar em voga**: in Mode sein
vogal I *s. f.* GRAMÁTICA Vokal$_m$; II *s. m.* (de assembleia) stimmberechtigte(s) Mitglied$_{nt.}$
vol. [*abrev. de* volume] Bd. [*abrev. de* Band]
volante *s. m.* (de automóvel) Lenkrad$_{nt.}$
volátil *adj.* 1. QUÍMICA flüchtig; 2. (fig.) (inconstante) flatterhaft
vólei *s. m.* → voleibol
voleibol *s. m.* DESPORTO Volleyball$_m$
volfrâmio *s. m.* QUÍMICA Wolfram$_{nt.}$
volt *s. m.* ELECTRICIDADE Volt$_{nt.}$
volta *s. f.* 1. Drehung$_f$; (rotação) Umdrehung$_f$; 2. (em redor) Runde$_f$; **em volta de**: um... herum; 3. (regresso) Rückkehr$_f$; **estar de volta**: zurück sein; 4. (passeio) (a pé) Rundgang$_m$; (de carro) Rundfahrt$_f$
voltagem *s. f.* ELECTRICIDADE Spannung$_f$

voltar I *v. tr.* *(virar)* wenden, umdrehen; II *v. intr.* 1. *(regressar)* zurückkommen; *(tornar a vir)* wiederkommen; **voltar atrás:** umkehren; 2. (repetição) **voltar a fazer alguma coisa:** etwas noch einmal/wieder tun; III *v. refl.* (pessoa) sich umdrehen
voltímetro *s. m.* ELECTRICIDADE Spannungsmesser$_m$, Voltmeter$_{nt.}$
volume *s. m.* 1. MATEMÁTICA Rauminhalt$_m$; 2. *(espaço)* Volumen$_{nt.}$; 3. (de enciclopédia) Band$_m$; 4. *(pacote)* Paket$_{nt.}$; 5. (de som) Lautstärke$_f$; 6. (do cabelo) Fülle$_f$; 7. *(fig.)* *(dimensão)* Umfang$_m$
volumoso *adj.* (pessoa) dick; (obra) umfangreich
voluntariamente *adv.* freiwillig
voluntário I *s. m.* Freiwillige$_{m. e f.}$; II *adj.* freiwillig
voluntarioso *adj.* eigenwillig, eigensinnig
volúpia *s. f.* Wollust$_f$
voluptuoso *adj.* wollüstig; *(sensual)* sinnlich
volúvel *adj.* *(inconstante)* unbeständig; *(leviano)* flatterhaft
vomitado *s. m.* Erbrochene$_{nt.}$
vomitar I *v. tr.* erbrechen; II *v. intr.* sich übergeben; *(coloq.)* kotzen
vómito *s. m.* Erbrechen$_{nt.}$
vontade *s. f.* 1. Wille$_m$; **de boa vontade:** sehr gern; **de má vontade:** ungern; 2. *(desejo)* Lust$_f$. ❖ **estar à vontade:** sich wohl fühlen
voo *s. m.* Flug$_m$; **levantar voo:** (avião) abfliegen; (ave) auffliegen
voracidade *s. f.* Gefräßigkeit$_f$

voraz *adj.* 1. (comida) gefräßig; 2. *(fig.)* *(ávido)* gierig
vos *pron. pess.* euch
vós *pron. pess.* ihr; (depois de preposição) euch
vosso *pron. poss.* eu|er, -re; (jornal) Ihr; **a vossa filha/casa:** eure Tochter/euer Haus
votação *s. f.* Abstimmung$_f$
votar I *v. tr.* wählen; II *v. intr.* abstimmen
voto *s. m.* 1. *(votação)* Abstimmung$_f$; (individual) Stimme$_f$; 2. RELIGIÃO Gelübde$_{nt.}$; 3. *pl.* **votos:** *(desejos)* Wunsch$_m$; **votos de felicidades:** Glückwünsche$_{pl.}$
vovó *s. f.* (infant.) Oma$_f$
vôvô *s. m.* (infant.) Opa$_m$
voz *s. f.* Stimme$_f$; **em voz baixa:** leise
vozearia *s. f.* Geschrei$_{nt.}$
vozeirão *s. m.* kräftige Stimme$_f$
vs. [abrev. de versus] vs. [abrev. de versus]
v.s.f.f. [abrev. de virar se faz favor] b. w. [abrev. de bitte wenden]
vulcânico *adj.* vulkanisch
vulcão *s. m.* Vulkan$_m$
vulgar *adj.* 1. *(usual)* üblich, gewöhnlich; 2. *(pej.)* *(ordinário)* vulgär
vulgaridade *s. f.* Gewöhnlichkeit$_f$
vulgarizar I *v. tr.* allgemein verbreiten; II *v. refl.* sich verbreiten, populär werden
vulgarmente *adv.* gewöhnlich, allgemein
vulgo I *s. m.* gemeine(s) Volk$_{nt.}$; II *adv.* vulgo
vulnerável *adj.* verletzlich, verwundbar
vulto *s. m.* Gestalt$_f$
vulva *s. f.* ANATOMIA Vulva$_f$
Vurtemberga *s. f.* Württemberg$_{nt.}$

W

W, w *s. m.* W, w*nt.*
walkie-talkie *s. m.* Sprechfunkgerät*nt.*, Walkie-Talkie*nt.*
walkman® *s. m.* Walkman®*m.*
watt *s. m.* ELECTRICIDADE Watt*nt.*
WC *s. m. [abrev. de water closet]* WC*nt.*
web *s. f.* INFORMÁTICA Web*nt.*

whisky *s. m.* Whisky*m.*
windsurf *s. m.* DESPORTO Windsurfing*nt.*; fazer windsurf: windsurfen, surfen
windsurfista *s. m. e f.* Windsurfer, -in*m. e f.*
workshop *s. f.* Workshop*m.*
WWW *s. f.* INFORMÁTICA [*abrev. de* world wide web] WWW*nt.*

X

X, x *s. m.* X, x*nt.*
xá *s. m.* Schah*m.*
xadrez *s. m.* 1. *(jogo)* Schach*nt.*; 2. *(padrão)* Karomuster*nt.*; ao xadrez: kariert
xaile *s. m.* Schultertuch*nt.*
xairel *s. m.* Satteldecke*f.*
xale *s. m.* → xaile
xampu *s. m. (Brasil)* Shampoo*nt.*
xará *adj. (Brasil)* gleichnamig
xarope *s. m.* Sirup*m.*; (da tosse) Hustensaft*m.*
xelim *s. m.* Schilling*m.*
xelindró *s. m. (Brasil) (coloq.)* Kittchen*nt.*
xenofobia *s. f.* Fremdenfeindlichkeit*f.*
xenófobo I *s. m.* Fremdenfeind*m.*; II *adj.* fremdenfeindlich

xeque *s. m. (de tribo)* Scheich*m.*
xeque-mate *s. m.* Matt*nt.*, Schachmatt*nt.*; fazer xeque-mate: das Matt herbeiführen
xerez *s. m.* Sherry*m.*
xerife *s. m.* Sheriff*m.*
xerox® *s. m.* 1. *(Brasil) (fotocópia)* Fotokopie*f.*; 2. *(Brasil) (máquina)* Fotokopierer*m.*
xexé *adj. (coloq.)* verkalkt, senil
xícara *s. f. (Brasil)* Tasse*f.*
xilofone *s. m.* MÚSICA Xylophon*nt.*
xingação *s. f. (Brasil)* Beschimpfung*f.*
xingar *v. tr. (Brasil)* beschimpfen
xisto *s. m.* Schiefer*m.*
xodó *s. m.* 1. *(Brasil) (paixão)* Leidenschaft*f.*; 2. *(Brasil) (carinho)* Liebkosung*f.*

Y

Y, y *s. m.* Y, y*nt.*
yang *s. m.* Yang*nt.*
yen *s. m.* Yen*nt.*
yoga *s. m.* → ioga
yuan *s. m.* Yuan*m.*
yuppie *s. m.* Yuppie*m.*

Z

Z, z *s. m.* Z, z*nt.*
Zaire *s. m.* Zaire*nt.*
zanga *s. f.* Streit*m.*, Zank*m.*
zangado *adj.* verärgert
zangão *s. m.* ZOOLOGIA Drohne*f.*
zangar-se *v. refl.* sich ärgern [com, über +ac.]; (mutuamente) sich streiten
zanzar *v. intr. (Brasil)* herumlaufen, herumstreifen
zaragata *s. f.* Randale*f.*
zaragateiro I *s. m.* Randalierer*m.*; II *adj.* streitsüchtig
zarolho *adj.* schielend
zarpar *v. intr.* (barco) auslaufen
zás *interj.* klatsch!
zebra *s. f.* 1. ZOOLOGIA Zebra*nt.*; 2. (para peões) Zebrastreifen*m.*
zebrado *adj.* gestreift
zelador *s. m. (Brasil)* Hausmeister*m.*
zelar *v. intr.* wachen [por, über +ac.]
zelo *s. m.* Eifer*m.*, Sorgfalt*f.*
zeloso *adj.* eifrig, sorgfältig
zen *s. m.* (Budismo) Zen*nt.*
zé-ninguém *s. m.* Niemand*m.*
zé-povinho *s. m. (coloq.)* einfache(s) Volk*nt.*
zero I *s. m.* Null*f.*; *(fig.)* ser um zero à esquerda: eine Null sein; II *num. card.* null
ziguezague *s. m.* Zickzack*m.*
ziguezaguear *v. intr.* (pessoa) torkeln; (automóvel) Schlangenlinien/im Zickzack fahren
Zimbabwe *s. m.* Simbabwe*nt.*
zimbro *s. m.* BOTÂNICA Wacholder*m.*
zincar *v. tr.* verzinken
zinco *s. m.* QUÍMICA Zink*nt.*
zipar *v. tr.* INFORMÁTICA zippen
zíper *s. m. (Brasil)* Reißverschluss*m.*
zodíaco *s. m.* Tierkreis*m.*
zombador I *s. m.* Spötter*m.*; II *adj.* spöttisch
zombar *v. intr.* spotten [de, über +ac.]
zombaria *s. f.* Spott*m.*, Spötterei*f.*
zona *s. f.* 1. (área) Zone*f.*; (de país) Gebiet*nt.*; zona verde: Grünanlage*f.*; zona de peões: Fußgängerzone*f.*; 2. MEDICINA Gürtelrose*f.*
zonzo *adj.* benommen, schwindlig
zoologia *s. f.* Zoologie*f.*

zoológico *adj.* zoologisch; jardim zoológico: zoologischer Garten
zoólogo *s. m.* Zoologe$_m$
zum *s. m. (Brasil)* FOTOGRAFIA Zoom$_{nt}$
zumba *interj.* plumps!
zumbido *s. m.* Summen$_{nt}$; (nos ouvidos) Sausen$_{nt}$
zumbir *v. intr.* 1. (insecto) summen; 2. (máquina) dröhnen; 3. (ouvidos) sausen
zunir *v. intr.* 1. (vento, seta) sausen; 2. (insecto) summen; 3. (cabeça) brummen, dröhnen
zunzum *s. m.* 1. (ruído) Surren$_{nt}$; (de pessoas) Getuschel$_{nt}$; 2. *(boato)* Gerücht$_{nt}$
zunzunar *v. intr.* 1. (vento) rauschen; (folhas) rascheln; 2. (pessoas) tuscheln
Zurique *s. f.* Zürich$_{nt}$
zurrar *v. intr.* iahen
zurro *s. m.* Schrei$_m$ eines Esels, Iahen$_{nt}$

Guia de consulta do Dicion[...]

entrada	**facilmente** *adv.* leicht, mühelos	
	factício *adj.* künstlich, falsch	
	facto *s. m.* Tatsache*f*, Fakt*nt*; de facto:	tradução
	tatsächlich; facto consumado: vollendete Tatsache	
	factor *s. m.* Faktor*m*; factor de protecção	
categoria	solar: Lichtschutzfaktor*m*.	
gramatical	**factual** *adj.* tatsächlich	
	factura *s. f.* Rechnung*f*	
	facturar *v. tr.* 1. (mercadoria) in Rechnung stellen; 2. (dinheiro) erwirtschaften	
	faculdade *s. f.* 1. *(capacidade)* Fähigkeit*f*	sinónimo
	[de, zu +dat.]; faculdades mentais: geistige Fähigkeiten; 2. (de uma universidade) Fakultät*f*	
distinção de	**facultar** *v. tr.* 1. (possibilitar) ermöglichen;	
acepções	2. *(pôr à disposição)* zur Verfügung stellen, bereithalten	
	facultativo *adj.* fakultativ	
	fada *s. f.* Fee*f*.	
	favela *s. f.* *(Brasil)* Favela*f*, Slum*m*.	variante
	favo *s. m.* Bienenwabe*f*.	
frase-exemplo	**favor** *s. m.* Gefallen*m*; por favor!: bitte!;	
	fazer um favor a alguém: jemandem einen Gefallen tun	
	favorável *adj.* (situação, vento) günstig [a, für +ac.]	
	favorecer *v. tr.* begünstigen; esta cor favorece-te: diese Farbe steht dir gut	distinção de
	favoritismo *s. m.* Vetternwirtschaft*f*	categorias
	favorito I *s. m.* Favorit*m*; II *adj.* Lieblings...; livro favorito: Lieblingsbuch*nt*.	gramaticais
informação		
morfológica	**feito** I *p. p. de* fazer; II *s. m.* Tat*f*; feito heróico: Heldentat*f*; III *adj.* (pronto) fertig;	
	(acabado) vollendet; *(coloq.)* estou feito!: ich bin aufgeschmissen!	nível de língua